U0587968

陳獻章全集

[明]陳獻章 撰
黎業明 編校

上

上海古籍出版社

本書爲貴州省哲學社會科學規劃國學單列課題
「嶺南心學文獻的整理與研究」（17GZGX08）階段性成果。
本項目由深圳市宣傳文化事業發展專項基金資助。

陳白沙先生畫像

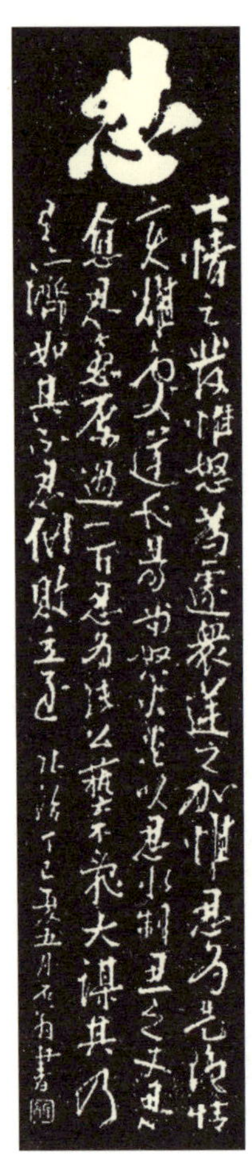

陳白沙先生墨跡之一

録自陳福樹撰《陳白沙的書法藝術》

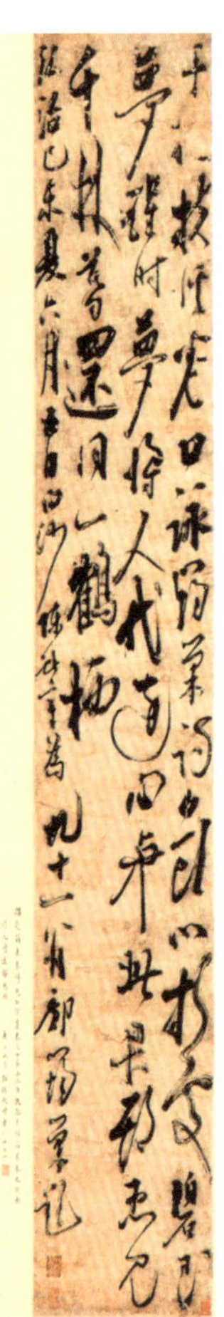

陳白沙先生墨跡之二

録自秦有朋主編《陳獻章書法集》

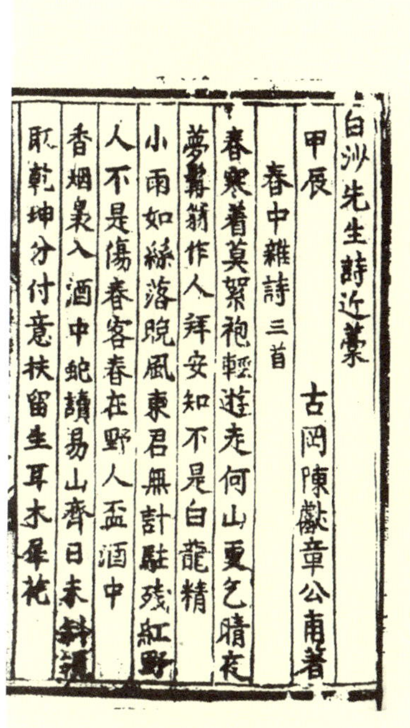

白沙先生詩近藁

古岡陳獻章公甫著

甲辰

春中雜詩 三首

春寒着莫絮袍輕遊走何山更乞晴夜
夢舞翁作人拜安知不是白龍精
小雨如絲落晚風東君無計駐殘紅野
人不是傷春客春在野人盃酒中
香烟裊入酒中蛇讀易山齋日未斜讀
耿乾坤分付意扶留生耳木犀花

明弘治九年吴廷舉刻本
《白沙先生詩近稿》

白沙先生全集卷之一

奏疏三首

乞終養疏

吏部聽選監生臣陳獻章謹

奏為患病陳情乞

恩終養事臣原籍廣東廣州府新會縣人由本縣儒
學生員應正統十二年鄉試中式正統十三年會
試禮部中副榜告入國子監讀書景泰二年會試
下第成化二年本監撥送吏部文選清吏司歷事
成化五年復會試下第告回原籍累染虛弱自汗

明正德三年林齊刻本《白沙先生全集》
中華再造善本影印本

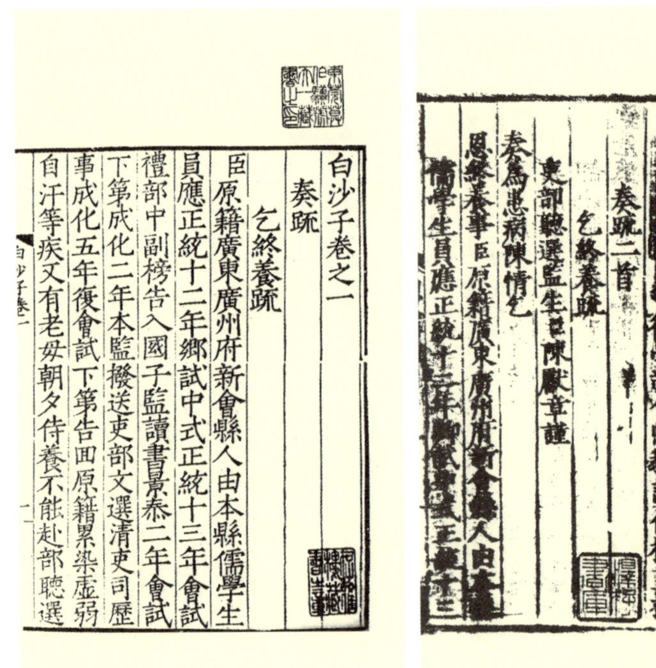

明嘉靖十二年高簡等刻本《白沙子》

《四部叢刊》三編影印本

明嘉靖三十年蕭世延刻本

《白沙先生全集》

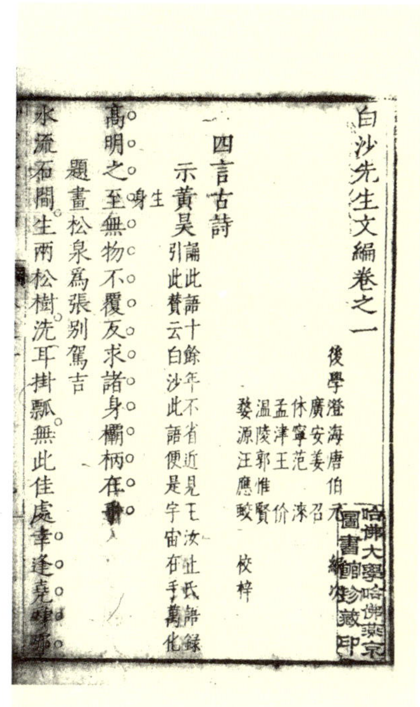
白沙先生文編卷之一

後學澄海唐伯元
廣安姜召
休寧范淶
孟津王价
温陵郭惟賢
婺源汪應蛟　校梓

四言古詩

示黄昊（黄昊論此語十餘年不省近見王汝止氏節録引此贊云白沙此語便是宇宙在手萬化生身）

高明之至無物不覆反求諸身霸柄在手

題畫松泉爲張别駕吉

水流石間生兩松樹洗耳掛瓢無此佳處幸逢堯舜

明萬曆十一年郭惟賢、汪應蛟等刻本
《白沙先生文編》

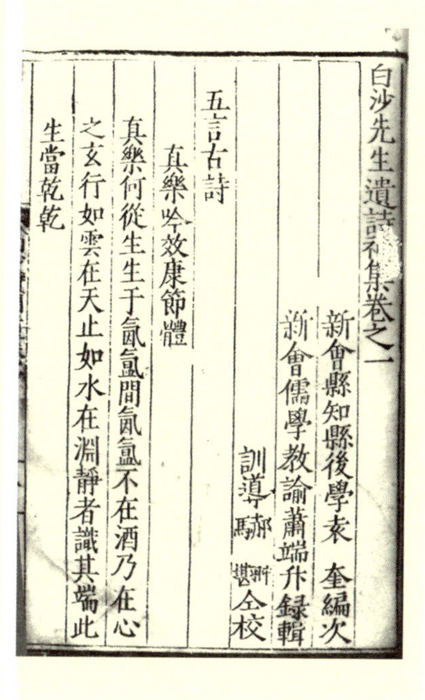
白沙先生遺詩補集卷之一

新會縣知縣後學袁奎編次
新會儒學教諭蕭端升録輯
訓導[illegible]仝校

五言古詩

真樂吟效康節體

真樂何從生生于氤氲間氤氲不在酒乃在心之玄行如雲在天止如水在淵静者識其端此生當乾乾

明萬曆十二年袁奎刻本
《白沙先生遺詩補集》

旬月可愈不惟有稽入
謝之期抑且不能亟副歸養之
詔心未酬而罪愈甚矣臣瞻望
朝廷離遠在邇雖圖報有日而遲速未占俯
仰媿怍無任感激戀慕之至

序

認真子詩集序

詩之工詩之衰也言心之聲也形交乎物動乎
中喜怒生焉於是乎形之聲或疾或徐或洪或

明萬曆四十年何熊祥刻本
《白沙子全集》

白沙子全集卷之一

奏疏 二首

乞終養疏

臣原籍廣東廣州府新會縣人由本縣儒學
生員應正統十二年鄉試中式正統十三年
會試禮部中副榜告入國子監讀書景泰二
年會試下第成化二年本監撥送吏部文選
清吏司歷事成化五年復會試下第告回原
籍累染虛弱自汗等疾又有老母朝夕侍養

清順治十二年黃之正刻本
《白沙子全集》

白沙子全集卷之一

新會知縣顧　嗣協　迂客　校正

同里後學何　九疇　蒲澗　重編

奏疏

乞終養疏

臣原籍廣東廣州府新會縣人由本縣儒學生員應正
統十二年鄉試中式正統十三年會試禮部中副榜告
入國子監讀書景泰二年會試下第成化二年本監撥
送吏部文選清吏司歷事成化五年復會試下第告回
原籍累染虛弱自汗等疾又有老母朝夕侍養不能赴
部聽選成化十五年以來廣東左布政使彭韶　欽差

清康熙四十九年何九疇編刻本
《白沙子全集》

白沙子全集卷之一

奏疏

乞終養疏

臣原籍廣東廣州府新會縣人由本縣儒學生員應正
統十二年鄉試中式正統十三年會試禮部中副榜告
入國子監讀書景泰二年會試下第成化二年本監撥
送吏部文選清吏司歷事成化五年復會試下第告回
原籍累染虛弱自汗等疾又有老母朝夕侍養不能赴
部聽選成化十五年以來廣東左布政使彭韶欽差總
督兩廣軍務兼理巡撫右都御史朱英前後具本薦臣

清乾隆三十六年碧玉樓刻本
《白沙子全集》

編校説明

陳獻章，字公甫，號石齋，晚號石翁，廣東新會人。因居江門白沙村，學者稱白沙先生。

明宣德三年戊申（一四二八）十月二十一日，白沙先生出生於廣東新會縣都會村。先生自幼警悟絶人，讀書一覽輒記。嘗夢拊石琴，其音泠泠然，見一偉人笑謂曰：「八音中惟石音爲難諧，今諧若是，子異日得道乎！」因别號石齋；既老，更號石翁。一日，讀《孟子》至「有天民者，達可行於天下而後行之」，乃慨然歎曰：「大丈夫行己當如是也。」弱冠，充邑庠生。正統十二年丁卯（一四四七），赴省城鄉試，中式，録經義一篇。正統十三年戊辰（一四四八）、景泰二年辛未（一四五一），兩赴禮闈，不第。

景泰五年甲戌（一四五四），聞江右吴康齋先生（諱與弼）講伊洛之學於臨川之上，乃徒步上謁，睹其風範，讀其條教，遂棄其學而學焉，時年二十有七也。康齋性嚴毅，雅重先生。教人多舉伊洛成語，經史百子，無所不講。先生居半載即歸，築一臺，名之曰春陽，日端默静坐其中，以涵養本源，人罕見面。久之，「然後見吾此心之體隱然呈露，常若有物。日用間種種應酬，隨吾所欲，如馬之御銜勒也；體認物理，稽諸聖訓，各有頭緒來歷，如水之有源委也。於是涣然自信，曰：『作聖之功，其在兹乎！』」

成化二年丙戌（一四六六），鄉謗流煽，時翰林院侍讀學士錢溥謫知順德縣，敬慕先生，移書曰：「亟起，毋重貽太夫人憂。」遂復起遊太學。祭酒邢讓令作《太學小試賦》并律詩一首；次日，因遊山還，又令和楊龜山《此日不再得》韻，大驚曰：「龜山不如也。」遂颺言於朝，以爲真儒復出。由是名震京師。一時名士如殿元羅倫、檢討莊昶、給事賀欽輩，皆樂與之遊。既出太學，吏部留文選司歷事，先生日捧案牘與群吏雜立廳事下，朝往夕返，不少怠。郎中等官皆勉令休退，對曰：「分當然也。」侍郎尹旻益賢之，遣子某從學，先生力辭，凡六七往，竟不納。成化五年己丑（一四六九）復會試，下第。自是絶意科舉。

成化十七年辛丑（一四八一），江西布政使陳煒輩修復白鹿洞書院，致幣來聘先生爲山長，以教江右之士，報謝不往。經廣東左布政使彭韶、巡撫右都御史朱英多番疏薦，成化十八年壬寅（一四八二）秋，先生赴京應聘。次年三月抵達京師。朝廷用故事敕吏部考試，會疾不果赴。八月底，上疏乞歸，略曰：「臣母以貧賤早寡，俯仰無聊，殷憂成疾，老而彌劇，使臣遠客異鄉，臣母之憂臣日甚，愈憂愈病，愈病愈憂，憂病相仍，理難長久。臣又以病軀憂老母，年未暮而氣則衰，心欲爲而力不逮。夫内無攻心之疾，則外不見從事之難；上有至仁之君，則下必多曲成之士。願乞養病終養。」疏上，憲宗皇帝親閲再三。明日，授翰林院檢討，俾親終疾愈，仍來供職。

先生表謝不辭。歸經南安，知府張弼問出處，對曰：「康齋以布衣爲石亨薦，所以不受職而求觀秘書者，冀得間悟主也。惜乎當時宰相不悟，以爲實然，言之上，令受職然後觀書，殊戾康齋意，遂決去。某以聽選監生薦，又疏陳始終願仕，故不敢僞辭以釣虚名。或受或不受，各有攸宜爾。」既歸，歲有荐辭，皆援詔不行。弘治十三年庚申（一五〇〇）二月初十日，先生病逝，年七十有三。

先生四十歲之前，思想與朱子比較接近，理學色彩頗爲濃厚，此可從其《和楊龜山今日不再得韻》見出；四十歲之後，其理學色彩漸漸淡化，心學傾向日益明顯。先生思想之要旨，可概括爲「自然」、「自得」、「静坐」數端。先生向往自然，主張「學以自然爲宗」，其《與湛民澤》書云「古之善學者，常令此心在無物處，便運用得轉耳。學者，以自然爲宗，不可不著意理會」；「此學以自然爲宗者也」。所謂自然，乃指「鳶飛魚躍之機」、「生生化化之妙」，亦即天道之流行，所指乃不事造作、不加雕琢、不見安排之境界。先生倡言自得，主張「自我得之、自我言之」（《復張東白内翰》）、「自得者，不累於外，不累於耳目，不累於一切，鳶飛魚躍，其機在我」（《贈彭惠安別言》）。所謂自得，以處世行事言之，指不爲外在事物所移；以爲學求道言之，指不迷信經典、不輕信古人、不偏信他人、不人云亦云，其《道學傳序》云：「六經，夫子之書也，學者徒誦其言而忘味，六經一糟粕耳，猶未免於玩物喪志。今是編也，采諸儒行事之迹與其論著之言，學者苟不但求之書而求諸吾心，察於動静有無之機，致養其在我者而勿以聞見亂之，去耳目支離之用，全虛圓不測之神，一開卷盡得之矣。非得之書也，得自我者也。蓋『以我而觀書，隨處得益；以書博我，則釋卷而茫然』。」先生傾心静坐，其《復趙提學僉憲》云「於是舍彼之繁，求吾之約，惟在静坐，久之，然後見吾此心之體隱然呈露，常若有物」；《與賀克恭黄門》云「爲學須從静中坐養出個端倪來，方有商量處」。静坐，作爲先生爲學之方、教人之法，乃使人身心得到調適，達到心境之虛明，以「養出個端倪來」、以「見吾此心之體隱然呈露」，最終使此心與此理有「湊泊吻合處」，進而臻至「心理合一」境界。在先生思想當中，心較理佔有更爲重要之地位，其《書自題大塘書屋詩後》云：「爲學當求諸心，必得所謂虛明静一者爲之主，徐取古人緊要文字讀之，庶能有所契合，不爲影響依附以陷於徇外自欺之弊，此心學法門也。」在明代，先生之思想頗具承上啓下特色，上承孔孟周程之旨（並融攝佛道，尤其是禪宗、莊子），下啓甘泉、陽明之學。

黄宗羲《明儒學案・白沙學案上》云：「有明之學，至白沙始入精微。其喫緊工夫全在涵養。喜怒未發而非空，萬感交集而不動。至陽明而後大。」又云：「先生之學，以虛爲基本，以静爲門户，以四方上下、往古來今穿紐湊合爲匡郭，以日用、常行、分殊爲功用，以勿忘勿助之間爲體認之則，以未嘗致力而應用不遺爲實得。遠之則爲曾點，近之則爲堯夫，此可無疑者也。故有明儒者，不失其矩矱者亦多有之，而作聖之功，至先生而始明，至文成而始大。向使先生與文成不作，則濂、洛之精藴，同之者固推見其至隱，異之者亦疏通其流别，未能如今日也。」《明史·儒林傳》亦云明代「學術之分，則自陳獻章、王守仁始」。先生可謂有明一代開啓學術新風之大儒。

先生以爲，道之顯晦在人而不在言語也，因絶意著述。吾人今日欲知其學問境界，惟從其詩文求之。先生之詩文頗豐，其弟子張詡云「不下萬餘首」。先生生前，曾有詩集梓行於世，現僅存明弘治九年（一四九六）吴廷舉刊刻《白沙先生詩近稿》十卷；文集則未見有刊行之記載。先生病逝之後，其詩文全集始刊行於世，其版本情況如下：

明弘治十八年乙丑（一五〇五），容貫、張詡所編輯之《白沙先生全集》由羅僑刊行，二十卷；明正德三年戊辰（一五〇八），林齊將羅僑刊本重訂而刊刻之，卷帙依舊；明嘉靖三十年辛亥（一五五一），蕭世延刊行《白沙先生全集》，編次與林齊本相同，而多所訂正並增加補遺一卷，共二十一卷；明萬曆元年癸酉（一五七三）何子明、萬曆三十二年甲辰（一六〇四）許欽賦，先後將蕭世延本翻刻，亦爲二十一卷。是爲二十卷或二十一卷本。

嘉靖十二年癸巳（一五三三），高簡、卞崍承湛若水之命，將張詡等編輯之《白沙先生全集》略加增削，合併爲八卷，改題爲《白沙子》刊行；萬曆四十年辛酉（一五六一），何熊祥將高簡本略加修訂之後重刊，並改題爲《白沙子全集》，增刻補遺一卷，共九卷；清順治十二年乙未（一六五五），黄之正將何熊祥本加以翻刻；清乾隆三十七年（一七七二），詔修四庫全書，隨後四庫館臣依據何熊祥本（或黄之正本）鈔入四庫全書之集部。是爲八卷或九卷本。

明天啓元年辛酉（一六二一），王安舜將《白沙先生全集》删削選編爲十二卷，附以湛若水《白沙先生詩教解》十五卷，刊刻行世。是爲十二卷本。

清康熙四十九年庚寅（一七一〇），何九疇將其祖先何熊祥刻本《白沙子全集》，及其「遠近搜訪，得未刻者：序四首、記二首、題跋一首、書百有五十八首、各體詩共五十五首」，重新編次整理，釐爲六卷，刊行面世。是爲六卷本。

乾隆三十六年辛卯（一七七一），白沙先生後人依據其家藏舊本、家藏舊稿，將《白沙子全集》重新加以編次、校勘、增補，分爲十卷，附録湛若水《白沙子古詩教解》二卷，刊刻行世。是爲十卷本。

除全集外，白沙先生之詩文，尚有若干選集本流傳。如湛若水編輯《白沙先生至言》十卷，明嘉靖二十六年（一五四七）陳大倫刊本；唐伯元編次《白沙先生文編》六卷，明萬曆十一年（一五八三）郭惟賢、汪應蛟刻本；楊起元纂輯《白沙先生語録》，萬曆二十五年（一五九七）楊起元序刊本（載明刊本《楊起元全集》）。此外，又有袁奎輯録《白沙先生遺詩補集》六卷，萬曆十二年（一五八四）袁奎刻本，收録白沙先生詩作五百四十餘首（其中不見於先生全集者過半）。

本書以清康熙四十九年何九疇編刻本《白沙子全集》（香港：白沙文化教育基金會，一九六七年影印本）爲底本加以整理，參校本有：

一、明弘治九年吴廷舉刻本《白沙先生詩近稿》（簡稱「詩近稿」）；

二、明正德三年林齊刻本《白沙先生全集》（中華再造善本，國家圖書館出版社，二〇一二年影印本。簡稱「林齊本」）；

三、明嘉靖十二年高簡等刻本《白沙子》（《四部叢刊》三編，第七三至七四册，上海書店出版社，一九八五年影印本。簡稱「高簡本」）；

四、明嘉靖三十年蕭世延刻本《白沙先生全集》（簡稱「蕭世延本」）；

五、明萬曆十一年郭惟賢、汪應蛟等刻本《白沙先生文編》（唐伯元編次。簡稱「白沙文編」）；

六、明萬曆十二年袁奎刻本《白沙先生遺詩補集》（簡稱「遺詩補集」）；

七、明萬曆四十年何熊祥刻本《白沙子全集》（簡稱「何熊祥本」）；

八、清順治十二年黄之正刻本《白沙子全集》（王雲五主編《景印岫廬現藏罕傳善本叢刊》，臺北：商務印書館，一九七三年影印本。簡稱「黄之正本」）；

九、清乾隆三十六年碧玉樓刻本《白沙子全集》（簡稱「碧玉樓本」）；

十、四庫全書本《陳白沙集》（《景印文淵閣四庫全書》，第一二四六册，臺北：商務印書館，一九八六年影印本。簡稱「四庫全書本」）。

此外，部分詩作，亦取《白沙子古詩教解》（碧玉樓本《白沙子全集》附録）、《白沙先生詩教解》（《四庫全書存目叢書》，集部第三五册，齊魯書社，一九九七年據明刊本影印）略加校對。

本書所收録白沙先生集外詩文，較北京中華書局本《陳獻章集》多三百九十餘篇/首，其中文三十餘篇（序二篇、記一篇、論五篇、説一篇、題跋二篇、雜著一篇、語録四組、墓誌銘一篇、祭文三篇、書信十通、賦一篇），詩三百六十餘首（四言詩一首、五言古詩十六首、七言古詩四首、五言律詩五十二首、七言律詩一百六十六首、五言絶句十三首、六言詩三首、七言絶句一百十二首）。兹將所得見之白沙集外詩文，依據同題詩文、同類詩文方式編輯，即凡屬相同題目之集外詩文，則將其編次於相同題目之後，如將白沙先生給林光之三十餘通集外書信，編次於「與林郡博」六封書信之後；凡屬非相同題目之集外詩文，則將其編次於同類詩文之後，如將集外五言古詩編次於底本「五言古詩」類之後，將集外七言絶句編次於「七言絶句」類之後。若底本所無之分類，如「語録」，則新增「語録」類，編入第一卷。凡增補底本所無之詩文，均加注説明出處，以示信實有據；凡根據他人輯佚文章轉録之集外詩文，必一一注明，不敢掠人之美。

本書收附録三種。附録一爲湛若水撰《白沙子古詩教解》，以碧玉樓本《白沙子全集》所附録之《白沙子古詩教解》爲底本，以《四庫全書存目叢書》第三五册所收明刊本《白沙先生詩教解》參校；附録二爲序跋、傳記以及其他資料；附録三爲阮榕齡撰《編次陳白沙先生年譜》、《白沙叢考》與《白沙門人考》，以清咸豐二年夢菊堂刊本（《宋明理學家年譜》第九册，北京圖書館出版社二〇〇六年影印本）爲底本標點整理，其中所引述白沙先生文字，則取碧玉樓本《白沙子全集》、何九疇本《白沙子全集》略爲校正。

《陳獻章全集》之整理，多得師友之助。深圳大學國學研究所同事，景海峰先生、楊東林先生、問永寧先生等，對《陳獻章全集》編次、點校，助益良多。廣州中山大學陳永正先生、陳斯鵬先生所寄贈之《白沙先生詩近稿》複印件，極爲難得；台灣清華大學游騰達先生幫助複印白沙先生制義數篇，十分及時。此外，原深圳大學哲學系中國哲學專業碩士研究生陳椰、柳向忠、王志旭、陳玄諸君，於相關資料之複印與收集，幫助亦復不少。對於師友之幫助，謹致謝忱！上海古籍出版社劉海濱先生、張旭東先生爲《陳獻章全集》之編輯、出版，付出辛勤勞動，亦致以真摯感謝！

限於見聞，陋於學識，《陳獻章全集》之整理，錯漏舛誤在所難免，尚祈博雅君子、大方之家指而正之。

點校者　黎業明

二〇一四年五月初稿

二〇一八年九月修訂

目録

記……（三二）

卷之三

附録一：白沙子古詩教解（湛若水）

附録二：序跋、傳記以及其他資料

卷之一

奏疏

乞終養疏

臣原籍廣東廣州府新會縣人〔一〕，由本縣儒學生員應正統十二年鄉試，中式；正統十三年會試禮部，中副榜，告入國子監讀書；景泰二年會試，下第；成化二年本監撥送吏部文選清吏司歷事；成化五年復會試，下第，告回原籍。累染虛弱自汗等疾，又有老母，朝夕侍養，不能赴部聽選。成化十五年以來，廣東左布政使彭韶、欽差總督兩廣軍務兼理巡撫右都御史朱英前後具本，薦臣堪充任使，吏部移文廣東布政司等衙門，趣令起程。臣以舊疾未平，母年加老，未能輒

〔一〕「臣原籍廣東廣州府新會縣人」前，林齊本、蕭世延本、白沙文編有「吏部聽選監生臣陳獻章謹奏，爲患病陳情乞恩終養事」二十二字。

行。府縣官吏承行文書日夕催逼，不免强起就道。而沿途病發，隨地問醫，扶衰補羸，僅不大憊，於成化十九年三月三十日到京朝見，赴部，乃以久勞道路，舊疾復作，延至月餘。於五月二十五日蒙吏部題：「奉聖旨，恁部裏還考試了，量擬職事來説。欽此欽遵。」臣時方在牀褥，聞命愧悚，未能就試，即令姪男陳景星赴通政使司告轉行本部，暫令調治。再歷晦朔，心不自安。七月十六日，扶病赴部聽試，而筋力朽弱，立步艱難，自揣虛薄，未堪筆硯，因續具狀再延旬日。日復一日，病勢轉增，耳鳴痰壅，面黄頭暈，視昔所染，無慮數倍。衆目所覩，不敢自誣。又於八月二十二日，得男陳景易書〔二〕，報臣母别臣以來，憂念成疾，寒熱迭作，痰氣交攻，待臣南歸，以日爲歲。臣病中得此，魂神飛喪，仰思君命，俯念親情，展轉鬱結，終夜不寐。臣之愚迷，實不知所以自處也。臣自幼讀書，雖不甚解，然於君臣之義知之久矣。伏惟我國家教育生成之恩，陛下甄陶收采不遺卑賤之德〔三〕，至深至厚，於此而不速就以圖報稱於萬一，非其情有甚不得已者，孰敢鶩虛名、飾虛讓，趦趄進却於日月之下，以冒雷霆之威哉？臣所以一領鄉書，三試禮部，承部

〔二〕「陳景易」，碧玉樓本作「陳景暘」。景易（或作景暘），白沙先生次子之名。後不再出校記。
〔三〕「甄陶」，林齊本、高簡本、蕭世延本、白沙文編作「甄録」。

檄而就道，聞君命而驚心者，正以此也。緣臣父陳琮年二十七而棄養〔一〕，臣母二十四而寡居，臣遺腹之子也。方臣幼時，無歲不病，至於九歲〔二〕，以乳代哺，非母之仁，臣委於溝壑久矣。臣生五十六年，臣母七十有九，視臣之衰如在襁褓，天下母子之愛雖一，〔宜〕未有如臣母憂臣之至、念臣之深者也〔三〕。臣於母恩無以爲報，而臣母以守節應例爲有司所白，已蒙聖恩表厥宅里。是臣以母氏之故，荷陛下之深恩厚德，又出於尋常萬萬者也〔四〕。顧臣母以貧賤早寡，俯仰無聊，殷憂成疾，老而彌劇。使臣遠客異鄉，臣母之憂臣日甚，愈憂愈病，愈病愈憂，憂病相仍，理難長久。臣又以病軀憂老母，年未暮而氣已衰〔五〕，心有爲而力不逮，雖欲効分寸於旦夕，豈復有所措哉？〔六〕臣所以日夜憂懥，欲處而未能者，又以此也。夫内無攻心之疾，則外不見從事之難；上有至仁之君，則下必多曲成之士。惟陛下以大孝化天下，以至誠體萬物，海宇之内，無匹夫匹婦不獲其所者，則臣之微亦豈敢終有所避而不自盡哉？伏望聖明察臣初年愿仕之心，憫臣久病思

〔一〕「陳琮」，原作「陳琛」，據林齊本、高簡本、蕭世延本、白沙文編、碧玉樓本改。

〔二〕「九歲」，林齊本、高簡本、蕭世延本、白沙文編、何熊祥本、黄之正本、四庫全書本作「九齡」。

〔三〕「宜」字原缺，據林齊本、高簡本、蕭世延本、白沙文編、何熊祥本、黄之正本、四庫全書本補。

〔四〕林齊本、高簡本、蕭世延本、白沙文編、何熊祥本、黄之正本、四庫全書本無「者」字。

〔五〕「已」，林齊本、高簡本、蕭世延本、白沙文編、何熊祥本、黄之正本、四庫全書本作「則」。

〔六〕「措」，林齊本、高簡本、白沙文編、何熊祥本、黄之正本、四庫全書本作「惜」；蕭世延本作「補」。

親不能自已之念，乞勅吏部放臣暫歸田里，日就醫藥，奉侍老母，以窮餘年。俟母養獲終，臣病全愈，仍前赴部以聽侍用〔一〕。則臣母子未死之年，皆陛下所賜。臣感恩益深，圖報益切，雖死於道路，無所復辭矣。臣干冒天威，無任皇恐戰栗之至。〔二〕

謝恩疏

臣於成化十九年八月二十八日具本陳情〔三〕，乞還養母，兼理舊疾。九月初一日欽奉聖旨：「陳獻章既該巡撫等官薦他學行老成可用，今懇切求回養母，吏部還查聽選監生願告回家的例來説。欽此。」及吏部查例覆奏，於本月初四日，欽奉聖旨：「陳獻章既係巡撫等官薦他，今自陳有疾，乞回終養。與做翰林院檢討去，親終疾愈，仍來供職。欽此。」伏念臣本菲才〔四〕，誤蒙薦舉，又以老母在念，沉痾在躬，未得以仰承試用。陛下憫其愚誠，不加誅責，使少寬旦夕之假，已

〔一〕「侍用」，林齊本、蕭世延本、白沙文編作「試用」。
〔二〕「無任皇恐戰栗之至」後，林齊本、蕭世延本、白沙文編有「爲此具本，令姪男陳景星抱齎謹具奏聞」十六字。
〔三〕「臣於成化十九年八月二十八日具本陳情」前，林齊本、蕭世延本、白沙文編有「吏部聽選監生臣陳獻章謹奏，爲謝恩事」十六字。
〔四〕「本菲才」，林齊本、蕭世延本、白沙文編作「本以菲才」。

云幸矣；而又慰之以温言，寵之以清秩，使遂其欲去而勉其復來，此誠天地之量，日月之明，雨露之澤，出於尋常條格之外者。臣雖至愚，亦知啣負恩德，圖報稱於親終疾愈之日，不敢負朝廷待士之盛意，不敢違臣子効用之初心也。但身在牀褥，實難動履，輒欲具本稱謝，以不親拜舞，益不自安，即令姪男陳景星具狀鴻臚寺，告欲俟筋力稍紓，尚當勉强赴闕〔二〕，庶幾少伸報謝之萬一。而又爲風寒所中，肢節沉痛，卧不能興，臣竊復自念，舊疾方殷，新病復繼，恐非旬月可愈，不惟有稽入謝之期，抑且不能亟副歸養之詔，心未酬而罪愈甚矣。臣瞻望朝廷，離違在邇，雖圖報有日而遲速未占。俯仰愧怍，無任感激戀慕之至〔三〕！

序

認真子詩集序

詩之工，詩之衰也。言，心之聲也。形交乎物，動乎中，喜怒生焉。於是乎形之聲，或疾或

〔二〕「勉强」，林齊本、高簡本、蕭世延本、白沙文編作「强勉」。

〔三〕「無任感激戀慕之至」後，林齊本、蕭世延本、白沙文編有「爲此具本，令姪男陳景星抱齎謹具奏聞」十六字。

徐，或洪或微，或爲雲飛，或爲川馳。聲之不一，情之變也。率吾情盎然出之，無適不可。有意乎人之贊毁，則《子虚》、《長楊》，飾巧夸富，媚人耳目，若俳優然，非詩之教也。甚矣，詩之難言也！李伯藥見王通而論詩，上陳應、劉，下述沈、謝，四聲八病，剛柔清濁，靡不畢究，而王通不答。薛收曰：「吾嘗聞夫子之論詩矣，上明三綱，下達五常，於是徵存亡、辨得失，小人歌之以貢其俗，君子賦之以見其志，聖人采之以觀其變。今子之言詩，是夫子之所痛也。」南朝姑置勿論。自唐以下幾千年於兹，唐莫若李、杜，宋莫若黄、陳，其餘作者固多，率不是過。烏虖！工則工矣，其皆三百篇之遺意歟？率吾情盎然出之，不以贊毁歟？發乎天和，不求合於世歟？明三綱、達五常、徵存亡、辨得失，不爲河汾子所痛者，殆希矣。故曰「詩之工，詩之衰」。夫道以天爲至，言詣乎天曰至言，人詣乎天曰至人。必有至人能立至言。堯舜周孔至矣，下此其顔孟大儒歟！宋儒之大者，曰周、曰程、曰張、曰朱，其言具存，其發之而爲詩亦多矣。世之能詩者，近則黄、陳，遠則李、杜，未聞舍彼而取此也。學者非歟？將其所謂大儒者，工於道不工於詩歟？將未至於詣乎天，其言固有不至歟？將其所謂聲口弗類歟？[一]言而至者，固不必其類於世。或者又謂「詩有别材，非關書也；詩有别趣，非關理也」，則古之可與言詩者果誰歟？夫詩，小用之則小，

〔一〕「弗」，四庫全書本作「勿」。

大用之則大。可以動天地，可以感鬼神，可以和上下，可以格鳥獸；四時行焉，百物生焉；皇王帝霸之褒貶，雪月風花之品題，一而已矣，小技云乎哉！都憲朱公以其所爲詩編次成帙，題曰《認真子集》，授簡於白沙陳獻章，曰：「爲我序之。」公昔語我於蒼梧，曰：「詩非吾所長。」公豪於辭矣，而未始以爲足。「認真子」名集，公意有所屬，顧覽者未必知，而吾以是覘公之晚節也。詩雖工，不足以盡詩，而況於盡人乎？謂吾不能於詩而好爲大言，不知言者也。公名英，字時傑，郴陽人，由進士歷官中外，節用而愛人。

奉餞方伯張公詩序〔一〕

昔魏野送寇忠愍之詩云：「好去上天辭富貴，歸來平地作神仙。」當是時，寇公自永興召入，其志方鋭於事爲，野遽止之，故寇公不悦。後來通州，始書此詩於壁間，朝夕諷詠之。論者以是善野之言，而以寇公之始終爲可議。夫君子出處去就之義，固未可盡責之寇公輩。而山人處士例以不出爲高，故其所責望於人，亦止以輕富貴爲第一等事，則野之於寇公，其相與之言如此，

〔一〕「奉餞」之「奉」字原缺，據林齊本、高簡本、白沙文編、何熊祥本、黄之正本、碧玉樓本、四庫全書本補。又：「奉餞」，蕭世延本作「奉贈」。

亦宜。方伯張公不以僕愚，往往欲置之門下。近者，疊紙責以贈言，僕何敢爲佞？誠慕古人出處之大，不敢徇一己之私，主一偏之見，以必人之從我而忘天下。故區區之辭，惟以己與公進退並言之，而不敢效尤於野之必。其義可否，公請自擇。胡文定云「平生出處未嘗謀於朋友，如人飲水，冷暖自知」〔二〕，惟公裁焉。其辭曰：去夢勞精爽〔三〕，投書阻歲年。壯遊眇車蓋，虛臥老江煙。公德清南服，帝心簡大賢。神仙休囑付，卿相待回旋。

東曉序 成化庚寅十二月作

居之有名，惡乎始？君子之居也，興於斯，息於斯，目之所視，心之所隨，苟無所事乎畏，則怠而入於忘。其主於畏乎！何氏子隱南海之濱，更名潛，榜其居曰東曉。蓋亦以其識見之超卓能及於微遠，如陽氣始舒，昭晰無間，故以其象諭之云耳。時乎見，則見矣；宜潛而見，過也，則有畏。潛惡乎畏而取於是，故直以爲喻己？然予謂潛之畏，不終無也。暘谷始旦，萬物畢見，而居於蔀屋之下，亭午不知也。忽然夜半起，振衣於四千丈羅浮之岡，引眄於扶木之區，赤光在海

〔二〕「胡文定云」，高簡本、白沙文編、何熊祥本、黄之正本、碧玉樓本、四庫全書本作「胡文定公」。

〔三〕「精爽」，黄之正本、四庫全書本作「英爽」。

底，皎如晝日，仰見群星，不知其爲夜半。此無他，有蔽則闇，無蔽則明。所處之地不同，所遇隨以變，況人易於蔽者乎？耳之蔽聲，目之蔽色，蔽口鼻以臭味，蔽四肢以安佚。一掬之力，不勝群蔽，則其去禽獸不遠矣，於此得不甚恐而畏乎？知其蔽而去之，人欲日消，天理日明，羅浮之於扶木也；溺於蔽而不勝，人欲日熾〔二〕，天理日晦，蔀屋之於亭午也。二者之機，間不容髮，在乎思不思、畏不畏之間耳。潛，隱者也，理亂、黜陟、刀鋸非所畏，尚亦有畏於斯乎！因其乞言，序以勗之。〔三〕

李文溪文集序 成化庚寅九月作

予嘗語李德孚曰：「士從事於學，功深力到，華落實存，乃浩然自得，則不知天地之爲大、死生之爲變，而況於富貴貧賤、功利得喪、屈信予奪之間哉！」今觀其先世文溪先生遺稿，初涉其流，渺茫汪洋，若江河之奔駛；而又好爲生語，險怪百出，讀者往往驚絶，至或不能以句，以謂文溪直文耳。徐考其實，則見其重内輕外，難進而易退，蹈義如弗及，畏利若懦夫，卓乎有以自立，

〔二〕「熾」，原作「勝」，據林齊本、高簡本、蕭世延本、白沙文編、何熊祥本、黄之正本、碧玉樓本、四庫全書本改。
〔三〕「序以勗之」後，林齊本、蕭世延本、白沙文編有「成化庚寅冬十又二月壬戌書」十二字。

不以物喜，不以己悲，蓋亦庶幾乎吾所謂浩然而自得者矣。然後置書以歎曰：「嗟乎！此文溪所以爲文也。」亟讀而亟思之，執卷務盡，乃至目倦神疲，欠伸欲起，輒回顧，屑屑焉不忍舍也。夫因言以求其心，攷跡以觀其用，故人之深淺畢見。愚不敢自謂有得於文溪之蘊，顧平昔所以告德孚者，乃區區願學而未能忽焉。親諸簡册之中，矗若冥會，雖不盡解其説，要其歸與此異者蓋寡矣。則以之而嗟歎慕悦，尚何疑哉？[一]傳曰「生乎百世之上，百世之下聞者莫不興起」[二]，此之謂也。德孚念先緒之落落，遺稿僅存，復多訛闕，乃深自懼恧，悉訪諸族之人，得舊所刊本與所謄本參校，闕其所疑，刻之家塾，命胤子昭董其事[三]，而俾予爲序之。烏虖！自予爲兒時，已聞文溪名而喜；少長，益嚮慕，而獨恨未識其心胸氣象爲何如。比歲，京師獲交德孚，亦嘗一閲其世譜；今幸寘目於先生之文，而知富貴果不足慕，貧賤果不足羞，功利得喪、屈信予奪，一切果不足爲累；天地之爲大，死生之爲變，自得者果不可得知；而奮乎百世之上，興起百世之下，孟軻氏果不予誣。其所恃者，蓋有在也。故士必志道，然後足以語此。德孚好學，老當益壯。

[一]「何」，林齊本、高簡本、蕭世延本、白沙文編、何熊祥本、黃之正本、四庫全書本作「奚」。

[二]此引文出自《孟子·盡心下》。「生乎」，《孟子》原文作「奮乎」。（朱熹撰：《四書章句集注》，上海/合肥：上海古籍出版社、安徽教育出版社，二〇〇一年，第四三六頁）

[三]「胤子」，原作「嗣子」，據林齊本、高簡本、蕭世延本、白沙文編、何熊祥本、黃之正本、四庫全書本改。

昭也，尚亦有激於予之斯言也乎！〔一〕

澹齋先生挽詩序

昔人求哀辭於林希，希謝之書，有曰：「君子無苟於人，患其非情也。」夫感而哀之，所謂情也。情之發而爲辭，辭之所不能已者，凡以哀爲之也〔二〕。苟無其哀矣，則又烏以辭爲哉？〔三〕此之謂不苟於人也。余頃居京師二年，間從貴公卿遊，入其室，見新故卷册滿案，其端皆書謁者之辭，就而閲之，凡以其親故求挽詩者十恒八九，而莫不與也，一或拒之，則艴然矣。懼其艴然而且爲怨也，而强與之，豈情也哉？噫！習俗之移人一至於此，亦可歎也。天下之僞，其自兹可憂矣。澹齋先生姓某氏，名某，秫坡黎先生門人也。吾鄉稱先達，以文行教後進，百餘年間，黎秫坡一人而已。秫坡與予連里第，予之生也後，不及侍其門。弱冠，與澹齋之子益游，始拜澹齋，誨予以秫坡事縷縷，此豈一日忘其師者耶？當是時，秫坡之門存者不少，獨澹齋以其學教授於羅山之下，子弟有所矜式焉。夫不背其師於既死，而傳其學於來世，信也；愛其子以及其友，仁

〔一〕「尚亦有激於予之斯言也乎」後，林齊本、蕭世延本有「成化庚寅九月，同郡陳獻章公甫書」十四字。
〔二〕「哀」前，林齊本、蕭世延本、白沙文編有「其」字。
〔三〕「烏」，林齊本、高簡本、蕭世延本、白沙文編、何熊祥本、黄之正本、四庫全書本作「惡」。

也；益之子執饋於我，雲也今爲梁氏甥，戚也。藉是三者，其死也，能無哀乎？哀而後爲之詩，詩之發率情爲之，是亦不可苟也已，不可僞也已。

緑圍伍氏族譜序

伍氏系出汴梁，先世有仕宋爲嶺南第十三將，卒於官，遺其二子新會，遂有緑圍之伍，曰朝佐、曰朝愷，今爲緑圍始遷之祖。而氓又始遷之祖所自出，所謂第十三將者是也。氓以上，世次莫詳，今斷自可知，以氓爲第一世。自氓而下，或隱或仕，垂三四百年，邑之稱望族，曰衣冠之美無替厥先、術業之隆有光厥後者，得伍氏焉。吾友光宇，自其先大父某始徙居外海之南山。山之坡陀有石，延袤丈餘，下可容一榻，光宇築爲室。石旁樹松竹，往往造其間，危坐收斂，爲持敬之學。又於白沙築小室三間，命曰「尋樂」，以爲問業之所。至則商論彌月而後返，用心良苦〔二〕。時人無有能窺其際者，惟寶安林光與予知之。余交最久，光纔一再見，退謂其弟琰曰：「伍光宇，君子人也。」素有肺疾，然喜聞議論之益，當其呻吟疾苦之時，遇有得，輒若亡去。辛卯首夏，疾大作，中益以他恙，遂不可支。是秋九月，予往視之，坐甫定，便語云：「還我族譜序，吾無憾

〔二〕「用心」前，林齊本、蕭世延本、白沙文編有「其」字。

焉耳。」退見其季父絢洎伯兄裕，咸申之曰：「絢等殆未有請也[一]，惟先生之於雲也，實望之。寧獨愛一言，且使聞之，病亦尋起。」嗚呼！若光宇者，困而益堅，老而愈壯，危至而知惕，樂矣而不淫，可謂篤信有守者矣。其於伍氏所謂無替而有光者，其在斯人歟，其在斯人歟！[二]

夕惕齋詩集後序

受朴於天，弗鑿以人；稟和於生，弗淫以習。故七情之發，發而爲詩，雖匹夫匹婦，胸中自有全經，此風雅之淵源也。而詩家者流，矜奇眩能，迷失本真，乃至旬鍛月煉，以求知於世，尚可謂之詩乎？晉魏以降，古詩變爲近體，作者莫盛於唐，然已恨其拘聲律、工對偶，窮年卒歲，爲江山草木、雲煙魚鳥粉飾文貌，蓋亦無補於世焉。若李、杜者，雄峙其間，號稱大家，然語其至則未也。儒先君子類以小技目之，然非詩之病也。彼用之而小，此用之而大，存乎人。天道不言，四時行、百物生，焉往而非詩之妙用？會而通之，一真自如。故能樞機造化，開闔萬象，不離乎人倫日用而見鳶飛魚躍之機。若是者，可以輔相皇極，可以左右六經而教無窮，小技云乎哉？今

[一] 「有請」，林齊本、蕭世延本、白沙文編作「有以請」。

[二] 「其在斯人歟」後，林齊本、蕭世延本、白沙文編有「白沙陳某公甫識」七字。

之名能詩者，如吹竹彈絲、敲金擊石，調其宮商，高者爲霓裳羽衣、白雪陽春，稱寡和，雖非《韶》、《護》之正，亦足動人之聽聞，是亦詩也，吾敢置不足於人哉？少參任君菹吾省，間過白沙，攜其先公詩集求一言於卷末，予故以詩道略陳之。若夫先公吟詠之情，具在集中，覽者當自得云。

送張進士廷實還京序

鄉後進吾與之游者，五羊張詡廷實。［廷實］始舉進士[一]，觀政吏部稽勳，尋以疾請歸五羊。五羊，大省地。廷實所居，户外如市，漠然莫知也。自始歸至今六年間，歲一至白沙，吾與之語終日而忘疲。城中人非造廷實家不得見廷實，而疑其簡，實不然也。蓋廷實之學，以自然爲宗，以忘己爲大，以無欲爲至，即心觀妙，以揆聖人之用。其觀於天地，日月晦明，山川流峙，四時所以運行，萬物所以化生，無非在我之極，而思握其樞機、端其銜綏，行乎日用事物之中，以與之無窮。然則，廷實固有甚異於人也，非簡於人以爲異也。若廷實清虚高邁、不苟同於世也，又何憂其不能審於仕止、進退、語默之概乎道也？兹當聖天子登寶位之明年，思得天下之賢而用之，而

[一]　「廷實」二字原缺，此文墨跡尚存，據補。（秦有朋主編：《陳獻章書法集》，廣州，嶺南美術出版社，二〇〇八年，第十二頁）阮榕齡《編次陳白沙先生年譜》「弘治二年己酉」條所引此文，亦補「廷實」二字。

廷實之病適愈。太守公命之仕，廷實不得以「未信」辭於家庭，於是卜日告行於白沙，留二十餘日。去歲之冬，李世卿别予還嘉魚，贈以古詩十三首，其卒章云：「上上崑崙峰，諸山高幾重？望望滄溟波，百川大幾何？卑高入揣料，小大窮多少？不如兩置之，直於了處了。」世卿，豪於文者也，予猶望其深於道以爲之本。廷實至京師，見世卿，重爲我告之。廷實所以自期，廷實其自信自養以達諸用，他人莫能與也。〔二〕

關西丁氏族譜序〔三〕

邑長丁彦誠嘗欲修正其世譜，而患文獻之無足徵，以問於予，告之曰：「務遠之詳孰信，好大之同自誣。譜吾所知，世其賴之。」乃取其家舊所藏宗系圖，上下亘數百年，著而爲世者二十有一，朱墨漫滅之餘，存者或僅識其行第而已。别出近譜一巨編，世倍於圖，而辭蕪陋亦甚焉。丁氏之居關西者，每歲以社日有事於先祖，長老主祭者稱述先世以詔其族之人。其所稱顯而遠

〔二〕　文末，墨跡有落款云：「弘治二年，歲次己酉，春二月晦日，古岡病叟陳獻章公甫書。」（秦有朋主編：《陳獻章書法集》，第十二至十三頁）

〔三〕　篇題及内文諸「關西」，四庫全書本作「西關」；内文諸「關西」，林齊本、蕭世延本、何熊祥本、黄之正本作「西關」。

者，丹陽司馬；司馬以降，曰一司徒、六節度、十二僕射、十光禄云。司徒於今無所考。圖之世昉於此，別譜乃增至其上九世[二]，世有顯者焉。其他若衆支之所屬，世以增損，先後牴牾於圖者十九。二者之間，孰得孰失，作譜者要自知之耳。丁氏始遷寧都之園村，子孫散居市落與他方者日遠日疎，莫能統一，各以其派爲譜。關西之譜以爲司馬首世，而以始遷關西之祖大郎首派，遠近詳略大小同異本於圖，君一無所改於其舊，屬某序之。君以成化戊戌進士宰縣，一年能使强者畏、弱者懷。盡毀邑中之淫祀，而以禮教禁民之邪。于兹六年矣，然猶未能皆得於人[三]，則亦以其方枘而圜鑿者有以致之焉。今是譜也，亦主於實而已，予故爲辨而序之。予曩讀蘇子瞻《剛説》，想見其人。青天白日，其立於朝也，如千仞之壁可望而不可即者。孫先生介夫也，於君爲鄉先進。君告予以三七年不決之疑，曰：「關西之六世無子，後以孫氏，是爲七二居士，實介夫之子。事載居士墓銘，今已亡矣。」蓋其自幼時聞於長老者如此。果爾，介夫，君之所自出，豈徒曰鄉之人哉？并識於此。

[二]「增至」，林齊本、蕭世延本、何熊祥本、黄之正本、四庫全書本作「增自」。
[三]「皆」，原作「者」，據林齊本改。四庫全書本作「盡」；碧玉樓本作「有」。

湯氏族譜序

家之譜，國之史也。本始必正，遠邇必明，同異必審，卑而不援高，微而不附彰，不以貴易親，不以文覆愆，良譜也。莫不有家也，小大異焉；莫不有世也，升降異焉。自吾之世推而上之，缺其不可知者，存其可知者，良譜也。世假譜以存者也，譜存之家，是名世家。修譜者不知世之重也，援焉以爲重，無實而借之詞，吾不欲觀也。湯氏，邑之著姓也。自言先汴人，隨宋南渡，居嶺南南雄。世遠失傳，今以始自南雄遷古岡曰統者爲一世祖，統以上無考。譜亡于元季之亂，續之者唐府伴讀八世孫有容也，退菴鄧先生序之。正統己巳之秋，黄賊起南海，一郡騷然。賊南攻，湯氏之婦馬氏奮謂其夫溥英曰：「賊且至矣，他物易得耳，譜亡，文獻無徵。」於是馬氏手挈是編走邑城西北貴奇坑，出入水火，顛沛極矣，譜卒賴以全。湯氏之先，以儒起家，世有顯人，序稱伴讀君之賢有自。今馬氏又賢也。在宋，欽州守馬持國賢而有名，馬氏幾世祖也，其賢蓋亦有自云。胤子紹端念母氏之賢勞〔一〕，將托以告後之子孫，俾咸念之，徵予序。予惟世家之譜可觀，不援不附，如湯氏亦良譜也。内則賢婦女，外則賢丈夫，相與修緝維持，既亡而復

〔一〕「胤子」，原作「嗣子」，據蕭世延本、白沙文編、何熊祥本、黄之正本、四庫全書本改。

存。湯之子孫念之，亦允蹈之。國史記事，略與家譜同。史主勸懲，譜勸而不懲。不修其世而以譜重，君子不重也，卒亦不勸而已矣。存世者譜也，存而重之譜乎？世之重以德，譜之重以言。德與言孰重？重世乎？重譜乎？在湯氏。

送李世卿還嘉魚序

弘治元年戊申夏四月，湖廣嘉魚李承箕世卿，自其鄉裹糧南望大庾嶺，沿途歌吟入南海，訪予白沙。一見語合意。先是五六年，予會都憲公之子承恩于北京。承恩，世卿從弟也，示予以世卿之文，出入經史，跌宕縱横，筆端滚滚不竭來，數千言沛然出之，若不爲勢利所拘者。予時未識世卿，而知世卿抱負有大於人，既不忘於心，亦時於詩焉發之。或聞論當世士有文章，必問曰：「如李世卿否？」然又意世卿少年，凌邁高遠則有之；優游自足無外慕，嗒乎若忘，在身忘身，在事忘事，在家忘家，在天下忘天下，世卿未必能與我合。孰知世卿有意於來耶？自首夏至白沙，至今凡七閱月〔一〕，中間受長官聘修邑志于大雲山五十餘日，餘皆在白沙。朝夕與論名理，凡天地耳目所聞見、古今上下載籍所存，無所不語。所未語者，此心通塞往來之機，生生化化之

〔一〕「閲」，林齊本、高簡本、蕭世延本、白沙文編、何熊祥本、黄之正本、四庫全書本作「越」。

妙，非見聞所及，將以待世卿深思而自得之，非敢有愛於言也。時時呼酒與世卿投壺共飲，必期於醉。醉則賦詩，或世卿唱予和之，或予唱而世卿和之，積凡百餘篇。其言皆本於性情之真，非有意於世俗之贊毁。至是，世卿以太夫人在堂辭去，欲留不可，爲古詩十三首别之。諸友相繼有言。世卿歸，以所聞於予者質諸伯氏茂卿，登大崖山吟弄赤壁之風月，予所未言者，世卿終當自得之。世卿之或出或處、顯晦用舍，則繫於所遇，非予所能知也。予老且病，行將采藥於羅浮四百三十二峰以畢吾願，世卿能復索我於飛雲之上否耶？序以送之。

望雲圖詩序 弘治辛亥十二月作

意所嚮往處，非乘雲御風〔一〕，身不可得而至；窮之乎山川，委之乎官守，曠之乎歲月，當食食忘，當寢寢廢，一有感乎外而動乎中，終日視而目不瞬。以言乎化，外不化而内化；以言乎情，則哀而不傷。至矣乎，非子之於親，則臣之於君，過而不過，其狄梁公歟！梁公仕唐在武后朝，以一身繫唐宗社之重，扶陽抑陰，光復唐祚，事載簡册，昭若日星。夫梁公可謂有大功於唐矣。賢者識其心，自望雲一念中來，故曰「求忠臣必於孝子之門」。今王公少孤，事母夫人以孝

〔一〕「御風」，林齊本、蕭世延本、白沙文編作「馭風」。

聞，稱於藩臬諸公者無異辭。公山西人也，奉命來南海幾年，念太夫人春秋高，不得左右朝夕侍以爲憂。與人言輒流涕嗚咽而不自勝。先公之逝，公方委齒，已能慟絶復蘇。蓋公之孝自天性，非由勉慕乎外。於是，諸公命工繪《望雲思親圖》以表之，復相與賦詩，道其事於古岡病夫陳某，俾序之。頃者，公乘廣海之舟，道經新會，吏民親公如親賢大夫，忘乎公之爲貴也。時情俗態，好佞諛而樂承奉皆是也，公一濯之清風，而民稱其不擾。夫以今日之所聞徵諸古，若梁公之事，然後識其中之所存。苟無是心，有文章足以收譽於衆口，有功業足以耀榮於一時，有名節足以警動乎流俗，皆僞而已，豈能久而不變哉？夫孝，百行之源也，通於神明，光於四海。堯、舜，大聖也，孟子稱之，曰「孝弟」而已矣。故君子莫大乎愛親。嘗取李令伯《陳情表》讀之，有不感咽流涕廢書以歎者乎？烏虖！令伯之《表》，太行之雲也〔二〕，斯圖也若之何？使王公見之，慰其憂，增其憂，殆非所以處王公也。雖然，君與親一也。在親爲親，在君爲君，世寧有篤於親而遺其君者乎？圖而賦之，以表公之孝、以勸公之忠，而又以公之能愧人之不能。振頽風、扶世教，固有位者之事，諸公豈無意乎？覽者當自得。〔三〕

〔二〕「太行」，原作「大行」，據林齊本、高簡本、蕭世延本、何熊祥本、黄之正本、碧玉樓本、四庫全書本改。

〔三〕「覽者當自得」後，林齊本、蕭世延本、白沙文編有「弘治辛亥冬十二月」八字。

贈李劉二生使還江右詩序

匡廬，白鹿之故址，自宋考亭朱晦翁一嘗作新之後，遂無聞焉。我朝文教誕敷，鄉先輩翟公守南康日，始圖創復舊觀，潮陽李先生繼之，白鹿書院之名復聞於天下。成化十七年，江西按察使恥菴陳先生乃謀於提督學校憲副鍾公、僉事冷菴陳公、大參祁公，慨然以作新斯文爲己任。謂予於考亭之學亦私淑諸人者，宜領教事，乃具書幣，告于巡鎮，遣二生李士達、劉希孟如白沙以請。同時司藩臬諸賢咸與聞之，外則東白張先生、廣東大方伯彭公、按察使閔公、吉水袁德純各以書遺予。雲輝日映，交迸衡宇。二生以諸公之命命予，予覽幣而驚，置書而走，走且告曰：「二生莫誤。諸公欲興白鹿之教、復考亭之舊，必求能爲考亭之學者，夫然後可以稱諸公之任使。乃下謀於予，是何異借聽於聾、求視於盲也？予聞之：君子之使人也，由其誠，不强其所不能。諸公即居予於廬山，予所能也；居廬山以奉諸公之教，非予所能也。二生其審諸。」於是，邑中聞有諸侯之使，自邑令佐以下至士庶耆老，源源而來，靡不觀感。李生丰姿秀發，言論是非不苟雷同；劉生貌恭而言慎，確有據守，俱稱爲東白門人也。予甚愛之，留且彌月矣。二生以諸公之命久不復，辭去。予既返諸公幣，復爲詩別之，所以致區區於二生，而申景仰於廬山也。是日憲副陶公過白沙，邑長丁侯、鄉諸士友各賦詩以贈。帙成，俾予序之。

味月亭序

成化丙午春正月，五羊何子有載酒過白沙，對月共飲，延緣數夕。告予：「曩夢遊仙甚適，扁所居第爲『味月亭』，識夢境也。願乞一言以歸。」予口占一絶句云：「騎羊仙客去仙城，風韻千年落杳冥。羅浮道士來何處，笑倒君家味月亭。」戲謂子有曰：「君不知羅浮道士耶？嘗俛仰子之亭矣。」因撫掌笑。前此五年，予被徵過郡，通名子有之廬。道士即予，蓋寓意耳。

贈容一之歸番禺序

容生卓錐無地，從予游者十有一載，未嘗對人作皺眉狀。入京師，見聲利烜赫輒不樂。語人曰：「古之仕者，將以行其志耳。徒食人祿而不知恥，雖吾不能以一日居。」生之志可謂篤矣。顧以予之疎謬〔一〕，不能輔其爲仁。是生雖有美質而其學未底於成，由吾之虚名誤之也。雖然，生之志豈易量哉？聖賢之言具在方册，生取而讀之，師其可者，改其不可者，直截勇往，日進不已，古人不難到也。但恐游心太高，著蹟太奇，將來成就結裹處，既非庸常意料所及，而予素蹇

〔一〕「疎謬」，林齊本、高簡本、蕭世延本、白沙文編、何熊祥本、黄之正本、四庫全書本作「疎繆」。

鈍，不能追攀逸駕〔二〕。仰視九霄之上，何許茫茫，生方鋭意以求自得，亦將不屑就。予又安知足履平地者果爲何如也？千里之行，始乎跬步，生慎由之。陳先生習忘久矣，生歸見毅卿，其亦以是語之。

道學傳序 成化乙巳閏四月作

自炎漢迄今，文字記録著述之繁，積數百千年於天下，至於汗牛充棟猶未已也。許文正語人曰：「也須焚書一遭。」此暴秦之迹，文正不諱言之，果何謂哉？廣東左方伯陳公取元所修《宋史》列傳中「道學」一編鋟板，與同志者共之。《宋史》之行於天下有全書矣，公復於此留意焉。噫！我知之矣。孔子曰：「十室之邑，必有忠信如丘者焉，不如丘之好學也。」後世由聖門以學者衆矣，語忠信如聖人，鮮能之，何其與夫子之言異也？夫子之學，非後世人所謂學。後之學者，記誦而已耳，詞章而已耳。天之所以與我者，固懵然莫知也。夫何故？載籍多而功不專，耳目亂而知不明，宜君子之憂之也。是故秦火可罪也，君子不諱，非與秦也，蓋有不得已焉。夫子没，微言絶。更千五百年，濂洛諸儒繼起，得不傳之學於遺經，更相講習而傳之，載於此編者備

〔二〕「不能」，林齊本、高簡本、蕭世延本、白沙文編、何熊祥本、黄之正本、四庫全書本作「胡能」。

矣，雖與天壤共弊可也。抑吾聞之：「六經，夫子之書也。學者徒誦其言而忘味，六經一糟粕耳，猶未免於玩物喪志。」今是編也，采諸儒行事之迹與其論著之言，學者苟不但求之書而求諸吾心，察於動静有無之機，致養其在我者而勿以聞見亂之，去耳目支離之用，全虛圓不測之神，一開卷盡得之矣。非得之書也，得自我者也。蓋「以我而觀書，隨處得益；以書博我，則釋卷而茫然」。此野人所欲獻於公與四方同志者之芹曝也。承公命爲序，故及之。公名選，字士賢，浙之臨海人。先公勿齋先生宰新城，遺愛在民。公稱其家學云。〔一〕

褉詩序

予自成化辛卯秋九月以來，絶不作詩，值興動輒遏之。至今年夏四月，予病小愈，扶杖出門，俯仰上下，欣慨于心。師友代凋，知己悠邈，殆亦不可爲懷。反乎中堂，童子絃歌，蹶然厥中，情危境逼，因緣成聲，積旬所爲，凡得詩若干。此外，又有《聞蛙》、《聞杜鵑》、《示跛奴》、《詰

〔一〕「公稱其家學云」後，林齊本、蕭世延本、白沙文編有「成化二十一年乙巳閏四月，翰林檢討古岡病夫陳獻章公甫書」二十五字。

李翁奴》、《送西賓筆》等通若干詩〔二〕，微覺曠日。既反于故戒，晦日取閱之，皆誠意所發，辭不虛假。序而藏之，用示兒子。

送李山人詩序

成化辛卯春，永豐人李立武挾風水之術過白沙訪予。一日，以其術相地於蓬萊館，指其上土渦謂予曰：「仰天湖也。」予不能識其然否。西北歷崑崙之麓，出入十二郍，環以青山，蒙以白雲，予於是俯仰樂甚。李君既四顧無所得，復歎仰天湖之勝，以爲奇絶。予於李君，蓋各適其適也。作詩以貽之。〔三〕

送容一之如永豐詩序

縣主丁侯景仰一峰羅先生，於既殁，乃以學生容貫充弔祭使如永豐，而歸其賻于先生之子清極。貫云：「當自永豐東走金陵，謁木齋莊先生於江浦，然後歸。」一念懷賢，無間存殁，可壯

〔二〕此或有衍脱文字。
〔三〕「作詩以貽之」後，林齊本、蕭世延本、白沙文編有「夏四月七日，某識」七字。

也，歌以送之。歌曰：「還從江北話江西，謁墓人來見木齋。長江亦是東湖水，何處吟風弄月臺？」「今朝何事又離群，南北東西一片雲。如此行藏都未定，老夫扶病欲隨君。」

東圃詩序

南海范規從予游，嘗聞規之父東圃翁朴茂，於人無怨惡，早歲出入江湖，既倦而歸，圃於西江之滸、花山之陰[一]，因寄號曰東圃。東圃方十畝，沼其中，架草屋三間，傍植花卉、名木、蔬果。翁寄傲于兹，或荷丈人蓧，或抱漢陰甕，興至便投竿弄水，擊壤而歌。四時之花，丹者摧，白者吐。或飲露而飡英，或尋芳而索笑；科頭箕踞椌陰竹影之下，徜徉獨酌；目諸孫上樹取果實、嬉戲笑語以爲適。醉則曲肱而卧，藉之以緑草，灑之以清風。寤寐所爲，不離乎山雲水月，大抵皆可樂之事也。規别白沙去遊曹溪洞，不相見數年矣。一日復來，與規語，如聞陳子昂、李太白賦感遇詩，一喜一愕，規亦奇矣哉！比歸，以東圃詩爲請，且曰：「無以娱親故也。」予樂聞東圃翁爲人，而憐規之志，不可違也，賦排律十韻以贈之。東圃名真，字則未聞也。詩曰：一老胥江卧，瀕江一圃開。林春煙淡泊，地暝月徘徊。盡日扃茆宇，殘年寄酒杯。山蹊人不到，庭竹鳳飛

[一]「西江」，林齊本、蕭世延本、白沙文編作「胥江」。

來。靜得丘園樂，清無市井埃。雲封朝几白，風入夜絃哀。細雨攜鉏去，輕笻看藥回。江山吾晚暮，梨栗爾嬰孩。天上群龍遠，花前獨鶴陪。誰爲求仲侶，心蹟總悠哉。

壽張撫州六十一詩序

有剛氣者常伸於萬物之上。人謂兩山傲，豈真傲者耶？兩山謝郡歸，今年六十有一矣。兩山之子詡也，從予游，限於官守，不得奉巵酒爲兩山壽。爲作長句以壽之。其辭曰：太守春秋踰六十，面如丹砂髮如漆。揮毫落紙神飄逸，拄頰向空思紆鬱。白雲滿野山露骨，誰道頭銜非外物？笑傲得之寵爲失，平生自許剛不屈。兩山宴坐何處山，願效南山保終吉。弘治庚戌二月初吉，白沙陳獻章書。

周氏族譜序

周氏之上世居洛陽，自昭信府君仕元，爲昭信校尉，累有功。世祖嘗手撫其肩寵之，時人爲之號曰「御搭手周」云。厥後，從伯顔下江南，始不樂仕，退隱湖州之長興，尋徙德清。因感異夢，求所卜地於縣西門外積谷口之前一里許，山水明秀，一如夢中所見，大喜，以爲神授，遂定居焉。昭信娶長興姚氏，生兩提舉公。長公一子，諱子成，居本里井頭。少公長子諱亨甫，元季任典史，居河口；次子諱通甫，居縣西。各隨所居地爲派。長公之派一，少公之派二，統之爲三大派。三派之後，或隱或仕。國朝洪武初，任户部主事諱子和者，典史君之次子，顯于河口。縣西自通甫君以下六傳至封君鼎〔二〕，以其子今吾省少參公之貴，封禮部員外郎。少參公中成化乙未進士第，選工部主事，遷禮部員外郎，繼遷郎中，遂參吾省。諸派之中，此其尤顯者也。公以弘治己酉始至白沙。未幾，公復來，與言家世纓簪，以其族之譜請序以付梓。予以不敏弗許〔三〕。公以數載之内，屢致書囑邦伯東山劉先生、按察使陶公交致其懇。既而，公復以書來，曰：「吾周氏自昭信以上居洛陽，世次無致。今譜斷自可知，以昭信府君爲第一世祖，其不可知者闕之，不敢妄有攀附以誣先代而誑後人。先生幸爲某序之，將無負於先生之言。」某於是不敢復以不敏辭於我少參公，而嘉周氏之譜不務窮於遠，爲信譜也。

〔二〕「通甫君」，原作「通府君」，據林齊本、蕭世延本、碧玉樓本改。

〔三〕「與言家世纓簪，以其族之譜請序以付梓。予以不敏弗許」，林齊本、蕭世延本、白沙文編作「與言家世之舊，以其族之譜請序，某始辭公以不敏，弗許」。

誄潘季亨詩序〔一〕

季亨之交於予十六載〔二〕，意篤而業不光，一旦棄我而死，不塞望矣，吾所以不能不爲之慟而深追憾於平日也。嗚呼！季亨尚能聞予斯言否？季亨死，有子纔五歲，四女皆幼，揭而委之一寡妻，是可哀也。其生以癸丑某月某日，卒于成化庚寅六月某甲子，年三十八。屬纊之秋，適林緝熙自寶安來白沙，覽予詩而哀，故亦同作。明年某月某日，葬季亨於某所。其親友馬廣氏請勒諸石爲墓銘。

送羅養明還江右序

永豐羅養明，丁酉春承一峰先生命來白沙。一峰，賢者也，而養明其愛弟。與語連日夜忘倦。昔之善稱人者，曰碧梧翠竹，又曰芝蘭玉樹。若養明，其可稱也已。養明喜論詩，予特愛其優柔不迫，近古詩人情態，稍與養明言之。養明日記吾言，手録拙稿以歸，予亦不能辭也。雖

〔一〕　此文碑刻尚存。「潘季亨」之「潘」字原缺，兹據碑刻補。（陳福樹撰：《陳白沙的書法藝術》，廣州：廣東旅遊出版社，二〇〇八年，第三八頁）碧玉樓本亦有「潘」字。又：題目及内文諸「季亨」，林齊本、蕭世延本誤作「李亨」。

〔二〕　「季亨之交於予十六載」前，林齊本、蕭世延本有「序曰」二字。

然，君子之所以學者，獨詩云乎哉？一語默、一起居，大則人倫，小則日用，「知至至之」，「知終終之」，此之謂知。其始在于立誠，其功在于明善；致虛以求静之一〔二〕，致實以防動之流，此學之指南也。養明歸，質之一峰，一峰不予謬也，豈非千載之幸歟？律詩二首以贈其别，不足爲一峰道也。

贈彭惠安别言〔三〕

忘我而我大，不求勝物而物莫能撓。孟子云：「我善養吾浩然之氣。」山林朝市，一也；死生常變，一也；富貴貧賤夷狄患難，一也，而無以動其心，是名曰「自得」。自得者，不累於外，不累於耳目，不累於一切，鳶飛魚躍，其機在我。知此者謂之善學，不知此者雖學無益也。先生貴

〔二〕「致虛」，原作「至虛」，據碧玉樓本改。

〔三〕此篇，據彭韶《惠安集》第十一卷附録補出。（彭韶撰：《惠安集》附録，《文津閣四庫全書》第四一六册，北京：商務印書館，二〇〇五年，第五三五頁）案：此文又見《雙槐歲鈔》、《白沙先生文編》、《明儒學案》，然無「先生貴州之行，章無以爲别，書此以代贈。先生行矣，世路多虞，伏惟珍重」二十八字，其他文字亦略有差異。（黄瑜撰：《雙槐歲鈔》，北京：中華書局，二〇〇六年，第一九五頁；唐伯元編次：《白沙先生文編》，明萬曆十一年郭惟賢、汪應蛟等刻本，第六卷，第十六至十七頁；黄宗羲撰：《明儒學案》，北京：中華書局，二〇〇八年修訂本，上册，第九〇頁）又：文中「夷狄」二字，原作「安樂」（或爲避清人諱而改），兹據《雙槐歲鈔》、《白沙先生文編》改正。

州之行，章無以爲别，書此以代贈。先生行矣，世路多虞，伏惟珍重。

敘交送李世卿别〔一〕

君子以道交者也，同明相照，同類相求，雲從龍，風從虎，聖人作而萬物睹。己不遵道而好與人交，惡在其能交也？孔子曰：「爲仁由己，而由人乎哉？」蔣兗州杜門謝客，開舍中三徑，二仲靡然從之遊。彼賢而隱者也，挫廉納污，以治車爲業，非詡之賢，孰能屈致之？予四十年取友於天下，所得有道德文章、有氣節、有勳業，其賢而在下位者，果無其人乎？羅一峰、張兼素不可復作。乃若所居之旁，伍雲、鍾淑、林暕此其人皆可與遊，而今亡矣。賢而存者，或隱或顯，未易概舉。其間一出一入，向道無誠，朝爲燕而暮爲越者，吾以未如之何也已矣，夫交豈易言哉？

李世卿最後識，四五年間兩過白沙，每見益親。世卿多才兄弟，登科甲而官京師，輝映後先。世卿卜居於黄公山，與山雲水月爲伍，若將終身焉。世卿今别江門而歸，予乃脱藤蓑贈之，

〔一〕此篇，據朱志先《〈陳獻章集〉集外詩文輯佚一則》補出。（《五邑大學學報》〔社會科學版〕，二〇一七年第一期，第二〇頁）此文原載上海圖書館藏清鈔本《大厓先生集》附録。案：《白沙先生文編》、《明儒學案》亦收録此文開頭數句，題爲「復李世卿」。《白沙先生文編》無「蔣兗州杜門謝客」之後文字，《明儒學案》無「孔子曰爲仁由己」之後文字。（唐伯元編次：《白沙先生文編》，第五卷，第二六頁；黄宗羲撰：《明儒學案》，上册，第八七頁）

蓋世卿之志也。既詩以道其意，復爲之序交，世卿且無謂余多言。孟子曰：「人惟有所不爲，而後足以有爲。」無所不爲者，豈能有所爲哉？

記

韶州風采樓記 弘治丁巳冬作〔一〕

宋仁宗朝除四諫官，其一人忠襄余公也。蔡君謨詩云：「必有謀猷裨帝右，更教風采動朝端。」弘治十年春，韶守錢君鏞始作風采樓，與張文獻風度樓相望。忠襄之十八世孫英走白沙，謁文以表之。夫自開闢達唐，自唐達宋至於今，不知其幾千萬年，吾瞻於前，泰山北斗，曲江公一人而已耳；吾瞻於後，泰山北斗，公與菊坡公二人而已耳。噫！士生於嶺表，歷兹年代之久，而何其寥寥也，則公之風采，在人争先睹之爲快，如鳳皇芝草不恒有於世也〔二〕，可知矣。如公之才，得行公之志，所謂「障百川而東之，回狂瀾於既倒」，公固有之。公有益於人國也，大矣。雖

〔一〕「丁巳」，原作「己巳」，據高簡本、何熊祥本改。林齊本、蕭世延本有落款，其所標時間亦作「丁巳」。

〔二〕「鳳皇」，林齊本、高簡本、蕭世延本、白沙文編、何熊祥本、黄之正本、碧玉樓本、四庫全書本作「鳳凰」。

然，一諫官豈能盡公哉？顔淵問爲邦，孔子斟酌四代禮樂告之。顔淵，處士也，何與斯理耶？居陋巷以致其誠，飲一瓢以求其志，不遷不貳以進於聖人。用則行，舍則藏，夫子作《春秋》之旨，不明於後世矣。後之求聖人者，顔子其的乎！時乎顯則顯矣，時乎晦則晦矣。語默出處惟時，豈苟哉？英乎，勉諸！毋曰「忠襄可爲也，聖人不可爲也」。〔一〕

古蒙州學記

立山復州治之幾年，今雲南左布政使樂安謝公綬始領右方伯之命來廣西，其民舉欣欣然喜而相告曰：「公復來，公復來。」廬陵彭君栗適知州事，問於諸父老。諸父老跽而言曰：「是再造我民者，我何可忘！吾州，古蒙州也，唐改立山縣，國朝洪武間革縣爲古眉巡檢司〔二〕。時草寇竊發，民亡者過半。比年以來，猺獞横據其地，盜日滋而民日孤。成化丙申，巡撫都御史朱公英督兩廣軍征荔浦破賊。賊懼，招之，獞老李恭著首遣其子來納欵。公前以參議佐巡撫于戎，議城立山。立山本州治，在桂林、平樂之間，爲藩腹心。今之憂，無控暴之地以居民耳。州復則民

〔一〕「聖人不可爲也」後，林齊本、蕭世延本、白沙文編有「弘治十年丁巳冬，陳某記」十字。

〔二〕「革縣爲」，林齊本、蕭世延本、白沙文編作「縣革爲」；高簡本、何熊祥本、黃之正本、四庫全書本作「革爲」。

定。尋請於上，許之，乃營立山。是役也，公與按察副使范公鏞、都指揮王公輔更主相之。明年丁酉，州治方成〔二〕，進軍荔浦。時桂山巖恃險後下，一軍怒，將盡殲之。公廉其脅從者，得七百餘人，釋遣歸農。賊以此傾信。招所至，猺獞視我立山咸來。此公以好生一念之仁，代血戰數萬之兵也。今也吾民之亡者復，復而爲州；昔之戕吾民者，今革面爲編氓。我有農桑，我有塾庠，生我有養，死我有藏。公之再造我民也，我何可忘？」於是彭君籍記諸父老之言，將碑於學宮以傳，而謀於提學時可周先生，周先生三致彭君之悃於予，俾爲之記。嗟乎！彭君誠不私於公，而思惠其州之人士乎！請爲言之。七百死命歸農，何致群兇之納欵？州亡州復在民，何關於公之一念？動於此，應於彼。默而觀之，一生生之機，運之無窮，無我、無人、無古今，塞乎天地之間，夷狄禽獸草木昆蟲一體，惟吾命之，沛乎盛哉！程子謂「切脉可以體仁」，仁，人心也。充是心也，足以保四海；不能充之，不足以保妻子，可不思乎？聖朝倣古設學立師以教天下〔三〕，師者傳此也，學者學此也。由斯道也，希賢亦賢，希聖亦聖，希天亦天。立吾誠以往，無不可也。

〔二〕「方成」，林齊本、高簡本、白沙文編、何熊祥本、黄之正本、碧玉樓本、四庫全書本作「成方」。若作「成方」，「方」字當下讀。

〔三〕「倣古」，高簡本、何熊祥本、黄之正本、四庫全書本作「訪古」。

此先王之所以爲教也。舍是而訓詁已焉，漢以來陋也；舍是而辭章已焉，隋唐以來又陋也；舍是而科第之文已焉，唐始濫觴，宋不能改，而波蕩於元，至今又陋之餘也。夫士何學？學以變化氣習，求至乎聖人而後已也。求至乎聖人而後已也，而奚陋自待哉？孟子曰：「人皆可以爲堯舜。」周先生師表一方，彭君爲州守，謁文山澤之癯，非俗吏，是以冒言之。諸生疑焉，請質於周先生，其必有興起焉者。甲倡焉，乙和焉，俛焉孜孜，其傳寖多，其化寖博，其於公也有光焉，則斯文也其猶庶幾泮水之頌歟！於是乎書。

程鄉縣儒學記 弘治癸丑七月作

潮之程鄉縣儒學傾圮久矣，今按察僉事雩都袁公慶祥處分以新之。明年，巡按廣東監察御史劉公纓分巡嶺東道，僉事王公某往來爲之勸借財用，或拓地以相其成。凡學宮之設，有文廟，有明倫堂，前後位置，所具皆同，亦程鄉之舊也。袁公因地之形勢廣狹而更張之，尊左則廟，次右爲堂，皆南面而並峙，此則學之大觀也。廟主以像，世相沿襲，有異授之嫌而未詳其所自〔二〕。意者，古以尸祭之遺意歟？廟前樹杏爲壇，夾以兩廡，戟門之東祠鄉賢，西祠后土。泮池在欞星

〔二〕「異授」，林齊本、高簡本、蕭世延本、何熊祥本作「異教」。

門之内，池之左爲宰牲所。堂之東西偏爲兩齋，爲諸生號舍。道義門與儒學門相望，東廡之上神庫，西齋之上神廚。廟與堂之間，會饌堂居之，北列廨宇。凡此皆出於袁公之規畫，授圖於縣令，俾成之。總之，爲屋若干楹。自辛亥迄癸丑，三易寒暑而後成。其形勝雖極壯麗，則亦天下之通制，不書可也。袁公不以風教落第二義，追惟古先聖王立學教人之本意而作新之，袁公所以望于程鄉，則不可不以告也。今夫南面而堂，一以奉古之人，一以居今之人，卑尊並立乎其間，此雖因地而寓形，而教未始不存也。夫子，太極也，而人有不具太極而生者乎？《語》以四科稱群弟子，由漢而來，儒者以言語稱者幾人？以政事稱者幾人？以文學稱者幾人？其間足以方駕乎古人而絶塵於當世者亦鮮矣〔一〕，況德行乎！顔子超然有見於「卓爾」之地，所以遨遊乎聖人之方而玄同乎聖人之神者，非可揣摩而得也。故其言曰：「夫子步亦步，趨亦趨，夫子奔軼絶塵，而回則瞠乎其後。」微顔子，其孰能知之親切如此。夫苟從事於斯，雖未即優入顔域，亦庶乎閔、冉之間，而由、求又有不屑爲者矣。予嘗聞程鄉風俗，善多而惡少。孟子曰：「雞鳴而起，孳孳爲善者，舜之徒也；雞鳴而起，孳孳爲利者，蹠之徒也。」夫三尺童子，聞人稱其善則喜，稱其惡則怒，是何心哉？予老矣，彼將有感吾言而興起者乎？縣令辛君竟以袁公之命，具其事之本

〔一〕「駕乎」，高簡本、何熊祥本、黄之正本、四庫全書本無「乎」字。

末，遺生員陳珀乞記於予，故爲之一言。葉柏、鍾譽、楊偉咸以義官董兹役，柏又偕珀來謁文，費莫大於納粟，指揮陳昂、義官鍾華次之。其餘助者又七十餘人，名氏多，不能具載，宜列之碑陰云。〔一〕

程鄉縣社學記 弘治庚戌秋作

國朝開設學校，自胄監至于府州縣，備矣。惟鄉之社學不列於官，待有司而後興。吉之永豐劉侯彬，由戊戌進士來令程鄉，首以教化風俗爲事。相地邑中，得東、西員城；得水南村，北距城五里；得大枯村〔二〕，南距城八十里〔三〕。各就其地之便，建學宫一所，爲社學者四。學宫之制，正北爲正蒙堂，東西兩齋相向者無不同也。其在東者，堂後考亭之祠，前有春浣池、詠歸橋，皆揭之於亭；其在西者，堂南考亭之祠，其後退省有軒、燕休有所；在南、北者咸無焉。此小子之學也。是學也，貧富、貴賤、才不才共之，無所擇於其人。學宫既成，侯以諭諸父兄，諸父兄咸

〔一〕「宜列之碑陰云」後，林齊本、蕭世延本有「弘治癸丑秋七月庚子，翰林檢討古岡病夫陳某記」二十字。

〔二〕「大枯村」，原作「大枯樹」，據林齊本、高簡本、蕭世延本、何熊祥本改。

〔三〕「距」，原作「踞」，據林齊本、高簡本、蕭世延本、何熊祥本、黄之正本、碧玉樓本、四庫全書本改。

喜。退，各以其子弟來受學，則爲延師以教之；買田租米一百石，以供束脩之需。品量所給，視所領子弟多寡，東、西各四十石，水南之受二十石；大枯成於諸學之後，未有受焉。縣東五六里有地曰周溪，山勢自北而來，迤邐南下，峰四遶如城。遠望不知溪發處，但見自出山東北隅流入，溶溶洋洋，横於坡陀之麓。上有曲池，狀如半月。侯顧而樂之，又愛溪之名，尋即其地搆堂於曲池之上最高處，圖《太極圖》於北壁，前作講堂，左右爲樓居；樓外鑿二石井，泉甘而洌，謂之「天泉井」〔二〕，榜其門曰「周溪書院」。周溪之門少東，過雲步橋，北折數百步，山曰雲洞，與太極堂東西相望。因闢地作亭，寓之「雲谷」之號。侯政暇輒往游焉，瞻眺徘徊，如有求而弗得。侯安取於山水若是勤哉？已上諸役及買田之費，侯悉以其在官所當得者積歲成之，一不以擾民。教諭李君欽、訓導陳君禄具圖與事，遣生員鍾宏走白沙，屬予記之。古者，王畿置小學於辟雍之側，其在侯服邦國則列於庠序之右。今之郡縣學，古之大學也；今之社學，猶古之小學也。天下風俗美惡存乎人，人之賢否存乎教。觀今之風俗，則今之人才可知矣。予嘗終夜思之，其不及古者有司，非與？庠序之設、六經之訓，固在也。以小學言之，朱子小學書，教之之具也；社學，教之之地也，其皆不可無也。天下之事，無本不立。小學，學之本也。保自然之和，禁未

〔二〕「井」，原作「并」，據林齊本、高簡本、蕭世延本、何熊祥本、黄之正本、碧玉樓本、四庫全書本改。

萌之欲，日就月將，以馴致乎大學，教之序也。然則，社學之興在今日，正淑人心、正風俗、扶世教之第一義也，何可少哉？何可少哉？〔一〕侯之心猶未但已也，曰：「我有司也，資於何以治？資於何以教？山名水名，我思古人。世豈無庶幾者乎？」於是，爲之意以感之，爲之地以處之。十數年間，東西行過程鄉者多矣，未聞有吟風弄月而來、足以副侯之心者，侯豈敢必哉？或謂予曰：「侯來程鄉居幾年，寄懷山水之間，不屑屑於簿書，侯何心？今且去程鄉矣，侯其埃壒斯世，將高棲而遠遁乎？」以是爲知侯，予蓋不知也。併記於是。〔二〕

重修梧州學記 弘治戊午三月作

百粵之區幾千里，東望五羊，西通八桂，蒼梧界其間，皆古之名郡也。成化改元，都御史韓公始于梧州開設三府，病一學宮之不稱，亟選地于州城之南一里許，遷焉。弘治丁巳秋，鄧公來總督兩廣軍務，謂不可以軍旅之事先俎豆，於是因前人之舊規而益修之。凡韓公所欲爲而未暇及者，至是大備。蓋昔之薄者厚之，卑者起之。表柱石以壯闕門，榜化龍而儕起鳳；神廚神庫

〔一〕兩「何可」，林齊本、高簡本、蕭世延本、何熊祥本、黄之正本、碧玉樓本、四庫全書本作「胡可」。

〔二〕「併記於是」後，林齊本、蕭世延本有「弘治三年庚戌秋記」八字。

交映乎前，禮堂膳堂並立于後；齋舍廊廡、登降階級，莫不奂然一新，盛矣哉！夫人之去聖人也遠矣，其可望以至聖人者，亦在乎修之而已。苟能修之，無遠不至。修之云者，治而去之之謂也，去其不如聖人者，求其如聖人者。今日修之，明日修之；修之於身，修之於家國，修之於天下，不可一日而不修焉者也。明道先生言於朝曰：「治天下以正風俗、得賢才爲本。」彼學政之不修，斯道之難立，後生無所興起，無以成造就之功。然則，風俗何由而正、賢才何自而得耶？因時而立教，即物以顯義。意者，督府所望於蒼梧之士〔一〕，寧不有在於斯乎？嗟夫！〔二〕有開厥先，有成厥後。喜二美之駢臻，超八荒而獨立，然後見夫子之門廓然洞開，可望而不可即。況於廣大尊嚴、端凝灑落，默契乎人心正大之所存，與山岳而並峙；顯著乎煙霞歲月之所積，與大化而同流，不可動摇不可束縛也哉？此則病夫所自勵，以佐督府所望於蒼梧之士者也。州別駕謝君湖承督府命董兹役，至是訖工。復以教授鍾君偕生員陶荆民來徵記。章於督府，舊也。督府命之，義不可辭，於是乎書。〔三〕

〔一〕「督府」，黄之正本、四庫全書本作「督撫」。

〔二〕高簡本、何熊祥本、黄之正本、四庫全書本無「嗟夫」二字。

〔三〕「於是乎書」後，蕭世延本有「弘治戊午三月春記」八字。

龍岡書院記

父兄不以其言爲子弟師。業修於身，子弟習而化之，其爲教也不一，因其世箕裘異焉耳。農商技藝各有教，豈直士哉？昔者，堯舜禹湯文武周公道大行於天下，孔子不得其位，澤不被當世之民，於是進七十子之徒於杏壇而教之，擇善力行，以底于成德。其至也，「與天地立心，與生民立命，與往聖繼絶學，與來世開太平」，若是者，誠孔子之教也。大哉，教乎！今父兄愛其子弟，教以六經，誦之也，惟恐其言之不熟；講之也，惟恐其旨之不明，似矣。不知其身之所教，與七十子之進於聖人，同歟？否耶？江西撫之樂安有龍岡書院〔一〕，今都御史謝公綬六世祖均福始建，與其弟均壽講學其中。福後以宏詞領信州，壽亦舉進士守來陽。歲久，棟宇就廢，公之父某復即其地而新之，既而諸子皆以文章取科第，爲顯官。公謂其子琪曰：「書院無田，奚以守？」琪買田百畝，擇謹厚者掌之，以供祭祀及束脩之費。公巡撫湖廣，兩遣使走數千里至白沙，謁文記之，且以教其族之人。予少無師友，學不得其方，汩没於聲利、支離於粃糠者，蓋久之。年幾三十，始盡棄舉子業，從吴聘君游。然後益歎迷途其未遠，覺今是而昨非，取向所汩没而支離

〔一〕「龍岡」，原作「龍江」，據林齊本、高簡本、蕭世延本、何熊祥本、碧玉樓本、四庫全書本改。

者，洗之以長風，蕩之以大波，惴惴焉惟恐其苗之復長也。坐小廬山，十餘年間，履跡不踰于户閾，俛焉孳孳以求少進于古人，如七十子之徒於孔子，蓋未始須臾忘也。謝氏之先以儒起家，傳數世，至公父子兄弟，皆能以文章取科第，出爲當世用。肩摩踵接，盛於一門，其得于龍岡者不亦多乎！雖然，父兄之教，子弟之學，將不但如是而已也。今之學於龍岡者，一短檠課之外，未有聞也。公能亮予言否耶？横渠先生語學者「必期至於聖人而後已」。予於謝氏，豈敢謂秦無人？

丁知縣廟記 弘治丁巳春作

丁侯爲縣六年，卒於官。歷觀我邑令，自洪武迄今，求丁侯，未有也。侯仕不爲己，恥以俗吏自居。始至，著《禮式》一編，擇立鄉老各數人，使統之。俗淫於侈靡，富者殫財，貧者鬻産。上無以爲教，下無以爲守，俗由是益壞。鄉都老以禮正之。每歲按民丁産輸錢，謂之均平錢，上下交侵，民受其害。侯量入爲出，歲輸以還，使民不知有役，民甚賴之。時有横徵虐民，必蹙眉曰：「守令之政在養民，坐視其困而不救，安在其養民也？」力請罷之，雖以此得罪，不恤也。侯之性略於承奉而嚴於鬼神，灌獻必親，執事有恪，春秋之祭肅如也。凡祀典所載，有功于名教者，爲立祭田，使人守之；其不應祀者，毁之。至於接人也亦然，可者與之，不可者斥之。其馭吏也，不察察於案牘，吏不敢欺；其蒞衆也，民服其威斷明察，奸僞鮮作。夫縣令官卑，刑賞不加於天下，而天下治忽由之。知遠之近，知風之自，知微之顯。故予嘗謂侯用世才，其有所試矣，夫豈苟哉？侯以仕爲學，政暇必走白沙。往返，歲月内不知其幾，顧何取於白沙耶？甚矣，人不可無志也，「正其誼不謀其利，明其道不計其功」。侯亦無所不願學，而切於救民，急先務也。死之日，耕者弔於野，行者弔於途。有老嫗夜哭於其廬，旦往問之云：「嫗何哭之哀也？」曰：「開歲役且至，死者不可作已。」故侯之爲縣多可書，其得民之實在節用。死之十有二年〔一〕，邑人共立廟於白沙祀之，如不得已焉者。思侯之功表之，非以徼福於神也。後來繼令者，亦將有感於斯乎？侯名積，字彦誠，成化戊戌進士，寧都人。〔二〕

肇慶府城隍廟記 弘治甲寅夏作

端陽城隍廟，在刺史堂之西，歲久就敝。弘治癸丑冬，郡守黄侯撤而新之〔三〕，命生員陳冕來

〔一〕「死之」，林齊本、高簡本、蕭世延本、白沙文編、何熊祥本、黄之正本作「去之」。

〔二〕「寧都人」後，林齊本、蕭世延本、白沙文編有「弘治丁巳春，陳某記」八字。

〔三〕「黄侯」，原作「劉侯」，據林齊本、高簡本、蕭世延本、白沙文編、何熊祥本、黄之正本、碧玉樓本、四庫全書本改。此文碑刻尚存。墨跡亦作「黄侯」。（陳福樹撰：《陳白沙的書法藝術》，第二四、八八頁）

徵記。侯，豐城人，名琥。予曩從吴聘君游，往來劍水，嘗一宿其家。自侯來守端陽，七年於兹〔一〕，愈相傾慕，安能已於言耶？今天下府州縣，有城郭溝池，有山川社稷，有神主之而皆統其祭者，謂之城隍神，制也，不俟言矣。然神之在天下，其間以至顯稱者，非以其權歟？夫聰明正直之謂神，威福予奪之謂權。人亦神也，權之在人，猶其在神也。此二者〔二〕，有相消長盛衰之理焉。人能致一郡之和，下無干紀之民，無所用權；如水旱相仍〔三〕，疫癘間作〔四〕，民日洶洶，以干鬼神之譴怒，權之用始不窮矣。夫天下未有不須權以治者也。神有禍福，人有賞罰。失於此，得於彼，神其無以禍福代賞罰哉！鬼道顯，人道晦，古今有識所憂也。《中庸》曰：「致中和，天地位焉，萬物育焉。」説者謂：「吾之心正，天地之心亦正；吾之氣順，天地之氣亦順。」烏虖！孰能信斯言之不誣也哉？侯治端陽，民畏而愛之，蓋有志者也。故專以其大者告之，餘皆在

〔一〕此文碑刻尚存。「七年於兹」，原作「三年」，據碑刻改。（陳福樹撰：《陳白沙的書法藝術》，第二四、八八頁）碧玉樓本亦作「七年於兹」。

〔二〕「此」，碧玉樓本作「是」。碑刻亦作「是」。（陳福樹撰：《陳白沙的書法藝術》，第八八頁）

〔三〕「如」後，林齊本、蕭世延本、白沙文編有「或」字。碑刻亦有「或」字。（陳福樹撰：《陳白沙的書法藝術》，第八八頁）

〔四〕「疫癘」，原作「疾疫」，據林齊本、高簡本、蕭世延本、白沙文編、何熊祥本、黄之正本、碧玉樓本、四庫全書本改。碑刻亦作「疫癘」。（陳福樹撰：《陳白沙的書法藝術》，第八八頁）

所略。〔一〕

恩平縣學記〔二〕

恩平，古恩州之域。國朝置恩平驛，隸陽江縣，今恩平堡是也。堡立於成化之己丑。先是，西獠入寇。景泰、天順間，剽掠高凉以東，亘數百里無完城。民爭起從賊，遠邇巢壘相望，此其地也。成化改元，聖天子念兩廣夷賊未平，命將討之，而用其偏師於此。既而賊勢復熾，當道者以恩平地四達難守，簡畀我邑令鬱林陶侯〔魯，侯〕素有威略〔三〕，至則急擣其巢穴，亦既殺其桀黠者，遂以其衆還各郡縣且數萬人，而慮其向背靡常，即一旦復起爲患，有如前日充斥，其將何以待之？此堡所以建也。成化丙申，右都御史彬陽朱公〔英〕奉勅總督兩廣軍務〔四〕。既至，環眂列

〔一〕「餘皆在所略」後，林齊本、蕭世延本、白沙文編有「弘治七年甲寅夏，古岡病夫陳獻章記」十五字。碑刻落款作「弘治七年，歲次甲寅，夏六月，古岡病夫陳獻章記并書」。（陳福樹撰：《陳白沙的書法藝術》，第二四、八八頁）

〔二〕「學」前，林齊本、高簡本、蕭世延本、何熊祥本有「儒」字。

〔三〕此文之碑刻尚存。「魯侯」二字原缺，據陳志平所録釋文補。（陳志平撰：《陳獻章書迹研究》，北京：文物出版社，二〇〇九年，第一六三頁）

〔四〕「右都御史」，黃之正本、四庫全書本作「左都御史」，非是。又：「英」字原缺，據陳志平所録碑刻釋文補。（陳志平撰：《陳獻章書迹研究》，第一六三頁）

郡，昔嘗爲賊所破者，亟謀所以善其後，謂恩平故多虞，且其地介數邑之間，當東西行之衝，送往迎來，民劬於道路者無虚日，不如以堡爲邑便。會我陶侯亦以邊功累陞按察副使，奉璽書專經略是方，公於是俾侯成之。區畫既定，悉以上聞。凡割陽江、新會、新興三縣人户三千户，糧一萬石。縣仍驛名，城以堡建，無所改于其舊。城之中爲治戎之所，東則縣治，西則學宫。「學宫」既成[二]，諸士子遠近雲集，學舍不能容，誦絃之聲盈耳。過者歎曰：「美哉，洋洋乎！昔爲盜賊之壘，今爲詩書之府，誰之力歟？」邑令翁君以書屬予記其事，而於學宫尤惓惓焉。甚矣！翁君之明於保民也。自有邊患以來，狼吞虎噬以殘民之生，人所知也；湯沸火烈以賊民之性，人未必知也。顛沛流離，死生利害怵於前，而父子失其親、兄弟失其愛，鼓之以鬭争之風，置之於水火之地，則五品之倫、五常之性與生俱滅，誠不可不懼也。衞靈公問軍旅之事，孔子辭以未學，曰：「俎豆之事，則嘗聞之矣。」自今觀之，昔者軍旅之興，雖以拯民，亦以敝民；敝民之政[三]，孔子所不忍言，豈得已哉？今地方寧謐，文教聿新，俎豆之事安可一日而不講耶？邑長俎豆其政

[二] 「學宫」二字原缺，據陳志平所録釋文補。（陳志平撰：《陳獻章書迹研究》，第一六三頁）碧玉樓本亦有「學宫」二字。

[三] 兩「敝民」，林齊本、高簡本、蕭世延本、何熊祥本、黃之正本、四庫全書本作「弊民」。

而忠信發之，學官俎豆其教而忠信導之，諸士子俎豆其志而忠信體之。習端而俗正，教立而風行；民樂生而好亂者息，士有恥而慕義者衆，則刑罰可省、禮義可興、囹圄可空、干戈可戢，守令之責盡矣，而君之志寧不亦樂於斯乎！〔二〕予不文，謹具其事始末與其所當先者以復君，碑於學宫，俾來者有考焉。君名儼，莆陽人。〔三〕

新遷電白縣儒學記 成化壬寅十二月作

邑何遷？遷避寇也。先是，電白在高州府治之東，按察僉事陶公提兵過之，顧謂其守辛曰：「形勝不足以守，邑宜遷，遷必於神電衛焉。其地廣可以容，其城固可以守。去危即安，民

〔二〕 自「甚矣翁君之明於保民也」至「而君之志寧不亦樂於斯乎」，陳志平所録釋文作：「嗟夫！翁君其知理民之本乎！自有寇患以來，狼吞虎噬以殘民之生，人所知也；湯沸火烈以賊民之性，人未必知也。顛沛流離，死生利害怵于前；而父子失其親，兄弟失其愛，水火之患不息，争鬬之情日熾，則五品之倫、五常之性，幾何不與生俱滅耶？故夫君子之政，在於拯民，則軍旅之興有時而不獲已；在於防民，則俎豆之事不可一日不講也。今寇患雖平，民俗未新，邑長以是爲政而忠信發之，學官以是爲教而忠信導之，諸士子以是爲志而忠信體之。習端而俗正，教立而風行；民樂生而好亂者息，士有恥而慕義者衆，則刑罰可省、禮義可興、囹圄可空、干戈可戢，守令之責盡矣，而君之心寧不亦樂於斯乎！」（陳志平撰：《陳獻章書迹研究》，第一六三頁）兩相比較，異文頗多。碧玉樓本此段文字，與碑刻同。

〔三〕 碑刻文末有落款云：「成化十八年，歲次壬寅，冬十二月，古岡陳獻章公甫撰文；丁未春三月，知縣陳漢昌求書立石。」（陳志平撰：《陳獻章書迹研究》，第一六三頁）

之賴也。舍茲弗圖，志不在民也。」知府孔侯鏞以公之説聞於上，遂遷焉。時成化戊子歲也。學宮在縣治東南。當是時，寇賊未殄，草屋一間，奉大成木主而已。歲丙申，公以秩滿遷副使，奉璽書專經略是方。每一過之，未嘗不瞻顧徘徊，以學校之興廢爲己責，而歎其力之未遑也。明年，寇乃克平，是方之民寄命於盜賊之水火者幾二十年，至是始逭。公往來巡省諸郡縣，俾勞來匡直，咸盡其方。越二載，而民之病者蘇、仆者起矣。公顧力可及，以狀請於欽差總督兩廣軍務右都御史朱公，首創學宮，次及諸役，許之。於是闢土爲基，度財爲用，而屬是役於某官某使督之，以己亥三月某甲子始事，越明年八月某甲子而舍菜焉。宮宇峩兀，門觀軒敞，神像清嚴，器用具足，繚之以宮墻，飾之以丹漆，誠壯誠麗，遂爲一郡學校之冠。其他若縣治、若城隍社廟、若藩臬行司，以及郵傳邸舍、橋梁道路，一一區畫成之。營材於山，民不知勞；爲陶於野，財不妄費，而皆以一當百、以百當萬。故役之煩者化而爲簡，難者化而爲易。公勳庸著於武事不可勝計，世稱公通變無方，亦焉往而非是也哉！韓君某來守是郡。既至，覩衆美之具成，乃歎曰：「博哉功乎！」歷審其爲之先後，又歎曰：「公留意學校，功先庶務，其重如是乎！」乃具書幣，遣其屬蔡鍾英如白沙，請予記之。辭不獲，推古學校之意而言曰：學校一也，所以有古今之異者，存乎人。孔子曰：「古之學者爲己，今之學者爲人。」程子曰：「古之仕者爲人，今之仕者爲己。」夫學以求仕之所施，仕以明學之所蘊，如表裏形影然。皐、夔、稷、契、伊、傅、周、召，其載於

《典》、《謨》、《訓》、《誥》，仕者之所施也，有爲己之心乎？顔、曾、思、孟、周、程、張、朱，其傳於著述文字，學者之所藴也，有爲人之心乎？諸君子顯晦不同，易地而處之，有不相能者乎？自古有國家者，未始不以興學育才爲務，然自漢而下，求諸學校之所得名世者幾人？有不由庠序而興者乎？是故學校之設，其重在於得人；學之道，其要在於爲己。古之名世者，舍是無以成德。甚矣，斯學之不講於世也久矣！公所望於學校，意者其在此乎！公名魯，字自强，廣右之鬱林人也。始恩授吾邑丞。公之先公成，浙江按察副使，死事武義云。〔一〕

新會縣輔城記

吾邑輔城周遭六七里，高若干尺，東南際水，西北鑿城，下爲池，旁植刺竹，施蒺藜其中，爲營門以守。嘗記往年西寇之來，憑陵高凉以東，破關襲城，勢如建瓴，至此則截然而止，如虹霓之收急雨。由是而吾民之丘隴以完，室家以安，雞犬以寧，倉箱以盈，燕有歲時，樂有賓客，至於今各得其所者，則誰之賜乎？始者，吾謂陶公曰：「孔子曰：『言忠信，行篤敬，雖蠻貊之邦行矣。』以此而盡吾心，則庶政無不修，用人無不當，理財無不富，治兵無不强；不知乎此，而欲徒

〔一〕「死事武義云」後，林齊本、蕭世延本有「成化十八年壬寅冬十二月望後，古岡陳某記」十八字。

恃其末，蓋後世以法劫制天下，區區之爲也。公之功固大矣，而聖人之道非耶？」公曰：「不然。行聖人之道有二術，内之曰心，外之曰權。無其心，則權爲挾私妄作矣；無其權，雖有其心，將安施哉？今夫用行伍之人，取其長不責其備，宥其過以圖其功可也。或者過於求實，一疵不貸，而用舍乖張矣。今夫理財於擾攘之秋，非常賦尅取之民，故椎牛灑酒、豐犒厚享，非以醉飽爲德，所以作士氣也。顧小利而忘其大體者，則朝夕與小吏計牙籌、算贏餘矣。今夫治兵於閫外，號令則大將主之，而吾每以偏師從事，況夫深山窮谷、民獠雜居、善惡同狀、生殺在前而節制不一，沮我者惟以殺無辜爲言矣。此事之所以難行，而心之所以不孚於人也。」烏虖！兵，凶器也，豈得已哉？公從事於兹餘二十年〔二〕，吾民之老者以死，少者以壯，事功在邊隅，日遠日忘，蓋不可以無紀而垂告于將來也。今西師戒嚴，盜賊塞路，吾欲於知力之外而綱維乎是，則孰與語哉？

雲潭記

白沙之西山則圭峰也。東北連數峰，最勝者爲緑護屏。屏之南有潭淵然，曰聖池。下蟠蛟

〔二〕「二十年」，林齊本、高簡本作「三十年」。

龍，龍噓氣成雲，變化萬狀。里生周鎬偕其季京來謁予白沙。時維仲春，風日晴美，予與二子携酒飲于西山之麓，班荆而坐，仰而四顧，有雲起緑護屏，炫爛如丹青，郁紛若祥瑞。予顧謂二子曰：「是聖池之雲也。偉哉觀乎！」二子愀然正襟侍側，曰：「是吾先子之志也。先子居龍溪，垂五十年，無他嗜好，惟喜爲雲潭之觀，故先子之號曰雲潭。」[一]予曰：「嘻，有是哉！若先子，我舊，不幸早世，不及見若兄弟長也。若豈盡聞之乎？居，吾語汝。夫潭取其潔也，雲取其變也。潔者，其本乎！變者，其用乎！」二子齊應曰：「然。」予曰：「未也。野馬也，塵埃也，雲也，是氣也；而雲以蘇枯澤物爲功。《易》曰『密雲不雨，自我西郊』是也。水以動爲體，而潭以静爲用。物之至者，妍亦妍，媸亦媸，因物賦形，潭何容心焉？是之取爾。」二子喜相謂曰：「先生命我矣。」於是，復進而告之曰：「天地間一氣而已，屈信相感，其變無窮。人自少而壯，自壯而老，其歡悲、得喪、出處、語默之變，亦若是而已，孰能久而不變哉？變之未形也，以爲不變；既形也，而謂之變，非知變者也。夫變也者，日夜相代乎前，雖一息變也，況於冬夏乎？生於一息，成於

[一] 「雲潭」後，林齊本、蕭世延本、白沙文編有「云」字。

冬夏者也。夫氣，上蒸爲水〔二〕，下注爲潭。氣，水之未變者也。一爲雲，一爲潭，變之不一而成形也，其必有將然而未形者乎！默而識之，可與論《易》矣。」二子於是起而再拜，乞書爲《雲潭記》。

潘氏祠堂記

一善可書也，吾書之。吾畏多言也，信多乎哉？不多也。傷俗之益偷。吾無位也，言不能化而入，惡在乎多言也？善者，吾斯進之而已矣。潘某氏者，南海之著姓，老而無子，曰：「吾無繼可也。兄弟之子，猶子也。同吾胞者幾人，繼其世者若干人，可以執籩豆〔三〕，可以守宗廟，可以事繼述而傳無窮矣，吾何憂！吾無繼可也。」以其所有者歸之祠以卒。噫！茲可憫也已。若是者，其亦足與乎？其無足與也？堯之時，比屋可封。降自後世，不以善而以利，父子也而不用情，兄弟也而鬩于墻，婦姑勃谿、朋友按劍者，皆是也。夫恒人之情，莫甚於顧其私而不忘其後。某也，致孝乎祖禰，委祝乎兄弟，其生也若遺，其死也若虛，非求馬於唐肆者歟？未可知也。伯

〔二〕「上蒸爲水」，白沙文编作「上蒸爲雲」。《明儒學案》所引述亦作「上蒸爲雲」。（黄宗羲撰：《明儒學案》上册，第九三頁）據後文「一爲雲，一爲潭」之説，作「上蒸爲雲」，似於義爲長。

〔三〕「籩豆」，林齊本、高簡本、蕭世延本、何熊祥本作「豆籩」。

氏某承某之志〔二〕，以其地三畝，搆祠屋三間，以奉四代神主；其田若干畝，以供常祀。《詩》曰「兄及弟矣，式相好矣」，其斯之謂歟！某之從子、上舍生漢也，有一日之雅於白沙，來請記其事。予不能辭也，於是乎書。

增城劉氏祠堂記 弘治癸丑九月作

古聖賢以民德歸厚，必曰「追遠」；又曰：「宗廟之禮，所以序昭穆也。序爵，所以辨貴賤也；序事，所以辨賢也；旅酬，下爲上，所以逮賤也；燕毛，所以序齒也。」廟始遷之祖而祭之，古之制，不可考已。君子隨時變易，以不犯其分而得其心，蓋人情出於天理之不容已者，夫何嫌歟？古之仕者世繼，死者有廟，生者有宗，恩相慶而死相弔，百世不相忘。世降俗偷，蓋有不然者矣。邸第之雄，田園之美，肥甘豔麗飽妻子；祖考所棲，與蟲鼠爲伍，殘膏賸馥，何有及之？其鄙陋污穢，可勝道哉！中古之王天下者，嘗爲卿大夫作家廟以愧之。卿大夫猶然，況士庶乎？先世之流風餘韻，至此幾絶。以吾之一身散而爲百體，拔其一毛而心爲之痛，是孰使之然哉？且人之賦於天命者，有賢不肖、貧賤富貴之差，吾之所以仁愛者，未能皆然。貧賤不薄於骨

〔二〕「承」，林齊本、高簡本、蕭世延本、白沙文編、何熊祥本、黄之正本、四庫全書本作「成」。

肉、富貴不加於父兄宗族者，誰乎？故曰收合人心，必原於廟。宋之惠州守劉仲明，自南雄遷增城。〔增城〕有劉氏〔一〕，自仲明始也，傳至今太學生瓛，十有二世。其先世嘗廟而祀之不遷，又置田以供祀事，以圖無窮，頹而復起者再矣。父有積薪，子不析而爨之，世豈少哉？瓛自言系本元城，世有衣冠。曰緣者，瓛之父也；曰漢、曰孔祥者，瓛之諸父行也。一念追遠之同。天順甲申，始拓廟旁之地而新之，廟成而諸父亡矣。成化庚子，瓛之兄瓚又率其族兄弟而增修之〔二〕，前堂後院，棟宇層起，焕如也。四垣竹樹周遭，過其門者咸以是稱焉。於前有光，於後有繼，於士大夫其無愧哉！今年秋，瓛因林時嘉再至白沙，予示之詩云：「一雨變新凉，炎埃洗除盡。廬山昨夜燈，已照劉宗信。」故爲之記，以詔其後人。〔三〕

永慕堂記

予幼時讀《孟子》「人少則慕父母，知好色則慕少艾，有妻子則慕妻子，仕則慕君，不得於君

〔一〕「增城」二字原缺，據文意補。
〔二〕「率」，原作「卒」，據碧玉樓本、四庫全書本改。
〔三〕「以詔其後人」後，林齊本、蕭世延本有「弘治癸丑秋九月，陳獻章記」十一字。

則熱中。大孝終身慕父母。五十而慕者，予於大舜見之矣」。竊疑孟子之言抑揚太過。愛親，人子之至情也，不待教而能，不因物而遷，人之異於聖人也，豈相懸絶若是耶？比弱冠，求友於四方，多識當世之士，擇其賢者能者而師之，其不可者而改諸，内外輕重之間，概以孟子之論，其役志於功名，其循情於妻子，其思慕其親，其不以皓首而媿垂髫者，希矣。然後信孟子之知道，不苟於言也。成化甲辰，江陰李君昆以侍御史被命以清理軍伍于兩廣〔二〕，始過白沙，進拜老母于堂。予雅未識君之色，而訝其憂之餘；耳君之孝，而訝其哀之餘。意風木其心者，恒怵惕於見人之親歟！君曰：然。少留君坐，語之以丱角所疑於孟子，以壯而後信其言不予欺，因與君論交焉。它日，再過白沙，索書永慕堂扁。予申以孟子之言，曰：「人各有所慕，仁者慕親，義者慕君，士慕學，農慕稼穡，百工慕能，商賈慕貿遷，無無慕者。慕之至死而勿替，乃至形乎動静、接乎夢寐、通乎幽明，皆性之所發而爲情，有莫知其然而然者，此之永慕是也。夫孰得而奪之？彼幼而慕，壯而衰，老而遂忘，慕之不至而遷於物，是之謂情其性，非知内外輕重之别者也。夫忠，孝之推也。不孝於親而忠於君，古未之有也。御史，諫官也，繩人以身者也。名堂之義，其以忠孝示天下乎！」君聞之悦，命左右滌硯，乞書爲《永慕堂記》。

〔二〕「被命以」，林齊本、高簡本、蕭世延本、何熊祥本、黄之正本、四庫全書本無「以」字。

潮州三利溪記

古今學者不同，孔子以兩言斷之，曰「古之學者爲己，今之學者爲人」；古今仕者不同，程子以兩言斷之，曰「古之仕者爲人，今之仕者爲己」。古之人，人也；今之人，人也，一也。判而兩之，其不可同者，如陰陽晝夜，則有其故矣。聖賢之所以示人也，知微之顯，知顯之微。學爲己也，其仕也爲人；學爲人也，其仕也爲己，斷不疑矣。今守令稱賢於一邦，利澤及於民，民愛而樂之。問於我嶺南十郡之内，吾知其人者，周潮州也。潮，海郡也，東南距大海，望之渺漫接天。習水者乘長風、駕大舶出没巨浪中，小不支則有覆溺之患。每歲漕運，潮人共苦之。潮州來守郡，問潮父老所以便民者，父老曰：「其惟三利溪乎！」潮五屬邑，其三在郡治西南，形若鼎立，廣袤千里，水曲折行其中而民共賴之者，三利溪也。是溪之長百一十五里，東抵韓江，西流入于港，正統間湮于大水〔一〕。潮州濬而通之，水由故道行，東西注會同於海。慮其冬旱而且涸也，鑿郡城南溝，引韓江水注于溪，甃石爲關，時而開閉之。凡役民于畚鍤，卑之爲溪也，高之爲關也，僅一月而成。農夫利于田，商賈利于行；漕運者不之海而之溪，辭白浪於滄溟，謝長風於大舶。

〔一〕「湮」，蕭世延本、白沙文編作「堙」。

於是潮之士夫與其父老拜郡門謝曰：「利吾潮者，吾父母也，吾子孫敢忘之？」由是觀之，謂周潮州仕而爲人也，非歟？吏於潮者多矣，其有功而民思慕之，唐莫若韓愈，入國朝來莫若王源。驅冥頑之鱷，造廣濟之梁，其事顯於爲人，不可誣矣。今潮州以三利溪配之，輝映後先，稱賢於一邦也，宜哉！夫短於取名而長於求志〔一〕，薄於徼福而厚於得民，非以奉身而燕及煢嫠〔二〕，陋於希世而尚友千古，黄涪翁之所稱者，非濂溪先生歟？〔三〕潮州遺予書曰：「我故舂陵族也。」潮州之舉進士有聲，郎秋官有聲，守郡有聲，其尚不忝其世也哉！吾嘗贈之詩云：「楚中有孤鳳，高舉凌穹蒼。借問歸何時，聖人在黄唐。望之久不至，歲晏涕淋浪。九苞有遺種，不覺羽翼長。三年集南海，使我今不忘。逍遥棲桐枝〔四〕，長飲甘露漿。」吾生濂溪數百年之後，思濂溪而不可

〔一〕「長於」，原作「惠於」，據四庫全書本改。

〔二〕「煢嫠」，原作「煢婺」，據林齊本、蕭世延本、白沙文編、碧玉樓本、四庫全書本改。

〔三〕黄庭堅（字魯直，號山谷道人。嘗謫居涪州，又號涪翁）稱頌濂溪之言，見《宋史·道學傳》，云其「人品甚高，胸懷灑落，如光風霽月。廉於取名而鋭於求志，薄於徼福而厚於得民，菲於奉身而燕及煢嫠，陋於希世而尚友千古」。（脱脱等撰：《宋史》，北京：中華書局，一九九五年，第三十六册，第一二七一一頁；又《周敦頤集》，北京：中華書局，二〇〇九年，第八七頁）

〔四〕「棲桐枝」，蕭世延本、碧玉樓本及《白沙子古詩教解》、《白沙先生詩教解》作「梧桐枝」。

得見，見其族之雲仍若此者〔二〕，殆可與言矣。然則區區所愛慕於周潮州者，一關三利溪而已耶？潮人相與立碑頌潮州之功，遣生員趙日新來請文，予以其事并詩記之〔三〕，俾潮之人知仕而爲人者，有功不可忘。而潮州之進未艾也。潮州名鵬，字萬里，道州之永明縣人。先生文既成，每詢之潮人，多言三利之利無實。因作一詩以代跋云：「欲寫平生不可心，孤燈挑盡幾沉吟。文章信史知誰是，且博人間潤筆金。」其意欲示後人失于審也。其後王侍御哲至潮〔三〕，見之，歎曰：「君子可欺以其方。」噫！斯言得之矣。弘治甲子秋，門人張詡識。

尋樂齋記

五年，伍光宇始構亭于南山之巖以坐。明年，復於吾居第之左，結草屋三間，與亭往來。又明年，而光宇死矣。草屋之成，光宇齋戒沐浴，焚香更衣危坐。厥明，請予，問曰：「雲不自知其

〔二〕「雲仍」，原作「雲凝」，據林齊本、高簡本、蕭世延本、白沙文編、何熊祥本、黄之正本、四庫全書本改；碧玉樓本作「雲礽」。雲仍，泛指遠孫。《爾雅·釋親》云：「子之子爲孫，孫之子爲曾孫，曾孫之子爲玄孫，玄孫之子爲來孫，來孫之子爲晜孫，晜孫之子爲仍孫，仍孫之子爲雲孫。」（郭璞注、邢昺疏《爾雅注疏》《十三經注疏》第二四册，北京：北京大學出版社，二〇〇〇年，第一二九頁）「仍孫」同「礽孫」。

〔三〕「并詩」，林齊本、蕭世延本、白沙文編作「并吾詩」。

〔三〕「王侍御」，原作「黄侍御」，據林齊本、高簡本、蕭世延本、白沙文編、何熊祥本、黄之正本、碧玉樓本、四庫全書本改。案：王哲，字思德，江蘇吴江人。弘治三年進士，曾任監察御史。

力之不足，妄意古聖賢人以爲師。今年且邁矣，不得其門而入，不知其所謂樂。尋常間自覺惟坐爲樂耳，每每讀書，言愈多而心愈用，用不如不用之爲愈也。蓋用則勞，勞則不樂，不樂則置之矣。夫書者，聖賢垂世立教之所寓也，奚宜廢？將其所以樂者非歟，願先生之教之也。」予復之曰：「大哉，吾子之問也！顧予何足以知之？雖然，有一説，願吾子之思之也。周子、程子，大賢也，其授受之旨，曰『尋仲尼、顔子樂處，所樂何事』。當是時也，弟子不問，師亦不言。其去仲尼、顔子之世千幾百年，今去周子、程子又幾百年。嗚呼！果孰從而求之？仲尼飲水曲肱，顔子簞瓢陋巷，不改其樂。將求之曲肱飲水耶？求之陋巷耶？抑無事乎曲肱陋巷而有其樂耶？吾子其亦慎求之，毋惑於坐忘也。聖賢垂世立教之所寓者，書也；用而不用者，心也。心不可用，書亦不可廢，其爲之有道乎！得其道則交助，失其道則交病，願吾子之終思之也。仲尼、顔子之樂，此心也；周子、程子，此心也；吾子，亦此心也。得其心，樂不遠矣。願吾子之終思之也。」語已，光宇整步而出，恍然若有得者〔一〕。歸，揭其榜曰「尋樂齋」云。

〔一〕「恍然」，林齊本、高簡本、白沙文編、何熊祥本、黄之正本、四庫全書本作「充然」。

風木圖記

莆之李侯某，由進士官户曹員外郎，出爲廣東按察僉事。每出行部至新會，輒一過病夫陳某白沙，坐小廬山精舍半餉。始至，攜所得誌銘文并挽詩一大帙來，授而讀之三斂衽。先處士默菴先生與林夫人之賢，皆可考而知矣。尋以《風木圖》請記。夫孝子之事其親，視於無形，聽於無聲，致愛則存，致慤則著，著存不忘乎心，奚存歿間哉？吾聞之：「曾子再仕而心再化，曰：『吾及親仕，三釜而心樂；後仕，三千鍾不洎，吾心悲。』弟子問於仲尼曰：『若參者，可謂無所縣其罪乎？』曰：『既已縣矣。夫無所縣者，可以有哀乎？彼視三釜、三千鍾，如鸛雀蚊虻相過乎前也。』」今夫禄之弗逮養，曾子悲之，侯亦悲之。侯之心，曾子之心也。若曾子可謂盡思矣，奚事於圖？乃若孔子，則以爲子之養其親，期於適焉耳。苟至乎適，雖聖人不能以有加也，遑問其他？其足於内者〔一〕，無所待乎外；性於天者，無所事乎人。又非但事親一事爲然也，一以貫之。其所稱孝，非常所稱。常所稱者，豐其養、厚其葬，生之封、死之贈而已耳。嗟夫！今之士夫異

〔一〕「其」，原作「具」，據四庫全書本改。

於古之士夫也，其所稱孝，率以是爲至矣。吾恐聖賢之意不明於後世也〔二〕，既撫圖而悲，復引其意，謂侯曰：「侯死事盡思，無負於曾子矣，亦知曾子所以顯其親於無窮者，何如哉？《孝經》曰：『立身行道，揚名於後世，以顯父母，孝之終也。』侯念之，侯念之。」是爲記。

處素記 成化八年六月，爲外兄何經作

一夫頎然，始弱冠爲生員，事進取不偶。退耕於野，作室三間，榜兩「處素」字於楣，曰：「吾不了其義當否，吾以問白沙子。」白沙子聞之絶倒。間數日，抵一卷請曰：「爲我記處素。」白沙子命出硯研墨汁，相向詰之曰：「夫記，紀實也。爲我具狀，吾爲汝記。」即應曰：「毋苦我。人呼我秀才，我即不應；謂我處素，我即應之。但子爲我記足矣，吾知其狀云何？」兩手捧硯，躡席揚眉，進愈恭。白沙子不能却，墨其卷歸之。〔三〕

〔二〕「意」，原作「志」，據林齊本、高簡本、蕭世延本、何熊祥本、黄之正本、四庫全書本改。
〔三〕「墨其卷歸之」後，林齊本、蕭世延本、白沙文編有「成化八年夏六月七日，石齋書」十二字。

慈元廟記

世道升降，人有任其責者，君臣是也。予少讀《宋史》，惜宋之君臣，當其盛時，無精一學問以誠其身，無先王政教以新天下，化本不立，時措莫知，雖有程明道兄弟，不見用於時。迹其所爲，高不過漢唐之間，仰視三代以前「師傅一尊而王業盛，畎畝既出而世道亨」之君臣，何如也？南渡之後，惜其君非撥亂反正之主，雖有其臣，任之弗專，邪議得以間之。大志弱而易撓，大義隱而弗彰，量敵玩讐，國計日非，往往坐失機會，卒不能成恢復之功，至於善惡不分、用舍倒置、刑賞失當、怨憤生禍；和議成而兵益衰，歲幣多而民愈困〔二〕，如久病之人，氣息奄奄。以及度宗之世，則不復惜，爲之掩卷出涕，不忍復觀之矣。孔子曰：「人之生也直，罔之生也幸而免。」劉文靖廣之以詩曰：「王綱一紊國風沉，人道方乖鬼境侵。生理本直宜細玩，蓍龜萬古在人心。」噫！斯言也，判善惡於一言，決興亡於萬代，其天下國家治亂之符驗歟？宋室播遷，慈元殿〔草〕

〔二〕　此文碑刻尚存。「歲幣」，原作「歲帑」，據碑刻改。（陳獻章書、陳白沙紀念館編：《慈元廟碑》，廣州：嶺南美術出版社，二〇〇八年，第十七頁）蕭世延本、白沙文編、碧玉樓本亦作「歲幣」。

創于邑之厓山〔二〕。宋亡之日，陸丞相負少帝赴水死矣。元師退，張太傅復至厓山，遇慈元后，問帝所在，慟哭曰：「吾忍死萬里間關至此，正爲趙氏一塊肉耳，今無望矣。」投波而死，是可哀也。厓山近有大忠廟，以祀文相國、陸丞相、張太傅。弘治辛亥冬十月，今户部侍郎、前廣東右布政華容劉公大夏行部至邑，與予泛舟至厓門，弔慈元故址，始議立祠於大忠之上。邑著姓趙思仁請具土木，公許之。予贊其決，曰：「祠成，當爲公記之。」未幾，公去爲都御史修理黄河，委其事府通判顧君叔龍。甲寅冬，祠成。是役也，一朝而集，制命不由於有司，所以立大閑、愧頽俗而輔名教，人心之所不容已也。碑於祠中，使來者有所觀感。弘治己未夏，予病小愈，尚未堪筆硯，以有督府鄧先生之命，念慈元落落，東山作祠之意久未聞於天下，力疾書之，愧其不能工也。〔三〕

〔二〕「草」字原缺，據林齊本、蕭世延本、白沙文編以及碑刻補。（陳獻章書、陳白沙紀念館編：《慈元廟碑》，第一五頁）

〔三〕「愧其不能工也」後，林齊本、蕭世延本、白沙文編以及碑刻有「南海病夫陳獻章識」八字。（陳獻章書、陳白沙紀念館編：《慈元廟碑》，第四四頁）

夢記〔一〕

庚寅秋月，距予自京師歸適踰一載。是夕，天氣稍涼，予讀《易》白沙之東房。既倦而卧，夢與應魁殿元、克恭黄門同行。一童子前導，不識者一人次之，次克恭，次予、應魁。途遇泥潦，予呼童子取行具，童子不應。予因曰：「越人歌之，楚人聽之。」應魁屢歎不置，克恭顧予作愁狀，其不識一人者漠然若無所聞焉。既寤，測其意曰：「越與楚風氣不同，人聲隨而異，必不能相通而相好。使越人歌之，楚人聽之，亦猶使楚人歌之，越人聽之也。孰若使越人歌之，越人自聽之；楚人歌之，楚人自聽之？其音習於其耳，其言感於其心，奚不相説之有？」是故越不可爲楚，楚亦不可爲越。越與楚不相能，非有生之初，習使然耳。習之久，殆與性成。夫苟欲變之，非百倍其功，持之以久，不可使化而入。今若以爲越者一人騾而號於楚地，曰「去而爲楚者以從我」，楚得不群怒而逐之乎？然則如何？曰：「守其爲越者，無遽責楚以必同，庶乎其免矣。」

〔一〕「夢記」，林齊本、蕭世延本、白沙文編作「記夢」。

又

三月二十七日，碧玉樓午睡，夢出貞節門外。大水，一老人抱衣浣於前，歌曰：「法好人莫傳，衣好人莫穿。」良久，又歌曰：「西子蒙不潔，掩鼻過者疾趨而争先；雖有惡人，齋戒沐浴，被服明鮮，以祀上帝，執侍周旋，與世駢肩。」吁！是何夢耶？將有應于後，早爲之兆耶？抑夢幻虚無同異端之説，從而稽之，因妄求妄不可耶？姑記于此，以俟明者決焉。

吴川縣城記

書「城濮」、「城郎」之旨得之《春秋》，然後知長府之役可罷於魯人，譏鄭子産惠而不知爲政，非孟氏之過也。昔寇盜充斥于高凉，百姓凛凛委性命於豺虎之林。今湖廣按察使前僉事吾廣鬱林陶公，被命來專是方經略，大著討賊之聲。高凉以東之民，莫不倚公以爲命。寇既平，公於是城吴川。城厚一丈，其崇三丈，周五百八十丈，亦勞矣。自師旅興而民滋敝，是役也，公實圖之，豈得已哉？經始於成化戊戌之秋，越明年冬，城始克完。民喜曰：「衛我者生我，勞我者惜我。公大惠我，何可忘！」父老相與言於官，遣生員李凌雲以狀走白沙，謁文記之。時江梅始花，風日晴美〔二〕，予與二三友登碧玉樓，望厓山慈元廟新成，與大忠祠映照下上，顧謂凌雲曰：「是公與今都御史東山劉先生之所作也。義以使民，民爭趨之，大有功於名教，是之謂達爲政之首務，皆可書。凡公之功在民，不違《春秋》義例，可書，時焉耳矣。施於無事之日〔三〕，如是而弗已焉，其效不亦遠乎？老子曰：『治大國若烹小鮮。』」

襄陽府先聖廟記

庚戌之夏，侍御史襄陽曹君璘訪予玉臺山中，間語及其太守郭侯之爲人。予問治郡何如，曰：「侯以政及于民者，民之口碑矣。」復作而言曰：「民知其小，不知其大。大者口碑不載，將載之石焉。然非屬筆于先生，則石有時而朽也。」明日，君還行臺，乃以其狀來。按狀：襄陽先聖廟自建國以來，有祭無樂。成化二十二年，侯以才御史來守是邦，告廟之日，大閱神庫，即議製之，顧以時詘，舉贏未暇也。居三年，民之病者駸駸乎起矣，乃延神樂觀樂舞生周某于岳州，問所以製樂器者其材孰難。生曰：「八音之中，其爲石乎！古取之于泗濱，今爲官所封，餘無難者焉。」侯審厥

〔二〕「晴美」，林齊本、蕭世延本、白沙文編作「清美」。
〔三〕「施」，碧玉樓本作「勉」。

象，使人于隆中山求得之，生爲揆其音，曰：「可矣。」遂闢燕思堂于郡堂後爲之，每一器成，侯數四與較，期於至精而後已。越四月訖工。總其器爲數一十有八，析之爲二百三十五，蓋大成樂之式也。庫有祭器三百四十五事，歲久將就敝，侯悉取而新之，亦罔不殫厥心焉。烏虖！侯於爲邦，先務其大者，得之矣。按《周禮・大司樂》：「治建國之學政，合國之子弟，使有道德者教之；死則以爲樂祖，祭于瞽宗。」非其師弗祖也，非其祖弗祭也。後世學政既弛，教者不必其人，雖欲祭之，曷從而祖之？惟我先聖孔子，道高如天，德厚如地，教化無窮如四時，民到于今賴之，故到于今祖之。然其大合樂也，達于大郡止焉。襄陽爲楚大郡，以其狀考之，春秋祭于廟者二百四十而未嘗有樂也。侯于爪髮既剪之餘，注心于簿書期會之所不及，而其民信之，是可書也已。或曰：「古樂之亡久矣，宋明道先生欲著樂書而弗果，西山律吕未見於用，今之樂猶古之樂歟？」曰：「此非守臣之所能與也。」今之論人也，過嚴矣。始也，予讓記而曹察院命之；垂二年，復轉託於我方伯劉東山先生，予重違其意也而與之。侯名紳，字廷章，袁之宜春人〔二〕。相是役者，同知某、通判某、推官某

〔二〕「袁」，原作「沅」（碧玉樓本亦作「沅」；林齊本、蕭世延本、白沙文編則作「阮」）。宜春，明時屬江西袁州府。李賢《明一統志》第五十七卷「袁州府・人物」云：「郭紳，成化進士，授寧海令，擢御史，進襄陽守，累陞刑部右侍郎。」（李賢撰：《明一統志》，《景印文淵閣四庫全書》第四七三册，臺北：商務印書館，一九八六年，第一七九頁）可見「沅」（或「阮」）當爲「袁」字之誤，因改。

也。此文始屬稿於鄒汝愚，復略改次答曹察院，非我志也，覽者詳焉。

永恃堂記〔一〕　翰林院國史檢討陳獻章撰書

古岡有處士曰伍氏，常晦跡於我洪武間，乃薄觀陰陽卜筮小數之術，〔以自〕卑非〔二〕，其素所蓄積也。依隱納汙，處己之道，無潤事；當可怒，雖僕隸，亦不出惡語，古所謂鄉先生者與！曰

〔一〕此篇原缺，當爲白沙先生集外文，茲據《新寧縣志》補出。（何福海修、林賡國纂：《新寧縣志》，臺北：學生書局，一九六八年影印本，第三册，第七一二至七一四頁）案：白沙先生弟子李承箕之詩文集中，有《世恃堂記》，其文云：「古岡有處士曰伍氏，常晦跡於我洪武間，薄觀陰陽卜筮小數之術，以自卑非。其素所蓄積也，家累千金，膏腴田數千畝，率手所封殖也。師樸儉處己之道，無潤鄉閭，終歲不一過。嘗造其從弟，從弟執豕於牢，以爲兄饌。處士曰：『食於十漿而五漿先饋，古人之所恥。』竟去之。越俗嫁女，資裝多僭侈，處士一違之。服御之具，擇不取觀；飲食之用，適不取費。配黎氏，秫坡先生之妹也，有兄風，得婦道甚，先處士卒。處士生六十有三年而卒。嫡庶有男五人。歲晚諭諸子，皆異田宅，既而以田若干畝、租若干石，示曰：『生以爲汝父祖餘需，死以爲汝父祖時享。』才者不敢有越制，不肖者不敢不有所守。慈哉其旨，變哉其例，至哉其家訓。吾因味處士之平生，可以享鄉社矣，豈徒其家祠不遷而已哉！自處士没，幾年而某創祠，又幾年其孫某始克完美焉。銘曰：其無廢先人，世世永承。賢執匕鬯，權匪嫡經。我田之入，美茲廟庭。他庸勿事，豐我羞牲。有流先澤，觀此南溟。」（李承箕撰：《大厓李先生詩文集》，《四庫全書存目叢書》集部第四三册，濟南：齊魯書社，一九九七年影印本，第五七〇至五七一頁）疑《永恃堂記》乃先由李承箕撰稿，後由白沙先生改定。猶如《襄陽府先聖廟記》，乃由鄒智撰稿，由白沙先生改定也。詳情有待進一步考證。

〔二〕「以自」，原缺，據李承箕《世恃堂記》補出。下文「大」、「具」、「之入」三處同。

隆起者，於處士爲高祖叔翁，有功於宋末世，今配享［大］忠廟。根遠枝承，體光而委耀矣。其家累千金，積膏腴田伍千餘畝。服御之［具］，擇不取觀；飲食之用，適不取費。鄉閭無不景仰。嘗造其從弟，從弟於牢執豕以爲兄饌。處士曰：「食於十漿而五漿先饋，古人之所恥。墨子尚儉，孔子亦尚儉，俗有可違不可依，禮則無可違無不可依。」晚歲語諸子孫：「平康、瀧水二都田二頃，可得租百六十石。平康以爲汝父祖墓需，瀧水以爲汝父祖時享。」慈哉其旨，變哉其例，庶幾哉其家訓。今夫禮學之廢久矣，若處士者，豈徒其家祠不遷而已哉！元配邑東都會秫坡黎先生之妹，有兄風，有功于伍氏，得婦道甚。繼配劉也。自處士歿六十有餘年矣，孫曰敷、曰敬、曰政、曰瑀、曰絢者，始議塞其田租之泛費，而所入益增，遂克完美焉。謁予記者，門人絢也。其銘曰：其無廢先生，遺則永徵。公享中居，二配皆升。賢執匕鬯，權匪嫡經。我田［之入］，美兹廟庭。他庸无事〔二〕，豐我羞牲。有流先澤，觀此南溟。弘治十二年己未夏五月望日。

〔二〕「无」，原作「元」，李承箕文作「勿」，據文意及與「元」形近兩點，改爲「无」。

論

論前輩言銖視軒冕塵視金玉 三篇

上

道至大，天地亦至大，天地與道若可相侔矣。然以天地而視道，則道爲天地之本；以道視天地，則天地者太倉之一粟、滄海之一勺耳，曾足與道侔哉？天地之大，不得與道侔，故至大者道而已，而君子得之。一身之微，其所得者富貴、貧賤、死生、禍福，曾足以爲君子所得乎？君子之所得者有如此，則天地之始吾之始也，而吾之道無所增；天地之終吾之終也，而吾之道無所損。天地之大，且不我逃，而我不增損，則舉天地間物既歸於我，而不足增損於我矣。天下之物盡在我而不足以增損我，故卒然遇之而不驚，無故失之而不介，舜禹之有天下而不與，烈風雷雨而弗迷，尚何銖軒冕、塵金玉之足言哉？然非知之真、存之實者，與語此反惑，惑則徒爲狂妄耳。

中

天下事物雜然前陳，事之非我所自出，物之非我所素有，卒然舉而加諸我，不屑者視之，初若與我不相涉，則厭薄之心生矣。然事必有所不能已，物必有所不能無，來於吾前矣〔二〕，得謂與我不相涉耶？夫子謂「不義而富且貴，於我如浮雲」，謂薄不義也，非薄富貴也。孟子謂「舜視棄天下如敝屣」，亦謂重愛親也，非謂輕天下也。君子一心，萬理完具；事物雖多，莫非在我。此身一到，精神具隨。得，吾得而得之耳；失，吾得而失之耳。厭薄之心，何自而生哉？〔三〕巢父不能容一瓢，嚴陵不能禮漢光，此瓢、此禮，天下之理所不能無，君子之心所不能已。使二人之心果完具，亦焉得而忽之也？若曰：「物，吾知其爲物耳；事，吾知其爲事耳。勉焉，舉吾之身以從之，初若與我不相涉。」比之醫家，謂之不仁。昔人之言曰「銖視軒冕，塵視金玉」，是心也，君子何自得之哉？然非其人，與語此反惑，惑則累之矣。或應曰：「是非所謂君子之心也，君子之辨也。」曰：「然。然無君子之心，徒有輕重之辨，非道也。」

下

或曰：「道可狀乎？」曰：「不可。此理之妙不容言，道至於可言，則已涉乎麤迹矣。」「何

〔二〕「來」，原作「求」，據高簡本、白沙文編、何熊祥本、碧玉樓本改。

〔三〕「何」，高簡本、白沙文編、何熊祥本、黄之正本、四庫全書本作「胡」。

以知之？」曰：「以吾知之。吾或有得焉，心得而存之，口不可得而言之；比試言之，則已非吾所存矣。故凡有得而可言，皆不足以得言。」曰：「道不可以言狀，亦可以物乎？」曰：「不可。物囿於形，道通於物，有目者不得見也。」「何以言之？」曰：「天得之爲天，地得之爲地，人得之爲人。狀之以天則遺地，狀之以地則遺人。物不足狀也。」曰：「道終不可狀歟？」曰：「有其方則可。舉一隅而括其三隅，狀道之方也；據一隅而反其三隅，按狀之術也。然狀道之方非難，按狀之術實難。人有不知彈，告之曰『彈之形如弓，而以竹爲弦』，使其知弓，則可按也。不知此道之大，告之曰『道大也，天小也，軒冕、金玉又小』，則能按而不惑者鮮矣。愚故曰道不可狀，爲難其人也。」

安土敦乎仁論

《易・上繫》曰：「安土敦乎仁。」予曰：「寓于此、樂于此、身於此、聚精會神於此而不容惑忽，是謂之曰『君子安土敦乎仁也』。」比觀《泰》之序卦曰「履而泰，然后安」，又曰「履得其所則舒泰，泰則安矣」，是泰而后可安也。夫泰，通也。泰然后安者，通于此然后安于此也。然九二曰「包荒，用馮河」，是何方泰而憂念即興也；九三曰「艱貞无咎」，則君子於是時愈益恐恐然如禍之至矣。是則君子之安于其所，豈直泰然而無所事哉？蓋將兢兢業業，惟恐一息之或間、一念之或差，而不敢以自暇矣，有於予心符。或曰：「君子不已勞乎？」應曰：「乾之象曰『天行健』，天之循環不息者，健而已。君子執虚如執盈，入虚如有人，未嘗少懈者，剛而已。天豈勞哉？君子何爲不暇乎？」

無後論

君子一心，足以開萬世；小人百惑，足以喪邦家。何者？心存與不存也。夫此心存則一，一則誠；不存則惑，惑則僞。所以開萬世、喪邦家者不在多，誠僞之間而足耳。夫天地之大，萬物之富，何以爲之也？一誠所爲也。蓋有此誠斯有此物，則有此物必有此誠，則誠在人何所？具於一心耳。心之所有者此誠，而爲天地者此誠也。天地之大，此誠且可爲，而君子存之，則何萬世之不足開哉？作俑之人，既惑而喪其誠矣。夫既無其誠，而何以有後邪？

仁術論

天道至無心，比其著於兩間者，千怪萬狀，不復有可及，至巧矣，然皆一元之所爲；聖道至無意，比其形于功業者，神妙莫測，不復有可加，亦至巧矣，然皆一心之所致。心乎，其此一元之所舍乎！昔周公扶王室者也，桓文亦扶王室也。然周公身致太平、延被後世，桓文戰争不息、禍藏于身者，桓文用意、周公用心也。是則至拙莫如意，而至巧者莫踰於心矣。孟氏學聖人也。齊王不忍見一牛之死，不有孟氏，不知其巧也。蓋齊王之心，即聖人之心，聖人知是心之不可害，故設禮以預養之，以爲見其生而遂見其死，聞其聲而遂食其肉，則害是心莫甚焉，故遠庖廚也。夫庖廚之禮至重，不可廢；此心之仁至大，不可戕。君子因是心制是禮[一]，則二者兩全矣，巧莫過焉。齊王之心一發契乎禮，齊王非熟乎禮也，心之巧同也。聖人誅民害而迸之「四裔」[二]，四裔之民奚罪焉？亦曰戮之則傷仁，存之［則］遺害[三]，故聖人之仁有權焉，使之遠寓魑魅[四]，則害去而惡亦不得施矣。夫人情之欲在于生，聖人即與之生；人情之惡在于死，聖人不與之死。惡，衆人所惡也，聖人即迸除裔夷，惡難施也。聖人以投惡，聖人一舉而迭中。聖人未嘗巧也，此心之仁自巧也，而聖人用之。故天下有意于巧者，皆不得厠其間矣。周公一《金縢》大發寤時主，以後世事觀，至巧矣。周公豈有意耶？亦任心耳。

[一]「君子因是心制是禮」，高簡本、何熊祥本、黃之正本、四庫全書本作「君子因是心因制是禮」；白沙文編作「君子有是心因制是禮」。

[二]「四裔」二字原缺，據白沙文編補。

[三]「則」字原缺，據白沙文編補。

[四]「寓」，白沙文編作「禦」。

論詩不易

宋歐陽文忠公最愛唐人遊寺詩「曲徑通幽處，禪房花木深」，又愛一人送别詩「曉日都門道，微凉草樹秋」，云：「修平生欲道此語，道不得。」朱文公謂：「今人都不識此等好處是如何。」二公最知詩者也，後人誠未易及。如此兩聯，予始因歐公歎賞之至，欲求見其所以妙如歐公之意，了不可得，徧問諸朋友，無知者。徐取魏晉以下諸名家所作，凡爲前輩點出者，反覆玩味，久之，乃若矗有得焉。間舉以告今之善言詩者，亦但見其唯唯於吾所已言者而已；吾所不言者，彼未必知也。夫然後歎歐公之絶識去今之人遠甚，而信文公之言不誣也。噫！詩可易言哉？

論詩〔二〕

詩以道性情，故不論工拙，然亦當審其所發也。曾子曰：「出辭氣，斯遠鄙倍矣。」鄙則凡俗，

〔二〕　此篇原缺，據《白沙先生詩教解》所附録「詩教外傳」、《白沙先生文編》補出。（湛若水撰：《白沙先生詩教解》，《四庫全書存目叢書》，集部第三五册，第六一一至六一二頁；唐伯元編次：《白沙先生文編》，第六卷，第十一頁）案：《白沙先生文編》無「史臣贊堯曰」以下四十二字。

倍則背理，二者有一焉，皆爲辭氣之病，非君子所安也。周子曰：「言之無文，行之不遠。」鏘然發之，如鳴鸞鳳，如調琴瑟，如奏金石，千載之下，聞者不知手之舞之、足之蹈之者，不在辭氣之間乎？得之非易，言之實難。資質美、德器深者，當默而識之耳。史臣贊堯曰「欽明文思安安」，贊舜曰「濬哲文明，温恭允塞」，子貢曰「夫子温良恭儉讓」。聖賢辭氣所發，當如何也！

有心哉擊磬乎〔一〕

隱士於聖人，聞其樂而知其心也。夫聖人之心，未嘗忘天下也。荷蕢聞磬聲而知之，亦賢矣哉！想吾夫子不得鳴道於天下而周流至衛，乃擊磬焉，斯何爲哉？蓋以憂時之心寄諸磬，而欲天下之人聆磬聲而知其心耳。時荷蕢聞而歎曰：「有心哉，擊磬乎！」豈不以凡音之作，由心而生者也？凡心之感，因樂而宣者也？今兹之磬，胡爲乎擊哉？撫時感事而慮周于四海萬邦之大，畏天憫人而寄聲于一搏一擊之間，慨明王之不作，士之無心于得君也久矣，而即斯人之所擊者，徐而聽之，其聲淒以婉也，豈其覩廟堂之上，而隱然有憂君之心矣乎？當民生之日悴，士之

〔一〕自「有心哉擊磬也」至「君子之道」三篇，原無，兹據俞長城《可儀堂一百廿名家制義》補出。（俞長城論次：《可儀堂一百廿名家制義》，清乾隆三年文盛堂刊本，第三卷，第五至七頁）

無心于斯世也亦久矣，而即斯人之所擊者，徐而挹之，其聲哀以忍也，豈其覩閭閻之下，而隱然有憂民之念矣乎？擊磬于衛也，心不耑于衛也。汲汲憂世之志，有甚于悲歌感慨之音。聲發于磬也，心不止于磬也，皇皇用世之心，且出于衒玉載旂之外，吾不意是人而有是心也，亦不意是人而有是擊也。吁，身荷蕢而耳能聆其聲，聆其聲而亦能度其心，可謂賢矣。而卒不能心其心焉，亦何貴乎心之徒知也哉？〔一〕

吾之於人

聖人之直道，與民共由之者也。蓋無毀無譽，古直道也，聖人與民共由之，而是非之□立矣。嘗謂天下有善惡，則君子有是非，公之則直道行焉，私之則毁譽滋焉。毁譽滋而直道始病矣。我也以禮而待天下，則無所於毁也，無所於譽也，而一任其是非之公；若以情而待天下，則其有所譽也，必有所試也，而不失其爲用情之正。譽而有試，則其無譽可知也；譽且不敢，而其無毁又可知也。吾其以直道行之者，誠然是直道也；吾行之而非始於吾也，考諸三代而不謬者

〔一〕　文末有評語云：「淡淡數語，無甚過人處，然朗吟一遍，完然夫子在内擊磬，荷蕢在外嘆息，其聲尚留于耳，真神品也。」（俞長城論次：《可儀堂一百廿名家制義》，第三卷，第五頁）

也。三代□之，而非止於三代也，徵諸斯民而不□者也。三代無毀而以直道行之於昔，斯民無毀而以直道行之於今；三代無譽而以直道行之於前，斯民無譽而以直道行之於後。然則，我雖不得生三代之世，而與直道而行者，相安於大道之公也。猶□而得生於三代之德，而與直道而行者共守其古道之遺也。吾之於人也，其容毀譽爲哉？[一]

君子之道

君子之道，即費隱可知也。夫小大，道也，費也，而所以然者隱矣。且夫道何可言也？乃世有以有言者，有以無言者，皆無當於道者也。君子之道，不滯形象，不墮渺茫，而介在費隱之間。吾見立于無極，寓于有極，有極而又無極者，道也；藏于無物，顯于有物，有物而又無物者，道也。于夫婦而可與知焉，于夫婦而可與能焉，于聖人天地而有遺知、有遺能、有遺憾焉。以此語大，則物之外有道，道之外無物，莫能載也；以此語小，則物之内有道，道之内無物，莫能破也。

〔一〕 文末有評語云：「極平常語，見關係世道處。其文氣老而逸，已似癸未諸墨。（陳百史）」又云：「此文高處，在將『如有所譽』二句，亦看作直之本體，不似他人作□□語。斯民節，兼上下説，不偏鋒，又不兩歧，識力勝癸未諸墨，非徒□其文之流逸也。」（俞長城論次：《可儀堂一百廿名家制義》，第三卷，第六頁）

《詩》嘗言矣，言鳶魚、言飛躍、言于天于淵，皆言上下察也。君子觀道于言之内，而得其造端，其在夫婦間乎！語道于言之外，而得其極至，其在天地間乎！欲求道于端，而至者不止是，故雖細入幾微，即飛躍之不盡其擬議者，而莫破之真機足以徹之；欲求道于至，而端必有所始，故雖廣及浩蕩，即天淵之不盡其形容者，而莫載之真機足以貫之。費哉，道乎！究其原，則鳶魚不知也、夫婦不知也、聖人不知也、天地不知也，□而已矣。〔一〕

「古之爲關也」一章〔二〕

大賢於古今之爲關者，而深有所慨焉。夫關以禦暴非以爲暴也，古人有立法之意，而今則失之，亦可悲也已。孟子有慨於王政之不行，而歎曰：先王無一事不爲民而設，亦無一事不爲民而善也。奈何古人往矣，而今之所爲有不皆古者，豈古今之有二乎哉？人自爲古今也。是故

〔一〕文末有評語云：「文入妙來無過熟，書從□處更須參。此文兼此二語。」（俞長城論次：《可儀堂一百廿名家制義》，第三卷，第七頁）

〔二〕此篇原缺，爲白沙先生集外文，兹據《欽定四書文》補出。（方苞等編：《欽定四書文》，《景印文淵閣四庫全書》第一四五一册，第六八至六九頁）案：方苞等編《欽定四書文》將此文編入「欽定化治四書文」卷六，署名爲「陳獻章」。且文後加評語云「寥寥數語，已括盡古今利病。風韻淡宕，有言外之味」。所謂「化治四書文」，是指成化、弘治年間會試之四書文。白沙先生成化五年春曾就試禮闈，此文應爲此年之會試卷。

設關於道，古之制也。古人所設之關，與今人之關，一也。但古人之所以爲此者，其法爲公而不爲私，謹其啓閉焉耳，詢其符節焉耳，蓋以不如是不足以禦天下之暴。惟暴有所不容，斯禁有所必設，使天下之異言異服者至此，而有譏焉，有察焉，斯已矣。是名有所禦，而實有所便也。夫何今之不然也？今之所設之關，與古人之關，一也。但今之所以爲此者，其利在官而不在民，羈其去留者有焉，限其出納者有焉，蓋以不如是不足以盡天下之利。惟利有所必取，斯禁有所不弛，使天下之貨出貨入者至此，而有征焉、有税焉，斯已矣。是始以禦人之暴，而終於自爲暴也，吁！何古人之不類今人，何今人之不學古人哉？今人不學古人，吾不之憾；而至於今之民不得蒙古人之政，吾獨悲其遭之不幸也。有今日之責者，其思所以爲古乎！其思所以爲今乎！

説

菊逸説

草木之品在花，桃花於春，菊花於秋，蓮花於夏，梅花於冬。四時之花，臭色高下不齊，其配於人也亦然。潘岳似桃，陶元亮似菊，周元公似蓮，林和靖似梅。惟其似之，是以尚之；惟其尚之，是以名之。今之托於花者，吾得一人焉。吉水處士張某，號菊逸，蓋賢而隱者。屈子曰「飡秋菊之落英」，陶子曰「秋菊有佳色，浥露掇其英」，皆以菊爲悦者也，皆古之賢人也。菊之美不待贊。菊，花之美而隱者也。某之托於菊也，亦不待贊。

素馨説

草木之精氣下發於上爲英華，率謂之花。然水陸所産，妍媸高下美惡不等，蓋萬不齊焉，而人於其中擇而愛之，凡欲其有益於事，非愛之而溺焉者也。産於此邦曰素馨者，香清而體白，郁郁盈盈，可掬可佩，貫四時而不凋，供一賞而有餘，亦花之佳者也。好事者致於予，予既愛之，遂益究其用。取花之蓓蕾者，與茗之佳者雜而貯之；又於月露之下，掇其最芬馥者置陶瓶中經宿，而俟茗飲之入焉[一]。然則，是花之用，於人雖不若麻縷之與菽粟然，蓋亦不爲無用也。人之資於麻縷，爲其可以温也；資於菽粟，爲其可以飽也[二]。得之則生，弗得則死。今是花也，吾取焉，姑以其能郁郁盈盈少裨於茗耳，雖不汲汲可也。不汲汲，由用之可已也。使是花之於人，如

[一]「而」，林齊本、高簡本、蕭世延本、白沙文編、何熊祥本作「以」。
[二]「爲」，原作「謂」，據林齊本、高簡本、蕭世延本、白沙文編、何熊祥本、黄之正本、碧玉樓本、四庫全書本改。

麻縷之與菽粟然，又安可已哉？可已而已，不可已而不已。引而伸之，觸類而長之，於道其庶幾乎！治國其庶幾乎！

大頭蝦説

客問：「鄉譏不能儉以取貧者，曰『大頭蝦』；父兄憂子弟之奢靡而戒之，亦曰『大頭蝦』，何謂也？」予告之曰：「蝦有挺鬚瞪目，首大於身，集數百尾烹之而未能供一啜之羹者，名曰『大頭蝦』。甘美不足，豐乎外餒乎中，如人之不務實者然，鄉人借是以明譏戒，義取此歟！言雖鄙俗，明理甚當。然予觀今之取貧者，亦非一端。或原於博塞，或起於鬬訟，或荒於沉湎，或奪於異好，與『大頭蝦』皆足以致貧。然考其用心與其行事之善惡而科其罪之輕重，『大頭蝦』宜從末減。譏取貧者反舍彼摘此，何耶？恒人之情，刑之則懼，不近刑則忽。博塞鬬訟，禁在法典。沉湎異好，則人之性，有嗜不嗜者，不可一概論也。『大頭蝦』之患，在於輕財而忘分，才子弟類有之。蓋其才高意廣，恥居人下而雅不勝俗；專事己勝，則自畋獵馳騁、賓客支酬、輿馬服食之用，侈爲美觀以取快於目前，而不知窮之在是也。如是致貧亦十四五，孔子所謂『難乎有恒』者是也。以爲不近刑而忽之，故譏其不能自反以進於禮義教誨之道也。孳孳於貧富之消長，錙銖較之，而病其不能者曰『大頭蝦』〔一〕，此田野細民過於爲吝而以繩人之驕，非大人之治人也。夫人之生，陰陽具焉。陽有餘而陰不足，有餘生驕，不足生吝。受氣之始，偏則爲害。有生之後，習氣乘之，驕益驕，吝益吝。驕固可罪，吝亦可鄙，驕與吝一也。不驕不吝，庶矣乎！」

禽獸説

人具七尺之軀，除了此心此理，便無可貴，渾是一包膿血裹一大塊骨頭。饑能食，渴能飲；能著衣服，能行淫慾；貧賤而思富貴，富貴而貪權勢；忿而争，憂而悲；窮則濫，樂則淫。凡百所爲，一信氣血，老死而後已，則命之曰「禽獸」可也。

説繼芸軒〔二〕

人心之田方寸許，收其入，吾身之府庫充焉；出其餘，天下之沛澤隆焉。其有不能者，皆自

〔一〕 林齊本、蕭世延本、白沙文編重「大頭蝦」三字。

〔二〕 此篇原缺，據《白沙先生文編》補出。題下唐伯元加注云：「此是纂文。」（唐伯元編次：《白沙先生文編》，第六卷，第九頁）

棄耳〔二〕。請以田事爲喻：方苗之始植也，鋤耰之，欲土之易，即吾心之放而收焉者也；苗之既植，其土未固，時而灌溉之，欲其生意之浹洽，即吾心之迷者復，日涵養乎義理之中以滋焉者也；及乎苗之向碩穗既凝矣，益芟治其土使熟，而稂莠之支蔓遂絶，又非吾心既復之後、戒謹恐懼之不忘、使非僻勿得以干焉者類耶？自始至終，循其序而用吾力焉，無欲速之心，則未耜之田與吾方寸之田一，施之無二道也。然盡力於耒耜之田者，其獲美稼；盡力於方寸之田，其獲豈直美稼哉？孟子稱：窮則獨善其身，達則兼善天下，「所謂『收其入，吾身之府庫充焉』者是也，「出其餘，天下之沛澤隆焉」者是也。而何其悦於彼者十九、□於此者百一耶？吁！有由然矣。夫五穀與麴蘖孰美，必嘗而咀嚼之，然後知其正味之可好，否則未有不爲狂藥之所勝而棄焉者也，今之自棄其心者皆是也。〔三〕」

〔二〕　自「人心之田方寸許」至「皆自棄耳」一段文字，《白沙先生至言》作「某南海之野人也，嘗力於耕矣」。（陳獻章撰：《白沙先生至言》，《續修四庫全書》，上海古籍出版社，二〇〇二年，第九三六册，第三八〇頁）

〔三〕　自「所謂『收其入，吾身之府庫充焉』者是也」至「今之自棄其心者皆是也」一段文字原缺，據《白沙先生至言》補。（陳獻章撰：《白沙先生至言》，《續修四庫全書》，第九三六册，第三八〇頁）

題跋

跋清獻崔公題劍閣詞 弘治甲寅十月作

萬里雲間戍，立馬劍門關。亂山極目無際，直北是長安。人苦百年塗炭，鬼哭三邊烽鏑，天道久應還。手寫留屯奏，炯炯寸心丹。　對青燈，搔白髮，漏聲殘。老來勳業未就，妨却一身閒。梅嶺緑陰青子，蒲澗清泉白石，怪我舊盟寒。烽火平安夜，歸夢到家山。

右調《水調歌頭》，吾鄉先輩菊坡先生宋丞相清獻崔公，鎮蜀時，題劍閣即此詞也。曩夢拜公，坐我於牀，與語平生，仕止久速偶及之。仰視公顔色可親，一步趨間，不知其已翺翔於蓬萊道山之上，欲從之上下而無由。因請公手書，公欣然命具紙筆。烏虖！古今幽明一理，人之所見則有同異，感而通之，其夢也耶，其非夢也耶？今書遺其後七世孫同壽云。〔一〕

〔一〕「七世孫」，高簡本作「後世孫」。又：文末，林齊本、蕭世延本、白沙文編有「弘治甲寅十月，白沙陳某識」十一字。

書思德亭碑後

成化八年壬辰夏，廣右陶公由吾邑長進秩憲僉，六年考滿如京師。將行也，諸父兄相與攜《思德碑》文一首詣予，請文以贈，曰：「將以是考也。」諸父兄坐既定，余撫碑歎曰：「嗟夫！昔壬午之冬，寇忽大至城下，民被剽掠，死者甚衆。公方備寇于外，報至，哭；徑歸，及郊，哭；入城，呼士卒，慟哭撫之，告以滅賊，皆感激增氣，捐軀赴難，震動一邑。此吾與諸父兄所共見也。賊益充斥，公由是建子城與民固守，又量地遠邇連爲營，以塞四境要害；設守備之法，内外戒嚴，賊不敢犯，民到今賴之。凡使吾兄弟妻子得免流離，老稚謳歌田里，與鄰壤異者，公也。公有識慮，善揆度，其所施爲，事務實而不爲虚文，故能取必於此。經歷久遠，民受其賜而公之功有成。此吾與諸父兄所共知也。公家廣右之鬱林，去賊近。吾邑在吾省之西南，近省多饒資民，賊利得之。每歲入寇，公遏之，賊不得逞。退，過公先塋，衆賊將伐木取坯土以懼公〔一〕，賴忠烈之靈震怒在天，賊尋畏不敢近。嗚呼！此公捨一家之危，以易一邑之安。吾與諸父兄所共聞

〔一〕「衆賊」，林齊本作「衆墳」。若作「衆墳」，相關語句之句讀應作「退，過公先塋衆墳，將伐木取坯土以懼公」。高簡本作「衆憤」。

也。夫是三者之難能，公實能之，以惠吾民，吾民所以頌公之德，在此一片石，則或聞之而不言，或言之而非專，豈諸父兄與作碑者之意耶？公爲縣久，其有勞於吾民，不可具書。蓋公之治民如其治兵，因應隨機，初無定體。其治兵也，如文士作文，奇生筆端，無事蹈襲，故能使人畏之，而率以取勝。此皆公精神心術之奧之運，人不可得窺，故尤不可得書。可見者，跡之顯者耳。書其跡而民莫不信，余是以冒言之，以補碑之弗及。若夫述職贈言，以勉當道，此僚友之分，君子之任，非吾與諸父兄之宜。」〔二〕

書孔高州平賊詩卷後

王別駕所爲《孔高州平賊十二詩》并圖説，予覽之，歎曰：「嗟夫！太守誠有功於民也。」太守今進秩憲副使，其視民如傷，必不偏於一隅、安于一日以爲足。吾意副使之賢〔三〕，勞謙而不伐，雖有同時詠歌之美，蓋未知其果樂聞之而首肯否？雖然，或亟稱之，必深願望之，亦君子所

〔二〕「非吾與諸父兄之宜」後，林齊本、蕭世延本有「四月五日，白沙陳某識」九字。

〔三〕「副使」，林齊本、蕭世延本作「憲副」，白沙文編作「憲副使」。

不能已於言也。〔二〕

書蓮塘書屋册後

成化十九年春正月，予訪予友莊定山于江浦，提學南畿侍御上饒婁克讓來會予白馬菴，三人相與論學、賦詩，浹辰而别。侍御之兄克貞先生，與予同事吴聘君。予來京師，見克貞之子進士性及其高第門人中書蔣世欽，因與還往。居無何，侍御官滿來朝。予卧病慶壽寺，之數人者無日不在坐。師友蟬聯，臭味相似，亦一時之勝會也。侍御示予《蓮塘書屋圖》，山雲水石，竹樹陰翳，恍然若蓮塘之在目，藹然絃誦之聲盈耳也。予玩而樂之，謂侍御曰：「地由人勝，不勝誰傳？周茂叔濯纓于濂溪而世濂溪，程叔子著書於龍門而世龍門，朱晦翁講道於考亭而世考亭，今婁氏居蓮塘宜世蓮塘。使蓮塘之名有聞於天下後世者，婁氏也；使婁氏有聞於天下後世者，婁氏自爲之，非蓮塘也。蓮塘之遇，不其幸歟！濂溪以茂叔勝，龍門以叔子勝，考亭以晦翁勝，蓮塘以婁氏勝，古人今人無不同也。抑不知婁氏之所修而執之者，同於古人否歟？惡乎同乎？同其心不同其迹可也，同其歸不同其入可也。入者，門也；歸者，其本也。周誠而程敬，考亭先

〔二〕「亦君子所不能已於言也」後，林齊本、蕭世延本、白沙文編有「成化辛卯冬十月朔旦，古岡陳某敬識」十五字。

致知，先儒恒言也。三者之學，於聖人之道孰爲邇？孰知之無遠邇歟？周子《太極圖説》『聖人定之以中正仁義而主静』。『問者曰：「聖可學歟？」曰：「可。」「孰爲要？」曰：「一爲要。一者無欲也。」』《遺書》云：『不專一則不能直遂，不翕聚則不能發散』；『見静坐而歎其善學，曰：「性静者，可以爲學。」』二程之得於周子也，朱子不言，有象山也。」此予之狂言也，婁氏何居焉？予以景泰甲戌遊小陂，與克貞先後至，凡克貞之所修而執之者，予不能悉也。書予説於《蓮塘圖》，侍御質諸克貞先生以爲何如。

書一之自罰帖後

此帖某實命之，而云自書者〔二〕，貫不自以爲過，導之使知悔也。貫之此舉，某初蓋以爲可。卒歸於貫者，貫主之，托始於貫。謀事愆義，規畫無度，皆貫之失。不容於公議，故與士友共責之而不得私焉。其不可自恕者，謹以書諸日録矣。自罰必一年而後復者，過之小大爲限。復深責望之，昭仁示義，殆亦孔門「鳴鼓」之遺意歟？子曰：「由也升堂矣，未入於室也。」逮其晚年，

〔二〕「自書」，碧玉樓本作「自罰」。

進德極於高遠，未必非此門人之助；而由之名光於後世矣，則貫其可侮哉？〔二〕

書漫筆後

文章、功業、氣節，果皆自吾涵養中來，三者皆實學也。惟大本不立，徒以三者自名，所務者小，所喪者大。雖有聞於世，亦其才之過人耳，其志不足稱也。學者能辨乎此，使心常在内，到見理明後，自然成就得大。《論語》曰「朝聞道，夕死可矣」，孔子豈欺我哉？

跋沈氏新藏考亭真蹟卷後

張宣公《城南雜詠》廿首，考亭朱子爲和之，楊鐵厓評其詩，謂「宣公有古風思緻」；於考亭，惟曰「朱子之辭不敢評」。其信然耶？抑別有所指，不欲盡發之耶？昔之論詩者曰：「詩有別材，非關書也；詩有別趣，非關理也。」又曰：「如羚羊挂角，無迹可尋。」夫詩必如是，然後可以言妙。近代之詩，遠宗唐，近法宋，非唐非宋，名曰「俗作」。後生溺於見聞，不可告語，安得鐵厓生並世，予將叩之，其亦有以復我耶？鐵厓補書宣公詩，與文公真蹟併藏沈氏。都憲公書來，俾

〔二〕「則貫其可侮哉」後，林齊本、蕭世延本、白沙文編有「辛卯七月二十二日，石齋書」十一字。

予題。予既未及見，因附論鐵厓之後如此云。〔二〕

跋梁曉挽李唐詩

曉爲詩悼李唐。唐卒未娶，無顯然悔尤，皆以爲幸然。曉之於唐，既送其往，復迎其來，何曉之不憚煩也？造化固無是理矣。但如曉説，苟無聖人之德而有妻子之累，雖曉不能以一日活世間，况於唐乎？曉之爲人謀亦疎矣。曉乎，其自處可也。〔三〕

跋張聲遠藏康齋真蹟後

先師康齋遺稿，某藏之十二年矣，出入必偕。天順初，先師膺聘入京，途中紀行諸作，皆當日手書，寄白沙凡七紙。成化己丑春三月，行李出北京，是日次于析木之店，以示東吴張聲遠鍈。一見驚絶，閱之竟日不目瞬，以手撫弄，以口吟哦，某憐之，割一紙。是歲六月，過清江，以手書問先師，尚無恙也。明年秋，鍈書來求跋。又二年壬辰二月，豐城友人始以訃來。先師之

〔二〕「因附論鐵厓之後如此云」後，蕭世延本有「丁巳夏四月」五字。

〔三〕「其自處可也」後，林齊本、蕭世延本、白沙文編有「壬辰五月二十七日，石齋書」十一字。

卒在己丑十月，至是三易歲。當鐭求跋語時，屬纊來一年矣。烏虖！悲乎！先師道德名譽傾一世，婦人小子知之，華夏蠻貊咸知之。平生愛一字一辭，不以假人，某之所得，徒以一日在門下。然誦其言，想見其丰采而得其爲人，則宜其有惕然而感、勃然而興者矣。某猶望此於百世之下，況其邇者乎？後生可畏，鐭其念諸。門人某謹識。〔一〕

跋漳州功德碑後 漳州姓張，名璜，字德潤，别號兩山居士，番禺人，詡之父也。

《讀漳州功德絶句》云：「罷守三州卧兩山，漳州面目此碑間。郡人欲識蒙菴老，也傍斯文捉一班。」作碑者林蒙菴，曩於京師見其人，慎許可人，以是信之。今直靠他作證明師也。蒙菴見拙詩，想爲抵掌，但未知肯勒於碑陰否也。

書自題大塘書屋詩後

予既書婁克讓《蓮塘書屋圖》後，蔣世欽繼之以大塘書屋之請，予賦五言近體一章，既以答世欽，世欽少之，予乃究言詩中之旨。首言大塘書屋乃中書蔣世欽所建。頷聯言爲學當求諸

〔一〕「門人某謹識」，蕭世延本、白沙文編作「壬辰五月十二日，門人古岡陳某謹識」。

心，必得所謂虚明静一者爲之主，徐取古人緊要文字讀之，庶能有所契合，不爲影響依附以陷於徇外自欺之弊，此心學法門也。頸聯言大塘之景，以學之所得，《易》所謂「復其見天地之心乎」，此理洞如，然非涵養至極、胸次澄徹，則必不能有見於一動一静之間；縱百揣度，衹益口耳，所謂「何思何慮」、「同歸殊塗」、「百慮一致」，亦必不能深信而自得也。末聯借方士之丹，以喻吾道之丹，卒歸之龍門者，明其傳出於程子而人未之知也。拙見如此，未知是否。然予於世欽，不可謂無意矣。所病者，辭采不足以動人耳，世欽胡爲而少之？予以世欽厭夫爲文字章句之學者，勇於求道，不恥下問於予，予是以重言之。謂予俯仰於時，姑喋喋以塞夫人之意，非予所以處世欽也。

書鄭檢討所編劉閔札後

此吾翰林鄭先生廷綱取其平日所得於其友劉閔子賢手書〔一〕，會而編之，以爲此卷。子賢嘗以孝行聞於鄉之人，今閲此卷，意其天資可與共學，而鄭先生不没人善也，皆可敬。中間一簡，告鄭先生以處貧之難。吾獨惜子賢之困於不足，無所於謀也。三旬九食，亦昔人之常事，必不

〔一〕「其平日」，原作「吾平日」，據林齊本、高簡本、蕭世延本、白沙文編、何熊祥本改。

得已而干人，雖謀於鄭先生可也，而徒告之難，鄭先生豈難於濟人者哉？觀者疑焉，雖不以編入可也。〔一〕

書鄧政求濟帖後

於乎！勢利爲市，朋友道絶。昔人所能者，例不可望於俗輩。政之號不足於予，固其所矣，惜予貧且賤，無以副政之請，此昔賢所謂「旋渦底佛，安能救落水羅漢」〔二〕。不然，予之所欲濟與所識求濟於予者多矣，豈獨政哉？雖然，政於予無一日之雅，奚以亮予之能惠？予負政多矣。十室之邑，尚有忠信如夫子。政其廣求之，必得一士如予而無予之貧賤，政其庶幾乎！撫紙太息，書其後歸之。〔三〕

書玉枕山詩話後

予又有《迴龍寺夜坐》詩，云：「孤燭江邊寺，疎鐘雨後天。愁人知永夜，遠客惜流年。不買

〔一〕「雖不以編入可也」後，林齊本、蕭世延本、白沙文編有「成化丁未夏五月」七字。

〔二〕「昔賢」，林齊本、高簡本、蕭世延本、何熊祥本、黄之正本、四庫全書本作「昔人」。

〔三〕「書其後歸之」後，林齊本、蕭世延本、白沙文編有「壬辰五月日」五字。

南安酒，留充玉枕錢。牀風無意緒，吹斷藥爐煙。」第三聯亦以玉枕而發，東海乃不收入《詩話》中，偶忘之耶？東海平日自謂具隻眼，能辨千古是非人物，而近遺夫康齋，又何也？康齋易知耳。予年二十七游小陂，聞其論學，多舉古人成法，由濂洛關閩以上達洙泗；尊師道，勇擔荷，不屈不撓，如立千仞之壁，蓋一代之人豪也。其出處大致不暇論，然而世之知康齋者甚少，如某輩往往譏呵太甚，群啄交競〔二〕，是非混淆，亦宜東海之未察也。微吾與蘇君今日之論，則東海之康齋，其爲晏嬰之孔子乎？了翁之伯淳也？噫！成化壬寅九月二十八日，新會陳獻章在南安横浦驛讀東海先生《玉枕山詩話》，秉燭書此于蘇君卷中。

書鄭巡檢詩卷後

吾邑沙岡巡檢鄭榮官滿告歸，持此卷過白沙乞詩。榮，莆人也，壯而仕，老而休，賢於不知止者。予既贈之詩，復録近作七絶於此。莆有大理黄先生，故人也，榮見，問我，以此卷呈之。

〔二〕「群啄」，林齊本、蕭世延本、白沙文編、碧玉樓本作「群喙」。

題吳瑞卿采芳園記後

歲云暮矣，冬雨凄凄。牛僵馬危，商旅不歸。號寒啼饑，窮民怨咨。采芳何爲？將以遺所思。所思在遠道，天寒日短，誰爲致之？不如待時。時維仲春，陽道既亨，萬物得時。和風披拂，人情熙熙。博采衆芳，汎汎輕航。駕言出游，不泥一邦。雲龍風虎，其傳自古。而德之所被，人將化之。如是壑之水〔二〕，汩汩洋洋，不亦深乎！瑞卿，天下未有不本於自然，而徒以其智收顯名于當年，精光射來世者也。《易》曰「天地變化草木蕃」，時也。隨時屈信，與道翱翔，固吾儒事也。吾志其行乎！猗歟休哉！〔三〕

題余別駕中流砥柱圖後

別駕余先生命予題《中流砥柱圖》。予讀彭秋官序文，雖非正説此圖，而意已足。末舉元貞

〔二〕「是壑」，林齊本、高簡本、蕭世延本、白沙文编、何熊祥本、碧玉樓本作「赴壑」。《白沙子古詩教解》、《白沙先生詩教解》亦作「赴壑」。
〔三〕「猗歟休哉」後，林齊本、蕭世延本、白沙文编有「瑞卿。戊午歲冬至日，石翁題」十一字。

事一段結裹，尤警策有力，故予倣其意而切言之。蓋不言則已，言必欲其有益於別駕〔一〕，非相啖以利者也，故不爲諛辭。其辭曰：使君使民不厭真〔二〕，使君爲臣莫愛身。使君不以榮落爲屈信、死生爲戚忻〔三〕，而以嗜慾爲伐性之斧斤。千秋萬歲難磨滅，乃見中流砥柱人。

次王半山韻詩跋

一日忽興動，和得半山詩一十八首，稿寄時矩收閱。作詩當雅健第一，忌俗與弱。予嘗愛看子美、后山等詩，蓋喜其雅健也。若論道理，隨人深淺，但須筆下發得精神，可一唱三歎，聞者便自鼓舞，方是到也。須將道理就自己性情上發出，不可作議論説去；離了詩之本體，便是宋頭巾也。大概如此。中間句格聲律更一一洗滌，平日習氣，涣然一新，所謂濯去舊見以來新意，作詩亦正用得著也。批判去改定，乞再録來見示爲幸。稿中有工拙，請下一轉語，以觀識趣高

〔一〕「有益」後，林齊本、蕭世延本、白沙文編有「予」字。案：若有「予」字，此處句讀應作：蓋不言則已，言必欲其有益。予於別駕，非相啖以利者也，故不爲諛辭。

〔二〕「使民」，原作「使君」，據林齊本、高簡本、蕭世延本、白沙文編、碧玉樓本改。《白沙子古詩教解》、《白沙先生詩教解》亦作「使民」。

〔三〕「榮落」，碧玉樓本作「榮辱」。《白沙子古詩教解》、《白沙先生詩教解》亦作「榮辱」。

下，可乎？〔二〕

書和倫知縣詩後

屠沽可與共飲，而不飲彭澤公田之釀，古之混於酒者如是，與獨醒者不相能而同歸于正。雖同歸于正，而有難易焉。醒者抗志直遂，醉者韜光内映，謂醉難於醒則可。今之飲者，吾見其易耳，非混於酒而飲者也。烏虖！安得見古醉鄉之逃，以與之共飲哉？

送張方伯詩跋

某嘗謂「作詩非難，斟酌下字輕重爲難耳」。如此詩第五句「清」字，既研於心，又參諸友，左揆右度，終不可易。而非公九載之守不渝，某亦豈敢孟浪？蓋一字之下，其難如此，詩其易言哉？〔三〕

〔二〕「可乎」後，林齊本、蕭世延本、白沙文編有「某書」二字。

〔三〕「詩其易言哉」後，林齊本、蕭世延本、白沙文編有「謹識」二字。

跋潘氏族譜後

潘氏自其始祖太一公以下至臨淮典教華，爲世凡三十有四。故國子祭酒豫章胡公若思括始終爲之序，頗詳悉。同時稱聞人，曰建安之楊、曰南郡之楊、曰浙東之王、曰臨川之王、曰錢、曰高、曰苗、曰曹、曰裴，題之跋之八九見，先後續續光不已。譜既重，三十五世孫明、威、玘、伯、振，慮夫光於今者或息於後，重自其身者或失之於其子孫。序而傳之，以延厥光，以增兹重於無窮焉，惟其人。不惟其人，惟其位之徇，則不信，於世世方來，其奚賴？於是謹齋戒擇日，進譜於白沙，乞予言爲序後。予既德弗類而文又不及世，於君之愛我奚足尚？雖然，有可爲君言者而奚敢不書？夫惟君子以神之没身焉，其效至於通神明、光上下，存乎孝弟；形於事君爲良，臨大節爲忠，感於人心、措諸天下爲事業，存乎推；延光於簡册，存乎名；勉而行之，存乎誠。君受明天子命爲能臣，技謀勇果固所長，能不規規於是，惟所存孝悌心益誠益推，著而爲良、爲忠、爲事業、爲簡册勳名，種種皆君有也。若是，斯譜也，不光重與！先世德美，具載諸文，此不贅。

批答張廷實詩箋

首章似胡文定解《春秋》，以義理穿鑿。二章發揮得道理極致，非所敢當，然此心亦自不能已，願與公共勉之。三章仙術多門，姑置勿論，然興致高遠者，非此無以托。古有留意於《參同契》而爲詩，則斥以盜竊。四章箋得之，余清老《唱道歌》云「世間膏火，煎熬可厭」，亦在其中。五章要看第二句與第四句相應親切。六章醉以溷俗，醒以行獨。醒易於醉，醉非深於《易》者不能也。漢郭林宗、晉陶淵明、唐郭令公、宋邵堯夫，善醉矣夫！七章其失與首章同。黄涪翁《大雅堂記》似爲此箋發者，正詩家大體所關處，不可不理會。大抵詩貴平易洞達，自然含蓄不露；不以用意裝綴、藏形伏影，如世間一種商度隱語，使人不可模索爲工。欲學古人詩，先理會古人性情是如何，有此性情，方有此聲口。只看程明道、邵康節詩，真天生温厚和樂，一種好性情也；至如謝枋得，雖氣節凌厲，好説詩而不識大雅，觀其注唐絶句諸詩，事事比喻，是多少牽强、多少穿鑿也。詩固有比體，然專務爲之，則心已陷於一偏。將來未免此弊，不可不知。八章不知馬，其失在人不在馬。少知進退去就而已者，亦未以馬稱也。平湖之進，吾惜之。九章珠珮用鄭交甫事。十章箋得之，詩從後定本統論好，但非拙作所能當〔二〕，持以論詩可矣。概觀所論，多只從意上求，語句、聲調、體格尚欠工夫在。若論詩家，一齊要到。莊定山所以不可及者，用

〔二〕「但非」，原作「非但」，據林齊本、蕭世延本、白沙文編改。《白沙先生詩教解》所附「詩教外傳」收録此文，亦作「但非」。（湛若水撰：《白沙先生詩教解》，《四庫全書存目叢書》，集部第三五册，第六〇一頁）

句、用字、用律極費工夫。初須倣古，久而後成家也。今且選取唐宋名家詩數十來首，諷誦上下，効其體格、音律，句句字字一毫不自滿，莫容易放過。若於此悟入，方有蹊徑可尋。

題桂陽外沙朱氏族譜〔二〕

成化十八年七月己巳，白沙陳某見右都御史桂陽朱公於蒼梧。明日，公命飲於燕居之堂，公之季子守貢洎諸孫侍側。公命守貢琴。三行酒畢，公出一編相示，題曰《桂陽外沙朱氏族譜》。周武王時，曹挾封於邾，後因其封爲氏，去「邑」爲「朱」。世次闊遠莫詳，但云曰毗者來居桂陽，是爲外沙之始祖。蓋毗之後，盛於廊木，顯於外沙也。見於譜者，始祖以下七世缺焉，至外沙始詳矣。外沙之世，更始於保祖，至公爲十一世。世有舊譜，公之世父、前交趾諒山通判思巷與贈都御史、公之考思諫修之，成之者，公也。公子五人，予所知者，守孚今爲秋官郎中；昔公示予守蒙之文，復誦其詩，曰是嘗有意於白沙者；守貢彈琴於我側。朱氏子孫知其後將益大也。公生五年而孤，能自樹立，由名進士歷至大官。敦大清儉，爲政鎮靜，若無所爲，民被其澤

〔二〕此篇原缺，兹據林齊本、蕭世延本補出。（林齊本《白沙先生全集》，第十卷，第十二至十三頁；蕭世延本《白沙先生全集》，第十卷，第七五至七六頁）

而莫知爲之者，光前振後，公之德大矣。子孫世守，令緒益裕，如郎中兄弟，其庶幾乎！公俾予題，余不文，記所見一二，以俟後之修譜者。

蒼梧紀行〔一〕

六月丁未，發白沙；己未，至白泥，書《留别緝熙》詩，陳冕從行。庚申日晡，艤舟七星巖擊石鼓，巖户没於潦，舟隨來巖上，索石題詩，秉燭書之。甲子，過三洲巖，潦至徑絶，不可遊。過麻墟，入德慶峽和尚石，皆有詩。戊辰，至蒼梧，有《寄陳庸潯州》詩。明日，謁都憲。遂徧詣兩府，會按察僉憲翁俟、謫北流簿都給事黄坦、廣西參政黄塤、僉憲蕭蒼。壬申，别蒼梧，與伍伯饒復游三洲巖，看林光、陳庸、張詡題名。癸酉，訪楊參戎於肇慶。明日，抵家。

〔一〕此篇原缺，兹據林齊本、蕭世延本補出。（林齊本《白沙先生全集》，第十卷，第十七至十八頁；蕭世延本《白沙先生全集》，第十卷，第八一至八二頁）

書孟郊詩軸〔一〕

種樹須擇地，惡土變木根。結交若［失］人，中道生謗言。君子芳桂性，春濃寒更繁。小人槿花心，朝在夕不存。莫躡冬冰堅，中有潛浪翻。惟當金石交，可與賢達論。

韓退之撰《柳子厚［墓誌銘］》云：「士窮乃見節義。今夫平居里巷相慕悦、酒食游戲相徵逐，詡詡强笑語以相取下，握手出肺肝相示，指天日涕泣，誓生死不相背負，真若可信；一旦臨小利害，僅如毛髮比，反眼若不相識，落陷穽，不一引手救，［反］擠之而又下石焉者，皆是也。此宜禽獸夷狄所不忍爲，而其人自視以爲得計。」愚謂讀東野之詩，味退之一語，則世之定交，不可不審矣。公甫書

〔一〕此篇原缺，據《陳獻章書法集》補出。（秦有朋主編：《陳獻章書法集》，廣州：嶺南美術出版社，二〇〇八年，第九〇頁）

書馬氏均田文後[一]

嗚呼！與不傷惠，慮不失機，馬氏不替其世故歟！古岡之俗，有恒産者，死而無子，人争爲之後。其争也，仇親戚、捐軀命不顧，長者不能化，朋友不能諫，官司不能決，甚矣哉！《禮》：「爲人後者，爲其父母服期。」夫生我者，父母也；所後之人，乃旁親也。以其所輕，易其所重，雖有父母之命，賢者猶不甘心焉，況以争奪爲之後乎？孔子，人倫之至也，薄乎欲爲人後者，俾不得觀射，果賢者爲之乎！風俗之澆漓，人心之薄惡，知求利而不知愛親，其可哀也。馬氏叔侄亦善處變矣乎！父母天倫，夷齊交致其重，亦充是心而已，西山之薇，其卒勝孤竹之土歟。凡世以嗜利之私傷友之情者，觀此可以稍愧矣。馬氏叔曰廣生，侄曰貞。馬之先世，有曰持國，有曰晞驥，父子皆宋名臣，風韻蓋有所自云。成化十五年己亥秋九月望後三日，陳獻章公甫書于白沙，時風日初霽，人情怡悦云。

[一] 此篇原缺，兹據高東輝《江門潮連陳白沙遺跡考》補出。（高東輝撰：《江門潮連陳白沙遺跡考》，《大衆文藝》，二〇一一年，第十三期，第二一五頁）

雜著

書韓莊二節婦事

烏虖！二氏之生，其相去且千載。韓，故相國休之孫女；莊，雷郡庶人妻。貴賤雖殊，其死於義一也。心事如青天白日，皎乎其不可尚；辭氣如大冬嚴雪，凛乎其不可犯。是豈資學問之功哉？是豈嘗聞君子之道於人哉？亦發於其性之自然耳？今之誦言者，咸曰「餓死事極小，失節事極大」。故臨利害比〔一〕，二氏乃能之，學者故不能於此。然則從事於詩書反無所益，彼之不學乃能不壞其性〔二〕，何邪？是必有所以然者。學止於誇多鬬靡，而不知其性爲何物、變化氣質爲何事，人欲日肆，天理日消，其不陷于禽獸者幾希矣。予讀二氏之辭有感，故録而藏之。〔三〕

〔一〕「故臨利害比」，林齊本、高簡本作「故利害比」；蕭世延本作「故臨遇利害比」；白沙文編作「故□□利害比」。

〔二〕「不學」，林齊本、高簡本、蕭世延本、白沙文編、何熊祥本、黄之正本、四庫全書本作「弗學」。

〔三〕「故録而藏之」後，林齊本、蕭世延本、白沙文編有「辛卯夏五月四日，病中捉筆」十一字。

誡子弟

人家成立則難，傾覆則易。孟子曰：「君子創業垂統，爲可繼也。若夫成功，則天也。」人家子弟才不才，父兄教之可固必耶？雖然，有不可委之命，在人宜自盡。里中有以彈絲爲業者。琴瑟，雅樂也。彼以之教人而獲利，既可鄙矣，傳於其子，託琴而衣食。由是琴益微而家益困，展轉歲月，幾不能生。里人賤之，恥與爲伍，遂亡士夫之名。此豈嘗爲元惡大憝而喪其家乎？才不足也。既無高爵厚業以取重於時，其所挾者率時所不售者也，而又自賤焉，奈之何其能立也？大抵能立於一世，必有取重於一世之術。彼之所取者，在我咸無之；及不能立，諉曰「命也」，果不在我乎？人家子弟，不才者多，才者少，此昔人所以歎成立之難也。汝曹勉之。

示學者帖

諸君或聞外人執異論非毀之言，請勿相聞。若事不得已，言之亦須隱其姓名可也。人氣稟習尚不同〔一〕，好惡亦隨而異。是其是，非其非。使其見得是處，決不至以是爲非而毀他人。此

〔一〕「氣稟」，原作「氣品」，據林齊本、高簡本、蕭世延本、白沙文編、何熊祥本、黄之正本、碧玉樓本、四庫全書本改。

得失恒在毁人者之身，而不在所毁之人，言之何益？且安知己之所執以爲是者，非出於氣稟習尚之偏，亦如彼之所執以議我者乎？苟未能如顏子之無我，未免是己而非人，則其失均矣。況自古不能無毁，盛德者猶不免焉。今區區以不完之行，而冒過情之譽，毁固其所也。此宜篤於自修以求無毁之實，不必以爲異而欲聞之也。昔吕蒙正拜副相，一朝士指之曰：「此子亦參政乎？」同列欲詢其名，遽止之，曰：「知當終身不忘，不如勿聞。」賢者所存，固異於人也。諸君亦宜念之。〔一〕

示學者帖（二）〔二〕

「着些利害，不免開口告人，此淺丈夫也」。伊川平生與東坡不合，至於成黨，自來未嘗向人道及，真無愧於斯言矣。

〔一〕「諸君亦宜念之」後，林齊本、蕭世延本有「辛卯四月十九日示」八字。

〔二〕此篇原缺，據《白沙先生文編》補出。（唐伯元編次：《白沙先生文編》，第六卷，第四頁）

手帖

讀一之自罰帖，所謂喜三代之餼羊猶存也〔一〕。此舉雖過，然究其爲心，蓋亦可憫。且自罰之辭甚實，其進固未可涯也。若夫久居師席，不能致門人於無過舉之地，此則老夫之罪。請附此於日録，算一過，諸君其誌之。〔二〕

喻塾中帖

不邀人敬，不受人慢，某今日方曉待深之之道。大抵情不可過，會不可數，抑情以止慢，疎會以增敬。終身守此，然後故舊可保。請自今後，朔望免禮，諸生在塾中者，亦不勞進揖。容珪持此紙往喻，俾悉知余意。〔三〕

〔一〕「餼羊」，林齊本、高簡本、蕭世延本作「犧羊」。

〔二〕「諸君其誌之」後，林齊本、蕭世延本有「某筆。辛卯夏五月二十八日」十一字。

〔三〕「俾悉知余意」後，林齊本、蕭世延本有「壬辰六月初三日，石齋書」十字。

與容珪帖

絢等雖在門墻，其與拙者之意實未相接，徒以名分相繫爲美談耳。雖然，賢於吠雪者多矣。廣收而勿拒，小警而大遺，其諸全交與待衰俗之意乎！〔二〕

漫筆示李世卿、湛民澤〔三〕

昨夕樓上聞雨聲澎湃，睡不能著枕，因檢會鄉里平時還往人，十亡七八。中間年及七十者才一二，餘皆六十而下，四十蚤晚死者恒多。烏虖！人所得光陰能幾？生不知愛惜，漫浪虛擲，卒之與物無異。造物所賦於人，豈徒具形骸，喘息天地間，與蟲蟻並活而已耶？浮屠氏雖異學，亦必以到彼岸爲標準。學者以聖人爲師，其道何如？彼文章、功業、氣節，世未嘗乏人，在人立志大小。歲月固不待人也。[弘治丙辰秋七月十四日，石翁書，民澤收閲。昨以示世卿，只作尋

〔二〕「其諸全交與待衰俗之意乎」後，林齊本、蕭世延本有「壬辰六月日，石齋書與容生」十一字。

〔三〕「漫筆示李世卿、湛民澤」，林齊本、蕭世延本、白沙文編作「漫筆示李承箕」。《嘉靖增城縣志》所録此文，題爲「石翁手簡（又）」，屬於白沙寄湛若水書信。（文章修、張文海纂：《嘉靖增城縣志》，《天一閣藏明代方志選刊續編》第六五册，上海書店，一九九〇年影印本，第五三〇至五三一頁）

常語話看去，老拙不工於詞，固當爾耶？[一]」

偶書遺湛民澤、龔曰高遊羅浮者

仙人譚景升詩云：「蓬萊料想無多路，只在譚生拄杖前。」羅浮，海上山，葛仙治之，真蓬萊哉！方竹君入手，振之鏗然有聲，上撐天下拄地，四方惟意所如。諸君即日東遊，度鐵橋、登飛雲、坐黃龍、嘯明月，是真神仙矣，譚生豈欺我哉？久矣，吾夢長髯翁遺予羅浮山，盡四百三十二峰，一囊括之，開半面以待遊笻之入。

書法

予書每於動上求静。放而不放，留而不留，此吾所以妙乎動也；得志弗驚，厄而不憂，此吾所以保乎静也；法而不囿，肆而不流，拙而愈巧，剛而能柔，形立而勢奔焉，意足而奇溢焉，以正

〔一〕 自「弘治丙辰秋七月十四日」至「固當爾耶」四十字原缺，據《嘉靖增城縣志》所録此文補出。（文章修、張文海纂：《嘉靖增城縣志》，《天一閣藏明代方志選刊續編》第六五册，第五三一頁）

吾心，以陶吾情，以調吾性，［此］吾所以游於藝也。〔一〕

速勾丁知縣廟疏〔二〕

立一祠，既以表茂宰之賢，又以見吾鄉尚德慕義。一唱百和，視死如生，又孰不咨嗟而歆羡其美耶？〔三〕且報往可以勸來，此祠立後，必有聞義而興起者〔四〕。問所由來，鄉諸父兄子弟不忘舊令之德，章與有榮矣。幸甚，幸甚！即辰春日布和，工匠畢集，其告諸義士，及是時慨然念此舉之不易，發誠心而共濟，幸無辭曰「姑俟來日」，區區不勝至禱。〔五〕

〔一〕「此」字原缺，據林齊本、高簡本、蕭世延本、白沙文編、何熊祥本、碧玉樓本補；且「此吾所以游於藝也」後，林齊本、蕭世延本、白沙文編有「癸巳九月，石齋書」七字。又：此文墨跡尚存。文中三「此吾」，墨跡作「予之」；其落款則作「弘治辛亥元日，陳獻章書」。（陳福樹撰：《陳白沙的書法藝術》，第六三頁）

〔二〕此篇，底本原載於第二卷《與張廷實主事》書中，（《白沙子全集》，何九疇刻本，第二卷，第四七頁）林齊本、高簡本、蕭世延本、白沙文編、何熊祥本、黃之正本、四庫全書本則載於「題跋」。茲據碧玉樓本移録於此。

〔三〕「歆羡」，原作「歎羡」，據林齊本、高簡本、蕭世延本、白沙文編、何熊祥本、黃之正本、四庫全書本改。

〔四〕「興」字原缺，據林齊本、高簡本、蕭世延本、白沙文編、何熊祥本、黃之正本、四庫全書本補。

〔五〕「區區不勝至禱」後，林齊本、蕭世延本有「弘治丙辰正月廿八日，書與文都行之」十五字。

語録

語録八條〔一〕

三代以降，聖學乏人〔二〕，邪説並興，道始爲之不明；七情交熾，人欲横流，道始爲之不行。道不明，雖日誦萬言、博極群書，不害爲未學；道不行，雖普濟群生、一匡天下，不害爲私意。

爲學莫先於爲己、爲人之辨，此是舉足第一步。

疑而後問，問而後知，知之真則信矣。故疑者進道之萌芽也，信則有諸己矣。《論語》曰「古之學者爲己」。

夫道無動静也。得之者，動亦定，静亦定，無將迎，無内外；苟欲静，即非静矣。故當隨動

〔一〕　此篇原缺，據《白沙先生文編》補出，原置於《示學者帖》之後。題下唐伯元加注云：「此八條，非一時之言。以其切於學者，故附於《示學者帖》之後。」（唐伯元編次：《白沙先生文編》，第六卷，第五至六頁）

〔二〕　「聖學」，《明儒學案》所引作「聖賢」。（黄宗羲撰：《明儒學案》，上册，第八九頁）

靜以施其功也。〔一〕

善學者，主於靜以觀動之所本，察於用以觀體之所存。

治心之學，不可把捉太緊，失了元初體段，愈尋道理不出〔二〕；又不可太漫，漫則流於汎濫而無所歸。

「但得心存斯是敬，莫於存外更加功」。大抵學者之病，助長爲多，晦翁此詩，其求藥者歟！

胡居仁執守甚堅，灑落不如莊孔暘；林緝熙氣質甚平，果決不如沈真卿。惟灑落，有壁立萬仞之志；惟果決，有真金百鍊之剛。它日造就擔當此道，孔暘、真卿而已。

白沙先生語録七條〔三〕

陳子曰：有剛氣者，常伸於萬物之上。

〔一〕案：此語録恐出自張詡《白沙先生行狀》。其中「故當隨動靜以施其功也」一句，張詡《白沙先生行狀》作「於是隨動靜以施其功」。「於是隨動靜以施其功」，非白沙先生語録，乃張詡對白沙先生之論評。

〔二〕「尋」，《明儒學案》所引作「認」。（黄宗羲撰：《明儒學案》，上册，第八九頁）

〔三〕白沙先生語録七條，據《白沙先生語録》輯録。（楊起元纂輯：《白沙先生語録》，明刊《楊復所全集》本，卷上，第六、十七、二〇、二七頁；卷下，第一〇三頁）

陳子曰：昔夫子設教洙泗，博文約禮之誨，夫豈獨屢空之顔得聞，三千之徒莫不預聞焉。卒之，啓手足得正而斃者，曾子之外，果誰歟？仕於大夫，猶有煩夫子鳴鼓而攻之者，七十子之不負夫子，幾何人？使顔子而壽，能肩夫子於至神之域，其報夫子有矣。使四代禮樂見用於天下，夫子之澤覃被一世，所事之報又何加焉？由是言之，弟子之所師，能不背其道，能推其説以及於人，皆報其師之大者也。

陳子曰：道之生體，初無不該；心之大用，初無不貫。故曰：「語大，天下莫能載焉；語小，天下莫能破焉。《詩》云『鳶飛戾天，魚躍于淵』，言其上下察也。」學者果能默契乎此，則知日用之間一動一静、一語一默，無非堯舜事業。

陳子曰：學問大總腦要見，見則便是快活，便肯向前。下面節節推去，無非一個道理。

子語王樂用曰：士而未聞道，未免爲物撓。知道則有主，不爲物撓矣。故曰知止而后有定。

陳子曰：善學者，主於静以觀動之所本，察於用以觀體之所存。動静周流，體用一致，默而識之，而吾日用所出固浩浩其無窮也，俛焉日以孳孳，無入而不自得，其進不可量也。〔二〕

〔二〕此則語録内「善學者，主於静以觀動之所本，察於用以觀體之所存」二十一字，《白沙先生文編》亦有收録。然而，《白沙先生文編》無「動静周流」以下四十三字。

李世卿曰：「先生曰：『人有伊周之事功、孔顏之道德、莊孟之文章，能樂然逮老，不求人知，夫然後不失爲君子，而天下之風俗亦庶幾乎少變矣。』」

詩教外傳語録五條〔一〕

先生曰：「予夢與湛民澤同浴三叉江口，民澤向深處浴，俄滅頂。予疾呼左右二人入水援之，民澤乃登淺處，與予咸有喜色。」

子云：「賢人屈伸在道。」

子云：「惟我先聖孔子，道高如天，德厚如地，教化無窮如四時，民到于今賴之。」

子《卧遊上游庄》詩云：「人道上游真個好，上游固好遇人多。」又跋云：「師傅相遇，自古爲難。湛氏之志，吾無疑矣。甚矣，其得於天者，不易也。珍重，珍重。」

南京僧太虚書來求印證，子答之云：「子在川上曰：『逝者如斯夫，不舍晝夜。』我以此證。本體自然，儒佛之途辨於此矣。」

〔一〕詩教外傳語録五條，據《白沙先生詩教解》所附録「詩教外傳」輯録。（湛若水撰：《白沙先生詩教解》，《四庫全書存目叢書》，集部第三五册，第五八八、五八九、六一二、六二一頁）

白沙先生至言語録五則〔一〕

孟子説平旦之氣，最爲有功於學者。

最怕不善思索，害氣離道。

孟子曰：「待文王而後興者，凡民也；若夫豪傑之士，雖無文王猶興。」大丈夫其可以凡民自處而不以豪傑自任乎？

平生學問，多是因循過了。今已是四十已上，後來歲月能復幾何？思量此身，未及誠實、哀痛，虚生浪死，何益於世？然謂之全無所得，不可；謂其真有所得，則是欺人。今對好朋友，不敢胡亂開口，恐見得未熟，反誤了别人。故近年以來所接之人，能尚名節者，已是第一等人物。平日所論，只在此上更去不得，此不是不忠於朋友，自己既不敢誤人，在彼又無確然相向之意，故只得隨時應付。然細思之，實是不得已。今日與克恭别，未知再會之期。若不發端言之，使

〔一〕　此五則語録據《白沙先生至言》補出。（陳獻章撰：《白沙先生至言》，《續修四庫全書》，第九三六册，第三七七至三七八、三七九至三八〇頁）

克恭終身事業只是以名節結果，辜負了好美質，蹉過了好時節，如此則是某之罪也。〔二〕

「泰山爲高矣，泰山頂上不屬泰山。堯舜事業，也只是一點浮雲過目」。夫自生民以來，功業之盛孰有過於堯舜者也？程夫子何獨以爲易而輕之耶？誠以道之全體初無不該，心之大用初無不貫。故曰：「語大，天下莫能載焉；語小，天下莫能破焉。《詩》云『鳶飛戾天，魚躍于淵』，言其上下察也。」學者果能默契乎此，知日用之間，一動一静、一語一默，無非是堯舜事業。何必位九五、統六合，布德行仁、覆昌斯世，而後爲大哉？自夫三代以降，聖學乏人，邪説並興，道始爲之不明；七情交熾，人欲横流，道始爲之不行。道不明，故雖日誦萬言，博極群書，不害爲未學；道不行，故雖普濟群生、一匡天下，不害爲私［意］〔三〕。其於吾心照不該之全體，固未嘗覘其彷彿，則於吾心無不貫之大用，又豈能望其藩籬哉？今試語於衆曰「堯舜事業，只是一點浮雲過目」，聞而疑者百一，其不疑者十九。惟其不疑，故卒不信。何則？疑而後問，問而後知，知之真則信矣。故疑者進道之萌芽也，信則有諸己矣。《論語》曰「古之學者爲己」；孟子曰「君子深造之以道，欲其自得之也」，又曰「反身而誠，樂莫大焉」。夫道雖極於高妙，而實不□於人

〔二〕「今日與克恭别」至「如此則是某之罪也」一節文字，又見《與賀克恭黄門（五）》。

〔三〕「意」字原缺，據《白沙先生文編》所輯語録補。（唐伯元編次：《白沙先生文編》，第六卷，第五頁）

之心。泛而議之，若隱而難知；近而驗之，甚顯而易見。善學者，主於静以觀動之所本，察於用以觀體之所存。動静周流，體用一致，默而識之，然後知「浮雲一點」信非虚語；而吾日用之所出者，固浩浩其無窮也。如此則知足在我，俛焉日以孳孳，無入而不自得，其進豈可量哉？〔一〕

贊

忍字贊

七情之發，惟怒爲遽。衆逆之加，惟忍爲是。絶情實難，處逆非易。當怒火炎，以忍水制。忍之又忍，愈忍愈厲〔二〕。過一百忍，爲張公藝。不亂大謀，其乃有濟。如其不忍，傾敗立至。〔三〕

〔一〕　此則語録中部分内容，分别爲唐伯元《白沙先生文編》、楊起元《白沙先生語録》所摘録，爲保持完整性，今將其全録。又：此則語録此前已由黄繼立在其論文《〈明儒言行録〉所見陳白沙言論佚文及其價值》録出。（《「西樵理學名山五〇〇年暨中國古代書院與社會」學術研討會會議論文集》，二〇一七年，第一七五至一七六頁）

〔二〕　「厲」，原作「勵」，據蕭世延本改。《白沙子古詩教解》、《白沙先生詩教解》亦作「厲」。又：此文墨跡尚存，墨跡亦作「厲」。（陳福樹：《陳白沙的書法藝術》，第九二頁）

〔三〕　文末，墨跡有落款云「弘治丁巳夏五月，石翁書」。（陳福樹：《陳白沙的書法藝術》，第九二頁）

銘

世賴堂銘

恭惟我祖，渭川府君，所立殊衆。七十八年，漢陰抱瓮。自是以來，我家用開。堂以世名，德音孔恢。

家廟鐘銘

其質重，其聲遲，其動静有時，永以爲神之依。

丁氏祠堂鐘銘 代丁知縣作〔二〕

出佛山冶，入濟陽堂。厥聲鏜鏜，震于無疆。

〔二〕「代丁知縣作」，高簡本、蕭世延本、何熊祥本、黄之正本、四庫全書本作「代彦誠作」。

費而不傷，壞則有成。同百里之聲，存萬世之經。我民不信[一]，視此鐘銘。鐘始造模而丁侯卒，惜侯之志不及成。此銘亡，後有繼之者何以考？故録之。

墓誌銘

封署郎中事員外郎魯公墓誌銘

公諱真，字伯真，别號素軒，右副都御史魯公父也。其先寧國之涇縣人，洪武間，太父以寧國守禦民調戍南昌[二]，歸老于涇。其子通寶由南昌轉戍廣之新會，因家焉。通寶生公父保䝰，勤儉理生，實基乃家。及公而新會之魯始大。公長者，初補隊長，卒伍爭較曲直，不屑爲辨而以理譬解之，恒愧服謝去。於所事尊貴人有過，面折之，無少回讓。貸者告窘，或索券焚之。正統

[一]「我民」，碧玉樓本作「作民」。《白沙子古詩教解》、《白沙先生詩教解》亦作「作民」。
[二]「太父」，林齊本、蕭世延本、白沙文編、何熊祥本作「大父」。

間，民虞黄賊之患將至，挈所有赴城，老幼扶携塞路，守關者爲不便於民，公力争止之，曰：「城守所以扞民，民有急，宜早爲之所，奈何拒之？」既而賊奄至城下，圍旬日不解，瀕海騷然。官出榜招諭民之從賊者，公使人於常所往還之地，曉以利害所在，使民趨避之不疑。由是得免於兵患，人至今德之。公生于永樂癸未某月日，卒于成化甲辰某月日，享年八十有二。先是，予歸自京師，未抵家前一夕，夢見公化爲嬰孺。嘗夢數人爲嬰孺者，輒死。未幾，公病遂不起。嘻！豈非數也耶？公娶同邑訓科周旋之女，賢克相公，先公若干年卒，葬歸德里之鳳山。子男六人：長曰賢，早卒〔二〕；次曰能，即都憲公；曰英、曰俊、曰秀、曰傑，英、秀皆義官，俊未仕，傑陽朔訓導。女二人，適何宏、葉蒼。及公之存，孫男十五人，曾孫幾人。壽祉子孫之繁，人以爲積善所致也。都憲公由進士官户部，以其官封公，署郎中事員外郎，贈母宜人。初，有司命選武衞子弟之良者入學，公環眡諸子，以都憲公充選，蓋識之於穉孺時也。都憲巡撫甘肅，公訃至，解官歸，薨于路。諸弟奉公柩，將以今年丙午冬十二月十九日合葬于鳳山之原，以狀來請銘。吾先子處士與公舊，思先子而不得見，見其所與，猶父也。不銘公墓，奚以辭？

銘曰：源之華舒舒，柯之實纍纍。人無固本兮，草木弗如。澤不竭兮，公之餘；我銘示後昆

〔二〕「早卒」，林齊本、高簡本、蕭世延本、白沙文編、何熊祥本、黄之正本、碧玉樓本、四庫全書本作「先卒」。

兮，勿替厥初。

朱君惟慶墓誌銘

君名惟慶，字汝善，桂陽外沙朱氏贈資政大夫右都御史諱思諫之子，故太子太保誠菴先生之弟也。君生三歲而孤，兄弟二人同受學於掌教凌先生。某先補太保儒學生員，次將補君。家籍戎偏橋衛，有司以君充戎，母夫人胡氏謀盡棄其所有以贖君，君奮曰：「男子之始生也，懸弧以志。偏橋戍於吾何有？貨以圖之，不恤家恤我，遂太夫人心，室如懸磬，使吾兄朝夕憂衣食之不暇，而暇爲筆硯憂乎？」於是毅然請行。至則見者無貴賤遇以禮，不敢以常卒伍例視之。其地有横蠻黄一奇奪孀婦李氏爲妻，君於其夫爲族兄弟，李氏使人告難於君，斷一指以示信。蠻知禍將及，亟餽金以冀免，君叱以狗彘，即日以其狀白於官，捕蠻投衛獄死焉。君鄰盜者，君知之而未能徙。盜憂不見容，以所劫帛獻，君從容喻之於義，火其帛，盜亦感悟。都指揮告某由是重君爲人，將謀進之。君一不以介意，而獨以母老哀鳴，一衛憐之，遂得解伍以歸。間奉太夫人來廣就其兄參議之養，遇鹽商餽白金百餘，不顧而去。其在困也，不自卑而失守；其處亨也，不藉勢以徼利。其才如此，與太保俱學，其不遷業於戎伍以需其成，其亦可觀也夫！君娶何氏，生男子四人：恒、益、巽、節；女二人：長適何紹基〔二〕，次適胡紹海。君生于永樂己亥十月十五日，卒于成化丁未二月二十五日，壽七十。及君之存，孫男十人：玭、珸、璠、珂、琨、珦、瑄、玠、璝、琚。恒與諸弟卜今年十二月辛丑葬君里之粟堆〔三〕，節以其狀走南海，干銘於予。爲請者曰：「太保知先生者，先生以太保銘，不可乎？」乃序而銘之：外沙之族何以名？詩書先後著簪纓。汝善可欲介以清，匪我不學困於兵。搜抉幽隱爲君銘，有譽於試惟我徵。

李子高墓誌銘

君姓李氏，諱昂，字子高，別號鈍齋。少孤，奉母王氏孝謹，處于兄弟之間，上順下友，宗黨稱之。景泰庚午之秋，母以兵革之患，客死金陵。君得報慟絶，失于顛沛之初，不能捐生以赴，飲恨而卒。予從何宗濂跡君。甚矣！君之所爲不足以盡君之心也。遭時擾攘，母子兄弟異處，君獨以一身周旋其間。恩非不足於膝下而病于仁，愛非不足於同氣而窮于智，天地鬼神臨之，親戚朋友鄉黨孰不知之？而終不足以釋君之心，至不能瞑目以死，甚可哀也。君與宗濂同邑

〔二〕「何紹基」，林齊本、高簡本、蕭世延本、何熊祥本、黄之正本、四庫全書本作「何紹箕」。

〔三〕「粟堆」，原作「粟堆」，據林齊本、高簡本、蕭世延本、何熊祥本、黄之正本、碧玉樓本、四庫全書本改。

里，世居番禺之沙灣。宗濂久從予游，實君之子壻也，與君之族子珍撰述君之世次行實，爲其子孫請銘於予。君，名臣之後。八世祖文溪先生忠簡公諱昴英，理宗龍圖閣待制、尚書、吏部侍郎〔二〕。考諱彦章。君娶同里趙氏，生子男一人，曰元宗，早卒；女一人，適宗濂者是也。孫男四人：振綱、振裕、振安、振芳。君之生以永樂甲申，其卒以景泰辛未二月二十六日，年四十八。是年冬十二月二十八日，葬里之金釵山，趙氏祔焉。狀稱君「長厚，恬静自適，喜讀書，手未嘗釋卷，尤樂吟咏；春秋致嚴于祀事；接人無親疎，一以誠」。宗濂當不可誣也〔三〕。銘曰：生不足，歸于天。義不足，何有於年？烏虖！子高之心，匪我銘之，而誰與傳？

處士陳君墓誌銘

始者，郡諸生馬龍爲其友陳東淵乞銘其祖父處士忍菴之墓於我。生之言曰：「處士居增城

〔二〕「理宗」，原作「英宗」（林齊本、蕭世延本、白沙文編作「宋」）。宋英宗趙曙在位之時間，當西元一〇六四年至一〇六七年。李昴英非宋英宗時人。李昴英生於宋寧宗嘉泰元年，卒於宋理宗寶祐五年（當西元一二〇一年至一二五七年）。宋理宗寶祐二年甲寅（西元一二五四年），李昴英「除龍圖閣待制、尚書、吏部左侍郎，兼翰林學士監修國史」。（參李殿苞《忠簡先公行狀》，載李昴英撰《文溪存稿》，廣州：暨南大學出版社，一九九四年，第二五四頁）因改。又：「待制」，原作「侍制」，據高簡本、何熊祥本、黄之正本、碧玉樓本、四庫全書本改。

〔三〕「不可誣」，林齊本、高簡本、蕭世延本、白沙文編、何熊祥本作「不我誣」。作「不我誣」，於義爲長。

之仙村，無聲色嗜好以亂其耳目，無形勢奔走以瀆其交際，無是非毁譽以干其喜戚。上下原隰，相地之便宜，宜田亦田，宜圃亦圃。長鑱大笠，往來於蔗畦稻壠之間，躬樹藝，自旦至暮不少休，收田圃之入以裕乃家。夫處士行乎無名，以能拓土業治生爲樂事，故不知老之將至。敢以是請，惟先生念之，將無擇於細大而俾之銘。」〔一〕既而，東淵承其父永榮君之命，來謁予白沙館之小廬山精舍，自冬徂春，戀戀不忍别去。予游厓山，東淵請執杖屨以從。予既與東淵，凡所紀述，令一一録之。東淵朝夕侍我側，略無一言及于銘，余益重之。乃命取馬生之狀來考其世之麤可知者。始遷番禺之祖，宋天聖間教授南雄儒學，因家番禺。生五子，曰守寧者遷增城山美村。數傳至朝奉大夫文德，有女適李忠簡公文溪先生，其中子曰汝霖，爲縣尉。縣尉以下至處士九世。其遷仙村自文德始。處士諱誠，字致明。質木少言，與物無競，非横之干直受之而不報，故自號曰忍菴云。處士娶伍氏，曰永榮者，其子也；一女適徐禧。孫男三人：東淵、東沂、東瀾。處士卒弘治戊申四月十三日，年七十三。永榮以其年冬十二月某甲子葬處士于曾岡頭祖塋之左，未銘。烏虖！一善可稱也，亦可傳也。顧處士於予，初無一臂之交，與之銘，以一馬生之言猶未也，豈不曰東淵在白沙館下能謹子弟之職事先生，于厥祖有光耶？此吾所以爲處士銘也。

〔一〕「俾」，林齊本、高簡本、蕭世延本、白沙文編、何熊祥本、黄之正本、碧玉樓本、四庫全書本作「畀」。

農圃，手足胼胝。既裕其身，又以及其後昆，則以彼之危易此之安以遺之，其不可也復奚疑？

其辭曰：〔二〕世無我遺，安以隱爲？世不我須，其隱亦宜。不求異乎人，不求合乎人。委歲月於

處士李君墓誌銘

幼而能求父書於死喪顛沛散亡之餘，長而能誦朱文公《資治通鑑綱目》、真西山《文章正宗》及他書而不以媒仕進。志非不立也，才非不充也，富貴貧賤愛惡之出於己，非與人異也。父歿於官，母挈諸孤，匍匐萬里，扶護來歸，憂極成痾，是以不能去離左右。旦夕與婦謀所以便母者，母痛亦痛，母飯亦飯。其兄慷慨嗜酒，衆目之爲酒豪，一飲或盡酒一石，每出從所親飲，自旦至日晡，既醉而歸，率諸卑幼迓於途，或徑至飲處，扶前曳後，徐徐而隨，肅肅而趨，莫敢少拂其意。雖以弟之貴窮公卿，自視漠如，足未嘗至公府。若是者，吾謂之賢，不可乎？此故處士嘉魚李君行實之著於州閭，吾聞其子承箕之言也。李氏之先世自江西武寧來居嘉魚，至名遠仕元爲譯史，君之四世祖也。大父奐，洪武間舉巡檢；父善，教諭敘珙，咸以弟官贈至通議大夫、副都御史。祖母熊氏、母童氏俱贈淑人。君名阜，字元春。伯曰陵，是爲酒豪，非直酒豪，於義亦豪。

〔二〕「辭」，林齊本、高簡本、蕭世延本、白沙文編、何熊祥本、黄之正本、四庫全書本作「詞」。

季曰田、曰郊。田即所謂貴窮公卿而以其官贈三代者也。兄弟四人相爲師友，而庭無間言。君娶鄧氏，承芳、承箕其二子也，皆舉進士有名。長女適王鉅臣〔一〕，次適游恢，皆蒲圻儒家子。承箕以今年首夏至白沙，留數月不去，因得問君家世之詳。君年五十一卒，葬蒲圻之某山，今七年矣。承箕至是屬予以墓銘。予少不樂多學，老益孤，世豈以文而望予？何承箕所嗜與人異？謹爲序而銘諸：有道於此，匪難匪易。能者謂賢，不能者恥。母疾子侍，弟扶兄醉。堯舜之道，孝弟而已。

寶安林彦愈墓誌銘

君姓林氏，諱彦愈，字抑夫。居室外種竹十數個，自號曰竹齋君。上世閩之莆田人，有諱喬者，宋紹定間爲廣州路别駕，卒於官。其子日新葬之寶安之茶園山，因家茶園。日新生慕升，慕升生可久，可久生茂賢，茂賢生信本，娶黄氏，君之考妣也。自别駕至君凡七世，世爲茶園人。君性快朗，贍於才而周於事。有忤之者，聲色爲突，然其消也，可立而待。少，衣食于賈。賈所至，勘耳目所接事好惡，久之，若有得者。手書小紙帖，示胤兒光曰「樹立宜如是」，乃范文正畫

〔一〕「王鉅臣」，原作「王矩臣」，據林齊本、高簡本、蕭世延本、白沙文编、何熊祥本、黄之正本、碧玉樓本、四庫全書本改。

粥長白山時事也。復畀之全集，曰「是爲汝師」。居常於外，見一名文字時所稱者，亟手録與光。攜錢入市買書，卒惟光所欲得〔二〕，不問值寡多。光爲舉子業，夜分起讀，輒爲戒曰：「兒勿苦。吾聞亥子之交，血行經心，設令勩形神得官，於輕重計，不亦左乎？欲速不速，不欲速速之，非善爲速者也。」光既領鄉薦，未即仕，來與予游，君益爲喜。光誅茅欖山，爲修業之所，君笠屐日至，視工築不少廢。暇時，爲光録《朱子語類》至四十三卷，值板本出乃已。光感而歎曰：「父師覆育，光得一日於此，如得一月；一月，如得一年。不培不暢，不晦不光。」君聞而頷之。時論多弗合者，君視之漠如也。光既杜門欖山，同時士往往有紆青曳紫照曜閭里者，親舊以其落莫告君裁，君爲不省答，徐呼光，謂曰：「汝學如是，欲有立。即汝能立，吾啜菽飲水，死瞑目矣。」蓋父子間自爲知己，人莫能間也。君虔於事死，遇宗族内外有恩接，小夫孺子常情所不屑者，君惟恐小咈其意。治家不遺細碎，庭宇必潔，畚帚必親，田圃樹藝之事，與僮僕均勞逸。身所服用，非極敝不忍棄。至承祭祀、接賓客，則儼然明盛也。嘗以仲秋天日晴朗，攜諸子壻暨後生可意者數輩往游羅浮，登黄龍飛雲頂，坐磐石，引葫蘆酌酒，徜徉信宿而後返。君所好，奇也哉！君娶

〔二〕「卒」，《南川冰蘖全集》卷末附録此文作「率」。（林光撰：《南川冰蘖全集》，北京：中國文史出版社，二〇〇四年，第五〇九頁）

游氏，生二男子四女。曰明者，光弟也。孫男一人，曰仲孺，尚幼。君卒之前一日，植菊數本、石竹一本，與客行酒，笑語竟夕。凌晨將起就盥，倏逝去，實成化己亥四月二十日也，春秋六十五。光卜以其年十二月某日葬君于銀瓶嶺之原。狀來乞銘，乃序而銘之：先世英，自莆田。少服賈，困魚鹽。僥弗長，積乃宣。誰其徵，在欖山。

處士容君墓誌銘

東良處士既殁之二十八年，爲今成化之十一年〔二〕，歲值乙未，其子珪始以其墓乞銘於白沙陳先生，辭之曰：「銘以昭德考行，予生也晚，不及見鄉先進，而今談者亦不聞鄉先進某有某事某異也，惡乎銘？」珪以狀進，予閲狀，喟曰：「是何足以驚動世俗、徼譽於鄉黨閭里耶？蓋世所恒稱道者，其事必有異乎其衆，驟而語之，可喜可愕，故相與樂道而傳之也。處士才不爲世用，施於其家者，亦曰『爲子不得罪於父，爲弟不得罪於兄，爲父兄不虐棄其子弟』云爾。處士之不見稱於時，宜也。雖然，常道如菽粟布帛，時而措之；如冬裘夏葛，不離人倫日用之間。故道率

〔二〕「爲今成化之十一年」，原作「爲今之成化十一年」，據林齊本、蕭世延本、白沙文編改。此文碑刻尚存。碑刻亦作「爲今成化之十一年」。（陳福樹：《陳白沙的書法藝術》，第四五頁）

其常者，無顯顯之形也。惟夫事變生於不測，智者盡謀，勇者盡力，捐軀握節，死生以之，夫然後見其異也，而豈人之所願哉？處士韜光里閭[二]，正終衽席，則其見諸銘者，殆亦不過是而已。兹其常也。」處士姓容氏，名某，字某[三]。娶阮氏，生四男一女。處士之生，以永樂庚寅二月十九日，卒時年三十九。珪率其弟珽、璿、璣以某年月日葬處士于三岡社馬鞍山，木已拱云。銘曰：

伏其龍蛇，逍遥雲霞。綱紀孝友，以裕乃家。干我銘者，其在兹耶！

朱夫人胡氏墓誌銘

夫人姓胡氏，諱盧，桂陽處士胡廣之女，年十九歸同邑朱氏，爲誠菴先生夫人。誠菴先生者，故資政大夫、都御史，贈榮禄大夫、太子太保朱公英也。公幼而岐嶷，夫人之大父芳見而異之，手捫公頂，以夫人許之，卒定昏焉。公自游邑庠、舉進士，爲監察御史，歷諸大藩政績顯著，至入臺爲股肱，晝爲夜思，四十餘年無内顧之憂者，夫人實相之。夫人之事姑也，以姑爲心，以

[二]「里閭」，碧玉樓本作「閭里」。

[三]「名某，字某」，碑刻作「名恪，字允敬」。（陳福樹：《陳白沙的書法藝術》，第四五頁）

心爲孝，和氣徵于一家〔一〕。聞從公於外，常攜族孫奇。奇得痢病，穢不可近，夫人親與湯藥，夜禱于天，曰：「諸叔祖無一後，獨此孫尚存，天若弗祐，願吾子代之。」奇疾愈。平居，事紡績不少替；既貴，猶以身率下，自旦至夜分不寐，以爲常。謂食禄之家，惟一侈易流，爲之鐵簪布裙以防之。男未冠、女未笄，不識繒帛珠翠之華者，夫人教之也。過蘇，見故黎邦伯長子凍餒，無可仰給於人，爲解衣衣之，以粟周之。顧謂諸子曰：「邦伯食二品禄，足以佑其後人，使其家不驕、不侈、不逞威而作勢以取快於目前，寧有是？戒之，戒之！」夫人以勤儉成性而教其家，不能者約之，其視朝領一官，暮取諸民，作器皿、宮室、衣服以愚弄其妻子者，何如也？昔者，吾嘗見公於蒼梧，服食不踰常人。語予曰：「吾在於得己，雖一錢惜之，而不以病民。」吾入其室，神爽頓清，便如向夜入三洲巖秉燭讀蘇子瞻題名。陶長官不以家累自隨，公舍人自桂陽來者，老蒼頭一人而已。是謂有之不居，得而不爲。吾以觀於夫人事，往往概之，公不約而同，殆天合也。夫人居家，事小大處之咸宜。至臨大利害、決大去就，矻然以身當之，尤人之所難也。正統己巳，盜起閩浙間，公以名御史治盜，留夫人於北京。時英宗北狩未返，虜騎將薄都城。或謂：「夫人盍去諸？」夫人面叱之，召諸子前曰：「虜何能爲？設有不幸，臣爲君死，義也。奈何去之？」夫

〔一〕「徵」，林齊本、高簡本、蕭世延本、何熊祥本、黃之正本、碧玉樓本、四庫全書本作「蒸」。

人先後累受誥封至夫人，揆於德，真無愧也夫！子五人：守孚、守頤、守謙、守蒙、守賁。守孚舉進士，歷官刑部郎中，先夫人一年卒。守頤、守謙未仕；守蒙領鄉薦。守賁生員，側室徐氏出也，夫人一視之。二女，皆適官人。及夫人之存，孫男十五人、女六人，曾孫男五人、女二人。夫人生永樂某年，其卒以成化某年，壽七十三。是年十月甲子，守頤等葬夫人于高陂，祔公墓也，以狀來請銘。銘曰：德之愛孰與色之愛〔一〕，奈何乎配！身之華孰與後之華，奈何乎家！配之既良，家道用昌，乃天錫之祥。蘭桂承芳，以世其光。繄夫人之澤兮，百世可忘？〔二〕歸骨於高陂兮，永與公同藏。

何廷矩母周氏墓誌銘

成化八年壬辰四月日，番禺何廷矩之母卒，卜以其年冬十二月某甲子，葬邑之永泰鄉石馬山，祔其親之兆。廷矩先事告伯兄廷桂，以狀走白沙來請銘。廷矩在諸生中齒長而賢，首率諸生事予。予懼與廷矩比。諸生咸進曰：「是生廷矩者也，非是母不生是子，徵賢母也。子宜以

〔一〕「德之愛孰與色之愛」，碧玉樓本作「色之愛孰與德之愛」。

〔二〕「可忘」，碧玉樓本作「弗忘」；四庫全書本作「不忘」。

其賢銘。」予乃閲狀。母姓周氏，諱某，番禺人，福建都司都事君諱普敬之女，澤菴何先生諱淵之妻。性孝敏勤恕，始辭襁褓，得一果必以獻諸母。事鍼縷刀尺，巧不俟教，絶人〔一〕，臨事恪而有法，勞不厭也。博愛而善喻，人不待矯而至也。年若干，歸何爲冢婦，愛舅姑如愛父母，奉賓客如奉祭祀。雖居流離，未嘗困戚爲滅裂〔二〕。平居，處于娣姒得娣姒，處于媵侍得媵侍，處于族親，無貴賤、内外、尊卑、賢否，咸宜。故視其疾者無不憂，哭其死者無不哀也。自澤菴没，專家政，至是若干年而終，春秋七十。二子皆已出，二女皆已有歸。始，新喻胡公以按察僉事提調學校嶺南，廷矩爲郡學生員〔三〕，以文行見器重。及秋將試，廷矩一旦謝去，公弗能止。親舊欲其仕進，群來譁廷矩，廷矩閉門拒之。有讓其母，謝曰：「兒削行爲君子耳，吾何尤？」廷矩倍益厲，若負重進進，不敢爲少懈，母之訓使然也。嗚呼！賢哉！銘曰：昔有尹母，和靖實賢。今有廷矩，豈無母焉？卓彼兩母，輝光後先。我銘其墓，以永於傳。

〔一〕「絶人」，四庫全書本作「接人」。若作「接人」，相關語句之句讀應作「事鍼縷刀尺，巧不俟教；接人臨事，恪而有法，勞不厭也」。

〔二〕「困」，林齊本、高簡本、蕭世延本、白沙文編、何熊祥本、黄之正本、碧玉樓本、四庫全書本作「窘」。

〔三〕「生員」後，林齊本、蕭世延本、白沙文編有「首」字。

王徐墓誌銘

君姓王氏，名徐，字行安，別號蕖軒，莆之耕埧里人也。自其先大父舜臣、父師佩至君，連三世不仕而豐其家。君孝友和樂，與弟行陽居四十餘載，囊無私蓄，撫養孤遺，以嫁以娶，則視諸從昆弟所生同於己子。凶歲貸貧者粟，傾廩倒囷而出，粟雖多，不以息歸，在親舊者不責償。而凡公私勸借助修壇宇津梁、陂河水利，君亦往往有焉。其所濟，大者數百金，捐之弗計也。有司以聞，官給冠帶榮之。君平居，不尚爲山林落莫。勝日，置酒邀賓客飲于臺池社院，酣歌徜徉，其所與游者，率時之貴人耳。君既卒，大理評事黄君仲昭狀君之事如此云。君兩娶李氏，四子，某某舉進士，未第而卒；五女，皆適縉紳家。君生永樂丁酉，卒之時年七十二，將以某年月葬某山某原。惠州別駕林君仲璧以大理之狀爲致其孤之懇，乞銘於予。屢辭而屢復，別駕卒與予書曰：「必得先生銘以報王君於地下。」別駕則誠愛君矣，寧不愛吾言乎？向夕，吾夢與人謳，髣髴記之。其辭曰：「富而居畎畝，體便輕暖，口足甘肥。左右僮僕，隨意指揮。騎欵段坐藍輿〔一〕，出入閭里施施。親友相過，飲酒忘歸。縱觀山雲水月，魚沉鳥飛。引滿高歌，吹竹彈絲，以相諧

〔一〕「藍輿」，白沙文編作「籃輿」。

嬉。過此以往，舉無所用其心。黜陟不聞，理亂不知。老死巖穴之間，蓋福人也，賢於世之患得患失者多矣。吾猶爲子孫願之。」其王君之謂乎！以是銘君之墓至當，尚奚言？

漁讀居士墓誌銘

何氏世居番禺之沙灣，當宣德、正統間，有號漁讀居士者，名貞，字紹元，取適於漁。嘗讀書遇良夜，皓魄當空，水天上下一色，居士手持竿線，呼童冠三五，高歌走舴艋，遨嬉于江；歸則焚香呫嗶，坐牖下吟哦，過夜分不寐，以爲常。尤喜飲酒，子弟取杜詩之可歌者爲越聲，歌以侑觴，居士頹然真率。從之飲者，孔伯平、胡孟時、吴侃、王子儒〔二〕，皆鄉之名士，非四人之儔者，弗與飲焉。景泰己巳之秋，盜起南海，東西亘數百里没于賊，居士見幾而作，不俟終日。王師至，討叛，玉石俱焚。始爲請於官，持檄至鍾村鎮招之，全活甚衆，沙灣人至今德之。居士行必顧義，言必顧道。將屬纊，猶顧諸子申以平日之誨言，曰：「吾世宦之後，族大以蕃。勿倨以高，寧儉而卑。忠信基之，禮義行之；親賢取善，佞者遠之。培之植之〔三〕，勿替書詩。先其義，後其利；薄己而厚彼，廣積而約

〔二〕「王子儒」，林齊本、高簡本、蕭世延本、白沙文編、何熊祥本作「王子倫」。

〔三〕「植」，林齊本、高簡本、蕭世延本、白沙文編、何熊祥本作「埴」。

費。惟家廟之奉、墳域之治、賓師之養、窶弱之施，則致隆而不可復惜。俾子孫承守世世而勿以淫侈壞之，則何氏之福與家法並傳無涯矣。」語已而卒。居士生洪武戊寅，卒之時，天順己卯六月十六日也。六世祖諱起龍，仕宋，官至太常大卿。考諱志明，妣趙氏。初娶三山崔氏，清獻公七世孫也，生子男六人：浩、瀚、淳、淑、瀞、沂〔一〕；女二人。繼室簡氏、楊氏，無子。崔氏先居士二十年卒，葬里之羅山。六子奉居士柩，以卒之年十二月十二日合葬其地，儷兩繼室焉。成化歲丙申，瀞始至白沙從予游。又七年，壬寅夏五月，乃以其狀來乞銘。銘曰：世之昧昧，奔名與利。有卓其英，以不混世。或貴而賤，或賤而貴。揮觴以爲適，投竿以爲戲，故不知老之將至。

馬甘泉墓銘

宋有名馬，其名甚大。衛公得之〔二〕，空群莫駕。九世曰禎〔三〕，育德于野。一本於身，祖德勿

〔一〕「淳」，林齊本、蕭世延本、白沙文編作「渟」。

〔二〕阮榕齡曰：「『衛〔公〕』乃『魏〔公〕』之誤。魏公，張浚也。按《新會王志・馬持國傳》『持國曾爲浚幕賓』，故云。」（阮榕齡撰：《白沙叢考》，《宋明理學家年譜》第九册，北京：北京圖書館出版社，二〇〇六年影印本，第四八六頁）

〔三〕「禎」，林齊本、蕭世延本作「楨」；碧玉樓本作「貞」。案：阮榕齡曰：「甘泉，〔馬〕貞別號。」（阮榕齡撰：《白沙門人考》，《宋明理學家年譜》第九册，第六六四頁）然則，應以碧玉樓本作「貞」爲是。

舍。今其歸矣，附于馬灑。我則銘之，後有興者。

陳冕墓銘

伯道有子，劉蕡登科。責報於天，所得幾何？邁邁子文，蹈此高墳。我銘爲子〔一〕，顯于千春。

志孫机壙〔二〕

成化丙午之歲，秋九月七日，景昜之婦苑氏生次孫。以《周易》筮之，得渙之比，占曰：「渙奔其机，悔亡。」因以「机」名之。明年春夏之間，疫作，里中之兒十五亡于疹。机朝病夕愈，面光射人，見者咸驚其異。未幾，婦攜机如外氏。得疾，將歸，俄而風雨暴至，連數日不止。比歸，療弗及。張目視左右，淚潸然下，如不忍捨其母然，少頃遂絶，七月十六日也。机生質異常兒，清揚婉兮。太夫人撫之，喜曰：「似其祖。」又熟察其寢興啼笑蚤夜之有常，曰：「無不似。」天畀我

〔一〕「爲」，林齊本、蕭世延本、白沙文編作「慰」。

〔二〕篇題及内文諸「机」字，原作「杌」。四庫全書本作「机」。白沙先生此孫，乃據《周易》「渙卦」九二之爻辭「渙奔其机，悔亡」命名，因改。

机，將恤我後。我固無以活之，痛哉！是月己丑，葬白沙葫園岡冢婦梁氏墓左。志其壙以畢予哀，云：生之異，保之未至。愧極生哀，哀極生愧，何以寫之？爲壙記。

先室張氏墓志〔一〕

岡脈旁起推車嶺，正南面積水池，作己丙向者，吾室張氏藏也。張氏卒，葬孔家山二十五年，爲今成化之末年十二月甲申，其子景雲、景暘始易棺衾，奉遷於此。翰林國史檢討陳獻章志。

太淑人王氏墓誌銘〔二〕

敕封太淑人王氏□，順天宛平人，廣東都指揮使僉事陳公智妻，今參將皞母也。生永樂己

〔一〕　此篇原缺，爲白沙先生集外文，阮榕齡據《新會縣志》録入其所撰《編次陳白沙先生年譜》「成化二十三年丁未」條。（阮榕齡撰：《編次陳白沙先生年譜》，《宋明理學家年譜》第九册，第三〇四頁；陳獻章撰：《陳獻章集》，下册，第八四〇頁）兹據以補出。

〔二〕　此篇原缺，爲白沙先生集外文，兹據《新寧縣志》、《廣東碑刻集》補出。（何福海修、林賡國纂：《新寧縣志》，第三册，第七一〇至七一一頁；譚棣華、曹騰騑、冼劍民編：《廣東碑刻集》，廣州：廣東高等教育出版社，二〇〇一年，第四三七頁）案：篇中「補」、「廣」、「曰」、「擢」等字據文義補。

丑，卒弘治戊申，壽八十。太淑人性柔順，在閨閫中無高聲□，夫妻敬相待如賓，撫群小有恩。年益邁，勤慎如少時。僉事公自順天之薊〔補〕官廣東之〔廣〕海，蓋三十餘年，躬征伐，無虚歲。太淑人家政肅□□不以勞問於公。故公克勤王家，由指揮僉事歷都指揮。公既卒，常語皞曰：「童子備官，以世禄之餘□怠不辱耶？」乃一造其軍門，視行營，詢人情，〔曰：〕「可謂無忝而父矣！」故其子亦以世秩超〔擢〕參將，功伐聞於衆人，爵禄益崇，有榮於其先。於乎！婦人無外事，如玉在山，不見其賢，而光景自然。戒之敬之，老而實完。吾職不墮，丈夫實難。孰謂淑人，其德之刊。弘治六年歲次癸丑春正月既望，翰林院檢討白沙陳獻章公甫撰並書。

墓表

封燕山左衛經歷張公墓表

公諱子真，字伯大，姓張氏，家南海之西滘村。自西滘鼓柂並南下〔一〕，得風水之便，其至白

〔一〕「並」，碧玉樓本作「而」。

沙一日耳。余嘗聞公於番禺李禎德乎，曰：「有行人。」〔一〕少力田給數口，無贏衣食不爲恥。晚歲既家裕，又以其子官徵仕郎，贈燕山左衛經歷，公不色喜。自奉養儉約如歷田時，對鄉人輒自稱姓名以語；篋命服，不以新易故葛巾布裘，曰：「吾素性乃爾。即不爾，吾敢忘吾初？」故公之度大一鄉，一鄉人咸嗟以爲有德。余聞士不恥賤貧，雖富貴而弗驕〔二〕，則不失義、不離道；入於患得患失，碌碌爲鄙夫。以是考公之迹而揆其所用心，謂其無以異於今之人，則吾不信也。公積於家者厚矣，余特表其大節以爲世勸。公以農業起家，故自號曰稼軒，示有初也。葬西淋鄉之某原〔三〕，望之木已拱。高其封若馬鬣，題曰「燕山左衛經歷」者，公之墓也。考諱可達，背公於娠；鞠公于外氏以成者，公之妣梁也。生于洪武己酉，卒天順辛巳，壽九十三。妻何氏，子男五：長者某，徵仕郎也；次某某。孫男八。屬於予以表公之墓者，徵仕郎所出，丙戌羅倫榜進士泰也。近以宰沙陽政最被徵，時徵者類有御史之拜云。

〔一〕「有行人」，高簡本、蕭世延本、白沙文編作「有恒人」。
〔二〕「富貴」，林齊本、高簡本、白沙文編作「貴富」。
〔三〕「西淋」，高簡本、白沙文編作「西林」。

羅倫傳 弘治癸丑三月作

吾平生有故人曰羅倫，字彝正，江西永豐人，宋羅開禮之後也。性慷慨樂善，不疑人欺，遇事無所回避，有不可，輒面斥之。舉成化丙戌進士，策對大廷，頃刻萬言，中引程正公語：「人主一日之間，接賢士大夫之時多，親宦官宫妾之時少。」執政欲截其下句，倫不從，直聲震於時。奏名第一，爲翰林修撰。會内閣大學士李賢遭喪，朝廷留之，臺諫皆不敢論説。倫詣其私第，告以不可，李公始以其言爲然。既數日，復上疏歷陳古今起復之非是，且曰：「如其不然，必準富弼故事終喪、劉珙故事言事。」反復數千言，一本於天理人心之不可已者。孔子曰「勿欺也，而犯之」，倫以犯顔切諫爲大，救時行道爲急，其負荷之重，未嘗一日忘天下，故發憤如是。疏奏，遂落職提舉泉州市舶司。倫雖見逐，而士論益榮之，由是天下之士争自刮磨，向之不言以養忠厚者爲之一變，而終倫之世，臺省未聞有起復者矣。雖以此爲人所知，然亦以此取嫉於人。明年召還，復修撰，改南京。尋以疾辭歸。開門授徒，日以注經爲業〔二〕。垂十年，卒於退居之金牛山。世之知倫者，不過以其滂沛之文、奇偉之節、果敢之氣而已，至其心之所欲爲而力之所未逮，未必盡知也。嘗欲倣古置義田以贍族人。或助之堂食之錢，謝而弗受；或衣之衣，行遇乞人死於途，輒解以覆之。客晨至，留具飯，其妻語其子曰：「瓶粟罄矣。」之旁舍干之，比舉火，日已近午，亦曠然不以爲意。提舉泉州時，官例應得折薪錢，其人欺以乏告，即放遣之不復問。予嘗遣人訪之山中，結茅以居，取給于隴畝，往來共樵牧，若無意於世者。時或作爲文章以發其感慨之意，而人亦莫知之也〔二〕。論曰：倫之必爲君子而不爲小人，較然矣。如倫之才，少貶以徇人，雖欲窮晦其身，寧可得也？以其所學進説於上，世目之爲狂，何足怪也？孟子稱豪傑之士「雖無文王猶興」，若倫者，今所謂豪傑，非歟？無導於前而所立卓然，人莫能奪之。又曰：倫才大不及志，其青天白日足稱云。〔三〕

〔一〕「開門」，原作「閉門」；「注經」，原作「著經」，據林齊本、高簡本、蕭世延本、白沙文編、何熊祥本、黄之正本、四庫全書本改。

〔二〕「莫知之」，林齊本、蕭世延本、白沙文編作「莫之知」。

〔三〕「其青天白日足稱云」後，林齊本、蕭世延本、白沙文編有「弘治癸丑春三月既望，古岡病夫陳某撰」十六字。

行狀

丁知縣行狀 成化丙午七月〔一〕，代容珪作

侯姓丁氏，名積，字彦誠，别號三江漁樵人，世家寧都之關西〔二〕。丁氏系出丹陽司馬。司馬之後，世有顯人。曾祖某、祖某、父某，皆隱德弗仕；曾祖妣某、祖妣某、妣某。侯生有美質，自少岐嶷。入邑庠補弟子員，挺立不爲時輩所喜。登成化戊戌進士，明年出知新會縣。新會，廣藩巨邑，素號難治。侯聞邑中有白沙陳先生，喜曰：「吾得所師矣。」侯之同年梁編修儲、李主事祥皆先生門人，侯請書以爲先容。比下車，未視篆，即上謁先生，欲事以師禮。月分其所得俸，先生每避還之。凡有所聞，行之惟恐後。四方學者往來白沙之門，侯聞林縣博光、張進士詡至，必欣然往會，旦夕聽其議論，若渴得飲焉。與一峰羅先生雖素昧平生，然每思慕其賢，訃聞，專使走湖西致奠，捐俸金以助葬事。其尊賢樂善無間於存亡如此。有中貴弟梁長責民償逋過倍，

〔一〕「丙午」，原作「丙戌」。成化丙戌，爲成化二年，其時丁積尚在世。兹據林齊本、蕭世延本落款改。

〔二〕「關西」，林齊本、高簡本、蕭世延本、何熊祥本、黄之正本、四庫全書本作「西關」。

復妄訴之侯。侯廉知其情，繫長獄，悉追貸券焚之，由是權豪縮頸。是是非非，苟罹于法，雖素親愛不少貸。未踰年，民大趨令。侯于干謁之來，厲詞色以拒之，甚者揭其姓名以示衆。嚴賭博、竊盜之禁，既寘于法，復大榜其門曰某賭博、某竊盜之家，月朔令赴縣庭聽戒諭，俟其悔然後去其榜。其良家子弟陷于賭博者，侯悉聚之廡下，使日誦《小學》書，親爲講解，冀變化其氣習。嘗爲民辯冤忤當道，繫獄且危，百姓惶懼，欲用計爲侯解。侯示以手書曰：「君子但求無愧於心而已，禍福之來有命，爾等慎勿妄動以貽我羞。」有積年起滅詞訟者，官司病之，莫敢誰何，侯盡擒之，斃于獄。侯尤善節財用。前此，上下往來非誼之餽，一歲所費無算，民苦之。侯痛革其弊。蓋異時當甲首者，均平錢悉貯於官，復令出私錢供用，名曰「當月錢」。官吏里胥乘時侵尅，每歲雖單丁小户，所費亦至五六千餘，貧者鬻子女，故逃亡者衆。侯爲處當，每丁派均錢，月支里胥供用備足外，不妄科一錢。每歲甲首納均平錢畢，即歸田畝，更不令在縣當月。白沙先生《樂歲詩》云「長官頗似丁明府，甲首終年不到衙」，蓋實録也。民窮于侈且僭，侯爲申明洪武禮制，參之文公冠婚喪祭之儀節，爲《禮式》一書，使民有所據守。每鄉擇老成者數人主之，月朔進問於庭，優禮其能者。都老馬廣爲衆所推讓，侯於元日進廣於庭，率諸鄉老再拜謝之。春秋祭祀，品物牲牢極其精潔，役者悉令沐浴更衣然後將事。俎豆既陳，侯周視，行列必極其整方止。壬寅歲大旱，春盡，種未入土，侯憂之曰：「此令之責也。」遂於圭峰絶頂築壇禱雨。時當酷暑，山氣鬱蒸，侯晨夕齋沐，伏壇下致禱，凡七日，未雨，羸甚。左右進曰：「軀命所關，可以少止。」侯呵曰：「民得雨，吾病何憾！」至八日，暑氣愈熾，侯觸暑跪壇下，衣汗浹踵。大風忽作，卷爐中火著侯衣，略不爲動。雨遂迸空下，左右張蓋，侯命撤之，衣盡濕。翌日雨止，侯復禱，至十有一日，雨足乃已。如是者凡三次焉。節義所關，或廟或墓，各置祭田，擇人守之。如大忠祠置田二百餘畝，節婦何氏、莊氏、蕭氏等墓置田共一頃六十餘畝。民所敬事者，惟修復里社一壇而已，其不載祀典之祠，無大小咸毁之。此其政績顯著之大者。一念終始在民，既得疾，羸甚，猶日究心於民事，朋友遺之書不能止，遂卒於官。侯生正統丙寅十二月初十日，至是卒，年四十一也。配羅氏，生子男二人：長曰一芳；次曰某，生于公卒之五月。女二，俱幼。侯卒之日，民相弔哭於途。歸德里有一嫗夜哭于家，鄰人怪而問之。曰：「來年甲首到，丁大人死，吾殆不能聊生矣，是以哭。」至今，邑人之思侯者甚於在任之日，雖古桐鄉之遺愛不是過也。珪，邑人也，侯之善政善教，皆所親覩，故爲狀其行，以俟他日觀風者采焉。謹狀。〔二〕

〔二〕「謹狀」後，林齊本、蕭世延本有「成化丙午秋七月」七字。

伍光宇行狀

君諱雲，字光宇，系出汴梁伍氏。先世仕宋爲嶺南第十三將曰氓之子始來新會，至君爲若干世，世爲士夫家。君自少軒整有志，於世無所屈讓，與人語惟其所欲語，輒語必竭乃已。或忤之，争必務勝。人有善，好之若出諸己。己所欲爲，必以强人爲之。垂四十，始交於予。予之所可，君亦可之；予之所否，君亦否之，惟予言之適從。南山之南有大江，君以意爲釣艇，置琴一張、諸供具其中，題曰「光風艇」。遇良夜，皓魄當空，水天一色，君乘艇獨釣，或設茗招予共啜。君悠然在艇尾賦詩，傲睨八極，予亦扣舷而歌、仰天而嘯，飄飄乎任情去來，不知天壤之大也。所居之北爲巖亭，高不盈一丈，其中閴寂，視之窈如也。而君以夙疾未除，齒髮日耗，其爲學也蓋不能無日暮途遠之憂，便杜門息交，不擇遠近爲趨舍，凡平居一切與往還者皆抗顏謝焉。入處于亭，焚香，正襟趺坐竟日，聞者異之。別於白沙築草屋三間，號曰「尋樂齋」，與巖亭往來居之。蓋自成化庚寅之冬至明年首夏，凡四閱月，無日不在尋樂。始與家人約云：「吾不可去白沙。吾其齋戒有事於家廟，吾疾作須扶持，吾乃歸一日二日；小健，吾當返，慎無以家事累我。」既而果如其言。學主力行，與之語，雖不便了，而能鞭策益力。肯擔負，矻乎不移〔一〕。前此，惟務意氣勝人，不自覺束，凡出藩籬事亦無所不爲；至是，痛自懲艾，痛自改革，嘗激昂厲聲語云：「雲不自樹立爲人，不如死。」曉夕約己以進，有所弗及，無所憚劬焉。間與予論爲文，必曰：「黄涪翁《題摹燕郭尚父圖》盡之。」論書，曰：「兔起鶻落，法語也。知畫者必知書，其惟蘇長公乎！」至於詩，則謂：「唐以下多近體。古詩沖淡之流，吾其陶處士師乎！」凡此項皆君篤好而願爲之。及其卒也，十九無成，則亦慨乎歲月之已晚而其力之所及有未暇焉耳。君篤於事死之禮，謂斯禮之興廢在人，後世無以爲籩豆之費，則不肖者有以藉口〔二〕。乃告於季父絢洎伯兄裕，割田若干畝以供祀事，權以所居第爲祠。有事於此，必誠必敬。月旦十五日，君率以夜半起，衣冠端拱立祠下以俟，尊幼男女咸來，無或敢不虔。歲辛卯秋，始大營材爲祠。當病未亟時，尚日經度兹役。將諏日始事，語人曰：「吾息奄奄，吾旦夕死不可知，惟是祖考之神所棲未有定處，吾深懼焉。雖存一日，不敢怠。」語斯須未畢，痰湧出喉中，滚滚不絶如縷，日夜且數升。親舊憫其如此，咸勸之令止，勿聽〔三〕。卒之前數夕，焚香秉燭，招予與訣，父

〔一〕「矻乎」，四庫全書本作「確乎」。
〔二〕「不肖」，原作「不省」，據碧玉樓本改。
〔三〕「勿」，林齊本、蕭世延本、白沙文編作「弗」。

子兄弟具在〔一〕，直云：「雲薄命，雲負先生。」數日遂卒。卒之時年四十又七，實辛卯十月十八日也。君娶某氏，無子。裕以其次子秉中爲君後云。

祭文

禱雨祭五方土神文 代丁知縣作

六月不雨，田苗將槁。愆伏爲災，孰非天造？探殃所由，誰實召諸？惟令不令，斯民何辜？神不宥過，某敢辭死？願沛甘澤，以綏赤子。〔二〕

禱雨告各神文 代丁知縣作

邦有常祀，祀爲邦主。食民知報，罔間今古。神宜惠民，民實賴之。彌月不雨，苗則槁而。某忝爲令，我民是軫。敬祈神庥〔三〕，蘇我民窘。

〔一〕「父子兄弟」，林齊本、高簡本、蕭世延本、白沙文編、何熊祥本、黄之正本、四庫全書本作「父兄子弟」。
〔二〕「綏」，林齊本、高簡本、蕭世延本、白沙文編作「緩」。
〔三〕「神庥」，林齊本、高簡本、蕭世延本、何熊祥本、黄之正本、四庫全書本作「神休」。

謝雨文 代丁知縣作

今令所急者，簿書期會而已。政教不修，何以爲邑？徒食七品之禄，以在民上，安能使陰陽和、風雨時乎？故若某者，履任以來，未及一載，惟不能修厥職而亢旱是憂。幸賴天地神靈憫民之窮，降兹甘澤，誠欣誠荷。謹具牲醴，用答神賜，惟神尚終惠之，使永有年。

祭大忠祠文 代丁知縣作

儼其堂堂，沛其洋洋，是謂正氣，至大至剛。上有青天，下有黄壤，不亡者存，薰蒿悽愴〔一〕。維兹仲春，謹以牲帛醴齊粢盛庶品式陳明薦。尚饗。

祭菊坡像文

先生宋代之名臣，吾鄉之前哲。卷舒太空之雲，表裏秋潭之月。淮蜀委之而有餘，疑丞尊

〔一〕「薰蒿」，白沙文編、四庫全書本作「焄蒿」。

之而不屑〔二〕。故能効力於當年，而全身於晚節。猗歟先生挺生南越，廣厚深沉，清通朗徹。藐予區區，心馳夢謁。稽首丹青，謦欬若接。取彼神丹〔三〕，點兹頑鐵。庶幾百年，不遠途轍。秋菊之芳，寒泉之冽，奠而薦之〔三〕，用表貞潔。

祭先妣林夫人文

維弘治十年，歲次丁巳，冬十月己巳朔，越廿又一日己丑，孝子陳某敢昭告于先妣林氏夫人〔四〕：友人刑部主事蘭谿姜麟肅具香一束、帛一端，俾告夫人之墓，焚之以表哀慕之誠。謹以茶酒時饌用申虔告。

〔二〕「疑丞」，原作「凝丞」，據林齊本、高簡本、蕭世延本、碧玉樓本改。疑丞，古官名，供天子諮詢之職。《尚書大傳》云，「古者天子必有四鄰：前曰疑，後曰丞，左曰輔，右曰弼。天子有問而無對，責之疑；可志而不志，責之丞；可正而不正，責之輔；可揚而不揚，責之弼。其爵視卿，其禄視大國之君」。（伏勝撰、鄭玄注：《尚書大傳》，《景印文淵閣四庫全書》第六八册，第三九四頁）

〔三〕「謦欬若接。取彼神丹」八字原缺，據林齊本、蕭世延本、白沙文編補。

〔三〕「奠」，原作「奚」，據碧玉樓本改。

〔四〕「于」字原缺，據林齊本、高簡本、蕭世延本、白沙文編補。

祭先師康齋墓文

維成化十八年，歲次壬寅，十一月日，門人新會陳某被徵赴闕，道出劒江，謹具牲醴告于先師聘君康齋先生之墓曰：於乎！元氣之在天地，猶其在人之身，盛則耳目聰明，四體常春。其在天地，則庶物咸亨，太和絪緼。先生之生，孕三光之精，鍾河嶽之英，其當皇明一代元氣之淳乎！始焉知聖人之可學而至也，則因純公之言而發軔；既而信師道之必尊而立也，則守伊川之法以迪人。此先生所以奮起之勇、擔當之力而自況於豪傑之倫也。先生之教不躐等，由涵養以及致知，先據德而後依仁，下學上達，日新又新。啓勿助勿忘之訓，則有見於鳶魚之飛躍；悟無聲無臭之妙，則自得乎太極之渾淪。弟子在門墻者幾人，尚未足以窺其閫域。彼丹青人物者，或未暇深考其故而徒摘其一二近似之跡描畫之，又焉足以盡先生之神〔一〕？某也生長東南，摳趨日少，三十而後立志，五十而未聞道，今也欲就而正諸，而悲不及先生之存。先生有知，尚鑑斯文。尚享。

〔一〕「焉」，林齊本、蕭世延本、白沙文編作「烏」。

祭太子少保朱公誠菴先生文 代陶廉憲作

烏虖！公不爲矯矯亢亢以要譽於衆口，而其端方儉約以事乎其上者，足以爲忠；不爲烈烈轟轟以震耀於當世，而其清静簡易以臨乎其下者，足以爲功。昔者兩廣，盜賊充斥，自西而東。韓公率師，擣穴攘兇。兵由義勝，民以盜窮。公來繼之，以守易攻。陰慘陽舒，相爲始終。甚矣！公之厚於民而薄於躬也，一食之費必計，曰「民其不聊生」；一役之興必計，曰「民其不堪命」。故人之遂其生養者，若赤子之慕慈母；人之免於塗炭者，若枯槁之遇春風。某奉韓律，未弛我弓。公曰撫之，敢爲異同？知我任我，實惟兩公。天子以公久勞於外，還公於朝。齒雖落而志則雄，食雖少而神則充。於是乎竭股肱之力而效臣鄰之職，旁引善類以扶天地之元氣，大明公道以壽國家之命脉。士以此望於公，公亦以此自期。胡天之不憖遺，俾公之功著於四方者？雖成乎昭昭之美，而公之忠奮于廟堂者，未底乎赫赫之隆。烏虖哀哉！尚饗。

祭誠菴先生文

維成化二十二年，歲次丙午，冬十二月壬申朔，越初八日己卯，門人翰林院檢討古岡陳獻章，謹具牲醴粢盛庶品，遣子陳景雲致祭于誠菴老先生太子少保朱公之靈曰：於乎！昔我抱病，造公戎府。公曰「時哉，毋戀衡宇。賢才用世，小大有補。長笻下山，可以撐拄。群龍在朝，可以參伍。皇皇仲尼，與世爲矩。獵較不行，然後去魯。好高欲速，爲戒自古」。再拜謝公，不我色許。短疏叩天，歸寧老母。公曰「嘻哉，不忘陟岵」。甲辰之春〔二〕，公委齋斧。帝命還臺，以親四輔。炳如日星，衆目所覩。我貢尺書，傾竭心腑。公在廟堂，當爲砥柱；公去廟堂，當爲鴻羽。公攬臺綱，閲兩寒暑，或弛或張，或默或語。迹公所爲，誰奪誰予，萬石之鍾，千鈞之弩。我欲言之，猶懼莽鹵。胡天弗弔，禍來二豎。於乎公乎！是謂卷婁。豈惟門生，匹夫匹婦。遼哉郴陽，欺我疾苦。犬子執卮，往澆墓土。索紙題情，涕下如雨。於戲哀哉！尚饗。〔三〕

祭袁侍御文

思昔南京，傾蓋而語；垂二十年，君出我處。君由進士，宰邑太平，再涖宜興，廉惠有聲。遂簡霜臺，來巡敝省，未至而乎，姦吏縮頸。頃以公務，過於白沙，夜闌秉燭，相對咨嗟。君病

〔二〕「甲辰」，原作「甲寅」，據林齊本、高簡本、蕭世延本、白沙文編、何熊祥本、黄之正本、碧玉樓本、四庫全書本改。

〔三〕林齊本、蕭世延本、白沙文編無「尚饗」二字。

未衰，我衰而病，進退存亡，必得其正。與君論《易》，托詩以宣，君口不言，豈不謂然？除虐救民，負荷以往，止于龍川，其勞可想。或云非也，無疾而委，道路流言，將信將疑。惟君英明，夫誰敢犯。苟得其正，死亦無憾。君司風紀，寔茂才猷，天佑下民，而不少留。吁嗟君兮，民之司命。君子之窮，小人之幸。兼素之訃，繼此亦聞。海内知己〔二〕，存者幾人？烏虖哀哉！尚享。

祭陶方伯文

樹立大者，不羈小節。其行翩翩，其光烈烈。公攘寇患，于嶺西東。百里大藩，勞貫始終。四十年來，枕戈擐甲。力能誅夷，威足鎮壓。公在嶺表，長城是依。公今逝矣，人奚不悲〔三〕。某也於公，雅匪朝夕。東望仙城，有淚霑臆。昔者枉棹，扶病過予。笑語竟夕，放步徐徐。將謂百年，精力猶在。别幾何時，忽此顛沛。乖厓將去，逸人復來。一訣萬古，豈偶然哉？世烈光前，錦衣裕後。俾公子孫，世享其有。死生一致，公何憾焉！有未厭者，六十五年。惟天命之，窮達

〔二〕「海内」，原作「海門」，據林齊本、高簡本、蕭世延本、白沙文編、碧玉樓本改。

〔三〕「奚」，林齊本、高簡本、蕭世延本、白沙文編、何熊祥本、黄之正本、碧玉樓本、四庫全書本作「胡」。

壽夭；惟心安之，泰山毫杪。老病日益，跬步莫支。敬陳薄奠，以寫我私。尚享。

祭顧勉菴別駕

於乎！昔倅我邦，公才獨優。往貳端陽，實惠一州。通達萬變，可期一面。止於郡僚，督府之薦。公車翩翩，愈勵愈騫。一病不起，孰云非天？少有抱負，受知當路。衆論同異，孰識其故。晚節不虧，浩然賦歸。進退可觀，吾寧不悲？一息不至，今其已矣。神乎洋洋，歆此誠意。

祭丁知縣彦誠

嗚呼！登賢名於甲榜，與多士而並馳；試牛刀於小邑，稱庶物以平施。恥溷溷以希合，寧戚戚而謀私？當錚錚以陷獄，亦蹇蹇而忘危。故法不貸於豪右，而惠可及乎煢嫠。汎掃淫祠，綱維化典，載勸載懲，條章顯顯。雖小人之難化，亦向風而革面。兩考于兹，夙夜有常，殷憂成疾，二豎爲殃。方其在病，斯民皇皇。今其既往，行路涕滂。此見好惡之公出於人心之天不容已，君雖死而有光。念昔從游，禮崇信篤。旅魂何之？遺孩在目。扶護者誰？我力不足。生死交情，盡付一哭。想英爽之未亡，故焄蒿之可掬〔二〕。烏乎哀哉！尚享。

祭黄君朴文

於乎！逍遥乎半月之舟，留連乎澤垓之酒；面圭峰以放懷，唱竹枝而拍手。春月秋花，卷爲己有。何百年之未半，與衆木而同朽？大塊無心，孰夭孰壽？消息自然，匪物有咎。委變化於浮雲，達榮枯於疎柳。有肉在俎，有羹在豆，公死如生，薦滿一斗。

祭李磐石文

公，鄉之父兄行也，子弟輩事公於兹有年矣。公坦直而不華，約而有恒，其中舒舒。其於事，得喪無大欣戚，又不作富家翁様，巾屨雖極粗垢，不恥也。凡公之事如此，人之詭譎侈靡者，孰不笑之？然公以此賢於鄉人遠矣。烏乎哀哉！尚享。

〔二〕「焄」，原作「莙」，據白沙文編、碧玉樓本、四庫全書本改。

爲景昜撰祭劉氏外母文

烏乎！外舅之生，二十八年，奄棄之孤，孰維其顛？恭惟外姑，守一秉貞。勤儉始終，家用不傾。男女五人，以母爲命。爰有室家[一]，内外各正。古之賢母[二]，比德則同。母於苑氏，可謂有功。自昔于歸，迄乎就木，德亦可師，功亦可録。於乎哀哉！尚享。

祭伍光宇文

烏乎光宇！麗麗而强。其執則固，其謀則方。惟其篤於善也，不忘乎一飯之頃；故其向於道也，寖近乎數仞之墻。予觀之子久矣。子初爲人，烈烈亢亢。其味桂薑，人不敢嘗。世之病子者，謂子好伐，乖於和而軒於直，予獨畏子感激而慨慷[三]。其才如此，故變而至善也，去故習如脱屣；而人之望之也，若斷鴻天路之翺翔。苟不纏於宿疾、限於短命，而肆其力於學也，又

[一] 「爰」，原作「奚」，據林齊本、高簡本、蕭世延本、何熊祥本改。
[二] 「賢母」，原作「賢士」，據林齊本、高簡本、蕭世延本、何熊祥本改。
[三] 「慨慷」，林齊本、高簡本、蕭世延本、白沙文編、何熊祥本、黄之正本、碧玉樓本、四庫全書本作「慷慨」。

焉可量哉？〔二〕使其辭煙霞而依日月，展股肱而佐廟廊。砥定海岳，燮調陰陽。下撫黎庶，上佐元良。吾不知子之究於用何如也。至若犯顔敢諫，正論堂堂。可以引裾批逆鱗之怒，可以折檻干刀鋸之芒。直而不回，死而愈光〔三〕。若是者，非子之望而誰望耶？古之榮於進者，聽其言若可信也，觀其色若可壯也，至於臨死生利害之變，鮮不回顧而彷徨。故士之可貴者，不於其身之彰，于其志之臧。不臧而彰，匪事之常；臧而弗彰，庸或何傷？古之豐于才而嗇于命者多矣，奚獨子哉？惟其不待生而存兮，故不待死而亡。夫既信其如此兮，又焉論其行藏？嗚呼光宇，其何可忘！

祭容彦禮文

維弘治三年，歲次庚戌，冬十有一月己卯朔，白沙先生門人容彦禮之柩，以明日庚辰發引，將就窆于大田。先生許爲之墓銘而未具，乃命其子陳景雲持庶饈粢盛酒果，致奠于彦禮柩前而告之：烏虖！士而好奇，揆道則離；士而無奇，罔聞于時。彦禮之生，五十五年于兹矣。彦禮

〔二〕「焉」，林齊本、蕭世延本、白沙文編作「烏」。

〔三〕「而」，原作「於」，據林齊本、高簡本、蕭世延本、白沙文編、何熊祥本、四庫全書本改。

之處乎宗族、行乎閭里，同不同者爲誰？彥禮之希慕乎古而取法於今，而誰與歸？觀其所與，而人之賢否可知。彥禮之墓，吾將徵於彼以銘之。嗚呼哀哉！

奠丘閣老文

於乎！先生之志見於行事，先生之言存於著述，既大顯於當年，必有聞於異代。某一病多年〔二〕，老於林下，足不至先生之門，目不睹先生之書。比歲得所遺《瓊臺吟稿》，纔一編而已，而何足以知先生之大全哉？於乎！有言依乎教，有行概乎道。行由教宣，言以道傳。没而有知，尚鑑斯言。〔三〕

奠何教授文

於乎！生之謂來，死之謂往。往來之間，奚得奚喪？河嶽星辰，鼠肝蟲臂。小大則殊，由其所遇。載鳴教鐸，載典文衡。引年而休，烏乎先生！

〔二〕「多年」，原作「當年」，據林齊本、高簡本、蕭世延本、白沙文編、何熊祥本改。

〔三〕「尚鑑斯言」後，林齊本、蕭世延本、白沙文編有「尚饗」二字。

奠舉人譚士直文

於乎士直！遽至此耶？天不與之年[一]，與之才，將誰咎耶？彼碌碌者老無聞於世，又何貴於年耶？哀哉！尚享。

奠汪海北文

烏虖！天馬行空，步驟不凡。自然世外，衆莫能參。氣雄萬夫，德罔二三。予何人哉，爲公指南。修古日新，懷沙匪堪。譬彼世味[二]，甘其所甘。江門秋月，廬阜晴嵐。海北二年，朝諷夕談。如飲醇酒，無日不酣。從事數至，命我則慙。我賦白洋，句不待探。可以立懦，可以激貪。雖有百鈞，何足以擔？擴而充之，奚適不堪？烏虖！千古在前，萬古在後。上下四方，誰無宇宙？負大翼者，其風必厚。惡木道旁，往來莫覯。昔人之交，傾蓋如舊。蓋不待傾，金石亦透。天俾爾才，不俾爾壽。厥初受之，今也奚咎？尚享。

[一]「與」，原作「予」，據林齊本、高簡本、蕭世延本、何熊祥本、黄之正本、碧玉樓本、四庫全書本改。

[二]「世味」，林齊本、蕭世延本、白沙文編作「嗜味」。

奠梁貞文

於乎惟正！思慕古之人，師之非不足於才也，歲月永謝於呻吟；回翔今之世，行之非無其志也，科第未殫其胸襟。昔之來也，碧玉樓中，指蒲團而語静；今之去矣，白雲何處，想鶴駕以傷心。果司命之在天，不可以人力勝耶？抑所養之未至，不可委之命耶？今館中之士，求如惟正者守一而殁，蓋亦希矣。薄俗移人，始終殊歸，不自知其非也。於乎哀哉！尚享。

奠表兄何處素文

維弘治八年，歲次乙卯，四月甲寅朔，越二十一日甲戌，孤哀子陳某謹以牲特柔毛粢盛酒果，遣子景雲等奠于表兄處素何君之靈曰：當披髪袒跣之初，聞兄之訃。兄不幸屬纊與先妣同日，某摧裂肝肺之餘〔一〕，無由往哭。烏虖哀哉！烏虖痛哉！兄年七十，不爲不壽；兄有二子，不爲無後。死生晝夜，萬物芻狗。復何言哉！尚享。

〔一〕「肝肺」，原作「肺腑」，據林齊本、高簡本、蕭世延本、何熊祥本、黄之正本、碧玉樓本、四庫全書本改。

奠謝伯欽文

烏虖伯欽！知吾言否？六十年中，通家之舊。親我事我，棲棲自幼[一]。情若兄弟，爲足爲手。吾行東西，不離左右。矢心靡它，乃若之厚[二]。庭有佳植，雪霜爲寇。如何弗顧，身木已就。遺憂孔深，奚測奚究。積善餘慶，反躬可久。苟無令人，天損必受。誰其憂之，不負良友。於乎哀哉！尚饗。

告羅一峰墓文

維成化十八年，歲次壬寅，十月某甲子，白沙陳某應徵起赴京，行過永豐，謹具酒果庶饈，告于亡友一峰羅先生之墓曰：嗚呼先生！今曷爲而往，始曷爲而來？處則畎畝之逸民，出則文章之鉅魁。其洞徹不欺之心，炳中天之杲日；而轟動出群之氣，殷百蟄之春雷[三]。知先生者，儗

[一]「棲棲」，四庫全書本作「淒淒」。

[二]「若」，林齊本、高簡本、蕭世延本、白沙文編、何熊祥本作「君」。

[三]「殷」，碧玉樓本作「啓」。

先生于北海；不知先生者，謂松柟弗類，反見目于榆槐。先生見賢必親，聞善必録，遇惡必摧；存而知亡，過而能裁，隨時變化，有闔有開。而平生念慮所存，其大者正君、正朝廷、正三綱、正萬民、正四方。皇皇之憂，耿耿之忠，則致死而勿顛、貧賤而不爲戚、患難而不以回。成化己丑之夏，予遇先生于南畿〔二〕，盍簪之讙，忘形爾汝。既三宿而後別去，屢反顧而徘徊。先生贈予南歸之文，予處先生草亭之什〔三〕。既而各申其戒，曰「我不枉己，君無鑿坏」。孰謂先生去官而死，曹溪之約不遂。麗澤之資何有，而今而後復仰望於何誰？於戲惜哉！宿草之墓，朋友弗哭，禮之常也，非予與先生之宜也。先生有知，歆此絜醅。尚享。

奠容彦昭文

白沙先生聞容生彦昭將歸窀穸，遣子景雲持炙雞之奠，告于彦昭之靈曰：嗚呼彦昭！顔子之壽，過于彭祖。王公之樂，不如匹夫。彦昭居吾門，不可謂不久矣；四十一而亡，不可謂夭矣。已矣乎，吾將以悼彦昭者自悼而又以悼衆人乎！烏虖哀哉！尚享。

〔二〕「遇」，黄之正本、四庫全書本作「過」。

〔三〕「什」，碧玉樓本作「内」。

奠容彦潛文

白沙先生聞容生彦潛之卒，遣其子陳景昜具隻雞酒果，致奠于容生柩前而告之曰：俯江流而嗚咽，望雲山而徘徊。歎一生而已矣，悵獨立以興哀。游好幾時，音容永謝。致奠一觴，有淚如瀉。尚享。

奠伍光宇文

壬辰歲首月之二日某甲子，白沙陳某過亡友伍光宇尋樂齋，撫物興懷，潸然瀉涕，遂命子景雲持炙雞絮酒，奠于南山之廬而哭焉。烏虖光宇！遽至此耶？去年今日，版築尋樂，其聲登登，隱然在耳。手植庭蕉上墻，緑逐日新。光宇何之？斯文一縷千鈞，我輩三綱五典。左顧右盼兩壁間聯句，想見當時負荷一段精神，耿耿不滅。天道予善斯人也而不永年。嗚呼哀哉！尚享。

告伍光宇文

成化壬辰夏六月戊寅，白沙陳某奉束于亡友伍光宇之靈曰：一死一生，乃見交情。某平生於光宇，至誠相與，無異骨肉。不幸光宇早世，某在，何敢以死生相背？凡百舉措，一如光宇存時。近日，家塾刊拙書真草百餘字與諸生臨寫，尚有板四隅，匡郭未整，欲借安仔刀斧一日。又所卜屋後山，近請得李立武來看，云此地三台落穴有氣，是可藏矣。敢告。新刊孔昜《來鶴亭詩》并拙作數首〔二〕，奉去冥覽。〔三〕

祭林竹齋文〔三〕

維成化十五年，歲次己亥，冬十有一月乙未，古岡陳獻章謹遣學生容貫、犬子陳景雲，以柔毛酒果致奠於茶園竹齋丈人之靈曰：嗚呼！林光，吾友也，志同道合，是爲丈人之子。吾知光，斯知丈人矣。於乎哀哉！尚饗。

〔二〕「孔昜」，原作「孔易」，據高簡本、蕭世延本、白沙文編、碧玉樓本改。莊昺，字孔暘（或作孔昜），號木齋，又號卧林居士，江浦人。因居定山，學者稱定山先生。

〔三〕「奉去冥覽」後，林齊本、蕭世延本、白沙文編有「某再拜」三字。

〔三〕此篇原缺，爲白沙先生集外文，兹據《南川冰蘗全集》卷末附録補出。（林光撰：《南川冰蘗全集》，第五一〇頁）

祭羅一峰文[一]

嗚呼一峰！爲道義先覺，爲仁義郛郭，爲士庶依托，爲當時醫藥，爲沛八表之雲而翔千仞之鸞，爲鼓萬物之風而架層空之閣。其心洞洞，其性落落，其文浩浩，其行卓卓。白日青天，泰山喬嶽。嗚呼一峰！九原不作，吾誰與歸？吾終從子於冥漠。

祭鄒汝愚文[二]

嗟嗟汝愚！不括其囊，而晦其光，汲汲皇皇。不小其節，而畏其折，轟轟烈烈。昔在翰林，默語淺深，孰識其心？頃來南海，窮而不悔，乃見其介。業以時興，行以志成，君子之貞。貞德之幹，無受天損，何命之短！已而已而，天道無知，哀此孤嫠。死不避險，生必就檢，是曰無忝。北風蕭蕭，雲旗摇摇，蜀道之遼。觴酒豆肉，盡此一哭，魂返無速。烏虖哀哉！尚饗。

〔一〕 此篇原缺，據《白沙先生文編》補出。（唐伯元編次：《白沙先生文編》，第六卷，第三六頁）

〔二〕 此篇原缺，爲白沙先生集外文，據《立齋遺文》、《文章辨體彙選》、《白沙先生文編》補出。（鄒智撰：《立齋遺文》，《景印文淵閣四庫全書》第一二五九册，第四八二至四八三頁；賀復徵編：《文章辨體彙選》，《景印文淵閣四庫全書》第一四一〇册，第七〇九頁；唐伯元編次：《白沙先生文編》，第六卷，第四十四頁）

卷之二

書一

與西涯李學士

相别六七年〔一〕，邇者不通問於京師，然自周文都南歸後，先生之音耗遂絶於耳。曩聞先生在喪且歸長沙，無一知舊自北京來者，無可問其詳，不敢奉狀。每一見周生，相與悵然久之，尚未審所值何艱。長沙無舊業，未必可歸，當歸何處也？近者白洲李憲副過寒舍，乃知先府君塋于都下。嬴博之葬，古今未必以爲非，然亦有非其情之所安，顧吾力有所弗及。萬里外，某能亮先生之心也。奈何，奈何！居今之世，欲超然無累於心，無累於後，先生計之亦熟矣。然事往往有不期而至，非人思慮所能及，惟在我者所當盡；而或牽制於外，爲之弗豫，至不可爲然後圖

〔一〕「六七年」，原作「十六年」，據林齊本、高簡本、蕭世延本、白沙文編、碧玉樓本改。

之，亦弗及矣。此亦先生平昔所嘗慮及，漫一道之耳。頃歲承惠《貞節堂》八詩，真嶺南竹枝也，李世卿已收入《縣誌》，門户之光，非言語可謝也。《藤蓑》尚欠補章，能復賜之否乎？世卿自去年首夏至白沙，臈然後歸，蚤晚會試入京。區區衰病百狀，問之可知已。去秋得時用一書，足慰鄙懷。他人愛我，不如時用，先生諒能悉之也。張進士行，附此，不能盡所欲言。粗絹二疋表忱，外苧一端奉時用。不别具。

與鄧督府

翰林院檢討古岡病夫陳某再拜復書督府都憲鄧大人先生執事〔二〕：某不得望見於執事五十年矣。南海野人徒抱迂拙，不可爲世用。執事鴻猷盛烈，聲聞四達，皎如日星之照臨。甚賀甚賀。兹者伏蒙手書，錫之名香、歲曆。别奉鈞帖，令本縣月給白米一石，撥人夫二名，不敢當不敢當。執事所稱逋野誠隱逸士〔三〕，如今日之賜，使逋等受之，宜也；其不受，未見其讓之過也。某何敢自列於古之名流哉？某無寸善可以及人。有田二頃，耕之足以自養，而又受賜於當道以

〔二〕「再拜」前，林齊本、蕭世延本、白沙文編有「謹」字。
〔三〕「隱逸士」，原作「隱逸事」，據林齊本、高簡本、蕭世延本、白沙文編、何熊祥本、黄之正本、碧玉樓本、四庫全書本改。

自列於古之名流，其怠於自修亦甚矣！引領蒼梧，衰病無由自致。拙作一首，紀述仁政，傳示嶺海，以彰盛德。餘二小詩，以撰《慈元記》望西涯閣老，以請祀典望督府，共成東山之美，此野人之志也。伏乞鈞裁。

二

承令廣州府送到《伊洛淵源》一部、京香二束、白米二石。愧感愧感。某老病多遺，況於四十年前半面之雅者乎。久而不能忘，蓋有在矣。在制，無由造謝，謹此布忱，伏乞台照。

與朱都憲

頃者，獲拜執事於蒼梧。十餘年間，執事之心不忘乎僕，與僕願見執事之誠，交慰並沃於一堂之上、一日之間，至矣盡矣。執事負一世之豪才，際百年之嘉會，故能受知於當宁，進位都憲，奉璽書、督三軍以經營於一方，誰不瞻仰，誰不歸戴？僕一介書生，生長東南，聞見寡陋，徒負虛名，無補於世，乃蒙追憶十餘年相與尺牘往來之雅而賜見焉，幸甚幸甚！僕之齒非少，然以方於執事則爲後進。執事，先生長者也。長者有問，不辭讓而對，非禮也；隱而不告，非禮也。僕之始至，執事問以出處，僕未敢率爾。執事又益之以薦進之説，且令回自決之。僕於是乎若負芒刺，避席而不敢言，慚也；退而思之，又大慚也。明日，具以情告，且言其不可。當是時也，執事亦見僕之顔色乎？始者，僕欲往見執事於蒼梧，凡三復計之而後果行，誠以執事之賢固所願識。然自念二三十年所守進退之節，一旦由此而變，亦不能不少踧踖也，況諭之以薦進之説耶？僕竊以爲執事好崇奬人之善，偶見一士少異乎人，亟以此言寵之，使勉乎善云耳。不然，則將悼其窮且老，踽踽焉無所與同，恤恤焉無所與歸，故問而遺之，使自爲禄仕之計焉耳。不然，執事之明足以照物，豈不知僕之駑鈍、不可驅策而思進之萬里之途也？執事又以韓退之之事見勗。退之雖賢，不及孟子。孟子不肯枉尺直尋，退之以書干宰執，僕固不得舍孟而學韓也。僕之歸白沙幾一月矣，鄉之逢掖士無日不來問詢。僕告以所接盛德之光，莫不鼓舞興起。信乎德之流行，速於置郵而傳命也。惟是進退出處之念，尚日往來於心，誠懼執事所以待僕者如此，而人之知僕者淺也。此意已託丘侍御達之左右，不審亮之否乎？未能默默，伏此布聞〔二〕，且以代面謝，惟少垂鑒焉。〔三〕

〔二〕「伏」，林齊本、蕭世延本、白沙文編「復」。

〔三〕「惟少垂鑒焉」後，林齊本、蕭世延本、白沙文編有「某再拜」三字。

二

陳某頓首啓：伏蒙今月十八日遣使降臨衡茅，惠以羊、酒、粟、楮諸儀。君子之賜，光動閭里，顧愚何人，可以當此？恭惟執事位高而望重、德博而民化，而恒患乎善之不彰、士罔攸勸，故能尊重名教，秩秩其儀，以興起山林之遺逸。大哉，執事之心！僕雖駑鈍，敢不夙夜祗奉？然僕竊觀來諭之言，大意欲勸僕出仕耳。非直勸之，且加責焉。是故出於愛僕之誠，而僕之心亦有未蒙照察者。何則？掇科登仕，固僕之素志；抱病違時，非僕之得已。僕自染疾來，六七年間，每遇疾作，徧身自汗若雨，或連數月不止〔一〕，既止復作，畏勞怯冷，沉綿反復，元氣寖耗，力加防慎，庶幾保全；而母氏年益高，百疾交苦，是以未能出門耳。假令僕疾愈可以出矣，而忘親之老，豈人之情也哉？在親爲親，在君爲君，無所往而不然矣。夫天下之理，至於中而止矣。中無定體，隨時處宜，極吾心之安焉耳。若昔之李密是也。密被徵時，密之心蓋自揆安於事劉，則止爲中而行非中也。今若概以聖賢出處之常責密以必仕，恐非密之心。密之心，天理之時中也。僕今自處，亦欲無愧於密耳，執事信以爲何如哉？願終教之，僕不敢固執也。承録示諸公子文

〔一〕「連」，高簡本、何熊祥本、黄之正本、四庫全書本作「遭」。

稿，筆勢滔滔有氣燄，當是一才子，可畏可畏。若導其志使不差，開其學使有益，又在教者何如耳。使回，謹此申覆。辰下哭一姪婦，故言無文采，伏乞台照。

三

陳某啓：伏承此月二十四日都憲老大人命使降臨衡茅，諭令某「即日起程赴京，春闈在邇，不許推延」。聞命悚惶，爲慰爲懼。伏念某質本庸愚，賴蒙聖朝作養，于兹三十餘年，雖無用世之才，竊有忠君之志。其未仕也，豈果於自爲而忘世哉？誠欲吾身親見之，豈不知時之可爲哉？執事知之久而愛之深，既重之以手書，復勤之以口喻。執事於後進，拳拳接引如此，某雖駑疲，豈無飛動之意哉？直以受氣不豐，病與年長。去年秋，自汗纔息，因得進謁執事於蒼梧。比歸，途間冒風，舊病尋發。至今年七月初，寒熱交攻，自汗猶劇。而必欲驅此疾羸之軀，行於風波之途，萬一不虞，雖悔何益？伏願執事垂日月之明，擴天地之量，假之歲月，俾得調治。疾愈之日〔二〕，自行起程赴部，不敢推延以負尊命。干冒威嚴，某不勝戰越之至。

〔二〕「疾愈」前，碧玉樓本有「俟」字。

與劉方伯東山先生

餘寇未殄，先生得無爲百姓戚戚耶？比聞下令各鄉村自爲城守，伏計當道憂民之至，必無過舉，恨未得其詳耳。曹匪石抵家，病即愈；先生冒大暑負疴而出。動静勞逸，仕與止固不同也。未涯瞻奉，謹此申忱。匪石所徵樂記文字，已託鄒汝愚具稿，早晚録上轉達。

二

亡妣墓於小廬山居舍之旁，襄事於乙卯夏四月八日，去始喪才四十日耳。萬里一疏，無任哀感之至。匡山慈元廟久完，但未立主耳。拙記録去，想已經目，若西涯閣老有作，用之。制中，别無佳思作得文字，强勉塞命，無以老朽爲嫌也。祀典記當與西涯閣老圖之。屢聞先生上疏乞休致，然每於邸報中未見端的，未審何如也。近陳進士茂烈過寒舍，與語東山先生告歸，西涯閣老留之。疑先生未能去者，以此故也。

三

得五月二十日書，良慰想仰。先生即日命駕還東山，山靈輒喜。雖然，先生不忘天下之心，山靈未必識也。章近有衡山之約，去東山非甚遠。他日東山漁釣之暇，尚能索我於朱陵洞中否耶？昔者寄去《慈元記》稿，幸一字批破還示爲感。〔二〕

四

賞倪指揮，知感激矣。敝邑民得免於盜賊水火之害，公一瓢酒之力耳，活國者手段固如是耶！感服感服。里人問徭役，告以昔者舟中所聞，聽者雀躍交慶，如赤子之慕慈母。不審比日斟酌何如？救民水火之中，惟恐其不早也。貪官污吏侵漁百姓，甚於盜賊。此輩不除，雖有良法美意，孰與行之？竊謂徭法雖更，必痛懲一二貪黷，然後法行之可久也。祭田事料理恐未免水火之相射，欲乞少緩裁之，如何？恃愛饒舌。

復彭方伯〔三〕

古岡陳某薰沐頓首復書大方伯彭大人先生執事：新涼，惟台履吉慶。去冬，林別駕過白

〔二〕「幸一字批破還示爲感」後，林齊本、蕭世延本有「八月朔日書」五字。

〔三〕「復彭方伯」後，林齊本、高簡本、蕭世延本、白沙文編、何熊祥本、黄之正本、四庫全書本有「書」字。

沙，得執事手書，後又得所寄絶句詩，具悉雅愛。繼又聞諸人，執事以賤名污薦尺，天官以執事之言爲重，亟賜允行。近者，蒙遺守令降臨衡宇，書幣煒煌，先後叠至。太守執詈，宣喻於庭曰：「是大方伯彭公使某歸陳白沙徵幣也。」聞命兢惶，罔知攸措。執事，當世之豪傑也。吾黨以執事爲模範，斯文以執事爲司命，廟堂以執事爲柱石。執事一嚬笑、一舉措，天下將視以爲輕重取舍。甚哉，執事之動不可輕也！僕本麋鹿之性者也。雖少讀書，全無抱負。中歲閉門，惟近藥餌。好事相傳，類多失實。執事徒信人言，以爲可用。斯名一出，士類揚之，閭里榮之，僕不知何以得此於執事。意者，方今之俗，廉耻未興，將以興之歟？奔競未抑，將以抑之歟？不然，執事眼高一世，必不以天下之望負天下之人也。夫天下，非誠不動，非才不治。誠之至者，其動也速；才之周者，其治也廣。才與誠合，然後事可成也。孔子曰：「如有用我者，朞月而已可也，三年有成。」聖人過化存神之妙，不可一二窺測。天下不動不治，動以治之，聖人與學者一爾，未有不須誠以動、不須才以治者也。如僕者，忠信不修，章句爲陋，才既不足以集事，誠又不足以動物，徒以虚名玷污薦尺。進則無益於事，徒喪所守，以上累執事之明；止則人將以我爲固守一節，非通於道者，亦非所以立大中而奉明訓也。二者之慮，往來乎胸中，幾日而後决之。子使漆雕開仕，對曰：「吾斯之未能信。」開以夫子爲的者也，夫子不能使之仕。何則？人之知己不如己之自知。苟未信也，師不能强於弟子。僕自知甚明，惟謹素履，罔俾玷缺，庶幾丘園之義尚足以少裨明時，使奔競者愧而恬退者勸[二]，亦僕所以報執事之萬一也[三]。若曰「可以仕焉」，僕不知其可也。矧今自汗又作，俯仰或過，衣裳盡濕，此亦郡守所目擊。設任之勞事，何以堪之？伏惟執事察僕之志，矜僕之愚而弗強焉，幸甚幸甚！

與陶方伯

比聞在師中能坐馬矣，幸甚幸甚。周二來，得書。人情世態相見多不合，奈何處之？交游中，有不勸人進者乎？某獨不然，是以退爲進也，非高明莫能亮之。承問改題諸墓石可否，書法與銘旌略同，所以存其名。不當云「某府君忠烈公」，則書其自得於先朝者至顯矣。後來恩典所加，宜列諸神道碑，不必改題也。李世卿久在館中，恐要知。不多及。

二

陳獻章啓：頃聞夫人之葬已後，時諸兒姪偶冗於人事，不得奔走隨執紼者之後，愧罪愧罪。

[二] 高簡本、何熊祥本、黄之正本、四庫全書本無「使」字。
[三] 「也」字原缺，據林齊本、高簡本、蕭世延本、白沙文編、何熊祥本、黄之正本、四庫全書本補。

李進士世卿承命修本邑志，成，雅慕執事之大專，兹進謁。志稿將刻板，乞一經目定之，一邑之幸也。此友素抱耿耿者，百凡乞照及。薄酒一尊，奉爲寇平之賀。蚤晚廣右之行，可得聞其略乎？

三

潭滘拘留稻舫，稱大府中差人〔二〕，果出於尊意否耶？乞降指揮。比歲鹹田之入，僕於執事，所謂待晏子而後舉火者也。然非鄧、馬二生，僕安得坐享此田哉？僕與二生約，每歲入，三分於僕，猶以爲愧焉〔三〕。黄田第四葫，諸姪與易贊共成之。贊比二生用力尤難，所費十未酬一。伏惟執事擴造化之量，垂不朽之仁，念僕平生不苟取之小廉、不負人之小節，無易舊圖，則僕始終受賜大矣。恃愛輕瀆，不罪。

〔二〕「中」，林齊本、高簡本、蕭世延本、白沙文編、何熊祥本作「下」。

〔三〕「每歲入，三分於僕，猶以爲愧焉」，林齊本、高簡本、白沙文編作「每歲入，三分之，僕猶以爲愧焉」。

與歐總戎

遠枉專使下問。某不幸今年二月間先妣下世，自是以來，憂病相持，不復知有人世事。忽枉手教，具審朝廷大閫外之任寄於公，府江之患已平，可賀可賀。雖然，平蠻之頌，老朽竊願公忘之。昔者，斷藤峽凱歌適足爲韓公之累，此廣右之役所以有煩於今日諸公也。公識量弘遠〔一〕，所到豈可涯？安地方，復民業，惟公留意焉。病畏多言，感公厚愛，故及此。幸勿示他人以爲訴也。厚賜謹已拜領，感作無量。南井昨爲致區區於察院，此不贅。

復張東白内翰

承諭「義理須到融液處，操存須到灑落處」。僕僻處海隅，相與麗澤者某輩數人耳。抱愚守迷，無足以副内翰期待之重。然嘗一思之：夫學，有由積累而至者，有不由積累而至者；有可以言傳者，有不可以言傳者。夫道，至無而動，至近而神，故藏而後發，形而斯存。大抵由積累而至者，可以言傳也；不由積累而至者，不可以言傳也。知者能知至無於至近，則無動而非神。

〔一〕「弘遠」，林齊本、高簡本、蕭世延本、白沙文編、何熊祥本、黄之正本作「宏遠」。

藏而後發，明其幾矣；形而斯存，道在我矣。是故善求道者求之易，不善求道者求之難。義理之融液，未易言也；操存之灑落，未易言也。夫動，已形者也，形斯實矣；其未形者，虛而已。虛，其本也，致虛之所以立本也。戒慎恐懼，所以閑之而非以爲害也。然而世之學者，不得其説而以用心失之者，多矣。斯理也，宋儒言之備矣。吾嘗惡其太嚴也，使著於見聞者不睹其真，而徒與我嘵嘵也。是故道也者，自我得之、自我言之可也。不然，辭愈多而道愈窒，徒以亂人也，君子奚取焉？僕於義理之原，窺見髣髴，及操存處，大略如此，不知是否。疾病之餘，言不逮意，惟高明推而盡之，還示一字，僕之幸也。比者，婁克貞敎諭亦有書來。僕既未接其人，不可遽有往復。内翰儻以愚言爲有益，擇其中一二，可者示之，否則置之。陳布衣竟不及面而卒，當此衰否之極，又失此人，可歎可歎。良晤無由，伏惟順時以道自重。不宣。

與賀克恭黄門

離隔年多，彼此交夢，神亦勞止。老矣，寧復有相見之時耶？今年春二月十六日，老母傾背。毁瘠不能自制，與死爲鄰。平生知舊幾人，死者已矣，存者或失其故步。奈何奈何！今之論人於出處，曰「賀黄門」、「賀黄門」，亦蒙厠賤名於黄門之下，豈不以同志者少，不同者多耶？比歲得所惠書，繼又得賢郎北京書，甚慰甚慰。有子如此，足矣。天將以是大賀之門，蓋可知也。三十年妄意古人之學，衆説交騰，如水底撈月，恨不及與克恭論之。今自謂少有見處，得其門而入，一日千里，其在兹耶？南北萬里，意所欲言，非尺簡所能盡。里中舉子赴春官，附此草草。前有詩稿一册寄范長史處，托渠轉達遼東。久不報，爲無便耳，亮之。

二

爲學須從静中坐養出個端倪來〔一〕，方有商量處。林緝熙此紙，是他向來經歷過一個功案如此，是最不可不知。録上克恭黄門。歲首已託鍾鍈轉寄，未知達否。今再録去。若未有入處，但只依此下工，不至相誤，未可便靠書策也。前紙所録往來書問二首，又《記夢》一首，後有林緝熙、秉之跋尾，通奉去。病中不能作書，然所欲言者，大略不過此而已。亮之。〔二〕

〔一〕「静中坐」，《明儒學案》所引述作「静坐中」。（黄宗羲撰：《明儒學案》上册，第八五頁）

〔二〕「亮之」，蕭世延本、白沙文編作「幸亮之」。

三〔二〕

人要學聖賢，畢竟要去學他。若道只是個希慕之心，却恐末梢未易湊泊，卒至廢弛。若道不希慕聖賢，我還肯如此學否？思量到此，見得個不容已處。雖使古無聖賢爲之依歸，我亦住不得，如此方是自得之學。

四

人無氣節不可處患難，無涵養不可處患難。如唐柳宗元不足道。韓退之平日以道自尊，潮州之貶〔三〕，便也撐持不住，如共大顛往來，皆是憂愁無聊，急急地尋得一個人來共消遣，此是無涵養。若坡老便自不同，作《示虎兒詩》云：「獨倚桄榔樹，閑挑蓽撥根。謀生看拙否，送老此蠻村。」又云：「日啖荔枝三百顆，不妨長作嶺南人。」此皆是患難奈何不得氣象，何其壯哉！若加之涵養，則所見當又別。

〔二〕 自第三至第一〇，共八信，底本原缺，茲據《白沙先生文編》、碧玉樓本補出。（唐伯元編次：《白沙先生文編》，第五卷，第六至七頁；《白沙子全集》，碧玉樓刊本，第三卷，第八〇至八二頁）

〔三〕 「之」，白沙文編作「一」，碧玉樓本作「之」。茲據碧玉樓本。

五

今日與克恭别，未知再會之期。若不發端言之，使克恭終身事業只是以名節結果，辜負了好美質，蹉過了好時節，如此則是某之罪也。

六

歸去遼陽，杜門後，可取《大學》、《西銘》熟讀，求古人爲學次第規模，實下功夫去做。黄卷中自有師友，惟及時爲禱。

七

比見克恭與人商論[一]，費力氣太多，鋒鋩太露，有德者似不如此逼切，更望完養，令深沉和平，乃爲佳耳。

〔一〕「商論」，白沙文編作「謫論」，碧玉樓本作「商論」。兹據碧玉樓本。

八

心地要寬平，識見要超卓，規模要闊遠，踐履要篤實。能此四者，可以言學矣。

九

士大夫出處去就分明已占了好田地，更能向學，求向上一著，不枉費浮生歲月，豈不抵掌爲之三嘆乎？

一〇

接人接物，不可揀擇殊甚。賢愚善惡，一切要包他。到得物我兩忘，渾然天地氣象，方始是成就處。

與吴黄門世美

小詩不足以光先德，但比於他文，此爲切實耳。凡觀人者，審於愛惡取舍去就之間，足以見

之矣。所貴乎作者謂其言之不妄，可以傳遠。若筆鋒無力，拈掇不起，則無如之何。〔一〕

與丘侍御

承差廿裏來，得至蒼梧書。起居，通例也，而何其辭之切切！前此兩附問皆不至，死者已矣。宋先生旦夕臨敝邑，將必見之，無狀何以致公之惓惓如是耶？感怍至矣。聖天子念遠方，簡命名御史出按治。公以井渫之才治之廣右，幸甚幸甚。夫人之才，大小必用之而後見，「不遇盤根錯節，無以別利器」。閒居，竊聞廣右之積弊甚矣，斯民之望治切矣。樹公道，明賞罰，去故即新，使人人盡力於所事而民被實惠，正今日圖任之盛意，亦公之能事也，老朽何足以知之？引領蒼梧，徒深向往。比與李世卿期至南岳，世卿今行矣，道路其有藉哉！酒楮不瀆謝。〔二〕

與葛侍御

古岡病夫陳某頓首奉書侍御葛大人先生執事：頃者，廉憲陶公惠書稱執事之命，以平後山

〔一〕「則無如之何」後，林齊本、蕭世延本有「某頓首黄門吴大人執事。所錫不別裁謝」十六字。
〔二〕「酒楮不瀆謝」後，林齊本、蕭世延本有「丁巳夏四月廿日」七字。

碑文委僕爲之，既辭以不能矣。恐執事者不察僕之心而以爲慢，别簡托於東山劉先生白之。今者，趙知縣自省還，過白沙，復申前命。竊計區區之私，非但執事與當道諸公，雖東山亦未之悉也。僕請略言之：僕每讀《宋史》至曹彬克金陵一事，未嘗不對卷斂衽而歎趙太祖之仁與曹武惠之不伐也。蓋自出師以至凱旋，士衆畏服，無敢輕肆，克城之日，兵不血刃。凡所得一十九州、三軍、一百八十縣〔二〕，可謂有功矣，武惠視之若無有也。捷至，群臣稱賀，太祖泣曰：「宇縣分割，民受其禍。攻城之際，必有横罹鋒刃者，實可哀也。」命出米一萬賑卹之。當是時，君不知以得地爲喜，將不知以克敵爲功，一念好生之仁洋溢上下，自秦漢以來，未及見也。史臣稱武惠位兼將相，不以等威自異，遇大夫士於途，必引車避之，不名下士。噫！何以謙之至也！《易》曰「勞謙，君子有終，吉」，武惠有之。今後山之役，信有功於民矣，諸公豈自與耶？此賊近之省城，民遭其毒者幾年于兹，前此有司固有任其咎者矣。夫以今日平盜之功，補前禦武之不及〔三〕，正相乘除，在於仁人君子之心，視民如傷，豈容有彼此先後之間哉？夫上之治民，當休戚同之。夫久病者不以得一日之安而棄補羸之劑，病饑者不以得一飯之飽而忘終歲之憂。執事試求之百

〔二〕「三軍」，林齊本、高簡本、何熊祥本、黄之正本作「三兵」；四庫全書本作「三府」。
〔三〕「禦武」，林齊本、蕭世延本、白沙文編作「禦侮」。

姓憂樂之情而忘其在己，必能以趙太祖之所存者處民，以曹武惠之所存者處功，則光明者益光明矣。以僕觀於一時，開誠布公未有如執事，舍己從人未有如執事，樂善忘勢未有如執事。以執事之才應天下之務，何所不可？僕所望於執事者，非直以曹武惠輩人爲法，姑舉其一事之近似者爲執事言之耳，惟亮之裁之。

復江右藩憲諸公

七月二十四日，僕方困暑閉齋獨卧，而李、劉二生適至。書幣交陳，輝映茅宇。僕再拜讀書，識其所以來之意，不敢當不敢當。匡廬五老，名山也；白鹿，名書院也。諸公，皆世偉人也〔二〕；修名山、復名書院之舊，希世偉事也。僕生於海濱，今五十有四年矣，未始聞天下有如是之事。悠然得趣於山水之中，超然用意於簿書之外，旁求儒師俾式多士，將以培植化原〔三〕、輔相皇極以無負於斯世斯民也。於乎，盛哉！昔朱文公之留意於斯也，一賦一詩足以見之，其與諸公之心，蓋異世同符也。諸公讀文公之書，慕文公之道，亦罔不惟文公是師也。自文公殁至今

〔二〕「皆」，碧玉樓本作「希」。

〔三〕「培植」，林齊本、高簡本、蕭世延本、白沙文編、何熊祥本、黄之正本、四庫全書本作「培殖」。

垂四百載〔一〕，仕於江右者多矣，其間有能一動其心於白鹿之興廢者，誰歟？「修而復之、既去復顧，如吾鄉翟公、李公者，誰歟？〔二〕」文公固有待於諸公也。諸公誠念之，不宜謀及鄙人。鄙人非不欲斯道之明也，學焉而不得其術，其識昏以謬，其志弱以小，其氣乏餒〔三〕，其行怠肆，其文落莫而不章。歲月侵尋，老將至矣。其於聖賢之道非直不能至而已，其所求於其心、措於其躬者，亦若存而若亡，雖欲自信自止而不可得，況以導人哉？百鈞之任，以與烏獲而不與童子，慮弗稱乎力也。故夫天下之事，慮而作者患恒少，不慮而作者患恒多。千里之足不蹶於遠途，萬斛之舟不虞於大水，其才足以勝之，非不慮而作者也。使之不以其誠，任之而過其分，與自欺而誤人者，其失均耳。諸公獨不慮至此乎？天下有任大責重而祿位不與者，苟能勝之，則至大至通，無方無體，故能「爲天地立心，爲生民立極，爲往聖繼絕學，爲萬世開太平」，所謂「建諸天地而不悖，質諸鬼神而無疑，百世以俟聖人而不惑」，此其分內也。宇宙無窮，誰當負荷？伏惟諸公念

〔一〕　此所謂「自文公歿至今垂四百載」，非是。經考證，朱熹生於宋高宗建炎四年（當西元一一三〇年），卒於宋寧宗慶元六年（當西元一二〇〇年）。白沙先生此文作於明成化十七年（當西元一四八一年）。自宋寧宗六年至明成化十七年，僅二百八十餘年。「自文公歿至今垂四百載」，應作「自文公歿至今垂三百載」。

〔二〕　此十八字原缺，據林齊本、蕭世延本、白沙文編補。

〔三〕　「乏」，原作「之」，據林齊本、高簡本、蕭世延本、白沙文编、碧玉樓本、四庫全書本改。

之慮之，勿遷惑於衆口，期匹休於先賢，收回束帛〔二〕，更聘真儒，俾諸士子有所效法，以無負於今日之意也。幸甚幸甚。

與李白洲憲副

近者，諸姪以鹵田之訟上干臬司。此未論是非，只觀古人所以教於家、化於州閭，其道何如。甚可愧也，甚可愧也！今聞臬司公處分之，一一論之如法，加强占者罪，恐其不堪，故具此白。此輩愚民，亦嘗遣人諭之，不肯信，卒罹於法，誠可哀憫。伏乞先生操縱法外之意，曲垂寬貸。老朽此外别有處之，使知感激，彼此無怨，乃爲盡耳。亮之裁之。干瀆死罪。

二

郁丞來，得手書并近稿二幅。《元日》、《扶醉》等作殊有意思，非但言語之工而已也。來諭所以處病夫至矣，病夫何德以堪之？頃答張主事書，尚未聞於左右耶？北門園池之勝，孰與潭州山泉？先生富馬之惠，孰與弘農公？今且使病夫爲邵堯夫乎？爲戴簡乎？病夫得附驥尾，爲

〔二〕「束帛」，林齊本、高簡本、蕭世延本、白沙文編、何熊祥本、黄之正本、四庫全書本作「束幣」。

羊城添勝迹於後代，豈假言哉？破數百金，先生不惜與人，顧受之者未易耳。病夫平生山水稍癖，待明年服闋後，采藥羅浮，訪醫南岳，上下黄龍洞，嘯歌祝融峰，少償夙願，然後歸拜先生之賜，未晚也。河洛後天數過九九，病夫一生不受人間供養，或者其超出六合乎？顧别駕送契來，且與領狀。若委人承管，則未也。先生亮之。

三

劉門子帶來書信，必欲自致白沙，不附他人，卒歸之水府，對之太息而已。數日前，鄧督府附到東山手書，獲聞東山好消息，喜慰無量。頃者，雖遭劾者之口，計不足爲盛德累。周生行時，有奉懷拙詩，想聞之一笑。區區憂病之餘，精力日不如舊，但偶未死耳，無足爲故人道者。尋醫南岳，耿耿一念，未能出門。蓋自去秋七月感風，手足不仁，至今尚未脱體。嶺南地方寇盗日益，民已窮而徵斂無已，天下理亂所關謂何，誰其憂之？北門園池之惠，每念及此，慨息久之。仁人君子之爲朋友，慮至此乎！周生倘及面，必能盡所欲言。劉門子告回，病中草草致此，不能悉。〔一〕

〔一〕「不能悉」後，林齊本、蕭世延本有「八月朔日」四字。

四

聞將入覲，某在制中，不得如往年放舟别三水爲恨也。近兩辱手教，兼拜名酒之貺，日開涓滴，以養衰血，荷愛之厚，何可忘也！東南之民，望治如渴，未知先生明年復來否？專此候行，不盡區區。

五

憂病中無暇他及，直以時審録寃獄未信，恐涼風西來，青陽之氣日薄，不可得而回。謹此少布，伏希垂亮。

六

數日前，山東邦伯之報至矣。彼有來蘇之望，此有卧轍之憂，奈何奈何！不審何日啓行，制中但有心送。南北日遠日疎，歲云暮矣，復有盍簪之期否耶？北門園池之賜，聞者以爲美談，某不欲以一時虚名累左右。券書一通，謹封納。平生山水債欲償之餘年者，託周生口陳。高明想

能亮之。〔一〕

復陶廉憲

使至，辱手書。承當道諸公欲以平後山碑文見委爲之，僕竊怪執事之知僕猶未至也。今天下能文章、富經術，言足以取信將來如一時，諸公會於省中可謂盛矣，不自操筆而以委於不能。若僕者，素無文彩，比年以來，益以衰病，愈見荒落，無足觀者。强顔爲之，徒爲有識所哂。況於多言干譽，尤非退者所安。區區之私，執事能亮之。使回，謹復。〔二〕

二

作縣如彦誠，其賢良皆古之循吏〔三〕，邑人懷其惠矣，議立廟以報之。倘以聞於執事，頷之，民將歸心焉。蓋「民之所好好之，民之所惡惡之」，此得民之要道也。況丁令在官，簡於事上，執

〔一〕「高明想能亮之」後，林齊本、蕭世延本、白沙文編有「章再拜」三字。
〔二〕「謹復」，林齊本、蕭世延本、白沙文編作「謹此復」。
〔三〕「良」，林齊本、高簡本、蕭世延本、白沙文编、何熊祥本、黄之正本、碧玉樓本、四庫全書本作「未」。

事嘗抑而教之，今因民之請廟而與之，而遂成其名，執事之量弘矣〔二〕。抑聞之千金市駿骨，況生馬乎？僕知執事百歲後，俎豆於斯民，當自我始〔三〕，則有徵矣。

三

比日，邑中聞執事至，凡近年以邑科取民者皆罷之，民大悅服，爲可賀也。前此，豈不恤其情而强徵之歟？感應之機捷於影響，願執事永矢此心，所以保功名於晚節、期俎豆於將來耳。憂病中聞此消息，不勝慰喜之至。謹此布忱，未涯瞻奉，惟冀以時調攝，以慰注仰之拳拳。

四

李剛回，具審福履康佳，甚慰懸仰。近傳方伯之除，的否？造次未敢奉賀。竊惟寵辱在外，惟以時倍加保嗇。事獲已，力辭就閑，此最上策。拙見如此，不審高明以爲何如？荷公厚愛，不敢不盡。

〔二〕「弘」，林齊本、高簡本、蕭世延本、白沙文編、何熊祥本、黄之正本作「宏」。
〔三〕「自我始」，高簡本作「自我□始」，白沙文編作「自我邑始」。

五

秋暑既退，伏惟體況清和，納福勝常。頃者，陳都閫過白沙，具言當道所以論薦執事之詳。想朝廷不日命下，班次必崇，付畀必重。執事自此可以樹大勳業，酬平生之言，而東西託處亦惟便以圖〔二〕。令名不失，公私兩全，此人情所至願而不可必得，非積累之厚，其孰能當之？某病卧一齋，寄名於石而無其實。英德石形峭立，或層起十數尺，奇絶可愛者，能致數片置庭兩隅，朝夕趺坐對之，志願足矣。然須得便舟可付，閴然勞人，則又非所愛欲也。不具。

六

辱手教。興師弭患，動中機會，爲可喜也。後山禍機久伏，使謹於微，則無今日之役。今首惡既誅，暫停搜捕之師，宜慎玉石之辨。於疑似不决者，寧詘法以信恩，此則天地好生之仁，子孫享無疆之慶，執事固有之，奚容贅？〔三〕

〔二〕「以」，林齊本、高簡本、蕭世延本、何熊祥本、碧玉樓本作「之」。

〔三〕「奚容贅」後，林齊本、蕭世延本有「八月望日，某頓首」七字。

七

邇者蒙恩，先妣得歸小廬山之兆，迄今塋封甫畢。伏惟執事念舊濟貧之盛心，非言語所能宣謝也。側聞有事於西陲，辰下旌旄將至江門。某纍然在制，莫遂謁見之私，渴心東馳，伏枕流涕。謹奉疏，荒迷不次。〔二〕

復趙提學僉憲

來教摘諸聖賢垂世之言與僕之事參而辨之〔三〕，大抵愛我深而告我盡也。僕用是知執事之心，一峰明白不欺之心也。一峰死，僕哭之慟，以爲自今而後不復有如一峰者，今乃有執事，幸甚幸甚！執事爲説，本之經訓，與僕所以爲學、所以語人者同歸而殊途。但僕前簡失之太略，執事見之太明，故疑僕之意異於執事，而實不異也。執事謂「浙人以胡先生不教人習四禮爲疑」，

〔二〕「荒迷不次」後，林齊本、蕭世延本有「謹疏」二字。
〔三〕「辨」，林齊本、蕭世延本、白沙文編作「辯」。

僕因謂「禮文雖不可不講，然非所急」，正指四禮言耳，非統論禮也〔二〕。禮無所不統，有不可須臾離者，「克己復禮」是也。若横渠以禮教人，蓋亦由是而推之，教事事入途轍去，使有所據守耳。若四禮則行之有時，故其説可講而知之。學者進德修業以造於聖人，緊要却不在此也。程子曰「且省外事，但明乎善，惟進誠心」，外事與誠心對言，正指文爲度數。若以其至論之文爲度數，亦道之形見，非可少者。但求道者有先後緩急之序，故以「且省」爲辭。「省」之言略也，謂姑略去之不爲害耳。此蓋爲初學未知立心者言之，非初學不云「且」也。若以外事爲外物累己，而非此之謂，則當絶去，豈直「省」之云乎？「不規規於往迹以干譽目前」，僕之此言，亦有爲而發，嘗與胡先生言之矣，非諷執事也。此不欲形於筆札，俟面告。執事於僕，謂無間者也，苟事有未當，僕得盡言之，豈假諷哉？僕才不逮人，年二十七始發憤從吴聘君學。其於古聖賢垂訓之書，蓋無所不講，然未知入處。比歸白沙，杜門不出，專求所以用力之方，既無師友指引，惟日靠書册尋之，忘寢忘食，如是者亦累年，而卒未得焉。所謂未得，謂吾此心與此理未有湊泊脗合處也。於是舍彼之繁，求吾之約，惟在静坐。久之，然後見吾此心之體隱然呈露，常若有物。日用間種種應酬，隨吾所欲，如馬之御銜勒也；體認物理，稽諸聖訓，各有頭緒來歷，如水之有源委

〔二〕「禮」，高簡本、白沙文編、何熊祥本、黄之正本、四庫全書本作「理」。

實效者告之，非務爲高虚以誤人也。執事知我過胡先生而獨不察此，僕是以盡言之，希少留意。也。於是涣然自信，曰：「作聖之功，其在兹乎！」有學於僕者，輒教之静坐，蓋以吾所經歷粗有餘不屑屑。

二

易元至，辱手教數幅并諸作見示，更相規益，有交友之道，幸甚幸甚。然謂僕《示諸生》詩末聯有激而發，則恐觀者過於求索，僕之意往往不然也。此詩亦但謂歲月流邁，諸生學不加進，故汲汲焉告之，冀其有所感發而自憂耳。至於末聯，則爲我所以爲諸生憂。若但如楊朱爲我而不恤人，則彼楊朱何爲者耶？於是終告之曰「闢楊氏者，孟子也，豈若是褊哉？道固爾也」。反復言之，不過使學者知吾之憂出於當然而不容已，則其所當自憂者，將惕然於中而益不容已也。乃作詩者屬意於此。《訂頑》、《砭愚》咸此焉在，何嫌於人我爲敵與自任孟軻之重耶？記《語類》所載，文公力疾與學者語，勉齋見而止之，文公曰「除是楊朱不理會人，我即不曾學得楊朱」，亦此類也。執事顧以爲不可乎？海雲更號，極是率爾，敢不承教？執事録示張東白詩，且疑僕更號、逃禪，不能擺脱此語，聞之不覺失笑。執事固愛助我者，請問今所疑於僕如此，果何自來耶？若出於東白，未可據也。東白蓋僕昔論學書中一二語〔二〕，偶未深契而料想至此，從而疑之，竊恐未爲至論，只如此詩者。偶讀《宋文鑑》，和得半山詩數首。論者云「陳公甫喜荆公輩人」，直如此草草。僕平生得無巴鼻之謗多類此，可怪也。聞執事將赴京，不獲數侍誨，聊復此，不一一。

三

古岡病夫陳某再拜書復僉憲趙大人先生執事：伏讀來諭，執事所以進僕者至矣，所以教僕者亦至矣。僕一顓愚人耳，凡百無所通曉，惟知自守而已。曩者至京師，與諸賢士大夫游，日聽其論議天下之事，亦頗有益。惟是愚懵，終不能少變以同乎俗，是以信己者少，疑己者多也。僕之所深與者皆執事同年，而獨執事之名未聞也。奉附到董給事書，其中稱道盛德不少置，僕私心喜甚，以爲此來當得一見。非子仁，僕無以知執事。然以子仁之言，又未嘗不追恨於京遊之日也。承諭有爲毁僕者，有曰「自立門户者」，是「流於禪學者」，甚者則曰「妄人，率人於僞

〔二〕「僕」，碧玉樓本作「緣」。

者」〔二〕。凡於數者之詆，執事皆不信之，以爲毀人者無所不至，自古聖賢未免見毀於人。甚矣，執事之心異於時人之心也！僕又安敢與之强辯？姑以迹之近似者爲執事陳之。孔子教人文、行、忠、信，後之學孔氏者則曰「一爲要。一者，無欲也。無欲則静虚而動直」，然後聖可學而至矣。所謂「自立門户者」，非此類歟？佛氏教人曰静坐，吾亦曰静坐；曰惺惺，吾亦曰惺惺；調息近於數息，定力有似禪定。所謂「流於禪學者」，非此類歟？僕在京師，適當應魁養病之初，前此克恭亦以病去，二公皆能審於進退者也。其行止初無與於僕，亦非僕所能與也，不幸其迹偶與之同，出京之時又同，是以天下之責不仕者，輒涉於僕，其責取証於二公。而僕自己丑得病，五六年間，自汗時發，母氏加老，是以不能出門耳，則凡責僕以不仕者遂不可解。所謂「妄人，率人於僞者」，又非此類歟？僕嘗讀程子之書，有曰：「學者當審己何如，不可恤浮議。」僕服膺斯言有年矣，安敢争天下之口而浪爲憂喜耶？其晦也不久，則其光也不大；其詘也不甚，則其信也不長。物理固亦有然者矣，僕或不爲此戚戚也。且僕聞投規於矩，雖工師不能使之合；雜宫於羽，雖師曠不能使之一。何則？方圓之體不同，緩急之聲異也。尚何言哉？尚何言哉？惟執事矜其志而略其迹，取之群咻之中，置之多士之列，則天下之知僕者無如執事矣。幸甚幸甚。

〔二〕「於」，黄之正本、四庫全書本作「爲」。

都憲公雖未見顏色，然仰之十餘年矣。比聞下車以來，德政之布沛若時雨，上自士大夫，下至閭閻小民，莫不欣躍鼓舞。僕固願一見，況始者嘗辱一言之譽，僕又豈敢自爲疎放、比於固執者乎？使回，謹此以復。冒瀆威尊，惶恐無已。

復當道疏

頃者，亡妣出殯之日，伏蒙藩臬列位老先生大賢遣使臨祭，備極情文，光生泉壤，不肖孤無任感激慚負之至。今者，仙舟來過江門，扶病褰帷，引領流涕，不敢任情乖禮以遂謁見之私。徒抱哀忱，無由上達，謹奉疏。荒迷不次，謹疏。

與徐嶺南

切見本縣近年以來，盜賊日生，訟牒日繁，人情放濫，略無檢束，風俗惟見日不如前矣，未聞有反復之機。於乎！安得賢守令識理亂之源者與語是耶？頃者，誤蒙寵顧，衰病不出，無由進謝。自念老病山林，徒負虛名，無涓埃可以答一顧之辱，謹以是言進，惟閣下亮之。程子曰：「治天下以正風俗、得賢才爲本。」秦漢以下，論天下之治者，必以復三代爲至。三代之君何君也？其政教何政教也？苟欲復之，從何處下手耶？必如明道先生之言，是真能復三代手段也，而不見用於時，惜哉！伏惟大賢爲政，務實而行，庶幾能順復人情，爲國家樹立長治久安之根本；非如俗吏，其所用心者惟簿書期會取辦於目前而已也。自今而往，一令之下、一政之行，必求其有關於風俗者三致意焉，是誠聽訟理人之第一義也，是誠經綸天下之實地也。幸甚幸甚。

與張憲副廷學

京師一別，逮今六年，中間不幸彭年早世。僕自己丑得疾以來，人事十廢八九，雖承訃以興哀，乃無疏以奉慰。尋自度於閣下如此，宜得棄絶之罪，然而終不復疑者，誠以閣下愛僕，亦猶僕之愛閣下故也。比者，獲手書，三四讀之，然後知衆人所以待僕之心異於閣下之心。然閣下不欲正言之，但微示其端於僕，非僕有嫌於閣下，乃閣下引而不發，其不可者以意示之，將使僕深思而識之耳。雖然，僕何敢以望於閣下者望衆人哉？不知其人而好之，畏其人之加己而勿與之争，自古未嘗有此也。是故，始求之深以取困，《大易》所以凶「浚恒」也。言不離乎道，行不迷乎窮，出處、語默、去就之權，操而用之，必概乎義。苟如是，榮辱之至自外者，斯任之而已。僕之所守如此，閣下信以爲何如哉？僕不善交人，數十年間，所交其在上者，久而不衰，惟閣下與莆守潘舜絃而已。然止於相愛之深，知己則未也。而以望於一切之人，此僕所以不敢也。僕受氣本不多，疾病乘之。近年以來，齒髮都耗，精力寖衰，故又不樂與人俯仰。方將投名山、選幽谷、枕流漱石而老焉，幸而老母矗康，諸兒女婚嫁漸次可畢，往無日矣。閣下仕於朝爲臺官，其在外也爲按察官，可謂進得其地矣。大丈夫欲行其道於當時，自宰執而下，宜無有先焉者矣。閣下謂「鷹鸇不如鳳凰」，即如引裾折檻，請劍斬佞臣頭；埋輪都亭，將壞白麻而慟哭。凡若此類，疑閣下小之而不爲耳。至如明刑弼教，保任皇極，以壽國家無窮之脉；其次，抑邪與正，彰善癉惡，必行己志，不爲利誘，障百川而東之，回狂瀾於既倒。此宜無不在我者，顧猶有掣肘之歎耶！閣下昔何所自任，今忽諭以乞身之圖，僕之所不敢聞也。恃故縷縷，辭多率易，伏惟恕納而賜聽焉。幸甚幸甚。

二[一]

相別六、七載，忽得一會，尋又別去，如之何不懸懸也？承手教，皆真情發露，如此決非交淺者語，然亦非言語所能盡也。「落月滿屋樑，猶疑見顔色」，自古莫不然，何但今日？所惜者，十二月乃先子忌日，不得遠送爲愧爲恨。百番紙盡作草書，不敢辭煩，但恐篋笥不容，因此益播吾

〔一〕此信，底本原缺，兹據林齊本、蕭世延本補出。（林齊本《白沙先生全集》，第四卷，第三六頁；蕭世延本《白沙先生全集》，第四卷，第四三頁）

拙跡於天下，鍾、王輩笑人耳。比日人事頗忙，因倪指揮行便，草草復此，餘容續書也。

與黄大參

某啓：人出處、進退、去就之節，不可苟也。非但不可苟仕，亦不可苟止。始者，執事由端陽入省履任之初，枉棹白沙，獲聞仕止之言。夫絶塵步驟，固知其不與凡馬同，然不謂得意而往，超然脱其銜勒，一息萬里，如是速也。「相逢盡道休官去，林下何曾見一人」，非靈徹《寄韋丹》詩耶？流傳世間，識者笑之。執事真無負斯言哉！病卧山樓，聞此信息，竊以爲喜。他皆未暇論，只不爲苟出，始終一意，進退合義如此，於名教何如哉？於世道何如哉？未審何日就道，專此馳問，伏乞飛示。

與戴憲副

恭聞執事榮拜憲副之命，引領台階，倍增喜躍，不知微痾之在體也。小廬岡書屋近方粗完，四方士來遊白沙者，於此處之。能使退休腐人暮齒不忘于學，猶日與二三子周旋，考德、問業其中，庶幾其少有得焉，則此屋之名或者可配此山林無窮，是亦執事之賜也。并此敘謝。帕二方，表賀忱耳，不拒爲榮。

與胡僉憲提學

某啓〔一〕：誤勤台貺，薄劣奚堪？感怍感怍。野人有婦，亦以代井舂之勞而已耳。伏承手教，示以人道大綱，某敢不祗服？明日昧爽，以此婦見祠畢事，即趨行臺拜謝，以卒所聞。使回，謹此申復，餘不具。

二

惠曆久不謝，罪罪。李山人至，蒙賜《相山骨髓》等書，珍感無已。僕嘗粗涉郭景純《葬書》，愛其辭約而旨奧，反復讀之，蓋無難曉。及乎真形在目，美惡雜陳，則又茫然無所區別。以此知讀書非難，領悟作者之意、執其機而用之、不泥於故紙之難也。況此經鄭玄默所注穴法處，謂「不得師傅口授，終無自悟之理」；吴草廬亦云「提耳而誨之，可使不識一字之凡夫立造神妙」。如其言，盡讀堪輿家書，不若得其人而問之易了。李君經宿别去，非久當回白沙。其人頗謹厚，而又爲高明所與，疑亦有過人者，第患無能深扣之耳。承諭欲來新會，企渴企渴。予久卧衡茅，

〔一〕「某啓」，林齊本作「即日，某頓首，某啓」。

未即進拜，則有其説：布衣陋儒，謬爲王公大人所愛，惟恐不自重以爲門下辱。矧今士習非古，一驕一諂交病天下，有識方以爲憂，如僕者縱不能救，忍助之乎？惟亮察，幸幸。〔一〕

三

奉别忽已踰年，想望之私，無日不爾。昨日，生員易彬送到羅明仲、林蒙菴、丘蘇州書札，得知先生體況安佳，深慰勤企。某近又以人事過煩，自汗時發，畏風如昨。閉齋偃卧竟日，絶去思慮酬應，以俟此氣之復而已。下車之始，即欲遣人上問，尋聞往梧州。昨晚兒自五羊回，乃知先生自梧州還，尚未知何日得拜見也。閩中陳剩夫者，先生所知，不幸去年秋間死矣。其人雖未面，然嘗粗聞其學術專一教人静坐，此尋向上人也。可惜可惜！舊歲，莆田有一舉人林體英來訪白沙，與語兩月，比歸亦能激昂自進，不知其後何如也。此學寥寥，世間無人整頓得起，士習日見頹靡，殊可憂也。疲極，未由往拜，專令學生持此候先生起居。别後相遇何人，伏乞垂示。幸幸。〔二〕

〔一〕「惟亮察，幸幸」後，林齊本、蕭世延本、白沙文編有「某頓首憲司執事。辛卯月日書」十二字。

〔二〕「幸幸」後，林齊本、蕭世延本有「六月四日，某頓首湖西先生閣下」十三字。

四

某啓：昨來枉駕，感愧無量。承寄示《遊山》詩改定次聯，又佳又佳。上下二句，大小氣力停匀，自是實事。魚鳥亦指隱居而言。晦菴詩云「我是湖山舊主人，歸來魚鳥便相親」，意亦如此。或以爲形容道體之言，則恐涉於太深，上下承接不來，未知是否？大凡文字不厭改，患改之不多耳。惟改方能到妙處，而發之易者恒不能多改。比見閤下於此詩略不經意，以爲當終置之不復改。此詩雖不改亦無害，但不知其於他文如何，深以不及對面一叩爲恨。後得此紙，然後知閤下非吝於改，而改之益善。日令兒輩誦此二句以爲喜。昔者，嘗聞歐公作一小簡，反復改之，有改至八九次者。歐公期於言者也，其不苟有如此，宜其傳之遠也。吾人大抵以不專之學，方其爲之也，鹵莽潦略而不自知，又何怪夫古人之不可及也？推之，凡事亦莫不皆然，蓋非止作文一事而已。使回，謹此奉瀆，不罪不罪。拙作末一章，屬意尤切，尚未知何日可遂此約。男女一大俗緣，比於軒冕外物，誠未易盡。湖山之盟，信如何也？江山魚鳥，何處非吾樂地？閤下既以此自信而無疑於僕，望終賜之首肯。〔二〕

〔二〕「望終賜之首肯」後，林齊本、蕭世延本有「某頓首憲司閤下。辛卯月日」十一字。

與王樂用僉憲

夫詩之盛莫如唐[一]，然而世之大儒君子類以技目之，而不屑效焉，則所謂詩之至者，果何人哉？僕於此道，未嘗一得其門户。尋常間聞人説詩，輒屏息退聽，不敢置一語可否。問其孰爲工與拙，罔然莫知也。比歲，聞南京有莊孔昜者，能自樹立，於辭不一雷同今人語，心竊喜之。稍就而問焉，果出奇無窮。及退取陶、謝、少陵諸大家之詩學之，或得其意而亡其辭，或得其辭而遺其意，或并辭意而失之。蓋其所謂夙生暈血，終欠一洗之力；而又懼其見譏於大儒君子，終所謂技不可曠歲月於無用，故絶意不爲。凡學於僕者，亦以是語之而無有疑焉者矣。[二]

二

執事懷抱利器，退處林下者幾三十年，晚用薦者復起爲臺官，出臨嶺海，首舉盛禮酹於亡妣墓前，遠近聞者興歎，不肖孤無任感德愧謝之至。一峰先生墓木拱矣，執事言必稱一峰，豈但思

[一]「夫」，高簡本、何熊祥本、黄之正本、碧玉樓本、四庫全書本作「以」。
[二]「亦以是語之而無有疑焉者矣」後，林齊本、蕭世延本有「執事過聽人言云云」八字。

慕之不忘而已，亦將以一峰生平念念不肯忘天下、卒莫達之天下者小試之，見道之可行耳。夫士能立於一世，或以道德，或以文章，或以事功，各以其所長；其出處、語默、進退、去就，不能皆同，亦不期於同也。執事安於所遇，不求其迹之似，其未慊於用者姑置之，以其能者用之而益小心焉。幸甚幸甚。某病且老，無足爲世用，或能爲執事紀録一二成績以昭示後代，慎無曰「人莫知我也」。過辱厚愛，謹此復。制中，不果自書。

三

惠州孔子廟，作者不自爲記而以委諸人。某屏棄筆硯事，於今三年矣，吴秀才請試之，不亦左乎？國滅臣死，歷代之常；堂堂華夏，夷狄據而有之，非常之變也。遇變而死，爲君義也；爲中國死，内夏外夷，春秋大義也，故大之。大之者，謹之也。文山與張、陸同祀〔一〕，扁曰「大忠」，謹書法也。今廟於海陽，直取文山所存與其所遇拈出碑之，以風勵百代，其亦可也，不必襲大忠之名與厓山同也。拙見如此，可否，幸裁之。幣金留面謝。奉和佳作三章，近以附五羊驛送去，不審經目否？餘不及。

〔一〕「同祀」後，林齊本、蕭世延本、白沙文編有「厓山」二字。

與左行人廷弼

片腦，大惠也。前此寄示傑作，兼喻以風水所宜，感慰之極。不審比日起居何如？秋且盡矣，拉何山人駕扁舟出扶胥口，東望羅浮鐵橋之勝，遂登飛雲，訪朱明洞天，此其時乎！因想足下能飄然自適，益覺某之匏繫於病爲可厭也。近稿十數首録在別紙，早晚東游，則此紙或可隨行，有至飛雲頂〔一〕，且令從者歌之，爲我通一語於山靈也。呵呵！黄秀才行，令犬子專此馳候。基茗山蕉，貧者之獻于人止此，勿笑。

與光禄何子完 先生門人

久别，想念無已。比年承貺不一，張秀才南都還，又承寄到坐几一事。老拙每日飽食後，輒瞑目坐竟日，甚穩便也。好事者或借出效爲之。多荷多荷。近陳汝學報子完即日謝事歸矣，不知其實非也？昔者，致幣於定山者，儀多不足，非子完誰其助之？然以爲求文者可也，爲老拙非也。諸公始作嘉會樓，白沙以地參焉耳，記者自有其説。子完嘗一日在館下，顧不能以謙恭自

〔一〕「有」，碧玉樓本作「若」。

處，掠他人之美以爲己有耶？竊爲子完不取也。子完出處、語默、進退之宜，子完自知之，非老拙所能與也。獨憂定山先生平生故人，或因子完之言而爲斯文留意焉，則未免爲識者所議且笑之矣。故具此白，餘不悉。〔二〕

與羅一峰

《大忠祠碑》皎皎烈烈，見先生之心矣，可歎可賞。諸生蒙薰炙，歸來又是一番人物，多荷多荷。《三峰敘文》并諸作實有意思，但恐入未得禪耳。先生欲理會著述及諸外事，莫若且打疊令我潔潔淨淨。先生平昔所篤信者，非朱紫陽乎？「非全放下，終難湊泊」，是紫陽語否？門中有鄧秀才，可試問之。榦，異兒也，一日千里，寧不厭家雞耶？一笑。餘不具。〔三〕

〔二〕「餘不悉」後，林齊本、蕭世延本、白沙文編有「某再拜子完光禄足下。弘治戊午八月」十五字。

〔三〕「餘不具」後，林齊本、白沙文編有「某頓首一峰先生侍者」九字；蕭世延本有「某頓首一峰侍者」七字。

二[一]

伊川先生每見人静坐，便嘆其善學。此一静字，自濂溪先生主静發源，後來程門諸公遞相傳授，至於豫章、延平二先生尤專提此教人，學者亦以此得力。晦庵恐人差入禪去，故少説静，只説敬，如伊川晚年之訓。此是防微慮遠之道。然在學者須自度量何如[二]，若不至爲禪所誘，仍多静方有入處[三]。若平生忙者，此尤爲對症藥也。

三

聖賢處事，無所偏主[四]，惟視義何如，隨而應之，無往不中。吾人學不到古人處，每有一事來，斟酌不安，便多差却。隨其氣質，剛者偏於剛，柔者偏於柔，每事要高人一着，做來畢竟未

[一] 自第二至第七，共六信，底本原缺，兹據《白沙先生文編》、碧玉樓本補出。（唐伯元編次：《白沙先生文編》，第四卷，第四八至四九頁；《白沙子全集》，清乾隆三十六年碧玉樓刊本，第三卷，第八二至八三頁）

[二] 「在」，白沙文編作「自」，碧玉樓本作「在」；「何如」，白沙文編作「如何」，碧玉樓本作「何如」，兹據碧玉樓本。

[三] 「多静」，白沙文編作「多着静」，碧玉樓本作「多静」，兹據碧玉樓本。《白沙子古詩教解》注釋「和楊龜山此日不再得韻」所引此信，亦作「多静」。

[四] 「偏主」，白沙文編作「偏主」，碧玉樓本作「偏任」，兹據白沙文編。

是。蓋緣不是義理發源來，只要高去，故差。自常俗觀之，故相雲泥[一]；若律以道，均爲未盡。

四

莊孔暘家貧，既無以爲養，又其親命之仕，便不得自遂其志。應魁止於貧而已，若能進退以道，甚佳。至於甚不得已爲禄而仕，亦無不可，但非出處之正也。

五

孔暘承親之命而仕，不如此則逆親之命以全己志，殆非所安。尹和靖一日告伊川曰：「吾不復仕進矣。」伊川曰：「子母在。」尹歸以此意告，其母云：「吾知汝以善養，安知汝以禄養乎？」尹遂得不仕。若孔暘之親能如尹母，則可以和靖責孔暘矣。

六

君子未嘗不欲人入於善，苟有求於我者，吾以告之可也。强而語之，必不能入，則棄吾言於

〔一〕「故」，白沙文編作「故」，碧玉樓本作「雖」，兹據白沙文編。

無用，又安取之？且衆人之情，既不受人之言，又必别生枝節以相矛盾，吾猶不舍而責之益深，此取怨之道也，不可不戒。

七

「學者先須理會氣象，氣象好時，百事自當」，此言最可玩味。言語動静便是理會氣象地頭，變急爲緩，變激烈爲和平，則有大功，亦遠禍之道也，非但氣象好而已。

八〔二〕

「立志不可不遠且大。然於天下之事，亦須量力，爲之有漸。膽大心勞，力小任重，鮮不敗

〔二〕 此信，底本原缺，兹據《白沙先生文編》補出。唐伯元於題下加小注云：「先生謂羅才不及志，全引程子之言，爲此。」（唐伯元編次：《白沙先生文編》第四卷，第四八頁）唐氏所謂程子之言，見《河南程氏遺書》卷第二上，文云：「所見所期，不可不遠且大。然行之亦須量力有漸。志大心勞，力小任重，恐終敗事。」（程顥、程頤撰：《二程集》，北京：中華書局，一九八四年，第一册，第二一頁）

事」。此語可玩味〔二〕。

與莊定山

李上舍回，辱賻帛爲感。承口諭，比年手足作秋風痺，尚未全愈。今專託范生往視，未知此生能了此疾否耶？聞諸李學録之子，數日前謝病疏已上，甚慰翹企。自古賢人出處不同，世多議之，此豈衆人所能識哉？太虛近往來石洞否？向揮使處不奉簡，因見爲道下懇。病中，不一，不一。

二

不意凶變，太夫人奄棄榮養。前九月，龍克温報，繼又得周文選書連紙，不勝驚怛。仰惟先生孝德純備，不幸際此荼毒，心死形留，何可想擬！伏願撙哀自防，勉副憂禱。某支離之人，不堪走哭。束芻之忱，可見於此。惟照察。不具。〔三〕

〔二〕「此語可玩味」五字原缺，據《白沙先生至言》補。（陳獻章撰：《白沙先生至言》，《續修四庫全書》第九三六册，第三七九頁）

〔三〕「不具」後，林齊本、蕭世延本有「辛卯月日，某頓首大行人孔昜先生至孝苫次」十八字。

與張廷實主事 先生門人

盜走海上，及今不即料理令盡絶，後難圖。北方信息不到耳，竊以爲憂也。順德人謗李世卿，由吴獻臣、王嶺南；怪李世卿，由某多言。孟子曰：「愛人者，人恒愛之；敬人者，人恒敬之。」今之愛人者，人惡之；敬人者，人侮之，與古不同，置之勿復道矣。緝熙攜家謁選，不過白沙，以書來别。今有一簡復之。昨見范能用，道定山事，可怪，恐是久病昏了也。出處平生大分，顧令兒女輩得專制其可否耶？吾意定山爲窘所逼，無如之何，走去平湖商量幾日，求活，一齊誤了也。緝熙畏天下清議，苦不肯承認耳。今此簡與之，更不道著一字。「大海從魚躍，長空任鳥飛」，何與吾事耶？謾及之。

二

孫侍御屏置公事，千里一顧，别後連枉數詩，不可謂無意於區區者。惜其所急者筆札間細事，某且引之於道。既有以復之矣，又慮薄俗不可處。喻人亦難，不知我者且以我爲慢。會間以一言擴之，使彼此有益。幸甚幸甚。

三

來詩感憤之速，足慰所望，著此一鞭，無難於天下矣。他人讀拙詩，只是讀詩，求之甚淺，何足與語此也？抑猶有未盡者，更諷詠之。千周燦彬彬兮，萬變將可覩；神明或告人兮，魂靈忽自悟。雖拙作之淺陋，能以是法求之，恐更有自得處，非言語可及也。犬子應科在省，百凡可告教之，幸毋吝。

四

承示跋語。推之欲其高，反之欲其實，用心於内者如是。以示一之，亦未灑然。讀至贈行之作，則斂衽歎賞不已。林郡博何日過五羊，不留一字耶？舶司昨遣吴瑞卿攜所作《雲窩圖》至白沙，題云：「若個丹青可此翁，雲窩自有主人封。扁舟一去無消息，黄鶴樓前望五峰。」衡山之興勃然矣，未審開春能便行否耶？湛民澤近無一耗。廷實能過白沙一話爲慰，然未敢必也。

五

陳留市隱，使不遇陳后山、黄涪翁，一市傭而已耳。雲谷老人、李孔修，非吾廷實，吾安知吾粤有二賢士哉？得手書，讀之喜而不寐。所惜者，拙疾拘綴而雲谷已老。雲谷將不可得見，則雲谷之所有者，吾安能揣摩之而得其真耶？獨孔修妙年，如廷實所稱，非俛首當世之人也。萬一他日往來雲水之便，庶幾一接其緒論，以信吾廷實能知人善取友以爲快也。把渡人去，復此，病倦不多及。

六

承喻求静之意。反復圖之，未見其可。若遂行之，秖益動耳，惡在其能静耶？必不得已，如來喻搆所居旁小屋處之，庶幾少静耳。適與容一之論李廣射石没羽，曰：「至誠則金石可開。」又舉莊子語云：「置之一處，無事不辦。」[一]此理殊可悦。顧今老矣，惟日孳孳，豈能及也？并

[一]「置之一處，無事不辦」，非莊子之語，乃佛者之言也。《朱子語類》云：「先生語過以爲學須要專一用功，不可雜亂，因舉異教數語云：『用志不分，乃凝於神』；『置之一處，無事不辦』。」又云：「佛者云『置之一處，無事不辦』，也只是教人如此做工夫，若是專一用心於此，則自會通達矣。故學禪者只是把一個話頭去看，『如何是佛』、『麻三斤』之類，又都無義理得穿鑿。看來看去，工夫到時，恰似打一個失落一般，便是參學事畢。莊子亦云『用志不分，乃凝於神』，也只是如此教人，但他都無義理，只是個空寂。儒者之學，則有許多義理，若看得透徹，則可以貫事物、可以洞古今。」（朱熹《朱子語類》，北京：中華書局，一九八八年，第七册，第二八五七頁；第八册，第三〇一八頁）此佛者之言，典出《廣弘明集》、《法苑珠林》等書。例如，《廣弘明集》云：「今欲緘其言而正其身者，未若先挫其心而次析其意，故經云：『制之一處，無事不辦』」。（道宣輯《廣弘明集》，《弘明集　廣弘明集》，上海古籍出版社，一九九一年，第三一八頁）《法苑珠林》云：「《遺教經》云：『縱此心者，喪人善事。制之一處，無事不辦。』」（道世撰，周叔迦、蘇晉仁校注《法苑珠林校注》，北京：中華書局，二〇〇三年，第五册，第二一五九頁）白沙先生以「置之一處，無事不辦」爲莊子之語，恐屬一時誤記。

此告。

七

得正月廿日書，百錢自喜，貧者説金，學能以此自檢，其過人遠矣。甚賀甚賀。斬釘截鐵，工夫當自益，但須由其道耳。由其道而往，無遠不至也。或謂廷實氣高、好自是、不能下人，比觀《與民澤》諸作，殊有意思，未必盡如或者之論也。大抵虚己極難，若能克去有我之私，當一日萬里，其它往來疎數不計也。睡起瞶瞶〔二〕，不多及。

八

譬之謌曲遺響，直唐調耳。近見《偶拈》諸作斬新，以爲絶倡，而何求和者多耶？百凡如人飲水，冷暖自知。老朽所望於賢，夫豈淺淺哉？此據景元口告，李子長懷集之行，恐未免内顧之慮，能照之否？石翁白廷實地曹。

〔二〕「瞶瞶」，林齊本、高簡本、蕭世延本、白沙文编、何熊祥本、黄之正本、四庫全書本作「憒憒」。

九

數句來無一的便，故不奉問。後山不意騷擾，崑岡之焚，玉石雜處，能無誤傷者乎？承示諸作，驟看似勝前，細看詞調欠古，無優柔自得忘言之妙。看來詩真是難作，其間起復、往來、脉絡、緩急、浮沉〔一〕，當理會處一一要到，非但直説出本意而已。此亦詩之至難，前此未易語也。文字亦然。古文字好者，都不見安排之跡，一似信口説出，自然妙也。其間體制非一，然本於自然不安排者便覺好。如柳子厚比韓退之不及，只爲太安排也。據拙見如此，不審然否？世卿修志邑中，近方下手，其行恐在冬春之間，匡山之遊不遂約。秉常早晚可得一會否？近稿頗有之，倦不多録，俟續寄。

一〇

簡復張君席珍足下：僕知秉常，秉常知足下，故不待面，知足下過人遠矣。老拙無所爲，但

〔一〕「起復」，林齊本、高簡本、蕭世延本、白沙文編、何熊祥本、黄之正本、碧玉樓本、四庫全書本作「起伏」。

願足下輩能樹立於世，俾斯民有賴〔一〕。幸甚幸甚。蒙示諸作，健逸可愛，但得稍入規矩乃佳耳。拙稿數篇録去，以代面語。浮謗未息，老母眠食不忘，甚無聊。不多及。〔二〕

一一

時矩語道而遺事，秉常論事而不及道。時矩如「師也過」，秉常如「商也不及」，胥失之矣。道無往而不在，仁無時而或息，天下何思何慮，如此乃至當之論也。聖人立大中以教萬世，吾儕主張世道不可偏高，壞了人也。重作别章，感感。《夜坐》第二篇佳，《復時矩》對病之藥也。蒼梧歸後，人事益冗，煩暑爲災，起倒不供。行期尚在後八月也，都憲有意催促。緝熙、廷實只在明年春夏間行耳。俟面既。〔三〕

一二

近來敝邑夜寇甚於前日，有盡殺一家十餘口者矣。地方如此，不可不早爲之所，況有大於

〔一〕「斯民」，林齊本、高簡本、蕭世延本、何熊祥本、黄之正本、碧玉樓本、四庫全書本作「斯文」。

〔二〕「不多及」後，林齊本、蕭世延本有「正月二十六日，白沙陳獻章再拜」十三字。

〔三〕「俟面既」後，林齊本、蕭世延本有「八月七日，章白廷實足下」十字。

此者乎？意欲就省城内求一地，頗幽僻且寬廣，及此時築室奉老母居之。適得白洲口信，亦惓惓以此爲言，與鄙意正合。需者，事之賊。「見幾而作，不俟終日」，可也。幸爲我裁之。數日後，令兒輩詣左右聽處分也。所欲與語，非筆札所能盡。非相愛深者，告且密之。切囑切囑。〔一〕

一三

半江改稿，翻出窠臼，可喜。學詩至此，又長一格矣。前輩謂：「學貴知疑，小疑則小進，大疑則大進。」疑者，覺悟之機也。一番覺悟，一番長進。章初學時亦是如此，更無別法也。凡學皆然，不止學詩，即此便是科級，學者須循次而進，漸到至處耳。近稿録在別紙，別後所作，惟此耳。緝熙諸稿，覽畢還一字。章復廷實心契。前日半江遣子來白沙拜謝，至則仙舟行矣。幸照。

一四

章因起倒傷煩，諸疾乘之。自汗耳鳴，心氣虚損，肌膚由是不實。得七月五日書，承養生在去其害生者。章之病多自取，由不介意生死，故一切任之，今則末如之何矣。古人漏船之喻，良

〔一〕「切囑切囑」後，蕭世延本有「章白廷實」四字。

有以也。他日見雲谷丈人，試爲叩之曰：「閭丘之命，將懸於豐干之手；屈平數語，盡攝生之妙。或者知之而爲之弗蚤，終亦無補於漏船，不如探囊中一丸與之，又恐分薄緣淺者無以當之。」如何？書中斷置平湖去就[一]，章亦未敢率爾。蓋一時事體所關，萬一有甚難處者，非但欲存忠厚而已，俟更得其曲折詳細，是非不難見也。別紙報袁德純來按治，陳邦伯死於道路，此於天命亦何所增損而使人動念耶？是豈無害於生？終不如坐忘之愈也。[二]

一五

近得林子逢書[三]，頗悉平湖履任來消息。大都是雅不勝俗、寡不敵衆，非但所執者，古之道、祖宗來制典昭昭，亦依不得了，可歎可歎。緝熙此出，固不得已，終是欠打算。聞去秋九月已在告，此直圖歸計耳，別無分付也。秉常想已就道。前承寄手疏、賻帛，謹已拜領。感感。《歐太素傳》好，章舊亦聞鄉里有此人，但不得其詳耳。周文都如省，託渠一訪雲谷老隱，竟以疾

[一]「斷置」，高簡本、何熊祥本、黄之正本、碧玉樓本、四庫全書本作「斷制」。

[二]「終不如坐忘之愈也」後，林齊本、蕭世延本有「十三日，章白東所侍者」九字。

[三]「近得」，原作「近來」，據林齊本、高簡本、蕭世延本、白沙文編、何熊祥本、碧玉樓本改。

弗果。此老自世外，恐亦未易謁也。溽暑，不審體況何似。朋友凋落，交道陵夷，士風頹靡，莫甚此時。置之，勿以污筆墨可也。〔一〕

一六

左廷弼遺來白金二十兩，簡中疑似若只出於東白借助之意，則僕已辭之矣。會間爲叩其的，還一字。東白販紙失利，故不欲受。〔二〕

一七

曩辱佳章并賀儀，愧感千萬。李世卿行時，諸友追餞，倥偬不及奉簡，亦謂與世卿相知不待面，安事簡耶？世卿闊達、善評文，想青燈對榻，高論層出，麗澤之益多矣。更冀寬廣，以來天下不一之善。别有贈章，勿愛垂示。〔三〕

〔一〕「勿以污筆墨可也」後，林齊本、蕭世延本有「六月二十又三日，章白東所賢契」十三字。
〔二〕「故不欲受」後，林齊本、蕭世延本有「章白東所侍史」六字。
〔三〕「勿愛垂示」後，林齊本、蕭世延本有「臈十八日，病叟白廷實侍右」十一字。

一八

承示諸作，以拙者觀之[一]，近體可驟看，久看則別；古選纔看便不似。不知平日與秉常論者何如。以吾子之才，加以涵養之力，久當得之，未用催促也。《拙菴記》文字議論好，非拙者可及，但不知較於古人情性氣象又何如也？更須自討分曉。大作規模不墮落文士蹊徑中乃佳也。九月四日，章復廷實。廬墓詩若未登卷，請更作。

一九

近作皆已經目。詩不用則已，如用之，當下工夫理會。觀古人用意深處，學他語脉往來呼應、淺深浮沉、輕重疾徐，當以神會得之，未可以言盡也。到得悟入時，隨意一拈即在，其妙無涯。每見所作，只是潦草，如忙中應事，無味可味。大略如此，難一一指點病痛處。欲告[二]，又恐見難而止，反爲所沮，故不欲輒言耳。子長亦未有捉摸，撞來撞去，不知如何用心也。如李世

[一]「拙者」，原作「作者」，據林齊本、高簡本、蕭世延本、何熊祥本、碧玉樓本改。

[二]「欲告」，林齊本、蕭世延本、白沙文編作「往往欲告」。

卿平日自負，至論詩則以爲甚難，不敢出一語，亦近方得覺也。秉常南京寄來諸稿，讀之不能竟，又不知所養者近來何如也。别紙録去拙作，閒呼子長共讀之。《懷世卿》末一聯，以問容一之，亦不能了。知音者真難得也。正月人日，石翁書復廷實侍者。前柬相達，見漢清，囑勿漏，恐倉卒生謗也。草率。石翁云。

二〇

《半江十詠》接引意，然有次第，前後一一相照，求東所爲作一跋。爲此號者謝德明，居邑之南郭，疇昔有桓温少年之習，喜其勇於改革，閉户不出與俗交者四年矣，鄉曲往還，忠於門下者也。跋中略見此意，然亦不必專繫其人也。若興動，和拙詩亦可，不必跋也。高作每見跌蕩可喜，但不知置之古人文字中，能入得他規矩否？如《王節婦墓表》，只似信手寫出。古之作者，意鄭重而文不煩，語曲折而理自到，此等處似未能無少缺也。何如？觀其言可以知其人。彼沉酣世味者，泥滓滿腔，又惡可與論此哉？《讀漳州功德碑》絶句，别紙録上兩山先生一笑，得便即寄去也。餘不悉。〔二〕

〔二〕「餘不悉」後，林齊本、蕭世延本有「九月十八日，章白東所侍史」十一字。

二一

承屢寄示近作，得之憂病之中，雋永之味，咀嚼不來。尋常喜言詩，值小煩惱，開卷釋然，今則未如之何矣。合是障得重後，與物扞格，非干詩，力弱打不破也。藏之篋中，以俟他日披閱。〔二〕

二二

文祥兄弟繼逝，甚可憫也。存者季弟諸姪，能不墜其家業否？文祥始從湖西游，頗見意趣，後爲仕進累心，遂失其故步，至不得一第而死，是亦命也夫！人生幾何，徒以難得之歲月，供身外無益之求，弊弊焉終其身而不知悔，惜哉！頑姪景鍾，最爲老母所愛，今之亡也，正如來詩所謂，奈何奈何！老朽此旬來體中頗熱，甚無聊。不一一。〔三〕

〔二〕「俟」字原缺，據林齊本、高簡本、蕭世延本、何熊祥本、碧玉樓本、四庫全書本補。

〔三〕「不一一」後，林齊本、蕭世延本有「章復廷實地曹」六字。

二三

李世卿不遠數千里來訪白沙〔二〕，朝夕與之談，英偉特達，鄙陋當世，欲於聲利外立脚者，非但文辭之工而已。期過秋方還嘉魚，因便能一來會否耶？〔三〕

二四

東所《寄興》「壺」字韻下五首，遣辭寬緩，稍就沉著，可以望作者之庭矣。謂非學力，可乎？自餘皆不及此。《至日在病》數首，近日方寄到。近作皆勝舊，聲口與拙作相近，可愛可愛。晦翁自云：「初學陶詩，平仄皆依韻。閉門兩個月，方得逼真。」自古未有不專心致志而得者。更望完養心氣，臻極和平，勿爲豪放所奪，造詣深後，自然如良金美玉，略無瑕纇可指摘；若恣意横爲，詞氣間便一切飛沙走石，無老成典雅，規矩蕩然，識者笑之。「台」字韻首句，以「閒」字易「眠」字，何如？「間」字韻第二句，當改。「途」字韻「俯慙」作「每慙」，佳。目昏筆澀，不能一一。

〔二〕「李世卿」後，林齊本、高簡本、蕭世延本、何熊祥本、黄之正本、四庫全書本有「承箕也」三字小注。

〔三〕「因便能一來會否耶」後，林齊本、蕭世延本有「章白廷實侍右。朔日。外封去伍光宇墓誌碑一道」十九字。

二五

久病未脱體，猥蒙督府鄧先生數年知待之厚，無以報之，甚懸懸也。昨承見示《和答督府見寄》高作，病中牽勉次韻一首，少見區區。近見邸報，京師戒嚴，正求才如不及之時也。東山先生爲天下屬望〔一〕，不見起取，甚以爲疑，故末聯及之，雖受饒舌之誚，所不敢辭也。國家安危所繫，全視用人何如耳。且如我兩廣，地方雖遠，然用人小大得失，事體則無二致。人才有無，顧作興如何耳。倪指揮可用之才，久被誣在獄，人共惜之。當道處分如此，因循不決，下人不免有疑，且將以倪某爲覆轍而怠於立事。此事雖微，所關於國家用人之機，當轉移以救一時之弊，則甚急也。若見督府，言次可及，無吝一言。謂此能分理一人之冤尤〔二〕，未也；有益於地方用人，有益於國家，不可不慮也。切囑切囑。〔三〕

〔一〕「東山先生」後，林齊本、蕭世延本、白沙文編有「老成」二字。
〔二〕「尤」，碧玉樓本作「猶」。若作「猶」，則當下讀。
〔三〕「切囑切囑」後，林齊本、蕭世延本有「某白廷實足下」六字。

二六

得定山三月九日書，云「於是月告病」，不識此幾發之早晚。在考察前尚有一分之説，在考察後則更無説矣。拙詩云「百年將滿日，心亂不成詩」，《易》曰「見幾而作，不俟終日」，竟何謂哉？〔一〕據如是，殆不可開眼。衡山之行，吾其可已耶？緝熙書中怨非己者云「一涉宦途，即爲棄物」，天下固有棄之者矣，章何敢棄朋友也？報帖即封寄緝熙，雖非所喜，然不可不報也。五月十八日，石翁書于碧玉樓雨中。廷實閱此簡畢，有便，轉寄民澤可也。

二七

省城之遷不決，緩急無所歸決，恐干累於人。今歲創修祠墓凡五處，財用竭矣，不如且置之。近聞總督之請於上，萬一東山復來，地方可以少安，亦未可知也。廷實念我深，不自知其傷於饒舌。昨見白洲憲長，問何以不決，老朽不敢盡言，正爲此也。蓋有離世樂道如戴簡，以居東池之地，然後可當弘農公之賜。主之以鄭公司馬，在康節則可，無康節之才與量，豈不爲識者所

〔一〕「竟何謂哉」後，林齊本、蕭世延本、白沙文編重此四字。

譏乎？有可得之勢，無可受之義，取舍之間甚不苟也。亮之，亮之。

二八

承示《楊柳》之曲〔一〕，情蹙辭盡，幾不可讀。「樂莫樂兮新相知，悲莫悲兮生別離」，騷人真得此心所同然耳。沿途遇便風，得一字爲慰，慎無若區區之懶也。近來敝鄉東西盜劫連夜，白石譚蘭雪一家遭害，馬默齋輩「剥牀以膚」，可畏之甚。眼中惟倪舜祥可委。捕盜一事，顧今無可告語者。未信而言，將不免於人之我疑，況於欲取一善之長而遺衆疵之短，主者豈能聽此一夫之言而遽爲之予奪哉？但爲鄉里憂盜之至，不得已而有言耳。見子長寄定山先生詩，可是率爾。定山豈可輒寄以詩耶？後生且存取謙退，此進學之地也。仁夫會間多爲申覆。見示諸作，實有意思，更不奉字。章白廷實從者。

二九

前後寄到《病中志喜》及《寫懷》諸作，讀之，歎曰：「進修在我，成我者天也。」兩山先生識

〔一〕「《楊柳》之曲」，林齊本、蕭世延本、白沙文編作「楊柳枝曲」。

量終非時流可比，前此廷實不以出處之義告，豈非惑耶？今而後，父子間自爲知己，他人莫能與也。幸甚幸甚。《漳州功德碑》絶不類時様文字，亦一奇也。中秋食冷芋，腹中作痛連日。痛已，當爲作絶句詩寄漳州，託林蒙菴刻于功德碑陰，以彰太守之美，可否？俟報。〔二〕

三〇

近承寄示手稿，讀之比舊稍勝，莫有悟入處否？秉常亦每有新得，大抵辭氣終欠自然。廷實乘快時有牿硬處，不類此。情性所發，正在平日致養到醇細處，則發得又别。章告廷實侍者。稿通五紙，看畢，煩寄秉常以代一簡。

三一

秉常近會否？何久不聞耗也？前承録示《贈安指揮詩序》，讀之令人快意，亦一時傑作也。章閒居，和陶淵明古詩十餘篇，一二篇中頗自以爲近之，欲録去一笑，未能也。廷實近作詩否？不必作，不必不作，道固爾也。近看《祭鱷魚文》，作絶句云：「刺史文章天下無，海中靈物識之

〔二〕「俟報」後，林齊本、蕭世延本有「八月十八日，章復東所侍者。駑顋作字不成。」十七字。

乎？可憐甫李生人世，不及潮州老鱷魚。」録去一笑。〔二〕

三二

袁侍御無病暴卒於龍川，其跡可駭，不審當道何以處之？張兼素一病遂不起。昨見李僉憲，云此訃得之朱茂恭侍御，當是的耗也。天道於善人如此，如國家何？平生交舊凋謝殆盡，聞此殆不能爲情也，哭而爲之緦，踰月乃已，聊以申吾心而已。兩山先生近眠食何似？服藥見效否？古今庸醫誤處方，殺人如麻，此不可不慎也。非久，遣犬子往奠德純先生，不知柩行在何時，便示一字。近稿奉寄廷實見意。承惠書，已悉近況。行人告急，不及奉簡，惟心照。〔三〕

三三

右稿寄東所收閲。病久，轉覺淹淹，無以自解，倘還一字以自廣，是所望也。卜者多云此病至立冬節脱體。立冬在今九月二十四日，去此不遠，今病如此，恐未爲的斷。如何如何？只得

〔二〕「録去一笑」後，林齊本、蕭世延本有「章白廷實足下」六字。

〔三〕「惟心照」後，林齊本、蕭世延本有「獻章再拜」四字。

順受而已，此外更無他可仰。廷實將安爲我謀哉？淹病之餘，聊此草草。

三四

承欲學詩。自古未有足於道而不足於言者也。學人言語，終是舊套。子長病小愈，曾親見之否耶？子長服黄柏不死，必且以黄柏爲有功，諸君爲子長憂黄柏也。白沙村裏老人呈縣，發去渡船。一夫造言，百喙交扇，亦有數乎哉？數旬來，左手足不仁，每於中夜起坐[一]。卜者謂必至大雪前後，疾乃可平，是亦數也。賓安道白日殺人，可畏。北方信息近復何如？民澤還增江；非久，龔志明亦還潮。地方多虞，朋友各散，萬一不免避寇之行，奈何？病卧山樓，如在井底。凡有聞，但頻示數字，切望切望。九月十三日，章簡復廷實足下。送丁一桂詩不可不作，就付來登卷。石齋書。

三五

承喻出處與逃患兩事，此重則彼輕，足下之論偉矣。但須觀今日事體所關輕重大小，酌以

[一]「中夜」，原作「中庭」，據林齊本、高簡本、蕭世延本、何熊祥本、碧玉樓本改。

淺深之宜，隨時屈信，與道消息，若居東微服，皆順應自然，無有凝滯。孔子曰：「知幾，其神乎！」今以衆人有滯之心，欲窺聖人至神之用，恐其不似也。更俟他日面論以决之。見示《與時矩》詩，痛至。然知其不能回矣，惜哉！先夫人挽詩，不詳善行，只如此，亦何益於死者？聊以紓足下哀思耳〔一〕。奉去茅筆書通六紙。凡書，視筆楮工拙。是固不能工也，勿訝。〔二〕

三六

廷實守道，無求於人，攜十數口在路，日飯米一斗，何以給之？使内不遺於親，外不欺於君，進退取舍概於義，此古人難之，非直今日也。自廷實別去，每念廷實至此。世之論人物者，觀其外而遺其内，以是爲非、以非爲是者多矣，在人自審處何如。古人不必盡賢於今，今人不必不如古，但當日勉其難、勿輕自恕，此則區區所望於廷實者，不敢不盡也。李子長在館中已半月。梁貢士告行，草草奉此，不能悉，不能悉。別詩《奉懷廷實世卿》，録與世卿紙，此不再書。〔三〕

〔一〕「紓」，原作「紆」，據林齊本、高簡本、白沙文編、何熊祥本、黄之正本、碧玉樓本、四庫全書本改。

〔二〕「勿訝」後，林齊本、蕭世延本有「二月二十一日，章白廷實足下」十二字。

〔三〕「此不再書」後，林齊本、蕭世延本有「弘治己酉秋九月二十六日，獻章書奉廷實至契」十九字。

三七

傳曰：「道在邇而求之遠，事在易而求諸難。」又曰：「行之而不著焉，習矣而不察焉，終身由之而不知其道者，衆矣。」聖賢教人，多少直截分曉，而人自不察。索之渺茫，求諸高遠，不得其門而入，悲乎！《次韻廷實見寄》二首，其言因廷實而發，非專爲廷實也。

三八

承録寄近稿，讀之。作者如是，豈易得？然便謂之然，竊恐未然，不審廷實自視以爲何如也？言辭不能盡人，辭氣足以見人〔一〕，有諸内形諸外，識者觀之〔二〕，思過半矣。故老朽嘗謂文字之學非也，學豈在詩耶？廷實資甚明敏，當以古之立言者自期。彼汲汲於人之贊毁，無病而呻吟，若是者，亦何足與論斯理也？〔三〕病中，不多及。〔四〕

〔一〕兩「辭」字，林齊本、高簡本、蕭世延本、何熊祥本、黄之正本、四庫全書本作「詞」。
〔二〕「識者」，原作「誠者」，據林齊本、高簡本、蕭世延本、白沙文編、何熊祥本、碧玉樓本改。
〔三〕「足」字原缺，據林齊本、蕭世延本、白沙文編補。
〔四〕「不多及」後，林齊本、蕭世延本、白沙文編有「章書」二字。

三九

惠來薑酒，喜飲輒醉。以數求卦，得《旅》之六五，蓋非常兒也，可賀可賀。次韻二首，録如左方。尊翁素不喜詩，試以此呈之，當發一笑也。世俗好點檢人，不仕無義、違親非孝，古本子有成説，此外復有可與衆人道者乎？行矣，勿貽尊翁戚戚也。《木犀》、《感事》之作，略欠和平，願勿示人。别紙録去《閲東坡年譜》一首，使東坡及見之，不知以爲何如也？餘不悉。

四〇

承十日敘欵，爲歡何限！别後祇增媿戀。前寄去四絶句，想已經目。《見示》諸作興甚濃，但發揚微過，更放平易沉著乃佳耳。緝熙諸稿在南雄寄回，可收看。前託寄定山及石阡守二詩，不審曾有分付否？今日偶如外海看山。景易行匆匆，不能悉。〔一〕

〔一〕「不能悉」後，林齊本、蕭世延本有「三月二十八日，章白東所侍者」十二字。

四一

好子不育，傷如之何！置之，天命不可知也。近得林待用書，云「朝廷用薦者起取」。想是冢宰覆奏，得旨遂行之。潘時用報如此，其詳不可得聞也。倘有所聞，無惜見示。李世卿近往南山，未還白沙。承欲爲一會，此念自好，但一有所繫，則不如勿强，行止蓋亦有數也。比日奉同李憲副李村看山，中暑腹滿，連數日不能食，以菉豆粥解之，方得通。甚倦，不多及。〔二〕

四二

丁縣主回，得手書，知抵家甫一月，行李無恙，甚慰懸仰。某夙疾在躬，舊臈來，寒熱迭攻，腹中往往作瀉，至今苦之。承惠佳作，足仞素懷，病苦思索，未即奉和。不審過金陵曾一詣定山否？平湖典教，想已履任，途中頗亦聞彼中消息否？老病匏繫，早晚人事少聞，能過白沙一敘，渴望，渴望。有懷如縷，非面固不能盡也。〔三〕

〔二〕「不多及」後，林齊本、蕭世延本有「六月十四日，章復廷實侍者」十一字。

〔三〕「非面固不能盡也」後，林齊本、蕭世延本有「二月十二日，章復」七字。

四三

德純先生竟止於此，道路謗言，不知何所從起，可怪可怪。景昜至，百凡人事進退，乞指迷，幸幸。所欲告者，盡景昜之口。挽詩并兼素輓，不可不作，通乞示稿。若未往奠袁先生，不知可同景昜一往否？裁之。四月二十七，夜起索衣，往來房户間，遭跌傷面，是雖咎在不謹，亦衰年脛足無力之驗也。朋友凋謝，無幾人在，衰邁如此，復何望哉？近著《大頭蝦説》并諸雜詩，今日右臂作痛，不能録。林進士尋母墓久而弗得[二]，爲作二絶勉之，書在册上，可索一看。《送劉李二友詩》末聯似少含蓄，請改之，仍示稿。秉常詩不見録寄。[三]

四四

用人當取其所長而棄其所短。舜祥七次捕盗六十餘徒，鄉里賴之，眼中未見其比。倘見巡按諸公，以公道扶之，恐無不可。惟裁之。

[二] 「久而」，林齊本、蕭世延本作「信宜」。

[三] 「秉常詩不見録寄」後，林齊本、蕭世延本有「章白廷實足下」六字。

四五

前後奉去拙稿，想達。承來喻，乳兒墮地即化。大塊無心，物自來去，何足留情！北行無日矣。某膝痛不足念，獨恨遠去未有再見之期，恐老病者不能久延竚也。奈何奈何！《寄世卿》二詩并此達。途次有暇，乞録近作。送行一文，寄平湖讀之。某白廷實侍者。舜祥事已送府推，乞知之。

四六

頃者，李别駕長源因論林緝熙上疏求便養，選部置之不行。長源以片言折之曰：「請於未得兗州之前，則無説矣。」可見公議如此。緝熙全不肯招認，顧自處於乘田委吏，竊以爲過矣。昨得渠書，怨朋友攻之太甚。今不欲言，歎此道日孤，聊及此〔二〕。定山三月内已告養病，六月歸定山，昨所寄書物已領，恨未及見能用耳。五月六日，碧玉樓書。〔三〕

〔二〕「聊」，原作「耶」，據林齊本、白沙文編、碧玉樓本改。
〔三〕「碧玉樓書」後，林齊本、蕭世延本有「廷實收閲」四字。

四七

患瘡，想亦不爲甚害。但衰年易感，觸事多憂，顧又不能忘情耳。渡子回，乞示一字，以慰憧憧。某白。

四八

慈元后爲國死海上，是時宋室已亡，極是俊偉明白。二百餘年，未有發揚其事者。頃者，東山劉先生至厓山，慨然欲表其義，又不欲干諸有司，乃有里後進趙壽卿願出二百千立廟，議選鄉民吴璋董其役，可謂義舉。近者，按治臨縣，仰取管役士民〔二〕。吴璋本縣誤作犯人取之，遂致驚疑，不即赴官，累及其母婦知舊皆被拘繫。又取趙壽卿家人收監。彼工匠等何知，遂各奔散，不受雇值。事勢如此，不幾於垂成而敗乎？璋乃壽卿表兄，壽卿少孤，璋極力扶持之〔三〕，最所親信。今須得察院下一明文委之，其趙壽卿亦略加獎諭，使人心無疑，事乃可濟。幸留意。石翁

〔二〕「管役」，林齊本、林齊本、蕭世延本、白沙文編作「管工」。

〔三〕「扶持」，蕭世延本、白沙文編、碧玉樓本作「拯扶」。

書與廷實。

四九

《恩平學稿》奉寄東所一覽，可否，還示一字，及今尚未書丹也。近某又爲朱甘節撰其先人墓誌銘一首，稿在甘節，可并一批示。某白。〔二〕

五〇

近詩十首，景星録稿寄奉廷實和之。前所寄《種樹詩》，已長舊一格矣。初和尤佳。自此更加鍛鍊，令首尾瑩潔。到極難處，正須着力一躍，莫容易放過，又當有悟入時〔三〕。勉之勉之。十一月十三日，石齋書。諸詩何處不似，還一字以觀賞識。

〔二〕「某白」，林齊本、蕭世延本作「章白」。
〔三〕「又」，碧玉樓本作「久」。

五一

兩山先生舊騰使人致餽白沙，有一軸子索書生日詩，尋以付李子長轉達，不知兩山之疾已革，蓋屬纊前一二日也。自廷實别去，兩山相視益厚。問往還人，云：「兩山踰六十，殊壯浪。」死生之變，固莫測哉！廷實以何日聞訃，當即棄官，挈妻子萬里匍匐南歸？溽暑在途，哀毒所加，氣力何如？專此馳候，幸勿愛一字，以慰惓惓。無由奔慰，無任憂戀之至。〔一〕

五二

改《次韻東所寄興》第十首後二句云：「與儂七尺青團蒲，今年换與張東所。」因成四句，録去一笑。

五三

簡一通，寄上方伯陳先生。帛一端、簡一通，寄高尹。俱煩求便達之，勿示人爲感。某拜浼

〔一〕「無任憂戀之至」後，林齊本、蕭世延本有「六月十七日，獻章疏上地曹大孝苫次」十五字。

東所賢契。所寄諸稿已領，此人行忙，未及裁答，俟後寄。見示近作，皆條達可喜，但語脉結構欠妙耳，然亦難説。且看兩紙拙稿孰優劣，便曉入處耳。〔二〕

五四

仁夫聰明識道理，尤善論事，將來必見用於世，享大爵禄，亦理所宜有。但未知造物所以處之者與吾輩何如耳？寄來紙不中書，强書附仁夫。若已裱成卷，不必换可也。别去忽忽一月，念之不置，久當奈何，奈何。特遣景元往問行李，兼送仁夫之行。奉懷小詩一首，録以代面：「南北東西一馬塵，相思何處不傷神？竹邊閉閣長無事，猶厭山雲軟素巾。」某書奉廷實侍者。

五五

先夫人懿行，非外人所能悉，况已奉拙挽，又可贅乎？餘令小兒口稟。章白廷實侍史。

〔二〕「便曉入處耳」後，林齊本、蕭世延本有「公甫」二字。

五六

歐總戎近寄自造藥酒，奉寄一小尊表意。一事欲與吾廷實議，他人莫能與也，千萬一來。二十二曉起碧玉樓，秉燭力疾書，恕不謹。〔二〕

五七

車進賢總角廷對，其説云何？事狀稱其好讀程、邵書，此其志有在，使假之年，必有可觀，惜其天也。秋官喪此愛子，其情奈何！非不欲一言以慰之，顧十數年來不通京問，一旦應人之求，得罪必多。且置此於胸次，異日圖之，或别因一事而發可矣。手帕附回，乞并此意轉達。幸幸。〔三〕

五八

老病是常，不勞挂念。今遣應童往候，貴恙何如，更不煩筆紙，口喻此价回報，以慰懸懸。

〔二〕「恕不謹」後，林齊本、蕭世延本有「石翁」二字。

〔三〕「幸幸」後，林齊本、蕭世延本有「五月十九日，章復廷實侍者」十一字；碧玉樓本有「章白廷實侍史」六字。

汪海北在東海徵糧，得病三日卒。《誌》：「東海，舊名大蓬萊，極熱。」今年暑氣十倍常年，想是禁熱不過，不早爲之所，至此尚忍言哉！廷介誠可人，但恨會别匆匆，不能盡所言耳。别紙痢方之極驗，可試用之。奉去黑肉雞，意到便食，毋太擇乃佳耳。「饑瀉飽利」〔二〕，常言亦或近理，未可忽也。

五九

助金已領。西山之遺，盂水難消，況若是重耶？黄涪翁謂：「旋渦中佛，不能救落水羅漢。」今廷實攜家行萬里，費皆己出，非旋渦中佛歟！感恨感恨。别後奉懷不置，小詩見意。經西華、飛來，必有佳作，幸垂示。〔三〕

〔二〕「利」，林齊本、碧玉樓本作「痢」。
〔三〕「幸垂示」後，林齊本、蕭世延本有「章拜。三月十九日」七字。

六〇

寄鈍齋及文都詩各已附達，惟前此寄隱求詩未發，蓋彼欲得大幅真書[一]，有便請更易之也。蒙和《别後奉寄》四絶，讀之令人忘倦，蓋不但興高而已。袁侍御曾一會否？此公能納善言，最不易得。當言，幸勿吝也。[二]

六一

曠月無問，可勝懸懸。郴陽朱守節，誠菴老先生之猶子，近來白沙，道誠菴處父子間事數項，甚正大，表銘不及，良可惜也。某不幸七月間喪小孫机[三]，哭之連日，近況可知。比日來聞長樂盜起，不審何故？羅浮之游，不知又在何時也。舍姪送守節行過五羊，想當一會。聊致此，餘不能悉。

[一] 「真書」，原作「直書」，據碧玉樓本改。

[二] 「幸勿吝也」後，林齊本、蕭世延本有「四月二十二日，章白」八字。

[三] 「机」，原誤作「杌」，今改，相關理據，參《志孫机壙》校記。

六二

朱侍御録寄疏草并昔所惠磁碗俱領，感感。頃有簡與文都往，想達。李世卿日望一來會。渠過洪都，已得東白復起消息，非虚傳也。抑不知東白所以處此何如。外啓一封，煩交付馬秀才輩送入周省參大人爲囑。章白廷實侍者，五月七日。巡按丁内外何艱？乞報。何時起程？

六三

再疊《卧遊》，又跌宕矣。然吾輩作詩，非只喜跌宕而已，跌宕中又要穩實，乃佳耳。首章「觀變」等語，或恐生謗。凡此類當改〔二〕，慎之。子長病勢如何？服周報如此，奈何奈何。萬一不諱，將焉處之？乞示一字。〔三〕

〔二〕「當」，原作「尚」，據碧玉樓本改。

〔三〕「乞示一字」後，林齊本、蕭世延本有「九月五日，碧玉樓力疾書廷實收閱」十四字。

六四

屢辱疏。情至者不在多言。世父之哭，某憂病相持，不時奉疏，罪罪。亡妣小廬山之兆在碧玉樓後，相去纔數十步許。即日塋封粗畢，遣人去買藤縣木，歸建墳前小屋數間，以爲祭享之所，立墓田令人守之，此外更無可致力。呼天叩地於泉壤，無分毫之益，奈何奈何！末由號訴，謹奉疏。荒迷不次，謹疏。〔二〕

六五

《卜居篇》中，知所得勝處快意，可賀可賀。老病爲應酬，得飽眠十日，即無事也。腹瘡已平，承掛念。何侃如端陽了《城隍廟碑》，半月復歸，即發去白雲也。〔三〕

〔二〕「謹疏」後，林齊本、蕭世延本有「五月二十三日」六字。

〔三〕「即發去白雲也」後，林齊本、蕭世延本有「石翁書奉廷實」六字。

六六

丁長官前月念又六日以病卒于官，柩傍無一親者，寡妻孤兒，甚可憫也。謹報東所侍者。

三月廿又一日，章書。

六七

緝熙還家滿三月，無一耗往來。問茶園商，云：「縣博治行李入京，早晚舟至江門。」遂别。果爾否耶？向者過五羊，得廷實報，大喜，連賦數詩。緝熙倘不税駕，則拙作反爲之累。言之不足爲世重，其以是夫！某白。〔二〕

〔二〕「某白」，林齊本、蕭世延本作「章白，五月十二日」。

六八[一]

緝熙上疏，以兗易松江，爲辭富居貧，始聞之失笑。近來白沙，面質之。云：「上疏則有之，但欲還廣以便養耳。如無教授職，請就教諭之列。不知松江之誣，起於何人也。」囑其以疏草來，外日别録寄。承喻，足見好學，幸甚幸甚！恨未能詳説也。章白廷實足下。

六九

亡兄墓已粗完，疊承賻儀。此人行忙甚，不及狀謝，乞恕。外詩稿二紙，通乞轉達。二十三日，章書。

與湛民澤 先生門人

小廬岡精舍非不静，只面東北隅便難過夏。廣城營營，恐亦未得佳寓。太夫人既不忘沙堤

〔一〕 第六八、六九兩信，底本原缺，兹據林齊本、蕭世延本補出。（林齊本《白沙先生全集》，第四卷，第五四、七六頁；蕭世延本《白沙先生全集》，第四卷，第六三、八八至八九頁）

之舊，何不歸去也？吴明府事未白，世卿尚可少留，未即戒行。老病近來唯覺懶惰之極，服香附子一月，頹惰減十之五六。然以比舊所服白芨散，睡息氤氳，四體舒布，血肉增長，爲不及也。不知久服何如？早晚能一過白沙否？不多及。

二

求藥外，爲致一篦子極密者，亦急用也。藥分作兩次烹，服之易盡，不久藏生蠹爲好也。廷實寄來近稿，答去一簡，言作詩之病。訪之，觀其求益何如，還一字也。喪次，溽暑不可處。近遷上碧玉西偏，正南開窗户，又爲東南風攪枕，不得睡。附去錢五十，煩從者爲買小竹簾，横二尺，高五尺，椶縛者。托江門渡送來，碧玉用之，千萬。

三

來喻與拙裁意不相涉，無怪乎前此之多言也。久居於危，不在仕止之間，蓋嘗兩遭不測之變，幾陷虎口矣。不得已，爲謁銓之行，所以避之，非出處本意也。吾子其亦聞之否乎？平生故人，朱少保、李閣老、潘待詔往往寄聲，以不能去離此邦爲懼。假令見幾而作，當不俟終日，遑恤其他，特患不得其時耳。康節詩云：「幸逢堯舜爲真主，且放巢由作外臣。」然則百年之遇，宜未有今日，所恨子孫世家于越，老朽亦欲爲後人立少基緒，使可傳也。目今要建幾祠宇、修幾墳墓，政恐小祥在轉瞬間；若更因循，措辦不來，更一轉瞬，大祥至矣。吾事不了，奈何奈何！憂病相持，歲云暮矣，安知其終不汩没於塵土耶？區區可疑者，吾子其深亮之。

四

飛雲之高幾千仞，未若立本於空中，與此山平，置足其巔，若履平地，四顧脱然，尤爲奇絶。此其人内忘其心，外忘其形，其氣浩然，物莫能干，神遊八極未足言也。承羅浮之遊甚樂，第恐心有所往，情隨境遷，則此樂亦未免俗樂耳。黄龍、朱明不可居，吾之此心已在祝融之上矣。吾非厭近而求遠，顧民澤何以處我耶？世卿録去近稿二幅，可以代面語。不具。

五

碧玉卧病踰半月〔二〕，忽得手札，讀之喜甚，遂忘其病也。學無難易，在人自覺耳。才覺退便是進也，才覺病便是藥也。眼前朋友可以論學者幾人？其失在於不自覺耳。近因衰病，精力大

〔二〕「碧玉」後，高簡本、白沙文編、何熊祥本、黄之正本、碧玉樓本、四庫全書本有「樓」字。

不如前，恐一旦就木，平生學所至如是，譬之行萬里之途，前程未有脱駕之地，真自枉了也。思於吾民澤告之，非平時漫浪得已不已之言也。倘天假之年，其肯虚擲耶？附去藥錢一百，煩手丸寄渡子回，景雲在病也。

六

孟子見人便道性善，言必稱堯舜，此以堯舜望人也；横渠見人便告以聖人之事，此以聖人望人也。吾意亦若是耳，竊附孟子、横渠之後。「彼何人哉？予何人哉？有爲者亦若是」、「文王我師也，周公豈欺我哉」，區區之意，在覽者深思而自得之。既以寄民澤，亦以告有志于門下者，咸得自勵而日勉焉，非但爲美言以悦人也。

七

與平湖語連日，不如與賓州一尺簡。《易》曰「初筮告，再三瀆，瀆則不告」，此教者之事，夫豈有所隱哉？承示教「近作頗見意思」，然不欲多作，恐其滯也。人與天地同體，四時以行，百物以生，若滯在一處，安能爲造化之主耶？古之善學者，常令此心在無物處，便運用得轉耳。學者，以自然爲宗，不可不著意理會，俟面盡之。

八

民澤足下：李世卿書來問守臺者，老朽以民澤告之。冷焰并騰，殆出楚雲之上。蓋以勉世卿，使求諸言語之外。如世卿，可惜平生只以歐、蘇輩人自期，安能遠到？賢郎在病，可徐徐而來，眼中未有能奪公楚雲手段也。〔一〕

九

此學以自然爲宗者也。承諭「近日來頗有凑泊處」，譬之適千里者，起脚不差，將來必有至處。自然之樂，乃真樂也，宇宙間復有何事？故曰「雖之夷狄不可棄也」。今之學者各標榜門墻〔二〕，不求自得，誦説雖多，影響而已，無可告語者。暮景侵尋，不意復見同志之人，託區區於無窮者，已不落莫矣。幸甚幸甚！楚雲雖日望回，萬一高堂意有未安，亦未可率爾行也。珍重。

〔一〕「眼中未有能奪公楚雲手段也」後，高簡本、白沙文編、何熊祥本、黄之正本、碧玉樓本、四庫全書本有「五月十二日，石翁書」八字。

〔二〕「今之」，高簡本、白沙文編、何熊祥本、黄之正本、碧玉樓本、四庫全書本作「今世」。

章白民澤進士。〔一〕

一〇

章久處危地，以老母在堂，不自由耳。近遣人往衡山，問彼田里風俗，尋胡致堂住處。古人託居，必有所見。儻今日之圖可遂，老脚一登祝融峰，不復下矣。是將託以畢吾生，非事遊觀也。三年之喪，在人之情，豈由外哉？今之人大抵無識見，便卑闒得甚，愛人道好，怕人道惡，做出世事不得，正坐此耳。吾輩心事，質諸鬼神，焉往而不泰然也耶？病中不欲多言，幸以意推而盡之，未可草草也。五月五日，石翁書復民澤侍者。

一一

民澤足下：去冬十月一日發來書甚好。日用間隨處體認天理，着此一鞭，何患不到古人佳處也。章自去秋感疾，迄今尚未平。昔者，高堂未傾，病輒叩天，願少假之年；今廬岡之木且拱，吾何求哉？其未忘者，衡山一念而已。「皇皇靈芝，一年三秀；予獨何爲，有志不就？」其可

〔一〕「章」，原作「草」，據白沙文編、碧玉樓本改。

念也夫，其亦可歎也夫！廷實近多長進，但憂其甚鋭耳。子長病且愈，曰高音耗亦無，黄中納婦，館中惟一之與服周教諸孫。海北汪提舉向慕亦切，作懷沙亭於海上。此外，有修古書院、冷香橋之作，所費不少，恨無以成就之耳。民澤在鄉安否？禍福原於人情，不可不仔細察也。謾及之，不一一。戊午季春三月初二日〔一〕，石翁在碧玉樓力疾書。

與陳進士時周

時周水菽之養，自垂髫迄今三十年。韓退之稱孟東野「無田而衣食，事親左右無違，混混與世相濁，獨其心追古人而從之」，時周蓋有之矣。時周别去，益思時周平生履歷之難，大略與老朽同而又過之，求之古人如徐節孝者，真百鍊金孝子也。頃歲，有《答林府主壽老母生日》詩云：「有母年齡暮，逢辰喜懼深。多儀焉敢却，揣分故難任。錦段拈香拜，仙醅洗盞斟。獨慚非節孝，未了百年心。」因事惟賢，寄不足於詞詩中，發之盡矣。抑聞之：「子不私於親，非子也；士不明於義，非士也。」賢者審擇内外取舍之宜以事其親，愛日之誠〔二〕，而無不及之悔，在我

〔一〕「初二日」，原作「初月二日」，據高簡本、白沙文編、何熊祥本、碧玉樓本、四庫全書本删改。

〔二〕「愛日」前，白沙文編有「盡」字。

而已。

與袁進士書

足下去青山、登黄甲，一旦取貴官如反掌。人皆華足下，而不知足下之不樂乎内。足下之心形於書尺，足下之辭甚直，誦之揆之，凡足下之事，無是非可否得失，足下一一具言之，足下過於時人遠矣。時人或錚錚自許其不欺，反出足下下。雖然，足下慷慨自任，不能吞炭爲啞以取容於時，則將大聲長鳴於仗馬間乎？此非僕所敢聞也。緝熙坐青湖山三年矣。德孚旦夕過我，其問足下也，告之。〔一〕

復林府尊

順德令來，辱書，承以《送東山先生序》文屬之僕。東山先生愛百姓如己子，百姓戴之如父母，偏觀當世，未見有如此者，僕所目擊，序奚宜辭？顧僕平生拙學，於出處語默有不容不致其慎者，不敢不告也。僕於送行之文，間嘗一二爲之，而不以施於當道者，一則嫌於上交，一則恐

〔一〕「告之」後，林齊本、蕭世延本有「某白」二字。

其難繼。守此戒來三十餘年矣。苟不自量，勇於承命，後有求者，將何辭以拒之？僕聞「愛其人必欲其美」，僕之辱愛於執事，不可謂不厚，獨於此偶未之察耳。伏惟執事終始此愛，不强其所不能，幸甚幸甚。有李某者，嘉魚人，近自其鄉來白沙，其人東山先生知之。其爲文有氣采，僕讓之。慷慨特達，樂聞人之善而樂道之，僕謂執事倘可以此文托之乎？然否，惟命。

二

陳某啓：某在病，每歲老母生日，率諸孫拜於堂，盡愛敬而已，無以爲壽也。執事以郡主之尊，介於藩臬之間，所領事至多，乃能記憶日月，備極情文，以爲家慈壽。仰仞尊忱，不勝愧悚感荷之至！謹焚香再拜請訖〔二〕，更不遺人，恐煩尊答。適登崑崙諸峰，有絶句數首，録上表意。未涯瞻奉，伏冀順時自愛，以慰注仰之拳拳。〔三〕

〔二〕「請」，林齊本、碧玉樓本作「謝」。

〔三〕「以慰注仰之拳拳」後，林齊本、蕭世延本有「某再拜」三字。

三

某啓：制中久不奉問，徒切心馳。即日隸人來，辱手書，賜以香段、羊酒、果品、年書百本爲貺，不一。某衰病卧家，無由復見顔色、罄所欲言。三數年來屢勤貺問，感怍至矣！顧何足以致之？隸人回，謹此代面謝。不宣。〔二〕

四

使來，具審尊候安勝〔三〕，足慰翹企。僕病踰半年，手足不仁，不堪舉履。去秋勉菴先生還德慶，亦嘗枉棹一顧。犬子久病，他無可遣者。由是起居之問，不至我公之門幾一年矣，乃蒙挂念，賁以手書、歲曆、羊酒、果品之惠不一，僕何德以堪之？執事以清才理劇郡，克勤克慎，聞者歛衽，何久淹也？位不稱德，惠止一邦，意者造物付畀于人，小者速而大者遲乎？天氣向暖，惟

〔二〕「不宣」後，林齊本、蕭世延本有「謹啓」二字。

〔三〕「尊候」，林齊本、蕭世延本、碧玉樓本亦作「尊候」，孫通海點校《陳獻章集》作「尊侯」。（《陳獻章集》，上册，第一九七頁）尊候，書信中問候對方起居之敬詞；尊侯，乃對别人父親之敬稱。

順時加愛，以需天寵之至。不宣。

五

數日前，省下民聞佳音且至，喜而相告。始者道問消息，闔郡百姓引領，惟恐其不的，此可見民心所同，非一朝一夕也。秋暑中，似聞台候愆和，水路跋涉之餘，惟少安静，以俟其復。謹具書，令犬子陳景昜上問。大雨連日夜，村中墻壁盡倒，不能出門，下情區區無任悚戀之至！勉菴别乘如端陽。幸今境内少寧，但多盜耳。過潮，見萬里大參，江省已卜赴任耶？不具。〔一〕

與黄太守

久不奉問，徒切心馳。黎生來，辱書，具審入秋來眠食安好，且諭以任滿之期，幸甚幸甚。鄧督府必知人，國家圖任方面，惟在當道者謹而擇之耳。今東南十郡之長，必以執事爲舉首，其可辭乎？疊來珍惠，感悚可言！曩與黎生談及近來碑刻無可者，安得美石而用之。黎生遂以聞於執事，不俟其請，即日黎生與石俱至，物良意厚，老朽何以堪之！丁彦誠，江右人也，遺愛在敝

〔一〕「不具」後，林齊本、蕭世延本有「七月十二日」五字。

邑，百姓共立廟報之。今置此石於此廟，一以表茂宰之賢，一以侈郡侯之賜，其殆庶幾乎！雖蒙貪得之名，所不辭也。無由造謝，謹此布忱。偶有山水畫四幅，作者不知爲誰氏，愛其遠且淡，謹封上，倘賜一觀，亦斯人之幸也。〔一〕

二

聖天子即日命下，拜端守黃公參政，病夫某聞之喜連日。病夫與公舊，故能知公剛方有力，能集事，使得高位以行其志，以有聞於後。病夫之心，公之心也，能勿慶乎？謹具羊酒菲儀、帕一方、絹一疋以表下忱，伏希鑑納。

與張太守克修

數月無蒼梧之耗，不意郡夫人奄忽化去。宦寓他邦，失此良助，哀痛奈何！某憂病之餘，無由遣人奉慰，愧罪愧罪。《靈棋經》用之占筮可也，若以爲先秦古文，章未敢信。《夕惕詩序》果

〔一〕「亦斯人之幸也」後，林齊本、蕭世延本、白沙文編有「孤哀子陳某稽顙再拜郡尊黃先生」十四字。

於高明有契也。別紙《慈元廟記》，覽畢轉達顧勉菴，有便還示一字教之。世卿囑筆中懇。〔二〕

二

邇者修建祠宇、墓亭，各已有緒，實賴仁者廣濟之力，知感知感。竊聞治郡以嚴，令下而人爭趨之，無敢後者。向去買木人不知所裁，木被雨漂流者、民之負約者，一切宜置之，而以聞於左右。夫利乃衆人所趨，義則君子所獨，萬一以我故干累於民，非細事也。告乞已之，千萬之懇。自兹以往，更不發人買木，亦乞明示該縣將來，切囑切囑。制中不他及。〔三〕

三

辱惠書，且審出入之勞，宜未遑他及。諸生奉命以祭禮來，宣讀祭文，褒揚發越，有足慰先靈於地下，不肖孤何德以堪之！小廬山享堂在搆，賻金助役，仁者之惠，某何敢辭？昨得勾漏發來書，隨宜處分買木人，多荷多荷。但不免干累地頭主人，又恐木户所領去銀，中間少有侵欺，

〔二〕「世卿囑筆中懇」後，林齊本、蕭世延本有「某百拜克修黄堂大人」九字。
〔三〕「制中不他及」後，林齊本、蕭世延本、白沙文編有「某再拜黄堂張先生」八字。

貽害小民，奈何奈何！都憲公至省，惠以羊酒，遣子弟以狀入謝，不得見。行間又惠年書。不知中丞所以待一賢刺史何如哉？無由瞻奉，謹以布謝。不具。〔一〕

與丘蘇州

辱書，知起處，甚慰。僕以疾病跧伏海隅，比於縉紳往還中，非平昔素知，不敢輒上問。多罪多罪。承諭周翠渠守廣德有聲，因記曩歲周侯《贈賀克恭》詩云：「黄門仙客歸遼左，少室山人憶嶺南。我亦塵埃難久住，木蘭溪上浣青衫。」周侯後以進士留京，以書來番禺，僕次韻戲之，未及寄去。周侯尋守廣德，僕以不能默默，而竊喜周侯之有爲，又喜先生能與人善，益思周侯所以處於克恭與僕之間，其始終去就可不可之權，先生蓋未知之也。爲絶句一篇，并前次韻録去以發千里一笑。

二

自閣下領郡去京師，與僕不相見者五年矣。閣下宦業益進，僕沾疾來，凡百事不如昨，今羸

〔一〕「不具」後，林齊本、蕭世延本有「九月晦日」四字。

然一衰氓矣。常常思慕閣下，然但意其在黄耳，不知其去而爲蘇也。比者獲手教，承先府君棄世已久，閣下復守此大郡，豈無悲忻？終闕弔賀，不罪不罪。閣下秉好德之常性，有成物之美意，辭氣所發，藹然盛大，如閣下之心，達之天下有餘也，奚論一郡？僕於是不能不一賀，非賀閣下也，賀蘇之人得賢守，使鰥寡孤獨者得其所也。雖然，閣下不以行道自任，而以養親爲辭，僕於此蓋又不能無疑也。郡凖古封建爵爲諸侯，出入備五馬之容，刑賞行一郡之政，邦之安危、民之休戚無不繫也。孟子曰「有官守者不得其職則去」，言不可濡滯也。僕聞之，「君子之事親也，盡其在我者，不必其在人者，苟吾之所爲不畔乎道，不悖乎義，則其爲孝也大矣，禄之失得弗計也」，閣下以爲何如？朱侯詩跋，向何處批判？幸飛示。僕在京時，居仁嘗通一札，但未識面耳。梁石、克恭皆僕平生所深望，便中聲意爲感。〔二〕

與鍾地曹

所卜新兆，形勢甚具，穴甚的，竊料其中當有好土。昨日所見，止是膚淺處，更宜深掘見之，但不及水泉，儘深無害。蓋土色美惡不同，氣亦隨之而異，乘其美者則吉，乘其惡者則否。此可

〔二〕「便中聲意爲感」後，林齊本、蕭世延本有「癸巳四月廿又四日，某頓首黄堂丘大人閣下」十八字。

理推，不可拘泥葬法淺深之文。如范越鳳云：「凡穴宜及一丈外，則不爲草木之根所及。」其説亦似有拘〔一〕。若掘止八九尺間見有好土，不止則傷龍；若深掘而無好土，則無如之何。今限以葬隴宜淺之説，恐其下實有好土而或爲浮面粗惡所隔，則舉全地而棄之矣，可不慎歟？程子以土色光潤爲地之美，葬家以驗土色爲辨吉凶捷法，此不易之論，可以默會矣。況此山來勢極是雄猛，必得融液之土方爲全美，亦不可草草也。〔二〕

與林春官

辱書久未謝。今者寄到手札并手扇二握，仰仞來忱，可勝愧感！閣下以六品之秩居部官，非禄仕明矣。要能脱外榮，樹立功名，天下共責望，況於僕者哉？僕非不願爲此，顧無閣下之才與閣下之位，況今髮日就種、老逐病來〔三〕，病與懶遭於世間，凡百事脱落盡，故於左右期之耳。承諸公起居，甚慰。周先生爲廣德得人心，稍稍前此，丘蘇州書來，亦謂如此，可賀可賀。往者，

〔一〕「有拘」，碧玉樓本作「有據」。

〔二〕「亦不可草草也」後，林齊本、蕭世延本有「壬辰十二月，某白美宣先生閣下」十三字。

〔三〕「況」，林齊本、高簡本、蕭世延本、何熊祥本、黄之正本、碧玉樓本、四庫全書本作「矧」。

京師與廣德步月閒談，異日或出或處，必相料理。今日閲此紙罷，因記「木蘭溪上浣青衫」之句〔一〕，不覺呵呵，遂成拙詩：「梁石終爲廣德州，木蘭溪上水空流。詩中往昔三人共，海上如今兩鳥囚。給事易爲清静退，山人真脱網羅愁。如何皂蓋不歸去，應爲蒼生未肯休。」以爲使廣德及克恭輩見之，當發一笑，故併録奉左右。倘達之諸公，亦足當一簡也。〔二〕

與吴惠州繹思

僕腐儒也，生嶺左四十又七年矣，乃無以自見於天下。頃因一二輩流妄加推讓，於有所不爲之中置賤姓名焉，執事從而齒録之，乃不自矜重，具酒與幣，勤一介於千里，賜之手札而問焉，僕何足以當此？慚慚悚悚〔三〕。然僕之所以不辭於執事，非昧於自度、辱執事使也，徒欲以廣執事之心，使天下稱執事者，以執事爲有禮，且曰執事於不賢而譽且禮之，況其所謂賢者乎？亦昔人「請自隗始」之義也。郡，大封也；太守，大官也。當風化未還之日，獄訟日繁〔四〕，幸而主者不

〔一〕「記」，原作「寄」，據林齊本、高簡本、蕭世延本、白沙文編、何熊祥本、黄之正本、碧玉樓本、四庫全書本改。
〔二〕「亦足當一簡也」後，林齊本、蕭世延本、白沙文編有「南海某再拜春官林大人閣下」十二字。
〔三〕「慚慚悚悚」，蕭世延本、白沙文編、四庫全書本作「慚悚慚悚」。
〔四〕「日繁」，林齊本、蕭世延本、白沙文編作「實繁」。

敢怠於其職，疲神竭知，夜以繼日，孳孳猶恐弗及。如此者，今之所謂賢守也。執事光明磊落，優游而敦大，規模氣象迥異常流，使勤於聽訟矣而又不遺其本焉，此僕所以乘風而知慕、覽幣而弗辭〔二〕，其心蓋又有激於此也。若夫君子進爲君、退爲親，進退可否之機，執事研之熟矣，僕何敢仰疑於萬一哉？使回，并此布悃。不罪。

與汪提舉　弘治戊午□月九日作

白沙陳某啓：千里一緘，由辭以得意。足下垂愛之至，非尺牘能盡，章何德以報之？承示近作，足見盛年英邁之情。大抵論詩當論性情，論性情先論風韻；無風韻，則無詩矣。今之言詩者異於是，篇章成即謂之詩，風韻不知，甚可笑也。情性好，風韻自好；性情不真，亦難强説。幸相與勉之。知廣大高明不離乎日用，求之在我，毋泥見聞，優游厭飫，久之然後可及也。人自海南來者，稱足下事功之偉；阮從事至，益聞所未聞，足慰翹企。雖然，局於見聞者未必知也，如修古等作，誠美矣，人徒知慕修古之名，抑孰知修古之實之著於今日者何如也。覲往可以知來，一真一切真，得其門而入者，無遠弗届也。《慕竹記》文，章心許之，病未能耳。足下欲顯其

〔二〕「乘風」，林齊本、蕭世延本、白沙文編作「承風」。

親於無窮，豈專待是耶？白洋真境，想像不來，別紙塞命，良慕高尚耳。不多及。〔一〕

二

足下事功之奇、襟韻之勝，安得一寄目於冷香以盡作者之妙？今之畫圖，能令武夫俗吏見者莫不鼓舞稱快，況吾人哉？雖然，非病夫意也，病夫何足以當之？足下以是心求進於古之人，庶乎無遠之不至矣。嘉貺不一，照領。録來諸作，每讀一篇，輒欲奉和，而病未能。《慕竹記》文、大書表墓，均之未可牽勉。小詩四首録於卷中，待與阮從事過江門〔二〕，一次依准還海上耳，高明必能亮之。李世卿期我於朱陵，沈督府書來問行，張東所已辦一杖雙屨隨我，顧今病勢尚未可動。餘無足道者。〔三〕

與顧別駕止建白沙嘉會樓

執事未有不以公務而止敝邑者。今日之事，欲爲名教樹無窮風聲於後代，而姑託始於僕以

〔一〕「不多及」後，林齊本、蕭世延本、白沙文編有「弘治戊午八月九日，某頓首海北汪侯足下」十七字。
〔二〕「待與」，林齊本作「徒與」；高簡本、蕭世延本、何熊祥本、黃之正本、四庫全書本作「徒於」。
〔三〕「餘無足道者」後，林齊本、蕭世延本有「月日，某再拜海北汪大人足下」十二字。

爲之名。伏惟按治廣東侍御熊公，揭名嘉會，選能集事一人使相地白沙，問於我府主林先生，以得執事，遂盡聞於我藩憲諸老先生，倡斯和之。興一役而衆論攸同，舉一義而多士知勸，百餘年間，嶺海之内未聞有如今日之盛者也。顧僕何人，俾以虚譽濫竽斯會〔二〕，區區不勝感激愧悚之至！執事以才識卓異見重於時，諸公誠信而委之。僕愚以今地方多虞，民苦力役，斯樓之建〔三〕，雖以賢别駕主之，然寸土尺木不無勞費在民。願執事再加處分，以復按治之命。苟可已之，不但紓民之力，而「負且乘」之譏亦且不及老朽以貽玷諸賢，尤見執事相愛之至也。幸甚幸甚。〔三〕

二

左明府過白沙，得知近況一二，才與他人異，宜上下之交無不便歟！伏聞當道用人，如執事之才，將别有大委任之，而何欲去之速也？賢郎今已康復否？送蝌船過江門，聊致此。不盡欲言。〔四〕

〔二〕「俾」，碧玉樓本作「猥」。

〔三〕「樓」，林齊本、高簡本、蕭世延本、白沙文編、何熊祥本、黄之正本、四庫全書本作「亭」。

〔三〕「幸甚幸甚」後，林齊本、蕭世延本有「某再拜勉菴别駕先生執事」十一字。

〔四〕「不盡欲言」後，林齊本、蕭世延本有「六月望日」四字。

三

山樓小搆，清白俸餘之助得之公，不以愧謝。「士詘於不知己，而信於知己」，此僕所以每受賜而每不辭於公也。雖然，厚德不可以不報。尚友古人，永矢一心，進以禮，退以義，不受變於時俗，近之則可親，遠而望之益光，此僕所願望於公如是。若徒以身爲溝壑，無所規益，舍己循人，與時勢上下，非僕之志也。鐫者偶有所適，碧玉樓詩刻俟後寄。所示從吾先生送張巡檢詩，何不類平生之言也？分惠諸兒輩及諸士友曆日，分付一二〔一〕，感公盛德，并此爲謝。

與余通守

某啓：今日里長付到黄曆五本，前此寄來《鄉試小録》一本，具有封識，已一一驗領。疊辱台貺，豈勝榮幸！某本田野之人，濫竽士列，凡於公卿之門，惟知尊敬盡禮而已，不敢隨衆奔走以負其初，其有賜於某者，既於家中拜受，更不進謝。惟照亮。不具。

〔一〕「一二」，林齊本、高簡本、蕭世延本、白沙文編、何熊祥本、黄之正本、碧玉樓本、四庫全書本作「一一」。

二

昨晚寒舍同飽脱粟，略無難色，大丈夫如此，亦何事不可爲？敬羨敬羨。既别，索燭讀彭秋官序文一遍，言外已有砥柱中流之意，爲之發歎。此册告暫留白沙，俟閣下行李去郡，僕得以所見綴一言於彭公之末爲榮。其餘衰病稍減，尋爲捉筆，但恐呈薄技於大巧之門，於事不免踧踖難成耳。未由拜德，伏希心照。

復胡推府

辱書。英特不群之氣溢於言外，而其中耿耿欲與世抗，尤於詩焉見之。前數日，託倪指揮送去手書，弗及，想未達也。承以得卑官爲喜，古之善處困者如是。雖然，未若忘之愈也。忘之都無事矣。詩本温厚和平、深沉婉密，然後可望大雅之庭。執事之作，其果近之乎？如其未近，則當易故求新，增其所未高，濬其所未深。然不獨作詩爲然也。卧病餘旬，不能舉動，感兹遠别，又重違左右，强勉數紙，不能佳也。不審何日離省，區區馳戀之私，想能亮之。書墨并此謝。

與左知縣

章啓：頃者欲留一飯，爲他客所併，别去匆匆，一語不能究，至今惜之。黎生來，辱書兼多貺，硯石之奇，尤爲難得。昔伊川先生以一詩酬王佺惠藥，傳之至今。明府善爲邑使，百姓歌之。老朽雖不習於辭，尚能爲明府執筆作循吏傳，傳之天下後世以爲美也，明府寧不許我耶？瞻奉未涯，謹奉啓。不宣。〔二〕

二

昨來枉顧，老夫胸中又著一左明府矣。由鄧生之言，知明府遺愛仁化已多。今者鄰封得此賢牧，幸甚幸甚。老病林下，每聞四方郡縣得人，輒爲生靈喜，況目擊其人乎！公程還日，過白沙少留片餉，細話平生志業以慰老懷，是所願也。〔三〕

〔二〕「不宣」後，林齊本、蕭世延本有「八月十七日」五字。

〔三〕「是所願也」後，林齊本、蕭世延本有「某再拜明府老先生」八字。

三

李世卿將還武昌，敝邑具人船送行，世卿不可。即日，東作方興，家無餘力。吴別駕人回，具審明府與顧勉菴候送之勤，某與世卿均一感謝。因世卿行，布此。餘不及。

與順德吴明府

來紙二束，封識具在。恭惟廉令惠不與常人同，榮感榮感。適見按治周公歎息言，省中一時州縣吏無如順德。某謂：當道知人無難，惟行其所知。善有勸、惡有懲，則公道明；美惡雜居，賢者羞與不肖伍，萬一有如陶元亮輩人傲睨於其間，其肯爲五斗米折腰而不去耶？吾懼斯民之不得蒙其澤也。按治自香山將臨敝邑，阻風江上連日，某爲絶句以迓之云云。其望於按治者如此，謾及之。〔二〕

〔二〕「謾及之」後，林齊本、蕭世延本有「弘治二年十一月六日，某再拜賢宰吴先生侍者」十九字。

二

頃者從事至，辱書貺爲感。適姜仁夫在坐，不即裁答。仁夫説足下縷縷。去歲首夏，李世卿過白沙，至臘初始別。閒與論一時人物，世卿亦以後進之才稱足下。章於足下所存，不待書而悉也。念昔蒼梧之會潦略，幾於失君矣。顧今乃蒙不鄙，瞻望清光於咫尺，得非幸歟！章衰疾不出，足下拘於官守，未有相見之期。惟當洗耳林下以冀鄰壤頌聲之來，足下將不以循吏之事讓古人也。

三

出處語默，咸率乎自然，不受變於俗，斯可矣。以張梧州先生與獻臣近日所爲，章皆未得其詳，不敢懸决是非，俟面盡。

四

梁生至，辱手書，具審被誣事今已釋然，甚慰。明府惠愛在民，民以是報，何耶？凡天損之來，吾無以取之，可以言命矣。唐中丞稱潘時用之賢，悼鄒汝愚之死，小抑大扶，朝低夕昂；張梧州之於督府，皆可謂知己之遇，夫復何憾？承一一示。明府豈徒羡彼者耶？陶邦伯才能集事，威能禦暴，便可當一面之寄，其他未敢輕議。大抵用人不求備。議者謂中丞公人物一大鑪冶，百鍊之則真金出焉。順德小邑，治之不難，而有難者，其誠乎！誠則不言而民信，無爲而化成，觀於明道先生治縣，則可知用智之不足貴矣。承下問，不敢不盡，明府以爲何如？

與趙明府

平後山碑文，僕已謝於陶公，非敢有愛於言也。夫文以紀功，必書首事。主後山之役者，誰乎？今秦公已去，存者兩府，皆非知僕者也。孟子譏未同而言，此豈止於未同而已也？一二十年來，僕與人爲記、序等文，多不過十數碑而已，爲陶公者半之，謂僕於公有所擇於言乎？必不然矣。司馬公作相，欲除諫官而難其人，問於伊川先生，不對。公曰：「出於子口，入於光耳，何害？」伊川終不爲言之。語默要自有當也。若不問可否，惟以相與之密而責之言，伊川爲不忠矣。僕廢退之餘，恐收斂之不謹以取罪累，實非有他也。惟執事亮之。

答陽江柯明府

頃者，有胡秀才來謁白沙，能道執事志行之美。章多病少出，於執事無一日之雅，聞秀才言，爲之動容起敬，已置執事於東南十郡内賢守宰之列。所謂生而民愛戴之，死而民俎豆之〔二〕，以此期待陽江而注仰之久矣。蒙辱手教，承已表識張太傅墓，又於墓前搆祠祀之，與匡山同。幸甚幸甚。以今觀之，執事所作，皆風化首事，尋常只是簿書俗吏取辦於目前耳，何嘗望見陽江脚板耶？祠記某當作。昔聞秀才言執事表墓建祠，某已心許執事矣〔三〕。顧今拙病未能脱體，少延歲月，爲之未晚也。病倦，不能具大狀。使回，聊此復。餘不一一。

與任明府

昨蒙枉顧，感感。一談之頃，愧久病未得脱體，精神不能自達，愧負何限！雖然，造次間已覺明府英邁之氣出於人上者，可畏可喜。異時當爲賢宰牧，有聞於天下後世。新寧之民，一何幸歟！今日又蒙多貺之及，感怍感怍。以新作之邑，遇新除之令，凡百政令皆自我出，未有壞於前者，事機之會如此，亦可賀也。老拙以爲，天下之事，成之惟在威信。威信一立，無事不可爲；苟無威信，則無其本，難乎其立政矣。明府裁之。病倦，執筆匆匆，不究所欲言，謹此布謝

〔二〕 後「民」字，黄之正本、四庫全書本作「且」。

〔三〕 「某已心許」，碧玉樓本作「某心已許」。

而已。惟照亮，幸幸。

與曹知縣

執事去新會二十年矣，何由復見執事？日侍貞節堂，延接四方賓友，與言昔者土木之興，衆工一日具舉，執事悉心於名教，常在人目，雖不見猶見也。堂成而執事解官，堂今存而老母下世。俯仰今昔，情如之何？恭惟執事才足以立事，勇足以行志，而竟不爲世用。或云見曹長官於京師，或云退而家居，慷慨如平時。欲致一書慰執事，無可託者。男子蓋棺事方定，士所遇有時焉耳。鮑叔有聞於後代，以其能真知管仲也。〔管仲〕雖不仕齊有功、九合諸侯、一匡天下〔一〕，鮑叔賢之。烏乎！世復有斯人乎？執事以某之言爲然，則凡世所汲汲而後見者，皆不足以望執事，亦非所以厚執事也。李世卿還嘉魚，輒此奉候。粗布二端表遠忱。制中，不多及。

與梁知縣

三郎回，能道漳平初政，甚慰懷仰。居下而能獲乎上，事功將日大，聲聞將日著，可賀。今之

〔一〕「管仲」二字，底本原缺，據文意補。

從政者，豈必盡如古之人？但髣髴其一二，世必以良吏目之矣。又能始終表裏無間，將來必大有可觀，幸卒勉之，老拙之望也。比者，小廬山塋封粗畢，遠煩致奠，哀感無涯。奇娘子母計各安好，漳平風土想與此間無甚異，惟善調攝，勿令生疾。惠絹，感感。耳邊常得好消息，不用寄物也。〔二〕

與鄺知縣兄弟〔三〕

丁明府彦誠，今之良宰官也，遺愛在邑，邑人思其德，欲爲廟以報之。此義舉也，吾輩當爲之倡。今附去疏文一首，幸留意。富者多助，貧者一錢勿棄，大要見此舉報往勸來，出於民心之公，庶幾光明正大可以傳遠。今卜地在白沙里社前，與嘉會樓相望，亦其平生所樂遊之地，留題真蹟尚在壁間，吾知其必享也。

與林郡博 先生門人

近連得緝熙兩書。烏乎！尚忍言哉！平湖別家踰十年，官滿來歸，不見仲氏見母夫人，豈

〔二〕「不用寄物也」後，林齊本、蕭世延本、白沙文編有「孤哀子陳某書復賢親明府足下」十三字。

〔三〕題後，林齊本、蕭世延本、白沙文編有「乙卯十月十二日」七字。

非幸耶？再如京師謁選，未及一載，歸哭几筵。前有就禄之請而人見疑，後有終養之圖而母不待。且母與褒之恩孰重？章謂哭子之愛尚可割，哭母之恨無時休。不肖孤不丐先帝之仁，寧免終天之憾耶！緝熙孝禀自天，豈無念母之誠？因斗升之禄以求便養，無難處者，特於語默進退斟酌早晚之宜，偶欠一决，遂貽今日之悔，而世之議緝熙者多矣。當是時，雖使一恒人，非沉酣利欲得已不已者處之，亦必不能不爲之動心而變色，況賢者乎？自兹以往，緝熙其皎潔磊落、不爲混混之迹，所以慰慈靈於地下而解群惑於當年，如毛義焉可也。若不理會此處，則大錯，雖二十四州鐵打不就矣〔一〕。素辱厚愛，計必不見訝，是以盡言之。定山近日之出，誰實啓之？其意云何？希垂示。江西來日者未過白沙。銀瓶嶺合葬，只看年月利否，餘不用問人。憂病中，未由奔慰。謹奉疏，不盡欲言。

二

萬里之行，無可爲贈，徒深悽黯而已。辱書，具悉諸況。某七十病翁，理不久生，安知今日

〔一〕高簡本、白沙文編無「雖」字。

之言非永訣耶？三十年游好之情，盡於是矣。異日過定山先生，問我，亦以是告之。〔二〕

三

子逢家人至，得書，具審太夫人以正月六日祔于竹齋府君銀瓶嶺之墓，褒亦祔焉，爲慰。是月三日，章亦奉遷先考墓于小廬山，與先妣同處。日者云「是歲官交承之日，百無所忌」，遂用之。居喪不能免俗，多此類也。君子所以報其親，蓋自有其大者，顧吾之所立何如耳。來喻「知孔而不知毛」，老朽所望於賢，非歟？此翁明年滿七十，世寧有七十老人發狂著書與故舊作炒也？有言無補於人之不足，託於靈龜以正朵頤而不知止耶？李世卿自嘉魚來，與湛民澤往遊羅浮，今殆一月矣，未知所得何如。老朽亦欲深潛遠去，爲終老計。此間民日變爲盜，地方多虞，白洲李先生爲卜地於省城，破數百金。古人之事，不意今復見之。顧今暮景所以落莫〔三〕，耳目之用不息，事隨日生，委餘齡於尋常喧囂之境，恐卒不能成其美，未易裁也。歲首，白沙嘉會樓

〔二〕《南川冰蘗全集》卷末附録此信，作「辱書爲别，念緝熙萬里之行，無可爲贈，徒深悽闇而已。七十病翁，來日無多，又安知今日之言非永訣也耶？三十年游好之情，盡於是矣。異日過江浦，見定山先生，問我，亦以是告之」。（林光撰：《南川冰蘗全集》，第四五三頁）兩相比較，異文頗多。

〔三〕「所以」，林齊本、高簡本、白沙文編作「所宜」。

成，白洲李先生遣人走定山求記。比得南京李學録書，中間報莊驗封以去秋八月履任，尋得疾卧家，至冬間發此書時，已聞定山將出謝病，未審然否。想欲知，故及。

四

碧玉樓上聯句云：「大海從魚躍，長空任鳥飛。」吾以待時之人可也，聖人不爲也；吾以待門人子弟，不已薄乎？有不得不然者，免怨而已。緝熙抱耿耿于兹幾年，今發於此〔一〕。適有客及門求見，不暇詳答，然大略具矣。如何？如何？〔二〕

五

違闊日多，忽枉來問，不啻如珠貝之入手也〔三〕。亡兄不幸早世，十月在殯，後此尚二十日始

〔一〕「緝熙抱耿耿于兹幾年，今發於此」，《南川冰蘗全集》卷末附録此信，作「人來辱書，緝熙抱耿耿于兹幾年，今發於此書」。（林光撰：《南川冰蘗全集》，第四五三頁）

〔二〕「如何」後，《南川冰蘗全集》卷末附録此信有「丁巳夏四月十六日」八字。（林光撰：《南川冰蘗全集》，第四五三頁）

〔三〕「珠貝」，《南川冰蘗全集》卷末附録此信，作「珠玉」。（林光撰：《南川冰蘗全集》，第四五一頁）

克就窆。積痛成疾，章不足念，如老母何？承少寬之喻，伏紙摧咽。頃者與子逢書，中間一二近況與悼秉之等詩，想次第經目矣，餘非面莫究。主考閩藩，令譽藹然，可賀可賀。傳聞《鄉試録》好文字，想皆出總裁之手，恨未及見耳。别紙見示奏草〔二〕，此事在今日不言，而去揆諸《易》，果不當歟！夫以無所著之心行於天下，亦焉往而不得哉？老孺人之旁，計未能猝離，而平湖之旆亦難久留，不審何以處之？區區注仰之私，與月俱積〔三〕，録近作一二見意〔三〕。早晚能一過白沙否耶？景雲如桂陽未返，張憲僉日夕至學，景昜惟課倣是急〔四〕，諸姪營葬事，往候無人，惟加照。

〔二〕「奏草」，白沙文編作「奏章」。

〔三〕「月」，《南川冰蘗全集》卷末附録此信，作「日」。（林光撰：《南川冰蘗全集》，第四五一頁）

〔三〕「一二」，原作「一一」，據林齊本、高簡本、蕭世延本、白沙文編、何熊祥本、黄之正本、碧玉樓本改。《南川冰蘗全集》卷末附録此信，亦作「一二」。（林光撰：《南川冰蘗全集》，第四五一頁）

〔四〕「課倣」，原作「課訪」，據林齊本、蕭世延本改。《南川冰蘗全集》卷末附録此信，亦作「課倣」。（林光撰：《南川冰蘗全集》，第四五一頁）

六

［昨晚得緝熙二月二十八日手書，］〔一〕承諭進學所見，甚是超脱，甚是完全。病卧在牀，忽得此柬〔二〕，讀之慰喜無量，自不覺呻吟之去體也。終日乾乾，只是收拾此而已〔三〕。此理干涉至大，無内外、無終始〔四〕，無一處不到，無一息不運。會此，則天地我立，萬化我出，而宇宙在我矣。得此覇柄入手，更有何事！往古來今，四方上下，都一齊穿紐、一齊收拾，隨時隨處，無不是這個充塞。色色信他本來，何用爾脚勞手攘？舞雩三三兩兩，正在勿忘勿助之間。曾點些兒活計，被孟子一口打併出來，便都是鳶飛魚躍。若無孟子工夫，驟而語之以曾點見趣，一似説夢。會得，雖堯舜事業，只如一點浮雲過目〔五〕，安事推乎？〔六〕此理包羅上下，貫徹終始，滚作一片，都無分

〔一〕「昨晚得緝熙二月二十八日手書」十三字原缺，據《南川冰蘗全集》卷末附録此信補。（林光撰：《南川冰蘗全集》，第四四二頁）

〔二〕「此柬」，《南川冰蘗全集》卷末附録此信，作「此紙」。（林光撰：《南川冰蘗全集》，第四四二頁）

〔三〕「收拾此」，《明儒學案》所引述作「收拾此理」。（黄宗羲撰：《明儒學案》上册，第八五頁）

〔四〕「無内外、無終始」，《南川冰蘗全集》卷末附録此信，作「無有内外、無有先後」。（林光撰：《南川冰蘗全集》，第四四二頁）

〔五〕「只如」前，《南川冰蘗全集》卷末附録此信，有「也」字。（林光撰：《南川冰蘗全集》，第四四三頁）

〔六〕「安事推乎」，《南川冰蘗全集》卷末附録此信，作「安事乎推」。（林光撰：《南川冰蘗全集》，第四四三頁）

別、無盡藏故也〔一〕。自兹已往，更有分殊處，合要理會。毫分縷析，義理儘無窮，工夫儘無窮。書中所云，乃其統體該括耳。病中還答不周，言多未瑩，乞以意會。前此所諭，「［天］命之理」以下數段〔二〕，亦甚切實有味〔三〕，愧不時復。草席、香各領賜，感感。〔四〕

七

緝熙行時云，到部須求便養。而自去冬謁選，至今年春，四越月矣，授以山東兖州府教授，然後奏請便親，冢宰不許。前此何不引例告選司？當言而默，欲焉待哉？舉措如此，謂之不濡滯，人孰信之？宜其不見許也。中間揀選，冢宰見怪，假令不病，將不計其不便於養而就選耶？自古進退不決於内，則其形於外，依違可否之間，而欲人之不我疑，不可得也。烏乎！

〔一〕「無盡藏」前，《南川冰蘖全集》卷末附録此信，前有「都」字。（林光撰：《南川冰蘖全集》，第四四三頁）

〔二〕「天」字原缺。「前此所諭，［天］命之理以下數段」，是指成化七年辛卯正月二十五日林光《奉陳石齋先生書》中「天命之理流行而不已者」以下數段文字。（林光撰：《南川冰蘖全集》，第一〇一頁）據補。

〔三〕「切實」，《南川冰蘖全集》卷末附録此信，作「精到」。（林光撰：《南川冰蘖全集》，第四四三頁）

〔四〕「感感」後，《南川冰蘖全集》卷末附録此信有「辛卯四月十一日」七字（林光撰：《南川冰蘖全集》，第四四三頁）；林齊本、蕭世延本、白沙文編則有「辛卯四月」四字。

惜哉！〔一〕

八〔二〕

忽夢天大雨，有路滑險，行者莫能着足。緝熙獨負予於背疾走，上下凡數回，如履平地，昂首曰：「光將負子歸矣。」予告曰：「子異時所克大者，端緒盡在今日矣。」夢中覺精力倍平時，昂昂增氣，此吉兆也。予平生夢特異者，必有徵於事，緝熙必能始終。此念大慰予望。庚寅。

〔一〕此段文字，底本原載於第三卷「與林時表」書中。（《白沙子全集》，何九疇刻本，第三卷，第九頁）《白沙先生文編》則將其作爲白沙與林緝熙書之一。（唐伯元編次：《白沙先生文編》，第五卷，第四頁）碧玉樓本注云，「按『緝熙』以下，另爲一書，當列於前『與林郡博』內」。（《白沙子全集》，碧玉樓刻本，第四卷，第三八頁）阮榕齡亦曰，此「是與林緝熙書，當入《與林郡博》書內」。（阮榕齡撰：《白沙叢考》，《宋明理學家年譜》第九册，第四八四頁）白沙文編、碧玉樓本及阮氏之説可取，兹據以移置於此。

〔二〕自第八至第三八，共三十一信，底本原缺，兹據《南川冰蘖全集》卷末附録白沙先生「與林緝熙書」補出。（林光撰：《南川冰蘖全集》，第四四〇至四五三頁；又參陳獻章撰：《陳獻章集》，北京：中華書局，二〇〇八年，下册，第九六八至第九八二頁）

九

秋且盡矣，旦暮惟吾子尺牘耿耿置不足於胸中。奚吾子不以所得告予夫？予則兀然終日隱一几坐而思之。思之不得，又重思之。假令有得，毛髮以上，吾又不以告吾子而誰告耶？始予之寓京師也，處於子仁、克恭之間，乍合乍離，率不過一日二日，其有所欲言而未竟者，亦未始屑屑然也。近者，獲其手書，述一遺百，宜詳而反略者，此則不可疑而可悲。歲月寂寂，一札千金。以予揆之，克恭輩別去，知其晚夜思索，胸中堆積所欲言者何限？略云固可，奈何盡之？是以默默寄恨於向來耳。今吾與吾子相去雖甚邇，不可朝夕見，謂宜勤一書以罄其所欲言者，無令拍塞胸次。人事何常？庸詎知他日萬一不爲克恭輩追恨於疇曩耶？前此寄去書稿想達，亦勿愛一字，「吾子之意也。德孚托予爲《文溪集》序，病倦不能詳細，乞爲删定，去紙却寄白沙。渠近有書來促此稿，已旋往碧虛矣。庚寅。

一〇

不見許時，渴想渴想。僕自八月抵家至今，人客往來，續續未已，殊廢讀書，未審緝熙何如也。承寄示遊山諸詩，又別又別。眼中杜子美，恐不止莊木齋一人，第不可使羅應魁知之，便作惡耳，呵呵。僕未識羅浮山作何面目，誦緝熙「明月」、「沖虛」之章，覺清風滿紙，颯颯逼人，莫道不是老天將留下此好生活與吾人也。卜居之事，憧憧於心，老母安土重遷，到今開喻，未蒙首肯，朝夕惟以此爲念耳。德孚堅坐碧虛，亦是勇決。外人道他好名，又道他學仙，德孚都不恤，可謂有志矣。但不知終身出處大節如何，若更透過此一關，其進殆未可量也。萬梅書屋且當閉關獨坐，早晚僕同德孚一叩，却往羅浮也。《語類》搜尋得琴軒家板本否？望作急見報，免抄京師錯本爲好也。年尊夫人哭小孫，過哀成疾，人子當此之際，憂惕何可暫離？緝熙倘有意過白沙，請勿舉踵，僕却不敢奉怪也。天寒，惟望萬萬自愛。庚寅十月念七日書。

一一

來教具悉。進業之勇如此，可畏可畏。章始有志於此，亦頗刻苦。後來憂患妨奪處多，或前或却，故久而無成。緝熙今認得路脈甚正，但須步步向前，不令退轉；念念接續，不令間斷，銖累寸積，歲月既久，自當沛然矣。與陳先生書，意好，辭亦不費，今附德孚轉達。張内翰寄到《蘇文》，今亦附達左右。渠欲同羅先生來嶺北約章會講，有手帖云云，不知果如何也。令弟秉之能相從此學，殊不易得。未面，且爲致下意。辛卯正月五夜燈下書。

一二

德孚兄近專向裏尋索，若念念爲之不置，可識端緒。上蔡云「要見真心」，所謂端緒，真心是也。緝熙後一札已具此意，但恐工夫不能無間斷耳，更企勉之。德孚兄近處置得出處一節甚停當，更不拖泥帶水，可羨可羨。吾人立身，各肯如此，士風何患不振？知之，宜作一書往賀也。光宇就白沙作屋。新年來，別爲出少課程，令自求益。此兄刻苦，誠未易得，愧無能爲扶持。有便，可作一札以左右之，幸甚幸甚。辛卯。

一三

舊歲，涂伯輔過新會，帶到張内翰寄來《蘇文》一部，共二十二册，此月九日已附德孚轉達，並手札一封。光宇寄去《程氏遺書》共六册，未知到否？賣香人便，附此潦草。何時還來南海祠？飛示爲禱。辛卯。

一四

來諭主張默默，甚好。默默守得住，言語纔多便走了。須假默默去養，教盛大。《中庸》言細不遺、大不過，工夫則不離個忠信；孔孟却就言語上教人點檢，便是終日乾乾也。光宇疾亟矣，旦夕視之。無聊甚，不一一。辛卯十月十一日。

一五

不德之徵，殃及同類。光宇不幸此月十八日逝矣，哭之屢日夜不能自解，神惝恍不能持，奈何奈何。天不可怨。光宇力善不倦，得罪於世之淫人者，天卒不與耶？將數之有一定不可改耶？光宇無恙時，見屬諸文未能作，憫其垂絕，煦煦爲了得譜序一首，附入光宇平生好處；尋又令繪士寫真，爲山巖幽棲之狀而贊之詠之，皆光宇屬纊前數日目擊。他日以勒諸巖石，爲嶺南之勝蹟，顧吾德劣而文又亡奇，不足與圖永久，奈何？昔者視其疾云：「萬一不諱，吾爲汝具行狀，請緝熙爲作墓誌。」今不忍負此言矣，早晚掇拾一草，去請緝熙下筆，千乞勿讓。章又爲擇葬地，在其屋後山，距所棲石巖僅數丈許，卜之，亦吉。光宇病將亟時，使人扶出望之，曰：「此吾舊所愛也。」卒之三日，其季父絢泊鈍齋兄囑筆代報。臨紙不勝嗚咽。辛卯十月二十日。

一六

光宇竟止此，可念。章爲狀，緝熙銘，此雖朋友之責，亦死者之志也，尚奚辭？付去碑二紙、稿一紙，餘在秉之紙。章白緝熙足下，廿七日。前日寄去鄧童子碑册，想達。壬辰。

一七

秉筆欲作一書寄克恭，論爲學次第，罷之，不耐尋思，竟不能就。緝熙其代余言。大意只令他静坐，尋見端緒，却説上良知良能一節，使之自信，以去駁雜支離之病，如近日之論可也。千萬勿吝。

一八

二月初旬，得豐城同門書，報先生棄世，屬纊乃在己丑冬，不知彼間許多時，何故不以訃聞？或所寄書偶沉浮，後更不寄；或茂榮自不肯報，亦未可知也。來書見責赴哭，而章自五羊歸後，厥疾又作，跬步不能離庭户，惟東向哭而已，奈何奈何。來訃鄧生，可惜岑寂山中，忽然失却一賢主人，其無味可想。緝熙作銘，拙者奚吝書丹？但自覺筆意凡近，終不能傳遠，而平生亦未有可倚仗處，徒勞往復，不若緝熙自書爲佳耳。惟裁處。

一九

鄧祚碑好，光宇之銘，頗涉奇矣，然又特好。辭雖工，不害於道，其傳宜永，光宇之幸也。章近凡百粗遣，惟舊疾時復一作，益厭人事，欲遠去耳。平岡人鍾氏兄弟好事，惠余屋基，有田十頃餘，其地近海，在吾邑西南數十里，即屋之北山是也。衆議復欲於旁近建學舍一所，割田以供諸生之貧不能自振者，計亦不下四五頃。所得盡佳山水，旦夕殊以此自慶耳。緝熙前過白沙，倪麟夢一人被髮指余言曰，「如厓山間七八大賢」云云。當時莫曉所謂，今卒應之，是何神也！時矩欲從余于平岡，近與李玉俱在館中。城中人語云：秉之中道，叔馨絶倒。不知何所自去也。幸語秉之。癸巳九月朔日。

二〇

前月二十八日，與僉憲陶公聯舟從三水上胥江，遂與胡先生相遇，乃知緝熙、秉之前一日在石門别去，晤此會也。佳作《贈胡先生》，託時矩附卷中，間聲律未完處，謬改數字，愧率爾也。拙作想已聞於諸友，今不再録。次日曉登峽山寺，與胡先生飲餞。席間與論爲學之要，口占一絶云：「一片虚靈萬象全，何思何慮峽山前。洪城内翰如相問，爲説山人已遁禪。」此復去廷祥書，羅殿元疑爲禪學作辨，其源蓋始於廷祥書也。可笑可笑。事托倪麟者，未有指準，彼中非無人可求，更俟續報。餘不具。九月一日寓胥江舟中，獻章書。

二一

增城老人至，得緝熙手札一通、碑四貼，展玩良久。歲前南至日一束，亦每誦不能謝口。緝熙果於辭大有得也。章自春間納犬子婦，俯仰作、熱汗發，至今癡憒度日，恐遂不足爲人倚仗。歲云邁矣，奈何奈何。秉之勘破異説，抑何遲也。時矩自鐵漢，終不道被人磨毀得也，而且不免呶呶。異哉，其所用心也！可笑可笑。老人不知章之不文也，又不知言之不可苟也，觸熱走數百里，來而去，去而復來，言亦不可也，勤可念也。爲《釣圖記》一首，去姓名也，不與老人聞也。老人往矣，緝熙其私審度之，尚無辱斯文也，批破一字與之；否也，則勿示焉。陳布衣不幸卒於龍巖，去年八月十七日也。拙挽録於别紙。甲午六月十二日。

二二

前日告秉之等只宜静坐。子翼云：「書籍多了，擔子重了，恐放不下。」只放不下，便信不及也。此心元初本無一物，何處交涉得一個放不下來。假令自古來有聖賢未有書籍，便無如今放不下。如此，亦書籍累心耶？心累書籍也？夫人所以學者，欲聞道也。苟欲聞道也，求之書籍而道存焉，則求之書籍可也；求之書籍而弗得，反而求之吾心而道存焉，則求之吾心可也。惡累於外哉？此事定要覷破，若覷不破，雖日從事於學，亦爲人耳。夫子語爲政曰：「足食，足兵，民信之矣。」子貢曰：「必不得已而去，三者何先？」曰：「去兵。」「必不得已而去，二者何先？」曰：「去食。」必不得已而去，非惡而去之，三者不可得兼，則亦權其輕重次第取舍之而已。夫養善端於静坐而求義理於書册，則書册有時而可廢，善端不可不涵養也，其理一耳。斯理也，識時者信之，不識時者弗信也；爲己者用之，非爲己者弗用也。詩、文章、末習、著述等路頭，一齊塞斷，一齊掃去，毋令半點芥蒂於我胸中，夫然後善端可養，静可能也。終始一意，不厭不倦，優游厭飫，勿助勿忘，氣象將日進，造詣將日深。所謂「至近而神」、「百姓日用而不知」者，始自此迸出體面來也。到此境界，愈聞則愈大，愈定則愈明，愈逸則愈得，愈易則愈長。存存默默，不離頃刻，亦不着一物，亦不舍一物；無有内外，無有大小，無有隱顯，無有精粗，一以貫之矣，此之謂自得。清明日書。緝熙更爲申説，令了了。

二三

近睹詔内一欵言：「監生有不願出仕聽選者，授以從七品有司職名；依親坐監者，授以正八品有司職名，俱令冠帶閑住，有司以禮相待，免其雜派差徭。」朋友間聞有此例，皆以爲便於我，且曰：「以心存道，以迹存身，亦無不可。」吾之所以見疾於時，此朋友所共知，宜朋友所共憂也。然有可疑者：迹者，人之所共見；心者，吾之所獨知。迹著而心隱。通變者，聖人也；執其道至死不變者，賢人也。聖人任迹而無心，賢人有心而踐迹。因時有險易，故道有恒變。微乎，微乎，惟聖人然後可以與權；膠於恒而不變，賢人因不足於權也；托於權以自肆，小人之無忌憚也。抑又有難者焉：倉卒之不虞，顛沛而蒙難，若過宋之微服、見囚而佯狂，此又權之已逼者也。故慮危而後安，防亡而後存。《易》曰：「君子見幾而作，不俟終日。」在「明夷」之初九，事未顯而處甚艱，非知幾之明不能也。《易》曰：「君子於行，三日不食。」〔二〕言知幾速去，行人之所難而不疑也。當穆生之去楚，申公之賢猶以爲過，卒被胥靡之辱，其於處患難之幾何如也？愚慮叨叨未中理，願與君子籌之。可否，惟命。

二四

羅浮之遊，樂哉！以彼之有，入此之無，融而通之，玩而樂之，是誠可樂矣。世之遊於山水

〔二〕「易」，原作「象」。「君子於行，三日不食」乃《周易》明夷初九之爻辭，而非象傳之文字，因改。

者皆是也，而卒無此。耳目之感，非在外也。由聞見而入者，非固有在内，則不能入；而以爲在外，自棄孰甚焉？所歷諸處，必有佳作。詠歌而歸，托於聲者，千態萬狀，神化恍惚，莫不雲行而水流，則得於我者，若丹青之妙、水鏡之照，明者可以攬而有也。何惜一二示我耶？淹病之餘，有懷未遂，凡閲此紙數四，而未嘗不耿耿也。力之所不及而猶終不忘焉，非不異於畏難而憚勞者，終不足自解也，其他可知矣。疑火之喻，甚高喻也，此不足校，但幸覺之不早、言之不謹，今而後可以括囊矣。乙未十一月未盡之一日書。

二五

得九月書，具悉諸況。先府君墓誌並詩、奠文石刻，此月方下手，計工一月可了。但恐人事中有作輟，未前期也。章百凡如昨。舊臈因土人陰謀爲孽，避地城中，今幸無虞矣。前此，舉邑恟恟，蠓毒將作，鄉人挈妻子東西避者相繼，若無尹彦明之先見，章幾陷虎口矣。方此妖未殄，浮謗山起。賴丁縣主、倪聖祥協力濟艱，渠兇授首，罪狀昭然，四境獲安，亦大幸也。或者謂四海之聲名，不能壓如山之謗，東南不可居矣，如何如何？便風，無惜寸紙見意。至囑至囑。正月六日，章寓城隍廟書。

二六

僕不能自決於進退，遠煩吾子致憂，進語白沙連日，處義精密，吾子之見偉矣，敢不佩服？十五日，自嶺頭歸，腹痛尚未止。十八日，筮得「歸妹」之「師」，其辭驟看若相牴牾，疑其非鬼神所以示人一定之意。細看「跛能履」一句，《程傳》與《本義》皆少忽略。《小象》言相承未爲承，助其君乃承，二以行也。蓋初既爲娣〔二〕，象娣之微，豈能自主於行？必依正配而行，如跛者依人而履，故曰「跛能履」。《象》釋之曰「跛能履，吉，相承也」，其旨明矣。如此看，方不失《易》本意。二爻辭蓋互相足，非有牴牾也，然後筮者之進退決。謹告緝熙足下，章筆。兼達秉之，以爲何如？

二七

緝熙苦次：先府君吉人之墓，章得銘之，甚幸。但愧文不逮實，所恃者永叔自有《瀧岡表》

〔二〕「娣」，原作「姊」。《周易》「歸妹」初爻爻辭爲「歸妹以娣」，林光《明故翰林檢討白沙陳先生墓碣銘》所引述此信作「初爲娣」，（林光撰：《南川冰蘗全集》第一七九頁）因改。

可傳耳。葬期至今臘，碑丹宜及時書之，秉之能爲此一事否耶？拙疾有拘，未得躬弔哭，愧痛何言。近又爲彭公薦剡所干，府縣來促起程，至今行止未判。疇昔所與商議，未審今日主張何如？衆論紛然，皆不足據。緝熙必有至當之論，望少輟哀，垂示爲感。己亥十月十日書。

二八

春至獲香醖，與客嚼橄欖對酌，如在欖山親風味也，感感。承喻銀瓶嶺好佳山水，何日得寄目？向問一之，云：「只穴處有疑。」畢竟此一事難曉，非郭景純，道好道惡，誰信得？近見鄺洪，云：「何時矩自負地理，每與人閱一地，索謝三十金，竟未有償之者。」可笑也。此子近發狂甚矣。非特此一事，凡所處皆不近人情，初不異其至此也。緝熙頗聞之否？今年夏秋間，二犬子連得兩孫男，幸老母粗康，日弄孫爲樂。回吏部檄大意言，目今尚病，未能起程。他一不及。頃見府主，云甚得事體。蓋亦衆心所同也。陳大中近有書云，今冬了一峰葬事後，偕清極來白沙。獻章復。

二九

向者羅清極書囑一峰墓誌，馬龍屢囑，今緝熙亦囑。章於一峰情分最厚，果待多囑耶？顧自謂拙於文。一峰在世時，久知我不能也。頃疑廖先生當爲行狀，緝熙當爲墓誌，孔昜、東白輩爲墓表、爲神道碑，章袖手可也。且挽［詩］數篇〔二〕，皆在人口，使其言傳，是亦足矣，非敢忘一峰也。一峰交廣，如緝熙當任表章之責，幸毋多讓。新碑石稍闊，亦堅好，若他無勝此者，亦可作墓誌石。奠文詩刻，只數日可了。誌字六七百，一手刻，多拚一兩月。此役托聖祥不難，但未與面議耳。裁處幸回示。庚子九月七日。

三〇

畫竹必得先成竹於胸中，執筆熟視，乃見所欲畫者。振筆直遂，以追其所見，如兔起鶻落，少縱則逝矣。襟韻高者，脱去凡近，所作萬古常新。此可以意會，難以言傳也。

三一

前在城中有簡寄去，不審到否？時事紛紛，想徹左右，兹不贅。惟去住一節，欲聞至論，便風無吝一字，凡報，宜附張詡處轉寄爲便。去年九月一簡，十二月方至白沙，不知何人沉滯也。

〔二〕「詩」字，原作「□」，據文意補出。白沙先生有《羅一峰輓詞》七言律詩三首。

碑刻已三之一，月間可了。二月十一日。〔二〕

三二

平湖之任，在貴札未至之前，已得之於道路。諸作中略見所以自處，輕重泰然由之，正愜素想。章自抵家來，恒十日一梳、五日一頮，足跡未嘗越里門。念緝熙方此遠去，良晤何時，而不得握手以別，悽絶奈何？聞憑限頗寬，萬一能迂棹一過白沙，豈勝爲慰也。承喻迎養，不審太夫人能遂行否？家貧禄仕，固賢者所不免，然必欲奉枕几以行，吾恐老人之憂不在水菽而在道路也。其行與否，宜並與已之去就久速裁之，正未可草草也。所欲言者，非面不盡。拙作三首録在別紙見意。羊一羫，酒一罎，謹獻太夫人壽，幸爲道此忱。景雲回，乞示起程日期。不能悉。八月十四日。

三三

緝熙別去明日，李侍御來訪，與語彭都憲巡撫地方，嘉興正在部内，深爲緝熙喜也。學職所

〔二〕 此信墨跡尚存。「碑刻已三之一，月間可了。二月十一日」，墨跡作「碑刻已三之一，三月間可了。二月十一日，章書緝熙足下」。（陳福樹撰：《陳白沙的書法藝術》，第四〇頁）

關，有當取決者，通問裁之，此公似不必避嫌也。會饌一事，公私卒不能兩全，反覆計之，不若且守定成法，終是立脚穩當，不受人指點也。委曲自全，苟以悦人，非忠信之道。三十年間，相與期於斯道者幾人？萬一天假之緣，見所望者在彼，豈非千古之一快哉？憑限無幾，過定山，可會會之，毋逗遲也。老子云：「與兮若冬涉川，猶兮若畏四鄰。曠兮其若谷，渾兮其若濁。」此殆今日之座右銘也。況吾人固相托以心而不以跡耶？奉和彭先生詩，録在别紙託寄。不多及。成化甲辰秋八月二十日書。

三四

兼素一病遂不起，德純亦死於龍川。新歲略聞朝廷舉措大端，二公不死，將有用於世，惜哉！頃者，寄去兼素挽詩，潦草不能盡所欲言。過吉水，收回舊稿，當别作詩或哀詞奉寄也。元年閏正月二日，章白縣博先生。外近稿一帖，寄上清覽，景録者。弘治元年戊申。〔一〕

〔一〕「戊申」，原誤作「戊午」。弘治元年爲「戊申」年，因改。

三五

別駕張克修近於肇慶橫槎作隄，有田百餘頃。章以緝熙無養干之，蒙首肯。陳子文云此田甚美。得一二頃足可爲還山之計，望早定歸期，區區之望也。忙甚，故不多及。

三六

昔李世卿過端溪，會張別駕、陳子文，與論老朽所請之田，別駕與三十畝，請益五十畝。老朽聞之發笑曰：「子文告所築隄田不下三四百頃，別駕不喜作檀越主耶？所得不償所求。」及得書，許以歲穀一百斛，仍推己俸買之，而以成事托子文。別駕自去科入京未返，他日更面請看得百畝以上，所費當老朽圖之，不以累別駕也。東山先生在省日，亦蒙以此意懇之。別駕當是甚次第人？若是缺口鑷子，豈可干也？

三七

相別十年，不奉問見罪，奉問則贅。克明死矣，太夫人春秋益高，早晚平湖官滿，謁選耶？不謁耶？老朽欲聞此而已。

三八

人情老少不能無小異，曩與故舊別去，耿耿如有所着。今不見者且四年矣，亦復爾耶？近王叔毅行人過白沙，與論定山出處去就之詳，似小可訝然，豈彼甥舅間相知猶有未至者耶？承先大人久襄事，景雲自去秋病，迄今尚未離床席，餘無可遣者，愧罪愧罪。袁藏用、林子翼、子逢諸君近況如何？張主事近一至白沙，李世卿乙卯冬留楚雲臺，數日前經還武昌矣。湛民澤奉母還增城。老朽旦暮與容一之對坐談稼穡耳。從事貴里人還，致此草率，不能悉。弘治丁巳春二月晦日。

復梁二教伯鴻

尹秀才至，辱書兼拜《汝帖》之貺，感感。足下病不能任官，貧不能供母，迂不能入俗，直不能干人，足下持此孑孑，何以度世哉？承欲挾卜以遊，足下設言之以自遣耶？將仰給於是，如昔君平之爲耶？頃者，何廷矩在胥江開卜肆〔一〕，竟無一人售者，足下聞之否耶？此非愚慮所及，足

〔一〕「何廷矩」，即前《與林郡博》第二八書中所及「何时矩」。

下善自謀之，無令古人笑今人也。顔淵、季路皆可師法。聞足下有少田業，勤耕而節用，可以不死。雖甘旨之奉不足，亦士之常分，揆於道義，無不安也。舍此而他圖，心日勞而困日甚，足下其如命何哉？人還，怱怱聊此復，不能悉。

復祝主簿〔二〕

未拜一顧之勤，此貺疊至，皇恐皇恐。閣下以至公待民，使一邑受賜，則惠之所及廣矣，豈獨某哉？夫公，必有養而後能。某於今日之賜，不敢不受，亦不敢不讓，所以廣閣下之廉以養公也。僭率不罪。〔三〕

與寶安諸友

章衰矣，齒髮日變于舊。亡兄屬纊之初，老母哭之欲絶，積憂之餘，面足俱腫。由某獲罪于天，不死，延禍同氣，以上累于高堂，痛徹骨髓，如何可言！諸君不遺老朽，慰之連尺，撫狀不勝

〔二〕「復」，林齊本、高簡本、蕭世延本、白沙文編、何熊祥本、黄之正本、四庫全書本作「回」。

〔三〕「僭率不罪」後，林齊本、蕭世延本、白沙文編有「壬辰五月日，某頓首」八字。

悲哽傾感之至。子逢別紙，具得平湖履任之詳，可歎可歎。彭澤不折腰于督郵，平湖不屈膝于當道，樂則行之，憂則違之，古今一揆也。數日前，閲甲辰舊詩，改《贈平湖》章云：「偶從道路得行藏，南北東西又此鄉。滄海一身堪自遠，平湖數口爲他忙。江山舊宅香株老，籬落東風豆角長。小與先生分出處，扶留牕下細抄方。」又改次章頷聯云：「到手閒官如處士，從頭詩卷又江湖。」去秋，與張進士唱和絶句云：「不求老馬在長途，誰道乾坤一馬無？伯樂未來幽薊北，憑君傳語到平湖。」諸詩謾爾，豈遂爲之兆乎！諸君其亟橡欖山之室，南川之歸無日矣。景昜今秋不免隨俗應試，非得已也。家貧不能日給，無可仰干於人，一也；祖母年高氣衰，悼往憂來，懷抱作惡，希得一解可以慰解，二也；是兒賦分已定，責之以越常之事，必不能堪，三也。功服不得科試，程子據禮言之當如此，亦古人常事耳；在今日，可以望於賢者而不律衆人也。若曰祖父喪在淺土，雖服已除，亦不應試，此又過今之人遠甚，子逢自量力爲之。孟子曰「持其志，無暴其氣」，爲之而力弗逮，反暴其氣矣。秉之在獄安否？禍變之成，非一朝夕。今日之事，不知秉之平生費多少麯蘖醞釀來也〔二〕。爲我謝平湖。秉之雖窮，使甘心觚翰如藏用輩，低徊於里塾，寧有此？惜哉！

〔二〕「麯蘖」，原作「麴蘖」，據高簡本、蕭世延本、白沙文編、何熊祥本、黄之正本、四庫全書本改。

與鄧勝之

勝之足下：自頃歲寒舍一話别去，未嘗忘，但懶作書耳。春初，聞太夫人委蜕，又闕一疏，多罪多罪。僕之心事，惟足下知其無他，則知僕之交於人者如是；使世之知僕者異於足下，幾何不斥其簡而怒且譏耶？足下勤勤于僕之意，每見德乎，與語，未嘗不增戚戚于胸次。顧足下之所欲爲者，其機未始不在我，如足下亦何所不至？慎勉之，毋以畏難止也。承枉陰陽家諏日等問，僕不究其得失，然大概以爲術家之書，其説主於禍福，故不宜盡拘。盡拘則害理，聖人無是也。吾徒作事，宜何所法守？聽命於術家之説而我無所可否焉，僕竊惟今人不取也。《小五星》等書，自地理家秘而不傳，然其説亦動静兩端而止耳。足下將求之不一耶？反求之吾心以觀其會耶？抑徒寶愛其術而思藏其故紙耶？足下欲之，必有其指，不愛一言，以慰懸仰，幸甚幸甚。〔二〕

〔二〕「幸甚幸甚」後，林齊本、蕭世延本、白沙文編有「壬辰五月日，某再拜」八字。

復李世卿 先生門人

圭峰山靈，相候已久，何濡滯爾耶？世情不可盡徇，盡徇則失己。與諸鄉老龍興寺舍相對竟日，孰與置一榻於圭峰爲足快也？邑中山水，白龍、玉臺最勝，諸前輩有賦詠，可盡收拾志中，慎勿留意拙作，爲世卿累也。切囑切囑。昨晚陳伯謙過白沙，出示與僧文定詩，頗有援救意，不審聞於邑主否？封去某近作記文一首。據拙見，詞格不古，終傷安排，不知世卿以爲何如？朋友間評論文字，在於求益，奚事虛讓爲？讀畢，還一字示可否，乃老拙所望於世卿者也。

與賀諮

賀生秀才：得生書，把讀未半，亟呼童子使召犬子來讀之。何生之言似乃翁也？幸甚。昔在長安，日過乃翁，生時方毁齒，能知兩翁意，見輒呼曰：「我老先生來矣。」坐則置生膝前，撫生頂，與乃翁語，至今岐嶷可想。生猶略記老先生面目乎？味生之言，其志遠且大，恨生不生南海，又恨夙疾支離、老脚不能及遠，冀一見生容止，接生言論，有疑相與對面折衷之，何可得哉？里生陳紹裘行，託以告區區。禮闈之會，可必否耶？

答陳宗湯 先生門人

得宗湯六月十日書，書中作字太奇，老眼不識，服周讀之以告我耳。丘侍御取道還閩，過白沙，留語竟日，獲聞考察事詳。微侍御，宗湯索我於黄雲矣。周憲長半辭之頃，詘己信人，洞見肺腑。二公爲天下惜人才，公去取，同此心也。侍御尤拳拳於桓温問孟嘉之一語。噫，何愛人之無已也！宗湯念之。一時交遊，東顛西覆。民澤可期遠到。西望衡山，神爽飛去，然自去秋感疾，迄今未堪舉踵，餘亦無足觀者〔一〕。所須《縣誌》，謾往一册，世卿爲此書，蓋亦自以爲未足云。〔二〕

與周文都 先生門人

來喻，具悉畜來始末，前此未知也。昨日簡中言，偶與之合耳，然不害爲義也。非子，來死於道路久矣。度來之心，不肯舍子而之我，來若自計曰不違主之命，是亦報主也〔三〕，吾斯納來

〔一〕「觀」，林齊本、高簡本、蕭世延本、白沙文編作「顧」。

〔二〕「蓋亦自以爲未足云」後，林齊本、蕭世延本、白沙文編有「爲我謝李侍御。戊午八月十一日，章復宗湯掌教」十九字。

〔三〕「主」，何熊祥本、黄之正本、四庫全書本作「子」。

矣。來雖小，所以處於來，大者存焉，吾此心是也。此心滌之則明，物溺之則暗，此吾所以不敢苟於子也。傳曰「以友輔仁」。

二[二]

丁一桂至，想蒙照及。渠甥舅間，未知所以處。所有送行物，一一封識，爲攜至虔州，交附郡主、督府，通令得見，或蒙一助，寡婦孤兒之幸也。北門地券不識可還白洲否？和得汪侍御一詩，託寄上。册葉俟寫得，别附去。顧别駕今爲古人矣，會間幸及之。五羊何日發舟？言不能盡。五月十九日。

與梁貞 先生門人

肺病，外感則風，内感則煩，調攝之方，莫先虚静。秋舉逼人，能置之否耶？戒鄺珙之覆轍，

[二] 此信，底本原缺，兹據林齊本、蕭世延本補出。（林齊本《白沙先生全集》，第五卷，第三八頁；蕭世延本《白沙先生全集》，第五卷，第四四頁）

念老朽之狂言，在惟正。〔一〕

與羅冕 先生門人

得五月十九日手書，具審比來侍奉吉慶，徒以老朽旦夕往來於心，憂之深、言之切，有如吾服周者乎？老病不勝喪，賴諸友之助，亡妣得安小廬山之兆，迄今塋封纔畢。遣人去買藤縣木，歸建塋前小屋爲祭享之所，立祭田，使人守之。孝子欲報於親之心，如此而已耶？痛哉！無可議者矣！溽暑不可處，近遷上碧玉西偏，病稍輕於昔，幸未即死，吾子無爲老朽戚戚也。官窑牛商云於館中，便略此見區區。不能悉。

與鄭文吉

章之内兄羅經，水母灣人，金成之義主翁也。内兄存日，窘甚，棄其居第還車陂。死，無子，遺二妾，女一居孀、一在其室，其困日甚，今欲取來白沙。恃愛干瀆，倘遇人船之便，先令金成走

〔一〕「在惟正」，原作「惟在正」，據林齊本、蕭世延本、白沙文編改；碧玉樓本則作「惟在貞」。梁貞，字惟正，廣東南海人。

車陂，取至廣，搭附來白沙。極感極感。頃者市藥之費，遣人致之，不及裁謝。

二

金成役者，借勞一日，蓋有弗獲已者，實恃知愛，瑣瀆爲愧。外氏零替之餘，一坏土賴以僅存，雖在螟蛉，吾敢藐焉？公且隨力剪拂之，不但金成之德之也。茶果盛惠，前此藥資，感感。不別裁謝。〔二〕

與黎潛、蕭倫 先生門人

先妣不幸卒於今年二月十六日，即日塋封甫畢，穴在小廬山圖新書舍旁。某以衰疾執喪，氣息奄奄，如賓客知舊往來，記一忘十間，獨於潛也、倫也思之不置。二生之思我，從可知矣。愛之深、言之切，老朽何以答二生之拳拳？發憤進步，一日千里。

〔二〕「不別裁謝」後，林齊本、高簡本、蕭世延本、何熊祥本、黄之正本、碧玉樓本有「山茗二裹表忱」六字。

與趙日新

久不見生，一日得生手書，如語予館中，不知其在羅城也。去白沙幾年，味生之言，欲再見白沙而不可得。甚矣，生不忘白沙也！憂病之餘，泯泯默默，無可爲他人言者〔一〕。念生忠信之人，可與共學。然問之者甚切、告之者無序〔二〕，生雖有求於我，其何補於日用乎？賓陽陳掌教，可人也，可一通之。餘不具。〔三〕

與太虛

太虛師真無累於外物、無累於形骸矣。儒與釋不同，其無累同也。太虛尚能覓我於衡山否耶？別紙録去舊稿，試爲我誦之。章非能言者，太虛豈俟多言哉？

〔一〕「無」字原缺，據白沙先生語録（《白沙先生語録》，明刊《楊復所全集》本，卷下，第九一頁）、碧玉樓本補。

〔二〕「甚切」，原作「未切」，據碧玉樓本改。

〔三〕「餘不具」後，林齊本、蕭世延本有「某復趙縣博足下」七字。

與鄭舉人

昔錢宣靖公推官同州，有富民亡其女奴。女奴父母訟于州，州命録事參軍鞫之。録事實貸於富民，不獲，乃劾富民父子共殺女奴〔二〕，罪應死。公疑其獄，留數日不決。録事詬曰：「若受富民錢，欲出其死罪耶？」公笑謝。密使人訪求女奴，得之，則免富民父子於死。知州以公雪冤死者數人，欲爲論奏其功於朝，公固辭曰：「若水但求獄事正、人不冤耳，論功非本心也。且朝廷若以此爲若水功，當置録事於何地耶？」録事詣公，叩頭請謝，公曰：「獄情難知，偶有過誤，何謝也？」僕每讀書見此等事，未嘗不歎息古人用意之厚，而平生區區所存亦未多愧。頃因田土細故，與足下有言，足下遽賜之手札，辭亦費矣。假令質成於官司，尺寸壤得未足爲喜，而此事一白，則直在己而曲在人，斯自慙耳。僕非不願爲古人之高，特事有專主，義不容於自遂，惟足下亮之而已。

〔二〕「父子」，原作「父母」，據白沙文編改。案：據後文錢宣靖公「密使人訪求女奴，得之，則免富民父子於死」之說，亦應以作「父子」爲是。

與鄧球 先生門人

韶廣相去未遠，一問不通，今幾年？悵想無已。即日蒼頭至，辱手書并惠米布諸物，具審雅履佳勝、志業日新爲慰。某奉母之外無他況，惟益衰耳。首夏，湖廣嘉魚貢士李承箕世卿者過白沙，甚聰明有文章，留白沙數月，不忍别去，議論間頗覺有益，恨足下不與同也。眼中朋友，求可與言者不可得。世味之移人者不少，大者文章功業，然亦爲道之障，爲其溺也。足下苟有見於此，幸甚幸甚。章所欲告於足下者，非尺牘能盡。〔一〕

與趙壽卿〔二〕

蔡三兄弟欲求壽卿長萠田耕住，以舊於我佃故〔三〕，求通一言，惟裁之，不可則止，亦無固必也。謝伯倚近至白沙，以前所託通好於李氏者委之，唯唯。可見人心所同也，知之。

〔一〕「非尺牘能盡」後，林齊本、蕭世延本有「之。八月二十八日，某拜復俊圭足下」十四字。
〔二〕題後，蕭世延本有「先生門人」四字。
〔三〕「故」，原作「欲」，據林齊本、高簡本、蕭世延本、何熊祥本、黄之正本、碧玉樓本、四庫全書本改。

與周用中兄弟

天地自然之利，人得而取之，何分彼我。使諸子姪如老朽，何所不讓？使老朽如諸子姪，亦何所不争？向義不如就利，尚德不如用智，朝三暮四，口與心違，强之以其所不能則怨，諸君豈不謂然乎？今只以鄭明府所書券爲實，更不問其是非，但據用中用到價銀若干，老朽願償之。如此，既不獲罪于鄭，又不負用中，諸子姪亦可以釋然矣。解紛之策，莫過於此，諸君其亮之。

與李孔修 先生門人

子長乳瘡，當一場重病，今脱然矣，聞之慰喜。賴朋友之助，先妣得安小廬山之兆，即日塋封甫畢。三月而葬，禮也，亦時也。始以吾爲殯宫，論者紛紛，今帖然矣。寢食夢寐舉安，事不揆諸道，徒人言是徇，奚可哉？未有會晤之期，惟加愛。

二

諸稿中間一二篇特好，得詩人蹊徑，趣亦雋永，異日當自知也。餘多裝綴曖昧之疵，蓋力未及而志願太高，用心過苦，故有此病也。題目小序，文理類多不通，此不學之過，問東所。

三

衡山之行無日矣，今未發者，候俊圭至白沙耳。廬山之寓恐若久圖，非不爲子長計之，如此草草，終無益於子長也。頃者，丘按治自廣右來，云沈督府已辦田廬，作衡山主人矣。病雖未脱體，其能久淹於此乎？〔二〕

四

見示《和送美宣太守》詩，不見如何主意，大概類少年作老人語，辭氣終别。且其間下語，往來呼應，無脉可尋。詩貴融通妙密，若未理會得明白處，遽然語此，是躐等也。如何如何？

與范規 先生門人

近有人自南京來，承定山先生偶得右手足風痺之疾，近雖小愈，尚未脱然，欲求養生之術，非能用莫能盡之，以此相託。定山，平生故人，老而嬰疾，可念可念！能用、定山之交，亦不可謂

〔二〕「其能久淹於此乎」後，林齊本、蕭世延本有「五月二十一日」六字。

淺淺者，何愛一行？如能用寄跡山水間，去來自由，自此至彼，數千里坦途計日可到。然亦不敢必，蓋行止非人所能。頃來衡山之約如許，又可固必耶？專此馳問。倘蒙金諾，先乞飛示，早晚須一至精舍商量。切望切望。〔一〕

與趙汝夔

即辰聞舜英護母夫人喪歸矣，遠道無虞，幸甚幸甚。但未審几筵安在何處？近來邑里中，夜劫之盜横甚可畏，宜得一穩便處，無水火盜賊之虞，方可停柩，此送死第一義。君子見幾而作，時義當然，幸自裁之，勿奪於浮議。憂病中，未由奔慰，想能亮之。

與董子仁

前九月得周文選書，知子仁久乞省家居，多賀多賀。又云在高亦養病歸，或不可起，不審此語何謂？前此獲手教及克恭書，感歎屢日。凡百且置之勿論，只平生問學一事極索理會，不可悠悠。人一身與天地參立，豈可不知自貴重，日與逐逐者伍耶？某奉别後更無他，惟一味守此，

〔一〕「切望切望」後，林齊本、蕭世延本、白沙文编有「六月二日」四字。

益信古人所謂自得者非虚語。今幸老母龘康、地方無事，日夕與二三友討論所未至，亦殊不厭。惟有志者少，薄俗振作尤難，日邁月征，良可憂耳。聞羅先生杜門廣昌、張内翰會講西山、克恭闢書齋于後圃静坐，皆不以病廢學。子仁何日復京？尚希一札，以慰惓惓。某自春間一病自汗，至今尚未脱體。臨紙牽勉，言不能盡，惟亮察。〔二〕

與張聲遠 先生門人

久不得字，去年託賀官人往一紙，尚未卜沉浮。一别音耗便爾難得，可歎可歎。秋試捷否不足憂喜，謾欲知之耳。時用孑然客帝京，忍寒餓二十年，爲母家不去，誠亦可憫。萬一了此心事，不東入吴即南走羅浮，與兒輩下上四百峰頭，采蕨亦可供也。謾思及之。此日病正愈，臨紙不復一一。〔三〕

〔二〕「惟亮察」後，林齊本、蕭世延本有「辛卯後九月二日，某頓首」十字。
〔三〕「臨紙不復一一」後，林齊本、蕭世延本有「辛卯閏九月二十六日，某白」十一字。

二

得正月十一日手書〔二〕，悲憤填紙，幾不可讀。平居相與論議慷慨，未始不以外生死爲達、填溝壑爲賢，一旦臨大故，不可堪忍之時，尊卑疾病盈室，家無錢財，作何措置？況於東吴反葬，水陸數千，計亦不下二十金，所費將誰仰耶？勢利風馳，朋友道缺，昔人所能者，例不可望於俗輩，如某一二麤知，抑皆所謂「旋渦裹佛，不能救落水羅漢」，奈何奈何！情切事違，心邇人遠，撫紙興懷，徒增悲怍。惟亮察，不具。〔三〕

與譚有蓮

比日，家僮自貴里來，承口諭，欲爲小孫田議婚以平卿之孫女。平卿善士與古愚先兄游處，亦通家也，幸甚幸甚。第恐傳言或誤、好事多魔，於是叩諸蓍，得「大過」之「豫」，蓋吉占也，未審果如尊意否？夫量才求配，聞之先賢；計産許婚，甚於流輩。癡孫疑未中東牀之選，世業恐重

〔二〕「十一日」，林齊本、高簡本、蕭世延本、白沙文編作「十日」。

〔三〕「不具」後，林齊本、蕭世延本、白沙文編有「壬辰五月十八日，陳某書」十字。

貽西鄰之憂，是以未能釋然於鬼神之謀也。專此馳白。庶幾爲是一來，倘不以疎外見疑，拱俟拱俟。〔一〕

與陳德禎〔二〕

聞近被繫郡獄，懸切懸切。計今當道多明察，想不加害於無罪之人。否泰，數也，勿過爲隕越。人不幸，所遭有甚於此者，亦無可奈何。且安心順命，善將攝爲禱。〔三〕

復陳冕

蒼頭至，得書。承貴恙漸平復，喜慰之至。更慎小愈以赴秋闈之選，幸甚幸甚。得失雖云有命，然便委之命，亦恐未盡。今一科所取士若干，多備數一時耳，安可據以自比耶？如莆中舉子多真舉子，與僥倖尋常者，相去奚啻十倍？如是而失解，誦伊川之言以自解，可以無愧矣。餘

〔一〕「拱俟拱俟」後，林齊本、蕭世延本有「九月十一日」五字。
〔二〕「陳德禎」，高簡本、白沙文編作「陳德稹」。
〔三〕「善將攝爲禱」後，林齊本、蕭世延本有「七月八日」四字。

不悉。

與舊生陳魁

生仰給歲月於鉛槧，瓶無羸粟以畜其妻子，年幾六十，益以疾病、困以盜劫，士一窮至若是哉！昨望見生龍鍾如東田老人，稍就之，疲頓與石翁異者幾希。然與之論舊事、寫平生，於我三沐三薰之歷歷猶是也。使我囊中有九還大丹，能反老還童〔一〕，與生共之，庶幾其成也可待。生既絶望於我矣，我更望於何人？惟日孜孜，斃而後已。生與我皆然，復何道哉？〔二〕佃者還，聊此復。制中不具。

二

三四十年舊游凋落殆盡。吾老甚，吾子想亦衰矣。别去幾時，齒髮比舊何如？願一見也。奉棉紙五十番收用。

〔一〕「還」，林齊本、高簡本、蕭世延本、何熊祥本、黄之正本、四庫全書本作「爲」。

〔二〕「復何道哉」後，林齊本、高簡本、蕭世延本、何熊祥本、黄之正本、四庫全書本重此四字。

與容一之 先生門人

幾日不得到祠下，眠食何如？一之平時筋力倍予，今云瘠甚，則老者可知矣。古人處老有道，處病有道，處死有道。夫子曰「朝聞道，夕死可矣」，其處之之道乎！旦夕欲見一之與論之，不審力疾乘竹兜子能一至碧玉樓否耶？專此馳問，惟自量。

二

今日貴恙輕否？老梁課好，決定不死，可無憂也。昨晚手書與陶公，勸勿建書舍，未見報札。爲此一事，數日往來于心，殊無好況。章因多病，厭苦人事，決策往平岡。朋友間多不省事，多言平岡土瘠，難望成田，老母聞之，遂阻此行。奈何奈何！此非不忠愛于我，抑未知所以忠愛也。平岡土雖瘠，然便謂其終不成田，則又疎矣。天下豈有棄物而人欲争者乎？不信人之言眼前事，所見往往如此，可笑也。何日可動到齋一話？甚懸懸也。

三

比聞足疾傷於勞，而發由老朽，故今思之，但有慙負而已。奈何奈何！先妣墓即日塋封纍畢，遣人去采藤縣木爲祭享之室，使人守之。立祭田、求墓誌事皆不可缺，又不知人子思慕其親而欲報之，其大者安在耶？困於財、限於分，蓋亦無可議矣。近苦憂病相持，無以自遣，尋思只有虚寂一路，又恐名教由我壞。佛老安能爲我謀也？付之一歎而已。何日對面罄其所欲言？〔一〕

與馬貞

前日舟中，與一之談及神理爲天地萬物主本〔二〕，長在不滅。人不知此，虚生浪死，與草木一耳。神理之物，非但不可戀着，亦其勢終不能相及，於我何有？伯幹病至此，當大爲休置，縱未至灑脱地，亦暫省得些撓亂〔三〕，幸而天年未盡，便從此覺悟，神理日著，非小益也。老倦，不能再省視，令真福往候，以此能一開目否？

〔一〕　此段文字，原與上篇合而爲一。《白沙先生文編》則將其另作一書。（唐伯元編次：《白沙先生文編》，第五卷，第三二頁）碧玉樓本注云：「自『比聞足疾』以下當另作一書，因原本相連，姑仍其舊。」孫通海整理、點校《陳獻章集》，因其「内容截然不同，時間相距甚遠」，亦將此段文字另作一書。（《陳獻章集》，上册，第二三三頁）兹據《白沙先生文編》、《陳獻章集》，亦另作一書。

〔二〕　「天地」，原作「天理」，據白沙文編、碧玉樓本、四庫全書本改。

〔三〕　「暫」，林齊本、高簡本、蕭世延本、白沙文編、何熊祥本、黄之正本、四庫全書本作「漸」。

二

貞父不幸早世，貞卒成立，貞有母也。有母而無年，貞之不得於天也。奈何奈何！衰疾，未由躬慰，臨紙悵惋。

與陳秉常 先生門人

秉常不春試，永豐之使，不在吴璉，秉常幸圖之。一見羅殿元，亦不枉了。某一日書與陳生。

二

久違風采，渴想話言。偶得便舟，託以載子，儻無急故，庶幾一來。幸幸。十月二十五日，章書奉秉常。

三

蒙謗大矣。前有一簡與彭推府轉達府主，未審能至否？秉常可速入省謁彭，詳説其事，或士友中能扶持公道。秉常其盡心焉！事始末，問公學。二十八日，章書。

四

辱書，見勉勿斷酒肉，扶養衰軀，真情苦語，足仞拳拳。頃者，賴諸友之助，先妣得安小廬山之兆，即日塋封甫畢。遣人去采藤縣木，爲祭享之室。立祭田、求墓誌事皆不可缺，又不知人子思慕其親而欲報之，大者安在耶？限於分、困於財，蓋亦無可議者矣。到京，見定山先生、潘時用、姜主事，問我，以是告，餘不敢囑。别紙所議禮，想是。但老朽檢閲未得，且置之。病畏多言，念吾子遠别，聊復此耳。途次見東山劉都憲先生，告厓山慈元廟成，甚完好；因以先母訃告，某在病，不具疏。

與崔楫 先生門人

承示諸作，見意思。始者，期民澤九月入羅浮，四百仙峰依舊見之，但不在脚底耳。來喻不忘在學，幸甚。但恐進退未決，不立背水陣，終難勝敵。希説勉之，歲月不待人也！李子長落水羅漢，吾輩皆旋渦佛耶？何故無一人救之？豨薟草果神效〔一〕，當求識者致之。感掛意，某復希

〔一〕「豨薟」，原作「稀薟」，據高簡本、黄之正本、碧玉樓本、四庫全書本改。

説秀才。〔二〕

二

某疏：不意先府君奄忽傾逝，衰病多遺，不時奉慰，罪罪。比日寒甚，想孝履如宜。棄禮從俗，壞名教事，賢者不爲。願更推廣此心於一切事，不令放倒。名節，道之藩籬。藩籬不守，其中未有能獨存者也，老拙所見多矣。願希説勉之。〔三〕

〔二〕「某復希説秀才」後，林齊本、蕭世延本有「弘治丁巳秋九月二十日」十字。

〔三〕「願希説勉之」後，林齊本、蕭世延本、白沙文編有「弘治癸丑臘十二日，某疏上」十一字。

卷之三

書二

與伍光宇

昨晚景雲歸，具悉老兄動定，某通夕爲之不能寐，覺得老兄此病，非止疾痛之爲心害。心寓於形而爲主，主失其主，反亂於氣，亦疾病之所由起也。今人惟知形體之爲害，而不知歸罪其心〔一〕，多矣。心之害大而急者，莫如忿爭。夫有所不平然後爭，爭至於忿，斯不平之至而氣爲之逆，逆則病生矣。雖所致疾之由，寒暑、饑飽、勞佚失節居多，而此之弗謹，實吾自爲之，不可不知也。據景雲所説，老兄於此一項罪過，全未肯認，全未磨洗。縱疾痛不積於此，氣象所關，尤非細故。林緝熙所謂怡怡之説，殆亦忠告之言也，盍深省之？否則，未有入道之期也。不罪

〔一〕「其心」後，林齊本、蕭世延本、白沙文編有「者」字。

不罪。〔一〕

二

賤軀失養，百病交集。近過胡按察，請教以心馭氣之術，試效立見驗，但日用應接事煩，不免妨奪，工夫不精。今欲自五月一日爲始，以家事權屬之老母，非大賓客，令諸兒管待〔二〕。及光宇未復白沙，借尋樂齋静居百日，有驗即奉還也。光宇決策往青湖，則此屋亦須有分付，某將來却是東道，非僦屋人矣。呵呵！〔三〕

三

今晚叔貞兄弟過白沙，適有客遠方來，而賤疾又作，遂辭去。晡時，螟姪歸自南山，具審比日貴恙增劇〔四〕，皇恐皇恐。天果無意於善類耶？未可知也。陳後山之詩，一時人皆不好，獨山

〔一〕「不罪不罪」後，林齊本、蕭世延本有「某再拜。辛卯四月日」八字。
〔二〕「管待」，林齊本、高簡本、蕭世延本、白沙文編、何熊祥本、黄之正本、四庫全書本作「管得」。
〔三〕「呵呵」後，林齊本、蕭世延本、白沙文編有「辛卯四月日」五字。
〔四〕「貴恙」，原作「遺恙」，據碧玉樓本改。

谷與坡翁知之，卒能行於世，後山亦到今不死。夫苟有可恃，雖死可也，況未必死乎？不具。〔一〕

與陳德雍

某啓：清江之去白沙，幾山幾水。一夕，恍然與德雍先生葛巾青藜相值於寶林，拍手笑語，坐佛燈前，促膝嬉戲若平生，不知其在夢也。及覺，始悵然若有所失，即復閉目入華胥，尋向來所見，一恍惚既不可得，則又歎清江之去我遠，德雍今存亡不可知，況欲與之握手耶？某別後，況味如昨，但年來益爲虚名所苦，應接既多，殊妨行樂耳。平生只有四百三十二峰念念欲往，亦且不果。男女一大俗緣，何日可盡？雖云道無凝滯，其如野性難拗，尋欲振奮一出，又未能也。德雍老矣，頗復能記憶寶林昔日之言否乎？臨紙不勝悵惘。〔二〕

與李德孚

某聞古之廉士資送其子，有鬻一犬而足者。今犬之殖幾何？〔三〕貧者雖有百犬，不以資送鬻

〔一〕「不具」後，林齊本、蕭世延本有「辛卯月日，某白光宇侍史」十字。

〔二〕「臨紙不勝悵惘」後，林齊本、蕭世延本有「某頓首，辛卯月日」七字。

〔三〕「殖」，白沙文編、碧玉樓本、四庫全書本作「值」。

也，不鬻則耻之矣。耻非其所耻，何所不至？甚矣，俗之能移人也！别紙稱清門羅，某何敢不從？脱尚未免芥蔕人言，則莫若崇儉以導之，令盡去俗樣，異時資送之來白沙，必勿留一塵以累吾自然，幸甚幸甚。凡此一聘之費，大率不過十金。但如來教，則太近俗而惡無文，故以釵與幣易之，而侑以羊酒。不審以爲何如？

二

别紙乞恕專擅。聞老兄近復假館禪林静坐，此回消息必定勝常。耳根凡百所感，便判了一個進退，老兄今日此心比諸平時更穩帖無疑否？賤疾幸少脱體，但尋常家中亦被聒噪，情緒無歡。大抵吾人所學，正欲事事點檢。今處一家之中，尊卑老少咸在，才點檢着便有不由己者，抑之以義則咈和好之情。於此處之，必欲事理至當而又無所忤逆，亦甚難矣。如此，積漸日久，恐别生乖戾，非細事也。將求其病根所在而去之，祇是無以供給其日用，諸兒女婚嫁在眼，不能不相責望。在己既無可增益，又一切裁之以義，俾不得妄求，此常情有所不堪，亦乖戾所宜有也。[昔者，羅先生勸僕賣文以自活，當時甚卑其説，據今事勢如此，亦且不免食言。但恐欲紓目前之急，而此貨此時則未有可售者，不知如何可耳。老兄幸爲我一籌之。此語非相知深者不道，

惟心照。癸巳二月十三日，某拜德孚先生侍史。〔二〕

與潘、徐二生

去冬，得二生手書，半月置牀頭，日一展，展時一發歎。後生所急者何？後生所畏者何？轉瞬來，便都望三十四十，不自激昂、不自鞭策，將來伎倆又似拙者模樣耳，奈何奈何！蕭先生書報潘生近聘岳家甥女，可喜可喜。然自是轉多事矣。拙者正在不了中，自曉事者觀之，未必不以爲憂也。呵呵！〔三〕

與伍伯饒

有牛眠於此，意中了了而不能使人信，得伯樂一顧，增價十倍，甚幸甚幸！山人眼、家人夢、

〔二〕自「昔者」至「某拜德孚先生侍史」九十字原缺，據林齊本、蕭世延本、白沙文編補。（林齊本《白沙先生全集》，第五卷，第五八至五九頁；蕭世延本《白沙先生全集》，第五卷，第六八頁；唐伯元編次：《白沙先生文編》，第五卷，第三五頁）

〔三〕「呵呵」後，林齊本、蕭世延本有「壬辰五月十四日，石齋書」十字；白沙文編有「壬辰五月十四日」七字。

卜人卜，三事不期而合，復奚疑？謹此馳賀，餘不具。〔一〕

與林蒙菴

某啓：不聞問久矣，忽得手書，讀之恍若蒙菴之登我堂也。昔者，嘗一造蒙菴於京師則拜蒙菴，今思蒙菴而不見，見蒙菴之書則拜其書，如對蒙菴焉。嗚呼，可勝慰哉！賢者之愛人也期於德，不賢者之愛人也期於姑息。讀蒙菴之書，知蒙菴之愛我，亦如我之愛蒙菴也。雖然，有甚愛者，有甚憂也。蒙菴之愛我甚，其於人也則憂；僕之自愛則憂，其於人也則否。憂其憂，無憂人之憂，其亦有以異乎？蒙菴官于朝也，則行乎朝；僕之居山林也，則行乎山林。蒙菴欲以其道施諸人，僕猶未免於自治，其不能無憂一也，在己在人則殊耳。梁石、時可之憂在己者，而亦爲人憂；克恭則舍其在人者以自憂。是三人者，僕皆有慕焉，而其憂不同，又何怪乎出處之殊也？蒙菴所稱胡提學，亦如蒙菴之憂者也。彼其意以爲古之道不徵於今則人不信，不信，民弗從，是固憂時者之所圖也。其爲人也，雍容平恕，樂善而忘勢；其於僕也，有一日之雅焉。僕之得譽於提學，苟非其爲人之急，亦朋友相好之私耳，非提學之心本然也，蒙菴置之勿言可也。古

〔一〕「餘不具」後，林齊本、蕭世延本有「端午日，白沙某頓首」八字。

之爲士者，急乎實之不至；今之爲士者，急乎名之不著。周子曰：「實勝，善也；名勝，耻也。」僕竊願與諸公共勉焉。若夫往來音問之有無，各隨所感應之。宜疏，疏；宜數，數。不過乎情，不弛乎敬，惟當乎時義焉耳，此之謂《易》也。必曰「我無利乎彼，我勿言」，不可也。持此以廣蒙菴之意，何如？[一]

與何時矩[二] 先生門人

宇宙内更有何事，天自信天，地自信地，吾自信吾；自動自静，自闔自闢，自舒自卷；甲不問乙供，乙不待甲賜；牛自爲牛，馬自爲馬；感於此應於彼，發乎邇見乎遠。故得之者，天地與順，日月與明，鬼神與福，萬民與誠，百世與名，而無一物奸於其間。烏乎，大哉！前輩云：「銖

[一]「何如」後，林齊本、蕭世延本、白沙文編有「癸巳四月廿六日，某拜蒙菴先生閣下」十五字。

[二]「與何時矩」，原誤作「與林時矩」；白沙文編作「與何時矩」；林齊本、高簡本、蕭世延本、何熊祥本、黄之正本、四庫全書本作「與時矩」。經查，胡居仁《與羅一峰》云：「獲覩公甫《與何時矩書》，欣然喜其見道大意。然推之，其曰『天自信天，地自信地，吾自信吾』，又曰『微塵六合，瞬息千古』，只是一個儱侗自大之言，非真見此道之精微者，乃老莊佛氏之餘緒。聖賢之言平正切實，天雖知其所以爲天，而未嘗曰『天自信天』也。」（胡居仁撰：《胡文敬集》，《景印文淵閣四庫全書》，第一二六〇册，第一八頁）黄宗羲《明儒學案》之「白沙學案」，選録其中第一、第三兩信，將其題爲「與何時矩」。（黄宗羲撰：《明儒學案》，上册，第八六頁）兹據白沙文编以及胡居仁、黄宗羲之説改。

視軒冕，塵視金玉。」此蓋略言之以諷始學者耳。人争一個覺，纔覺便我大而物小、物盡而我無盡。夫無盡者，微塵六合，瞬息千古，生不知愛，死不知惡，尚奚暇銖軒冕而塵金玉耶？

二

某慰言：四月二十五日，得黎三報，悲惋連日。太夫人一旦厭世，時矩不幸遭此痛極，奈何奈何！今日之慟，昔日之思，何者爲怨？何者爲憾？縱浪大化，此往彼來，吾將校計其短長非耶？溝塡壑委，在我者一切任之，而獨留情於水菽非耶？賢者力行己志，惟恐一事不底於道，其能合於親者幾何？吾重爲時矩悲之。老病支離，不供走弔，惟强粥自大。不宣。〔一〕

三

禪家語初看亦甚可喜，然實是儱侗，與吾儒似同而異，毫釐間便分霄壤，此古人所以貴擇之精也。如此辭所見，大體處了了如此，聞者安能不爲之動？但起脚一差，立到前面，無歸宿、無準的，便日用間種種各別，不可不勘破也。拙和一首奉去，可一閲。更將《中庸》首尾緊要處沉

〔一〕「不宣」後，林齊本、蕭世延本、白沙文編有「壬辰五月三日，石齋書」九字。

潛，要見著落，却還一字也。獻章書與時矩。

四[一]

人須有遠大見識，方做得遠大事業。如爲學要積累，也須得二三十年，然後可望發越。若朝作而暮改，鋭始而怠終，方其發憤之初，意氣之盛，真若可以凌駕古今，平步聖途；及其衰也，志索氣餒，忽如墜千仞之淵，所守只是恒人。此無他，無遠大見識、又無積累歲月，平日激昂以爲之者，特一時好名之意氣耳，安能保其久而不衰耶？眼前朋友類此者多，其病在於心不寧静，無真實知見，故所學無味；亦是氣薄質弱、厭常喜新，其勢卒歸於廢弛。悲哉！

與謝伯欽

聞子酣於鬬矣，老衰無能爲援，請竭端末利害爲子籌之。知貪得之爲害，絶禍於未形，上策也；不役一錢、不損一人，以直道争之官府，失得付之於數，必不已而與之均焉，中策也；損財以争而家日耗，殺人以争而冤日積，僥倖錙銖難得之利，自遺鈞石不測之憂，此下策也。若能歸

[一] 此篇，據《白沙先生文編》補出，題爲「與何時矩」。（唐伯元編次：《白沙先生文編》，第五卷，第十至十一頁）

咎於己，舍之勿争，以分産悉推諸弟，清修苦節以立於世，如子才，不出十年，天下皆服其義而仰其德，令聞洋洋播於四方，輝光赫赫流於無極，視平生不得意處，如秋風之振木葉，零亂脱落無復芥蒂之跡，因敗成功，此又策之奇者也。諸策惟上策省力而易行，然已無及矣。其餘可否，更請擇之。〔二〕

二

葫蘆甚美，山厨得此，免乞憐之瀆，感感。聞近欲遷居木洲求静〔三〕，可喜可喜。然未若北角就田而家尤便也。韓子云：「恨入山之不深，入林之不密。」去煩入静，當亦有漸乎！未間，間來一話。

〔二〕「更請擇之」後，林齊本、蕭世延本有「某字與伯欽秀才。五月十九日」十二字；白沙文編有「某字與伯欽秀才」七字。

〔三〕「木洲」，蕭世延本、碧玉樓本作「睦洲」。

三

縣郭居第相連，遞年火患恒多，今北風日盛，當爲豫防之計，伯欽宜及此時就殯。如或拘泥風水之説，且移殯海山，然後圖葬可也。太夫人年高，舉履難，尤宜防慎。麾臨兄弟，將老朽此意再三申達太夫人前，明日舁轎子接來白沙，至開春還橋。在此在彼，老人亦何所不可也？區區不勝憂戀之至。諒之，裁之。

與潘舜絃

《儀禮》一書，訛缺板多，一經先生與黄大理手校，便爲完帙。野人平生際遇，未有如此奇者，敢不拜賜？空山深夜，兀爾一榻，撫卷即如對面，耿耿達旦。〔二〕

與庠中諸友

春初，承諸君枉顧，屬有哀事，既不獲披接，又不果以時還謝，多罪多罪。近按察胡先生過

〔二〕「耿耿達旦」後，蕭世延本、白沙文編有「九月二日，古岡某頓首舜絃先生閣下」十五字。

白沙，青燈敘舊之餘，輒及此方人士，惓惓以爲己之學望諸君，甚盛意也。某親領誨言，不勝感感。尋欲與諸君共言之，賤疾固未及，諸君方急於秋試，區區迂闊之談，恐難驟聽。然又不敢淺窺諸君，而謂吾言之無益而不言也。謹此奉瀆，萬一諸君之留意焉。〔一〕

與僧文定〔二〕

僧文定嘗參學四方，坐關於觀音山三年，蓋廣僧中之知名者。偶以事繫縣獄，慮是非之不見察也，懇予爲白之。予以邑主楊侯公明，必不妄加害於無罪之人。予嚴干謁人之戒，久不可破。文定從西方之教，苟有得焉，則能以四大形骸爲外物，榮之辱之，生之殺之，物固有之，安能使吾戚戚哉？示以是詩：一戒持來三十年，何曾長揖長官前？山僧若有西來意〔三〕，不把形骸乞世憐。

〔一〕「萬一諸君之留意焉」後，林齊本、蕭世延本、白沙文編有「某再拜庠中列位俊游。辛卯月日」十三字。
〔二〕據内文文字，此篇似非書信，而爲白沙先生與僧文定之詩並序。
〔三〕「若有」，林齊本、高簡本、蕭世延本、白沙文編、何熊祥本作「若了」。

慰馬默齋喪子

吾子得數之奇孰與孟郊？孟郊産三子，哭之連日，今吾子之哭凡幾？抑又有不盡同者焉。郊爲詩盡泄天地鬼神之秘，而不爲造物所予，不知其後何如？吾子厚積陰德，終必有鳳雛麟種降爲家寶〔二〕，此未足深惜也。

慰鍾五

令兄竟爲泉下客矣，足下當甚悲痛。令兄今生幾何矣，眼中如此逝者不少，又何足怪？但人未死前一日，誰肯信著此事？終日勞勞而不自足，及至死時便無可主張，亦可悲也已。拙疾，末由奔慰，謾往此紙，惟足下亮之。〔三〕

〔二〕「終」，原作「於」，據林齊本、高簡本、蕭世延本、何熊祥本改。碧玉樓本作「殆」，四庫全書本作「知」。

〔三〕「惟足下亮之」後，林齊本、蕭世延本有「六月十二日」五字。

與林時表

時表而代而父侍奉太夫人几筵，何得舍朝夕奠而來應試？老朽聞之，竟日不樂，欲致一書，計已無及於事，遂不果。比發去兖州訃否？褒弟去冬死北京，果然惜哉！適得尊甫翁濟寧四月望日發來手書，進退不能無遺憾矣，奈何奈何！老母塋封甫畢，未由遣人致慰，幸亮區區。

與金都憲

某啓：敝居與嘉會樓相邇，當道東西行部往來過此，某得以扶疾見之，誠嘉會也。始者，熊察院寄斯名於斯樓，富哉意乎！作記者宜因有所發，非專爲某也。比兩辱手書，屬筆於定山先生，竊惟執事尊德樂道之心，充内達外，盛矣哉！不肖何足以當之？瞻奉無由，豈勝馳戀，謹奉啓布謝萬一。歲書自周都司來者十摺已領，不別裁謝。某頓首都憲金大人先生執事。

與沈都憲

孤哀子陳獻章啓：章不幸今年春中老母棄背，憂病相持，不復知有人世事。承差來辱手教，示以石刻清詞，兼致多貺，感怍無量。前所付白洲先生書物〔二〕，一一拜領。承録示晦翁、南軒古詩令作跋，此驥尾之附，孰不以爲榮？白洲亦嘗以一簡申命，章何敢忘之？尋聞執事握憲節往鎮鄖陽，無的便，因循至今。哀苦之餘，無由具答，知罪知罪。儻猶貸之以日月，庶幾除服未死之年，一附姓名於二先生真蹟之後，幸孰大焉！制中不多及，伏乞台照。獻章再拜都憲沈先生舊契執事。

與金方伯

比聞有巡撫江西之命，已令犬子候行。今日承差送到手書、年曆，一一拜領，感承感承。欲請東白先生記文，足見當道留意斯文之切。某何幸挂名於此，感怍感怍。聞旦夕就道，更不遣告謝，恐勞尊答。伏乞垂照。

復陳方伯

近得手教，復辱多貺。拜感拜感。役人回，謹此申懇，此後更不遣人上謝，懼煩尊也。録來

〔二〕「付」，林齊本、蕭世延本作「附」。

徐察院文字，僕知之久矣，不欲辯也。《道學傳序》中「支」字誤刊作「交」字，乞改之。子弟輩聞公刊此書，傾想如渴，不知可更惠數本否？干瀆不罪。

二

聞行李將入京，弗獲躬送，豈勝愧戀之至。賢人屈伸在道，公所存，憂樂安能奪之？唯萬萬自重。

與熊方伯

執事不以僕微眇，收之廣愛之中，爲貺大矣。聞將入覲，衰病之餘，不能二百里外走送，其於瞻戀，無任下情，謹具手啓，託周貢士爲致區區於左右，惟公亮之。别紙書近作四首一韻，適飲酒之言，封去用博一笑耳，非以是爲餽也。某再拜。

與鄧侍御

承寄示《論孟古義》，讀之炳然可愛。此公長於造語，發揮殆盡，有神采，脱去時俗凡陋，真佳作也。使今之爲舉業者能如此，亦何害其爲時文也。文章與世運升降，孰能留心於此乎？微歐公，則天下不知有韓退之，侍御可謂有功於君舉矣。拙詩見意。

復孫清戎

陳獻章肅啓：頃辱過臨，執事屈内臺之尊，下顧漁樵之地，光塵一披，寵章疊至，感之愧之，多言不足謝也。即日使來，承惠年書。卷端之題，不敢作難。近者，逼於我藩憲諸公之命，作吳主簿、王樂善先生數絶句，雖非挽詩正體，故戒僅存，然實非得已。眼花手戰，爲血氣所動，所作字鹵莽甚矣，至今愧之。向奉去卷子，但令兒輩録上拙詩，非某自書也。伏計執事離省日期尚遠，見委筆札細事，或可補於將來也。大抵年踰七十，宿疾在躬，百凡不可牽勉，亦理之常然耳。

慰王侍御疏

陳某疏：廣東之民未知憂上之憂，蓋感德政之所被，一聞罔極之哀發於左右，遠近驚怛，不能已已，況有半面之雅者乎？兩月前具一慰疏，以俟周生趨省之便，非不及時也。恭惟執事孝愛出於其性者與人異，而又阻於官守，不即奔赴几筵，神往形留，何以堪處？日月不居，春復夏矣，不審自罹荼毒，氣力何似？某久嬰疾病，無由奔慰，悲繫增深，謹奉疏。不宣，謹疏。弘治戊午夏日月朔，某疏上侍御王先生大孝苫次。

復林大參

章啓：李從事來，得書，具審比日途次有望家之喜。雖以先夫人之憂存乎心目者未盡，釋然之情與日俱作。勉菴別駕平生故人，倏爾傾逝，俯仰今昔，悵如之何？頃者去五羊，章不能力疾一送，罪過千萬。今寵之過厚，下情無任皇恐感戀之至。謹此敘謝，伏乞台照。

復二司狀

某狀：某謹以此月八日葬亡妣于白沙小盧山之陽，在碧玉樓東北，相距僅數十步耳。伏荷仁慈遣使來祭，寵之以雄文，周之以厚賻，存殁皆被其光華矣。別紙慰祔丁寧，尤見平生眷意之厚，下情不勝哀感之至。虞祔之間，塋封未畢，末由號訴，謹奉狀。荒迷不次，謹狀。〔一〕

復周廉憲時可疏

孤哀子陳獻章稽顙言：昔先妣禍變之來，由不肖孤罪積日深，爲天所厭故也。是尚忍言

〔一〕「謹狀」後，林齊本、蕭世延本有「四月十八日，孤哀子陳某稽顙再拜狀上大方伯暨列位老大人執事」二十七字。

哉？謹以四月八日奉柩藏于所居屋後小廬山之原。章衰羸空乏，强勉臨事，不稱其心，徒有哀痛而已。即辰，遠枉書賜，拜領訖。祭文以俟月日，具祭饌先妣墓前讀之，以宣揚高誼。章無任哀感之至。頃聞榮進觀察使，但存心賀。往歲亦嘗妄意仙舟往還蒼梧，或冀一過之便。今則所任愈重，瞻奉不可涯矣。無由號訴，謹奉疏。荒迷不次，謹疏。〔二〕

二

疊紙徒悉雅愛，往往欲答，輒無可語。十數年來，人遠事殊，非惟拙者罷論當世，即如稱述前古高岡遠流、振衣濯足許事，閣下諒亦厭聽。平生進退、憂樂兩言，自餘無可縷縷。若夫言離索、問起居，此彼往來，日瑣瑣只亂人耳，亦不欲道，惟照亮。〔三〕

〔二〕「謹疏」後，林齊本、蕭世延本有「乙卯九月二十八日，獻章疏」十一字。

〔三〕「惟照亮」後，林齊本、蕭世延本有「壬辰五月日，古岡陳某再拜時可銓曹」十五字；白沙文編有「壬辰五月日，古岡陳某再拜」十一字。

答蘇僉憲疏

亡妣不幸傾背，章以垂暮之年罹兹罔極，實以不克葬爲懼。尋於小廬山住舍之旁，力疾襄事，幸不即死。猥辱當塗之賜，下慰窮谷之舊，章無任哀感之至。孤忱誰通僻遠？忽於七月盡日疾作中風，左手足不仁，起倒勃率，常若坐大浪中，寸步不能自致。每憶垂愛之仁，久妨裁謝，如負芒刺。諸兒姪在前，一無可委筆者，秋云暮矣，媿如之何？恭惟執事，愛我則真，知我則舊，衷曲布陳，奚傷率略？謹奉疏不宣，謹疏。〔一〕

答祁方伯

某啓：處疾年多，諸往返書問不及者十常八九，非忘之也，惟執事能亮之。頃者一疏之慰，禮有所專，情罔攸遺。亡妣不幸傾背，在乙卯二月十六日。大懼暮齒弗克襄事，百凡拘忌，一切掃去。窆壙于住舍之旁小廬山，塋封粗訖，重勞慰及。比者復辱手教，前後眷愛之私，可見於此，某何德以堪之，愧感愧感。某於七月末間疾作中風，手足痿痹，不時布謝。恭惟執事望重位

〔一〕「謹疏」後，林齊本、蕭世延本有「弘治丁巳八月二十又九日」十一字。

尊，姑以一鄉言之，如是者幾人，抑非但閭里一日之光而已。近見陶邦伯諸公座間稱長者，執事誠足以當之，名爵之褒，其可量耶？無由瞻奉，謹奉啓，不宣。〔二〕

與陶僉憲

某忝知末，十餘年間，恩德所被，至爲稠叠，微賤未有一髮之報，慙負慙負。頃者，辱兩顧白沙，寵以厚貺，仰惟盛德，意出於愛士之誠至此，堅辭弗許，曲聽鈞裁。遥望仙舟，畏風，造謝弗及。下情區區無任瞻戀之切，不具。〔三〕

與孔憲副

曩者，伏承枉駕白沙，逮今三年，未能造謝，誠愧誠懼。兹聞霜車西來，旦夕將經下邑，區區幸見之情，疾於飛羽。第以風疾彌延四體，困憊殆極，不可牽勉。令門生專候，至日敷此忱。伏

〔二〕「不宣」後，林齊本、蕭世延本有「謹啓」二字。
〔三〕「不具」後，林齊本、蕭世延本有「某頓首」三字。

惟照亮，不具。〔二〕

二

野人耕桑以爲業，得一小録即奉置高閣，以俟兒輩之長，顧未有以昭彰高德之惠者，感悚，感悚。使回，謹此申謝。詩卷跋尾録在别紙，淺陋語不欲點污卷尾，故不書。某頓首。〔三〕

三

某不謹，孟浪一跋。某自度何等腐爛語，惟公固命之，某何敢以賤姓名託於左右。臨紙不勝愧悚。謹啓。

與大參元善

七月十四，昕來，獲手書，兼領賻惠不一，憂病中承眷愛厚矣。秉常每見勉酒肉扶養，李白

〔二〕「伏惟照亮，不具」後，林齊本、蕭世延本有「五月七日，部民陳某頓首」十字。

〔三〕「某頓首」後，林齊本、蕭世延本有「憲副孔大人閣下」七字。

洲方伯屢書示慰，不肖孤何以致故舊之惓惓如此？仰伊之懷，無任哀感之至。自去年四月八日，小廬岡塋封粗畢。今年正月，遷先君墓來與先妣同藏在所居碧玉樓後，以便子孫世守，餘非所論也。感元善愛我，謹以布聞。病軀大略如李白洲之言，然恐未即死，但極羸耳。旦夕西行，果能迂一日程至白沙握手一别耶？瞻奉有期，何勝悚戀！〔一〕

與某嶺南道

某啓：病寄丘園，老去惟有歲月耳。足下何稽畀之歌詞，況於書札？玩物能喪人之志，足下反爲之增價耶？感怍感怍。細葛二端，專使千里，老朽何德以堪之？從事言足下發此書時，履任才一二日也。足下修古循良之政以及海濱之民，是在足下。周憲長平生故人，何由復見之？李世卿即日還武昌，今少留白沙。此紙託世卿爲書，制中言不能悉。

復鄧僉憲

某衰病不出，末由進見。即日賢郎公子持手諭過白沙，兼致西厓閣老之惠，拜感拜感。數

〔一〕「何勝悚戀」後，林齊本、蕭世延本有「孤哀子某稽顙」六字。

年來習懶成癖，且退者之分。京華故舊知其如此，不責往還書問，非一日矣。執事因書北達，倘未以爲罪，及一言，幸甚。〔一〕

答張太守兩山先生 名璜

千里勞人，惠以羊酒，顧某不德，何足以當之？令子詡文章五色，有翔于千仞氣象，敢以是爲公賀。陳獻章再拜復太守兩山先生執事。奉去《大忠祠碑》一道。

與姜主事仁夫 先生門人

十數年間病廢往還，亦只是懶耳。遠者每以口問代報狀。仁夫知我深，想必不訝。近得緝熙書，中間報仁夫近出淮上理刑，遭罹家患，伉儷子婦之哀先後疊至，存者孤弱孫耳。奈何堪之！某罪積日深，得禍彌重，今年春老母傾背，毁瘠不知，與死無異。曩見屬先公墓文，歲嘗具一草未脱，因循至今。儻未即死，當卒不負言也。里生陳紹裘赴春闈，囑其過淮上一見，附此，自餘問紹裘可知也。瞻奉無由，惟冀以道處情，勿爲無益之悲，以慰區區。不宣。

〔一〕「幸甚」後，林齊本、蕭世延本有「章頓首憲府鄧大人執事。六月十日」十四字。

復李太守

某以多病居嶺海之間，接人無多，惟平生於端陽一郡比他郡最爲親厚，若有夙緣，非人力所布排也。凡今四方賢大夫宦遊其地者，皆嘗得向往其風采而接其音塵，幸甚幸甚。魏先生來，承書問珍貺不一，感怍可言。魏先生回，草率布此下忱。久病痿痹未脱體，不能具大狀。伏惟黄堂李先生大人洎别駕程先生執事通乞一照，恕其不謹。餘俟他日面既。〔二〕

與王太守

部内陳某肅啓郡尊黄堂大人執事：某久病山林，無裨當世，誤承厚愛，貺以殊禮，揣分實踰，然而不敢辭謝者，上下之體嚴、德禮之感深也。某與周生通家舊，非一世矣。執事雅望在人，平昔所存之正、所積之厚，某得之周生者舊矣。久病在牀，無由走謁，罪過萬千。周生今在京師，遠托造化之仁，内外各安，拳拳戀德之私，想亦無日不在左右也。側聞新歲以來，郡政過勞，頃刻萬端，日不遑食，或至二鼓不得就寢，起居欠佳。某欲進拜郡庭，爲一郡生靈謝，久病未

〔二〕「餘俟他日面既」後，林齊本、蕭世延本有「己未七月廿六日」七字。

能出户，下情無任感戀之至。謹具啓，用申下忱。手戰，作寫不謹，伏乞台照。〔二〕

與陶提舉

與公別且三載，無日不懸懸也。頃者過白沙，薄分不得走舟次奉迎，到今爲恨。前此風雨中，承仲氏僉憲枉顧，青燈綢繆，無所不話。自念支離之人，徒知閉户，甚無補當道往來之勤，皇恐皇恐。專使馳此，以代面謝。惟照亮，不具。

與陸通判

病中聞旌馭在邑，不得往候爲愧。推府胡先生偶以事被拘，當道愛惜人才，想蒙矜宥。田野之民旦夕懸仰，而未聞得離憲獄，甚皇皇也。伏希垂示。〔三〕

〔二〕「伏乞台照」後，林齊本、蕭世延本、白沙文編有「弘治己未正月望，陳某頓首」十一字。
〔三〕「伏希垂示」後，林齊本、蕭世延本有「某再拜」三字。

復高别駕

辱書兼拜書帕清貺，感感。某自去秋感冒，手足不仁，至今未能脱體。附來紙未即奉復。〔一〕

與劉别駕

孫少參昨過白沙云，爲别駕處其去就甚至。近聞林待用憲長致仕疏才上即解任還家，决去者如是耳。恃愛饒舌，不罪。

二

某頓首疏：亡妣荷先帝天地之仁，不肖孤遂得請歸，十又二年于兹，雖無鼎食之養，亦有水菽之娱〔二〕，詎料其奄至此極耶？已於四月八日奉柩藏于碧玉樓之北山，迄今塋封畢矣。某善行不修，徒竊虚名于海内，爲造物者所惡，禍延老母，尚忍視息於天地間耶？伏蒙手疏，兼致奠儀。

〔一〕「附來紙未即奉復」後，林齊本、蕭世延本有「章再拜」三字。

〔二〕「水菽」，碧玉樓本作「菽水」。

比者道路阻難，以愛我之私，勤人於遠，愧感可言。末由號訴，謹奉疏。荒迷不次，謹疏。

與黄别駕

陳獻章啓：承惠牲米，感感。老身在病，小兒應秋試，乏人走謝，謹奉啓。七月八日，陳獻章頓首。

答雷别駕

承差人送到施公子書帕外，别駕另具書帕，一一領訖。在喪，恕不答簡。六月初九日，孤哀子陳某稽顙復。

與林節推

總督府惠物，一一照領，别具狀附便上答。名酒本佳貺，在執事尤爲難得，謹令犬子陳景易詣謝。制中不多及，伏乞台照。〔二〕

〔二〕「伏乞台照」後，林齊本、蕭世延本有「七月十三日」五字。

九日答丁縣長

公遇節補會，亦可笑也。惠來鵝酒，與馬默齋喫了。必有佳作奉呈。某今日爲誠菴先生制服，略無好況。公他日必欲補會，僕亦爲公補詩也。

二

昨夕燈下譜稿成，以示黄秀才首肯，未審尊意以爲然否？謹録上正之。秋且暮矣，公決去否耶？《三江漁樵序》恐不得矣，呵呵！

與蒙知縣

某啓：病中聞人語輒灑然忘之，必有異乎人也。所得如此，所感可知矣。老朽何以報執事萬一耶？無由造謝布忱，謹奉啓，不宣。

與順德楊明府

使至，辱手教，貺以年書、羊、酒，感怍無量。東白先生、舒秀才書已領。東白，平生故人也。

明府出其門，不待傾蓋而知其人矣。制中不多及。

與莫知縣

封川近地，某老病不出，明府限於官守，遂無相見之期。曩辱手教，惠以炭漆，感感。某時在制中，久稽裁謝。兹者顧別駕使來，具悉宦況安好爲慰。諺云「過後思君子」。方在新會時，百姓未以明府之去留爲欣戚；去之封川，然後懷之不置。安知今日封川之民，不如昔日之新會乎？山村寂寞，無物可以將誠緘附來使轉達，道意而已。不多及。

與韓知縣

某啓：辱顧不報，知罪知罪。執事前在敝邑，日月不多，未究所藴。去之順德，雖云異治，固尚在此郡之内，接響絃歌，回春嶺海，僕未能絶望於左右也。末由進謝，謹此馳瀆。不具。〔二〕

〔二〕「不具」後，林齊本、蕭世延本有「辱某頓首韓侯執事。辛卯月日」十二字。

與黎知縣

區區憂病之餘，日有事於祖禰。始者，竊聞左右遭不逞之誣，尋又有伉儷之憂，欲致一書奉慰，多累弗果，因循至今，愧罪愧罪。頃聞差人護喪歸江右，哀念久當漸平。吴長官有譽於前，亦且不能免於多口，人所遭固有數耶！謹令犬子詣府下布此區區，伏乞垂亮。

二

某疏：某鄰封之野人，兹以先妣之塋未封，親屈明府舟從于白沙，奠有高文，弔有厚賻，不肖何德以堪之？憂病相淹，末由匍匐拜府下，無任哀感慚負之至，謹奉疏。荒迷不次，謹疏。

與蔣教諭

違闊久矣，緬想清顏，如在夢寐。許巡檢回，遠枉詩尺兼致絲綿之惠，感感。不肖孤久病支離，屬以老母傾背，毁瘠日增，與死無異，寧復有毫髮外慕作世間夢耶？恭惟縣博廣文先生坐函丈、誨多士，位雖極卑，道貴無忝，蓋自有樂地也。瞻望未由，惟冀萬萬以時自重。

與朱甘節

去秋別去，不審何日至桂陽？久不聞一耗，甚懸懸也。鄧俊圭今遣家僮來，問桂陽事，不知；俊圭書中亦惟云「寄到老大人輓詩」耳。不審比來履况何似？令伯母夫人洎諸昆季，想皆納福勝常。道遠無一便，不得數奉問，媿罪媿罪。李世卿首夏自嘉魚來訪，今尚留白沙與之語。甘節真知人哉！俊圭擬冬春間會白沙，貴札可付來也。餘不及。〔二〕

與黄舉人

克仁久在制中，某老病支離，不堪走弔，而自杪秋感冒痿痹，逾半年未嘗一近筆硯，手疏亦廢，知罪知罪。不審自罹荼毒至此，氣力何似？希顔兄近會亦不數，音耗闃然，如隔萬里，良可慨也。謹此上問起居，不宣。〔三〕

〔二〕「餘不及」後，林齊本、蕭世延本有「弘治元年八月二十九日，陳某再拜」十四字。

〔三〕「不宣」後，林齊本、蕭世延本有「謹啓」二字。

與何廷規

竹牕先生壽老母詩，何忠愛爾耶！李氏、倫長官、吳斗南、何子有暨未面諸進士先生咸有作，感慰無量。謹此謝。〔一〕

與鍾百福

近來濟寧，會潘留鶴先生，益知吳錦衣之爲人矣，獨恨未得一面耳。百福在江湖多交好人，李承恩旦夕當見。前在平江，辱知待之厚，皆百福所賜，知感知感。道途所經諸拙作，乏楮，不能盡録。《莊敏廟》詩用百福意，不必盡莊敏，但各指一事微顯闡幽，取其大者耳。拙作寄奉，録在别紙求教。舍姪未至，姑少俟灣上，數日後方入城。去就既定，五六月間或再與百福會淮上，又幸也。不多及。三月二十三日寓張家灣，鄉末陳某再拜百福先生鄉契。淮中諸相接人，乞一一致意爲感。

〔一〕「謹此謝」後，林齊本、蕭世延本有「某再拜」三字。

二

連遣人候百福於玉河橋，昨晚乃知北城之寓，不審何日入城也。拙疾拘綴，不得走總戎府下，戀德之忱形於詩，百福從容語及之，至懇。一二日能一過僧舍否？懸望極矣。某白。〔二〕

三

百福鄉契：長路相思，如共堂席。僕踽踽無補於時，惟百福豪宕磊落，無適不可。林緝熙、張廷實近過淮，想共抵掌一笑。前有拙稿并雙履封留於總戎所，清視爲榮。平江三公子恨失一會，爲致此懇。張仲諸揮使通爲申忱。賤疾未平，勉從紙筆，不多及。〔三〕

四

今日行李着舟，以某百户未至不得發，專使馳問來否。河流將凍，歸心如火，此使還即發舟

〔二〕「某白」後，林齊本、蕭世延本有「百福鄉契」四字。

〔三〕「不多及」後，林齊本、蕭世延本有「十二月初九日，陳某再拜」十字。

矣。十九夜，郭縣舟中秉燭簡上百福先生〔二〕。某再拜。

五

渴想一敘，適令舍姪造請，今晚或明日得一顧寒寓，至禱。某又言，嘉貺足感多愛。

與馬玄真

趙壽卿助建丁明府祠，又捨田十二畝以供祀事，與厓山破百數金作慈元后廟，乃其素心。諸友咸爲賦詩，謁世卿文以賀之。非徒見作廟之人，實以表前令之愛於無窮。在足下宜有高作，非專爲趙生也。不可不告，惟尊裁。

答易隱求

累歲辱魚苗之惠，所耗多矣。感作感作。今此所與復萬餘尾，畜之小池，得無口衆食寡之患乎？老拙不善謀生，如此者非一日，方欲求濟於仁者，而暇爲蟲魚憂哉？呵呵！細茗尤佳惠，

〔二〕郭縣，當爲「漷縣」之誤。漷縣，明時屬北京通州。

愧無以報。

與容彦文

蒼頭來，具詢尊翁貴恙比舊又增，懸切懸切。病軀不可動，兒輩近營書舍，忙甚，未得遣問，愧何如也！畫松未題寫得，俟後取。章白。

與容珪

某小恙不足慮，旦夕耿耿，正爲璿憂耳。得此耗，甚喜甚喜。但須仍以小愈爲戒懼，尋醫合藥檢方，凡百可以療此疾者，悉心圖之。至囑至囑。〔一〕

〔一〕　此信，林齊本、蕭世延本既見於「書簡」，又見於「題跋」。（林齊本《白沙先生全集》，第五卷，第五三頁；第十卷，第八頁。蕭世延本《白沙先生全集》，第五卷，第六一頁；第十卷，第六八頁）又「至囑至囑」後，林齊本、蕭世延本有「壬辰二月二十八日，書付容生」十二字。

二[二]

瘠疾何如？昨晚聞頗增劇，甚懸懸也。某自五羊歸後，厥疾又作。比日正畏風，不能跬步，日夕緣此作惡，奈何奈何！若有便，但勤報札爲感。聞此疾發萌於前日舟中，區區不勝愧歎之至。壬辰三月二十日，書付容生。

與琴月先生

病者馮税興求療於華扁門下，恐不得進，假僕爲先容。公必以濟人爲心，此亦可濟矣。章白。

與陳剩夫

穹壤百年，極欠一會。某自春來得厥疾，一卧至今，武夷之遊遂成虚語。比者奉手教，慨血

〔二〕 此信，底本原缺，兹據林齊本、蕭世延本補出，原入「題跋」。（林齊本《白沙先生全集》，第五卷，第十卷，第八頁；蕭世延本《白沙先生全集》，第十卷，第六八頁）

肉之爲累，念歲時之將窮，引領南闉，魂爽飛去，是以不能默默託於呻吟而廢裁答，用布匪朝之忱於左右也。某頓首華宗布衣先生侍史。

二〔二〕

僕自北京與梁石輩游處，見語盛德，每惜不得一面。去秋，經過洪都，因訪張内翰廷祥，留宿，語先生所以告内翰者，某才一二聞之，又恨不能詳也。今忽拜承手書，許以枉顧，良用慰沃。顧僕年少，何敢屈先生遠來？開春擬携一二同志東遊羅浮，歷惠、潮，達閩，訪武夷故址，尋有道者之廬而請問焉。先生倘未他出，僕更不牽制餘意，但老母粗康、賤軀無疾，決不負此遊也。書既稱舊歲連得周進士書，而先生之問乃爾，豈無一語及僕平生出處、志願耶？僭瀆不罪。

復錢驛丞

某疏：足下限於官守，不遑下弔，遠枉香幣致奠于亡母几筵，某不勝哀感之至。虞祔之間，

〔二〕　此篇原缺，爲白沙先生集外文，兹據《布衣陳先生存稿》補出。（陳真晟撰：《布衣陳先生存稿》，《續修四庫全書》，上海古籍出版社，二〇〇二年，第一三三〇册，第三八〇至三八一頁）

塋封未畢，不知所裁謝。慙負益深，末由號訴，謹奉疏。荒迷不次，謹疏。〔一〕

答諸廣文

某疏：一瓣香、一端帛，交於未識面之前，不肖孤所不堪，况奠文之盡美耶？某謹以此月八日奉葬亡妣于小廬山之陽。虞祔之間，塋封未畢，不知所裁謝，某無任哀感慙負之至。末由號訴，謹奉疏。〔二〕

與林友〔三〕

殘疾與陰陽消息〔四〕，今日風雨，輒不可動。吾兄遠來，而章連數日不得接見，知罪知罪。時矩可與共話，吾兄但降心氣受之，則無不有益。〔五〕

〔一〕「謹疏」後，林齊本、蕭世延本有「月日，某稽顙上疏」七字。

〔二〕「謹奉疏」後，林齊本、蕭世延本有「荒迷不次，謹疏」六字。

〔三〕「與林友」，白沙文編作「與林君」。

〔四〕「殘」，白沙文編作「賤」。

〔五〕「則無不有益」後，白沙文編有「章白林兄侍史」六字。

二

學勞擾則無由見道，故觀書博識，不如静坐。作詩鍊語，尤非所急，故不欲論。

三

地理之説，有專主凶吉應驗言者，術家是也；有專闢吉凶應驗言者，東萊是也；有雖知吉凶應驗之理不可無，而不泥於其術者，程子是也。據愚見，術家專取必于術，故其説泥；東萊專闢其術，故其説偏；不若程子謂神靈安則子孫盛，以土色草木占地之美惡，則既不遺乎地理，而又不眩乎吉凶，如此方爲通論。至朱子師友之間，論議尤多，大抵本程子之説，而又兼取術家所長，地理至是無餘藴矣。今若以術家卑陋，盡廢其説而不問，則前輩初無是也；必以其言吉凶應驗差舛而疑之，則亦必有至當之論。愚以爲吉人得吉地〔二〕，吉地獲吉應，此常理也。若凶人得吉地，吉地獲凶應，譬諸僭僞篡奪，雖得之，必失之。當其始謀之遂，便如得吉地、獲吉應，及

〔二〕白沙文編無「爲」字。

其卒也，凶殃隨之矣。故有始吉而終凶，宜吉而凶，宜凶而吉。以此推之，術家之説雖泥〔一〕，然亦不可謂全無此理也。章白。〔二〕

答戴惠

先王教民以耻。在禮：「未成婦不廟見。」故三月而後廟見，古禮也。今禮以婦歸之明日見舅姑，次見内外尊長，親戚卑幼皆來見，猶之可也。夫拜於前，婦拜夫後，又令於各位前致幣，男女混然無别，大可耻也。世俗習以爲常，無或有非之者。

復汪侍御疏〔三〕

某狀：侍御以杯酒之奠當束芻，而文復過之，聞者莫不咨嗟興起，其有裨於風教大矣。顧愚何足以當之！亡妣已於此月八日葬于小廬山之陽。虞祔之間，塋封未畢，少稽裁謝，下情不

〔一〕「雖泥」，白沙文編作「誠泥」。

〔二〕「章白」，白沙文編作「章白林先生侍史，九月十二日秉燭書」。

〔三〕此信，底本原缺，兹據林齊本、蕭世延本補出。（林齊本《白沙先生全集》，第四卷，第一九至二〇頁；蕭世延本《白沙先生全集》，第四卷，第二一三頁）

勝哀感皇懼之至。謹奉狀，荒迷不次，謹狀。月日，孤哀子陳某稽顙百拜狀上御史汪大人臺下。

答張汝弼〔一〕

康齋以布衣爲石亨所薦，所以不受職而求觀秘書者，冀得間悟人主也。惜宰相不悟，以爲實然，言之上，令就職，然後觀書，殊戾康齋意，遂決去。某以聽選監生薦，又疏陳始終願仕，故不敢僞辭以釣虚名，或受或不受，各有攸宜爾。

與謝元吉〔二〕

人心上容著一物不得〔三〕，才著一物，則有碍。且如功業要做，固是美事，若心心念念只在功業上，此心便不廣大，便是有累之心。是以聖賢之心，廓然若無，感而後應，不感則不應。又不

〔一〕 此篇，據《白沙先生文編》補出。（唐伯元編次：《白沙先生文編》，第四卷，第五〇頁）張詡《白沙先生行狀》亦有此篇文字。

〔二〕「與謝元吉」四篇，據《白沙先生文編》補出。（唐伯元編次：《白沙先生文編》，第五卷，第九至十頁）

〔三〕「容著」，《明儒學案》所引述作「容留」。（黄宗羲撰：《明儒學案》，上册，第八五頁）

特聖賢如此，人心本來體面皆一般〔二〕，只要養之以静，便自開大。

二

氣質美者固是美，然不純，所以又有學以填補之。如勇者多强其所不知以爲知，强其所不是以爲是，若能充之以廣大、養之以和平，去其勇之病，全其勇之善，何遠不至哉？

三

沮溺接輿輩，後人溺於富貴者見孔子道他不是，却以藉口，如何得他首肯？他雖偏過於高，後人偏淪於汙。他猶不失爲「漸」之上九，後來藉口者却是「晉」之九四。一則鴻漸於逵，一則晉如碩鼠。鴻也，鼠也，何異雲泥之相隔耶？

四

先正謂無天下盡非之理。修己者當自點檢，直到十分是處，不可强執己見，惟在虛以受人。

〔二〕「體面」，《明儒學案》所引述作「體段」。（黄宗羲撰：《明儒學案》，上册，第八六頁）

與易贊書〔一〕

頃歲，東白徵入京師。比歸，遺予書曰：「在山遠志，出山小草。」此言出處不可不慎也。東白官翰林，未四十致仕。天下慕其早退，以比宋之錢若水可也。等而上之，識者尚未知處東白於何處。信乎，君子立世，始終一致，不離乎道，足以追配古今無愧，誠難也。余嘗以觀古今，人凡有愛，必先自愛其身，然後可以推己及物。《易》曰「安土敦仁，故能愛」，否則，未見其能愛也。雖然，君子立身之大節、出處進退之大防，亦不可不聞也。君愛菊，以菊主卷索題，余念君之志不在利，聊相爲言之。弘治己未秋，陳獻章。

〔一〕此篇原缺，爲白沙先生集外文，阮榕齡據《鶴山縣志》録入所撰《編次陳白沙先生年譜》「弘治十二年己未」條。（阮榕齡撰：《編次陳白沙先生年譜》，《宋明理學家年譜》第九册，第三五九至三六〇頁；陳獻章撰：《陳獻章集》，下册，第八六〇至八六一頁）兹據以補出。

答陳文曜方伯〔一〕

白沙陳獻章再拜復方伯華宗先生：胡先生屬筆申意，幸亮之。章以此月十九日度嶺，偕計而往，抱疾而歸，亦不能不介然於懷也。夫士必涉於世，然後知涉世之難易；不涉於世，而能涉世者，章未嘗睹也。老子曰「與兮若冬涉川，猶兮若畏四隣，曠兮其若谷，渾兮其若濁」，其知涉世之難者歟！「雖有拱璧以先駟馬，不如坐進此道」。良晤何時？因風飛尺簡。以有餘補不足，正不能無望於先生也。甚寒，惟爲道自愛。仲冬二十二日寓南雄，陳獻章拜耻菴先生宗契。東白先生同此懸。

〔一〕此篇原缺，爲白沙先生集外文，據《蓬窗日録》補出。（陳全之撰：《蓬窗日録》，上海書店出版社，二〇〇九年，第三二〇頁）案：陳煒，字文曜，號恥菴，閩縣人。天順四年進士。成化初，選監察御史。歷任江西按察使、右布政使。成化二十年甲辰，轉浙江左布政使，未就任而卒，年五十五歲。

啓

聘啓 成化癸巳二月代兄作〔一〕

伏以持鈍舌者必淡顔，良易投於正士；工巧言者宜令色，每見悦於常流。蓋夙分之雅同，豈强能而苟比？兹者，幸遇尊親家鄭處士，閥閲偉而着眼高，不鄙小弱。弟某秀才，章句疎而用心苦。是故聲氣之相感，庶幾物我之相忘，雖首院以難諧，必東牀而獲選。鄭高楊郭，幸扳貴邑之甲科；馬聶鍾容，徒竊敝鄉之商品。適侔四姓，敢贊一言。此不往而彼不來，陰則升而陽則降。慙魚緘之莫罄，念雁幣之宜將。浩矣，滄溟寧却一蹄涔之水；巍哉，太華何辭五弓許之陵。乞箋起居，用慰注仰。謹奉啓，不宣。〔二〕

〔一〕「癸巳」，碧玉樓本作「辛卯」。

〔二〕「不宣」後，林齊本、蕭世延本有「謹啓。癸巳二月十六日，某啓」十一字。

又 成化辛卯十二月作

文啓：伏以德陋巷顔一瓢，趣味儘殊于俗尚；著清門羅三字，品題蓋屬于鄉評。惟此翁之可人，宜吾弟之有室。始者曠十年而莫遇訪尋，顧屑屑于執巾；兹焉比兩姓以克諧期待，乃惓惓于舉案。正將求閨門之助，必無忝伉儷之名。至誠斯合于天人〔一〕，素志何疑于夢卜？片言賜允，束帛宜先。懷素履而仰高山，躋攀絶矣；接清絃以奏流水，風韻悠哉。奉啓〔二〕，不宣。〔三〕

請期啓 成化辛卯十二月代兄作

文啓：伏以鸞膠續好，庶幾無擇於高明；雁幣將誠，蓋已不嫌於菲薄。遂入芝蘭之室，况逢桃李之晨。須傳采牘以求通，當載墨車而攝盛。斯文未喪，故事宜遵。絶言資送之有無，盡

〔一〕「斯」，碧玉樓本作「既」。

〔二〕「奉啓」，林齊本、高簡本、蕭世延本作「謹奉啓」。

〔三〕「不宣」後，林齊本、蕭世延本有「謹啓。辛卯十二月十九日，忝戚古岡陳某薰沐百拜啓上親家豫章高士閣下」三十字。

屬去來之感應。遲佳期之甚邇，庶獲瞻依；承至況之匪加〔一〕，奚勝悚懼？謹奉啓，不宣。〔二〕

與李宗 成化壬辰正月代兄作

文啓：猥蒙不鄙，弱弟某遂兹室家之願，實吾子之惠，幸甚幸甚。某以序次當爲主人，不得詣吾子躬專請也。倘吾子不憚劬於路，而以歸羅氏子於白沙某也，則願吾子之終賜愛焉。〔三〕

〔一〕「承至況之匪加」，碧玉樓本作「承至貺之匪嘉」。

〔二〕「不宣」後，林齊本、蕭世延本有「謹啓。辛卯十二月二十日，忝戚古岡陳某百拜啓上親家天水處士侍史」二十八字。

〔三〕「則願吾子之終賜愛焉」後，林齊本、蕭世延本有「壬辰正月二十又二日，白沙陳某頓首」十五字。

陳獻章全集

中

〔明〕陳獻章 撰
黎業明 編校

上海古籍出版社

卷之四

賦

湖山雅趣賦

丙戌之秋，余策杖自南海循庾關而北涉彭蠡，過匡廬之下，復取道蕭山，泝桐江，艤舟望天台峰，入杭觀于西湖。所過之地，盼高山之漠漠，涉鷩波之漫漫；放浪形骸之外，俯仰宇宙之間。當其境與心融，時與意會，悠然而適，泰然而安，物我於是乎兩忘，死生焉得而相干？亦一時之壯遊也。迨夫足涉橋門，臂交群彦，撤百氏之藩籬，啓六經之關鍵。于焉優游，于焉收斂；靈臺洞虚，一塵不染；浮華盡剥，真實乃見；鼓瑟鳴琴，一回一點。氣藴春風之和，心游太古之面。其自得之樂，亦無涯也。出而觀乎，通達浮埃之濛濛、游氣之冥冥、俗物之茫茫、人心之膠膠，曾不足以獻其一哂，而況於權爐大熾、勢波滔天、賓客慶集、車馬駢填！得志者揚揚，驕人於白日；失志者戚戚，伺夜而乞憐。若此者，吾哀其爲人也。嗟夫！富貴非樂，湖山爲樂；湖山雖樂，孰若自得者之無愧怍哉？客有張瓌者，聞余言，拂衣而起，擊節而歌曰：「屈伸榮辱自去來，外物於我何有哉？爭如一笑解其縛，脱屣人間有真樂。」余欲止而告之，竟去不復還。噫！斯人也，天隨子之徒與！振衣千仞岡，濯足萬里流。微斯人，誰將與儔？

止遷蕭節婦墓賦

昔兵戈之擾兇盜兮，孰倀倀而握之符？號令紛其不一兮，汩珠玉于泥塗。抹之亂之，執兵之徇而慾兮，胡寧知耻而畏誅？若美人兮，宗廟之瑚。毋我即帶兮，毋我捫袪；毋我執手兮，手可斷而不可污。奮犬豕之罵以冒刃兮，貌凛凛其若蘇。死則快兮，生安用諸！嗟此烈婦兮，彼丈夫弗如。丁侯爲縣兮，德教用敷；表貞塚兮，營祭畲。行路嗟歎兮，揭聲教於海隅。蠢兹弗畏兮，託日者以爲誣。欲改封以自便兮，動有識之長吁；匪今侯之繼軌兮，隳四尺其奚辜。我將告外史兮，筆之于書。

太學小試賦〔二〕

明皇啓運兮，我道其昌。誕敷文教兮，辟雍堂堂。斯道壁立巍巍兮，于鄒魯有光。擁臯比兮，而摳趨衿佩。爰命試而觀其志兮，匪予名之爲害。孰秉筆而肖象乎天工兮，英聲播于成均。嗟予小子奚有於是兮，抱孤蹇而無聞。鞭古心兮自趨，拗世路兮孰隨？不舍規矩兮，聖與我同歸。牆高兮宮廣，進不已兮終吾身而鑽仰。蟬蛻人欲兮天命自全，下躍魚兮上飛鳶。善學兮知止，寧若彼倀倀兮比夸毗之子？

潛軒賦〔三〕

仰青天兮飛鳶，俯深淵兮潛鱗。一皆囿於形氣兮，或升或降；抑孰爲之主宰兮，乃一屈而一伸。反之吾身以求其端兮，初不外乎動静。非潛養以立其本兮，又焉察乎紛綸。蓋誠之不可掩兮，發雷聲於淵默。斯暗室之不可以或欺兮，達斯道於無垠。有天德者可以語王道兮，夫固

〔二〕 此篇，底本原缺，兹據蕭世延本補出。（蕭世延本《白沙先生全集》，第八卷，第四十一頁）

〔三〕 此篇，據《白沙先生文編》補出。（唐伯元編次：《白沙先生文編》，第一卷，第二十六至二十七頁）

繫乎慎獨。奉先哲之格言兮，有體用先後之相因。彼功業之塞乎天地兮，文章昭於簡策。賴此以爲根柢兮，至化而至神。惟乾之初九兮，不易乎世。苟有得於斯兮，固當韞櫝以自珍。以斯道兮，覺斯民。亢之有悔兮，孰與初之勿用？彼龍蛇之蟄兮，以存厥身。

四言詩

題畫松泉，爲張别駕吉

水流石間，生兩松樹。洗耳掛瓢，無此佳處。幸逢堯舜，那無巢許？

撥悶

久病在牀，展轉莫舒。我欲觀化，有握其樞。人有善願，天必從之。我病幾時，我念西馳。我行次且〔二〕，如飢思食，如寒思衣，動惟厥時。匪亟匪徐，魚躍鳶飛，乃見真機，天豈不知？天偶遺之，吾將尤誰？我聊任之，撥悶以詩。

〔二〕「次且」，林齊本、高簡本、蕭世延本、白沙文編、碧玉樓本作「趦趄」。「次且」，讀爲「趦趄」，義同。

示湛雨

有學無學，有覺無覺。千金一瓠[一]，萬金一諾。於維聖訓，先難後獲[二]。天命流行，真機活潑。水到渠成，鳶飛魚躍。德山莫杖[三]，臨濟莫喝[四]。萬化自然，太虚何説。繡羅一方，金針誰掇？

示黄昊

高明之至，無物不覆。反求諸身，霸柄在手。

[一]「瓠」，原作「瓢」，據林齊本、高簡本、蕭世延本、碧玉樓本改。《白沙子古詩教解》、《白沙先生詩教解》亦作「瓠」。

[二]「於維聖訓，先難後獲」八字原缺，據白沙文編、碧玉樓本補。《白沙子古詩教解》、《白沙先生詩教解》亦有「於維聖訓，先難後獲」八字。

[三]「德山」，原作「得山」，據白沙文編改。德山，唐宣鑒禪師别號，其人以棒打爲教。

[四]「喝」，原作「渴」，據林齊本、高簡本、蕭世延本、白沙文編、何熊祥本、碧玉樓本改。《白沙子古詩教解》、《白沙先生詩教解》亦作「喝」。

與民澤

聖人之學，惟求盡性。性即理也，盡性至命。理由化遷，化以理定。化不可言，守之在敬。有一其中，養吾德性。

嚴慕堂銘〔一〕

愛斯慕之，在恩在德。慕其大者，顯不如默。

五言古詩

和楊龜山此日不再得韻

能飢謀藝稷，冒寒思植桑。少年負奇氣，萬丈磨青蒼。夢寐見古人，慨然悲流光。吾道有

〔一〕此詩原缺，據詩近稿補出。（陳獻章撰：《白沙先生詩近稿》，明弘治九年吴廷舉刻本，第十卷，第一〇二頁）又：題中「慕」字，原作「墓」，據詩文内容改。

宗主，千秋朱紫陽。説敬不離口，示我入德方。義利分兩途，析之極毫芒。聖學信匪難，要在用心臧。善端日培養，庶免物欲戕。道德乃膏腴，文辭固粃糠。俯仰天地間，此身何昂藏。胡能追軼駕，但能漱餘芳。持此木鑽柔，其如磐石剛。中夜攬衣起，沉吟獨徬徨。聖途萬里餘，髮短心苦長。及此歲未暮，驅車適康莊。行遠必自邇，育德貴含章。邇來十六載，滅迹聲利場。閉門事探討，蜕俗如驅羊。隱几一室内，兀兀同坐忘。那知顛沛中，此志竟莫强。譬如濟巨川，中道奪我航。顧兹一身小，所繫乃綱常。樞紐在方寸，操舍決存亡。胡爲謾役役，斲喪良可傷。願言各努力，大海終回狂。

答張内翰廷祥書，括而成詩，呈胡希仁提學

古人棄糟粕，糟粕非真傳。眇哉一勺水，積累成大川。亦有非積累，源泉自涓涓。至無有至動，至近至神焉。發用兹不窮，緘藏極淵泉。吾能握其機，何必窺陳編。學患不用心，用心滋牽纏。本虚形乃實，立本貴自然。戒慎與恐懼，斯言未云偏。後儒不省事，差失毫釐間。寄語了心人，素琴本無絃。

代簡答羅一峰殿元

臺城一揮袂，忽忽星週五。路永消息斷，年深别離苦。思君髮爲白，始白數莖許。今晨對書尺，白者不可數。先生天下士，詎肯顧衡宇？悵望曹溪約，獨與光也語。一峰約會南華，不至。

贈張叔亨知縣

棲棲白沙舫，影弄寒江月。夫君沙陽令，胡事顧微劣？「我祖在九冥，願君爲墓碣」。三夜茆簷下，寒燈坐來滅。感子心意勤，愧我言詞拙。明發江上舟，踟躕與君别。

戲贈館賓

遲遲歲將暮，戚戚懷故里。館中飢鼠多，旅食驢兒尾。垂德於不報，世間寧有此？行李無一錢，還家對妻子。

冬夜

長夜氣始凄，木棉被重裘。端坐思古人，寒燈耿悠悠。是時病初間，背汗仍未收。學業坐妨奪，田蕪廢鉏耰。高堂有老親，徧身無完紬。丈夫庇四海，而以俯仰憂。口腹非所營，水菽吾當求。明旦理黄犢，進我南岡舟。

我從省事來，過失恒十九。喜怒朝屢遷，言爲夕多苟。平生昧慎獨，即事甘掣肘。孔子萬世師，天地共高厚。顔淵稱庶幾，好學古未有。我才雖鹵莽，服膺亦云久。胡然弗自力，萬化脱樞紐。頽顔無復少，此志還遂否？歲月豈待人，光陰隙中走。念此不成眠〔二〕，晨星燦東牖。

經鱷州

夕舫凌大波，北風吹我席。冥冥鱷州煙，宛對君山碧。來雁知天寒，歸人看月色。超超塵外心，浩矣周八極。

厓山看大忠祠竪柱，阻風，七日後發舟，用舊韻

青青奇石草，上有牛羊躅。洶洶厓門水，遠帶湯瓶山名。緑。浮雲散孤嶼，初日明村曲。言歸輒風濤，無乃疑張陸。遲遲重遲遲，畏此波心木。漁人植長木於波間，置罾，俗呼爲罾罭木，觸之能覆舟。

〔二〕「眠」，《白沙子古詩教解》作「寐」。

自策示諸生

賢聖久寂寞，六籍無光輝。元氣五百年，一合又一離。男兒生其間，獨往安可辭。邈哉舜與顔，夢寐或見之。其人天下法，其言萬世師。顧予獨何人，瞻望空爾爲。年馳力不與，撫鏡歎以悲。豈不在一生，一生良遲遲。今復不鞭策，虚浪死勿疑。請回白日駕，魯陽戈正揮。

湖西八景，爲羅修撰作 效一峰體

太極丸春

天城列兩儀，其中位太極。山名。不悟名象生，焉知畫前《易》？伏羲古已亡，圖書久晦蝕。寄語山中人，妙契在端默。

翠玄洞天

翠玄在何許，乃在金鼇麓。石門俯深幽，來者秉明燭。繡壁誰可緣，丹房我當宿。呼童烹金鼇，膏此千丈木。

一峰來秀

西湖有一峰，天地得撑拄。旁有龍塘峽，北有浮香塢。我行崑崙丘，一望一延竚。歸來二三子，抵掌太極語。

三峽迴清

一峽蟠一龍，群山莽回互。武夷雖九曲，三峽誰勝負。澄澄水上月，歷歷谷中樹。焉得千丈笻，坐弄潺湲處。

金鼇霽雪

一鼇海上來，頭戴雪花白。諸鼇起相拒，千秋歸不得。仙人羅一峰，永戲金鼇側。借問別離時，西佛生彌勒。

玉冕晴雲

玉冕臣諸峰，左右羅絡之。雲來巾其巔，得雨不復疑。豈無澤物功，雲覆在何時。悵望百穀春，廣濟蒼生飢。

飛翬橫翠

我昔遊太空，太空雲冥冥。歸來控翠虬，力與金鼇争。巍巍太極尊，揮置東西行。如何千載下，空擬飛翬名？

大流垂玉

大流無此奇，偶值銀河傾。願回銀河流，免與世濁并。一洗日月光，再洗天地清。何止天地清，萬世無甲兵。

題冷菴 江西僉憲陳琦自號

舉世好近熱，子獨畏之猛。投身向壑雪，永謝白日影。玉壺貯清冰，秋露滴金井。是以冷自勝，于世非絶屏。假令務絶屏，過與近熱等。我以道眼觀，天下方首肯。寒暑兩推移，正中太和境。寄語菴中人，不熱亦不冷。

扶南訪黄巖尹鄺載道，適來顧白沙，兩不相值，賦三仄韻〔一〕

行舟石門浪，不識扶溪口。時時聞來往〔二〕，日入喪水手。昨暮黄巖馬，來嘶白沙柳。惜哉兩不遇，獨坐空搔首。

我有一斗酒，願與子秉燭。子來復空去，值我不在屋。稺子呼不至，踉蹌走入竹。明旦歸我艇，先後迓以告。

閒居不儗出，偶出負佳客。問客來何許，來自黄巖謫。長安接笑語，中道有睽隔。悠悠百年内，與子異顯默。

感事

君心如逝水，一往不復旋。誰能萬里浪，安坐駕此船？傷哉一何愚，由我不由天。仁者固有矜，智士乃自全。

〔一〕「兩不相值」，林齊本、高簡本、蕭世延本、何熊祥本、黄之正本、四庫全書本作「兩不值」；「三仄」，作「三側」。

〔二〕「聞」，林齊本、蕭世延本、碧玉樓本作「問」。《白沙子古詩教解》、《白沙先生詩教解》亦作「問」。

夢觀化，書六字壁間曰「造物一場變化」

孔子曳杖歌，逍遥夢化後。我夢已逍遥，六字書在牖。聖愚各有盡，觀化一遭走。問我年幾何，春秋四十九。死生若晝夜，當速何必久？即死無所憐，乾坤一芻狗。

貪泉

藜藿可養生，柏棺可送死。瓦礫是黄金，貪泉亦清泚。飲水心不易，豈獨夷齊爾？山鬼笑儂家，儂家笑山鬼。

九日諸友會飲白沙，得雁字

黄菊有佳辰，良朋樂呼唤。争持淵明杯，來接子桑飯。落葉迎馬鞭，斜暉轉沙岸。雨聲静秋竹，池影入江雁。酒酣獨高歌，呼兒續我斷。諸君極留戀，十觴亦不算。雖無孟嘉量，且免落帽亂。百年能幾何，去者已强半。來會安可期，細把茱萸看。

贈林汝和通判

在昔黄金臺，與子初周旋。萍蓬忽相失，不見垂十年。昔爲禮曹官，今摇慶陽鞭。常聞太華峰，峻絶峙中天。雅志在登陟，矯如孤鶻騫。適來南海旁，問訊滄洲壥。語舊未終日，棲棲有所牽。丈夫重出處，富貴如浮煙。行則爲在田，止則爲在淵。勞勞夫何爲，贈子千金言。

贈馬龍如湖西奠一峰先生

晨興坐捫虱，有客窺我牀。客來問何許，顔色慘不光。去歲秋在季，文星墜西江。而師羅一峰，幸視我弟兄。相見不得語，失聲淚滂滂。子行詣湖西，問訊我有將。夙昔夢見之，恍若芙蓉城。覺來索苦句，句就涕未停。何以告一峰，寄意於瓣香。索火化奠文，一峰其洋洋。我病久南海，欲往未得行。送子出門去，目極秋天長。

贈陳秉常

遠色霽初景，清風振遥林。子來入我室，弄我花間琴。正聲一何長，幽思亦已深。願留一千歲，贈子瑶池音。

黍稷雜萑葦，邪思亂正性。人爲一鹵莽，諉曰天之命。白日朝出東，須臾復西暝。良時誠可惜，逝矣悲莫競。

大舜卷婁之，莊周竟奚取？人生貴識真，勿作孟浪死。誰能去中土，僦舍朝鮮里？白首金石交，視我南川子。

我否子亦否，我然子亦然。然否苟由我，於子何有焉？人生寄一世，落葉風中旋。胡爲不自返，濁水迷清淵。

藤蓑

一蓑費幾藤，南岡礪朝斧。交加落翠蔓，制作類上古。吾聞大澤濱，羊裘動世祖。何如六尺蓑，滅跡蘆花渚。舉俗無與同，天隨夢中語。今夜不須歸，前溪正風雨。

人好蓑亦好，月光水亦光。水南有酒媼，酒熟喚我嘗。半酣獨速舞，舞罷還舉觴。所樂在知止，百年安可忘。

挽蓑欲何爲，新月出東嶺。獨速舞不休，凌亂何由整？曠哉漆園吏，自形還自影。

新蓑藤葉青，舊蓑藤葉白。新故理則然，胡爲浪忻戚？扁舟西浦口，坐望南山石。東風吹新蓑，浩蕩滄溟黑。須臾月東上，萬里天一碧。安得同心人，婆娑共今夕。

朽生何所營，東坐復西坐。搔頭白髮少，攤地青蓑破。千卷萬卷書，全功歸在我。吾心内自得，糟粕安用那？

賽蘭

南有賽蘭香，名花人未識。光風散微馨，甘露洗新碧。一月薰蒸來，氤氳在肝膈。乃知方寸根，中稟天地塞。誰爲續騷手〔一〕，俯仰空悽惻？牕户悄無人，圖書共昕夕。

天人之際

天人一理通，感應良可畏。千載隕石書，春秋所以示。客星犯帝座，他夜因何事？誰謂匹夫微，而能動天地？

答梅侍御見寄

群龍盛朝野，弱羽聊山林。行春忽傾蓋，對榻山花深。引我一杯水，寫君龍唇琴。永言歌

〔一〕「續騷手」，原作「續騷首」，據高簡本、蕭世延本、何熊祥本、黄之正本、碧玉樓本、四庫全書本改。

大篇，風雅有遺音。乃知鷹鸇氣，未愜鸞鳳心。王事有驅迫，暮雨別江潯。離情落晚趣，再往三洲吟。何以舒我懷，青天盼遥岑。

寄題三洲巖

我行蒼梧道，息槳荒江湄。連岡一以眺〔一〕，石室涵晚暉。前哲有題字，執炬往讀之。遲回北壁下，目擊元公遺。今古一相感，光風吹我衣。蟲鳴丹竈中，葛仙胡不歸？對之發長嘯，宇宙今何時？圓蟾夜冏冏，蝙蝠秋飛飛。願言托高棲，行矣無是非。

病中寫懷，寄李九淵

出門見齋顔，十日不一逢。以我腹中滿，憶君頭上風。頭風尚可炙，腹滿何由通？受氣我亦薄，況乃疾病攻？五十去始衰，三四謝春冬。鬢顔倏已凋〔二〕，血氣少復充。客來索我書，穎秃不能供。茅君稍用事，入手稱神工。以兹日衮衮，永負全生功。長揖謝茅君，安静以待終。

〔一〕「連岡」，原作「連江」，據林齊本、高簡本、蕭世延本、何熊祥本、黄之正本、碧玉樓本、四庫全書本改。
〔二〕「倏」，四庫全書本作「忽」。

和梅侍御見寄

飛蓋凌滄溟，高臺拂朱鳥。乾坤一水浮，日月雙輪繞。塵埃紛局促〔一〕，正坐眼孔小。景山千丈松，慰我冰雪皎。萬里一春風，東西逐騕褭。故人子羅子，仙鶴歸華表。暮雨江門舟，含悽問封草。假令鮑叔在，一士亦不少。誰云越臺近，舉目河山杳。冥冥白沙塢，雲煙共昏曉。

題劉氏雙節卷

阿姑與阿婦，守此芳歲闌。三十寡且貧，紡績供朝飡。孤兒泣長夜，秉燭更抱看。苦心兩咽絶，芳顔亦彫殘。持此雙白璧，輝映天地間。聖皇重民極，門閭合施丹。煌煌東白碑，終古埋空山。我母寡更早，賦詩涕汍瀾。弱草因風靡，頽波良獨難。

送李劉二生還江右，用陶韻

夜聞桂樹芳，晨起山鳥喧。客從遠方來，歷我階西偏。手持諸侯書，徵會在匡山。我願結

〔一〕「紛」，碧玉樓本作「分」。《白沙子古詩教解》、《白沙先生詩教解》亦作「分」。

其人，遂往不復還。滯形宇宙内，俛仰獨何言？

中年見二子，楚楚西江英。問訊徐蘇里〔二〕，千年有餘情。開樽對冥月〔三〕，高歌亦心傾。胡爲別我去，感此秋蛩鳴。贈處各有言，慨然盡平生。

漫題

日月逝不處，奄忽幾華顛。華顛亦奚爲，所希在寡愆。韋編絶《周易》，錦囊韜虞絃。飢飡玉臺霞，渴飲滄溟淵。所以慰我情，無非畹與田。提攜衆雛上，啼笑高堂前。此事如不樂，它尚何樂焉？東園集茅本，西嶺燒松煙。疾書澄心胸，散滿天地間。聊以悦俄頃，焉知身後年？

仕者必期通，隱者必期高。麋鹿或可群，肉食安可饕？聖人履中正，白首濟川舠。悠悠荷簣者，果識聖心勞？浮雲馳白日，黍稷生蓬蒿。飯蔬食飲水，曲肱謝遊遨。汶上去不顧，陋巷貧絶交。徒聞武城宰，割鷄以牛刀。

〔二〕「里」，高簡本、白沙文編作「李」。唐伯元編次《白沙先生文編》，於此詩末加注云：「『李』，或作『里』。」

〔三〕「冥月」，林齊本、蕭世延本、何熊祥本作「溟月」。《白沙子古詩教解》、《白沙先生詩教解》亦作「溟月」。

拉馬玄真看山

官府治簿書，倥偬多苦辛。文士弄筆硯，著述勞心神。而我獨無事，隱几忘昏晨。南山轉蒼翠，可望亦可親。歲暮如勿往，枉是最閒人。近來飲酒者，惟我與子真。能移柳間舫，同泛江門津。

感劉琨與盧諶事

越石信英臣，子諒亦文雅。生遭晉運微，奔走風塵下。晉陽笑明月〔二〕，胡雛夜回馬。并州困石勒，從事爲别駕。成敗非所論，吾憐鑿坏者。

和陶一十二首

歸田園 三首

我始慚名羈，長揖歸故山。故山樵采深，焉知世上年？是名鳥搶榆〔三〕，非曰龍潛淵。東籬

〔二〕「笑」，白沙文編、碧玉樓本作「嘯」。

〔三〕「榆」，原作「揄」，據白沙文編、碧玉樓本改。《白沙子古詩教解》、《白沙先生詩教解》亦作「榆」。

采霜菊，西渚收菰田〔一〕。游目高原外，披懷深樹間。禽鳥鳴我後，鹿豕遊我前。泠泠玉臺風〔二〕，漠漠聖池煙。閒持一觴酒，歡飲忘華顛。逍遥復逍遥，白雲如我閒。乘化以歸盡，斯道古來然。

高人謝名利，良馬罷羈靮。歸耕吾豈羞，貪得而妄想〔三〕。今年秋又熟，讙呼負禾往。商量大作社，連村集少長。但憂村酒少，不充儂量廣。醉即拍手歌，東西卧林莽。

近來織畚徒，城市售者希。朝從東皐耕，夕望西巖歸。貧婦業紡績，燈下成歲衣。但令家温飽，不問我行違。

移居 二首

萬金論買鄰，千金論買宅。豈不念子孫，而以營朝夕？長揖都會里，來趨白沙役。壤地何必廣，吾其寄一席。鄰曲彌樂今，園林尚懷昔。吾志在擇善，無然復離析。

留連晡時酒，吟咏古人詩。夕陽傍秋菊，采之復采之。采之欲遺誰，將以贈所思。所思在

〔一〕「西渚」，原作「兩渚」，據林齊本、蕭世延本、白沙文編、碧玉樓本改。《白沙子古詩教解》、《白沙先生詩教解》亦作「西渚」。「西渚」與「東籬」相對。

〔二〕「泠泠」，林齊本、高簡本、蕭世延本、白沙文編、四庫全書本作「泠泠」。

〔三〕「妄想」，高簡本、白沙文編作「忘想」。

何許，千古不同時。四海倘不逢，吾寧獨去兹？願言秉孤貞，勿爲時所欺。

九日閒居

無錢撫秋菊，向夕涼風生。誰爲白衣者，頗識江州名。映杯碧水淨，曜日丹葩明。天際雁孤去，草根蟲一聲。荏苒委時節，徘徊閲年齡。興來發長歎，意盡還一傾。儉德苟不慙，厚禄安可榮？白首希高賢，清謡渺遺情。人生亦易足，何必勤無成。

和劉柴桑，寄袁道，見懷一峰之意

當年臺城會，執手多踟蹰。四海一爲别，寒暑逝不居。遠意屬羅浮，舉頭望匡廬。胡然金牛谷，奄忽成丘墟。蜕骨歸復土，靈衿存爲畬〔一〕。庶幾百代下，攀駕以忘劬。袁侯西江英，好德眼中無。尺素每欲近，十年不作疏。磨劍患不快，快則隨所須。永願磨此心，恢恢快劍如。

〔一〕「衿」，《白沙子古詩教解》、《白沙先生詩教解》作「襟」。

和郭主簿，寄莊定山

青松出喬木〔一〕，遥望十里陰。少年不結友，歲暮懷同襟。同襟問爲誰，定山攜一琴。悠然一鼓之，不辨古與今。在昔經江東，多士予所欽。論文一觴酒〔二〕，惟我與子斟。豈意千載下，復此聞韶音！我病不出户，何時還盍簪？茫茫宇宙内，與子契其深。

贈羊長史，寄遼東賀黄門欽

此心自太古，何必生唐虞？此道苟能明，何必多讀書？寂寂委山澤，于于來京都。斯人各有分，彼此何能踰？杪秋風日清，呼兒理肩輿。聊爲玉臺遊，言笑誰與俱？屈指意中人，一坐一踟躕。歸來看四壁，四壁光如如。聖道日榛塞，誰哉剪其蕪？夫子久不見〔三〕，吾生何以娱？常恐歲月晚，況與音問疎。中以《伐木》章，一日三卷舒。

〔一〕「木」，碧玉樓本作「林」。《白沙子古詩教解》、《白沙先生詩教解》亦作「林」。

〔二〕「論文」，原作「論交」，據林齊本、高簡本、蕭世延本、白沙文編、何熊祥本、碧玉樓本改。《白沙子古詩教解》、《白沙先生詩教解》亦作「論文」。「論文一觴酒」，典出杜甫《春日憶李白》「何時一樽酒，重與細論文」。（仇兆鰲撰：《杜詩詳注》，北京：中華書局，一九九五年，第一册，第五二頁）

〔三〕「夫子」，白沙文編作「之子」。

飲酒

木犀冷於菊，更後十日開。清風吹芳香，芳香襲人懷。千迴嚥入腹，五内無一乖。雖靡鸞鳳吟，亦有鶺鴒棲。昔者東籬飲，百榼醉如泥。那知此日花，復與此酒諧。一曲盡一杯，酩酊花間迷。赤脚步明月，酒盡吾當回。

庚子歲九月中於西田穫早稻〔一〕

遲明向南畝，疎星在簷端。夫出婦亦隨，無非分所安。道旁往來人，下車時一觀。問津津不知，仰視飛鳥還。邏苗遠畤夕〔二〕，濯足荒溝寒。吾惜耦耕好，焉知世路難。伐鼓收西畬，黄雲被江干。聊用代糟糠〔三〕，作粥歡賓顔。鄰叟攜兒來，嬉戲松下關〔四〕。齊聲鼓腹謳，永謝攢

〔一〕「庚子」，四庫全書本作「庚戌」。《陶淵明集》原詩題目亦作「庚戌」。（《陶淵明集》，中華書局，一九九五年，第八四頁）

〔二〕「畤」，原作「峙」，據碧玉樓本改。《白沙子古詩教解》、《白沙先生詩教解》亦作「畤」。

〔三〕「用」，原作「周」，據林齊本、高簡本、蕭世延本、白沙文編、何熊祥本、碧玉樓本改。《白沙子古詩教解》、《白沙先生詩教解》亦作「用」。

〔四〕「嬉戲」，林齊本、蕭世延本、白沙文編作「戲嬉」。

眉歎。〔二〕

懷古田舍

君子固有憂，不在賤與貧。農事久不歸，道路竟徒勤。青陽動芳草，白日悲行人。沮溺去千載，相知恒若新。出門轉窮厄，得已聊一欣。甘雨濡夕畛，繁花幕春津。獨往亦可樂〔三〕，耦耕多近鄰。百年鼎鼎流，永從耕桑民。

製布裘成，偶題寄黎雪青

海布剪黄雲，嶺綿裝白雪。製爲道人衣，方直無周折。吾老不出門，躬耕慕冀缺。黄昏披此裘，坐望梅村月。美人遺我酒，小酌三杯烈。半酣發浩歌，聲光真朗徹。是身如虚空，樂矣生

〔二〕「歎」，原作「歡」，據林齊本、蕭世延本、白沙文編、碧玉樓本改。《白沙子古詩教解》作「歎」，《白沙先生詩教解》作「嘆」。此詩用韻與陶淵明原詩相同，《陶淵明集》原詩亦作「歎」。（《陶淵明集》第八四頁）攢眉，憂愁不快貌。「歡」字與「攢眉」不匹配。又：詩末，林齊本、蕭世延本、白沙文編有小注云：「西涯先生嘗讀此篇，曰第四句不類。蓋予嘗自疑者，今不欲改之，以見西涯之不苟也。」

〔三〕「可樂」，原作「何樂」，據林齊本、高簡本、蕭世延本、白沙文編、何熊祥本、碧玉樓本改。《白沙子古詩教解》、《白沙先生詩教解》亦作「可樂」。

滅滅。〔一〕

紫菊吟，寄林時嘉

嚴霜百卉枯，三徑挺秋菊。緑葉明紫英，微風遞寒馥。芳情謝桃李，雅望聯松竹。懷哉種花人，杳在江一曲。遺我盎中金，南牕伴幽獨。時無續《騷》手，憔悴誰當録？且脱頭上巾，茅柴今可漉。

感鳥

有鳥不知名，皎然閨中清。育雛止庭竹〔二〕，衆鳥不敢凌。暮雨銜蟲歸，唤雛雛不麿。以翼覆雛宿，夜久巢屢驚。小僕極殘忍，不眠伺東榮。扳巢襲其母，母去巢亦傾。一雛墮地死，二雛尚咿嚶。平明視竹根，群蟻正經營。子弱母護之，無母何以生。嗚嗚號者誰〔三〕，宛有雌雄情。入簾逼我枕，爲我再三鳴。此鳥初來巢，卑卑近前楹。我無害鳥心，人謂此鳥靈。終焉失所託，

〔一〕詩末，詩近稿、林齊本、蕭世延本、白沙文編有小注云：「雪青事佛。」

〔二〕「止」，原作「上」，據林齊本、高簡本、白沙文編、碧玉樓本改。《白沙子古詩教解》、《白沙先生詩教解》亦作「止」。

〔三〕「誰」，原作「死」，據林齊本、高簡本、白沙文編、碧玉樓本改。《白沙子古詩教解》、《白沙先生詩教解》亦作「誰」。

此禍將孰懲？吾甚愧此鳥，感之欲霑纓。呼奴撻其背，流血非所矜。再拜謝此鳥，此意何由平！

賓陽樓八景，爲丘侍御作 今存其三

轂城呼月

微月瞰高樓，樓中酒初瀉。旁見轂城山，孰是呼月者？騰騰露光景，寂寂開迥野。笑問圯上翁，何如此山下？

牌山樵唱

日夕樓上飲，瞻望南山阿。樵夫睨林木，會意豈在多。白雲滿山徑，負薪行復歌。人生異出處，貧賤奈爾何。

羅水漁歌

有月來照人，沉竿坐羅水。意與羅水深，夜静歌亦起。江湖雖云樂，天地懼終否。豪哉賓陽子，發跡異姜吕。

金壩梅波 其五〔二〕

金壩梅花發，孤山點綴工。短簷低落月，疏影動香風。殘雪休矜白，春桃自鬭紅。欲延樓上賞，須代主人公。

錢塘荔圃 其六

錢塘四月尾，荔子正垂丹。不異炎方戲，無因聖主看。微風香井落，細雨壓樓闌。蔡老應憐汝，名家譜可刊。

華山飛翠 其七

何處青天外，穹然起一丘。山名疑屬我，詩景盡歸樓。九夏雲長潤，千巖翠欲流。野夫好遊走，衰病只羅浮。

〔二〕「金壩梅波」、「錢塘荔圃」、「榕阜分陰」三首，底本原缺，兹據遺詩補集補出。「華山飛翠」，底本收入五言律詩；（《白沙子全集》，何九疇刻本，第四卷，第四二頁）遺詩補集則將其列爲「賓陽樓八景」之第七首，兹據以將其移録於此。

榕阜分陰 其八

十畝榕生地，餘陰自此分。一樓背秋水，千仞坐飛雲。夜氣應常在，時囂絶不聞。黑甜高一枕，天地正氤氲。

題萬碩司訓風木圖〔一〕

把君風木圖，識君風木心。賢者不易貴，遠者寧務今。嗟哉鼎與茵，充足時所欽。〔二〕

築室

辛勤結吾廬，經始算一一。廣狹更度量，卑高在平秩。堂以備薦享，閣以邀風日。前樹貞節門，後治渭川室。四垣謝粉飾，牡蠣高爲骨。仰瞻勢微峻，其間僅容膝。既以儲簡編，猶堪斂袍笏。是年秋在仲，筮日欣得吉。良友交助余，衆工告易畢。把酒對梅花，浩歌新突兀。

〔一〕「萬碩」，詩近稿作「黄萬碩」。
〔二〕「充足」，詩近稿作「君子」。

讀林緝熙近詩，時緝熙典文衡閩中，欲便道還家，數夕前嘗夢見之，故有是作

言笑不可親，中宵馳夢想。君行幾千里，道路輕閩廣。忽見囊中詩，區區謝官長。深淵或遺珠，努力試一往。微官亦何事，感激章欲上。行止各有時，姓名忌標榜。此言誰爲傳，聊以慰俯仰。

將如外海看山，先寄道傍諸友

吾衰何所如，俯仰在一席。舍傍有小水〔二〕，相望渺南北。静久動乃宜，住多行亦得。朝往暮南還，路傍事舊識〔三〕。故人邀我飯，半餉吾未惜。東老對回公，神仙無惡客。

〔二〕「傍」，林齊本、高簡本、蕭世延本、白沙文編、何熊祥本、黄之正本作「旁」。
〔三〕「傍」，林齊本、高簡本、蕭世延本、白沙文編、何熊祥本、黄之正本、四庫全書本作「旁」。

秋興

西風振庭木，虛堂夜蕭蕭。攬衣起步月，歸雁雙飄颻。天地豈予獨，知音不可招。冥心祈有合，悵望空雲霄。

盛時不得意，衰老徒傷悲。志士曷爲爾，載籍多見之。翹首面崑崙，白龍有遺池。振衣一千仞，高詠秋風誰？

海上有一士，來往不知年。或就胥靡飯，或投上方眠。游處各有徒，孰謂世情然。飲酒不在醉，弄琴本無絃。借問子爲誰，得非魯仲連？

謝琴月惠荔枝

長夏風雨過，西良荔枝熟。晚有好事人，提筐歸我屋。老母不肯嘗，馨香聞隔宿。上以薦祖考，又分及僮僕〔二〕。第令筐中有，不畏稚兒哭。爾惠良足嘉，吾親素多淑。在德不在物，豈謂

〔二〕「又分」，林齊本、高簡本、蕭世延本、何熊祥本、碧玉樓本作「支分」。《白沙子古詩教解》、《白沙先生詩教解》亦作「支分」。

窮口腹？東坡三百顆，日啖不知足。長爲嶺南人，千載披心曲。

贈世卿

采菊復采菊，嚴霜下庭木。豈無桃李顔，畏此天地肅。落落枝上英，未傷餐者獨。持贈楚人歸，投之江魚腹。

青青墻下竹，冬後色如是。燦燦月中花，歲寒香不匱。新知語未足，遠别情難置。獨上江門舟，北風日凌厲。

進亦人所憂，退亦人所憂；得亦人所憂，失亦人所憂。所憂非憂道，所憂其可留；所憂非憂貧，所憂其可休。古來嚮道人，能辨憂所由。去去凌九霄，行行戒深溝。敬此之謂修，怠此之謂流。〔一〕

元神誠有宅，灝氣亦有門。神氣人所資，孰謂老氏言。下化囿其跡〔二〕，上化歸其根。至要云在兹，自餘安足論？

〔一〕 兩「之謂」，詩近稿作「謂之」。
〔二〕 「其」，詩近稿作「乎」。

可以參兩間，可以垂萬世。聖人與人同，聖人與人異。堯舜於舞雩，氣象一而已。大者苟不存，翩翩竟奚取？老夫嘗自力〔二〕，兹以告吾子。文字費精神，百凡可以止。一落永不收，年光建瓴水。

上上崑崙峰，諸山高幾重？望望滄溟波，百川大幾何？卑高入揣料，小大窮多少？不如兩置之，直於了處了。

輓容珪

師友道久衰，窮鄉無可者。是非真妄間，彼此不相假。所適一以偏，較然見趨舍。滔滔復滔滔，風俗日益下。珪也何所之，終身在陶冶。

四雛一母乳，衎衎東山岑。二雛羽翼長，一去無遺音。母衰二雛小，中夜哀莫任。感此骨肉別，悄然傷我心。蕭蕭暮色起，脉脉春江深。百年會有盡，淚下雍門琴。

容氏多兄弟，西良此白眉。源源來講席，稍稍樹頭籬。行可鄉人敬，心惟我輩知。臨危僕且至，忍死待斯須。

〔二〕「自力」，原作「用力」，據詩近稿、碧玉樓本改。《白沙子古詩教解》、《白沙先生詩教解》亦作「自力」。

有懷世卿

仙鶴去不歸，黄鸝向人語。空館忽相思，雲山杳何許？出門望東海，默默空延佇。月出潮復來，鳴橈下滄渚。時雨日夕來，郊原藹新緑。白雲被重崖，下映寒塘曲。情結竹上言，魂消井邊躅。三年隔瀟湘，書至不可讀。伏枕廬山下，春懷慘不舒。哀絃久去耳，風韻今何如？灼灼花自媚，嚶嚶鳥相娱。高臺夕流盼，古道行人踈。煩囂謝人境，抱膝山臺居。奈此枝上鳥，交交春雨餘。少年耳目冗，衰老不能虚。安得魯連子，從之泛江湖？

觀自作茅筆書

神往氣自隨，氛氲覺初沐〔一〕。聖賢一切無，此理何由矚？調性古所聞，熙熙兼穆穆。耻獨

〔一〕「氛氲」，《白沙子古詩教解》、《白沙先生詩教解》作「氤氲」。

不耻獨，茅鋒萬莖禿。

益母草

有草人不識，棄之等蒿萊。時來見任使，到口生風雷。溲也佐未足，益以蜜與醅。生者得其養，死者無遺胎。岐黄開本草，夭札人所哀。一物具一用，神功不可猜。佳名夙所慕，廣濟真天才。

送劉方伯東山先生

未別情何如，已別情尤邈。豈無尺素書，遠寄天一角？江門卧煙艇，酒醒蓑衣薄。明月照古松，清風灑孤鶴。

遊圭峰同世卿作

窮居無歲年，老夢得迂朽。永託山水間，東西事遊走。幽幽鐵橋花，悵望未得手。杖屨聊此躋，微霜正疎柳。斂襟欲無言，會意豈在酒？滄海當我前，崑崙卓我後。但談孔氏規，坐失微生畝。

示李孔修近詩

昔别秋未深，今來歲方晏。吾衰忘筆硯，月記詩半板。或疑子美聖，未若陶潛淡。習氣移性情，正坐聞道晚。爲我試讀之，如君當具眼。

蔣韶州書至，代柬答之〔一〕

相别何悠悠，梅花十寒整。音塵中斷絶，窅若墮深井。忽枉尺素書，開讀喜不定。庾嶺秋正高，揚旌下松徑。君才足理郡，韶民日延頸。古來水火喻，子産功在鄭。歲計諒有餘，願聞下車令。

〔一〕「柬」，林齊本、高簡本、蕭世延本、何熊祥本、黄之正本、碧玉樓本、四庫全書本作「簡」。

八月二十四日颶作，多溺死者

坐忘一室內，天地極勞攘。顛浪雷殷江，流雲墨堆嶂〔一〕。高田水滅頂，別塢風翻舫〔二〕。大塊本無心，縱橫小兒狀。江門三兩詩，饒舌天機上。

讀張廷實主事近稿

世惟識寶人，惜寶如惜子。寶爲物所揜，念之容色悴。一朝此寶來，輒復喜不已。喜戚由寶故，以識爲心累。

〔一〕「墨堆嶂」，原作「墨推障」（詩近稿作「黑堆障」；白沙文編作「墨堆障」），據碧玉樓本改。《白沙子古詩教解》、《白沙先生詩教解》亦作「墨堆嶂」。

〔二〕「別塢」，碧玉樓本作「別浦」。《白沙子古詩教解》、《白沙先生詩教解》亦作「別浦」。

贈鍼灸楊飛

昔吾見爾翁[二]，賣藥金陵市。手持一寸鍼，鍼落病者起。我主大行人[三]，翩翩酒相值。京中多異客，飛蓋若流水。一峰挾一囊，有藥能醫世。時當引疾去，東西各飄逝。歲月忽復多，囊括鍼亦廢。君來還見予，俯仰相悲喜。何期二紀下，重睹無雙技。瞻彼老定山，風波五千里。金陵多舊遊，存殁寧復記？人生若浮煙，爲君語如是。

正月二日雨雹 是日雨水節

雨水不雨水，雨雹胡乃然。小者如蓮實，大者如彈丸。仍聞隔江言，有雹大如拳。吾君古帝堯，神功格皇天。雹往而霰來，無乃爲豐年。後二日，雨霰。

〔二〕「爾翁」，詩近稿、林齊本、蕭世延本作「而翁」。《白沙子古詩教解》、《白沙先生詩教解》亦作「而翁」。

〔三〕「我主大行人」句後，詩近稿、林齊本、蕭世延本有小注云：「莊定山旹爲行人司副，母疾，迎楊翁於常山。」

五日雨霰

北風卷長雲，晨光坐來滅。映空絮忽飛，誰謂越無雪？元氣塞天地，萬古常周流。閩浙今洛陽，吾邦亦魯鄒。星臨雪乃應，此語非謬悠。

讀張地曹偶拈之作

拈一不拈二，乾坤一爲主。一番拈動來，日出扶桑樹。寂然都不拈，江河自流注。濂洛千載傳，圖書乃宗祖。昭昭聖學篇，授我自然度。

不習書絹，殊失故態，已付染師作碧玉老人卧帷矣，呵呵！拙詩紀興，録上顧别駕先生以博一笑

用絹不用裹，下筆無神氣。何況闢其行，大小難更置。能書法本同，萬物性各異。茅君疎而野，拘拘用乃廢。我且毛穎之，安能免濡滯？書成始大慙，未忍水火棄。持以付染師，經營卧帷事。作詩告先生，共契茅君理。

贈黎秀才

月行在青天，月影沉碧水。誰爲弄影人，吾與黎生耳。黎生青雲彦，偶值薇垣使〔一〕。明日還端陽，贈君惟有此。

寄李子長

仙城李子長，髮短不及寸。家有覓栗兒〔二〕，時無郭元振。經年斷往還，使我勤問訊。寧知造化心，天地無情盡。

祝融我當往，往處還自然。未往亦由我，安知不是仙？是身元有患，天道豈無緣？難逢俗人説，可爲知者傳。

〔一〕「偶值」，林齊本、高簡本、蕭世延本作「偶借」。

〔二〕「栗」，原作「粟」，據林齊本、高簡本、蕭世延本、白沙文編、何熊祥本、碧玉樓本改。《白沙子古詩教解》、《白沙先生詩教解》亦作「栗」。

臥遊羅浮四首

登飛雲

馬上問羅浮，羅浮本無路。虚空一拍手，身在飛雲處。白日何冥冥，乾坤忽風雨[一]。蓑笠將安之，徘徊四山暮。

度鐵橋

一度一萬仞[二]，飛空本無鐵。何名爲飛空，道是安排絶。夜久天宇高，霜清萬籟徹。手持青琅玕，坐弄碧海月。

[一]「忽」，原作「一」，據林齊本、高簡本、蕭世延本、何熊祥本、碧玉樓本改。《白沙子古詩教解》、《白沙先生詩教解》亦作「忽」。

[二]「仞」，林齊本、高簡本、碧玉樓本作「刼」；《白沙子古詩教解》、《白沙先生詩教解》亦作「刼」。四庫全書本作「丈」。

下黄龍

天風吹我笠，吹下黄龍頂。兩手捉笠行，不知白日暝。赤松見我笑，却立千丈影。童子問赤松，雲深各不領。

望羅浮

山大必有靈，土高豈無異？翠浮幾千丈，日月東南翳。我尋五岳來，未問仙家事。絶頂望九州，衡山正西峙。

贈周文都

十年兩别君，一别一回老。問藥朱陵遊，吾兹恨不早。平生憂樂心，相對各傾倒。遠别望眼昏，浮雲不堪掃。

寄題嚴州嚴先生祠壁

既上桐江臺，復弄桐江釣。不食桐江魚，不怕嚴光笑。衣巾人笑儂，羊裘終未了。堂堂范

公碑，千古稱獨妙。〔二〕

寒菊

菊花正開時，嚴霜滿中野。從來少人知，誰是陶潛者。碧玉歲將窮，端居酒堪把。南山對面時，不取亦不舍。

寄賀柯明府

夷狄犯中國〔三〕，妻妾凌夫君。此風何可長，此恨何由申！仲尼憂萬世，作經因感麟。往者宋元間，適逢大運屯；仰天泣者誰，屈指張陸文。臨事誠已踈，哀歌竟云云。一正天地綱，我祖聖以神。缺典誰表章，厓山莽荆榛。寥寥二百年，大忠起江濆。慈元廟繼作，爛映厓山雲。近者陽江尹，一念何精勤！作祠比厓山，兩廟存三仁。大封赤坎墓，昭昭愜衆聞。深悲魚腹冷，一

〔二〕「千古」，林齊本、高簡本、蕭世延本、白沙文編、何熊祥本、黄之正本、碧玉樓本作「今古」。《白沙子古詩教解》、《白沙先生詩教解》亦作「今古」。

〔三〕「夷狄」，原作「□□」，據林齊本、高簡本、蕭世延本、白沙文編、何熊祥本、黄之正本補。

躍海門春。厓海風波隔，陽江面目新。自然聲氣應，坐使風俗淳。短卷心先賀，神交夢每親。琢詞告萬世，老病敢辭君？

偶書所見

厓傾百丈泉，直下注東川。翳流起大舂，覆茅於其顛。一爲利所驅，取便世争先。漢陰喻桔槔，所見無不然。嗟哉抱甕心，古道何由全？

謝鄧督府惠交藤酒〔一〕

使來遺一尊，百金不願易。遇藥如遇仙，奇方聞在昔。卓哉李文公，作傳甚詳悉。感公嘉惠心〔二〕，何以酬公德？但恐命不齊，服藥也無益。

〔一〕「酒」後，林齊本、高簡本、蕭世延本、何熊祥本、黄之正本、四庫全書本有「至」字。

〔二〕「嘉惠」，原作「嘉會」。據林齊本、蕭世延本、碧玉樓本、四庫全書本改。《白沙子古詩教解》、《白沙先生詩教解》亦作「嘉惠」。

曉枕

天地無窮年，無窮吾亦在。獨立無朋儔，誰爲自然配？春陵造物徒，斯人可神會。有如壽厓者，乃我之儕輩。永結無情遊，相期八紘外。

題端陽李太守甘霖重應卷

嶺南名刺史，端陽有成績。端陽問爲誰，長沙垂令德。曰惟長沙公，善非一代積。去年苗欲槁，公寢不安席。手拈一炷香，須臾見昭假。今年事復然，斯民忻目擊。甘霖雨下土，郊野望四塞。滂沱及鄰壤，秋田足民食。公惠寧有心，斯民感公德。口頌遂成碑，舉手還加額。安得長沙公，爲我大邦伯？坐令十郡内，廣布陽春澤。閭閻興孝弟〔一〕，四野無盜賊。共育太和春，絪緼謝反側。

〔一〕「興」，原作「與」，據林齊本、高簡本、蕭世延本、何熊祥本、碧玉樓本、四庫全書本改。

偶得，寄東所

知暮則知朝，西風漲暮潮。千秋一何短，瞬息一何遥！有物萬象間，不隨萬象凋。舉目如見之，何必窮扶摇？

登高未必高，老脚且平步。平步人不疑，東西任四顧。豈無見在心，何必擬諸古？異體骨肉親，有生皆我與。失之萬里途，得之咫尺許。得失在斯須，誰能別來去。明日立秋來，人方思處暑。

和羅服周對菊見寄

春來苦不早，春去常願遲。嗟哉造化機，萬物安得知？歲晏菊始吐，鮮鮮在東籬。不汙桃李塵，永續徵君詩。

龜山夜月

萬古此龜山，萬古此明月。開簾望龜山，岱宗固無別。但恐山多雲，風吹亂人睫。〔一〕

馬牙香

爐中煨白朮，坐上有青天〔二〕。綺季弈未畢，夷齊上西山。沉檀皆下品，欲語不同年。

題心泉，贈黄叔仁

夜半汲山井，山泉日日新。不將泉照面，白日多飛塵。飛塵亦無害，莫弄桔槔頻。

〔一〕　此詩之末，林齊本、蕭世延本有小注云：「楊龜山先生修正《程氏遺書》，中間『堯舜事業』一段『可』疑，借此以正其謬耳。」《白沙子古詩教解》、《白沙先生詩教解》所引述先生此小注，與林齊本、蕭世延本同。白沙文編則作：「龜山先生有解《程氏遺書》，中間『堯舜事業』一段『可』疑，借此以正其謬耳。」

〔二〕　「有」，林齊本、高簡本、蕭世延本、何熊祥本作「是」。

贈伍弼歸覲

諸生胡不歸，九月望庭闈。山北山南道，紛紛落葉飛。呼兒巾木榻，謝客掩荊扉。不盡來時約，堪沾別處衣。

真樂吟，效康節體〔一〕

真樂何從生，生於氤氳間。氤氳不在酒，乃在心之玄。行如雲在天，止如水在淵。靜者識其端，此生當乾乾。

〔一〕在《南川冰蘗全集》卷末附録有白沙先生《真樂吟，寄緝熙》詩，云：「真樂何從生，覺者不復言。或疑詩語工，或云飲者賢；或書役心情，或琴以自宣。真樂生於心，乃在至和間。行如雲在天，止如水在淵。靜者識其端，此心當乾乾。」（林光《南川冰蘗全集》，第四七〇至四七一頁）文字頗有異同，疑兩者爲同一首詩。或許《南川冰蘗全集》所收爲初稿，而此所録則爲改稿。未知是否。詳情有待進一步考證。

得何時矩書

良友惠我書，書中竟何如？上言我所憂，下述君所趨〔一〕。開緘讀三四，亦足破煩紆〔二〕。丈夫立萬仞，肯受尋尺拘？不見柴桑人，丐食能歡娱？孟軻走四方，從者數十車。出處固有間，誰能别賢愚。鄙夫患得失，較計於其初。高天與深淵，懸絶徒嗟吁。

聞陳宗湯、湛民澤欲過江門，遇颶風不果，用張廷實韻寄之

斬蛟須射虎，水石敢誰欺？老夢不知遠，客來何怨遲？千休千處得，一念一生持。衰白如曾見，斯言或可依。

〔一〕「趨」，原作「移」，據高簡本、遺詩補集、白沙文編、何熊祥本、碧玉樓本改。

〔二〕「煩紆」，原作「煩汙」（高簡本、白沙文編、何熊祥本、黄之正本、碧玉樓本、四庫全書本作「煩污」），兹據遺詩補集改。煩紆，意謂心情煩悶雜亂。

與民澤

漠漠黄雲岡，珊珊鐵橋水。宇宙幾千年，洞天今有主。借問子爲誰，平生子湛子。

題民澤九日詩後

我思陶長官，廬山一杯酒。世遠道彌光，歲歲此重九。酒中有歌者，劃然金石奏。謂從秦漢下，藩籬士夫口。藩籬苟不顧，其中更奚有？寥寥二千載，長夜不復晝。俛仰宇宙間，孤光映疎柳。民澤長者言，藩籬自兹厚。兹晨偶拈出，以洗薄俗陋。

景易讀書潮連，賦此勖之

日往則月來，東西若推磨。及時願有爲，何啻短檠課。强者能進取〔二〕，不能空墜墮。四書與六經，千古道在那。願汝勤誦數，一讀一百過。嗟予老且病，終日面壁坐。古稱有志士，讀書萬卷破。如何百年内，能者無一個？書生赴場屋，勢若疾風柁。不悟進爲退，反言勇者懦。吾

〔二〕「强者」，遺詩補集作「强日」。

聞邵康節，撤席廢眠卧；又聞范仲淹，晝粥充飢餓。砥柱屹中流，有力始能荷。汝患志不立，不患名不大。師友爲汝資，薪水爲汝助，黽勉在朝夕，用爲老夫賀。

噩洲阻風

平岡僝農事，一語五日留。今晨阻長江，風雨眠歸舟。老牛不乳犢，寧爲水草憂。念此結吾懷，人生易澆浮。父子且有此，他人復何求？冥冥蒼山屏，滮滮清溪流。童僕屢反側，晨炊渴薪櫍。嗚鞭走泥潦，視我能來不。行止各有時，天道匪我由。會當息風濤，鼓柂辭鳴鷗。

送李世卿還嘉魚〔一〕

楚地多佳人，可慕不可求。長江崩西浪，五嶺障東眸。翩翩李叔子，晤語滄溟秋。諸賢當未衰，濟世吾何憂。歸去襄南州，問詢李與劉。襟懷有全楚，勝處多卧遊。大崖月冏冏，赤壁風飀飀。行藏君自知，可以與我否？我若登

〔一〕題後，遺詩補集有小注云：「原詩十三章，集中失去七，今拾遺補之，尚缺其一。」案：所謂「十三章」包括前録《贈世卿》六首，此處六首，故言「尚缺其一」。

南嶽，寄聲黄鶴樓。

富貴何忻忻，貧賤何戚戚。一爲利所驅，至死不得息。夫君坐超此，俗眼多未識。勿以聖自居，昭昭謹形跡。

在物有常性，水濕而火燥。在人無常情，所惡變所好。昨日見其恭，今日見其傲。蔓草輕芝蘭，清源亦黄潦。世情每如斯，聊爲行者告。

疾風起驚濤，舟以柁爲命。柁乎苟不操，舟也何由静？是舟如我身，孰知身之穽？是柁如我心，孰祛心之病？〔一〕不如棄其舟，免與風濤競。

塊在不欲空，空于破塊中。形形絶龐贅，處處得圓融。臯夔不得□，箕潁寧無功。舟楫欲何向，青山鄂渚東。〔二〕

〔一〕「祛」，遺詩補集作「怯」。

〔二〕此一首，底本原缺，據遺詩補集補。

送梁國鎮

蓋有藏器人，我病元非果。徘徊思遠道，欲往悲足跛〔一〕。梁生千里駒，東西無不可。飛轡入長安，垂楊春婀娜。

喜康沛至

三年念遊侶，奄至廬岡曲〔二〕。睍睆枝上鶯，相呼入幽谷。平生真淡意，至老方恥獨。

贈容珽

翳翳峰頂木，裊裊峽中溪。下有飛寺古〔三〕，上有哀猿啼。我昔經過日，登臨上扶藜。中流日黯黯，兩岸風凄凄。遠行會離索，四顧仍低迷。羨子意氣豪，別我無一悽。行行至斯峽，爲我試留題。

〔一〕「足」，原作「定」，據詩近稿、遺詩補集、碧玉樓本改。
〔二〕「廬岡」，原作「廬江」，據詩近稿、遺詩補集、黄之正本、四庫全書本改。
〔三〕「飛寺古」，原作「飛古寺」，據遺詩補集改。

寄李若虛憲副〔一〕

我吟白洲詩，神爽自清絶。平生磊落心〔二〕，盡向詩中泄。詩成輒寄予，所得隨盈篋。藏之石室中，至寶防盜竊。

寒夜獨坐偶成〔三〕

端居夜何悠，索莫懷遠辰。弱冠起慕仕，始爲金臺賓。驅馳未十載，汩没隨埃塵。發憤去故蹟，來趨聖途津。文字多所愛，焉知賤與貧。悄悄到京師，偶與名士親。出處各有命，終然高欽倫。眷言同心友，歲暮期亨屯。

〔一〕此詩原缺，據詩近稿補出。（陳獻章撰：《白沙先生詩近稿》，第六卷，第四八頁）案：高簡本亦有此詩。

〔二〕「磊落」，高簡本作「磊磈」。

〔三〕自《寒夜獨坐偶成》至《贈容珽、易元、陳庸使永豐謁羅一峰》，共七首，底本原缺，據遺詩補集補出。

讀王城山人詩 山人謝世懋，黃岩人

客從黃巖來，遺我詩一帙。詩中多苦言，讀罷意不悦。由來王城山，草木皆南越。不見山中人，溪上步明月。

筠雪坡

簫簫坡中竹，靄靄竹上雪。萬木紛改容，此君獨高節。凍涵翡翠寒，光映琅玕白。唯想軒中人，相看兩清絶。

浴香泉贈莊定山

點也一丸丹，點化無窮鐵。寥寥二千載，誰當繼其絶。下浴香泉湯，仰視龍洞雪。不待春服成，乾坤王正月[一]。

[一] 沈孟化、陸察、張夢柏纂《萬曆江浦縣志》所載此詩作：「點也一丸丹，點化後生鐵。偉哉定山翁，起繼朱弦絶。下浴香泉湯，仰觀龍洞雪。不待春服成，乾坤王正月。」（《天一閣藏明代方志選刊續編》，上海書店出版社，一九九〇年影印本，第七册，第五三八頁）文字有差異。

厓山

中流日始旦，孤舟騁遊躅。長江一以眺，寒山鼻頭緑。嗚榔集萬橈，翳翳滄海曲。樂意轉悲歌，慨然念張陸。堂堂廈已傾，誰能置一木。

漉酒巾〔二〕

取彼頭上巾，漉酒無乃卑。但求當日醉，不管後生疑。衷情萬里隔，志士千古期。無人知此意，只有東林師。

〔二〕　此詩，又見阮榕齡《編次陳白沙先生年譜》「成化十九年癸卯」條，據所見白沙先生墨跡録入。（阮榕齡撰：《編次陳白沙先生年譜》，《宋明理學家年譜》第九册，第二八五頁；陳獻章撰：《陳獻章集》，下册，第八三三頁）

贈容珽、易元、陳庸使永豐謁羅一峰〔一〕

夜發白沙口，席影寒江月。揚揚一峰論，望望何時接。男兒亦何事，料理經世業。千載曲江祠，中間可停楫。

夢作洗心詩〔二〕

一洗天地長，政教還先王。再洗日月光，長令照四方。洗之又日新，百世終堂堂。

〔一〕　此詩，又見阮榕齡《編次陳白沙先生年譜》「成化十一年乙未」條，據《鶴山縣志》録入，題作「夏贈陳秉常容彦昭易德元使永豐謁羅一峰」，詩云：「夜發白沙口，席影江門月。洋洋一峰倫，望望何時接。男兒亦何事，料理經事業。千載曲江祠，中間可停楫。」（阮榕齡撰：《編次陳白沙先生年譜》，《宋明理學家年譜》第九册，第二四一頁；陳獻章撰：《陳獻章集》，下册，第八一七頁）兩相比較，文字頗有差異。

〔二〕　此詩原缺，據《白沙子古詩教解》、《白沙先生詩教解》補出。（湛若水撰：《白沙子古詩教解》，碧玉樓本《白沙子全集》附刻，下卷，第一頁；《白沙先生詩教解》，《四庫全書存目叢書》，集部第三五册，第五五八頁）碧玉樓本亦有收録此詩，（《白沙子全集》，碧玉樓刻本，第六卷，第三頁）恐係從《白沙子古詩教解》輯出。

贈潮州守周鵬[一]

楚中有孤鳳，高舉淩穹蒼。借問歸何時，聖人在黄唐。望之久不至，歲晏涕淋浪。九苞有遺種，不覺羽翼長。三年集南海，使我今不忘。逍遥梧桐枝，長飲甘露漿。

送劉岳伯[二]

堯舜安敢驕，箕山亦非傲。丈夫四海心，豈曰能枯槁。富貴非我徒，功名爲誰好。皇皇東山憂，朝夕不離抱。千門忽變暝，卷雨風蕭蕭。草木落長夏，江山非昔朝。我眠不著枕，秉燭度殘宵。欲起問真宰，蒼穹一何遼。

[一] 此詩原缺，據《白沙子古詩教解》、《白沙先生詩教解》補出。（湛若水撰：《白沙子古詩教解》，碧玉樓本《白沙子全集》附刻，下卷，第三頁；《白沙先生詩教解》，《四庫全書存目叢書》，集部第三五册，第五五九頁）碧玉樓本亦有收録此詩。（《白沙子全集》，碧玉樓刻本，第六卷，第三頁）案：《白沙子古詩教解》、《白沙先生詩教解》以及碧玉樓本所收此詩，當係從白沙先生《潮州三利溪記》中析出。

[二] 此詩原缺，其墨跡尚存，兹據墨跡補出。（陳福樹撰：《陳白沙的書法藝術》，第七〇至七一頁）案：陳志平所録此詩釋文，將其録作五律兩首。（陳志平撰：《陳獻章書跡研究》，第一四七頁）

戒酒後寄倫知縣〔二〕

聖人不囿物，物物自圓融。古來善學者，變化如神龍。積善如積粟，積多倉廩充。去惡如去草，去盡禾黍豐。全體苟不能，一曲自可通。隆情唐雅樂，流際輕鼓鐘。何物坧埅礙，而以乘高峰。率兒拍兩手，笑此如泥翁。名教自有樂，何必淪無窮。

悼李宫詹齡〔三〕

丙戌冬在孟，謁公洪城居。公稱外司徒，公年良倍予。予兹上酬公，不以賤自疎。乃心重民教，興言輒躊躇。紫陽不長年，白鹿有遺墟。顧瞻感茂草，歲月成精廬。鳴鐸恩所記，拳拳徇虛譽。四方名利塵，欲以一袂袪。我行匡廬野，引望情紆如。借問公來不，東南已懸車。懸車夫何爲，庶以返厥初。既云返厥初，世情亮奚餘。大塊胡不仁，奪此一老且。傷哉勿復道，天地

〔二〕　此詩原缺，原見白沙先生《爲陳熊書和陶詩卷》，汪宗衍《廣東書畫徵獻録》曾加考釋。兹據陳志平所録釋文補出。（陳志平撰：《陳獻章書跡研究》，第二五五至二五六頁）

〔三〕　此詩原缺，兹據《宫詹遺稿》外編卷之五所録補出。（李齡撰：《宫詹遺稿》，《四庫未收書輯刊》，北京：北京出版社，二〇〇〇年，第伍輯第十七册，第三六四頁）

有盈虚。

挽莊節婦[二]

盜賊輕人命，綱常殺此軀。也能作厲鬼，不問葬江魚。骨肉他鄉盡，英靈此廟居。乾坤不朽事，持以報君夫。[三]

癡子啼復急，良人暮不還。彷徨妾心悸，負兒出門看。死者爲妾身，暴屍門外灣。匍匐往見縛，割裂腸與肝。苟能絶仇領，何事空摧殘。稽首告青天，飲恨赴奔湍。湍水照妾心，湍月照妾顔。妾恨何事終，歲歲如轉環。

〔二〕此詩原缺，《民國海康縣續志》第二十八卷有收録。兹據李君明《陳白沙詩輯逸》補出。（李君明撰：《陳白沙詩輯逸》，《嶺南文史》，二〇〇六年第三期，第五〇至五二頁）

〔三〕此首最後一聯，與《吴村弔莊節婦墓》第一首最後一聯相同，僅一字之差。《吴村弔莊節婦墓》之第一首全文爲：「豺虎何由近，風濤浩若無。行人看墓榜，英爽在清都。江暝雲長合，原寒草不枯。乾坤不朽事，持此報君夫。」（《白沙子全集》，何九疇刻本，第四卷，第四二頁；又參《陳獻章集》，上册，第三三七頁）

贈陳剩夫先生〔一〕

千載武夷峰，伊誰事幽討。垂老赴江山，懷賢慶蘋藻。多謝泉南翁，神交願傾倒。聊將一瓣香，寄向君懷抱。

泉南陳先生曰布衣者，其學以子朱子爲宗。予嘗聞林蒙菴及周進士梁石，粗得其大致而恨不能與接，今年秋，予過江西，訪張廷祥内翰，乃知先生曩歲亦嘗有意於不肖之願，值予在京師，行至潮，弗果。今因鄉友余習之之官莆田，賦此詩贈之。蓋特藉以寓景仰之私，亦以勖習之云耳。此稿奉寄泉南布衣華宗老先生。急於通誠，僭率惶恐。獻章再拜。

代道士答〔二〕

到來心自語，未到語如漫。天月飛雲上，千尋傑閣寒。捫天星斗近，畫此鐵橋難。不有飛

〔一〕此詩原缺，兹據《布衣陳先生存稿》補出。（陳真晟撰：《布衣陳先生存稿》，《續修四庫全書》，第一三三〇册，第四〇二至四〇三頁）

〔二〕此詩原缺，《乾隆博羅縣志》第十三卷有收録。兹據李君明《陳白沙詩輯逸》補出。（李君明撰：《陳白沙詩輯逸》，《嶺南文史》，二〇〇六年第三期，第五〇頁）

仙骨，誰能跨羽翰。

七言古詩

聽李深之説緑護屏聖池歌

天風吹斷雲冥冥，陰崖露滴池水清。牧童投竿蛟龍怒，空山白日雷霆驚。好事何人解尋覓，李生爲我言歷歷。安得健步上峥嶸，萬里直見滄波横。更憑猛手碎嵯峨，一徑密遶青松多。池旁是我安樂窩，近者青松遠滄波，紅塵溷溷如吾何？

除夕呈家兄

去年除夕色未槁，今年除夕兄已老。小弟朱顔不如昨，但説窮通無醜好。山中茅屋二十年，日月逝矣如奔川。兄弟五男并四女，啜菽飲水同炊烟。慈母年高白髪少，二十孀居憂未了。眼前黄口那得知，争覓梨栗相喧炊。我年未老筋力衰，耒耜即付大頭兒。童牛生角禾登壠，爲我且給通家糜。

别蒼梧，席間呈謝大參、段都閫

蒼梧城中三日雨，曉坐肩輿辭兩府。參西藩者謝大夫，枉與段侯同出祖。麻衣搭颯濫西席，對坐一文兼一武。三人相逢豈易得，一金便作華筵主。酒酣擁蓋回仙亭，立馬蒼茫别容與。

贈陳冕

南有滄溟水，北有崑崙山。我屋正在溪山間，瞻望不遠行實難，白雲朝暮常漫漫。桃花欲開梅又殘，問君此去何時還？

過端溪硯坑

峽雲鎖斷端溪水，白鶴群飛峽山紫。獨憐深山老鴝鵒，萬古西風吹不起。安得猛士提千鈞，亂石溪邊夜搥碎？

行路難

潁川水洗巢由耳，首陽薇實夷齊腹。世人不識將謂何，子獨胡爲異兹俗？古來死者非一人，子胥屈子自殞身。生前杯酒不肯醉，何用虛譽垂千春？

修外海赤泥嶺墓作

赤泥岡頭封馬鬣，生荆死竹無日月。晚生曾孫賤又劣，仰首蒼天淚流血。載鉏入山日已決，北風吹我篙櫓折。悲鳴中夜聲嗚咽，曉踏荒山馬蹄熱。開榛伐樹功務捷，指揮群僕口喋喋。須臾豁見天然穴，高下山川甚蟠結。西南諸峰青不絶，東北漫漫海波貼。向來淺土悲滅裂，再掘又恐靈氣洩。復以玄石置墓碣，永示雲來千萬劫〔二〕。人生貴賤那可必，下山復作兒女别。

釣魚，效張志和體

紅蕖風起白鷗飛〔三〕，大網攔江魚正肥。微雨過，又斜暉，村北村南買醉歸。

〔二〕「示」，原作「云」，據林齊本、高簡本、蕭世延本、白沙文編、何熊祥本、碧玉樓本改。

〔三〕「紅蕖」，原作「紅渠」，據林齊本、高簡本、蕭世延本、白沙文編、何熊祥本、黄之正本、碧玉樓本、四庫全書本改。

秋雨書事，寄黄叔仁

嶺南氣候殊中土，七月初窮乃無暑。樹杪晝蒙密密雲，簷前夜滴絲絲雨。忽聞海上長風生，卷入寒城翳鐘鼓。東舍今晨母斂兒，西鄰昨夜夫埋婦。人間生死不可期，慟哭蒼生奈何許。

與黄叔仁乃父題東溪卷 并引

昔余大父渭川府君居此溪上，與黄氏故鄰也，去之六十年矣。閱此卷，有感而作。

春煙漠漠溪溶溶，鳥鳴終朝低竹叢，桃花亂落溪水紅。白首一人扶一笻，醉中忘却溪西東。誰載咿啞進酒篷，朝歌夕舞煩兒童。吾廬若在兹溪上，如此風光不讓公。

憫雨，寄黄叔仁〔一〕

去年無雨穀不登，今年雨多種欲死。農夫十室九不炊，天道何爲乃如此！自從西賊來充

〔一〕林齊本、高簡本、蕭世延本、白沙文編、何熊祥本、黄之正本、四庫全書本無「黄」字。

斥，一十九年罷供億。科徵不停差役多，歲歲江邊民荷戈〔二〕。舊債未填新債續，里中今有逃亡屋。安能爲汝上訴天，五風十雨無凶年。

得林憲副待用書，奉寄

午枕起攀庭樹株，見戴白笠送君書。開緘快讀不見字，世間滾滾終何如？傾蓋一談未可少，悵望萬里徒區區。願言保此無壞身，烈火不解燔空虛。

自伍光宇墓還，登蓬萊絶頂

故人墳前澆我酒，白日欲西迴馬首。磴危道險不可躋，下馬長鬚扶兩肘。三步一噫五步停，引吭出舌肺腸鳴。此時平地慮顛踣，仰首十丈梯峥嶸。以手捉僕肩，以足踏崖頸；躋攀欲上方寸難〔三〕，又恐翻身落深阱。山北鳴鵂鶹，山南叫輈輈；豺虎伏莽狐狸遊，天地滾滾令人愁。小童魚貫上復休，絶頂始得巖巒幽，開顔一望隘九州。弱水涓涓扶桑樛，中覆一杯滄溟流。穹

〔二〕「江邊」，林齊本、高簡本、蕭世延本、白沙文編、何熊祥本作「邊江」。

〔三〕「方寸」，林齊本、高簡本、蕭世延本、白沙文編、何熊祥本、黄之正本、碧玉樓本、四庫全書本作「分寸」。

然青者吾羅浮，神仙葛白俱蜉蝣。湖西先生去十秋，五羊詩客徒淹留。數公陳迹或可搜，死者已矣吾何憂。後來諸生繼前修，努力莫倦蓬萊遊。

有鶴寓懷先友丁彦誠邑宰

有鶴獨睨臨江樓，雪衣迴映江天幽。問爾莫是蘇耽流，蘇耽一去三十秋〔二〕。人間膏火不可留，欲往從之嗟無由。鶴聞我言九回頭，欲去不去增綢繆。四野無雲風飂飂，矯翮萬里須臾周，顧我欲下非丁侯。

題畫春草

蘭兮蘭兮翳灌莽，棘刺蒲芽遞消長。野竹抽梢一千丈〔三〕，巨石盤雲覆仙掌。鵜鴂三三兼兩兩，鼓翼飛鳴齊下上。仰視玄穹極高廣，稊稗瓦甓皆真賞。半酣一爬誰老癢，五羊城中鍾雪舫。

〔二〕「三十」，白沙文編作「三千」。
〔三〕「梢」，林齊本、高簡本、蕭世延本、何熊祥本、黄之正本、四庫全書本作「稍」。

答惠菊

玉臺山中冬酒熟，玉臺氤氳聞紫菊。香帆帶雨來山家，九尺一莖紛天葩。主人持酒向花笑，坐下無花詩不妙。近者擊壤歌二千〔二〕，菊花之音如響泉。陳村老人植菊手，玉蕊金華光照牖。世人有眼不識真，愛菊還他晉時人。一瓢酩酊廬山下，萬乘之君不得臣。

讀東坡年譜

坡翁春秋六十六，脚債一生償不足。黄州去後惠州來，無何又向儋州宿。瘴雨蠻風經幾時，放歸便就毘陵木。熙寧以下至元符，中間老稚圍船哭。婦女倉皇吏卒欺，坡翁已就臺官獄。平生幾册篋中書，一一旁搜付回禄。西望眉山不知處，俯仰乾坤何局促。假令坡翁活百年，長領詞官稱玉局。氣節文章古所難，先知孰與愚公谷。丈夫當自慎出處，何爾呶呶蒙毀辱！

〔二〕「二千」，詩近稿作「三千」。

戲題張千户畫松

張侯畫松人不識，松不畫横惟畫直。上干青霄下盤石，倒卷蒼龍二千尺。神物安可留屋壁，變化虚空了無迹，不然恐遭雷斧闢。左手執弓右持戟，取勝無過萬人敵，侯莫畫松費筆力。

夢匡廬

老年心折何處山，昨夜夢鼓潯陽柁。九天無雲瀑布飛，聲落長江震吴楚。望湖亭邊延五老〔二〕，遠之近之無不可。欲攜五老還滄溟，一囊又借長髯我。

與世卿同遊厓山作

海風晝號山木折，黑浪夜撼蒼厓裂。有廟於此昭臣節，吾昔大書吾腦熱。天冠地屨華夷別，萬古不使綱常滅。角聲嗚嗚旗獵獵，樓船將軍過擊楫。楚客傍觀嘿無説，肝腸裹有三公鐵。南山老人紅玉頰，久坐松根待明月。

〔二〕「邊」，詩近稿作「中」。

題梁先生芸閣

聖人與天本無作，六經之言天注脚。百氏區區贅疣若，汗牛充棟故可削。世人聞見多尚博，恨不堆書等山岳。舍東丈人號芸閣，高坐松根自鳴鐸。摳趨童子慎唯諾，口授心傳爲小學。孝經論語時參錯，子史平生盡拈却，寄以斯名聊自謔。講下諸郎頗淳樸，誰敢作嘲侮先覺？讀書不爲章句縛，千卷萬卷皆糟粕。野鳥晝啼山花落，舍西先生睡方著。

題馬默齋壁

屋後青山屏翳合，簷前緑樹煙花匝。主人閉門履不納，跏趺明月光遶榻。客來問我笑不答，但聞山鶯啼恰恰。橙橘盈園野芳雜，門外一江深映閣。四時八風誰管押，煙飛霧走龍騰甲。拙者孤舟持酒榼，成化十年甲午臘。

偶得

衡山西遊何時還，暫寄漁蓑水石間。又恐風吹江日殘，扁舟打落蘆花灣，教兒且築大雲山。

可左言，贈憲府王樂用歸瑞昌〔一〕

可可可，左左左，費盡多少精神，惹得一場笑唾。百年不滿一瞬，煩惱皆由心作。若是向上輩人，達塞一齊覷破。歸來乎青山，還我白雲滿座。莫思量，但高卧。

贈左明府考績之京

六十花封一高要，高要得公當不小。阿衡事業世豈知，天下經綸此中了。百里萬里大小同，語默出處非殊調。君今考績赴天官，我只弄我江門釣。

力疾書慈元廟碑記

北憁一榻羲皇前，青燈碧玉眠三年。慈元落落吾所憐，兩崖山高青閣天。厓門之水常涓涓，一碑今爲東山傳。虛言不扶名教顛，久病江湖落日前，嗚呼此意誰與言？

〔一〕「憲府」，碧玉樓本作「僉憲」，《白沙子古詩教解》亦作「僉憲」；而孫通海點校《陳獻章集》則作「憲副」。（《陳獻章集》，上册，第三二四頁）

墜牀詩

母子之愛天所維，廬岡數步扃幽扉，近者夢寐常追隨。墜身牀下如僵尸，把火來照我爲誰。久病不死長命雞，側身東面魂依依。

六月十夜枕上

歲歲與年年，幾見春秋過枕前。有時自放春風顛，堯夫擊壤歌千篇。大醉起舞春風前，碧玉不知今幾年。望望衡山眼欲穿，世卿兹來何延緣？

枕上

江門水上廬山巔，蒲團展卧羲皇前，洗手一弄琴無絃。江門之水常淵淵，月光雲影江吞天，安得古今名家如劉文靖、莊定山題一言？洞視千古如浮煙，江門水與銀河連，又何必棲棲向釣魚臺上來打眠？夫然後信性氣果江湖行藏動星象，同符羊裘老子未化之迹，可見之形以爲曠世之賢，而思齊其賢也耶？

示諸生

江門洗足上廬山，放脚一踏雲霞穿。大行不加窮亦全，堯舜與我都自然。大者便問躍與潛，守身當以藩籬先。世間膏火來熬煎，市朝名利相喧填。百年光景空留連，丈夫事業何由宣？昔者緑鬢今華巔，嗚呼老去誰之愆？

病中寄張廷實，用杜子美韻

碧玉丈人天性直，長以語人人不識。胸中一部蓮華經，江雲浩浩江泠泠。時取黄鶴樓中老鐵笛，傍崖吹之，江神斂衽無人聽。安得張乖崖來分與衡山一半，今日在衡山爲我作粥，便是當年事業成。

與謝天錫

謝生大事久未襄〔二〕，造次干人不啓齒。先生老窮旋渦佛，滅頂驚心羅漢水。麥舟遇我蓋非

〔二〕「謝生」，原作「先生」（碧玉樓本作「元生」）。據林齊本、蕭世延本改。

難，凶歲探囊誠未易。佳城許讓白牛岡，借助希微非我意。爲我寄聲謝韓子，紛紛薄俗古今然，所幸男兒窮有志。後山之後豈無人，百丈中流看砥柱。

民澤自白沙館告還謁母，故以歸爲望

黃雲山人風韻奇，擊壤亦唱堯夫詩。頃者省母增江湄，梅花雪月如見之。西風千畝稻垂垂，再把葫蘆斬纏歸〔一〕。山門莫作兒女悲，陽關三疊徒嘘唏。黃雲，乃民澤所居之洞也。

贈黎中，兼呈克修梧州

蒼梧夜雨連牀，廬阜冬帆獨送〔二〕。夢中彩筆子須投，海上黃雲我當種。短歌送子子合知，無病呻吟何足諷！

〔一〕「斬」，碧玉樓本作「暫」。

〔二〕「送」，原作「透」，據白沙文編改。據此詩用韻，亦以作「送」爲是；作「透」，則不成韻。

王樂用僉憲江門看病，别後賦此

木葉吾衣草吾屨，鳥解唱歌花解舞。天際虹橋萬丈高，袖裏青蛇三尺許。破帽衝開華頂雲，西望衡山久延佇。堂堂名教天命之，六六洞天誰是主？五羊城中老法星，昨日江門看病去。〔一〕

擬移木犀於上游黄雲，示民澤

木犀金粟散天香，在秋之季廬山陽。湛生期我上游庄，移根千丈黄雲岡。萬丈黄雲千丈山，金粟花開不等閒。金粟氤氲塞兩間，先生與爾同歲闌。〔二〕

〔一〕「昨日」，林齊本、高簡本、蕭世延本、白沙文編、何熊祥本、黄之正本、四庫全書本作「日昨」。

〔二〕「先生與爾同歲闌」，遺詩補集作「吁嗟乎，金粟丈人與爾同歲闌」。又：詩後，高簡本有跋語云：「右以木犀贈民澤還植黄雲之麓。異時諸生候我於黄雲，這早晚，便是木犀花開時也。」

對菊

淵明無錢不沽酒，九日菊花空在手。我今酒熟花正開，可惜重陽不再來。今日花開顔色好，昨日花開色枯槁。去年對酒人面紅，今年對酒鬢成翁。人生百年會有終，好客莫放樽罍空。貧賤或可驕王公，胡乃束縛塵埃中？簪裾何者同牢籠！

慈母石歌，爲門人區越作

巖石江頭峻如壁，舟人指爲慈母石。慈母名來不可聞，巉巖兀嵂秋江碧。我聞慈母名，起我父母思。人有父母誰不思，我思父母徒傷悲。憶昔生我童稺時，家貧逐日圖生資。析薪與我代燈燭〔一〕，鬻衣與我買詩書。朝夕俾我苦勤學，戒我勿似庸常兒。況生我命苦多疾，父母提挈綿歲月。一朝我病忽呻吟，父母咿啞面如漆。父母衣我兮寧自寒，父母食我兮寧自飢。我今身爲一命仕，薄俸堪將備甘旨。二親已去掩荒丘，薄俸還將飽妻子。幾迴舉筯食腥膻，默默不知雙淚漣。收淚還將酒杯奠，杯奠不到音容前。慈母石，世罕有，汝在江頭天地久。我思父母不

〔一〕「析薪」，原作「折薪」，據何熊祥本、黄之正本、碧玉樓本、四庫全書本改。

能養，悵恨當同爾齊朽。嗚呼罔極恩難報，幸今賴有移忠孝。尚當竭力事吾君，庶可揚名酬二親。詩曰：誰化江邊石，世傳慈母名。神枯真可想，意得貌如生。行路三迴顧，題詩獨見稱。丹青在人目，千古共沾纓。

戒懶文示諸生〔一〕

大舜爲善雞鳴起，周公一飯凡三止。仲尼不寢終夜思，聖賢事業勤而已。昔聞鑿壁有匡衡，又聞車胤能囊螢。韓愈焚膏孫映雪，未聞懶者留其名。爾懶豈自知，待我詳言之：官懶吏曹欺，將懶士卒離；母懶兒號寒，夫懶妻啼飢；猫懶鼠不走，犬懶盜不疑。細看萬事乾坤内，祇有懶子最爲害。諸弟子，聽訓誨，日就月將莫懈怠。舉筆從頭寫一篇，貼向座右爲警戒。

黄雲右闕

萬丈黄雲千丈山，金粟花開不等閒。吁嗟乎，金粟丈人與爾同歲闌！

〔一〕　此篇，碧玉樓本收入「雜著」。

黄雲左關

萬丈黄雲千丈山，金粟花開不等閒，金粟氤氲塞兩間。吁嗟乎，金粟丈人與爾同歲闌！

戲贈湯文秀

湯文秀，愛高科。雲霄一望不可極〔一〕，風鵬九萬行相摩，臨别呼酒索我歌。我歌我歌天風來〔二〕，我歌未歇江帆開。中流撫劒何壯哉〔三〕，一日要到黄金臺。

送梁金會試，因寄林司正

長歌送客江門道，山鬼聽歌渾絶倒。去歲來書意謂何，相思爲謝蒙菴老。

〔一〕「一望」，遺詩補集作「萬里」。

〔二〕「我歌我歌天風來」，遺詩補集作「索我歌，天風來」。

〔三〕「中」字原缺，據遺詩補集、碧玉樓本補。

付民澤〔一〕

千休千處明，一了一切妙。若也不明了了心，到頭反異憧憧撓。

惠州葉從事夜忽於江門垂釣，得二尾魚，送山廚作饌，戲贈之，因懷舊釣伴張主事廷實〔二〕

取適愛魚生，取魚愛魚死。所取既不同，瀕江魚滿市。何日歸來張户曹，明朝且去州從事。

湖南柱史歌〔三〕

湖南柱史不可當，八尺長軀滿面霜。左提右挈羅與莊，忠言決死驚廟堂。天子置之淮南

〔一〕此詩原缺，據高簡本、遺詩補集補出。
〔二〕此詩原缺，據詩近稿、高簡本補出。
〔三〕自《湖南柱史歌》至《題羅修直東墅》，共四首，底本原缺，據遺詩補集補出。

邦，何事便買淮南航[二]。□君不上湖南航，淮南水落終悲傷。

除夕用韻

天台山僧乞詩稿，見比定山詩格老。我詩安得比定山，只有崖山數句好。却憶除夕當去年，詩如春雲酒如川。醉中高歌拍手笑，富貴於我如浮烟。今年除夕興不少，次第桃花開遍了。東閣朝絃緑綺琴，西廊夜放歌聲炒。杜康賜我老不衰，起舞大袖如健兒。乃知濁醪有妙理，不用清齋空畫眉。

與周時可提學

胡皇皇，胡悠悠，紫宸閣下滄江頭。鵬飛不過九萬里，九萬里，誰能收？丈夫呼吸動一世，此道不係去與留。夔龍以後伊吕作，揮斥六合令人愁。顔生自引一瓢飲，樂天知命吾何憂。無位當學孔，有位當學周。

[二] 「何事便買淮南航」一句，廖道南《楚紀》卷二十六所引述，作「何事獨上湖南航」；楊珮《（嘉靖）衡州府志》卷八所引述，作「何事便上湖南航」。（廖道南《楚紀》，明嘉靖二十五年何城李桂刻本，第二十六卷，第一六至一七頁；楊珮《（嘉靖）衡州府志》，明嘉靖刻本，第八卷，第三一頁）

題羅修直東墅

紫髯老人卧東墅，大流山中石爲伍。六月清風扇炎暑，喚醒羲皇枕邊語。仰視雲霄鳳高翥，肯與烏鳶争腐鼠？水心滄洲吾祖武，富貴浮雲何足數！

五言律詩

題新村書齋壁

日色催江渡，潮痕上石梯。趁墟村婦出，索哺襁兒啼。樹接黄村塢，船移白石溪。落花誰省記，何必武陵迷？

茅棟依巖静，柴門斫竹通〔二〕。桑榆巷南北，煙火棣西東。一逕漁樵入，孤村井臼同。鄰家得美酒，吹笛月明中。

〔二〕「斫」，林齊本、高簡本、白沙文編作「洗」。

新年

陰雨方連日，新年損物華。呼兒酌我酒，騎馬到誰家？黯黯寒雲密，蕭蕭暮景斜。人生正無賴，狼藉任桃花。

今日勝元日，江天乍放晴。呼瓶汲井水，煮茗待門生。山鳥鳴將下，桃花暗復明。所嗟人易老，況復歲華更！

朝雨黄鸝静，春風暗蕊低。極知來令節，未肯踏深泥。狼藉桃無語，侵尋草滿蹊。還聞騎馬客，躑躅向沙堤。

止客宿

爲恨開年雨，江村馬跡稀。諸君能枉拜，今夕不須歸。歲酒堪投轄，人家欲掩扉。仍聞僕夫語，畏逐駿蹄飛。

暮雨客去

入郭路初暝，過橋客已勞。僕夫亦人子〔一〕，馬足徇吾曹。春色歸詩妙，花枝愛酒豪。良宵只孤負，遮莫雨蕭騷。

送客

濃緑新春酒，疎紅隔水花。官人坐馬醉，江路遶山斜。桃李成春徑，牛羊散暮沙。林泉無宿客，興盡且還家。

〔一〕「人子」，高簡本作「吾子」。

登陶公壯哉亭〔一〕

新亭開石窟，遠勢借崑崙。天地雙眸迥，滄溟一口吞。公來席不暖，士死廟長存。憶昔干戈際，南征萬馬奔。

是夕范生小酌

日月雙輪轉，乾坤一氣旋。是時冬始閏，細雨夜如年。人語斜風外，天機落葉邊。憑誰給燈火，更坐讀殘篇。

〔一〕　白沙先生此詩之碑拓尚存。碑文云：「憲僉陶公平賊之後，建祠於邑城西，以報士卒死事者。復於祠後最高處作亭，以爲臨眺之所，章以『壯哉』名之，並題其上：新亭開石窟，遠勢借崑崙。（原注：邑西北大山）天地雙眸迥，滄溟一口吞。公來席不暖，士死廟長存。憶昔干戈際，南征萬馬奔。弘治元年春閏正月庚午，翰林國史檢討陳獻章閱丁酉舊稿，書以遺守祠者。」（陳福樹撰：《陳白沙的書法藝術》，第六〇頁）

至容貫宅

在昔偶相遇，如今忽白頭〔二〕。敝衣寒露肘，破屋早知秋。家業憑觚翰，厨煙管去留。老夫如辟穀〔三〕，與子入羅浮。

福童灌園

綰瓶行百步，池在小橋東。抱甕雖無忝，寒衣却未豐。數畦仍待緑，十趾遂流紅。口腹終同及，能無愧此童？

寄胡寧壽 康齋先師之甥

年華當轉鳥，詩思更塗鴉。父子皆吾友，箕裘一舅家。人猶思嶺北，書不到天涯。莫作妻孥計，浮生日易斜。

〔二〕「忽」，林齊本、高簡本、蕭世延本、白沙文編、何熊祥本、黄之正本、碧玉樓本、四庫全書本作「共」。
〔三〕「老夫」，高簡本、白沙文編作「老翁」。

石門

白髮非公事，扁舟進此門。山雲寒不雨，江路曲通村。玩世吾何有，長途馬不存。晚來堪一醉，江月照空樽。

悦城

山作旌幢擁，江絣鏡面平。舟航乘曉發，雲日入冬晴。鼓到江心絶，槎衝石角横。經過悦城曲，無語笑浮生。

東皋 追和半山韻〔一〕

東皋興不淺，況乃暮春時。風日此爲美，吾顔曷不怡。香猶索錦樹，老不恨黄鸝。回首西

〔一〕自《東皋》至《歲晚江上》，乃白沙先生《次王半山韻詩跋》所謂「和得半山詩一十八首」。其中，《即事》之第二首、《懷古》之第二第四兩首、《經故居》之第二首、《山行》之第二首、《歲晚江上》全二首爲底本分散收録，其餘各首均缺。遺詩補集則將此十八首詩集中收録。兹據遺詩補集補出，且將底本散見者移置於此。

園下，紛紛月一陂。風急雲飄野，春晴花映陂。長茵鋪緑草，清奏響黄鸝。飲罷携兒去，詩成足自怡。前村隔横笛，吹到暝鍾時。

即事 和半山韻〔一〕

東湖芳草遍，西崦雜花繁。白髮端居老，青藜懶出村。鳥吟山院静，月出野塘昏。獨有貪奇者，乘舟覓水源。龍溪一片水，何處是真源。沉吟搔白首，竚立向黄昏。宿鳥争投樹，歸牛漸滿村。少年誰氏子，歌吹隔江繁。

晝睡 次半山韻

身勞歸家睡，名教要人扶。朽木誠無謂，柴桑獨不如。歲華蓬鬢白，風度角巾烏。亦有匪躬者，君無笑屈胥。

〔一〕此詩之第二首，底本有收録。（《白沙子全集》，何九疇刻本，第四卷，第四三頁）

陶令愛一揖，猶能却群胥。客來莫繫馬，吾睡反栖烏。何曾走顔闔，也似病相如。輸與湖西老，乾坤隻手扶。

懷古 追和半山韻〔一〕

絃歌謝彭澤，短褐歸田園。且入遠公社，猶須刺史尊。月流松下徑，風洒柳邊門。晉無赤松子，有亦不須言。

相逢疎柳下，賓主兩忘言。處士乃無屨，江州初到門。低頭入茅宇，散髮對金樽。長揖朱轓別〔二〕，狂歌向小園。

兒曹知覓栗，采摘向誰園。乞食那能飽，賦詩空復存。一牀歸獨卧，五柳隔群喧。除却高僧外，青山誰到門。

三徑五株柳，孤村獨板門。先生正高卧，衆鳥莫交喧。晉宋當時改，乾坤此老存。手中一把菊，秋色滿丘園。

〔一〕 此詩之第二、第四兩首，底本有收録。（《白沙子全集》，何九疇刻本，第四卷，第四二至四三頁）

〔二〕 「朱轓」，遺詩補集作「朱旛」。

欹眠 追和半山韻

白雲千仞岡，高卧小藜床。身落江湖外，年侵夢寐涼。貧非原憲病，坐亦子淵忘。若個東軒月，流光照我裳。
漢儒錯喜事，一語涕霑裳。當時衹好睡，竟日那能忘。香閣春醪暖，荷風午簟涼。醉來添鼻息，震動小盧岡。

經故居 追和半山〔一〕

幽居移小步，勝事負名園。立馬方池暮，傷心老樹存。浮雲看物變，流水閲寒温。頭白江湖夢，何曾離蓽門。
到溪田作圃，環堵樹爲門。老憶先廬在，貧知草座温。三遷時已後，二紀恨空存。舊事無人話，斜暉滿故園。

〔一〕 此詩之第二首，底本有收録。（《白沙子全集》，何九疇刻本，第四卷，第四三頁）

山行 追和半山〔一〕

難與俗子伍，勾漏事幽尋。碧樹有佳色，青鸞遺好音。雲霞生草屨，風月愛秋吟。不見稚川老，踟躕桂樹陰。

野雲時起伏，春日半晴陰。流水山催轉，幽岑鳥接吟。一游堪卒歲，千古曠知音。紫帽斜陽外，蒼巖更一尋。

歲晚江上 追次半山韻〔二〕

雲歸山著色，萍合水韜光。落日雙蓬鬢，清風一小航。顔衰聊借酒，心遠只焚香。懶共旁人説，而今夢寐涼。

〔一〕 此詩之第二首，底本有收録。題爲「山行，追次伍半山韻」。（《白沙子全集》，何九疇刻本，第四卷，第七七至七八頁）「伍半山」，應爲「王半山」之誤。

〔二〕 此兩首詩，底本均有收録。其中，第二首在前，題爲「歲晚江上，追次王半山韻」，第一首在後，題爲「前題倒韻」。（《白沙子全集》，何九疇刻本，第四卷，第四一頁）

山寒煙錯寞，江曉日荒涼〔一〕。水際風巾動，梅邊蠟屐香。低頭挐小楫，拍手笑輕航。何但供遊走，而須此日光。

偕伍伯饒、楊伯順甥舅、順德李子長遊李村山

遊走意何窮，天樞日夜東。青山都老脚，破笠又春風。逕草分遥碧，巖花墜小紅。乾坤渾欲别，何處問壺公？

九日馬默齋送姑蘇酒至，次韻奉答

姑蘇一壺酒，九日到山開。即事焉能賦，頽齡漫愛杯。清風生菊徑，落日滿溪臺。酩酊藜牀上，雲來覆老萊。

求荔枝栽貞節堂

高榜近東溟，朝光滿北楹。欲便清晝睡，須待緑陰横。名木從誰假，幽居賴母成。君家多

〔一〕「江曉」，遺詩補集作「江晚」。

黑葉，火急送雙莖。

對鶴

潦倒溪翁誰，人疑鳥不疑。閒將鶴起舞，不作老無奇。任病還親酒，雖慵不廢詩。悠然清唳外，一枕到皇羲。

吾晚病兼貧，麻衣穩稱身。朝來參兩鶴，花底作三人。日出東南雨，鶯啼宇宙春。三杯下衫袖，拂拭舊龍唇。

題羅一峰贈馬龍道南卷

花發春來少，愁添老去長。高才想傾蓋，昨夜語連牀。天下羅公佛，湖西馬子香。離筵一杯酒，歌苦莫相忘。

飲陂頭

入崦花叢密，遵陂石路高。柴門過午飯，村老對春醪。水白都如練，風清不作刀。自然五字句，非謝亦非陶。

吴村弔莊節婦墓

豺虎何由近，風濤浩若無。行人看墓榜，英爽在清都。江暝雲長合，原寒草不枯。乾坤不朽事，持此報君夫。

此里有此墓，千年亦不磨。世方逐蔡琰，吾甚敬曹娥。淫盗死殊色，良人及逝波。江翻練裙帶，激烈有遺歌。

容琴月生孫，以詩來，賀之

春意復西良，孫枝茁更芳。自堪爲喜極，誰肯笑詩狂？竹杖還渠撰，金杯與客長。簪花垂白髮，疊映緑衣香。

贈何廷桂罷館歸

科頭行百里，笠影落煙霞。四十親書卷，尋常過酒家。兒童非講席，鉛槧此歸槎。共待春芳發，來看舊種花。

贈謝德明有事赴廣還

畢嫁吾何有，勞君作犬商。釵裙是荆布，歲月勝資粧。月動江濤白，山衰木葉黄。無錢入城府，來往但輕艕。

月落五仙城，天空一雁鳴。離愁動江色，歸纜解鐘聲。鷺應船謳起，溪尋酒幔行。經過不買醉，貪嗅早梅馨。

有傳羅一峰觀化

悲風何處起，散作斷腸聲。乘彼白雲去，湖西問死生。四海方懸仰，一峰何可傾？平生不下淚，今日盡沾纓。

問訊南川子，東莞林光也。金牛有是非〔一〕。憂爲妻子地，淚濕故人衣。歲晚流言惡，天涯信使稀。西風吹落葉，故故傍愁飛。

〔一〕「金牛」，原作「今牛」，據林齊本、高簡本、蕭世延本、白沙文編、何熊祥本、碧玉樓本、四庫全書本改。

四月

四月陰晴裏，山花落漸稀。雨聲寒月桂，日色暖酴醾。病起初持酒，春歸尚掩扉。午風吹蛺蝶，低趁乳禽飛。

生意日無涯，乾坤自不知。受風荷柄曲，擎雨柏枝垂。静坐觀群妙，聊行覓小詩。臨階愛新竹，抽作碧参差。

風雨夜，有數十客共飯〔一〕，達旦不寐

老覺生涯少，貧添食指繁。雨中誰舉火，夜半客推門。室暗承塵濕，階黐墜瓦喧。平明不曾睡，負鍤理花根。

聞方伯彭公上薦剡

當時尊孔孟，用世必詩書。夫我何爲者，先生非過歟？長歌扶晚醉，短髮向秋疏。坐惜籬

〔一〕「共飯」，林齊本、高簡本、蕭世延本、何熊祥本、黄之正本、碧玉樓本作「挂飯」。

前水，垂竿試釣魚。
骨相合長貧，巖棲累十春。忽傳邦伯疏，見笑北山神。伎倆只餘子，行藏獨老親。古來稱冰鑑，誰是鑑中人？

初秋夜

四時相代謝，已度一日秋。風吹露下葉，月照水邊樓。堯舜今當御，巢由竟媢幽。山靈邀夢去，昨夜又羅浮。
自我不出户，歲星今十週。丹砂求未遂，緑鬢去難留。時節來將晚，山河值早秋。西風捲雨去，星月滿池流。

秋夢

山斗英魂在，江湖秋夢深。還將百年淚，滴破一峰心。絮酒熏天地，金牛恨古今。龍泉不挂墓，吾欲殉吾琴。
南海五千里，不來莊定山。何由到江北，此會非人間。短短目相屬，悠悠心自閒。莫言但是夢，好夢亦云慳。

夜來何所夢，洗耳白龍池〔一〕。秋月下相照，天風高自吹。永持一瓢水，細嚼萬年枝。山鬼向我拜，先生是希夷。

答惠州鄭別駕惠葛布

惠我一疋葛，縫衣笑不奢。賦詩酬別駕，愛酒典鄰家。獨酌秋風裏，浩歌山月斜。醉魂不覺遠，卧探惠陽花。

世澤

世澤由來遠，何年播廣東。吾廬依外海，分派自南雄。家剩爲裘業，山餘偃斧封。千秋文物類，并與劫灰空。

世澤由來遠，時當阸難中。長鬢躬隴畝〔三〕，赤脚話兒童。骨肉危相保，干戈晚益窮。存亡一絲髮，端爲謝蒼穹。

〔一〕「白龍」後，林齊本、蕭世延本有小注云：「崑崙山頂有池名白龍。」

〔三〕「躬」，原作「供」，據林齊本、高簡本、蕭世延本、何熊祥本、黄之正本、碧玉樓本、四庫全書本改。

世澤由來遠，中更幾替隆。市廛懷直道，夷險信陰功。地接華山隱，家嚴涑水翁。百年還舊物，報事亦無窮。

世澤由來遠，誰興啓迪功。今無夭顔子，古有聖重瞳。想像千年下，凄凉百感中。痴兒何足了，徒只愧家風。

江門墟

十步一茅椽，非村非市廛。行人思店飯，過鳥避墟煙。日漾紅雲島，魚翻黄葉川。誰爲問津者，莫上趁墟船。

中秋期友賞月，遣蒼頭致餽，以詩迓之

籠鵝并榼酒，食有一金攜。寂寂慚吾子，依依向隔溪。開筵面華月，出户望青藜。若負今宵醉，何不西山棲？

即席賦

夕風生微涼〔一〕，池塘散月光。呼兒看酒具，待客飲江鄉。月對歌筵徙，風拖舞袖長。人生行樂耳，歸棹夜相將。

盆池栽蓮至秋始花

栽種已後時，花發秋將遲。雖無女伴采，亦有山蜂知。葉稀因地力，香遠是天資。安得三閭手，臨軒賦楚辭？秋露開炎蕚，非時不遺誇。盆中玉井水，溪上春陵家。酒醒涼風發，詩成缺月斜。願爲若耶叟，種水作生涯。開花恨不早，花落却生愁。白露能消物，紅蓮不耐秋。頻來痴小女，對此淚長流。不識榮枯理，哀樂空相仇。此夕不能寐，此樂殊無央。下堂步明月，月印花自長。涓涓花間露，夜滴池水香。但惜花

〔一〕「生」，高簡本、白沙文編作「夕」。

月好，那知風露傷。

圭峰閣

勝處不在遠，杪秋何處尋。步崖碧澗落，眠石青松陰。地少滄溟入，山高雁鶩沉。此時閒佇望，誰識倚闌心。

庚子元旦

風日佳元日，乾坤自此春。蒸空雲氣濕，照水柳芽新。笑語聊供客，杯盤少對人。能寬垂老意，花鳥不無神。

春興

野晴花簇白，山暖樹更青。卯酒醉欲睡，午風吹又醒。閒拈曲江句，勝讀法華經。自在山牕下，跏趺趣已冥。

晨起

群雀曉啾啾，閉門春事幽。下牀花到眼，招手鶴朝頭。永日還書卷，衰年但酒甌。醉來江柳下，笑引子陵鈎。

早起

推枕起新晴，披衣向小明。坐忘新病減，夢少夙心清。軋軋開鄰户，鼕鼕殺縣更。跛奴呼具盥，旋起遶花行。

晚晴，用前韻

蛙鼓報新晴，山牕晚更明。春隨天共遠，人與鶴争清。稍稍鶯歌至〔二〕，番番花宿更。朝來花樹底〔三〕，果作探花行。

〔二〕「稍稍」，原作「稸稸」（《陳獻章集》作「酥酥」），據林齊本、蕭世延本、白沙文編改。
〔三〕「花樹」，林齊本、蕭世延本、白沙文編作「芳樹」。

春懷，次韻陸放翁

江發溶溶緑，山開面面青。春風何氣力，吹動綵雲亭。時物歸春雨，交游散曉星。十年江海夢，誰道不曾醒。

清明日往孔家山墓

舊隱經都會，佳城入孔家。春雲低拂馬，山路曲縈蛇。只隔飄香處，猶疑壞圃花。九原無曉夜，誰管夕陽斜。

春興，追次後山韻

萬物各得性，天開一歲春。風柔翻弱羽，波暖躍纖鱗。穉柳初成趣，芳芹亦賞新。川雲將岳雨，何者不供人。

雨坐

風雨坐前楹，關關雙鳥鳴。正當落花處，更作送春聲。大化歸無極，斯人樂久生。不知川上水，東逝幾時停。

弔陳毅卿墓

微風松下起，落日照蜻蜓。絮酒知吾輩，春山憶毅卿。由來都大夢，終寄一浮萍。極目蒼岑外，波濤滿地生。

蓬萊山祭伍光宇墓

道骨成仙蜕，名山是閬丘。雲中騎欵段，天上叫輈輈。人世黄粱熟，吾儕白髪秋。仍留一杯酒，何處酹金牛。

樹穴蘭

樹穴疑生理，花開不記年。靈根那藉土，芳氣直薰天。瘦比滄芝老，清於辟穀仙。平生誰得見，雲嶠但蒼然。

大托海上山名。千尋樹，真堪托此生。春風卷騷怨，秋月照琴聲。南極峰連起，東溟水一横。所棲非近地，持贈若爲情。

家兄攜秉常看山，予病不能往

行色千崖裏，風光三月中。山家愁酒少，造物愛詩工。好鳥簧爲韻，新花錦作叢。吾能騎瘦馬，不惜遠追從。

題龜山小隱，賀聶清碧新居

瀕海地三畝，連雲廈數間。龜山愛清碧，清碧愛龜山。笠屐誰同往，江湖我自閒。芙蓉小溪水，曾此照衰顏。

山下別業

豕脚有濡需，乾坤胡適隨？看雲因坐久，抱甕得歸遲。家累無多口，生涯但一陂。歸哉五湖樂，吾未羨鴟夷。

弄孫

畫棟三重檐，曈曨曉雀穿。一兒卧我膝，一兒坐奴肩。風日秋逾美，詩書老未傳。二雛當慰我，心賞獨悠然。

戲贈都老

蔡坑黄野舟，獨坐小園幽。被命爲都老，傾心向縣侯。萬家春且至，一紀俗全偷。莫倚無言化，須君九借籌。

韋夫人挽 兩山先生配、詡之母也

人生如朝露，死亦同蜕蟬。有子能如詡，夫人可以仙。春臺花灼灼，秋浦月娟娟。唤醒何州夢，歸來淚迸泉。

次韻何宗濂

灑落儀曹句，遺名得自求。如何行不顧，膠向漆中投。無事由來得，多言大抵浮。結趺樗木下，即此是良謀。

至陳冕家

遠樹晴堪數，孤雲暝欲遮。自憐江海迹，能到友生家。落日明江色，輕風動麥花。相看吾鬢白，不必問年華。

金洲石 在江中

舟楫公餘日，金洲不少留。中流幾丈石，明月五湖秋。目擊金山寺，春來白鷺洲。西風從此去，幾日到羅浮。

弔李九淵

水竹更新主，風花失故權。夜臺無起日，春草自流年。萬有終歸盡，千秋不必傳。倒巾此相對，只有玉臺山。

古椰寄周京

西來何處水，千里不平流。入海魚龍喜，懷山草木愁。雨邊明落日，石角上孤舟。寄語周京道，勞生不自由。

德慶州舟中呈伍南山

江漲麻墟雨，天低德慶城。正當擊楫處，空有結趺情。入夏尋雙井，沿流到七星。同行鄒道士，勸我學長生。

德慶峽是年大水，舟行不由故道

客路一千里，羊腸八百盤〔一〕。時時行樹杪，往往異人間。竹纜牽江暝，絺衣入峽寒。倚門應盡日，誰與報平安。

和尚石

舟楫行天上，斜暉卷浪花。迴流忽吞吐，鳴櫓極嘔啞。便可通星漢，還堪著釣槎。雲根僧一個，疑我不袈裟。

〔一〕「八百」，高簡本、白沙文編作「百八」。

南歸寄鄉舊

家在桃源裏，龍溪是假名。蕉衫溪女窄，木屐市郎輕。生酒鱘魚膾，邊罏蜆子羹。行窩堪處處，只少邵先生。

居士舊茅齋，蕭然倚玉臺。獨尋寺裏去，每到日西回。魚躍水萍破，風吹巖户開〔二〕。小橋殘板在，長訝有人來。〔三〕

省事除煩惱，端居養静虚。栽花終恨少，飲酒不留餘。山徑兒吹笛，村田婦把鋤。殷勤謝閭里，勝事莫相疎。

碧草東西埭，黄鸝遠近山。巖春花氣足，簷日鳥聲閒。文字虚堆几，園林不設關。一條煙際路，朝往暮來還。

江邊逢野叟，叉手問官名。立雀黄牛近，啣魚白鷺腥。西田餘故宅，北崦多新塋。駐馬斜陽外，悽然感廢興。

〔二〕「吹」，林齊本、高簡本、蕭世延本、何熊祥本、黄之正本、四庫全書本作「推」。

〔三〕「訝」，原作「迓」，據林齊本、高簡本、蕭世延本、何熊祥本、黄之正本、碧玉樓本、四庫全書本改。

山童呼犬出，狂走狺諸孫〔二〕。乳鴨争嬉水，寒牛不出村。墟煙浮樹杪，田水到桑根。鄰叟忻相遇，笑談忘日曛。

自愛愚公谷，誰過野老家。時依當户竹，閒數上墻花。鳥立溪槎静，牛争崦路斜。懷中嬌小女，學語解呼爺。

紫水團沙北，黄雲古刹東。樓吞滄海日，幔卷玉臺風。物色求鐘鼎，丹砂訪葛洪。芙蓉開十丈，天際白龍宫。

出處有分付，將非人所能。君看飛鳥輩，誰不顧高騰。放意三杯酒，留情半夜燈。韋丹非俗吏，靈澈自高僧。

沙渠風日美，弄水愛群兒。花落鸎猶語，春歸蝶未知。惜芳心未已，高詠社公祠〔三〕。四序每如此，獨憂無乃癡。

〔二〕「狺」，原作「信」，據四庫全書本改。狺，犬吠也。

〔三〕「祠」，林齊本、高簡本、蕭世延本、何熊祥本作「詞」。

春興

野鳥飛牕靜，春蘿補屋穿。時時嗛花氣，翳翳傍林園。山鳥日暮至，長鳴芳樹煙。喚醒陶令醉，驚覺華山眠。

社西村

孤村比屋靜，疎竹小塘幽。何處還三徑，如公也一丘。晚田行布狗，春草散軥軥。汲澗誰家女，金櫻插滿頭。

結茅依里社，村以社西名。客至惟談稼，年衰不入城。鄰雞上樹宿，水鶴傍人鳴。向晚尋牛去，前岡笛又轟。

君家里社西，我家里社東。平分社公雨，不隔馬牛風。瓜地妻能種，衣巾俗與同。雲邊采芝逕，高盡玉臺峰。

社主對諸阡，居廬散百煙。共來鄉社會，同樂帝堯年。折花潮沒屐，吹笛月隨船。偶尋社西去，又賦社西篇。

社西逢酒伴，埭北有花枝。詎識愚公意，聊同牧豎嬉。圍碁松崦久，度馬板橋遲。袖有葳蕤草，還家不告飢。

卜築真何意，施爲但自由。鄉音還杜阮，家業且陂頭。野老眠看客，山童坐飲牛。無生知樂否，更爲問骷髏。

寄馬默齋

山陰元有興，畫舫在須登。閉閣思君子，開門見老僧。騎驢山路穩，挂席海波騰。揣度安危事，如公恐未能。

倒載輕駢駕，徒行謝衆扶。無錢欺老杜，失策問長鬚。山雨醉醾病，林風枳殼疎。待君君不至，春盡又何如。

月坐

林深月到遲，愛月坐成癡。平生不戚戚，衰老猶嬉嬉〔一〕。曾西卑管仲，孟子述宣尼。何事由求輩，區區欲有爲？

〔一〕「猶」，林齊本、高簡本、蕭世延本、何熊祥本、黄之正本、碧玉樓本、四庫全書本作「尤」。

懷古

千里拜林宗，行藏未始同。諸賢皆好義，夫子獨時中。東漢非劉氏，西山是閬風。堂堂四百載，載籍爲誰空？

讀西涯李學士撰趙員外滄江别墅記

江空秋月清，月出秋江明。水月自相得，乾坤誰與争。作亭趙員外，屬記李先生。何時理煙艇，載酒下南京？

思親堂

父子自天性，誰能詠蓼莪？聲容想如在，風木悲奈何！草露滴秋隴，庭烏號夜柯。思親兩眼淚，萬古注江河。

送鄭巡檢休官還莆

卑棲一枝足，高舉入雲層。大鵬非斥鷃，斥鷃非大鵬。卑高各有適，小大不相能。歸去木蘭溪，溪魚美可罾。

懷古

皇皇復皇皇，開闢到陶唐。遲日江山麗，春風花草香。閭閻盡孝弟，簡册無禎祥。乾坤十二會，巳午在中央。

寄容一之

直以傭爲業，何妨睡作魔。吟詩終日少，飲酒一生多。坐久頭鳴籟，行遲脚有鵝。林居三十載，一室小維摩。

萬松草屋

南山愛夫子，夫子愛南山。孤鶴去千載，萬松棲半間。無愁催白髮，有藥駐朱顔。夜半風雷作，龍來問大還。

畏途千百轉，回首見諸山。若個幽求子，結茅松樹間。希夷歸華頂，黄綺在商顔。分我青精飯，從君亦不還。

寄太虛上人

太虛石洞居，孤絶少人依。遠客攜琴至，逢師乞食歸。一莆青草上，四面白雲飛。盡日無言説，巖花落滿衣。

定山聊作主，石洞更無鄰。勸我無多事，如公是一人。朝聞履虎尾，莫見批龍鱗。莫笑楊朱小，楊朱解愛身。

九日寄丁明府

病裏登高意，村邊社樹蒼。有歡開酒禁，無力控詩狂。老鬢花簪醜〔二〕，秋襟水照凉。如何丁明府，不肯共重陽？

菊節後五日，丁明府彦誠攜酒來飲白沙社賦補會

秋色上籬尖，天高霜氣嚴。對花無阿堵，笑我似陶潛。節去杯盤在，公來吏隱兼。江門賦

〔二〕「老鬢花簪醜」，林齊本作「老鬢花簪細」；蕭世延本、白沙文編作「老病簪花醜」。

補會，勝話無窮年。

此日還供酒，人情蓋亦難。暫隨明府醉，斷送菊花殘。極浦明秋日，臨流弄晚竿。遥憐張闔幕，相憶在長安〔一〕。去秋九日，與張兼素同飲慶壽寺。

百里非無地，東籬不借人。因君九日愛，傾此一杯春。菊謝人間世，官閒酒處身。想無厭花意，投轄暮江濱。

對菊

種菊不盈區，揮金每顧餘。古今閒計較，俄頃失歡娱。西廡高堆粟，東樓賸貯書。路旁楊柳樹，顛頇不成疎。

秋晚

皎皎月又缺，鮮鮮菊可收。汀雲迷島嶼，山雨落扶留。市有屠牛杌，江連邏吏舟。恐無賒酒處，垂白對清秋。

〔一〕「相憶」，詩近稿作「想憶」。

陳方伯恥菴挽詩

乾坤如此老，没齒向斯文。公自滄溟水[一]，人無轂䑛君。衣冠全素履，江海挹清芬。病起須持酒，青山欲到墳。

中年倦俯仰，上疏乞山林。黽勉南州牧，遲回北極心。民蒙三日雨，世病一鈞金。殄瘁聲悲處，龍蛇歲值今。[二]

苦熱

揮汗書難繼，清心雨未來。手提弱絲去[三]，風撼社門開。指點封君句，摩挲土棟苔。松根吾欲卧，返照又相催。

晚涼慰我渴，秋暑著人煩。拄杖緣溪足，看潮到柳根。哦詩衰骨痛，開卷病眸昏。六月飛

[一] 「滄溟」，詩近稿、林齊本、蕭世延本作「滄浪」。

[二] 「值」，林齊本、高簡本、蕭世延本、白沙文編、何熊祥本、黄之正本作「直」。

[三] 「弱絲」，詩近稿、林齊本作「弱孫」。作「弱孫」，於義爲長。

雲冷，相思只斷魂。

晚步

水國秋先至，江村晚更幽。泥筌收郭索，山網落輈輈。凉入社門樹，陰連渡口舟。獨憐經略地，吾得放歌遊。

居常懶出户，肯到社西頭。海國諸峰暝，乾坤六月秋。微凉生浦樹，返照下西樓。今夕蒲團上，前山更卧遊。

崔清獻公裔孫潛示遺芳卷，復許示遺像，予既書紀夢之作，於其還也贈之詩

積雨階苔上，經旬斷履痕。誰爲門下客〔一〕，公是菊坡孫。澤與流風遠，名因避相尊。丹青遺像在，何日照江門。

〔一〕「門下」，詩近稿、林齊本、蕭世延本、白沙文编、何熊祥本作「門外」。

太夫人晚歸，攜諸孫候於貞節橋下

寒花明隔塢，暝色欲歸潮。未愁山路黑，莫放板車摇。耄耋供人事，兒孫候此橋。殷勤望四崦〔二〕，風急暮雲飄。

延緣看落日，伊軋到溪西。丫路依岡轉，垂蘿拂蓋低。喜從中道見，癡效小兒啼。報賜心何極，乾坤聖壽齊。

枕上偶成

翰苑無官府，蒲團了歲年。巖雲交樹白，水月印沙圓。懶甚陶元亮，閒於魏仲先〔三〕。吾曹生分薄，於福敢求全？

〔二〕「四崦」，詩近稿、白沙文編作「西崦」。
〔三〕「閒於」，詩近稿作「貧於」。

梅村詩，次韻黎雪青

梅村梅發早，已過賞花期。玄酒初無味，名家豈在詩？井寒人汲少，川暝鳥飛卑。高枕滄溟者，神仙定不疑。

次韻秋興，感事録寄東所

醉眠山影裏，恨不與君同。松下泉來冷〔一〕，雞鳴日過中。就牀梳白髮，開户納清風。起視滄溟暮，孤鴻没遠空。

秋露落芙蓉，河山日不同。物情詩卷裏，天道雨聲中。朝出馬愁坂，暮行船逆風。欲投雲谷隱，鞭鶴上層空。

崑崙一池水，色與銀河同。問子爲誰氏，從師向此中。短檠非世業，破笠是家風。回首唐虞際，浮雲點太空。

首陽非立異，柳下不妨同。歲月黑甜外，乾坤軟飽中。腐儒甘糲食，烈士死長風。今古誰

〔一〕「泉」，詩近稿作「年」。

能計，賢愚併一空。

得林子逢書，感平湖事，賦此次前韻

平湖千里水，浣濯與誰同？咄咄諸魔裏，冥冥一夢中。支離深歲月，感慨極秋風。點檢希顔處，吾瓢合屢空。

同人未爲失，子不善爲同。宦況浮雲外，生涯大鰲中。孤篙撑急水，弱羽試衝風。佛者空諸有，吾儒亦有空。〔二〕

與梁文冠

鉛槧誰分付，聞君有義方。紙田須樂墾，畫果豈堪嘗？得雨花蹊潤，隨風鳥韻長。公來詩不少，排日兩三章。

〔二〕「亦有空」，林齊本、高簡本、白沙文編作「有亦空」。

與客

客訪貧家少，連旬幸作東。笙簧都萬籟，俎豆亦千峰。冠帶迎人懶，情懷傍酒濃。白頭君莫笑，醉袖舞春風。

四月廿七日五鼓起索衣，往來房户間，失脚仆地傷面，咎在不謹，然亦衰年久病氣弱無力之驗也，爲詩以自悼

脛骨衰無力，顛危剛莫支。少年非一蹶，今日獨多悲。形模甘老醜，面目對人疑。呼兒教滌血，不忍報慈闈。

風捲芭蕉雨，南牕夜擁衾。人當懲樂正，我已愧曾參。一一觀天命，時時動此心。林間子規鳥，那更助悲吟。

寄張進士廷實

是詩難入俗，正坐不雕鐫。水滿魚争躍，花深蝶喜穿。日高雲卧處，春在鳥啼邊。不及陳無己，能無賞自然。

秋中寄興，同前感事韻，録寄東所兼呈雲谷老隱一笑

山人無外事，白首稚兒同。弄水溪堂背，争棋紙局中。盆池秋見月，竹院夜呼風。觸事成唐句，狂歌向碧空。

辱和拙作見示，九日醉中再次奉答

激楚嗟難和，霓裳更可同。更闌朱鳥下，聲斷碧雲中。稍歇沾花雨，還吹落帽風。萬松期不至，半偈欲騰空。

晝睡偶成，寄玉臺文定上人

老脚春還短，名山夢每登。玉臺天上寺，文定意中僧。得法休藏鉢，傳心信有燈。道人北牕下，一枕一瞢騰。

春日書事

開年今日雨，疎柳小塘春。紫燕將歸社，黄鸝欲唤人。未明事南畝，選日聘西賓。元亮朝

朝醉，江村白酒新。

春日江村

時候花先覺〔一〕，陰晴鳥自知。登山嫌避客，得句樂呼兒。蔓草披香徑，垂楊覆淺漪。美人期未至，江月幾盈虧。

草帶籬腰緑，花簪石頂紅。林園開畫景，鶯燕語春風。山靄霏霏合，江流渺渺東。獨來橋畔路，高拄過眉筇。

驛吏送酒

市榼通郵吏，三杯洗侍兒〔二〕。十分春意思，一副酒肝脾〔三〕。江嶺長看畫，風花不盡詩。混然天地内，公是醉鄉誰。

〔一〕「時候」，詩近稿作「氣候」。
〔二〕「三杯」，詩近稿、林齊本、蕭世延本作「山杯」。
〔三〕「一副」，詩近稿作「一借」。

春日醉中言懷

山林亦朝市，朝市亦山林。兩鬢白於舊，三杯狂到今。子雲休儗賦，元亮已忘琴。南山千丈石，可以明我心。

古人不可見，空見古人心。春風開我𥇍，流水到誰琴〔一〕。無説可傳後，何才敢議今？玉臺花信少，扶杖更西林。

與客談詩

風雅餘三百，唐音僅幾家。夢猶將影説，癢莫隔靴爬。豈是安排得，胡爲孟浪誇？超然不到處，應是用心差。

雨中李世卿往還

助談風滿席，伴宿月流衾。貧賤交游冷，江山脚跡深。惠連何處夢，孟母此時心。稍歇松

〔一〕「誰」，詩近稿作「吾」。

齋雨，還來辨繡針。

得林憲副待用書，有懷故友張兼素

蹇蹇張兼素，從君致匪躬。天來今日定，書展故人封。賈傅生還慟，湘纍死亦忠。平生兩行淚，萬里寄秋風。

寄容貫圭峰

西峰扶策上，病骨快新凉。乞米分僧飯，聞香過梵堂。閉門秋竹静，語鳥暮鐘藏。浩浩蒲團上，還同在醉鄉。

落日荒臺上，疎松古塔邊。身休論出世，趣欲到無絃。峰閣初生月，渠通自到泉。西菴憑借問，許住過殘年。

江村晚望，寄世卿圭峰

一望一延緣〔一〕，諸山進目前。鄉邦無一老，知舊半重泉。黄葉寺旁下，白雲池上連。無窮幽澗水，日夜注東川。

贈黄進士廷章還京

錦衣在親旁，飲酒日百觴。樂處嫌春短，離心向夜長。青雲冠蓋起，黄甲姓名香。五色持文綫，千年補舜裳。

白雀群飛益高

取勢翩翩上，江空暮雨餘。情輕鳩並婦，聲細雁呼奴。白雪灑孤嶂，青天開一圖。安能隨蚱蜢，跳躑在泥塗。

〔一〕「一望一延緣」，原作「正氣一望緣」，據詩近稿、林齊本、高簡本、蕭世延本、何熊祥本、黄之正本、碧玉樓本、四庫全書本改。

得林別駕書，云去秋九月嘗夢予於廣信舟中，兼示道路所聞〔二〕

潦倒年斯邁，芳菲日自遲。忽聞天上夢，又落世間疑。扛鼎須憑力，無才敢與知？涪翁亦秋思，漫寄潁濱詩。

重過大忠祠

宋有中流柱，三人吾所欽。青山遺此廟，終古厭人心。月到厓門白，神遊海霧深。興亡誰復道，猿鳥莫哀吟。

春陰偶作，寄定山

浩浩川流疾，冥冥嶺樹陰。共憐春錯莫，更覺老侵尋。宿雨衰花氣，朝陽絶鳥吟。誰能盡天道，俛仰此懷深。

〔二〕「示」，詩近稿作「云」。

次韻寄廷實

吾猶堪起倒，吾肯謝親賓？在世寧須此，如公故可人。百年應得見，一面始能親。獨向湘江去，無忘越嶺春。

無才傭作吏〔一〕，有酒喜留賓。老更耽高卧，時還近俗人。鐘鳴山寺遠，月出土牀親。何處期吾子，笙歌玉洞春。

築室

垂老無筋力，寧非板築人？居常只謾過，即事始知貧。海國秋風早，山房夜氣新。癡兒解了事，吾坐養吾真。

一室無多事，貧家每作難。從來無厚積，況復不能慳。貸粟干知友，營材入遠山。三間開土閣，聊得奉慈顏。

〔一〕「傭」，林齊本、蕭世延本、白沙文編作「慵」。

送景易赴秋試

未達窮通理，難忘得失心。安能謝朝市，且莫厭山林。烹鼎須兼味，吹竽當好音。文章無定價，敝帚不論金。

圖新書舍懷世卿，時別白沙半月

月上齋垣白，疎梅共主賓。偶來對月飲，不見如花人。已覺書難至，常疑夢與親。海山猶在眼，何處却逢春。

龍眼

龍眼何年種，嗟嗟舊主人。卑柯今蔽日，腐骨已成塵。春雨沾花足，秋蟲食實頻。流形非木石，鬢脚半搔銀。

始聞秋風作

西風中夜起，天地始肅清。白雁霜前意，玄蟬露下聲。幽人亦何事，版築初經營。何時登此閣，坐望羅浮征？

題容氏輓册

中秋悲蹟掃，愁思忽依依[一]。此夜月還照，何年鶴始歸？猿啼新宰木，巷納舊蓑衣。大塊終同爾，誰能駐落暉？

梅花

山竹深深逕，梅花淺淺塘。清泠朝弄影，芬馥夜浮香。瘦骨交撐月，横梢直過墻。啄英終飽德，靈鳳或來翔。探梅非探梅，梅花滿玉臺。北風吹盡日，疎雪點荒苔。色得乾坤正，精成造化胎。無人知老子，剛坐一牛來。何處尋梅好，羅浮海上春。樹環鐵橋盡，地與葛仙鄰。鍊藥香生鼎[二]，扳崖影落身。西湖

[一]「愁思」，林齊本、高簡本、蕭世延本、何熊祥本、黄之正本、碧玉樓本、四庫全書本作「秋思」。

[二]「鍊」，林齊本、高簡本、蕭世延本、何熊祥本、黄之正本、碧玉樓本、四庫全書本作「煉」。

千頃水，未洗往來塵。

彼美枝頭雪，微韜嶺上雲。低迷明月寺，掩映葛洪墳。北海罇能倒，西湖地索分。幽香偷未得，衫袖細氤氲。

手種梅千樹，山寒半欲花。歲闌知此意，溪上問誰家。素豔明争雪，青蘿倒綰蛇。還須邵康節，來駕白牛車。

逐客

笛聲且莫哀，逐客過江隈。還到此邊去，盡因何事來？著書多在篋，遇酒輒啣杯。莫言生意盡，寒雨濕枯荄。

得張主事廷實書〔一〕

十口雖無累，三年不易更。春雷轟令問，枯木嚼官情。長夜鄉心切，何時會計成。登高望東海，到眼是蓬瀛。

〔一〕「主事」，原作「進士」，據林齊本、高簡本、蕭世延本、白沙文編、何熊祥本、黄之正本、碧玉樓本、四庫全書本改。

新涼欺老臂，索被過殘更〔二〕。月到思君處，書通在客情。有家寧免累，作吏轉難成。日踏皮鞋破，思量舊閬瀛。

三口丘園舊，離群跡半更。幾時重見面，中夜獨馳情。眠食今何似，頭顱尚可成。定山名教頂，賀老却登瀛。

持燭圭峰寺，宵談僕屢更。一爲方外友，都没世間情。面壁僧猶在，栽蓮社未成。孤舟破危浪，載月下東瀛。

用韻寄潘時用〔三〕

文章豪自寄，丘壑静還更。久病依人世，長貧愜婦情。辰婦岳氏嘗止辰赴秋試。人爲知己惜，天與後生成。更約齊州外，從吾泛大瀛。

〔二〕「過」，林齊本、蕭世延本作「護」。

〔三〕「用韻」，高簡本、何熊祥本、黄之正本、四庫全書本作「次韻」。

用韻寄姜進士仁夫

書愛八分小，來書喻率更。雲霄初接武，江海尚留情。世事非難料，人才怕小成。諸賢須汲汲，吾老獨觀瀛。

用韻寄林緝熙平湖

秋懷耿不寐，更静復聞更。水向漫漫注，心含種種情。士應强到底，官豈怠將成？舊業羅浮外，東南望隔瀛。

用韻效寒山

貧賤耻爲拙，富榮常好更。高論古今事，中懷名利情。堂堂無復見，小小或能成。浪説神仙在，從來不住瀛。

四郊多竊盜，村裏夜支更。爲語長官道，能無患盜情。家家愁日暮，處處望秋成。飢齬飽蒼粟，苦海變蓬瀛。

久雨

樹隱雲深黑，籬崩水亂流。凌風快燕子，上壁定蝸牛。老更憐兒病，人多爲草憂。朝朝嵇叔夜，誰辨不梳頭。〔二〕

贈劉程鄉別

肅菴今又別，酒醒望圭峰。秋色此溪樹，暝煙何處鐘。功名悲夢蝶，文字耻雕蟲。故里荒墳在，歸來拜一峰。

病疥，用後山韻寫懷

癢極肌難忍，爬深血有稜。老親令就枕，小婢問留燈。屋漏頻推瓦，牀摇屢束藤。同袍誰問疾，端愧玉臺僧。〔三〕

〔二〕「辨」，原作「辧」，據詩近稿改。

〔三〕「誰問」，詩近稿作「問誰」；「端愧」，作「端坐」。

呻吟不盡痛，夕枕傍慈幃。安得身長健，朝朝見綵衣。無膚臀奄赤，乍腫臂疑肥。睡過西廊月，寒空淡不輝。

缺月生殘夜，微風引洞簫。心閒髮少白，人老病難消。出户行看月，移舟釣落潮。酒錢不挂杖，著處解奴腰。

病枕愁更永，籠燈對夜長。千年無鮑叔，一懶有柴桑。兒請栽瓜地，妻評作麴方。花時呼酒伴，酩酊出扶墻。〔一〕

贈黎、蕭二生别

白髮孤燈坐，青春二妙來。若無天地量〔二〕，争得聖胚胎？至樂終難説，真知不着猜。濛濛煙雨裏，歸思若爲裁。

〔一〕「出」，詩近稿作「去」。

〔二〕「天地量」，林齊本、高簡本、蕭世延本、白沙文編、何熊祥本作「天度量」。

野坐

團蓋青松午，重裀緑草春。野晴鶯得意，花盛蝶傷神。斷靄生西塢，殘潮下暝津。竹根酣共卧，不覺蘚沾身。

梅花

世傳詠梅句，天下共稱奇。花有無言妙，人間都未知。正嗟同賞絶，又過半開時。安得邵康節，爲我問庖羲？

風月交遊淡，江山几席閒。夜深花睡去，時有夢來還。引步尋香易，無心弄影難。乾坤留此妙，何處覓孤山？

謝客

客舫初辭岸，主翁仍在牀。十年今轉數，一飯故難償。竹杪風生汗，天邊雨送凉。所思黄叔度，歲晚得同堂。

漾漾湖侵岸，蕭蕭風引旗。問兒打鼓處，是客發船時。鸒鸒時將暮，迎門俗久衰。祗應巢許輩，掩口笑人癡。

寒雨中作

有期久不至，旦旦問童奴。雨過荆扉濕，風回樹葉疎。興移剡溪舫，詩在灞橋驢。風韻今誰繼，千年勝事虚。

喜梁文冠至

駐槳梅村夜，風光勝早春。直知花是路，不覺月隨身。草木皆知舊，江湖多賤貧。短蓑來往數，等是最閒人。

雨中栽竹

心被清虚引，非關索竹看。檐前纔數個，淇上已千竿。微雨土初覆，北風天正寒〔一〕。昆丘有孤鳳，何處啄琅玕。

〔一〕「正寒」，詩近稿作「尚寒」。

楚雲臺呈世卿

三杯拈鐵笛，見月上瑶臺。初弄山石裂，再轟仙鶴來。夜闌試静聽，曲罷仍遲回。何必楊州去，前村多美醅。

行窩還幾處，雲水且吾臺。雨脚風吹斷，潮頭月湧來。野橋牽木渡，沙逕逐牛回。亦有採樵者，放歌行負醅。

有月嚴光瀨，無金郭隗臺。悠悠百年内，又見一人來。水檻秋逾好，山雲暝欲回。相逢各心醉，一語浹春醅。

爽氣通秋服，溪流静晚臺。高樓多自愜，真賞復誰來。對月詩方妙，看山夢始回。市沽堪便醉，况乃是家醅。

寄吴明府同世卿遊玉臺

圭峰雨初霽，策馬向松關。流泉忽滿澗，白雲長在山。棄置千般事，來投半日閒。上方禪榻静，坐到暮鐘還。

生日答吴明府獻臣

生日何人記，南枝報長官。酒香同客醉，花少避人看。後甲惟元祀，浮生又五寒。凭軒一長嘯，風日滿江山。〔一〕

尋梅飲李鴻宅，用服周韻

今晨風日佳，策杖去尋梅。獨樹山中老，危枝石上開。時看殘臘盡，人望早春來。誰解忘情得，神功付此杯。

贈世卿别

客路經南岳，湘帆背岳開。江湖閒老夢，歲月是君來。相見兒童喜，别離琴瑟哀。惟應楚雲外，更起望仙臺。

豈無千日酒，花下與君同。客思朝臨水，歸旗夜引風。一槎當浦口，謂莊定山。一枕在遼東。

〔一〕「風日」，詩近稿作「風月」。

謂賀克恭。何事今爲别，藤蓑還贈公。世卿乞予藤蓑，贈之。

贈世卿遊山

萬丈崑崙頂，冥棲憶老關。君看白龍水，何似黄公山。有酒終日醉，無官到處閒。南風乃何意，又送楚舟還。

朝來生紫氣，此地一函關〔一〕。帽頂花沾雨，雲中人下山。相逢欲大笑，不語是真閒。晚向東亭醉，猶能騎馬還。

世卿將歸

會有還鄉意，深慙不自量。母留兒作伴，妻爲客求漿。臺榜明朝旭，松堂閉夜凉〔二〕。延緣過殘夏，滿意泛瀟湘。

與君雲水别，何夢得商量。合是真調鼎，能忘老賣漿。還山非早計，舉棹是秋凉。有路通

〔一〕「一」，詩近稿、林齊本、高簡本、蕭世延本、何熊祥本、碧玉樓本作「亦」。

〔二〕「閉夜」，詩近稿作「閑夜」。

衡嶽，無詩弔楚湘。

贈饒鑑

君又去東津，東津月送人。周游千里道，細問百年身。野色淡將暝，江桃疑是春。丹青如可贈，畫我小崑崙。

梅花

草木自有性，湖山更乞靈。冰霜仙骨瘦，桃李世情腥〔二〕。惹袖香全別，和羹子未青。未須攜鐵笛，吹月上湖亭。

喜何竹牕重過白沙話舊，贈之

此君爲別久，不逐衆芳彫。白葛身已老，青雲郎獨超〔三〕。春風吹細浪，落日泛輕橈。楚雲

〔二〕「世情」，詩近稿作「世塵」。「腥」，林齊本作「醒」。

〔三〕「郎」，原作「即」，據詩近稿、林齊本、高簡本、蕭世延本、何熊祥本、四庫全書本改。

有高樹，未肯挂公瓢。

憶年四十許，公弟立如山。行止相料理，漁樵共往還。餘情空耿耿，秋鬢各斑斑。不是公憐我，清顔誰更攀？

聞林緝熙初歸自平湖，寄之

短世淵明醉，長愁子美歌。高情誰復爾，久别公如何。淡月初出浦，好風來颸蓑。買田滄海上，耕亦不須多。

張地曹見和寄林縣博，用韻答之〔一〕

無心雲自在，得意鳥同歌。白骨可人醉，杜詩：古人白骨生青苔，如何不飲令心哀。蒼生如命何。漁樵真有道，煙水别傳蓑。想見滄溟外，東南月更多。

安得李太白，樽前同爾歌。自從識象罔，未始離無何。草長遊人路，風鳴挂樹蓑。東鄰古大嫂，捹口笑何多。

〔一〕「見和」二字原缺，據詩近稿、林齊本、蕭世延本補。

和子長、民澤論詩，寄興羅浮之作

飛雲干老夢，拉伴騁遥臨。揮手謝人世，聞歌生我心。今年春又過，何處洞還深。相憶山樓暮，依依向遠岑。

再用韻示諸生〔一〕

賢聖低回久，千年想一臨。希顏非樂道，疑孟失求心。逸駕行應速，寒泉汲務深。嘗聞根本學，不盡泰山岑。

贈李司訓别

江門雲水地，不絶往來交。已恨栽花晚，寧辭抱甕澆？月疑牕下枕，風語樹頭瓢。精舍明朝别，何時還見招？

〔一〕「諸生」，詩近稿作「諸友」。

再次寫懷

孤形將影住，一臂與誰交。矯矯志欲競，棲棲習恐澆。江山一得手，風月盡歸瓢。始覺逍遥外，人間未易招。

代簡答府尊林先生慶老母生日

有母年齡暮，逢辰喜懼深。多儀安敢却，揣分故難任。錦段拈香拜，仙醅洗盞斟。獨慚非節孝，未了百年心。

秋坐碧玉樓〔一〕

造次中秋過，商量九日來。詩將秋景淡，菊共老人開。時節陶潛醉，江山宋玉哀。平生滄海意，不受白鷗猜。

山中猶遠志，小草已人間。近得東白先生書：「在山遠志，出山小草。」故及之。不是無經濟，誰能斷往

〔一〕「碧玉樓」後，詩近稿、林齊本、蕭世延本、白沙文編有「偶成」二字。

還。江魚肥入饌，霜橘緑堆盤。問我心何住，紅藤拄杖端。

碧玉架雲端，朝朝倚玉看。時情膏火裏，世事弈棋間。古榻多便静，華簪不博閒。籬根散髮醉，又對菊花斑。

夢楊敷道定山事〔一〕

夢語者爲誰，湖西舊見之。聊寬野老意，未了定山疑。貧病吾猶是，多愁俗豈知？百年將滿日，心亂不成詩。

九日嘉會樓登高

引步下前除，兒扶杖亦扶。會於何處勝，客有去年無？天道常流轉，園林又變疎。暫留賞今日，醉莫看茱萸。

兼有吟詩病，何妨著酒扶。景逢佳處少，句向覓時無。醉去乾坤小，醒來伴侶疎。今朝嘉會會，不盡看茱萸。

〔一〕　題後，詩近稿有小注云：「敷，羅一峰門人。」

半酣壺矢折，又減兩三扶。九日江門有，千年栗里無。山形當晚瘦，脚跡向秋疎。問我登高去，都忘菊與萸。

溪邊菊一區，溪竹兩相扶。草木從吾好，風霜殺此無。閒同元日醉，浩笑一生疎。試問干雲檜，何如小淓萸？

楚雲臺觀民澤所栽菊，寄民澤，用昨九日韻，時民澤還五羊未返

當軒玉朶孤，植竹翠莖扶。香細風初動，神清俗本無。寒深溪井涸，月出山瓢疎。何處異鄉客，永懷歌茱萸？

野菊吟，寄子長，再次

野菊生何處，尋香杖偶扶。孤標猶訝絶，佳色舊知無。老弄真成獨，秋來不作疎。金樽誰九日，引滿對茱萸？

吴明府送菊，次韻答之

黄菊有名花，淵明無酒官。酒多人自醉，花好月同看。老未厭人世，天教共歲寒。未應攜

不去，高步蓬萊山。

答周潮州萬里

今代潮州守，濂溪是一門。乾坤吾道在，歲月此心存。行次天邊路，書投海上村。夕愁空竚望，風雨暗高原。

汪巡按見訪

嶺南經略地，柱史不謀身。料理安危事，更張文武臣。風行先動草，寒極正開春。傾蓋江樓暮，揮杯勸故人。

寄題小圓岡書屋，和民澤韻

四野雲飛盡，圓岡一室清。至虚元受道，真隱或逃名。有疏微言塞，無爲大業成。一聲聞絶唱，五岳看全輕。

劉少參見寄，次韻奉答

西川一杯水，爲我浣詩塵。身落滄溟遠，心將翰墨親。江樓初見客，野徑別藏春。十郡停車地，千峰擊壤民。

贈李世卿

楚客復歸楚，青山此送君。往來十年破，精力半生分。著意當時見，留情異代聞。若非真有見，何處謝浮雲？

三尺短春蓑，山風吹薜蘿。人材非管樂，吾道本丘軻。送老諸名岳，全生一病窩。相思憑寄語，路打祝融過。

落日蒼梧望，清風發棹謳。楚山正西上，江水自東流。作伴春攜酒，談詩月滿舟。洞庭看未透，更上岳陽樓。

題黃公釣臺

小小離人意，羊裘却未工。今人多白眼，爲我謝黃公。弄釣浮沉見，登庖撥刺空。浩歌泉石裏，況有古人風。

曉枕，示湛雨、龔曰高

二千六百丈，脚底是飛雲。悠悠四十年，欲往念徒勤。多謝紅藤子，扶吾還數君。鐵橋問何如，見景勝於聞。

萬年如一瞬，莫問我浮生。風雨將秋至，山河載月明。語簷幽鳥樂，對竹小童清。夜夜湘江夢，與君何日行。

再和曉枕，寄廷實

仰見雙白鶴，高飛入紫雲。苟無脱俗意，安用看山勤。好句能傳我，幽期敢後君？異時鐵橋詠，莫遺世人聞。

萬往皆有復，左車不復生。西風今夜起，朗月四山明。天馬非常步，鐵橋相伴清。去去莫復顧，衡山頂上行。

曉枕再和

平生老黃石，引望空白雲。無人知感激，爲我盡殷勤。何處尋吾契，名山訪道君。洞天三十六，步步聲相聞。

外生即非死，胡爲樂久生？去來大化内，俗眼未分明。我壽元無極，君才亦太清。五峰南斗上，何日踏歌行？

中秋

平樓時穩步，身虛欲翩翩。明日秋始半，中天月最圓。武昌書未返，督府句堪傳。衡岳那能去，羅浮何處煙。

廣寞天自然，浮雲任飄翩。隨時有憂樂，與物無方圓。酒底月未咽，水中神莫傳。去年今夜艇，吾欲破湘煙。

彭司寇挽詞〔一〕

男子固多奇，如公更不疑。經綸思昔日，功業問當時。鬼幸村巫小，棋還國手知。杜陵秋月下，興盡八哀詩。

侃侃亦誾誾，行違榜要津。鳥還江上暝，人老世間春。禄盡休言命，愁多不爲親。武夷最高處，東望一沾巾。

斗氣空遺劒，牀燈不照琴。春懷不自得，老病忽相尋。事往浮雲夢，山餘宿草心。平生孺子意，絮酒一何深！

〔一〕 彭韶《惠安集》第十一卷附録此詩，有序云：「昨與陳時周侍御（孝廉陳茂烈，字時周，莆田人）論名臣從吾彭先生平生出處、語默、去就之詳，蓋閩中一時賢士大夫未聞有及此者也。作從吾挽詩五言律三章，詞無溢美。制中屏去筆硯久矣，念斯人之不作，悵末俗之多疑，情之所至，有不得略焉耳。時周還莆，爲我弔先生之墓，以此稿付其家，使藏之以遺後世，不足爲他人言也。」（彭韶撰：《惠安集》附録，《文津閣四庫全書》第四一六册，第五三五頁）其中，「昨與陳時周侍御（孝廉陳茂烈，字時周，莆田人）論名臣從吾彭先生平生出處、語默、去就之詳」，原作「昨與陳時周侍御論名臣（孝廉陳茂烈，字時周，莆田人）從吾彭先生平生出處、語默、去就之詳」，據文意改。

題雲津書院太和劉氏

雲津杳何許，試向卷中尋。不覩六經教，空餘百代心。嵩陽思識面，白鹿尚遺音。家有鴛鴦譜，何須更問針？

春日寫懷

水際尋芳去，花枝隔水新。可憐今日望，不是向來人。紫袖垂垂下，黄鸝樹樹春。東風天外至，南岳夢中身。

一觴復一曲，不覺夕陽殘。好景我只醉，春風人未閒。青紅今滿路，風日未登山。何如海中鳥，鼓翅蓬萊間。

贈周文都

君行無日矣，奈此别離何！道遠書難寄，年衰病更多。行行慎自愛，浩浩不同波。若見東山老〔一〕，微言共琢磨。

贈黄希顔春試

北風雨如注，是底别離時。黄色眉端動，青雲足下馳。兒童酣世豢，國士醒心期。去去江流疾，還君一贈詩。

詩罷懷白洲先生

山東無近耗，白洲時爲山東左方伯。海上立斜暉。童子覓牛去，漁翁罷釣歸。登舟人欲别，周文都赴會試將行。見月鳥還飛。何限相思意，千峰獨掩扉。

贈丁一桂

初月照甘棠，千門一炷香。南風催返棹，西望欲沾裳。有廟旌遺愛，無金歸故鄉。未知忠定者，先請問崇陽。

〔一〕「老」，林齊本、高簡本、蕭世延本、何熊祥本、碧玉樓本作「丈」。

奉寄筠巢翁

昔別筠巢叟，如今是幾年。華巔將望百，碧玉屢添年。寥寥千古下，望望五峰前。何日扶溪棹，還來別老仙？

鄧御史公輔寄新刻陳君舉《論孟古義》，復以是詩

兩漢非三代，人才逐世低。市朝多畫虎，文字笑醯雞。古義昭昭對，終篇短短題。不因歐六一，争得見昌黎？

張綱

漢臣張御史，何事便埋輪。欲作千年計，都忘一個身。堂堂見意氣，默默愧經綸。却恨程明道，丹青失寫真。

吴節婦

江山逢此會，真地作光輝。路轉扶溪北，山來越嶺西。春光流聖澤，明月照霜帷。碧玉遥

相賀，雲中卧賦詩。

汪海北訃至

西所今亡矣，皇穹肯不仁？眼中還見此，天下豈無人？海闊書頻至，神交夢亦真。人間秋半後，回首一沾巾。

誠至通金石，乾坤正惜君。懷沙人不見，修古恨空聞。殁世能千載，還山但一墳。海山今夜月，空照水中雲。

望望白洋水，滔滔碧玉流。白頭聞有是，傾蓋忽相投。天柱峰常在，神龍雲正浮。悲歌掩圖畫，淚落不能收。

英雄滿襟淚，不灑兒女胸。窮愁當盡夜，浩歎起秋風。幾點星初落，千峰日未紅。高樓慵引望，興盡一宵中。

示景易

長鯨千里鬣，靈物一生奇。化成端有日，濳躍貴因時。感應天終定，早暮命難期。信知抱甕是，安事桔槔爲？

題丁長官祠

千山多雨後，百姓苦飢時。老病無人問，低回只自知。百感觀空盡，扁舟適楚遲。詩成遠莫寄，分付長官祠。

漫筆

行年七十二，七十一年非。漁樵真有分，語默各因時。比恨四愁具，方年伯玉衰。末行元屬我，天命更由誰。

題筠巢卷

手把扶溪卷〔一〕，口詠筠巢詩。白頭心折處，碧玉夢醒時。夢將人代遠〔二〕，心與此君期。想

〔一〕白沙先生此詩墨跡尚存。「扶溪」，原作「筠巢」，據墨跡改。（秦有朋主編：《陳獻章書法集》，廣州：嶺南美術出版社，二〇〇八年，第二九頁）

〔二〕「代」，原作「待」，據墨跡改。（秦有朋主編：《陳獻章書法集》，第二九頁）

見千林暮，還同一鶴棲。〔二〕

寄張梧州克修

還家臣職盡，攝守郡符新。心同端溪水，跡比峽山雲。朝野無交牘，桐江有釣綸。時無張刺史，脚板但空聞。

贈黄化州歸莆田

有客來何處，多年守化州。白雲秋自好，碧玉夜相投。日月催人去，行藏悵此休。武夷洗足罷，回首望羅浮。

枕上偶憶舊遊南海祠，因懷故友林暕〔三〕

子覺饒英氣，攜書話此宫。清祠無厲鬼，大水有真龍。過客窺諸葛，論詩病長公。往來三

〔二〕　詩後，墨跡有落款云：「弘治己未夏六月五日，白沙陳獻章爲九十一翁鄺筠巢題。」（秦有朋主編：《陳獻章書法集》，第二九頁）

〔三〕　參本書附録《白沙門人考·增城·陳暕》條。

十載，美惡併成空。

卧遊上游庄

上游何處是，試唱上游歌。入澗花迷路，出門雲滿蓑。景勝開圖畫，春香醉綺羅。静對南岡頂，月明秋更多。

次韻答鄺筠巢

飄飄八紘外，遠意竟誰分？我抱三年病，天生幾樣人。十年營一壙，萬骨掩孤墳。休休莫復論，局促此乾坤。

次韻遊上游黄雲山

繫艇黄雲下，黄雲幾度歌。登高雲壓帽，度密雨沾蓑。瀑澗宵鳴瑟，山花晝擁羅。野人攜茗榼，路打鐵橋過。

答容北溪見訪

曲徑黄雲外，青山一路深。卷爲乘興地，人間何處尋。白龍三畝水，紫府萬回心。錦囊挑不去，千峰暮色深。

中秋撥悶，用舊韻

疎星圍碧玉，秋氣正平分。共持今夕酒，又減去年人。白髮來千丈，青山忽數墳。年光付流水，萬物信乾坤。

晚有悲秋意，秋來此夜分。可憐清夜酌，盡是白頭人。紫蓋終攜病，朱陵願卜墳。誰能天地外，別去覓乾坤？

諱日

雖貧還講諱，兹事俗之常。時節難虚度，杯盤祇自傷。五鼎終難具，千秋敢易忘？癡兒雖未了，清白永流芳。

迎醫，寄左明府

帆開春鳥起，篙響曉鴉連。日出千江水，風連一路煙。病苦魔難敵，情真事可憐。平生左明府，應惠濟生丸。

贈陸醫士 左明府遣來

山雨睡初醒，門前報陸生。手持王氏藥，重是長官情。分付一杯茗，剛勞幾日程。小詩何足謝，聊以著佳名。

寄東所

病久惟聽命，詩成不浪傳。門前花十丈，玉井正開蓮。數椽剛到地，一棟且横天〔二〕。不亡吾道在，萬萬歲相連。

〔二〕「且」，林齊本、高簡本、蕭世延本、何熊祥本作「正」。張詡《白沙先生行狀》所引述，亦作「正」。

春日偶成

菊殘猶可對，人老不須嗟。水閣風低柳，山籬雀啅花。千門盡桃李，十畝未桑麻。大禹須治水，顔回却卧家。

競長家家柳，齊開陣陣花。春深添富貴〔一〕，人老舊煙霞。攲枕黄鸝近，開牕白鳥斜。草玄無意緒，呼酒對侯巴。

感事示黄生叔仁

親老需甘軟，家貧乏囷倉。賣文應不免，爲恨故難忘。揮俗黄生激，辭賓子覺剛。爾曹雖得罪，無愧在門墻。

承張方伯報旌表家慈貞節

大喜來何處，勞公一札香。聖恩元浩蕩，老母自冰霜。此報符佳夢，他時益大防。無論一

〔一〕「春深添富貴」，林齊本、高簡本、蕭世延本、白沙文編、何熊祥本、碧玉樓本作「春添新富貴」。

家惠，舉俗賴虞唐。

旌表家慈書至 十一月二十七，冬至後一日

迢遞來金闕，光輝動蓽門。世知慈母節，人帶聖君恩。笑喜翻疑夢，榮封却未言。癡兒何以報，忠孝策諸孫。

荆扉無外事，散步數雞孫。特地開雙眼，從天降一言。江山同出色，存歿各沾恩。斟酌杯中酒，春風欲到門。

病中詠梅

去歲誇身健，尋梅到幾山。酒傾崖影盡，衣染露香還。北斗今何向，南枝半已殘。下堂兒女笑，老脚正蹣跚。

孤山一片雪，千古獨稱奇。此外不能到，人間都未知。正嗟同賞絶，又過半開時〔一〕。回首

〔一〕「半開」，高簡本、黄之正本、四庫全書本作「半閑」。此詩墨跡尚存，墨跡作「半開」。（陳福樹撰：《陳白沙的書法藝術》，第六六六至六六七頁）

西巖下，南枝映北枝。

人生如逝水，花發見南枝。對影身猶隔，聞香席不移。延緣看月久，勃窣下堦遲。坐恐芳時暮，扶衰了一詩。〔一〕

何處梅梢月，流光到枕屏。江山都太極，花草亦平生。閣冷香難即，牕晴影似横。凍崖妨足蹇，藜杖意高撑。

隱几日初下，東巖興復饒。月高寒自照，花近夜相撩。濁酒頻堪寫，清絃豈易調？羅浮在何處，魂夢與逍遥。

水陸花何限，梅花太絶塵。如何開眼處，不見賞花人？北塢風微動，南梢月自真。老夫前席坐，得意不無神。

山閣數株梅，山翁手自栽。有花娛我老，無計避人開。色映書帷浄，香尋墨沼來。庶幾吾服汝，不作委蒿萊。

風月江山外，乾坤草木間。卷簾疎影動，拄頰暗香還。約伴多爲地，吟詩别作壇。終南雖

〔一〕「詩」，原作「枝」，據高簡本、遺詩補集改。此詩墨跡尚存，墨跡亦作「詩」。（陳福樹撰：《陳白沙的書法藝術》，第六六至六七頁）

白閣，不恃小廬山。

何處花堪憶，江門水背過。滿身都着月，一片未隨波。高倚松爲蓋，清連竹作窩。白鷗啣不去，飛入釣魚蓑。

借如桃有實，方朔不來偷。山近重重見，人無淺淺休。路經寒水斷，香被白雲留。寄語林和靖，江門是一丘。

陶僉憲約遊厓山，立張陸公祠

西風吹桂楫，公泛兩厓間。落日看碑過，中流掩袂還。跡留新棟宇，名落舊江山。二百餘年下，誰無一日閒？

遊厓山，次李九淵韻

前劫消磨盡，中原恨未沉。興亡先有讖，秦賈竟何心？一一憑天地，勞勞笑古今。千秋厓石角，泛艇一來臨。

不待祥興後，神州已陸沉。孤臣空有淚，大塊本無心。索寞皇圖舊，經營廟宇今〔一〕。暫攜二三友，斜日共登臨。

答丘蘇州

三年思楚水，尺牘走蘇州。滄海疑真蹟，黄堂是舊遊。遼東憶賀子，廣德問周侯。頃日相傳報，青天更倚樓。

壬午京城除夕

爆竹沿更響，燕城覺歲除。客懷元自在，詩興乃何拘。大地行藏活，風花點弄迂。天遭老文侍，華酒幸相娛。

許子駿田海晏，其婣家譚秋江索詩，贈之

伏波昔未遇，田牧向邊州。汝去雲山外，移家滄海頭。寨門春草緑，荻浦晚風柔。終羡陶

〔一〕「今」，原作「新」，據遺詩補集改。

朱樂，寧論萬户侯。寨門，地名。許田，故朱氏業也，故云。

羅以文將赴試南宫，過白沙話别，贈之

猶是青雲舊，如今白髮新。人生貴得志，此别定傷神。贈别無佳句，長愁只病身。看花知有日，莫惜馬蹄頻。

過伍光宇故居

伊人觀化後，此日復來遊。山屋門長掩，溪橋水自流。訪鄰時已晚，懷舊意空留。俛仰悲身世，林風也逕秋。

白馬菴聯句

人生須此會，何處問陰晴。（白沙）動蕩乾坤氣，調和鼎鼐羹。（懷玉）公來山閣雨，天共主人情。（定山）未了鵝湖興，江城又殺更。（宗派）

寒風吹角短，細雨打更長。（白沙）天意留行李，燈花喜對牀。（懷玉）衣冠真率會，尊俎太和湯。（定山）何限春消息，梅花不斷香。（宗派）

九日〔一〕

往來三十載，一夢了無痕。獨上東岩望，還開九日罇。飢鴉行帽頂，來雁陣江門。淡淡斜陽外，人歸何處村。

秋夕偶成明日揭榜〔二〕

缺月不滿簾，南窓聊隱几。猶聞户外春〔三〕，斷續秋風裏。犬子試初畢〔四〕，老妻浪驚喜〔五〕。滔滔中夜心〔六〕，四海皆名利。

〔一〕此詩原缺，據詩近稿補出。（陳獻章撰：《白沙先生詩近稿》，第四卷，第三二頁）

〔二〕此詩原缺，據詩近稿補出。（陳獻章撰：《白沙先生詩近稿》，第五卷，第四四頁）此詩又見阮榕齡《白沙叢考·白沙先生詩文補遺》。（阮榕齡撰：《白沙叢考》，《宋明理學家年譜》第九册，第四九六頁；又參陳獻章撰：《陳獻章集》，下册，第六九二頁）

〔三〕「春」，原誤作「春」，據《白沙叢考·白沙先生詩文補遺》改。

〔四〕「試初畢」，《白沙叢考·白沙先生詩文補遺》作「初試筆」。

〔五〕「喜」，《白沙叢考·白沙先生詩文補遺》作「起」。

〔六〕「中夜」，《白沙叢考·白沙先生詩文補遺》作「終夜」。

答李勉恕過訪〔一〕

故鄉一杯酒，已過十年餘。藻鑑三場試，皐皮六館模。壯心知未已，秋鬢又何疏。潮滿江門月，還來別老夫。

偶誦林緝熙遊羅浮詩賦此

亂水有溪出，飛雲獨石留。幽林人欲到，斜日鳥深投。碧海初供眼，青天已壓頭。圭峰纔一點，還許小羅浮。

圭峰次林緝熙韻

祇箇圭峰寺，往來成白頭。江山頻日落，宇宙一烟浮。寺裏燈長在，山前水不流。蒲團高兀兀，晚坐且須留。

行止非無意，東西各有緣。山中懷舊日，竹下弄飛泉。遇境堪爲適，忘機即是禪。支頤山

〔一〕自《答李勉恕過訪》至《慶壽寺寫懷呈李侍講》，共三十五首，底本原缺，兹據遺詩補集補出。

閣望，翳翳夕陽煙。

伍伯饒生孫以詩來報答之

養子南山下，而今亦弄璋。頰間如帶酒，鬢脚有微霜。忽忽催人老，看看共我長。會携青竹杖，扶醉白雲鄉。

入峽借柳子厚韻

峽裏烟霾塞，江間笑語清。未諳真宰意，須著老生行。微月三洲净，北風雙櫓鳴。葛洪有丹井，誰復一凝情。

寄陶憲副

河汾非一策，賈傅乃多傷。賤士何能爾，先生獨訝忙。功名春日夢，母子暮年腸。憑借春風力，吹嘘到廟堂。

前菊會

荒村開紫菊，細雨隔蒼梧。漂泊逢山鬼，歸來覓酒徒。佳期賓不赴，幽賞子何孤。爲罰南山老，青錢買百壺。

後菊會

餘花留醉客，缺月到疏梧。我老真違世，人生各有徒。交遊今日少，宇宙此亭孤。慣得趨時理，千金買一壺。

後菊會再次李九淵韻

黄花憎競賞，人事奪幽期。長夜來尋醉，微霜落滿枝。行藏深琖酒，風月小囊詩。長嘯東軒下（一作老），蒼鬢白接䍦。

留連杯酒下，重疊菊花期。熟犬知過客，寒蜂亦戀枝。溪山迴月色，香影入梅詩。地窄君休舞，傾斜爾接䍦。

發江門

北風何太急，亭午纜江門。紅葉津頭路，黄花市外村。病從書課減，老悔劒心存。忽動江湖興，陶然近一尊。

受平崗鍾氏開墾田券

城郭無閑地，山林有夙緣。平生疑夢寐，今日定神仙。鶴舞三間屋，猿聲十頃田。賦詩傳勝事，堪爲主人鐫。

贈鄺雲卿别

我病三年下，君行萬里餘。舊遊誰復在，遠别意何如。江閣頻傾酒，金臺懶發書。晴川未解纜，更與看芙蕖。

用前韻謝方公酒

濯纓來試手，瀞瀞得清溝。高閣看磨劍，擔書欲汗牛。花邊聊酒琖，筆底見春秋。此日開懷道，石家信也不。

題雨葵爲馮允禎推官

葵花本向日，誰誤雨中開。推節晚揮動，江山聊剪裁。世故浮雲外，雩風錦瑟來。幾人擔此意，涵泳了餘杯。

露坐

有句酬風月，無衣製芰荷。寸心同止水，萬感不生波。露下階除静，山空夜氣多。跏趺興不淺，更遣小童歌。

贈張叔亨別

晝枕醒何處，翛然疏柳陰。衰年只獨坐，勝事與誰言。屢泊仙郎舫，時開野老尊。別離歌莫動，垂老易銷魂。

久雨

澗水出何許，澗花粘竹根。雨多嗔屋漏，雷動覺天煩。緑草生滿地，黄鸝啼過村。古來通造化，兹理共誰言。

寄賀黄門

傳緘一萬里，江上送征鴻。形象丹青老，心神柬札通。半生如晝夢，一笑隔春風。病起知何日，賢聲四海同。

燈夕飲平岡鍾氏宅 次坐客韻

燈市歌初鬧，籬門夜轉幽。主翁難罷酒，詩客且停舟。已幸雲同宿，微傷月映流。此中尋笑語，時節儘悠悠。

偶誦陳用拙《登臨淮樓》「浮世自無閑日月，高樓長有好山川」兩句，嘆賞成詩

有客高結喉，賦詩樓上頭。初疑杜子美，定是韋蘇州。隔水山如畫，斜陽笛起愁。百年將滿日，興盡此登樓。

胡提學將至白沙

信息來終大，村邊識畫船。佳期今兩近，久病故人憐。合眼韋編絶，憑身木榻穿。公來須薄暮，水月任迴沿。

黄塘道中

夢去只高堂，覺來還異鄉。山雲愁復起，江水意何長。未歇黄茅瘴，那無碧樹霜。壇經久相對，不是學西方。

宿回龍寺〔一〕

孤燭江邊寺，疏鐘雨後天。愁人知永夜，遠客惜流年。不買南安酒，留充玉枕錢。牀風無意緒，吹斷藥爐烟。

九月晦日至南康

清溪一百曲，乃到縣官衙。盡日閣雙櫓，中流横一槎。晚來山氣重，秋盡水程賒。舊隱龍溪上，相思日又斜。

過廬山

爲客三冬暮，行舟五老前。孤雲朝徙壑，高雪夜封泉。鹿去空遺洞，僧亡祇故蓮。經過不敢惜，萬里正朝天。

〔一〕此詩，又見白沙先生《書玉枕山詩話後》文中，題爲「迴龍寺夜坐」。遺詩補集所收録，恐即據此。

揚州寶勝寺大虛長老來訪白馬菴，贈之

知我携琴至，衝寒得得來。太虛真惠遠，白馬小蓬萊。習氣冰消澗，禪機月在梅。老夫留不得，聊贈小詩回。

三月三日將至德州，南風大作，飛塵塞舟，撥悶二首

震蕩長河水，離披北上塵。乾坤亦何事，行客欲傷神。卷入清源混，飛來白葛新。岱宗高幾許，齊魯近吟身。

攬坐復攬眠，斯須滿客船。何人借白鶴，老子上青天。稍稍又相及，勞勞還自憐。平生比窻下，一枕羲皇前。

留別山東提學潘先生

在昔或相忌，而今都不爭。春風吹萬物，時雨被諸生。道果無難易，人當係重輕。衝寒三百里，不但見交情。

病叟亦何事，江湖閒往來。貌雖云長老，心不異兒孩。既有連朝雪，那無半夜雷。願言各

珍重，保此太和胎。

宿潭口寨

朔吹無消息，寒雲結暝陰。藥爐還養火，酒市不留金。正是思鄉處，難忘永夜心。相依江寨宿，燈火白頭吟。

九日寄丁明府爽約 原集少此一首

北里醅初熟，東籬菊正黄。與公傾一斗，排日是重陽。俯仰思何極，登臨興正長。幾時來入社，詩罷憶張郎。

慶壽寺寫懷呈李侍講

書來慈侍下，一字一金酬。客散寺鍾夕，雨聲梨葉秋。牀前修白芨，枕上續丹丘。痴病且如此，乾坤何所求。

贈别林緝熙〔一〕

溟海萬里流，羅浮千仞岡。五年一濯足，十年一褰裳。浩浩浮大鈞，峨峨奠中央。人生但如此，泉石非膏肓。

别思何悲哽，之人足起余。相逢過白首，此去決璠璵。琴劍那能久，晨昏不作疏。放顔如有問，次第拜堦除。

朝辭白沙館，暮宿越王臺。舟帆幾日住，詩卷兩人開。具眼乾坤大，論功日月哀。六經憑孔氏，無計避秦灰。（右一首兼呈美宣。庚寅六月。）

次韻林緝熙遊羅浮〔二〕

寺鄰千丈石，古色劍稜稜。是物諧吾性，何年遺爾僧？簷牙巡鵲樹，屋角掛瘿藤。坐眺秋

〔一〕　自《贈别林緝熙》至《偶題》，共七首，底本原缺，據《南川冰蘖全集》卷末附録、《陳獻章集·陳獻章詩文續補遺》補出。（林光《南川冰蘖全集》，第四六八至四七四頁；《陳獻章集》，下册，第九八二至九八六頁）

〔二〕　此詩第三首，遺詩補集亦有收録，題爲「贈羽士」。

天迴，扶摇任老鵬。右宿明月寺

白日深屏翳，清宵聞步虚。未殊閬苑日，誰辨鐵橋初？歷歷深經眼，棲棲正卜居。老夫端欲往，更問子何如？右沖虚

紅泉雙屐駐，碧落一霄同。去去爾性得，勞勞吾鬢蓬〔二〕。書回謝闤闠，跡滅想崆峒。預恐迷前路，先來訪葛洪。

偶題

端默三年下，南方有緝熙。由來須一静，亦足破群疑。敢避逃禪謗，全彰作聖基。後來張主事，是與樹藩籬。

〔二〕「去去爾性得，勞勞吾鬢蓬」，原作「去□□□□，□□□鬢蓬」，其中脱字，據遺詩補集補出。

送崑山省試〔二〕

緑鬢來孤騎，清言費一燈。極言憐老病，無計逐飛騰。鳳鳥當時至，龍門何處登。經過五老下，問訊白蓮僧。

出潞河〔三〕

上疏寧非罪，綸音更敢違？平生只願仕，今日暫須歸。溪艇眠紗帽，巖花落綵衣。細論朝野事，九五正龍飛。

聖主隆大孝，微臣表下情。深慚不報德，有詔許歸寧。野日明霜戟，河風動羽旍。此時心一寸，飛入九重城。

〔二〕　此詩原缺，阮榕齡據《鶴山縣志》録入所撰《白沙叢考・白沙先生詩文補遺》，兹據以補出。阮氏於題後加小注云：「按：李渭，字長源，號崑山。新會、鶴山《志》俱有傳。」（阮榕齡撰：《白沙叢考》，《宋明理學家年譜》第九册，第四九四至四九五頁；又參陳獻章撰：《陳獻章集》，下册，第六九〇頁）

〔三〕　此詩原缺，阮榕齡據所見白沙先生墨跡録入所撰《編次陳白沙先生年譜》「成化十九年癸卯」條，兹據以補出。（阮榕齡撰：《編次陳白沙先生年譜》，《宋明理學家年譜》第九册，第二八四頁；陳獻章撰：《陳獻章集》，下册，第八三二至八三三頁）

遇雨詩〔一〕

易菊主偕其侄壻楊和從子庸信宿白沙，遇雨，偶憶莊定山與予於白馬菴夜雨聯句云：「公來山閣雨，天共主人情。」菊主感歎，再三誦之。予因舊韻以復。

襟裙猶耐冷〔二〕，紅紫半抽晴。我不辭爲主，公無厭絮羹。旋吟詩遣興，直以酒陶情。何可廢行樂，春秋七十更。

老脚莫浪出，東君不放晴。青山倚鳩杖，白飯下魚羹。耕鑿無餘論，烟霞杳去情。偶持一觴酒，留客話深更。

衡門來好客，久病快新晴。子美雲安酒，東坡骨董羹。江山成永嘯，今古莫留情。勸飲多狂句，陶箋寫率更。

〔一〕此詩原缺，阮榕齡曾據所見白沙先生墨跡鈔出並録入所撰《編次陳白沙先生年譜》「弘治六年癸丑」條，兹據以補出。（阮榕齡撰：《編次陳白沙先生年譜》，《宋明理學家年譜》第九册，第三三一至三三二頁；陳獻章撰：《陳獻章集》，下册，第八五〇頁）此詩墨跡尚有兩幅傳世，一載《白沙先生遺跡》，一載《陳白沙的書法藝術》。其中《陳白沙的書法藝術》所載四首詩之順序不同。（陳應燿《白沙先生遺跡》，香港，陳氏耕讀堂，一九五九年增訂版，第一四至一六頁；陳福樹撰：《陳白沙的書法藝術》，第八〇至八一頁）

〔二〕「襟裙」，《白沙先生遺跡》、《陳白沙的書法藝術》所載墨跡作「襟裾」。

人心殊覺夕，白日此陰晴[一]。義激中流柱，名哀衆口羹。恥爲一身計，癡擁萬年情。坐久籠山雨[二]，寒雲濕未更[三]。

弘治癸丑春正月二十日，石翁書於白沙貞節堂。

應試後作[四]

久爲浮名縛，聊忻此爲貧。春寒三日戰，衰病百年身。白髮慈顏老，扁舟感興頻。平生榮辱事，來往一輕塵。

右稿呈德孚先生求教。陳獻章頓首。

[一]「人心殊覺夕，白日此陰晴」，《白沙先生遺跡》、《陳白沙的書法藝術》所載墨跡作「人心殊曉夕，自可比陰晴」。

[二]「籠山雨」，《陳白沙的書法藝術》所載墨跡作「山籠雨」。

[三]「寒雲」，《白沙先生遺跡》、《陳白沙的書法藝術》所載墨跡作「寒衣」。

[四]此詩原缺，然其墨跡尚存。兹據墨跡補出。（陳福樹撰：《陳白沙的書法藝術》，第三六頁）

别江門三章，贈薛憲長〔一〕

東南六十縣，乃在嶺海間。斯民日疲困，盜賊紛相搏。仁義久不施，别離愁我顔。竿頭百尺綫，可以繫東山。

挽陳剩夫先生〔二〕

武夷爲約後，垂死又三年。朗月羅浮外，高樓鎮海前。獨疑何面目，相望此山川。忽報龍巖訃，乘春欲理船。

拙詩一章，奉煩龍巖掌教李先生致之布衣陳先生柩前，以表哀悼之忱耳。布衣先生，余雅敬慕久矣，曩歲有書約予游武夷，冀得一會，今弗及矣，可勝悼哉！

〔一〕　此詩原缺，然其墨跡尚存。兹據墨跡補出。（陳福樹撰：《陳白沙的書法藝術》，第七〇至七一頁）案：此詩共三章，此爲其第三章，另外兩章即「送薛廉憲江門」之第一、第二首。（《白沙子全集》，何九疇刻本，第六卷，第五七頁；又參《陳獻章集》，下册，第六一五頁）

〔二〕　此詩原缺，兹據《布衣陳先生存稿》補出。（陳真晟撰：《布衣陳先生存稿》，《續修四庫全書》，第一三三〇册，第四〇三頁）

遊龍洞山〔二〕

誰爲龍洞主，我爲定山來。春日窺林美，陰雲闢户開。靈光潛曠室，伏氣長龍胎。移對林光去，南川作釣臺。

問羅浮道士〔三〕

絶壁飛雲上，攀緣幾仞苔。朱明分路入，白鶴上天回。細篆蟲行竹，孤村犬傍梅。賦詩憐老手，誰喚大蘇來。

〔二〕　此詩原缺，兹據《萬曆江浦縣志》所録補出。（沈孟化、陸察、張夢柏等纂修：《萬曆江浦縣志》，《天一閣藏明代方志選刊續編》，第七册，第五〇七頁）

〔三〕　此詩原缺，《乾隆博羅縣志》第十三卷有收録。兹據李君明《陳白沙詩輯逸》補出。（李君明撰：《陳白沙詩輯逸》，《嶺南文史》，二〇〇六年第三期，第五〇頁）

卷之五

七言律詩

與友約遊仙井

仙井會容雙眼到，病軀須着一笻扶。春風有客來相問，何日扁舟進所如。世道難交終索寞[一]，幽居擬卜只虛無。憑君寄語山靈道，欲傍啼猿借一區。

馬貞卜築圃中，與容貫同處

何處有花堪結椽，溪邊園裏樹相連。一齋一榻同燈火，江草江花自歲年[二]。元亮高棲須避

[一]「世道」，林齊本、蕭世延本、白沙文編作「市道」。
[二]「江草」，林齊本、高簡本、蕭世延本作「江水」。

俗，巖青異骨合成仙。東風兩岸黄鸝語，我亦中流坐我船。

自斗岡還，至汾水江值暮

歸舟欲背南風發，別餞初開落日斜。杜曲寄聲憑驥子，是日，景昜有信促歸。武陵回首惜桃花。東遊西泛經旬日，揮翰留詩到幾家。滿眼却愁歸路黑，時從野老問江叉。

弔厓

天王舟檝浮南海，大將旌旗仆北風。義重君臣終死節，時來胡虜亦成功。身爲左袵皆劉豫，志復中原有謝公。人衆勝天非一日，西湖雲掩鄂王宫。

子陵

誰將史筆點行藏〔一〕，真有乾坤日月光。三尺羊裘幾銖兩，千秋龍衮共低昂。客星天上何須急，老脚人間不浪長。留得先生在台輔，不知東漢可陶唐？

〔一〕「史筆」，林齊本、高簡本、蕭世延本、白沙文編、何熊祥本、黄之正本、碧玉樓本、四庫全書本作「此筆」。

羊裘不返道終疑，玉帛雖來事可知。天下君臣光武召〔一〕，世間膾炙子陵碑。故人不改狂奴態，一事堪爲百世師。九鼎漢家從此重，聽歌山谷老人詩。

桐江秋水來天地，照見千年老鳳還。太史直書形迹外，先生猶在是非間。交情此去投當宁，年事何勞列從班。欲向東吴問遺老，江湖容有此翁閒。

先生如此亦天民，高坐桐江一水濱。却到陵夷排亂賊，方知名節是忠臣。白鷗自去江湖遠，黄紙何來道路頻。往往見人東廡下，傷心一代帝王真。

讀張曲江撰《徐聘君墓碣》

杜陵煙艇曾來否，相國銘章今在亡。千古我能生感激，一碑誰可借輝光？江波自映蒲輪返，原草還沾絮酒香。事異鑿坏終遠去，鴻冥天闊道之常。

桓靈而下使人悲，却憶陳蕃在郡時。何處公車還欲召，平生此榻竟奚裨？事機成敗我當算，天命去留人得知。萬古江山一回首，風清月朗聘君祠。

知心未問陳蕃輩，欲起先生在帝桓。自古山林輕禄位，至今朋黨惜衣冠。尋常笑語諸公

〔一〕「召」，白沙文編作「詔」。作「詔」似於義爲長，「光武詔」對「子陵碑」。

撫，七十支離一老看。誰道開元張相國，重磨碑碣寫心肝。

一木能支大厦顛，棲棲徒只喻當年。身垂白髮西山裹，光射青牛北斗邊。信史只今文獻碣，清風何日豫章傳。狂歌亂耳不足獻，依舊生芻置墓前。

西南驛晚望[一]

晚來花雨濕詩囊[二]，獨上郵亭望大荒[三]。南盡海旁諸郡淺，西來天上一江長。漁歌落日還孤艇，樹隔啼鶯背短墻。料理憑高非一事，樽前誰與共平章？

秋江漫興

能傾瓦盞深深酒，不盡秋江短短篇。閒弄孤舟移白日，明開兩眼看青天。鷗遷遠渚眠何處，雲颭高風落此川。野老隔波頻問訊，可能無意向神仙。

〔一〕「西南驛」，原作「西山驛」，據底本目録及林齊本、高簡本、蕭世延本、白沙文編、何熊祥本、碧玉樓本改。

〔二〕「晚來」，高簡本、蕭世延本、白沙文編作「曉來」。

〔三〕「獨上」，林齊本、高簡本、蕭世延本、白沙文編、何熊祥本、黄之正本、四庫全書本作「晚上」。

送羅養明還江右

長寄湖西夢裏身，扁舟春早忽相尋。乾坤自古悲難合，伯仲而今契亦深。草色正催公子醉，花枝不稱老年心。何須袖却鴛鴦手，更向滄溟問我針！

懶作人間賣卜仙，紅蕖浪裏枕書眠。詩篇到老絶求世，酒琖逢春不愛錢。鷗鷺一群清似雪，江湖諸子遠如天。扁舟忽報金牛信，也得江花對惠連。

村中即事

山風處處聞松花，江市日日來魚蝦。高田一弓走獵犬，灌木幾株叢老鴉〔二〕。正逢元宵市燈好，亦有雜劇村鼓撾。野老西疇急春事，長揖縣官歸縣衙。

曉枕過金洲戲作

行人拍手笑天公，十月江湖未朔風。旭日上天纔半赤，晴霞照水忽殷紅。注目九江來艇

〔二〕「叢」，原作「松」，據林齊本、高簡本、蕭世延本、白沙文编、何熊祥本、碧玉樓本、四庫全書本改。

急，回頭三老著篙慵。何須却走蒼梧道〔二〕，不是天公也笑儂。〔三〕

清明前三日，有懷亡友伍光宇無子

先生英骨葬蓬萊，幽思憑高不易裁。荒歲無窮春易老，清明將近雨還來。皇天自失包胥定，泉壤誰興伯道哀。尋樂齋前數株樹，月明空有鶴飛回。

禱雨，呈縣主丁彦誠

峰頂爲壇五土升，皇穹端合享精誠。雨聲先到玉臺寺，雲氣初蒸緑護屏。野老分錢須一虎，病夫獻茗走諸生。年豐我欲招神貺，絶壁高鐫令尹名。

奉陪趙提學厓山慈元殿弔古

信國諸臣近有碑，一陵瀕海尚堪疑。荒山野水無人到，落日輕風送我旗。天地幾回人變

〔二〕「却走」，高簡本、何熊祥本、黄之正本、四庫全書本作「却是」。

〔三〕「不是」，林齊本、高簡本、蕭世延本、何熊祥本、黄之正本、四庫全書本作「不道」。

鬼，風波萬里母將兒。萋萋芳草慈元下，邂逅漁樵問舊時。

李德孚輓歌

此翁白髮已垂肩，猶借滄波十載眠。德孚己丑偕予自京師歸，不復出，至是十年而卒。一舸載書同載酒，幾家留藥更留錢。山陽笛奏西樵月，西樵，南海山名，余曩與伍光宇同遊，後有《西樵山感舊》詩，即此山也。薤露歌傳大石篇。大石，即德孚所居村名。誰道人生只如此，兩行衰淚落江煙。

別時已動東遊興，別後還深永訣悲。夫子春秋能六十，故人涕淚不童兒。身如南郭人間老，家有文溪地下師。修短未知誰喜戚〔二〕，天涯孤影日凄其。

題莊定山詩集

春風一曲有霓裳，不落人間小錦囊。今代名家誰李杜，先生高枕自羲皇。乾坤兀兀中流柱，風月恢恢大雅堂。莫道白沙無眼孔，濯纓千頃破滄浪。

〔二〕「誰」，高簡本、何熊祥本、黄之正本、四庫全書本作「人」。

浴日亭，次東坡韻

殘月無光水拍天，漁舟數點落前灣。赤騰空洞昨宵日，翠展蒼茫何處山。顧影未須悲鶴髮，負暄可以獻龍顔。誰能手抱陽和去，散入千崖萬壑間？

扶胥口書事，借浴日亭韻

早春約我扶胥口，今日進舟黄木灣。使君已去漫留諸，水國獨吟空見山。老向煙波真得地，晚來風日更開顔。明朝去覓南川子，與話平生水石間。南川子，林光也。〔一〕

宿欖山書屋

一片荷衣也蓋身，閉牕眠者乃何人？江山雨裏同歌嘯，今古人間幾屈伸。長與白雲爲洞

〔一〕高簡本、何熊祥本、黄之正本、碧玉樓本、四庫全書本無小注「南川子，林光也」六字。

主，自栽香樹作齋鄰[一]。山中甲子無人記，一度花開一度春。[二]

別欖山

羅浮山色眼中來，老子心情不易栽。高浪不驚南海舶，白雲聊共欖山杯。未知竹徑留人否，那問天公著雨催。主人更道秋來好，收拾黄花待我回。

餘興

何處秋聲入短琴，江邊蕭瑟起楓林。空歌白雪兒童笑，不負滄波老子心。釣石摩挲雲氣暖，睡沙展轉月痕深。眼中昏嫁隨時了，只有牀頭黌犬金。

陳冕來遊白沙，至仰船江遇石尤風，舟覆

中流幾覆程夫子，何況白沙門下人！賢輩何曾負天道，老夫正自怪江神。仁義幾回驚闊

[一]「自栽」，原作「自裁」，據高簡本、蕭世延本、白沙文编、何熊祥本、碧玉樓本、四庫全書本改。《南川冰蘗全集》卷末附録此詩，亦作「自栽」。（林光撰：《南川冰蘗全集》，第四七一頁）

[二]詩末，《南川冰蘗全集》卷末附録此詩有「戊戌夏四月」五字。（林光撰：《南川冰蘗全集》，第四七一頁）

論，利名何處不通津。祇應歸拜庭闈日，棄置艱難不肯陳。

羅一峰挽詞

今我何敢私一峰，百年公論在兒童。要知此老如君實，更恐前身是孔融。青天白日人千古，五典三綱疏一通。天下何嘗乏知己，我言剛與定山同。

狀元文史少微星，翰苑爲官謾兩京。既有光華争日月，那無描畫在丹青？表章細事憑諸老，悵望高風激後生。千秋欲與蘇徐並，湖水中央更一亭。

芙蓉城下白騾還，更見一峰何處山。晚覺神仙真妄誕，肯留精爽一追攀。高才轉盼交遊内，元氣驚心宇宙間。此日迸空爲誰泣，衰齡何意向人寰。

杜阮看山 容貫卜居之地

曾於海上看羅浮，魂爽高飛未得收。一片好山還入眼，兩巡瘦馬更回頭。青浮竹杪岡連峙，紅浸花枝水曲流。君若卜居須卜此，澗邊黄髮是巢由。

數家種竹已成林，共有平生卜築心。草木總偷春色早，雲霞偏傍晚山深。鶯聲早赴山靈約，松蓋先分地主陰。欲置一菴三級土，結趺高榻對南岑。

代簡答伍郡主爲莆田林侍御求草書〔一〕

閉門一病九十日，小草大草生荒蕪。山癯須愛老狂客，府主正逢賢大夫。藥裹君臣何處有〔二〕，墨池風雨坐來無。禿管已馳林侍御，如今雪繭不還莆。

東亭奉別憲副陶公

父老連村擁畫航，東亭西日引杯長。舊是宰官今憲副，後來新會古桐鄉。指揮戎馬能千里，表裏山河捍一方。太史但收能吏傳，昇平不必問耕桑。

蔣宗誼以厥考《樵林摘稿》及其所著《續宋論》見寄，代簡奉答

江右詩書不乏賢，君家父子盡堪傳。樵林一摘幾千首，宋論直窺三百年。西漢文章遷史後，東吴風月定山前。乾坤隻眼知誰在，不是楊雄不好玄。

〔一〕「代簡答伍郡主爲莆田林侍御求草書」，林齊本、蕭世延本、白沙文編作「代簡答府主伍大夫爲莆田林侍御求草書」。

〔二〕「何處」，林齊本、高簡本、蕭世延本、白沙文編、何熊祥本、碧玉樓本作「眠處」。

寄景星海上

妬花暝雨迷千里，隔水殘紅度幾車〔一〕。夢破三更子規鳥，香來一樹木犀花。病夫老去頭如鶴，稚子春來髮似鴉。海曲傳詩意無盡，更期何處問丹砂。

次韻都憲朱公歸興

當日頭顱也未然，相逢休問買山錢。葛巾旋把陶潛酒，煙水將歸范蠡船。嶺表他年須遠略〔三〕，桂陽秋月憶高眠。大臣去就嫌疑絶，還以嘉謨贊九天。〔三〕

又見乾坤一老閑，落花何處鳥關關。宦情老去那能繫，世路今來却未艱。徐穉欲眠湖上榻，龐公初到鹿門山。長風又送衡陽雁，會寄東溟□□還。〔四〕

〔一〕「度」，林齊本、蕭世延本、白沙文編作「墮」。

〔二〕「遠略」，高簡本、何熊祥本、黄之正本、碧玉樓本、四庫全書本作「領略」。

〔三〕「以」，高簡本、何熊祥本、黄之正本、碧玉樓本、四庫全書本作「似」。

〔四〕此首，底本原缺，據遺詩補集補出。遺詩補集於題後加小注云「原集少此一首」。

命孫田

新開斥鹵走通川，賸種烏穧益税錢。士不居官終愛國，孫當從祖是名田。幸生天下承平日，屢見人間大有年。從此不須憂俯仰，茅齋向暖抱孫眠。

辛丑元旦戲筆

酒杯不與年顔老，詩思還隨物候新。分外不加毫末事，意中長滿十分春。棲棲竹几眠看客，處處桃符寫似人。除却東風花鳥句，更將何事答洪鈞。

與謝胖

柳市南頭望客舟，青山無語水東流。江花自對黄鸝晚，風雨偏催白髮秋。宇宙萬年開老眼，肝腸一縷入春愁。明朝日出波濤暖，依舊忘機對海鷗。

重贈張詡

風雨何人來欸扉，滄江煙艇疾於飛。正將白首憐傾蓋，不管春泥得上衣。詩句與君争出手，酒杯中我自忘機。傷心萬里滄溟水，又逐長風破浪歸。

酴醾將開值雨

相看無語只沉吟，蓓蕾枝頭已簇金。山雨不來昏晝景，東君容有妬春心。較量花品終何益，茫昧天機亦自深。明日陰晴還未定，一尊何急對花斟。

答梅繡衣見訪

一春煙雨暗荆扉，繫馬憐君共落暉。酒琖香風吹月桂，研池清露滴酴醾〔一〕。水中郭索嗔皆是，屋上慈烏愛亦非。天道不移人自異，紅塵飛上釣魚磯。

陳庸被盜，張詡有詩唁之，因次其韻

三尺龍泉八尺身，書生膽氣欲驚人。亦遣偷兒知我輩，還將直道是斯民。風連蜀魄東方曉，雨洗荼蘼昨夜春。白舫望君心若渴，清川照我髮如銀。

〔一〕「研」，林齊本、高簡本、蕭世延本、何熊祥本、黄之正本、碧玉樓本、四庫全書本作「硯」。「研」、「硯」通。

曉枕

天時人事莽何窮，睡破山牕正惱公。幾點木犀三月雨，一聲蜀魄五更風。青春有限年年老，白髮無私個個同。莫共老人論甲子，閭閻稚子亦成翁。

詠鶴

孤山赤壁兩茫茫，踈柳江邊一草堂。塵世事多黄髮老，仙禽真對縞衣郎。風回蕙帳聲猶裊〔一〕，月落芝田影漸長。却怕茶煙生一縷，等閒飛去碧沙旁。

憶鶴

孤山有月好西湖，只問湖中鶴在無。頸閣瘦軀三尺半，聲摇殘夢四更初。青田别去何由見，赤壁飛來不受呼。寂寞小齋誰是伴，賽蘭香裊舊團蒲。

〔一〕「回」，四庫全書本作「傳」。

謝惠壺

江上花邊到一壺，春風日日要人扶。數篇栗里乃何趣，五斗高陽非酒徒。春事無多花去眼，老形已具雪添鬚。醉鄉著我扶溪老，白璧黄金惠不如。

題閒叟

前村煙火熟朝炊，正是先生睡足時。身帶江山人在畫，目窮今古世争棋。花邊擊鼓諸孫戲，竹下扶筇一鶴隨。應笑書生閒未得，白頭憂世欲何爲。

游心樓爲丁縣尹作

城外青山樓外城，城頭山勢與樓平。坐來白日心能静，看到浮雲世亦輕。高閣秖宜封斷簡，半年方許讀西銘〔二〕。乾坤一點龍門意，分付當年尹彦明。〔三〕

〔二〕「方許讀」，碧玉樓本作「剛好讀」。此詩墨跡尚存，墨跡作「剛好及」。（陳福樹撰：《陳白沙的書法藝術》，第五一頁）

〔三〕「尹彦明」，原作「尹彦誠」，據林齊本、高簡本、蕭世延本、白沙文編、何熊祥本、黄之正本改。此詩墨跡尚存，墨跡亦作「尹彦明」。（陳福樹撰：《陳白沙的書法藝術》，第五一頁）尹焞，字彦明，洛陽人，程頤弟子。宋欽宗靖康年間，賜號和靖居士。

次莊定山清江雜興韻

家學華山一覺眠，圖書亦在枕頭邊。傍花隨柳我尋句，剩水殘山天賜年。竹徑旁通沽酒市，桃花亂點釣魚船。平生我愛孫思邈，自古高人方又圓。

中秋夜示江右李劉二生

勝會古來非獨今，兩生尊酒喜同斟。且看溟海中秋月，莫動匡廬半夜心。天道端須憐主客，浮雲不敢弄晴陰。堯夫獨愛梧桐上，萬籟無聲意自深。

辭修縣志

吁嗟文獻荒涼久〔一〕，著述圖經長老宜。令尹高才應處分，病夫何者敢聞知。嘗聞司馬開班范，直似家翁詔小兒。史體所關無大小，千秋麟筆寄宣尼。

〔一〕「吁嗟」，高簡本、何熊祥本、黄之正本、四庫全書本作「噓嗟」。

寄李九淵

黄花開盡不持醪，更對黄花讀楚騷。江閣影流西日轉，海鴻聲引北風高。大寒天地猶堪出，垂老筋骸總厭勞。嗟我與君同甲子，鏡中誰讓長霜毛。

次韻梅侍御贈别

朱絃一弄白雲深，山水何人共賞音。老去布裘偏愛日，春來花樹不宜陰。兩端姤復雖天道，一體乾坤是此心。扶病寒江遠相送，古椰葉脱北風吟。

贈同遊馬玄真伍伯饒甥舅

江流東與海潮通，江去潮來今古同。巖洞風光詩卷裏，天涯歲月釣船中。老甥動止常隨舅，小友心情愛傍公。更約鐵橋窺險絶，筆牀琴匣未須封。

立春日呈丁縣尹

浮生五十五回逢，青帝來朝駕自東。草色向江先自緑，桃花臨路爲誰紅。高堂滿獻曾孫

酒，小邑初移令尹風。身著斑衣啼又笑，老萊真個是兒童。〔二〕

元夕

欲將斗柄作垂鈎，高掛銀蟾照九州。皇帝萬年臨宇宙，群黎無處不歌謳。兩間和氣氤氲合，五色卿雲爛熳浮。一曲昇平人盡樂，老夫林下更何求？

賀冠者

都老門前十丈松，采帷高映日曈曨。賓迎一徑桃花裏，春在三加酒琖中。禮式未忘洪武化，絃歌還動子游風。主人不用投壺勸，醉倒江門老石翁。

寄高知縣

下疑河岳上星辰，何處勾連得此身？天上未旌强項令，督郵多見折腰人。青天白日孤城曉，碧柳黄鸝萬井春。澗底菖蒲真未有，堪君服食更通神。

〔二〕「老萊」，原作「老來」，據林齊本、高簡本、蕭世延本、何熊祥本、碧玉樓本改。

次韻伯饒見示養内之作

小結菴居不化緣，牽蘿架石兩三椽。一函玉笈飛霞裏，半枕華胥語鳥邊。東老豈知丹是酒，今人多以管窺天。市中買得參同契，萬遍千週然未然。

次韻答伯饒見拉出釣

好共溪山結晚緣，竹枝深夜響漁椽。風清月朗滄溟外，魚躍鳶飛枕几邊。茶竈煙銷回野艇，竹竿霜冷釣秋天。少年孟浪東西走，衰病于今恥復然。

苦熱

尋常衣汗濕青荷，争奈連朝溽暑何。四象陰陽分老少，一年天地幾中和。水枯瓦沼蛙將徙，日炙山枝鳥不歌。一事傷廉非得已，竹林冰簟受風多。

寄林虛牕

蒼梧酒興未消磨，又向江門鼓枻歌。鳥見畫來高畫品，我疑詩巧是詩魔。輞川樹石愁摩詰，與可精神動老坡。開眼也知真有益，後來歲月悔無多。

晝睡

林木蒼蒼鳥哺雛，江亭春與睡相宜。風花已遣新年醉，氣候還增病叟癡。塵世悲歡忘處了，浮生日月夢中移。晨炊未熟無人喚，正是飛雲曳杖時。

對酒

竹杪風輕瓦雀哀，葛巾蕭散步階苔。放懷自對溪花笑，好事誰撑酒舫來。白髮驚看今日老，青春剛到隔年回。狂心被酒如飛鶴，又逐紅雲上玉臺。

二仲爲鄰蔣詡家，蕭然鶴髮映烏紗。春來歌唱惟消酒，老去園林尚種花。蚤卜居廬依木石，不論日月住煙霞。小齋半夜忘眠處，三尺盆池一口蛙。

南歸途中先寄諸鄉友

我家久住龍溪上，説著龍溪便有情。荔子不將梨鬬美，沙螺休與蠏争衡。江村婦女蕉衫窄，市巷兒郎木屐輕。漫興詩多誰和我，樽前忙殺馬先生。

不分賓主共林塘，脱下朝衫作道裝。酒爲老夫開甕盎，茗和春露摘旗鎗。津頭水滿鴛鴦下，墻背風來枳殼香。何處與君拚坐久，萬株花裏小藜牀。

與謝祐

易生忽與謝生來，小雨初晴到玉臺。笑我十年皐席在，爲君今日蓽門開。古來委吏非忘魯，世外高人亦姓回。滿眼示人人不識，更從何處話根荄？

縣主丁侯約遊圭峰齋次，以病不果，賦此

筭輿欲出更夷猶，病入西風汗未收。書閣水雲聊自晚，玉臺霜月爲誰秋。主翁愛客杯盤大，小吏鳴鞭道路愁。我有平生筋力在，不尋齋次碧峰頭。

懷古

五斗之粟可以生，折腰殆非賢所能。即生斯世須妨俗，莫道前身不是僧。廬阜社中期滚滚，潯陽菊畔醉騰騰。南山歌罷悠然句，誰續先生五字燈。

荼蘼花開，有懷同賞

看花何處發孤吟，墻角荼蘼又破金。紫艷照人今日態，香風吹夢隔年心。多情酒伴何來晚，得意遊蜂入每深。病起南牕坐終日，獨憐涓滴未成斟。

次韻林先生潮連館中見寄 并序

先生年踰七十，尚能與曹劉輩争雄，於此可見好學，老而不倦。謹依韻押成二篇求教。〔一〕

煙村渺渺樹成行，社屋三間是講堂。竹葉林中堪送老〔二〕，菊花籬下又逢霜。膳夫問煮魴魚美，田舍邀嘗早稻香。入社撚鬚誰最數，共尋佳句答年光。

祖母年高令伯歸，白雲丹陛共霑衣。小臣去國身多病，聖主留心日萬幾。一飯未能忘補報，百年終是懶依違。白頭恐負垂髫志，記得城西就館時。

〔一〕「韻」，原誤作「霜」，據碧玉樓本改。又：此序，林齊本、蕭世延本作「承惠諸作，感感。先生年踰七十，尚能與曹劉輩争雄，於此可見好學，老而不倦。謹依（霜）［韻］押成二篇求教。病畏言多，恕不一一」。

〔二〕「林中」，原作「杯中」，據高簡本、白沙文編、何熊祥本、黄之正本、碧玉樓本、四庫全書本改。

夜坐因誦康節詩偶成

牕竹蕭蕭正晚風，溪星耿耿又秋蟲。一瓢豈敢方顔子〔一〕，千首將無有邵雍？恨月嘯花都大雅，鳶飛魚躍一中庸。無人不羡黄陳輩，高步騷壇角兩雄。

家兄往東向村收早稻，登舟後雷雨大作，章侍坐貞節堂至夜分以爲憂。是年甲辰，家兄六十一，未嘗有如意之求

花甲人間亦易回，吾兄懷抱幾時開。雲師暫引秋帆去，風伯還將暮雨來。社酒香消荷葉冷，楚歌聲起竹枝哀。天公遺我多愁事，貞節堂邊炒夜雷。

丁縣尹惠米，時朝覲初歸

病叟山中觀物坐，長官天上帶春回。琴堂未必淹三考，村酤猶堪共一杯。彩翼雲霄看得意，白頭供奉愧非才。如今單父無裨補，分俸何須到草萊？

〔一〕「豈敢」，高簡本、白沙文編、何熊祥本、黄之正本、四庫全書本作「豈肯」。

次韻張侍御見寄

吐月山前坐四更，一凉何不獻先生〔二〕。鷦鷯翅短那能去，駿馬蹄輕只欲行〔三〕。見舞緑蓑知我醉，聽吟素練是君清。許尋舊雨江門下，秋晚不來空寄聲。

赤松黄石皆留侯，回首丹丘是故丘。明月波間休擊楫，白蘋洲上有眠鷗。誰家風雨花無恙，萬古江河水自流。百尺樓中朝引望，望中去馬更來牛。

聞張廷實謝病歸，寄之

老夫衰病託滄溟，不道滄溟亦有争。正是黑頭堪入仕，初登黄甲最知名。君當出我一頭地，我更期君萬里程。聞説朱明丹已熟，扁舟同作訪醫行。

〔二〕「何不」，詩近稿作「何敢」。

〔三〕「鷦鷯翅短那能去，駿馬蹄輕只欲行」，詩近稿、林齊本、蕭世延本作「鷦鷯棲穩那能去，駿馬步高將欲行」。

偶憶夢中長髯道士用一囊貯羅浮山遺予，戲作示范規

飛雲萬丈來冥冥，囊括誰將隻手擎。南極回頭一閣老，鐵橋有路中天行。山通碧落神明衞，地有丹砂草木靈。若個長髯應識我，古來真隱不知名。

九節之筇手所持，兩年衰病負幽期。香爐瀑布還匡阜，碧水丹山自武夷。雞犬幾時同馭氣，雲霄無日不支頤。可憐一覺羅浮夢，不記長髯道士誰。

羅浮道士説軒轅，千古風高尚可覘。枕上昨宵驚短夢，人間何處覓長髯。誰能愛酒過東老，我欲凌虛問海蟾。四百亂峰南斗下，是誰囊括到茅簷？

夜坐

半屬虛空半屬身，絪緼一氣似初春。仙家亦有調元手，屈子寧非具眼人？莫遣塵埃封面目，試看金石貫精神。些兒欲問天根處，亥子中間得最真。

不著絲毫也可憐，何須息息數周天。禪家更説除生滅，黄老惟知養自然。肯與蜉蝣同幻化，祇應龜鶴羨長年。吾儒自有中和在，誰會求之未發前？

次韻張廷實謝病後約遊羅浮見寄

滄浪共擬一桴浮〔一〕，欲斫扶桑作釣舟。箕潁舊知堯舜大，留侯初伴赤松遊。空中鶴爪拏雲上，橋下泉聲洗鐵流。却憶平湖林縣博，仙山從我竟何由。

胸中千頃著南溟，何物涔蹄莽愛争。但得百千同買醉，不曾三十便收名。鶯花衮衮新搜句，煙水茫茫舊路程。莫倚芳容欺老病，手扶青玉並君行。

與謝胖

風波來往十年身，舊事淒涼不可陳。當道豈非鉤距手〔二〕，青山不問打眠人。酒醒旅館城南月，夢破茅茨海角春。何日定攜妻子去，水田稼好最娱親。

〔一〕「滄浪」，林齊本、高簡本、蕭世延本、白沙文編、何熊祥本、碧玉樓本作「滄波」。

〔二〕「鉤距」，原作「鉤鉅」，據林齊本、高簡本、蕭世延本、何熊祥本、黄之正本、碧玉樓本、四庫全書本改。

夢崔清獻坐牀上，李忠簡坐牀下，野服搭颯，而予參其間 二首有序

公在蜀中，嘗賦《水調歌頭》一篇，其辭曰：「萬里雲間戍，立馬劍門關。亂山極目無際，西北是長安。人苦百年塗炭，鬼泣三邊鋒鏑，天道久應還。手寫留屯奏，炯炯寸心丹。對青燈，搔白髮，漏聲殘。老來勳業未就，妨却一身閒。蒲澗清泉白石，梅嶺緑陰青子，怪我舊盟寒。烽火平安夜，歸夢到家山。」夢中對菊坡論舉此詞，故中聯及之。〔一〕

清獻堂堂四百春，夢中眉宇識天人。報君西蜀青油幕，老我東籬白葛巾。萬里歸心長短賦，九天辭表十三陳。南風欲理增江棹，也借青山卜墓鄰。

宋史記中堪列傳，菊坡門下豈無人？彈文驚世頻登閣，散髮從師懶著巾。嶺海一星元屬李，古今全華總歸陳。山齋夢破今何在〔二〕，夜半歌聲徹四鄰。

〔一〕此序，林齊本、高簡本、蕭世延本、何熊祥本、黄之正本、碧玉樓本、四庫全書本爲第一首之跋。

〔二〕「今」，林齊本、高簡本、蕭世延本、何熊祥本、碧玉樓本作「公」。《嘉靖增城縣志》所收録此詩，亦作「公」。（文章修、張文海纂：《嘉靖增城縣志》，《天一閣藏明代方志選刊續編》，第六五册，第五二三頁）

館廷實進士於白沙社，率爾成章，兼呈丁明府

壇有青松埭有花，煙籠寒水月籠沙。人間何處堪棲鳳，歲次今年正屬蛇。樹杪看山横半面，水邊尋路入三叉。高軒若肯終年住，應没閒愁上鬢華。

廷實偕丁明府遊圭峰，雨中奉寄

脚頭到處是天台，多少風光在草萊。花縣偶攜明府去，玉臺還少道人來。清流赴海無千里，白骨封苔有幾堆。對雨一樽須强飲，爲君呼起鼻中雷。

次韻鄉人送酒

四時功德正恢台，仲蔚門前十畝萊。恨我未能終日醉，夫君又送一尊來。江山雨過聊供眼，書卷年深漫作堆。午枕南風吹不醒，可能破柱作驚雷。

廷實歸，贈以瑞香之花，次韻留别

是誰溪裏放船來，溪月隨身上釣臺。衰骨可供連日語，後生真有不羈才。笑呼白鳥同詩

社，旋掬清流當酒杯。欲贈夫君何所有，畫闌新帶瑞香回。

番陽丘先生遠示傑作二章，仰仞垂愛之厚，感慰兼極。章衰疾龍鍾，無足爲故人道者，勉據來韻少布區區之忱耳。倘過遼陽之便，假手録寄以發克恭黄門一笑，幸甚〔一〕

昔從天上拜彤庭，一别官河幾度冰。豈有文章供史館，漫將袍笏對山靈。數株松菊猶三徑，兩棹風煙又八溟。欲寫漁翁寄廬阜，眼中誰解辨丹青。

緑水青山置我曹，江西遼左一神交。短籬霜菊誰供酒，破屋秋風自補茅。勳業都歸媿下枕〔二〕，行藏更問易中爻。痴兒多病慈親老，不向清時歎繫匏。

〔一〕此詩，林齊本、高簡本、蕭世延本、白沙文編題爲「次韻丘太守見寄兼懷賀克恭黄門」，且只收録第一首。遺詩補集則題爲「次韻丘太守見寄，有序」，兩首均有收録，其序云：「番陽丘先生遠示傑作二章，仰仞垂愛之厚，感慰無極。章衰疾龍鍾，無足爲故人道者，勉據來韻少布區區之忱耳。倘過遼陽之便，假手録寄以發克恭黄門一笑，幸甚。」

〔二〕「都歸」，白沙文編、遺詩補集作「却歸」。

西良容君攜孫來訪

不見夫君心緒亂，忽過茅宇鬢毛斑。稚孫看弄牕前筆，舫子忘歸月下灣。衰病欲尋西華枕，舊遊半落北邙山。洛陽詩酒耆英社，分付江門主客問。

次韻定山先生種樹

東崦芳菲已碧桃，更移紅杏占西坳。每逢好雨扶笻看，不要先生抱甕澆。與一野僧吟憇石，無諸俗事坐持醪。不將物我來分别，觀化于今是幾遭。

橋下泉流十丈窪〔二〕，橋頭草屋萬株花。關關終日鳥鳴樹，歲歲春風人在家。何處三杯歌浦口，夜來一夢在天涯。尊前不見滄溟闊，浩浩還君一笑誇。

花時風日美新晴〔三〕，北泬南坨迤邐行。春色酣酣薰我醉，年光衮衮歎人生。竹林背水題將遍，石筍穿沙坐欲平。客問定山何所有，滿山紅紫數聲鶯。

〔二〕「泉流」，詩近稿、林齊本、蕭世延本、白沙文編作「流泉」。

〔三〕「風日」，蕭世延本作「風雨」。

題畫王太姥像，壽家慈八十一

三元甲子不須論，帝遣長生住此村。花水前頭瞻太姥，雲霞裏面拜曾孫。一天星彩分南極，千歲桃花發舊根。議儗人間都未是，壺中自有一乾坤。

至日病初起

至日哦詩起坐牀〔一〕，梅花墻角爲誰香。暖臍一盞金櫻酒，降氣連朝附子湯。〔二〕旋整巾裳還客拜，未堪歌舞趁孫狂。赤藤杖點廬岡石，向晚猶須望八荒。〔三〕

兩度書雲傍玉臺，不才知幸乞恩回。梅花果解撩詩思，弓影何須落酒杯。四大形骸從老去，一年風日想春來。眼前不獨南枝早，未臘江桃也爛開。

睡足龍溪舊草堂，晨開東牖望扶桑。四方雲物書同日，半夜梅梢度一陽。行不愧人貧亦

〔一〕「坐牀」，詩近稿作「在牀」。

〔二〕此處，詩近稿、林齊本、蕭世延本有小注云：「香附子也。」

〔三〕「八荒」，詩近稿作「八方」。

樂，藥能除老病何妨〔一〕。春來試約張東所，何處投竿弄渺茫？

山人家世本陳摶，供奉何堪晚得官。菽水可寬垂老意，江山不比向來看。教兒別煮新年藥，問客能飡老菜盤。欲上飛雲更何日，典裘沽酒掛驢鞍。

殘菊寄兼素 此菊自九江舁來

徙檻編籬與護持，託根何謝九江時。數花寂寞元高品，一賞延緣有舊知。把酒忽驚今日意，飡英誰弔古人悲。風霜未改微馨在，看到玄冬復幾詩。

晨起將出尋梅

朝煙橫野犢鳴陂，索杖山齋睡起時。田父許留今日酒，梅花不欠去年詩。衝寒索笑來何處，帶病尋香出每遲。彷佛西湖夢中見，水邊籬落忽橫枝。

半樹橫枝太逼真，暗香疎影亦傳神。芝蘭失寵元無雪，桃李生嫌更媚春。老榦最宜千丈石，香風不動九衢塵。相思滿眼天涯暮，迢遞無因寄遠人。

〔一〕「病」，林齊本、高簡本、何熊祥本、黄之正本、碧玉樓本、四庫全書本作「瘦」。

虬枝高望鐵橋開，稟氣寰中寡所諧。樵塢夜寒花索酒，山厨香近月横階。何處畫圖空議擬，他時羹鼎絶安排。相逢也恨孤山淺，那得詩情到簡齋。

村南叉路細縈蛇，注目寒江不見花。遠樹帶煙風梟斷，長梢離岸石鈎斜。看來欲洗溪邊竹，折去須乘水上槎。買地結菴何處所，老梅今擬作東家。

輓勑總兩廣軍務都御史郴陽朱公〔一〕

十年持節嶺西東，奏疏金門月幾封。都府清虚如到寺，家徒冷淡不隨公。瘡痍已拯人間溺，經略還收戰外功。猶與後時憂餽餉〔二〕，羨餘不以獻重瞳。

髮踈齒豁瘴天涯，已道頭顱事可知。萬里忽聞徵召起，九泉應恨乞歸遲。事方年少常如鈍，慮過時人忽似癡〔三〕。愛惜餉軍三十萬〔四〕，至今猶繫陜人思。公爲陜西布政時，方出師，衆以餉道不給爲憂。公獨以身任其責，省二十餘萬石，陜人至今德之。

〔一〕林齊本、蕭世延本作「太子少保前奉勑總兩廣軍務都御史郴陽朱公輓詩」。

〔二〕「後時」，碧玉樓本作「後人」。

〔三〕「忽」，林齊本、蕭世延本、碧玉樓本作「或」。

〔四〕「餉軍」，碧玉樓本作「餉金」。

楚天春望思難任，生死交情祇自深。豈有鵬程高萬里，故收駿骨破千金。姓名叨入黄公傳，絮酒空懷孺子心。拂拭孤桐向明月，哀絃彈絶不成音。

太子少保誠菴朱公歸葬郴陽，適會憲長陶公遣生員陳諫偕景易往祭其墓〔一〕，遂併以公意作詩贈之

銘旌前日别金臺，故吏門生安在哉。黄葉孤村荆桂老，青山連騎越香來。人思舊德聞吹笛，鳥避新阡下啄苔。欲了平生功德狀，到時須打墓碑回。

黄金誰問買端溪，羊祜殘碑我解題。一飯可忘公吐握，千秋遺愛廣東西。寒瀧急雨飛濤惡，夜峽啼猿哭月低。不爲高堂兼卧病，天涯絮酒肯教攜？

〔一〕「景易」，碧玉樓本作「景雲」。案：據白沙先生「《景雲如郴陽未返，懷之，用舊韻》」詩以及《祭誠菴先生文》所謂「遣子陳景雲致祭於誠菴老先生太子少保朱公之靈」，《與林郡博》所云「景雲如桂陽未返，張僉憲日夕至學，景易惟課訪是急，諸姪營葬事，往候無人」等説法，應以作「景雲」爲是。或白沙作詩時擬遣景易往祭，後因故而改遣景雲也。

讀張進士輓丁明府彦誠詩，次韻

六年官守斃諸難，七月孤兒護一棺。作縣未逢真事會，濟人初試小還丹。思張公道多違俗，入敘年勞不轉官。今日桐鄉須愛我，還公俎豆黄雲間。

寄莊定山，兼謝藥鼎祭器

青燈白馬共延緣，半樹梅花一大顛。謂太虚師。色笑親公剛一月，江山别我忽三年。懸車有病時將晚，辟穀無方意可傳。祭器遠來人不見，夜焚香炷拜青天。

易彬訃至〔一〕，乞書銘旌

三年不欵白沙扉，病枕春來耗亦稀。天地無窮流水遠，江山猶是昔人非。群賢半逐春雲散，老淚還隨暮雨飛。八字銘旌吾敢愛，知君不愧舊儒衣。

〔一〕「易彬」，原誤作「易郴」，據詩近稿改。易彬，字公學，鶴山玉橋人。與其弟易才遊白沙先生門。（參阮榕齡撰：《白沙門人考》，《宋明理學家年譜》第九册，第六二八頁）

謁諸墓

宿草荒墳祇自悲，百年心事欲奚爲？券堂有鼠能穿地，神道無人可假碑。數口仍憂開歲給，一錢未領到官支。赤泥淺土嗟何及，早晚牀金盡一揮。〔一〕

悼林琰

青湖山下抱琴回，人道藩籬自此開。澡雪果嫌身抱柱，甘眠真有鼻呼雷。塵埃袞袞荒書課，鴻鵠翩翩落酒杯。多謝急難兄弟好，爲收遺骨葬蒿萊。

扶胥早寄坐中身，晚入黌宫忽四春。放意自名狂者事，到頭誰是醉鄉人？世緣可徇聊同俗，習氣難除每喪真。聞道平湖歸漸近，相逢空有一沾巾。

〔一〕此處，詩近稿有小注云：「時將修赤泥岡墓。」

景雲如郴陽未返，懷之，用舊韻〔二〕

曲江忠襄鄉先達，過兩廟拜看留題。鳥還英德山當面，人向芙蓉路更西。蓋頂拂霜羸馬怯，擔頭衝雨跛奴低。西風兩眼龍門淚，灑向桂陽何處溪？

袁侍御夜過白沙

萬里心期共杳然，春風何處酒相延。霜臺白髮三千丈，草閣青燈十九年。酩酊放歌聞浦口，支離從事説南川。乾坤此意誰拈出，盡是庖羲未畫前。

候緝熙

何日江邊艤畫航，春風先客到林塘。鳥性亦知長傍樹，人情莫甚久離鄉。蕭蕭白髮春還短，悄悄丹心老更長。不負平生袁御史，嶺南無地著秋霜。

悵望春江醉欲呼，諸君還契此機無。花開小洴供持酒，水到垂楊可繫艫。暮景何勞方伯

〔二〕「用」字原缺，據碧玉樓本補。

玉，前程端勿問平湖。故鄉不似前回別，江閣青燈對老夫。

近陞憲副翁公以占城國主自海南來省，過白沙，索和李黄門諸公韻

炎氛莫近使君驂，清雨爲洗瘴天南。聖朝簡畀公何忝，長夏驅馳老尚堪。林下朝朝還暮暮，水邊兩兩復三三。忽逢海上蠻王過，又把新聞續舊談。

次韻張廷實舟中寫興

春浪江門又打山，孤舟誰蕩兩山間。雙眸少見鸞高翥，百歲當如蔗倒餐。影響何勞空説夢，功名真個不如閒。何人解脱葫蘆纏，跳下漁磯共釣竿。

白沙先生六十年，脚頭到處是青天。幾場世事攢眉應，千丈雲根枕頂眠。今夕高談真不偶，後來勝會恐無緣。白頭不起江門浪，打住吟風弄月船。

好月江門客未眠，水風吹冷緑楊煙。望窮碧海三山路，興滿羅浮七洞天。勢利可能驅我輩，路人剛道是神仙。千峰不語留君醉，乞與人間作畫傳。

寄張兼素

歸舟遠泝長江水，信息初通五嶺雲。此日山林聊共病，幾時風月許平分。諸賢在位當扶世，我輩何人敢避群。蚤晚求丹還入海，風濤滿地却懷君。

緝熙至，用寄兼素先生韻寫懷

黄鸝啼破海山春，萬里滄溟一片雲。童子燒香賓客坐，老妻謀酒隔墻分。閒花塢裏藏春色，麋鹿山中失舊群。今夜蒲團空對我，明朝煙艇不隨君。

草閣春風忽兩人，坐臨江水看江雲。尋常肝肺詩中寫，六十頭顱鏡裏分。落絮風鷩還著樹，行人日出便離群。孤舟遠下南京道，望斷梅關不見君。〔二〕

寄太虛上人，用舊韻

衆生尊我我須勞，公在吾儒公亦豪。數點曉星滄海遠，一牀秋月定山高。性空彼我無差

〔二〕林光《南川冰蘗全集》卷末附録此詩，詩後有「成化丁未春二月一日」九字。（林光撰：《南川冰蘗全集》第四七二頁）

別，力大乾坤可跌交。十二萬年如指掌，且拚閒弄在甄陶。

寄定山

影響驅馳等是勞，風流今古幾人豪。但聞司馬衣裳古，更見伊川帽桶高。巖徑無風松子落，翠屏終日白雲交。定山樣子從來別，詩變堯夫酒變陶。

封博羅何孝子廬墓詩卷

春夏誰開發育功，直憑天地閉秋冬。三緘欲了西涯意，諸作還經老手封。活水有源終到海，遊絲無力秖隨風。肯將吾道千年計，跳入羅浮四百峰。

重約馬默齋外海看山

春風擬進赤泥舟，曾約看山共此遊〔二〕。落蕊忽過三月半，先生能復一來不？不堪老我痴猶

〔二〕「共此遊」，林齊本、高簡本、蕭世延本、白沙文編作「此共遊」。

在，且喜嬌兒病已瘳。想得渡頭楊柳樹，清陰閒弄釣魚舟〔二〕。

代簡答黃大理仲昭

先生面目入中年，海曲丹青不遣傳。尺簡豈堪頻問訊，兩京還説舊因緣。餘生可試屠龍技，畢嫁纔消鬻犬錢。九曲棹歌君莫唱，千秋誰和武夷仙。

代簡答林蒙菴，用前韻

忽忽浮生又一年，圖書老矣待誰傳。人非爲己終無得，我與先生似有緣。六十懇辭兵部禄，尋常亦欠酒家錢。武夷九曲君應到，争向區區問學仙。

次韻答林别駕

誰歃南溟一口清，惠陽别駕不勝情。春雲可待成霖雨，空谷還來問朽生。每恨功名欺老病，閒將律吕寄新聲。白頭滿眼知音少，却愛夫君蓋未傾。

〔二〕「舟」字複韻，阮榕齡《白沙叢考》疑其爲「鉤」字之誤。

杖

一杖何妨九尺裁[一]，白頭筋力小低佪。西崖拄月翩翩去，浦口挑雲得得來。原壤見之休叩脛，醉鄉扶我且啣杯。一生用底公須愛，持贈山僧恐未該。

與陳聰

秋風兩見莆陽子，皂帽青筇去復回。眼底流年三十許，脚跟行路幾千來。未知世事真能忘，初得家書不肯開。若問江門何所見[二]，兩崖春雨長青苔。

袁侍御輓詩[三]

九載宜興共太平，長官能事問生靈。霜臺白筆宜當路，北極中天拱列星。眼底兩途分淑

[一]「裁」，林齊本、高簡本、蕭世延本、何熊祥本、黄之正本、碧玉樓本、四庫全書本作「材」。
[二]「何所」，高簡本作「何許」。
[三]「袁侍御輓詩」，高簡本、白沙文編作「輓袁侍御」。

匵，手中三尺有雷霆。却疑夜半龍川雨，直爲高賢洗汗青。

山齋秉燭話同遊，十九年中酒一甌。赤縣敢辭烏府召，江湖先有廟堂憂。諸公不意辰星少，百計猶須晚境休。何處龍川子規鳥，爲君啼恨五更頭。

留朱甘節 誠菴先生之姪也

早從太保學關西，三十不官人得知。到處自稱西楚客，逢人只説李承箕。百錢挂杖還雙屨，千里低頭但一碑。江上竹枝歌正好，留君況是月明時。

中秋與朱甘節白沙賞月，呈甘節，兼寄其從子玭

天壤與君分楚越，中秋高坐白沙菴。雖無絲管留人醉，且對滄波與客談。桂樹何年攀月窟，竹枝今夜唱湖南。外沙子弟通家舊，一一煩君語阿咸。

元旦試筆

六載虛叨供奉恩，白頭吾亦兩朝臣。閭閻擊壤今弘治，簡册編年又戊申。日色小薰穠李晝，風光欲醉乳鶯春。廬岡此景誰分付，也到江門不屬人。

天上風雲慶會時，廟謨争遣草茅知。鄰墻旋打娱賓酒，稚子齊歌樂歲詩。老去又逢新歲月，春來更有好花枝。晚風何處江樓笛，吹到東溟月上時。

次韻李子長抵江門之作

江門之水流千春，玉臺之山多白雲。此山若解留人住，此水應須與客分。雲谷丈人終不老，舞雩童子又成群。去時若問來時見，尋樂齋前對此君。

送李子長還五羊

津頭看水坐成痴，天地閒人我却知。此日江山初見子，向來風韻更因誰。春波蕩柳舟難繫，曉樹啼鶯枕欲欹。江上明朝空引望，白雲何處久支頤。

寄廷實，用前韻

囀花黄鳥更狂痴，報得春光滿地知。千首有詩都寄子，一瓢無酒可干誰？夜來極飲花神喜，江上長歌斗柄欹。還憶舊遊三兩輩，眼前今古涕交頤。

得陳庸書，寄莊定山

族子不須疑用舍，定山休更問行藏。千年天地逢開闢，一代規模見主張。老惜筋骸雖伏枕，分甘藜藿也高堂。觀棋莫道無高著，當局輸贏又未量。

約諸友遊圭峰，文都報子病，不果行〔一〕

西望蒼崖意已傾，怪來天道與人情。雲頭似墨朝垂幕，雨脚如絲夜擁綾。三約兩違真未信，百憂千算卒無成。相看獨有南山老，打硬猶堪逐後生。

與廷實同遊圭峰，別後奉寄〔二〕，且申後來厓山之約

弄罷飛泉下玉臺，青天何處首空回。城中春雨君高卧，竹下茅亭客未來。坐隔談鋒終日笑，碑封丹蹟幾回開。孤舟莫負秋來約，同到厓門白浪堆。

〔一〕「不果行」後，林齊本、蕭世延本有「呈廷實、伯饒」五字。
〔二〕「別後奉寄」，林齊本、蕭世延本作「別去，思想無已，作此奉寄」。

千尋嶺上更登臺，再到丹丘忘却回。雨歇山齋人已去，月明江舫夢還來。不拚鐵柱磨針利〔二〕，豈乏金篦刮眼開？回首厓山多感慨，英雄枯骨漫成堆。

用前韻寄文都曝日臺

君家曝日有高臺，君坐臺中日幾回。旁舍先生扶杖過，平湖縣博寄詩來。不知天道晴還雨，屢見山花落又開。已有高人來指點，白雲何處路旁堆。

次韻李世卿雨中

南北東西眼欲連，篷頭風雨夜鳴泉。天低鄂渚衡山外，人在江門海水邊。愛酒時時同李白，論詩稍稍到庭堅。故人解致西山鳳，想脱漁蓑上畫船。

〔二〕「鐵柱磨針」，林齊本、蕭世延本作「鐵杵磨針」；高簡本作「鐵杵唐針」；何熊祥本、黄之正本、四庫全書本作「鐵柱唐針」。

偶成

秋月朗耀秋風清，漁翁自歌還自聽。却慙夜半留雙睫，早爲人間了六經。賢聖當爲天下極，何人不共此心靈？從前欲洗安排障，萬古斯文看日星。

與世卿閒談，兼呈李憲副

風光何處可憐生〔一〕，共把閒愁向酒傾。今日花非前日看，少年人到老年更。秦傾武穆憑張俊，蜀取劉璋病孔明。萬古此冤誰洗得，老夫無計挽東溟。

禮樂猶存魯兩生，至今聞者尚心傾。乾坤已正高皇統，制作還隨漢事更。世情迴與淳風別，山色須看過雨明。枕底白雲閒一片，直從南斗跨東溟。

酒醒西巖看月生，此懷此夜向誰傾？百年自信官情淡，兩耳那聞世態更。露飲秋蘭分楚客，詩連石鼎對彌明。五湖煙水能多少，更整絲綸釣八溟。

午枕清風汗不生，鼻雷打到日西傾。東西山色移牀看，六十年光轉瞬更。盧皐白雲真太

〔一〕「何處」，詩近稿作「隨處」。

華，玉臺高閣小朱明。丹青若更閒分別，老子江門是一溟。

草長津南薙復生，陰晴天氣欲相傾。短簷風暖偏宜睡，古瑟絃歌且莫更〔一〕。有客艤舟留信宿，呼兒問酒出黎明。短衣江畔聊延竚，又聽漁歌徹四溟。

病裏風光如隔生，泥尊名酒爲誰傾？不將蓴菜還張翰，也把茅根與率更。松下白頭眠卓午，沙邊赤脚步平明。安期久矣無尋處，知在南溟是北溟？

獨立滄茫笑此生，瘦筇幾尺也扶傾。新傳隻履無多售，舊濫吹竽亦小更。往往詩囊隨李賀，深深酒琖寄淵明。世間未必如公足，山有飛雲水有溟。

碧酒三杯春又生，偶逢騷客各披傾。楊雄識字終誰讓，家媪知音却屢更。舊管一題都迭蕩，新收半卷轉高明。封緘遠寄而宗老，月在青天影在溟。

羞將白髮對黃生，信未通前意已傾。門静客稀偏足話，山回埭遠不知更。雞鳴桑柘孤村曉，日出東南一角明。我欲與君同辟穀，不攜妻子住滄溟。

〔一〕「絃歌」，林齊本、高簡本、蕭世延本、白沙文編、何熊祥本、碧玉樓本作「絃高」。作「絃高」，似於義爲長。

月下懷世卿，時在南山

世卿昔赴南山召，今見南山問世卿。信宿世卿向何處，一片南山空自青。滄波脚底機全活，勾漏囊中藥果靈。且傍鐵橋攜笛上，亂峰明月試吹聽。

寄外史世卿玉臺

兩崖樹石幾重衙，富貴人間未足誇。到寺客携元亮酒，在山泉煮玉川茶。高軒倘許重過我，多病仍便久卧家。對月不禁秋思得，清吟分付一籬花。

病領詞官不到衙，老慵無意向人誇。四時好景偏留句，兩腋清風每試茶。司馬雖稱題柱客，薛公猶在賣漿家。近來山寺多高興，更作詩豪對浣花。

城扉半掩更休衙，客子山中句可誇。階下西風吹落葉，僧呼童子掃烹茶。著書歲晚堪投筆，見月宵來定憶家。記得西甌舊遊處[一]，滿船秋雨木棉花。

〔一〕「西甌」，原作「西甄」，據林齊本、高簡本、蕭世延本、白沙文編、何熊祥本、碧玉樓本改。

江城吹笛月斜衙，回首秋巖最可誇[一]。世外一眠那有夢，腹中三斗却須茶。文衰東漢無高手，詩過中唐少作家。笑殺平原趙公子，當年毛薛眼全花。

記旱，用前韻

簫管聲停刺史衙，豐穰無復去年誇[二]。禾焦百畝還輸稅，菊到重陽可泛茶。憐壤兵戈悲此役，隔村煙火問誰家。諸公果解憂民極，肯算腰金不鏤花。

得鄧俊圭書

舞雩童子亦同遊，陋巷高賢得自求。漢老豈非徐孺子，宋人何獨薛居州？數莖雪報年華晚，獨樹風驚昨夜秋。書使遠來深有意，白雲高幘岸羅浮。

九日，李鴻兄弟攜酒從予登舍北小廬峰四望，書所見寄世卿圭峰

山愛廬峰節愛名，登臨衮衮到諸生。千巖已見昏鴉集，兩榼還挑大鼇行。隴稻不堪交馬

〔一〕「最」，林齊本、高簡本、蕭世延本、白沙文編、何熊祥本、黄之正本、碧玉樓本、四庫全書本作「寂」。

〔二〕「穰」，林齊本、高簡本、蕭世延本、碧玉樓本作「穰」。

跡〔二〕，寒花莫賞更人情。玉臺此日秋風賦，誰敵縱横李世卿！

六十一自壽

世間甲子是何年，母鬢雙皤子亦然。十數曾孫羅膝下〔三〕，兩三杯酒笑燈前。尋僧野寺花迷路，吹笛江門月滿船。聖主萬年歌不足，黄河清了鳳翩躚。

孤子今來六十一，慈親已過八旬三。旌書門外題新榜，拭淚牀頭換舊衫。少有菑畬供俯仰，不妨漁釣老東南。些兒別作長生計，巖畔丹書有兩函。

侍御朱先生將還京，再過白沙言別，出示同寅周先生送行詩，因附其韻

老大師門浪我推，飛騰天路是君期。兩藩須按兵民籍，百姓當懸父母思。燭剪山齋曾舊雨，蓋傾京國亦多時。分攜別作無言贈，處處還君不暫離。

〔二〕「不堪」，林齊本、高簡本、蕭世延本、何熊祥本、黄之正本、碧玉樓本、四庫全書本作「不收」。

〔三〕「曾孫」，詩近稿作「孫曾」。

臨安太守鍾美宣將赴任，過白沙言别，出示莊定山所贈詩，次韻

厓門春弄海濤高，太守當年共草茅。山閣遠煩青眼顧，世情渾是白頭交。功名此去期當道，風月何妨坐小舠。敢冀千金收馬骨，真成一笑擲鴻毛。

夜半海風來最高，江亭卷我三重茅。一林月色曉還在，四壁波光寒欲交。皂蓋忽聞催驛騎，緑楊長繫釣魚舠。也知窮達關天命，誰把行藏管鬢毛。

廷實偶約遊厓山不遂〔二〕，世卿在數千里外不期而同，固亦有數，次舊韻寄廷實

海中來覓羨門生，雪浪如山故故傾。畫舫兩期人不至，蒼崖一别歲頻更。嘈嘈鼓笛轟雲下，弄弄波濤到月明。誰道青蓮李居士，一槎千里共浮溟！

〔二〕「偶約」，林齊本、高簡本、蕭世延本、何熊祥本、黄之正本、四庫全書本作「累約」，碧玉樓本作「屢約」。

和世卿留别韻

笑索南枝冷未禁，詩情翻益别情深。杯中涕淚知郊意，手裏推敲失島心。赤壁去看横白鶴，大厓不著買黄金。山僧許借山房睡，只許僧分月一尋。

白首山中病不禁，百年愚計謾成深。四千客路旁人笑，去位憂端各此心。何限詩留何限意，一囊書當一囊金。江門細路細如線，端爲高軒廣尺尋。

代陳汝岳謝李世卿撰《玩琴軒記》

先子當年一坐軒，軒中高榜揭無絃。斯文觸目休論價，世德流芳可盡年。從此兒童堪我誦，是何風韻與人傳。道旁雖有崖千尺，不得名家一字鐫。

玄真送柑

溪園十月摘黄柑，歲月將窮致小籃。繞膝痴孫高起舞，隔年乳酒正開罎。色香本出梨之右，風味真無嶺以南。不惜霜根傳藥圃，白頭還解荷長鑱。

讀丁知縣行狀申文後〔一〕

州里懽騰此郡推，揮毫今徹九泉知。古來士論都元氣，天下人心自秉彝。太史書須凡例定，桐鄉愛是長官遺。憑君更向郊原問，怕有人間未采詩。

得世卿南安書

嶺客歸時一信通，匆匆燒燭待開封。心知別去千回折，詩長從來一格工。大意天開曾點識，前塗誰貸阮郎窮。世間浩浩閒來往，除是青山不負公。

世卿寄示經飛來寺和予壬寅秋舊律詩，復用韻答之

山寺燃燈客欲留，客情到此淡於秋。詩篇可續還杯酒，行李無多共一牛。峽水更看東逝急，嶺猿那肯晝啼休。舊題回首今如夢，巢父猶應笑許由。

〔一〕詩近稿、林齊本、蕭世延本作「讀推府胡公爲纂修事批責本縣不采丁知縣行狀申文後」。

將營土閣，使人取材於海山，颶作，舟踰期始至，喜而賦此

颶母徒懷一月憂，眼中材木稱心求。老妻洗爵傾紅秫，秋浪來帆出白頭。萬里滄波宜遠望，四時風月欠高樓。時哉版築休停手，二頃陂田幸晚收。

秋夕偶成，小兒失解，聊以慰之

崔顥賦詩黃鶴樓〔二〕，白雲黃鶴兩悠悠。江山供眼不知老，風月滿蓑還是秋。三試吾兒雖失解，一花司馬未簪頭。何人久抱遺珠恨，黑鬌抽成白鬌抽。閩語〔三〕，謂鬢也。侏離不可曉，故取音之近似者付會，「閩士」見者笑之。〔三〕

〔二〕「崔顥」，原作「崔灝」，據詩近稿、林齊本、高簡本、蕭世延本、白沙文編、何熊祥本、黃之正本、碧玉樓本、四庫全書本改；「黃鶴樓」，詩近稿作「何處樓」。

〔三〕「閩語」，原作「間語」，據詩近稿、林齊本、蕭世延本改。

〔三〕「付會」，詩近稿、林齊本、蕭世延本作「傅會」，碧玉樓本作「附會」。又：「閩士」二字原缺，據詩近稿、林齊本、蕭世延本補。

憶世卿、廷實，用寄景易韻

東西垣竹影交欹，坐到芭蕉月上時。何處塵蒙春試馬，壁間苔没舊題詩。一杯脱粟吾將老，萬里長風子可羈。别有樵夫來歇擔，晚涼松下了殘棋。〔一〕

永豐劉景惠持吾亡友羅一峰事狀來訪白沙，道其尊翁程鄉宰肅菴願交之意〔二〕，留予館中數日，贈以是詩〔三〕

儒官秋晚謝遲回，林下齋扉不浪開。顧我敢辭千古述，故人真爲一峰來。風流想見雷封下，消息通傳雪浪堆。明發仙舟聞解纜，屋烏情在莫頻催。

贈潘上舍漢，用前韻

東山月上暮潮回，誰遣歸帆趁月開。草屋肯留潘上舍，玉臺還對古如來。纔看溪樹交成

〔一〕「了殘棋」，高簡本、何熊祥本、黄之正本、碧玉樓本、四庫全書本作「一殘棋」。
〔二〕「願交」，高簡本、白沙文編、何熊祥本、黄之正本、碧玉樓本、四庫全書本作「願友」。
〔三〕「詩」，原作「待」，據林齊本、高簡本、蕭世延本、白沙文編、何熊祥本、黄之正本、碧玉樓本、四庫全書本改。

幄，又見秋沙卷作堆。半醉贈君歌亦半，教兒還覆一杯催。

予欲爲一峰傳而患無所本，其子梁撰事狀，托程鄉令劉君肅菴，肅菴以授其子景惠至白沙。予將考其事實爲傳，無所復辭，顧吾文凡，吾懼不如司馬可傳之遠。景惠行，復梁兄弟以詩，用前韻

北海英風夢始回，誰將年譜到山開。忽驚落月神如在，却對秋花笑不來。雛鳳一群丹穴内，殘星幾點慶雲堆。春秋畫筆終難擬，天地斯文更著摧。

晚酌示藏用諸友 藏用，梁文康公初字也。先生門人

何處氤氳到此溪，香林高樹望中迷。瘦藤拄月秋山遠，破褐隨風晚袖低。廬阜亦開新洞府，玉臺還是古招提。黄柑白酒誰賓主，不放今朝醉似泥。

風清月朗此何溪，幾個神仙被酒迷。雲水此身聊起倒，乾坤入眼謾高低。因過紫極聞丹訣，旋把黄金鑄水提。問我何如蘇内翰，夜觀赤壁踏黄泥。

四人把手過龍溪，一路梅花了不迷。滄海月明三島近，白龍天迥衆山低。客攜卷子抄詩草，兒上松枝掛酒提。盡日醉眠崖石上，莓苔茵厚不沾泥。

涪翁指點好濂溪，老眼青天醉不迷。五老峰連湖月白，緑荷風颭水煙低。無窮光霽還相接，太極圖書謹自提。懶與時人談此事，風流真個隔雲泥。

賞音無代無須溪，我爲諸君略指迷。開卷直疑韓愈錯，吟頭剛向孟郊低。貪修大藥遺真種，争得刀圭出粉提。晉魏以前無近體，獨憐陶謝不拖泥。

東溪牽犬過西溪，短屐衝煙步步迷。秋竹苔深人語静，古壇松冷鶴巢低。山花折去空盈把，春酒沽來不滿提。笑把長竿弄江月，草間郭索尚蟠泥。

屋上青山屋下溪，溪山何處使人迷。巖頭老樹排風正，門外垂楊拂浪低。東渚曉煙縈舴艋，西山夜雨落菩提。涓涓却笑三江水，未洗嚴光脚板泥。

漁翁向夜宿何溪，月色蘆花到處迷。蓬背風吹黄葉過，船頭浪捲雪山低。晚來竿綫殊堪弄，老去干戈不著提。自有平生煙水分，何曾軒冕視塗泥。

丹青不寫武陵溪，只記桃花也著迷。芳草獨行山路僻，白雲相送洞門低。笑呼竹笠前頭拜，交付詩囊右手提。風月滿山關不住，他時須用一丸泥。

十一月梅開滿溪，探花長是被花迷。巖前老樹藤纏殺，路上横枝竹掃低。香動酒巵羌欲歃，影留山月不堪提。逋仙此意還真否，笑指江門屨底泥。

贈朱玭還郴陽

君過衡山不上山，祝融峰在有無間。青燈此夜聞長歎，白髮何年許共攀？碑蹟我留諸叔久，酒杯誰放世卿寬。明朝又別東溟去，還著東溟畫裏看。

得賀黄門克恭書

一封初展制中書，萬里遼天見起居。何處江山還著我，斯文今古正關渠。傷心入夜思賢母，老眼當年識鳳雛。濂洛諸公傳不遠，風流衣鉢共團蒲。

疊前韻，寄迺子詒

少年誰授訪之書，父子元來共廣居。無極渾淪親茂叔，西銘特達見横渠〔一〕。名駒獨步空凡馬，一鶚高飛失衆雛。想得趨庭詩禮罷，愕然木榻對盆蒲。

耳目無交不展書，此身如在太清居。雪消爐焰冰消日，月到天心水到渠。一一園花都傍

〔一〕「西銘」，原作「西溟」，據林齊本、高簡本、蕭世延本、何熊祥本、黄之正本、碧玉樓本、四庫全書本改。

暖，飛飛江燕未將雛。好春好伴須行樂，束起松根七尺蒲。

和元夕客中韻

人間樂事此宵同，高坐春風一葦中。無地張燈聊對酒，是時聞雨不開蓬。推敲一字須公得，剪刻千門亦女工。厭見乾坤多事在，紛紛萬有不如空。

次韻張侍御叔亨至白沙

生死遭逢未可知，兩生名氏至今疑。自陳多病甘爲退，肯與閒愁博得衰。冷雨侵人呼酒數，瘦藤扶老看花遲。繡衣未笑茅根禿，來請延陵十字碑。

舊事追惟喜復悲，一生羸馬著鞭遲。春來花鳥偏留賞，老去膏肓更莫醫。蘇子瞻家真一酒，邵堯夫樣打乖詩。同歌同醉同今夕，絶勝長安別後思。

次韻張叔亨宿別

春草江門緑兩涯，隔江人唱浪淘沙。好春剛到融融處，細雨初開淡淡花。僻地豈堪留客久，連牀端合拜君嘉。明朝愛得酕醄別，笑脱藤蓑付酒家。

次韻鄒汝愚陽江道中見寄

幾番形跡落堪輿，我亦人間一腐儒。遺我數篇風格别，思君一夜鬢毛疎。未知滿眼誰能恕，可復窮鄉自作孤。十二窩中春自在，打乖正坐不堯夫。

春寒

江雲將雨弄春寒，壞絮中宵裹作團。二月北風還浩浩，幾程西路更漫漫。忽聞鶯語當牕沸，想擬花枝翌日看。天道陰晴也無定，藥爐且可共泥丸。

容一之飲鄰家，酩酊仆地，戲作一之少有足疾，扶杖

山人早拄十年笻，勃率高低笑殺儂。拾得田中雙草屐，知傾花底幾郫筒？虚空筋斗何妨打，造次文章莫浪攻。見説緑楊津口月，玉山先倒主人公。〔二〕

〔二〕 詩末，林齊本、蕭世延本有小注云：「一之有足病，五十年即杖矣。」

贈曹侍御〔一〕

吹斷南風雨一川，畫船到處是青天。公程我枉聊經宿，吾道君憂正百年。東海病夫身自遠，九霄孤鳳眼將穿。不知詩史千年下，誰與平章贈處篇。

何宗濂書來，推許太過，復以是詩

後來鄉里不如前，五百乾坤浪數年。何地可扳文獻駕〔二〕，平生願執菊坡鞭。泰山北斗諸公地，明月清風病叟天〔三〕。竊比聖門吾豈敢，汗顔牕下讀來箋。

題兩山居士圖，爲新淦李文光大賈

盤谷不知何處山，君家真是兩山環。萬杯春覆酒遺老〔四〕，一枕日高天與閒。水墨殘巾藏措

〔一〕林齊本、蕭世延本作「贈曹御史」。

〔二〕「扳」，詩近稿、林齊本、蕭世延本作「攀」。此處，「扳」讀爲「攀」。

〔三〕「明月」，詩近稿、林齊本、蕭世延本作「朗月」。

〔四〕「覆」，詩近稿作「復」。

大，江湖前夢説邯鄲。披圖一笑逢摩詰，北涉南坨欲往還。

讀林和靖詩集序

廟堂不坐周公旦，到處山林有鹿麋。北斗收名千古獨，西湖送老一枰誰。鶴知好客來尋主，月爲疎梅出併詩。未肯低頭陶靖節，掛懷身外五男兒。

寄劉東山方伯，用送緝熙韻

高山流水好鍾期，不是西崖那得知。舊雨僧齋勞枉駕，秋風薇省近傳詩。堂堂白日青天見，昧昧蒼生赤子思。神爽屢交終是夢，幾時携手笑支離。

寄謝天錫

不了從兼病與貧，小廬峰裏白頭新。問誰肯我同精舍，垂老思君是故人。世事轉頭渾覺夢，煙花過眼可憐春。幾時來伴江門釣，閒與諸孫講舊聞。

次韻鄺筠巢哭子

八旬老眼爲誰枯，淚盡家兒不受呼。天下誰還禁此哭，人間春已背公徂。肝腸裂斷詩能寫，氣力傷多酒不扶。正坐兩州消息好，不違家訓逐貪夫。

次韻李子長至白沙

山轉黄雲信脚行，西風吹袂五銖輕。勝遊自喜多閒日，衰病還堪逐後生。白髮我因何事笑，黄河人見幾回清。看君合伴盧岡睡，不獨能詩一技成。

邀馬玄真，用前韻

閒眠閒坐或閒行，身老溪雲病亦輕。客至正當秋釀熟，船來莫待晚潮生。江山偶得三人對〔二〕，風月還添一榻清〔三〕。昨日書來張主事，頭顱空訝老無成。

〔二〕「對」，高簡本作「醉」。
〔三〕「風月還添一榻清」後，林齊本、蕭世延本有小注云：「數日前，玄真送木榻。」

駐屐岡頭望且行，轆轤閒轉釣絲輕。秋風篙楫來無遠，夜雨溪毛剪復生。精舍晚開諸老共，長江東滙此門清。李家子弟雖能賦，浩浩之歌老更成。

再和示子長

名駒千里始能行，何許雲霄一羽輕。半箇先天無邵子，幾回隔壁笑侯生。幸逢聖主重華聖，遮莫清流徹底清。手弄一丸無剩欠，山林廊廟總圓成。

支離病骨此閒行，搭颯短蓑何太輕。人世萬緣都大夢，天機一點也長生。借眠春草秋還綠，偷賞黄花晚更清。莫笑老慵無著述，真儒不是鄭康成。

與子長説詩，忽聞有談方伯華容劉先生德政者，因用韻以示

皇皇孔孟老于行，公履何階是不輕。萬有乾坤渾欲動，一波滄海莫令生。閉門想見衡山大，照眼遥分楚水清。肯爲蒼生留不去，三年方岳豈無成？

候玄真不至，用前韻

公來不來客亦行，上江船逆下江輕。空聞此日悲吟在，誰問從前太瘦生。竹月曉沉山閣

冷，石壇秋老菊花清。人生佳會真難必，十度商量九不成。野菊籬前領客行，白牛拖轉小車輕。風流有樣看前輩，笑語忘機接後生。霜簟夜攤巖屋冷，月瓢秋泛釣湍清。東溟望斷漁翁地，只賣江門一券成。

次韻羅冕

高笠短蓑吾不疑，白頭真結兩生知。天生男子非無事，公是閒人莫廢詩。十月酒多留客久，千峰月朗閉關遲。夜深自弄江門篴，驚起前灣白鷺飛。

送譚士直春試，次世卿韻

山藤短窄製蓑衣，獸錦長披力不支。插帽有花羞我老，鈎詩無酒送君遲。相依緑樹聞歌鳥，肯著黄金買侍兒。草尾河南俱有讖，不知來歲狀元誰？

種梅

晚從種樹作生涯，十一月梅移帶花。根著不隨風偃仰，墻低惟信月横斜。夢中山我羅浮到，雪裏詩誰處士佳[一]。君欲尋梅何處是，江門樵路更旁叉。

種樹

早雨山泥滑屐牙，瘦藤扶路入雲斜。東原緑映西原白，一徑松連兩徑花。寒夜試看殘月掛，春風須著短墻遮。江門亦是東門地，我獨胡爲不種瓜？[二]

長日山齋不弄棋，只憑種樹遣衰遲[三]。小將梅逕分枳殼，不怕松根奪荔枝。帶雨煙光春淡泊，隔墻花影晝離披。等閒俗計休相聒，拄杖來看又有詩。

元旦，次榮敷韻

謝梅開杏了何疑，一節花應一節知。拍岸緑波春映閣，囀枝黄鳥日撩詩。江山若惜開懷早，歲月偏驚聚首遲。繫馬玉臺重引望，白雲閒與鶴同飛。

[一] 「佳」，四庫全書本作「嘉」。
[二] 「江門亦是東門地，我獨胡爲不種瓜」，詩近稿作「東門地主江門是，因甚東門只種瓜」。
[三] 「長日山齋不弄棋，只憑種樹遣衰遲」，詩近稿作「送老山齋不用棋，每憑種樹遣衰遲」。

輓黎雪青

詩草人收味月亭，先生何處獨登瀛？山雲自映新墳白〔一〕，齋榜空懸舊雪青。到了有生還似寄，尋思是夢不如醒。祇應更坐蒲團破，讀盡琅函幾部經。

劉進盛書來勸著述，用舊韻答之

一入商量便作疑，可堪垂老更求知。追陪水月惟須酒，管勾風花却要詩〔二〕。孟子生憂傳道廢，仲尼不怕著書遲。青天試問東南上〔三〕，何處凌空拄杖飛？

用前韻寄羅養明 工畫竹

東西舉踵笑人疑，種種邯鄲夢豈知。風雨揮毫千丈竹〔四〕，江湖回首十年詩。數杯歌舞嫌春

〔一〕「自映」，高簡本、白沙文編作「日映」。
〔二〕「風花」，高簡本、白沙文編、何熊祥本、黄之正本、碧玉樓本、四庫全書本作「風光」。
〔三〕「試問」，詩近稿、林齊本、蕭世延本作「試望」。
〔四〕「千丈」，詩近稿作「千尺」。

淺，高枕乾坤得老遲。聞道一枝棲亦足，刺天那肯逐群飛。

玉臺次楊敷韻

笑倚長松詠晚臺，三三兩兩共無懷。人間紫府千回夢，我共黄雲一路來。鹿洞當年尋李勃，鷲湖今日想東萊。將軍夜半還能飲，欲引東溟入酒杯。

與楊敷投壺

矢戰輸贏更不疑，老年精力此壺知。君期大捷休疑手，我放微酡好賦詩。三舍避人心每下，一牀對此意彌遲。乾坤妙用安排外，肯放絲毫到弈棋。

楊敷別後有懷

春潮渺渺獨乘槎，春雨霏霏别釣沙。海味豈能甘此客，華山真本屬吾家。青垂綺陌千條柳，紅脱荒溪幾樹花。老脚尚堪遊走在，紫藤高拄赤城霞。

江門春雨送歸槎，破帽排風落晚沙。向暖野鶯猶戀樹，感春遊子未還家。山瓶免續沽來

酒，草閣空殘別後花。明日越王臺上望，白雲何處杳飛霞。〔一〕

贈趙日新還潮州

千里徵文到此堂，東風歸棹夜相將。雨餘帽頂天如洗，花落船頭水亦香〔二〕。考德每勞依講席〔三〕，臨流親爲瀉椒漿。潮人共守文公敎，趙德文章獨擅場。

送順德李縣幕岳兼呈吴明府

江上清風不捲沙，山中濁酒未藏家。數杯送客發孤唱，半醉扶吾來小車。莫使長官愁案牘，當令滿縣種桃花。敝居正在廬山下，幸不來時路口叉。

春日偶成

蛺蝶飛飛花映牕，流鶯恰恰柳垂江。出墻老竹青千個，泛棹春鷗白一雙。暖日暄風酣獨

〔一〕「白雲」，林齊本、高簡本、蕭世延本、白沙文編作「白龍」。
〔二〕「船頭」，詩近稿作「船旁」。
〔三〕「依」，高簡本、白沙文編、何熊祥本、黄之正本、四庫全書本作「休」。以作「依」爲是。

臥，來牛去馬亂相撞。江山指點非無句，誰致先生酒百缸？

贈余進士行簡別

行藏今古漫云云，誰把妍媸鏡裏分。鄉里論年多拜我，雲霄步武不如君。短檠課好都黄甲，獨板門深只白雲。欲識江門臨別意，東風吹面酒微醺。

雨中偶述，效康節〔二〕

江門何處遺詩懷〔三〕，風雨終朝閉小齋。同社客來休見問，臥家人懶不安排。煙浮石几香全妙，露滴金盤酒極佳。半醉半醒歌此曲，不妨餘事略詼諧。

今雨還留舊雨氈，滿襟涼氣似秋天。偶因門外無來客，得向山中作睡仙。樽俎喜歡朝暮醉，鶯花撩亂兩三聯。只消詩酒爲堅壘，肯放閒愁入暮年。

〔二〕 此詩墨跡尚存。「雨中偶述，效康節」，墨跡作「雨中偶得名酒飲之，效康節四首」。又詩末，墨跡有落款云：「弘治辛亥夏六月三日，石翁書於白沙。」（陳福樹撰：《陳白沙的書法藝術》，第六四至六五頁）

〔三〕 「江門」，此詩墨跡作「江山」。（陳福樹撰：《陳白沙的書法藝術》，第六四至六五頁）

山房四月紫棉衣，無奈連朝雨欲欺〔一〕。老去杖藜終穩便〔二〕，朝來花酒又淋漓。昔賢曾共骷髏語，今日寧求俗子知？莫笑狂夫無著述〔三〕，等閑拈弄盡吾詩。〔四〕

得花瓷琖遺兒斟，一滴金盤露幾金。徐孺眼欺湖水碧，龐公心死鹿門深。漁舟出浦常隨月，宿鳥歸巢未滿林。山水韻高如未信，只來醉裏聽吾琴。〔五〕

次韻李憲副留别

一莖白髮未生鬢，四尺黄金猶帶身。歸去且看湖上月，相思還慰嶺南人。情關遠别詩難寫，花不能言鳥爲申。紫陌朱門天上事，華山都道不如貧。

〔一〕「連朝」，墨跡作「連宵」。（陳福樹撰：《陳白沙的書法藝術》，第六四至六五頁）
〔二〕「杖藜」，墨跡作「藜牀」。（陳福樹撰：《陳白沙的書法藝術》，第六四至六五頁）
〔三〕「莫笑」，墨跡作「莫嗟」。（陳福樹撰：《陳白沙的書法藝術》，第六四至六五頁）
〔四〕「盡吾詩」，墨跡作「盡成詩」。（陳福樹撰：《陳白沙的書法藝術》，第六四至六五頁）
〔五〕此首原缺，據墨跡補出。（陳福樹撰：《陳白沙的書法藝術》，第六四至六五頁）

次韻薛廉憲見寄

華衮之褒，非所敢當，惟喜詩律之嚴整，命童子作越聲歌而和之耳。謹依韻一首録上，不佞傾蓋之愛與區區頌禱之忱〔二〕，一寓于此，惟高明察之。

嶺表生民澤可涯，九泉吾恐躍枯骸。豁開天日驚人眼，指點江雲詠此懷。弄釣不生鯨尾浪，入山休攟鹿門鞋。松根坐滿廬岡月，夜引壺觴望泰階。

承白洲李先生見惠白米、蛇酒、香茗諸品，不勝榮感，用韻以謝

舍釣開緘緑水涯，偶來雲水弄衰骸。即炊雪粒供朝饌，便瀉蛇漿放老懷。海上旌旗頻照眼，城中塵土未沾鞋。廬岡此日還精舍，賓主何時更兩階。

次韻劉程鄉至白沙

七月紫蘭開我家，是誰醉插滿頭花。千峰有客同文酒，三日無錢落晝叉。製錦手將龍補

〔二〕「不佞」，原作「不侫」，據碧玉樓本改。

衮，釣魚船載月横沙。人生出處各有意，敢向秋江問去車。

九日小廬山示諸友

九日風光滿薜蘿，一年天氣最清和。泛花琖小潘郎醉，五羊潘漢。擊壤聲高葉子歌。南海葉宏。東海傾心狂措大，南山當面老頭陀。謝生愛卜葵根宅，説道葵根月更多。南海謝佑。

九日下廬山

秋風浩浩洗芳菮，瘦盡千峰雁始飛。南海一波長不定，西山半面却疑非。醉拈秃筆題蒼壁，笑插寒花弄彩衣。樂意滿腔推不去，狂歌待得晚鴉歸。

奉陪方伯東山劉先生往厓山舟中作

且作東山管病翁，乾坤今古笑相同。高松落落都擎日，寒水粼粼又起風。附子大黄天下藥，蟲妖鼠怪世間兇。數聲鼓角滄溟暮，奇石船頭鬼拜公。

東山至厓山，議立慈元廟，因感昔者夢中之言成詩，呈東山

海上一陵何處封，劉翁今日問陳翁。天翻地覆諸王世，草死崖枯十月風。慷慨尚餘精爽在，依稀猶作夢魂通。江山指點真還我，棟宇商量果待公。

元日有懷楊榮夫，示陳東淵

今年酒不對榮夫，來歲東淵對我無？人結静緣依嶺屋，日浮春色上桃符。哀鴻叫月今何向，野鶴穿雲不受呼。老得身閒須愛惜，蚤馳虚譽費支吾。

代簡答林蒙菴先生

空山歲晚未逢君，天許窮交只白雲。賢聖中庸非我夢，東南風月可誰分。浪求去馬真堪笑[一]，欲

[一]「浪求去馬真堪笑」後，詩近稿、蕭世延本有小注云：「事出《莊子》。」案：《莊子·徐無鬼》記載，黄帝問牧馬童子如何爲天下，「小童曰：『夫爲天下者，亦奚以異乎牧馬哉？亦去其害馬者而已矣。』黄帝再拜稽首，稱天師而退」。（郭慶藩撰：《莊子集釋》，北京：中華書局，一九九三年，第八三三頁）

報來鴻未有因。千古遺篇都剩語，晚生何敢復云云。蒙庵問所著書。

次韻興化王太守，諸公會飲顧通府宅，見憶白沙聯句

兀兀騰騰且白沙，鐵橋歲晚未移家。子規枕上無人喚，枳殼江邊有酒賒〔一〕。萬物有成寧免壞，百年無喜復何嗟？漁翁欲語滄溟外，安得諸公共釣槎？

次韻顧通府擬歸索和章

山居還有事權無，童子朝朝告水符。我得此生真得矣，公知人懶不知乎？一春花鳥篇章廢，萬里雲霄羽翼孤。惟有白龍池上月，夜深來伴老樵夫。

眼中魚鳥異飛沉，天損真誰不受侵。别駕何須稱我病，諸公那肯借人深。三年入報天官政，再命來腰刺史金。何許幔亭君欲去，虹橋跨月幾千尋。

〔一〕「子規枕上無人喚，枳殼江邊有酒賒」，詩近稿作「不求地僻無人到，也愛居旁有酒賒」。

次韻吴獻臣明府

白雲流出一溪閒，照見人間笑笑顔。年少不妨投筆早，路危須信着鞭難。乾坤許我具雙眼〔二〕，名利真誰破兩關。千古伏波如白日，等閒猶謗載珠還。千古聖賢孰與閒，潁陽剛好對商顔。看來彭澤都無累，歸去柴桑便不難。踏裹嬌兒方偃蹇，登高羸馬怯間關。思君坐歇江亭雨，何處蒼煙鳥欲還。

小酌次韻

清齋不厭紫芝貧，夢裏衡山欲借春。日麗好花花當妓，水流孤月月隨人。香醪數斗過伏臘，高笠一流無主賓。醉睡不知春事晚〔三〕，風飄紅雨點苔茵。散髮老翁歌飲醇，飲醇天氣正初春。鶯花歲辦千篇課，風月天生一樣人。不腆杯盤由老婦，極疎言貌接親賓。香輪不輾蘼蕪破，又長溪頭幾尺茵。

〔二〕「雙眼」，詩近稿、林齊本、高簡本、白沙文編作「隻眼」。
〔三〕「晚」，詩近稿作「曉」。

次韻世卿，贈蔡亨嘉還饒平

大厓居士此彈琴，誰繫孤舟綠渚潯？〔二〕滄海我真忘僻遠，雲山公肯到高深。鼠肝蟲臂都歸幻，雪月風花未了吟。滿眼欲知留客意，盧岡孤月正天心。

林子逢至白沙，作示之

舊雨還君紫菊詩，秋風過我白龍池。應看衰俗人情破，肯放中流柱脚欹。弄影果誰非稚子，請纓正自不男兒。人間若問逍遥化，紫極宫中有一碑。

世卿赴順德吴明府之召，五日不返，詩以促之

何處千杯一放歌，楚雲剛好共婆娑。百年幾見都難説，一日三秋不啻過。笑索梅花催拄

〔二〕「潯」，原作「尋」，據詩近稿、林齊本、蕭世延本改。

杖〔一〕，照眠山月滿行窩〔二〕。高棲遠卜衡陽下，却到而今夢更多。

今雨相逢聽此歌，江門漁父老婆娑。紫霞酒琖千回醉，黄鶴仙人兩遍過。遮莫支離親藥裹，何曾造次出眠窩。廬岡准備明朝飯，小市津頭蚌蛤多。

一之夜歸自楚雲臺，失足墜臺旁溝，諸生拽出之。予聞大笑，與世卿各賦詩唁之

力危掉却手中笻，正賴諸公救得儂。横加斷岸懸雙足，滿吸清溝到幾筒。綿力不禁心轉怯，衰年長苦病交攻。無端輕洩天機破，能躍能潛果在公。

次韻顧通判夜泊江門見示

病裏春秋六十更，酒杯無日不淵明。還將白髮供人事，自許青山不世情。版築又勞今别駕〔三〕，風花帶管老先生。紅蕖緑浪江門路，肯放孤舟半夜行。

〔一〕「催」，詩近稿作「閑」。
〔二〕「行窩」，高簡本作「吟窩」。
〔三〕「版築」，詩近稿、林齊本、高簡本、何熊祥本、黄之正本、碧玉樓本、四庫全書本作「版籍」。

送羅服周解館

戀戀江門愧爾曹，不離酒處見揮毫。等閒歲月抛鉛槧，不賣聲名到桔槔。幾個兒童供白髮〔一〕，一年燈火伴青袍。看花肯續春來約，莫待黄鸝辭碧梢。

尋梅飲李鴻宅，用服周韻

應有花神候水西，曉林香霧隔牕迷。君謀萊婦肯沽酒，我愛孤山來杖藜。香影句中無樂府，梅花村裹有招提〔二〕。東風未到春先到，莫向南枝著眼低。

次韻顧通守

到處能開觀物眼，平生不欠洗愁杯。牕前草色煙凝緑，門外波光月蕩開。歌放霓裳仙李白，醉空世界酒如來。春山幾幅無人畫，紫翠重重叠晚臺。

〔一〕此處，詩近稿有小注云：「晃有老母。」

〔二〕「有」，詩近稿作「覓」。

留世卿飲，用前韻

大厓居士且徘徊，老婦家中喚洗杯。園花當檻春饒笑，竹洞封雲晝不開。一冬菜飯留君住，萬里風船破浪來。若比詩情似坡老，楚雲臺是妙高臺。

與雷震東[一]

何處黄公客欲還，黄公山亦小廬山。往來雲水兩三輩，粧點春風花柳間。嶽色曉行湘浦望，湖光晴到洞庭看。有詩都點逍遥送，九萬扶摇一日摶。

與雷震陽，用前韻[二]

近午黄鸝鳴樹樹，深春紅雨落山山。誰開燈火書帷地，郎在丹青畫幅間。醉墨收歸湘篋富，狂詩抄與郢人看。墻隈只欠梧桐樹，高翼還隨老鳳摶。

[一] 題後，詩近稿、林齊本、蕭世延本有小注云：「從世卿來。」

[二] 題後，詩近稿、林齊本、蕭世延本有小注云：「從世卿來。」

與李嚴，用前韻〔一〕

野鶴將雛到海還，楚雲歸夢幾鄉山。羹墻見我三湘外，歲月還君五嶺間。杏苑不禁春意鬧，美人爭捲繡簾看。長安莫買乖崖醉，太華長留睡老摶。

次韻顧別駕江門夜泊

雲捲晴波千里白，帆收落日半江明。遥看煙際樓臺迥，不受人間鼓角驚。碧玉偶逢須著眼，黄花已過更揮觥。眼中別駕如君少〔二〕，傾到尊前接後生。〔三〕

次韻伍南山賀碧玉樓新成

脚底江山不浪開，小樓占此是天裁。光流南極牕前枕，春滿東溟掌裏杯。碧玉久亡今復

〔一〕題後，詩近稿、林齊本、蕭世延本有小注云：「世卿仲子。」
〔二〕「君」，詩近稿作「公」。
〔三〕「傾到」，詩近稿、林齊本、蕭世延本、白沙文編、何熊祥本、碧玉樓本作「傾倒」。

見，白雲朝出暮還來。梅花又報羅浮信，月上江門載影回。

百尺空中天眼闊，三更月底夢詩成。安排枕几還公睡，已有闌干信客凭。鄉里過從盧行者，海山或遇羡門生〔一〕。當年碧玉無留賦，何處青雲更擬陵。

再和碧玉樓韻

乾坤真妙此臺開〔二〕，一一皆因造化裁。意了梅花難著句，眼空江海笑浮杯。未分無極源頭在，誰畫先天樣子來。碧玉樓中閒隱几，千千山遶又川迴。

讀世卿、藎卿挽五羊鍾狂客卷次韻

李家兄弟各才良，誰爲酬知水鑑光。天地好人還自好，古今狂者豈皆狂〔三〕。碧油帳遶青絲鞚，紫錦囊封白雪章。萬里平江能送我，十年燈火夢淮陽〔四〕。平江伯陳公嘗招致狂客于幕下。

〔一〕「遇」，詩近稿作「見」。
〔二〕「臺」，詩近稿作「圖」。
〔三〕「狂者」，詩近稿作「狂客」。
〔四〕「淮陽」，原作「淮楊」，據詩近稿、林齊本、高簡本、蕭世延本、何熊祥本、黄之正本、碧玉樓本、四庫全書本改。

次韻見訪

春曉不扃巖上扉，遶闌紅紫欲開時。花來勸飲誰禁得，天不能歌人代之。滄海滙爲雙帶遶，青山高起百重圍。赤泥居士來相訪，袖取雲笙月下吹。

飲酒

酌酒勸公公自歌，三杯無奈老狂何。坐忘碧玉今何世，舞破春風是此蓑。一笑功名卑管晏，六經仁義沛江河。江門詩景年年是，每到春來詩便多。

君莫停杯我爲歌，我今忘我是誰何。避人懶弄船頭笛，對影非無月下蓑。廬阜春雲眠華岳，江門秋水釣銀河。竹弓挽住閒人手，漸覺年來射鴨多。〔一〕

再依韻答子長

樽酒相逢喜欲歌，眼中人物又如何？山光開户青繞几，草色停舟緑滿蓑。東泛與公剛到

〔一〕「鴨」，詩近稿作「雁」。

海，西遊去我莫踰河。古今勝負彈棋手，閒笑人間局面多。

聽到人間寧戚歌，馬周無病謝常何。江邊野艇眠依竹，日出東山催着蓑。自古或由詩入相，如公真有口懸河。山樓盡日同揮琖，花落黏罇晚更多。

逍遥華頂放仙歌，華頂不登君謂何。仰攀明月天幾尺，中借狂夫地一蓑。亦見軒轅來鑄鼎，不聞夫子歎臨河。赤城路隔芳菲斷，一醉碧桃春更多。比歲，常夢遊天台華頂山。

張主事報林縣博歸過五羊，用飲酒韻〔一〕

太白峰頭太白歌，太白不歸天奈何。風雨驚回一場夢，江湖拈起十年蓑。山僧借喻葫蘆纏，武帝收功瓠子河〔二〕。若道維摩元示病，老夫當日病還多。

〔一〕「用飲酒韻」，詩近稿、林齊本作「用飲酒韻寫意」。

〔二〕「瓠子河」，原作「匏子河」，據林齊本、高簡本、蕭世延本、何熊祥本、碧玉樓本、四庫全書本改。

張地曹見和飲酒數篇，復［用］韻答之〔一〕

若比漁翁別調歌，不將遺響弄陰何。往來釣瀨生春水，多少歸人着舊蓑。學士有牋飛紫禁，張東白上疏乞歸。東山無計謝黄河。劉時雍修黄河。閒人只謾閒料理，春雨階前草又多。

將至廬山有作，和吴兆麟

欲翁還舒雲以之，半陰半晴三月時。君歌一曲來陶謝，我把諸峰坐武夷。岸夾桃花藏釣石，春來江水入園籬。孤山蕩破廬山影，看到廬山幾丈詩。

和景孚遊山

樹底樵歌鳥欲飛，澗邊苔色上人衣〔二〕。碧雲洞杳春蘿合，紫蕨山深舊路微。問我行藏今老大，伴人遊走只童兒。采芳莫道無年少，領得濃香滿袖歸。

〔一〕「用」字原缺，據詩近稿、林齊本、蕭世延本補。

〔二〕「苔色」，詩近稿作「苔草」。

青雲偶共白雲飛，白雲閒映山人衣。一路風光春淡泊，隔林煙靄晝霏微。江山到我無前輩，造物磨人是小兒〔一〕。花下一壺休瀉盡，明朝留得送春歸。

得世卿書，訝其太略

曠年爲別此封書，應是山人半醉餘。海月開罇聊復爾，楚雲回首問何如。春來幾處藩籬破，老夢千年木石居。笑割衡山共君老，黄公何處且茅廬。黄公，世卿住處山名。

答世卿書

報答還山第一書，筆端有眼笑談餘。行藏付酒君亦醉，兄弟論文我不如。高榻忝同他雨坐，西山剛對此溪居。因君料理安身處，多少人間未結廬。

追和劉文靖《偶得》韻

千峰賒月飽清真，到處風花對賞新。菊徑豈無蓮社酒，遠師當與長官親。經綸誰試期年

〔一〕「造物」，詩近稿作「造化」。

手，著述空嗟百代人。安得畫師深此意，不將朱白浪描春。老至不知何歲月，古來無恙此江山。莫輕語默論前代，天與閒人贖與閒。三復遺詩有訂頑，月中顔色見松關。頭顱本自成三極，噓吸猶堪塞兩間。

吴明府約過廬山不果，使人送菊酒至，用世卿韻答之

合是先生酒處偏，菊邊月下不成眠〔一〕。兒歌野酌三杯後，花近藜牀二尺前。大塊了空無極眼，濂溪分付小圓圈。長官解記廬山否，略欠廬山一日緣。

次韻顧別駕奉寄彭司寇

別駕顧勉菴聞司寇彭從吾先生得請致仕還莆，賦近體詩二章賀之。謂僕受知於先生者，不可無言。既示之詩，尋又以簡來促。因述所聞，附其韻爲和答之歌，非所欲聞於司寇者也。

今代爲官到六卿，閩中此老最光榮。面前路闊身須退，闕下人嗟代有名。晚秫還家新釀

〔一〕「不成」，四庫全書本作「不能」。

熟，溪鋤試手藥苗生。相看不厭壺山好，笑拂松根坐月明。

二疏誰參漢大夫，都門今賣送歸圖〔一〕。豈無經濟酬當宁，已道頭顱非故吾。自古功名關寵辱，幾人廊廟不江湖。木蘭之水清無恙〔二〕，以配先生不可乎？

嘉會樓上梁，和顧別駕

遠離聲跡入無無，又向人間見此模。老去虛譽深自愧，古來名教要人扶。每留半餉陪諸老，絶勝扁舟在五湖。頗憶當年興國寺，樽前高論欲何圖。

用顧別駕韻奉答熊侍御〔三〕

遠之非有近非無，草色花香造化模。俄頃笑談飛鳥過，丹青樓閣爲公扶。煙霞舊隱移匡

〔一〕「賣」，彭韶《惠安集》第十一卷附録作「買」。（彭韶撰：《惠安集》附録，《文津閣四庫全書》第四一六册，第五三五頁）

〔二〕「無恙」，《惠安集》第十一卷附録作「如許」。（彭韶撰：《惠安集》附録，《文津閣四庫全書》第四一六册，第五三五頁）

〔三〕林齊本、高簡本、蕭世延本作「嘉會樓，用顧別駕韻奉答熊侍御」。

皁，水月新整有鑑湖。若個江山可藏拙，幸來相賞莫相圖。

壽王松坡，用西涯韻 清戎王侍御父

雪晴驄馬自知津，誰道梅花不是春。玉節趨歸生日酒，松坡未了白雲身。父子箕裘真有是，江山富貴小看人。往來獅子峰前路，洞口榴花幾度新。

待黃太守見訪，時當考績入京

端陽春好是公開，公莫朝天不放回。肯來嘉會留一日，更傍梅花勸幾杯。踏歌漁父江邊醉，吹笛仙童海上來。問我擁旌何處客，畫船撑月此徘徊。

病中寫懷

世間賢智皆青瑣，海上田家只白雲。多病一生長傍母，孤臣萬死敢忘君。諸公莫要連章說，先帝曾將短疏聞。何處擁旌來勸駕，買羊沽酒惜殷勤。

總爲功名欺白髮，不將富貴薄秋雲。雖然久病無官況，每拜名香祝聖君。九十萱親誰侍老〔一〕，幾莖竹主話空聞。定山何處無來耗，惹得江門夢寐勤。

送左秀才次韻

脚底千峰不作難，天涯相望幾間關。孤村水月能看客〔二〕，一路梅花直到山。畎畝未應同我病，乾坤那肯放人閒。東南更有春如酒，肯到明年二月還。

雲蘿處士挽詩

誰開三畝卧雲蘿，洛下元稱安樂窩。風月尚留詩卷在，經綸只放酒杯多。身將沙鳥還賓主，情擁山花當綺羅。四十五年成一夢，乾坤回首悵如何。

次韻汪御史留别〔三〕

百代文章百代儒，小將碧玉贊黄虞。功名路上多塵土，桃李人間見此夫。頃以高談知識

〔一〕「侍老」，詩近稿、林齊本、高簡本、蕭世延本、何熊祥本、黄之正本、碧玉樓本、四庫全書本作「待老」。

〔二〕「能」，詩近稿作「如」。

〔三〕林齊本、蕭世延本作「和汪御史丙辰留别韻」。

量，未聞俗態是規模。不因指示晨雞唱，白日誰知有兩徒。

張生以詩來謁，次其韻答之

閒坐蒲團幾個穿，晚留一影畫漁船。日長睡榻千峰裏，春近柴門五柳邊。在處雲山皆我樂〔一〕，後來衣鉢是誰傳。諸生莫有登瀛步〔二〕，愛結而今病鶴緣。

八年春部書復至〔三〕，顧別駕以兩司之命來勸駕，用舊寫懷韻賦詩見示，答之

恰恰啼鶯初變樹，翩翩官騎忽穿雲。杯觴花底香迎客，鼓笛樓前鬧送君。老態一時都共見，公歌三疊敢相聞。白頭空有丹心在，北望天遥感戀勤。

〔一〕「雲山」，詩近稿作「山雲」。

〔二〕「登瀛步」，詩近稿作「瀛洲步」。

〔三〕孫通海曰：「八年，據史料記載，應爲『成化』十八年。」（《陳獻章集》下册，第四七七頁，校勘記）然而，此詩收入《白沙先生詩近稿》第十卷「甲寅詩稿」之末。根據李承箕《石翁先生詩集序》，《白沙先生詩近稿》乃「成都府同知吴君獻臣廷舉録先生詩，自成化甲辰至弘治乙卯正月，得六百八篇，刻之」。（李承箕撰：《大厓李先生詩文集》，《四庫全書存目叢書》集部第四三册，第五九五頁）然則，此詩當作於弘治八年乙卯正月。孫氏之説，非是。

名教可尊誰敢後，少年空有氣凌雲。得終殘喘留將母，直擬孤誠死報君。俗變唐虞今日計，德光堯禹萬方聞〔二〕。太平何處無歌頌，卧聽蓬萊擊壤勤。

贈林府尊

收斂精神入太清，藉茅無計遣書程。兩三别駕風隨動，十數花封月最明。露冕江山無愧色，攀轅天地有真情。東風欲别仙城樹，滿路啼鶯是誦聲。〔三〕

壽月溪翁，爲順德主簿張如玘

花影摇溪水半篙，晚風送上釣魚舠。乘流曳轉波間綫，擊楫歌翻月下騷。元亮此生惟盞酒，瑶池何日更蟠桃。鄰封主簿徵詩急，再拜江門致幣勞。

〔二〕「光」，四庫全書本作「高」。

〔三〕「誦」，林齊本、高簡本、蕭世延本、何熊祥本、黄之正本、碧玉樓本、四庫全書本作「頌」。

次韻鄺筠巢早春見寄

城郭塵埃不到身，扶溪看老百回春。里中物態渾非舊，墻外桃花只賣新。此老直於三代見，諸郎雖在一官貧。楚天何處堪回首，目斷襄陽不見人。

次韻王樂用僉憲見寄

七十餘年未覺新，耽眠猶是向來人。春杯斟盡啼鶯外，晚笛吹殘釣渚濱。人世謹防開眼錯，此懷得恐到頭真。青山果是無心出，何處眠窩共卜鄰。

次韻孫御史別後見寄

冥冥宇内繆相賢，處世如撑石瀨船。赤土喜逢三日雨，清談留到二更天。山中宿鳥知投樹，水底潛魚不離淵。明日畫船賓不顧，褭龍翔鳳有來篇。〔一〕

白髮滄波了歲年，偶逢佳客話延緣。鳳毛五色能驚世，駿骨千金表好賢。索莫杯盤津口

〔一〕「褭」，四庫全書本作「游」。

月，掃空雲霧水中天。寧知此地千年下，追詠能無千載前。

次韻張侍御叔亨見寄

月出不扃溪上門，白頭漁父向人言。扁舟自唱濯纓曲，四海共知明主恩。小飲未嘗沽市酒，狂書時復弄茅根。相思也有臺官夢，夢見當年住處村。

家國不分無二門，君今與我皆忘言。五倫首重君臣義，一體元同骨肉恩。長養嘉苗休失實，剪除惡木不留根。他年我見張文獻，異代風流嶺外村。

北溪容球來訪，答之

孤月正酣東閣睡，清風又到北溪船。看君迴出諸容右，問我何如十載前。劒氣燭天堪引望，桃花照眼未須憐。山中碧玉仙家物，已證先生作睡仙。

三月風光遍海埏，誰家園裏棹觥船。一身燮理三杯内，萬古乾坤半醉前。幾度寄書言自愛，何人挈榼荷相憐。自從托契中山後，却笑他仙是鬼仙。

鄧俊圭喪兄，慰之

每恨思君不見君，一哀何處隔秋雲。客來每及難兄問，訃至那堪故友聞。碧玉三年空枕塊，廬岡四尺自封墳。青天幾度看明月，骨肉無言兩地分。

次韻王叔毅弘行人見寄

駐屐花邊聽鳥音，青山何處想登臨。肩頭伊尹方能任，脚板鴟夷未了心。歷歷更宜觀往古，炎炎何敢羨于今。相逢杯酒喜共醉，相憶詩情還自深。

高棲何處可逃名，説著衡山便有情。不住三年思乃舅，可無一字寄金陵？麻衣豈是無高論，若水還應作貴卿。他日五峰供我粥，不知誰是老門生？

次韻余行人濂見訪

年富豈知行路永，眼高猶喜閲人多。荒村古木雲長鎖，白鳥青天水不波。老竹忽看高鳳下，短墻無算小蟲窠。憑君寄語東山道，神禹無功在九河。

贈劉秀才

江門舊雨長公詩，今日江西學者師。弘治以前無此詔，宮牆之内少人知〔二〕。詩書豈但供時好，進退多應與世疑。百歲光陰同轉瞬，老夫雙鬢已如絲。

次韻答張天祥秀才

十處尋芳九處空，遠隨溪舫訪溪翁。請還几杖歌春鳥，學製綸竿弄晚風。幾樹江山憐晚暮，十年遊走羨兒童。張生來問衡山道，又問衡山孰我同。

次韻孫御史擬弔厓

瞬息人間三百年，尋常興廢不須憐。羌胡此賊真無賴〔三〕，中國何年壞守邊。信國不來知有罪，魯齋當仕豈忘天！太空不語乾坤病，萬歲千秋老淚漣。

〔二〕「少」，林齊本、高簡本作「幾」。

〔三〕「胡」，原作「□」，據林齊本、高簡本、蕭世延本、何熊祥本、黄之正本補。

容彦禮率諸弟同在館下，彦昭、彦禮、彦貞相繼而逝，彦潛今又卒，感而有作

水光山色兩依然，不見當年載酒船。老我交游疎後進，君家兄弟散朝煙。兩峰彦昭號。脚蹟今安在，彦昭常遊永豐、江浦，謁羅一峰、莊定山。彦禮碑詩久未鐫。某欲爲彦禮墓誌，未刻。莫道江門空識我，千秋遺話及璣璿。

悼彦潛，用原韻

山樓耿耿夜燈然，誰借東良一日船。淚逐花溝因暮雨，愁迷鶻樹慘朝煙。養生有命妨新學，入社無題侈舊鐫。塋次若將昭穆定，九原新兆有東璇。

次韻劉少參嘉會樓

九曲江邊一小樓，滿川風雨夜來收。扁舟東泛桃花水，香徑旁通杜若洲。樓下脱蓑眠翠浪，樓前揮袂揖浮丘。公來二月春多少，兩度詩筒向此游。

天氣初炎過此樓，江邊春色未全收。煙消垂柳初凝岸，風遞平荷尚隔洲。破屋數家還碧玉，好山何處更丹丘。兩公勝會真難遇，結綺臨春是別游。

寄李世卿

再過湘江踏浪過〔一〕，一帆西去傍煙蘿。家臨漢水心無住，人到衡山興亦多。豈是兵戈愁阻絶，不因婚嫁笑蹉跎。白鷗肯信閒於我，也解忘機浴遠波。

湖北竹枝高自歌，釣絲千丈引垂蘿。煙霞脚底真曾到，歲月人間頗厭多。雲水與君終浩蕩，題緘寄我莫蹉跎。秋風税駕衡山下，共泛清湘明月波。

次韻張東所元旦見寄

未到朱陵古洞門，一封先荷沈公恩。睡窮殘臘還憂病，吟倚東風欲斷魂。紫蓋不知誰是主，青天無盡鳥空騫。山人只合山中老，一歲桃花種一根。

再用韻答黄大參見寄

數篇何處好懷開，疑是江門得意回。嘉會樓前曾駐節，芰荷香裏小持杯。急呼童子燒香

〔一〕「過」，林齊本、蕭世延本、白沙文編、碧玉樓本作「歌」。

讀，重遣黎生送酒來。咫尺端溪不能到，只憑清夢與徘徊。

別來幽抱不曾開，長夏思君日幾回。使我能吟白雪曲，須君共對紫霞杯。凋零老鬢尚未已〔一〕，狂殺春風肯再來。莫爲廬山動歸興，紫薇花下少徘徊。

答鄧督府

不見如今五十年，賢關風韻想依然。衰齡我有無窮朽，督府公通第一箋。願託經綸均嶺海，莫辭將相作神仙。孤山鶴啄孤山月，不要諸司費俸錢。督府檄有司月支米石、人夫，辭之。

次韻臨汀鄔先生

水滿江門弄釣時，一篇誰借病翁詩。忽聞天外舒長嘯，都與人間作廣基。海月偶紆南斗望〔二〕，風花未遣北人知〔三〕。欲知此後相思處，千載神交在舞雩。

〔一〕「凋零」，林齊本、高簡本作「彫枯」。
〔二〕「南斗」，原作「南海」，據林齊本、高簡本、蕭世延本、何熊祥本、碧玉樓本改。
〔三〕「風花」，林齊本、高簡本、蕭世延本、何熊祥本作「風光」。

贈童子久住侍父入京

還著小坡隨長公，天葩未吐孝經通。青襟誰不羡童子，白髮我徒成老翁。曝日家聲從此大，凌雲氣魄蓋人雄。曲江清獻鄉先達，敢道後來無此風？

三贈文都

小住江門四十年，隔坡相應荷相憐。牕開四面客通刺，酒覆三杯月到船。身上紫袍知有相，畫中碧眼亦真傳。明朝庾嶺高回首，萬里晴波正接天。

静軒，次韻莊定山

崆峒道士出山頻，還入崆峒作主人。當説夢時都是夢，未逢真處更求真。蒲團坐破千峰月〔一〕，信手推開六合塵。無極老翁無欲教，一番拈動一番新。

〔一〕「蒲團」，林齊本、高簡本、蕭世延本、白沙文編作「團蒲」。

次韻奉答廷贊别駕王先生見寄

年去年來年復年，浮生此夢尚依然。不知草閣千峰外，坐到蒲團幾個穿。馬跡交時駑亦進，鳥鳴哀處鳳還遷。兖州别駕憐同姓，不欠人間二頃田。

次韻梁平樂見寄

江山吾愛艷陽天，花柳青紅共一川。眼底祇應無外物，筆端何病不能圈。幾番作夢因何事，兩度傳緘莫有緣？共語喜逢丘御史，沉疴端爲長官痊。

次韻答太虚上人〔一〕

雨過山中百卉寒〔二〕，人間回首又春殘。徒聞有病肱三折，未試回生藥一丸。石洞棲賢終苦節，太虚持律最清端。年來雖闡蓮經教，却與無言是一般。

〔一〕「上人」，林齊本、蕭世延本作「老師」。

〔二〕「雨」，原作「兩」，據林齊本、高簡本、蕭世延本、何熊祥本、碧玉樓本、四庫全書本改。

次韻沈督府見寄

誰是朱陵洞裏人，世間此畫合描真。一瓢未醉山中聖，七字先傳筆下神。青玉有期看我老，紫芝無語爲誰春。還公一岳一萬丈，半點飛雲是近鄰。

不住東南四百峰，鐵橋山淺笑迷踪。喜聞世外無塵地，來伴巖頭掛月松。藥鼎便分煨芋火，道人元是賣薑翁。先生數上衡山頂，紫蓋峰前望白龍。

壽吴黄門母

何處思親錦卷封，荷花高映壽顏紅。喜看還雜來天上，不覺依稀是夢中。幾歲風光依北極，半簾月色見真容。不辭頌禱遥相賀，却對江山語未工。

用筠巢翁韻兼呈翁

酒處能歌未盡陶，還從酒處説功勞。每因興去開三徑，日對花來醉幾遭。春意滿胸成浩笑〔二〕，

〔二〕「滿胸」，林齊本、高簡本、蕭世延本作「滿腔」。

花神覿面見揮毫。南山向晚無真意，只謾悲吟也未高。

邸報劉亞卿先生以今冬十月得請還東山，喜而有作

衡岳五峰青貼天，諸仙高步碧雲巔。特書八字非常見，遣告三生是別傳。一壺想共朱陵酒，七字先哦紫蓋篇。嘗答和沈督府詩「紫蓋山前望白龍」。〔一〕今夜江門看邸報，東山元與岳相連。

和答李子長見寄

賢聖由來病有之，那堪一病屢移時。心寬不怕思眠早，性慢終應得老遲。白首喜同湛雨坐，青燈細話子長詩。定山却喜劉文靖，賢輩如何都不思？

次韻莊定山曲阜道中

曲阜之民如崇陽，五畝之宅樹以桑。太牢不驚天子詔，百里豈負聖人鄉。争得緑蓑插羽翼，可憐白髮來羹墻。先生也未忘洙泗，獨立源頭一詠長。

〔一〕高簡本、何熊祥本、黄之正本、碧玉樓本、四庫全書本無此小注，另作小注云：「紫蓋，山名。」

次韻莊定山謁孔廟

六經如日朝出東，夫子之教百代崇。揆之千聖無不合，施之萬事無不中。水南新抽桃葉碧，山北亦放桃花紅。乾坤生意每如是，萬古不息誰爲功？

卧遊上游庄湛民澤

上游洗足意如何，到我來時還放歌。秋半寫空迷菊酒，月明舞爛釣江蓑。閒將野馬爲賓主，笑把山花當綺羅。人道上游真個好，上游固好遇人多。

黄雲之高高幾何，黄雲山人發浩歌。短響入雲白雪曲，長裙拖地赤藤蓑。黄鸝自愛藏深谷，野鶴高飛出罻羅。山路相逢休問訊，山靈掩口笑何多。

次韻張主事答鄧督府

萬古人心萬古天，江門漁父笑空眠。幸逢嶺外千山静，共荷臺端一老賢。群趨豈尚班行簇，美譽當今世代傳。却憶東山天下望，不留今日鎮三邊。

撥悶漫書

撥悶江樓病有詩，詩成即事直堪嗤。江山莫歎無前輩，造物何嘗不小兒。物遇歲寒形自性[一]，天于定後見真機。大易發揮群聖遠，碧玉山人近有詩。

自怡堂，爲增江湛演題 民澤世父也

十畝林中半是塘，一蒲團卧花中央。百年真樂超人世，萬壑清風在此堂。洗足正當鐵橋水，振衣小坐黄雲岡。四百影斜孤頂月，任是神仙也括囊。

丁長官祠秋祭，示里人

蒼凉月色皎秋晴，海闊天高思已冥。當日疲癃均乳哺，于今畎畝盡墻羹。一祠已表桐鄉愛，列傳還須國史成。霜耀星華朱鳥上，水涵山骨鐵橋清。

〔一〕「自性」，四庫全書本作「至性」。

夢莊定山遣使來問，夢中以詩答云

定山歸後再清康，夜半呼兒喜欲狂。夢遣長鬚來問病，故應早歲見羹墻。文靖一生隨老筆，太虚四大作禪牀。南北地殊生異世，先生何處問行藏？

曉枕

碧玉山樓曉枕眠，獨吟樓上笑陽關。人世誰爲兒女態，道流空説化形仙。衡岳開山秋正好，春陵望岳地相連。碧雲野路無羈絆，五尺丹藤兩屧煙。

答雪齋先生惠曆

滄波老父多閒日，碧玉先生著破巾。一榻久便深谷卧，百年長借内臺春。新書每用知時令，寵貺多應及里人。鶴舞雲飛皆得意，坐看百粵盡歸仁。

次韻吾縣博見寄〔一〕

黄菊開時霜滿林，山風吹冷薜蘿襟。肯忘沂水歸時詠，也到廬山酒處尋。自得不須言有命，太虚元只是無心。白頭不作人間夢，一笑江門契亦深。

次韻鄧督府見寄

眼看百物隨時過，路有千岐到處多。想見精神官裏坐，不離文字手中摩。白衣管領千峰醉，黄菊商量九日歌。堯舜浮雲無一點，廬山何敢更嵯峨？

衡山，和李子長見懷欲過江門

新詩把讀大開懷，久病諸生擬到崖。身上緑蓑都舞破，雨中黄葉忽飛來。酒逢菊日何人送，子長八月五日書至江門，與重陽尚隔一月。已言菊日者，識喜也。詩人興到落筆，類多不實如此云。月照柴關每夜開。廬阜歸來見束髮，華陽巾好爲君裁。

〔一〕「吾縣博」，原作「吴縣博」，據林齊本、高簡本、蕭世延本、白沙文編、何熊祥本、黄之正本、四庫全書本改。下五題，有《次韻吾縣博登嘉會樓見寄》，亦爲據。

秋來風月不開懷，暮遶朱陵百丈崖。青玉拂開壇上舞，紫鸞摶入手中來〔一〕。野心雲水潛孤笑，老眼乾坤病一開。誰道李家無子弟，紫冥句在不堪裁。

再次韻答子長

懷極開懷是惱懷，捉君手拍到天崖。杖挑南極星隨去，人到西山鳳不來。久坐或聞仙馭過，登高時見洞門開。誰知山石書題遍，笑倩何人爲總裁！

次韻汪鼎夫侍御壽母生日

可恨白雲無羽翼，白雲朝暮在江南。君親於我皆無盡，忠孝須君兩不慙。錫命有封當第一，折肱治病不論三。高堂壽斝重陽近，又借黄花一度酣。

次韻吾縣博登嘉會樓見寄

醉下江邊百尺樓，浩歌一曲有陳留。想當詩舫忘眠夜，正是廬岡見月秋。青紫要途何足

〔一〕「摶」，何熊祥本作「搏」。

顧，江湖豪氣未全收。去尋野馬氤氳地，即是人間第一流。

贈林教諭汝惇

舞雩聲響在春殘，只隔人間幾片山。偶此通名秋竹院，共君弄艇蘆花灣。常於嶺右觀諸夏，剛被梅花送一寒。普贈乾坤唯一點，萬古長留宇宙間。

贈鐫者何侃

一鐫一字一磨礱，萬歲千秋感激同。未蠟碑前元屬我，到書丹後却須公。萬里雲霄回鸞鶩，滿池風雨舞蛟龍。不知費盡閒心力，誰傍斯文與計傭。

贈何侃如潮州刻《三利溪記》，用潮州見寄韻

咫尺荆州地肯容，清光偏照蓽門中。獨憐孺子才堪賞，不道詩人巧更窮。已見千碑傳好事，可辭束帛聘鐫公。潮陽父老如相問，爲説周陳共此風。

九日，和朱子韻，示陳冕[一]

正是詩忙酒亂時，滿樓風雨不須歸。碧苔院裏多秋色，紅樹溪邊又夕暉。九日共餐花有菊，暮年誰羨錦爲衣。滄江野艇來何處，遥望孤雲在翠微。

幾時貨馬去江東，信息今朝水國通。多謝好音青鳥過，敢期温酒白沙同。狂歌向老幾忘世，拙疾逢秋但怯風。欲識相思在何處，一籬細雨鞠花叢。

答馬龍惠筆

揮毫殺盡山中兔，雪管秋風又到門。入手當爲天下技，禿頭終瘞水邊村。八分墨妙還江浦，科斗書成也狀元。思與兩賢同把筆，夕陽江郭斷離魂。

未推賢輩上騷壇，宗廟前頭有一門。已近宫墻窺此道，恐如遊騎走他村。圖書有秘誰先覺，坤復無端我亦元[二]。到得滿懷風月在，不妨行坐弄吟魂。

[一] 此篇第二首，底本原缺，兹據蕭世延本補出。（蕭世延本《白沙先生全集》，第二十一卷，第一四六頁）

[二] 「無端」，蕭世延本、何熊祥本、黄之正本、碧玉樓本、四庫全書本作「求端」。

示諸生

無我無人無古今，天機何處不堪尋。風霆示教皆吾性，汗馬收功正此心。水火鼎中非玉液，鴛鴦譜裏失金針。道人欲向諸君說，只恐諸君信未深。

浮生擾擾白頭新，又見人間一度春。爾輩何時方發憤，老聞夜雨欲傷神。此身天地逢人少，落日江門叫鶴頻[一]。爲報楊朱莫相笑，孟軻不是褊心人。

聞緝熙授平湖掌教

偶從道路得行藏，南北音書又一鄉。溟海心情真自遠，平湖風月可誰將？山中舊坐香根老，耳畔新聲木鐸長。衰病未知何日起，扶留牕下正抄方。[二]

[一] 「江門」，遺詩補集作「江湖」。

[二] 白沙先生《與寶安諸友》書云：「數日前，閲甲辰舊詩，改《贈平湖》章云：『偶從道路得行藏，南北東西又此鄉。滄海一身堪自遠，平湖數口爲他忙。江山舊宅香株老，籬落東風荳角長。小與先生分出處，扶留牕下細抄方。』」所謂「贈平湖」，即「聞緝熙授平湖掌教」。《南川冰蘗全集》卷末附録，既收録「聞緝熙授平湖掌教」，又將《與寶安諸友》所謂「改《贈平湖》章」題爲「聞緝熙授嘉興平湖縣博」加以收録。（參林光撰：《南川冰蘗全集》，第四七一、四九八頁）

次韻廷實示學者

樹倒藤枯始一扶，諸賢爲計得毋粗〔二〕。閱窮載籍終無補，坐破蒲團亦是枯〔三〕。定性未能忘外物，求心依舊落迷塗。弄丸我愛張東所，只學堯夫也不孤。

讀茂卿次韻呈定山先生詩，有「夢入羅浮」之句，用韻寄答，時世卿在白沙

鶴避茶煙信有之，買田招鶴是何時。百年睡息深華岳，九曲歌聲斷武夷。有客到齋言種樹，呼兒插柳當編籬。誰知萬里東橋月，夢破羅浮亦有詩。

東橋 茂卿住處

彼此衰榮更共之，年過六十是衰時。藜羹頗恨無萊婦，卉服都忘在島夷。水暖河豚吹細

〔二〕「毋粗」，原作「毋疎」，據高簡本、白沙文編改。

〔三〕「坐破」，高簡本、遺詩補集、白沙文編、何熊祥本、碧玉樓本作「坐老」；四庫全書本作「坐遍」。

浪，露寒秋蟹過疎籬。江天好景無人畫，每要先生藉入詩。

太虛上人以所注定山《種樹詩》見寄，喜而賦此，兼稿呈定山

四十年前從事勞，老來萬首放詩豪。這回種樹心全了，若個山僧眼總高。米送定山居寺近，書來南海與神交〔一〕。白蓮不結楊州社，賓主依然是遠陶。

朱侍御將還京，過白沙言別

濟世才須古所推，偶聆高論識心期。閒披伯紀當年疏，併入周公半夜思。滄海月殘微醉後，青山禽語晏眠時。朝天驄馬乘春去，高步彤墀珮陸離。

悼李九淵

九韶已死徵君老，我與深之事偶同。此夜北風吹白髮，舊時明月對蒼松。聲名還許輩流上，歲月忽消鉛槧中。莫笑腐儒無厚業，尊前叉手鳳駒鴻。

〔一〕「書」，原作「曾」，據高簡本、遺詩補集、何熊祥本、黄之正本、碧玉樓本改。

過康齋吳與弼先生墓

桐園三尺聘君墳，猶有門人爲掃雲。此日英靈應識我，斯文風氣莫如君。吟殘老杜詩千首，看破伊川易幾分。未了平生端的事，九原風露倍酸辛。

弔鄒汝愚謫石城

少年爲意儘峥嶸，謫死天涯二十零。舊雨不留花縣榻，秋風還閃石城旌〔二〕。兒啼母絶家何處，水宿山居路幾程。人事每將天不定，文章何用博虛名。

江月無光江水寒，角聲杳杳夜漫漫。孤兒歲月初離乳，夫子風流儘蓋棺。身後豈知名可貴，世間長苦路行難。鴟夷不亂當年計，還得雲門枕上看。

弱女孤兒哭作團，歸槎渺渺倩誰看。乾坤敬士此邦伯，生死交情非長官。遠陌不堪窮望眼，寸腸何直百憂端。欲陳薄奠無由致，園橘山蔬領一盤。

修短榮枯分各該，荒江落日爲誰哀。詞林當日人如夢，唐肆今朝馬又來。功利紛紛難入

〔二〕「閃」，遺詩補集作「颭」。

手，乾坤滾滾負多才。若將禍福論天道，顛沛如公豈理哉？

留别諸友，時赴召命

臺書春晚下漁磯〔一〕，中歲行藏與願違。鷗鷺自來還自去，江山疑是又疑非。難將寸草酬萱草，且著鶉衣拜袞衣。但得聖恩憐老母，滿船明月是歸時。〔二〕

崑崙西北是官陂，滅跡煙霞我自遲。獨往恐逢江上雪，相思還寄隴頭枝。風雲想見千年會，消息終還七日期。總爲高堂難離别，乾坤行道豈無時。〔三〕

要服松花一大車〔四〕，顛毛垂白齒牙疎。非關聖代無賢路，自愛清風卧絳廚。道上或逢人賣屨，眼中誰謂我非夫。他時得遂投閒計，只對青山不著書。

釣渚風長裊故絲，水花含笑海鷗疑。都將老子行藏意，分付東溟水月知。自昔願從巢許後〔五〕，而

〔一〕「臺書」，原作「璽書」，據高簡本、遺詩補集、白沙文編、何熊祥本改。此詩墨跡尚存，墨跡亦作「臺書」。（陳志平撰：《陳獻章書跡研究》，第二五〇頁）

〔二〕此詩末，遺詩補集有小注云：「右次馬默齋。」

〔三〕此詩末，遺詩補集有小注云：「右次周京。」

〔四〕「要服」，原作「欠服」，據高簡本、白沙文編改。墨跡亦作「要服」。（陳志平撰：《陳獻章書跡研究》，第二五〇頁）

〔五〕「願從」，高簡本、白沙文編作「盡從」。

今豈異帝堯時。憑君寄語張東所，更與飛雲作後期。[一]

石門次林緝熙韻

與君傾蓋定前言，來往青山十五年。老我自知難用世，勞君相送過貪泉。清言晚對江邊寺，離思秋生鳥外天。留取西華一樽酒，春風還擬上江船。

孤舟昔繫飛來寺，白首重來十四秋。君看秋風吹彩鷁，何如老子坐青牛。留情世事終何補，得意雲山亦易休。見説夔龍滿朝著，九重應許放巢由。

不寐

一飯不忘溝壑心，白頭冰雪更相侵。妻烹野菜供晨饌[二]，兒點松燈對夜琴[三]。賦拙但留司

[一] 此詩末，遺詩補集有小注云：「右次林緝熙。」

[二] 「供晨饌」，高簡本、白沙文編作「晨供飯」。

[三] 「對夜琴」，高簡本、白沙文編作「夜對琴」。

馬壁〔一〕，碑成不賣退之金。無端婚嫁相料理，獨聽疎鐘到夜深。〔二〕

次韻張東海

老去人間久廢談，青衫不改舊圖南。道超形氣元無一，人與乾坤本是三。何物坐中春坱圠〔三〕，幾時鏡裏雪鬖鬖。白沙詩語如禪語，試著南安太守參。

南安贈龍溪李知縣

玉枕山前逢使君，西風吹破玉臺巾。手中玉斝休辭醉，鬢脚黄花别是春。鳳曆流年供俯仰，龍溪他日看經綸。憑君若見蒙菴老，爲説于今白髮新。

回岐道中

回岐接水樹冥冥，又是朝京一日程。兩耳如聞重譯語，幾時不見五仙城。朝無兒稚歌行

〔一〕「但留」，高簡本、白沙文編作「任留」。

〔二〕「疎鐘」，高簡本、白沙文編作「疎更」。

〔三〕「坱圠」，原作「坱北」，據遺詩補集改。「坱圠」後，遺詩補集有小注云：「氣也。」

酒，夜有巡船卧打更。欲識羈情多少在，崑崙深處白雲生。

聽秀夫誦定山先生之作

高格英風忽兩聯，故人耳順是今年。誰還敢擬三千首，我也前知八百仙。淡淡菊花秋滿把，陶陶松蟻日高眠。定山倘許吾扳駕，突過堯夫擊壤前。

廬阜書舍和潘百石

半畝還叨地主恩，北來岡阜亦稱尊。水摇荔子紅當檻，雨洗萆麻緑遶門。飯後一牀便獨卧，晡時三盞喜微温。何人爲借丹青手，寫過書齋也未村。

一飯區區亦有恩，千秋罍洗定誰尊。先生終日卧隱几，童子幾人來掃門。晴旭滿牕啼鳥亂，春寒如酒著人温。江門煙景還多少，獨倚寒松望遠村。

青山別樣與人恩，絶勝黄金買得尊。從此往來喬木下，可人風日短籬門。牕臨緑沼晴曦動，爐有丹砂伏火温。莫道我無徐孺子，又同廬阜又同村。

滄溟著艇未還恩，又結廬岡土宇尊。六十乃扶居士杖，尋常不過酒人門。江山儘放襟懷闊，風日頻來笑語温。只欠一詩閒道破，無人走告定山村。

城中借竹且蒙恩，竹在崇岡竹故尊。萬里滄溟都座下，一條官路自江門。長驅李白詩中逸，不舍堯夫酒後温。笑問地官張主事，病翁今日住何村。

程鄉學生鍾宏求社學記，贈之

千里來攜欠一圖，東南村搆幾模糊。人扶世教何妨切，老向斯文自愧疎。雲谷許還徽國主，周溪流到長官居。秋風海上無窮意，也向程鄉社學書。

陳秉常雨中看柳

種得東風柳一千，江山意思日無邊。閒遮一老青春坐，更縛孤舟白日眠。近水雲煙相隱映，他山桃李自嫣妍。莫辭細雨頻來看，争得風光在眼前。

九日下廬山，示譚希聖

瘦藤扶上小廬山，東望何州不見顔。衰鬢插花秋意思，浩歌揮琖酒波瀾。山中雲氣方迷晝，草際蟲聲漸逼寒。知我倚松長嘯罷，江門水月正宜觀。

壬辰秋九日圭峰作

神仙自古非無術，佳節如今更要詩。野岸扶行秋勃卒，山靈逢見恐驚疑。朋來斟酌三杯酒，我未悲傷半日時。醉上籃輿還老母，笑攜稚子候門籬。

答西良荔枝

殷夜春雷懵攪睡，灑牕涼雨苦催詩。三年得句無僧島，昨日逢人説李遲。瓱内須耽長醉酒，世間胡有不争棋?短歌歌罷無人聽，持向西良答荔枝。

李憲副若虛枉顧白沙，别後賦此

江門相見忘平生，何處長安蓋已傾。素壁龍蛇騰十丈，清談賓主破三更〔一〕。鶯花舊領詩全好，山水初經眼獨明。不怕長風吹大舶，使君一口吸南溟。〔二〕

〔一〕「破」，碧玉樓本作「對」。

〔二〕「君」，遺詩補集作「公」；「吸」，原作「汲」，據遺詩補集、碧玉樓本改。

登舟，寄馬默齋，兼呈李掌教〔一〕

貧居未去人間遠〔二〕，衰病忽登江上舟。朝旭別君楊柳渡〔三〕，北風欺我木綿裘。馬生送米供黄口，韋令傳書笑白頭。煙際不須開指點，睡鳧飛鷺任夷猶。

經黄道娘墳，誦元人黄子長圓明庄壁詩，有懷舊遊，因次其韻〔四〕

總角尋芳野水隈，一墳勝概眼中來。掃開屏翳眠丘壑，打起鞫鞘坐草萊。是處青山堪對酒，何人白骨不生苔。山中舊日菩提樹，移向禪林特地栽。

吾盧直北到山隈，贏得兒時竹馬來。垉下影疑黄石履，墳頭青是北山萊。苦吟到曉千峰月，勝事平生兩屐苔。偶過奇山尋舊侶，顛毛衰白菊初栽〔五〕。

〔一〕「登舟，寄馬默齋，兼呈李掌教」，遺詩補集作「柳渡登舟，寄馬默齋叔姪，兼呈李掌教」。
〔二〕「貧居未去人間遠」，遺詩補集作「幽居未去人間事」。
〔三〕「朝旭」，遺詩補集作「東旭」。
〔四〕「因次其韻」，遺詩補集作「因借其韻」。底本僅有前六首，後四首據遺詩補集補出。
〔五〕「衰白」，遺詩補集作「垂白」。

東西煙火隔林隈，遠近樵歌塞澗來。愛君獨曳浮眉杖，逐我深穿没頂萊。緑展芭蕉明旭日，紅飛躑躅點春苔。酒酣戲把雙桃核，擲向道娘墳上栽。

暝鴉飛入東林隈，山徑人稀瘦馬來。何處滄溟明島嶼[一]，此身白日到蓬萊[二]。水邊一嫗埋真骨，原上諸僧步晚苔[三]。停鞭借問因何事，笑指墳前柏樹栽。

夜別青丘向澗隈，前身雲水一僧來。實消幾屐供靈運，虚設一牀眠老萊[四]。舊塚漫題新歲月[五]，今人不見古莓苔。百年未滿須行樂，更把閑根作意栽。

移家又近江之隈，不到道娘墳上來。三徑每嗟鄰靡仲，百年長恨婦非萊。尋思世上元無事，久坐池邊細畫苔。欲起英靈問端的，我無善果底須栽。

遠公結社廬山隈，五柳先生入社來。取醉何曾問來去，有言猶足賁蒿萊。正思庄壁有遺句，也得斯人爲掃苔。山僧何不開松逕，覓取寒松萬個栽。

〔一〕「滄溟」，遺詩補集作「滄浪」。
〔二〕「白日」，遺詩補集作「向日」。
〔三〕「晚」，遺詩補集作「曉」。
〔四〕「虚設」，遺詩補集作「虚後」。
〔五〕「漫題」，遺詩補集作「謾題」。

悵望不見東海隈，道娘老仙何日來。一杯明月上丘壠，六月淒風動草萊。鳥蹟且留蒼峭石，馬蹄聲碎碧溪苔。千秋萬歲樵牧地，松柏如今亦謾栽。

一從我馬駐江隈，紫帽遊人久不來。刼火亦燒丘壠木，飛鳥不過野田萊。一方照夜中庭月，幾度移春没座苔。怪得往來詩句惡，許多因果爲誰栽。

小立諸郎舊堵隈，先生馬已隔溪來。一篇遞唱新亭句，數里扶歸老屋萊。沂水春風收舞袖，杏壇秋露洗香苔。不知今日誰門内，收拾乾坤桃李栽。

壽張叔亨母夫人〔一〕

夫人五月逢華旦，客子孤舟走壽筵。村落酒香堪盡日〔二〕，海中桃熟不知年。一雙舞袖初垂地，三疊歌聲正徹天。快著錦衣在人世，始知王母未爲仙〔三〕。

〔一〕「壽張叔亨母夫人」，遺詩補集作「壽叔亨母」。
〔二〕「村落」，遺詩補集作「村裏」。
〔三〕「未爲仙」，遺詩補集作「謾神仙」。

宋行宮

宋若早梟奸檜首，乾坤何得有行宮？三閩四廣成虛語，金虜元胡盡下風〔二〕。結纓他日悲丞相，鬻履何人識魏公？到此輸贏如反掌，厓山猶自紀元功。

東山〔三〕

此山剛與泰山連，氣象巖巖勢插天。黃鸝獨憐蒼樹表，白雲長護翠薇巔。澗邊幽草沾春早，巖畔奇花得日先。中有道人閑自足，半窗紅日尚高眠。

筮已

天地同歸一束蓍，河之龍馬洛之龜。夢中昨夜逢姬旦，窻下今朝見伏羲。非分一毫終莫

〔二〕「金虜元胡」，原作「金□□元」，據戴璟修纂《廣東通志》所引述改補。（戴璟修纂：《廣東通志》，《四庫全書存目叢書》史部第一八九册，第六二六頁）郭棐《嶺海名勝記》卷十九所輯録此詩，則作「金虜胡元」。（郭棐編撰、王元林校注：《嶺海名勝記校注》，西安：三秦出版社，二〇一二年，第九二五頁）

〔三〕自《東山》至《悼老曾，呈馬默齋》，共一五二首，底本原缺，茲據遺詩補集補出。

强，初占六畫更何疑。捲簾獨愛春風早，翠㬻爐烟上桂枝。

睡起〔二〕

一枕春風睡正甜，不求富貴不求仙。茅根筆下生風雨，竹葉杯中别聖賢。出没波濤三萬里，笑談今古幾千年。有時漏泄天機話，盡是玄黄未判前。

月逢

西良琴酒上孤舟，水國光連萬頃秋。擊楫不聞紅蓼岸，濯纓多在白鷗洲。三更珠斗初藏焰，一派銀河正倒流。自古江湖憂物色，如今蓑笠溷羊裘。

容生與倪生投壺，倪生多勝，聊戲此作

客散山齋草堂静，兩生呼酒對春晴。花間日照投壺影，竹下風傳落矢聲。若道人心無物我，何勞敵手鬭輸贏。隔窻卧聽兒童笑，但説倪生藝最精。

〔二〕　此詩墨跡尚存。「睡起」，墨跡作「春日睡起」。（陳福樹撰：《陳白沙的書法藝術》，第四六至四七頁）

遊回仙亭

今古何人退急流，老僊端不羡封侯。醉眠鶴背無人唤，飛過天邊得自由。瑞氣光騰三萬丈，殘棋聲斷幾千秋。諸公此日同來往，忽到蒼梧亭上頭。

次趙提學十月賞菊韻

不論開早與開遲，到處逢花把一枝。清獻插來紗帽重，陶潛醉倒葛巾欹。青藜不赴先生召，白雪虚傳幼婦辭。却對藥闌何意緒，江門店酒獨斟時。

代簡答祁大參致和見寄遊白鹿洞賦

文章後出衆稱工，鄉里斯人豈易逢。聊將白鹿千言賦，直壓廬山五老峰。胡兒豈盡能騎馬，赤手如何敢捕龍。酩酊一壺春酒後，半籠衫袖笑龍鍾。

贈梁志學興業令

山城地僻陽和少，邊事年來賦斂多。彭澤休耽元亮酒，武城試聽子游歌。書生報國心常赤，縣令之官鬢已皤。路入蒼梧望瑶闕，九疑雲盡碧嵯峨。

賀陶憲長凱旋，次方伯東山劉先生韻

九重屢授諸公節，百險都須此劍平。赤日也來巖下照，黑雲休傍馬頭生。東山此老同開手，南海今年定洗兵。只恐下鄉還鼠竊，夜深愁聽斫門聲。

答彭宣尉世忠樓本作中世堂，盖自謂云耳。

碧桶朱欄映斗杓，果然天語在雲霄。乾坤覆載同諸夏，日月光華自累朝。天子萬年歸頌禱，邊陲無地起氛妖。白頭西望那能賦，應是詞官合贊堯。

春懷，追次后山韻

皂帽由來見管寧，江湖何處有春冰。桃蹊柳徑頻頻過，盞酒篇詩稍稍能。人間紫鳳何時至，夢裏青山昨夜登。垂白卧林亭上客，閉門春雨睡瞢騰。卧林，定山亭名。

清明前三日有懷亡友陳毅卿、伍光宇

先生四十解弓刀，丘壑難忘是此交。四尺墳須悲老子，千株柳也借兒曹。江山白首思携仲，籬落春風偶似陶。貫我清明一尊酒，荔枝原上洒青茆。

陳秉常問佛老之理有同否〔一〕

青天白日照無垠，我影分明待我身〔二〕。自古真儒皆闢佛，而今怪鬼亦依人。蟻蜂自得君臣義〔三〕，豺虎誰開父子親？〔四〕賢輩直須窮到底，乾坤回首欲傷神。

蕭黄門以書爲丁縣尹求益於僕，賦此奉勖，兼寄黄門

尺問一語荷留情，迢遞春風到廣城。小邑直教閑白日，大夫真是愛蒼生。平生刀水心何

〔一〕此詩，碧玉樓本亦有録，題作「答陳秉常詢儒佛異同」。（《白沙子全集》，碧玉樓刻本，第八卷，第五〇頁）

〔二〕「待」，碧玉樓本作「傍」。

〔三〕「自得」，碧玉樓本作「自識」。

〔四〕「誰開」，碧玉樓本作「猶聞」。疑「誰開」乃「誰聞」之誤。

切，天下功名手自成。司諫無私天子聖，未聞當道欠逢迎。

偶閲《定山集》，愛其偶成之篇絶去雕飾，騒騒太朴，有《擊壤》之遺音焉，因用其意、效其體次韻以爲笑

緑荇青蒲間紫煙，江邊亭子不知年。疏簾鈎起看山坐，小榻移來近水眠。調理筋骸須酒盞，發揮情性費詩篇。少年誤落樊籠裏，老大于今只自然。

贈嚴廉憲遷湖廣右方伯

公持憲節我漁蓑，共是浮生五十過。朝市山林真有定，著書行道欲如何。生靈再覩新方伯，時望元從舊甲科。今日濟川還有楫，不須愁向洞庭波。

次頤庵感雁詩韻

蒲塘鷗渚隱雙鴻，一棹驚飛西又東。乍出黄蘆翱碧落，可堪弱羽寄衝風。關河此去一千里，雲水遥經十萬重。此日任從籬鷃笑，上林何處更相同。

夜歸

秋風淅淅月輝輝，夜半東鄰醉始歸。自脱衣冠眠竹椅，更無童穉候柴扉。疏狂幸免時人忌，牢落空悲心事違。何日扁舟滄海去，一竿長弄釣漁磯。

與崔信臣夜話

十年纔一款柴關，信是人生會合難。鏡裏愁容雙鬢短，燈前細語五更寒。豪華自昔推孤邁，地步于今各總寬。我有無絃琴一曲，逢君携向月中彈。

聞周方伯陞秩

生靈未厭今方伯，聲譽初傳古地官。紅袖尊前斷歌舞，青衫樓上倚闌干。孤舟只尺仍多病，五月風濤尚薄寒。何日匡廬好消息，幾時分授到漁竿。

今人交態濃如春，昔人偃蹇麋鹿群。正在諸公憐薄俗，倘容野老接清塵。秋來隴畝無閑日，老向漁樵只病身。萬古乾坤一回首，百年涕淚在衣巾。

送胡僉憲赴京

狼藉盃盤滄菊後，崢嶸劒佩謁京時。朝廷雨露真均被，天地行藏敢後疑。帝里看花來歲酒，湖山卜築去年詩。扁舟萬里滄溟别，肯信歸期是定期。

縣主召陪鍾地曹遊玉臺，以病不果二首

病怯衝寒紫翠堆，肩輿欲上更徘徊。雖孤一日登高眼，如到千巖撥悶杯。竹葉滿山翻翠幄，水聲落磵訝冬雷。山僧自對長松坐，縣尹何妨喝道來。

一株二株松可人，三里五里路無塵。粉署仙郎今始到，圭峰長老未應嗔。可憐病客幾回首，悵望梅花何處春。江山雨過空經眼，指點青囊問景純。地曹近爲地理家學，故云。

將宿緑圍，寄李九淵館中

萬家烟樹緑圍庄，一水寒縈斗槩岡。韋曲自應來杜老，天台無計宿劉郎。柳條學弄春風畝，花氣濃沾暮雨香。爲報風流愛酒伴，明朝將爾倒詩腸。

閱張侍御巡邊圖

古來邊事無人見，眼底山河問此圖。聖主萬年安社稷，繡衣一騎走匈奴。經營韓范今須有，東北關城秦豈無。野老不知成敗事，只將仁義諭防胡。

贈釣伴

三三兩兩乘桴遊，老翁稚子俱忘憂。江雨霏霏白欲下，田雞角角鳴相求。三更欲釣銀河水，萬里如乘赤壁舟。但使河豚供柏酒，不勞使者問羊裘。

九日晚對菊，有懷玉泉上人

清枝冷蕊却層層，大雅題詩謝不能。獨插一枝當白鬢，相看頻日到青燈。東籬竹矮愁將偃，南嶽峯高醉欲憑。更遣丹青來貌取，緘題寄與玉泉贈。

九日晚對菊，次容處士韻。是日縣主曹侯、二尹邵侯持酒過白沙，李九淵、容貫各館鄉中未還

一年佳節到黄花，霜在籬根月在沙。今日縣侯親送酒，幾時詩客報還家。疏枝向晚青如許，老鬢逢秋白未涯。更欲西良開酒盞，勝遊堪泛五更槎。

再用韻

焉知老子非元亮，請看黄花滿白沙。牘有香醪供采采，何須蠟屐到家家。屢經細雨開花面，獨立西風背水涯。欲把一株種蟾闕，恐驚天女笑乘槎。

將往羅浮

重陽採菊出齋頻，已覺飛雲頂上身。今日山靈應待我，西風舟子忽催人。江湖已破千回夢，雲水初生一笑春。却到惠州城郭裏，青藜高映華陽巾。

過西樵〔一〕

青煙落日江濛濛〔二〕，百丈曳過西樵峯。萬里江河秋色裏〔三〕，滿船笳鼓浪聲中。衰顏下照波濤日，幽思長唫島嶼風。却望蒼梧在何處，東籬今負菊花叢。

大石訪李德孚

江樹人家遠近煙，水邊桑柘曲相連。主人攜藥出乘馬，客子入關來艤船。落日雲霞生碉底，秋風禾黍滿村前。浮生此地堪爲樂，何必移居傍市廛。

羚羊峽次簡齋韻

攬樹風聲日夜悲，羚羊峽裏一舟飛。青山不管行人老，黃葉如催客子歸。尋常屋裏偏饒

〔一〕「過西樵」，碧玉樓本題作「舟經西樵」。（《白沙子全集》，碧玉樓刻本，第八卷，第八一頁）
〔二〕「青煙」，碧玉樓本作「青谿」。
〔三〕「江河」，碧玉樓本作「山河」。

睡，五十年來未覺非。千里西遊本乘興，晚來一咏更沾衣。

題易隱求齋[一]

茆茨清絶有蟾宫，水表嬋娟竹表風[二]。高枕隔林啼鳥浄[三]，小齋終日白雲蒙。江邊好景詩難道，世上閑愁酒可空[四]。題作隱求争未信，知君方許學屠龍。

次韻顧别駕擬歸二首

才力雖堪數則奇，肯拚高枕也便宜。青山後放歸田早，白首何妨見事遲。壺嶠不馳千里夢，木蘭剛少兩年詩。世間甲子從頭數，一筋依然下一期。

飄然何處想君容，李白閑謌太極宫。山北山南雙謝屐，花開花落幾郫筒。尊前偶似陶元

[一] 此詩又見阮榕齡《白沙叢考·白沙先生詩文補遺》，據《鶴山縣志》輯録。（阮榕齡撰：《白沙叢考》，《宋明理學家年譜》第九册，第四九三至四九四頁；另參陳獻章撰：《陳獻章集》下册，第六八九頁）

[二] 兩「表」字，《白沙叢考·白沙先生詩文補遺》作「裏」。

[三] 「林」，《白沙叢考·白沙先生詩文補遺》作「牀」。

[四] 「空」，《白沙叢考·白沙先生詩文補遺》作「通」。

亮，詩卷多於陸放翁。只恐飛雲看不慣，未堪收入錦囊中。

白牛岡

是處青山可卜藏，脚頭剛到白牛岡。縱横五患須全避，禍福千年敢易量。此日飛鵝重見李，當時鬼劫盡疑湯。老夫獨對昆侖笑，争得秦灰化錦囊？

乘騾至奇山尋梅，飯李九淵宅

沙橋西上獨乘騾，山徑蕭蕭落葉多。渡口日斜歸鳥影，陂頭風起飯牛歌。僧依朽骨開蘭若，我覓寒花到薜蘿。爲恨淵明新止酒，杯盤邀坐失烹鵝。

壘韻

細路江干愛一騾，冷煙浮水夕陽多。孤山處士尋梅處，洛下先生擊壤歌。風颭溪沙隨斷柳，月生松塢照垂蘿。晚來更有臨池興，笑殺山陰博白鵝。笑殺，一作不用。

壽黄野舟母八十一

舊家文物有隨岡，都老而今更擅方。八耋喜逢花水會，一杯持上壽萱堂。夜來南極星華燦，秋入東溟水汽涼。海屋添籌君莫記，直留老眼看滄桑。

九日小廬山與趙日新

萬里滄溟指顧間，趙生今在小廬山。行攀月裏一枝桂，試踏涯頭百尺竿。芳氣騰騰分菊盞，清吟稍稍對芝盤。明朝不憚圭峰遠，更取青錢掛杖端。

遊三洲巖

五漏地應無勾漏，三洲巖亦小蓬萊。媧皇須補青天破，人世那知紫府開。亭午虎聲來石竇，千年鶴蹟印溪苔。蒼梧亦是經遊地，多少心情屬老回。

經悦城

何處廟前江水流，野人於此暫維舟。玲瓏竹日冬猶暖，輕薄潭煙曉未收。龍母衣冠終宇宙，悦城鍾鼓自春秋。杖頭一百青錢在，煩惱嘉魚不上鈎。

再遊三洲巖

去年驄馬不同遊，隨意雲帆此繫舟。萬壑寒流千丈碧，五更殘月四山秋。天門夜迴人初到，僊樹年芳鶴自留。高掛一瓢休便得，人間何處問巢由。

同定山宿惠濟寺 一名香泉寺

香泉寺裏懸燈宿，東葛城中抱被來。綠鬢高歌六七輩，春風相屬兩三杯。未愁此地山靈厭，祇恐明朝縣馬催。我與定山何處似，但言夫子鑄顏回〔二〕。

再用宿香泉寺韻

招提燭暗連牀語，龍洞雲開並馬來。半枕未成南海夢，幾人同醉定山杯。身輕舞袖還雙

〔二〕「何處」，沈孟化、陸察、張夢柏纂《萬曆江浦縣志》所載此詩作「何所」；「但言」，作「但云」。（《天一閣藏明代方志選刊續編》，第七册，第六〇三頁）

舉，鬢短流年又一催。正月路旁梅發盡，插花須插滿頭回。

至定山次木齋韻

四千里外無消息，一日定山相對閑。仰止人心都萬仞，蕭然我屋只三間。知音荷蕢門前過，送米僯僧月下還。著我與公同白首，西華東岱往來山〔二〕。

寶勝寺二首〔三〕

巢許夔龍不兩能，江湖去住任騰騰。他鄉此夜揚州月，對客歌詩寶勝僧。藥氣氤氳窻下枕，茶煙繚繞佛前燈。道人不是西華客，心在西華第一層。〔三〕

〔二〕　沈孟化、陸察、張夢柏纂《萬曆江浦縣志》所載此詩作：「四千里外無消息，一日定山相對閑。仰止此山雖萬仞，蕭然我屋只三間。眼空一世何曾見，心到雙泉不記還。但得與公同白首，乾坤五嶽也無山。」（《天一閣藏明代方志選刊續編》第七册，第五一〇頁）文字有差異。

〔三〕　此題爲「二首」，實只有一首。

〔三〕　此詩，《白沙先生文編》亦有收録，題爲「揚州宿寶勝寺」。其詩云：「巢許夔龍不兩能，天涯去住任騰騰。他鄉此夜揚州月，春閣高歌寶勝僧。藥氣氤氳窗下枕，茶煙繚繞佛前燈。道人本是羅浮客，家在飛雲第一層。」（唐伯元編次：《白沙先生文編》第二卷，第二十一至二十二頁）兩相比較，文字略有差異。

同定山諸公遊石洞

小洞長年翳野萊，冥冥勾漏可誰來。數公馬跡深深到，一徑梅花笑笑開。絃上宮商分雅調[二]，盞中玄碧自僊醅。閑人也是無心出，應與閑雲作伴回[三]。

過恭襄廟 平江伯之祖

恭襄廟前淮水流，清江院裏竹亭幽。帝鄉去日雲爲駕，客子來時月滿舟。姓氏遥遥同宇宙，兒孫滾滾自公侯。夜來一枕還家夢，又理滄溟舊釣鈎。

邳州寄婁侍御、莊定山

乾坤紫氣一青牛，名利紅塵幾白頭。北極星辰雖共向，江湖鷗鳥不同憂。定山居士三間

[二]「絃上」，沈孟化、陸察、張夢柏纂《萬曆江浦縣志》所載此詩作「琴裏」。（《天一閣藏明代方志選刊續編》，第七册，第六〇〇頁）

[三]「也是」，沈孟化、陸察、張夢柏纂《萬曆江浦縣志》所載此詩作「本是」；「應與」，作「應共」。（《天一閣藏明代方志選刊續編》，第七册，第六〇一頁）

足，烏府先生兩眼秋。道路相思無了日，船頭搔首看邳州。

陳莊敏公廟

黟國勳勞存社稷，清源父老泣旌旗。只疑景泰來成日，便是中原曲突機。廟食千年天子賜，碑褒一字史官宜。不知他日麒麟閣，還畫南州野老詩。

徐州作

萬機清淨欲何爲，百萬儀刑固有之。如此明良共吁咈，當令宇宙一雍熙。由來大舜垂衣事，祇有西周老鳳知。引領大彭山下路，朝來風日滿征旗。

與潘留鶴夜話

乾坤何事日勞勞，留鶴先生已繡袍。天下行藏吾輩老，古來科級聖賢高。忘言臻極詩書奧，得手都從亥子交。萬變在人無一事，男兒到此是雄豪。

蓮窩驛月下自讀所具奏草

中霄望眼依南斗，百轉離腸繞白雲。八十光陰心獨畏，尋常謦欬夢相聞。東西可但悲遊子，去就真堪託聖君。漸近九天瞻日月，清光先爲照斯文。

喜得容球書，荅之

一春閉閤卧皇都，幾處行窩憶老夫。明月夢回東海釣，白雲愁到北溪書。鋒棱去盡名猶贅，起倒傷多病不除。若問長安今面目，依然張翰舊頭顱。

得馬廣書，寄丁明府

多時不見長官面，萬里忽傳都老書。州縣賢勞真自愛，乾坤公道要人扶。精神分付簿書外，得失交争議論餘。良夜小樓君莫去，青天明月到跏趺。

癸卯歲端午日書于慶壽寺，和張兼素韻

白鳥飛來拂釣船，綠蓑青笠舊因緣。天機皆是誰能厭，太極無方我亦遷。點也只來沂水上，仲尼更上泰山巔。若還置我江門下，歸枕江流樂舜天。

次韻荅李侍講

曾放東溟萬里船，天涯孤客笑延緣。百年祇好供高卧，一歲何勞問九遷。夜枕蟬聲猶在耳，秋風雪色已盈顛。久知病骨難牽强，肯把行藏更問天。

再用原韻荅王内翰

析木津頭兩繫船，相逢因話舊時緣。衣冠闕下尋常見，寒暑人間十五遷。詩入唐音稱子美，字臨蘇帖抗張顛。看君九萬扶摇翼，一夜秋風飛上天。

次韻荅鍾濯海

平生家業在漁船，亦是閑中未了緣。萬里修程今始到，一元休運正中遷。閑看芳樹春如醉，祇恐東風夜放顛。幸有如澠歡喜酒，勸君直到太和天。

何晦叔訃至有母未葬

貫輩得公當撫柩，秀夫從我亦沾巾。三千里外同燈火，二十年前一偉人。塵世祇應愁太早，酒盃誰不羡長春。天涯四尺知何處，好卜松楸母子憐。

慶壽寺與麥岐夜坐寫懷，寄鄉中諸友

手擘荔枝松下飲，青山何處了殘杯。三更古寺鄉人語，萬里長安遞馬來。白首肯爲妻子計，壯心暗逐歲年頹。經遊也恨曹溪水，直下江門遶玉臺。

寓慶壽寺，通奉鄉閭諸親舊

行人初發渡頭船，細雨持醪憶去年。處處争歌留別句，家家富有送行錢。詩書且看兒孫長，鄉黨都憑父老賢。俗慮不干窻下枕，諸公真個是神僊。

悼容士熙

長安孤客不曾愁，萬里開緘失舊遊。病枕却憐歸故里，殘書應悔寄他州。土中白髮三千丈，身上青袍二十秋。莫道不如江漢水，夕陽嗚咽似東流。

京回將至直沽〔一〕

玉臺居士領朝衣，乞得寧親海上歸。到眼碧波還漾漾，迎船白鳥故飛飛〔二〕。何嘗宇宙無通塞，到了江山省是非〔三〕。今夜直須沽一斗〔四〕，北來多負網魚肥。

〔一〕此詩又見阮榕齡《編次陳白沙先生年譜》「成化十九年癸卯」條，據所見白沙先生墨跡録入，題爲「至直沽」。（阮榕齡撰：《編次陳白沙先生年譜》，《宋明理學家年譜》第九册，第二八四至二八五頁；陳獻章撰：《陳獻章集》，下册，第八三三頁）

〔二〕「迎船白鳥」，《編次陳白沙先生年譜》作「迎潮白馬」。作「迎船白鳥」，於義爲長。此詩墨跡尚存，墨跡亦作「迎船白鳥」。（秦友朋主编：《陳獻章書法集》，廣州：嶺南美術出版社，二〇〇八年，第三二至三三頁）

〔三〕「到了」，《編次陳白沙先生年譜》作「到耳」。墨跡亦作「到耳」。（秦友朋主编：《陳獻章書法集》，第三二至三三頁）

〔四〕「今夜直須沽一斗」，《編次陳白沙先生年譜》作「今夜直沽須一斗」。墨跡亦作「今夜直沽須一斗」。（秦友朋主编：《陳獻章書法集》，第三二至三三頁）

直沽逢周文都〔一〕

病者宜休壯者行，老夫長揖謝周生〔二〕。停船沽酒日初下，燒燭賦詩潮欲平。豈有文章供世用，不留門户得身輕。華山有語君須記，造物元來也忌名〔三〕。

次韻莊定山先生見贈

病餘白髮不勝簪，還擬扶衰過卧林。南斗望沉將母處，西風吹斷過江心。作官於我何嗟晚，愛酒如公不厭深。萬里煙波從此去，扁舟垂老夢相尋。

〔一〕　此詩又見阮榕齡《編次陳白沙先生年譜》「成化十九年癸卯」條，據所見白沙先生墨跡録入，題爲「直沽逢周京」。（阮榕齡撰：《編次陳白沙先生年譜》，《宋明理學家年譜》第九册，第二八五頁；陳獻章撰：《陳獻章集》，下册，第八三三頁）

〔二〕　「長揖」，原作「長楫」，據《編次陳白沙先生年譜》改。此詩墨跡尚存，墨跡亦作「長揖」。（秦友朋主編：《陳獻章書法集》，第三二至三三頁）

〔三〕　「元來」，《編次陳白沙先生年譜》作「由來」。墨跡亦作「由來」。（秦友朋主編：《陳獻章書法集》，第三二至三三頁）

經石先生墓 名醫，石僉憲淮之父

丈夫無地救蒼生，和扁伊周不大爭。終古可收方技傳，先生真得定山銘。杏林本爲他人種，藥籠猶嫌舊日輕。慚愧平生醫國手，病騎瘦馬過公塋。

代簡答周成之稱天下士

老子亦稱天下士，也因書寫見胸襟。須君少綴憂時計，知我曾無喜事心。賈誼疏中流涕早，劉蕡策裏諫言深。平生溥博淵泉意，又向秋風寄短吟。

贈丁中書父易洞先生

老人眠坐愛松根，久客帝鄉勞夢魂。紗帽肯留官裏養，茅齋歸去蜆東村。青燈照几翻書帙，白髮臨池數鶴孫。窺破先天無一事，梅花消息與誰論。

代簡平江總戎

信息連朝好是真，野夫何敢與朝臣。公歸闕下稱元老，我憶淮陽是故人。未信洪鐘收響疾，共看强弩發機新。三邊此日思韓范，爲剪胡雛息塞塵。

次韻成天本中秋對月

行藏脱署倚樓時，見月開尊得睡遲。五十丘園天與静，尋常進退我何思。襟懷欲共骷髏語，霜雪真成老樹知。多少勳勞在西漢，留侯偏與赤松期。

和答梁白鴻

漁笛聲沉碧海涯，别來幾度夢中吹。似聞世祖無窮計，也愛桐江百尺絲。選占龍頭寧有意，食空驢尾不防饑。羅浮果欲相隨去，請向西風訪楫師。

諸友誦周鎬秋居次韻唐人之作，率與同和二首

詩來鎬也和雍陶，風會蟬聲過柳稍。萬事盡從生處起，百年誰向死前抛。能將清静除煩惱，何異王師破賊巢。堪笑後生無定力，深山何處欲誅茅。

石上春風吹醉陶，門前疎柳落寒稍。抄方多後病難却，讀易醒來夢易抛。老馬尚堪千里駕，鷦鷯初穩一枝巢。眼中未敢輕年少，廊廟他年看拔茅。

次韻鄉友別後見寄

風流洛社何由見，擊壤聲中窺一斑。好客欲留燒笋飯，扁舟尋過浴凫灣。淵明到處須持酒，巢父從來懶下山。莫道不如真率會，品題正在數公間。

和康節閑適吟，寄默齋五首

二十年來不讀書，濫隨偕計到皇都。抹時伎倆吾何有，諧俗夤緣命却無。夢裏已歸垂柳宅，江門先問打魚徒。白沙敢比桐江瀨，出處當年亦少殊。

聖主哀憐許乞身，我生誰道不逢辰。正當四海無虞日，且作中年省事人。卷裏題詩無靖節，花前對酒有玄真。誅茅我欲同煙火，頗費肩輿往復頻。

衰榮無定只嗟傷，歲月已多人意長。本擬功名能進步，奈何時命阻飛翔。水中玉兔空留影，匣裏青蛇肯露芒。寄語太和須保合，任他人世自炎涼。

水滿陂池雲滿山，小車來往百花間。但知有酒留君醉，料想無人似我閑。紅杏枝邊纔雨過，子規聲裏又春還。郢中白雪無人和，我爲君歌菩薩蠻。

老夫叉手問東風，天地無窮還有窮？滄海平生偏得意，詩書垂老未收功。藤蓑漫舞春溪緑，紙帳安眠曉日紅。天外白鷗閑箇箇，飛來飛去水雲中。

次韻馬肇文

長醉仙家碧酒春，曲肱高枕玉臺雲。老來歲月何曾數，人與乾坤不必分。弄水釣魚無我樂，看花騎馬共誰群。功名自古負少年，草莽如今荷聖君。

次韻黄澤

衹有群鷗共釣湍，江門何敢望龍門。不迷蒼耳行邊路，直到黄雲住處村。誰共乖厓分華嶽，偶逢漁父話桃源。月明我欲留君醉，分付家人酒莫寒。

寄李德孚

青山真與白頭期，箕潁陶唐混昔時。虚驚麒驥行千里，實見鷦鷯坐一枝。涉世風波吾亦早，著書日月子空遲。濁醪共醉無消息，醉倚山瓶有所思。

次韻贈楊榮夫

問我行藏不我疑，暮年懷抱亦君知。白雲坐枉青雲駕，今雨來歌舊雨詩。滄海孤舟從去遠，玉臺高塔見登遲。明朝又與東南別，莫惜臨風酒盞飛。

處困呈丁明府

對越常如上帝臨，一毫非僻敢相侵？明珠薏苡從人謗，白日青天共此心。未信中流欺砥柱，還須百鍊到真金。死生都是毫芒事，好揭西齋七字箴。

挽丁明府彦誠二首

親調冰粉寫銘旌，六載勞心縣政成。樓外晚風誰奏角，城南春柳自啼鶯。均徭累歲閭閻静，鄉社連村祀典明。千古桐鄉遺愛在，長官何必葬金晶。寧都山名。

長官家住古虔州，暫試牛刀越海頭。勸課馬閑春雨地，游心人上太空樓。百年天地誰青眼，萬里江湖幾白鷗。寡婦孤兒憂未了，滿江風雨進歸舟。

嘉會樓次韻任少參

江上秋風又卷沙，一尊還許共煙霞。莫言老去樓空倚，每到公來酒不賒。直以狂詩傳勝事，也因秋實辨春華。江門亦是西來水，流向人間未有涯。

和伍伯饒登碧玉樓

坡老詩懷到此開，風生何處妙高臺。常聞尼父乘桴去，又見麻姑控鶴來。島嶼自堪供極目，頭顱端合老南垓。高眠盡日無人到，閑看飛鴻點雪回。

和俊圭白沙夜坐三首

沙田漠漠海之濱，携慣孤琴不問津。鄉里盡聞君世德，乾坤合是我流人。瓶中瀉粟還供客，又頂那錢始笑貧。却恐明朝君又去，祇留山石伴劉因。

携書幾過曲江濱，老去何心更問津。風月滿斟黄菊酒，功名分付黑頭人。晝眠山閣偏多静，秋到詩囊也未貧。辨得曹溪雙草屨，明朝欲往定誰因。

白竹臺前紫澗濱，拍天風浪已無津。幾時木屐還來此，何處漁舟肯共人。榮叟自便多樂

在，后山真認百年貧。東西好記閑遊處，山月留誰話此因。〔一〕

寫懷 用前韻

曲肱枕老海東涯，短疏何須更乞骸。着翅登天無此夢，碧波明月蕩人懷。花邊濁酒閑三盞，天下名山費幾鞋。惆悵春陰連晦朔，蝸牛粘户草侵堦。

答吴樂善送菊

兩莖何處委霜根，路入廬山不問村。佳節總非前月日，新香猶裊舊龍門。氣清天與金行秀，色淺人知土德尊。今日淵明不能領，倒巾簷下弄詩魂。

次韻劉方伯海上有感見寄

五湖波浪六街塵，今古賢愚共寄身。顧我亦非忘世者，須君莫羡釣魚人。尋常丘壑輕軒

〔一〕此首墨跡尚存，詩云：「□竹籬前紫澗濱，拍天波浪已無津。幾時木屐還來此，何處漁船肯共人。榮叟自便多樂在，居山真忍百年貧。東西好記閑遊處，山月留誰話此因。石齋八月稿。」（秦有朋主編：《陳獻章書法集》，第六六至六七頁）兩相比較，文字略有差異。

冕〔一〕，萬古君皇訪隱淪。浩笑不知天壤闊，萬鍾何異一杯尊。

次韻張廷實瑞香花開有懷

三徑歸來鬭草萊，偶逢名士乞花栽。莫愁冷豔無人愛，正遞寒香别圃開。年光暗逐東流水，春信纔通半樹梅。必有比儔高二仲，手捫花樹共徘徊。

奉陪趙提學登圭峰佛閣次韻

江城落日見樓臺，遠渡孤煙逐鳥來。竹裏疎鐘看客打，雲邊傑閣是僧開。崎嶇徑石雖妨馬，澹薄風光亦借梅。却笑諸公遊不慣，登高須着老生陪。

留客出釣

江上東風生白浪，行人初聽竹枝歌。飛殘柳絮鶯還語，空盡花枝蝶尚多。雨過雲山圖對展，月明空水鏡相磨。欲將君釣河豚去，肯駐龍溪十日麽。

〔一〕「軒冕」，原作「軒晃」。徑改。

題莊節婦

江水嗚嗚江月流，千秋遺魄此江頭。干戈寄食家何在，貞白捐軀骨不收。誰勒穹牌留姓字，人憐虛塚祭春秋。何時突兀曹娥廟，一寫凄涼野老愁。

次韻麥岐途中見寄諸鄉友約曹溪二首〔一〕

二年白浪與紅塵，愁殺蒲團打睡人。萬駟千鍾渾是累，清泉白石豈非珍。招呼熊子江邊客，來看曹溪洞裏春。聞道庾關消息蚤，紅梅先放數花新。

麻衣穿破不沾塵，海上支離一野人。本爲聖朝無棄物，偶逢儒席得稱珍。紅蕖緑浪横孤艇，白雨黄牛廢一春。却媿南山髯長老，閉門深坐一蒲新〔二〕。

〔一〕　此詩又見阮榕齡《編次陳白沙先生年譜》「成化十九年癸卯」條，據所見白沙先生墨跡録入，題爲「舟中次麥岐韻」。（阮榕齡撰：《編次陳白沙先生年譜》，《宋明理學家年譜》第九册，第二八五至二八六頁；陳獻章撰：《陳獻章集》，下册，第八三三頁）

〔二〕　「閉門」，《編次陳白沙先生年譜》作「閉關」。又：《編次陳白沙先生年譜》所録此詩之末，有落款云「癸卯十月二十六日，獻章書於桃源舟中」。

甲辰春祭

少長參差進影堂，前頭班短後班長。春秋此日嚴同祀，水木千年敢易忘？堂下放歌山月白，花邊羅饌木犀香。吾親未遣吾扶拜，猶爲焚膏視酒漿。

次張廷實進士枕上偶成韻

何處青山一草廬，四無僯舍亦無徒。舞雩風日三杯酒，雲谷交游一老夫。白晝且便蘄竹簟，青鞋不到阮郎途。静來人與天爲一，説道華胥夢亦無。

寄彭都憲

今朝試拂鏡中塵，何物頭顱敢負人。但得聖恩憐老母，也叨供奉作詞臣。公無私我公當進，我不隨公我自真。却媿南安張太守，笑人頭上玉臺巾。

吊陳子威老僕

早贖奴身費主錢，主翁骨肉甚顛連。託巢生子五六口，盡死酬恩三十年。畎畝自堪供獨力，妻奴何用乞分煙。留詩留傳奴當爾，只恐吾詩不易傳。

次韻倫德明

勸酒人人愛石齋，若爲不飲負朋儕。破除英氣親流俗，縱放謳歌誦泰階。多病一官堪到手，窮愁三斗正開懷。石生自有風波分，何日扁舟怕渡淮。

月下聞拍鼓

人間燈火隔年開，何處歌聲月下來。快舉酒卮深似盎，拍來村鼓鬧如雷。猶聞此晝豐年樂，解憶先朝令尹才。請看中霄旋斗柄，便從今夜定春回。

書圭峰寺壁

厓門酒不對君傾，決策登山不吝情。小歇松林還繫馬，謾題詩卷不裝綾。青山已住多時別，白首都無一事成。若見高僧談畫遠，始知陶令我前生。

次韻張東所厓山

勞形終日更勞心，何處名山不可尋。白首幾人同出處，蒼厓三月半晴陰。雲衣屢變桐花白，春思閑隨杜宇深。自有平生山水意，眼中誰號最知音。

次韻李世卿山房偶題

山房東畔澗西偏，僻絶還宜看散仙。新芋滿盤君試擘，破瓢高樹我真懸。煩襟漱井泉三尺，倦足蟠雲石幾拳。欲展秋枰逢國手，閑中真有日如年。

百詩斗酒是君偏，子美歌中第幾仙。竹徑井闌幽鳥下，茅簷蛛網亂虫懸。飛雲閣不迷秋望，黄鶴樓曾碎老拳。我種石田三畝芋，留君還許過殘年。

詩瓢酒琖兩家偏，未領頭銜總是仙。何處芙蓉堪共倚，此生天地覺孤懸。緇塵紫陌遺千里，白鷺黄槐度兩拳。却憶舊游林縣博，江湖何日是歸年。

長笑蘇門趣已偏，劉安雞犬亦成仙。連崖竹色千莖緑，傍樹藤稍十丈懸。老去松風猶露頂，秋來村酒得猜拳。何人不厭生涯薄，菰飯蛙羹共暮年。

彭殤所值一何偏，誰把黄金買得仙。公子尊前紅袖舞，將軍船上赤旗懸。賢愚不管題三尺，貴賤終同握兩拳。却喜騷壇李居士，今年詩好過前年。

再用偶題韻呈世卿

聖到阿衡還是偏，首陽絶穀寧非仙。西山忽報朱鳳下，東海遥看赤日懸。語爲投機須喋喋，事非師古莫拳拳。詞臣已獻清河賦，聖主龍飛第一年。

碧瞳青頰兩肩偏，我問麻衣合得仙。郢内尚留諸曲在，杖頭剛有百錢懸。小談世事聊揮麈，慣識天機不竪拳。未説大厓真未有，欲將君去學長年。

獵獵旌旗海一偏，西風隻舫似登仙。不將白浪供閑眺，恐有蒼生在倒懸。媚俗本無新婦態，參詩聊擘老僧拳。江門尊酒相逢處，不記今年是去年。

用前韻寄若虚憲副

堂後木犀青兩偏，小瓢挑日醉花仙。談玄樹下客不到，弄巧枝間雀倒懸。無位聖賢多似蟻，有形天地小如拳。白頭野老生何世，上下還吾六萬年。

次韻答張廷實見贈

百千年代一回頭，多少賢人着去留。華嶺桐江煙水客，南陽莘野廟堂憂。用材始見千尋木，涉海方知萬斛舟。自笑此身無檢束，虚名只好博閑愁。

庚子除夕

屋角輕雲鎖暮燈，蹣跌不語鬢鬅鬙。受誣恐作鄉邦恥，靖難還來盜賊憎。福善禍淫天可信，翻雲覆雨世難憑。明年此夕公何處，好在盧峰最上層。

今夕杯盤除舊歲，明朝筆硯試新春。風雲散入揮毫手，花鳥偏供閉户人。不願騎驢去縣裏，只憑看柳到江濱。虞丘知我頭顱自，許傍閑鷗理釣綸。

平岡開圳成，太守鍾美宣諸君携酒往看

鑿破青山注白雲，梅花和月亂紛紛。數家青接茆茨起，百畝縈環井地分。南盍山人勞送酒，惠州太守喜鐫文。諸公素有登臨約，不借高歌此耳聞。

槎涌口

兩川風雨上歸舟，水國瀟瀟昨夜秋。鐘鼓不來南海廟，夢魂深繞白沙樓。荔丹映雨垂垂濕，江練隨風滾滾流。不敢久貪山水勝，白頭正動倚門憂。

贈太平令袁德純

西江已見羅内翰，東浙更聞袁德純。令尹車前三日雨，太平縣裏萬家春。眼中人物我將老，歲晚交情誰最真。邂逅南京傾盖客，徘徊吉水繫舟辰。

風雨池上偶作

春盡東南雲水鄉，滿身風雨看林塘。眼昏焉識乾坤大，髮短方知歲月長。疾病久叨同輩藥，是非不到小齋香。赤松但有長生術，辟穀何須怪子房。

寄張純

經過有客滄溟上，問訊悲君劒水西。地濕固應蚯蚓伏，月昏還著散鴉啼。清江無錢即沽酒，白髮寄聲能杖藜。擬假青鸞報消息，碧桃花壓釣船低。

贈鍾地曹

北風渺渺泛輕舠，堪爲江山載酒醪。何處詩篇有陶謝，此公氣岸失劉曹。三江宿槳聞潮落，一夜揮觴坐月高。回首蓬萊隔煙霧，山靈應謝馬蹄勞。

讀鍾地曹詩卷次韻

大雅少陵俱渺漫，名家今日□誰看。出人總讓一頭地，進步還於百尺竿。山谷巧傷坡老俗，退之豪絶孟郊寒。千秋萬歲交料理，不道無詩與地官。

寄上誠菴朱先生〔一〕

諸賢鈇鉞鎮西東，歲歲江湖擬拜公。國有大臣堪柱石，世無公論過兒童。三台共覘調元

〔一〕　此詩墨跡尚存，陳志平之釋文題爲「奉寄朱都憲」二首，其第一首云：「諸侯鈇鉞鎮西東，歲歲江湖擬拜公。國有大臣堪柱石，世無邑令過兒童。三岡共□□□□，四壁曾成造化功。多病一身如槁木，也怨桃李育春風。」其第二首云：「古來名譽塞乾坤，公與時人作法根。眼見晦明真有數，心知骨肉更何言。全家可食□□報，千里如□□嶽尊。他日勳庸書史筆，章連書法在龍門。成化壬寅夏六月十一日，石齋書于□□白沙。」（陳志平撰：《陳獻章書跡研究》，第二四六至二四七頁）異文頗多。

手，四序兼成造化功。多病一身吾槁木，也隨桃李育春風。一門可食汾陽報，千里遥瞻泰嶽尊。應有高賢標史筆，山人今日到龍門。古來名利塞乾坤，都與時人作謗根。眼見晦明真有數，心知骨肉更何言。

寄李勉恕

風光曾共醉潮連，旋捲荷杯當酒船。物態已隨秋氣改，人情還在藕絲牽。江村來往孤舟上，草閣東西一水邊。莫向漁磯苦相憶，鄉人要看錦衣旋。

湖西先生將往淛東，憲副公以詩留别，次韻四首

行住一生雲在天，祇因離合故悽然。沙門許護三年法，浙水今撑萬里船。酒盞正揮秋月下，鐸聲初散曉風前。相逢盡説無愁事，翻得愁多雪滿顛。

雲影初生水底天，此心天地有同然。自憐此日雙蓬鬢，也得先生一繫船。南越波濤南斗下，曲江秋月曲肱前。明朝回首知何處，却怪留衣與太顛。

何日綸音下九天，此邦弟子欲潸然。那知南海是長夜，安得北風來駐船。幽思無端秋島外，離心暗折暮江前。一尊何幸留今雨，再着裳衣再倒顛。

目盡東吴萬里天，湖山佳處想依然。不知它夜梅花月，還照誰家釣瀨船。大雅風流千載後，洪荒心事六經前。先生出否非無意，不用人憂鼎趾顛。

寄題南安周元公吟風弄月臺，次張太守韻

八月緘封寄我開，公詩古蹟兩崔嵬。明月只疑周子過，清風更是洛陽來。冥冥此夜英靈語，拍拍寰區老佛埃。獨立江干閑引望，白頭何日賦登臺。

未拜元公風月臺，南安消息眼中來。千秋神爽今如接，累日頭風忽此開。無欲可同天廣大，至誠不取嶽崔嵬。浴沂也是當年意，吾眼猶能辨一埃。

與梁文冠説詩

東風把卷木犀傍，花氣濃薰翰墨香。月滿樓中催鳳管，春深谷口試鶯簧。知音未可輕容貫，得法終須拜孔陽。夢破小齋人不見，一番春草遍池塘。

何時矩新著《堪輿家穴法辨》，因容生寄之

一編初見錦囊新，後出何生更絶倫。它日待君沙上語，新詩示我嶺頭人。未將白髮憂藜杖，總愛青山映葛巾。應有峰巒隨指點，咏歸何獨舞雩春。

次韻李掌教遊寒巖見寄

人在寒巖未絶尊，至今傳者謾消魂。可憐駐馬巖前客，欲見當年石罅痕。元亮行藏雖栗里，武陵信息想桃源。江邊忽送天台使，一曲棹歌烟水昏。

圭峰次韻

白沙先生游玉臺，三日城中無馬來。看盡青山心似水，睡高紅日鼻如雷。不生鬼魅僧常住，直爲妻孥我欲回。澗水西頭有閑地，明朝再擬剪蒿萊。

次南雄守江侯贈倫司訓韻

東流萬里淩江水，不及江侯送客情。短短詩篇驚俗子，頻頻酒盞别先生。百年地位青雲迥，一老東南白髪明。自笑平生空學道，此心垂老向誰徵。

賀李德孚生孫 并序

李昭受室，久而未育，其尊公德孚先生以爲憂。余嘗寬譬之，曰：「天之所與在德。余聞李氏自忠簡公來，善世有積，後其有不昌乎？天道可信，此未足憂。」至成化丙申秋，乃生一孫。德孚大喜，同遊者咸爲德孚喜也。德孚己丑歲與余同舟過南畿，莊木齋贈以詩曰：「歸路携諸友，迎船立兩孫。」是時木齋但見德孚年貌，不知德孚實未有孫也。相視一笑。今且十年，德孚首已皓矣，始抱一孫。誦木齋之詩，喜德孚之喜，可無賀乎？律詩二首以侑斝，并爲廼孫祝也。

月建在戍歲丙申，時有神物降兹門。昭穆遂添忠簡世，公侯再見德孚孫。舞斜天上神仙袖，撞碎田家老瓦盆。公甫作詩聊賀汝，犀錢玉果不須論。

忠簡家聲可世論，手提赤子洗銀盆。更應來歲連雙璧，真個迎船立兩孫。列宿又看朱鳥影，麒麟終走玉皇門。相將五嶺回中氣，第一先生甫及申。

贈張叔亨別

老病侵尋年屢更，相逢盃酒話平生。人心未始甘爲惡，世路何須不着行。畎畝樂聞天子聖，廟堂初簡宰相清。它年記得同眠處，夜半圭峰磬一聲。

小圃逢春，追次康節韻〔二〕

時物紛紛共鬪妍，好春多在語鶯邊。緋桃圃裏偏愁雨，緑柳梢頭更著烟。詩酒逢春聊復爾，江山到老只依然。行窩十二家家到，拚盡浮生未了年。

小園風物正喧妍，白白朱朱遶兩邊。折翅病蜂斜墮水，尋香癡蝶亂迷烟。典衣沽酒由來爾，買地栽花大抵然。安得此身辭藥裹，東遊西泛也年年。

〔二〕　白沙文編亦收録此詩，且題下有小注云：「余家藏先生墨跡，有此二首。諸□第三句以下皆逸悞，今正之。」又：此詩，孫通海點校之《陳獻章集》亦有收録，題爲「追次康節先生小圃逢春之作二首」，第一首據何祥熊本輯録，第二首據碧玉樓本輯録。第一首作：「時物紛紛共鬬妍，好春多在語鶯邊。傍花隨柳我尋句，剩水殘山天賜年。竹逕旁通沽酒市，桃花亂點釣魚船。而今我愛孫思邈，自古高人方又圓。」第二首作：「時物紛紛共鬪妍，好春多在語鶯邊。緋桃圃裏偏愁雨，緑柳梢頭更著烟。詩酒逢春聊復爾，江山到老只依然。行窩十二家家到，拚盡浮生未了年。」（《陳獻章集》，下册，第五〇四頁）其第一首，僅第一聯與白沙先生《次莊定山清江雜興韻》之第一聯（「家學華山一覺眠，圖書亦在枕頭邊」）不同，其餘三聯無別。（《白沙子全集》，何九疇刻本，第五卷，第一〇頁；《陳獻章集》，下册，第四一四頁）

悼老曾，呈馬默齋

曹溪並騎遠尋僧，荷盖相隨愧老曾。造次小心供作粥，平生高手見挑燈。藉資肯落時人後，織畚難逃造物憎。六十二年成幻化，西僯愁殺馬□□。〔一〕

過訪陳時用，因題其曾祖遺像〔二〕

百年生計積饒豐，獨向羅溪見此翁。親友也能思舊好，子孫應爲述前功。愁回剡曲孤舟雪，恨入山陽一笛風。今自白沙題品後，欲書潛德愧難工。

贈别林緝熙〔三〕

愧爾遠步登此堂，東家行路久荒唐。詩成老我無功用，歲月還君更激昂。莫枕白雲閑宇

〔一〕「西僯愁殺馬」後，遺詩補集有缺頁。據此詩用韻及詩意，「□□」疑爲「先生」二字。

〔二〕此詩原缺，據碧玉樓本補出。（《白沙子全集》，碧玉樓刻本，第八卷，第八三頁）

〔三〕自《贈别林緝熙》至《和答林郡博緝熙將至嚴州見寄》，共九首，底本原缺，兹據《南川冰蘗全集》卷末附録、《陳獻章集·陳獻章詩文續補遺》補出。（林光撰：《南川冰蘗全集》，第四六八至四七五頁；陳獻章撰：《陳獻章集》，下册，第九八二至九八七頁）

宙，摳衣明月入宫牆。風霜歲晚成身地，莫負男兒一寸剛。

次韻林緝熙遊羅浮

拔地決起瘦鶴軀〔二〕，插天壁立東南隅。眼中非子不能到，海上何山可與俱。便從往種扶桑樹，即將寫入方輿圖〔三〕。群仙未用誇三島，一覽還應隘八區。登羅浮。

次韻緝熙河源道中聞林琰兇問 林琰即秉之

大塊無心任去來，先生何事獨興哀？生前只對一樽酒，死後須埋幾尺灰。處處花開狂雨損，年年春被杜鵑催。白頭襟抱胡爲爾，得放開時且放開。

〔二〕 此詩，遺詩補集亦有收録。「瘦鶴」，遺詩補集作「瘦鶻」。
〔三〕 「寫入」，遺詩補集作「補入」。

次韻緝熙受教職〔一〕

風雨山前夢亦安〔二〕，天涯孤客歎之官。莫愁飛雪登程晚，還喜憑書與限寬。笠影遠離滄海月，手痕猶在富春山〔三〕。乾坤欲了男兒事，日月東西跳兩丸。

百年文物在東吴〔四〕，畫舫春風憶此都。到手閑官如處士，從頭詩卷又江湖。秋風淅淅將吹雁，渚雨飛飛急下鳬。村裏病翁誰見問〔五〕，莫言筋力尚支吾。

〔一〕此詩遺詩補集亦有收録，其中第一首題爲「次韻林緝熙」，第二首題爲「和林緝熙受教職」。

〔二〕「夢」，遺詩補集作「坐」。

〔三〕「富春山」，遺詩補集作「富春竿」。

〔四〕「在」，遺詩補集作「盛」。

〔五〕「村裏病翁誰見問」，遺詩補集作「衰病倘逢諸老問」。

成化甲辰中秋後，寶安袁藏用、林子翼、林時嘉、童子時遠、時表從緝熙來訪白沙。緝熙新授浙江平湖縣博，將之官，是夕辭去，賦此識别[一]

天高月朗送君還[二]，紫水黄雲又閉關。但得笑談如此輩[三]，不妨來往共人間。豈無貴介同傾酒，每憶心知恨隔山。官在太湖家萬里，老夫何地索開顔？

追次緝熙平湖舊作見寄詩韻，時緝熙便道歸自閩廣，將過白沙一話，因以迓之

地爐借子晝寒灰，已遞新詩過越臺。小甕初香猶待熟，南枝正發未全開。去年春比今年早，前浪人驚後浪催。邂逅故鄉如夢耳，幾時松菊見歸來。

〔一〕此詩遺詩補集亦有收録，題爲「送林緝熙」。
〔二〕「月朗」，原作「日朗」，據遺詩補集改。詩題有「是夕辭去」之説，故以作「月朗」爲是。
〔三〕「但得」，原作「但是」，據遺詩補集改。

和答林郡博緝熙將至嚴州見寄

二十年前别帝畿，而今衰鬢各成絲。人情未易分真僞，世路終當慮險夷。有要但看無欲止，知幾端在履霜時。嚴州剛遇思齊地，肯放長竿到手遲？

四方冠蓋客京畿，幾多年光入鬢絲。笑語山僧還揭諦，可勝斯道落吾伊。緝熙許我過無定，萬丈飛雲一武夷。千里相思頻作夢，嚴州誰問到官遲。弘治臘月。〔一〕

留菊主飲〔二〕

經冬三月不離牀，屋角梅花夜夜香。舫子藥隨春酒至，先生病愈故吾忘。直拌酩酊能留客，莫笑蹣跚嬾下堂。記得早秋同宿處，竹籬煙火白牛岡。

〔一〕此詩標明撰作時間爲「弘治臘月」，然未標明年份。林光《明故翰林院檢討白沙陳先生墓碣銘》云：「己未，《寄嚴州》又有『千里相思頻作夢』之句。」（林光撰：《南川冰蘗全集》，第一八一至一八二頁）己未，爲弘治十二年。據此，此詩當作於弘治十二年己未臘月。

〔二〕自「留菊主飲」至「闕題」，共六首，底本原缺，兹據《白沙叢考·白沙先生詩文補遺》補出。（阮榕齡撰：《白沙叢考》，《宋明理學家年譜》第九册，第四九三至四九八頁；又參陳獻章撰：《陳獻章集》，下册，第六八九至六九二頁）

贈公學

春城風雨濕詩囊，瘦馬朝馳抵路旁。世事偶逢車載鬼，書生真有鐵爲腸。清風明月終還我，守義懷仁不負郎。行止非人乃天定，孟軻何必罪臧倉。〔二〕

送李昇之京

歌聲誰放曉江干，萬里舟航眼界寬。短棹已隨烟浦外，此溪遥接白雲端。行藏手上惟三尺，名利場中總一官。夾徑鶯花春未老，爲君傳送道平安。〔三〕

〔二〕阮榕齡於此詩之末加注云：「《鶴山志》云：此詩意不可曉。《白沙集》有《與陳秉常書》云『蒙謗大矣。事始末，問公學』。詩當緣此作也。」

〔三〕阮榕齡於此詩之末加注云：「《鶴山志·選舉》：李昇，古蠶人，弘治十四年舉人，石埭知縣。〇按：既云弘治十四年舉人，時先生已没，焉有送之京事？考《新會》王志：李昇，石步人。是此詩送石步之李昇，非古蠶之李昇。《鶴山志》誤也。」

卧愚亭

何處水邊堪此亭，偶從詩卷挹芳馨。小眠亭上真何意，大夢人間肯未醒。難以智愚分巧拙，盡教描畫付丹青。老夫伏枕廬山下，頭白於今未與名。

闕題二首（「浩浩江門水自流」、「年光想象似浮雲」）〔一〕

浩浩江門水自流，懷人獨聽五更秋。風飄萬古雲無著，月上千山夢易幽。老去不堪杯酒別，詩成不覺始生愁。世間極樂惟君事，一曲琴聲韻欲浮。

年光想像似浮雲，夢冷長亭柳色新。記得出門時節好，自教寒食歲同春。煙分玉樹花明遠，露滿南山草半茵。塵路豈能忘此念，故來河畔理絲綸。

〔一〕 阮榕齡於此詩之題後加注云：「今歲道光二十二年，大良談君子粲書來，云『嘗見白沙懷人詩二首，詩茅筆書。今十餘年矣，忘其姓名。紙約長三尺云』。」

出潞河〔一〕

來往西風析木津，歸舟明月又隨身。君看烏帽白頭客，合是東西南北人。浮世升沉雖有定，鴻鈞賦予不爲貧。却憐病骨長如舊，叨負清朝翰苑臣。

乞恩南歸先寄諸鄉友候我於曹溪者

諸君來訪曹溪洞，臘月扁舟我亦還。白帽影連江上水，清猿聲斷峽中山。公能少爲煙霞住，我豈不如鷗鷺閑？枕中收得淮南記，更與南山長老看。

再拜江門〔二〕

再拜江門問□言，老夫于此尚茫然。舊書看破百千卷，古曲彈終一兩弦。習氣交攻良自

〔一〕《出潞河》以及《乞恩南歸先寄諸鄉友候我於曹溪者》兩詩，底本原缺，阮榕齡據所見白沙先生墨跡録入所撰《編次陳白沙先生年譜》「成化十九年癸卯」條，兹據以補出。（阮榕齡撰：《編次陳白沙先生年譜》，《宋明理學家年譜》第九册，第二八四至二八五頁；陳獻章撰：《陳獻章集》，下册，第八三二至八三三頁）

〔二〕此詩原缺，然其墨跡尚存。兹據墨跡補出。（秦有朋主編：《陳獻章書法集》，第二至三頁）

苦，天機閑動爲誰宣。眼中故舊如君少，不見於今是幾年。弘治癸丑冬至前二日，石翁在貞節堂書。

筮仕示張詡[二]

燈下排蓍十八更，神機我祝敢相輕？一時出處雖當決，半月功名了不争。世事轉頭□□病，山田計口廢春耕。兒童與我添香燭，百拜皇穹祝母齡。

木犀[三]

老翁久住木犀村，春風見長木犀根。木犀豈比天桃色，豔豔空消蛺蝶魂。款款行雲度清晝，娟娟缺月向黄昏。花應笑我東皋子，我亦酹花北海樽。

[二] 此詩原缺，然其墨跡尚存。兹據墨跡補出。（陳福樹撰：《陳白沙的書法藝術》，第四〇至四一頁）

[三] 此詩原缺，然其墨跡尚存。兹據墨跡補出。（陳福樹撰：《陳白沙的書法藝術》，第四六至四七頁）

寄黄巖鄺載道〔一〕

御史交情白首真，傳書況復有嚴親。黄巖逐客遥憐汝，紫水漁竿正惱人。此本載道金臺贈别之句。歲月江湖雙鬢短，聲名天地一官貧。相逢他日論何事，次第哦詩百首新。

三軍驄馬踏神京，四海蒼生望太平。淮上舟連吴侍御，嶺南人卜鄺先生。批鱗事業真何補，識馬心期浪得名。漸近五湖煙景内，與君今日却須争。

右詩二章，奉寄黄巖使君鄺載道柱史，答來教也。

去年杯酒喜遭逢，却憶金陵是夢中。白首可能離海上，黄巖須爲謝江東。草亭人去千山月，草亭，何喬壽構於廣昌以居羅先生者。來鶴詩成萬古風。來鶴，予寓江東，龍氏新構亭名，莊先生爲賦二詩。兩地寄書慵似我，江南八月有征鴻。

右詩一章，托黄巖轉致區區于金陵孔昜内翰諸公。獻章頓首鄺先生載道侍史，七月十二日。

〔一〕此詩原缺，然其墨跡尚存。兹據墨跡補出。（陳福樹撰：《陳白沙的書法藝術》，第四八頁）

中秋諸友攜酒白沙，時余有徵命將行〔二〕

江門沽酒款徵車，鄉里交情我不疎。不怕霜風吹客鬢，却憐星月洗溪廚。驚看七步來長句，直過三更坐老夫。何處中秋不同賞，明年書札寄江湖。

題南干卷〔三〕

南干老人愛南干，遠山近山畫中看。青煙半横緑楊渡，白鳥低掠紅蕖灣。卧聞風雷辟易久，起視星斗光芒寒。願棄雀事上野艇，與子對食鏡中盤。

〔二〕此詩原缺，然其墨跡尚存。兹據墨跡補出。（陳福樹撰：《陳白沙的書法藝術》，第四九頁）

〔三〕此詩原缺，原見白沙先生《次韻諸友留别詩卷》墨跡。兹據陳志平所録釋文補出。（陳志平撰：《陳獻章書跡研究》，第二五〇頁）

贈林南峰詩〔一〕

黄甲科名重一時，病夫何早閉齋闈？洪鈞賦予一如是，問我去來都不知。人畏丹青應自試，道能舒卷更何疑！天機莫道難尋處，山峙川流盡我師。

闕題（「花溪曾寄舊遊蹤」）〔二〕

花溪曾寄舊遊蹤，剩水殘山幾萬重。一片丹心同皎日，千年碧血散霜風。鐵衣夜冷原頭馬，寶劍秋高海角龍。銅嶺歸來重弔古，陣雲愁鎖戰場中。

〔一〕　此詩原缺，《光緒吴川縣志》第七卷第五至六頁、《光緒廣州府志》第三十七卷第十五頁有收録，兹據以補出。又：程明《陳白沙詩文補遺》曾據《光緒吴川縣志》加以輯録。（程明撰：《陳白沙詩文補遺》，《嶺南文史》，一九九二年第二期，第三七至三八頁）

〔二〕　此詩原缺，清人錢以塏《嶺海見聞》第三卷「銅嶺」條有收録。兹據以補出。（錢以塏撰：《嶺海見聞》，廣州：廣東高等教育出版社，一九九二年，第六七頁。又參程明撰：《陳白沙詩文補遺》，《嶺南文史》，一九九二年第二期，第三七至三八頁）

與李承箕、容貫楚雲臺聯詩〔二〕

蕭蕭寒雨濕芭蕉，短短清吟送酒瓢。萬里歸心憐楚客，一年無計駐蘭橈。飛鳴肯逐霜前雁，來往無端海上潮。黄鶴樓中吹笛罷，月明何處夢相撩。

遊走東南未有公，真成冀北馬群空。共推賈誼年方少，更説相如賦最工。獻策未曾登漢閣，當壚時復笑臨邛。乾坤何處還高步，先到羅浮四百峰。

題趙文卿西圃書室〔三〕

千里貺予西圃詩，奇哉西圃圃之奇。舍中竹色客不至，沼裏天光鶴與窺。草樹雲霞分大塊，古今經史屬諸兒。短檠都在三年課，泉壤於今海内知。

〔二〕此詩原缺，《光緒廣州府志》第八十五卷第二〇頁有收録，兹據以補出。又：李君明《陳白沙詩輯逸》曾據《道光新會縣志》第七卷「廨宅」條加以輯録，文字略有差異。（李君明撰：《陳白沙詩輯逸》，《嶺南文史》二〇〇六年第三期，第五〇至五二頁）

〔三〕此詩原缺，《光緒潮陽縣志》第二十二卷第三七頁有收録。兹據以補出。又：李君明《陳白沙詩輯逸》曾據《光緒潮陽縣志》第二十二卷輯録。（李君明撰：《陳白沙詩輯逸》，《嶺南文史》二〇〇六年第三期，第五〇至五二頁）

和王矩菴〔二〕

豈有文章播兩京，濫竽今古笑虚名。老狂莫道生來僻，小睡猶須學得成。千頃白雲封古洞，幾莖秋髮映疎櫺。梅牕昨夜光燦爛，疑爲南枝一兩星。

江門贈别〔三〕

市遠家貧歲又荒，無魚無肉只家常。青絲藤菜羹猶滑，赤米花黏飯頗香。幾句殘詩明月下，三杯旨酒短籬旁。明朝睡起江潮長，恰送君歸順水航。

〔二〕　此詩原缺，《道光瓊州府志》第四十一卷有收録，兹據以補出。王矩菴，名仕衡，定安人。又：李君明《陳白沙詩輯逸》曾據《光緒定安縣志》第八卷輯録，題爲「和王士衡韻」。（李君明撰：《陳白沙詩輯逸》，《嶺南文史》，二〇〇六年第三期，第五〇至五二頁）

〔三〕　此詩原缺，黄鑰《香山主人遺草》卷末有收録。兹據李君明《陳白沙詩輯逸》補出。（李君明撰：《陳白沙詩輯逸》，《嶺南文史》，二〇〇六年第三期，第五〇至五二頁）

和余統韻〔一〕

乾坤萬里轉山河，南海分明一個關。俗客不來花洞口，仙人原住翠微間。豪吟我愧詩成僻，强飲爲添酒在顔。今日登車看豸史，白雲飛盡釣臺灣。

五言排律

月桂自白石移來

金粟初分我，花仙不吝人。煙霞三畝宅，草木百年身。影入青霄舊，香傳白石新。爲誰工態度，本自惜精神。翠竹旁通徑，緋桃正隔津。生憂兒女狎，莫摘老夫嗔。坐久風回席，行遲露在巾。當時尊玉茗，平地隱冰輪。收斂還真性，生成荷大鈞。相逢山水地，一笑武陵春。

〔一〕此詩原缺，《民國開平縣志》第三十二卷有收録。兹據李君明《陳白沙詩輯逸》補出。（李君明撰：《陳白沙詩輯逸》，《嶺南文史》，二〇〇六年第三期，第五〇至五二頁）

貞節堂柏

柏下拜群孫，年華柏既尊。皇風動高蓋，聖澤溉深根。一事堪詩傳，千年仗魯論。撐空疑有力，印月自無痕。日出江門近，春回海角喧〔一〕。細香浮竹院，深色映籬門。身謝看花塢，家貧賣酒村。陶然緑陰處，高枕弄吾丸。

景雲田葫尾

蓑笠堪從事，少年農圃情。乘潮打兩槳，落日照孤城。山廟題詩過，汀鷗伐鼓驚。提攜新耒耜，寂寞舊棋枰。挾被防春冷，攤書讀晚晴。兒曹依本分，吾道在躬耕。

旌節亭瓦雀

瓦雀喜亭棲，丹青意自迷。雨餘穿麗日，花底啅香泥。並語聲全碎，追飛羽忽低。悠悠去繒繳，欵欵戀榱題。卵育非無地，兒群或引梯。慣行書案上，漸滿井欄西。不羡雕籠養，真堪畫

〔一〕「喧」，高簡本、蕭世延本、何熊祥本、黄之正本、碧玉樓本、四庫全書本作「暄」。

千回歇，排風幾寸躋。冥鴻於汝輩，滄海一涔蹄。

卷攜。由來親白首，那更避青藜。狎久如私昵，喧多類滑稽。行藏非社燕，飲啄溷家雞。度嶺

鍾氏席上賦四十韻

九日江濤穩〔一〕，孤舟客子來。兩番驚老瘦，一別長嬰孩。爨婢携筐出，溪童負水回。家家秋釀熟，處處菊花開。饌有江魚美，拳無俗子猜。敬恭存酌醴，意思劇甘醅。暫去終投轄，將留故下鍤。稍喧防笑語，屢起雪罇罍。石榻偏成卧，柴關莫浪推。交情雙爛熳，高興一崔嵬。樹暗蟲飛亂，山深猿嘯哀。蕭騷鳴磵竹，緑净映溪苔。吹篴丹楓浦，鳴榔白浪堆。平生羨漁牧，此地訝雲雷。掬澗頭垂膝，看雲手拄頰。天機聞荅響，物理識枯荄。小立依林隙，微吟近水隈。直防紗帽落，不放玉山頹。穉子能看客，諸君總愛才。燒茶供小枕，醒酒當殘杯。跡混何須滅，心空不假灰。相依南郭倚，獨傲北枝梅。孔氏終懷寶，顔公未鑿坏。因君投僻遠，爲我剪蒿萊。瓜接青門邵，堂開緑野裴。疏渠下滚滚，辨土得每每。盛惠兼群從，香名盡八垓。自慚非俊傑，何足憂瓊瑰。欲報王孫飯，深愁漂母咍。流連過日暮，感激把詩裁。問客分秔粒，呼奴拾芧魁。

〔一〕「九日」，遺詩補集、何熊祥本作「九月」；碧玉樓本作「元日」。

生涯從料理，勝事亦胚胎。松柏當軒大，桑麻繞舍栽。清泉幾仙井，白石一天台。閬苑何勞擬，桃源若可陪。東皋辰傲睨，南陌夕低徊。或作騎牛者，何嘗躍馬哉。峰巒皆錦繡，屏翳亦樓臺。堪覺賡詩苦，無寧著雨催。憑將一斛水，盡滌句中埃。

七言排律

王僉憲問一漫述

客來問我一如何，碧玉高樓夜夜歌。盧阜一壺開我酒，江門八尺贈人蓑。杏壇多士無顔子，洛下遺書病首科。且就玉衡觀轉運，那曾珠斗見森羅？古來相遇難如此，無怪人間説夢多。

南海祠下短述

虎門千頃雪翻騰，中有長鯨鼓鬣行。看弄漁舟移白日，欲抛塵土住滄溟。江西不得誇彭蠡，李白何須醉洞庭。天際有山皆古色，水邊無樹不秋聲。一春桃李風吹盡，萬里乾坤雨洗清。畫舫乘空書卷白，晴霞映水布衣明。不辭海上兒童識，亦有祠前老樹精。歲歲放歌來此地，晚年偏喜不簪纓。

代疏答五羊諸友

白頭哭子豈堪聞，信有玄穹怨不仁。精爽已歸千佛國，玄纁未贈九原身。求之夢後心如失，病是愁中藥不神。鬢脚又添今日白，庭花何異昔年春。東君此意誰分付，又遣黄鸝唤向人。

五言絶句

曉起

偶然風折木，村犬吠成群。此事真難免，問君聞不聞。
辛苦南鄰臼，遠雞方一鳴。夜來風極急，吹斷到牕聲。
冬眠不覺曉，開門見白雲。雲中何所有，童子兩三人。

湖西九巖，爲一峰題

光霽巖

風月佳名在，乾坤浪跡空。從來巖下客，祇與異人逢。

翠華巖

來説湖西者，不及華山頂。誰知巖中仙，解作石柱屏。

清風巖

聲從竇中來，可以塞天地。借問采薇人，便知風動處。

府教巖 宋教授羅開禮所棲之地

府教英靈在，虺蛇不敢居。從來巖上月，只是照虚無。

極清巖

聲名野老畏，草石貴人争。剗却巖中有，悠悠是極清。

英公巖 今名鍾英，一峰所更

翠掩千尋洞，青窺一竅天。人間無絶境，不要問桃源。

扇和巖 即石柱巖

山骨短圓稜，初疑削木成。乾坤藏一柱，猶得鎮巖扃。

臥龍巖 巖有龍潭、龍牀，牀之旁有石仙人

龍出潭水空，龍歸潭水黑。君從龍牀來，誰在龍牀側？

月巖

闇闇月墮地，忽在天中央。墮地人不覺，中天照四方。

題慈元廟

慈元一片石，長留何處山？厓門潮日至，雪浪飛天關。

題畫

金籠鎖鸚鵡，山木縱斑鳩。巧拙知誰是，天機不自由。

題畫松泉，爲張別駕

松乃木之雄，公亦人中龍。何須看畫本，千丈在胸中。

對酒

放歌當盡聲，飲酒當盡情。門前烏柏樹，夜半子規鳴。

答丘侍御送酒

石齋書本拙，酒力巧相扶。欲報霜臺貺，山中一物無。

雨後

久雨妨行樂〔二〕，花前望玉臺。人間見花樹，不似玉臺開。

〔二〕「妨」，原作「方」，據林齊本、高簡本、蕭世延本、白沙文編、何熊祥本、碧玉樓本改。

村步雜書所見

疎花明委巷，細雨得今晨。點綴非無意，紅芳不是春。〔一〕
公飯何曾接，衣冠不作人。齋中有名酒，分爾一杯春。
晚食南山稻，堂堂媿野人。平生無可説，一個白頭親。
村笛轟牛背，山花結帽頭。騎牛勝騎馬，曲坂没郎愁。
趁罷江門市，商船奪港歸。溪山愁引望，城郭更須知。
日照南浦口，初喧江市人。小奴性嗜酒，出飲畏吾嗔。

戲贈求書饒大中還江右

書法一家成，風波幾月程。孤舟愁度險，薦福有雷聲。

〔一〕此詩之末，林齊本有小注云：「菊有名胭脂紅者。」

代簡答方伯彭公

大賢望於人，往往非獨守。難將一人意，滿足天下口。
氤氳復氤氳，東君欲放春。梅花何太早，早報越城人。

絶句

清曉乘驢出，北風吹澗藤。沉吟澗邊道，天意莫留行。
行止皆前定，出門愁北風。西郊不成往，昨夜夢途窮。

贈別鄺知縣雲卿[一]

又送夫君別，芙蓉花可憐。水深難折贈，留伴老夫眠。

[一] 林齊本、高簡本、蕭世延本、何熊祥本、黄之正本、碧玉樓本、四庫全書本作「贈鄺知縣雲卿別」。

與諸友夜過貞節橋

人影荒橋下，蟲聲滿月中。連翩雙大袖，聊得颱溪風。

讀張主事近稿

雨中月不見，雨霽月還多。雨被風吹去，無風月奈何。

對菊

淅淅西風至，爲秋未有涯。江邊聊一醉，信手得黃花。
不落龍山帽，何須九日風。更煩將小雨，向晚洗花叢。
春事歸桃李，西風響未休。長官三徑晚，丞相一坡秋。菊坡先生崔與之也。
好個重陽節，誰家酒不賒。果然殺風景，吸茗對秋葩。
天地花無數，寒花色乃佳。古詩拈未出，除是長官來。

九月木犀花盛開，偶成寄賀黄門克恭

香逐西風起，氤氲入杳冥。不知從此去，幾日到遼城？

洗竹

風引一叢竹，摇摇四五莖。横斜今洗盡，道眼看圓成。
洗竹洗荒枝，洗心洗狂馳。老夫無可洗，抱膝洗吾詩。
一洗一回疎，相將洗到無。客來莫問我，北壁有團蒲。

曉起

籬頭過井水，不打隔齋門。手握南陽布，纏頭數竹孫。
老不愛春華，一籬孤負花。胡爲聒我枕，稚子打朝鴉。
自有無情蝶，孤飛不傍花。白頭聞見少，閒動羽蟲嗟。

贈張叔亨侍御

天下元無事，勞勞我有心。相攜沙上語，山月二更深。

觀群兒釣

群兒齊弄釣，其一偏多遇。餘三未得手，投竿來上樹。
仰面看垂釣，失脚墜危石〔二〕。若是謫仙人，水中眠亦得。

閲丁知縣傳

模樣從看拙，丹青只寫真。乾坤如許大，具眼豈無人？

夢中作

翩翩復翩翩，天生我亦仙。江山足風月，吟弄到何年。

〔二〕「墜」，林齊本、高簡本、蕭世延本、白沙文編、何熊祥本、黄之正本、碧玉樓本、四庫全書本作「墮」。

夢丁彦誠

與君生死别，三四歲星周。夢語分明記，相悲各點頭。

對竹

竹色上墻多，南薰緑幾何？時無分付處，野鳥自來歌。
牕外竹青青，牕間人獨坐。究竟竹與人，元來無兩個。
北風卷頑雲，陰晴安可卜？海月出漸高，獨照南牕竹。

隨筆

苟能深積累，豈患無高譽？如何世中人，甘心鐵爐步？
一歲十四衣，一日兩杯飯〔一〕。真樂苟不存，衣食爲心患。
人不能外事，事不能外理。二障佛所言，吾儒寧有此？

〔一〕「杯」，白沙文編作「盂」。

斷除嗜欲想，永撤天機障。身居萬物中，心在萬物上。
小雨閉空齋，青青竹映階。道人終日静，一枕到無懷。
子美詩之聖，堯夫更别傳。後來操翰者，二妙少能兼。

梅下雜詩

朝凭曲欄西，暮凭曲欄東。欄裏梅花好，看花了病翁。
久共寬閒地，濃薰自在香[一]。折來何所寄，只是寄遼陽。賀黄門欽也。

贈人

萱親垂九十，遊子尚天涯。莫議仙城棹，南風夜引旗。

讀《易》偶成

南乎不可北，東乎不可西。自從孔孟來，君子恒處暌。

〔一〕「濃薰」，原作「儂薰」，據詩近稿、林齊本、高簡本、蕭世延本、何熊祥本改。

張克修别駕約遊羅浮

重疊四百峰，鐵橋在何處？莫將别駕來，同到飛雲去。

張克修見訪

滄溟幾萬里，山泉未盈尺。到海觀會同，乾坤誰眼碧？

題劉鑑松

劉生於寫松，能以酒力遣。酩酊氣正豪，蒼龍自舒卷。

題扇

風檣拗欲折，五月瞿塘過。何如此菴中，終日抱膝坐〔二〕？

〔二〕「終日」，原作「紅日」，據詩近稿、林齊本、高簡本、蕭世延本、白沙文編、碧玉樓本改。《白沙子古詩教解》、《白沙先生詩教解》亦作「終日」。

張帆海上回，帆掛鐵橋樹。驚起白蝦蟆，跳上飛雲去。

贈胡地官，次韻吴明府獻臣

有一范仲淹，人將重名節。馬上地曹郎，翩翩起吾粤。引滿花下杯，延緣坐中客。醉下大袖歌〔二〕，孰云此門窄？

題林府尊壽家慈書後〔三〕

馬尾緣封事，魚緘壽老親。古今誠一揆，藉用白茅人。

〔二〕「醉下」，原作「醉不」，據詩近稿、林齊本、高簡本、蕭世延本、何熊祥本、碧玉樓本改。《白沙子古詩教解》、《白沙先生詩教解》亦作「醉下」。

〔三〕此詩題後，詩近稿、林齊本、蕭世延本有小序云：「書中『晨』字誤筆，今易之。漢郎中令石建，萬石君之子也。遷史《萬石君傳》及稱建謹慎之至，以方吾太守公，盖未知孰賢也。跋以是詩。」

題顧通判集古倡和卷後〔一〕

滿眼珠玉光，高才極雄騁。對之不敢言，稚子來弄影。出《化書》。

訪客舟中

船頭酒多少，船尾閣春沙。恰到溪窮處，山山枳殼花。

夢後作

策杖獨行遊，青山一何深。道逢采藥人，問我松脂林。〔二〕
見月時一吟，夜涼天稱心。回頭望東川，流水無古今。
幻迹有去來，達觀無古今。長嘯人不聞，山風吹蘿襟。
楊柳餘朽株，梧桐但疎陰。小卧不出門，不知秋已深。

〔一〕「顧通判」，林齊本、高簡本、蕭世延本、白沙文編、何熊祥本、黄之正本、四庫全書本作「顧通府」。

〔二〕「松脂」，原作「松芝」，據詩近稿、林齊本、高簡本、蕭世延本、何熊祥本、黄之正本、碧玉樓本、四庫全書本改。《白沙子古詩教解》、《白沙先生詩教解》亦作「松脂」。

贈鄺筠巢

山中一夜秋，老屋居然別。丈人不飲酒，共坐看明月。

客乞題隨時子軒

無雨笠且置，未晴蓑不捨。蓑笠用不窮，我是隨時者。

題扇

東艇拍西艇，小拍庸何傷？夕風起驚濤，艇艇争低昂。
一夫眉正揚，一夫髮盡禿。日暮船不歸〔二〕，前江風拔木。

蔣韶州世欽挽詩

治郡聲名遠，如何是我詩？青山韶石老，回首盡交期。

〔二〕「不歸」，原作「正歸」，據詩近稿、林齊本、蕭世延本、白沙文編改。湛若水《白沙先生詩教解》亦作「不歸」。

往事形骸外，如今一夢休。曹溪分我茗，猶説蔣韶州。

周京聞母喪歸，弔以是詩

萬里無歸耗，形將一木親。遺言入肝肺，真得太夫人。

題南牕壁

南風吹面處，不省是南牕。此意無人會，乾坤落酒缸。

雨後示劉宗信、林時嘉

一雨變新涼，炎埃洗除盡。廬山昨夜燈，已照劉宗信。
秋來亦淫潦，日月閟其光。乾坤丈夫事，千古空堂堂。

漫筆

幅巾是秀才，袈裟是和尚。伎倆人共知，長篇事標榜〔一〕。

神泉八景，爲饒鑑賦其四贈之

太極涵虚

混沌固有初，渾淪本無物。萬化自流形，何處尋吾一？

浮螺得月

道眼大小同，乾坤一螺寄。東山月出時，我在觀溟處。

茶山分香

江門白藕花，我榻廬山頂。君若去茶山，茶香復誰領？

〔一〕「事」，詩近稿作「自」。

神泉漱玉

焦明亦是鳳，螢焰只疑燈。安得石上泉，爲洗世中盲？

九日

霜前淡淡花，瓢内深深酒。今日陶淵明，廬山作重九。

同俗不同俗，山杯映秋菊。仍聞席上歌，不是人間曲。

歌舞重陽酒，今年有去年〔二〕。山中八石榻〔三〕，榻榻是回仙。

讀李評事承芳文

著論必無同，乾坤孰此容？人扶周孔教，用世且無功。

一囊包宇宙，到手問綱常。所以東坡老，嘐嘐薄武王。

不薄論交意，因書稍稍知。還將天下眼，照破老夫痴。

〔二〕「有」，四庫全書本作「猶」。

〔三〕「石」，原作「百」，據詩近稿、林齊本、高簡本、蕭世延本、何熊祥本、黄之正本、碧玉樓本、四庫全書本改。

送劉宗信還增城

夜宿黄雲塢，秋登碧玉樓。歸時一片石，見月過羅浮。
山到鐵橋西，青天一角低。送君高處望，天與帽簷齊。
菊花笑我前，梅花撩我後。問花花不言，駐楫增江口。
山人偶出村，送客村南道。江山風日佳，歲月乾坤老。

贈張叔亨侍御出按雲南

到治一萬里，使君行莫遲。梅花開樹樹，不是向南枝。

碧玉樓晚望

樓遠見諸山，目短意不盡。天陰水怪興，碧玉所以鎮。

張克修別駕遷梧州守，來別白沙，贈之

甲兵滿一船〔一〕，江門來訪別。贈君欲何言，笑把梅花折。少年恣行遊，老病徒拘綴〔二〕。送君今夜心，還到蒼梧去。

贈陳護、湛雨

説到忘言處，無詩可贈君。許將臨別意，一點落黃雲。君若問鳶魚，鳶魚體本虛。我拈言外意，六籍也無書。

送李子長往懷集，取道謁張梧州

春棹去江門，泝流焉汲汲。點筆煙外山，歸來看懷集。

〔一〕「甲兵」，詩近稿作「兵甲」。
〔二〕「老病」，詩近稿作「老大」。

不聞端別駕，敬士如子長。問道蒼梧下，登歌刺史堂。〔二〕

贈范能用

溽暑不可處，清風時滿樓。如何傳別教，衲被坐蒙頭。〔三〕
阮籍見孫登，只聞孫登嘯。針在繡不傳，繡傳針不妙。

西良容倫餽荔枝，非桂州本色，戲以是詩

口溢桂州漿，眼定西良色。我是荔枝仙，何人解漫得？

壽南山翁七十

朝看亦南山，暮看亦南山。南山長不老，聊以永君年。
萬株松上花，千日杯中酒。兒孫戲膝前，一舞一回壽。

〔二〕此詩末，詩近稿有小注云：「克修由肇慶同知轉梧州知府。」
〔三〕「衲」，詩近稿作「袖」。

贈太守黄公

水白端陽色，梅紅嶺上花。春風迎度馬，秋月候歸槎。

題宋丞相陳俊卿畫像

御史鐵爲肝，張秦掛舌端。至今湖嶠月〔一〕，猶作太師看。

題宋狀元陳文龍畫像

文章甲天下，氣節愧當時。公母亦滂母，千秋名共馳。

梁惟正、鄧德昌往來白沙，途中遇盜，惟正以舟泊淺奔于岸避之，德昌抱書立船頭，盜不加害，戲贈以詩

道逢惡少年，打破兩生敬。試問鄧德昌，何如梁惟正？

〔一〕「湖嶠」，詩近稿作「壺頂」。

曉枕偶成

采義非采薇，食薇不食粟。遥遥望西山，千古嵯峨獨〔二〕。

西北多奇峰，雲深杳難認〔三〕。漢廷無謀臣，黄綺皆真隱。

度危橋

事至絶安排，放脚踏高崖。如何謝上蔡，旦旦習危階。

贈閔督府還陞南京秋官

司寇今欲行，病叟山中卧。如聞經略憂，未向春風破。

吾聞用世心，中外無異等。何由一送公，細話東西省。

〔二〕「嵯峨」，詩近稿、林齊本、蕭世延本、白沙文編作「嵯我」。作「嵯我」，似於義爲長。

〔三〕「杳」，原作「香」，據詩近稿、林齊本、高簡本、蕭世延本、白沙文編、何熊祥本、碧玉樓本改。《白沙子古詩教解》、《白沙先生詩教解》亦作「杳」。

贈林府尊

彼曰春泥人，此曰人泥春。晨朝出相送，向夕望歸輪。

贈李克常

桃花被東岸，江水日日深。贈君豈無言？亦有花水吟。

感事漫述，與王樂用

丁侯爲縣時，不與謁者通。古稱奉法吏，秉筆惟至公。留情重留情，獄事果難明。無輕赤子命，爲官急書程。士而未聞道，未免爲物撓。卓哉安心人，外事若無好。舍己莫委命，從人莫登山。嗚呼羅一峰，逐善如轉圜！

寄淮上秋官姜仁夫

問客淮南道，停舟過此無。廬岡一端帛，爲我謝仁夫。

答王按治求乃翁挽四絶

樂善堂

樂善機應熟，垂聲教不窮。江山無盡意，猶在典刑中。

月湖別墅

水月非無主，長懷別墅秋。湖光一萬頃，端爲此翁留。

可怡亭

此地還成趣，庭柯幾度扳。亭中人不見，月照門前山。

吴山壽藏

山隱一坏土，人思百代傳。無窮身後事，未若子孫賢。

題丁長官廟

何時重借寇，此地一桐鄉。四海諸侯望，千年一炷香。

會翠亭

東池久寂寞，會翠得佳名。小詩拈未出，去尋王右丞。

吴主簿詩三首 主簿名則，宣平人，吴黄門仕偉之父也

軍門止殺

按狀：正統己巳，閩城賊流毒處，民蟻附，朝命大司馬孫公原貞夷之。知先君謀略，禮致幕下，贊畫百協。邑有三巖，民多避難於上。倡脅之衆亦有聞義而歸者，命先君統之。推誠示信，無不感服。寇平，孫又欲行法。先君泣曰：「殲厥渠魁，脅從罔治。矧既歸命，殺之不祥。」竟得免。奏功，授鮑村巡檢。

泣諫天應見，坑降地不知。自然殃慶至，天道不須疑。

過與弗取

按狀：景泰間，分麗水爲宣平，復命先君董其役。伐木於山，役力於民，期年而功成。孫曰：「難平邑作，皆爾之能。餘木尚多，可治爾居。」先君辭曰：「功成於上，愚下何有？明公芟夷大難，布德於瘡痍之民，一方獲安，某也受賜多矣。且官物不可入私門，未敢如命。」孫益敬之。

百世高公綽，千金謝魯連。胸中無雅度，勝事竟誰傳？

卜築西溪

按狀：鮑村任滿，陞華亭主簿。愛民如子，處國如家，凡有議讞，多稱平焉。且疏子下民，濬河渠，禁賄賂等十事于朝，皆賜可。松之地狹于蘇，而漕數反出其上，又爲民陳情，得減北運一萬石。事載《雲間志》。在松十年，勤勞罔懈，僅五十而二毛蕭然。歎曰：「天道四時，功成者退。庸可不知止乎？」遂乞致仕而歸，卜築西溪之上。

主簿能經濟，中年未乞身。西溪看卜築，知是晏眠人。

寄嚴州林郡博緝熙

萬紫千紅外，如君故可人。桐江都滿樹，海驛尚含春。

寄東所

春江正滿時，未具衡陽楫。還攜鄧俊圭，江門與君别。

夢林緝熙

酒闌歌不起，老病無奈何。夢滿桐江雨，相對不成歌。
山樓本無夢，我自夢嚴州。嚴州誰夢我，白雲天際流。

答柯明府

終秉循良筆，難逃俗吏媸〔二〕。不知三考績，課最竟何須。

贈雷少尹還汀州

桔槔滿天地，抱甕古來難。哦松非俗吏，哦松不在山。

〔二〕「媸」，林齊本、蕭世延本、碧玉樓本作「嗤」。

覺後

馬圖不出河，鉛刀不割痴。上下幾千年，掩卷一沾衣。

謝姜大參惠酒

名公遺我酒，洗琖自開嘗。何以酬佳貺，商歌示不忘。

武進八景，爲徐嶺南紘作

龍山春雨

長夏龍山曉，人間望忽開。長風捲雨去，復送雲歸來。

笠澤煙波

何處煙波好，公乘笠澤槎。我泛江門月，乾坤共一家。

龜山夜月

夜半龜山月，能開萬頃秋。試從開處望，照公湖上樓。

陳灣叠嶂

丹青描不就，陳灣叠嶂新。我詩君莫笑，還屬姓陳人。

薛堰通津

薛堰歸何處，披圖想具區。古來探本論，無欠也無餘。

亭山夕照

亭山不可喻，華頂凌天台。卑高本自形，夕照從西來。

廟墩靈跡

救溺如救火，造次遂捐生。金陵人去遠，拗鬼不來争。

板橋書屋

板橋藹吾伊，名稱已蓋世。誰云龜山月，不照新堂睡？

答無錫諸友

碧玉通書久，青天感興新。江門動秋思，聊因寄遠人。

送米與何侃

野饌家禽小，村春晚粒香。莫言無厚餽，吾意在分嘗。

九日用舊韻

新篘壓兩壺，落英攜滿袖。我非陶長官，廬山還九九。

送黃希顔之太平推官

有官五馬後，無官百揆前。不將前後看，須著有無言。

題高瑨詩集

神交傾蓋上，心遠著詩時。無由向人道，人亦豈能知？

紀夢

一別三十年，相逢不相識。骨肉爲路人，春風淚沾臆。

寄潘留鶴

有時牛亦坐，何處鶴還留。天台二萬丈，誰踏紫冥謳。

題伍光宇碑陰

松柏孤高處，春風更可尋。如君有賢配，昭德在碑陰。

答廷實有懷見寄

白雲滿中野，此地即衡山。莫擬西來棹，須防失路難。

謝孟芳遺腹生男

充閭人所喜，今日愴還深。憶我初求乳，誰知母氏心？

贈吴惠州繹思

皂蓋朝天闕，青山道故鄉。高堂開壽斝，酩酊别莆陽。

鴝鵒

初日上茅簷，江邊有畫船。八哥莫饒舌，有詔許歸眠。
雊鵒能言鳥，能言我恨無？白頭書小楷，不及蔡君謨〔一〕。

九日諸生攜酒飲白沙，醉中和答

老病得狂痴，讙呼九日期。自補登山屐，誰供把酒巵？

〔一〕「蔡君謨」，原作「蔡君模」，據碧玉樓本改。蔡襄，字君謨，宋代仙游人，「工書法，小楷、草書爲筆甚勁而姿媚有餘，人稱當時第一」。（參《辭源（修訂本）》，北京：商務印書館，一九九一年，下册，第二七一〇頁）

諸君爲飲會，老子不須期。盡數籬前菊，一花拈一巵。
九九八十一，去來無窮期。元精爲我酒，大塊爲我巵。

對酒，用九日韻

秋花新氣味，秋月舊襟期。獨唱花前曲，閒傾月下巵。
行年三十許，已卜入山期。處處開花徑，牀牀是酒巵。
飲酒何必多，醺酣以爲期。不辭亦不勸，三巵或五巵。
作詩尚平淡，當與風雅期。如飲玄酒者，器用瓦爲巵。

九日懷麥岐，時往江東未返，用前韻

東西塡脚債，已過一秋期。今日拈花處，思君第一巵。
茱萸何處酒，勝日與君期。漁翁歌獨釣，江月夜明巵。

梅花

水陸花無數，南枝愛殺人。遥持一杯酒，江上酹花神。

逢人問除日，君得地曹郎。此意憑誰寄，梅花隱石牀。謂東所也。

羅浮

羅浮海上來，高高幾千丈。鐵橋倘不關，諸峰竟流浪。
世人未得仙，斯事安知妄。九等真洞天，朱明惟上上。

題子長寓舍壁

子長亦何病，夜夜此呻吟。世無白家媪，誰會子長心。
驢背推敲去，君知我是誰。如何叉兩手，剛被長官笞。

慈母石，爲門人區越作

慈孝相感激，天機謝人力。誰來石下歌，見母不見石。

鄉賢詠七首

馬持國

平生十數策，決定要經綸。不借魏公幕，知心是直臣。

馬晞驥

我邑登賢載，君家父子俱。清風端一硯，五馬達鄉閭。

伍隆起 宋義士

中原不可復，志士恥爲夷〔一〕。直把真心去，何妨假首歸。

羅希吕

孤高還寂寞，道否即詩窮。自古皆賢達，今人有此風。

〔一〕「夷」，原作「□」，據何熊祥本、黄之正本補。

周修 剛直，爲黄斌所殺

閉目青天下，捐軀白刃前。匹夫如有志，溝瀆不須憐。

張撝

城西十日雨，病叟得無饑。亦有羅希吕，厓山賞小詩。

黎秫坡 名貞，戍遼東

儒術聲名舊，戍衣日月長。酩然尊酒下，眼孔得遼陽。

題莊子泉

閒看千丈雪，飛下玉臺山。争知白沙子，不是南華仙〔二〕。

〔二〕「南華仙」，原作「南華山」，據遺詩補集、何熊祥本、碧玉樓本、四庫全書本改。

題茂叔蓮

船入荷花内，船銜荷葉開。先生歸去後，誰坐此船來。

題淵明菊

籬下花堪把，先生有酒不。遥看白衣者，不復問江州。

題和靖梅〔二〕

髪與疎梅白，身將寡鶴親。孤山殘雪後〔三〕，清絶凭欄人。

送人會試

子不是劉蕡，天王更聖神。三年一杯酒，還醉杏園春。

〔二〕此詩，林齊本、高簡本、蕭世延本收入「題畫」第二首。（林齊本《白沙先生全集》，第十二卷，第二頁；《白沙子》，第五卷，第三六頁；蕭世延本《白沙先生全集》，第十二卷，第三八頁）

〔三〕「後」，林齊本、高簡本、蕭世延本、白沙文編作「夜」。

江上别張叔亨〔一〕

長江夜如練，缺月飛上天。人心□如此，庶免物欲牽。醉我一杯酒，爲君歌遠行。功名初在念，兒女定忘情。

乞荔枝〔二〕

逢春思種樹，垂老笑開齋〔三〕。未厭青紅在，從君乞荔栽〔四〕。

題雁〔五〕

來往違寒暑，飛鳴在稻粱。未知溟海大，不肯渡衡陽。

〔一〕此詩第二首，遺詩補集亦有收録，題爲「贈梁金會試」。

〔二〕此詩，底本原缺，據高簡本補出。又：遺詩補集亦有收録此詩。

〔三〕「齋」，原作「齊」，據遺詩補集改。

〔四〕「栽」，原作「枝」，據遺詩補集改。

〔五〕自《題雁》至《題枯木竹圖》，共十首，底本原缺，茲據遺詩補集補出。

夢伍光宇

亭亭一輪月，終古光未徹。忽持夢中人，共立平腔雪。

題畫蘭

陰崖百草枯，蘭蕙多生意。君子居險夷，乃與恒人異。

曉起偶得 原集少此一首

此地無鐘鼓，雞鳴有曙烟。野夫能早起，白髮映霜田。

題杜甫遊春

驢背詩情遠，歸來忘却鞭。蜀鄉春似錦，只記洛陽年。

題周子觀蓮

是花吾惜汝，惜汝過春陵。秋風吹又盡，回首涕沾膺。

題淵明賞菊

尊酒千年話，王郎昔未知。莫將今日意，容易惱東籬。

題和靖尋梅

今日林和靖，梅花較有功。杖藜不惜遠，惟畏玉枝空。

吊戴球

開元一日雅，來往到于今。若向斯文契，湘江恨更深。

題枯木竹圖

美節晴欺雪，殘株冷謝春。因知名畫手，不是徇時人。

梅下有懷世卿〔一〕

我見梅花愁，人見梅花悦。去歲梅發時，持醪與君别。

題古淡居壁〔二〕

欲棲商山松，須問東園公。不識東園公，相看古淡翁。

寄緝熙〔三〕

明善進誠心，未能省外事。頓使知慮煩，修身功不易。

〔一〕此詩原缺，據《白沙先生文編》補出。唐伯元於題下加注云：「余家舊藏有真蹟，集不載」。（唐伯元編次：《白沙先生文編》，第一卷，第三十二頁）

〔二〕此詩，底本原缺，據碧玉樓本補出。（《白沙子全集》，碧玉樓本，第九卷，第十八頁）

〔三〕此詩，底本原缺，據《南川冰蘖全集》卷末附録、《陳獻章集·陳獻章詩文續補遺》補出。（林光《南川冰蘖全集》，第四七〇頁；《陳獻章集》，下册，第九八四頁）

闕題[一]

掃却越臺塵，坐弄王孫草。舞雩日日詩，風光元不老。[二]

又寄懷林子南峰詩[三]

擊玉又敲金，思君對我吟。江門臨水坐，明月二更深。

[一] 此詩原缺，阮榕齡據所藏白沙先生真跡録入《白沙叢考·白沙先生詩文補遺》，兹據以補出。阮氏於題後加小注云：「先君《夢菊筆記》云：『余藏白沙真跡草書五絶一首，掃却云云。《白沙集》未載。』今此幀尚藏榕家，係紙本行書，兩行，直四尺三寸許，横一尺。無年月。」（阮榕齡撰：《白沙叢考》，《宋明理學家年譜》第九册，第四九四至四九五頁；又參陳獻章撰：《陳獻章集》，下册，第六九〇頁）

[二] 此處，阮榕齡加小注云：「按：老字下有石齋圖章。」

[三] 此詩原缺，《光緒吴川縣志》第七卷第五至六頁、《光緒廣州府志》第三十七卷第十五頁有收録，兹據以補出。又：程明《陳白沙詩文補遺》曾據《光緒吴川縣志》加以輯録。（程明撰：《陳白沙詩文補遺》，《嶺南文史》一九九二年第二期，第三七至三八頁）陳奇思曾對此詩加以箋釋，且謂此詩之墨跡尚存，現存吴川縣霞街林氏家祠。（陳奇思撰：《陳白沙詩箋》，廣州：廣東人民出版社，一九九八年版，第二一七至二一八頁）

六言詩

周鎬送白菊乞詩

陶令黄金遶舍，君家白玉滿園。千古清風廬阜，幾叢細雨江門。
微醉不須酩酊，半開莫待離披。安得季芳與語，相思欲寄一枝。
白菊偏宜素髮，青山只對蒼顔。嚥罷秋香滿腹，風吹不到長安。

邀丁縣主賞菊

社會賦詩不就，公當酬我杯盤。小酌倘尋舊雨，東籬還對長官。

題枕

太華峰頭一枕，千秋萬歲通靈。不怕惡蛙驚睡，鼻端三月雷鳴。

漫興

風灑數莖白雪，月臨一丈青筇。餘事歸詩卷裏，殘年放酒杯中。
景斜瓦碗方食，日晏柴門未開。五柳前身處士，一瓢今日顔回。
晨光沼上魚戲，夕陽村邊鳥來。東鄰小兒識我，一日上樹千回。
翠煙緑樹歌鳥，青水紅蕖浴鷗。笑問五湖范蠡，風濤何處扁舟？

夜書南安店壁

千里紅塵倦客，幾年白髮衰翁。野店孤燈夜雨，寒房四壁秋蟲。

次韻景雲蒼梧往復〔一〕

崖收矮日寂淡，江帶翠煙輕浮。來往扁舟閑轉，悦城古木槎頭。

〔一〕「次韻景雲蒼梧往復」，此題下底本有詩三首。遺詩補集、汪森編《粵西詩載》所收録作「次韻景雲蒼梧往復雜詩六言」，共六首，其中第一首、第二首、第六首爲底本所缺，兹據以補出。（汪森編：《粵西詩載》，《景印文淵閣四庫全書》第一四六五册，第三五〇至三五一頁）

白日村前布狗，黄茆山裏鞫䩵。詩人吟偏適意，估客歌爲消愁。
朝辭白土低岸，晚泊和尚高岡。樵唱雲邊細路，漁家石角輕航。
雲木幽疑絶境，江流東見通津。蒼梧遠尋仙侶，端溪頗恨情人〔一〕。
天地安排蓑笠，江湖放浪漁船。或者天隨是我，斜風細雨前川。
學得脱胎换骨，何須東走西奔。宇宙滯形骸内，未免戀戀兒孫。

六言

柳渡一帆秋月，江門幾樹春雲。來往一時意思，江山萬古精神。

贈陳聰還莆

緼袍不妨學道，絶穀可以求仙。相府胡爲慢士，紙田自有豐年。
青錢不滿杖頭，雪繭徒勞兔潁〔二〕。相逢浪勸歸耕，實欠蘇秦二頃。

〔一〕「情人」，原作「人情」，據遺詩補集、碧玉樓本、汪森編《粤西詩載》改。「人」，與「津」押韻；「情人」，與「仙侣」相對。
〔二〕「兔潁」，原作「免潁」，據白沙文編、碧玉樓本改。

卷之六

七言絶句

伍光宇卜室白沙爲讀書之所

君此卜居君亦足，空村無人山多木。參差芭蕉麗晨旭，新葉新心遞相續。
競晨登登聞隔竹，東鄰老人事幽卜。磁甌瓦盆不供俗，我不到門此翁獨。

答段錦衣惠藥

藥來詩往共誰忙，野老無金與段郎。泉石旌旗俱在眼，不應泉石獨膏肓〔一〕。

〔一〕「膏肓」，原誤作「膏盲」，據何熊祥本、黄之正本、四庫全書本改。

聞欖山近有車馬之蹟，因贈緝熙并寄竹齋丈〔一〕

白日傳呼攬翠崖，誰家玉樹碧雲埋。只疑冬酒開松逕，定有山靈怨竹齋。

護法沙門也作人，白衣送酒此山頻。天機早有胡僧識，算到梅花五百春。

回首扶胥浪拍衣，翩然來閉欖山扉。明朝擬入清湖洞，不送山前畫舫歸。乙未夏四月。

偶成〔二〕

墻角經春卧短筇，千秋塔骨不如公。科頭坐轉茅簷日，閒看蛛絲蕩午風。

夜坐與童子方祥慶話别，偶成

晚飯跏趺竹几安，秋吟涕淚閣燈殘。一詩可送方童子，千煉不如莊定山。

〔一〕此詩，底本只有第一首。第二、第三首據《南川冰蘗全集》卷末附録、《陳獻章集·陳獻章詩文續補遺》補出。（林光《南川冰蘗全集》，第四六八至四七〇頁；《陳獻章集》下册，第九八五頁）又：此詩，《南川冰蘗全集》題爲「讀胡僉憲訪緝熙欖山詩，因爲三絶句，寄題山中書舍，兼呈竹齋老丈」。

〔二〕林齊本、蕭世延本、白沙文編題作「絶句」。

往潮連人事

獨速蓑衣舞我航，數家煙樹隔瀰茫。不將起倒供人事，祇爲看花也未忙。

柳渡月下，承苕溪翁約賞中秋月於潮連

年顔欲比苕溪老，酒琖同揮夜月圓。來共主人秋半醉，更回楊柳渡頭船。

次韻張叔亨侍御見寄

酒舫當年興未涯，清宵人語白鷗沙。如今縱有相思夢，不到長安御史家。

看柳

淺塘低竹小泥村，黄土墻扃白板門。望見西頭楊柳樹，行人都訝是桃源。

雜興

曲肱深閉倚山閣，照眼不堪臨路花。一身老去何須出，兩脚朝來只欲麻。

倚檻纔看一兩花，不堪終日雨斜斜。先生已結僧趺坐，還與人間管歲華。
白日幾時生羽翼，金丹負我不神仙。東家茗椀頻分啜，兩腋清風也可憐。

溪橋晚立示諸郎

溪邊明月掃不去，竹下清風時一呼。天與乃公供打睡，莫安橋板引樵漁。

齋大父忌作，舊居在道娘墳東

道娘墳西近官路，朝朝暮暮行人多。世事百年渾不省，滿堂賓客竹枝歌。

贈釣伴

短短葽蒿淺淺灣，夕陽倒景對南山。大船鼓枻唱歌去，小艇得魚吹笛還。

得陳德雍書，年九十餘矣，猶有願學之志

越客初披手翰新，天涯暮雨欲沾巾。可憐一片長江水，日夜東流不待人。

望頂湖山

客子正歌山鬼句，篙師欲進頂湖船。遥看落日蒼梧外，獨立横槎古寨邊。

夜過三洲巖讀濂溪題名，示諸生

山容寂寞紅葉老，江月照曜青天高。題名夜半尋周子，秉炬相隨愛爾曹。

歇馬大徑山

數家煙火隔林塘，一樹寒花晚自香。黄葉塚頭聊歇馬，鷓鴣聲裏近斜陽。

華蓋仙蹤，爲謝布政作，時謝已物故

華蓋山頭雲起時，群仙雲裏謝彈棋〔一〕。謝公不用登山屐，借得千秋一鶴歸。

〔一〕「謝」，林齊本、高簡本、蕭世延本、何熊祥本、碧玉樓本作「坐」。

東軒獨坐〔一〕

桃花寂寞梨花開，山中薄酒三五杯。村西有客可人意，風雨今朝期不來。

虎夜出

虎頭縋淵雨即下，山中白額還遭打。今年雨足汝不知，稍出人間食牛馬。

次韻趙提學見寄

蒿萊封徑不腰鐮，長夏山齋睡正甜。風送歌聲滿天地，驚回殘夢雨廉纖。老大行藏敢不疑〔二〕，曉川紅日睡醒時。昨宵共對厓山雨〔三〕，如此乾坤那得知。

〔一〕林齊本、蕭世延本作「東軒獨坐偶成」。

〔二〕此首遺詩補集亦有收録。「不疑」，遺詩補集作「大疑」。

〔三〕「昨宵」，遺詩補集作「三宵」。

古有所思

采采紅芳日欲斜，盈盈珠淚落天涯。東風忽攬籬前樹，惱亂春愁只爲花〔二〕。

卜日修外海赤泥嶺祖墓，值雨

冬雨墳頭蒿已生，年年披草祭清明。晚風吹落攜鉏艇，又聽軥輈隔水聲。

與景星夜坐

撥悶無人致酒瓶，哦詩燈下一郎清。夜深笑拍胡牀語〔三〕，忽亂堦前落葉聲。

西樵山下感舊

西風吹老錦巖春，遺跡荒涼此水濱。雲氣不遮西望眼，青山剛對獨歸人。

〔二〕「只」，林齊本、高簡本、蕭世延本、白沙文編、何熊祥本、碧玉樓本作「不」。

〔三〕「拍」，原作「怕」，據林齊本、高簡本、蕭世延本、何熊祥本、碧玉樓本、四庫全書本改。

西樵山前暝鶴歸，縞衣雙拂錦屏飛。淒凉夜半孤舟客，一聽遺音淚滿衣。
德孚先生留此眠，南山揮手白沙船。伍光宇號小南山。江山此日三人別，誰道人生無百年。

示建旌節亭役者

照曜乾坤功不小，此風此日更須扶。泮宫畚土皆民力，不共城郎一例書。

次韻趙提學留別白沙〔二〕

列炬溪邊樹影斜，隔花遥迓使君車。酒杯欲别微風起，吹動馨香下柳沙。
低草盡從車下偃，閑雲亦傍枕邊生。如何夜半山陰雪，只道王猷一舫清。
一杯一曲到春闌，老去情懷更作寬。却愧孟郊當此際，看花騎馬醉長安。

蕉麗望羅浮

翠錦爲山白錦雲，畫工傳影不傳神。今朝蕉麗江頭望，魂爽何由得傍身。

〔二〕　此題之第二首、第三首原缺，兹據遺詩補集補出。又：遺詩補集題爲「次趙僉憲留宿白沙詩韻」。

黄連滘即事

青草橋邊船未歸，曲川微雨暗荆扉。江村盡日無來往，夫在東皐婦給炊。

上帆[一]

蜻蜓翅短不能飛，欵欵隨風墮客衣。此是天人相合處，蒲帆高掛北風歸。
南川風雨上歸舟，水國蕭蕭昨夜秋。鐘鼓不來南海岸，夢魂深遶白沙樓。
荔丹映雨垂垂濕，江練隨風滾滾流。不敢久貪山水勝，白頭正動倚門憂。

初晴

初晴樓上燕飛飛，樓下歌人白苧衣。一曲未終花落去，滿林啼鳥送春歸。

〔一〕 此詩之第二首、第三首原缺，兹據高簡本補出。（《白沙子》，第五卷，第七〇頁）

落花

落花半落流水香，鳴鳩互鳴春日長。美人别我在江浦，欲來不來空斷腸。

清曉

清曉有人來欵扉，風吹衫袖白披披。昨宵雨打山牕破，莫怪先生下榻遲。

對酒

半開半謝花相催，江水東流不復回。扶杖江頭看花樹，不知笑向酒家來。

喜生姪

兩翁筋力少翁衰，竹杖先堪付若兒。只恐暮年詩更逸，出門須背錦囊隨。

新設紙帳軒中

如雲白紙罩方牀，翠簟眠穿我固當。世到葛天終不遠，先生枕外即羲皇。

階面苔侵牡蠣墻，小軒容易領年光。只從今夜牀頭月，已照先生鬢脚霜。

送鍾地曹入京

十年自汗不曾乾，枕上殘書白首看。莫道無心與君别，樽前更覺别君難。

感事

人間骨肉薄秋雲，一事朝來不忍聞。何處青山封宿草，欲將衰淚灑孤墳。
平生交態如兄弟，此日悲歌聞路人。欲寄秋風兩行字，九原無雁獨憐君。

宿倪麟所，石榴花秋開

老蟾半影秋如水，曙角一聲霜滿街。白髮山人到城府，石榴花下借眠來。

催諸友九日詩課

九日樓前客令新，黄花愛酒不饒貧。勸君火急交詩課，纔到明朝罰主人。

題杜少陵小影，次韻柳文肅

孟子詩肩高聳山，杜陵談笑古風還。世間還對憂時畫，美酒花前已破顏。

與舊童子

神樂燒茶伴老夫，昔時童子今生鬚。青春過眼如流水，白雪滿頭非故吾。

謝惠酒

白髮蒼顔老石齋，出門秋思滿天涯。極憐紫酒逡巡有，不負黄花點綴佳。

五月二十七夜颶風作，屋漏

燈殘四壁漏痕斜，老屋回風落細沙。乾坤更有晴明日，爲報家人莫怨嗟。

題畫

赤壁磯頭天欲曙，縞衣和夢掠舟西。欲尋故處何由見，長恨今人畫亦非。

題月溪卷

月出東方白漲溪，溪翁行樂溪東西。相思欲過隔溪去，南斗無光北斗低。

贈周鎬兄弟

周生兩馬齊兩鞭，京指長安鎬在山。今夜尊前看秋月，明年秋月憶尊前。

秋日〔一〕

山河一望仲秋前，楓葉初黄水半川。路上行人不歸去，北風吹爾過殘年。

木犀未發盎蓮空〔二〕，小女來方剪綵工。不信衰榮是天道，覓花無處怨西風。

〔一〕林齊本、蕭世延本作「秋日偶作」。

〔二〕「盎」，黄之正本、四庫全書本作「奈」。

閲馬氏均田文

王侯尚愛橐中装，何況田家弟與兄。孟子未知人世事，獨將仁義教齊梁。

贈鄧柏林，其人貌似伍光宇

南山面目偶然同，又向人間見此翁。碧蘿牕下一杯酒，猶勝良宵夢裏逢。
此老若是石曼卿，此山便是芙蓉城。高歌獨控青騾去，是有風流萬古情。

喜雨

滿眼珠玉不足珍，甘雨一灑萬家春。昨日蒼頭睦洲至，又道睦洲饑殺人。〔二〕

將如東莞，聞途中盜發不果

扁舟東過扶胥口，一日二日之便風。何故三旬不成往，仰船岡下賊旗紅。

〔二〕 兩「睦洲」，林齊本、高簡本、白沙文編、何熊祥本、黄之正本、四庫全書本作「木洲」。

題朴軒

葛洪亦號抱朴子，安知朴翁不是仙。莫將甲子編年看，人道翁生大撓前。

題應憲副真率卷

今古一杯真率酒，乾坤幾個自由身。春風回首黃巖會，醉插花枝少一人。

茶園曲，寄治香欞袁暉

峽東灣灣一水長〔二〕，商船無日不蘇杭。千村萬落無窮樹，盡是袁郎欞裏香。

插花

巖前上馬興難拏，卯酒三杯帽半斜〔三〕。兩鬢馨香齊插了，賽蘭花間木犀花。

〔二〕「峽東」，高簡本、何熊祥本、黃之正本、碧玉樓本、四庫全書本作「峽東」，非是。

〔三〕「三杯」，林齊本、高簡本、蕭世延本、何熊祥本、黃之正本、四庫全書本作「三鍾」。

訪山家次韻

樛枝逕口郎迎馬，語鳥籬前妾掃雲。笑殺主翁忙出户，手提筐果唤厨人。

清泉煮蕨愛山家，夜飲西巖望月斜。澗底白雲留不住，半隨紅雨落天涯。

蕭黄門書來見責久無書，用舊韻答之

諫官一字照天涯，南海年年問釣沙。滄波不與黄門信，笑殺龍鍾百姓家。

平江伯陳公以紫茄花絹爲家慈壽，詩以謝之〔二〕

吴紈衫色紫茄花，老親着時衆口誇。小兒奉酒歌七字，持獻軍門表拜嘉。

景雲偕范規海上割稻

犬子給炊海上舟，范生打槳兩同遊。田中割稻家中望，逢著諸仙莫浪投。

〔二〕「平江」，原作「平鄉」，據蕭世延本改。

招訟者歸

越王城裏塵隨馬，刺史衙前吏喝人。此日王孫不歸去，舊遊芳草可憐春。

中秋期諸友不至

山妻有錢肯沽酒，諸友賦詩期不來。范生也逐吾兒去，一夜清光對玉臺。

贈鄺載道之淮陽別駕〔二〕，前御史謫黃巖

十年花縣眼中人，別駕淮陽又幾春。曾共烏臺高十仞，鄺郎今着白綸巾。鄺紀也。

感事

齒本生來不著脣，呶呶衆口劇鵝群。鼻雷自炒元城耳，夜半鐘聲那得聞？

〔二〕「淮陽」，原作「淮揚」，據林齊本、高簡本、蕭世延本、何熊祥本、黃之正本、碧玉樓本、四庫全書本及詩中「淮陽」改。

詠木犀，寄倪麟〔一〕

正月山桃委地紅，柳塘還捲落花風。木犀一樹渾堪賞，盡日相看煙雨中。

風雨歸來問小奴，藥欄花架費人扶。黄昏雨歇茅簷月，只有木犀對老夫。

春城無日不思家，風雨經旬損物華。竹色四時長不改，平安先報木犀花。

風吹雨打只傷神，白首龍鍾尚愛春。花意未應嫌老醜，十年前是種花人。

題兩山居士卷〔二〕

墨水翻騰作巨川，兩山何處灑雲煙。醉中亦有臨池興，悵望名家不敢言。

〔一〕林齊本、高簡本、蕭世延本、白沙文編、何熊祥本、黄之正本、四庫全書本作「木犀四絶，寄倪麟」。又：林齊本、蕭世延本、白沙文編題下有小注云：「自城中解館歸。」

〔二〕林齊本、蕭世延本題下有小注云：「東所父也。」

題東所卷

東所詩成月滿衣，乾坤無語鬼神悲。郎今欲到飛雲去，説與兩山居士知。

問鄺珙病

鄺生病肺今何如？獻歲初驚得手書。我有丹方欲傳與，小藜牀上半跏趺。

次韻陳冷菴僉憲見寄

擊壤聲中酒國春，海風吹老石邊身。桃花幾樹衡門下，我是唐虞一輩民。
乾坤畫筆久荒蕪，誰作臨江五老圖？聞道遠師將結社，華巔猶得照鄱湖。
五十四年居海濱，偷將水月洗心塵。今朝偶得西江使，溟海猶堪把贈人。

別意

江閣醒眠秋正凉，西風殘漏轉離腸。不知天道平分未，已覺人間一夜長。

悼林暕

一日之雅亦爲哀，鍾淑相隨入夜臺。此生未了男兒事，也向扶胥打坐來。

木犀開時，江右李士達、劉希孟已去，容貫、范規江浦未還，因有獨賞之歎

嶺北書生嗟去早，江東遊子惜歸遲。重陽將近無風雨，正是木犀初發時。

先子忌日作

生來只見山頭土，祭諱惟聞月下蟗。五十四年天頗定〔一〕，諸孫羅列拜成行。

題畫

茅簷秋颭酒旗風，舟入蒹葭月半籠。醉睡不知家遠近，醒來依舊五湖東。

寒山鐘近不成眠，人在姑蘇半夜船。何處明朝正堪望，吴王宫苑草芊芊。

〔一〕「定」，高簡本、何熊祥本、黄之正本、碧玉樓本、四庫全書本作「近」。

金陵城西趁市郎，負戴不厭江路長。百花橋頭换美酒，歸與漁父歌滄浪。

古耶道中有懷

翠煙浮隴麥初齊，社樹青青獨鳥啼。何處相思不相見，木棉花下水門西。

小湘峽食嘉魚 十月二十一日

兩山斷處小湘峽，十月嘉魚出水鮮。引滿阿儂生日酒，微吟空記屬牛年。

自三洲還至禄步村

江流夾東午風柔，城郭歸來禄步舟。惆悵碧桃歌舞散，黄茅煙裏一輈輈。

過清遠峽

行人初上峽西頭，已有心隨下峽舟。天下名山皆可愛，夢中慈母不來遊。

讀鱷魚文

刺史文章天下無，海中靈物識之乎？如何皇甫兼逢吉〔二〕，不及潮州一鱷魚？

食蜆

家住東南蜆子村，小鐺風味勝侯門。眼前下筯非無處〔三〕，芹曝猶堪奉至尊。

社中

桑林伐鼓酒如川，秋社錢多春社錢。盡道昇平長官好，五風十雨更年年。
社屋新成燕子來，山丹未落野棠開。三三兩兩兒童戲，弄水扳花日幾回。
社酒開顏一百家，春風先動長官衙。東君也解遊人意，紅白交開樹樹花。
社日年年會飲同，東原西埭鼓鼕鼕。無人不是桃花面，笑殺河陽樹上紅。

〔二〕「如何皇甫兼逢吉」，白沙文編作「可憐甫李生人世」，且加小注云：「别本一云『如何皇甫兼逢吉』，此當是後改者。」
〔三〕「筯」，原作「筯」，據林齊本、高簡本、蕭世延本、白沙文編、何熊祥本、黄之正本、碧玉樓本、四庫全書本改。

夜酌〔二〕

侍子焚脂弄小孫，藥爐分火暖殘樽。東風不管黄鸝怨，一夜飛紅滿樹根。

問李深之病

竹林花埭酒旗風，秋賞春遊事事同。伏枕六旬猶未起，相思紅日滿簾櫳。

沙上

村逕西來入社松，北山終日白雲封。往來獨把梅花笑，只有沙堆不負公。

秋江唤渡

何處渡頭風浪喧，隔波仙境似桃源。瘦藤倦向人間去，唤得船來便上船。

〔二〕 高簡本作「夜雨」。

春寒

清明天氣如初臘，雨脚雲頭枉是春。階下荼蘼開自晚，不隨紅紫怨東君。

一春光景在花枝，三月殊非陰雨時。只有木犀偏耐冷，小枝簷下對衰遲。

看花何處輾香輪，江上春寒著莫人。衰病未堪供起倒，且便高枕過殘春。

題棲霞卷

紅霞小塢地仙家，日出耶溪十里花。秋竹垣低是何處，有人牕下讀南華。

雜興

數行屋蟻下庭蕪，墻角扶留緑映裾。正是滿樓山雨過，夕陽惟好鵓鳩呼。

讀朱晦菴注《參同契》

神仙不注參同契，火候工夫那得知。千古晦菴拈一語，可憐無及魏君時。

大水浮舟至七星巖頂，題其上

七星巖下醉神仙，猶占龍牀水底眠。我有一樽延壽酒，月明今夜對南山。

蒼梧寄陳庸，時館潯州

山形西上水東流，獨泛長江十日舟。無翼可隨飛鳥去，相思時復到潯州。

題林良爲朱都憲誠菴先生寫林塘春曉圖

煙飛水宿自成群，物性何嘗不似人。得意乾坤隨上下，東風醉殺野塘春。

出肇慶，有懷馬玄真

紅塵白浪去來年，細雨秋江看木綿。何處思君君不見，羚羊峽尾七星前。

金洲别陳冕〔一〕

江上東風捲暮旗，木棉花下進舟遲。金洲未是窮途别，莫贈黄金只贈詩。

漫興

粉墻經雨舊成痕，青被扶留直到根。俗吏欸門教暫去，隔簾抛果戲諸孫。

畫鷹〔二〕

落日平原散鳥群，西風爽氣動秋旻。江邊老樹身如鐵，獨立槎牙一欠伸。

木犀枝上小鵲

翠裙白領眼中無，飛上木犀還一呼。乾坤未可輕微物，自在天機我不如。

〔一〕題目及内文之「金洲」，高簡本、何熊祥本、黄之正本、碧玉樓本、四庫全書本作「金州」。

〔二〕林齊本、蕭世延本作「題畫鷹」。

贈周成

虛無裏面昭昭應，影響前頭步步迷。說到鳶飛魚躍處，絕無人力有天機。

春中雜興〔一〕

春寒著莫絮袍輕，遊走何山更乞晴。夜夢髯翁作人拜，安知不是白龍精？

小雨如絲落晚風，東君無計駐殘紅。野人不是傷春客，春在野人杯酒中。

香煙裊入袖中蛇〔二〕，讀易山齋日未斜。領取乾坤分付意，扶留生耳木犀花。

端陽後一日，里人送角黍酒至

荷瓢童子問誰家，老婦簷前駐紡車。角黍喚回端午夢，還從艾琖得松花。

〔一〕詩近稿、林齊本、蕭世延本作「春中雜詩」。

〔二〕「袖中」，詩近稿作「酒中」。

九日木犀未開

野徑香沉舞蝶稀，柴門樹老著花遲。含章此日無窮意，只有階前拄杖知。

菊來栗里何須酒〔一〕，梅到孤山不欠詩。老去未甘詩酒廢，木犀其那放花遲。

木犀花下待陳秉常

常疑楚客飡秋菊，不信唐人醉牡丹。何處木犀香可愛，須君曾到玉臺山。

謝九江惠菊〔二〕

誰將此菊種江濱，物色當年漉酒巾〔三〕。若道淵明今我是，清香還屬隔江人。

紫菊移來紫水濱，白頭對着白綸巾。花前酌酒笑未足，酒後簪花笑殺人。

〔一〕「何須」，詩近稿作「還須」。

〔二〕「九江」後，詩近稿、白沙文編有「人」字。

〔三〕「漉」，原作「灑」，據詩近稿、林齊本、高簡本、蕭世延本、白沙文編、何熊祥本、黄之正本、碧玉樓本、四庫全書本改。

故根迢遞九江濱，歲晚相看此道巾。不用詩流强分別，種花人是賞花人。

鶴袖披翻野水濱，黄花簪破小烏巾。腰間我有坡翁帶，解與西鄰賣酒人。

夜夢見太母，急呼諸孫前拜

欲覺未覺夢中夢，有形無形身外身。喜逐悲來呼不得，曾孫前拜太夫人。

馬肇文惠油酒，并録示哭一峰先生詩及送林緝熙掌教絶句，復以香一束，賦三絶見意

誰以三年報一峰，舒剛蓋有古人風。一詞亦到君親地〔二〕，何處無人覆馬龍〔三〕。

清油濁酒慰家貧，老子山中但白雲。君欲看雲須久坐，晴牕端爲起爐熏。

南川釣艇已横波，裹水漁翁又放歌。今日未知明日事，且傾君酒爲君哦。

〔二〕「君親」，詩近稿作「君前」。

〔三〕「無人」，詩近稿、林齊本、高簡本、蕭世延本、何熊祥本、碧玉樓本作「無天」。

贈周二仔入京 文都家僕

故人訝我久無書，只到長安夢亦疏。萬里周郎知此意，杖藜江上送長鬚。

次韻張廷實東所寄興見寄

天邊暝色將秋至，海上長風送月來。何處無人識東所，夜分樓上了餘杯。
明月清風放兩頭，一笻挑到古尼丘。而今老去無筋力，獨坐江槎看水流。
扳緣千尺采松花，服食爲仙未到家。我得丹方欲傳與，肯捐妻子入煙霞。
路自飛雲過閬壺，仙人迓我久趦趄。相期汗漫歸何處，獨占煙波理釣魚。
放倒瓊林半醉間，半留醒處著江山。病來只有冠裳在，不帶朱門一事還。
不求老馬在長途，誰道長安一馬無？伯樂未來幽薊北〔一〕，憑君傳語到平湖。
邯鄲枕上看三台，誰撼藜牀唤老萊〔二〕？幽事不應全廢却，夜來風吼澗中雷。

〔一〕「幽薊北」，高簡本作「幽冀北」，四庫全書本作「憂薊北」。
〔二〕「老萊」，原作「老來」，據林齊本、高簡本、蕭世延本、何熊祥本、碧玉樓本改。

西風吹老木蘭花，水閣氛氳帶晚霞。溪上行人不相識，隔船對語問誰家。
海上峰巒今屬誰，攜來四百布囊垂。或嫌珠珮多遺恨，化作長髯未可知。
門下諸生無一個，山童撤却皐皮坐。與儂七尺青團蒲，今年换與張東所。

沽酒

酒店無錢與酒遲，初晴天氣菊殘時〔一〕。乾坤不放閒人醉，也到江門酒琖知。

題南浦送别圖〔二〕，爲蔣方伯

何人更賣雲卿屨，我昔曾過孺子亭〔三〕。欲寫别離非此日，西山南浦認丹青。

〔一〕「初晴」，詩近稿作「初寒」。
〔二〕「題南浦送别圖」，詩近稿、林齊本、蕭世延本作「題南浦送别圖卷後」。
〔三〕「曾過」，高簡本、何熊祥本作「曾歌」。

對菊

花開無酒醉江濱，莫笑人間破葛巾。廬阜長官歸未得，看花還共去年人。丁縣主告予謝病不果行。

滄香誰亦到湘濱，西崦東籬濫一巾。去歲金英曾照我，今年玉蕊又驚人。

白雁南飛到海濱，吟邊芳氣襲衣巾。門通水竹三丫路，坐對求羊一輩人。

秋英如雪照江濱，扳折須防小侍巾。曲檻兩頭門盡掩，先生元是惜花人[一]。

日日狂歌菊澗濱，花神應識玉臺巾。西風爲掃繁華去，不遣紅芳近老人。

花舫誰撑緑渚濱，道人醉脱碧方巾。東籬不飲江州酒，彭澤當年未盡人。

精魄當歸楚水濱，天涯聞訃忽沾巾。西風吹醒蒲團夢，獨對黄花憶故人。謂都憲誠菴朱先生也。

扁舟何處剡溪濱，夜半歸來雪滿巾。争似一瓢秋菊伴，漆園風暖蝶疑人。

我貌不如蘇潁濱，秋風華髮已盈巾。有錢不買重陽醉，籬下黄花也笑人。

菊坡持酒越江濱，御筆親題與醉巾。丞相九回徵不起，碧虚長揖夢中人。

[一]「惜」，原作「借」，據林齊本、高簡本、蕭世延本、何熊祥本、碧玉樓本、四庫全書本改。

知章投老鑑湖濱，還戴華陽羽士巾。元亮也歸三徑去，至今人笑是痴人。〔二〕

種扶留用舊韻

輕落藤梢淺打溝，種時須共小遲留。浮生日月供眠外，付與攜鋤抱甕休。
絜矩工夫但一溝，山中夜雨長扶留。莫教看到詩人眼，千首鳶魚也未休。

漫興

娉婷鄭女著纖羅，能爲襄王激楚歌。一曲霓裳都掃盡，尊前無地舞陽阿。

贈麥岐出遊

錯教人意向花濃，萬樹香飄一夜風。行過東津莫回首，一番春事又成空。
我得無言贈麥岐，乾坤遊走到何時。千山萬水無窮意，分付芙蓉杖一枝。

〔二〕　此首下，底本及碧玉樓本皆尚有一首，云：「陶家園裏舊開叢，復入山牕對此翁。一曲一杯花下醉，人生能得幾回逢。」而這首又於底本第六卷、碧玉樓本第十卷分别出現，題爲「對菊」。（《白沙子全集》，何九疇本，第六卷，第二〇、九六頁；碧玉樓本，第九卷第四二頁、第十卷第五四頁）此首之用韻，與前十一首不同，應非同時之作，當另作一題。

八月八夜，忽夢玉宇無瑕、碧雲燦爛，南斗下大書八字云「生生生德，俊逸超全」。下有四人面西而行，或隱或見。覺後紀以絶句

八字光騰斗外天，碧雲西去擁群仙。乾坤此夢無人話，起步中庭月上弦。

贈人

誰將兒女浪干情〔一〕，春雨來時草又生〔二〕。夢亦是真真亦夢，石泉槐火對清明。

悼周鎬

京之兄也。京以母命赴春官，鎬亡，京南歸在途〔三〕。

一封長夏寄京書，不遣歸來待拜除。誰與行人報消息，高堂今日要人扶。

〔一〕「干」，原作「于」（碧玉樓本亦作「于」，何熊祥本、黄之正本作「千」），據詩近稿、林齊本、高簡本、蕭世延本、四庫全書本改。

〔二〕「又生」，詩近稿作「自生」。

〔三〕「在途」，詩近稿亦作「在途」，林齊本、高簡本、蕭世延本、何熊祥本、黄之正本、碧玉樓本、四庫全書本作「在道」。又：詩近稿、林齊本、蕭世延本僅將「京之兄也」四字作爲題後小注，而將「京以母命赴春官」以下文字作爲此詩第一首之跋。

一雙玉樹出東溟，豈意先隨曉露傾。三十六年惟一女，老夫垂淚寫銘旌。
叔子還家定買碑，墓旁將刻老夫詩。詩中不借閒言語，只寫人間母子悲。
嗜好平生法帖詩，偶逢方士問刀圭。何人擺脱浮生事，得似周郎易簀時？〔二〕
里巷三年六七墳，老年無淚哭交親。數聲願借遼陽鶴，唤醒人間未死人。

望白龍池 在本邑崑崙山頂

西望不見崑崙池〔三〕，白龍上天歸何時？望中心逐飛雲去，半掛玉臺松樹枝。
涵虚數尺鏡光懸，舊是頭陀洗鉢泉。又有山人來洗耳，白龍休占水中眠。
雲影天光共一池，池中消長白龍知。仙翁騎龍上天去，只有明月照漣漪。

梅花

一枝低壓塢籬斜，細路穿雲竹半遮。忽被暗香相引去，小塘詩景在西家。

〔二〕「何人擺脱浮生事，得似周郎易簀時」，詩近稿作「不知滅却將明後，何似當年未滅時」。
〔三〕「崑崙池」，詩近稿作「白龍池」。

老樹眠江水嚙之，茫茫水月浸花枝。暗香捲入滄溟去，不是漁翁那得知。

沙籠寒月樹籠煙，香徹龍溪水底天。斜隔竹林窺未得，更尋西路上漁船。

南枝照水忽先開，漁父灣頭有釣臺。罷釣歸來溪路暝，暗香幾度倩風媒。

孤山山下一枝梅，春到南枝尚未開。酒醒西樓看月坐，清風湖上捲香來。

朝來溪上弄花丸，天地氤氳日月還。無覓暗香疎影處，笑呼歐九問孤山。〔二〕

梅花撩我又冬殘，落日深山一凭闌。病眼不知花妙處，只將花作野人看。

梅花如雪擁溪扉，漁父村南負酒歸。縱飲不知花落去，酒醒船上見花稀。

日日花邊喚酒船，梅花開處酒家眠。青山一片無人買，誰與先生辦酒錢。

樵客入林聞曙鴉，梅梢殘月暗溪沙。沿溪路盡無人到，更說林逋住處賒。

舍南朝見一枝梅，舍北桃花昨夜開。笑問花開何太急，青春肯逐酒錢來。

南北枝頭月正懸，月中誰此弄溪船。晚來吹入梅花去，吹到林逋木榻邊。

蒼煙裊樹溪冥冥，夜半江樓笛一聲。悵望錯疑溪女折，滿頭只慣插金櫻。

〔二〕「笑呼歐九問孤山」後，林齊本、高簡本、蕭世延本、何熊祥本、黃之正本、四庫全書本有小注云：「氣魄壓倒孤山。」

桃花

雲鎖千峰午未開，桃花流水更天台。劉郎莫記歸時路，只許劉郎一度來。

山中兒女不知秦，無賴漁郎最惱人。溪上桃花君莫種，東風不貸武陵津。

題袁氏知歸卷

鳥在蒼岑魚在淵，水深林密保生全。秋風莫怨茅茨破，白首眠看榻頂天。

陰崖水必到滄溟，石罅涓涓勢已成。萬古乾坤流不盡，望湖亭下更分明〔二〕。

示我陰陽闔闢機，春陵墨雨灑門扉。直從罔象前頭見，人與乾坤一處歸。

界江八景

河橋柳色

廬阜清風長官宅，渭城朝雨王維詩。東西緑遍河橋路，長與離人照酒巵。

〔二〕「更」，詩近稿作「最」。

驛館槐陰

槐陰覆庭日卓午〔一〕，小吏夜出迎當路。長江閲盡往來人，淦水西邊此槐樹。

爐渚晴煙〔二〕

香爐紫煙生一縷，天風吹落蘆花渚。江東行客歸去來，霑衣猶帶金陵雨。

古阜漁燈

埠頭半點夜燃枯〔三〕，釣得松江一尾鱸〔四〕。漁父聯舟向東岸〔五〕，東岸人家有酒沽。

界江霽月

玉宇蟾輝秋展鑑，界江水色夜磨銅。乾坤好景誰無分，只問靈臺得屬公。

〔一〕「卓午」，原作「早午」，據詩近稿、林齊本、高簡本改。

〔二〕「爐渚」，各本同，惟四庫全書本作「蘆渚」。案：據此詩内文「蘆花渚」之説，作「蘆渚」於義爲長。

〔三〕「半點」，詩近稿作「數點」。

〔四〕「松江」，高簡本、何熊祥本、黄之正本、四庫全書本作「淞江」。

〔五〕「漁父」，詩近稿、林齊本、蕭世延本作「漁婦」。

西僧禪梵

竹徑風傳西梵聲，隔墻深夜有人聽。山僧老去無功德，還倚禪門誦佛經。

東閣書聲

閉户書聲午欲乾，夜闌燈燼落蒲團。朝廷若問觀風使，猶有書郎信長官。

大橋牧笛

山花争插帽頭紅〔一〕，蘆葉烏烏弄晚風〔二〕。橋大板平牛步穩，老牛差後不愁儂。

讀周朱二先生年譜

千年幾見南康守，歎息人間兩譜開。但使乾坤留一緒，聖賢去後聖賢來。

一語不遺無極老，千言無倦考亭翁〔三〕。語道則同門路别，君從何處覓高蹤。

〔一〕「帽頭」，四庫全書本作「滿頭」。

〔二〕「烏烏」，高簡本、何熊祥本、黄之正本、碧玉樓本作「嗚嗚」；林齊本、蕭世延本作「嗚嗚」。

〔三〕「千言」，林齊本作「十年」；高簡本、蕭世延本、白沙文編作「千年」。

白洋潭魚

白洋風起釣絲飛，夢裏漁蓑此夜歸。明日冷香橋上望，海鷗相對便忘機。
白洋潭上浩煙波，何處漁歸此放歌。月下聞之開口笑，江門三尺有藤蓑。

讀定山集

千首鷺花萬蠹魚，眼昏心亂意何如。白頭許我編摩不，活水源頭洗硯書。

寄張主事

從來妙處不傳書，十夢人間久不如。試問十洲三島外，白雲誰伴老仙居。

贈鄒汝愚吏目 時館壯哉亭

川雲嶽雨天模糊，萬里山亭此客孤。又借南風吹一月，酒葫蘆打藥葫蘆。

題伍氏雙喜圖

莫怪龍鍾此葛巾，穿花入竹去頻頻。秋風酒熟南山下，更與殷勤報主人。

戊午秋，開化吾廷介縣博校文於我省〔二〕，念太夫人初度之辰在十月八日，撤棘之後，幸公程之便，趨歸爲壽，詩以送之

高下原從脚板分，江山富貴幾般人。吾家子弟官情薄，欲把行藏壽老親。

〔二〕「戊午」，原作「戊子」；「吾廷介」，原作「吴廷介」，據林齊本、高簡本、蕭世延本改。案：戊午，爲弘治十一年（當西元一四九八年）。弘治十五年壬戌（當西元一五〇二年）夏六月晦日，白沙先生之高足林光作《跋石齋贈吾廷介詩》，略云：「吾廷介嶺南選士時，拜石齋先生於白沙，得壽母詩一絶。時值重九，廷介出《和贈詩》一律，又《别後和舟中見寄》一律。余官在太學，廷介新中進士榜，相聚京師，出此卷觀之。計石翁此作，去屬纊僅一年餘耳。字觀其筋骨，詩味其風韻，妙處蓋不在多也。言外不盡之意，廷介當自得之。後二絶，子侄輩代答，觀者當自辨。」（林光撰：《南川冰蘖全集》，第六七至六八頁）依據林光此跋，應以「戊午」、「吾廷介」爲是。此外，《次韻吾縣博見寄》（七律）、《次韻吾縣博登嘉會樓見寄》（七律）、《次韻吾縣博别後見寄》（七絶）中所謂「吾縣博」，亦指吾廷介。又：章懋《文山先生吾君墓表》云：吾昪，字景瑞，號默齋，開化人。其次子吾謇，由文安教諭登弘治十五年壬戌進士第。（參章懋《楓山集》，《景印文淵閣四庫全書》第一二五四册，第九五至九八頁）吾廷介，亦開化人，亦曾任教諭（縣博），亦於弘治十五年壬戌登進士第。疑吾廷介即吾謇。

題伍光宇碑陰

幾年滄海一碑成，身後何須歎不平。天遣老兄生少子，千秋寒食祭公塋。兄伯饒近生一子，爲光宇後。

喜黄在登科

半醒半醉一儒巾，黄卷青燈二十春。晚醉鹿鳴君莫訝，龍頭還屬老成人。
龍頭還屬老成人，夜半雷聲已變春。莫爲晨昏留不去，安車扶上白頭親。在有老母在堂，故云。
安車扶上白頭親，徐積當年也爲貧。憶昨扁舟淮上路，青山吾拜墓中人。

題松雪圖

元時有個趙松雪，松雪于今又屬誰。一幅丹青一瓢酒，廖公來乞老夫詩。

半江十詠，爲謝德明賦

江湖城市氣交吞，誰放蘭舟繫柳根。肯與漁翁通水界，白頭破浪在江門。

獨速溪邊舞短蓑，月明醉影共婆娑。手中握得桐江線，釣破江天不要多。
水面煙濃白鳥低，數峰青鎖夕陽西。隔波莫是仙源否，恰到波心路已迷。
隔波晴色裊孤煙，萬樹桃花錦一川。夜半天風吹海立，探花人在半江船。
水到江心五百弓，白鷗雙起雁孤衝。竹篙點碎菰蒲月，如此風光我共公。
畫紙敲針一杜詩，水生花落兩天機。西風捲市塵高起，也到江心不解飛。
溪槎泛泛月中眠，橫占波間一半天。何許少年三五輩，夜深鄰舫叫攤錢。
碧海雲深鶴夢勞，人間無地著盧敖。不知居士曾來否〔二〕，試向波心問小舠。
醉則高歌醒復悲，老仙那有獨醒時。江間波浪三千頃〔三〕，都與回公入酒巵。
半江秋水映斜陽，幾個神仙坐水旁。酒是逡巡花頃刻，一尊韓愈對韓湘。

經陳氏家廟

牡蠣墻高一廟深，緣岡松柏晝陰陰。我家俎豆茅茨下，只少黃金不少心。

〔二〕「居士」，林齊本、高簡本作「若士」。若士，猶言「其人」，多用以指有道之士。

〔三〕「波浪」，林齊本、高簡本、蕭世延本、何熊祥本作「碧浪」。

題萬松菴壁

昔年曾賦萬松軒，一飯松根有夙緣〔一〕。旋摘黄花傳白酒，真成東老對回仙。

過東涌 周貢士抱乳兒久住出迓

鄉曲論交大父餘，耳根狼籍病翁書。小兒莫道無靈性，也傍寒塘望筭輿〔二〕。

經曝日臺 周鎬所築，鎬亡無子，止一女

何處猿聲更斷腸，夜聞孤女哭凄凉。淚痕滴著臺旁樹，縱到春風亦少芳。

寄袁暉、林敬

頗憶江湖林子翼，小齋留飯更袁暉。人心人面人人異，賢輩如前共飯時。

〔一〕「夙緣」，詩近稿、林齊本、蕭世延本作「宿緣」；高簡本、何熊祥本、黄之正本、四庫全書本作「俗緣」。

〔二〕「傍」，詩近稿作「旁」。

南州香櫃久流傳，亦賣東湖草屨錢。莫共諸賢理鉛槧，只治香櫃過年年。暉治香櫃自給，近爲社學師矣。

歲首詩緘寄早梅，路旁先倩秉之開。而今兩眼西風淚，誰解傳聲到夜臺。

若道鴟夷解了心，五湖何用更千金。魯連長揖平原去，風月無邊碧海深。〔二〕

林緝熙縣博、張廷實進士、何孝子子完先後見訪，既而緝熙往平湖、廷實歸五羊、子完還博羅，因賦四絶

春水江門一葉舟，幾人來此看垂鈎。浮雲一散無踪跡，飛盡桃花江水流。

昨夜江門把春酒，滿船明月唱陽關。五羊城中消息斷，君去東吴幾日還。

四百峰頭白鶴知，老夫八月有幽期。爾家正在羅浮下，莫向春風怨別離。

長髯遺我一囊山，鐵橋流水非人間。我今決策山中去，踏斷鐵橋無路還。

〔二〕 詩末，詩近稿有小注云：「此亦有感而發。」

夢遊天台

路入天台第八重，洞門剛與赤城通。脚根點到虹橋下，一笑那知是夢中。

伍伯饒送蜂窠至，用韻答之

獨憐溪竹隱花叢，待得南山後到蜂[一]。昔日往來南谷口[二]，如今只用一丸封。
晚蜂隊隊過山房[三]，何處歸來嘴脚香。辛苦奉君臣子分，可堪奴輩日偷嘗。

賽蘭花開

晴光三日轉花枝，坐對微馨忽有詩。涓滴未嘗花上露，南風莫只報人知。
曲欄砌下少人窺，戲蝶遊蜂忽滿枝。君欲尋花須早計，只今猶是未開時。

[一]「蜂」，原作「峰」，據林齊本、高簡本、蕭世延本、何熊祥本、黄之正本、碧玉樓本、四庫全書本改。
[二]「南谷」，林齊本、高簡本、蕭世延本、何熊祥本、碧玉樓本作「函谷」。
[三]「晚蜂」，原作「晚風」，據林齊本、高簡本、蕭世延本、何熊祥本、黄之正本、碧玉樓本、四庫全書本改。

微風巾袂細氤氳，楚畹叢中別有春。啜茗亦嫌風景殺，明朝載酒是何人？

山花黯黯綴旒傍，君愛深紅愛淺黄？楚客見之揮不去，向人説是賽蘭香。

次韻南山送蜜

萬古西山朽骨叢，中有魂魄化爲蜂。餓死空窠不飛去，猶爲君王守故封。

寒花索寞不成叢，口腹吾慙入臘蜂。覓蜜嬌兒啼夜半，未成新釀又開封。

知從何處宿花叢，清曉飛來又幾蜂？定有香魂招不返，遠尋芳氣落花封。

處處山花好蜜房，絪緼巖壑爲誰香？相思道遠無由寄，此味年來只獨嘗。

戲贈館賓〔一〕

松風和雨灑柴關，過午雕胡飯始餐。今日華卿休怪訝，往年飢鼠嚙陳山。嘗館白沙。

〔一〕　碧玉樓本作「戲贈館賓梁文冠」。

讀林進士信宜祭母墓文

淚血今朝灑鳳山，鳳山原只在人間。非關旅殯無尋處，不與皇華共載還。
天涯四尺不封墳，一去鳳山三十春。莫辭更向山前問，恐有漁樵是異人。

袁侍御道龍川訃至

何處龍川去不歸，山南山北雨雲飛。晚風晴捲三千尺，好與歌筵作舞衣。
憶昔青陽動海濱，隔年草木預知春。如今行路無顔色，盡是青陽去後人。

次韻柳渡頭答鄉友

溪南溪北荔枝垂，五月荷花欲捲旗。忽有酒船邀半路，三杯不記主人誰。
飯罷雕胡坐石磯，白雲閒與鶴同飛。神仙若道吾無分，那得身輕減帶圍？

題林進士廷玉繼母陳氏挽卷 廷玉幼好嗜醬薑，其母每求於旁舍給之

與兒醬薑兒勿號，前母生之後母勞。大統岡頭寒食酒，一杯和淚灑香茅。

五月菊

夏卉秋葩黄一色，何人把酒謗天工？品題莫問看花客，消得西來一夜風。露飲霜餐不記秋，黄花三昧室中求。區區形色多相似，争得先生爲點頭。小變春紅作淡粧，山亭初見一枝黄。醉中忽眩東籬眼，起視金錢著屐忙。二頃南風秫正青，督郵未到長官亭。眼前雖有黄花在，不與陶公解醉醒〔一〕。

題梁景行天壺書屋〔二〕

打土編茅費幾錢，白雲深夜一燈懸。知君未是壺山主，只借壺山過兩年。虀粥朝朝長白寺〔三〕，衣冠夜夜百原山。三年枕席何曾設，一紙家書亦不看。

〔一〕「解」，林齊本、高簡本、白沙文編作「管」。

〔二〕詩題及内文之「天壺」，原作「天湖」，據林齊本、高簡本、蕭世延本、白沙文編、何熊祥本、黄之正本、碧玉樓本、四庫全書本改。

〔三〕「虀粥」，原作「虀竹」，據林齊本、高簡本、蕭世延本、白沙文編、何熊祥本、黄之正本、碧玉樓本、四庫全書本改。

元夕

村南村北此宵同，好景難消一老翁。在處恐妨年少樂，踏歌歸去月明中。

正月菊

春到東籬花亦知，紅桃白李更當時。東風自領芳菲去，也爲秋香作意吹。
廬阜高歌九日杯，盡將秋意放花開。誰教也向東風裏，點破千紅萬紫堆。

次韻吾縣博別後見寄[一]

聖賢生處是中華，何處天涯何處家。夫君認得幽棲處，江門月底釣魚槎。
昨夜江門詠月歸，今朝又領衡山詩。千仞岡頭一振衣，乃見廬岡點化機。

[一]「吾縣博」，原作「吴縣博」，據林齊本、高簡本、蕭世延本改。

題一峰遺墨後 何知卷

穆穆熙熙在眼中，君家卷裏忽相逢。蒼煙緑樹湖西路，何處金牛弔一峰。

何生告還新喻，因憶希仁先生平生故人，不相見十有六年，悵然有作，附生，他日見之，爲我道之

忽忽人間十六年，與公信息兩茫然。不知今日江門路，還到湖西是幾千？

淵明愛菊

白衣剛到黄花下，醒長官爲醉長官。社裏新知僧酒主，門前高枕石蒲團。

和靖愛梅

懊惱梅花未有詩，孤山馬上又攢眉。後人拈出前人句，作者元來自不知。

茂叔愛蓮

不枝不蔓體本具，外直中通用乃神。我即蓮花花即我，如公方是愛蓮人。

潘岳愛桃

潘郎本自愛桃花，種向河陽幾萬家。世有長官如孟子，還除花地付桑麻。

廢宅逢梅

花間無主竹籬空，小徑斜穿曲巷通。賴是暗香能不息，短笻破帽得相逢。

與客夜飲

擊節歌聲未出門，照書燈火已眠尊。老妻喚醒蒲團夢，更與殷勤煮菜根。

辭徵文者

平生語默鬼神知，破戒隨人老可媸〔一〕。三日裹糧無此客，手攜空卷下堦遲。

崔濳送菊坡先生遺像至，適鄉人送紫菊一株，遂以答之

高風千古鎮浮華，僻酌寒泉薦菊花。江上一株紅帶雨，丹青同日到山家。

舫子

此身天地一虛舟，何處江山不自由。六十一來南海上，買船吹笛共兒謀。

木犀

曉枕東牕睡不來，木犀造次隔籬開。阿田小孫名也。拍手黄鸝到，寫盡春風得意杯。

東風披拂滿林塘，脚債東山也未償。捫虱不禁春意動，日華初吐木犀香。

〔一〕「媸」，林齊本、蕭世延本、白沙文編、碧玉樓本作「嗤」。

茗碗朝朝怕侍兒，采花莫采稱心枝。牀敷愛就東牕暖，分付東風敵面吹。

人間花草鬬春肥，粉蝶黄鶯接翅飛。也愛白頭肝肺好，木犀墻下噦朝暉。

名花得見太平年，擊壤聲高壓管絃。化日熙熙春蕩蕩，華夷何處不同天？

白頭無酒不成狂，典盡春衫醉一場。只許木犀知此意，晚風更爲盡情香。

書易隱求銘旌後，感而有作

一題八字八低徊〔一〕，滿眼淒凉筆下來。春社去年人不見，茅檐燕子又飛回。〔二〕

山林交分晚相投，詩在寒江紫菊舟。君去落英還對我，獨吟春雨看江流。

半雨半晴鶯亂啼，溪邊丈人還杖藜。不見舊時遊走伴，白頭衝雨更衝泥。

移海棠花

小朵輕紅帶雨香，柔條深翠引風長。道人不是看花客，肯把墻隈借海棠。

〔一〕「低徊」，原作「低回」，據詩近稿、碧玉樓本改。

〔二〕「飛回」，原作「飛來」，據詩近稿、林齊本、高簡本、蕭世延本、何熊祥本、碧玉樓本改。

曉飲忽醉，擁禪衣坐睡〔一〕

三杯過卯得瞢騰，坐擁禪衣問殺更。下砌握刀山竹冗，開門負水海棠生。

弄筆

白日一醒塵土夢，青山誰計髑髏春。時當可出寧須我，道不虚行只在人。弄水忘歸真灑脱，看山扶步小逡巡。等閒未許丹青手，搭颯平生畫此身〔二〕。

鴝鵒育雛于貞節堂東壁，壁高且危，二雛墮地下〔三〕，乃就而哺之，悲鳴徬徨如在無人之境，予憐之，取雛納之巢，紀以是作

將雛無力上榱題，聲斷殘陽翅忽低。高棟托身君亦誤，鷦鷯安穩只卑棲。

〔一〕詩題及内文之「禪衣」，原作「襌衣」，據碧玉樓本改。

〔二〕「此身」，高簡本、蕭世延本、何熊祥本作「此巾」。

〔三〕「地下」，詩近稿作「砌下」。

海鷗來往未忘機，鴝鴿能言掠砌飛。母去巢危雛落盡，啣蟲巢畔待雛歸。

江上

遲遲春日滿花枝，江上群兒弄影時。漁翁睡足船頭坐，笑卷圓荷當酒卮。

有懷故友張兼素

穆穆熙熙只此風，今人未見古誰同？意中我了牛醫子，且放山齋水墨中〔一〕。

長安風雨閉門間，陌上浮雲没馬鞍。從此江西人物論〔二〕，夫君高只比廬山。

萬里長安看我病，夜闌兩馬出攜燈。如今只有西涯在，宿草江邊露滿塋。

何宇新赴南京，來白沙告别，云此行且復見定山。時秋已盡矣，以詩送之

孝子已爲人所稱，世間留者乃何情？故鄉莫作多時别，阿母墳頭草又生。

〔一〕「山齋」，詩近稿、林齊本、蕭世延本作「方齋」。

〔二〕「物」，高簡本、何熊祥本、黄之正本、四庫全書本作「勿」。

浦口柴扉幾日開，江門煙艇暮秋回。交情亦似長江水，南北年年送往來。

閱光宇傳

君艇君齋古所呼，忘年忘病舜之徒。莫言外史無憑據，曾見當時拉背奴。〔二〕

戲題顧進士瓊林宴圖

黄屋門前緩轡行，上林花映賜衣明。怪來老眼模糊甚，道是尋春杜少陵。

梅花

湖上詩仙骨已塵，江門半樹復撩人。攜田拉畹朝朝去，江上田家秫酒新。

雲隔溪扉水隔塵，梅花留月月留人。江門半醉踏歌去，紗帽籠頭白髮新。

春風處處馬蹄塵，岸北花神冷笑人。二十四番紅紫醉，一番零落一番新。

〔二〕　詩末，詩近稿、林齊本、蕭世延本有小注云：「光風艇、尋樂齋，白沙讀書所，今廢。光宇長於予，病駒，每疾作，使一童子倚其背拉之，未及平便起，衣冠坐室中習静，忘其病也。」高簡本則將此小注置於詩題之後，文字略異。

馬蹄懶踏六街塵，閒憶當年拄頰人。江海衣冠零落盡，梅花還對白頭新。
精神交月不交塵，看到黄昏故可人。拈出孤山難狀處，一年詩債又從新。
桃李安能踵後塵，玉妃全是耐寒人。瘦筇拄破梅村月，要看南枝出格新。
梅塢風高不起塵，短筇聊立探花人。山塘水淺時窺影，喜與年光不鬬新。
風遞微香洗渴塵，獨行山路不逢人。梅花歲歲還依舊，只看何人著句新。
詩思梅花兩絶塵，破牕殘月夜窺人。明朝走馬東西去，壁上空留醉墨新。
雪崖江畔杳香塵，天與孤高遠俗人。不忘滄波别時意，一枝還遣到圖新。
老李安排踵後塵，隔年花意問何人。先生不是林和靖，偶愛南枝一番新。〔二〕

次韻廷實進士送倫長官出遊

我夢名山爲點頭，名山到處是真遊。牀頭買酒黄金盡，那向長江更買舟？

〔二〕　此詩原缺，然其墨跡尚存，爲該墨跡所書三首詩中之第二首。兹據墨跡補出。案：此詩，秦有朋主編《陳獻章書法集》將其題爲「自春」；（秦有朋主編：《陳獻章書法集》，第七〇至七一頁）陳福樹《陳白沙的書法藝術》則將其題爲「梅花等詩卷」，且於釋文後附注云，墨跡「第一首爲陳白沙七言絶句《梅花》組詩十首中的一首，第二首用韻與《梅花》組詩相同，但未見收入其中」。（陳福樹撰：《陳白沙的書法藝術》，第七六至七七頁）陳氏之説可取。

新年田家

古田同井今同村，同坐杯盤到子孫。合是田家愛元日，白頭拄杖拜人門。

麥秀夫於城南小渚中累土結茅居之，容一之、馬伯幹取酒共醉桃花下，各賦詩爲樂，秀夫謁余同作，[因]附其韻[一]

春江淡蕩桃花潯，絶岸回風落碎金[二]。一路潺湲煙鎖斷，無人知道此溪深。

川練縈紆島上花，世間遥望赤城霞。仙源不比函關路，老子來時坐一槎。

我夢桃花何處潯，水清蘋白一籬金。美人家住紅雲島，欲往從之江水深。

手拄藤枝鬢插花，夜收沆瀣曉餐霞。貴人已隔門前水，野老還通月下槎。

紅白花開緑渚潯，風光買我不論金。輞川不借閒人看，只愛詩家著語深。

漠漠春煙淡淡花，竹邊孤嶼閣飛霞。春江水滿秋江水，更著新槎换舊槎。

[一]「因」字原缺，據詩近稿補。

[二]「碎」，黄之正本、四庫全書本作「醉」。

安期只在海東潯，何處名山浪鑄金。欲向桃花問消息，柴門深鎖碧溪深。
武陵春盡水流花，洗却耶溪十丈霞。晝坐竹根看未足，滿蓑明月夜縈槎。
東潯披卷盡西潯，海水秋連萬頃金。卷裏我能題百首，溪蓬斟酒莫辭深。
閉門春雨可憐花，誰共花前傾紫霞。但放此杯深似海，回公肚裏得横槎。

得倫長官詩，疑其果於遊而未可以遊，次韻復之〔一〕

一百青錢解杖頭，罇中有酒勝閒遊。門前春浪高於屋，莫向長江弄破舟。
短檠細字寫蠅頭，衰老而今尚好遊。何處與君談半偈，玉臺留作濟人舟。

贈張進士入京 有序

別後，膝痛甚于前日，本無詩悰，獨念吾與廷實不可無一言以別，爲八絶句，命童子容憑録于自作序文之下。

五年不出獨何心，萬里行囊又一琴。難寫别離今日意，江門春水不如深。

〔一〕「次韻復之」後，林齊本、蕭世延本有「以博一笑」四字。

有心誰莫弄兒嬉，孔老枝條我亦知。風日小塘君不顧，竹牀藤簟自皇羲〔二〕。

能將糟粕委諸書，影響人間不受驅。五百年中名世出，先王政教果何如？〔三〕

津頭日暮送夫君，別意那堪更遺聞。芳樹鳥啼山雨過，柴門空閉一溪雲。

玉臺居士玉臺眠，碧海三山病枕前。君欲有爲休問我，白頭世事已茫然。

會餘湯餅欲春闌，往即公程亦不難。不獨有官兼有子，老親贏得一開顏。

南風吹上石門舟，又到西華寺裏遊。記得聯舟此相送，而今空有雪盈頭。

昔曾寄住長安寺，潦倒滄溟夢不回。何處思君還有夢，青山斜日兩徘徊。

次韻東所送薑酒

寧知生蚤與生遲，真鳳真麟出以時。何處氤氳薑酒氣，香風吹入野人巵。

病起朝天果未遲，出門剛遇鳳來時。兩山居士何如喜，一飲從教累百巵。

〔二〕「竹牀」，詩近稿、林齊本、高簡本、蕭世延本、何熊祥本、黄之正本、四庫全書本作「竹林」。

〔三〕此首，詩近稿作「誰將糟粕委諸書，燈火千秋對卷舒。兩漢名家多少在，亦知輪扁是真儒」。

與廷實看李世卿題竹

來看竹上舊題名，已有清風挹世卿。夭矯龍蛇不堪捕，安知不是野狐精？

題熊氏桐軒

湖海逢君四十年，破琴殘韻尚依然。棹歌本是閩南調，傳到于今更不傳。

桐軒云是勿軒孫，何處江湖何處村。古錦囊中風韻在，幾時彈向白沙門？

飲馬氏園，贈童子馬國馨

日轉芭蕉雙竇鳴，飛飛蜂蝶喜新晴〔一〕。衰翁醉卧溪園裏〔二〕，一曲春牛和國馨。六歲能誦予「春牛」之句。

白髮跏趺溪樹根，還從地主見諸孫。醉中自唱漁家傲，擊碎花邊老瓦盆。

〔一〕「新晴」，詩近稿作「初晴」。

〔二〕「裏」，詩近稿作「煖」。

喜晴

西林收雨鵓鳩靈，卷被開牕對曉晴。風日醉花花醉鳥，竹門啼過兩三聲。

得沈大參時暘漳州發來書，答之

前後題緘兩度收，春風無雁過漳州〔二〕。青燈一榻南都夢，回首于今二十秋。

悼舊

里中興没一浮雲，六十年中幾度聞。只恨墳荒無祭掃，前村更有未封墳。何潛死踰十年，并其母皆未葬。

馬文祥寄五氣朝元罏至

隱者年來少在山，白雲幾片落人間。玉臺小徑蓬蒿底，吾對吾罏盡日閒。

〔二〕「過」，詩近稿、林齊本、高簡本、蕭世延本、何熊祥本作「到」。

人間葷血共歡娛，誰作朝元五氣鑪。自汲山泉煮春茗，不留俗客炰江魚。合是神仙太乙鑪，旁通五氣似蓮珠[一]。如何水火收功用，去問劉安下手初。眼前詩景浩相撩，何處丹鑪火又消。莫笑道人歸未得，秋風雲路幾扶揺。

五月二十六雨 民謂二十五六七日有雨主豐

時雨時暘歌帝力，今年今雨卜年豐。路旁酒價知天道，何處醉鄉眠此翁？

六月一日不雨 民謂此日有雨主旱

牕眼陰晴曉未分[二]，一年憂樂稍相尋。山林自慣清凉極，且放今朝到鑠金[三]。

[一]「旁通五氣似蓮珠」，林齊本、高簡本、蕭世延本、何熊祥本、碧玉樓本作「旁通五竅似連珠」。
[二]「曉」，詩近稿作「早」。
[三]「鑠」，詩近稿作「樂」。

圖新書舍中植蕉數本，壁間李世卿題句〔一〕，潮州饒鑑至，讀之，有所興起，勉以小詩

一寸芳心卷却春，竹枝遺響落圖新。潮州客子來何暮，還對芭蕉索楚人。

贈梁景行赴春闈

宗烈平生讀書處，老夫題作小壺山。壺山不解留君住，君著壺山夢裏看〔二〕。

夢亡友袁德純侍御

再試宜興割雞手，置之柏府公巖巖。如何不返龍川駕，遺恨千年在嶺南？
自別君來十九秋，江門暮雨忽相投。當時呼酒留君語，却到于今羡海鷗〔三〕。

〔一〕「數本」，詩近稿、林齊本作「數十本」；「壁間」，作「壁間有」。
〔二〕「壺山」，原作「壺中」，據詩近稿、林齊本、高簡本、蕭世延本、何熊祥本、黄之正本、碧玉樓本、四庫全書本改。
〔三〕「于今」，林齊本、高簡本、蕭世延本、何熊祥本、碧玉樓本、作「如今」。

周侍御文化將訪白沙，阻風江上連日，以詩迓之〔一〕

長風不打畫船回，更爲山靈掃玉臺〔二〕。走馬城中具茶果，青天白日繡衣來。積雨，是日得大霽。

將晴積雨此何時，我病山中久不知。驄馬今朝在何處，江邊人吏望旌旗。

昔者吾聞周柱史，青牛紫氣出函關。有心來鼓南溟柁，信息朝來已到山。

懷胡大參希仁〔三〕

魯連謝去都無事，范蠡歸來未了心。三十餘年窮學道，而今方識古人深。

先生齒髮今如何，我髮秋來白又多。若與先生論出處，江門只好聽漁歌。

〔一〕「以詩迓之」，詩近稿作「詩以迓之」。

〔二〕「山靈」，詩近稿作「山人」。

〔三〕「懷胡大參希仁」，詩近稿作「奉懷胡大參希仁」；林齊本、蕭世延本、白沙文編作「奉懷胡大參希仁先生」。

梅下雜詩

虛名每被詩家賣，素艷常遭俗眼媸〔二〕。開向人間非得計，移根天上白龍池。

向暖南枝已播詩，北枝向冷尚遲遲。肩輿欲過江門去，争得春風剪拂之。

梅花信是菊花傳，賞到梅花又一年。處士豈非詩俊傑，長官元是酒神仙。

題瑞鵲卷 有序

成化十九年〔三〕，予被薦入京，過江浦訪孔暘莊先生。先生送予揚州，偕行至六合縣，經宿而去。當是時，周君文化令六合有聲。後八年，莊先生病，猶卧家；予乞終養歸侍下，亦衰且老。周君以監察御史按治吾廣，過寒舍道舊。於是，周君舉莊先生昔者所爲《賦瑞鵲詩》俾予和之。

瑞鵲多年我眼中，笑烹牛鼎夜燈同。如今柏府開詩卷，還對樽前兩病翁。

〔二〕「媸」，詩近稿、林齊本、蕭世延本、碧玉樓本作「嗤」。

〔三〕「十九年」，詩近稿、林齊本、蕭世延本作「十九年春」。

贈化州守鄭順解官歸

湖上鴟夷久買舟〔一〕，清風明月幾宜休。未知進退存亡事，只問歸來鄭化州。

贈羅梁還程鄉

一峰諸子在通家，生死交情俗可嗟。泉壤有知開口笑，江門來共看梅花。
飛出一帆何處風，道人眠處玉臺東。春光一路相隨去，朝雨渡頭花欲紅。
世道如今覺我非，衝寒猶肯到柴扉。江門春酒無多少，須勸羅生一醉歸。
翩翩雙屨一長筇，意氣憑陵四百峰〔二〕。肯向程鄉留一載，長官真好主人翁。
一客三旬住玉臺，梅花正傍玉臺開。客心暗與梅花契，去到明年臘又來。

〔一〕「久」，詩近稿、林齊本、蕭世延本作「又」。
〔二〕「憑陵」，林齊本、高簡本、蕭世延本、何熊祥本、黄之正本、四庫全書本作「憑凌」。

蓬島煙霞圖，贈羅定直 一峰先生之子也

丹青誰弄煙霞筆，題贈湖西公子行。攜過羅浮莫開看，羅浮怕有異人争。

輓林别駕汝和〔一〕

昔歲逢君郭隗臺，揚眉撫劒泰山摧。紛紛白眼輕豪俊，只有余公解愛才。别駕一城聊塞北，短檠諸子自江南。平生抱負何由見，塚上銘詩仔細參。赤岡經雨草萋萋〔二〕，山北山南路欲迷。怕到使君投轄處，黑雲堆隴鷓鴣啼。有時江畔倚秋藤，裊裊如聞擊楫聲。春色眼前人不見，江花江水總含情。

〔一〕「汝和」，詩近稿作「孟和」。

〔二〕「赤岡」，高簡本、何熊祥本、黄之正本、碧玉樓本作「赤江」；林齊本、蕭世延本、白沙文編作「赤泥」。「萋萋」，林齊本、高簡本、蕭世延本、白沙文編、何熊祥本、黄之正本作「淒淒」。

大田看山

春泥没屐大田潮，溪北初經獨木橋。千丈峰頭望東海，三山正對杖頭瓢。

縣取脚色

蕭蕭白髮映春漪，脚色年來自不知。滿眼江山難具報，只將年月載公移。

炒蜆憶世卿

蜆酒三鍾一曲歌，江邊長袖舞婆娑。如今歌舞人何處，慙愧春鐺蜆子多。
奴拾枯枝給早炊，鐺中風味此奴知。春風解憶江門否，正是江門蜆賤時。

雨中漫興

種桃之歲在單閼，種竹如今又幾年。竹長桃枯人老去，釣船春雨日高眠。
急起翩翩白鶴雙，黑雲將雨欲迷江。人間未有高棲地，何處深山著老龐。

問厚郭胡父子起居於其鄉人蘇 有序

胡君名全，先師康齋先生女夫也。其子曰寧壽。景泰甲戌，予遊小陂，與君父子同處先生之門，時寧壽方七歲，工於筆硯，今二十又七年矣。

居鄰厚郭一雞飛，桂樹于今大幾圍？老憶舊時燈火伴，青山何處望霏微。

讀宛陵先生「歷覽昔賢皆泯泯，尋思魯叟自波波」

几上凝塵封玉軫，南風不入琵琶引。仲由言志夫子哂，當泯泯時須泯泯。著漁蓑了唱漁歌，受制江山老奈何。溪上女兒閒抹鬢，東鄽西市走波波。泯泯波波世與身，都官兩語到頭真。後生更把遺詩笑，公亦人間半醉人。波波泯泯不同時，静久無憂動輒疑。聖人坐北吾曹逸〔一〕，天下蒼生怨望伊。

〔一〕「吾曹」，原作「吾遭」，據高簡本、遺詩補集改。

次韻羅明仲先生見寄

白頭一枕小廬山，偶寄孤松十竹間。朝市山林俱有事，今人忙處古人閒。
高軒頻過武夷山，曾聽仙歌九曲間。坡公莫被山僧笑，只得今朝半日閒。
誰輕朱紱愛青山，回首波波泯泯間。萬籟無聲天宇静，先生還似老夫閒〔一〕。
三月啼鶯正滿山，傍花隨柳水雲間。古來曾點稱如許，不是天公不放閒。
武夷碧水照丹山，按部時還到彼間。東坡也被山僧笑，只得今朝一日閒。〔二〕

偶閲岳季方題商山四皓圖，次韻

道窮夫子不東周，歷世紛紛講智謀。四老若將三傑比，真成飲水勝封侯。
水墨誰將畫此圖，山人搔首看盧胡。花水諸峰流落盡，白雲猶爲隱屠蘇。
虎困龍疲戰兩間，孤標千丈起商顔。不將老眼看人世，肯爲留侯誤出山？

〔一〕「老夫」，高簡本、遺詩補集、何熊祥本、碧玉樓本作「野夫」。
〔二〕此首原缺，據高簡本、遺詩補集、何熊祥本、黄之正本、碧玉樓本、四庫全書本補。

定惠安劉理不難，紫芝歌已動長安。試將脚色從頭看，高祖如何敢溺冠？

閱周溪圖，作贈劉景林歸呈尊甫翁肅菴程鄉令

太極無階不可躋，却從樓上望周溪。周溪書院在太極之南，旁夾兩樓。天泉井名，在書院兩旁。十丈無人汲，雲谷亭名，在太極之東峗。老翁來杖藜。

月色溪光盪兩楹，酒醒開眼得蓬瀛。試問老仙誰接引，春陵雲谷兩先生。

兩仙何處舞霓裳，天上人間思渺茫。脚底飛雲三萬丈，隨君不得到程鄉。

水北原南秋更多，滿川明月濯纓歌。長官要結溪山好，去問南昌乞釣蓑。〔二〕

〔二〕 此詩，高簡本爲「東白張先生借予藤蓑不還戲之」之第一首。（《白沙子》第六卷，第八〇頁）

東白張先生借予藤蓑不還，戲之[一]

月下溪邊逐影行，還聞何處瀉溪聲。扶君直到源頭看，七尺芙蓉贈一莖。[二]

咫尺溪光谷口分，谷中人語隔溪聞。明朝更下山亭去[三]，溪上清風可送君。[四]

丁明府置莊、蕭二節婦祭田，邑人訟而奪之

歲月人間豈待深，等閒興廢遞相尋。祇應節婦墳頭月，還照當年茂宰心。

[一]「東白張先生借予藤蓑不還，戲之」，林齊本、蕭世延本作爲「閲周溪圖，作贈劉景林歸呈尊甫翁肅庵程鄉令」第三首詩末小注，且將此題下兩詩，作爲「閲周溪圖，作贈劉景林歸呈尊甫翁肅庵程鄉令」題下之第四、第五首。（林齊本《白沙先生全集》第十四卷，第十六頁；蕭世延本《白沙先生全集》第十四卷，第十八頁）

[二] 此詩，高簡本爲「閲周溪圖，作贈劉景林歸呈尊甫翁肅庵程鄉令」之第四首，且詩前有兩行空白。（《白沙子》第六卷，第廿七頁）

[三]「更」，高簡本作「便」。

[四] 此詩，高簡本爲「東白張先生借予藤蓑不還戲之」之第二首。（《白沙子》第六卷，第八〇頁）

贈晉江掌教陳昌期赴任

身爲五典三綱主，官作司徒典樂看。教授蘇湖元有樣〔二〕，莫將資級小儒官。

村晚

漁笛狂吹失舊腔，采菱日暮鬬歌長。老夫獨面東溟坐，月上孤琴未解囊。

對菊

溪遶廬岡宅遶沙，眼前酒伴眼前花。登高此地從頭記，三十六回無孟嘉。

因花催酒酒催詩，詩酒平生兩不虧。秋到若無詩與酒，看花原似不曾知。〔三〕

菊徑旁通水背村，秋光蕩漾短籬門。與儂別樣何粧點，笑插金英滿髩根。

映山映水兩三叢，移上山亭愛殺儂。千古冷香吹不斷，長官頭上帽簷風。

〔二〕「蘇湖」，林齊本、高簡本、蕭世延本、何熊祥本、黄之正本、四庫全書本作「蘇胡」。

〔三〕「看花」，詩近稿、林齊本、蕭世延本作「菊花」。

籬前水色映花光，來坐漁竿弄晚芳。西北酒姬解人意〔一〕，問人沽酒壓糟嘗。

代簡答吴撫州，次定山韻

何許蒼生望不休〔二〕，翩翩皂蓋擁諸侯。定山也未忘情在，更把黄州贈撫州。

送子長遊玉臺，兼懷林緝熙、張廷實

十里崖雲古色黄，白龍高映玉臺光。山僧莫信閒饒舌，那得神仙此處藏？

山肯留人月肯留，好山好月好人遊。誰還望見羅浮影，疑殺平湖五字謳。緝熙《遊圭峰詩》云「是個小羅浮」。

來時溟涬許同科〔三〕，曾聽圭峰踏月歌。今日君騎地官馬，白雲招手奈君何。

〔一〕「西北」，詩近稿、林齊本、蕭世延本作「溪北」。

〔二〕「何許」，詩近稿作「何計」。

〔三〕「溟涬」，原作「溟滓」，據詩近稿、林齊本、高簡本、蕭世延本、何熊祥本、黄之正本、四庫全書本改。

贈袁暉，用林時嘉韻〔一〕

白首看雲共此臺，青山明月小遲回。何時得見春風面〔二〕，更到明年二月來。
風雨相留更晚臺，邊爐煮蟹餞君回。扁舟夜鼓寒潮柂，又是江門一度來。
植竹爲垣土作臺，野橋分路到溪回。江門若比瞿塘水，何處遊人肯上來。
青山依舊鎖溪臺，前度遊人去不回。賴是山人無訴牒〔三〕，有人真本賣山來。

冬至日示袁暉，用前韻

面壁山人不下臺，老陰消盡少陽回。白雲影盡千峰裏，紫菊香騰十丈來。

袁暉久在白沙，候容貫不至，以詩來，和之

冷雨淒風寄我臺，香林草屋夢空回。山中酒伴何曾見，水上詩瓢只謾來。

〔一〕此詩後三首，詩近稿題作「贈二生三首」。
〔二〕「何時」，詩近稿、林齊本、蕭世延本作「如何」。
〔三〕「山人」，詩近稿作「山靈」。

擬於精舍旁結小菴以處袁暉

精舍巖西擬一臺，松高竹密路斜回。草菴半屬袁郎了，好帶茶園一櫃來。

次韻贈胡地曹

梅塢傳觴是偶同，小桃催放數花紅。人間愛見春風面，天上還看斗柄東。
今雨到門君又同，四人對飲夜鑪紅。眼前莫道東溟遠，我欲乘槎更向東。

答蔣方伯 有序

淮鵝之惠，報以草書，少借右軍之譽，便成故事。寄與小詩，録以代謝。〔一〕

筆下横斜醉始多，茅籠飛出右軍窩。如何更作山陰夢，數紙换公雙白鵝。

〔一〕「代謝」，詩近稿、林齊本、蕭世延本作「代簡」。

得蕭文明寄自作草書至

草聖留情累十春，熙熙穆穆果何人？如今到處張東海，除是譚生解識真。

魏晉名家是一關，前驅黄米未知還。却疑醉點風花句〔一〕，四海于今幾定山？

東茅十丈掃羅浮，高榜飛雲海若愁。何處約君同洗硯，月殘霜冷鐵橋秋。

送柑答之

遺我紅柑索我歌，狂歌不飲奈柑何。大厓山下無人寄，日盡千瓢舞破蓑。大崖，世卿讀書處也。

雙鳳石 在七星巖，其一爲好事者取去。族子晃以書來索題。

雙鳳巖棲豈遠而，玉臺西望斗光垂。蓬萊水闊無因到，願借山人一隻騎。

鬼鑿寒巖萬丈開，翩翩雙鳳忽飛來。而今石化孤鸞在，何處人間去不回。

〔一〕「却疑」，詩近稿作「不知」。

龍山吟，走筆和陳冕

龍山氣魄小終南，行者何年住此菴？黄雲道人飛兩脚，也到白龍天際巖。何處龍山弔古墳，忽傳佳句到黄雲。始知佛是西方我，報答人間父母恩。老柱高擎何處天，滴醯洗蘚認當年。山僧猶話飛來日，撞破龍山一道煙。第一山人俗姓盧，脚跡塗字也碑趺。寺旁老塔依然是，却是乾坤種種無。浮生日月易消磨，回首龍山月一阿。想得當時盧行者，笑人叉手縛諸魔。風雨江門罷晚墟，隔船燈火夜呼盧。驚回一覺龍山夢，閒對雲僧講地圖。

次韻蘇伯誠吉士

魯水何剛愛一沂，江門新浴試新衣。長風夜卷殘雲去，公抱大江明月歸。我浴江門點浴沂，藤蓑自樣製春衣。尋常只着藤蓑去，細雨斜風釣不歸。

喜楊敷至

笠影于今落海潮，十年雲水夢相撩。一雙我辨雲卿屨，萬丈攜君訪鐵橋。

新年試筆

舍下水生春始開〔一〕，竹間波弄碧洄洄。東風日日江門道，不盡官船打鼓來。

對影

風月情真詩浩蕩，江湖水闊蓑飄翩。丹青不是江門影，又畫瞿曇又畫仙。〔二〕

雨中偶得

高浪張燈何處船，客邊風雨夜如年。行人自有明朝路，莫遣陰晴不屬天。

〔一〕「春始開」，高簡本、何熊祥本、黄之正本、四庫全書本作「春水開」。

〔二〕此詩，詩近稿作「風月情真詩浩蕩，江湖迹遠蓑飄翩。丹青細認江門影，不是瞿曇不是仙」。

題陶憲長畫范蠡圖〔一〕

詩中之畫畫中詩，晴雪孤舟蕩晚暉。同在五湖煙水内〔二〕，是鴟夷不是鴟夷。

雨後觀園

二月平原水亂流，微茫生意盎初浮。黄茅翠甲驚人眼，是我曾無爲草憂。

僉憲莆陽李公自海南征黎，過白沙

蛇窟縱横木短弓，霜風何處捲飛蓬？清時欲獻征黎頌，血刃猶誇甲胄雄。〔三〕

〔一〕「范蠡」，詩近稿、林齊本、高簡本、何熊祥本、黄之正本、四庫全書本作「唐詩」。

〔二〕「煙水」，詩近稿、林齊本、高簡本作「煙景」。

〔三〕「猶誇」，詩近稿、林齊本、蕭世延本作「休誇」。作「休誇」於義爲長。

飲名酒

徐孺眼欺湖水碧[一]，龐公心死鹿門深。尊前水月千千頃，手上絲綸萬萬尋。

觀競渡

快意深時恨亦深，干戈何處不相尋？誰將五月龍舟水，盡洗中原虎鬭心？

贈茶園何視履翁

讀易溪邊日已斜，晚風吹落釣魚槎。江門水月真無限，也照先生帽頂花。

題王廷直畫

曲肱帶酒眠花間，有月穿松到我前。人去華山今已久，丹青猶畫在山年。

〔一〕「湖水」，白沙文編作「湘水」。

贈畫師

高枕松根不記秋，秋來春去幾時休。山中此夢公能畫，我有黄金贈一舟。

次韻馬廣重過白沙[一]

緑榕陰裏早秋天，又借漁翁半日眠。三度槁梧攜過此，如今不記是何年。
陰晴十里不同天，獨樹溪邊看雨眠。何處引杯歸未得，相思真有日如年。

葵山小睡，次韻謝天錫

閒到忘閒始是閒，閒中消得幾葵山。曲肱枕斷疎桐影，夢遶白龍池上還。
無心可比白雲閒，白雲被風吹出山。道人肯比桃花水，流向人間更不還。

〔一〕「白沙」，詩近稿作「白泥」。

送劉程鄉遊玉臺

春草楊敷曾醉處，秋風又拂長官衣。黄雲不是棲賢地，纔到黄雲便説歸。

葵山受諸持齋者拜，戲作示之

山花山鳥共諧嬉，山石危横步不知。笑領頭陀稱老宿，真成老子是嬰兒。

次韻張别駕古勞望白龍池

一泓何處瀉天池，泡沫君看水面漦。若對崑崙修缺典，數篇休欠白龍詩。

睡起〔一〕

天地蜉蝣共始終，十年痴卧一無窮。道人試畫無窮看，月在西巖日在東〔二〕。

〔一〕 林齊本、蕭世延本作「睡起偶成」。

〔二〕 「巖」，詩近稿作「兮」。

候方伯東山劉先生

幾處龍光發夜函，畫船信息滿東南。津頭小吏殷勤報，坐爇爐香月底菴。

贈夏進士昇

春日春風江漾沙，官船不發對山家。山杯一舉山翁醉，笑點青藜數岸花。

顧別駕欲人以號稱不以官，口號取笑

別乘官高上元簿，夫君英氣蓋東南。何須不學程明道，只要人稱顧勉菴。

書稱顧別駕曰勉菴別駕〔一〕，詩以博笑

勉菴別駕今相隨，書法兼之蓋亦宜。若道是名皆外物，因君分別却生疑。

〔一〕 高簡本、何熊祥本、黄之正本、四庫全書本無「曰」字。

顧别駕來教民板築，復以詩見示，次韻奉答

斛板親傳易簡方，旁觀點點復行行。無人不拜先生賜，茅屋家家是土墻。莆中呼板築之具曰「斛板」。

宿雲卧軒

世間何喜復何悲，風雨蕭蕭過短籬。小睡正酣童子問，公今是夢是醒時？
不妨到處與人群，借宿山齋酒半醺。我得五龍傳睡法，枕痕猶帶華山雲。
了無意緒向諸緣，到處茅椒可借眠。白日與人同在夢，不應疑我是神仙。

讀漳州張太守功德碑〔一〕

罷守三州卧兩山，漳州面目此碑間。郡人欲識蒙菴老，也傍斯文捉一斑。

〔一〕 題後，林齊本、蕭世延本有小注云：「郎中林雍撰。」

次韻黄澤飲酒見寄

南山北山花笑人，有酒不肯延佳賓。請君試向西園看，又減黄鸝一半春。
拚飲如何更問人，樽前不見李元賓。晨朝有酒晨朝醉，莫待黄昏老却春。

謁鄧家山墓

擲谷鶯聲向此沉，遶墳春色爲誰深。紙錢灰冷桐花落，已被愁風捲到心。

送扇與萬松菴

山中團扇織朱藤，小把還誇入手輕。見説高齋蚊嘴赤，夜深來撲老先生。

次韻劉方伯東山見寄

一爲雷雨沛西東，十郡民歸岳伯功。我有江門水千頃，春來只好浴凫翁。

松隱輓詩 薛廉憲父也

清静忘機樂未休，水風何處弄浮漚。典刑今在山頭月，曾照疎松枕畔秋。

送薛廉憲江門

江上看雲獨送君，廬山雲亦華山雲。解衣半晌雲中坐，纔出雲來路又分。

無端聲色謝盲聾，多少人心弊弊中〔二〕。萬里青天今日送，江門津口一帆風。

東山於我問漁磯，君見東山詠我詩。莫共越人謀出處，直夫先謝外臺歸。東山，劉時雍也。陳壯，字直夫，江西僉事，山陰人。

謝東山惠廣西酒

月下花前舞影欹，桂江酒美獨斟時。眼前莫道都忘却，也向東山有報詩。

〔二〕 此詩墨跡尚存。「無端聲色謝盲聾，多少人心弊弊中」，墨跡作「誰將聲色詫盲聾，回首塵埃弊弊中」。（陳福樹撰：《陳白沙的書法藝術》，第七〇頁）

李評事題其弟世卿詩卷曰「采菊」，蓋取予贈世卿古詩首句語名之，因題

是處江山有釣蓑[一]，相逢休要問如何。閒吹黄鶴樓前笛，即是廬山采菊歌。

次韻世卿再至白沙

脚底白雲無定方，風流到處賀知章。這回却是無人見，走共漁翁酒處藏。

茂卿評事惠扇，答之 時世卿在館中

遠望不見大厓山，君家兄弟果皆難。不知風動今多少，也到先生掌握間。

度楚雲臺前小橋

一木欲度溪岸高，江門丈人放步牢。脚底太行開幾片，秋風隨處灑鴻毛。

[一]「江山」，詩近稿、林齊本、蕭世延本、白沙文編作「江湖」。

用前韻答張直兄弟助修楚雲臺

託契青蓮意便高，千秋分付此臺牢。先生醉拍藜牀笑，笑殺楊朱靳一毛。

偕一之、世卿詣楚雲臺，偶作呈世卿

小立三人静楚雲，水田漠漠向秋分。千峰笑指來時路，黄鶴樓前月是君。
半牀明月半牀雲，光景行窩到幾分。眼角東溟秋一片，邵堯夫也不如君。

代簡奉寄饒平丘明府

何處思君獨舉杯，江門薄暮釣船回。風吹不盡寒蓑月，影過松梢十丈來。

寄廷實制中

東閣摩挲舊雨琴，青山回首又秋深。制中面目今何似，折盡寒燈半夜心。

聞黃澤發解

笑領秋風第一花，文章誰敢謗飛沙。狂歌欲買花前醉，不怕無錢付酒家。

和林子逢至白沙

一樣春風幾樣花，乾坤分付各生涯。如今著我滄江上，只有秋香撲釣槎。

秋夜楚雲臺小集，贈俞溥

新秋有客來信豐，風月此杯聊此同。江山闊幅無人話〔二〕，六七青袍一病翁。

憶衡山呈世卿

身輕何處謝炊煙，石洞松脂不計年〔三〕。尺牘已通南岳主，一丸還有白龍仙。

〔二〕「話」，詩近稿作「畫」。

〔三〕「計」，高簡本、何熊祥本、黄之正本、碧玉樓本、四庫全書本作「記」。

今日山齋擁敝綿〔一〕，幽懷抱膝又經年。湘中憶我無歸路，更住衡山幾日船。

楚山西望翠重重，説著衡山便不同。九尺仙笻倚牆角，待君來問祝融峰。

曲肱何處枕湘流，不到名山死不休。高詠祝融峰頂月，與君當作逍遥遊。

即事

照眼春光爛不收，江亭一雨欲成秋。道人不是閒鶯蝶，肯爲陰晴一日愁。

謫仙亭

遷客一亭眠海濱，當時誰號謫仙人？花汀柳市無疆界，盡是乾坤一樣春。

世卿還黄公山

黄公椽子李家山，水國初歸作夢看。愛殺在家兄弟好，一壺春酒對承顔。

〔一〕「今日」，詩近稿作「今雨」。

謝金方伯曆

扣門驚睡雲霞曉，洗手開緘日月新。莫笑土牀空耐冷，薇垣又借一番春。

聞周京春試下第，遣黎公往報其家

浣壁小兒期大魁，倚門慈母夢歸來。春榜未登非惡報，開緘莫欠老黎杯。

聞東山先生領都憲之命修理黄河，以詩寄之〔二〕

疏鑿分更日已多〔三〕，乾坤無奈一黄河。天生會有龍門手，人世空傳瓠子歌。

題山水小畫，寄姜知縣

泉聲山色正邦心，誰寄漁蓑渭水潯。解點無中含有意，世間除是畫工深。

〔二〕「以詩寄之」，詩近稿、林齊本、蕭世延本、白沙文編作「以是詩寄之」。

〔三〕「分更」，詩近稿作「更紛」；林齊本、高簡本、蕭世延本、白沙文編、何熊祥本、碧玉樓本作「紛更」。

送蔣誠之考績入京

塵埃局促非天遊，大翼豈肯搶榆休[一]。王明受福在今日，野老放歌回白頭。

沈石田作玉臺圖，題詩其上見寄，次韻以復

到眼丹青忽自驚，玉臺形我我何形？石田雖有千金貺，老子都疑一世名。

得世卿永興書

山堂見月自鈎簾，一榻秋光中酒眠。何處博舟來嶽下，晚摇山影過湘川。

方伯金公顧白沙，次韻答之

晚飯對公山閣雨，尊前又拜歲書新。别來試把梅花數，三十六回江上春。

〔一〕「榆」，原作「揄」，據詩近稿、碧玉樓本改。

題一峰傳稿後

一峰獨去江湖遠，千古長留列傳新。歲歲桃花滿東岸，只將榮謝記冬春。

閔都憲惠曆

前曆將窮後曆新，臺端兩度拜山人。東西嶺外今何地，飛盡嚴霜是好春。

送林時嘉

南川夢裏舊青湖，何處青燈一榻孤。留取幽禽守花月，隔林還與盡情呼。

次韻陳冕

課試失期無了日，酒杯勸影有長春。風流倘帶龍門選，不愧當年第一人。
西遊笠頂是青天，每愛前村酒處眠。秋雨閉門人不見〔一〕，依稀猶記下江年。

〔一〕「閉門」，詩近稿作「到門」。

冕與張别駕約遊清淇

長江月色浩無津，愛月撑江别駕真。借問此來誰主約，翩翩猶是未官人。

寄題趙西澗〔一〕

澗裏仙蒲幾節來，澗邊塵跡尚封苔。賒君澗水西頭月，并與蒲香入酒杯。

悼區孟章 有序

章姓區氏，順德人，四十不娶，棲迹空山，委志逍遥，漠然不知人世之欣戚何如，亦一奇士也。

一坐虚寒誓不歸，病危何處覓刀圭。青山若問君來去，只有當年海月知。

〔一〕「趙」，詩近稿、林齊本、高簡本、蕭世延本、何熊祥本、黄之正本、四庫全書本作「邵」。

悼馬龍 有序

龍從一峰先生遊〔一〕，頗見意趣，一峰賦《道南詩》送之。後爲仕進累心，遂失其故步，至不得一第而死，亦命也夫！人生幾何，徒以難得之歲月，供身外無益之求，弊弊焉終其身而不知返，若林琰皆覆轍可鑒，惜哉！〔二〕

道南詩卷出湖西，恨失當年馬上攜。高枕何如一峰好，夕陽回首萬山低。

次韻顧別駕留宿碧玉樓 有序

弘治七年夏六月，按治廣東侍御熊公欲創樓于白沙水湄〔三〕，爲往來相接之地。謀始事於我郡主林先生，遂盡聞于藩憲諸公。議既定，別駕以按治之命來相地。是夕，宿白沙碧

〔一〕「龍從」，詩近稿、林齊本、蕭世延本、白沙文編作「龍始從」。

〔二〕此序文字，與白沙先生《與張廷實主事（一二一）》相關段落多相同。（《白沙子全集》，何九疇刻本，第二卷，第二四頁）

〔三〕「創樓」，詩近稿作「創亭」。

玉樓。遂次韻奉答。〔二〕

白雲滄海共悠然，病榻年深別駕眠。領略可勝諸老意，一簾疎雨對江天。

信宿留公豈偶然，山中麋鹿避人眠。乾坤多少登臨意，一洞天深一洞天。

一弛一張皆自然，嘉賓未醉主人眠。兩鳩相對山樓午〔三〕，喚得晴天作雨天。

不相同處是同然，三十年來辦一眠。何處白雲堪作雨，白雲封斷白龍天。

勾引漁郎恐未然，桃花巖下笑人眠。白頭我亦人間睡，不是桃源洞裏天。

偶憶廷實遷居之作，次韻示民澤

君將肝肺託諸詩，我道溪山是外圍。人或有疑容未信，已如深信不妨疑。

小勝江山大勝詩，斬關直出兩重圍。自家真樂如無地，傍柳隨花也屬疑。

〔二〕「是夕，宿白沙碧玉樓。遂次韻奉答」，詩近稿作「是夕，宿白沙碧玉樓，賦詩。碧玉主人陳獻章次韻答奉」；林齊本、蕭世延本作「是夕，宿白沙。碧玉樓主人陳獻章次韻答奉」；高簡本、何熊祥本、黃之正本、四庫全書本作「是夕，宿白沙碧玉樓。遂次韻答奉」。

〔三〕「午」，碧玉樓本作「下」。

湛民澤攜諸生遊圭峰甚適，奉寄小詩呈文定上人

天風吹入紫雲層，高閣逢秋快一登。多少傍花隨柳意，還尋一個玉臺僧。〔二〕

秋落遥峰翠幾層，不知何處嘯孫登？而今小坐黄雲看，誰道方袍不是僧。

洞崖秋蘚碧層層，奪竹穿松際曉登。想得紫芝初入手，汲泉鑽火欲呼僧。

閣天孤峙老稜層，萬古荒臺萬古登。君逐我來無記性，東坡言是德雲僧。〔三〕

山斗，爲羅一峰作

青天白日一峰尊，碧玉先生斂衽看。四海未知山斗價，一錢相售是君難。

曲論迷真亦異哉，乾坤何代不生才？今誰敢避愚公號，曾作夫君北斗來。

〔二〕「尋」，高簡本、何熊祥本、黄之正本、碧玉樓本、四庫全書本作「餘」。

〔三〕「言是」，詩近稿作「言過」。

觀黎秫坡先生畫像

羊裘不釣世間名，考蹟桐江更考情。散髮松根坐磐石，葫蘆無酒對先生。
無詩無影不留真，描畫先生到幾分。賴有當年親點筆，一聲孤鶴在秋雲。

次韻周憲副孟中見寄

黃花簪滿碧方巾，已作人間了事人。籌策廟堂無我夢，只將杯酒托經綸。
金帶纍纍夢欲通，庭柯忽撼夜來風。白頭相見知何日，挑盡殘燈碧玉中。

代簡答黃太守

韓山片石舊空聞，尺札秋風此拜君。隐几獨慙非老手，得逢青眼看斯文。

次韻廷實見示[一]

擊壤之前未有詩，擊壤之後詩堪疑。風花雪月人人是，又墮風花雪月圍。
騷壇處處自張圍，我不操兵世莫疑。翠壁青林端有句，傍花隨柳却無詩。

寄題張主事小西湖次韻

咫尺波光對五湖，滿城況是眼中無。山禽自鬭聲音好[二]，來傍竹林眠處呼。
人間風月幾西湖，居士園中亦偶呼。千樹梅花一隻鶴，可曾認得主人無？

龍江鄧翹送晚菊

氤氳何處送花舟，歲晚相看碧玉秋。笑把一杯花亦笑，年年公酒爲花留。

[一]「次韻」，詩近稿、林齊本、蕭世延本、白沙文編作「和」。
[二]「自鬭」，詩近稿作「似鬭」。

次韻送藤枕

萬事無心一片雲，再來西華打眠人。紫藤一枕誰分付，盡日酣酣紅樹根。

悼陳冕

不飲亦狂飲亦狂，醒中説夢醉中忘。乾坤早暮蜉蝣化，不是芙蓉不耐霜。
東方欲白星漸稀，一場春夢曉鐘時。伯道有子常事耳，劉蕡登科人不知。
風入梅花遞少香，月臨江閣有微霜。去年此夜客劇飲，此夜今年人悼亡。

寄左行人

白狐可改先公墓，我許還公尺券書。漢老未還東白記，也憑門下一吹噓。

左行人寄惠倭金酒琖，醉中賦答

睡鄉元自醉鄉分，醉興深時睡興深。六十七回春又過，茅柴不管注倭金。

劉景仁自雷州別二親還永豐，過白沙，贈之

何處寒笳動曉風，江門別舸太匆匆。半肩不是雷陽物，何得雷陽在夢中。

與鄺筠巢求蘭

楚畹當年不盡花，每逢秋露憶君家。白雲只隔扶溪水，不使餘香到白沙。
墜露聲殘楚水昏，一杯何處酹湘魂。山人口是游蜂嘴，不到扶溪竹下門。

次韻王樂用僉憲見寄

春到江門好放舟，放舟處處是天遊。能將公事此中了，何啻于今第一流。
拍拍滿胸都是春，一聲未唱已通神。新詩若道堯夫是，只問堯夫是底人？

謝生得京醞以爲美，使致白沙，開幕視之，空樽而已，因發一笑〔一〕

十千美譽酒家聞〔二〕，屋裏茅柴且賞真。偶對泥樽開口笑，先生不是醉鄉人。

題李子長畫

青山影裏人家少，緑樹陰中石徑微。偶出洞門回首望，白雲何處有柴扉？

谷静山深樹幾叢，溪邊白石可青筇。詩中此景多相似，只恐詩家是畫工。

寄鄧俊圭

韶州西去是衡山，楚客舟從嶺左還。時李世卿取道廣西還武昌。欲語祝融天上事，思君迢遞見君難。予與世卿約遊衡山，云候世卿歸途過樂昌，更與俊圭期定。今不果矣，念之悵然。

〔一〕「因發」前，林齊本、高簡本、蕭世延本、何熊祥本、黄之正本、四庫全書本有「乃」字。

〔二〕「十千」，黄之正本、四庫全書本作「十年」。

外祖父無子，以姪孫林廣爲後。廣之曾大父以一身兼兩戎籍，不能辨而一之，爲子孫世役。久之，業盡人亡，惟有廣耳。有司今又以廣補北京鎮南衛伍，自是而後，林氏子孫在新會者無孑遺矣，丘隴之守，委之誰耶？予力不能振之，賦二詩贈廣，庶有識而憐之者

茅簷家具盡隨身，老婦嬌兒日可親。有夢只尋丘壟去，不須回首問耕人。
淚盡廬岡失母家，塚傍枯樹也無花。平安莫遣無書信，一度春歸一度嗟。

贈劉别駕肅菴解官歸永豐

西來雙棹不曾休，再過江邊碧玉樓。共説湖西歸去晚，客心應未死金牛。
一蓑歸去釣秋江，花近漁舟水亦香。却笑此翁閒未慣，水中鷗影尚回翔。
朱門誰道不如貧，笑把狂詩寫贈人。日暮孤舟向何處，野花啼鳥故山春。

得廷實報定山謝事歸，憶東白、仲昭諸先生有作

也曾收得定山書〔一〕，三月天曹謝事初。見說定山長在病，當時不出意何如。當時不出意何如，得喪難逃真數書。更憶往年張學士，西山對面說河圖。西山對面說河圖，遠志誰將小草呼？今古聖賢不同調，各留一影落堪輿。各留一影落堪輿，歎息乾坤幾丈夫。脱贈藤蓑君亦愛，江門春雨憶皇都。江門春雨憶皇都，個個先生六十餘。必有嘉言告當宁，他年應得史臣書。

題空夫卷，爲余行人作

三十年來學鍊空，凡身猶在有無中。到門有客求題句，不識空夫果是公。〔二〕

〔一〕「收得」，黄之正本、四庫全書本作「收拾」。
〔二〕「不識」，高簡本、何熊祥本、黄之正本、碧玉樓本、四庫全書本作「不是」。

題吴憲副累葉傳芳卷

壺山八面照莆陽，吴氏傳來奕葉芳。莫向通衢高綽楔，只談世業教諸郎。

答張梧州書中議李世卿人物、莊定山出處、熊御史薦剡〔一〕

德行文章要兩全，乾坤回首二千年。自從孟子七篇後，直到于今有幾賢？

多病爲人未足羞，遍身無病是吾憂。眼中誰是醫和手，恨殺刀圭藥未投。二首，李世卿。

欲歸不歸何遲遲，不是孤臣托病時。此是定山最高處，江門漁父却能知。莊定山。

買舟南岳去尋醫，七十今年病不支。傾蓋獨憐熊御史，肺肝今徹野人知。熊御史。

鄧督府欲得《慈元記》上石，答之

西涯許撰慈元記，大手文章不要多。拙作豈堪傳勝事，如今此石未須磨。

東山規矩趙生成，頃者一緘傳到京。有廟未應無祀典，老夫重敢告先生。

〔一〕「薦剡」後，林齊本、高簡本、蕭世延本、白沙文編、何熊祥本、黄之正本、碧玉樓本、四庫全書本有「所及」二字。

偶得示諸生

平地工夫到九層，不知那個主人能。他鄉消息無尋處，去問嵩山戴笠僧。

江雲欲變三秋色，江雨初交十日秋。凉夜一蓑摇艇去，滿身明月大江流。

寄李世卿

衡岳千尋雲萬尋，丹青難寫夢中心。人間鐵笛無吹處，又向秋風寄此音。

永順彭宣慰世忠堂

宣慰之堂名世忠，靈溪水與滄溟通。如今百尺高銅柱〔二〕，又見兒孫起故封。

〔二〕「百尺」，林齊本、高簡本、蕭世延本、何熊祥本、黄之正本、碧玉樓本、四庫全書本作「百丈」。

次張主事韻送林大參之任廣西〔一〕

病裏逢春實怕春，對花著語未驚人。今朝縱有狂詩送，不是當年翰墨臣。
東西嶺表非無事，經濟術中怕有心。何處老仙來救世，刀圭倒盡藥囊深。
碧玉高樓架紫雲，世間應笑此樓深。忽聞夜半鵬風起，九萬扶搖好在今。
夫子當時見逝川，一聲浩歎不知年。東溟更比川流闊，不共東溟一派傳。

和答姚主事

問我平生遺我詩，清風明月想襟期。此心若道元無事，似我江門看水時。

雖乏向用之才，忝有晦藏之地；引步朱陵，寄懷青玉。李拾遺徵之不至，上疏何爲？張乖崖救火事嚴，徒勞分争。因而有作

海北多年一釣船，大翼遨空魚躍川。盡言天下知音少，白雪不知何處絃。

〔一〕「次張主事韻」，高簡本、黄之正本、碧玉樓本、四庫全書本作「次韻」；林齊本、蕭世延本作「次韻張主事」。

題健齋，費子充殿元號

化機浩浩不曾停，剛見群龍面目成。誰道名齋無此意，江門月上看潮生。

讀罷有感

坐掩殘書慨古今，白頭契分向誰深？頂門欲試回生手，争得名家一寸鍼。

海北汪提舉新作懷沙亭、修古書院、冷香橋於海上，遣使歸圖并求慕竹樓記，值予在病，復以是詩

海邊西望海雲遮，何處懷沙不見沙。壁上畫圖君試看，冷香今日落誰家？
忽然土木見經綸，嶺海于今一使君。忙殺多年簿書手，可能談笑起斯文。
獨憐不見竹坡翁，慕竹樓高月已空。欲點山茅照西所，一瓢無計引春風。

次韻送海北使阮刊

春日溪邊送阮郎，桃花半落溪水香。相逢休問來時路，大舶不知何處洋。

次韻李子長寒菊

四尺霜莖一寸葩，幽香何只暗浮丫。借令歲晚無人見，不做人間九日花。

水北一叢含數葩，梅梢寒月過籬丫。茅茨可僦從人愛，不賣廬山半畝花。

羅服周呈所作丁知縣祠詩，因憶舊臘寄示菊花諸詩，比今爲又長一格，賞之以詩

醉舞黄花落鬢毛，當時詩語太矜豪。春風再詠甘棠下，又長黄花一格高。

鄧秋波六十一，偶失一賀，小詩索笑

六十光陰一鳥過，一瓢還許醉秋波。只今那有苕溪叟，日日尊前聞放歌。

寄吴別駕獻臣

一官萬里向西行，雪錦樓高別駕登。若問野人何處所，朱陵洞裏白雲層。

羅江許薄偶然逢，又得成都一信通。惟有大厓李居士，洞庭何處醉春風。

贈鄔文瑞〔一〕

回首長汀路幾多，琴書又打鐵橋過。趨庭若問東南事，曾聽江門一放歌。

某昔過淮，見平江總戎，禮遇甚至。都閫王侯，厥配陳氏於平江總戎戚也，一日過予白沙，相與道舊。平江今爲天下兵馬元帥，相去萬里，無由幸會，雖隱顯殊途，然於公之舊德，未嘗一日忘也。因事賦詩，託侯爲達之

不見平江十七秋，春風秋月夢何悠。病中忽見東牀面，却憶淮南是舊游。

和答王僉憲樂用

春在城中不見春，城中春不是長春。湛生羞作春風面，故向人間更避人。

静處春生動處春，一家春化萬家春。公今料理春來處，便是乾坤造化人。

春王正月衆家春，望柳尋花我自春。先生欲學程明道，莫厭尋花傍柳人。

〔一〕「鄔」，高簡本、何熊祥本、黄之正本、碧玉樓本、四庫全書本作「烏」。

一物春知物物春，一年春亦萬年春。總在乾坤形氣內，敢誣當世謂無人？

寒江獨釣

我道非空亦非小，萬事舍旃終未了。朔風吹雪滿江天，我只弄我桐江釣。

杜甫遊春

碧柳黄鸝三月晝，江湖風雨萬篇詩。花前濁酒不得醉，驢背春風空自吹。

秋江晚渡

扁舟何處渡長津，水闊煙生不見身。莫向西巖斂高楫，天涯時有暮歸人。

莊子觀泉

珊珊瀉下天花爛，仰首白龍高十萬。丹青已會識者心，誰道漆園非具眼？

答石阡太守祁致和

六年飽讀石阡書，習氣于今想破除。雪月風花還屬我，不曾閒過邵堯夫。

程節婦詩 鍾氏，狂客之女

風俗當年壞一絲，直到于今腐爛時。欲論千古綱常事，除是渠家節婦知。

贈按治侍御王公哲

明朝驄馬又何之，眼見東巡西怨時。短歌忽被風吹去，都落人間作口碑。

偶得

白雪陽春誰會彈，莫愁天下賞音難。江門夜半看明月，想到朱陵青玉壇。
朱陵我居青玉壇，五岳雖雄無此山。鍾期老仙還未還，高山流水我須彈。

次韻送陳秉常之荆門州任

不辭遠道赴荆門，不避兒童笑稗官。閒望白雲飛綵水，脚頭落處洞門寬。紫蓋垂陰宿霧收，下臨雲夢此何州。黄鶴飛來一回顧，不盡荆門天際頭。得手未償燈火債，設心豈異賢良科。世間膏火煎熬外，無奈箕山處士何。

題山泉，爲林節推

高崖百丈到滄溟，咫尺寒泉萬里清。若道眼中惟見水，老狂何意向詩傾。

吴瑞卿送菊，用東坡韻答之

江山摇落見霜葩，枕畔香風到細丫。不是先生愛孤寂，人間回首已無花。

題畫雲窩

若個丹青可此翁，雲窩自有主人封。扁舟一去無踪跡，黄鶴樓前望五峰。

送人

寒水江門可半篙，漁翁江上理魚舠。狂歌欲送夫君别，却顧樽中無濁醪。

次韻張廷實見寄

兩脚著地此何關，白雲與爾同去還[一]。正當海闊天高處，不離區區跬步間。
歲月人間古又今，斯文興廢遞相尋。崔嵬百丈皆平地，西上一笻何處深。

黄别駕報世卿將來白沙

君去廬山幾度春，君來不來桃花新。花日喜逢黄别駕，共對廬山説故人。

送陳仲治，用舊韻

萬言策進大廷對，三百人争甲榜名。醉放漁歌此相送，白頭閒動少年情。

〔一〕「爾」，林齊本、高簡本、蕭世延本、白沙文編、何熊祥本作「你」。

北斗非將列宿論，乾坤五岳泰山尊。俯仰四時觀物態，雨餘何處步高原？

久病吟

梅花未發先扃牖，落盡梅花未整巾。明日廬山春又至，仰眠樓上歲華新。

卜室大雲山

雲屋久住大雲山，我亦雲中借半間。未愁此地雲封淺，擬帶朱陵一洞還。

縣送春至

四角圭田酒入唇，長官送我意何勤。莫言自有長春在，也共人間一歲春。

謝伯倚得孫，送薑酒至

七十一年雲水中，半江老隱舊知儂。一杯引滿爲君喜，伯倚今朝又作翁。

漫筆

一蓑春雨江門釣，萬里長風海上吹。南岳歸來無一事，小廬峰頂卧觀時。

喜聞劉亞卿得請還東山

平生畏就人間飯，向晚還同此鶴棲。今夜開懷看邸報，東山歸卧祝融西。

觀時

山雲將雨過桃溪，晚脱萬紅何處溪？年光也逐溪流轉，已送啼鶯過隔溪。

寄陳仲治金臺 有序

是日，乃翁静軒先生至白沙，問其年八十有二，行步如麗，良可賀也，故報仲治云耳。

萬里傳聲仲治袠，上林春好任郎遊。而翁八十二春秋，浩笑江邊碧玉樓。

憶世卿

楚鄉迢遞廬山春，君來不來花又新。引筇踏爛廬山月，折得梅花懶寄人。

題湛民澤家廟

忽然突兀見新堂，遠抱飛雲萬丈光。主翁合是比閭長，此地還成禮義鄉。

張廷舉送薑酒至

七十謬爲人所尊，直從西埭到東墩。一杯引滿爲君喜，廷舉今年始抱孫。

別廷實張主事

萬丈祝融何處山，三年碧玉夢相關。多少畫工傳不去，都没賢今畫幅寬。

寄題五峰，爲葉本厚父作

清世誰堪住五峰，石牀三尺白雲封。祝融三畝終留我，略與先生脚板同。

扶溪作飯江門喫，五峰丈人予未識。何當坐我五峰前，共對梅花説周易。

贈張不已

不已心期不已知，明年八月戰秋闈。摩天氣吐三千丈，蟾闕高扳第一枝。

感事，呈宋督學先生

禄位升天元有命，情懷化俗却無醫。道不易行休恕己，仁非可讓更由誰。

寄廷實主事

豨薟鼎内還丹意〔一〕，枳殼爐邊待酒心〔二〕。明朝許約西遊步，一寸豨薟地萬尋。

〔一〕此詩兩「豨薟」，原作「稀薟」，據碧玉樓本、四庫全書改。

〔二〕「爐邊」，林齊本、高簡本、蕭世延本、何熊祥本、黄之正本、碧玉樓本、四庫全書本作「墟邊」。

和答林方伯待用春日見寄

對花把酒春無幾，寡欲安心老合知。病過冬春還引望，中天月色幾盈虧。

舊雨春歸鶯不知，雨晴鶯老落花時。月露滴開鶯眼膜，乾坤不了一盈虧。

答陳静軒過訪

公是登堂拜母人，往來不倦拜丘墳。通家無論鄉閭舊，八十頭顱事事真。

丁長官祠示里人

古人冷淡今人笑，此黄山谷詠徐孺子祠詩也。此義足起人聞聽。莫遣藤蘿終得意，頓令簫鼓不聞聲。

寄李白洲都憲〔二〕

東南遺愛望重臨，萬里滇南恨正深。引領東山歸去路，騎牛跨鳳許相尋。

諱日有感

十二月逢哉生魄，江山爲爾生愁色。黄昏庭樹烏上啼，一聲何處江樓笛。

送梁宗烈赴春試

夢入天門看春榜，榜中不記狀元名。世間此夢真何夢，説到梁生似有情。
君持素履向朱門，五色雲中見至尊。且莫輕言天下事，須將風俗究根源。

〔二〕「李白洲」，原作「李白州」，據林齊本、高簡本、蕭世延本、何熊祥本、碧玉樓本改。李士實，字若虚，號白洲，江西新建人。成化二年進士，累官至右都御史致仕。善畫工詩。後以附朱宸濠叛逆伏法。

枕上

仲尼不作周公夢，天下共嗟吾道衰。總爲乾坤元氣薄，聖人誠處衆人知。

與張東白

入忙救火張忠定，自遠飛章李拾遺〔一〕。何故山人都不作，山人貪睡起常遲。東白先生，志在經綸，未常忘世；才堪集事，果於有爲。吾以是陳，東白笑之；笑之則是，誚之則非。往者定山，一病既危；進退片時，天下皆疑。東白先生，知乎不知？

答陳中貴見訪

積歲江門幾度過，不將錦繡薄藤蓑。雪泥鴻爪他年夢，記得漁翁此放歌。

〔一〕「自遠」，高簡本、何熊祥本、黄之正本、碧玉樓本、四庫全書本作「正遠」。

題慈元廟，呈徐嶺南紘

前有東山後有徐，慈元風教萬年垂。嶺南他日傳遺事，消得江門幾句詩。

江門釣瀨與湛民澤收管〔一〕

小坐江門不記年，蒲裀當膝幾回穿。如今老去還分付，不賣區區敝帚錢。皇王帝伯都歸盡，雪月風花未了吟。莫道金針不傳與，江門風月釣臺深。江門漁父與誰年，慙愧公來坐榻穿。問我江門垂釣處，囊裏曾無料理錢。達磨西來，傳衣爲信〔二〕。江門釣臺，亦病夫之衣鉢也。兹以付民澤，將來有無窮之託。珍重珍重。〔三〕

〔一〕 林齊本、蕭世延本無「與湛民澤收管」六字。

〔二〕 「傳衣爲信」，《嘉靖增城縣志》所收録此詩，作「傳衣鉢爲信」。（文章修、張文海纂：《嘉靖增城縣志》，《天一閣藏明代方志選刊續編》，第六五册，第五二六頁）

〔三〕 林齊本、蕭世延本、碧玉樓本無此跋文。

與湛民澤

六經盡在虚無裏，萬理都歸感應中。若向此邊叅得透，始知吾學是中庸。

江門釣臺

何處江邊著釣臺，楚雲明月盡收回。若比桐江還勝概，千年埋没一朝開。

再用韻與湛民澤

日斜劉九放船回，層起江門水底臺。浩浩碧波山鎖斷，潮打厓門兩扇開。

民澤祖樵林居士搆堂於上游庄，民澤乞題

入雲堂搆昔人開，蘭桂香風次第來。黄雲山高幾千丈，後山前日寄聲回。

次韻張廷實讀《伊洛淵源録》

往古來今幾聖賢，都從心上契心傳。孟子聰明還孟子，如今且莫信人言。

曉枕

聖賢都從一上來，時止時行道與偕。若使春陵爲孟子，光風霽月更襟懷。

漫筆

浩笑江門點舊詩，詩中幾度見承箕。他日攜書南岳住，却話山樓浩笑時。

贈楊中 順德楊明府之子

山下柴扉不浪開，楊生端爲老夫來。欲報封君無一事，只將狂句贈生回。

哭景暘

詰杙爲楹四十秋，纔醒一夢便長休。名登鼎甲死亦枉，老撫諸孤病只愁。

影翳山樓痰吐夜，寒生老屋病交秋。渡中短紙誰封附，遠大爲詞解我憂。廷實有疏。

聞東山先生得請歸，賦此

青玉之壇横素琴，絶無人地五峰深。碧雲鎖斷元無路，東山東山何處尋。

問馬默齋病於其姪孫馬大年

荔顆紅時酒正多，口瘡不飲奈公何。郎君解記春牛否，還爲而翁一放歌。

林樟貢士入京，告行于白沙，贈之

乖崖救火出人間，造次來分太華山。收拾如今到山處，明朝不見藕如船。

枕上謾筆

正翁眼時元活活，到敷散處自乾乾。誰會五行真動静〔二〕，萬古周流本自然。

〔二〕「動静」，林齊本、高簡本、蕭世延本作「静静」。

答容彦文見訪

裹糧縛鴨問廬山，久病勞君每厚顔。若問廬山近來事，重陽過後菊花殘。

次韻東所見寄

若水清風當穎出，山人莫道不前知。拍手江門春信早，黄鸝飛上緑楊枝。

答文定上人〔一〕

千金帖子忽飛馳，洗手開緘只汗頤。前代昌黎今我是，恍然海上記留衣。神交今在識荆前，再結前生未了緣。果蒙道力相扶起，蚤晚東林對長官。

〔一〕林齊本、蕭世延本、白沙文編作「答某上人」。

輓鍾太守美宣[一]

詩人自古例多貧，恨殺滇南金帶新。公與定山貧到老，已有陳黄一輩人。

天下功名無我關，只緣我自愛江山。若對江山元没興，紙錢灰冷未知閒。

夢遊衡山，遇南極數老人來過，却須先生作主，與諸老對酌，洪崖、壽崖在旁歌詩以侑觴，合坐皆喜，予以詩一首識興云

衡岳去天能幾何，一株松下月明多。南極老仙騎鹿過，一瓢斟月兩崖歌。

題任明府思親樓卷，用定山韻

人間何處不樓居，亦有如椽大筆書。定山丈人都不管，一拳不屑老何如。

〔一〕林齊本、高簡本、蕭世延本、何熊祥本、黄之正本、碧玉樓本、四庫全書本作「鍾太守美宣輓」。

碧玉樓晝夢扶病出遊村徑甚適，忽安福羅進士攜彭秀才來訪，遂書以贈之

春早春寒著莫人，黃鸝囀處暖初匀。狂心剛被風吹動，走遍南垞到北津。

泉石，爲順德張氏題

江山幾處堪還我，泉石邊頭合有人。高著一雙無極眼，閒看宇宙萬回春。

羅浮春，寄民澤

海上花開萬玉林，閒門碧玉夢相尋。不知開處花多少，折盡羅浮半夜心。
九肋蹣跚清楚闊，九苞真與黃雲深。復有鳳凰山上月，遍照羅浮玉洞春。

陳海篷諸子冠畢來見，贈以詩

兄弟參差作雁行，春風碧玉喜同登。近午天風吹雁去，翩翩吹入紫雲層。

周方伯至白沙

天上客來尋故人，江門月下足音聞。便傳一點江門信，逢著桃源且問津。

偶得

一碧光横南嶽前，靈壇秋玉青相連。道士來攜三尺木，高山流水一聲絃。

答送茄瓜

兩頭肥緑壓肩斜，五月江園始送瓜。童子近前與翁語，小籃瓜底是新茄。
同將形色委人間，竊比高松一鶴閒。口腹累人都未免，茄瓜籃裏又詩還。〔二〕

懷張詡

南北東西一馬塵，相思何處不傷神。竹邊閉閣長無事，猶厭山雲軟素巾。

〔二〕「又」，碧玉樓本作「有」。

魯兩生，示民澤

九五當朝須勸駕，兩生朝突不留琴。想見古來交會盛，鴛鴦譜裏盡傳鍼。

贈秀夫如江東〔一〕

浦口來尋舊路岐，柴門過午未開時。青山十里花圍斷，不許遊人折半枝。

讀陳庸詩稿

天上霓裳久寂寥，人間何處不詩瓢。寄言雪月風花好，都在騷人仔細描。

張巡

獨蔽江淮阻賊兵，乾坤回首盡羶腥。何人肯救睢陽急，不使忠臣負忍名。

〔一〕何熊祥本、黄之正本、四庫全書本題後有小注云「乙巳秋作」。

許遠

援絶城孤力不任，逆胡天討竟成擒〔一〕。却憐當日奴虆進，酸盡平生長者心。

南霽雲

萬人回首看浮屠，肯信將軍躍馬呼〔二〕。誰續睢陽三日命〔三〕，進明先斬後擒胡。〔四〕

秫坡先生釣臺

少年朝暮釣池傍，嬉笑哦吟送夕陽〔五〕。却憶子陵臺上月，至今千古共流光。

〔一〕「胡」，原作「□」，據高簡本、遺詩補集、何熊祥本、黄之正本、四庫全書本補。

〔二〕「信」，高簡本、遺詩補集、何熊祥本、黄之正本、四庫全書本作「訊」。

〔三〕「三日」，高簡本、遺詩補集、何熊祥本、黄之正本作「三口」。

〔四〕「胡」，原作「□」，據高簡本、遺詩補集、何熊祥本、黄之正本、四庫全書本補。

〔五〕「嬉笑」，何熊祥本、黄之正本、碧玉樓本、四庫全書本作「嬉戲」。

去年塵外訪遺蹤，親拜先生舊德容。人物偉然流俗表，一竿臺上釣秋風。〔二〕

樂歲，呈楊大尹〔三〕

舍北歌童撾破鼓，舍南春婦著新裙。田家少遇豐年樂，盡道今年是十分。
元夕將來拍鼓譁，茅簷燈火醉家家。長官願似丁明府，甲首終年不到衙。
婦問姑餐弟問兄，茅柴酒熟壓雙瓶。明年禾似今年好，水北牛欄共弟耕。
厥夫撑舫賽田神，厥婦燒錢拜水濱。小弟今年人事好，買魚沽酒招比鄰。

壽陳静軒七十，次世卿韻

甲子如何管得翁，全無白髮有青瞳。赤泥更是遊仙枕，兄卧西頭弟卧東。

〔二〕　此首原缺，《廣州府志》（光緒五年刻本）第八十五卷第二十一頁有收録，兹據以補出。又：李君明《陳白沙詩輯逸》曾據《康熙新修廣州府志》第十二卷輯録。（李君明撰：《陳白沙詩輯逸》，《嶺南文史》，二〇〇六年第三期，第五〇至五二頁）

〔三〕　此詩第二首，《白沙先生文編》題作「元夕」，且前兩句作「元夕朝來拍鼓譁，春宵燈火鬧家家」。（唐伯元編次《白沙先生文編》，第一卷，第五十七頁）第三首、第四首原缺，據遺詩補集補出。

午睡起

道人本自畏炎炎[一]，一榻清風捲晝簾。無奈華胥留不得，起凭香几讀楞嚴。

用韻寄鍾美宣

緑柳黄鶯紫水涯，市橋沽酒醉春沙。江花一與詩人別，如此風光屬自家。

晝睡爲雀所喧

野風吹隙簷翻雀，晝攪牀風雀攪眠。若道神仙無一事，老夫當日未神仙。

失僕

粥罷腰鐮亦上山，晡時悵望負芻還。乍疑乍到忘歸路，月滿東楹未上關。

[一]「畏」，原作「愛」，據高簡本、遺詩補集、何熊祥本、黄之正本、碧玉樓本、四庫全書本改。

定山許撰一峰墓誌、東白許墓表，久不見示

先生老去銘當出，東白人來表可聞。却愛大流山上月，清光先到一峰墳。

今古多聞遷史記，一峰何必我同年。先生存作垂千古，東白曰然我亦然。

金鰲閣

橫浦秋成百尺橋，金鰲閣上見山遥。憑高無限歸來思，何處飛雲不可招。

鐵漢樓

鐵漢元來亦是誇，羈魂入夜遶天涯。數聲羌笛樓前月，落盡寒梅一樹花。

墨花臺 東坡遺跡

汝弼即是張長史，堯夫方愛陳公甫。何處思君不見君，墨花臺上廉纖雨。

横浦橋

乘輿十月猶溱洧，子産未知爲政在。隔河騎馬是何人，下馬問訊張東海。

濂溪臺

黄菊花開又一年，南山無分對陶潛。不知風雨隨儂否，惱殺臺中一夜眠。

葵菴

葵花愛日臣愛君，臣與葵花共此真。試問春來桃李樹，紛紛同者是何人。

春中

時光堪喜亦堪悲，歲歲春隨斗柄移。送老一條邛竹杖，夜挑明月上臺磯。
北風吹我早裘輕，不借肩輿一日晴。九十日春都不見，跏趺榻上看雲生。
龍溪不賞去年花，今歲春光喜在家。多謝花神憐舊識，盡情開向白牛車。
長養功勞在此時，好花還借好風吹。朱朱白白天機妙，問著東君知不知。

夢長髯道士以一囊貯羅浮山攜以遺予，紀以絶句

一口囊盛四百峰，翠林香霧春冥濛。低頭笑問長髯老，何處方壺有路通？
千仞飛雲隻手拏，采鸞停處是仙家。青牛騎過鐵橋去，踏碎璚瑶一路花。

同馬默齋候麥秀夫夜過白沙，和韻

東風吹老桂花天，坐久寒生月下氊。見許夜深移艇過，笛聲何處二更前。
酒分玄碧下青天，花發長春覆采氊。不待客攜家醞至，先生先醉藥爐前。

待馬默齋不至，諷以是詩〔一〕

花前誰共引杯長，風送歌聲到赧郎〔二〕。莫唱雍門絃上曲，從來此曲斷人腸。

〔一〕 高簡本作「忽聞户外歌聲，以爲馬玄真將至，不知其累約而累違也，諷以是詩」。
〔二〕 「赧郎」，黄之正本、四庫全書本作「赭郎」。

白沙社有懷，書張廷實詩後

海上竹枝非楚聲，壁間科斗是賢名。粤堂東望不知處，惟見白雲天際生。

次韻答周太守瑛見寄〔一〕

白馬山前雪滿扉，隔江雲樹晚依微。津頭日日行人過，不見長安舊布衣。
相逢記得入京年，夢破邯鄲不受牽。更説莆陽風景好，木蘭溪裏木蘭船。

醉鄉

管勾仙家碧酒春，醉鄉今日屬何人？天高地迥無人到，試就陶潛一問津。

〔一〕　此詩第一首，高簡本題爲「和鳳山見寄韻」，題後有小注云「乙巳冬十月」；第二首，高簡本題爲「江浦有白馬庵，曾寓處」。（《白沙子》第五卷，第九二至九三頁）孫通海整理《陳獻章集》時，誤以第一首爲底本所缺，乃「據高〔簡〕本補」，因致《陳獻章集》中此首詩重出。（《陳獻章集》，下册，第六五六、六八七頁）

睡鄉

漆園蝴蝶故翩翩，一落人間今幾年？試向髑髏原上望，八荒明月正堪眠。

梅花下感事

桃李村村待發蒙，孤芳憔悴不成叢。天涯一寸腸如結，吹斷江城曉角風。

月夜與何子有飲梅村社，贈之

溪北溪南踏月遊，梅花村落似羅浮。東風夜卷殘潮去，留得何郎半日舟。
人日今年又共君，他人交態白頭新。開懷一夜梅村酒，時復停杯問故人。
日落尊空客欲還，清光猶在社公壇。明年憶我重來否，認得梅村背後山。

夢先兄持絶句見示，及覺，忘其前聯，以意足之

松林土屋閉斜曛，人世悲歡那得聞。閒處釀成玄碧酒，秋來攜過武夷君。

京師初歸，答容琴月

舊遊風月未應忘，到手新詩喜欲狂。記得長安秋雨夜，三人燈下説西良。

三洲巖聞虎

草動雲飛十里風，三洲巖下吼聲雄。先生自對山靈笑，不道前身是遠公。

經坡亭

水繞寒柯霧半籠，遊絲輕曳釣船風。三洲覽遍題名處，閒向坡亭説長公。

枳殼

淡白濃香如有情，扶留膇下雨初晴。南州花草雖無敵〔一〕，□□□□□敢争。〔二〕

〔一〕「無敵」，蕭世延本作「無數」。

〔二〕「□□□□□敢争」，蕭世延本作「敢與東風枳殼争」。

蓓蕾枝頭春意長，卧看蜂蝶往來忙。不知今日開多少，熏得先生枕席香。

題攜琴訪友圖〔一〕

松崖日暮水聲深〔二〕，何處攜來緑綺琴。磵石隔林人不見〔三〕，只疑魍魎是知音。

答徐侍御索草書

寒牕弄筆敢辭難，也得先生一破顔。不要鍾王居我右，只傳風雅到人間。

代簡舊友克明梁先生

瓊山緑水舊遊行，滄海歸來語後生。幾醉幾醒醒後醉，世間何事合留情？

〔一〕高簡本作「攜琴圖」。
〔二〕「松崖日暮」，蕭世延本作「千巖萬壑」。
〔三〕「磵石隔林」，蕭世延本作「隔岸懽呼」。

至日，梁聽松暐白石惠生魚克明弟

朝來何處得庖鮮，白石村邊響夜舷。布被蒙頭呼不起，真成至日閉關眠。

周文都、伍伯饒、馬玄真諸友約釣河豚，值雨弗果。伯饒復遣人來約，答之，時玄真、文都在病

七月十日秋正來，漁翁夜上臨江臺。斜風細雨不歸去，若個玄真安在哉。
秋入江門風怒號，江水未落濤頭高。晴明三五君須記，月下溪邊遲小舠。
河豚正美周郎病，玄真不出公奈何。絲綸一握三千丈，獨釣東溟雨滿蓑。

梅月，用莊定山韻

今宵喜對梅花月，正是乾坤大雪餘。雷在地中陰獨伏，風來天下九包魚。
四時萬物無非教，人傍梅花月傍軒。若道不關梅月事，宣尼何事欲無言？
溪上梅花月一痕，乾坤到此見天根。誰道南枝獨開早，一枝自有一乾坤。

和世卿

越山楚山皆白雲，楚越如今不必分。三十六峰同一樣，不知何處武夷君。

草樹雲霞亦假名，高齋何處不先生。解尋正路宫墻下，榜也如今是典刑。

次韻董子仁見寄，兼似林蒙菴、周時用提學[一]

江門花鳥欲春闌，脚帶雲霞步步寬。君到閩中試借問，龍山何事别長安。

還將病骨畏秋聲，一枕江流是我生。若道嚴陵偏不仕，漢人更有聖之清。

鱷洲山遇虎

登高停棹鱷洲山，獨自忘機虎跡間。忠信於人真可仗，爪牙當道却須還。

〔一〕「似」，黄之正本、四庫全書本作「以」；碧玉樓本作「候」。作「似」於義爲長。似，猶言與。

鱷洲阻風

牛饑僕冷不能嗔，短曲長歌互有神。今日誰家能走馬，泥深還掛一壺春。

晚發厓山

江水初寬白鷺飛，厓山欲莫赤楓微。孤舟獨背湯瓶去，不共前川釣艇歸。

厓山雜詩〔一〕

寒雲黯黯日糢糊，南有蒼厓對撚鬚。今夕孤舟不成寐，白鷗飛盡我踟趺。

北風半夜卷滄溟，杖屨船頭候曉晴。滿目寒雲吹不散，一帆細雨濕湯瓶。

萬古青山自落暉，白鷗穿破水雲飛。孤舟江畔無情思，閒與兒童詠緑衣。

北風何事更長吹，盡日孤帆逗水湄。吟遍天涯歸未得，江神應愛石齋詩。

肩輿迓我走衝煙，山鳥窺人下啄舷。十里風光奇石角，一江晴色霧潭前。

〔一〕此詩第五、第六首原缺，兹據蕭世延本補出。（蕭世延本《白沙先生全集》，第二十一卷，第一二九頁）

白鷗黄犢任西東，沙草傷心對朔風。今日江邊題舫子，詩人若是半山翁。

經都會故居〔一〕

臘月四日促歸裝，舴艋衝寒到石塘。忽見溪邊舊環堵，恨隨流水繞村長。
總角展書溪樹根，風光不比洛陽園。碧桃盡屬西王母，緑橘先分小弱孫。
二頃生涯作個農，竹枝聲與楚歌同。秋來不獨黄花酒，夜擘香橙更酌公。

秋日東軒漫題

籬崩瓠落不禁秋，卧對蕭騷月半鈎。彭澤須收三頃秫，菊花無酒笑人不？
山杯許對鄰翁飲，村酒還教稚子賒。滿地芙蓉不如昨，可人墻角素馨花。
黄葉紛紛江水流，人間何處不悲秋。江邊野老無名姓，笑向滄江任白頭。
復憶題詩古渡旁，孤舟春早泛潯陽。江雲一繞三千丈，恰有人間白髮長。

〔一〕此詩第三首原缺，兹據蕭世延本補出。（蕭世延本《白沙先生全集》，第二十一卷，第一二九頁）

寄馬默齋

江山風月滿吟壇，誰把漁郎薦老官。眼底秋光供點筆，等閒休作負彭鸞。

追和白石馬教授，奉寄其玄孫馬竹隱

山深谷冷老煙霞，君住孤村第一家。一榻清風明月夜，鈎牕閒對紫薇花。

贈曾確還博羅

風袂飄飄過五羊，五仙遮道問行藏。廬山莫道無分付，領得春風古桂香。

示兒

張公九世尚同居，忍字專書一百餘。受唾由來稱長者，而今市輩却嗤予。
姑也須烹婦也炊，採薪負水是男兒。吾親日夜傷離別，争得肝腸冷落時。
百畝荒田力不支，如何千畝更營私？相尋利害無窮日，慎勿逢人乞面皮。
門前賓客偶相投，忽忽浮生五十優。君貴我貧俱是分，敢將丘壑傲王侯。

俯仰天人不敢言，直持素履到黄泉。兒曹莫問前程事，若個人心即是天。
聖心太極一明蟾，影落千江個個圓。五十年來如夢覺，臨岐更出示兒篇。

遊白雲

擔頭行李但書囊，選勝尋幽到上方。身與白雲同去住，客從何處問行藏。

灌溉，忽縣尹送酒至

一瓶西注一瓶東，兩徑初移緑未濃。忽見白衣持酒至，擬留一斗待秋風。

次韻答丘侍御

五月江門荔子叢，繡衣下馬擘輕紅〔二〕。兒童争走烏臺節，笑挽青荷立水中。

〔二〕「輕紅」，高簡本、何熊祥本、黄之正本、碧玉樓本、四庫全書本作「殘紅」。

玉臺，贈黎民瑞

青天何處一登臺，脚踏黄雲萬丈開。聞説程鄉長官好，抱琴歸去抱琴來。

讀《近思録》

楊墨偏高子莫疑，孟軻精一古心期。日長對卷無人到，風雨巡簷一詠詩。
六經不假群賢補，却憶宣尼下手時。白首齋心顔子坐，青燈横几大臨詩。
有物袞袞復洋洋，牽牛入井幾倉皇。不知轉瞬誰爲主，荆棘横生亦滿腔。
大學西銘迤邐攤，從前只假半年閒。誰家繡得鴦鴛譜，不惜金針度世間。

寄黄仲昭

江西諸子在春風，我有新碑落永豐。海闊天空無可寄，只將狂斐爲君通。

次韻胡提學訪欖山

斜風細雨緑蓑衣，江上人家半掩扉。莫向天涯歌獨醒，白頭漁父笑人非。

今朝黄鳥喚春回，桃李還知帝力栽。昨夜殷雷無意緒，黑雲將雨滿山來。

訪教諭何宗道

樹隱肩輿行欵欵，花催春鳥鬧關關。蘇公渡口雲連水，宗道廬前雨滿山。

峽山别胡提學，還至九江作

峽山飛出兩三航〔二〕，滿載離愁下九江。夜泊孤舟不能寐，自燒銀燭到秋缸。〔三〕

畫蘭

誰將水墨寫横披，竹石荆蘭也自宜。記得湘潭秋雨後，清香猶帶楚臣悲。

〔二〕「航」，高簡本作「舫」。

〔三〕「秋缸」，高簡本、蕭世延本、何熊祥本作「秋缸」；黄之正本、碧玉樓本、四庫全書本作「秋江」。

對菊〔一〕

陶家園裏舊開叢，復入山牕對此翁。一曲一杯花下醉，人生能得幾回逢。

喜孫讀書

閒看溪水繞橙根，自握刀鉏斸小園。日午課詩孫漸長，上堂誇與阿婆言。

芙蓉文筆

丈人日暮看芙蓉，湘水西來第幾峰。兔潁刺天元屬我〔二〕，今爲松桂主人公。

〔一〕此首，底本、碧玉樓本重複收録，作爲《對菊》十二首之一。（《白沙子全集》，何九疇本，第六卷，第二〇、九六頁；碧玉樓本，第九卷第四二頁、第十卷第五四頁）這次整理因這首與前十一首用韻不同，不當因題同而合併，故删去彼處，保留此處。

〔二〕「元」，原作「無」，據遺詩補集改。

寄李子長

能將玄酒注金巵，混沌誰教更鑿之。我借元初溟涬好[一]，爲君驚喜爲君悲。

題孔雀圖

兒女心情未遣知，白頭笑賦雀屏詩。可能乳得西周鳳，來壽君王億萬期。

題蒲石畫

一石青青蔭幾蒲，半篙煙水欠模糊。江門有個丹青手，也把江門畫作圖。

雨中送客江上，偶成

細雨江邊送畫橈，肩輿如夢看春潮。不知此處誰分付，笑倚南風酒未消。

〔一〕「溟涬」，原作「溟滓」，據文義改。（參孫通海點校《陳獻章集》下册，第六六七頁）

次韻呈長官，贈鄒汝愚

江門還我自由仙，七洞天西小洞天。南去北來船過盡，無人肯住釣臺前。

再韻呈吴獻臣

雙鳧海上果誰仙，竚看飛騰上九天。爲問南遷鄒吏目，幾時歸去玉皇前。
君尋孔轍笑晨門，豈得晨門不笑君？自古山林多獨見，無人不道市朝尊。

候方伯劉東山先生至

客從天柱得琅函，來試丹砂嶺以南。有個道人眠不起，洞門深鎖白龍菴。
林下丹書小石函，天邊雲翼入圖南。江山欲畫驚眠處，一個廬岡破草菴。
易傳遺書共此函，偶拈一事問河南。數千里外涪州夢，透到龍門何處菴？

次韻謝天錫登三層頂望崑崙池作

兩眼高憑何處空，白龍猶在有無中。旁觀莫道崑崙小，氣蓋東南萬萬峰。

何處揮鋤口可餬，池邊君問白龍無？茶區尚有成周制，一井而今受幾夫？[一]
手拍崑崙歌泬漻，虹橋月下拜相邀。回頭笑向玄真子，纔到葵山怕路遥。

卜居茶井

海鳥回翔何處歸，海山春到白龍西。欲摶九萬無風力，認著崑崙便托棲。

寄陳秉常，用天錫韻

早援深谷探花原，舉手來扳笠頂天。誰與浪傳青鳥信，君今疑是白龍仙。
性僻耽幽老奈何，白雲又長十年魔。玉臺記得尋僧處，半日留君却未多。

次韻沈別駕見寄

我生之初我有真，百年泡沫往來身。一丸也恨無分付，誰是乾坤會弄人。

[一] 此首，碧玉樓本收録爲《卜居茶井》之第二首。（《白沙子全集》，碧玉樓刻本，第十卷，第五六頁）

夜坐

此生身世與忘憂，何處行藏獨倚樓？寒夜酒醒無睡思，山城風静數更籌。
露冷風清正酒醒，誰家今夕不勝情？人間老去無愁思，獨倚疎梅看月明。

次韻復趙提學

雨打風吹一樹花，孤根不肯向人斜。晚逢青眼何須恨，未到朱樓莫浪誇。

與倪麟

沙水東西兩石橋，夕陽飛馬剪山腰。不知酒興還多少，一路清風吹不消。

挽竹齋〔一〕

屋裏沾裳羅一峰，門前又報竹齋翁。一年氣運天何極，兩歎交情日未窮。

題畫鷹

秋風垂翅下雲衢，野性翩翩不受羈。欲借一枝江畔宿，等閒花鳥莫相疑。

夢曾晳

傾蓋寧知是夢中，絶塵標致却春風。千秋此意吾能説，不與由求面目同。夢失形軀夢即真，江山隨處舞雩春。眼中大塊非無肆，何限人間覓馬人？

〔一〕《南川冰蘗全集》卷末附録此詩題爲「羅一峰修撰、林彦愈竹齋同日訃至」，爲七言律詩。其詩云：「庭裏沾裳羅一峰，門前又報竹齋翁。一年氣運天何似，兩哭交情日未窮。它夜忽如英爽接，此心先遣夢魂通。茶園香樹湖西月，飛到愁人淚眼中。」（林光《南川冰蘗全集》，第五一〇頁）

讀韋蘇州詩

夜雨齋燈卷未收，清謠百首對蘇州〔一〕。晦翁兩眼滄浪碧，也爲先生一點頭。

五言夙昔慕陶韋，句外留心晚尚癡。敢爲堯夫添注脚，自從删後更無詩。

擬古之篇古未如，詩家分路入沖虚。晚唐諸子殊堪訝，白首專門但守株。

虚泊終蹁得屢拈，蘇州撫手揖陶潛。舊來食蜜雖高論，誰寫璚漿洗舌尖？

道經七星巖

百丈巖前石鼓鳴，山人今夜動山靈。同舟亦有知音者，共聽乾坤第一聲。

七星巖下醉神仙，猶占龍牀水底眠。我有一尊延壽酒，月明今夜對南山。

戲贈二謝生

婉轉青囊傳二謝，淵源來自馬蹄洲。山人眼是庖丁手，解把屠牛破土牛。

〔一〕「百首」，高簡本、蕭世延本、何熊祥本、黄之正本、碧玉樓本、四庫全書本作「白首」。

當日師傳一寸金，李家書以錦囊深。太陰正側去何析，却泥區區角上尋。

與李世卿約遊圭峰

方壺使者與公期，老我三山乞住持。且約圭峰爲社會，一圖今古付王維。
愛山長負入山期，多少陰晴被把持。起倚秋原看落日，如今剛好著繩維。

和世卿

山靄霏霏碧滿蓑，清風不奈俗塵何。人間久矣無高鳳，何處如今楚鳳歌？

次韻奉答李方伯介軒潮連見寄

姓名秋榜忝同鄉，四十年來守故常。拄地撐天吾亦有，一莖青玉過眉長。
不侍冰顔累十秋，可堪相近阻相求。此心未許旁人識，公在山齋僕在舟。

次韻姜仁夫留別〔一〕有序，九首

弘治己酉春，姜仁夫進士以吏事使貴州〔二〕，還，取道廣東，過予白沙。自己卯至丙戌，凡八日。辭别六首〔三〕，予亦次韻爲别。明日，仁夫至潮連寨方十餘里，遣隸回，并得三絶和之，通前九首。吾與仁夫之意皆不在詩也，豈尚多乎哉？仁夫，浙之蘭溪［人］〔四〕，從學章先生德懋。［德懋，］吾廿年舊好〔五〕，故吾詩兩及之。

江門綫路幾人通，兩月公程來向東。何處敢勞君著眼，短墻疎竹是家風。

雲去雲來等是浮〔六〕，獨憑高閣看江流。南風莫送東歸客，更共江門一日遊。

〔一〕此詩之第七、八、九首，蕭世延本、何熊祥本、黄之正本、四庫全書本另題爲「次韻姜仁夫潮連寨見寄」。

〔二〕「以吏事使貴州」，原作「以史事貴州」。碧玉樓本作「以事使貴州」，四庫全書本作「以使事貴州」。林光《南川冰蘗全集》卷九有「次韻石齋先生贈姜仁夫進士」三首，其第二首有跋語云：「時仁夫進士以吏事使貴州，自貴州至廣州訪石齋先生」。（林光《南川冰蘗全集》，第二八八頁）所言爲同一事，據改。

〔三〕「六首」，原作「三首」，據碧玉樓本改。

〔四〕「人」字原缺，據文意補。

〔五〕「德懋」二字原缺，據文意補。

〔六〕「等」，蕭世延本於墨丁内刻作「總」。

家近桐江舊釣臺，鳳林何日暫歸來。平生章子如相問，道我山中日閉齋。

一著將窮一著通，謝公全局算江東。眼中論事如章子，是有當年國士風。

洞門終日白雲浮，洞裏桃花覆磵流。誰道乃公閒似我，不曾攜杖白雲遊。

百尺江邊有築臺，自從君去望君來。黑頭了却人間事，更約焚香共小齋。

極目長江傷我心，滿身風雨立江潯。帝城此去幾千里，一度逢關一寄音。

今古相望日已賒，包羲已上孰名家？不識乾坤真易簡，借人門户甚摶沙。

進到鳶飛魚躍處，正當隨柳傍花時。今人不見程明道，只把中庸話子思。〔二〕

彈子磯候默齋不至〔三〕

軍人打鼓泊官船，黑霧濛濛水下灘。隔岸相呼不相見，竹籠牽火上桅竿。

〔二〕「話」，高簡本、白沙文編作「説」，四庫全書本作「屬」。

〔三〕「默齋」，高簡本作「諸友」。

清溪道中

西風吹冷峽山雲，紅葉清溪點綴新。惟有白頭溪裏影，至今猶戴玉臺巾。

鸕鷀短槳自江鄉，峽水晴飛練帨長。畫舫有人捫虱坐，了無意緒向南康。

濛裹驛呈送行諸友〔一〕

相隨征路二旬餘，笑指前山别老夫。却到前山心未了，西風燈燭兩踟躕。

南雄讀羅一峰記書院文〔二〕

丘墳何處草離離，千里湖西夢覺時。落日小池橋上路，催人下馬讀殘碑。

〔一〕高簡本作「曹溪别諸友」。

〔二〕高簡本作「南雄書院，讀羅一峰碑」。

度嶺〔一〕

天地風雲會有辰，開元可是欠經綸。千尋松下看流水，十八年中度嶺人。

玉枕山，和南安太守張汝弼〔二〕

一枕秋横碧玉新，金鰲閣上見嶙峋。使君得此元無用，賣與江門打睡人。

過天柱峰〔三〕

天柱峰前望故鄉，西風淅淅鬢蒼蒼。愁腸暗爲慈親斷，誰道青山是劍鋩。

宿迴龍寺

酒醒迴龍欲二更，迢迢秋漏徹江城。何須不理東湖棹，徐孺庭前月自明。

〔一〕高簡本作「度嶺，有懷張曲江」。
〔二〕高簡本無「和南安太守張汝弼」八字。
〔三〕高簡本作「天柱山」。

題雲嶺

路旁指點一峰墳，一老西巖坐白雲。盡是唐人詩境界，千林紅葉訪徵君。

與豐城知縣王本儉〔一〕

劒水相逢梅始花，春風吹動長官衙。詩家到此須分别，不共河陽一處誇。

贈劉進夫還永豐，兼寄羅養明、楊榮敷、羅清極湖西諸友

江船戀戀費行纏，我託劉郎亦是仙。何處青山君憶我，月明湖上酒醒眠。

一峰原上夕陽斜，雲掩閒門幾樹花。見説西風吹不死，散分春色與鄰家。〔二〕

淦川銀燭照離情，畫舫行人一月程。相憶却憐山寺遠，不曾夜半到鐘聲。

〔一〕 高簡本作「與王知縣」。

〔二〕 此首，高簡本單列，題作「過羅一峰墓」。

題劉主事顯仁挽册〔一〕

曾傾白下郎官蓋〔二〕，忍讀青田太守文〔三〕。今日九原誰是伴，里中新有一峰墳。

和婁侍御

偶與梅花作主賓，旋將幽意託龍唇。曲中若有千年調，也要先生會入神。

贈祝秀才鄉試

祝生南赴應天闈，萬里秋雲一鶚飛。我有蘭溪他日意，敢將裁入送君詩。

蘭溪章子多時别，得見平生祝器之。衰老不知言語費，逢人信口話庖羲。

〔一〕高簡本作「挽劉先生顯仁」。
〔二〕「蓋」，蕭世延本作「盞」。
〔三〕「忍讀」，蕭世延本作「又見」。

和羅洗馬韻

折屐初收一代名，斷裾猶欲救蒼生。誰知南北東西路，未出門前已是行。
五十東溟始願違，安知不是慕甘肥。今朝怕上花衢馬，猶恐黄塵染素衣。

贈江通判

明朝别駕過金壇，暫到茅山亦不難。我憶江門歸未得，爲君沽酒慶茅山。

謝何秋官惠米，追次陳後山韻

相逢不肯訴家貧，眼底斯人又姓陳。慙愧太倉分一斗，乾坤多少病饑人。

過漷縣，風大作，取舟中儲酒飲之

黄菊開時歸意濃，泥尊名酒未開封。不辭拚作陶潛醉，受盡長河一日風。

讀壁間李學士和予《藤蓑》詩，偶成奉寄[一]

西涯一曲我藤蓑，對此相思可奈何。今日玉堂應説我[二]，海門何處扣舷歌。[三]

春雨江門著舊蓑，釣船相近問如何。白鷗分定閒眠界，猶唱西涯學士歌。

剡溪

剡曲溪中雙槳鳴，老翁訪戴是虚名。雪消月出歸來夜，只有詩情與世情。

雲封寺有曲江遺像，戲題

嘗疑大塊本全渾，不受人間斧鑿痕。今日雲封禪寺裏，曲江遺像任塵昏。

〔一〕「讀壁間李學士和予藤蓑詩，偶成奉寄」，高簡本、白沙文編作「對壁間李賓之學士和予藤蓑詩，偶成奉寄之」。

〔二〕「玉堂」，高簡本、白沙文編、何熊祥本、黄之正本、四庫全書本作「玉臺」。作「玉臺」，似於義爲長。

〔三〕「海門」，高簡本、白沙文編作「江間」。

不寐

舊雨今雨漏湔湔，長更短更聲相連。何人酌我金尊酒，暫醉慈親卧帳前。

石門讀貪泉碑

芙蓉花發西華寺，遠訪殘碑到石門。一曲貪泉歌未了，夕陽紅近水西村。

贈曹侍御璘謝病

飽蕨青山更飽眠，襄陽歸去自今年。眼中未有如公早，柱史前頭或姓錢。

雜詠

過午城中走帖還，老夫對酒社東山。詩家進步如撑艇，又上前溪一兩灣。
傍花隨柳興飄飄，澗水牽情到石橋。勃率未堪還自笑〔二〕，眼前剛好被春撩。

〔二〕「勃率」，四庫全書本作「勃窣」。

不坐人間彩鷁舟，怕逢漁父問因由。君家酒艇輕於葉，試遣長鬚爲我謀。
拍月縈爐一小舟，欲窮仙島路何由。須君一見安期老，指點蒼茫爲汝謀。

得世卿詩

笑顔别後幾回開，詩到衰翁輒舉杯。擊壤狂歌千首在，一春無計寄君來。
東野功深偏洗削，退之意到每優柔。眼前一二聊拈掇，正好承箕對孔修。

夢中作〔一〕

日出東山尚未眠，閒尋溪水弄溪船。人間一種惟予樂，只在溶溶浩浩間。
躑躅江邊水没橋，沿溪貪賞不辭遥。獨憐歸馬無鞭策，未忍臨風折柳條。
木葉爲衣草爲屨，鳥共唱歌花共舞。袖裏青蛇三尺許，六六洞天中作主。

〔一〕　此詩第三首原缺，兹據高簡本補出。（《白沙子》，第六卷，第八〇頁）

題徵仕郎張公孺人區氏墓誌後

衛幕已鐫東白誌，西涯又撰孺人碑。莫道不傳家世事，當年兼有兩公知。

種萆麻

山渠面面擁萆麻，鎖盡東風一院花。江上行人迷指顧，老夫於此煉丹砂。
短檠他夜照書牀，一盞萆麻也借光。老去圖書收拾盡，只憑香几對羲皇。
紅朵青條擺弄同，人間無地不春風。莫輕此輩萆麻子，也在先生藥圃中。
萆麻得雨緑成畦，如此風光亦老黎。飲後小菴搜句坐，山禽啼近竹門西。
萆麻遶竹逕通雲，雲裏樵歌隔竹聞。手把長鑱種春雨，風光吾與老黎分。
種了萆麻合種瓜，青山周折兩三家。老夫來搆茅茨畢，別種秋風一徑花。

次韻李憲副若虛白沙別後途中見寄

江門春浪兩涯平，半醉船如天上行。坐冷燭花歸問夜，逢逢津鼓欲三更。
咫尺圭峰不見臺，春雲將雨幾時開。山中一徑無人到，除是青天畫舫來。

江城無處不通潮，風疊寒漪色更嬌。詩舫飄飄向何處，高凉西去不勝遥。

和鹿步韻

黑甜一枕鼻呼雷，江浪如山夢裏來。乾坤何處留雙眼，不向三洲鹿步開。

贈湯地理師

春泥没屐大江潮，溪北初經獨木橋。千丈峰頭望東海，三山正對杖頭瓢。
錦囊以上不堪言，老郭元來亦是仙。笑殺城中諸年少，欲持阿堵問君傳。
南越山川拄杖交，東風何處送歸舠。一條路打朱明過，直下潮陽看海濤。
雲水相逢是偶然，江亭燒燭話新年。眼中但有牛眠地，指點青山不要錢。

贈鄒處士還合州

人間憂喜也無期，萬里間關一馬歸。莫灑東風别時淚，春光又滿老萊衣。
石城米賤雲門鎮，吏目身輕翰苑官。歸去山中偏好睡，家人不用遠來看。

題也可庄上見一空

交交黄鳥弄春晴，也可山庄隱几聽。莫以山林笑流俗，山人元是此山靈。
青山何處倚鳩藤，回首塵埃幾折肱。林下一壺誰共醉，淵明只好對高僧。

醉中作

酩酊高歌掩舊書，青山日月笑居諸。一番春雨無分付，枉種桃花三兩株。
酩酊放歌何處來〔一〕，東風吹笠上溪臺。臺傍有個高飛鳥，飛向三山去不回。

觀物

一痕春水一條煙，化化生生各自然。七尺形軀非我有，兩間寒暑任推遷。

〔一〕「放歌」，遺詩補集作「高歌」。

早飲輒醉示一之

清晨隱几入無窮，浩浩春生酩酊中。我若扶衰出門去，可能筋斗打虛空。

得廷實書

洗竹添花張户曹，忽抛閒散事煎熬。東門春水無人釣，又長溪頭幾尺高。

田夜讀田，先生孫也〔一〕

朝來牕壁尚塗鴉，燈下吾伊且賞瓜。不是風雲天上夢，阿田家世本桑麻。
掃突炊秔及早鴉，東皐時有未芸瓜。田家樂事如翁少，男戀詩書女戀麻。
憶年童稚髮如鴉，稍稍東陵學種瓜。今日肯嗟頭似雪，江門三畝但萆麻。

〔一〕「先生」，高簡本、何熊祥本、黄之正本、碧玉樓本、四庫全書本作「白沙」。

紀夢

偶然嘉惠得鄰封，無數金錢出袖中。欲向萱闈談此夢，隔簾斜月未聞鐘。

得世卿、子長近詩賞之

漠漠江天對把詩，竹壇風日引杯遲。翁歌此曲兒當續，問著別人都不知。
飛雲高起大厓深，兩處天教兩鳥吟。莫把隴山來比並，山頭鸚鵡被人擒。
詩到堯夫不論家，都隨何柳傍何花？無住山僧今我是，夕陽庭樹不聞鴉。

鄒吏目書至有作，兼呈吳縣尹

傾蓋投緘不自輕，人間造次幾晨星？天涯放逐渾閒事，消得金剛一部經。
落花遥對石城春，半篋殘書一病身。茶筅粟瓶供客盡，不妨人笑長官貧。
天涯遷客病渾家〔一〕，開過東風幾樣花？容易江山得重九，問君何地落烏紗？

〔一〕「遷客」，原作「仙客」，據高簡本、白沙文編、遺詩補集、何熊祥本改。

張侍御叔亨將赴京，遣人告行，求贈言不已，賦此以答

不爲泯泯即波波，天命委之人奈何？秋雁未來君好去，文章覆瓿不須多。

梁文冠抄詩

口謾吟哦手謾抄，風壇疎竹晝相敲。不知今日滄溟上，天放何聲此處高。

雪月風花信手抄，皇王帝霸入推敲。伊川擊壤三千首，都共南風一項高。

君到詩情每被抄，玉臺秋磬借僧敲。門前荷蕢知心否，雲鎖千峰月正高。

屋下塵編不暇抄，狂歌試把鐵橋敲。秋風背取詩囊去，且看擎天柱杖高。〔二〕

夢緝熙

花前把酒問平湖，君到閩中憶此無。夢裏征帆西下疾，兩人江畔笑相扶。

〔二〕「柱杖」，原作「拄杖」，據高簡本、遺詩補集、何熊祥本、黄之正本、碧玉樓本、四庫全書本改。

宗廉送明瓦屏風至，次韻答之〔一〕

小中雖異大中同，明處韜光暗處通。三直五横真本子，人間無路獻重瞳。
瓦木鋪排得此身，乾坤何物到頭真。道人具得屏風眼，還向小齋來卜鄰。

渡厓海〔二〕

争如天上弄銀河〔三〕，不使鳴榔亂我歌。有酒只邀王母醉，託身明月挂娑娑。

題石泉〔四〕

蟹眼不絶西陂陀〔五〕，涓流直下成江河。君釣石泉歌不得，江門漁父爲君歌。

〔一〕何濳，字宗廉，番禺沙灣人。成化二十年從學於白沙先生。「宗廉」，白沙先生詩文集中或作「宗濂」。

〔二〕此詩，遺詩補集亦有收録，題作「泛涯洲」。

〔三〕「争如」，遺詩補集作「即如」。

〔四〕《南川冰蘖全集》卷末附録此詩作「題石泉，爲林永錫」。（林光《南川冰蘖全集》，第五一二頁）

〔五〕「陂陀」，何熊祥本、黄之正本、四庫全書本作「坡陀」。

贈宗兄汝學使廣西還

匹馬行行西復東，一鞭騰破雪千重。寒梅初放一枝白，間破江南無數紅。

夢梁明府益

十年信息杳西甌，生別猶嗟死別休。紫水城西歸葬地，夢中還作少年遊。

同周文都宿黃鶴年宅

看山從我不賫糧，聞説葳蕤滿道旁。草閣塘邊邀飲罷，青燈同宿有周郎。〔一〕

菊旁午時花盛開

自澆黃菊數花辰，九日山尊對野人。祇恐花開時已後，滿籬須愛午時春。

〔一〕「燈」，原作「□」，據碧玉樓本補。

樓上鷹

老拳促起此樓巔，那見秋風眼欲穿。明日陰晴先報了，天機漏盡復何言。

贈李若虛憲副

欲别未别情難吐，白龍雨過黄雲暮。莫辭寫盡金盤露，明日玉臺君不顧。

次韻李憲副若虛見憶

此蓑煙月此溪心，隔水樵歌盡好音。若向東湖傾此意，先生真個似儂深。

林君求余一線之引，示以六絶句〔一〕

時時心氣要調停，心氣工夫一體成。莫道求心不求氣，須教心氣兩和平。

存心先要識端倪，未識端倪難强持。萬象森羅都屬我，何嘗真體離斯須。

〔一〕自《林君求余一線之引，示以六絶句》至《厓門見漁樵者》，共六十一題，底本原缺，兹據遺詩補集補出。

收斂一身調息坐，要貪真静入無爲。脱然心境俱忘了，一片圓融大可知。

群賢列聖無他適，百僞千邪向此消。更向一源觀體用，靈根著土發靈苗。

工夫須用寬而敬，魚躍鳶飛在此間。不用苦心求太迫，轉防日用自生難。

飽歷冰霜十九冬，肝腸鐵樣對諸攻。群譏衆詆尋常事，了取男兒一世中。〔一〕

題到軒

明朝花酒難留客，他雨往來共一燈。忽近緑簷啼不去，祇疑山鳥是山靈。

訪欖山歸，將至扶胥口作

西望扶胥收雨脚，江聲昨夜響如雷。貪看白浪船頭坐，恰似銀河天上回。

〔一〕此六首詩，《白沙先生文編》亦有收録。唐伯元於詩後加小注云：「此詩原集缺，余嘗親見先生墨跡，書此詩并後小柬三通，共爲一卷，羅文恭公題其首曰『江門指南』。後跋云：『此詩自序在成化癸巳歲，是時先生四十有六，蓋其自得久矣。顧收斂歸静，若初入室然者，晦不久則光不大，固先生進道之因也。今學者既乏静專，又易發露，欲與古人上下，烏可得哉？』又云：『此卷得之莆田林氏，林所立亦不凡。』謂林即見素公也。今按：見素雖亟慕先生，乃在出仕之後。先生寄之詩，及見素薦先生疏，皆應聘以後事。當成化癸巳，見素只可弱冠，未聞曾至白沙。據先生《與胡提學書》云『舊歲，莆田有一舉人林體英來訪白沙，與語兩月，比歸，亦能激昂自進』，當即其人也。」（唐伯元編次：《白沙先生文編》第一卷，第五六至五七頁）

齋太父忌日作

章兒時頂髮赤，太父每呼爲毛黄兒云。

身上麻衣是道裝，酒酣風月滿林塘。阿婆膝上黄毛笑，笑着仙冠舞袖長。
江村十室九爲農，一種田家有異同。白酒黄柑誰共醉，隔籬呼取老區公。田父區仕達也。

訪龍塘

新築沙堤踏欲沉，桃花初放水雲深。先生若許移舟過，江上咿啞是好音。

春日偶成

春分已過未清明，花落花開陰復晴。九十春光正强半，黄鸝休作送春聲。
一蓑一笠坐魚臺，白鳥飛來更不猜。如此風光如此伴，葛天人物與無懷。
村北村南風雨夜，謳歌何處荷鋤歸。明朝更有祈年會，灑酒椎牛願莫違。
饑啄琅玕渴飲泉，漁歌樵唱白雲邊。山窓偶作羅浮夢，回首人間又幾年。

是是翁

得道何妨行不同，賢今真個是愚公。閑人更與閑分别，便是無心是是翁。

醉中贈客

手把花枝唱竹枝，瓦瓶斟到日斜時。醉中獨展蒲團睡，客去明朝知是誰。
稻壠人稀野廟昏，水煙浮動寨邊村。北風日夜吹江水，不送孤舟到峽門。

題雁

度日穿雲片影孤，沙洲欲下懶啣蘆。上林八月秋風便，帶得鍾郎書有無。
一江秋水碧苔封，萬頃粱田早稻紅。渴飲饑飡隨所有，養齊毛翼步秋風。

題鶴

五更霜冷欲呼群，大叫一聲到處聞。破夢客窓欹枕後，餘音猶徹九皐雲。
黄昏不戀釣魚槎，愛傍寒蘆淺水沙。寄與江頭莫吹笛，管教清夢遶天涯。

元夕

旨酒嘉殽與管弦，通霄鼎沸樂豐年。侯門深處還知否，百萬流民在露天。

題畫

紅錦裁衾翠織衣，一般文彩見雍熙。緑陰蒼樹無人伴，閑看東風燕子飛。
暫逼煙江野鳥儔，忘機正好共沉浮。不須堅傍高枝立，爲惜濃陰自白頭。
芙蓉香冷越江湄，呼得瀟湘伴侣歸。日暮水寒棲不足，離群更傍五雲飛。

肇慶峽，贈伍伯饒

白頭無路幾時休，來弄羚羊峽裏舟。紫氣函關天上事，更從何處望青牛。

夏日偶成

閃閃茅簷飛乳燕，青青瓦沼蔭垂蓮。眼前是事皆神理，只恨乾坤不會言。
烏桕樹頭鳩對語，白龍池上夢初還。不知何處徵書至，趺坐蒲團擘荔丹。

將赴平岡卜居小述

厓門直北是平岡，巨浸東南接混茫。便與山靈留故事，即携妻子踏輕艎。
水邊簇簇見連岡，却到岡頭路渺茫。争道花源逐漁父，不知水曲是仙艎。
西望移家不作難，秋風吹近海門山。閉齋想像書紅葉，見月倉皇放白鷴。
勝處何嗟步往難，此身還著北江山。山中老父能馴鹿，江畔兒童解網鷴。
春雨閑門花滿岡，長煙十里水茫茫。笑接何郎爲酒會，插花扶醉下歸艎。
不羡黄猿與白鷴，無邊大木勝孤山。如今縱有林和靖，安置吾廬也不難。
伐木何時作巨艎，東溟煙浪割山岡。傍人莫語吾廬窄，不隔藩籬路渺茫。

與鄺德和

自家患病自家知，自把身心自療治。心境静時身也静，心生還是病生時。

曉雨贈人

門前宿雨卷征旗，一枕黑甜都不知。滑滑江泥人去後，朧朧樹色鵲飛時。

到家日呈光宇

黄雲木石居然有，紫水菰蒲在眼中。毅卿已死諸郎少，林下歸來合共公。

聞劉一谷訃

家累紛紛忽蜕蟬，人間塵土異皇天。千秋倘有良非子，莫浪歸來一谷仙。

看《易》

精義入神以致用，利用出入之謂神。神無方而易無體，藏諸用而顯諸仁。

春日偶成

飛飛蛺蝶花枝午，恰恰流鶯柳市東。睡起西齋讀周易，江春如酒醉衰翁。

夏日

山禽得侣晝啼稀，坐倚芙蓉面翠微。五月南窻無暑氣，隔簾風捲水烟飛。

楊花臺下水翻波，撥剌江魚奈爾何。安得散人三五輩，短槎明月共漁歌。
萬里長風萬里波，只今無奈病衰何。竹弓射鴨荷花渚，閑聽回橈女伴歌。

與謝叔貞里長

社中孺子能均肉，漢相功名定此時。我有雙眸亦秋月，請君開手署施爲。

建文丞相哀歌亭代疏

祠堂千頃厭江波，張陸之名更可磨。只少當時文相國，一間亭子表哀歌。

武當道士説天柱峰

羅浮三千六百丈，未聞天柱高如許。會須更上天柱峰，獨立峰頭視環宇。

逕口道中

僕夫伊軋走肩輿，十里霜田路欲無。不怕玉樓寒起粟〔一〕，坐旁須挂酒葫蘆。
肩輿前度正花開，花落肩輿客又來。恰似劉郎歸去後，重尋山色到天台。

小年

今夕人間度小年，五男四女共炊烟。且看滿席斕斑舞，忽問明朝昏嫁錢。
小酌江村對小年，青燈茅屋吐青烟。黄柑白酒春來具，不用成都賣卜錢。

寄朱素菴

龍虎山高雲氣深，桃花閑動武陵心。仙家自昔無烟火，欲報新詩何處尋。

〔一〕「粟」，原作「栗」，據文義改，蘇軾有「凍合玉樓寒起粟」句。

謝朱素庵寄八角琖及香爐

八角杯傾碧酒深，香爐烟滅老禪心。沙邊竹逕頻頻醉，湖上峰堆日一尋。

奇石牌吊古[一]

長年碑迹洗殘潮[二]，野鬼還將野火燒。來往不知亡國恨，只將奇石問漁樵。[三]

大湘峽

竹裏軥輈鳴一箇，雲中仙鶴舞成雙。亂山對客皆爲越，怪石如僧欲墮江。

〔一〕此詩碑拓尚存，題爲「登厓山觀奇石碑」。（陳志平撰：《陳獻章書蹟研究》，第二三九至二四〇頁）

〔二〕「碑迹」，碑拓釋文作「碑讀」。

〔三〕「只將」，碑拓釋文作「只看」。又：詩末，碑拓釋文有落款云「白沙陳獻章，成化己亥九月重陽□□」。

題倪麟居忍軒

世事百年誰適意，須知空洞一毫無。白沙門地皆滄海，莫下長江索老夫。

訪友不遇

芒鞋竹杖小橋東，勝日相尋一笑同。芳草離離人不見，篳門半掩夕陽紅。
漫叟泉頭收百丈，回仙亭下住多時。如今縱有行藏意，那得樓中一句詩。

贈區孟章 章好仙術，不娶

山人久矣滅心兵，自信神清夢亦清。誰道仙家無伉儷，瑶池還有董雙成。

梅花

似嫌桃李競春紅，素面盈盈霜雪中。惟有暗香禁不住，依稀猶似少年風。

登樓

清水溪邊古渡頭，花開十里一危樓。憑高痛飲不歸去，何得人間汗漫愁。

梅花下憶李長源〔二〕

香似梅關馬上聞，江門半樹晚氤氳〔三〕。上林本是看花客，一見花開便憶君。

景雲忽爲曾點詩，賞之，遂次其韻

乾坤生意滿江南，花下癡兒睡正酣。夜半啼鵑忽驚覺，起來香露濕青衫。
點筆春風得指南，籬門新月興初酣。浩歌欲索山瓶醉，典却中宵舊葛衫。

〔二〕此詩又見阮榕齡《白沙叢考・白沙先生詩文補遺》，乃據《鶴山縣志》輯録，題爲「梅下憶長源」。（阮榕齡撰：《白沙叢考》，《宋明理學家年譜》第九册，第四九五頁；又參陳獻章撰：《陳獻章集》，下册，第六九〇頁）

〔三〕「江門半樹晚氤氳」，《白沙叢考・白沙先生詩文補遺》作「江門晚樹曉氤氳」。

送鍾地曹至柳渡

一身長病又離群，客舫栖栖野水濱。落花落日如紅錦，只醉沙鷗不醉人。

寓意

蓮花滴滴蓮子香，採蓮女兒蓮葉裳。笑入花間不知處，錯疑輕瓣是新粧。

挽容彦昭〔一〕

淚盡秋風草木間，遊魂暗逐薤歌殘〔二〕。千秋只有無情月，偏照松根處處山〔三〕。閑去閑來一片雲，山南山北映人墳。年年相見江門下，只有梅花是故人。

〔一〕此詩又見阮榕齡《白沙叢考·白沙先生詩文補遺》，乃據《列朝詩集》輯録，題爲「悼容彦昭」。（阮榕齡撰：《白沙叢考》，《宋明理學家年譜》第九册，第四九七頁；又參陳獻章撰：《陳獻章集》，下册，第六九二頁）

〔二〕「暗」，《白沙叢考·白沙先生詩文補遺》作「晴」。

〔三〕「松根」，《白沙叢考·白沙先生詩文補遺》作「松楸」。

暮春〔一〕

春眠閉閤日沉冥，咫尺溪籬懶更行。却愧枝頭子規鳴，千秋人國未忘情。〔二〕

江浦白馬庵次娄提學侍御韻二首

坐我黎牀弄我琴，春風一曲杏壇音。從今直到無絃去〔三〕，萬古乾坤萬古心。
朝憶羅浮暮武夷，山中明月幾盈虛。扁舟歸去東溟上〔四〕，只釣清風不釣魚。

〔一〕此詩《白沙先生文編》亦有收録，題爲「喜晴」。唐伯元於題下加注云「余家藏有先生手書，原集缺，今補入」。（唐伯元編次：《白沙先生文編》，第一卷，第四十二頁）

〔二〕「人」字原缺，據白沙文編補。

〔三〕「從今直到無絃去」，沈孟化、陸察、張夢柏纂《萬曆江浦縣志》所載此詩作「從今只到無絃處」。（《天一閣藏明代方志選刊續編》，第七册，第六〇一頁）

〔四〕「扁舟歸去東溟上」，沈孟化、陸察、張夢柏纂《萬曆江浦縣志》所載此詩作「扁舟歸向東溟去」。（《天一閣藏明代方志選刊續編》，第七册，第六〇一頁）

與戴老達 老達，門人戴球孫乳名

老達聰明清且奇，六齡能誦石翁詩。江山此夜攜明月，壓我壺獻十二枝。

次韻答孟期

茫茫洙泗派來長，老眼誰開第一眶。東海觀窮今北海，詩船還許共輝煌。

成化丁未哀詔至，雜言

蕭蕭白布裹烏紗，十載君恩許卧家。溪上不曾携酒去，空交明月管梅花。〔一〕

禱雨

眼見閭閻愁賣犢，忍看枯槁遍疇中。幾宵祈禱真忘寐，一點精誠便可通。

〔一〕 此詩，《白沙先生行狀》所載作「三旬白布裹烏紗，六載君恩許卧家。溪上不曾携酒去，空教明月管梅花」。以《行狀》所載較爲優勝。

與鄧苕溪約賞中秋于潮連柳渡 原集少此一首

欲借中秋酒一杯，清溪明月笑徘徊。山村亦有如拳米，自帶狂夫五斗來。

至潮連二首

何處停舟問酒東，客程三日雨濛濛。青燈醉殺潮連夜，白酒紅柑對馬公。

煮蜆津頭舫欲東，隔坡細雨晝濛濛。三人對酌兩人醉，公別江門我別公。

次韻鄉友四首

梧桐月到井西頭，分與芭蕉共管秋。君憶白沙秋色否，請君見月上西樓。

何處松根枕白頭，玉臺風日美新秋。此中若有行藏意，不唱唐人獨倚樓。

平湖去後少同遊，可惜江門一片秋。携取西良佳子弟，月明來共庾公樓。

籠鵝榼酒選蒼頭，孫侍兒扶病出遊。笑殺西儕富年少，滿樓明月不登樓。

寄李世卿〔一〕

去歲逢君笑一面，經年笑口不曾開。山中莫謂無人笑，不是真情懶放懷。

喜家慈病愈

萊衣喜見白頭親，又喜今朝病去身。七十二年如作佛，世間惟有未亡人。

次韻伍元白

春波何處弄瀰茫，天道陰晴未可量。却愛放船東浦口，采菱歌鬭竹枝長。
酒店無錢與酒遲，輕寒天氣菊殘時。自憐不是陶元亮，也得偷閑坐短籬。

城南火，呈丁縣主

六載朝天未買舟，長官還爲此民憂。南廂昨夜無人睡，共對寒灰哭未休。

〔一〕此詩，《白沙先生文編》亦有收録。（唐伯元編次：《白沙先生文編》，第一卷，第四九頁）

遣景雲往祭梁長官益

獨將杯酒祭丘墳，甥舅情深不笑貧。謾説潯陽江路險，北風還有遠行人。

暮春有懷馬默齋

春花欲爛愛身輕，曉枕醒來問雨晴。十里東西隔烟水，五旬不見馬先生。

無題

誰將酷烈千般毒，變作恩光一派深。惆悵先民不復見，更憑高處儘沉吟。
林間無事可裝懷，晝睡功勞酒一杯。夢醒不能全省記，半隨風雨過東街。
利名都不到胸中，由此胸中氣自沖。既愛且憎俱是病，靈臺何日得從容。
清世何須更出家，豈無真静抗浮華。曾聞點石旌陽令，任是神仙也坐衙。

經水心遺址 宋羅開禮所居之地

功名竹帛莽難尋，萬古青山對水心。逆旅乾坤應是盡，不須懷古動長吟。

題紅梅

桃李春風錦是宜，梅花如錦使人疑。江邊昨夜無窮意，分付乾坤水月知。

漫筆

舊病詩狂與酒狂，近來泉石又膏肓。不醫則是醫還是，更問無方定有方。

厓門見漁樵者

奇石磯頭有魚賣，孤舟日暮忽相投。漁家鍜治俱無賴，争取青錢與細鈎。
春夏有船來斲薪，天風萬舫正愁人。書生皓首渾無用，願備山虞禁斧斤。

奉陪家兄與古淡山酌〔二〕

落落乾坤兩老翁，半生期許半相同。松間對酒誰爲酌，喜得季方到此中。

代簡潘季亨

四野狼煙一日消，歸裝已度白雲橋。江門忽值攜琴使，寄語閒來話寂寥。

哭潘季亨

毅卿希大雖傾謝，此外寧無二子真。一傍江山埋汝骨，幾回天地哭吾人。

〔二〕　自《奉陪家兄與古淡山酌》至《哭潘季亨》，共三首，底本原缺，兹據碧玉樓本補出。（《白沙子全集》，碧玉樓刻本，第九卷，第七一頁；第十卷，第二頁；第十卷，第六四頁）

題陳氏世壽堂〔二〕

有客曾過世壽堂，笑索尊中白酒嘗。此客姓名人不識，傳與君家不老方。
世壽堂前春似海，好花還爲老人開。老人不看花顔色，也愛花香落酒杯。

絶句二首寄緝熙賢友〔三〕

矢心欲解浮名縛，海上林光汝最真。四百峰巒分我半，清風明月兩閒人。
澄江空爲謝家有，春草也傍他門生。若道詩無工拙句，古今何得有詩評？

〔二〕　此詩原缺，《崇禎肇慶府志·藝文志》有收録，兹據李君明《陳白沙詩輯逸》補出。（李君明撰：《陳白沙詩輯逸》，《嶺南文史》，二〇〇六年第三期，第五〇至五二頁）案：此詩碧玉樓本亦有輯補，題爲「壽湛丈」，且題後有小注云「甘泉父也」。（《白沙子全集》，碧玉樓刻本，第十卷，第一頁；《陳獻章集》，下册，第六八八頁）經考證，湛若水（初名雨，字民澤。後以避祖諱，改名若水，字元明。因居增城甘泉都，學者稱甘泉先生）之父湛瑛卒於成化十二年丙申（當西元一四七六年；一説卒於成化二十年甲辰，當西元一四八四年）。弘治七年甲寅（當西元一四九四年）二月，湛若水始從學於白沙。白沙無作詩爲湛甘泉之父賀壽之可能。可見，碧玉樓本詩題中所謂「湛丈」，絶非「甘泉父也」。小注所謂「甘泉父也」，應非白沙先生之手筆，而爲碧玉樓本編者所誤加。據《崇禎肇慶府志·藝文志》，此詩乃爲陳氏世壽堂而作，與湛氏無關。

〔三〕　自《絶句二首寄緝熙賢友》至《寄欖山》，共六首，底本原缺，據《南川冰蘖全集》卷末附録、《陳獻章集·陳獻章詩文續補遺》補出。（林光《南川冰蘖全集》，第四六八至四七四頁；《陳獻章集》，下册，第九八二至九八六頁）

寄緝熙

種種日用見端倪，而此端倪人莫窺。不有醒於涵養内，定知無有頓醒時。庚寅六月。

歲暮得林緝熙平湖書

開緘不見平湖字，君住平湖今幾冬？想見朱顔非往日，故人林下首如蓬。

緝熙書中問不報鄭憲副書，因成小詩代簡，託緝熙達意

疎梅瘦竹晚相扶，又見籬根一歲徂。老向往來多不記，平湖平問鄭公書。

寄欖山

相思無語出門遲，短髮龍鍾只自知。獨往逢君是何日，黄鸝飛上緑楊枝。

大忠祠〔一〕

天地神祠此大忠，百年舟楫更誰同。蒼厓不是無春色，吹盡斜陽一笛中。

遊厓山

千尋鐵索鎖江雲，南北當年一水分。晚泊孤舟奇石下，兩厓風雨夜深聞。

寄施以政〔二〕

水上紅霞抹白雲，臺旁春色映溪分。風光不遣人描畫，描畫何人得似君。

〔一〕自《大忠祠》至《遊厓山》，共兩首，底本原缺，玆據郭棐《嶺海名勝記》卷十九所輯補出。（郭棐編輯、王元林校注：《嶺海名勝記校注》，第九二六頁）

〔二〕自《寄施以政》至《問容允恭》，共六首，底本原缺，玆據阮榕齡《白沙叢考·白沙先生詩文補遺》補出。（阮榕齡撰：《白沙叢考》，《宋明理學家年譜》第九册，第四九五至四九九頁；又參陳獻章撰：《陳獻章集》，下册，第六九一至六九三頁）

讀秫坡集

曾從父老問前因，説到才情迥絶倫。今日偶然文字外，分明文字一般春。直上遼陽訪管寧，至今此語聳人聽，當時英邁知何似，肯向泥塗險處行。筆端寫出自滔滔，人物當爲一世豪。欲識胸懷真富有，長江萬里涌波濤。廛外亭南我舊居，自從丱角慕相如。他年倘有東阿眚，敬爲先生特筆書。

問容允恭

阿咸送米小廬岡，問訊高眠尚北牕。安得如前好筋力，與君馱醉蹇驢雙。

闕題（「雲定江門趁暮潮」）〔二〕

雲定江門趁暮潮，晚煙秋色欲同飄。漁磯兀坐扶蓑客，畫舫誰思載酒瓢。弘治己酉，陳獻章。

〔二〕 此詩原缺，然其墨跡尚存，兹據墨跡補出。（楊儒賓、馬淵昌也主編：《中日陽明學者墨跡》，臺灣大學出版中心，二〇〇八年，第一八頁。

闕題（「相送陽關問酒詩」）〔一〕

相送陽關問酒詩，此行還剖復逢期。良工終有丹青妙，難寫相思在畫圖。病夫陳獻章。

闕題（「蓑翁溪坐上溪雲」）〔二〕

蓑翁溪坐上溪雲，曉雨松花醉十分。春共海鷗眠海上，海鷗放浪不疑君。

送茅龍〔三〕

胸中騷雅浹汪洋，手裏龍蛇不可降。贈爾茅根三百丈，等閒調性到千張。

〔一〕此詩原缺，然其墨跡尚存，兹據墨跡補出。（陳福樹撰：《陳白沙的書法藝術》，第六二頁）

〔二〕此詩原缺，然其墨跡尚存，兹據墨跡補出。（陳福樹撰：《陳白沙的書法藝術》，第六九頁）

〔三〕此詩原缺，然其墨跡尚存，兹據墨跡補出。（陳福樹撰：《陳白沙的書法藝術》，第八四頁）

濛裏驛望南華〔一〕

濛裏驛前溪可憐，愛花何謝武陵川。路人説是曹溪水，猶與曹溪隔一川。

闕題（「也知山下水東流」）〔二〕

也知山下水東流，獨泛長江十月舟。無翼可隨鳳鳥去，相忘相復到潯洲。

〔一〕此詩原缺，原見白沙先生《次韻諸友留别詩卷》墨跡，兹據陳志平所録釋文補出。（陳志平撰：《陳獻章書跡研究》，第二五一頁）

〔二〕此詩原缺，《民國開平縣志》第三十二卷有收録，兹據程明《陳白沙詩文補遺》補出。（程明撰：《陳白沙詩文補遺》，《嶺南文史》，一九九二年第二期，第三七至三八頁）案：李君明先生亦輯録此詩，題爲「贈關中詩」。（李君明撰：《陳白沙詩輯逸》，《嶺南文史》，二〇〇六年第三期，第五〇至五二頁）

闕題（「數年學道究重玄」）〔一〕

數年學道究重玄，山頂蓮花水底天。今朝悟來無一物，不離本性即神仙。

〔一〕此詩原缺，近人容庚《頌齋書畫小記》有鈔録，兹據以補出。（容庚撰：《頌齋書畫小記》，廣東人民出版社，二〇〇〇年，上册，第七三頁）案：此詩後尚有二首，其中一首（「谷口春殘黄鳥稀，辛夷花盡杏花飛。始憐幽竹山窗下，不解清除待我歸」）非白沙作品，而爲唐人錢起作品，題爲《暮春歸故山草堂》；另外一首爲白沙《梅花十首》之第五首。且有跋語云：「弘治二年冬，子長命書，是日應之。」

[明]陳獻章 撰
黎業明 編校

陳獻章全集

下

上海古籍出版社

附録一：白沙子古詩教解

門人湛若水撰

詩教解原序

甘泉生曰：「夫白沙詩教何爲者也？言乎其以詩爲教者也。何言乎教也？教也者，著作之謂也。白沙先生無著作也，著作之意寓於詩也，是故道德之精必於詩焉發之。天下後世得之，因是以傳，是爲教。是故風雨雷霆，皆天之至教也；《詩》《書》六藝，皆聖人之至教也。天之至教運而萬物生矣，聖人之至教行而萬化成矣。」

或曰：「然則，白沙豈聖人之徒與？」曰：「白沙先生學聖人者也。」

「然則，何以有教？」曰：「聖人有聖人之教，賢人有賢人之教，其致一也。」

曰：「白沙之詩多矣，曷爲而不入詩教也？」曰：「吾采其希古者也。昔者，水也請古詩之學於先生，先生然之，然猶曰愈其難也。若夫近體之作之妙者多矣，繫於文集，吾未采焉耳。何以未之采也？明先生之著作以别於後之詩流爾也。竊取乎著作之義，庶其在解乎，庶其在解乎！」

時正德辛巳孟秋之吉，門人湛若水謹撰。

重刻詩教解序

族祖白沙先生以道鳴天下，不著書，獨好爲詩。詩即先生之心法也，即先生之所以爲教也。今讀先生之詩，風雲花鳥，觸景而成，若無以異於凡詩之寄託者；至此心此理之微，生生化化之妙，物引而道存，言近而指遠，自非澄心默識、超然於意象之表，未易淵通而豁解也。時維甘泉湛氏領會最真，蓋得於函丈者邃矣，於詩教之深廣固莫逆於心矣。於是揭己所解，欲使人皆得解，取先生古體諸什悉爲之解。古體解而近體可因以解，更無庸贅爲之解。天下後世，循其解以味先生之詩，緣詩而窺先生之道，庶不負先生之教矣乎！顧其書鏤板久失，家藏刻本既多殘缺，各處抄本復多差訛，姪孫世澤旁搜累年，乃得參互考訂以復其舊。噫！是書嗣刻，先生之教，燦然得解者衆矣；先生之道，因詩教而益彰矣。甘泉嘉惠後學之功，亦隨之不朽矣；世澤克輯遺書，無愧先生之姪孫矣。茲非吾家一盛事乎？遂喜而爲之序。時乾隆三十六年，歲在辛卯，孟冬，族後學炎宗謹撰。

白沙子古詩教解卷之上

和楊龜山此日不再得韻〔一〕

能饑謀藝稷，冒寒思植桑。少年負奇氣，萬丈磨青蒼。夢寐見古人，慨然悲流光。吾道有宗主，千秋朱紫陽。説敬不離口，示我入德方。義利分兩途，析之極毫芒。聖學信匪難，要在用心臧。善端日培養，庶免物欲戕。道德乃膏腴，文辭固粃糠。俯仰天地間，此身何昂藏。胡能追軼駕，但能漱餘芳。持此木鑽柔，其如磐石剛。中夜攬衣起，沉吟獨徬徨。聖途萬里餘，髮短心苦長。及此歲未暮，驅車適康莊。行遠必自邇，育德貴含章。邇來十六載，滅迹聲利場。閉門事探討，蜕俗如驅羊。隱几一室内，兀兀同坐忘。那知顛沛中，此志竟莫强。譬如濟巨川，中道奪我航。顧兹一身小，所繫乃綱常。樞紐在方寸，操舍決存亡。胡爲謾役役，斲喪良可傷。願言各努力，大海終回狂。

〔一〕　明刊本《白沙先生詩教解》（《四庫全書存目叢書》集部第三五册，濟南：齊魯書社，一九九七年影印本）無此詩及其注解，疑爲湛若水修訂此書時所删。

比而賦也。《此日不再得》，乃宋儒楊龜山作以示學者。先生年四十復遊太學，祭酒邢讓以爲試題，故先生作此，自言其學聖人之事也。首二句，以謀衣食之急比謀道之急，以引通篇。負奇氣而磨青蒼，欲希天也；夢古人而悲流光，恐蹉跎也。高瞻遠望，古人先得我心者，朱紫陽之説敬乎！蓋敬者，聖人之心法。聖德莫大於敬，則入德莫要於主敬；主敬以剖義利，則聖可學。可見聖學匪難，要在心臧而已。心者，敬之主宰，萬善所由發端者也。能反心以養其善端，勿爲戕賊，方爲道德之膏腴；若文辭，不過粃糠。人身參天地，不能追古人道德之軼駕，但漱文辭之粃糠，何足貴哉？今以木鑽之弱質，研彌堅之道，如磐石難入，安得不愧憤交集、夜起傍徨？蓋以聖途遠而心思長也，則及時精進，安可緩乎？行遠自邇，進學之序也；育德含章，道德之積也。時先生年四十，此云「邇來十六載」者，自二十五歲將往學臨川時始計也。歸自臨川，閉户盡窮古今書籍，所謂「閉門事探討」也。既而歎曰：「夫學貴自得也。」築春陽臺靜坐數年，所謂「一室同坐忘」也。此四句言從前爲學之事。及久之，又歎曰：「夫道無動靜也。得之者動亦定，靜亦定。苟欲求靜，則非靜矣。」乃隨動靜以施功，所謂顛沛莫强，如濟川之奪航。此四句乃當時學力所到者。蓋到此全體功夫，方覺從前之未盡也。「顧兹」以下，又自勵其將來之功。一身爲綱常所繫，而一心實爲樞紐，不可不操存而任其斲喪〔二〕。「心」字應上。「用心臧」最是聖學要緊處，聖人千言萬語，只要教人收拾此心。操此樞紐，則萬化由此出；而所以操之，不外上所言敬耳。「努力」、「回狂」，則道岸可登矣。

夫先生主静而此篇言敬者，蓋先生之學原於敬而得力於静。隨動静施功，此主静之全功，無非心之敬處。世不察其源流，以禪相詆，且以朱陸異同相聚訟，過矣。先生嘗曰：「伊川見人静坐，便歎其善學。此静字，發源濂溪，程門更相授受。晦翁恐人差入禪去，故少説静，只説敬。學者須自量度何如，若不至爲禪所誘，仍多静方有入處。」按此則静與敬無二心、無二道，豈同寂滅哉？

此篇乃四十歲以前事，後來所造之高，所得之深，尚未及言，然即此可想矣。當時稱爲「龜山不如」，豈虚語哉！

示湛雨 若水，初名雨，字民澤。

有學無學，有覺無覺。千金一瓠，萬金一諾。於維聖訓，先難後獲。天命流行，真機活潑。

〔二〕「操存」之「操」，原誤作「摻」，今改。

水到渠成，鳶飛魚躍。得山莫杖，臨濟莫喝。萬化自然，太虛何説。繡羅一方，金針誰掇？

賦而比也。天命，即天理也。「有學」、「有覺」二句，皆謂溺於記誦、滯於見聞者，雖有學如無學，雖有覺如無覺也。「千金一瓠」，《鶡冠子》「中流失船，一瓠千金」，此借引以言本心也。言學當超於言語之外，而致力於不覩不聞之體，《中庸》所謂「天下之大本」也。大本立，則有一瓠千金之重；此言一諾，則重於萬金矣。如曾子唯「一貫」之旨是也。然必先用功艱難而後可獲，果能先難後獲，則天理流行；其真機活潑，水到渠成，無非鳶飛魚躍之妙，將見萬化皆從此出，如太虛之無言，何用如得山、臨濟二僧以杖喝爲教者乎？又借引繡羅以比千變萬化皆從本心應用。然則金針在我，又誰掇乎？盖佛氏所謂「莫把金針度與人」者。以金針比心，此心人人各具，我不能授之於人，人亦不能掇之於我，釋氏可謂不識心者矣。此詩乃先生病革以示若水者，深明正學以闢釋氏之非，其意至矣。

示黄昊

高明之至，無物不覆。反求諸身，欛柄在手。

比而賦也。高明，謂人心之本體，所謂「極高明」者也。欛柄，亦以比心之主宰處。言高明之體，覆物無外，然非他求也，其主宰在我；誠能反身求之，則可以極高明之量，心常惺惺，何所不照乎？

魯伯真墓銘

源之華舒舒，柯之實纍纍。人無固本兮，草木弗如。澤不竭兮，公之餘；我銘示後昆兮，勿替厥初。

興也。源之華者，水畔之草華也。舒舒，開發也。纍纍，碩大也。言水際之華則舒舒矣，木柯之實則纍纍矣，華實之盛，有本者如是也。人而不固根本，則何以達於事業、裕於後昆乎？反草木之不如矣。

李子高墓銘

生不足，歸於天；義不足，何有於年？嗚虖！子高之心，匪我銘之，而誰與傳？

賦也。言人生夭折而不足於年，則歸之天命，然「朝聞道，夕死可矣」。若義不足，則雖長年，亦何用哉？謂夭壽不足計，惟當盡道於己也。

李元春墓銘

有道於此，匪難匪易。能者謂賢，不能者恥。母疾子侍，弟扶兄醉。堯舜之道，孝弟而已。

賦也。言道非可以難易言也。盖難易只在人之能不能，而不在道。賢愚之分，總決於此。

處士陳忍菴墓銘

世無我遺，安以隱爲？世不我須，其隱亦宜。

賦也。言用舍在人，行藏無與。君子在世，與時偕行而已，不必於隱，亦不必於不隱也。

題畫松泉，爲張別駕吉

水流石間，生兩松樹。洗耳掛瓢，無此佳處。幸逢堯舜，那無巢許？

賦也。「洗耳」、「掛瓢」，巢、許事。此詩題別駕張克修之畫。言水出於松石之間，松可以掛瓢，水可以洗耳，但無巢、許之徒耳。夫巢、許之事過於中道，而先生言之者，所以激廉立懦也。

撥悶

久病在牀，展轉莫舒。我欲觀化，有握其樞。人有善願，天必從之。我病幾時，我念西馳。我行趦趄，如饑思食，如寒思衣，動惟厥時。匪亟匪徐，魚躍鳶飛，乃見真機，天豈不知？天偶遺之，吾將尤誰？我聊任之，撥悶以詩。

賦而比也。此先生撥悶之詩。先言久病展轉，欲觀化而又有天握其樞；又言病不得遂衡山之遊，念念之勤如此。然而舉動亦自有時，須不徐不疾，如鳶飛魚躍，而後可見真機。今我之病不遂行志，天豈不知哉？蓋天普萬物而無心，偶忘之耳，故我當安天命。而作此詩以撥悶，蓋歸乎正矣。

可左言，贈僉憲王樂用歸瑞昌

可可可，左左左，費盡多少精神，惹得一場笑唾。百年不滿一瞬，煩惱皆由心作。若是向上輩人，達塞一齊覷破。歸來乎青山，還我白雲滿座。莫思量，但高卧。

賦也。三言「可」者，言可之過，不能「無可無不可」也。左，猶差也。三言「左」者，言差之甚也。此詩名「可左言」，先生所作以贈僉憲王樂用者。樂用初以御史退居二十餘年，今起用爲廣東僉事，不踰年，考察去官。此詩送之，歎其可之過矣、差之甚矣。人之作意以勞精神，反召人之笑唾；不知人壽幾何、百年如一轉瞬，所以致此煩惱者，皆心自爲之耳。若向上之人，即明窮達之義，而不致此矣。今奈之何哉！但歸來與青山白雲爲侶，靜坐省思慮，尚可補過於晚景耳。

題吴兆麟采芳卷

歲云暮矣，冬雨凄凄。牛僵馬危，商旅不歸。號寒啼饑，窮民怨咨。采芳何爲？將以遺所思。所思在遠道，天寒日短，誰爲致之，不如待時。時維仲春，陽道既亨，萬物得時。和風披披，人情熙熙。博采衆芳，泛泛輕航。駕言出遊，不泥一邦。雲龍風虎，其傳自古。而德之所被，人將化之。如赴壑之水，汩汩洋洋，不亦深乎！

比而賦也。兆麟，字瑞卿。此詩因吴兆麟《采芳卷》而作，託意高遠。言歲寒凍雨、牛僵馬危、商旅不行之時，但見窮民有饑寒之歎，此時將采芳以寄遠人，又無可致之機；不如且待時之春，天道之陽，物理之亨，人情之和，此采芳其時也。於是駕輕航以徧遊，不亦可乎？且雲從龍、風從虎，聲應氣求，乃理之自然。若此時出遊，則德被於人而人化之，如水之赴壑，不能自已，其入人豈不深哉？蓋比出處以時而不可苟也。

家廟鐘銘

其質重，其聲遲，其動静有時，永以爲神之依。

賦而比也。此銘家廟鐘之詩。言此鐘之爲質甚重，故其爲聲則遲，蓋以喻人之爲學，所積者厚，則其事業亦晚發也。然聲之動静，扣則鳴，不扣則不鳴，鳴以時耳，喻人之動静語默一惟其時也。或曰「此詩喻人家積德之厚者，則其裕後必遠，固自有時」，亦通。永爲神依者，鐘聲動則神感而憑依之也。

丁氏祠堂鐘銘

出佛山冶，入濟陽堂。厥聲鏜鏜，震於無疆。

賦而比也。佛山，鄉名，鑄冶之地。此銘丁知縣祠鐘之詩。言此鐘鑄於南海之佛山而入丁氏之祠堂，其聲則鏜鏜然而震于無疆矣。喻丁公積治新會，德政及人，故聲聞馳於當時、傳於後世而不泯也。

改鑄邑譙樓鐘銘

費而不傷，壞則有成。同百里之聲，存萬世之經。作民不信，視此鐘銘。

賦而比也。不傷，謂費得其宜也。壞者，鐘之壞也。萬世之經，謂正教也。此銘丁侯所改鑄邑譙樓之鐘。言丁侯鑄此鐘雖費，然壞則宜改鑄，費所當費，故曰不傷。又因言此鐘之聲，聞於百里，如聲教之同然。所以警人心，使歸於皇極，而萬世之經常存。此丁侯作民之政教也。若謂作民之政無考信，則何不視此銘乎？

鐘始造模而丁侯卒，惜侯之志不及成。此銘亡，後有繼之者何以考？故録之。

世賴堂銘

恭惟我祖，渭川府君，所立殊衆。七十八年，漢陰抱甕。自是以來，我家用開。堂以世名，德音孔恢。

賦也。惟，思；恢，大也。渭川，先生祖之别號也。漢陰抱甕，言守拙不爲桔槔之機巧也。先生作此詩以銘其世賴堂。堂以渭川府君爲祖，所立殊衆〔二〕，故老猶以拙自守，不爲

〔二〕「堂以渭川府君爲祖，所立殊衆」，《白沙先生詩教解》作「堂以渭川府君爲高祖。言敬思我渭川高祖，所立殊衆」。

機巧，實爲我開家之祖。故堂以世名，而德音孔恢，皆自此始矣。

忍字贊

七情之發，惟怒爲遽。衆逆之加，惟忍爲是。絶情實難，處逆非易。當怒火炎，以忍水制。忍之又忍，愈忍愈厲。過一百忍，爲張公藝。不亂大謀，其乃有濟。

賦而比也。七情，喜、怒、哀、樂、愛、惡、欲也。先生作此詩，名爲「忍箴」。言七情惟怒發之甚遽，故於橫逆之來，尤當堅忍也。蓋忍能制怒，如水能制火。然必忍之之久，使愈堅厲，至如張公藝忍字百餘，然後爲忍之至也。故又引《書》「必有忍乃有濟」以明之。若小不忍而亂大謀，豈非人所當深戒乎？

答張内翰廷祥書，括而成詩，呈胡希仁提學

古人棄糟粕，糟粕非真傳。眇哉一勺水，積累成大川。亦有非積累，源泉自涓涓。至無有至動，至近至神焉。發用兹不窮，緘藏極淵泉。吾能握其機，何必窺陳編。學患不用心，用心滋牽纏。本虚形乃實，立本貴自然。戒慎與恐懼，斯言未云偏。後儒不省事，差失毫釐間。寄語了心人，素琴本無絃。

賦而比也。經者，聖人精意之寓也，而云「糟粕」者，蓋爲誦言忘味者言耳。此詩檃括與張學士廷祥書語，以與胡希仁提學者。借引輪扁「糟粕」之説，言古人以經書爲糟粕者，以其誦言忘味爲非真傳也。若夫賢人之學，由積累而至者，如一勺之水可成大川，程子所謂「莊敬持養」者是也；至於聖學心得之妙，不由積累，如源泉之出，自涓涓而不息，程子所謂「質美者明得盡，渣滓便渾化」者是也。然此至無而至動、至近而至神，若得此欛柄入手，則陳編不必窺矣。古人讀書，不過以開發聰明，不可牽纏此心也。但經云「學於古訓」，而此云然者，亦爲誦言忘味者言之。用心牽纏，亦謂溺於章句之病。蓋聖學以自然爲本，本立則未發而虛、已發而即實，亦周子静無動有之意。又言戒謹恐懼，若求之太過，則失其自然之本體矣。故又言學者之了心，當如素琴之無絃，而後可以入道，即明道所謂「聖人以情順萬物而無情」之意。

〇此篇乃將《答張内翰書》會括成詩，雖書中之言不止此，而大意不外此也。世多訾之，抑亦未深思耳。所謂「至無」者，即「無極而太極」之「無」，陰陽動静皆由此出，五行萬物皆由此生，非「至無有至動」乎？夫婦居室之間，無非鳶飛魚躍妙理，活潑潑地，非「至近而至神」乎？放之彌六合，非「發用不窮」乎？〔二〕卷之藏於密，非「緘藏淵泉」乎？喜怒哀樂

〔二〕「乎」字原缺，據上下文句式補出。

未發，爲天下大本，則「本」非「虚」乎？發皆中節，乃爲天下達道，非「形乃實」乎？朱子嘗謂「聖人之心至虚至明，渾然之中萬理皆備」，所謂虚也；而所謂「一有感觸，則其應甚速，無所不通」，皆本於此，故曰「致虚所以立本也」。先生之意，總見先静而後動，須以静爲之主；由虚乃至實，須以虚爲之本。若不先從静虚中加存養，更何有於省察？故戒慎恐懼雖是存養，而以此爲主、以此爲本，非偏於存養也。《中庸》先戒懼而後慎獨、先致中而後致和，朱子謂「體立而後用有以行」、程子謂「不專一則不能直遂，不翕聚則不能發散」〔二〕，皆是此意也。周子之論學聖也，曰「一爲要。一者，無欲也。無欲則静虚動直」，其即先生主静致虚之學乎！聖學精微俱括於此，奈何以禪目之？〔三〕

代簡答羅一峰殿元

臺城一揮袂，忽忽星週五。路永消息斷，年深别離苦。思君髮爲白，始白數莖許。今晨對

〔二〕「程子」，原誤作「周子」，今改。「不專一則不能直遂，不翕聚則不能發散」乃程子語。（《二程集》，第一册，第一二九頁）

〔三〕《白沙先生詩教解》删除自「此篇乃將《答張内翰書》會括成詩」至「聖學精微俱括於此，奈何以禪目之」一段文字。

書尺，白者不可數。先生天下士，詎肯顧衡宇？悵望曹溪約，獨與光也語。

賦也。揮袂，言别也。曹溪，韶州南華寺。光，林緝熙名，先生弟子。此詩先生所以寄羅一峰先生者，言與一峰别久，途遠而信絶，年久而思苦，髮爲之白。今得其書，思愈甚而髮愈白，然徒思耳。先生固天下士，豈肯來顧我乎？則夫昔年曹溪之約，徒托諸空言，而獨與緝熙言之耳。一峰約會南華不至，故云。

自策示諸生

賢聖久寂寞，六籍無光輝。元氣五百年，一合又一離。男兒生其間，獨往安可辭。邈哉舜與顔，夢寐或見之。其人天下法，其言萬世師。顧予獨何人，瞻望空爾爲。年馳力不與，撫鏡歎以悲。豈不在一生，一生良遲遲。今復不鞭策，虚浪死勿疑。請回白日駕，魯陽戈正揮。

賦也。此詩先生以自策而示諸生者。言聖賢之不作，六經爲之不明。而元氣五百年一合而生聖人，既一合又一離，故聖人不常有也。然男兒生其間，豈可自棄而不嚮往哉？舜、顔爲天下師法，我常夢見之，但恐年邁不及，若復遲遲，是虚生虚死爲可悲也。故欲效魯陽之揮戈回日，而乘時以精進耳。魯陽戰酣，日暮，揮戈而日退三舍，言欲假年以勉力也。

冬夜 二首

長夜氣始凄，木綿被重裘。端坐思古人，寒燈耿悠悠。是時病初間，背汗仍未收。學業坐妨奪，田蕪廢鋤耰。高堂有老親，遍身無完紬。丈夫庇四海，而以俯仰憂。口腹非所營，菽水吾當求。明旦理黄犢，進我南岡舟。

賦而比也。此與後篇皆冬夜之詩。因寒氣而擁裘，坐思古人而歎己以汗病廢學廢耕，又歎家貧俯仰之累。然所求止於菽水而已，故不得不進舟躬耕於南岡，以備菽水，猶雖病而不得不力學也。

其二

我從省事來，過失恒十九。喜怒朝屢遷，言爲夕多苟。平生昧慎獨，即事甘掣肘。孔子萬世師，天地共高厚。顔淵稱庶幾，好學古未有。我才雖鹵莽，服膺亦云久。胡然弗自力，萬化脱樞紐。頽顔無復少，此志還遂否？歲月豈待人，光陰隙中走。念此不成寐，晨星燦東牖。

賦而比也。此因夜坐而思己過失，如喜怒言爲之愆，由其昧慎獨之功，是以致此掣肘也。又思孔、顔之學如此，而我以鹵莽弗力，故服膺雖久，而恒失其萬化之樞紐也。門樞、衣紐,皆謂此心,如孔子之「一貫」、顏子之「博約」是也。又歎歲月之邁,不知其終能成否,是以思不能寐,自夜至晨,尚耿耿然對東牖之星也。

經鱷洲

夕舫凌大波,北風吹我席。冥冥鱷州烟,宛對君山碧。來雁知天寒,歸人看月色。超超塵外心,浩矣周八極。

賦也。席,謂舟之檣帆。鱷洲,土名。君山,洞庭湖之山名。八極,八方之極,言遠也。此詩因行經鱷洲而作,言舫行遇風,見鱷洲之烟景,如見君山。又因天寒月色而興塵外之想,以周遊乎八極。其託意之遠,蓋有「與天地萬物上下同流」者矣。

厓山看大忠祠豎柱,阻風,七日後發舟,用舊韻

青青奇石草,上有牛羊躅。洶洶厓門水,遠帶湯瓶綠。浮雲散孤嶼,初日明村曲。言歸輒風濤,無乃疑張陸。遲遲重遲遲,畏此波心木。

興而賦也。厓門即厓山,宋亡之地。奇石,厓門之石,如人立,甚奇。湯瓶,厓山對面山名。張世傑、陸秀夫皆死宋亡之難,厓門有祠,與文天祥並祭,名曰「大忠祠」。波心木

者，漁人植木江中，置罾其上，俗呼罾罭，舟觸之即覆。此先生往厓山看大忠祠，阻風七日，發舟而作。言青青奇石之草，則有牛羊之躅矣；洶洶厓門之水，則帶湯瓶之緑矣。浮雲既散而初日明矣，何爲我方言歸而遽阻風乎？無乃張、陸二公神靈留我也？故我行不遽行，小心謹慎，畏波心之木觸之而有傾覆之禍。則先生隨時隨處而存警戒之心矣。

湖西八景，爲羅一峰題 效一峰體

太極丸春

天城列兩儀，其中位太極。不悟名象生，焉知畫前易？伏羲古已亡，圖書久晦蝕。寄語山中人，妙契在端默。

比也。天城、太極，皆湖西山名。此與後七篇，乃先生爲羅一峰修撰題湖西八景而作，此名「太極丸春」也。言太極山如圖中之太極，而天城列如兩儀。蓋有此理，而後有此象、有此名。不因此名象所由生，何以知畫前之《易》乎？蓋指太極之理也。然伏羲往矣，《河圖》、《洛書》久不明，則山中人如一峰者，可不端默以妙契畫前太極之理乎？

翠玄洞天

翠玄在何許，乃在金鼇麓。石門俯深幽，來者秉明燭。繡壁誰可緣，丹房我當宿。呼童烹金鼇，膏此千丈木。

賦而比也。麓，山足也。金鼇，湖西山名。烹鼇膏木，蓋以爲燭，喻大其明睿以燭幽遠也。幽，深。丹房，喻道。繡壁，喻入道之路其難如此，如顔子所謂「欲從末由」者也。此題翠玄洞天之詩，言翠玄洞在金鼇山之足，石門幽深，必須秉燭乃可入遊。然此峭壁如繡，誰可緣之而上乎？丹房我則當往宿之耳。然必烹鼇膏木爲千丈之燭，乃可照其幽深。猶學道者，先開發明睿、察見天理，乃可入聖域也。

一峰來秀

西湖有一峰，天地得撐拄。旁有龍塘峽，北有浮香塢。我行崑崙丘，一望一延佇。歸來二三子，抵掌太極語。

賦而比也。一峰，山名，亦羅修撰應魁之别號。龍塘，峽名。浮香，塢名。崑崙、太極，皆峰名。言湖西之有一峰可以撐柱天地，如應魁之才可以扶植綱常也。龍塘、浮香，言一峰前後之景。又言我昔行崑崙之丘，望一峰而延頸佇立，以比望應魁同歸於道之意。由是灼見太極之全體，歸與二三子抵掌而談之也。

三峽迴清

一峽蟠一龍，群山莽回互。武夷雖九曲，三峽誰勝負。澄澄水上月，歷歷谷中樹。焉得千丈笻，坐弄潺湲處。

賦也。三峽，湖西地名。武夷，福建名山，上有九曲水。言此三峽者，每一峽即有一龍蟠其中，而群山相爲迴互，視彼武夷之有九曲，未知其孰爲勝也。於是遥想其水月谷樹之景，安得長笻而往以弄其潺湲乎？

金鼇霽雪

一鼇海上來，頭戴雪花白。諸鼇起相拒，千秋歸不得。僊人羅一峰，永戲金鼇側。借問别離時，西佛生彌勒。

比也。金鰲，見前。僊人〔二〕，以比一峰爲非常人也。此詩詠金鰲霽雪，因金鰲取義，言

〔二〕「僊人」二字原缺，據《白沙先生詩教解》補。

此鼇從海上而來，其頭則戴雪花之白。以山上霽雪，故有此象。此鼇既來，乃爲衆鼇所擯，永不得歸，亦以喻一峰爲權宰所擯之意。金鰲山所由名如此。今一峰懷抱道德如僊人然，乃來遊戲於此山之側。借問一峰何時來此，乃十二月八日在南都别我而來也。彌勒佛相傳十二月八日生，蓋先生此時與一峰别於南都。此乃假借之辭，讀者不得錯解指爲佞佛。

玉冕晴雲

玉冕臣諸峰，左右羅絡之。雲來巾其巔，得雨不復疑。豈無澤物功，雲覆在何時。悵望百穀春，廣濟蒼生饑。

賦而比也。玉冕，峰名。巾其巔，謂雲覆之如人之戴巾然。雲覆山則成雨，如君臣有道則能澤民也。此詩名「玉冕晴雲」，言玉冕峰爲諸峰之尊，如君之御群臣，左右諸峰皆環遶羅絡之也。若有雲戴於其上則成雨必矣，故此山非無澤物之功，顧雲何時來覆乎！如一峰，豈無澤民之具，而不得時也。是以悵望此山，庶幾與雲雨、生百穀以濟蒼生之饑耳！其存心澤物如此。

飛轝橫翠

我昔遊太空，太空雲冥冥。歸來控翠虯，力與金鼇争。巍巍太極尊，揮置東西行。如何千載下，空儗飛轝名？

比而賦也。虯，龍子有角者〔二〕。巍巍，高大之貌。飛輂、翠虯，皆湖西山名。此詩詠「飛轝横翠」，寓言我昔之遊於太空而見雲之冥冥。所見既大，故能控御翠虯而與金鰲争勝負。雖如太極峰之高大，亦揮置之而使之東西行也。如此，又何必儗飛轝之名乎？蓋人能胸次洒落，使廓然大公，則能與天地同體，是所謂遊太空而不必儗飛轝矣。

大流垂玉

大流無此奇，偶值銀河傾。願回銀河流，免與世濁并。一洗日月光，再洗天地清。何止天地清，萬世無甲兵。

比也。大流，泉名。銀河，謂天上河漢。此詩詠「大流垂玉」，亦湖西八景之一。言大流之泉，世間無有此奇者，蓋其泉偶遇天上銀河之傾，所以爲此奇也。然此流若到世間，則

〔二〕「虯，龍子有角者」，《白沙先生詩教解》作「虯，龍之無角者」。

與世之流同濁矣。所以願回此流，勿使爲塵世溷濁也。若回此流得以長清，則可以洗日月天地不至濁，又洗甲兵使不用矣。以比人能反天地之性使之長清，則與日月合明、天地合德而萬民不争矣。

題冷菴 爲江西僉憲陳君琦作。陳琦自號冷菴。

舉世好近熱，子獨畏之猛。投身向壑雪，永謝白日影。玉壺貯清冰，秋露滴金井。是以冷自勝，於世非絶屏。假令務絶屏，過與近熱等。我以道眼觀，天下方首肯。寒暑兩推移，正中太和境。寄語菴中人，不熱亦不冷。

賦而比也。熱，謂熱鬧煩囂也；山壑寒雪之間，則冷矣，猶人之淡薄也。白日，以喻熱之事；玉壺清冰、秋露金井，皆喻冷淡之事。此詠冷菴之詩，爲江西僉憲陳君琦作。言世人皆好熱鬧之事，而子獨猛畏之，投身於壑雪之中，而辭白日之熱；如冰露然，以冷自勝，於世非有絶屏之心。若出於絶屏有意之私，與近熱者過猶不及也。我以道眼觀之，如寒暑之氣得兩平者，乃爲中正太和耳。故欲寄語菴中之人，不熱不冷、無過不及，如寒暑之中和，乃可也。

感事

君心如逝水，一往不復旋。誰能萬里浪，安坐駕此船？傷哉一何愚，由我不由天。仁者固有矜，智士乃自全。

比而賦也。此詩爲感事而發，今不可考其爲誰。大意言君之心如水之逝，不可復還矣。然其危如駕船於萬里之浪而不自知，所謂安其危也，其愚豈不可傷哉？此豈天使之然，蓋由我自取之也。仁者見之，有惕然哀矜之情，何不爲智士之自全其身也乎？其感傷之意至矣。

夢觀化，書六字壁間曰「造物一場變化」

孔子曳杖歌，逍遥夢化後。我夢已逍遥，六字書在牖。聖愚各有盡，觀化一遭走。問我年幾何，春秋四十九。死生若晝夜，當速何必久？即死無所憐，乾坤一芻狗。

賦而比也。《曳杖歌》曰：「泰山其頹兮，梁木其壞兮，哲人其萎兮。」逍遥，洒落不累之意。觀化，邵子病革，云：「且與他觀化一遭。」六字者，先生夢觀化，書六字於壁，云「造物一場變化」。芻狗，老子云：「天地不仁，以萬物爲芻狗。」芻狗者，結芻爲狗，巫祝用之，詳

《莊子·天運篇》。此詩先生夢觀化而作，引孔子夢化之事而言己之夢觀化六字在壁，雖古今聖愚不同，其歸盡一也。蓋死生者，晝夜之道，大數既速，何必欲久，況人物如天地之一芻狗耳？死何足憐哉！觀於此詩，先生深明「晝夜之道」、「夭壽不貳」者矣。

貪泉

藜藿可養生，栢棺可送死。瓦礫視黃金，貪泉亦清泚。飲水心不易，豈獨夷齊爾？山鬼笑儂家，儂家笑山鬼。

賦也。藜藿，菜名。栢棺，易朽之材。瓦礫，至賤；黃金，至貴。貪泉，在廣東南海縣石門之下。《地志》云：「爲官過此，飲其泉則貪。」吴隱之詩云：「古人云此水，一歃懷千金。試使夷齊飲，終當不易心。」此篇先生詠貪泉，言藜藿、栢木可爲養生送死之具，則能視黃金如瓦礫，而此貪泉亦化爲清泚矣。是貪廉在人之心，不在泉也。如是，豈但夷齊不易心哉？人人能勉之也。然則，安知山鬼之笑我乎，我之笑山鬼乎？言人能自清，則可無愧於鬼神矣。此又隱之之所未發者，真探本之論歟！

贈張叔亨知縣

棲棲白沙舫，影弄寒江月。夫君沙陽令，胡事顧微劣？「我祖在九冥，願君爲墓碣」。三夜茅簷下，寒燈坐來滅。感子心意勤，愧我言詞拙。明發江上舟，踟躕與君别。

賦也。棲棲，猶言依依。白沙者，先生所居村名。沙陽，福建之沙縣，張叔亨先生嘗爲其縣令。我祖，叔亨自謂其祖也。此先生贈叔亨之詩，言其舫依依於白沙，弄寒江之月影；且公爲沙縣令，何爲顧我之微劣乎？遂述公言「我祖在九泉之冥漠，願君爲墓碣之文」。每坐茅簷，講論至寒燈之滅，如是者三夜，則其意勤矣。但愧我不文，無以發揮潛德耳，明旦姑與君相别也。

九日諸友會飲白沙得雁字

黄菊有佳辰，良朋樂呼唤。争持淵明杯，來接子桑飯。落葉迎馬鞭，斜暉轉沙岸。雨聲静秋竹，池影入江雁。酒酣獨高歌，呼兒續我斷。諸君極留戀，十觴亦不算。雖無孟嘉量，且免落帽亂。百年能幾何，去者已强半。來會安可期，細把茱萸看。

興而比也。此九日會友詩，言有黄菊則生於九日之佳辰矣，是以好朋則樂來相唤請矣。所以來者，各争持淵明之杯酒，以接續子桑之飯也。遂言「落葉迎馬鞭」四句，以寫九日之景。而酒酣高歌之時，又呼侍兒續我酒之斷也。所以欲續酒者，蓋諸君極有留戀之意，不算十觴之多故也。然飲必以節，雖無孟嘉曠達之量，亦不及亂而落帽，蓋樂而不淫也。又每念人壽有限、逝者無窮，則來年之會又安可必？所以更把茱萸細看，其感慨之情至矣。

贈林汝和通判

昔在黄金臺〔一〕，與子初周旋。萍蓬忽相失，不見垂十年。昔爲禮曹官，今摇慶陽鞭。常聞泰華峰，峻絶峙中天。雅志在登陟，矯如孤鵠騫。適來南海旁，問訊滄洲廛。語舊未終日，棲棲有所牽。丈夫重出處，富貴如浮烟。行則爲在田，止則爲在淵。勞勞夫何爲，贈子千金言。

賦而比也。金臺，即今之北京，古之燕國。萍之於水，蓬之於風，以比易離而不可合也。滄洲廛，先生自謂其所居也。慶陽，謂肇慶，汝和爲其郡通判。先生作此［詩］贈

〔一〕「昔在」，《白沙先生詩教解》作「在昔」。

之〔二〕，言與其相見相别之久。汝和嘗登泰華之高，如孤鵠之騫舉；今則來判肇慶，訪問我滄洲之居，不可謂無意矣。何爲會未終日而意若悽悽牽於世事乎？夫丈夫所重者出處之義，若富貴則如浮烟之無有，在田、在淵惟其時耳，又何悽悽如是之勞乎？吾贈子以此言，等千金之重。所以警之者至矣。

贈馬龍如湖西奠羅一峰先生

晨興坐捫虱，有客窺我牀。客來問何許，顏色慘不光。去歲秋在季，文星墜西江。而師羅一峰，幸視我弟兄。相見不得語，失聲泪滂滂。子行詣湖西，問訊我有將。夙夕夢見之，恍如芙蓉城。覺來索苦句，句就涕未停。何以告一峰，寄意於瓣香。索火化奠文，一峰其洋洋。我病久南海，欲往未得行。送子出門去，目極秋天長。

賦也。此詩先生作以贈馬文祥如湖西奠羅修撰者，言我方晨起坐捫虱之時，而文祥適來，吾見其顏色之慘若有哀傷者，告言去歲之季秋九月，文星墜於西江，蓋一峰此時逝矣。先生遂答言，汝師一峰與我道義骨肉，今不得相見而語，遂涕泣失聲，今子之往，問我何所

〔二〕「詩」字原缺，據《白沙先生詩教解》補。

將。然我昔夜夢見一峰，恍然若在芙蓉城者。故感索苦句，句成而尚泣不已，哀之至也。然我之索句以告一峰者，何哉？惟以瓣香寄意，使先通其精神，而後焚此奠文以告之，庶幾一峰可格也。今我欲往而病未能，但極目以送子行耳。

贈陳秉常 四首

遠色霽初景，清風振遥林。子來入我室，弄我花間琴。正聲一何長，幽思亦已深。願留一千歲，贈子瑶池音。

興而比也。此與後三篇，皆先生贈門人陳秉常孝廉之詩。託興而言遠色初霽之景，則清風振林矣；子入我室，則弄我花間之琴矣。入室，用升堂入室事，言入道也。弄琴而有正聲雅淡，因見其思之幽深，異於由之瑟也。若夫瑶池之音，神仙之曲，以比聖人之聲樂，則又不同矣。故欲以此贈秉常，蓋此音可留千載而不朽也。期望之意至矣。

其二

黍稷雜萑葦，邪思亂正性。人爲一鹵莽，諉曰天之命。白日朝出東，須臾復西暝。良時誠可惜，逝矣悲莫競。

比而賦也。黍稷，五穀之美者；萑葦，惡草名。此亦贈秉常詩，言黍稷雖美，爲萑葦所雜，如人正性雖善，爲邪思所亂。性者，心之生理，何嘗不正？有不正者，情也。邪思者，情之流也。故「思無邪」，所以節情之流而正其性也。思一邪，則人爲鹵莽不能精義，遂諉言上天賦才之薄，何哉？然朝東暮西，日月易邁，則良時誠爲可惜。若聽其逝而莫競，則可悲矣。蓋歎不能法天之行以自強不息也。其警人深矣。

其三

大舜卷婁之，莊周竟奚取？人生貴識真，勿作孟浪死。誰能去中土，僦舍朝鮮里？白首金石交，視我南川子。

賦而比也。《莊子》曰：「卷婁者，舜也。羊肉不慕蟻，蟻慕羊肉，羶也。舜有羶行，百姓悦之。」「聰明衰矣，不得休歸，是卷婁也。」卷婁者，拘攣之意。朝鮮，箕子所封之國。金石交，言堅也。南川子，即林緝熙也。此亦贈秉常詩，言莊周以大舜爲卷婁者，欲以遺落世事，其言不足取。蓋大舜無爲而治天下，何卷婁之有？若夫以天下撓己，己累於物，則真卷婁矣。然非知道者，孰能無累？識真者，即知道也。不知道而卷婁於物，則爲孟浪死矣。中土，中國，以比正道；朝鮮，外國，以比異端。或曰「以中土比本心，僦舍朝鮮比慕外，乃舍己求人之意」，亦通。又言緝熙察見道體，深契己意，乃白首金石之交，試爲我視之，其識真而不爲卷婁者，何如也？

其四

我否子亦否，我然子亦然。然否苟由我，於子何有焉？人生寄一世，落葉風中旋。胡爲不自返，濁水迷清淵。

賦而比也。此亦承上篇而言。若然否一由於我，則於爾之自得，何所有哉？又歎人生如寄，若落葉之隨風，不可不及時進修也。又言自己固有之性，淡然無欲，無所污壞，如清淵然，何不反求自得，而以濁水迷之哉？喻人自以人欲而昧天理也。觀此四詩，則見先生真得堯舜以來心學之傳而不爲異端所惑者。

藤蓑 五首

一蓑費幾藤，南岡礪朝斧。交加落翠蔓，制作類上古。吾聞大澤濱，羊裘動世祖。何如六尺蓑，滅跡蘆花渚。舉俗無與同，天隨夢中語。今夜不須歸，前溪正風雨。

賦也。此與後四篇皆藤蓑之詩。言礪斧采藤，交加而落，以製爲蓑衣，如上古之制。

自披以滅跡，其視嚴子陵披羊裘釣大澤中以動光武者，何如也？遂言舉世之人無可與同者，惟有天隨子可與之夢中語也。且前溪風雨如此，則今夜可以不歸矣。風雨以喻時，蓋傷時而欲避世也。

其二

人好蓑亦好，月光水亦光。水南有酒媪，酒熟喚我嘗。半酣獨速舞，舞罷還舉觴。所樂在知止，百年安可忘。

比而賦也。此亦承上篇而言。人好則蓑亦好矣，如月光則水亦光矣。遂言水南之酒家喚我嘗酒，酒酣而舞，舞罷而飲，其所樂豈在酒哉？在知止足耳。自今百年不可忘此樂也。

其三

挽蓑欲何爲，新月出東嶺。獨速舞不休，凌亂何由整？曠哉漆園吏，自形還自影。

賦而興也。漆園吏，謂莊周。此承上篇而言。今我挽此藤蓑，將欲何爲者哉？蓋以新月已出而起興也。所以著蓑而往，爲獨速之舞而不休，遂至淩亂不整也，蓋形跡皆忘矣。

因託寓莊周之曠達，形影相對，嘆無與儔者也。

其四

朽生何所營，東坐復西坐。搔頭白髮少，攤地青蓑破。千卷萬卷書，全功歸在我。吾心能自得，糟粕安用那？

賦也。東坐、西坐，言隨處静坐以體認天理也。自言朽生何所營求哉？不過隨處静坐而已。今至於老，髮非徒白，而白又至於少矣。以青蓑攤地而坐，至於破，其久而且專如此。故又言書雖千萬卷之多，不過欲以管攝發明此心，而收「立大」之全功也。孟子「學問以求放心」、程子「聖賢千言萬語，只是欲人將已放之心反復入身來」，亦此意也。夫人苟能自得，則夫世之誦言忘味、誇多鬭靡者皆糟粕耳，何用哉？蓋刺不善讀書者之失也。

其五

新蓑藤葉青，舊蓑藤葉白。新故理則然，胡爲浪忻戚？扁舟西浦口，坐望南山石。東風吹新蓑，浩蕩滄溟黑。須臾月東上，萬里天一碧。安得同心人，婆娑共今夕？

興而比也。此亦承上篇而言。新蓑則藤葉青矣，舊蓑則藤葉白矣，因言物有新舊，其理固然，何必以此動心、爲之忻戚哉？以比貴賤、榮辱之不同，不宜以此動心也。我乘扁舟往坐南山之石，而東風吹蓑，適日將暮，滄溟已黑矣；須臾月出，則見滄溟萬里一碧。以喻人爲富貴、利達所蔽，則不見此道之大；至於本體復明，其真境可樂如此，安得同心之人，共此今夕之樂哉？蓋勉人同進大道之意也。

天人之際

天人一理通，感應良可畏。千載隕石書，《春秋》所以示。客星犯帝座，他夜因何事？誰謂匹夫微，而能動天地？

賦也。帝座，星名。此詩明天人之際、感應之理。言宇宙間，混然同氣，故天人一理，而感應之速，尤爲可畏。遂引《春秋》隕石，所以示戒於人深矣。又引嚴子陵與漢光武同卧，足加帝腹，客星犯帝座，此何故哉？蓋天人感應之理一也。夫匹夫之微，能動天地如此，人豈可不慎動也？

答梅侍御見寄

群龍盛朝野，弱羽聊山林。行春忽傾蓋，對榻山花深。引我一杯水，寫君龍唇琴。永言歌大篇，風雅有遺音。乃知鷹鶚氣，未愜鸞鳳心。王事有驅迫，暮雨别江潯。離情落晚趣，再寄三洲吟。何以舒我懷，青天盼遥岑。

比而賦也。群龍，以比群賢；弱羽，鳥之翼弱不能遠飛者，以自比。龍唇，琴名。風、雅，《國風》、《大小雅》也。鷹鶚，以喻擊搏者；鸞鳳，以比温雅者。三洲，巖名，在德慶州〔一〕。此答梅侍御之詩，言賢人滿朝，而我則如弱羽之棲山林而已。今侍御行布陽春，忽來傾蓋相顧，對榻山花之深，酌我玄酒，而寫心於琴，永言而歌，有《風》、《雅》之音，因見鷹鶚不若鸞鳳。但王事之驅迫，又將别去也。至别後又寄我三洲之吟，我但仰遥岑以悵望而已。

寄題三洲巖

我行蒼梧道，息槳荒江湄。連岡一以眺，石室涵晚暉。前哲有題字，執炬往讀之。遲回北壁下，目擊元公遺。今古一相感，光風吹我衣。虫鳴丹竈中，葛仙胡不歸？對之發長嘯，宇宙今何時？圓蟾夜冏冏，蝙蝠秋飛飛。願言托高棲，行矣無是非。

〔一〕「德慶州」，原作「德慶洲」，據《白沙先生詩教解》改。

賦也。蒼梧，即今梧州之地〔二〕。元公，周茂叔先生也。此題三洲巖之詩，言我息槳三洲，登連岡而望，則見石室涵暉，有茂叔之題名。秉燭而讀之，古今相感，若光風之吹我衣也。此地舊有濂溪書院，故云然。又世相傳有葛仙丹竈，然仙跡渺茫，但令人發長嘯而已。惟慕其景之勝，欲往棲之而無是非也。

病中寫懷，寄李九淵

出門見齋顏，十日不一逢。以我腹中滿，憶君頭上風。頭風尚可灸，腹滿何由通？受氣我亦薄，況乃疾病攻？五十去始衰〔三〕，三四謝春冬。鬢顏倏已凋，血氣少復充。客來索我書，顚禿不能供。茅君稍用事，入手稱神工。以兹日衮衮，永負全生功。長揖謝茅君，安静以待終。

賦也。顏，猶面也。齋顏，即齋扁。此詩病中寫懷以寄李九淵者。九淵，先生里人。故望其齋顏，則思十日不相見矣。蓋由彼此皆有疾病，然九淵頭風之疾在皮膚，故尚可艾灸而愈。若我病腹滿，乃心腹之病，何由通之乎？蓋亦以寓克治之意也。又言年過始衰，

〔二〕「梧州」，原作「蒼州」，據《白沙先生詩教解》改。
〔三〕「去」，原作「云」，據《白沙先生詩教解》改。

顔鬢血氣凋謝，而來求草書者至多，供應不給，又妨全生之功，今但謝絶茅君，静養全生而已。「茅君」，謂茅筆。其言謝茅君，豈直全生而已哉？蓋欲去小技以入大道也。程子亦云「未見從古善書人能知道者」，即此意。

和梅侍御見寄

飛蓋凌滄溟，高臺拂朱鳥。乾坤一水浮，日月雙輪繞。塵埃分局促，正坐眼孔小。景山千丈松，慰我冰雪皎。萬里一春風，東西逐騕褭。故人子羅子，仙鶴歸華表。暮雨江門舟，含悽問封草。假令鮑叔在，一士亦不少。誰云越臺近，舉目河山杳。冥冥白沙塢，雲烟共昏曉。

賦而比也。朱鳥，謂南方朱雀七宿，以嶺南分野而言。騕褭，馬名，指梅侍御所乘之驄也。子羅子，謂一峰。「鶴歸華表」，丁令威事，言一峰仙去也。封草，謂一峰所上扶綱常之疏。鮑叔，亦指一峰。此詩和侍御，言其飛蓋凌滄溟而來，其行臺之高，可拂朱鳥，蓋美之也。又言乾坤如浮水中，日月如輪之轉繞於其間，蓋以道體之大，視之如此。世人甘分局促，由其眼孔小，不能見大故也。今梅公如喬松冰雪，慰我所思，而春風逐馬而來，其威德兼至如此也。遂因嘆羅一峰之逝，而含悽問其諫草。使一峰若在，則所知雖一士不爲少也。又言梅公在越臺甚遥，而白沙則與雲烟同其昏曉也。

題劉氏雙節卷

阿姑與阿婦，守此芳歲闌。三十寡且貧，紡績供朝飡。孤兒泣長夜，秉燭更抱看。苦心兩咽絶，芳顔亦凋殘。持此雙白璧，輝映天地間。聖皇重民極，門閭合施丹。煌煌東白碑，終古埋空山。我母寡更早，賦詩涕汍瀾。弱草因風靡，頹波良獨難。

賦而比也。此詠劉氏雙節之詩。言姑婦守此歲寒，年三十而寡且貧，紡績自養。雖有孤兒，長夜秉燭更代而抱，苦心至於嗚咽絶聲，凋落芳顔，可哀之甚也。然此二人之節，如雙璧之堅白，輝映於天地間，卒受旌表之榮，又有張學士之碑也。遂自言我母林氏，以二十四而守寡，比於劉氏尤早。今我賦詩，因思母之寡，惟有涕泣而已。又嘆世人不能守節，如弱草之靡於勁風、頹波之逐於下流，亦難乎獨立砥柱矣。

送李劉二生還江右用陶韻 二首

夜聞桂樹芳，晨起山鳥喧。客從遠方來，歷我階西偏。手持諸侯書，徵會在匡山。我願結其人，遂往不復還。滯形宇宙内，俛仰獨何言？

興而賦也。言夜聞桂華之馨，晨則見鳥之喧矣，而劉、李二生從江西而來，歷我賓階之西焉。所以來者，蓋持江西藩臬諸公之書來，徵我會於廬山白鹿洞以主教事。我豈不願往？但爲形跡所滯，俛仰獨何言哉！蓋先生實不欲往，特婉言以辭之耳。

其二

中年見二子，楚楚西江英。問訊徐蘇里，千年有餘情。開樽對溟月，高歌亦心傾。胡爲别我去，感此秋蛩鳴。贈處各有言，慨然盡平生。

賦也。楚楚，秀出貌。徐，謂孺子；蘇，謂雲卿，皆隱居南昌高士也。此亦贈劉、李二生之詩。承上而言，我今中年乃見劉、李二子爲江西之秀出者。問訊之，又爲徐、蘇之里人。因仰企徐、蘇之高風，雖相去千年，尚有餘情。今見二生，即如見徐、蘇，所以開樽對月、飲酒高歌而爲之傾心也。相與之深如此，亦何爲别我而去？蓋感此秋蛩之鳴，慨時之晚，而興思歸之念耳。是以各有贈處之言，以盡平生之懷也。其愛二生之意至矣，惜乎二生未聞感悟而心得之耳。

漫題 二首

日月逝不處，奄忽幾華顛。華顛亦奚爲，所希在寡愆。韋編絶周易，錦囊韜虞弦。饑餐玉臺霞，渴飲滄溟淵。所以慰我情，無非畹與田。提攜衆雛上，啼笑高堂前。此事如不樂，它尚何樂焉？東園集茅本，西嶺燒松烟。疾書澄心胸，散滿天地間。聊以悦俄頃，焉知身後年？

興而賦也。畹、田，先生二孫名。茅本，爲筆；松烟，爲墨也。此與下篇皆漫興之詩。言時逝將老，志在寡過，然《周易》絶編、舜絃已囊，於是餐霞飲淵而遠超物外、弄孫娱親而近樂人倫、疾書澄心而游藝適情，安知老之將至乎？

其二

仕者必期通，隱者必期高。麋鹿或可群，肉食安可饕？聖人履中正，白首濟川舠。悠悠荷蕢者，果識聖心勞？浮雲馳白日，黍稷生蓬蒿。飯蔬食飲水，曲肱謝遊遨。汶上去不顧，陋巷貧絶交。徒聞武城宰，割鷄以牛刀。

賦而比也。《國語》云：「肉食者謀之。」浮雲馳白日，比正人爲群邪所蔽；黍稷，美種，爲蓬蒿所荒，比君子爲小人所惑也。此亦前篇之意。言出處異道如此，吾人或可隱爲鹿豕之遊，而不可出爲肉食之饕也。然吾見聖人履中正之道，則又不以隱爲是，寧白首爲濟川之舟，其不忍忘天下之心如此，彼荷蕢之徒譏孔子者，果識聖人汲汲皇皇之心乎？但浮雲白日、蓬蒿黍稷，既非有道之世，所以寧曲肱飲水而不出遊，且欲如汶上之不顧、陋巷之絶交；而武城之宰以牛刀割雞者，徒然聞之而已。則先生之不出，蓋非果也，無其時耳。

拉馬玄真看山

官府治簿書，倥傯多苦辛。文士弄筆硯，著述勞心神。而我獨無事，隱几忘昏晨。南山轉蒼翠，可望亦可親。歲暮如勿往，枉是最閑人。近來飲酒者，惟我與子真。能移柳間舫，同泛江門津。

賦而比也。倥傯，煩擾之貌；隱几，静坐也。江門，地名，先生所居之左，兩山夾江如門也。此先生招馬玄真同看山之詩。言已既無簿書著述之累，惟静坐以忘朝夕耳，因想南山之景而欲與玄真同往。又言惟我與子飲酒愈見真性，淵明所謂「試酌百情遠，重觴忽忘天。天豈去此哉，任真無所先」者。蓋任真即道也，但不知能移舟泛江門之津否耳？

感劉琨與盧諶事

越石信英臣，子諒亦文雅。生遭晉運微，奔走風塵下。晉陽嘯明月，胡雛夜回馬。并州困石勒，從事爲别駕。成敗非所論，吾憐鑿坏者。

賦也。劉琨，字越石；盧諶，字子諒，皆晉之有才名者。憐，猶愛也。歷敘二子遭晉運之衰微，一生行爲出處，其成敗歷歷如此，吾不必論之，吾獨愛鑿坏而遁者之爲見幾也。先生出處之義，於是乎見矣。坏，又作阫，屋後墻也。《淮南子·齊俗訓》：「魯君欲相顔闔，使人以幣先焉。闔鑿阫而遁。」

和陶十二首

歸田園

我始慚名羈，長揖歸故山。故山樵采深，焉知世上年？是名鳥搶榆，非曰龍潛淵。東籬采霜菊，西渚收菰田。遊目高原外，披懷深樹間。禽鳥鳴我後，鹿豕遊我前。泠泠玉臺風，漠漠聖池烟。閒持一觴酒，歡飲忘華顛。逍遥復逍遥，白雲如我閒。乘化以歸盡，斯道古來然。

賦而比也。搶榆，見《莊子》。玉臺，寺名，在新會圭峰山；聖池，在新會緑護屏之上。此後十二篇皆和陶詩，此則和《歸田園》篇。言己逃名歸山采樵，如鳥之搶榆而宿，豈敢比龍之潛淵也？於是采菊收菰、望高原而坐深林，與禽鳥鹿豕、風烟白雲爲伍，飲酒忘年以歸盡。古道皆如斯，予復何求哉？

其二

高人謝名利，良馬罷羈鞅。歸耕吾豈羞，貪得而妄想。今年秋又熟，讙呼負禾往。商量大作社，連村集少長。但憂村酒少，不充儂量廣。醉即拍手歌，東西卧林莽。

比而賦也。此亦和陶《歸田園》詩。言古之高人，辭名利如馬之脱羈鞅，則吾之力耕不足羞矣，而肯反爲妄想貪得之心乎？惟秋熟作社恐酒不足，酒足而醉，則歌笑以卧草野之間耳。

其三

近來織畚徒，城市售者希。朝從東臯耕，夕望西巖歸。貧婦業紡績，燈下成歲衣。但令家温飽，不問我行違。

興而賦也。畚，土籠之類；臯，謂田之高者。淵明云：「登東臯以嘯傲。」行違，謂樂行、憂違也。此亦和陶《歸田園》之詩。託言古人有以織畚爲業者，今之織畚者，多不見售於城市。我但朝耕夕歸以爲食，貧婦燈下紡績以爲衣，聊求温飽而已。若夫樂則行之、憂則違之，豈我之所問哉？其隨時安命如此，非有道者，其孰能之？

移居

萬金論買鄰，千金論買宅。豈不念子孫，而以營朝夕？長揖都會里，來趨白沙役。壤地何必廣，吾其寄一席。鄰曲彌樂今，園林尚懷昔。吾志在擇善，無然復離析。

賦也。都會，里名，先生降生之地，乃舊居也；白沙者，先生新居。一席，言甚狹也。此和陶《移居》之詩。言古人有買鄰買宅者，豈不念子孫爲朝夕之營哉？所以舍都會而來趨白沙版築之役，非爲廣其壤地，但寄一席之間可矣。雖今日者樂新鄰，亦未嘗不懷舊土，然吾之志在擇里處仁而已，則此居不可再有離析也。

其二

留連晡時酒，吟咏古人詩。夕陽傍秋菊，采之復采之。采之欲遺誰，將以贈所思。所思在何許，千古不同時。四海倘不逢，吾寧獨去兹？願言秉孤貞，勿爲時所欺。

賦而比也。古人、所思，皆指陶淵明。此亦和陶《移居》之詩。言我於日晡之時留連此酒者，蓋欲酒酣而咏淵明之詩。當夕陽照菊之時，乃采之，采之非但一采而已也。欲以此菊寄淵明，又已隔世；而今無其人，則吾豈可舍此菊哉？惟願言秉此孤貞，勿爲時人所欺而已矣。言君子當守道特立而不爲時改節也。此託言飲酒而賦其詩，賦罷而采其菊，采菊以寄其人，人遠不可致，亦終守此不變。其温柔敦厚之意至矣。

九日閒居

無錢撫秋菊，向夕凉風生。誰爲白衣者，頗識江州名。映盃碧水淨，曜日丹葩明。天際雁孤去，草根虫一聲。荏苒委時節，徘徊閲年齡。興來發長歎，意盡還一傾。儉德苟不虧，厚禄安可榮？白首希高賢，清謡渺遺情。人生亦易足，何必勤無成。

賦也。淵明九日對菊無酒時，見白衣人自花外來，乃江州刺史王弘使人送酒也。此和陶《九日》之詩。言無錢買酒，獨撫菊風生，誰爲白衣送酒之人乎？碧水、丹葩，形容對酒之色。且感雁去虫鳴、年與時變，故發嘆而爲之傾盃也。夫淵明儉德遺榮如此，故高謡而渺然見其遺情，則人生亦貴於自足爾，何必勤苦而終無成哉？

和劉柴桑，寄袁道，見懷一峰之意

當年臺城會，執手多踟躕。四海一爲别，寒暑逝不居。遠意屬羅浮，舉頭望匡廬。胡然金牛谷，奄忽成丘墟。蜕骨歸復土，靈襟存爲畬。庶幾百代下，攀駕以忘劬。袁侯西江英，好德眼中無。尺素每欲近，十年不作疏。磨劍患不快，快則隨所須。永願磨此心，恢恢快劍如。

賦而比也。臺城會，言與一峰會於南都也。遠意屬羅浮，言一峰曾約羅浮之遊也；舉首望匡廬，言己引望廬山也。金牛谷，乃一峰隱居之谷。此和陶詩寄袁道，見懷一峰之意。「忘劬」以上十二句，言己與一峰别後彼此相望，而一峰今已物故，然亦足爲世之瞻仰也。袁侯，即袁道，字德純，爲侍御史。自此至篇末，又贊袁君之賢，好德不倦，且勉其進德修業以達諸用也。以磨劍比磨心，其期望於德業者切矣。

和郭主簿，寄莊定山

青松出喬林，遥望十里陰。少年不結友，歲暮懷同襟。同襟問爲誰，定山攜一琴。悠然一鼓之，不辨古與今。在昔經江東，多士予所欽。論文一觴酒，惟我與子斟。豈意千載下，復此聞韶音！我病不出户，何時還盍簪？茫茫宇宙内，與子契其深。

興而比也。此和陶以寄莊定山之詩。定山莊先生，號孔昜〔二〕，名㫤，初爲翰林檢討，抗疏落職爲行人。言松出喬林，則有十里之陰矣；少不結友，則歲暮豈不懷同襟乎？我之友何人哉？乃定山也。攜琴鼓之遂爲知音，而忘古今之辨矣。又思昔酌酒、論文於江東，惟

〔二〕「號孔昜」，應作「字孔昜」。莊㫤，字孔暘（或作孔昜），號木齋，又號卧林居士，江浦人。

我與子耳，豈意聞《韶》於千載之下也？但我今閉户不出，不知何時復會。所以感慨宇宙之茫茫，惟與子爲深契矣。

贈羊長史，寄遼東賀黄門欽

此心自太古，何必生唐虞？此道苟能明，何必多讀書？寂寂委山澤，于于來京都。斯人各有分，彼此何能踰？杪秋風日清，呼兒理肩輿。聊爲玉臺遊，言笑誰與俱？屈指意中人，一坐一踟躕。歸來看四壁，四壁光如如。聖道日榛塞，誰哉剪其蕪？夫子久不見，吾生何以娱？常恐歲月晚，況與音問疎。申以伐木章，一日三卷舒。

賦而比也。如如，光貌。榛塞，如荆榛之塞路，言不明也。夫子，指賀克恭。《伐木》，朋友相勉勵之詩。此和陶以寄遼東賀克恭者。克恭，名欽，初爲黄門，見先生則棄官從學，卓有古人之風。此詩篇首四句，言人若有古心、能明此道，則何必生上世及多讀古人之書哉？「寂寂」四句，言人之出處各有定分。「杪秋」至「其蕪」十句，言乘時遊山，因念故人；及歸，空室無侣，而莫與共明此道也。「夫子」至末，又嘆不見克恭，無以自娱；恐時邁音疎，故申以《伐木》之詩，爾當一日三讀，庶得我之至意也。

飲酒

木犀冷於菊，更後十日開。清風吹芳香，芳香襲人懷。千回嚥入腹，五内無一乖。雖靡鸞鳳吟，亦有鶺鶺棲。昔者東籬飲，百榼醉如泥。那知此日花，復與此酒諧。一曲盡一杯，酩酊花間迷。赤脚步明月，酒盡吾當回。

賦而比也。木犀，花名，一名桂，一名金粟，同類而異品也。此和陶《飲酒》之詩。言木犀之比菊花，尤爲冷淡，且後十日而開，尤爲晚芳也。且其香能入人之深，使五臟和平而無乖戾。故我對此花飲酒，可配東籬之醉矣。所以累觴至醉，踏月而歸，不盡則不歸也。然則，對花飲酒，莫非行藏安於所遇道理。先生之志豈在酒哉？

庚子歲九月中於西田穫早稻

遲明向南畝，疎星在簷端。夫出婦亦隨，無非分所安。道旁往來人，下車時一觀。問津津不知，仰視飛鳥還。邐苗遠時夕，濯足荒溝寒。吾惜耦耕好，焉知世路難。伐鼓收西畬，黄雲被江干。聊用代糟糠，作粥歡賓顔。鄰叟携兒來，嬉戲松下關。齊聲鼓腹謳，永謝攢眉歎。

賦也。此亦和陶之詩。言欲明未明之時，將往南畝，疎星在簷，夫婦倡隨，安分躬耕。若有往來之人下車問津而不答，但見有鳥倦飛而還耳，以諷溺而不知止者；又言邐苗、濯足，但知耦耕之樂，而不知問津者世路之難也。於是收禾以代糟糠，娱賓睦鄰，童兒戲嬉，鼓腹而歌謳，不知有攢眉之事矣。

懷古田舍

君子固有憂，不在賤與貧。農事久不歸，道路竟徒勤。青陽動芳草，白日悲行人。沮溺去千載，相知恒若新。出門轉窮厄，得已聊一欣。甘雨濡夕畛，繁花幕春津。獨往亦可樂，耦耕多近鄰。百年鼎鼎流，永從耕桑民。

賦也。青陽，謂春氣也。恒若新，猶言白頭如新也。此亦和陶詩。言君子不憂貧賤，但憂農事之徒勤而不穫。今時又春生，而求富貴者奔走道路不止，可悲也。然此惟長沮、桀溺知之，今其人已去千載，世人惟白頭如新耳。言相知之少也。此時而出，轉爲窮厄而不失己者，庶可一欣也。且今正甘雨繁花之時，獨往亦已可樂，況多有耦耕者爲近鄰乎？又歎百年光陰如流，則我永從耕桑之民耳。和陶十二章止此，讀之可想見先生之高風，足以廉頑立懦，爲百世師矣。

白沙子古詩教解卷之下

夢作洗心詩

一洗天地長，政教還先王。再洗日月光，長令照四方。洗之又日新，百世終堂堂。

賦也。洗，謂洗心也。堂堂，廣大之貌。此先生夢作洗心之詩。然洗心而以天地、日月、四方、百世、先王、政教言之者，何也？蓋人之此心、此性與天地萬物渾然同體者也。故上下四方之宇，古今往來之宙，無非一體。故曰：「與天地合其德，與日月合其明，與四時合其序，與鬼神合其吉凶，先天而天弗違，後天而奉天時。」又曰：「考諸三王而不繆，建諸天地而不悖，質諸鬼神而無疑，百世以俟聖人而不惑。」此詩言人能一洗其心，則天地長清寧矣、政教還先王矣；再洗之，則日月合明而照四方矣；又洗之，則此道流行百世不息矣。所以然者，蓋由其體之一爾。其旨微矣哉！

止遷蕭節婦墓賦

若美人兮，宗廟之瑚。毋我即帶兮，毋我捫袪；毋我執手兮，手可斷而不可污。畜犬豕之罵以冒刃兮，貌凛凛其若蘇。死則快兮，生安用諸！嗟此烈婦兮，彼丈夫弗如。

比而賦也。宗廟之瑚，器之貴美者，比貞婦之德也。帶，衣帶。即，猶近也。袪，袖口也。捫，猶摩也。蘇，生也。此先生所賦以止遷蕭節婦墓者。節婦不受辱而死，有墓在新會城外。歲久，豪勢之家有欲遷而奪其地者，故先生賦此止之。言此婦如美玉之貞潔，禁賊毋得近其帶、捫其袖而執其手，誓言手尚可斷而身終不可污，蓋絶之之嚴也；又奮罵其爲犬豕，所以冒此白刃之慘，雖死而其面貌猶凛凛若生而不可犯也。又言其樂死忘生如此，而嘆其壯烈雖丈夫不如也。

題余别駕中流砥柱圖

使君使民不厭真，使君爲臣莫愛身。使君不以榮辱爲屈信、死生爲戚欣，而以嗜慾爲伐性之斧斤。千秋萬歲難磨滅，乃見中流砥柱人。

賦也。此題余别駕《中流砥柱圖》之詩。言别駕當誠以愛民、忠以事君，忘其榮辱生死、絶其嗜欲，則千秋萬歲不朽。必如此，而後可謂之中流砥柱也。蓋因其名責其實，勉勵之意至矣。

題心泉 爲黄叔仁作

夜半汲山井，山泉日日新。不將泉照面，白日多飛塵。飛塵亦無害，莫弄桔槔頻。

賦而比也。以泉比本心，以塵比物欲，以桔槔比智巧。日日新，喻天理之生生不息也。黄叔仁，别號心泉，先生爲作此詩。言「夜半汲山井」者，夜半静定之時，而此泉日新，如人之夜氣生生不息也，此時澄心反照，則天理自見矣；若夫白日，則馬動人行而飛塵亦起，如旦晝所爲牿亡之矣〔一〕，此時爲塵所蔽，則本來面目豈可見哉？又言飛塵猶之可也，若智巧以鑿其性，如弄桔槔者之「有機事必有機心」，則壞之極矣。孟子「所惡於智者，爲其鑿也」，亦此意。

〇桔槔，汲水機也。《莊子·天運篇》：「桔槔者，引之則俯，舍之則仰。」

贈潮州守周鵬

楚中有孤鳳，高舉淩穹蒼。借問歸何時，聖人在黄唐。望之久不至，歲晏涕淋浪。九苞有

〔一〕「牿亡」，《白沙先生詩教解》作「梏亡」，兩通。

遺種，不覺羽翼長。三年集南海，使我今不忘。逍遥梧桐枝，長飲甘露漿。

比也。孤鳳，以比周濂溪先生。黄唐，黄帝、唐堯也。楚，謂湖廣。九苞，鳳也。此詩爲潮州守周鵬作者。鵬自言爲濂溪之後，故云「遺種」。以濂溪生於湖廣之道州，獨得千載不傳之秘，如楚之孤鳳也。此鳳必有黄帝唐堯之時乃出，今我久望而涕泪淋浪，幸見濂溪之孫如鳳之遺種。守潮三年，如鳳雛之集於南海，其所棲但梧桐之枝，所飲但甘露之漿而已。然此亦因慕濂溪之風，故其辭多過稱，鵬之爲人恐未足當此，讀者宜知之。

紫菊吟，寄林時嘉

嚴霜百卉枯，三徑挺秋菊。緑葉明紫英，微風遞寒馥。芳情謝桃李，雅望聯松竹。懷哉種花人，杳在江一曲。遺我盎中金，南牕伴幽獨。時無續騷手，憔悴誰當録？且脱頭上巾，茅柴今可漉。

賦而比也。三徑，見淵明詩。緑葉紫英，蓋言紫菊也。菊生於九月，故云「寒馥」。芳情，言桃李之芬芳情態也。謝，猶絶也。雅望，言菊素有傲霜節操之名，望與松竹等也。江，謂龍江，其俗能種菊，高至一丈。盎中金，以盤栽菊，其色似黄金也。騷，謂《離騷》，屈原所作，有云「餐秋菊之落英」。因此秋菊而歎屈原已逝，當時無繼《離騷》而作者，則此菊憔悴，無人稱賞，今我但效淵明脱巾漉茅柴之酒以賞之而已。此乃先生所作秋菊之詩以寄林子逢者。子逢，名時嘉，乃先生門人緝熙之從子也，隱居茶園。故以菊喻，正爲節操不受變於時俗者勉之也。

感鳥

有鳥不知名，皎然閨中清。育雛止庭竹，衆鳥不敢凌。暮雨啣蟲歸，喚雛雛不譍。以翼覆雛宿，夜久巢屢驚。小僕極殘忍，不眠伺東榮。扳巢襲其母，母去巢亦傾。一雛墮地死，二雛尚咿嚶。平明視竹根，群蟻正經營。子弱母護之，無母何以生。嗚嗚號者誰，宛有雌雄情。入簾逼我枕，爲我再三鳴。此鳥初來巢，卑卑近前楹。我無害鳥心，人謂此鳥靈。終焉失所托，此禍將孰懲？吾甚愧此鳥，感之欲霑纓。呼奴撻其背，流血非所矜。再拜謝此鳥，此意何由平！

比而賦也。皎，明白也。閨中清，比婦之貞潔者。東榮，屋之東翼也。逼，近也。楹，堂柱也。此先生感鳥之詩，因鳥之被奴殘害，有感於心。言此鳥爲小奴襲取驚飛，雛遂委地而死，如人賴母之育，非母則何以爲生？今其鳥之鳴，若告訴於我。我感此鳥初忘機而來此、卑棲而不見疑，我反不能制奴以安全之，所以感泣撻奴以謝此鳥，而意猶不能平也。

其及物之仁，溢於言表矣。

賓陽樓八景，爲丘侍御作 今存其三

縠城呼月

微月瞰高樓，樓中酒初瀉。旁見縠城山，孰是呼月者？騰騰露光景，寂寂開迥野。笑問圯上翁，何如此山下？

賦而比也。縠城，即縠亭。圯上者，張良遇黄石公，授以兵法之地。此詩詠縠城呼月，言微月初出，瞰此高樓，正值樓中瀉酒，見縠城之山，因思誰是呼月之人乎？由初露光以至照臨四野，如人本心之明，擴而充之，至於光被四表，此誠有得於此山之下者也。彼圯上老人所授受者，縱横之術耳，其視此何如哉？

牌山樵唱

日夕樓上飲，瞻望南山阿。樵夫睨林木，會意豈在多。白雲滿山逕，負薪行復歌。人生異出處，貧賤奈爾何。

興而比也。睨，熟視也。此詩詠牌山樵唱，言在樓上飲酒以望南山，則見樵夫之熟視林木，目擊意會，其會心豈在多乎？所會維何，彼樵夫於白雲之中，負薪行歌，蓋以貧賤自處而樂之者也。因歎人生出處，分各有異，若能素位而行，各得所樂，如此樵夫，則雖貧賤將奈爾何哉？

羅水漁歌

有月來照人，沉竿坐羅水。意與羅水深，夜静歌亦起。江湖雖云樂，天地懼終否。豪哉賓陽子，發蹟異姜吕。

興而賦也。言月來照人，則沉竿於羅水之旁矣。意遂與此水同深，故夜静而放歌。此固可樂，然賢人以江湖爲樂，則爲處否之象，乃天地閉、賢人隱之時也。此實太公釣渭之事，而賓陽子則異於是矣。

題萬碩司訓風木圖

把君風木圖，識君風木心。賢者不易貴，遠者寧務今。嗟哉鼎與茵，充足時所欽。

賦也。此詩詠萬碩司訓《風木圖》。言因此圖以識其孝思之心，又知其心不以貴而易，如所謂「古人一日養，不以三公换」者也。然所見之遠者必求大孝，寧務今人之所尚哉？因歎今人所尚，惟在茵鼎取充足而已矣，豈古人之所謂大孝哉？

築室

辛勤結吾廬〔一〕，經始算一一。廣狹更度量，卑高在平秩。堂以備薦享，閣以邀風日。前樹貞節門，後治渭川室。四垣謝粉飾，牡蠣高爲骨。仰瞻勢微峻，其間僅容膝。既以儲簡編，猶堪斂袍笏。是年秋在仲，筮日欣得吉。良友交助予，衆工告易畢。把酒對梅花，浩歌新突兀。

賦也。經始，經營之始也。平，均；秩，序也。薦者，薦新；享者，祭享。邀風日者，閣高故風日易生也。貞節門，先生之母林氏貞節旌表門閭。渭川者，先生之祖也。室，謂堂之室也。謝，猶絶也。牡蠣，俗名蠔殻，可砌爲墻骨者。秋仲，八月，志其經始之月也。筮日，卜日也。突兀，高貌。此先生築室之詩，言此室止於可以容膝，可以邀風日，可以祭祀，可以儲簡編、斂袍笏而已，無盡美之心，其得居室之道者歟？

〔一〕「辛勤」，《白沙先生詩教解》作「辛苦」。

讀林緝熙近詩，時緝熙典文衡閩中，欲便道還家，數夕前嘗夢見之，故有是作

言笑不可親，中宵馳夢想。君行幾千里，道路輕閩廣。忽見囊中詩，區區謝官長。深淵或遺珠，努力試一往。微官亦何事，感激章欲上。行止各有時，姓名忌標榜。此言誰爲傳，聊以慰俯仰。

賦也。深淵遺珠，以喻野有遺賢也。此先生讀林緝熙近所寄詩而作。時緝熙典文衡於閩中，欲便道還家。數夕前夢見之，故言與緝熙間闊但有夢想而已。每念其典文閩中，行役之遥，忽見其詩乃欲辭官長之徵，何耶？何不念士有遺珠之嘆而努力一行乎？又言緝熙乃教職，胡爲位卑言高而數欲上章論事耶？蓋人之行止，隨處而安，不在於標榜慕外也。我之此言，誰爲傳于緝熙，以慰其俯仰之勞乎？

將如外海看山，先寄道傍諸友

吾衰何所如，俯仰在一席。舍傍有小水，相望眇南北。静久動乃宜，住多行亦得。朝往暮南還，路旁事舊識。故人邀我飯，半餉吾未惜。東老對回公，神僊無惡客。

賦也。回公，即仙人吕洞賓别號也。東老好客，洞賓題其館云：「西鄰已富憂不足，東老雖貧樂有餘。白酒釀來緣好客，黄金散盡爲收書。」此詩乃先生將如外海看山，先寄道傍

諸友者。言我既衰，但俯仰一席，雖舍傍小水，亦眇然如隔南北也。然久静長住之後，亦宜行動，一弛一張，理之自然，且往還所經多舊識，亦不可不一事訪問，則故人留飯亦何惜半餉之閒乎？彼有東老，則有回公，原無惡客，況夫道義之交者哉？

製布裘成，偶題寄黎雪青

海布剪黄雲，嶺綿裝白雪。製爲道人衣，方直無周折。吾老不出門，躬耕慕冀缺。黄昏披此裘，坐望梅村月。美人遺我酒，小酌三杯烈。半酣發浩歌，聲光真朗徹。是身如虚空，樂矣生滅滅。

賦而比也。冀缺，晉之隱耕者。梅村，在白沙村先生所居傍。此詩製布裘成偶題寄黎雪青者。雪青事佛，故詩中語借引佛書曉之。言剪黄雲之海布，裝白雪之嶺綿，以爲道人之裘。方直，以象此心之方直也；無周折，以象此心之無邪也。今我窮居，躬耕晚歸，披此裘以望月，酌美人所遺之酒至於半酣，得於心而發於詩歌，聲光朗耀通徹以塞於天地，而吾廓然大公，此身如在太虚無物之中，彼釋氏之樂所謂生滅者，果如是乎？然謂之如虚空則非真虚空，蓋釋氏以寂滅無聞爲虚空，吾儒則以隨事順應不滯於物爲虚空，相似實不同也。釋氏之樂在於滅，是以滅而滅生。若夫望月、飲酒、放歌，樂由此生，則先生之樂在於生，是以生而滅滅。樂滅者，窈冥昏默與物扞格，何有於生？樂生者，日用動静與時偕行，何有於滅？生者，人道也；滅者，鬼道也。噫！人鬼之判，遠矣。

〇《傳燈録》：「無住禪師嘗務晏寂，於時庭樹鴉鳴，杜鴻漸問師：『聞否？』曰：『聞。』鴉去。又問師：『聞否？』曰：『聞。』問：『鴉去無聲，何言聞？』曰：『聞無有聞，非關聞性。本來不生，何曾有滅？有聲塵自生，無聲塵自滅。而此聞性，不隨聲生，不隨聲滅。悟此聞性，即免聲塵之所縛。』」按此則釋氏以動作聲聞爲生而惡之，以無動作無聲聞爲滅而樂之。烏知望月、飲酒、放歌與時偕行者，生生不已之樂哉？先生詩文用佛事佛語者多矣，非借此以比況，則即此以辨别，其意深、其辭婉，苟不細求其故并通考其上下文之辭，未易得其真解者矣。如此篇「樂矣生滅滅」，乃因雪青事佛，故致其辨别以深曉之。奈何不得其解者，遂斥爲媚禪乎？先生嘗謂「釋語與吾儒似同而異，毫釐霄壤，貴擇之精」。先生固擇之精矣，讀者亦貴從而精擇之。〔一〕

夢中作

法好人莫傳，衣好人莫穿。西子蒙不潔，掩鼻而過者，疾趨而争先。雖有惡人，齋戒沐浴，

〔一〕《白沙先生詩教解》删除自「《傳燈録》」至「讀者亦貴從而精擇之」一段文字。

被服明鮮；以祀上帝，執侍周旋，與世駢肩。

比也。法，猶教也，即堯舜以來相傳之道。此詩先生夢中作。言法之好，惜乎人無有傳之者，如衣之好，惜世人莫肯穿之者。蓋嘆傳道之難也。又引孟子之意以言雖有惡人自新，亦可勉而至。然則非法之難傳也，人自不肯傳耳。其勵學者至矣。

秋興 三首

西風振庭木，虛堂夜蕭蕭。攬衣起步月，歸雁雙飄飖。天地豈予獨，知音不可招。冥心祈有合，悵望空雲霄。

興而比也。此與後二篇皆秋興之詩。言西風振木則虛堂蕭蕭矣，攬衣而起則見雙雁之飄飖矣。因此雁有雙，而言天地間豈遂使我獨立而無知音，曾不如雁之雙飛乎？故我冥心獨立於此，企有所感而與我契合者〔二〕，今未得焉，徒然悵望雲霄而已耳。蓋嘆知己之難也。

〔二〕「故我冥心獨立於此，企有所感而與我契合者」，《白沙先生詩教解》作「然我冥心獨立於此，冀有所感而契合」。

其二

盛時不得意，衰老徒傷悲。志士曷爲爾，載籍多見之。翹首面崑崙，白龍有遺池。振衣一千仞，高詠秋風誰？

賦也。盛時，盛年之時也。爾，猶然也，指傷悲而言。載籍，典籍所載也。崑崙頂、白龍池，即緑護屏、聖池。振衣，言振去塵埃，如人之去物欲也。此亦秋興之詩，言年盛時不求自得本心之樂，至老而徒傷悲，無益也。古之志士往往如此，見於書籍者多矣。然則，仰望崑崙、白龍而欲一振衣而高詠者，又誰人也？蓋自任及時勉進之意。

其三

海上有一士，來往不知年。或就胥靡飲〔二〕，或投上方眠。遊處各有徒，孰謂世情然。飲酒不在醉，弄琴本無絃。借問子爲誰〔三〕，得非魯仲連？

〔二〕「飲」，《白沙先生詩教解》作「飯」。

〔三〕「問」，原誤作「門」，據《白沙先生詩教解》改。

賦也。胥靡，刑徒賤役。上方，禪寺。無絃，陶淵明壁上常有無絃琴。魯仲連，高士，却帝秦之議，曰：「若以秦爲帝，連有蹈東海而死耳。」此亦秋興之詩。託言海上有高士，或就胥靡而飲〔一〕，或投上方而眠。彼胥靡、上方，蓋皆可與爲徒者，豈如世情之淺淺者然乎？飲酒，在得酒中之味而不在醉；弄琴，貴得琴中之趣而不在絃。此爲何人？蓋魯仲連之流也。其自寓之意深矣。

謝琴月惠茘枝

長夏風雨過，西良茘枝熟。晚有好事人，提筐歸我屋。老母不肯嘗〔二〕，馨香聞隔宿。上以薦祖考，支分及僮僕。第令筐中有，不畏稚兒哭。爾惠良足嘉，吾親素多淑。在德不在物，豈爲窮口腹？東坡三百顆，日啖不知足。長爲嶺南人，千載披心曲。

賦也。西良，村名。茘枝，嶺南佳果之名，色、香、味三者皆絶倫。筐，竹器，盛茘枝者。不肯嘗，未薦祖考也。其果隔宿尤香。不畏穉兒哭，筐中所有足應其求也。吾親，亦謂老

〔一〕「飲」，《白沙先生詩教解》作「飯」。
〔二〕「老母」，原誤作「考母」，據《白沙先生詩教解》改。

母也。淑，善也，言素善其味也。此謝琴月遺荔枝之詩。言荔果之惠，上及祖考、慈親，下及稚兒、童僕，所惠廣矣。然感之之意，又在德而不在物也，豈窮口腹之欲，遂以爲感激哉？又引東坡日啖三百，乃所謂口腹之欲者也。

贈世卿 六首

采菊復采菊，嚴霜下庭木。豈無桃李顔，畏此天地肅。落落枝上英，未傷殘者獨。持贈楚人歸，投之江魚腹。

賦而比也。落落，寂寞蕭索之意，即《楚辭》「飡秋菊之落英」。王荆公謂菊花之落，非也。菊花至枯不落。楚人，指李世卿。此下皆贈世卿還嘉魚之詩，凡十二篇，今存其六。以采菊喻求道。言采菊於嚴霜之時，桃李皆謝，惟有此落落之英，又殘之者少，古今惟屈原、淵明耳。今我采菊何爲哉？蓋以贈世卿，使歸汨羅，投於江魚之腹以弔屈子。蓋憾知道者少，故企其曠世相感如此也。其寄託深矣。

其二

青青牆下竹，冬後色如是。燦燦月中花，歲寒香不匱。新知語未足，遠別情難置。獨上江門舟，北風日淩厲。

比而賦也。月中花，謂桂也。匱，乏，猶盡也。此亦贈世卿之詩。承上篇而言，又以竹桂之能持晚節者以勵世卿，使不渝所守也。然與世卿新知，尚未能盡所欲言，如外傳云「所未言者，此心通塞之機，生生化化之妙」者，蓋世卿尚未能問，是以未及語之。今將遠別，故此情難置也。況世卿登舟别江門而去，北風日見淩厲乎！此又比世習日相侵奪，不可不謹素節也。

其三

進亦人所憂，退亦人所憂；得亦人所憂，失亦人所憂。所憂非憂道，所憂其可留；所憂非憂貧，所憂其可休。古來嚮道人，能辨憂所由。去去淩九霄，行行戒深溝。敬此之謂修，怠此之謂流。

賦也。九霄，至高也，喻爵位之崇高；深溝，言險也，喻利欲之陷溺。此亦贈世卿詩。言得失、進退皆人所憂，然皆爲貧而非爲道也。憂道者，天理；憂貧者，人欲。不可不審其去取，古來向道之人所以必審辨乎此也。今世卿之去，有淩雲之志，而深溝或在乎其間，不可不戒也。

其四

元神誠有宅，灝氣亦有門。神氣人所資，孰謂老氏言。下化囿其迹，上化歸其根。至要云在兹，自餘安足論？

賦也。元神之宅，謂心也，心爲神明之舍。灝，與浩同。資，猶用也。能存其心志，則浩然之氣由此而出，故謂之門。孟子所謂「志至焉，氣次焉」，即此意也。然則「神氣」二字〔一〕，乃人之全體大用、所資以爲人者，豈可謂老子之言而不求之哉？但老子囿于迹，所主在氣；若聖賢之所謂神氣，其根則主於理。須究其本然之體言之，所謂「天理人欲，同行異情」也。學之至要，在此而已，他皆非所急務也。

其五

可以參兩間，可以垂萬世。聖人與人同，聖人與人異。堯舜於舞雩，氣象一而已。大者苟不存，翩翩竟奚取？老夫嘗自力，兹以告吾子。文字費精神，百凡可以止。一落永不收，年光建

〔一〕「二字」，原誤作「一字」，據《白沙先生詩教解》改。

瓴水。

賦也。大者，謂大頭腦處。與人同，即明道所謂「渾然與物同體」者也。此亦贈世卿之詩，指出道體之大，以勉世卿。謂聖人之道，可以參天地、垂萬世者，以其與物同體，所以異於衆人也。堯舜舞雩事功不同而氣象則一，以其見此大也。此大不存，則其小者奚足取哉？又言此大者，乃我之所自力者，故爲世卿告，不可徒以文字人爲撓之。若能知止息，則生生之機在我矣。又言時光之去，如建瓴水之不可再收，所當及時進修也。

其六

上上崑崙峰，諸山高幾重？望望滄溟波，百川大幾何？卑高入揣料，小大窮多少？不如兩置之，直於了處了。

比也。崑崙峰，極高者；滄溟波，極廣者。然以其有形則有限，故雖登此而望，所見有窮盡。若夫揣度料量其高卑，則又出於想象意見而已。以喻人之求道於見聞之間、測度之際者，皆爲有限也。程明道所謂：「泰山高矣，泰山頂上已不屬泰山。」又云：「鳶飛戾天，向上更有天在；魚躍於淵，向下更有淵在。」亦此意也。若置之而求於了處，則即其所不覩不聞者，而戒慎恐懼以存之，然後爲學聖之全功也。嗚呼，此先生之告世卿者至矣！

容珪輓 二首

師友道久衰，窮鄉無可者。是非真妄間，彼此不相假。所適一以偏，較然見趨舍。滔滔復滔滔，風俗日益下。珪也何所之，終身在陶冶。

賦也。滔滔，流水不止之貌。容珪，先生弟子。之，猶往也。陶，所以成瓦器；冶，所以鑄鐵器，比育成人材者。此與後篇皆弔弟子容珪詩。言師友道衰，故鄉黨之士，是非真妄趨舍不同而風俗日流于下。獨珪則一無所往，而終身在我陶冶之中也。

其二

四雛一母乳，衎衎東山岑。二雛羽翼長，一去無遺音。母衰二雛小，中夜哀莫任。感此骨肉別，悄然傷我心。蕭蕭暮色起，脉脉春江深。百年會有盡，淚下雍門琴。

比也。容珪同母有四兄弟，故云「四雛一母乳」。衎衎，隨飛和鳴之貌。二雛去而無遺音，以比珪與兄先逝也。此先生悼容珪與兄先死，今所存者，二小雛與老母，故不勝其哀痛之情也。先生又言，我感此子母骨肉之别，悄然傷心，况蕭蕭暮色、脉脉春江，所以增其悲哀者深矣。又舉雍門周鼓琴而歌千秋萬歲之感，不能不爲之淚下也。雍門周鼓琴，能令孟嘗君涕泣增哀。

有懷世卿 四首

僊鶴去不歸，黄鸝向人語。空館忽相思，雲山杳何許？出門望東海，默默空延佇。月出潮復來，嗚橈下滄渚。

興也。此與後篇皆懷李世卿之詩。託言僊鶴已去，惟有黄鸝向我耳語，興起空館相思而不知雲山之相隔也〔一〕。故望東海而默默延頸佇立，所以思之者至矣。然思之不已，將奈何哉？則又乘潮月而嗚橈於江渚之間，以遣興耳。

其二

時雨日夕來，郊原藹新緑。白雲被重崖，下映寒塘曲。情結竹上言，魂消井邊躅。三年隔瀟湘，書至不可讀。

興也。竹上言者，世卿曾題詩於此竹也；情結，謂思之至而情鬱結也。井邊躅，謂世

〔一〕「興起」，原作「興下」，據《白沙先生詩教解》改。

卿曾行坐於井傍，尚有遺跡也；魂銷，言思之切而神魂爲之傷損也。不可讀，謂懷之益切至也。此篇因時雨之藹新緑、白雲之被寒塘，興起有懷世卿，感物思人，三年之别，書至有不可讀者矣。

其三

伏枕廬山下，春懷慘不舒。哀弦久去耳，風韻今何如？灼灼花自媚，嚶嚶鳥相娱。高臺夕流盼，古道行人疎。

賦而比也。廬山，即小廬山，先生所居之後。哀弦，謂弦聲之激切，比世卿之清論也。此亦懷世卿之詩。言我伏枕於廬山之下，春日之懷宜舒暢而反慘者，蓋因念世卿談論去耳之久，不知風韻何如。今此灼灼之花、嚶嚶之鳥，不過自爲媚娱而已。夕登高臺，流盼以觀，此古道之上，行之者甚少也。古道，以喻聖人之道。行人疏，以諷世卿也。

其四

煩囂謝人境，抱膝山臺居。奈此枝上鳥，交交春雨餘。少年耳目冗，衰老不能虚。安得魯連子，從之泛江湖？

賦也。亦懷世卿之詩。言我謝絶人境之煩囂，而抱膝以居山臺之上，又奈此鳥聲，交交於春雨之後；況我於少年時，耳目冗塞，滯於見聞，至今衰老，猶不能使之復虚，何堪又有此鳥聲相聒乎？所以欲思得魯連子之徒而與之同泛於江湖，盡欲脱去塵囂以歸寧静之境也〔一〕。然不過託此高遠以勵世卿耳。不役耳目，聖人固自有道，奚必絶人逃世而後能哉？讀者不以辭害意可也。

觀自作茅筆書

神往氣自隨，氤氳覺初沐。聖賢一切無，此理何由矚？調性古所聞，熙熙兼穆穆。恥獨不恥獨，茅鋒萬莖禿。

賦也。神，謂心之神，即志也。志者，氣之帥，故神往則氣隨而往。神氣相得，氤氳太和，如初沐之時。此先生作草書以寓學也，如明道「作字時甚敬，即此是學」之意。於是又言文字皆道之所寓，若聖賢一切絶去文字，則何由見此道理？故云：「乾坤毁則無以見

〔一〕「盡欲脱去塵囂以歸寧静之境也」，《白沙先生詩教解》作「蓋欲脱去塵囂以游於寂寞之濱也」。「盡」，疑爲「蓋」字之訛。

《易》，《易》不可見，聖人之道或幾乎息矣。」又言氤氲若初沐者，乃古人調性之學，所以有熙熙而光明、穆穆而和敬者。然此我之所耻獨能者，故茅鋒萬莖皆秃也。能書，非先生所獨；而書中之學，氤氲熙穆者，則先生之所獨。人莫能之，所以耻也。

益母草

有草人不識，棄之等蒿萊。時來見任使，到口生風雷。溲也佐未足，益以蜜與醅。生者得其養，死者無遺胎。岐黄開本草，夭札人所哀。一物具一用，神功不可猜。佳名夙所慕，廣濟真天才。

賦而比也。草，謂益母草，其形如艾。蒿萊，惡草也。生風雷，言其氣能鼓動變化也。溲，童小便；蜜，謂蜂蜜；醅，謂美酒。生，謂胎之生者；死，謂胎之死在腹中者。岐黄，謂岐伯、黄帝，造《本草》以辨百藥之性味。夭札，謂短折也。佳名，益母草之名也。廣濟，如上文等事也。天才，言其才不凡也。此詩詠益母草，以喻君子盛德而有濟人利物之用如此。

送劉方伯東山先生

未别情何如，已别情尤邈。豈無尺素書，遠寄天一角。江門卧烟艇，酒醒蓑衣薄。明月照古松，清風灑孤鶴。

賦而比也。未別、已別，謂已與劉東山先生也。邈，遠也。尺素書，言書之度一尺也。天一角，謂嶺南之地，亦言遠也。蓑衣，謂藤蓑，先生所製以自披者。孤鶴，以自比，言無徒侶也。此送東山方伯之詩。言今未別之情繾綣如此，則已別而遼邈又何如也。公豈無尺書見寄天涯耶？而我但卧江門之艇，酒醒惟覺蓋身之蓑寒薄。當此之時，惟有明月照松，清風來灑此孤鶴耳。此詩「江門卧烟艇」，及臨終詩「弄艇江門月」等句，皆作詩假託之常，猶「采卷耳」、「陟高岡」之意耳。不知者認真，遂謂先生之學弄艇投竿而後有得。古人所謂「不可向癡人前説夢」也。

遊圭峰，同世卿作

窮居無歲年，老夢得迂朽。永託山水間，東西事遊走。幽幽鐵橋花，悵望未得手。杖履聊此躋，微霜正疎柳。斂襟欲無言，會意豈在酒？滄海當我前，崑崙卓我後。但談孔氏規，坐失微生畝。

賦而比也。幽幽，深遠之意。鐵橋，在羅浮，兩山相接之脊如橋，有石立如橋柱。鐵橋花，喻道也；未得手，言已望道未得，謙辭也。杖履，竹杖草履。躋，猶登也。欲無言，謂不在言也。「會意豈在酒」，喻要在默識，不待外求也。下二句即會意之事，蓋山峙水流，無非至道。「但談孔氏規」，言學者專欲速仕，但喜談聖人汲汲皇皇不忘天下之事，而不知微生畝之誚栖栖爲佞者亦未可失也。蓋聖人仕止久速，「有義存焉，無可無不可」，雖不必於不去，而亦不必於去。後之不知止者則偏於不去，而微生畝則偏於去，皆非聖道時中之全體也。若夫會意而灼見道體者，自有以知此矣。

示李孔修近詩

昔别秋未深，今來歲方晏。吾衰忘筆硯，月記詩半板。或疑子美聖，未若陶潛淡。習氣移性情，正坐聞道晚。爲我試讀之，如君當具眼。

賦也。此示李孔修以近作之詩。聖，言杜子美詩之神妙也。淡，言陶淵明詩有沖淡之意，自然天成，又非子美用工鍛錬者所能及也。然詩發乎性情、止乎禮義，今我之性情不能不爲習氣所移，正坐於聞道之晚也。聞道，則性情得其正而不爲習氣所移矣。淵明自敘云：「總角聞道，白首無成。」淵明之淡，蓋有其本也。又許子長具眼，試爲我讀此近詩，以爲何如也。

蔣韶州書至，代簡答之

相别何悠悠，梅花十寒螿。音塵中斷絶，窅若墮深井。忽枉尺素書，開讀喜不定。庾嶺秋正高，揚旌下松逕。君才足理郡，韶民日延頸。古來水火喻，子産功在鄭。歲計諒有餘，願聞下車令。

賦也。此蔣韻州書至，代簡答之也。悠悠，久遠也。梅花，生於歲寒之後，故以一開爲一寒，猶一歲也。梅花十寒，則經十歲矣。墮深井，言消息不聞，如居井底然。下松逕，言蔣君度嶺而莅韶也。延頸，引領而望也。水火喻，子産鄭大夫聽國政，鑄刑書，以爲水柔故人多溺，火烈故人少犯之者。言此，蓋欲其政令主於嚴，乃所以愛全乎民也。又言吾知蔣君治韶，歲計則有餘矣，但願聞下車之政令在寬在嚴耳。蓋先王之教，不能不賴刑以弼之；聖人之仁，不能不正之以義；天地之春夏，不能不肅之以秋冬也。蔣之政偏於寬，故以此箴之。

八月二十四日颶風作，多溺死者

坐忘一室内，天地極搼攘。顛浪雷殷江，流雲墨堆嶂。高田水滅頂，别浦風翻舫。大塊本無心，縱横小兒狀。江門三兩詩，饒舌天機上。

賦而比也。殷江，《詩》云「殷其雷」。墨堆嶂，言雨雲之黑，如以墨堆山嶂也。滅頂，《易》云「過涉滅頂」，此言水漫田上也。大塊，謂天地。饒舌，謂多舌也。此詩先生感二十四日颶作。言我坐忘一室内，静觀天地間大風鼓動，極其勞攘也。下四句，即申言天地勞攘之狀。然天地心普萬物而無心，其勞攘縱横如小兒之狀，豈有意爲之者哉？所以我之詩，饒舌以言天機之上耳。蓋無心即天機也。

讀張廷實近稿

世惟識寶人，惜寶如惜子。寶爲物所掩，念之容色悴。一朝此寶來，輒復喜不已。喜戚由寶故，以識爲心累。

比而賦也。此先生讀張主事廷實近稿而作。廷實，名詡，先生弟子，有美質，胸襟最高。然其所存所作，或有離而去之者，先生因其近作之佳者而言。人之識寶者，愛惜之如子矣。識之深，故愛之深也。寶爲物掩，則憂戚達於容色；及寶復來，則喜動於中。一喜一戚，皆由寶之得失。蓋由其識寶，反以識累心也。先生之喜戚，豈直爲詩而已哉？

贈鍼灸楊飛

昔吾見而翁，賣藥金陵市。手持一寸鍼，鍼落病者起。我主大行人，翩翩酒相值。京中多異客，飛蓋若流水。一峰挾一囊，有藥能醫世。時當引疾去，東西各飄逝。歲月忽復多，囊括鍼亦廢。君來還見予，俯仰相悲喜。何期二紀下，重覩無雙技。瞻彼老定山，風波五千里。金陵多舊遊，存歿寧復記？人生若浮烟，爲君語如是。

賦也。此贈鍼灸楊飛之詩。而翁，謂飛父也。金陵，即南京。我主，謂所主之家也。大行人，謂莊孔昜先生。初爲檢討，抗疏落職爲行人司，家居母病，迎楊醫於常山療之。首四句，言飛父子世醫之精，遂言於定山處會晤共飲。又言會客之衆，如一峰羅修撰者有醫世之具，不用而退廢。今君復來見我，俯仰悲喜，因思定山相别之遠。而一時金陵之舊遊，不可記憶者多，不但一定山而已。又歎人生如浮烟之聚散不常，所以感而作此詩也。

正月二日雨雹 是日雨水節

雨水不雨水，雨雹胡乃然。小者如蓮實，大者如彈丸。仍聞隔江言，有雹大如拳。吾君古帝堯，神功格皇天。雹往而霰來，無乃爲豐年？

賦也。此詩感正月二日雨雹而作。是日爲雨水節，故言雨水節宜雨水而不雨水而反雨雹者，何哉？以聖君功德格天，故雹往霰來，爲豐年之兆耳。霰，謂雪之小者。今詳：雹，陰陽不和之所生，災異也。霰者，和氣之所感，然雨於正月，則亦爲非時。先生此言，蓋爲時諱耳，亦憂後稍紓之意。後二日雨霰，故言「往」、「來」。然則此詩蓋作於後二日歟？

五日雨霰 二首

北風捲長雲，晨光坐來滅。映空絮忽飛，誰謂越無雪？

賦也。晨光坐滅，言陰之速也。絮，謂雪之飛如柳絮也。越無雪，古有此語。先生因正月五日雨霰而作此下二篇。言北風捲雲而日光坐滅矣，忽見白映虚空，如絮之飛，則古人謂「越無雪」者，徒虚語耳。蓋喜之之詞也。

其二

元氣塞天地，萬古常周流。閩浙今洛陽，吾邦亦魯鄒。星臨雪乃應，此語非謬悠。

賦也。元氣者，天地之正氣也。此承上篇感雪而作。言天地中正之氣，充塞兩間，萬古周流。上下四方之宇，古今往來之宙，同此充塞流行也。今之閩浙既爲洛陽矣，則吾嶺南豈非今日之鄒魯乎？所以知其然者，既有星臨之象，今又有雪應之兆故也。星臨，謂中星所臨之地。先生嘗謂「有一星者云：今中星已臨嶺南，當有聖賢生」，故此詩云然。然未審其然否，但因雪應而及之耳。

讀張地曹偶拈之作

拈一不拈二，乾坤一爲主。一番拈動來，日出扶桑樹。寂然都不拈，江河自流注。濂洛千載傳，圖書乃宗祖。昭昭聖學篇，授我自然度。

賦也。此先生讀張地曹廷實《偶拈》之作。拈，謂拈詩句也。言爾之拈句，當拈其一，不可拈其二。一者純，二者雜。乾坤，謂天地。一爲主，「天得一以清，地得一以寧」也。濂洛，謂周、程；圖書，謂《河圖》、《洛書》也。聖學，《通書》篇名。言此心若感通拈動，則天地之道大明如日出扶桑矣；若此心寂然不動而無所拈，則天地之道無爲而江河流注矣。所謂「拈一不拈二」而斯道大明者，上有《河圖》、《洛書》爲之祖宗，而下有《聖學篇》獨得其正宗。所謂「一爲要」者，乃示我以自然之矩度也，豈可以拈二哉？他本又云「願還拈外心，再讀《中庸序》」，則先生扶正闢邪而警之者深矣。

贈黎秀才

月行在青天，月影沉碧水。誰爲弄影人，吾與黎生耳。黎生青雲彦，偶值薇垣使。明日還端陽，贈君惟有此。

興而賦也。薇垣，謂使司。端陽，古端州，今之肇慶府也。弄影，即弄月也。道形於天地之間，爲四時，爲百物，爲逝水，爲鳶魚，爲風月，皆與道爲體者。若能仰觀俯察，則見其充塞流行，與我同體而自强不息矣。此送黎生之詩。黎生，肇慶人，奉使司之使來白沙。將别之夕，先生與之夜坐，因月影在潭興起，言與黎生坐此弄月，其所得多矣。因言黎生志於青雲者，而偶值使司之使以來共弄此月，然明旦黎生遂還端陽矣，我所以贈之者，惟有此月耳，豈復更有他哉？使黎生有悟此言，則必吟風弄月而歸，有「吾與點也」之意矣。惜乎，終未聞其有得也！

寄李子長 二首

仙城李子長，短髮不及寸。家有覓栗兒，時無郭元振。經年斷往還，使我勤問訊。寧知造化心，天地無情盡。

賦也。仙城，即廣州城。舊傳有五仙騎五羊，手各執一穗，後忽化爲五石，名穗石洞天，城因以仙名。髮不及寸，謂子長病後髮禿也。覓栗兒，謂家貧而兒稚，又如淵明之兒「但覓棗與栗」者也。郭元振，能輕財賙貧者。盡，猶極也。此與後二詩皆寄子長者。言子長貧病，但時無如郭元振者以濟之耳。今久不往還，使我徒勞問訊；又不知天地造化之心，如何至此無情之極，而使斯人之窮困也。蓋亦無所歸咎之辭。

其二

祝融我當往，往處還自然。未往亦由我，安知不是仙？是身元有患，天道豈無緣？難逢俗人說，可爲知者傳。

賦也。祝融，南嶽峰名。仙者，託之以言其心無所累耳，非長年飛昇之謂也。是身元有患，謂身牽於病也。此亦寄子長之詩。言南嶽，我所當往；然欲往未往，亦由我耳。自然，則情不累於去住。襟懷洒落，是亦僊已，奚必長年飛昇而後爲僊哉？今我之不往者，由病耳。吾既有身則不能無患，天道豈無緣哉？故又言其樂天知命、順乎自然者，非俗人所能知也。

卧遊羅浮 四首

登飛雲

馬上問羅浮，羅浮本無路。虛空一拍手，身在飛雲處。白日何冥冥，乾坤忽風雨。蓑笠將安之，徘徊四山暮。

比也。羅浮，在博羅、增城二縣之間。飛雲，其山頂也。《誌》以爲「羅山、浮山乃蓬萊之一股，自海上浮來相附」。然其語不經。此與後三篇皆卧遊羅浮之詩，此則登飛雲者。以羅浮喻道。無路，猶顔子「雖欲從之，末由也已」，言瞻望羅浮之山，無路可入。但虛空拍手之時，忽不知其身已在飛雲之處矣。然豈有無路而拍手可至之理？但設言其道不可强入，而可以神會耳。讀者不可以辭害意也。又言方白日當晝之時，而忽晦冥風雨，蓑笠無歸；又四山將暮，則惟徘徊佇立而已。以喻天理方流行，忽爲人欲間斷。此正通塞之幾、得失之際，徒悵然於遲暮也。

度鐵橋

一度一萬劫，飛空本無鐵。何名爲飛空，道是安排絶。夜久天宇高，霜清萬籟徹。手持青琅玕，坐弄碧海月。

比也。劫，謂世間之患害也。鐵，謂鐵橋。萬籟，萬物之聲。《莊子》「天籟、地籟、人籟」。青琅玕，謂青竹杖也。此亦卧遊羅浮度鐵橋之詩。言一度則超出萬劫，然此度乃飛空而來，不由鐵橋而往，故云無鐵也。又言所謂飛空者，非有他也，乃絶其安排耳。人稍有安排，則私意百起；若絶其安排之心，則出於自然而與道一矣。「夜久天宇高，霜清萬籟徹」，又形容其無安排，則見天宇之高，萬籟之徹，如渾然一私不存、萬理明淨之候矣。於此之時，但手持琅玕之杖，坐弄明月而已。

下黃龍

天風吹我笠，吹下黃龍頂。兩手捉笠行，不知白日暝。赤松見我笑〔一〕，却立千丈影。童子問赤松，雲深各不領。

賦而比也。黃龍，羅浮之洞名。頂，謂其山巔也。赤松子，僊人，以喻聖人也。千丈影，言其高也；各不領，言其不相契悟也。此亦卧遊羅浮下黃龍詩。託言我登黃龍洞之

〔一〕「赤」，原作「亦」，據《白沙先生詩教解》改。

時，爲天風吹落其笠，然猶不自已，以兩手捉笠而行，雖至日暮而不知。猶己勉勉於聖人之道，雖至艱難險阻猶自强不息也。誠心所感，則見赤松子遇我而笑，蓋有接引之意；而我見其影之高如此，猶親見聖人之形容，若心得之者，宜乎童子之不相契領也。

望羅浮

山大必有靈，土高豈無異？翠浮幾千丈，日月東南翳。我尋五嶽來，未問僊家事。絶頂望九州，衡山正西峙。

賦而比也。翠浮，言其高如浮翠然；「日月東南翳」，言翳東南之日月，皆以言羅浮之高大也。五岳，中岳嵩山、東岳泰山、西岳華山、北岳恒山、南岳衡山。此望羅浮之詩，即卧遊羅浮也。言山之高大必有靈異，今羅浮之高大如此，豈無靈異乎？如聖人所積之高厚，必能出類拔萃也。今我之來，非爲訪尋王、葛諸仙而來也，蓋爲尋五岳耳。未到五岳，先登此山以望九州之廣，則見南岳衡山正峙其西。蓋以寓其望道希聖之意，豈特遊觀而已哉！《孟子》「登東山」一章，亦此意也。

贈周文都

十年兩别君，一别一回老。問藥朱陵遊，吾兹恨不早。平生憂樂心，相對各傾倒。遠别望眼昏，浮雲不堪掃。

賦而比也。此先生贈周文都之詩。文都，名京，亦先生弟子，新會舉人。朱陵洞天，在衡山。問藥，採藥也，以喻求道之意。恨不早，言老病交至，恐無税駕之地，所以自勖以勵文都也。故言己與文都同甘苦，相對無不傾倒盡情者。今將遠别，吾望以送之，眼昏不能遠見，況有浮雲障眼，掃之不能去乎？浮雲，亦以喻富貴之迷人。此必送文都入試之詩，故其言如此，可謂忠告之至矣。

寄題嚴州嚴先生祠壁

既上桐江臺，復弄桐江釣。不食桐江魚，不怕嚴光笑。衣巾人笑儂，羊裘終未了。堂堂范公碑，今古稱獨妙。

賦也。桐江臺，即嚴瀨釣臺也，在桐廬縣。儂，猶我也。弄釣、食魚、嚴光笑者，謂後來學者又學子陵之釣而得名利，則爲子陵所笑矣。「衣巾人笑儂」者，言己所著衣巾，人或笑我不效子陵之羊裘也；羊裘未了，謂後人效子陵著羊裘，即有好名之心，故未了也。堂堂，光大之貌。范公碑，即范仲淹所作《子陵祠堂記》也。此先生寄題嚴州嚴先生祠壁，蓋言人須有子陵之心，而不可徒影響其形迹也。

寒菊

菊花正開時，嚴霜滿中野。從來少人知，誰是陶潛者。碧玉歲將窮，端居酒堪把。南山對面時，不取亦不舍。

賦而比也。碧玉，先生所居樓名。端居，謂恭己静坐也。南山對面，即淵明所謂「悠然見南山」；不取不舍，即「勿忘勿助」之意。必如是，則本體自然，而後南山可見也。南山對面，喻見道，即顔子所謂「如有所立卓爾」也。此詩雖詠寒菊而其指遠矣。天下後世欲知先生之學者，當於不取不舍之間求之也。

寄賀柯明府〔一〕

夷狄犯中國，妻妾陵夫君。此風何可長，此恨何由申！仲尼憂萬世，作經因感麟。往者宋元間，適逢大運屯；仰天泣者誰，屈指張陸文。臨事誠已疎，哀歌竟云云。一正天地綱，我祖聖以神。缺典誰表章，厓山莽荆榛。寥寥二百年，大忠起江濱。慈元廟繼作，爛映厓山雲。近者陽江尹，一念何精勤！作祠比厓山，兩廟存三仁。大封赤坎墓，昭昭愜衆聞。深悲魚腹冷，一躍海門春。厓海風波隔，陽江面目新。自然聲氣應，坐使風俗淳。短卷心先賀，神交夢每親。琢詞告萬世，老病敢辭君？

賦而比也。以「夷狄犯中國」比「妻妾陵夫君」，天理反逆之極也。感麟，謂孔子因獲麟而作《春秋》以攘夷狄、尊中國。屯，猶厄也，謂元滅宋之事。張謂世傑，陸謂秀夫，文謂天祥，三忠也。臨事疎，謂三公不事決戰，奔至海涯窮極之地，而文天祥每每被執。哀歌，謂《正氣歌》。天地綱，謂夷狄、中國如天冠地履，今以夷狄滅宋，冠履倒置矣。我太祖高皇帝

〔一〕此詩及其注解，《白沙子古詩教解》原缺，疑係碧玉樓本編者因清代文字獄之忌諱而將其删除。兹據湛若水《白沙先生詩教解》補出。（湛若水《白沙先生詩教解》，《四庫全書存目叢書》集部第三五册，第五七四頁）

驅之，以正天地之綱。故愚嘗謂：「唐太宗詩『刷耻酬百王，除兇報千古』，惟我太祖乃能稱之。」蓋振古所無之功也。大忠祠以祀三公、慈元廟以祀楊太后者。今陽江尹柯公又建祠於彼，以比厓山兩廟，共存三仁之祀。又俗相傳謂張世傑溺死，鄉人葬之於赤坎，今大封之，足愜衆聞。故我嘗悲世傑葬於魚腹之冷，今則如躍於海門之春矣。又言雖陽江、厓門相隔之遠，而像貌儼然，則其風俗庶有觀感而還淳厚也。

偶書所見

崖傾百丈泉，直下注東川。翳流起大舂，覆茅於其顛。一爲利所驅，取便世争先。漢陰喻桔槔，所見無不然。嗟哉抱甕心，古道何由全？

賦也。此蓋先生見水碓而作。舂，謂碓也。「翳流起大舂」，謂築垻以蓄水，開一門置碓於其間，欲其水急激碓，可以舂米，不費人力。覆茅其顛，謂結茅屋以覆舂，防風雨也。因先生因見此而歎世人之驅逐於勢利而取便争先，與漢陰所喻桔槔之機事、機心亦如此。因歎羡古人抱甕之心，今時無復全其道也。欲人去機變之巧、存本心之直，其意深矣。

謝鄧都府惠交藤酒

使來遺一樽，百金不願易。遇藥如遇僊，奇方聞在昔。卓然李文公，作傳甚詳悉。感公嘉惠心，何以酬公德？但恐命不齊，服藥也無益。

賦也。李文公，唐人，名翺，作《何首烏傳》。何首烏，一名夜交藤，江南多有之。嘗有一老人七十無子，夜歸醉卧山間，見其兩藤夜合晝開，心異之，遂持歸以問人。人紿之云：「食此可生子。」老人信其言，服之，遂果生子。先生晚病風痰，鄧都府送交藤酒至，作詩謝之。言見惠此酒，其貴重過於百金，喜同遇僊。因述曾聞奇方，又觀李公所作之傳，而知其妙矣。今公嘉惠之心如此，將何以爲酬哉？但恐脩短有命，命若不齊，則雖有此妙劑，亦無益於事耳。觀此，則先生感人之惠，安天之命而無貪生苟得之心，可知矣。

曉枕

天地無窮年，無窮吾亦在。獨立無朋儔，誰爲自然配？春陵造物徒，斯人可神會。有如壽厓者，乃我之儕輩。永結無情遊，相期八紘外。

賦也。此先生曉枕之詩。「吾」字，指道。「吾亦在」，言此道與天地相爲無窮也。此道本自然，必其人學歸自然者，乃能與爲儔而與相配。當今之世誰乎？故云獨立無儔、無配也。春陵，謂周濂溪。造物徒，與造物爲徒也。壽厓，高僧，嘗與濂溪遊，爲方外交。八紘，謂八方之外。神會，謂默契。既言此道無對，惟有濂溪可以默契道體，而壽厓者庶可作儕伴，爲無情之遊於八方之外耳。無情，謂喜、怒、哀、樂皆寂也。「聖人寂然不動，感而遂通天下之故」，「無情可以入道，而謂無情爲道，則非也」。故壽厓之無情，但可與之同遊於方外耳，非有取於壽厓也。後儒因濂溪與壽厓遊，遂疑濂溪，不亦悞乎？

題端陽李刺史甘霖重應卷

嶺南名刺史，端陽有成績。端陽問爲誰，長沙垂令德。曰惟長沙公，善非一代積。去年苗欲槁，公寢不安席。手拈一炷香，須臾見昭假。今年事復然，斯民忻目擊。甘霖雨下土，郊野望四塞。滂沱及鄰壤，秋田足民食。公惠寧有心，斯民感公德。口頌遂成碑，舉手還加額。安得長沙公，爲我大邦伯？坐令十郡內，廣布陽春澤。閭閻興孝悌，四野無盜賊。共育太和春，絪緼謝反側。

賦也。刺史，唐官名，即今之知府。端陽，解見前。長沙，府名，李太守之鄉也。「非一代積」，言其世世積德也。「手拈一炷香」，謂憂旱祈雨也。假，讀爲格。昭格，言能感格上天也。十日雨爲「霂」。望四塞，言四野各塞農夫之望也。舉手加額，以頌之。成碑，謂口如碑也。陽春澤，言仁澤之廣布如陽春之澤物也。興孝悌，謂衣食足則禮義興也。「四野無盜賊」，謂禮義興則盜賊息也，盜賊息則無反側之患而絪緼太和矣。此詩爲肇慶李太守甘霖重應而作。言其祈雨有應以惠於民，使爲方伯則所及愈廣，豈但如此而已哉！

偶得寄東所 二首

知暮則知朝，西風漲暮潮。千秋一何短，瞬息一何遥！有物萬象間，不隨萬象凋。舉目如見之，何必窮扶摇？

賦也。瞬，謂一轉盼；息，謂鼻息一出入，言至速也。有物，謂道也；萬象，謂萬物萬事之形與道爲體者，而道則無形也。有形者器，無形者道，《易》曰「形而下者謂之器，形而上者謂之道」是也。萬象間，謂不離於形器而不滯於形器。不離於形器，故即物而在；不滯於形器，故不隨萬象凋。物有盡而道無盡，所謂「死而不亡」也。然此道初不離物，故舉目若或見之，何必如莊子所謂窮扶摇而求之於高遠哉？此與後篇皆寄東所之詩。東所好求之高遠，故告之以此。然云若見之，則實非有形可見，亦「如有所立卓爾」之意耳。

其二

登高未必高，老脚且平步。平步人不疑，東西任四顧。豈無見在心，何必擬諸古？異體骨肉親，有生皆我與。失之萬里途，得之咫尺許。得失在斯須，誰能別來去。明日立秋來，人方思處暑。

比也。此亦寄東所之詩。以「登高」比好高者，以「平步」比實踐者。平步人不疑者，其實德有以孚於人也；東西任四顧者，其定力有以審諸己也。然則，好高而不務實踐者，爲人所疑，而處己亦不詳審矣，於是又申平步之實。見在心者，人之本心，古今聖愚所同有，而何必擬古聖人之心哉？此二句指出心之本體也。又言民吾同胞，雖在異體，其實骨肉之親；而天地間凡萬物有生者，皆我之與，即「渾然與天地萬物爲一體」之意。此二句指出道之本體也。然以此心會此道，一而已矣。失此心，則道若在萬里之遠；得此心，則道在咫尺之近。夫咫尺猶在外，而道與心則合而爲一。茲云「咫尺許」者，但言其至近耳，讀者不可以辭害意也。又言得失非在久，止在斯須頃刻之間；而出入往來之機，誰能辨之？蓋幾者動之微，辨之不可不早，如明日始立秋，今日即有思處暑之心；時未至而迎之，將迎之心萌，則「憧憧往來，朋從爾思」。此吾心得失、存亡、來去之幾也。知其幾而止之，則此心常存，可以體道矣。

和羅服周對菊見寄

春來苦不早，春去常願遲。嗟哉造化機，萬物安得知？歲晏菊始吐，鮮鮮在東籬。不污桃李塵，永續徵君詩。

賦而比也。晏，晚也。鮮鮮，菊之佳色。東籬，陶靖節詩云「采菊東籬下」是也。桃李芳艷而以爲塵者，以比小人邪媚之態，而俗人好之，故以爲污也。徵君，陶靖節也。此和羅服周《對菊》之詩。言人之常情多愛春芳，而造化之機則有非萬物所能測，如桃李生於春乃反污於塵俗，而鮮鮮之菊則生於秋而不污也，故作此以續徵君詩耳。

龜山夜月

萬古此龜山，萬古此明月。開簾望龜山，岱宗固無別。但恐山多雲，風吹亂人睫。

比也。龜山在福建，各方亦多有此名，此乃程門弟子楊時中立先生之號也。此詩本題「龜山夜月」，言龜山明月萬古常在。人望龜山固如岱宗之高，以比楊中立爲程門之高弟，其人品固出尋常；但恐山中雲霧太多，風吹雲散，蔽人之目睫耳。先生自注云：「楊龜山先生修正《程氏遺書》，中間『堯舜事業』一段可疑，借此以正其謬耳。」今考《遺書》云「泰山高矣，泰山頂上已不屬泰山。堯舜事業，也只是太虛中一點浮雲過目」，蓋言道體無窮，至爲精切；而龜山改云「堯舜事業，自堯舜視之，也只是一點浮雲過目」，則其病明道之意，爲可惜也。先生正之，大有功於程門，大有功於來學矣。

扶南訪黄巖尹鄺載道，適來顧白沙，兩不值 三首

行舟石門浪，不識扶溪口。時時問來往，日入喪水手。昨暮黄巖馬，來嘶白沙柳。惜哉兩不遇，獨坐空搔首。

賦而比也。石門，在廣城之西北三十里。扶溪，村名，鄺載道所居之地。喪水手，言昏黑迷路也。黄巖，縣名，載道嘗爲其縣令。搔首，所以思之也。此後三篇皆往扶南訪載道，而載道適來白沙不遇而作。以「不識扶溪」喻爲學不知路，以「問往來」喻當求益於師友，以「喪水手」喻失其師傳，以「不遇」諷人不相契悟也。

其二

我有一斗酒，願與子秉燭。子來復空去，值我不在屋。穉子呼不至，踉蹌走入竹。明旦歸

我艇，先後迓以告。

賦而比也。秉燭，言欲賞之急也。不在屋，言己亦往扶溪也。呼，謂載道呼之也。踉蹌，急遽之貌。迓告，謂童子迎告於我也。此亦承上篇而言。我有斗酒，待子來秉燭同賞，及子來又值我亦往扶溪，不得共飲此酒而空去；又言子因我不在，呼稚子共語，又復懼而逃去。我既不在，稚子又不知迎客，奈之何哉！明日我回，而童子方以此事前後一一告我也。此亦以酒比道義。

其三

閒居不擬出，偶出負佳客。問客來何許，來自黄巖謫。長安接笑語，中道有暌隔。悠悠百年内，與子異顯默。

賦也。此亦承上篇而言。己不得迎載道，因言載道之出處。曰「謫」曰「顯默」，必載道爲御史言事謫官也。因言己與載道會晤於京師，暌違久矣。末又嘆彼此一顯一默，各異其道，蓋當職與不當職耳。

清風巖 湖西九巖之一

聲從竇中來，可以塞天地。借問采薇人，便知風動處。

賦而比也。此爲羅一峰清風巖而作。竇，猶竅也。風者，天地之噫氣，其噫必有竅，若在人則猶此心也。風出於竅而鼓於天地之間，如理出於心而充塞於宇宙之内。采薇人，謂伯夷、叔齊不食周粟，入首陽山采薇而食，歌曰：「陟彼西山，采其薇矣。」伯夷，聖之清者，以比一峰也。風動處，蓋此心乃清風之大竇也。

觀群兒釣 二首

群兒齊弄釣，其一偏多遇。餘三未得手，投竿來上樹。

賦而比也。竿，謂釣竿也；遇，謂得魚也。此與後篇，先生觀群兒釣有感而作。言群兒齊弄釣竿，其中有一兒多得魚，其三人全無所得，但投竿上樹而坐。然則上樹者與得魚者，其實孰爲得耶？以得魚比富貴者。

其二

仰面看垂釣，失脚墮危石。若是謫僊人，水中眠亦得。

賦而比也。謫僊人，謂李白也。舊傳李白乘舟采石，醉中騎鯨捉月。此亦承上篇而言。彼群兒之中，有仰面以看垂釣，心在貪得，故不知失脚以墮危石。非特危石而已，又前有深淵。自非李白，安能眠於水中也？以比慕富貴而欲妄求之，以至危亡者，所警深矣。

對竹 二首

牕外竹青青，牕間人獨坐。究竟竹與人，元來無兩個。

興而比也。青青，竹色。究竟，窮極之也。此下二篇因對竹而作。言牕牖之外，其竹色則青青矣；牕牖之間，人則獨坐矣。人，謂己也。然以我對竹，動植雖殊類，而所以爲生者，本乎宇宙之一氣渾然同體。推之飛潛皆然。故周濂溪牕前草不除去，張子觀驢鳴曰「與自家意思一般」，亦此意也。然則先生隨處察識仁體，真得洙泗濂洛之正傳矣。

其二

北風卷頑雲，陰晴安可卜？海月出漸高，獨照南牕竹。

比而賦也。頑雲，鬱結欲雨之雲；海月，謂月從海起也。此亦對竹之詩。言北風卷頑雲則有欲雨之勢，故陰晴未可前定；但見月出東海，照此南窓之竹。於陰晴未定之時，幸有好景如此，豈可不念其難得、徒聽其獨照而不賞之乎？陰晴，以喻世態之變更也。

隨筆 二首

人不能外事，事不能外理。二障佛所言，吾儒寧有此？

賦也。宇宙内事，即己性分内事，心事相感應，故云「人不能外事」；事行而義生，故云「事不能外理」。心、事、理三者一貫而不可離，故程子曰「體用一原，微顯無間」。二障，謂事障、理障。佛教有此二名，蓋欲盡歸寂滅，非徒不識理，亦不識事；非徒不識事，亦不識心。程子云：「釋氏不識理，理有何障？」蓋盡之矣。此先生隨筆之詩，所以深闢釋氏之學，至爲明白痛快，學者宜細玩焉。

其二

斷除嗜欲想，永撤天機障。身居萬物中，心在萬物上。

賦而比也。此亦隨筆之詩。嗜欲，謂耳目口鼻四肢之欲也。天機，莊子云：「其嗜欲深者，其天機淺。」謂之天機者，言天理流行不息如機然。天理本自完全，但爲嗜欲蔽障之耳〔二〕。想，謂一念之萌。人欲之生，皆起於妄想。若斷除此想，則天理流行無所障礙而超出於萬物之上矣。

讀《易》偶成

南乎不可北，東乎不可西。自從孔孟來，君子恒處睽。

比也。睽，卦名。此先生讀《易》有感而作。言人之不相遇而相睽隔，如南北東西之不相能，《睽》之象也。自孔孟以至今日，君臣上下不相會合，故常處睽卦也。其感慨深矣。

〔二〕「但」，原作「俱」，據《白沙先生詩教解》改。

張克修别駕約遊羅浮

重疊四百峰，鐵橋在何處？莫將别駕來，同到飛雲去。

比也。四百峰，謂羅浮有四百三十二峰，言四百，舉成數也。鐵橋、飛雲見前。别駕克修，時爲肇慶府同知也。此先生因張克修約遊羅浮，遂喻入道之要，以「飛雲」比道，以「鐵橋」比入道之路。言羅浮峰巒之多如此，安知鐵橋在何處耶？如道之浩浩，何處下手，必去其物累，然後可由其路以入道。故又以有官爵則爲官爵所累，不能登山，以比若有私欲之累則不能入道也，其警之深矣。

張克修見訪

滄溟幾萬里，山泉未盈尺。到海觀會同，乾坤誰眼碧？

比也。眼碧，則所見精明也。此詩先生因張克修别駕相訪而作。託言滄溟之海，道里甚遠；而泉出山下未能盈尺，初甚細微，及泉流爲海，則萬水攸同，皆本於一源，誰爲碧眼之人可以見此者哉？以滄海比達道，以山泉比大本，故曰「溥博淵泉而時出之」。非天下之知本者，不足以語此。克修乃逐末之學，非惟終不能悟先生之指，反著論相非，惜哉！

題扇 二首

風檣拗欲折，五月瞿塘過。何如此菴中，終日抱膝坐？

比也。五月，風浪大作之時。瞿塘，在蜀道中，有灎澦堆。以比求富貴利達而多傾覆之患者，豈若在一菴之中抱膝終日静坐爲安樂也？其警人之意亦深切矣。

其二

張帆海上回，帆掛鐵橋樹。驚起白蝦蟆，跳上飛雲去。

賦也。鐵橋、飛雲，見前。白蝦蟆，謂白玉蟾也。蟾亦蝦蟆之别名。白玉蟾，神仙，瓊州人，自言「我乃天上蝦蟆精」。此詩先生因見箑面畫有如此者，託義示人。言海上之帆，飽於風波，來掛此鐵橋之樹，而僊人白玉蟾見此帆之來，猶有風波之餘驚，乃遁上飛雲之頂矣。夫神仙，非聖人之聰明睿智，猶能見幾而作，避人如此，則世之學聖人者可以警矣。

贈胡地官

引滿花下盃，延緣坐中客。醉下大袖歌，孰云此門窄？

賦也。此贈胡地官詩。坐中客，指胡地官也。引滿，酌酒至滿也。延緣，纏綣留連之意。下大袖，言舞也。此門，先生自謂其門也。言已延緣胡地官，酌酒必至於滿，而又近花下，則非尋常之飲者可比也。及醉而舞，舞而大袖，又且歌詠以盡其歡，則所以樂賓之意至矣。此門雖窄，能容大袖之舞，已不爲窄；又况醉酒、賞花、歌舞之樂，渢渢乎充塞天地之間，即廣居矣，何窄之有哉？

夢後作 四首

策杖獨行遊，青山一何深。道逢採藥人，問我松脂林。

賦而比也。策杖，謂拄杖。松脂，松之流液，入土千年爲茯苓，萬年爲琥珀。以「行遊」比造道，以「深山」比道之無窮，以「採藥」比求道者。松脂林，乃靈藥所在，比道即在此心也。此下四篇，皆先生夢後詩。夢後者，悟後也。悟後有得，故言我拄杖行遊，適入深山而見其無窮，有來採藥而問我於松脂之林。蓋松林即藥之所在，猶人心即道之所存，何必舍此他求耶？

其二

見月時一吟，夜涼天稱心。回頭望東川，流水無古今。

賦也。此亦夢後之詩。夜涼則月愈好，月好則樂生於中，而心與月相稱，故發於吟咏，其默契道體如此。倏忽回首，則又見東川之水流而不息，無間古今，亦「逝者如斯，不舍晝夜」之意。蓋人與天地一也，更不分別。天地之氣，即吾氣也，故喘息呼吸無不與天地相通。日月之往來，流水之潮汐，萬物之生息，天地之升隆，陰陽鬼神之盈虛屈伸，皆與道爲體。此先生所以吟弄風月，見川水而有得乎！

其三

幻迹有去來，達觀無古今。長嘯人不聞，山風吹蘿襟。

賦也。幻，猶虛也。幻迹，謂萬物之行迹；去來，謂聚散消長。此皆實理也，而以爲幻者，以其無常，對道之不變而有常者，則如幻耳。有常之道，萬古不變，所謂「死而不亡」也，惟知道者識之。嘯，謂蹙口出聲以舒憤悶之氣。此亦夢後詩。言世人知有去來之迹而不知有常之道，故但爲之長嘯。而人不之聞，因此時適有山風吹彼蘿襟，故人不聞耳。蓋不敢必人之不能聞，亦温柔敦厚之意也。蘿襟，編蘿爲襟，山人之服，如荷衣之類。

其四

楊柳餘朽株，梧桐但疏陰。小卧不出門，不知秋已深。

興而比也。此亦夢後作。楊柳生於春夏，至秋而朽；梧桐長於夏、盛於秋，至秋後而影疏。此詩言楊柳所餘者朽株而已，梧桐但有疏陰而已，皆斂華就實、秋後物成之時。於是覺自己小卧久不出門，忽不知門前秋色之深已如此也。小卧，謂静以養性，故不知老之將至也。

贈鄺筠巢

山中一夜秋，老屋居然别。丈人不飲酒，共坐看明月。

賦而比也。此先生贈鄺筠巢之詩。言山中一夜秋至，則老屋之氣不同矣。蓋天地之氣，至秋而清，故月至秋而最明也。筠巢，鄺載道之父，年已九十，故稱丈人。言其不飲酒，但與我共坐以看明月可也。此亦察見道體之意。知此，則襟期洒落而光風霽月在我矣。

客乞題隨時子軒

無雨笠且置，未晴蓑不捨。蓑笠用不窮，我是隨時者。

比也。蓑、笠，雨具也。置，猶捨也。此詩題隨時子軒，以蓑笠之用捨比凡事之隨時。晴雨者，時也；蓑笠之用捨者，隨時也。隨時變化者，道也。道本不窮，學者於此可以知道矣。其謂物爲道者，如以蓑、笠爲道，豈足以知道乎？故於蓑笠用捨而後道見也。學者宜細玩之。

題扇 二首

東艇拍西艇，小拍庸何傷？夕風起驚濤，艇艇争低昂。

比也。拍，謂兩艇相撼動也。夕風，暮夜陰風，以比昏亂之世也。低昂，謂高下，言大撼動也。船之小者曰艇。此與後篇，皆題箑面之詩。先生見箑面畫有二艇相拍之象，故言東西之艇相拍，若小拍則亦何害？只恐夕風乍起，驚濤將作，艇艇低昂，非但小拍而已，其爲害寧可既耶？

其二

一夫眉正揚，一夫髮盡禿。日暮船不歸〔二〕，前江風拔木。

比也。眉揚，喜而言笑也。髮禿，老而髮盡落也。風拔木，言風之大也。此亦先生觀箑面之畫有此象，而言一夫則喜色揚揚矣，一夫則老而髮禿矣。此二人者，若不見幾而歸，則恐江風大作，其勢拔木，而覆溺之禍將及之矣，可懼之甚也。蓋木之有根尚爲風拔，況船本無根，隨風飄蕩，可不懼乎？示人見幾而作之意，切矣。

雨後，示劉宗信林時嘉

秋來亦淫潦，日月閟其光。乾坤丈夫事，千古空堂堂。

興也。此苦雨之詩，以示劉、林二生者。雨暘時若，先王燮理之應；淫雨而至於潦，則天道乖違人事之咎徵。夫淫潦於春夏大雨時行之時且猶不可，況秋日氣當清肅而有淫潦

〔二〕「不歸」，原作「正歸」，據《白沙先生詩教解》改。湛若水注解中有「若不見幾而歸」之言，則湛氏所見之詩，應作「不歸」。

乎？淫雨則日月無光，陰盛陽微，天地閉塞，此乃聖賢不得位而無燮理之應也。因歎乾坤丈夫之事，空見其在千古之上堂堂而已，自孔孟以來，則不能然矣。丈夫事，謂燮理陰陽之事。

神泉八景，爲饒鑑賦，録其三

太極涵虚

混沌固有初，渾淪本無物。萬化自流形，何處尋吾一？

賦也。此詩題太極涵虚。混沌，見《莊子》「鑿竅，七日而混沌死」。此借引以爲兩儀未判，其初即太極也。太極渾淪本無一物，乃其全體處，《中庸》所謂「大德敦化」也；及天地間形色化生而後物象可見，此則全體之流行，分而爲大用者，《中庸》所謂「小德川流」也。然用之「萬」，莫不有體之「一」者在其中，隨處可尋。能於萬化之中，而知一體之實，可以語性矣。

浮螺得月

道眼大小同，乾坤一螺寄。東山月出時，我在觀溟處。

賦也。此詠浮螺得月，故即螺以見乾坤之道。道眼，見道之眼也。大小同，言其體一也。寄，猶寓也。「乾坤一螺寄」，言乾坤之道寓於一螺之中，亦言大小一也。然非天下之具道眼者，其孰能識之？故我於東山月出之時獨觀溟海，因見浮螺而悟乾坤之理也。觀溟，猶觀海，見海之浩漫洪濛，而知道體之大無窮盡，即所謂道眼也。

神泉漱玉

焦明亦是鳳，螢焰却疑燈。安得石上泉，爲洗世中盲？

比也。此詠神泉漱玉。《埤雅》：「在東方爲焦明，在中央爲鳳。」焦明，亦鳳之類而非鳳者；螢焰，蟲之有光似燈而非燈者。言世人無道眼，故惑於疑似之間，安得石中所出之神泉以洗世間之盲乎？蓋歎世人之不識真也。以焦明、螢焰比凡物之亂真者，如孔子惡莠恐其亂苗、惡紫恐其亂朱、惡鄭聲恐其亂雅樂、惡鄉愿恐其亂德，與夫僞之亂真、釋老亂聖人之道，皆是也。然則先生之學，可謂極純不雜者矣。此上三詩，乃神泉八景之三。

曉枕偶成

西北多奇峰，雲深杳難認。漢廷無謀臣，黄綺皆真隱。

比也。此先生曉枕偶成之詩。言西北奇峰甚多，因雲深則杳然不可識認矣。昔日漢廷，若無謀議之臣如張良，欲定太子以招四皓，則四皓不出，皆爲真隱矣。四皓，東園公、夏黄公、甪里先生、綺里季。而獨言黄、綺者，舉其二以見其餘也。四皓居商山，在天下之西北，故以西北言之。奇峰隱於雲中，雲深故峰不可認，以比四皓之非真隱，故爲謀臣引出也。

贈李克常

桃花被東岸，江水日日深。贈君豈無言？亦有花水吟。

賦也。花發水流，莫非道之形見。不可言者，道之體；而可言者，道之用，花發水流是也。此贈李克常之詩。克常，舉人，先生鄉黨、弟子。言桃花之發，被滿於東岸矣；而江水之流，則日日生長矣，其生生化化皆與道爲體而流行無窮如此，則我之贈君豈能無言乎？亦有花水之吟而已。孔子曰：「予欲無言，四時行焉，百物生焉，天何言哉？」

附録二：序跋、傳記以及其他資料

序跋

石翁先生詩集序〔一〕

門人嘉魚李承箕

《詩》「雅、頌各得其所」，而樂之本正；「可以興，可以群，可以觀，可以怨」，而詩之教明。孔子之志，其見於是乎？石翁先生詩曰「從前欲洗安排障，萬古斯文看日星」，其本乎？曰「一笑功名卑管晏，六經仁義沛江河」，其用乎？曰「時當可出寧須我，道不虛行只在人」，其出處乎？所謂吟咏性情而不累於性情者乎？成都府同知吳君獻臣廷舉録先生詩，自成化甲辰至弘治乙卯正月，得六百八篇刻之，而以序屬承箕。於乎！三百篇之旨，其源塞而其光微也久矣！役心

〔一〕　此乃李承箕爲吳廷舉弘治九年刊本《白沙先生詩近稿》所作序。因所得見之《白沙先生詩近稿》有缺頁，兹據《大厓李先生詩文集》輯録。（李承箕撰：《大厓李先生詩文集》，《四庫全書存目叢書》，集部，第四三册，第五九五頁）

篇翰者，不知知；留情贊毁者，不知好；其知而好之者，又患其不能皆有以造夫鳶飛魚躍之天、而不知手之舞之足之蹈之也。濬其源，發其光，内外一致，默語惟時，而超然自得於形器之外者，存乎其人焉耳。傳曰：「質諸鬼神而無疑，百世以俟聖人而不惑。」其道將不在兹乎？先生之詩，固不待序以傳，而獻臣好尚之正、用心之勤，必因序而後見也，故書之。

白沙先生全集序

門人南海張　詡

麟也者，乃天地儲祥、星嶽孕秀，應五百昌期而生，希世之瑞也。皇明有道，其瑞應於成化、弘治間，白沙陳公甫先生是也。先生生于宣德戊申者也，今以爲出於成化以來者，何哉？蓋其初也麟性雖具，必至是性始完，而頭角始蔪然露、毛鬣始焕乎其有文章也，抑以見先生之所以希賢希聖者由學而至，所以勉進後死之與於斯文者也。先生之學何學也？古聖賢相傳之正學也。其造詣，則由知而好、由好而樂之者也。其全體之呈露、妙用之顯行，雖不敢以意想揣摩而妄爲之説，昔人所謂「因言以求其心，考跡以觀其用」者，猶幸賴諸詩文之僅存也。知言者能即是以求之，則大而出處酬酢，小而語默動静，顯而孝弟忠信，微而性命道德，亦概乎可考而知也。有能述其旨、纂其言爲訓，以羽翼乎六籍四書，天下之大千，萬世之遼邈，詡安敢絶望以爲無其人焉？若然，其道脉之正傳、學術之的緒，當涣然自信之矣。詩刻于山東者，二十之五；刻于梧州者，二十之一耳。而文則子弟門人所抄録，散在四方，未有會輯成集、刻而傳之者也。弘治癸亥，吉水羅君僑惟升以進士來知新會縣事。新會，先生之闕里也。惟升下車，首登拜先生遺像，悽然起羹牆之思，慘乎有不及門之遺憾，復能師先生遺教以治其民，而民戴之。乃於政暇，搜羅先生詩文爲全集，屬詡序其端，以爲天下後世道而傳焉。嗟乎！麟逝矣。是集乃麟之影跡耳。以影跡而求麟，不亦遠乎？雖然，麟在無庸影跡爲也，麟逝而影跡可並泯乎？昔詩人以麟之趾、定、角，興公之子、姓、族也，一則曰「于嗟麟兮」，二則曰「于嗟麟兮」。説《詩》者以爲麟性仁厚，而公之子姓族亦仁厚。是乃麟也，何必麕身、牛尾而馬蹄者，然後謂之麟哉？吾固以學至乎聖者爲真麟也。彼投閣而草玄、干時而續經之輩，爲麟之贋也，非邪？麟不可見矣，有能因言以得先生之心，而起先生之道，麟接跡於世也〔二〕。至於用舍，世道之隆替繫焉，麟無與也。是言也

〔二〕自「若然，其道脈之正傳、學術之的緒」至「有能因言以得先生之心，而興起先生之道，麟接跡於世也」一段文字，《東所先生文集》所收此文作：「若然，則其道有傳焉。嗟乎！麟逝矣。是集乃麟之景跡耳。以景跡而求麟，不亦遠乎？雖然，麟在無庸景跡爲也，麟逝而景跡并泯乎？昔詩人以麟之趾、定、角，興公之子、姓、族也，一則曰『于嗟麟兮』，二則曰『于嗟麟兮』。説《詩》者以爲麟性仁厚，而公之子姓族亦仁厚。是乃麟也，何必麕身、牛尾而馬蹄者，然後謂之麟哉？吾固以學至乎聖者爲真麟也。彼投閣而草玄、干時而續經之輩，爲麟之贋也，非邪？麟不可見矣，有能因言以得先生之心，其道脈之正傳、學術之的緒，當渙然自信之矣。詩刻于山東者，二十之五；刻于梧州者，二十之一耳。而文則子弟門人所抄録，散在四方，未有會輯成集、刻而傳之者也。弘治癸亥，吉水羅君僑惟升以進士來知新會縣事。新會，先生之闕里也。惟升下車，首登拜先生遺像，悽然起羹牆之思，慘乎有不及門之遺憾，復能師先生遺教以治其民，而民戴之。乃於政暇，搜羅先生詩文爲全集，以慰天下後生之心，而興起先生之道。麟接跡於世也。」（張詡撰：《東所先生文集》，《四庫全書存目叢書》集部，第四三册，第三七一頁）

者，斯道之攸寓也。言存矣，麟不死也，況有嗣之者乎！吾知是集一出，天下後世不徒争先拭目之不暇矣。弘治十八年乙丑春正月人日，門人張詡謹書。

書白沙先生全集後序

吉水羅　僑

公甫陳先生生於新會白沙里，數十年來嶺南士風一變者，先生啓之也。凡今天下莫不知有白沙先生，得其片紙隻字詡以爲榮。嗚呼，先生豈但風一方而已哉，實足風天下風後世也！其文烏得而不傳哉！僑懼其久而散失，館其門人容貫采而輯之，遂授梓而傳焉。噫，先生豈待文而傳哉？文之傳，非先生之意也，僑之責也。不然，天下後世將訾僑以不知道、不知先生，徒知是邑一俗吏焉耳已矣。是故傳之。弘治乙丑春三月朔，後學吉水羅僑謹書。

識陳白沙先生全集後

莆田林　齊

程子曰：「德盛者言傳，文盛者言亦傳。」是集之傳也，德邪？文邪？德文之兼備邪？天下後世蓋有公論焉，齊何敢置議於其間也？前令羅維升裒刻是集甫成，適領旌擢之命。其間篇簡之失序，字義之訛舛，未暇詳校，讀者恨之。邇者，欽命侍御平湖孫公屬東所先生重加訂正。於是命齊任補刻之責，齊因識一言於集末，以見公與先生用心之有在云。正德戊辰春，後學莆田林齊識。

白沙遺言纂要序[一]

門人張詡

儒有真僞，故言有純駁。六經、四書，以真聖賢而演至道，所謂言之純莫有尚焉者矣。繼此，若濂洛諸書，有純者，有近純者，亦皆足以羽翼乎經書而啓萬世之蒙，世誠不可一日而缺也。至于聖絶言湮，著述家起，類多春秋吴、楚之君僭稱王者耳，齊桓、晉文假名義以濟其私者耳，匪徒言之駁乎無足取也，其蓁蕪大道、晦蝕性天，莫甚焉。非蕩之以江海、驅之以長風，不可以入道也。故我白沙先生起於東南，倡道四十餘年，多示人以無言之教，所以捄僭僞之弊而長養夫真風也。其恒言曰：「孔子大聖人也，而欲無言。後儒弗及聖人遠矣，而汲汲乎著述，亦獨何哉？雖然，無言二字亦著述也，有能超悟自得，則於斯道思過半矣。然則，六經、四書亦剩語耳，矧其他乎？」而世方往往勸先生以著述爲事，而以缺著述爲先生少之者，蓋未之思耳。今則《詩集》出焉，而人輒以詩求之；《文集》出焉，而人輒以文求之。自非具九方皐之目，而能得神駿於

[一] 此篇録自《東所先生文集》。（張詡撰：《東所先生文集》，《四庫全書存目叢書》集部，第四三册，第三七一至三七二頁）

驪黄牝牡之外者，或寡矣。詡誠懼夫後修者復溺於無言以爲道也，因摭先生文集中語，倣南軒先生《傳道粹言》例，分爲十類而散入之，其間性命天道之微、文章功業之著、修爲持治之方、經綸斡運之機，靡不粲然畢具。輯成，名曰《白沙先生遺言纂要》，凡十卷云。庶觀者知先生雖尋常應酬文字中，無非至道之所寓，至於一動一静、一語一默，亦無非至教。蓋可觸類而長焉。由是觀之，先生雖以無言示教，而卒未嘗無言。是以言焉而言無不中，有純而無駁，其本真故也。是可以佐聖經而補賢傳矣。

白沙先生詩教敘[一]

門人湛若水

甘泉生敘曰：經曰「詩言志」，詩其承也，《禮》曰「詩負之」。志也者，各以言其所之也，承其志以達諸言也。人之有心，故不能不發而爲情；有情，故不能無所之；有所之，故不能不發而爲言；言有文，故不能不敘而爲詩。「詩可以興」，興也者，動也；以志動志，其志同也，故可

[一] 此篇録自《白沙先生詩教解》。（湛若水撰：《白沙先生詩教解》，《四庫全書存目叢書》集部第三五册，第五二六至五二九頁）又見《甘泉先生文集》、《泉翁大全集》。（湛若水撰：《甘泉先生文集》，明嘉靖十五年刻本，内編，第九卷，第十三至十七頁；湛若水撰：《泉翁大全集》，明嘉靖十九年洪垣編刻本、萬曆二十一年修補本，第十九卷，第六至十一頁）

以動神人，可以動天地，可以動鳥獸，志之動用大矣哉。是故其志正者，其詩雅，其動也直；其志和者，其詩婉，其動也樂；其志誠者，其詩確，其動也孚；其志邪者，其詩媚，其動也淫；其志蕩者，其詩放，其動也溺；其志貳者，其詩靡，其動也乖。故喜志之動人欣然矣，怒志之動人艴然矣，哀志之動人戚然矣，樂志之動人浩然矣，仁義者之動人藹然矣。孔子曰：吾志在《春秋》。白沙先生之志，其在詩乎？其在詩乎？是故明學覺必本乎天命，故作「有學」。明欛柄在乎反求，故作「高明」。究功烈之成，必由於有本，故作「源之」。惟義之壽，勿憾於年，故作「生不足」。勉能賢，故作「有道」。明用舍安于時義，故作「世無我遺」。歎兢進而不知退，故作「水流」。遊止順機，歸安于命，作「久病」。訟趨時者之致咎，作「可左」。出處有時，而感應以道，故作「歲云」。感鐘之鳴否惟時，故作「其質」。其聲之遠播，故作「出佛山」。因鑄鐘著丁侯之廉能聲教，作「費而」。頌祖德，故作「恭惟」。或不忍以成莫大之禍，故作「七情」。欲人立大本而不事乎記誦，故作「古人」。悵知己之久別，故作「臺城」。自策以示生徒及時勉學，故作「賢聖」。感冬夜、哀貧病、勵進修，故作「長夜」、作「我從」。過鱷洲，感興于遠，作「夕舫」。如厓門，有感乎風物，故作「青青」。因形設辭，明太極之理，而勉其端默，故作「天城」。秉明哲、燭幽遠，故作「翠玄」。勵一峰以究太極，作「湖西」。懷水月谷樹之景，思弄潺湲，作「一峽」。悲一峰之見擯，作「一鰲」。君臣際遇，將澤于蒼生，故作「玉冕」。詠飛翬，進之以太空之高廣，故作

「我昔」。廓清世濁，故作「大流」。立中正以矯乎過不及焉，故作「舉世」。哀愚夫之安其危，故作「君心」。夢觀化，將安于長往，故作「孔子」。詠貪泉，卒歸諸自清，故作「藜藿」。美西溪之殷勤乎墓碣，别其歸舟，作「栖栖」。九日會友，惜良辰，樂而不過，作「黄菊」。感故交，刺棲棲于勢利，作「在昔」。因客所如，傷念故友，作「晨興」。勵正聲，存正性，守正道，期返之於自得焉，故作「遠色」、作「黍稷」、作「大舜」、作「我否」。將逃名而知止，樂夷曠，歸於立其大，卒慕乎同心，故作「一簑」、作「人好」、作「挽簑」、作「朽生」、作「新簑」凡五篇。明上下感應之理，作「天人」。敘出處離合之悃，作「群龍」。遊三洲，企仰于前哲，故作「我行」。病違儕友，静以全生，作「出門」。美侍御，擴其見大之量，遂懷知己，作「飛蓋」。表雙節，哀及于貞母，作「阿姑」。謝廬山白鹿之徵，送其來使，因致期望之意焉，作「夜聞」、作「中年」。期寡過，弄孫愉親，託興草聖，作「日月」。以言乎出處之道，作「仕者」。招隱者同遊看山，作「官府」。感劉、盧之成敗，緬懷遁世，作「越石」。逃名田園，樂以歸盡，社曲相歡，耕績自足，作「我始」、作「高人」、作「近來」。自彼都會移居白沙，寄懷采菊，作「萬金」、作「留連」。九日撫菊，緬希高賢，作「無錢」。寄懷故交，願言摩心，作「當年」。懷定山以期深契，乃作「青松」。懷遼陽，有感伐木之義，作「此心」。託興飲酒，賞彼名花，作「木犀」。獲田自適，鄰叟遊嬉，作「遲明」。懷古田舍，樂從耕桑，作「君子」。製裘甫成，歌以自樂，作「海布」。對紫菊，寄友生，故作「嚴霜」。感鳥罹害，有怵于懷，作「有鳥」。穀城呼月，詠言有得，作「微月」。因牌山樵唱，感出處之異，作「日夕」。美隱居之樂，因懼時否，作「有月」。感風木之圖，以勉大孝，作「把君」。因築室，樂于苟完，作「辛苦」。因所寄詩，遂與警策，作「言笑」。因所如，先報道旁友生，作「吾衰」。夢詠洗心，遂及日月四方，以敷政教，作「一洗」。止盜節婦之墓，極其貞烈，作「若美人」。題中流砥柱，極忠愛，懲其嗜欲，遂作「使君」。詠心泉，引之於日新，戒極乎機巧，作「夜半」。晤言遺裔，懷仰先哲，乃作「楚中」。傷道無傳，嘆人之莫肯自新者，作「法好」。感秋興，作「西風」、「盛時」、「海上」三篇。因荔枝見遺，備盡仁孝，作「長夏」。贈世卿，喻諸求道，作「采菊」。勵其節，作「青青」。勉敬修，戒怠流，乃作「進亦」。期其養志氣，作「元神」。勉立乎其大者，作「可以」。直窮本原，作「上上」。悼故契，傷悲老稚，作「師友」、作「四雛」。懷友生，作「仙鶴」、「時雨」、「伏枕」、「煩囂」，凡四篇。因草書見所學，遂作「神往」。表益母之神功，作「有草」。贈東山，致彼此繾綣之懷，作「未別」。登圭峰以望羅浮，乃作「窮居」。示李生以近作，作「昔別」。告蔣韶州蒞郡以嚴肅，作「相別」。感颶作，作「坐忘」。追慮東所之蔽而喜其復明，作「世惟」。言贈鍼灸，遂懷舊游，作「昔吾」。喜雪霰，作「雨水」，遂作「北風」、作「元氣」。讀偶拈之作，欲其崇聖學之一，遂作「拈一」。贈黎生以弄月，作「月行」。傷子長之貧病，作「仙城」。因懷所如不遂，安之于自然，作「祝融」。卧遊羅浮，託興於深遠，作「馬上」、作「一度」、作「天風」、作「山大」。送友生，悵年逝，嘆勇往之晚焉，作「十年」。寄題嚴祠，以戒近名，作「既上」。對兹寒菊，有懷南山，作「菊花」。嘉柯明府祠大忠而封赤坎，作「夷狄」。戒機變之巧，作「厓傾」。感交藤之酒，言酬嘉惠，作「使來」。曉枕有感，寄意無窮，作「天地」。美端陽之感召乎甘霖，作「嶺南」。示有物，作「知暮」。喻道體，作「登高」。美佳菊，作「春來」。正龜山修遺書之謬，作「萬古」。感故人之來，彼此不相值遇，作「行舟」、「我有」、「閑居」三篇。詠清風之巖，作「聲從」。觀群兒之釣，寓意得失安危，作「群兒」、作「仰面」。對竹有會，作「牕外」、作「北風」。隨筆寓意，以扶正道而抑異端，作「人不」、作「斷除」。讀《易》有感，嘆息處睽，作「南乎」。示克修蔑勢利，期之於同遊，作「重疊」。刺支離以歸諸一本，作「滄溟」。警世人之安其危，作「風檣」。明見幾，作「張帆」。樂賓至於醉舞，作「引滿」。夢后有得于心，超然脱悟，作「策杖」、「見月」、「幻跡」、「楊柳」四篇。丈人看月，作「山中」。明隨時，作「無雨」。因像設戒，怵惕危險，作「東艇」、作「一夫」。苦雨，作「秋來」。推本太極涵虚，作「混沌」。感彼浮螺得月，作「道眼」。永懷神泉，作「焦明」。曉枕感懷，作「西北」。贈别友生，寄意花水，作「桃花」終焉。凡兹百六十有六篇，是故明得失之迹，以詔于後之人，作敘詩。嘉靖四年乙酉十二月二日，門人守南京國子監祭酒增城湛若水書。

灤州刻白沙先生全集序〔二〕

門人增城湛若水

侍御柯子遷之從甘泉子遊，尚論于白沙先生之學，有全集足徵焉，言於劉灤州體元曰：「白沙之道教未徧行于北，北士之憾也。若以全集刻之，俾北方學者誦其詩，讀其書，而知先生之道之學，非政務之先急者乎！」劉子遂以侍御之意致書于甘泉子，求全集而釐正之，去其疑者，益其遺者，且請序其所以作者之意，俾讀者不徒以詩文觀也，庶於道教有裨焉。甘泉子曰：「善哉！子之言也；大哉！子之志也。夫先生，聖人之徒也；先生詩文，其中古之制作乎！其詩歌如風、雅、頌，其文詞如謨、訓、誥。」或聞之愕然，曰：「何哉？若是其大也，不亦少誇矣乎？今觀其詩歌之體裁，猶夫今之詩也，何取乎風、雅、頌？觀其文詞之矱度，猶夫今之文也，何取乎謨、訓、誥？」甘泉子曰：「非是之謂也。孟軻有言：『今之樂猶古之樂也。』何謂乎？聖賢之言，發乎人心之同然，故與古訓異體而同道。夫惟求於牝牡驪黃之外者，而後得馬之真相；忘於言語形似之外者，而後得聖賢之蘊。是故以其中和之性情，發而爲和平之詠嘆，優柔而敦厚焉，是亦

〔二〕 此篇據《甘泉先生文集》、《泉翁大全集》録出。（《甘泉先生文集》，嘉靖十五年刻本，内編，第十二卷，第一四至一六頁；《泉翁大全集》，第二十三卷，第六至八頁）

風、雅、頌而已矣；以其自得之精意，以發其未發之蘊，載道而典則焉，是亦謨、訓、誥而已矣。」曰：「然則何以異乎？」曰：「言詞古今之不同，猶之東西南北之方言，聲氣之異耳矣，而因以爲人性有異，可乎？今以詞之古今而疑聖賢之異者，則亦猶求人性於東西南北之音之類也，求馬於牝牡驪黃之類也。」曰：「然則果若是同乎？」曰：「以《詩》觀之，風殊於頌，頌殊於雅矣，遂謂《詩》果不同，可乎？以《書》觀之，誥殊於訓，訓殊於謨矣，遂謂《書》果不同，可乎？則又何以疑乎後世之詩之文也哉？故求先生之詩文者，當求先生之道於言外之意，以合乎古訓，而不當求先生於言詞之間，則惑也。夫然後知先生之詩文，不可以後之詩人文士之詩文觀之矣。此作者之精，與夫觀者之法，略爲學者道之，俾開卷可得，而不惑於迷方焉。」柯子聞之，喟然嘆曰：「不圖先生之爲教之至於斯也。」遂俾刻焉，以與同志者共之。嘉靖癸巳五月二十九日

門人湛若水撰、西蜀高　簡述

論白沙子

甘泉子曰：「夫先生，聖人之徒也；先生詩文，其中古之制作乎！其詩歌如風、雅、頌，其文詞如謨、訓、誥。」或聞之愕然，曰：「何哉？若是其大也，不亦少誇矣乎？今觀其詩歌之體裁，猶夫今之詩也，何取乎風、雅、頌？觀其文詞之矱度，猶夫今之文也，何取乎謨、訓、誥？」甘泉子曰：「非是之謂也。孟軻有言：『今之樂猶古之樂也。』何謂乎？聖賢之言，發乎人心之同然，故

與古訓異體而同道。夫惟求於牝牡驪黄之外者，而後得馬之真相；忘於言語形似之外者，而後得聖賢之藴。是故以其中和之性情，發而爲中和之詠歎，優柔而敦厚焉，是亦風、雅、頌而已矣；以其自得之精意，以發其未發之藴，載道而典則焉，是亦謨、訓、誥而已矣。」曰：「然則何以異乎？」曰：「言詞古今之不同，猶之東西南北之方言，聲氣之異耳矣，而因以爲人性有異，可乎？今以詞之古今而疑聖賢之異者，則亦猶求人性於東西南北之音之類也，求馬於牝牡驪黄之類也。」曰：「然則果若是同乎？」曰：「以《詩》觀之，風殊於頌，頌殊於雅矣，遂謂《詩》果不同，可乎？以《書》觀之，誥殊於訓，訓殊於謨矣，遂謂《書》果不同，可乎？則又何以疑乎後世之詩之文也哉？故求先生之詩文者，當求先生之道於言外之意，以合乎古訓，而不當求先生於言詞之間，則惑也。夫然後知先生之詩文，不可以後之詩人文士之詩文觀之矣。」

門人高簡曰：吾師甘泉先生過維揚，謂灤州亦刻是集，乃吾同年友柯侍御意也。先生既手校付之，而因序焉。簡請觀之，真足以破文人才子之訾矣。因略其序刻之由，而附其要語于此，以俟明覽焉。

刻白沙子敍

西蜀高　簡

夫道貫古今，匪明弗著。孔孟而後廼有濂洛，蓋昭如矣。唯明嗣興，若白沙先生者，其周程之徒與？蓋先生起於南粤，獨悟道妙，而非有能授之者。是故其見道明，故其體道至；其體道至，故其言論簡易而弗支且多。夫其弗支且多也，故凡形諸動静、存諸語默、播諸詩文、徵諸出處，罔非道妙呈華。譬諸化工流形，萬彙森布，各止其所，而其文固焕焕乎莫之繪焉。夫豈雕鏤綴奇、苦思模擬、役心垂後而故存之簡册者哉？雖然，其猶先生之緒餘焉矣乎！是故道裕諸心，精明應妙，固莫能覿矣。而自有與天地悠久不滅者存，非賴是能彰之也。然志士君子非得之，其胡所考見儀刑？故其門人張東所既采集之，梓諸其里矣，四方猶罕覯焉。予柄維揚教，與諸士講學，暇偶談及兹書，共以未得爲憾。遂出手本，命卞生崍也輩刻之。因訪諸吾友沈汝淵氏，得遺集二三册焉。爰增其未有者，削其不必存者，以付梓人。崍也輩廼欣然成之，其志可知矣。因謂之曰：「兹刻也，豈徒存載籍已哉？將以求先生之心焉耳。不然，彌文而已矣。」生輩謝曰：「謹受教。」因識之。且題曰《白沙子》，猶孟氏七篇而題曰《孟子》之義也。嘉靖癸巳仲秋吉旦，前進士西蜀後學高簡謹序。

跋刻白沙子

江都卞　崍

崍梓是書既，因呈諸吾師鶴阿高子，請校焉。遂顧崍曰：「世之梓詩文者多矣，然或止乎詞焉而已者也，何益哉？吾欲維揚士究白沙子之心，以達於濂洛洙泗，故命尔梓之。苟得其心者衆焉，雖廢是梓可也，不然又增一贅疣矣。嗚呼！會吾所以欲梓之心，而得吾所以不欲梓之意，是在二三子。」崍曰：「『天何言哉？四時行焉，百物生焉。天何言哉？』是故其梓也，其弗梓也，無加損於白沙子也。而以詞焉視茲書者，其自病也甚矣。崍敢不祇若子之訓若將終身焉？」於是退而跋諸此，以告吾揚同志之士。是歲孟冬望日，江都卞崍謹跋。

白沙先生至言序[一]

門人湛若水

甘泉子曰：「夫至言何爲者也？言之至者也。輯白沙陳先生之言之至而爲之，以示人約者也。」曰：「言何以爲至也？」「言由中出者也，本乎其自然者也，白沙先生之言曰：『夫道以天爲至，言詣乎天曰至言，人詣乎天曰至人。必有至人，能立至言。堯、舜以至周、孔其至矣，下此其顔、孟大賢歟？』」水也伏讀先生之書若文若詩，無慮數萬言，曰：「博矣哉！如天之無不覆也，如地之無不載也。獨懼夫學者讀其書、誦其詩，而未必知約也。」乃命門人鍾、周輩輯其要約，以便初學之覽，將以反説約也。凡十卷三十章。古林何子見之，曰：「宜題曰《陳子至言》。」蓋本諸先生之語也。《易》曰：「大人者，與天地合其德，與日月合其明，與四時合其序，與鬼神

[一] 此篇録自《白沙先生至言》。（陳獻章撰：《白沙先生至言》，《續修四庫全書》第九三六册，第三七五至三七六頁）

合其吉凶。先天而天弗違，後天而奉天時。」人詣天也，夫斯之謂至人。白沙先生自然合天之學，非斯人之徒乎？《書》曰：「無偏無陂，遵王之義；無有作好，遵王之道；無有作惡，遵王之路。無偏無黨，王道蕩蕩；無黨無偏，王道平平；無反無側，王道正直。會其有極，歸其有極，曰皇極之敷言，是彝是訓，于帝其訓。」言詣天也，夫斯之謂至言。先生輔相皇極之言非其撰乎！或曰：「何哉？子之阿于師也，擬倫之大也。」曰：「非敢爲大也，道一也。夫道一而已矣，何其大？天一而已矣，氣一而已矣，人一而已矣，庶民于帝其自然一而已矣。白沙先生自然之學與天一也，奚其大？」或曰：「子之言自然，是吾之惑滋甚！夫然則老莊先得之矣！」曰：「老莊，人爲之私也，奚其自然？子謂天地之德、日月之明、四時之序、鬼神之幽、于帝之訓，非自然乎？先生之言不用安排，非自然乎？昔者橫渠張子曰：『人知道爲自然，而不知自然之體。』明道程子曰：『用智則不能以明覺爲自然。』又曰：『必有事焉而勿正心，勿忘勿助長，元無絲毫人力。』夫無人力者，自然之學也，皆灼見夫至道者也，奚其惑？是故君子能見自然之體而自得之，是亦至人已耳。言發乎自然，渾乎與天無作，是亦至言已耳。」韶陽太守豹谷陳子大倫，學於余而深知乎白沙之學者，欣然梓布之，以爲至教，超出衆見者也。甘泉子曰：「善哉，陳子之志也！吾將與子相勉乎至人之道、入至言之訓，默而成之，以歸於無言，然後爲至學也。孔子曰：『予欲無言，四時行焉，百物生焉，天何言哉！』夫無言者，教之至也。」作《至言》序。嘉靖貳拾陸年丁未夏陸月貳拾陸日，賜進士出身、資政大夫、前南京兵部尚書奉勅參贊機務、國子祭酒、翰林侍讀同修國史、經筵講官、賜一品服、八十二甘泉翁門人湛若水頓首謹書。〔二〕

重刻白沙先生全集序

門人湛若水

夫詩文何爲者也？曰：人之言爾也。言者，心之聲也。是故人不能以無心；有心，不能以無言；有言，不能以無音；有音，不能以無章。言之有章，章而暢者，文也；言之有音，音而律者，詩也：皆心之聲也。是故其心正者其言淳，其心和者其言順。淳和生於心而達於言，故曰：「仁義之人，其言藹如也；忠信之人，其言確如也。」皆心之爲之也。白沙先生之詩文，其自然之發乎！自然之藴，其淳和之心乎！其仁義忠信之心乎！夫忠信仁義淳和之心，是謂自然也。夫自然者，天之理也，理出於天然，故曰自然也。在勿忘勿助之間，胸中流出而沛乎絲毫人

〔二〕自「韶陽太守豹谷陳子大倫學於余而深知乎白沙之學者」至「賜一品服八十二甘泉翁門人湛若水頓首謹書」，《甘泉先生續編大全》所收此文作：「遂謂九山湯子暨寶潭鍾子諸子曰：『君等深知乎石翁自然之學之言乎？吾將與子相勉乎至人之道，人至言之訓，默而成之，以歸於無言，然後爲至學也。孔子曰：「予欲無言，四時行焉，百物生焉，天何言哉！」夫無言者，教之至也。』作《至言》序。戊申正月。」（湛若水撰：《甘泉先生續編大全》，明嘉靖三十四年刻本、萬曆二十一年修補本，第一卷，第十二至十四頁）文字頗有差異。

力亦不存。故其詩曰：「從前欲洗安排障，萬古斯文看日星。」以言乎明照自然也。夫日月星辰之照耀，其孰安排是？其孰作爲是？定山莊公贊之詩曰：「喜把炷香焚展讀，了無一字出安排。」以言其自然也。又曰：「爲經爲訓真誰識？非謝非陶莫浪猜。」蓋實録也。夫先生詩文之自然，豈徒然哉？蓋其自然之文言，生於自然之心胸；自然之心胸，生於自然之學術。自然之學術，在於勿忘勿助之間，如日月之照，如雲之行，如水之流，如天葩之發，紅者自紅，白者自白，形者自形，色者自色。孰安排是？孰作爲是？是謂自然。曰：「或有疑白沙先生自然之學爲禪，然乎？」曰：「先生之量廣矣、大矣，盍觀之天地之廣大乎？天無不覆，地無不載，而妍媸無所不容。故於詩文或借用佛老之言，而不自以爲嫌，人遂以爲佛老。然則孟子舉陽虎之言，亦謂爲陽虎，可乎？語曰『癡人前不得説夢』，説夢即以爲真矣。觀先生之詩曰：『人不能外事，事不能外理。二障佛所名，吾儒寧有是？』又曰：『託仙終被謗，託佛豈多修？弄艇江門月，聞歌碧玉樓。』其先生之真乎！大巡蕭友山先生於百官萬物叢冗之餘，而能追慕白沙先生之風。既修廣城書院，將撥田以供祀，又求真像，刻全集以愛慕表揚之，則友山之所養可知矣。孟子以友天下之善士爲未足，又尚論古之人。誦其詩，讀其書，知其人，論其世，是尚友也。友山其尚友哉！」友山聞之曰：「非予之能也。蓋聞吾鄉先達高三峰司徒昔也巡于廣，亦嘗修書院于茲矣，吾有慕焉而爲之也。」甘泉子曰：「此友山所以爲賢也。前人作之，後人繼之，又皆内江産也，已見内江之多賢，讓大美以居於前輩，又以見士風之厚也。吾黨有愧焉！」刻工將成，介司府來謁序于卷端。予惟自然之學固先生始已命水矣，乃不辭而謹序之，俾後之開卷者當作如是觀。嘉靖三十年歲在辛亥九月望，賜進士出身、資政大夫、前南京兵部尚書奉勅參贊機務、國子祭酒、翰林侍讀同修國史、經筵講官、門人湛若水頓首謹書。

重刻白沙陳先生全集後序

永嘉項　喬

儒者，心術之顯著於辭章，猶五味之滲入於飲食也。即片辭隻字，罔不可探其心者。觀白沙陳先生全集，先生心術之光大具見矣。然儒先有疑其近禪者。喬嘗與三洲李先生論之，三洲曰：「儒禪之辨，惟達天德者能知之。否則徒竊語也。」予謂遺集固在，猶之即飲食可以知味也。人莫不飲食也，鮮能知味也。是故亦惟易牙而後知之也。此不待評矣。惟是集也，吉水羅公僑令新會，嘗刻之矣。今侍御内江蕭先生世延又重刻之者，豈徒爲先生文集計哉！

廣谷大川異制，民生其間者異俗。此地山海崇錯，人多熙熙而來、攘攘以往，而罔攸屬厭，是故雖有奇士不能救民俗之昏靡。若公甫先生爲養母而辭美官，雖朝命致之而不起；爲學道而甘貧窶，雖鎮巡藩臬好義賢大夫欲爲之卜築謀生而終不强就。此其人物，豈非脱然嶺海風氣之外、巋然如靈光獨立者哉？侍御省方觀風，知風之自，慨然指白沙而歎曰：「此古之賢人也，不可立赤幟樹之風聲以爲民望乎？」是故不惟新其祠，而且新其集焉。庶幾崇死可以勸生，敬上足以動下，風行草偃，懦立而頑廉矣！此昔人千金買駿骨遺意，非徒爲先生也，而先生之風長矣。雖然，位内閣不事家産，以清白遺其子孫，不有順德梁文康公乎？位尚書不愛一文，而威名振於華夏，不有南海霍文敏公乎？亦有遺文關係世教者矣，安知聞友山侍御之風者，不將藉以風天下哉？併書以俟諸後。嘉靖辛亥孟冬朔，賜進士出身、亞中大夫、廣東布政使司左參政、前三奉敕督理福建屯田水利、廣東河南糧儲兵備、永嘉項喬頓首拜書。

讀白沙先生全集

惠安林會春

白沙先生之學，從精一之功而來者也。《書》曰「惟精惟一」，言精則純，純則不雜，不雜則心便一。伏讀先生詩文，無慮數萬言，其曰：「得此欛柄入手，更有何事？」此者，指此理言之；得者，從自己得之。此理實得於心，無少夾雜，精矣；只一個理在此應用，一矣。語精，則一在其中，何事之有？苟離精一工夫，更無欛柄，欲日用間種種應酬，心理湊泊，艱哉！此學不傳久矣。禪學者空諸有以求之，俗學者靠書册以尋之，皆是襲取，毫釐千里。乃若先生之學，大都具是書矣。上下四方，往古來今，渾是一片，除却精一之外，更無别法。按先生從吴聘君遊若干年，歸而静坐白沙若干年，養出端緒，隱隱呈露，靈丹點砂，直見本體，道在是矣，今人無論賢不賢都知先生爲振古之豪。顧不求之心而求之外，則雖高談性命，繩趨尺步，而心與行違，不助則忘。脱落超造之真，豈容有此障礙耶？嗟嗟，正學本無兩途，苟且遷就，決非真到。吾人寓形宇内，汩没波靡，果何日得斬截工夫與聞春陽臺之緒乎？噫！猶幸有先生精一之傳在也。隆慶三年孟冬朔，後學惠安林會春謹書。

刻白沙先生文集序[一]

泰和　胡　直

夫人心者，天地萬物之都宅而道之本也。《記》曰：「物有本末，事有終始，知所先後，則近道矣。」故古之學未有不先本後末者也。自後世以趨末爲工，苟有爲古之先本者，則不問其所底，輒群然詆之曰「是非老則禪也」。而世之末儒畏形而避影者，乃又甚其説以自表異，曷怪乎數百年之亹亹而和、懵懵焉而趨也？夫先本非絶末也，以爲非本不足以生末，故古之君子先從事焉，善養其易知簡能者，而天下之理自得，則天地萬物將爲舉焉。故曰「正其本，萬事理」，又曰「本立而道生」，猶之樹材者，先壅溉其根柢，則枝葉自從而敷榮焉，非必若剪綴然，枝枝以營

[一] 此序原載明嘉靖三十年新會縣刊（即蕭世延刊本）、萬曆元年廣東按察僉事何子明修補本《白沙先生全集》卷首，兹據胡直《衡廬精舍藏稿》録出。（胡直《衡廬精舍藏稿》，《景印文淵閣四庫全書》第一二八七册，第三四八至三四九頁）

之、葉葉以修之者也，故記者謂之近道。若夫老與禪，則顚焉以閼其根、逆焉以銷其枝葉，與吾聖人先本後末之學大有間矣，夫惡得擬其所似而概詆其真，反以拒天下知本之士？甚哉！後之末儒之難與語學也。白沙先生自少有志聖人之學，始從臨川吴聘君，未有入，乃返求諸約，端居十有二稔，然後見吾心之體隱然，參前倚衡、應務觀書，若馬之有啣勒、水之有源委，乃涣然自信曰「作聖之功在兹矣」，而措之日履，堅貞明懿，孝友天至。雖寠極，且劃田廬以食太夫人之兄子。買婢，出良族，輒選配爲婚；友喪，服緦佐奠，至數千里外。自彭惠安、劉忠宣、羅文毅以下，靡不景從。邑令執弟子禮，服行其教；輶軒過者挹其德容，至稱之「活孟子」云。片撰隻語，咸踔絶出塵表，可輔世而翊道。嗟夫！若先生之學，豈嘗枝枝而營、葉葉而脩者哉？蓋亦崇其本而自豐其末者，彼二氏者有是乎哉？而世之談者，未誠有嚮道之志；知嚮之矣，又未能若先生反約而深造，且不亟考先生之貞履，則皆逐塊尋聲、隨陽浮而爭置一喙，是猶守澮洫而議淵海、執碔砆而評荆璧，亦左矣夫！或者經怪其出語間用釋氏，是又不然。昔程伯子，亞聖儔也，蓋亦間用之；而尼父徵言于老聃、軻氏借證于陽貨，咸自顧真脉何如耳，豈必善避其語者哉？苟不以其脉而獨屏形聲取善畏避者以爲韙，是亦自附剪綴之工已耳，而于先生又曷爲有無？于時，予寮僉憲何君重刻先生文以傳，予慚無能爲役，乃爲叙其先本之學，或以回避影者之轅而知學聖之有歸。然則世欲繇先生以入聖，則亦求諸先生致虚立本之旨而自得之，慎無逐末儒自左其趨以日遠于大道。何君名某，字某，南充人。贊其成者，劉君某，字某，某縣人；李君某，字某，思南人。

白沙先生文編序〔二〕

瓊臺王弘誨

先生生宣正成弘間，當一代文明之會，其學近宗濂洛而遠遡乎洙泗之源，不言而信，無位而尊，盡當世而宗仰之，爲國朝名儒第一。余少向往焉，學而未暇。歲壬午，移官留都，友人唐仁卿氏時時相過，講論先生不輟，而惜夫世未有能知其深者。余于是益爲怳然，竊自悔恨，以爲學先生晚也。仁卿氏之言曰：「吾年十五六，隨長者後，誦説江門夫子，頗知嗜慕。及取其書讀之，于應制無當也，置之；既舉于鄉，好爲古文詞，又取其書讀之，于剽麗無當也，置之。已而，再上春官不第，從燕趙吳越間得聆師友之訓，歸而妄意于學問也，然後能稍繹其書，則見其有言必依乎道，有行必概乎教，無所用于今而亦不必于用，殆孟氏子所謂立命者歟！而吾之年垂三十矣。雖然，如其言也，藩籬欲固，孰與夫忘名之爲高也；積累欲深，孰與夫徑造之爲便也；自然立教，孰與夫曲意誘引者之興起後生也；許可必嚴，孰與夫姑爲獎借者之張皇吾道也。出者

〔二〕此據《白沙先生文編》卷首録出。

愈奇，與者日衆，吾固難以彼而易此也。嗚呼！言道術者不宗孔氏，吾必以濂洛爲卑卑，使濂洛而無叛于孔氏也，則若先生者，固拙勝而道存者也。何者？誠也。世儒術非不工，風非不動，不免自處過高，而其歸與不及等。何者？誠有所不足也。蓋自先生之學出，而敦慤粹美者愧其智，慧辨雄拓者愧其仁。仁智合而誠不離，則道歸焉耳。夫道之難明久矣，何疑先生？而吾與若固先生之鄉人也，謂吾不能而不以望于人，則其罪愈大。吾將有事焉。」甚矣！仁卿氏之言有警于余也。于是總其集中撮其有關于問學之大者，得詩與文若干，共爲六卷，稍次第之，題曰「文編」，而增補年譜其後。乃侍御晉江郭君、計部廣安姜君、休寧范君、孟津王君、儀部婺源汪君則共捐貲以付工人，閱兩月訖工。其書播在學士經生，而先生之道復著。間嘗竊論先生之學淵以博，不可端倪，學先生者但立吾誠以往，毋論高下大小，各能成章以見于世。觀當時從遊諸子與夫聞風私淑之徒，若年譜可據已。而或者猶疑其流爲禪，胡不引其往事觀之也？余既喜仁卿氏之言能發我之所欲，而又嘉諸君之與仁卿氏同志也，故述仁卿氏之言，以諗諸君及夫海内知慕之士，使明先生之道人人可師，學先生者亦惟其誠而勿貳，而尤願諸君與仁卿氏共勉之，庶幾切磋之義以光前修，毋若余然，而徒抱後時之悔也。萬曆癸未歲臘月之朔。

刻白沙先生遺稿序〔一〕

同里陳吾德

邑侯映台袁君，政先化原，表揚前哲，既于白沙先生故居請建祠堂，禆崇家祀，寢廟之成，奕如也；復又裒輯先生遺稿，鋟梓以傳。刻成，移書與德，曰：「子，先生鄉人也，宜有敘述。」德惟垩居荒落，弗能爲言，顧誼不得辭也，廼言曰：「珠玉之沉于淵也，其流方圓，知寶者得焉；干將莫耶之埋于地也，其光燭天，望氣者識焉。方其淪落幽翳，埋光掩彩，豈有期於世耶？及其出深淵而發重壤也，罔不愛而重之。彼其光輝照耀、赫然動人者，人知其然也；其神靈變化、蔚爲精光者，是孰知其然哉？莫知其然而然，是之謂出於自然者也。君子道成而言立，言立而人傳，此豈有邀於後世者？其道亦猶是而已。傳稱死而不朽，非謂其身没而言立耶？然自立言之旨不明於世，於是脩詞者斧藻其言，著述者摹擬爲工，要以成一家之言，希聲來世，匪不傳也。然巫步多禹、抵掌類敖，以形寓而不以神傳，昔人等之書肆説鈴已耳，又况其遺落散逸，孰從愛惜珍貴、求以物色之如恐不及者耶？我白沙先生崛起嶺南，蓋自明興百餘年來，始一洗詞章功利之習，使學者反求諸其心。陽明繼之，要以貴易簡而去支離。功用並鉅，而先生實首倡明，非夫命

〔一〕此據《白沙先生遺詩補集》卷首録出。

世真儒，其力量當能爾哉？先生絶意著述，而遺興寄情大都於詩乎見之，此豈有意於言也？然言出而人傳焉，固已流布於海内矣。而其篇章散落人間者，人争寶之，若有神物護持以有待者，豈非若珠玉之流方圓呈象、干將莫耶之發洩紫氣衝射，有不容遏滅者耶？蓋先生之學，由勿忘勿助而深契乎舞雩三兩之趣，不離日用而獨見乎鳶飛魚躍之機，故終日乾乾，惟以收拾乎此，庶幾宇宙在乎手、萬化生于心者，而要之一本於自然而已。惟其出於自然也，故其爲文與詩，不刻意尚詞而天趣自足，不牽拘往格而聲律自諧，所謂發乎性情、澤於仁義道德者，非耶？其感人之深有以也。孟子曰：『誦其詩，讀其書，不知其人，可乎？是以論其世也。』學者論其世以知其人，知其人而誦讀其詩書，則千載如見。世自有知言者，亦奚俟余言也哉？先是，《全集》邑羅侯僑刻於弘治十四十首有奇，行狀附焉。君得之邑博，自麓蕭君更爲訂定。是刻也，總詩五百八年，距今八十載，而袁君有今刻。君名奎，字文卿，映台其别號也。與羅俱江右，其尚論淵源，固有自云。萬曆十二年甲申孟秋之吉，古岡後學陳吾德序。

書續刻白沙先生遺稿後[一]

潮陽蕭端升

道以言傳，亦以言晦。夫言豈能晦道哉？自尚言者支其詞，教者復以言訓，道斯晦矣。有道者出，雖無意於立言，而吐詞爲經，其可傳者有在也。夫子曰「予欲無言」，子思子曰「率性之謂道，脩道之謂教」。故知道以率性明，教以脩道行，是立教者貴明道，豈事多言哉？白沙先生倡道東南，爲海内正學之宗。其學其教具在《全集》中，大要務默成，不以言語。予私淑之日久矣。庚辰秋，來諭岡州。岡州，先生故里也。思欲廣先生之教不可得，乃日進諸生共講求焉。既乃得縱觀先生遺墨，因遺墨得見所遺詩，愛而手録之，積久漸以成帙。而先生胤孫觀光暨諸生吕尚、李以麟輩，復樂助成焉。或因是病予徒以言求先生者，予不能答。間嘗指先生言之精要處相質，或瞿然、或躍然，久之駸駸然，若有知先生於言意之外者。竊自喜曰：「至樂無聲，有遺音也；大羹不和，有遺味也。然則是集也，豈謂徒求先生以言哉？豈謂先生果無言哉？要必有真可傳者，而非以言勝也。」邑大夫袁君始嘗倡爲是謀，至是遂取加訂正以授梓焉，君蓋雅重先生而加意後學者也。由斯以觀，先生之教謂不因言而傳耶？刻成，因綴數言於末簡。旹萬曆

[一] 此據《白沙先生遺詩補集》卷末録出。

十二年，歲次甲申，仲秋之吉，後學潮陽蕭端升識。

重刻白沙先生全集序〔一〕

歸善楊起元

我國家惇庸之化，涵育百有餘年，始有真儒出於南服，是爲白沙陳先生。其學以自然爲宗，乃其静中妙悟，不由師傳云。其言曰：「天自信天，地自信地，自動自静，自闔自闢，自舒自卷。牛自爲牛，馬自爲馬。甲不問乙供，乙不待甲賜。」嗚呼！盡之矣。至於進退辭受之際，截然不苟；綱常倫理之間，藹然太和。形與性合，人與天侔。無事拘檢之迹，而名教以端；不假事功之彰，而風聲以達。非德幾於至誠，其孰能與於此？生平不事著述，曰：「孔子之道至矣，愼毋畫蛇添足。」此集所載，詩半之，酬應之書又半之，記序等作殆不數篇，乃先生不得已而應之者。聲出於無心，乃爲希聲；言出於無意，乃爲至言。故其詩若文，不落蹊逕。全讀之，其味淡而不厭；細而舉之，其義無所不該。嗟夫，先生之學其至矣乎！此集當與天壤共敝者也。

〔一〕此篇，據明天啓元年王安舜刻本輯録；《續刻楊復所先生家藏文集》第二卷亦有收録。（楊起元撰：《續刻楊復所先生家藏文集》，《四庫全書存目叢書》，集部第一六七册，第二二四至二二五頁）

起元自四十以前〔二〕，未足以窺先生藩籬，不知是集所繫之重如此；四十以後，從近溪羅先生學，轉讀兹集，乃稍窺一斑，而字多模蝕。幸予友長蘆都運李君肃志新兹刻，多方購求善本，屬滄州學正高君爲表參互考訂，僅復其舊，而尚未盡。李君轉廣右大參，高君入國學爲博士。大參君謂博士曰：「君宜收此板入國學，司業君在，可相與再校完之。」板至，凡四百二十五片，由是發正二千餘字，然尚有未盡者。蓋是集之不行久矣。甲申、乙酉之間，議先生從祀，縉紳士大夫多不識先生之學謂何。賴大中丞趙麟陽先生攜先生遺書在署，速梓而出之，觀者始心服，而議遂定。嗟夫，道之興廢存亡，豈不以人哉！予嘗怪文中子之學，孟子以後一人，而所存惟《中説》，其餘泯然無迹。今是集若不重修，百年之後，欲求如《中説》，其可得哉？〔三〕予於是重感予友李君能爲斯道舉廢而修墜也。世間文字爲木之菑者何限？學者未知先生之學爲何如，則是集亦可以有無，而李君之功奚有？區區之意，蓋欲我辟雍多士明孔孟之學脈，識自己之真心，則人人皆與先生爲徒。如是，而以集爲先生之存亡，抑又末矣。萬曆己丑仲冬之吉，國子監司業、後學楊起元書。

〔二〕「起元」，《續刻楊復所先生家藏文集》作「某」。

〔三〕《續刻楊復所先生家藏文集》無「予嘗怪文中子之學，孟子以後一人，而所存惟《中説》，其餘泯然無迹。今是集若不重修，百年之後，欲求如《中説》，其可得哉」四十六字。

白沙先生語録序〔一〕

歸善楊起元

予少時則聞白沙先生舉於鄉，計偕下第，乃往學於康齋吴先生。吴先生無講説，使先生劚地、植蔬、編籬。吴先生或作字，先生研墨；或客至，則令接茶。如是者數月而歸，竟無所得於吴先生也。嗚呼，吴先生何善教哉！其後，坐陽春臺十年，苦學精思，忽然有得，則所謂「静中養出端倪」，又所謂「致虚之以立本」者，先生稍鳴之以接後學。其究端倪何在、虚又何物，祇是從前劚地、植蔬、編籬、研墨、接茶者，但肯安心爲之，無妄想耳。先生於此蓋亦深感師恩，故無著述所以報也。其不得已露出「端倪」、「致虚」二語，已起後學紛紛疑謗，安得如吴先生之門終無所得之善哉？然自先生以後，出於先生之門者如湛源明氏，不出於先生而特起者如王伯安氏，言益繁矣。雖然，亦時使然也。吾嘗譬之：此學之於世道，猶日之麗于天也，康齋先生如日之在嚁海，至於先生則登於扶木矣，嗣是而半天、中天，其光明漸盛，然皆嚁海、扶木之所涵而至也。升者中之基，中者昃之候。静言思之，良可凛凛。是以每勸同志，學聖人之道，當自先生始。先生遺文至簡，然片言隻字皆至道也。世之集先生者，各隨其學之所至，而此集則予淺陋

〔一〕此篇據《白沙先生語録》卷首輯録。（楊起元輯：《白沙先生語録》，載明刊本《楊復所全集》）

之所以集先生者也。是爲序。旹萬曆丁酉孟夏望，後學楊起元貞復甫書。

重刻白沙先生集序

林裕陽

《詩》有之：「高山仰止，景行行止，雖不能至，竊嚮往之。」余爲兒時，則聞白沙先生以道學起嶺南，爲海内儒宗，蓋私心嚮往有日矣。頃代匱結綬新會，實先生桑梓之鄉，下車而謁先生於家祠，低徊而不能去者久之。已而進先生之裔，求先生之集，受而卒業，益知先生之學醇乎一本於濂洛，而遠接洙泗之緒。其言曰：「學貴自得，而後博之典籍。有意爲静，則不静矣。隨動静以施其功。學至無而動，至近而神，藏而後發，形而斯存，不離日用而見魚躍鳶飛之意。」及考先生之出處，則屢躓於南宫而絶意仕進，其後應聘而起，以終養而歸，蓋異夫洗耳投淵者流。而孝友和易，内行純備，無弗根本於彝倫，故姜麟有「活孟子」之稱。而一時名士，若鄒汝愚、李承箕、陳茂烈輩，皆北面焉，蓋有所表不虚耳。

先生没至於今，而聖人之道寖微，士大夫之爲道學者，往往遊於無何之鄉，墮于苦空之海，皈依南宗，至躋而躐于宣尼之上。有識之士，深慨于中，恨不得起先生而正之也。先生所著，舊已行於世久之，不無蠹蝕殘缺。里中後學許生欽賦，慨然議更新之，請敘于余。余不敢辭，故重授剞劂氏，布之宇内，後之君子得以覽焉。俾由先生之言而上遡洙泗之統，異端可拒，而世道終必賴之，先生蓋不朽云。抑余去先生若而年，代匱先生之邑，得附先生著作之後，又厚幸矣。萬曆辛丑歲秋八月，閩後學林裕陽頓首撰。

重刻白沙子序

同里黄　淳

日星麗天，非天之所以爲天也，然而天之精可得而推焉；萬古斯文，猶日星麗天，非聖賢之所以爲聖賢也，然而聖賢之精可因而見焉。孔子曰：「文王既没，文不在兹乎！」文其可少乎哉！白沙先生崛起海濱，仰希鄒魯，春陽静養，碧玉自得，舉凡天下可愛可求，漠然無動其中，不事著述，間嘗拈弄于詩文，亦可以得先生之所以爲先生也。

我皇上建聖真之極，昭揭正學，崇祀文廟，四方學者益思得先生所著以爲觀法地。顧邑中全集歲久蠹殘，淳積欲新之未能也。頃林君嘉讓過金陵，得甘泉湛先生京師所校刻，歸以示淳曰：「湛先生久在門牆，是必得先生精意之屬。子嘗有志于此，請校梓焉，可乎？」淳曰：「幸甚，君其圖之。」乃閉户讐校，間有所疑必以質淳。録成，同社何君上新遂率三五同志，付之剞劂。謂淳不可無紀，淳曰：「先生之學，心學也。先生心學之所流注者，在詩文。善讀者，可想見其天地胸襟、濂洛造詣，否則，等糟粕耳。」神神相契，世能幾人？何君輩斯刻，可謂大有功於斯文者矣。淳烏敢辭？謹記。旹萬曆四十年，歲次壬子，孟秋之吉，邑後學黄淳頓首書。

重刻白沙全集序

同里何熊祥

白沙先生全集刻自弘治末年，歲久漶漫，中幾經補綴，率非全壁。廣文林君從南雍得甘泉先生所校善本，謀諸家君，重付剞劂。訖工，復屬余敍。

敍曰：言，非聖賢得已也。自精一執中開萬世心學之傳，即唐虞豈其廢言？要惟曆數授受始一發之，而其吁咈一堂之時，固不必雅言及之也。故夫子曰：「予欲無言。」蓋《魯論》二十篇中，答問居多。即求仁爲圣門第一義，亦不過因問而答，言人人殊，未嘗執一説以爲仁必如是也。下逮宋儒，著述始富，然伊川已有兄弟議論太多之語，則亦足明言之非得已矣。先生之學，由濂洛關閩以遡洙泗，不事著述，不立門户。其主静之教，不過原本周子，而所爲致虚立本，亦僅偶一拈出，未始標隻字爲法門，如世儒也。若詩文流布人間者，非不名理躍如，亦大都應酬之具、游藝之餘而已。譬先生詩文，其虞廷之有賡歌、孔門之有問答乎！而其深造獨得，不輕以語人者，殆亦精一之旨，非相禪不發；克復一貫，非顔曾不傳也。蓋先生于世卿曰：「此心通塞往來之機，生生化化之妙，非見聞所及。待世卿深思而自得之，非有愛於言也。」夫在門若世卿，即語上可也，先生待其自悟，尚不以言傳，况非其流亞也者。固宜微言絶學，人不盡聞，書不盡筆，而僅於詩文見其概與！先是，從祀議興，知先生者十九，而疑先生者亦十一。迨於輿論大同，俎豆宫墙，於是先生之學與濂洛關閩之學並著，而先生之集亦與周程張朱之書不朽。余生先生闕里，取則不遠，知非是集不足以見先生，又知是集不足以盡先生。夫由先生所著述，而悟先生所以不著述，其於道也深乎！是爲敘。萬曆壬子菊月之吉，後學何熊祥頓首譔。

重刻白沙先生全集序〔一〕

王安舜

嶺南之有江門，猶營道之溢江、關之南山、河之洛、匡廬之白鹿也。昭代之有文恭，猶熙寧、元祐之於横渠、康節，而淳熙之於考亭也。世之相後，地之相去，何啻千百，而其印聖賢之心傳與紹千古之絶學，脈絡至今存也。至於進退出處之間，又若合符節。如乞終養於翰林檢討，與力辭西京國子，委手板棄官，立朝不四十六日，是皆其不留一轍之跡者也。嗟乎，至道難聞久矣！漢唐以還，百家争馳，學幾乎息。濂洛諸儒得孔孟不傳之秘，芟正路之蓁蕪，共尋名教樂地，如綫之緒，朗然如中天日。自是訓詁相傳，葛藤不了；一切性命着己之談，目爲二氏，是何異舍家珍而實瓦礫也。即以我國家敦龐濡育，而耳目未易改觀。積百餘年，始有江門，洗從前安排之障，得趣於六經，超然頓悟，直以一身荷斯文之統，爲世主盟。厥後數十年，姚江繼起，後

〔一〕據明天啓元年王安舜刻本卷首輯録。

先發明，孔孟之宗風又復大暢。常試辟之：如鏡然，静者明體也，良知其明之徹也；如事理然，主静者不落因應也，致良知其不昧因應也。乃湛文簡曰：「自然之學，人或以爲禪，人固不知江門，亦不知禪也。」夫《楞嚴》以何自非然，明破其執矣，則自然非禪也，而江門豈禪哉？余因是而怪世之談學者，多守其師説，而土苴乎内聖外王之理，規規然取塵垢糠粃而陶鑄之，以爲盡此矣，又何足以語入定静之門而造格致之域也？江門之學具在《語録》中，兹集第録其詩文耳。詩文何足以該道，而道則無不該。韓子曰：「文者，載道之器。」夫道，器也耶？孔子之道在六經，而其言曰：「文不在兹乎！」道固至矣。余素佩服此集，兹欲選其精者而梓之，謀諸同志，乃存乎見，少併湛、楊兩公所刻而益之全，謂先生之美盡在於是，是求約而反博也。然以余所習聞，父老所傳誦，尚多未備，則此固不足以盡江門，而江門又尚有遺於道者乎？天下後世因是而得江門之旨，是旦暮遇之也。幹之言曰：「孟子而後，濂洛繼其絶，至紫陽而始著。」余亦曰：「朱子而後，江門得其宗，至姚江而始著。」敢以是贅。時天啓元年辛酉仲夏，巡按淮陽監察御史、嶺南後學王安舜書。

重刻陳白沙先生集序〔一〕

順德黄士俊

新會邑侯黄君宰邑之明年，即求白沙陳文恭集而重録之，以完舊所闕，而屬予爲序。予固私淑文恭，又鄉先進也，不揆而序之曰：聖人之道，百姓日用而不知，學士習焉而不察，而道固未嘗絶於天下也。有志之士，苟能潛心而遜志，反躬而力行，豁然有省，則雖千百年之遠，荒裔窮海之濱，而悟此心此理之同，自可以上遡孔孟之源，下俟百世而不惑。自章句訓詁之學錮溺天下之人心，於是儒者不必内求自得而惟外奉陳銓。雖以上蔡、象山之深造，而或病之曰太簡，或目之曰近禪。天下畏禪之形而避其影，將所謂尊德性者或幾乎息矣。嗚呼，不有哲人，其何能淑？先生奮起南隅，翱翔上國，始謁臨川，言歸江門，求之博而舍其繁，求之静以復其體。林待用謂其「立志甚耑，嚮道甚勇，涵養甚熟，獨超造物牢籠之外，而寓言寄興於風烟水月之間，有舞雩陋巷之風焉」，蓋實録也。昔精一之傳，至禹止矣，其後數百年，而有莘耕夫囂囂樂道，降衷一德之語，遂繼典謨；洙泗之傳，至孟軻止矣，其後千餘年，而濂洛諸賢倡明講習，《太極》、《皇極》之書，窮極性命。至道至德，豈不待其人哉！嘉定以後，徒資文義講學，於經傳鱗比櫛次，在

〔一〕此篇據黄之正本輯録。

當時號爲精密，在今日猶未免疎漏，况於作聖真源相去益遠。故雙峰之饒、北溪之陳，爲吴草廬之所不取。然則先生之道，其足以繼往開來，功亦鉅矣。先生存而名震四海，殁而從祀孔廟，其論定久矣，固非待後死者爲置喙。且其志不存於著述，則其集雖具在，學者要當於語言文字之外求之而後可也。昔莊定山詩與先生齊名，時號「陳莊」，其風節格調或相頡頏，然湛深於道德，流露其胸中所見，則先生爲宏遠矣。夫黄侯以表章斯文爲己任，其治化思過半矣。所愧余老而詞不敏，亦聊以述所聞云爾。順德黄士俊亮垣父撰。

重刻陳白沙先生文集序〔一〕

晉熙黄之正

余里之名山曰司空，太白讀書處也。其下有地，亦名白沙。山川秀麗，太白眼中景也。邑之賢宰及後學輩，接踵傲游，遂其景仰之懷者，至今勿絶。予知書時，見陳先生之號，竊歎數千里之隔，地同名也。在此爲詩仙之窟，在彼爲理學之場，豈非一大奇致乎？地同而心又同，太白與先生各一白沙，實同一白沙矣。先生以理學名當時、傳後世，則天下之尸祝先生之高而膾炙先生之文者，予何容贅？憶予癸巳赴銓部，甲午春二月，得新會一籤，同事戚友咸爲予怖，以粤

〔一〕　此篇據黄之正本輯録。

東天末，正值西逆鴞張，震于鄰、于躬，皆未可卜。予曰：「是安足怖？人生何幸而筮仕于理學先生之鄉乎！先生之理學及乎天下後世，而衣裳俎豆之地，薪傳奕葉，家絃户誦，知必能明于先生之學而不斬如手足之捍頭膜矣。是安足怖？」叱馭而前。九月，度嶺，及抵禪江，聞寇逼門庭者兩次。予從間道入守，馬首受篆。再一晝夜，而賊壘在郊，重圍密佈，出古今未有之攻法以與我爭此土。城南一隅已覆于隍而且築且守，民以命敵，雖文人婦女亦躬荷畚鍤，而糗芻供給又不待言矣。最後量沙無術，民有易子之慘；樹根萍草以及敗鼓之皮，難飽楚女之腰。然猶鳩形鵠面，誓矢靡貳，歷七十日得以此城待援師者，豈非新會之人沐浴于先生理學之澤者深且遠哉？獨恨薪火之下，先生之梨棗亦災，此則守典籍者之過也。余爲先生守典籍之人而不能保其脱祝融之厄，復不能新之公輪之手，過何能贖？乃與邑之薦紳先生謀有以重鋟之，僉曰「可」。遂述數言以弁，誌事耳。誌予生于白沙之鄉而又仕予白沙之鄉，致足幸耳，敢曰以光先生之文集也？晉熙黄之正穀齋父撰。

白沙子全集序

同里何九疇

《白沙子集》之行於今世者，先高王父、封冢宰泰宇公繼邑宰羅侯僑而再刻者也。是集之行於世，是高王父之志也；近年遠板寖磨滅，又嘗見墨跡篇什有未載於原集者，故知原集之尚不無遺闕也，此二者非高王父之志也。疇用竭其綿力，遠近搜訪，得未刻者：序四首、記二首、題跋一首、書百有五十八首、各體詩共五十五首，將合之舊刻而更鐫之。適姑蘇迂客顧侯來宰斯邑，首以表彰前世人文爲亟，聞疇斯舉，亟爲從臾，且助工資。疇用勉成其事。而疇自少溺於雕蟲之學，今因斯舉而後知悔焉。

夫從來讀是集者，大約謂先生之學，無專著之書以傳之，或者散見於是集之中；不然，則謂聖賢言語之所發揮無非義理，筆墨神韻之間無非道意之流行，如是而已，未有正以文字視之者。疇今讐校之下，涵湛其中，乃覺其氣沛然，其法森然，其詞充然，其光赫然，其旨朗然，其味淵然。於戲！文家之能事至此極矣。從來不以文字正視之者，爲其時有樸率不悦俗目也。夫詩之多樸率者莫如西漢，唯其樸率之處，偏經後世文士剽襲以爲點綴，古色久之翻成藻彩。吾安知當時之人視之，不如今人之視斯集乎？吾安知後人之視斯集，不如今世之視西漢乎？故樸率者，乃其文之所以爲高古，非不文也。且嘗觀之人，其衣服必時宜、其言必滑澤者，率微麥□□之輩，□上以至士大夫則不然[二]。是故人之貴者，恒不足於華美，賤者反否。而賤者人愛而狎之，貴

[二] 「率微麥□□之輩，□上以至士大夫則不然」，孫通海點校《陳獻章集》作「率微末地卑之輩，稍上以至士大夫則不然」。（《陳獻章集》，下册，第九〇九頁）

者人踈而敬之。今讀先生之文，有不肅然起敬者乎？夫爲先生詡其文，猶爲富人稱其家之有瓦缶也。第假不足於文，則是斯道之猶有所不包，而天下之文士猶有分長角立之地也。然先生無意於爲文者，而其文若是，故知文自有所從出，而區區求之於文者陋也。此疇之所爲悔也。書既成，序其所以刻之由，并附斯言於簡端，冀天下之文士潛心是書，或不謬疇言，相與悔其雕蟲之習，以轉求乎文所從出之處，則先生之學其不墜於世矣乎！康熙庚寅孟陬，同里後學何九疇謹識。

白沙子全集跋〔一〕

長洲顧嗣協

余涖岡之日，即躬詣白沙先生祠，仰瞻像貌，虔修祀典，覩其棟宇傾頹、子孫微替，惻然久之。越一年，請於臺，蠲俸修葺，焕然一新。至詩文全集爲明封冢宰何公鏤版行世，歷年既久，字跡罔辨，切有志焉而未逮也。何子蒲澗爲冢宰公曾孫，承累世冠簪之後，閉户好學，恬淡仕進，所爲詩古文辭甚夥，標新抉奥，推爲玉臺領袖。與余文酒往還，不干以私，其品有足多者，余敬而友之焉。己丑九日，同爲馬山落帽之遊，因語何子曰：「君先祖所鐫《白沙集》，余欲悉依宋

〔一〕　此篇據《儒藏精華編》本《白沙子全集》卷首輯録。（陳獻章撰：《白沙子全集》，《儒藏精華編》，北京：北京大學出版社，二〇〇八年，第二五二册，第五八至五九頁）所見何九疇刻本《白沙子全集》無此文。

刻重壽梨棗，吾子仰承先志，合力成之，可乎？」何子欣然樂從。更留意訪求，得未刻詩文若干首，各從其類而充之。剞工告竣，以不佞有事兹土，屬爲之序。夫白沙先生孝友、理學、文章、詩賦薄海内外，罔不尊奉片紙隻字如珍拱璧，顧余後學荒陋，奚敢弁言簡端？然竊喜表章往哲，何子與我有同心也，爰綴數語於末，聊藉以附不朽云。新會令長洲顧嗣協。

白沙子全集序〔一〕

鐘音

予奉天子命，來旬粤東。方當聖德廣淵，孝治該洽，雖重譯遠徼而外、海隅日出之國罔不率俾，矧在古揚州之分、代有名賢者乎？以養以教，宣上德而厚民風，使者之責，奚旁貸焉？去五羊城百五十里而近曰江門，先儒白沙陳子奉萱講學處也。後人即其址爲義學，蕪穢不治者久矣。亟令有司充擴其宇，顔其門曰景賢書院，祀先生栗主於樓，延師育材於其下，俾遠近知吾粤有白沙之學，以自奮于聖人禮樂明備之時。於是白沙後裔有以全集刊板漫漶，力圖重梓，丐序於予。夫言爲心聲，文以載道。自一畫開天、十六字傳心而後，孔子雖嘗曰「天何言哉」，而究之脩詞立其誠，凡夫大義之須微言以弗墜者，聖賢相繼，恃有此也。予讀陳子行狀，知其論治道以

〔一〕 自「鐘音《白沙子全集序》」至「屈大均《陳文恭集序》」，共九篇，據碧玉樓本輯録。

正風俗、成人才爲急，千古吏事一言而盡，予慕之愧之。又見乞養辭榮，事母至年九十而相思無呼吸間。爲學主静而見大、深造而自得，與孟子之養大體、孔子之毋意必固我，蓋有合也。是以不急急於著述而發揮於咏歌舒嘯、往來酬酢間者，皆能衷諸大道而具有天機。粤之後生能遊息於景賢之堂，熟其遺書而舉慕効其爲人，則使聖世多有本之士以光厥宅里，豈惟溉四方之聞風、願學者有所尋繹而玩味已哉？其裔去先澤遠，猶知勉力爲此，抑又予之所樂予也。夫是爲序。

撫粤使者閩軒鐘音。

白沙子全集序

龍城歐陽永裿

予少時好讀先儒語録，知前明理學之盛，幾與有宋頡頏。而白沙陳子以正學崛起嶺南，心嚮往之，竊恨不得生於其時，親沐其教，沉潛玩味，以饜飫其心。去年春，予奉簡命備藩東粤，拜先生里居，訪春陽臺讀書故址，未嘗不想見其人焉。先生少就外傅即有志聖賢，後從吴康齋遊，得深造自得之要，默坐澄心，體認天理。觀其《與林緝熙》一書，闡揚曾點樂處，至於理會分殊，本末具舉；其語賀克恭則云：「於静坐中養出端倪，方有商量。」蓋與濂溪主静、伊川静坐之説後先同揆，而世或不免訾議，亦見其惟庸且妄而不達於學矣。嗚呼！士君子讀書稽古，豈必其言之云爾哉，亦觀其意之所嚮而已。先生僻處嶺海之間，倡明正學，身體力行。有明一代大儒林立，而能直揭本體，不爲功夫節目所拘，則自先生始。先生之學傳於增城湛甘泉先生，粤人翕然宗之，所學一歸於正。迄今沐浴其教澤、追溯其淵源，尚知聖道之所從入，典章文物綿綿延延而未有艾也，非先生力歟？裔孫俞能守其家學，以先生全集若干卷歲久蠹殘，謀付重梓，丐序於予。予惟古君子之爲法於後世，存則其人也，没則其書也。傳曰：「奮乎百世之上，興起百世之下。」吾國家理教昌明，崇儒重道，凡山陬海澨之間，有志者莫不踔厲奮發以自附於聖賢之徒。吾願粤之人士，景仰前賢，聞風興起，讀先生之書，求先生之學；知先生之學，師先生之爲人，而由先生之學上溯濂洛洙泗之心傳，以興起此邦之正學。是則先生覺世之心，而亦予數十年來嚮往慕悦之心也。爰爲之序。時乾隆三十四年，歲次己丑立秋日，通奉大夫、廣東承宣布政使司布政使龍城後學歐陽永裿頓首拜撰。

陳白沙先生集序[一]

大興翁方綱

君子所以學者爲己而已矣，渾之天地萬物皆爲己也。爲己則必無人己間尚有纖芥累者。

[一] 此篇，翁方綱《復初齋文集》第三卷亦有收録。（翁方綱撰：《復初齋文集》，《續修四庫全書》第一四五五册，第三七〇至三七一頁）

有明白沙陳先生之學，則可謂爲己而無累者矣。而人猶或謂其《西南驛》詩寓意於瓊山者，何哉？世傳瓊山之齮三原也，坐吴禎、劉文泰輩耳。且説者以瓊山主會試發策之語度之。試問瓊山發策所指虚慕道學之士，爲詭異之行以徼名干譽者，曾與先生奚涉乎？彼蓋痛斥其時士習之不醇者，俾養學術而正文體也。即與三原尚無與，而況先生乎？三原之去官，在瓊山入閣之後，先生以成化十九年應召，在瓊山入閣之前；而瓊山之主會試，在成化十一年乙未，其援此傅會者，可不辨而自明矣。先生入京不謁瓊山，蓋正在以疾辭秩之時，而其祭瓊山文所云「足不至公之門」者，又特以自道其積慕未申之隱，而好事者又援斯文與「山雨不來」之句併案焉，其亦支而弗通矣。粤之先賢如二公者，其學之醇實、心之光明磊落，亦可以無他議矣。而世尚有疑而議之若此者，甚矣，爲己之學，衆人不識也！君子之於人也，學問議論初不必其盡合，然必顯然有所駁正發明以伸吾見而期歸於一，是未有口不明言而故假他端以寓其憤激者。假若瓊山有所異於先生，則必昌言於先生而使知之。其未昌言之，則其心無異於先生必矣。明代士大夫習氣，喜爲黨同伐異之論，稍有可假之端，則科道諸曹譁然交章，辨難蠭起，横議滋而門户立，朋黨衆而權奸熾。自古爲學爲文之害及世道人心者，莫甚於此。以白沙先生之道力常伸於天地之間，超然獨立於萬物之表者，而何爲亦必援之使入此而後快哉！予讀先生之集，不足以毫髮闡明先生之所得，顧見序先生文者斤斤於朱陸異同、江門會稽之辨，予則何敢焉？因見重刻本尚存黄氏所爲《應召録》者，而懼覽者之弗究其實，故第就此一條言之。翰林侍讀學士大興翁方綱。

重刻白沙子全集後序

謝廷知

書以傳信，非以傳疑。古人文字歷千百世而不易者，以傳信也。《白沙子全集》前有刻者已不一而足矣，至康熙庚寅邑人何氏有刻，今歷六十餘年，簡編殘缺，而陳氏宗族因議重鐫。出家藏舊稿，以請列憲鑒定。學憲翁尤細心詳訂，且諄諄示余務留心董勸，以成善本。越數月而書成。其中，如奏疏内「聖旨」、「欽差」字樣不擡頭、不空格，與何刻異者，以稱述前明舊文無庸擡頭、空格也；如《恩平學碑記》内有數字與何刻異者，以家藏舊稿與碑石相符，不敢改也；又有視何刻而加多者，以舊稿所有，不敢删也；至若先後次第彼此不一，以舊稿所載，不敢易也。諸如此類，大抵依家藏舊本居多。後之讀是書者，覽其異亦宜知其所以異，而異之中究無不同也。爰誌之簡末，以見此集之足以傳信而無可疑。新會縣儒學訓導謝廷知謹書。

重刻白沙子全集後序

族孫陳世澤

辛卯歲，世澤與汾江家雲麓重刻太伯祖文恭公集於羊城。有客過而問曰：「子刻文恭公集，曷名《白沙子》？」澤曰：「此西蜀高君初刻時所題，謂猶孟氏七篇曰《孟子》之義也。」曰：「聞公不著作，然乎？」澤曰：「然。公以道之顯晦在人不在言，故其爲學也，惟以道體諸身心、見諸行事而已；其爲教也，亦惟教其體道於身心，以見於行事而已。是以無著作也。」曰：「既無著作，何以有集？」澤曰：「集者，奏疏書序之文，詩賦贈答之句。在公原無存稿，厥後及門湛、容諸君恐放佚失傳，乃採輯成集，固非如《古錦囊》嘔心血以駭世，亦非如《讀書録》積潛思以成書者。是以無著作而有集，有集而仍非著作也。」曰：「世以公爲禪學，信乎？」澤曰：「非也。禪家不知有倫常者。若公也，以鳶飛魚躍之理，見於人倫日用之間。孝友如公，出處如公，君亦聞之熟矣，禪能若是乎？」曰：「非禪，何以談静虚也？」澤曰：「公之静虚，豈禪之静虚也哉？禪主寂滅，有静而無動者也；禪主了空，空虚而無實者也。若公静養端倪，是由静存而動察也；致虚立本，是由本虚而形實也。公謂『爲學必得所謂虚明静一者爲之本』，可知公之静，乃静一之静，非静寂之静；公之虚乃虚明之虚，非虚無之虚。釋語與吾儒似同而異，毫釐霄壤，貴擇之精，公嘗言之矣。君盍平心察之？」曰：「從來言道學者，皆言主敬、言知行、言存省。公獨不言，無乃自立門户歟？」澤曰：「君亦知主敬、知行、存省之説所自來乎？乃先儒總會經書之旨，而揭其綱目耳。古昔聖賢言不同而理則一：唐虞言欽，雖不言敬，無非敬也；舜言精一，孔言博約，《大學》言格致誠正、修齊治平，雖不言知行，無非知行也；《中庸》言戒懼慎獨，雖不言存省，無非存省也。今考公生平，不特『紫陽説敬，示我入德』爲言敬，『終日乾乾，收拾此理』，非言敬乎？『盡窮古今書籍，毫分縷析』，非即舜之精、孔之博、《大學》之格致乎？『舍繁求約，静坐數年，然後心體呈露』，非即舜之由精而一、孔之由博而約乎？『人可至於聖人，在乎修之：修於身，修於國家，修於天下』，非即《大學》之修齊治平乎？『養出端倪而後商量』，非即《中庸》之戒懼而慎獨乎？至於『隨動静以施功』，則動静周流、存省兼到矣。苟不明言『主敬』、『知行』、『存省』字樣，即爲自立門户，則唐、虞、孔、曾皆自立門户，寧獨公哉？」曰：「果如子言，則公之學，集千古大成，宜乎言皆中正而無偏矣。乃論者謂其立言過高，非學者可共由，何也？」澤曰：「非是之謂也。千古集大成者，惟孔子。孔子之道大，學者未易遍觀而盡識也，故各隨其質之所近，以爲入道之門。同此仁也，顔子以克復入，仲弓又得力於敬恕；同此一貫也，曾子以忠恕入，子貢又得力於學識。迨至宋儒，周誠、程敬、朱先致知，其歸雖一，而所入不同。公得力於主静，亦猶是耳。且澤聞之：言之中正，人人可由而無弊者，惟聖人。然亦必無所爲而發者，乃得其中正；若有所爲而發者，亦多出於偏舉。不問其故，則速貧速朽尚非人可共由矣。況詩文者，出於一時之興會，或因人寓箴，或因事感發，或即景生情，其中義類之取譬，固多偏舉；辭氣之抑揚，豈無偏重？苟不究其立言之意，不詳其言之上下始末，而徒摘其中一句一字以相詬病，又何怪其訾議也哉！」曰：「公既得力於主静，然則公之學，其陸氏宗派歟？」澤曰：「君以公爲宗陸，亦未知静之所由來耳。本於《易》，見於《論語》，詳於《大學》，而濂溪特拈出以説太極者，非始於陸也。不觀公之言乎？『此一静字，發源於濂溪，程門遞相傳受，延平尤專提此教人。晦庵恐人差入禪去，故少説静只説敬。學者須自量度何如，若不至爲禪所誘，仍多静方有入處。』是公之主静，宗周程也，何嘗言宗陸哉！」曰：「既非宗陸，何以世指爲陸也？」澤曰：「此由陸氏主静之名與公同，更由陸氏主静之學與朱異也。朱陸二公，宋代名儒，當時曷嘗不互相敬服。因所見略殊，二家弟子各守師説，盛氣相攻，勢如仇敵，朱陸異同，遂成聚訟。自明以來，著書立説者，無不附於朱；是以不著書立説，即無不指爲陸。尊陸者皆剽竊公言之似陸者，援公爲眷屬；則攻陸者安得不剽竊公言以似陸者，斥公爲僞派哉？然此皆聚訟者之不察耳。試略舉世之論公者，請君平心察之。『物有盡而我無窮』之言，胡敬齋指爲釋氏『不生不滅』之語矣；『至近至神』之言，羅整庵截去『至近』而摘『至神』二字，以爲禪矣。陳清瀾之作《學蔀通辨》也，以公『致養在我』之言，爲象山閉目養神工夫矣；以公『終日乾乾，收拾此理』之言，爲禪家作弄精神之學；以公『宇宙在我』之言，爲發明象山宇宙之旨矣；於答趙提學之書，則截去『此心此理未湊合』及『日用種種酬應』數語，改頭換面，便儼然西來種子矣。更可異者，其作《通紀》也，遂誣公爲杜門端默，以明心爲務矣。然此特謗公者，其截改影響以相遷就，原無足怪。乃不解世之愛公者，其爲詩文揚詡也，亦往往以影響之言相誇美：有以指點虚無爲公贊者，有以嘿求心體爲公贊者，有以静悟元機爲公贊者，更有以忘形骸、捐耳目、去心志爲公贊者，種種不可勝舉。究其説，始於好異者一時之率作，而耳食者遂傳爲美談，以致詆毁者即緣爲口實。毁譽雖殊，無稽則一。宜乎！謝祭酒見之，歎其『虧了公甫』，南川子因亟爲駁正。而鳴谷黄君之《白沙應召録》、立組衛君之《白沙要語補》，所以復相繼而力辨也。孟子曰：『誦其詩，讀其書，不知其人，可乎？是以論其世。』夫不論世，雖誦讀未足以知人，況目未究其詩書，且删改其詩書，更以非其詩書爲其詩書哉！凡此者，非公之過，乃尚論者之過；而尚論者之過，亦以舊集不傳，無以供尚論者之過。此今日之刻所以不容已，而屢年之搜訂，兢兢焉惟以舊集爲主也。」曰：「然則舊集果可信，而别刻之增入者盡僞耶？」澤曰：「是何言歟？公之詩文散天下，舊集豈無遺漏，獨以湛、容諸君久親門牆，所輯必無差謬，則子孫之刻自當仍舊。至若四方君子，搜遺補漏以備文獻，寧非厚幸？所望者，勿改换其字，勿增減其句，勿以訛傳相附會。稱者據實以稱，誹者據實以誹，俾後之覽者各得據實以是非之，在公亦甘受之。其爲功於公爲何如，其爲功於學術更何如，則又何禁世增減增刻也哉！」問者唯唯而去。雲麓曰：「子之言是也，盍書之以質天下後世之覽斯集者？」爰録之以附簡末。乾隆辛卯秋，九世族孫世澤識。

纂輯白沙至言跋

南海郭棐

吾粤僻在炎徼，至漢始屬版圖。五百餘年，迄唐而有曲江張公以忠讜稱；又五百餘年，迄宋而有菊坡崔公以風節稱。文章物采班班，與中土抗衡，而聖人中正之學，未之有講也。暨我皇明御宇，表章正學，時則有若白沙陳先生出焉。先生之學，以自然爲宗，不離日用而見鳶飛魚躍之機，誠近領康齋之傳，而上接濂溪之派者也。先生嘗有詩云：「何處可扳文獻駕，平生願執菊坡鞭。」噫！先生所藴，豈張、崔所能儕？其不得爲張、崔功業者，時爾。謂先生而有志於隱，非也；謂先生而流於禪，又非也。然則學先生者當何如？曰：戒慎恐懼，則可以語寡欲；致虚立本，則可以語忘己；勿忘勿助，則可以語自然。允若兹，其於先生所謂詣乎天者，幾矣。萬曆四十四年丙辰。

題陳白沙文稿

桐川俞長城

言道學者絀風流，言風流者絀道學。晉虚宋迂，參商相背，惑之甚者也。謝安石之折桓温，王右軍之戒殷浩，風流矣，何嘗不道學耶？周子之吟風弄月，邵子之飲酒栽花，道學矣，何嘗不風流耶？道者所行，學者所法，風者所傳，流者所化。四字缺一，不成名士。

陳白沙先生倡學東南，爲世儒宗。吾疑其文必方正嚴肅，確不可犯。今誦其集，瀟灑有度，顧盼生姿，腐風爲之一洗。吾固知人造其絶者，未嘗不有所兼也。道學絶者兼風流，吾求其人、合其文，其陳白沙乎！風流絶者兼道學，吾求其人、合其文，其唐伯虎乎！

白沙要語補

東莞衛金章

《白沙要語》一編，節録《白沙先生文集》中語，不滿三十條。割裂參錯，不知出自何人之手。其於先生講學，道所由造，教所由傳，總未見本末。脱略有之，要則未也。愚懼執此以求先生，不惟無以見先生，反於先生滋惑耳。爰採全集，輯而補之，間附鄙見。雖晚學疎淺，未足窺先生高深之萬一，然急於爲先生雪誣，庶於後之學先生者，不無小補云爾。

吾莞陳清瀾先生當異説横流之日，著《學蔀通辨》一書，辨朱陸之同異，析佛禪之源流，明正學之宗主，使陽儒陰佛之教不致蠹蝕人心，其羽翼程朱、加惠後學以有功於孔孟者，偉矣。獨是「當日宗象山者，援白沙以爲同；攻象山者，自不得不排白沙以爲異」。然白沙之書具在，請平心讀之，其爲周程嫡裔，而非陸氏流亞，燦然矣。則予小子所饒舌，起清瀾先生於今日，亦應首肯，諒不以余爲入室操戈也者。此二條，特《要語補》卷端及後跋云爾，欲備識始末，可採本書遍觀之。

陳文恭集序[一]

番禺屈大均

吾粵自成、弘以來，先正多以理學名其家，其淵源皆本白沙，白沙則本於濂溪。濂溪主静而白沙致虚，其旨固不殊也。朱子不言静而言敬，蓋患人流入於禪。然惟敬而後能静。敬也者，主静之要也。蓋吾儒言静，與禪學辭同而意異。吾儒以無欲而静，故爲誠爲敬；禪以無事而静，故淪於寂滅而棄倫常，不可以不察也。今夫主静之學，性學也。《記》曰：「人生而静，天之性，感於物而動，性之欲。」聖人常寂而常感，故有欲而實歸於無欲，所以能盡其性。濂溪曰：「無欲則動直静虚。静虚則明，明則通；動直則公，公則溥。」白沙曰：「夫動，已形者也，形斯實矣。其未形者，虚而已矣。虚，其本也。致虚之所以立本也。」此與濂溪之言一致也。劉念臺云：「静者，執中之旨也。心之明曰惟精，心之誠曰惟一，允執者敬而已矣。敬以敬此精也，敬以敬此一也。主静者，允執之謂也。致虚亦猶是也。」然明道云：「静中須有物。有物者，言乎自得之也。」白沙亦云：「夫學貴自得也。學者苟不但求之書而求之心，察於動静有無之機，去

〔一〕　此篇收録於屈大均《翁山文外》第二卷。（屈大均撰：《屈大均全集》，北京：人民文學出版社，一九九六年，第三册，第四八至四九頁）

耳目支離之用，存虚圓不測之神，一開卷盡得之矣，非得之書也，得自我者也。」此又白沙本之於明道者也。淺儒不察，謬以白沙之言爲禪，然則濂溪、明道其亦禪矣乎？王青蘿云：「白沙非禪者也。白沙初學於吴康齋而未有得。歸坐春陽之臺，潛心數年，乃恍然有得於孔、顔之所以爲樂。其學蓋本諸心，其功則得於静，似禪而非禪者也。」李九我云：「自白沙起，謂學必有本源，『静而反觀乎此心之體』、『得其自然而不假人力者以爲至樂』具是。自是而天下學道者，寖知厭支離而求諸心，豈謂盡出白沙哉？要自白沙默啓之。」噫！之二公者可謂能知白沙者也。

念臺又云：「周子者，再生之仲尼也。明道不讓顔子，横渠、紫陽亦曾、思之亞乎！陽明直追孟氏矣。自有天地以來，前有五子，後有五子，斯道可謂不孤。」然念臺知陽明而不知白沙，豈未嘗讀其書乎？念臺生於浙，故知陽明，予生於南海，亦惟知白沙，豈皆有私其鄉之心乎？陽明曰：「甘泉之學，務求自得者也，世未之能知。其知者，且疑其爲禪。甘泉者，殆聖人之徒也。」陽明之學，多繇甘泉啓發，而陽明亦未嘗數言甘泉之師爲白沙，則又何也？白沙平生不著書，所言學散見於詩文之中。甘泉謂：「白沙文字，發乎自然，如日月之照，雲之行而水之流，又如天葩含吐，紅者自紅，白者自白。」故嘗纂《陳子至言》一編以惠學者，謂白沙有言皆從天之無言而出，言詣乎天，故曰至言。高簡氏曰：「白沙言論簡易，凡有所作，罔非道妙呈華，譬之化工流形，萬彙森布，各止其所，而其文固焕焕乎莫之繪焉。」噫，盡之矣！集凡十二卷，詩半之，名《白沙子集》。今録其尤醇者若干篇，易名《陳文恭集》，中有借用佛老之言，一皆舍之，是亦予之所以厚愛先哲也夫！

四庫全書總目・白沙集提要〔一〕

永瑢等撰《四庫全書總目》

《白沙集》九卷（江西巡撫採進本），明陳獻章撰。獻章字公甫，新會人。正統丁卯舉人，以薦授翰林院檢討，追謚文恭。事蹟具《明史・儒林傳》。是集爲其門人湛若水校定，萬曆間何熊祥重刊之。凡文四卷、詩五卷，行狀、誌、表附於後。史稱獻章之學以静爲主。其教學者，但令端坐澄心，於静中養出端倪，頗近於禪，至今毁譽參半。其詩文偶然有合，或高妙不可思議；偶然率

〔一〕　此篇據《四庫全書總目》輯録。（永瑢等撰：《四庫全書總目》，中華書局，一九九五年影印本，下册，第一四八七頁）案：四庫全書本《陳白沙集》卷首所收提要，作：「臣等謹案：《白沙集》九卷，明陳獻章撰。獻章字公甫，新會人。正統丁卯舉人，以薦授翰林院檢討，追謚文恭。從祀孔廟。事蹟具《明史・儒林傳》。其集爲門人湛若水校定，萬曆間何熊祥重刋之，凡文四卷、詩五卷，行狀、誌、表附于後。獻章爲學以静爲主，其教學者，但令端坐澄心，于静中養出端倪。弟子相傳爲白沙學派，與諸家互有同異。所爲文章，論者頗以質直少之。其詩亦自《擊壤集》中来，另爲一格，至今毁譽各半。然平情而論，譽者過情，毁者亦多失實，大抵皆門户相軋之見。惟王世貞謂『其詩不入法，文不入體，而其妙處有超出法與體之外者』，可謂兼盡其短長矣。近人又有輯獻章論學之語爲《白沙語録》行世者，核其所載，乃即于此集中摘出排比而成，並非别有一書也。」（陳獻章撰：《陳白沙集》，《景印文淵閣四庫全書》，第一二四六册，第一至二頁）文字頗有差異。

意，或麤野不可嚮邇，至今毁譽亦參半。《王世貞集》中有《書白沙集後》曰：「公甫詩不入法，文不入體，又皆不入題，而其妙處有超出法與體與題之外者。」可謂兼盡其短長。蓋以高明絶異之姿，而又加以静悟之力，如宗門老衲，空諸障翳，心境虚明，隨處圓通，辨才無礙。有時俚詞鄙語，衝口而談；有時妙義微言，應機而發。其見於文章者，亦仍如其學問而已，雖未可謂之正宗，要未可謂非豪傑之士也。

影印白沙子跋〔二〕

海鹽張元濟

右集新會陳獻章撰。獻章居新會白沙村，世人稱曰「白沙先生」，故以名其集。此稱曰子者，後人尊其所著以比《孟子》也。《明史》本傳稱先生讀書窮日夜不輟，築陽春臺，静坐其中，數年無户外迹。又言其學灑然獨得，論者謂有鳶飛魚躍之樂。門人湛甘泉稱其詩歌如風、雅、頌，其文詞如謨、訓、誥，詞雖少誇，然亦可想見其旨趣矣。

先生全集，吉水羅僑始刊於弘治乙丑，詩文各十卷。越三年，至正德戊辰，莆田林齊重訂而

〔二〕此篇據影印四部叢刊三編本《白沙子》輯録。（陳獻章撰：《白沙子》，《四部叢刊三編》第七三、七四册，上海書店，一九八六年影印本，卷末）

補刻之。嘉靖癸巳，西蜀高簡又刻於維揚，有所增削，併爲八卷，即此本也。至嘉靖辛亥，内江蕭世延又刻之，增爲九卷[二]。其後，萬曆辛丑閩林裕陽、壬子同邑何熊祥先後覆刻，大率取裁是本，遞有增益，其編次大略相同，是此本實爲後此諸刻之祖。其間如卷一之《贈容一之歸番禺序》、《尋樂齋記》，卷二之《與朱都憲》第三書、《復陶廉憲》第二第三書、《〔與〕趙提學僉憲》第一第二第三書，卷三之《與湛民澤》第三書、《〔與〕李德孚》第二書，均有闕文，惟嘉靖辛丑本尚仍其舊[三]。其後諸刻則悉已彌補，其迹遂泯。弘治本今不可得，覩此猶可見廬山真面也。史稱先生在太學時，祭酒邢讓試以和楊時《此日不再得》詩，譽爲龜山不如，由是名震京師。而是本獨不載，豈以其爲應試之作，體先生不欲入官之意而遺之歟？海鹽張元濟。

〔二〕 蕭世延刻本《白沙先生全集》爲二十一卷，此謂「增爲九卷」，非是。

〔三〕 「嘉靖辛丑」，疑應作「嘉靖辛亥」。

傳記資料

翰林檢討白沙陳先生行狀〔一〕

門人張　詡

先生諱獻章，字公甫，姓陳氏。高祖判鄉。曾祖東源。祖永盛，號渭川，少戇，不省世事，好讀老氏書，嘗慕陳希夷之爲人。父琮，號樂芸居士，讀書能一目數行下，善詩，「年二十七卒」〔二〕。卒之一月而先生始生。母太夫人林，年二十有四，守節教育之。祖居廣之新會縣都會村，至先

〔一〕　此《翰林檢討白沙陳先生行狀》，據徐紘編《皇明名臣琬琰後録》輯録。（徐紘編：《皇明名臣琬琰後録》第二十二卷，盛宣懷輯刊「常州先哲遺書」本，第一至十二頁）案：《皇明名臣琬琰後録》所録之《翰林檢討白沙陳先生行狀》，與黄之正刻本《白沙子全集》、何九疇刻本《白沙子全集》、孫通海點校《陳獻章集》等所附録之《白沙先生行狀》，差異頗多。《白沙子全集》、《陳獻章集》等所附録之《白沙先生行狀》，曾經人修改。《四庫全書總目》云：「徐紘，字朝文，武進人，弘治庚戌進士。以刑部郎中出爲廣東按察司僉事，分巡嶺東。終於雲南按察司副使。」（參永瑢等撰：《四庫全書總目》，中華書局，一九九五年影印本，上册，第五二四頁）徐紘與白沙先生爲同時代人，與白沙先生及其弟子張詡、湛若水等均有交往，白沙先生先後有《武進八景，爲徐嶺南紘作》、《題慈元廟，呈徐嶺南紘》等詩，張詡則爲徐紘《皇明名臣琬琰録》作序。《皇明名臣琬琰後録》所録之《翰林檢討白沙陳先生行狀》，應屬未經人修改之版本。

〔二〕　「年二十七卒」五字原缺，據《白沙子全集》、《陳獻章集》補。（《白沙子全集》，何九疇刻本，卷首，第十五頁；《陳獻章集》，下册，第八六八頁）

生始徙居白沙村。白沙村去縣北二十里許。天下士大夫重先生之道，不斥其名字，因共稱之曰「白沙先生」。至於兒童婦女，亦皆目其爲「陳道統」云。

宣德三年戊申十月二十有一日，生於都會。先是，有望氣者言：「黄雲、紫水之間，當有異人生焉。」黄雲、紫水者，新會之山川也。又有占象者言：「中星見浙閩，分視古河洛，百越爲鄒魯。」符先儒文公之説。及先生生，身長八尺，目光如星；右臉有七黑子，如北斗狀。音吐清圓，大類中州産。嘗戴方山巾，逍遥林下，望之若神仙中人也。生前一夕，太夫人夢白龍入室，其光如晝。諸異夢類是。自幼警悟絶人，讀書一覽輒記。嘗夢拊石琴，其音泠泠然，見一偉人笑謂曰：「八音中惟石音爲難諧，今諧若是，子異日得道乎！」因别號石齋，既老更號石翁。

少讀宋亡厓山諸臣死節事，輒掩卷流涕。一日，讀《孟子》「有天民者，達可行於天下而後行之」，慨然歎曰：「大丈夫行己當如是也。」弱冠充邑庠生，其師見其所爲文異之，曰：「陳生，非常人也，勢利不足以羈之矣。」

明年丁卯，中鄉試第九人，録經義一篇。戊辰、辛未，兩赴禮闈，不第。聞江右吴康齋徵君與弼講伊洛之學於臨川之上，君徒步上謁，睹其風範，讀其條教，遂棄其學而學焉，時年二十有七也。康齋性嚴毅，來學者未與語，先令躬稼，獨待先生異，朝夕與之講究，如家人父子。受業歸，暇日或與門徒習射禮於曠野。未幾，流言四起，衆皆危之，先生漠如也。時翰林院侍讀學士錢溥謫知順德縣事，雅重先生，遺書先生：「亟起，毋貽太夫人憂。」先生以爲然，遂復遊太學。祭酒邢讓一日試先生和楊龜山《此日不再得》詩，其辭曰：「能飢謀藝稷，冒寒思植桑。少年負奇氣，萬丈磨青蒼。夢寐見古人，慨然悲流光。吾道有宗主，千秋朱紫陽。説敬不離口，示我入德方。義利分兩途，析之極毫芒。聖學信匪難，要在用心臧。善端日培養，庶免物欲戕。道德乃膏腴，文辭固粃糠。俯仰天地間，此身何昂藏。胡能追軼駕，但能漱餘芳。持此木鑽柔，其如磐石剛。中夜攬衣起，沉吟獨徬徨。聖途萬里餘，髮短心苦長。及此歲未暮，驅車適康莊。行遠必自邇，育德貴含章。邇來十六載，滅迹聲利塲。閉門事探討，蜕俗如驅羊。隱几一室內，兀兀同坐忘。那知顛沛中，此志竟莫强。譬如濟巨川，中道奪我航。顧兹一身小，所繫乃綱常。樞紐在方寸，操舍決存亡。胡爲謾役役，斲喪良可傷。願言各努力，大海終回狂。」讓得之，驚曰：「龜山不如也。」明日，颺言於朝，以爲真儒復出。由是名振京師。一時名士，如羅倫、章懋、莊昶、賀欽輩，皆樂從之遊。欽時爲給事中，聞先生議論，歎曰：「至性不顯，寶藏猶霾，世即用我，而我奚以爲用？」即日抗疏解官去。先生既出太學，歷事吏部文選[司]〔二〕。先生日捧案牘

〔二〕「司」字原缺，據《白沙子全集》、《陳獻章集》補。（《白沙子全集》，何九疇刻本，卷首，第十六頁；陳獻章撰：《陳獻章集》，下册，第八六九頁）

與群吏雜立廳事下，朝往夕返，不少怠。郎中等官皆勉令休，對曰：「某分宜然也。」識者謂其抱負之大而克勤小物如此，得孔子爲委吏乘田之意。侍郎尹旻聞而賢之，遣子龍從學，先生力辭，凡六七往，竟不納。

成化己丑，禮闈復下第。有神見夢於人曰：「陳先生卷爲某投之水矣。」其後二十年，御史鄺文聞之禮部尚書從吏云：「某之爲也。」先是，先生寓居神樂觀，科道群公往來請益無虚日，既而某被科道劾，疑出先生，故特惡之深，且曰：「彼戴秀才頭巾爾，動人若是，脱居要路，當何如耶？」揭曉，編修李東陽時爲同考試官，主書經房，索落卷不可得，欲上章自劾，冀根究焉，不果。時京師有「會元未必如劉戩，及第何人似獻章」之謠。以及輿夫販卒，莫不嘖嘖歎恨。門官某夢人太息曰：「天下經綸不屬陳先生矣。」先生亦自夢一龍躍出袖中，竟没於井，識者聞之，知爲先生道不行之兆也。群公往慰先生，先生大笑。莊昶進曰：「他人戚戚何太低，先生大笑何太高，二者將無過不及邪？」先生頷之。其居神樂觀也，北士麤鄙者數人約曰：「必共往困折之。」及見先生神［樂］觀，洞然氣沮，口噤不能發一言，致恭而退，因語人曰：「異人也。」今右布政使周瑛時同遊太學，所藏古人墨跡，愛踰拱璧，先生因借閲，經旬［不還］〔二〕。瑛數取，先生笑曰：「試君爾，君得非

〔二〕「不還」二字原缺，據《白沙子全集》、《陳獻章集》補。（《白沙子全集》，何九疇刻本，卷首，第十七頁；陳獻章撰：《陳獻章集》，下册，第八七〇頁）

所謂玩物喪志者乎?」」瑛於是有所警發。南歸,羅倫贈文,略曰:「白沙先生處南海者二十餘年矣,觀天人之微,究聖賢之藴,充道以富,尊德以貴,天下之物,可愛可求,漠然無動其中者。」莊昶詩曰:「百年吾道在東周,天下斯人豈易求。誰爲齊王留孟子,自知堯舜有巢由。鳳凰氣象終千仞,北斗光芒共九州。萬里東南滄海闊,蒼生何處問乘桴。」

既歸,杜門潛心大業,而道價嚮天下矣。四方學者日益衆,往來東西兩藩部使以及藩王島夷宣慰,無不致禮於先生之廬。先生日飲食其賓客,了不知其囊之罄也。自朝至夕,與門人講學、賓友論天下古今事,或至漏下,亹亹不少厭倦,翌旦精神如故,雖少壯者自以爲莫及也。江右藩臬左布政使陳煒等脩復白鹿洞書院成,以山長書幣走生員劉希孟等,聘先生爲十三郡士者師,先生報書謝不往。

壬寅,廣東左布政使彭韶上疏,略曰:「臣聞古昔聖帝明王,諮詢敷求,罔間遺逸,小或致之,大或起之;動則賴以成顯著之事功,静則因以繫士心之嚮慕。聲望丰采,蔚爲國華。竊見依親監生陳獻章,心術正大,識見高明,涵養有素,德性堅定。給假回還,杜門養志,沉潛聖賢之書,實窺體要;通達事物之理,有見精微。今年五十餘,讀書踐履,愈覺純熟,孝義著聞,人皆感動。臣等自度,才德不及獻章萬萬,猶且叨食厚禄,顧於獻章醇儒,反未及見用,非惟臣等之心誠有不安,抑國家不及收用,坐失爲善之實也。伏見天順年間,英宗皇帝聞撫州民人吴與弼文行高古，特加禮聘，處以宫僚，奈緣與弼老病，辭不供職，是以未見作用之效。今獻章年方强盛，大非與弼之比，伏乞聖明以禮徵召，必有以補助聖德、風動士類。」疏聞，憲宗皇帝可其奏，命有司以禮勸駕。先生以母老并久病辭。時巡撫右都御史朱英懼先生終不起也，具題薦末云：「臣已趣其就道矣。」因曰：「先生萬一遲遲其行，則如予誑君何？」先生不得已起。至京師，朝廷用故事勑吏部考試。會疾，上疏略曰：「臣累染虚弱自汗等疾，又有老母，朝夕侍養，不能赴部聽選。成化十五年以來，左布政使彭韶、右都御史朱英，前後具本，薦臣堪充任使。吏部移文廣東布政司等衙門趣令起程，臣以舊疾未平，母年加老，未能輒行。府縣官吏承行文書日夕催迫，不免强起就道，而沿途病發，隨地問醫，扶衰補羸，僅不大憊，於成化十九年三月三十日朝見。乃以久勞道路，舊疾復作。日復一日，病勢轉增，耳鳴痰壅，面黄頭暈，視昔所染，無慮數倍，衆目所覩，不敢自誣。又於八月二十二日得男陳景暘書〔一〕，報臣母别臣以來，憂念成病，寒熱迭作，痰氣交攻，待臣南歸，以日爲歲。臣病中得此，神魂飛喪，仰思君命，俯念親情，展轉鬱結，終夕不寐。臣之愚迷，實不知所以自處也。臣自幼讀書，雖不甚解，然於君臣之義，知之久矣。伏惟我國家教育生成之恩，陛下甄録收采不遺卑賤之德，至深至厚。於此而不速就，以圖報稱於萬

〔一〕「暘」，原作「陽」，據《陳獻章集》改。（陳獻章撰：《陳獻章集》，上册，第二頁）

一，非其情有甚不得已者，孰敢騖虚名、飾虚讓，趦趄進却於日月之下，以冒雷霆之威哉？臣所以一領鄉書、三試禮部、承部檄而就道、聞君命而驚心者，正以此也。緣臣父陳琮年二十七而棄養，臣母年二十四而寡居，臣遺腹之子也。方臣幼時，無歲不病，至於九齡，以乳代哺，非母之仁，臣委於溝壑久矣。臣生五十六年，臣母七十有九，視臣之衰，如在襁褓。天下子母之愛雖一，宜未有如臣母憂臣之至、愛臣之深也。臣於母恩，無以爲報。而臣母以守節，應例爲府縣所白，已蒙聖恩表厥宅里。是臣以母氏之故，荷陛下之深恩厚德，又出於尋常萬萬也。顧臣母以貧賤蚤寡，俯仰無聊，殷憂成疾，老而彌劇，使臣遠客異鄉，臣母之憂臣日甚，愈憂愈病，愈病愈憂，憂病相仍，理難長久。臣又以病軀憂老母，年未老而氣則衰，心欲爲而力不逮，雖欲效分寸於旦夕，豈復有所惜哉？臣所以日夜憂懥、欲處而未能者，又以此也。夫内無攻心之疾，則外不見從事之難；上有至仁之君，則下多曲全之士。惟陛下以大孝化天下，以至誠體萬物，海宇之内，無匹夫匹婦不獲其所者，則臣之微亦豈敢終有所避而不自盡哉？伏望聖明察臣初年願仕之心，憫臣久病思親不能自已之念，乞放臣暫歸田里，日就醫藥，奉侍老母，以終餘年。俟母養獲終，臣病痊愈，仍前赴部，以聽試用，則臣母子未死之年，皆陛下所賜。臣感恩益厚，圖報益深，雖死於道路，無所復辭矣。」疏上，憲宗皇帝親閲者再三。明日，授翰林院檢討，俾親終疾愈，仍來供職。蓋異數也。先生以表謝，其略曰：「臣本菲材，誤蒙薦舉，又以臣老母在念、沉痾在躬，未得以仰承試用。陛下憫其愚誠，不加誅責，使少寬旦夕之暇，已云幸矣；而又慰之以温言，寵之以清秩，使遂其欲去而勉其復來，此誠天地之量、日月之明、雨露之恩，出於尋常條格之外者。臣雖至愚，亦知銜負恩德，圖報稱於親終疾愈之日，不敢負朝廷待士之盛意，不敢違臣子效用之初心也。」又曰：「臣瞻望朝廷，違離在邇，雖圖報有日，而遲速未占，俯仰愧怍，無任感激戀慕。」表既上，又遲遲至於旬日始買舟南去。學士李東陽贈别詩云：「只有報恩心未老，更無辭表意全真。」諭德陸釴詩云：「逍遥佳客恣吟哦，古寺心齋長薜蘿。本爲愛君觀國屢，可堪思母望雲多。東郊信有靈光在，西土空聞鳳翼過。應笑病夫方鑄錯，汗顔何處逐頹波。」盖實録也。某，先生同省人也，素忌先生重名。及至京師，使人邀先生主其家。已而，先生僦居慶壽寺。某銜之。後因纂脩實録，陰令所比誣先生。學士某見之，不平，爲削去。歸經南安，知府張弼問出處，對曰：「康齋以布衣爲石亨荐，所以不受職而求觀秘書者，冀得間悟主也。惜乎當時宰相不悟，以爲實然，言之上，令受職然後觀書，殊戾康齋意，遂決去。某以聽選監生荐，又疏陳始終願仕，故不敢僞辭以釣虚名。或受或不受，各有攸宜爾。」弼唯唯。暨歸，歲有荐辭，皆援詔不行。初應詔而起也，道出羊城，所至觀者如堵，至擁馬不得行。歸之日，有祥雲五色遶其第，經日始散。

弘治改元以來，郎中等官婁性、藩府萬某、周某等先後疏荐。庚申，給事中吴世忠以先生及尚書王恕、侍郎劉大夏、學士張元禎、祭酒謝鐸等八人同荐與二三儒臣入內閣柄用，上方勑吏部查勘，而先生歿矣，是年二月十日也〔二〕，享年七十有三。歿之前數日，蚤具朝衣朝冠，命子弟扶掖，焚香北面五拜三叩首，曰：「吾辭吾君。」復作一詩云：「託仙終被謗，託佛乃多修。弄艇滄溟月，聞歌碧玉樓。」曰：「吾以此辭世。」歿之日，頂出白氣，勃勃如蒸，竟日乃息。前一夕五鼓，鄰人聞車馬駢闐，異之，急出，見一人若王者狀，儀節甚都，出先生廬而去，以爲大官至，及旦詢之，無有也。先是，知縣左濬以醫來，先生病已亟矣，門人進曰：「藥不可爲也。」先生曰：「飲一匕盡朋友之情。」飲已，作詩遺之。没後一月，提學僉事宋端儀移文當道，請入祀鄉賢祠。都御史鄧廷瓚疏乞恩典，草已具，尋卒。御史費鎧、巡撫雲南都御史李士實俱疏乞不拘常例賜與贈謚諭祭，不報。是年七月二十有一日，葬於圭峰之麓、辛向之原，遠近會葬者幾千人。左布政使周孟中賻白金三十星助葬，誄之以辭，刻石於墓。三府暨藩臬諸公、門人親友，遠近相續，設奠致賻，殆無虛日。於戲！生死哀榮，吾於先生見之矣。

先生少負氣節，每出少絀歸，輒對伯兄泣不食；房婢偶露體，告太夫人，必黜之乃已。初待

〔二〕「二月」，原誤作「三月」，據《白沙子全集》、《陳獻章集》改。（《白沙子全集》，何九疇刻本，卷首，第十八頁；陳獻章撰：《陳獻章集》，下冊，第八七二頁）

學者甚嚴，晚更平易。孝弟出於天性，事太夫人甚謹。太夫人非先生在側輒不食，食且不甘。先生在外，太夫人有念，輒心動，亟歸果然。母愛子慕，惟日不足。太夫人頗信浮屠法，及病，命以佛事禱，先生從之。御史王鼎曰：「此見先生變通處也。」北行時，不能別太夫人，欲倣徐仲車故事，伯兄不可，曰：「吾弟爲人子，吾獨不爲人子乎？」兄弟泣争，義感行路。太夫人殁，以七十年之孤子，居九十年之母喪，哭擗食素，一如先王之禮。太夫人耄耋，康强如壯，先生以古希年顧多病，嘗慮一旦身先朝露，不能送太夫人終，故自太夫人七十年之後也，每夕具衣冠秉燭焚香，露禱於天，曰：「願某後母死也。」後喪太夫人，服闋，絶不衣錦繡，曰：「向者爲親娱耳。」通判顧叔龍曩見先生束木帶，解所束玳瑁帶贈，至是反之。一念衡山，靡間朝夕，曰：「自今以往，未死之年，皆幸也。」事伯兄如父，坐必隅坐。

雖跡處山林，其愛君憂國之心，視諸食禄者殆有甚焉。憲廟之升遐也，哀詔至，先生如喪考妣，有詩曰：「三旬白布裹烏紗，六載君恩許卧家。溪上不曾携酒去，空教明月管梅花。」知言者讀之，當知先生之心，無一日不在天下國家也。

爲人豁達大度，不與物競。未第時，鄰人有侵其屋地者，欲威之以力，揚言於衆曰：「陳氏子異日他出，我必辱於途。」及見，不覺自失。先生曰：「尺寸地，吾當爲若讓。」其人慚，竟不能作惡而去。又有侵其田者，處亦如之。後復有盜葬其祖墓者，先生怒曰：「此義不共戴天也。

彼不即悛，吾即訟之官。吾敢沽虚名而忘大義哉？」盜葬者聞之，果悛。巡撫湖廣都御史謝綬遺先生壽木甚美，一日，其交厚陳某卒，遺言必得木如先生者，其子以告，即舉以畀之。林良者，以畫名天下，嘗作一圖爲先生壽，惠州同知林璧至〔二〕，閱之愛甚，亦即畀之無吝色。知縣趙某，頗著貪聲，懼先生遇當道露其事，遺白金數鋌爲太夫人壽，先生不得已受之，戒家人勿啓。某後以贓去官，追而還之，其人感泣。提舉汪廷貞慕先生特甚，在海北時，作懷沙亭以寓仰止，亦數以白金爲先生壽，其卒於官也，盡封還以爲賻。參政伍希淵、僉事戴中輩，以次各遺白金欲新先生居，却不可，乃營小廬山書屋以處四方學者。初年甚窶，嘗貸粟於鄉人，僉事陶魯知之，遺田若干頃。晚年，按察司李士實倣鄭富公故事，破數百金買園一區在羊城之北，甚廣，先生封券至於三四往返，卒俱不受。御史熊達倣洛陽故事，欲建道德坊於白沙以風士類，先生不可，乃議創樓於江滸，爲往來嘉賓盍簪之所，榜曰「嘉會」。先生曰：「斯可矣。」先是，達亦以疏薦先生於朝，大略謂：「宜及先生年未艾而亟用之也。」都御史鄧廷瓚檄有司月致米一石，歲致人夫二名。却之以詩，云：「孤山鶴啄孤山月，不要諸司費俸錢。」行人左輔出使外夷，以其師意，致白金三

〔二〕「林璧」，據白沙先生《五徐墓誌銘》「惠州别駕林君仲璧」之説（《白沙子全集》，何九疇刻本，第一卷，第八七頁），疑應作「林仲璧」。

十星，亦拒而不受。其視利若將浼焉如是。太夫人兄弟之子陳敬幼無依，先生收育，教之成人，至割田廬以樹其家。嘗買婢，得邑人尹氏女，既而知之，歎曰：「良家子也。」命内人撫育如己女，及笄，擇婿嫁之。友人莊昶病，遺書求先生門人知醫范規者往，規貧不能赴[一]，先生即備行纏服食津遺。

與人交，無生死炎涼之别。都御史朱英柩歸桂陽，爲文遣子不遠數千里設奠。尚書彭韶、御史袁道、經歷張轂輩之殁也，亦然。其聞羅倫、袁道、張轂之訃也，皆設位哭，爲之緦服三月。參政胡榮爲提學僉事時，雅重先生，嘗選生員有異質者十餘人往受業，今學士梁儲、參政李祥輩與焉。其後榮遭母憂，先生特行弔禮於新喻。及祭吴與弼墓於崇仁、羅倫墓於永豐，訪莊昶宅於江浦。

其論治道，以正風俗、成人材爲急務。知縣丁積之初知新會縣事也，出其鄉人給事中董旻書爲介，求執弟子禮，先生百凡啓迪，以致四禮大行，民愛之如父母。及卒於官，先生綜理其後事如己事。後民立祠於白沙，先生記之。其始終成就，皆先生之力也。顧叔龍爲同知知德慶

[一]「貧」，原作「者」，據《白沙子全集》、《陳獻章集》改。（《白沙子全集》，何九疇刻本，卷首，第二二頁；陳獻章撰：《陳獻章集》，下册，第八七六頁）

州，卒，遭事不測，先生毅然任其事，曰：「朋友之責也。」後聞其子某至乃已。翰林院庶吉士鄒智以言事謫石城吏目，其父自蜀來，怒其去官也，日撻之，賴先生諭之以理始釋。其後，智卒於順德也，劉大夏時爲右布政使、吴廷舉時爲順德縣知縣，先生相率厚賻，擇人而扶歸之。李承箕裹粮自嘉魚數千里從學，先生服食行纏，待如子弟，復築楚雲臺以居之，臺榜一聯云：「有月嚴光瀨，無金郭隗臺。」學士王鏊聞而嘆之，盛稱先生出處之正，見《黄公「山」釣臺記》。東莞林光，始有志於學，後爲貧累，先生欲成之，謀田於肇慶同知張吉，以光不歸，乃不果。其接引後學，隨人材大小而成就之，類如此。嘗慕先哲宋丞相崔菊坡之爲人也，迎其像，爲文祭於家，隅坐瞻仰，若弟子之於師者久之。程節婦，鍾氏子也，孀居二十七年，貧甚，先生既爲詩以嘉其節，復遺帛以周其貧。君子謂：「使先生大得志，表先德、舉賢才，當不遺餘力也。」其見義樂爲如飲食焉如是。厓山大忠祠、慈元廟之建與夫祀典之舉也，皆發議於先生，與副使陶魯、右布政劉大夏、僉事徐紘共成之。大忠祠成，太夫人夢金冠三人從甲士數百謝於門。慈元廟之未建也，先生夢一女人后飾，立於大忠之上，曰：「請先生啓之。」後十年建廟，即其所也。故先生《弔慈元詩》有「依稀猶作夢魂通」之句。

先生精神時與神明通。居外海陳謙宅，有異人來見。嘗夢遊天台，至第八重而覺。又夢一長鬚道士，以布囊貯羅浮山遺之；八月八夜，忽夢玉宇無瑕、碧雲燦爛，南斗下大書八字，下有四人面西而行，或隱或見；臨没，夢與濂溪、兩厓答歌於衡山之五峰，皆紀之以詩。蓋其神之極清，故所感如是，昔人所謂「夜驗之夢寐」者也。北歸時，泊舟江滸，夜半有人呼，急起，未幾水至，溺死人畜無算，因得免。

先生德氣睟面盎背〔二〕，無貴賤老少，莫不起敬。給事中賀欽執弟子禮，既别，肖先生小像，懸於家之别室，有大事必啓焉。羅倫改官南京脩撰，先生謂曰：「子未可以去乎？」倫即日解官去。按察使薛綱始疑先生，及得於觀感，乃悔嘆，即欲解官從學，有詩曰：「欲抛事業留門下，老驥那能學駿奔。」進士姜麟以史事使貴州，特取道如白沙，以師禮見先生，出曰：「吾閲人多矣，如先生者，耳目口鼻，人也；所以視聽言動者，殆非人也。吾何以名哉！」至京師，有問之，對曰：「活孟子！活孟子！」都御史韓邦問、劉洪官廣東藩臬時，每見詡，一則曰「無緣」，一則曰「無福」，以不見先生爲恨也。嶺南士遊國學者，北士必問曰：「遊白沙先生門否？」以一字一墨爲符驗，而因之以輕重其人焉。壬寅，别都御史朱英於蒼梧，英預約東參隨官，竢先生至，掖之從甬道出入，先生力辭不能。英歎曰：「古之聖帝明王尊賢之禮，有膝行式車者，況區區乎？」

〔二〕「睟」，原誤作「粹」。「睟面盎背」，語出《孟子·盡心上》「其生色也，睟然見於面，盎於背，施於四體；四體不言而喻」。據改。

有中貴謁先生廬，至江滸，却肩輿走數百步。入京師時，道經南安，知府張弼倣曹參師蓋公禮以待先生。道出淮陽，總戎平江伯陳鋭往復差官具人船護送，極其禮意之隆。暮年，欲卜築衡山，都御史沈暉創屋、士人某等割田以待。左布政使周孟中甫下車，即謁先生於白沙，欲請先生入省南面坐，受拜咨問，以風一方，以先生病不果。嘗經畿内山鄉，熱甚，思生菜，值山民植者良少，前此貴客重價求之弗獲，先生至，山民群來獻之。寓京師時，走家僮市靴於肆，工人聞自先生，亟易以佳者。其至誠能動，又往往如是。

先生之始爲學也，激勵奮發之功，得之與弼爲多。自臨川歸，足跡不至城府。朱英時爲參議，造廬求見，卒避不見。閉户讀書，盡窮天下古今典籍，旁及釋老、稗官、小説；徹夜不寢，少困則以水沃其足。久之乃嘆曰：「夫學貴乎自得也。自得之然後博之以典籍，則典籍之言我之言也；否則，典籍自典籍而我自我也。」遂築一臺，名曰春陽，日静坐其中，足不出閾外者數年。有答張元禎問學詩曰：「古人棄糟粕，糟粕非真傳。眇哉一勺水，積累成大川。亦有非積累，源泉自涓涓。至無有至動，至近至神焉。發用兹不窮，緘藏及淵泉。吾能握其機，何必窺陳編。學患不用心，用心滋牽纏。本虚形乃實，立本貴自然。戒慎與恐懼，斯言未云偏。後儒不省事，差失毫釐間。寄語了心人，素琴本無絃。」久之，又嘆曰：「夫道非動静也，得之者，動亦定，静亦定，無将迎，無内外，苟欲静即非静矣。」於是随動随静以施其功。有示張詡詩曰：「知夜則知朝，西風漲暮潮。千秋一何短，瞬息一何遥。有物萬象間，不隨萬象凋。舉目如見之，何必窮扶摇？」又曰：「登高未必高，老脚且平步。平步人不疑，東西任回顧。豈無見在心，何必擬諸古？異體骨肉親，有生皆我與。失之萬里途，得之咫尺許。得失在斯須，誰能别來去？明日立秋來，人方思處暑。」又曰：「兩脚著地此何關，白雲與爾同去還。正當海闊天高處，不離區區跬步間。」盖其學初則本乎周子主静、程子静坐之説以立其基，其自得之效，則有以合乎「見大心泰」之説，故凡富貴、功利、得喪、死生舉不足以動其心者；其後造詣日深，則又有以進乎顔氏「卓爾，雖欲從之，末由也已」之地位，而駸駸乎孔子無意必固我之氣象矣。其學有本原，進有次第，的然可據如此。迨其晚年，超悟極於高遠，則又非他人所能窺測、言語所能形容者矣。其始，懼學者障於言語事爲之末也，恒訓之曰「去耳目支離之用，全虚圓不測之神」；其後，懼學者淪於虚無寂滅之偏也，又恒訓之曰「不離乎日用，而見鳶飛魚躍之妙」。門人各隨其所見所聞執以爲則，天下之人又各隨其所見所聞執以爲稱，果足以知先生之道也哉？有詩曰：「千年無鮑叔〔二〕，一懶有柴桑。」盖亦嘆天下之莫我知也。所待天下之大，千百世之遠，其心同，其理同，豈

〔二〕「千年」，原作「十年」，據《白沙子全集》、《陳獻章集》改。（《白沙子全集》，何九疇刻本，卷首，第二五頁；陳獻章撰：《陳獻章集》，下册，第八八〇頁）

無知言者起？誦其詩，讀其書，當有以知其人。卓卓乎，孔氏道脉之正傳，而伊洛之學蓋有過無弗及也。是故見諸日用與百姓同也，至於不言而信，不怒而威，聞風者興起，沭化者心服，蓋有莫知其爲之者。使得大用於世，綏來動和之效，庶幾乎！

先生嘗以道之顯晦在人而不在言語也，絶意著述。有詩曰：「他年倘遂投閑計，只對青山不著書。」又曰：「莫笑老慵無著述，真儒不是鄭康成。」有勸之者，對曰：「伏羲著述數畫耳，況畫前又有《易》乎？」君子曰：「先生著述可謂富矣，自一言演之可萬言，自萬言斂之可無言。」今其詩文不下萬餘首，獨非著述乎？莊昶讀先生詩集曰：「喜把炷香焚展讀，了無一字出安排。爲經爲訓真誰識，非謝非陶亦浪猜。」又曰：「老誰静裏都無事，笑此山中亦著書。帝伯皇王鋪叙裏，乾坤今古笑談餘。」大學士李東陽始得先生《藤蓑》諸作也，語人曰：「待某謝官，絶烟火十年，然後可屬和耳。」蓋皆知言者也。其爲文也，主理而輔之以氣，雖不拘拘於古人之繩尺，故自有以大過人者；其爲詩也，則功專而入神品，有古人所不到者矣，蓋得李杜之制作而兼周邵之情思[二]，妙不容言。故其詩曰：「子美詩中聖，堯夫又別傳。後來操翰者，二妙少能兼。」今蒼

〔二〕「周邵」，原誤作「周召」，據《白沙子全集》、《陳獻章集》改。（《白沙子全集》，何九疇刻本，卷首，第二六頁；陳獻章撰：《陳獻章集》，下册，第八八〇頁）

梧、山東皆梓行其集，惜乎未全也。至於書翰，如其詩，能作古人數家字。山居，筆或不給，至束茅代之。晚年專用，自成一家，時呼爲茅筆字，好事者踵爲之。有詩曰：「神往氣自隨，氤氳覺初沐。聖賢一切無，此理何由矚。調性古所聞，熙熙兼穆穆。耻獨不耻獨，茅根萬莖秃。」又曰：「茅君頗用事，入手稱神工。」又曰：「茅龍飛出右軍窩。」皆指茅筆也。天下人得其片紙隻字，藏以爲家寶。太夫人嘗夢星斗燭天，旁有人指謂曰：「此爾家秀才文字也。」與弼壻某，貧不能自振，造白沙求書數十幅，歸小陂，每一幅易白金數星。庚申，朝廷遣官使交南，交南人購先生字，每一幅易絹數匹，攜者恨不多也。

先生教人，隨其資禀高下、學力深淺而造就之，循循善誘，其不悟不强也。至於浮屠羽士、農商僕賤來謁者，先生悉傾意接之，有叩無不告，故天下被其化者甚衆。南畿僧太虛，知名當世，亦以其學求正於先生。先生復書，以「逝者如斯夫，不舍晝夜」告之，曰：「我以此證也。」先是，先生道南畿，見太虛，告以念老母。太虛爲朝夕禮拜祝願，至先生歸相見乃已。其篤信如此。烏乎！若先生者，君子謂「周子之後，一人而已」者，非邪？

詡也無似，自成化辛丑見我先生于白沙，我先生即以國士待，其後受教多而辱愛厚。臨殁，具書趣至白沙，寄以斯文。告門人羅冕曰：「吾道吾有所託矣。」示以詩云：「古往今來幾聖賢，都從心上契心傳。孟子聰明還孟子，誰今且莫信人言。」又曰：「萬丈祝融何處山，三年碧玉夢相關。多少畫工傳不去，都没賢今畫幅寬。」又曰：「病久惟聽命，詩成不浪傳。門前花十丈，玉井正開蓮。數椽剛到地，一棟正橫天。不忘吾道在，萬萬歲相連。」既而曰：「孔子之道至矣，幸毋畫蛇添足。」又曰：「用斯行，舍斯藏。子其勉之，吾言止是矣。」嗚呼！言猶在耳，不肖詡斗筲之器，何脩何爲而後可以少副我先生付託之重乎？

先配張氏，生子二人：曰景雲，作小詩得唐人體裁；曰景暘〔二〕，充邑庠生，先先生卒。女二人：婿黄彦民，指揮倪麟，「後改譚某」〔三〕。孫男三人：曰田，曰畹，皆庠生；曰豸，尚幼。繼室羅無出。

先生没後，門人聚議，以湛雨爲行狀，李承箕爲墓銘，梁儲爲傳，而墓表則屬之詡也。湛之爲行狀也倉卒，事多未備。詡竊懼久而湮晦無傳，重加補葺。僉事許昍嘗刻梓以傳矣。嗣是有待於同門者數事，復增入焉。雖恒心細行，不敢有遺，如昔人年譜之爲。庶幾他日有與於斯文

〔二〕「景暘」，原誤作「景易」，據《白沙子全集》、《陳獻章集》改。（《白沙子全集》，何九疇刻本，卷首，第十九頁；陳獻章撰：《陳獻章集》，下册，第八七二頁）

〔三〕「後改譚某」四字原缺，據《白沙子全集》、《陳獻章集》補。（《白沙子全集》，何九疇刻本，卷首，第十九頁；陳獻章撰：《陳獻章集》，下册，第八七二頁）

者取而删述之，以爲世訓，初不暇計其言辭之蕪且陋也。謹狀。〔一〕

白沙先生墓表

門人張　詡

天旋地轉，今浙閩爲天地之中，然則我百粤其鄒魯歟！是故星臨雪應，天道章矣；哲人降生，人事應矣。於焉繼孔氏絶學以開萬世道統之傳，此豈人力也哉？若吾師白沙先生蓋其人也。先生以道德顯天下，天下人嚮慕之，不敢名字焉，共稱之曰白沙先生。

先生生而資品絶人〔二〕，幼覽經書，嘅然有志於思齊，讀秦漢以來忠烈諸傳〔三〕，輒感激齎咨，繼之以涕洟，其嚮善蓋天性也。壯從江右吴聘君康齋遊，激勵奮起之功多矣，未之有得也。暨歸杜門，獨掃一室，日静坐其中，雖家人罕見其面，如是者數年，未之有得也。於是迅掃夙習，或

〔一〕何九疇本、碧玉樓本《白沙子全集》有落款云「弘治十四年，歲在辛酉，閏七月甲申，門人承直郎户部主事張詡謹狀」。

〔二〕「資品」，《東所先生文集》所收此文作「資稟」。（張詡撰：《東所先生文集》，《四庫全書存目叢書》集部，第四三册，第四〇八頁）

〔三〕「讀」前，《東所先生文集》所收此文有「間」字。（張詡撰：《東所先生文集》，《四庫全書存目叢書》集部，第四三册，第四〇八頁）

浩歌長林，或孤嘯絶島，或弄艇投竿於溪涯海曲，忘形骸、捐耳目、去心智〔一〕，久之然後有得焉。於是自信自樂。

其爲道也，主静而見大，蓋濂洛之學也。由斯致力，遲遲至於二十餘年之久，乃大悟廣大高明不離乎日用。一真萬事真〔二〕，本自圓成，不假人力。其爲道也，無動静、内外、大小、精粗，蓋孔子之學也。濂洛之學非與孔子異也。《中庸》曰：「誠者，天之道也；誠之者，人之道也。」誠者、誠之，其理無二，而天人相去則遠矣。由是以無思無爲之心，舒而爲無意必固我之用。有弗行，行無弗獲；有弗感，感無弗應；不言而信，不怒而威。故病亟垂絶，不以目而能書，不以心而能詩，章雲漢而諧金石〔三〕，胡爲其然也？蓋其學聖學也，其功效絶倫也，固宜。

或者以其不大用於世爲可恨者，是未知天也。天生聖賢，固命之以救人心也。救人心，非聖功莫能也。聖功叵測，其可以窮達限邪？且治所以安生也，生生而心死焉，若弗生也，吾於是

〔一〕「心智」，原作「心志」，據《東所先生文集》改。（張詡撰：《東所先生文集》，《四庫全書存目叢書》集部，第四三册，第四〇八頁）

〔二〕「一真萬事真」，《東所先生文集》所收此文作「一真萬事」，無後「真」字。（張詡撰：《東所先生文集》，《四庫全書存目叢書》集部，第四三册，第四〇八頁）

〔三〕「章雲漢」前，《東所先生文集》所收此文有「天」字。（張詡撰：《東所先生文集》，《四庫全書存目叢書》集部，第四三册，第四〇九頁）

乎知救人心之功大矣哉！孟子曰「禹、稷、顔回同道」，韓子曰「孟子之功不在禹下」，此之謂也。先生雖窮爲匹夫，道德之風嚮天下，天下人心潛移默轉者衆矣。譬諸草木，一雨而萌芽者皆是，草木蓋不知也。其有功於世，豈下於救洪水、驅猛獸哉？〔一〕若此者，天也，非人力也。

先生諱獻章，字公甫，别號石齋，既老曰石翁，吾粤古岡産也。祖居都會，先生始徙居白沙。白沙者，村名也，天下因稱之。其世系出處，見門人李承箕銘、湛雨狀者，詳矣。詡特以天人章應之大者表諸墓，以明告我天下後世，俾知道統之不絶、天意之有在者蓋如此。弘治庚申春三月望後，門人張詡廷實撰。

石翁陳先生墓誌銘〔二〕

門人嘉魚李承箕

先生身長玉立，眼正黑色有光，右臉有七黑子如斗。爲兒時，讀《孟子》「有天民者，達可行於天下而後行之」，自誓曰：「爲人必當如此。」二十年，領鄉薦。又七年，從遊吴康齋聘君門。

〔一〕「救」，《東所先生文集》所收此文作「抑」。（張詡撰：《東所先生文集》，《四庫全書存目叢書》集部，第四三册，第四〇九頁）

〔二〕此篇據《大厓李先生詩文集》輯録。（李承箕撰：《大厓李先生詩文集》，《四庫全書存目叢書》集部，第四三册，第六〇六至六〇七頁）

聘君之學，主敬窮理之學也。先生退而家居，一守其轍，鞭之失先，放之失後，而不得古人之所以好而樂之者也，乃擲書而嘆曰：「古先聖賢，其不可及矣乎！」於是習静端坐，積以歲月，積以歲月，以我之所得者取正於古先賢聖格言，始似各得其職者矣。於是又優遊停涵，積以歲月，翳者去而明者來，往者過而來者續，泯然無支離糠粃之患，怡然無内外動静之别，灑然與萬物同其上下而不庸我矣。先生之學，厭據故迹，故能超然自得有如此。

性至孝，事母朝暮不離側。後來廣東布政使彭公韶、總督兩廣軍務都御史朱公英，交薦於朝。至京師，一造朝，隱隱得疾，而母亦有疾，報至，先生乃上疏曰：「臣生五十又六年，臣母七十有九。臣母以貧賤早寡，俯仰無聊，殷憂成疾，老而彌劇。今臣遠客異鄉，母憂日甚，憂病相仍，理難長久。臣又以病軀憂母，年未暮而氣則衰，心有爲而力不逮。夫内無攻心之疾，則外不見從事之難；上有至仁之君，則下必多曲成之士。願乞終養。」疏奏，詔授翰林院檢討，親終疾愈，仍來供職。遂以表謝而南歸矣。蓋其所以得已與其所以及人者，非隨世以就功名、畸殘而補偏舉弊者也。隨世以就功名、畸殘而補偏舉弊者，殆秦漢以後自獻其身者之學，非其志也。

先生不著書，嘗曰「六經之外，散之諸家百子，皆剩語也。許魯齋謂『須焚却顧我何復』」云云。性喜吟咏，故其進退語默之幾、無爲自然之旨，悉發於詩，此非示著書遺意乎？予從先生十有三年，凡四見也。先生每以己之所以養心持身、由微至著、自得無待於外之要惺惺策之者，不但一二而已也。其故人有羅一峰倫者、莊定山昶者，一峰改官修撰南京，先生謂之曰：「子未可以去乎？」一峰即去之。蓋其言説精明、處義至到、立人如己有如此。

先生諱獻章，字公甫，號石齋，廣州新會人。高祖判鄉，曾祖東源，祖永盛。考琮，早卒。母林氏，二十四年而寡居，七十二年而受旌表，九十一年而卒。先生生於宣德戊申十月二十一日，搆疾於弘治戊午，卒于庚申二月十日，葬于圭峰左股深坑。元配張氏，子男二人：景雲、景暘。張卒，先生獨居十餘年，繼娶羊城羅氏女，無子。銘曰：

虚以立本，動而能神。孰握其幾，孰辟其門？凝而涵之，天飛淵淪。不以我故，何往非真？我最其跡，抹掇譫諄。用納玄原，示委及顛。

明故翰林院檢討白沙陳先生墓碣銘[一]

門人東莞林　光

天之生人，得氣之精一者，其生必有所自。宋有天下，積累三百餘年，文物可謂盛矣。元將迫逐，滅之於東廣新會之厓門。于時忠臣義士十萬生靈，悉沉殞于海，英魂義氣，鬱墜於此。蓋百有餘年，然後我太祖高皇帝龍興淮甸，掃滌寰宇，變夷爲華，功格於天。新會乃天地極南、中

[一] 此篇據《南川冰蘖全集》輯録。（林光撰：《南川冰蘖全集》，第一七七至一八二頁）

氣之盡處，碩果不食，海嶽孕靈。向之鬱墜于兹者，停蓄既久，意其必篤生偉人，以爲國家之寶。

而陳獻章公甫先生實以宣德三年戊申十月二十有一日生於新會之都會村。狀貌魁奇，身長七尺有奇，面方而玉潤，耳長而貼垂，兩目星懸，語音球亮，見者皆知其非常人矣。族系遠者無所考。高祖判鄉；曾祖東源；祖永盛，號渭川，始徙居白沙。白沙去縣治東北二十里。父琮，年二十七卒，卒之後一月，母太夫人林氏始生先生，時太夫人年方二十有四，先生蓋遺腹子也。自幼穎悟絶倫。弱冠充邑庠生，明年丁卯中鄉試。戊辰、辛未，兩赴禮闈，俱下第。歸而力學，歎曰：「學止於舉業而已乎？天下必有知道者。」聞江右吴聘君康齋講學，遂往從之游，時年二十有七。康齋性嚴毅，雅重先生。教人多舉伊洛成語，經史百子，無所不講，然未有得也。居半載即歸，遂絶意舉子業。兄諱獻文，性極友愛，先生託以家務細碎，力支不相聒撓。築一臺，名之曰陽春，日端默其中，以涵養本源，人罕見面。初志勇鋭，用功或過，幾致心病。後悟其非，所謂「戒謹與恐懼，斯言未云偏」。後儒不省事，差失毫釐間」，蓋驗其弊而發也。如是又累年，始有所見，嘗云：「吾自此以後，此心乃如馬之有銜勒，隨動隨静，應事接物，參前倚衡，照檢而無不在矣。」讀書一見輒了。如《皇極内篇》，數世罕有知者，先生稍注思，則一吉九凶、三祥七災、八休二咎、四吝六悔之占，遂輪於掌中矣。其讀諸書皆以驗吾之所有，所謂以我觀書、不以書博我也。其論治道，必曰：「天下非誠不動，非才不治；必才與誠合，而後治化可興。」嘗讀明道先生論學數語極精要，前儒謂太廣難入，先生歎曰：「誰家繡出鴛鴦譜，不把金針度與人。」初號石齋，晚號石翁。常戴玉臺巾，平頂四直，蓋自製也。居白沙村，天下皆稱爲白沙先生。

成化丙戌，鄉謗流煽，時翰林院侍讀學士錢溥謫知順德縣，敬慕先生，移書曰：「亟起，毋重貽太夫人憂。」遂復起遊太學。祭酒邢公令作《太學小試賦》并律詩一首。次日，因遊山還，又令和楊龜山《此日不再得》韻，大驚曰：「龜山不如也。」遂颺言於朝，以爲真儒復出，由是名震京師。一時名士如殿元羅倫、檢討莊昶、給事賀欽輩，皆樂與之遊。既出太學，吏部留文選司歷事，先生日捧案牘與群吏雜立廳事下，朝往夕返，不少怠。郎中等官皆勉令休退，對曰：「分當然也。」侍郎尹旻益賢之，遣子某從學，先生力辭，凡六七往，竟不納。給事［賀］欽日聞先生議論，即抗疏解官，又令畫工肖先生像而歸。先生賢之，反復題詩以贈。後致書云：「間嘗自謂，欽之此出，不喜得是官，所幸者遇先生。非先生之教，欽幾爲患得失之鄙夫矣。」居神樂觀，士夫來而去，去而復來，往返無虚日，皆情濃心醉，京師風動矣。

己丑，禮闈下第，説者以爲某故。先生詩曰：「窮通各有分，非是薄公卿。」遂南歸。抵家，日以講學啓迪爲事，時嶺南後進有感激棄廩膳相從者。翰林學士梁儲、布政使李祥輩，其時尚爲生員，皆能相觀自樹。廣之士風翕然可觀矣。辛卯二月二十八日，光居青湖山中，奉書質疑，先生答書略云：「終日乾乾，只是收拾此而已。此理干涉至大，無有内外，無有先後，無一處不到，無一息不運。得此霸柄入手，更有何事？往古來今，四方上下，都一齊穿紐、一齊收拾。隨時隨處，無不是這個充塞。舞雩三三兩兩，正在勿忘勿助之間。曾點些兒活計，被孟子一口打拼出來，便都是鳶飛魚躍。若無孟子工夫，驟而語之以曾點見趣，一似説夢。自兹以往，更有分殊處，合要理會。」戊戌，來訪欖山，又有「江山雨裏同歌笑，今古人間幾屈伸」之句。

庚子，江西布政使陳（瑋）［煒］輩修復白鹿洞書院，致幣來聘爲山長，教江右之士，報謝不往。壬寅，廣東左布政使彭韶上疏略曰：「國以仁賢爲寶，臣才德不及獻章萬萬，猶叨厚禄，顧於獻章醇儒，乃未見收用，誠恐國家坐失爲善之寶。」疏聞，憲宗可其奏。部書下，有司以禮勸駕。先生以母老及病，未能起程。復筮之，得䷵「歸妹」之「師」，自釋告光，略云：「初爲娣，象娣之微，豈能自主於行？必依正配而行，如跛者依人而履，故曰：『跛能履，吉，相承也。』其旨明矣，筮者之進退決矣。」時巡撫右都御史朱英慮先生終不起，具題末云：「臣已趣某就道矣。」且告之故，曰：「先生萬一遲遲其行，則予爲誑君矣。」遂行。至京師，朝廷用故事敕吏部考試，會疾不果赴，上疏略曰：「臣母以貧賤早寡，俯仰無聊，殷憂成疾，老而彌劇，使臣遠客異鄉，臣母之憂臣日甚，愈憂愈病，愈病愈憂，憂病相仍，理難長久。臣又以病軀憂老母，年未暮而氣則衰，心欲爲而力不逮。夫内無攻心之疾，則外不見從事之難；上有至仁之君，則下必多曲成之士。願乞養病終養。」疏上，憲宗皇帝親閲再三，明日，授翰林院檢討，俾親終疾愈，仍來供職。先生上表謝，不辭。學士李東陽贈別詩云：「猶有報恩心未老，更無辭表意全真。」可謂知心矣。歸經南安，知府某以康齋不受職難先生所以受，對曰：「康齋以布衣爲石亨所薦，其不受，義也；某自幼爲舉業，爲聽選監生，所願得官，今被薦，疏中備陳始終願仕，故不敢僞辭以釣虚名。」某悔伏。

暨歸，歲有薦辟，皆援詔不行。先生居家涵養日深，天下傾慕者日衆，東西兩藩部使者，以及藩王島夷宣慰，無不致禮於先生之廬。中貴某過詣見，望門而却肩輿。至於浮屠羽士、商農僕賤來謁者，先生悉推誠接之，叩無不應，感而化者甚衆。先生所至風動。初赴京時，至羊城，觀者如堵，擁馬不前。至京，士夫填門，疲不能拜。

弘治庚申，給事中吴世忠以先生及尚書王恕等八人同薦與二三儒臣内閣柄用，上方勅吏部查勘，命將及門，而先生殁矣，庚申二月十日也，享年七十有三。殁之前數日，具朝冠服，命子弟扶掖，焚香北望五拜，叩首者三，曰：「吾辭吾君。」作一詩曰：「託仙終被謗，託佛乃多修。弄艇滄溟月，閑歌碧玉樓。」曰：「吾以此辭世。」先生配張氏，生二子：曰景雲，曰景暘，充邑庠生，[先]先生卒。女二人：壻黄彦民，指揮倪麟，後改譚某。孫男三：曰田，曰畹，皆庠生；曰豸，尚幼。繼室羅氏無出。是年七月二十有一日，葬于圭峰之左麓，遠近會者幾千人。左布政使周孟中賻白金供葬事，且誄之。三府暨藩臬諸公，門人親友，賻奠沓至。御史費鎧疏乞不拘常例贈官諭祭，不報。當道請入鄉賢祠。

先生至孝，事貞節太夫人甚謹。母愛子慕，惟日不足。太夫人頗信浮屠法，及病，命以佛事禱，先生從之。太夫人殁，以七十年之孤［子］，居九十年之母喪，哭擗食素，一如先王之禮。初年窶甚，常貸粟於人。僉事陶魯知之，以其所擬築堤堪爲田葑地若干頃遺先生，先生自出費，與一二有力者築成之，晚年頗有所給。先生樂成人之善，存殁皆有恩意。丁積之知新會也，謙恭取善，數年禮教大興，民愛之如父母。後卒于官，先生恤其後事。後民立祠于白沙，先生記之。築臺破資以鼓舞遠來從學之士。母姨之子少貧無依，樹以田宅，教誨成就之。其於故舊知愛之深者，若右都御史朱英，柩歸桂陽，遣子不遠千里設奠。尚書彭韶亦然。其聞修撰羅倫、經歷張黻、御史袁道之訃，皆設位哭，爲之服緦三月。崖山大忠祠、慈元殿成于副使陶魯、右布政使劉大夏、僉事徐紘，然啓議贊助者，先生也。

先生與善寬和而辭受惟義。使夷行人某還，贈白金三十兩，力却之。藩臬一二公欲新其宅，不聽；構小廬山書屋以待來遊之士，從之。按察使李士實破數百金買園及屋于羊城，封券不受，往返再四。御史熊達既疏薦於朝，又欲建道德坊于白沙以風士類，力止不可，乃議創樓于江滸，榜曰嘉會，以待四方往來之嘉賓，先生曰：「斯可矣。」都御史鄧廷瓚倣林逋故事，檄有司月致米一石，人夫二名，先生却之以詩云：「孤山鶴啄孤山月，不要諸司費俸錢。」

先生教人，其初必令静坐，以養其善端。嘗曰：「人所以學者，欲聞道也，求之書籍而弗得，則求之吾心可也，惡累於外哉？此事定要覷破，若覷不破，雖日從事于學，亦爲人耳。斯理，識時、爲己者信之。詩、文(輩)[章]、末習、著述等路頭，一齊塞斷，一齊掃去，毋令半點芥蒂於胸中，然後善端可養、静可能也。終始一意，勿助勿忘，氣象將日佳，造詣將日深，所謂至近而神、百姓日用而不知者，始自此迸出面目來也。」先生所以教人，即先生所以自得。既不用於時，斂吾之所得，假唐人之聲口，興之所動，事之所感，若大若小，若遠若近，若喜若憂，若哀若樂，山水花木，禽鳥蟲魚，每每發之於詩，而其妙處，有唐人所不及者。先生字畫，時出新意，脱去凡近。晚年束茆爲筆，益掃入奇妙，好事者嗜之若物外奇寶。然詩、字雖工，而非先生之所急。嘗言：「吾舍此，遂與世無交涉。」其初蓋不得已而爲之，其終遂各造其妙，識者亦因此而知其天稟之非常矣。

丁巳，光服除謁選，時先生茆書迓于廣州，云：「念緝熙有萬里之行，無以爲贈，徒深悽黯而已。七十病翁，來日無多，又安知今日之言非永訣也耶？三十年遊好之情，盡於是矣。」己未，《寄嚴州》又有「千里相思頻作夢」之句。明年庚申，訃聞矣。

嗚呼！先生晦養終身，曾不一試。藴積深醇，歷數前儒，如先生可謂盛矣。孚成中立，光輝外著。凡獲交接，貴者忘勢，富者忘驕，貧者忘憂，善者增氣，潛消默奪，夙習剥落，蓋有不知其然而然者矣。及門在侍者各循循矩度，無敢高聲疾步者。閭里饒沃，長老子弟尋常獲一蔬果時鮮，或山海奇味，無不來獻，情親若骨肉。香茗醇醪，欵客厨烟，日未嘗息也。

先生生當文弊末勝之時，胸中卓然自信自樂，未嘗徇逐影響，少拈著述之筆，蓋確乎知水濟水、火濟火之無益也。故每發諸詩曰：「他時得遂投閑計，只對青山不著書。」又曰：「一入商量便作疑，可堪重老更求知。」又曰：「莫笑老慵無著述，真儒不是鄭康成。」今遺稿，粵、閩、山東雖各梓傳天下，然皆未備，尚有待也。銘曰：

光連百粵中星照，中氣遥遥窮海徼。蜿蟺磅礴旋蟠繞，停蓄千年當者少。先生間得氣之妙，頎然異質生嶺嶠。潛龍在淵光不耀，上契孔顔下周邵。德輝莫掩徹廊廟，大臣催赴天子召。叩天抗疏憂悄悄，八十慈親病莫療。聖明推恩降温詔，歸來海闊山峻峭。萬里滄溟一竿釣，浩歌雲水諧音調。鏗然韶濩聞嗷嗷〔一〕，筆鋒揮掃海若趫。海門蕩蕩魚龍跳，縱橫萬變相劫剽。屹然山立操吾要，迢迢蓋棺無可誚，烜赫聲名齊兩曜。

明故翰林院檢討白沙陳先生改葬墓碑銘

門人湛若水

惟明宣德戊申歲十月二十一日，白沙陳夫子公甫誕於新會，惟育成於妣旌節林氏，惟生於考琮樂芸之既卒。樂芸生於渭川，渭川生於東源，東源生於判鄉，惟乃高祖。

〔一〕「韶濩」，原誤作「詔獲」，據文意改。

惟夫子有生乃異，始讀《孟子》，志於天民。二十年舉於鄉，二十有七年罷於禮闈，從學於吳聘君，聞伊洛之緒。既博記於群籍，三載罔攸得；既又習静於春陽臺，十載罔協於一，乃喟然歎曰：「惟道何間於動静？勿助勿忘何容力？惟仁與物同體，惟誠敬斯存，惟定性無内外，惟一無欲，惟元公、淳公其至矣。」故語東白張子曰：「夫學至無而動，至近而神，藏而後發，形而斯存；知至無於至近，則何動而非神！故藏而後發，明其幾矣〔一〕；形而斯存，道在我矣。夫動，已形者也，形斯實矣，其未形者，虚而已矣。虚其本也，致虚所以立本也。」語南川林生曰：「夫斯理無内外，無終始，無一處不到，無一息不運。會此，則天地我立，萬化我出，而宇宙在我矣。得此欛柄，更有何事？上下四方，往古來今，渾是一片。自茲已往，更有分殊，合要理會，終日乾乾，存此而已。」甘泉湛生因粱生景行以見，語之曰：「噫！久矣，吾之不講於此學矣。惟至虚受道，然而虚實一體矣。惟休乃得，然而休而非休矣。惟勿忘勿助，學其自然矣。惟無在無不在，斯無忘助矣。」問體認天理，曰：「其茲可以至聖域矣。」問參前倚衡，曰：「惟子是學矣。」問：「東所張子敏也，子何不之講？」曰：「弗問弗講，且順其高談，然幾禪矣。」甘泉生曰：「夫至無，無欲也；至近，近思也；神者，天之理也。宇宙，以語道之體也；乾乾，以語其功也；勿忘勿助，

〔一〕「幾」，原作「機」，據《甘泉先生文集》改。（湛若水撰：《甘泉先生文集》，嘉靖十五年刊本，内編，第二〇卷，第六頁）

一也，中正也，自然之學也，皆原諸周、程，至矣。惟夫子道本乎自然，故與百姓同其日用，與鬼神同其幽，與天地同其運，與萬物同其流，會而通之，生生化化之妙，皆吾一體充塞流行於無窮，有握其機，而行其所無事焉耳矣。惟夫子學本乎中正，中正故自然，自然故有誠，有誠故動物。」

惟歲丁亥，遊於太學，祭酒邢公爲之彰厥譽，一峰羅子、定山莊子爲之左次，遼陽賀子爲之執贄。惟歲壬寅，方伯彭公、督府朱公爲之薦其才，夫子疏于朝曰：「臣母貧賤早寡，俯仰無聊，殷憂成疾，老而彌劇，使臣遠客異方，臣母之憂臣日甚，愈憂愈病，愈病愈憂，憂病相仍，理難長久。臣又以病軀憂老母，年未暮而氣已衰，心有爲而力不逮，乞歸養。」欽授翰林院檢討，不敢辭；自爾薦書歲至，不行；或勸之著書，不答。夫不辭，以嘗係仕籍也，恭君命也；不行，達可行志也，夙志也；不答，著述之精〔二〕，寓諸詩也。夫道，知語默動靜而不失其正焉耳矣。

惟弘治戊午遘疾，彌留弗興，越二年庚申二月十日乃卒。方伯周公孟中葬之於圭峰。越二十有一年，惟正德辛巳，胤子景雲謀及門下晉江知縣梁生景行、翰林編修湛生若水、庠生鄧生德昌、湯生霐、太學生趙生善鳴、處士梁生景孚曰：「惟予家中否，惟予兄弟二人，景暘也先折。惟諸子弗振，惟我顯考之藏卜罔知吉，至以累子。」若水輩乃以鄧生、湯生具，以十一月十二日改葬

〔二〕「精」，原作「請」，據《甘泉先生文集》改。（湛若水撰：《甘泉先生文集》，嘉靖十五年刊本，内編，第二〇卷，第八頁）

皂帽峰下。聞於憲長汪公鋐，以聞於巡按謝公珊，下於府太守簡公沛，爲助之金。總鎮韓公慶聞而先助之，吏部方公獻科益助之。府命縣典史賀恩、義官鄧南鳳、士人馬國馨董葬事，乃襄事。餘置祭田，買其前湖，湖曰「自然」，昭至學也。昔者水也聞諸夫子曰：「天下未有不本于自然，而徒以智力收顯名當年、精光射來世者也。」夫自然則誠矣。故夫子之生也，人榮之；其死也，人哀之；其誠之所爲乎！銘曰：

混沌既鑿，源遠益分，分乃支離，體用弗原。孔孟而下，若更一門，門各爲户，競出異言。渾渾濂溪，有沿其源，一爲聖學，示我大全。學絶道喪，千載棼棼。天篤夫子，握會之元。泝程而周，再復渾淪。何名渾淪，溥博淵泉，直指本體，挽漓而淳。孰惑寓言，孰惑其禪，惟此天理，二途判然。師於救世，可謂元勳，念功考德，永護茲墳，毋毀文木，以傷其根。[嘉靖元年正月，]〔二〕門人翰林院編修甘泉生湛若水撰。

〔二〕「嘉靖元年正月」六字原缺，據《甘泉先生文集》補。（湛若水撰：《甘泉先生文集》，嘉靖十五年刊本，内編，第二〇卷，第九頁）案：此文原作於嘉靖元年正月。後於嘉靖二十八年己酉二月，時年八十四歲之湛若水，將《明故翰林院檢討白沙陳先生改葬墓碑銘》重新書丹，由新會縣知縣林騰蛟刻石。新碑之拓本尚存。（陳應燿編：《白沙先生遺跡》，香港，陳氏耕讀堂，一九五九年增訂版，附篇，第十七頁）新碑文字有少量增訂，如舊碑引述白沙先生致林光書時，曾脱去「自茲已往，更有分殊」句後之「合要理會」四字，新碑則經已將其補出。湛若水因舊碑脱去「合要理會」四字，曾招致羅欽順之批評。（參羅欽順撰：《困知記》，北京：中華書局，一九九〇年，第四一至四二頁）

白沙先生應召録

同里黄　淳

獻章自幼穎悟，一日讀《孟子》「有天民者，達可行於天下，而後行之」，慨然歎曰：「大丈夫行己當如是。」正統十二年丁卯，中鄉試。戊辰、辛未兩赴禮闈，不第。年二十有七，從撫州吴與弼講伊洛之學。丁亥，復游太學，祭酒邢讓試和楊龜山《此日不再得》詩，驚曰：「龜山不如也。」以爲真儒復出云。

成化十五年壬寅〔二〕，廣東左布政使彭韶、總督兩廣軍務右都御史朱英前後具本薦於朝。韶疏略曰「心術正大，識見高明，涵養有素，德性堅定，立志願學於古人，榮辱不足以介意」云云。吏部移文廣東布政司等衙門趣令起程，獻章以母老及病未輒行。英疏先有曰：「臣已令獻章就道矣。」謂章曰：「先生不行，如英欺君上何！」不得已强起。於成化十九年三月三十日至京，朝見赴部，告以久勞道路，舊病復作，延[至]月餘〔三〕。於五月二十五日，吏部題：「奉聖旨，恁部裏還考試了，量擬職事來説。」以病在牀褥，即令姪男陳景星赴通政司告轉行本部，暫令調治。七

〔二〕此所謂「成化十五年壬寅」有誤。經考，成化十五年，爲己亥年；成化十八年，爲壬寅年。

〔三〕「至」字原缺，據白沙先生《乞終養疏》補。

月十六日，扶病聽試，至部門復以病發再告復延旬日。八月二十二日，得報母氏憂念病作，待章南歸，以日爲歲。二十八日，遂疏呈爲患病陳請乞恩終養事。疏略曰：「臣母以貧賤早寡，俯仰無聊，殷憂成疾，老而彌劇。使臣遠客異鄉，臣母之憂臣日甚，愈憂愈病，愈病愈憂，憂病相仍，理難長久。臣又以病軀憂老母，年未暮而氣已衰，心有爲而力不逮。夫内無攻心之疾，則外不見從事之難；上有至仁之君，則下必多曲成之士。惟陛下以大孝化天下，以至誠體萬物，海宇之内無匹夫匹婦不獲其所者。乞敕吏部放臣暫歸田里，俟母養獲終、臣病全愈，仍前赴部以聽試用，則臣母子未死之年，皆陛下所賜。」疏上，九月聖旨：「陳獻章既該巡撫等官薦他學行老成可用，今懇切求回養母。吏部還查聽選監生願告回家的例來説。」吏部查例覆奏。初四日聖旨：「陳獻章既係巡撫等官薦他，今自陳有病乞回終養，與做翰林檢討去。親終疾愈，仍來供職。」以動履艱難，不能拜舞，令景星具狀鴻臚寺，告俟筋力稍紓，勉强赴闕稱謝。既又病不能興，乃具疏令景星謝恩而歸。

先，羅倫送之，有曰：「白沙先生處南海者二十餘年矣，觀天人之微，究聖賢之藴，充道以富，尊德以貴，天下之物可愛可求，漠然無動其中者。」歸經南安，張弼問出處，對曰：「康齋以布衣爲石亨所薦，所以不受職求觀秘書者，冀得間悟主也。惜乎當時宰相不悟，以爲實然，言之上，令受職然後觀書，殊戾本意，遂決去。章以聽選監生薦，又疏陳始終願仕，故不敢僞辭以釣虚名。或受或不受，各有攸宜爾。」弼唯唯。《徵吾録》曰：「公膺薦時，當國者不及李南陽，輒令公就試吏部。蓋南陽能優禮康齋，而公之禮數似不及，公無加損，但當時宰相人品之不同可見矣。」李南陽閣老于康齋處士千古稀見，豈可以此責之萬安輩，况娼嫉者乃鄉人耶？余獨恨一峰修撰之謫，曾不少遇以待處士之心。嗟夫！此脱然勢利者所以稱難，而於二公應召故獨詳之也與？陳建《通紀》曰：「築一室曰陽春，日杜門端默其中，以明心爲務。」以明心爲務之説，不知從何得來？又曰：「内監梁芳素慕獻章名，言於上，特授翰林檢討，俾親終疾愈仍來供職。獻章不辭，上疏謝恩即歸。」意以授官出自梁芳及不辭爲非。不知《謝恩疏》具陳聖旨查例與吏部覆奏，鑿鑿可考，授官不由梁芳明矣。疏曰：「臣雖至愚，亦知啣負恩德，圖報稱於親終疾愈之日，不敢負朝廷待士之盛意，不敢違臣子効用之初心。」此所以不辭，其大意亦已見于東海之對矣。彼建者烏足以污之？康齋先生之薦本自内閣大臣，所以展盡大賢之禮；石齋先生之薦由于司撫外臣，所以禮數不及。石齋徵時，瓊臺丘公方爲海内所重，而石齋又以公居顯位不相見，遂以此不合，故人多疑石齋爲公所沮。後來三原劉氏求退，科道劾丘公娼嫉，或其漸然矣。讀「山雨不來昏晝景」及「南極海旁諸郡淺」之句，吁，石齋豈尤人者哉？古岡後學黄淳撰。

文恭陳白沙先生獻章〔一〕

黄宗羲撰《明儒學案》

有明之學，至白沙始入精微。其喫緊工夫全在涵養。喜怒未發而非空，萬感交集而不動。至陽明而後大。兩先生之學，最爲相近，不知陽明後來從不説起，其故何也？薛中離，陽明之高第弟子也，於正德十四年上疏請白沙從祀孔廟〔二〕，是必有以知師門之學同矣。羅一峰曰：「白沙觀天人之微，究聖賢之藴，充道以富，崇德以貴，天下之物，可愛可求，漠然無動於其中。」信斯言也，故出其門者，多清苦自立，不以富貴爲意，其高風之所激遠矣。

陳獻章字公甫，新會之白沙里人。身長八尺，目光如星，右臉有七黑子，如北斗狀。自幼警悟絶人，讀書一覽輒記。嘗讀《孟子》所謂天民者，慨然曰：「爲人必當如此！」夢拊石琴，其音泠泠然，一人謂之曰：「八音中惟石難諧，子能諧此，異日其得道乎！」因别號石齋。正統十二

〔一〕此篇據《明儒學案》輯録。（黄宗羲撰：《明儒學案》，北京：中華書局，二〇〇八年修訂本，上册，第七九至八一頁）

〔二〕黄宗羲謂薛中離（即薛侃）「於正德十四年上疏請白沙從祀孔廟」，非是。據張廷玉等撰《明史》、饒宗頤撰《薛中離年譜》記載，薛侃疏請白沙從祀孔廟事在嘉靖九年。（張廷玉等撰：《明史》，中華書局，二〇〇三年，第十八册，第五四六八頁；饒宗頤撰：《薛中離年譜》，《選堂集林》，臺北，明文書局，一九八二年，下册，一一四六至一一四八頁）

年舉廣東鄉試，明年會試中乙榜，入國子監讀書。已，至崇仁，受學於康齋先生。歸即絶意科舉，築春陽臺，静坐其中，不出閾外者數年。尋遭家難。成化二年，復遊太學。祭酒邢讓試和楊龜山《此日不再得》詩，見先生之作，驚曰：「即龜山不如也。」颺言於朝，以爲真儒復出，由是名動京師。羅一峰、章楓山、莊定山、賀醫閭皆恨相見之晚，醫閭且稟學焉。歸而門人益進。十八年，布政使彭韶、都御史朱英交薦，言「國以仁賢爲寶，臣自度才德不及獻章萬萬，臣冒高位，而令獻章老丘壑，恐坐失社稷之寶」。召至京，政府或尼之，令就試吏部。辭疾不赴，疏乞終養，授翰林院檢討而歸。有言其出處與康齋異者，先生曰：「先師爲石亨所薦，所以不受職；某以聽選監生，始終願仕，故不敢僞辭以釣虚譽，或受或不受，各有攸宜。」自後屢薦不起。弘治十三年二月十日卒，年七十有三。先生疾革，知縣左某以醫來，門人進曰：「疾不可爲也。」先生曰：「須盡朋友之情。」飲一匙而遣之。

先生之學，以虚爲基本，以静爲門户，以四方上下、往古來今穿紐湊合爲匡郭，以日用、常行、分殊爲功用，以勿忘、勿助之間爲體認之則，以未嘗致力而應用不遺爲實得。遠之則爲曾點，近之則爲堯夫，此可無疑者也。故有明儒者，不失其矩矱者亦多有之，而作聖之功，至先生而始明，至文成而始大。向使先生與文成不作，則濂、洛之精藴，同之者固推見其至隱，異之者亦疏通其流别，未能如今日也。或者謂其近禪，蓋亦有二，聖學久湮，共趨事爲之末，有動察而無静存，一及人生而静以上，便鄰於外氏，此庸人之論，不足辨也。羅文莊言：「近世道學之昌，白沙不爲無力，而學術之誤，亦恐自白沙始。至無而動，至近而神，此白沙自得之妙也。彼徒見夫至神者，遂以爲道在是矣，而深之不能極，幾之不能研，其病在此。」緣文莊終身認心性爲二，遂謂先生明心而不見性，此文莊之失，不關先生也。先生自序爲學云：「僕年二十七，始發憤從吴聘君學，其於古聖賢垂訓之書，蓋無所不講，然未知入處。比歸白沙，杜門不出，專求所以用力之方，既無師友指引，日靠書册尋之，忘寐忘食，如是者累年，而卒未有得。所謂未得，謂吾此心與此理未有湊泊脗合處也。於是舍彼之繁，求吾之約，惟在静坐。久之，然後見吾此心之體，隱然呈露，常若有物，日用間種種應酬，隨吾所欲，如馬之御銜勒也；體認物理，稽諸聖訓，各有頭緒來歷，如水之有源委也。於是涣然自信曰：『作聖之功，其在兹乎！』」張東所敘先生爲學云：「自見聘君歸後，静坐一室，雖家人罕見其面，數年未之有得。於是迅掃夙習，或浩歌長林，或孤嘯絶島，或弄艇投竿於溪涯海曲，捐耳目，去心智，久之然後有得焉，蓋主静而見大矣。由斯致力，遲遲至二十餘年之久，乃大悟廣大高明不離乎日用，一真萬事，本自圓成，不假人力，無動静，無内外大小精粗，一以貫之。」先生之學，自博而約，由粗入細，其於禪學不同如此。

尹直《瑣綴録》謂：「先生初至京，潛作十詩頌太監梁方，方言於上，乃得授職。及請歸，出城輒乘轎張蓋，列槊開道，無復故態。」丘文莊採入《憲廟實録》，可謂遺穢青史。《憲章録》則謂採之《實録》者，張東白也。按東白問學之書，以「義理須到融液，操存須到灑落」爲言，又令其門人餽遺先生，深相敬慕，寄詩疑其逃禪則有之，以烏有之事闌入史編，理之所無也。文莊深刻，喜進而惡退，一見之於定山，再見之於先生，與尹直相去不遠。就令梁方之詩不僞，方是先生鄉人，因其求詩而與之，亦情理之所有，便非穢事；既已受職，乘轎張蓋，分之攸宜，攬之以爲話柄，則凡講學者涕唾亦不得矣。

萬曆十三年，詔從祀孔廟，稱先儒陳子，謚文恭。

陳獻章傳〔二〕

張廷玉等撰《明史·儒林傳》

陳獻章，字公甫，新會人。舉正統十二年鄉試，再上禮部，不第。從吴與弼講學。居半載歸，讀書窮日夜不輟。築陽春臺，静坐其中，數年無户外跡。久之，復遊太學。祭酒邢讓試和楊時《此日不再得》詩一篇，驚曰：「龜山不如也。」颺言於朝，以爲真儒復出。由是名震京師。給事中賀欽聽其議論，即日抗疏解官，執弟子禮事獻章。獻章既歸，四方來學者日進。廣東布政使彭韶、總督朱英交薦。召至京，令就試吏部。屢辭疾不赴，疏乞終養，授翰林院檢討以歸。至

〔二〕此篇據《明史》輯録。（張廷玉等撰：《明史》，中華書局，二〇〇三年，第二四册，第七二六一至七二六二頁）

南安，知府張弼疑其拜官，與與弼不同，對曰：「吴先生以布衣爲石亨所薦，故不受職而求觀祕書，冀在開悟主上耳。時宰不悟，先令受職然後觀書，殊戾先生意，遂決去。獻章聽選國子生，何敢僞辭釣虚譽。」自是屢薦，卒不起。

獻章之學，以静爲主。其教學者，但令端坐澄心，於静中養出端倪。或勸之著述，不答。嘗自言曰：「吾年二十七，始從吴聘君學，於古聖賢之書無所不講，然未知入處。比歸白沙，專求用力之方，亦卒未有得。於是舍繁求約，静坐久之，然後見吾心之體隱然呈露。日用應酬，隨吾所欲，如馬之御勒也。」其學灑然獨得，論者謂有鳶飛魚躍之樂，而蘭溪姜麟至以爲「活孟子」云。

獻章儀幹修偉，右頰有七黑子。母年二十四守節，獻章事之至孝，母有念輒心動，即歸。弘治十三年卒，年七十三。萬曆初，從祀孔廟，追謚文恭。

白沙先生像贊

此翰林院檢討白沙陳先生像也。嘉靖辛酉，洛南陳公參知蜀藩，出以相示，屬爲之贊，顧遷何能爲役哉？昔司馬子長謂「晏子而在，雖爲之執鞭，所欣慕焉」，遷不佞，竊亦願致欣慕之私云爾。

於維先生，炳靈南粤。浮丘之峰，桂海之碣。静中端倪，作聖真訣。獨契本心，超然融徹。

靈鳥神龍，不可縶緤。終老江門，完璧無缺。方漢徐孺，擬宋康節。丹青睟圖，冰壺秋月。庶士傾風，萬流仰哲。矧伊鄉彦，不虔對越。宜其動静與俱、行邁攜挈也。西蜀右布政使後學豫章李遷謹撰。

星應雪飛，呈見之奇；陽春端倪，斂聚之資。銜勒不遺，動静之規；鳶魚自如，物我之宜。南斗金書，當㫺已莫測其神變；長空大海，流風猶足繫乎綱維。嗚呼！黄雲紫水，嘗聞其概，或若儀刑之可即矣；執鞭攀駕，幸非異代，又何憾此生之後㫺哉！吉水後學羅洪先。

於戲噫噫，大道堂堂。其易也，鏡中鼻覞；其難也，海底鍼藏。冒雨衝風，殆億萬回而始睇日月；跋山涉水，可千百轉而卒踏康莊。了成性之存存，致妙用之無方。所以能回洙泗千百載垂絶之正脈，投宇宙無紀極續命之真湯。雖天啓之不易，良人謀之允藏。遺容如在，道喪人亡。所賴者遺書數册，一一皆登性天之梯、濟道海之航也。門人南海張詡譔

萬卉色異，根核狀一。古灌園公，力灌其根，萬卉斯茁。千聖萬聖，所傳者心。大涵天地，精貫古今。博約交致，必力其根。碧玉有樓，陽春有臺，學非不博，維根是栽。天德王道，要歸慎獨。

維卉之繪，譬彼剪綵，終乏天然。於維先生，默契道淵。仰止玉臺，孟晉遺詮。古岡後學黄淳。
慎獨者何，灌此一掬。一掬非内，萬物非外，握我靶柄，出之斯沛。嗟！彼號敏達，認葉數枝。

從祀文廟疏議

萬曆十三年乙酉，詔以翰林院檢討陳獻章從祀孔子廟庭。先是，嘉靖中，言者請進薛文清瑄從祀孔廟。隆慶初，言者又欲併王文成守仁、陳檢討獻章祀之，卒莫定。至是，臺臣詹仕講、王學曾復以爲言，下館閣議。

儒臣李廷機曰：「學之祀孔子，何也？謂其道爲萬世師也。孔廟之有從祀，何也？謂其羽翼孔子之道也。諸生誦法孔子者衆矣，然或獨得稱羽翼者，何也？謂其徹乎道也。國朝理學浸淫，追宋而上之，漢唐弗論也。則愚以爲三人者與有力焉。國初固多才，然而挺然任聖道者寡矣。自河津薛公起而引聖道爲己任，卮言細行，必準古遺訓而繩之。蓋自是天下學道者四起，争自濯磨，以承聖範，豈謂盡出河津哉？要之，默自河津啓之也。然而士知惇質行己矣，於心猶未有解也。自新會陳公謂學必有源，『静而反觀乎此心之體』、『得其自然而不假人力，以爲至樂』，具是矣；其於世之榮名，若遺也。蓋自是天下學道者，浸知厭支離而反求諸心，豈謂盡出新會哉？要之，默自新會啓之也。然以其初知反本真也，則猶隱然與感應二之也。自會稽王公於百難萬變中豁然有悟於學之妙機，以爲天下之道原自吾本心而足也，於是揭人心本然之明以爲標，使人不離日用而造先天之秘，不出自治而握經世之樞。及其隨所施而屢建大勛，則亦由學之約而達也。蓋自是天下學道者浸知顯微之無間、體用之一源，䭫然有中乎道之竅郤，豈謂盡出會稽哉？要之，默自會稽啓之也。愚故以爲，此三人者皆所謂羽翼孔子之道者也。今河津既儼然列於孔廟矣，則進新會、會稽而三之，夫豈曰不宜？世之撓其祀者故多端，諸卑卑謾説勿論也。高者見謂顓求性命之精〔二〕，使人忽躬行而廢多識，此亦未深究夫先生之學者。夫兩先生以爲心鏡之不明，安取躬行之中否而修之？是故而求諸心也，正所以爲制行之權也。學而求諸心，則殫見洽聞皆所以啓聖天之聰；遺其心而惟聞見之求，雖盡天下之物而識之，無當耳。今考新會之論曰：『識見要超卓，踐履要篤實。』會稽則曰：『人須在事上磨鍊做工夫乃有益。』彼却何嘗忽躬行也？新會之論曰：『以我而觀書，隨處得益。』會稽則曰：『以蓄其德爲心，則多識前言往行，孰非蓄德之事？』又却何嘗廢多識也？而猥以此爲兩先生病，兩先生有所不受矣。比者，擯斥諸言理學臣，毁其講壇，士人噤口結舌。今幸廟堂默以理學布諸政，抑既下令弛其禁矣，然而人心猶未釋然信也。誠以此時附兩先生廡序中，儻可以立儒幟而起士風乎！愚以爲從

〔二〕「見謂」，碧玉樓本作「則謂」。

祀兩先生，則人心當；從祀兩先生於今日，則時又當。」云云。

鄒德溥曰：「王文成、陳白沙二先生之學，蓋所謂嚅嚌道真、涵詠聖涯，一代學士先生之裒然者也。文成用世悟道於皱閱體驗之餘，白沙高世得道於沉潛静篤之中。故一則曰致良知，一則曰戒慎恐懼、曰勿忘勿助、曰自然。良知之説，似創而非也，自是孟軻氏無爲無不爲、無欲不欲之宗旨也。彼其歷涉險夷、躬當盤錯、磨礱練習，而後有以見夫宇宙之内千變萬化，皆出自吾心一點靈明，不過致其良知而足也，是以獨標以爲教也。戒慎恐懼、勿忘勿助、自然之説，似沿而非也，自是吾人收心養性、集義養氣之節度也。彼其用意檢點、極力收束、强勉刻勵，而後有以見夫戒慎之功，纔忘纔助，俱不是吾心自然本體，不過還之自然而足也，是以歷舉以爲教也。蓋二先生學皆出於聖賢而非出於胸臆、皆得之蹈履而非得之講談。嘗試稽之年譜、參之輿評，則其立身行己、其居官任事、其治家處鄉，並無有得而容議者。或乃見其一二門人不厭衆心也，而並有惑志於文成；見其陽春臺中端默獨坐也，而以禪學疑白沙。夫自尼聖已不能保其往、與其退，而静之爲禪，將所謂未發之中者，非耶？愚以爲二先生之學並不背乎聖人，而二先生之祀，各有補於世教。祀文成以勸夫縉紳者，使人知用世之爲學，不必藏而後可以修；祀白沙以勸夫遺逸者，使人知不用之亦爲學，不必仕而後可以顯。蓋以宋代區區而祀於黌宫者，尚若干人；我明二百餘年，人文之盛，視宋何如哉！而僅僅一河東也。進二先生而祀之，其誰曰不可？」

而議者紛紛，續又奉命禮部會同九卿科道廷議歸一。部議又請獨祀布衣胡居仁。少師大學士申時行乃具疏上言：「皇上重道崇儒，德意屢下，深切著明如此。今該部覆議，乃請獨祀布衣胡居仁，臣等切以爲未盡也。彼詆訾王守仁、陳獻章者，除所謂僞學霸儒，原未知守仁，不足深辯。其謂各自立門户者，必離經叛聖如老佛莊列之徒而後可，若守仁言致知，出於《大學》，言良知，本於《孟子》；獻章言主静，沿於宋儒周敦頤、程顥，皆祖述經訓，羽翼聖真，豈其自剏一門户耶？事理浩繁，茫無下手，必於其中提示揭要以啓關鑰，在宋儒已然，故其爲教，曰仁、曰敬，亦各有主，獨守仁、獻章爲有門户哉？其謂禪家宗旨者，必外倫理、遺世務而後可，今孝友如獻章，出處如獻章，而謂之禪，可乎？氣節如守仁，文章如守仁，功業如守仁，而謂之禪，可乎？其謂無功於聖門者，豈必著述而後謂功耶？蓋孔子嘗刪述六經矣，然又曰『予欲無言』，曰『吾無行而不與二三子』。門人顔淵最稱好學矣，然又曰『於吾言無所不説』，曰『退而省其私，亦足以發』。夫聖賢於道，有以身心發明者，比於以言發明者，其功尤大也。其謂崇王則廢朱者，不知道固互相發明、並行而不悖。蓋在宋時，朱與陸辯，盛氣相攻，兩家弟子，有如仇隙，今並祀學宫。朱氏之學，昔既不以陸廢，今獨以王廢乎？大抵近世儒者，褒衣博帶以爲容，而究其實用，往往病於拘曲而無所建樹；博物洽聞以爲學，而究其實得，往往狃於見聞而無所體驗。習俗之沉錮久矣。今誠祀守仁、獻章，一以明真儒之有用，而不安於拘曲；一以明實學之自得，而不專於見聞。斯於聖化，豈不大有裨乎？若居仁之純心篤行，衆議所歸，亦宜並祀。我國家二百餘年，理學名臣先後輩出，不減宋朝，至於從祀，乃止薛瑄一人，殊爲闕典。昔人有云：『衆言淆亂折諸聖。』伏惟聖明裁斷主持，益此三賢，列於薛瑄之次，以昭熙代文運之隆。」制曰：「可。」於是令天下學校皆祀守仁、獻章、居仁〔二〕，位在薛瑄之下。

詔准從祀文廟謝表

裔孫陳觀光

臣竊念臣祖陳獻章，本以諸生遭逢盛世，初由鄉薦，繼膺聘書，蒙登朝而授官，特賜歸以養母，甘侍菽水二十餘秋，飽歷冰霜一十九載。論建樹，未報乎先朝優録之恩；語體驗，惟得諸往籍陳編之外。曰致虛立本，學獨得其精微；曰自然爲宗，教非別創門户。顧微言雖立，而同時共業者尚攻其非；況大義久湮，而見影疑形者孰信其是？伏惟皇上秉獨斷之聰明，折衆言之淆亂；俯俞言官之請，嘉納輔臣之章。謂有用之真儒，不狃拘曲；而自得之實學，罔專見聞。君相協衷，莊誦王言之大；章縫快覩，慶逢盛典之成。羽翼孔孟者，由是從實踐而不專著述之爲

〔二〕「守仁、獻章、居仁」，碧玉樓本作「王守仁、陳獻章、胡居仁」。

功；尊信程朱者，由是悟妙契而益知勦襲之爲陋。一洗沉錮之習，頓開理學之途。詎臣等二三孫子之榮光，實天下億萬儒矜之瞻仰也。

詔建白沙家祠特賜額聯并祭文

萬曆二年甲戌，詔建祠於白沙，肖像祠中，賜額曰「崇正堂」，聯曰：「道傳孔孟三千載，學紹程朱第一支。」復命翰林院撰文以祭，曰：恭惟先生，五嶺秀靈，潛心理學。宗濂洛之主静，弄月吟風；接洙泗之心源，鳶飛魚躍。孝友出處，昭在當時。懿範嘉言，垂於後世。洵一代醇修，足爲儒林矜式者也。朝廷重道，致祭於祠。靈明不昧，庶其來歆！

飭修白沙家祠檄文〔一〕

張鏡心

崇禎十三年庚辰四月初八日，兩廣總督張鏡心檄提學道轉行新會縣爲重修先賢祠堂以彰私淑事。照得：新會縣先正陳白沙先生，應運鉅儒，開民先覺。功從博約，潛符一貫之宗；悟到静虚，妙證先天之藴。星晴斗頰，持不流不倚孤標；忠仕孝歸，養至大至剛灝氣。道承聖統，

〔一〕此篇據碧玉樓本輯録。

長揖濂洛諸賢，功在醇修，一洗漢唐俗學。真千秋棟道之功臣而一代教人之準鵠也！本部院濫塵端水，咫尺江門，沐化有年，拜瞻未舉，擬於仲冬吉日專行展祭，所有祠宇，合行先爲修葺。備牌行道即便轉行新會縣親至該祠逐一查估，何者未備，當議增修？何者漸圮，當議整理？一面具報，一面動支本部院贖銀，速行修造完固，務要焕然一新，候屆期展祭。

崇祀樂芸翁郡邑鄉賢公結〔二〕

梁應聘等

具結爲推恩先儒崇祀厥考以彰啓佑、以表遺逸事。真儒陳白沙諱獻章之父陳琮，學有淵源，才不世出。英姿天挺，當髫齡即能揮翰長吟；異質性成，纔呫嗶便自過目成誦。一時先正歎爲莫及，同學少年遜其不群。猶且孝友早著於庭闈，禮讓可孚乎里族。好善類聽樂之忘卧，疾惡如咀飯之吐蠅。即在親師取友之茂年，便毅然以明道淑人爲己任。不虞英發伊始，遽爾傃幽告終。方懼半生墜緒或失其傳，乃幸一代鉅儒以爲之子，衍正宗於博約，直溯啓聖心源；倡絕學於虛静，自是趨庭家譜。始信士無潛而不躍，亦知賢有開而必先。是以名碩如世卿，則紀於傳、贊於詩，儘可摹其不惑不愧之孤標；夷考纂修之外史，則邑有誌、郡有乘，亦足概其休休

〔二〕此篇據碧玉樓本輯録。

昭昭之逸軌。至今流風遠而未泯，公論久而彌彰。若非表揚盛美、崇祀府縣，將何以闡幽光而風來學乎？聘等仰止高山，尋源宿海，每過其里門，輒喜先世明德之有達；望其家廟，竊歎舉祀覺犧之無人。雖云文采不表見於當年，僉謂篤行克昭垂於異代。況敘世美者推本於所生，而貽恩榮者覃被於厥考。從未有其子列聖宮之俎豆，而乃父不獲薦賢廟之苾芬者也。宜敦禮經督宗之典，用昭前哲啓佑之光。今蒙取結，合遵從公。

崇禎十六年癸未，巡按御史柳寅東、提學副使吴正題請崇祀先儒白沙陳子之父名琮于郡邑鄉賢。闔邑廪增附生梁應聘、殷有光等聯結。

重修馬山祠並題聯額〔二〕

順治十七年庚子，新會縣學訓導陳龍光捐修邑城馬山祠上下二座、正偏六間。額於堂曰「道岸先登」；聯曰「前賢道岸先登後學認途真亦足升堂入室，峻嶺儒門再闢達人知海闊自知溥博淵泉」。

〔二〕　此篇據碧玉樓本輯録。

其他資料

奠先師白沙先生文[一]

門人湛若水

弘治十三年，歲次庚申，三月某朔，越八日壬戌，門生湛某謹以牲醴之奠敢昭告于先師石翁先生之靈：嗚呼！先生獨得不傳之奧，以傳後人。擴前聖之未發，起歷代之沉淪。至無而動，至近而神。因聖學以明無欲之敬，舉鳶魚以示本虛之仁。卓有見乎神化，初不離乎人倫。即一事一物之末，而悟無聲無臭之根；於勿忘勿助之間，而見參前倚衡之全。握無爲之機，而性成久大之業；啓自然之學，而德有日新之源。無疑所行，行所無事，沛乎如行雲流水，就之如和氣陽春。至其所謂不可傳者，終不可以言而陳。蓋必有潛諸心，有踐諸身。窺其奥而探其淵，夫然後信先生之所立不遠而倬，所學不雜而純也。

嗚呼！孰謂不可言之妙，不可傳之藴，今已不可得而復傳，而傳之者復幾何人？堂堂元氣，逝將與大化而長奔。一十二萬年雪月，四百三十峰晴雲，是猶庶幾乎？先生之真，萬古長存。

[一] 此篇據《甘泉先生文集》輯録。（湛若水撰：《甘泉先生文集》，明嘉靖十五年刻本，内編，第十八卷，第一至二頁）

嗟哉！先生昔嘗執我之手：「惟我與爾，以慨斯文。」今也斯文喪天，予將疇親？吁悲無垠。嗚呼哀哉！尚饗。

祭白沙先生文〔一〕

門人張詡

烏虖！天地中和之氣，東南川嶽之靈，鍾而爲不世出之英。爰自束髮以至皓首，一本之以至誠。巋然樹斯文之梁棟，卓哉啓百世之師承。超然遠覽，邈出八紘。盡脱去秦漢以來諸儒所學之捕影逐響，遠追宗孔孟以前群聖所得之惟一惟精。其始用力，妙契乎勿忘勿助；其卒收功，遠到乎無臭無聲。襟懷洒落，真前賢之光風霽月；文章正大，又古作之玄酒大羹。散而爲禮儀威儀之三千三百，酌而爲春秋與敓之或重或輕。觀其藝，如字畫之妙，亦侔造化；考其行，如孝悌之至，且通神明。平生不以著述爲事，自然著述若雲烟之浩蕩；不以節守自居，自然節守奪金石之堅貞。其造詣之深，力行之篤，可不謂之大成者耶？雖高棲遐遁，杳若振衣於五峰雲漢之表，濯足於八溟水月之清，而其心未嘗不惓惓於朝廷，皇皇於蒼生，真子思所謂「極高明

〔一〕此篇據《東所先生文集》輯録。（張詡撰：《東所先生文集》，《四庫全書存目叢書》集部，第四三册，第四一四至四一五頁）

而道中庸」，程子所謂「情順萬事而無情」者也。是以貴人達官無不願造其廬，市兒閨女亦且咸知其名。覿德者心醉，聞風者化行。惜乎經天緯地之才，徒吐露於駕天風弄海濤之篇翰之富；然而扶世立教之功，了不下於救洪水驅猛獸之事功之弘。至於不言而人自信，不戒而物自懲者，其玄德感化之機，又豈世可得而稱哉？抑斯言也，可爲知言者道，而淺薄者或以爲矜也。嗟夫！死生朝暮，達人固不累於幻形；道喪人亡，天下誰不痛兹典刑？而況詡也受教門牆二十餘齡，仰再造之恩，結歲寒之盟。使復聰於既聾，續明於既盲者，誰之力與？而今而後，棟倒山傾，何資何仰，何信何徵？雖涸東溟之波，枯南山之竹，亦曷足以寫孤恨之冥冥乎？烏乎痛哉！

祭石翁文[一]

門人李承箕

先生膺聘成化壬寅之秋，予省叔父官長安，竊自喜：「必得洒掃左右。」既而此南彼北，相左于(徐)[塗]。

先生至京師，予弟藎卿旦暮謁見。先生曰：「衡有兩端，道德聲利，孰輕孰重，且問而兄。」

[一]　此篇據《大厓李先生詩文集》輯録。（李承箕撰：《大厓李先生詩文集》，《四庫全書存目叢書》，集部，第四三册，第六一〇至六一一頁）

蓋知予兄弟傾仰之誠。自成化己丑，叔父膺官廣藩，而子弟不得輒出入屬州，輾轉數十年之懷也。其後壬寅之七年，予始得拜先生白沙。既而每有請益，惟欲一啓其扃，不深其奥，待予自得焉而已。朝食夕飡，寒衣暑服，飲酒舉杯，投壺擁矢，一歌一曲，有唱有和，不一而足。近舍圖新，遠或玉臺，殆七踰月，予亦告歸。性命道德，形氣神虚，有詩有序，指我正途。既又四年，予致壽具于太夫人，風來不薰，築臺處之，命曰楚雲。我獨静居，水月爲鄰。翁適佳景，度橋呼云，而我三兩，北徑南村，交蔭榮木，扶影清濱，一日夕而三四見也。又三年，太夫人没，予來赴弔，先生滂沱涕泗，若不勝喪。創祠堂，修數世先阡，各有記志，並屬予筆。既而得語澀疾，兩旬始平，乃曰：「我於家事，亦云畢矣。祥禫之後，與子衡山而終老焉。」豈料不酬此約，而至此也。又三年，容一之以先生疾報至，予兄茂卿曰：「先生厭處煩囂，欲栖烟霞，殆示病歟？弟須往省。」予一見之，始知疾亟，非托言焉者。先生泣數行下，吾亦泣數行下。既數日，又連與投壺飲酒，又竊自喜：「先生疾自此或愈乎？衡山之約不負乎？中風之疾，世有淹留八九年者，有十六七年者，未必遽爾也。」苟誠知其然，於微亟之際，吾必執其手足以待。儵然長逝矣，豈料其遽爾耶？

先生門士，請益請業，各有知聞，發越施張，儼有門户。予獨戇愚村朴，而翁一視之無先後焉，豈其得於天幾之内者，而不可欺以人耀之外哉？筆未臨紙，情已塞胸，不自知其言之亂也。

祭陳白沙先生文[一]

門人林　光

嗚呼！先生挺生，嶺海之隅；靈鍾秀聚，貌粹神腴。充養有道，静極而虚。閑若垂天之雲，活若走盤之珠。壁立萬仞，春陽和盱。學衰道廢，學者從事乎枝葉、訓詁之餘；入耳出口，不覺没溺而淪胥。先生掃其浮葉，直其迴紆；啓其關鑰，洞其室廬。天高海闊，飛鳶躍魚。萬變縱横，我握其樞。洪波洶湧，一柱江湖。身寄乎嶺海，心出乎皇虞。風雅之音，玩美[文]乎一世；豪邁之氣，寄妙墨以發舒。天下之人，嗜之若膾炙，寶之若璠璵。風動乎寰宇，聲播乎樵漁。嗚呼！先生卓哉，一代名儒。光在少年，已熟芳譽，己丑燕臺，始獲(樞)[摳]趨。同舟南歸，意洽情愉。蘭薰(膝)[漆]固，日積月儲。聲利名場，斷隔馳驅。晦跡窮山，神明與居。十有五年，兀兀于于。披肝露膽，非簡即書。每承首肯，發其狂愚。將謂終身，業供掃除。先生被薦，表奏區區。詔許歸養，母子歡娛。我被臺檄，促上燕車。遂沾微禄，久墜迷迂。先生之心，念我劬劬。戊午之臘，手跡猶濡。嗚呼！沉晦以精，退處以需。先生道雖不及一試，而天下之有識者望風引領，恨不一造其廬。先生蓋棺，胡何憾歟？光職業羈縻，聞訃之日，南望而哭。直爲天下慟，

[一] 此篇據《南川冰蘖全集》輯録。(林光撰：《南川冰蘖全集》，第二〇三至二〇四頁)

不得躬執紼於靈轝。三千里外，哀寓一尊，先生之靈，尚其鑒諸。

祭陳白沙文〔二〕

餘干張　吉

惟斯道之渾渾兮，亘萬古而長存。作天地之楨幹兮，固兼統乎化元。抱渾侖而爲生兮，匪斯人其孰可言？秉靈睿以獨照兮，乃飄飄乎絶塵而奔。卓伊姚於隆古兮，仰象尼之獨尊。嗟神霄之九萬兮，見孤鳳之翔騫。逮鄒輿而脱其轅兮，世彝處乎覆盆。目不睹乎兩曜兮，徒置喙於多門。競榮腴於華葉兮，業已喪其本根。何有宋之多賢兮，爲吾道而招魂。沛伊閩之浩浩兮，濬崑崙之大源。遭妖氛而涸絶兮，聖人作而再見奔渾。台海河東各有其人兮，功業炳耀乎乾坤。若蹈巢許之高躅兮，越有康齋之可論。公實親炙其門兮，始幾廢乎眠餐。既宅心於超曠兮，痛自撤其樊垣。希神工之大巧兮，斧鑿泯其無痕。憎俗儒之固滯兮，枉徒弊乎憂煩。謂直截徑捷可造至域兮，猶駕車而理轅。此心神化妙不可測兮，固存存在所必敦。超然離乎言説兮，鄙百氏之瀾翻。惟默會於神域兮，庶一静制乎百喧。發列光於沉幾兮，邁氣岸於黝賁。我始拜公於京闕兮，茫然風影之莫捫。繼楫江門而陟玉臺兮，樹樂事之旟旛。豈襲風韻於堯夫

〔二〕此篇據《古城集》輯録。（張吉撰：《古城集》，《景印文淵閣四庫全書》第一二五七册，第六七八頁）

兮，噓冷灰而重温。惡鼻祖之遄邁兮，仍克肖而有孫。畢竟異其門途兮，各附托於真原。擺陳踪而脱落兮，羌引臂而無援。維衆妙之困庾兮，與天巧而爲屯。傍炎海而獨立兮，薄雲夢之可吞。騎列星而直上兮，叩天地之重閽。逖陳詞而跽吊兮，酌暮潮以爲樽。嗚呼哀哉！尚饗。

祭白沙祠文[一]

莆田林　俊

維正德改元，歲次丙寅，五月庚辰朔，越十有五日甲午，晚學見素子林俊，謹具殽醴，托鄉友邱君泰致祭於老友石翁陳先生有道之祠[二]，曰：

嗚呼，先生澄瑩開閬，韻致極高。自遊康齋而心學正，友一峰而節概明，友定山而詩學更大進。勾押烟霞，陶寫風月，堯夫之襟度，識量高洪，才慮深遠，有道之風致；而春容懿純，軒特嶄絶，則又叔度之雅與子陵之風焉。先生非隱者也。元亮八十日縣令，晦翁四十日朝官，先生蓋無一日焉。處士名高而用多不副，先生蓋未嘗試焉。彭從吾首薦，朱郴陽再薦，不揆小子默致

〔一〕此篇據碧玉樓本輯録，校之以《見素集》中《祭白沙陳先生文》。（林俊撰：《見素集》，《景印文淵閣四庫全書》，第一二五七册，第二九三至二九四頁）

〔二〕「邱君泰」，《見素集》所收此文，作「林君舜舉」。

力其間，然所以處先生者誠情耶！翰林之授，我憲宗之特見云爾。木高風搖，行高人毀。然而攻洛者蜀人也，先生則鄉人焉，何心哉？我孝宗恭默思賢，言者恒及焉。而彼人方居要，使清朝缺徵聘之盛舉〔二〕。彼人死，先生老且病，無復周公夢矣。先生雖不用於時，而道風義概，起鄉人而歆動天下。廣之風所以大異疇昔者，誰之功？天下之士稍知自立而不隨風以靡者，又誰之力歟？嗚呼，東漢名節之士，固亦有賴於此者，況先生重非其儔耶？使遊濂洛關閩，得其微言奧旨，侶群哲，會數聖，以肩項四子無疑也。俊自京師幸親光霽，慨歲月之永違，而晤言之不可復再。今已矣，墓草幾緑，一觴未至，托心語於使鴻，寄世風於遠涕。嗚呼哀哉！浩浩南海，嶽嶽匡山，張陸儼在，公神其間。嗚呼哀哉！尚饗。

建祠白雲山塑石齋先生師像成祭文〔三〕

門人湛若水

嘉靖三十年九月朔日，門人湛若水率同志某等以釋菜之儀，告於石齋先生師之像曰：

〔二〕「居要」，《見素集》所收此文，作「據要」；「徵聘」前，有「審像」二字。

〔三〕此篇據碧玉樓本輯録，校之以《甘泉先生續編大全》中《白雲白沙祠塑像告成文》。（參湛若水撰：《甘泉先生續編大全》，明嘉靖三十四年刻本、萬曆二十一年修補本，第十四卷，第二五頁）

水也聞之，弟子之事師如事親，是故於其没也，有三成之道焉：具體克肖，謂之德成；見于羹牆，僾乎容聲，謂之思成；刻木肖形，謂之像成。德成不已，求之思成；思成不已，求之像成，皆有不得已焉也。想塑師像工已告竣，臨之在上，儼然温厲，致恭暴慢，化成狡僞。若夫江漢秋陽，皜皜叵尚，惟人自得，不可名狀。水等俛焉孳孳，不敢退讓，惟師其佑之。尚享。

詣白沙祠祭文恭陳夫子文〔二〕

雲間張　恒

康熙丁亥仲秋，雲間後學張恒謹以瓣香酒果之儀，祭於明先儒陳文恭白沙夫子之神曰：於乎！卓哉夫子，嶺南一人。江門崛起，上應星辰。黄雲紫水，地靈生申。親殁遺腹，岐嶷絶倫。逮至長成，舉動安閑。自幼警悟，丰度若仙。早登賢書，志欲傳薪。夢撫石琴，兆徵道傳。度嶺求師，從吴聘君。遂棄俗學，洙泗尋源。閉户苦功，主静斯專。至無至動，至近至神。本虚形實，立本自然。遊雍監試，濡毫直陳。吾道宗主，紫陽是尊。真儒間出，傾動朝紳。譽滿金台，道乎定山。一峰樂交，克恭棄官，折節門牆，日侍講壇。名重遭忌，試卷沉淵。付之一笑，德器渾全。洎乎歸里，潛心典墳。四方負笈，濟濟問津。倡明正學，鄒魯海濱。江門遺緒，恢宏

〔二〕　此篇據碧玉樓本輯録。

甘泉。院司交薦，疏請事親。錫爵終養，異數特聞。孝感上穹，旋里慶雲。吟風弄月，自得日新。斑衣萊舞，竭力承歡。衰顔善病，焚香告天。願從母後，誠籲延年。太君九十，公亦七旬。擗踊臨喪，盡禮如存。事兄尤謹，隅坐惟虔。讓田不争，貽金封還。傚富公事，屢辭田園。建坊白沙，力止更堅。創樓江滸，勉俞迎賓。樓曰嘉會，尊酒論文。江水洄洋，投竿垂綸。觀物窮理，力砥狂瀾。默察動静，旋乾轉坤。光霽胸襟，周邵後身。不事著述，寓詩陶甄。造詣益深，藹乎如春。潑墨揮毫，直逼右軍。翳予小子，不憚艱辛。廿載馳驅，齒豁鬢銀。欲明絶學，冒暑衝寒。憂道遑遑，回首酸心。搜羅散帙，期纂加鐫。景仰典型，心儀拳拳。恭謁祠宇，扁額高懸。酹酒焚帛，敬抒寸丹。恒謹告。

祭白沙祠文[一]

張甄陶

維乾隆十六年，歲次辛未，仲秋朔，越祭日戊午，文林郎、翰林院編修、改知廣東鶴山縣，今署新會縣事，紀録一次，記大功一次，張甄陶謹以牲醴香帛之儀致祭于先儒白沙陳先生之靈曰：

〔一〕 此篇據碧玉樓本輯録。

古之爲政者，稽於文獻，咨於故老。若邑有名賢君子，風徽未泯，則必崇其廟貌，表厥閭里，示民興行，以樹風聲，蓋其亟也。惟先生性資近道，學問天成。周元公之主静，是屬淵源；程伯子之無欲，若合符節。加以至孝，卓爲醇儒。五嶺以南，與於先聖之廟廷者，一人而已。甄陶奉檄署令新邑，典型斯在，景企惟殷。謹奉牲牢，祗謁祠下，伏惟昭格。

孝思堂記[一]

吴與弼

人之生，樂莫樂於父母之俱存。番禺陳生獻章，方娠而嚴親棄世，則不幸之大者也，賴三遷之教，中戊辰乙榜進士。篤漆雕之信，復淹吾館。每痛鯉庭之永隔，感孟機之多違，聞者動心焉。家僮之返，予爲大書「孝思」題其白沙之堂，而文以廣其意曰：「君子之於親，跬步不忘於孝，況幽明之異、侍養之曠哉？然全其大，必當略其小。慈顔無恙，伯氏綜家，正自求多福之時也。及是時，悉其心以立乎己，俾人知陳氏之有子，先君爲不亡矣。陳生勉乎哉！」伯氏朝夕爲我申其説於定省之餘，亦足少慰倚門之況云。旹景泰五年，歲在甲戌，八月甲申，臨川吴與弼記并書。

[一] 此篇據碧玉樓本、《白沙先生遺跡》輯録。（陳應燿編：《白沙先生遺跡》，香港：陳氏耕讀堂，一九五九年增訂版，附篇第二頁。）案：此文又見《康齋集》。（吴與弼撰：《康齋集》，《景印文淵閣四庫全書》，第一二五一册，第五五九頁）

嘉會樓記〔一〕

門人張　詡

嘉會樓在新會縣東南二十里許〔二〕，地名白沙之江湄。樓爲重斯道而作者也，而其名則取《易》「嘉會足以合禮」之義也。白沙先生倡道東南，幾四十年矣，天下之士聞風景從，而凡東西往來與夫部使過者必謁焉，村落茅茨土棟至無所於容。弘治甲寅夏六月，巡按廣東監察御史南昌熊君成章始謀創樓爲衣冠盍簪之地。會藩憲郡守諸公，議甫定，即檄通判顧文特來卜地〔三〕，百工力作，浹數月乃告成焉。地凡若干畝，樓凡三楹〔四〕，高若干丈，廣如之。南望厓山大忠祠，西接圭峰玉臺寺，北聯丁公祠、貞節橋，東控江門。山環水遶，足稱名勝云。惟斯道之在人心，猶日月之麗於天，川嶽之列地也〔五〕。無日月則萬古冥冥矣，無川嶽則化育功虧矣。人心一失，

〔一〕此篇據碧玉樓本、《白沙先生遺跡》輯録。（陳應燿編：《白沙先生遺跡》，附篇第十二至十三頁。）案：此文又見《東所先生文集》。（張詡撰：《東所先生文集》，《四庫全書存目叢書》集部，第四三册，第三九六至三九七頁）

〔二〕「二十」，《東所先生文集》所收録此文作「三十」。

〔三〕「特」，《東所先生文集》所收録此文作「時」。

〔四〕「三楹」，《東所先生文集》所收録此文作「若干楹」。

〔五〕「麗於天」，《東所先生文集》所收録此文作「麗天」，無「於」字。

則貿貿焉亦焉所底止也？〔一〕然倡之者，蓋難乎其人焉。苟非心領神會，有以默契數千載不絶如线之傳，則窮理之功有慊，涵養之力莫施。無論造化之變〔二〕，禍福之大，雖功利得喪絲毫不斷，物我是非一念猶存，以是誣己欺人，彼愚懵或信矣〔三〕，賢知者信之乎？在人者或感矣，天地鬼神感之乎？《中庸》曰：「誠之不可揜，如此夫！」又曰：「誠者，非自成己而已也，所以成物也。」世道幸而有真儒者作焉，如日月，如川嶽，開迷育物之功大矣，見之者得不謂之嘉會乎？慨自唐虞三代，君臣以斯道嘉會於上，而道寓於政者，天也；如洙泗如濂洛，師友以斯道嘉會於下，而道寓於言者，亦天也。又寂寥數百年，始得先生者爲之倡焉，雖不見用於時，而泝流窮源，指示來學，異時出而爲世用者，安知非其人也？然則，先生所遇獨非天乎？今刑部侍郎白洲李先生，時爲廣東按察使，徵記於定山莊先生。記未成而白洲遷官去，定山尋亦物故矣。穹碑卧荊棘

〔一〕「亦」，《東所先生文集》所收録此文作「將」。
〔二〕「造化」，《東所先生文集》所收録此文作「生死」。
〔三〕「彼」，原作「將」，據《東所先生文集》所收録此文改。

中，殆十年〔一〕。弘治癸亥，吉水羅君維升以名進士來知縣事，不勝羹牆之思，且念樓碑久不樹〔二〕，無以紀前功而啓嗣修也，以詡一日在先生門下者，屬記之。夫樓之剏不剏、記不記，烏足以繫斯道之加損也哉？所謂在人心者，亦必有因而見，不可少也。故曰樓爲重斯道而作者也。於戲！先生往矣，傳其道者見之聞之，世豈無人？而散處四方亦已久矣。獨斯樓之在白沙，巋然如魯靈光之存。千載之下，過闕里而起敬，味昌歜而致思者，亦必有感於記之云乎！羅君名僑，爲人慷慨〔三〕，治邑綽著廉能之譽云。弘治十六年癸亥秋八月，門人張詡記。

陳先生石齋祠堂記〔四〕

莆田林　俊

白沙陳先生石齋之崛起南粵也，不偕一命〔五〕，甘韋布以老。薦書連絡，迫部檄不得已起，起

〔一〕「今刑部侍郎白洲李先生，時爲廣東按察使，徵記於定山莊先生。記未成而白洲遷官去，定山尋亦物故矣。穹碑卧荊棘中，殆十年」，《東所先生文集》所收録此文作「樓成，徵記於定山莊先生，未幾而定山先生隨以物故矣。穹碑卧荊棘中，殆二十年」。

〔二〕「碑」，《東所先生文集》所收録此文作「記」。

〔三〕「慷慨」，《東所先生文集》所收録此文作「惇信」。

〔四〕此篇據《見素集》輯録。（林俊撰：《見素集》，《景印文淵閣四庫全書》，第一二五七册，第一一五至一一六頁）案：碧玉樓本所收此文，題爲「邑城白沙祠碑記」，且題後有小注云：「原在北門街，後遷馬山。」

〔五〕「偕」，碧玉樓本作「階」。

而又去。憲皇帝知其賢，授翰林檢討。先生受不辭，又去，竟未嘗一日立於廟。無得於言，無所施於政，以收有尺寸之功。然而孤風遠韻，上溢旁流，盡一世而仰服之。身領者神降，聞風者意往。賢者式，不賢者愧以阻，且化椎埋、胠篋、脂貌、漆中之流。聽下風而馴素節，黜浮鎮雅，名儒高士後先焉。先生於名教，可謂雨澤枯，水息焰，風奪炎，其盛矣乎！

先生歿一十四年，内江高君大和以名御史來按部，憪然曰：「大賢君子，身之所生，政之所臨，與凡過化之鄉，莫不有祠表先民，崇道化也。先生白沙之祠〔一〕，顧獨無立，非曠典，抑非吾人責歟？」謀之大參黄君伯望、僉憲王君叔毅，爲立祠堂，又求先生故嘉會樓而修葺之。義風奮激，遠邇騰歡。舊門下士爲市田合若干畝，以充祀匱。侍御君以素辱先生知，書來囑記。嗚呼，元氣會而名世生。在我南服，楚春陵、閩建安嘗載當其盛，而黄雲紫水亦宇宙川嶽，於今元氣之會，意者其時先生蓋當之也。

先生身長八尺，開穎絶人，舉於鄉，棄而從康齋吴先生學。康齋之有先生，猶挺之之有康節先生。始求之博，久之，曰：「雜矣。」又求之静，久之，曰：「偏矣。」雜佛老而超佛老，張、朱二先生迷而後獲也。遂以宋大儒爲依歸。其立志甚專，嚮道甚勇，涵養甚熟，德器粹完，脱落清灑，

〔一〕碧玉樓本無「白沙」二字。

以獨超造物牢籠之外，寓言寄興風烟水月雲鳥之間，與天地同流。擊壤同其自得，舞雩相始終焉。先生之隱與措施之大致，於是具矣。用世之志，阻於鄉争名而處晦無悶。其窮、其達，其亦固有命耶！夫麟之出，爲時瑞者也。容有不知麟龍之在田在淵，其方所容模量耶？時也者，聖賢不能易也。君子收諸己者厚而外取諸名者廉，居之安而獨成其我之是，未定之一鄉一人，而終定之天下後世，彼倡朋黨，攻僞學，其人安在哉？〔二〕侍御君首及是舉，其風神意氣有相感乎，而欲寄素衷於瞻趨景行之外者，獨表厲然哉！二君相成，亦具知其趣矣。正德甲戌春二月，莆田晚學見素子林俊記于雲莊清野。

白沙陳先生祠祭田記〔三〕

門人張　詡

甚矣！按治高公之爲治之識大體也。西巡至新會縣，首命有司創白沙先生祠，次修嘉會樓，于以昌吾道，表先哲，栽培國脉，敺嶺海之民而風動之，爲世道計也。或曰：「迂乎！」詡則

〔二〕　碧玉樓本無「君子收諸己者厚而外取諸名者廉，居之安而獨成其我之是，未定之一鄉一人，而終定之天下後世，彼倡朋黨、攻僞學，其人安在哉」五十一字。

〔三〕　此篇據碧玉樓本輯録，《東所先生文集》亦有收録。（張詡撰：《東所先生文集》，《四庫全書存目叢書》集部，第四三册，第三九六頁）

諭之曰：「盍觀之武王得天下之初乎，訪于箕子，式商容閭，封比干墓，其大體如是而已矣。是故大而天下，次而一省，又次而一州一邑，治道能外是乎？甚矣！按治高公之爲治之識大體也。」夫當世衰道散之餘，大教瀾倒［乎］紛拏功利之場〔二〕，士方驅逐於事爲之末，漫弗究植教作人之本，甚至脂韋澳涊、狐媚鼠竊、觀望時好以爲趨避之地者，皆是也。能心公之心、爲公之事者，誰乎？

先生祠落成矣，入其祠者見屋宇蔽虧，儀容如在，靡不起敬起慕而動其思齊之念矣〔三〕。又僉以爲不有祭田，則禴祀蒸嘗無所於取給，亦缺典也。於是，昔在先生之門之後裔，遠近輻湊，各願割其產以充者，甚衆。公曰：「美則美矣，未也。」復命有司估值以鬻之如時例，凡若干畝焉，杜後訟也。于時，分守大參黄公顒、分巡僉憲王公弘，咸協相厥事。王公以公意俾郡別駕陳君璜來徵詡文爲之記。詡也，先生之門人也，誼弗容遜避，遂記之，而首述公識治體以爲今之俗吏勵焉。

公名公韶，字大和，蜀之内江人。以弘治乙丑名進士出理撫州，治有狀，擢居近侍。才識超

〔二〕「乎」字原缺，據《東所先生文集》補。

〔三〕《東所先生文集》無「靡不起敬起慕而動其思齊之念矣」十四字。

卓，決斷如流，兼之正氣凜凜而不露圭角，蓋濟時之偉器云。至若田之畝數、坵段界至與夫所鬻人之氏名，悉俾刻于碑陰。正德九年，歲在甲戌，春三月上浣，南海病夫張詡廷實甫撰。

粤秀山白沙書院記〔一〕

門人湛若水

維嘉靖九年八月十九日，侍御孝豐吴君允祥拜命出按於廣，甘泉子有雅焉，曰：「使君行矣。庶其有事，風化首焉，使君得無意乎？」君曰：「唯唯。」

其明年二月十九日涖廣，閲厥九月，刑獄既理，乃修教化，遂用諸生鄧德昌、費炳言〔二〕，乃召多士咸造於庭，曰：「凡教化之事，有徵信易從者，莫如鄉先生。鄉先生白沙陳公者，爲我明正學之宗，天下後世猶將誦其詩、讀其書，而尚論之者，而況其鄉里流風餘韻尚存，後生耳聞目覩而親之者乎！」其以崇報寺舊址創而新之爲白沙書院，實邇濂溪書院。且濂溪上右，白沙下左，若相承然，明白沙之學出於濂溪也〔三〕。又以陳氏之孫新會儒學生畲改廣州府學，而幫其廩以守

〔一〕此篇據碧玉樓本輯録，校之以《甘泉先生文集》中《白沙書院記》。（湛若水撰：《甘泉先生文集》，明嘉靖十五年刻本，第十四卷，第二九至三二頁）

〔二〕《甘泉先生文集》無「遂用諸生鄧德昌、費炳言」十字。

〔三〕《甘泉先生文集》無「實邇濂溪書院。且濂溪上右，白沙下左，若相承然，明白沙之學出於濂溪也」二十九字。

之，又撥廢寺膏腴之田壹頃四十四畝以供祠事。一舉而闢異端、扶正學，以化訓乎鄉里，以風動乎天下，而垂諸來世，亦觀風之首務也。昔者甘泉子嘗啓其端，蓋謂是矣。

凡幾閱月而書院成，其上爲祠堂五間，東軒三間，西軒稱之。其下爲拜亭三間，左右爲兩池。又其下爲牌坊，其外爲大門三間。門左右爲號房十有三間；祠亭之間，左右爲號房十有四間。其南爲東廳四間，西廳亦稱之。凡用木石磚瓦之事若干，工役若干，費淫祠價銀若干〔二〕。於是有祠以安靈，有堂以敷教化，有廡以處學者。學者之來，可以居業，可以游，可以息，可以優游涵泳以究先生之道，升其堂而入其室，宛然儼然如先生之存，僾乎若覿其容儀，聞其謦欬而親炙之者。所以淑人心，明正道，扶世教，易風俗，措斯世於唐、虞三代之上，禮義興，獄訟息。夫然，人人知吴君之功於斯爲大，而出於簿書刑法之外萬萬矣。

或曰：「先生之道，而侍御之所以拳拳而表章之者，何心也？」甘泉子曰：「先生之道即周、程之道，周、程之道即孟子之道，孟子之道即孔子之道，孔子之道即文、武、禹、湯之道，文、武、

〔二〕「凡幾閱月而書院成，其上爲祠堂五間，東軒三間，西軒稱之。其下爲拜亭三間，左右爲兩池。又其下爲牌坊，其外爲大門三間。門左右爲號房十有三間；祠亭之間，左右爲號房十有四間。其南爲東廳四間，西廳亦稱之。凡用木石磚瓦之事若干，工役若干，費淫祠價銀若干」，《甘泉先生文集》作「凡幾閱月而書院成，凡爲屋若干間，木石磚瓦之事若干，爲工役若干」。

禹、湯之道即堯、舜之道。」曰：「道烏在？」曰：「道生於心。《記》曰『人者天地之心』[一]。故上下四方之宇，古今往來之宙，同一天地也，同一氣也，同一心也。是故堯、舜之心即禹、湯、文、武之心，禹、湯、文、武之心即孔子之心，孔子之心即孟子之心，孟子之心即周、程之心[二]，周、程之心即白沙先生之心，白沙先生之心即侍御吴君之心。初無二心，初無二道，在覺而存之耳矣。不然，則侍御生乎數十年之後，千里之遠，胡爲而有此心哉？」

曰：「敢問白沙先生之心之道，其有合于堯、舜、禹、湯、文、武、孔、孟、周、程之心之道者，何居？」「先生語水曰：『千古惟有孟子勿忘勿助，不犯手段，是謂無在而無不在，以自然爲宗者也，天地中正之矩也。』世之執有者以爲過，泥空者以爲不及，豈足以知中正之心之道乎？夫心也者，天地之心也；道也者，天地之理也。天地之理非他，即吾心之中正而純粹精焉者也。是故曰『中』、曰『極』、曰『一貫』、曰『仁義禮智』、曰『孔顔樂處』、曰『渾然與天地［萬物］爲一體』，皆天理也[三]，盡之矣。堯、舜、禹、湯、文、武之所謂『惟精惟一』、所謂『無偏無黨』，即孔子之所謂

[一]「記」，原作「既」，據《甘泉先生文集》改。案：「人者天地之心」，語見《禮記·禮運》。

[二]「禹、湯、文、武之心即孔子之心，孔子之心即孟子之心，孟子之心即周、程之心」，《甘泉先生文集》作「禹、湯、文、武之心即孔、孟之心，孔、孟之心即周、程之心」。

[三]「皆」，原作「此」，據《甘泉先生文集》改。

『敬』也〔一〕；孔子之所謂『敬』〔二〕，即孟子之所謂『勿忘勿助』也；孟子之所謂『勿忘勿助』，即周、程之［所謂『一』、］〔三〕所謂『勿忘勿助之間正當處，而不假絲毫人力』也；程子之『不假絲毫人力』，即白沙先生之所謂『自然』也，皆所以『體認夫天之理』也。［夫自然者，天之理也。］〔四〕故學至於自然焉〔五〕，堯、舜、禹、湯、文、武、孔、孟、周、程之道盡之矣。擴先聖之道以覺夫後之人，爲天地立心，爲生民立命，爲往聖繼絕學，爲萬世開太平，其功豈不偉歟！後之人欲求堯、舜、禹、湯、文、武、孔、孟、周、程之學者，求之白沙先生可也。非求之先生也，因先生之言，皆反求諸吾心本體自有者而自得之也。千聖千賢之道固自在，而堯、舜、禹、湯、文、武、孔、孟、周、程之心，與夫侍御作興之心，爲不亡也。」〔六〕

若水生也晚，猶幸及門，親受音指〔七〕，故於書院之成也，不讓而爲之記，俾來者尚有考於斯

〔一〕「敬」，原作「經」，據《甘泉先生文集》改。

〔二〕「敬」，原作「經」，據《甘泉先生文集》改。

〔三〕「所謂『一』」三字原缺，據《甘泉先生文集》補。

〔四〕「夫自然者天之理也」八字原缺，據《甘泉先生文集》補。

〔五〕「學」字原缺，據《甘泉先生文集》補。

〔六〕「不亡」，《甘泉先生文集》作「不忘」。

〔七〕「受」，原作「授」，據《甘泉先生文集》改。

云。若夫增其高、益其廣，後之君子得無吴君之心乎？斯役也，董其事者，按察使李君中、右參政祝君品、廣州同知沈君尚經、斷事車君璟也。吴君名麟，允祥其字〔二〕。嘉靖十一年五月二十三日〔三〕，賜進士出身、通議大夫、禮部左侍郎、前國子監祭酒、翰林侍讀兼修國史、經筵講官，增城門人湛若水撰。

改建邑城馬山祠碑記〔三〕

盧陵黄如桂

白沙先生年二十七，喟然事聖賢之學，聞康齋先生名，往從之。康齋每教人讀書窮理，下學上達，截然無凌躐，先據德而後依仁，由涵養而致知而力行。其學大要以伊川爲宗。先生篤任窮研，以規於成，竟無所從入，乃辭歸白沙。杜門謝俗，昕夕擁蒲團静坐，編籍無一入瞬者。久之，覺心體森然，萬象具在，恢乎有不安排而定，不旁求而足者。於是涣然自信曰：「作聖之功，其在兹乎！」自是專意本原，以勿助勿忘爲極則，種種色色，聽其本來，而我無與焉。故能識動

〔二〕《甘泉先生文集》無「若夫增其高、益其廣，後之君子得無吴君之心乎？斯役也，董其事者，按察使李君中、右參政祝君品、廣州同知沈君尚經、斷事車君璟也。吴君名麟，允祥其字」六十字。

〔三〕「嘉靖十一年五月二十三日」，《甘泉先生文集》作「嘉靖壬辰四月二十二日」。

〔三〕此篇據碧玉樓本輯録。

於無，會神於近，藏而后發，形而斯存，與他門所謂由積累至者不相爲謀。先生嘗有云：「周子主静，程子見人静坐輒稱善，得之周也。朱子不言，有象山也。」又曰：「戒慎恐懼，所以閑此心而非勞之也。宋儒言之備矣，吾嘗惡其太嚴焉。」由此觀之，先生從違之微指，意之所歸，類可概見。豈非冥造自得不由師傳者耶？時論競以其出處劑質是非，微哉！

桂自結髮知重先生名，長而服教，前聞先生之學之大致，而深以未及見與不得究其止爲憾。戊申之秋，桂與甘泉翁會於增江。其論先生之學，若茹飴啖蔗，服先生若七十子服仲尼。桂是以得聞其學術之詳，而願爲執鞭無從焉。是歲仲冬，按新會，首謁祠拜之，祠弗稱人，士從行者咸請改作。大參沈君應龍、僉憲朱君敬之相謂曰：「樹德作人，政之經也，弗可以已。」於是命通判王子輅相度，命知縣林子騰蛟經庀事，以公壖易民居之相參謬者，中爲神室，遺像棲焉。東西構堂舍，視其地，翼以兩廡，昂廓其門宇。復亭於後山之高平處，以志仰止。暨明年三月，工告竣，有司請題其額。

嗟乎，先生盛德士也，安敢易言哉？嘗讀先生《答張東白書》云：「虚其本也，致虚所以立本。」《元旦》詩云：「除却東風花鳥句，更將何事答洪鈞？」《與李世卿閒談》詩云：「五湖烟水能多少，更整絲綸釣八溟。」是故讀溟海絲綸之句，可以觀志焉，以名東堂；讀東風花鳥之句，可以觀趣焉，以名西堂。讀致虚之文，可以觀學焉，以名亭。亭，憑虚也。後之同志者，入是祠，睹遺像，若見其人；睹諸題辭，若親聞其教。志先生之所志，學先生之所學，必翼有得於東風花鳥之趣，與舞雩遊詠鳶飛魚躍同一襟況。是以先生之道尊之者，尊之至也。而余今日之役，亦豈徒然哉？或又曰：「記有之：士有田則祭，祠而無祭，虛器也。」乃復籍閑田三頃有畸。歲徵所入供祀事，餘以周其子若孫之不給者，或繕葺遺業，公家理之。嘉靖己酉夏四月，賜進士第、巡按廣東監察御史，後學廬陵黄如桂撰。

遊江門記〔二〕

高明區大倫

予憶令東明，歲在甲午，正月甲辰夜，夢先生角巾玄服儼如，而予侍坐。先生呼童子進筆楮，書所爲詩見贈。予受而讀之，至「咫尺溪光谷口分，谷聲傳語隔溪聞」，覺胸中洞如，因復先生曰：「自孔孟以來，談道者，無如二語透徹。此與一貫之旨何異！」先生頷之。既覺而憮然，竊歎先生啓予者至矣。然求二語所爲合於一貫，而茫然也。今去甲午十九年矣，予又何能無慨然。

詳攷先生之學以自然爲宗，以無欲爲至，而其要在致虛。虛者，無欲之謂也。致虛之功，必

〔二〕　此篇據碧玉樓本輯録。

有事焉勿忘而勿助，故稱自然也。三言若一，而致虚要焉。竊嘗繹之：人心之虚原於太虚。儒者曰：「太虚之中無物不有，而無一物足爲太虚之障礙。」此可以狀虚矣，然而未盡虚之旨也。今夫日月之運行，寒暑之往來，川嶽之流峙，衆庶之憑生，以及草木、鳥獸、昆蟲之爲暢、爲遂、爲繁、爲孳，凡若此者，目可得而覩，耳可得而聞，皆實也；而所以爲是運行也、往來也、流峙也、憑生也、暢遂而繁孳也，目不可得覩也，耳不可得聞也，果孰爲之？豈非虚者爲之本乎？人心之虚，其猶此矣。是故心之動也，萬感萬應、可覩可聞者，皆實也；其爲應感所從出者，不可以覩聞及也，則虚而已。雖然，人心之虚，與生俱來，而必有待於致，何也？蓋虚者一物不留之稱，形生神發，欲動而物誘焉。物誘於中，而虚者實矣。故致虚者，所以養其心體，勿使邪動之欲得以干之，而常爲萬感萬應之本也。此先生之虚，所爲出於無欲也。雖然，虚者覩聞所不及，無思也，無爲也，今曰致虚，得無有安排作爲之煩乎？此性體也。昔者，孔門嘗言性矣，曰「未發之中」，而其功在戒慎不覩，恐懼不聞。《大易》嘗言性矣，曰「成性存存」，蓋性不可致思，存焉而已，存而又存，初無斷續之可言，亦無勉强之可執。故戒慎恐懼亦非有所甚煩於人力也，即自性之存存云耳。夫性體非虚乎？先生嘗言勿忘勿助，即存存之旨，即其致之之功也，亦奚有安排作爲之煩乎？此先生之致虚，所爲歸於自然也。故在子思謂之「未發之中」，在《易》謂之「成性」，在先生謂之「虚」，一也。未發之言戒懼，成性之言存存，虚之言致，亦一也。明於存存，可以識戒懼矣；明於戒懼，可以識致虚矣。先生之學之所從來，與其所究竟，皆可得而論矣。故先生之言曰：「夫道至無而動，至近而神，故藏而後發，形而斯存。」又曰：「夫動，已形者也。其未形者，虚而已。虚，其本也，致虚之所以立本也。戒慎恐懼，所以閑之，而非以爲害也。」其旨不既昭然矣乎？

或者未達藏而後發之語，竊疑其近於禪。盍亦觀於化工乎？造化之盛德在春，而其藏之也必在於收斂剥落之候。冬之藏蓄不固，則春之發育不長。《易》言天，曰「顯諸仁，藏諸用」；言聖，曰「藏密」、曰「藏往」。藏者，化育之全功，神智之妙用，天地聖人之所不能違也，而何疑於先生之藏？或者見二氏嘗言虚矣，以爲先生之虚無以異於是者，不知道家之虚主於養生，佛氏之虚歸於幻滅，其視一切應感與夫天地萬物，了不相屬。此心虚體已隔閡而不通、偏枯而不貫，比於醫家謂之不仁。先生直還其本然之虚而無以害之，一物不留故能物物，萬感萬應於是乎出，資之無窮，用之不竭，天地萬物罔不流行發育於其中，而不爲天地萬物所攖。此其於二氏，蓋不待觀其末流，而用意之初已有毫釐千里之判矣。而何疑於先生之虚？或者怪其出語間用釋氏。則所謂尼父徵言於老聃，孟氏借證於陽貨，近儒蓋嘗辨之。而先生之詩亦曰：「二障佛所名，吾儒寧有此？」「聞拈曲江句，勝讀《法華經》。」又曰：「禪家語與吾儒似同而異，毫釐之間，便分霄壤。此古人所以貴擇之精也。」諸如此類，未易殫述。先生之於釋氏，蓋漠然外之，亦未嘗訟言排之，其意常在於歸斯受之而已者，愈足以見先生之大矣。

又按先生自少志於聖人之學，年二十七從吴聘君遊，未有入。比歸白沙，苦心力索者又十餘年。既乃舍繁就約，惟事静坐。久之，然後見此心之體隱然呈露。其應用也，若馬之御銜勒，若水之有源委，乃涣然自信曰：「作聖之功，其在兹乎！」原先生之始學，由静虚而入；究先生之歸宿，以致虚而成。蓋先生之虚，即《通書》之静虚、《易》之虚受、天載之無聲無臭，其近接濂溪、直遡孔門而上達天德，蓋勿疑矣。其教人也，訓迪惟顧其材質，啓發必因乎憤悱，其不能者不强也，與孔孟語上語下、引而不發之旨，實相符焉。嘗示門人曰：「守身當以藩籬先。」又曰：「名節者，道之藩籬。藩籬不守，其中未有能獨存者也。」先生立教，其約之於禮有如此，故服從其教者，高者閑於軌式，下者不得借其説以便已而欺世，而無有乎放情敗俗之患。凡我同志，幸相與究竟先生之學，光而大之，以續聖真而翼世教。無若不肖空負此志三十餘年，悠悠無成，徒負後時之歎也。

先生學在主静致虚以完吾真自得者。吾而真自得者完，即天地萬物一齊樞紐。千古一貫真傳，其在兹乎？記中獨發明之，非深造者不能也。謹略按其説，附之集末，以竢後之學先生者云。黄淳識。

改創白沙家祠碑記〔一〕

三水何維柏

白沙先生生都會里，里俗悍。先生長，遷白沙小廬山下，築春陽臺、碧玉樓，奉太夫人居之。先生篤志聖學，德成道尊，天下學者稱爲白沙先生。東西使節取道進謁。觀風者欲於居南建道德坊以風來學，先生止不可，乃改創爲嘉會樓，今巋然屹於江門之濱，過者必式。

萬曆辛巳冬，維柏泛舟江門，謁先生居里，偕陳子吾德行釋奠禮，其孫觀光等奉遺像設位爲祭。禮成，歷觀舊廬臺，鞠爲草莽，樓半欹圮，摳躡凜凜，不能安履〔二〕。大令豐城袁侯奎至自邑，相對太息，有改創之議。未幾，制府臨武劉公堯誨遺金修祠〔三〕，議遂決。陳子吾德暨邑博蕭子端升、郝子翀、馬子堪，各捐金來助。越歲，莆陽郭公應聘涖鎮，以諸生之請，檄邑從宜措處，務底厥成，爲文遺官祭之。於是袁侯得以行其議。捐官田若干畝，計直若干，召巨室董厥役而歸之田〔四〕。應之

〔一〕此篇據碧玉樓本輯録，校之《天山草堂存稿》，《存稿》題爲「重修翰林院檢討白沙陳先生祠記」。（何維柏撰：《天山草堂存稿》，《四庫全書存目叢書》集部，第一〇三册，第四一四至四一六頁）

〔二〕「不能安履」後，《天山草堂存稿》有「遲回久之」四字。

〔三〕「未幾」，《天山草堂存稿》作「壬午春」；「修祠」，作「五十」。

〔四〕「巨室」後，《天山草堂存稿》有「出資」二字。

者，乃先生門人聶元會之孫九賦〔一〕，矢志殫力，以隆兹創。以癸未冬，定度審式〔二〕，拓樓後隙地，建於上爲碧玉樓。樓前接簷爲堂三楹，祀其先公與太夫人，扁曰「貞節」，存制也。中建崇正堂以祀先生，四方學子謁奠，咸在此。祠前春陽堂，賓客告虔式燕，亦咸在此〔三〕。堂之前爲門，表曰「聖代真儒」，志實也。甲申九月既望〔四〕，告成，袁侯致書山中，質予言爲記。予曰：「維柏責也。」

柏少時稍知學，村居無師友，杜扃談性理〔五〕，篤信李延平「默坐澄心、體認天理」之旨，夙夜端省，弗敢有懈。逾二年，出就試，計偕至京師，取友天下。祇見奢談玄虛、依傍光景，覘其行，類多不掩；同心觀磨，鮮當意者。疏歸山中〔六〕，與一二同志静修討論。時吟詠先生詩教，渢渢乎有曠世同然之感。及得白沙子與京中初稿，參玩要旨，窮竟先生之學。先生嘗自言曰：「僕年二十七，始發憤從吴聘君遊，然未知入處。比歸白沙，杜門不出，專求所以用力之方。既無師

〔一〕「聶元會之孫九賦」，《天山草堂存稿》作「聶某之孫某」。
〔二〕《天山草堂存稿》無「以癸未冬，定度審式」八字。
〔三〕「祠前春陽堂，賓客告虔式燕，亦咸在此」，《天山草堂存稿》作「祠前爲堂亦三楹，賓客告虔式燕，亦咸在此，扁曰『春陽』」。
〔四〕《天山草堂存稿》無「甲申九月既望」。
〔五〕「柏少時稍知學，村居無師友，杜扃談性理」，《天山草堂存稿》作「柏自羈貫稍知正學，杜扃讀書」。
〔六〕「山中」前，《天山草堂存稿》有「西樵」二字。

友指引，惟日靠書册尋之，累年而未有得。於是舍繁反約，静坐久之，然後見心體隱然呈露，日用應酬，各有頭緒來歷，如水之有源委，始涣然自信爲作聖之功。」既而又曰：「道無動静也，無將迎，無内外，苟欲静即非静矣。善學者，主於静以觀動之所本，察於用以觀體之所存。動静周流，體用一致，默而識之，而吾日用所出，固浩浩其無窮也。故曰：藏而后發，明其幾矣；形而斯存，道在我矣。」此先生學力功案與時偕進，真積充實，馴致光大，歷可覩述如此。柏得於私淑而終身服膺，惟先生爲得力。

程叔子有言：「孟子殁，千載無真儒。」慨自漢、唐、晉、魏以來，訓詁支離，溺於影響；清談頓悟，淪於虚無；見解搜玄，競肆幻弄；詞章踵陋，何異俳優。入宋，理學大明，濂、洛、關、閩諸儒並起，其間尚有不免各守師説，徇於角勝之私；躬勵局持，昧夫自得之妙；高曠不疑，多歉允蹈之實；易簡直截，未底涵造之純。求其智崇禮卑、下學上達，致廣大而盡精微，極高明而道中庸，蓋自濂溪、明道以來，惟先生獨得其宗。是故由先生致虚立本之教，以深造動静合一之妙，過則聖，及則賢，不及亦不失爲令名，是在吾同志；法先生事親從兄之實，以致謹於家庭宗族之間，則可以稱孝稱弟，是在其後昆；薰先生樂易温良之德，以教睦于黨里，是在其鄉人；道德齊禮、平政明刑、迪民知方，以崇絃歌之化，是在良牧；作率匡翼、長善救失，以崇成人之美，是在名師矣。自今生於斯，居於斯，游於斯，學於斯，各思奮起先生之後，庶乎崇重之道有在也。萬曆十二年甲申秋九月，賜進士、資政大夫、南京禮部尚書致仕、前吏部左右侍郎、都察院左副都御史協管院事、翰林院庶吉士，同郡後學何維柏撰。

重修白沙鄉祠碑記〔一〕

順德黄士俊

神廟時，以理學從祀者凡四，陳先生居一焉，謚曰文恭，重真儒也。居新會白沙里，海内咸稱白沙先生。會省邑城各建先生專祠，而祠在白沙則尤鍾靈講學故址。往兩臺司道郡縣屢有表章，乃歲久漸頹，諸裔孫議修而限於力。屬右司馬張公督兩粤，緯武經文，念江門當兵燹之餘，生民甫脱湯火，一切利弊嘉與興釐。復念先生鄉祠圮者弗葺，非崇儒重道至意，其謂風化何？特捐月俸錢，下飭邑令庀材鳩工，如期峻事。於是署邑别駕張君謁記於余。

余生也晚，然先生流風未遠，帶水非遥，景行私淑之日久矣。先生自幼器度超人，每讀忠孝節烈之傳，輒奮然起。二十領鄉書，再罷禮闈，從吴康齋聘君學，獲窺濂洛之緒。歸而博綜載籍，寢食俱廢。已却掃見聞，築春陽臺，静坐其中，即家人罕見其面。積數載，仍未有入處。已乃孤嘯長林，閒吟别嶼，或倚棹垂綸於江干月下，始自信焉馴悟。又廿餘年，覺廣大高明，不離

〔一〕此篇據碧玉樓本輯録。

日用；勿忘勿助，非假人力；欛柄在手，動静兩融。谿濂洛之心傳，溯源鄒魯。其曰：「至無，無欲也，至近，近思也。宇宙爲體，乾乾爲功。」總之，道本自然，學惟中正。故能於天地同運、與萬物同流。當日主静致虚，有以禪見疑者。試繹「理無内外、無精粗、無一處不到、無一息不運。會此，則天地我立，萬化我出。行所無事。而流行充塞於無窮。」此豈空寂語乎哉？當遊太學，試和《此日不再得》詩，大司成邢公歎賞曰：「龜山不如也。」名震京師，咸謂真儒復出。一時賢士樂與爲友，且師事之。而先生志篤潛修，退處江門。遠近來學者，户外屨常滿。比歷薦入都門，隨以母貧，早歲孀居，老而衰病增劇，瀝陳母子相依爲命，一字一血，上覽疏感動，授翰林檢討。歸，昕夕膝下承歡，不離跬步。築小廬山書院，究聖賢之藴，探天人之微。當事爲刱嘉會樓，及門賓友相與講論不倦。自是歲有薦書，悉堅辭。母壽九十一而終，先生年六十有八矣。雖在山林，念念不忘君父。或問其出處，曰：疏陳始終願仕云。爲教不立語言文字，而春沐詠歸意趣、光風霽月襟懷，往往發之於詩。讀其詩，想見其爲人，謂之詩教，不虚爾。先生未及大用於時，然存而明道開來，殁而廉頑敦薄，有功於人心世教，豈渺小耶？

祠祀千秋，久而無斁，固其所也。夫名賢，國之紀也；正學，化之原也。張公以重道崇儒之盛舉，闡發幽潛，則茂績壯猷，奠安兩粵，信乎其有本也已。祠樓棟宇焕然一新，經始於崇禎庚辰季夏十日，落成於是歲季秋壬午日。張公，名鏡心，號湛虚，河南彰德府磁州人，天啓壬戌進士。初董役者，邑令王君，名泰徵，湖廣江陵人，丁丑進士，未幾以艱去。攝篆爲廣郡别駕張君，名瑋，四川宜賓人，谿恩選，實課成事，得附書。崇禎十三年庚辰季秋，賜進士及第、光禄大夫、太子太保、禮部尚書兼文淵閣大學士，順德黄士俊撰。

修復釣臺記〔一〕 乾隆戊午春正月撰

冀北王　植

古人之學，非兀坐研探，亦非冥心静悟之謂也。一游一息，一動一作，無非道機，即無非學趣。孔子之門，不廢釣弋風詠，而山水皆見智仁，此性之所以無内外。而拘墟淺涉者，鮮識其旨也。

余代俎岡州，訪白沙子遺蹤，知江門故有釣臺，蓋先生與甘泉諸子所嘗垂綸其際者，惜淪於荒烟蝕岸間久矣。兹其裔孫諸生仕任、大業、士貴輩規復故蹟，可謂肯堂肯構、無忘乃祖遺澤者哉！顧予念古之釣者多有，渭濱之釣，非釣功也，而功從之；富陽之釣，非釣名也，而名隨之；先生之釣，非釣道也，而道歸之。蓋當先生碧玉自得之時，得意忘言，偶寓於物，潛心内證，外適於情，恒人之常事，而大儒之進修存焉。釣即其學，學即其道也。生輩知此，庶幾斯臺之表皆羹墻之睹乎！抑余亦嘗學釣道矣。

〔一〕　此篇據碧玉樓本輯録。

昔宓子將之單父，有語以釣魴與陽鱎之異者，宓子得之以傳尹鐸，尹鐸傳之召、杜、龔、黄、卓、魯諸人。歷傳至明之丁積，以治岡州有聲，時與先生甚相得也。余竊慕之，故予之政以禮爲竿，以廉讓爲餌，而以邑人士之非公不至爲真能甘餌者。夫苟知學，則學學也，釣亦學也，即政又無之非學也。願以并告生輩及邑之有志於道者，因書畀之以爲釣臺之記。

馬山祠祭銀記[一]

雁洲陳鴻略

先生一代真儒也，倡道學於海邦，而天下宗之，後世仰之。正德九年，御史高諱韶題建專祠於邑之北門街，肖像祀之。嘉靖二年，布政使章諱拯遷普庵堂；御史熊諱蘭、提學歐陽諱鐸又改遷馬山；二十七年，御史黄諱如桂重加創建兼置平康都等處祭田。此馬山祠所由來也。嗣因該田僻遠，明季變亂，累年抛荒。國初，復將該田設立開平縣；康熙間，又遭遷界，前田盡被豪佔。順治間，修葺祠宇，皆邑司訓陳龍光捐俸，祀事無資久矣。遞年春秋丁祭，不過將社稷殘牲行事，以無廢崇儒之意，豈先生所欲饗哉？

余司鐸岡州，登堂躬謁，額曰「高山仰止」以志景企。與裔孫輩籌所以供兹祀者，因知乾隆

[一] 此篇據碧玉樓本輯録。

三年已有「禮部奏准行查先賢先儒祠墓，有無祭田、祭銀、廟户，該地方有無閒田之處，作速妥議詳報」一案，曾經子孫呈請，未蒙准給。余竊自思雖無地方之權，未始無斯文之職也。爰據呈請，于乾隆十年十有一月初一日詳奉學憲夏仰縣查詳，遂得通詳上憲，至十三年六月内，蒙藩憲赫□、撫憲岳□督憲策准，於所給岡州義學膏火第四洲坦田八頃内，遞年匀支銀叁拾兩歸馬山祠，春秋每祭給銀拾兩與子孫辦祭，請官行禮；貯銀拾兩爲修葺祠宇之需。噫嘻！百年廢祀，一朝惟馨，非我聖朝崇儒德意之隆，曷克有此？繼自今潔其俎豆、焕其羹墻，以仰承德意於無窮，是所望於賢孫子。乾隆十三年歲次戊辰季秋，新會縣儒學教諭雁洲後學陳鴻略識。

論白沙子（一）〔一〕

節録《羅母黄太君壽序》中語〔二〕

番禺屈大均

予與羅子生長白沙之鄉，常思學白沙之所學，而以「無欲」爲大端焉。蓋「無欲」之旨發自濂溪，至白沙乃光大之，又至弼唐而益明。弼唐者，龐振卿先生之所居也。羅子今移家其地，以視白沙之鄉，其猶鄒邾之於魯耶？白沙平生以出處爲重，其論許衡有曰「魯齋當仕豈忘天」，蓋不

〔一〕此篇據碧玉樓本輯録。

〔二〕《羅母黄太君壽序》，屈大均《翁山文外》第二卷。（屈大均撰：《屈大均全集》，第三册，第九七至九八頁）

欲其屈身於元，以乖《春秋》之大義也。而白沙生當聖明，蟬蛻軒冕，日與二三弟子，若世卿、民澤、緝熙之流，捕厓門之魴鯉，采圭峰之莪蘭。一飲一食，不敢違其孀母，即其心所想慕，近若羅浮、西樵，遠如匡廬、衡岳，亦徒寄之夢魂，未嘗一至。故其詩有曰：「多病一生惟傍母。」又曰：「天下名山皆可愛，夢中慈母不來遊。」又曰：「少有菑畬供俯仰，不妨漁釣老東南。」嗟夫，此皆無欲之所致也。惟無欲故能高尚，惟高尚故能全其仁孝，有終身之養，而無一朝之憂。舉孟氏之所謂「守身」，曾氏之所謂「養志」，於焉皆可無愧。白華之篇所云：「堂堂處子，無營無欲。鮮侔晨葩，莫之點辱。」豈非斯人之謂也哉！

論白沙子（二）〔一〕 節録《袁太玉先生書札跋》中語〔二〕

屈大均

予觀白沙詩多言飲酒，有曰：「盡數籬邊菊，一花拈一巵。」又曰：「處處開花徑，牀牀是酒巵。」又曰：「放歌當盡聲，飲酒當盡情。」又曰：「日日花邊喚酒船，梅花開處酒家眠。」又曰：「白頭無酒不成狂，典盡春衫醉一場。只許木犀知此意，晚風更爲盡情香。」其《真樂吟》則曰：

〔一〕此篇據碧玉樓本輯録。

〔二〕《袁太玉先生書札跋》，屈大均《翁山文外》第二卷。（屈大均撰：《屈大均全集》，第三册，第一七一至一七二頁）

「真樂何從生，生於氤氲間。氤氲不在酒，乃在心之玄。行如雲在天，止如水在淵。」私謂必如白沙者，始可稱能飲者也。蓋其得趣於心之氤氲，以心之玄爲酒之玄；舉天地之元精，胥融液於醇醪之内，而以大塊爲巵，萬物爲肴，是非猶夫人之飲也。

昌黎稱顔氏子操瓢與簞，曾參歌聲若出金石，彼得聖人而師之，汲汲乎若不可及。其於外也固不暇，尚何麯蘖之託而昏冥之逃？噫！得孔子而師之，與不得孔子而師之，存乎其人焉耳。白沙從孔子千餘年後，吐六經之糟粕，含一心之精華，醉之而不厭，道之旨發爲酒之旨，是真所謂中聖中賢也者。蓋得孔子而師之，然後可以遊於醉鄉如是也。

理學名臣考議〔一〕節録末段

林承芳

予獨怪今之言學者，號爲心性，而夷考其行則不掩焉者，固不足比數；其卓然自信、希心性命者，又流於禪寂。及究其所學，又往往托白沙主静之説以自解。嗟乎！自理學興起之後，其中費議論者，惟宋之象山，國朝之公甫耳。不知公甫之學得於延平。延平教人默坐澄心體認，天理若見，則人欲退聽而講學有力。而公甫之語賀克恭也，亦令静坐中養出端倪，方有商量。夫所謂端

〔一〕此篇據碧玉樓本輯録。

倪，非即天理若見者乎？所謂商量，非即講學有力者乎？其與林緝熙一書，闡揚曾點樂處，至於理會分殊，本末具舉，讀之灑然。質諸延平所以語晦菴者，悉爲脗合，亦可謂得濂洛之要津者矣。夫得濂洛之要津者，而目之曰禪，可乎哉？惟小陂之遊，門徑稍别，後之人遂從而霄壤之，所謂矮人觀場，隨衆悲喜者矣。今上崇尚儒紳，風勵天下，乃使公甫與胡、王二氏俎豆宫牆，可謂千秋盛典。而王氏良知之旨，亦與陳氏主静之學相爲發明，而及其成大功、排大難，此豈寂寞枯禪者所能辦耶？乃議論未定之初，猶有觀望可否之議，此小人不樂成人之美者也。因論十五先生事，得並論焉。

壽石翁陳先生六十一詩序〔一〕

門人李承箕

先生今年兩見戊申，蓋六十有一矣。箕，楚人也，在門下，作竹枝歌〔二〕，載尊酒於堂上，爲先生壽。時先生之鄉閭諸君乃相率爲詩歌，俾予冠以文爲先生壽。

承箕曰：「前中秋時〔三〕，太夫人進壽八十有四，箕嘗再拜爲禮，太夫人不以其疎遠而拒

〔一〕此篇據碧玉樓本輯録，校之以《大厓李先生詩文集》中《石翁慶壽詩序》。（李承箕撰：《大厓李先生詩文集》，《四庫全書存目叢書》，集部，第四三册，第五八九頁）

〔二〕「作竹枝歌」前，《大厓李先生詩文集》所收録此文有「將效其故俗」五字。

〔三〕「前中秋時」，《大厓李先生詩文集》所收録此文作「前仲秋」。

我也[一]。諸孫肅然衣冠[二]，長者在前，少者在後，皆北面立階下，輕清紆徐，抑抑揚揚，歌古之詩以侑觴。先生西面立，喜形於色，先生非樂我也。太夫人在高堂，康健和悦，氣静而志閒，子孫皆恂恂寡過。先生心無悔恨，身遠利禄。天下之人異之[三]，今翕然以順，無遠近、無貴賤，咸來問學，先生怡然，隨問而答，初不强聒之[四]，亦未嘗輕拒人也。暇則閉門高卧，人不能以勢利相誘。孔子曰：『不知老之將至。』此豈人之所能知也？今孟冬廿有一日，先生初度辰[五]，諸君誦予文，予歌諸君詩[六]，諸君又從而和之，相與拜跪成禮而退，將無煩先生顧客[七]。使箕他年披然白髮，重上先生之堂，作曲千首，所謂鵲南飛者[八]，每遇斯辰，載歌而觴，觴而醉，醉而起舞[九]，相

[一]「不以其疎遠而拒我也」，《大厓李先生詩文集》所收録此文作「不以其遠方人而樂我也」。
[二]「肅然」，《大厓李先生詩文集》所收録此文作「華然」。
[三]「異之」，《大厓李先生詩文集》所收録此文作「始而疑之」。
[四]「聒之」，《大厓李先生詩文集》所收録此文作「語之」。
[五]「初度辰」，《大厓李先生詩文集》所收録此文作「誕晨」。
[六]「予歌諸君詩」，《大厓李先生詩文集》所收録此文作「予擇諸君詩似所謂竹枝者歌之」。
[七]「顧客」，《大厓李先生詩文集》所收録此文作「飯客」。
[八]「作曲千首，所謂鵲南飛者」，《大厓李先生詩文集》所收録此文作「作千首鶴南飛之曲」。
[九]「觴而醉，醉而起舞」，《大厓李先生詩文集》所收録此文作「觴而醉，醉而醒，醒而起舞」。

與忘先生、弟子之老，得隨杖屨，飄然遺世獨立[一]，而樂夫天命焉，先生豈遺諸君與我也？」諸君於是再拜，先生言曰：「承箕之言，蓋以人事之至順而信天道之必然，天豈不可必乎？」時弘治元年十月庚戌，學生嘉魚李承箕拜書。

送白沙陳先生敘

永豐羅 倫

白沙先生處南海者廿餘年矣，觀天人之微，究聖賢之藴，充道以富，尊德以貴，天下之物可愛可求，漠然無動其中者。孟子曰「飽乎仁義，不願人之膏粱；令聞廣譽，不願人之文繡」；周子曰「見其大則心泰，心泰則無不足，無不足則富貴貧賤處之一也」，其斯之謂與！夫天生物也，人爲貴；其與人也，心爲大。以仁居之，以禮位之，以義道之，以知出之，以信成之；以配天地，以明日月，以行鬼神，以流河海，以奠山岳，以綏萬邦，以蕃草木、育鳥獸；大行爲伊吕，窮居爲孔孟，不其大與？孔子曰：「富與貴，是人之所欲也；貧與賤，是人之所惡也。」先生不欲富貴而樂貧賤，獨何心哉？見其大而已矣。堯舜禹，天下大聖也；爲天子，天下大貴也；有四海，天下大富也。孟子曰：「人皆可以爲堯舜。」荀子曰：「途之人可以爲禹。」爲堯舜爲禹，豈其爲富貴

[一] 「得隨杖屨，飄然遺世獨立」，《大厓李先生詩文集》所收録此文作「日隨杖屨，飄然羅浮，遺世獨立」。

聖賢。飛走鱗介有爲大者，以人而不爲焉，不亦禽獸之恥乎？趙孟之所貴，彼能大之亦能小之哉？爲其大而已矣。走而爲大者麟，飛而爲大者鳳，介而爲大者龜，鱗而爲大者龍，人而爲大者也；自我而大者，彼惡得而小哉？大自人者，小人大之、一時大之，君子不大也。小人大之、君子大之、天下大之、後世大之，大自我也，然後可以爲大也。先立乎其大者，然後小者不能奪也，然後亦可以爲大也。可大者，獨先生哉！先生南歸，道金陵，諸君各爲四韻詩以别，謂余言。余顧謂諸君自立其大者，余何言？成化五年己丑夏五月廿又四日，永豐羅倫書。

贈白沙先生詩

建安周　源

人物明時第一人，欲將斯道覺斯民。才追班馬文章古，學究關閩道德新。虞網豈能籠綵鳳，魯郊終見獲麒麟。孤舟明日金陵去，回首春風入夢頻。

禹穴涂志文

洙泗汪洋詎有垠〔二〕，派分濂洛與關閩。茫茫注向嶺南去〔三〕，濯盡人間多少塵？

〔二〕「有垠」，何九疇本作「有限」，碧玉樓本作「有垠」。兹據碧玉樓本。

〔三〕「注向」，何九疇本作「泣面」，碧玉樓本作「注向」。兹據碧玉樓本。

湖南謝文祥

白沙先生年四十，屹然砥柱中流立。肩頭負擔重千鈞，萬古顔曾與長揖。先生豈是不憂君，先生豈是忘民急？先生豈是薄公卿，先生豈是耽蓑笠？大行此道便鋪張，窮來此道還收拾。先生明日辭金陵，我懷陡覺殷憂增。白雲大袖弄溪水，吁嗟堯舜誰與爲。

仁和項　麒

秋水青瞳静，青天白帽高。吾儒有矜式，斯世孰甄陶？跡混山林槁，心親湖海豪。乾坤好風月，吟弄樂陶陶。

姑蘇沈　鍾

名字流傳宇宙間，鯫生何幸此躋攀？光陰半百隨流水，碚嶁之中見泰山。閲世雙眸如許大，括囊萬里又空還。斯人未得霑恩澤，著作功成定不刊。

括蒼潘　琴

潮生晚風急，孤舟去何之？誰知三載間，乃有三别離。平生曠達懷，不以去國悲。辟彼縱壑鱗，萬里焉能縻？所嗟參與商，未有重見期。深林翳長林，不肯炫所奇。幽花出灌莽，恐受衆目疑。君應慎所履，慰我長相思。

華亭郁　雲

旅館驚相見，同爲上國賓。問年皆老大，惜別又逡巡。湖海雙蓬鬢，乾坤一偉人。掉頭留不住，歸卧碧山春。

蘭溪章　懋

洙泗迥且深，伊洛浩不息。建溪一以逝，淵源遂湮没。浙水泛功利，西江浸虚寂。漂淪二百年，末流靡終極。明經取青紫，滔滔不知溺。誰哉障汪瀾，爲我存一脉。有美羅浮仙，金聲玉爲質。巖棲四十春，遺編自探索。章甫非我心，鏗然只鳴琴。寤寐千載人，今古如一日。興喪天豈知，棄捐吾自失。負重道路長，行行慎無斁。安得辭世紛，雲山隨杖舃。共對梅花春，細問先天易。〔一〕

江東龍　瑄

獻納違初願，行藏任此身。欲論天下事，誰是眼中人？歲月歸時晚，江山到處春。相逢烟

〔一〕　阮鶚《楓山章文懿公年譜》所録此詩，作「洙泗迥且深，伊洛浩不息。建溪一以逝，末流日湮塞。浙水泛功利，西江浸虚寂。寥寥宇宙間，何人踐斯域？陵夷二百年，儒術轉乖僻。争先取青紫，明經竟何益？有美羅浮仙，遺編自探索。章甫非我心，鏗然只鳴瑟。尚友千載人，充然如有得。禮樂古三王，删修今六籍。墜緒何茫茫，仰鑽容致力。回瀾障百川，屹立中流石。任重道路長，行行慎無斁。斯文諒有在，前修未應没。何當謝塵紛，雲山隨杖舃。共對梅花春，細叩先天易」。（阮鶚撰：《楓山章文懿公年譜》，《北京圖書館藏珍本年譜叢刊》，北京圖書館出版社，一九九九年，第四一册，第九九至一〇〇頁）文字頗有差異。

水外，尊酒話垂綸。

宜興沈　暉

獻策未得志，拂衣歸海東。大材偏不偶，吾道豈終窮？著述垂來裔，衣冠復古風。天長羽翼短，安得附冥鴻？

于越姚　璟

多君志道德，英邁允超群。元氣時應會，光風世更聞。隴梅開夜月，溪水漲秋雲。昨幸韓荆識，東歸惜袂分。

莆田黄仲昭

考亭遺蹟久荆榛，風度真堪繼後塵。千載武夷人仰止，羅浮從此共嶙峋。天涯兩度挹春風，甕裏醯雞待發蒙。明日又從江上别，離心一片逐冥鴻。

江浦莊　㫤

百年吾道在東周，天下斯人豈易求？誰爲齊王留孟子，自知堯舜有巢由。鳳凰氣象終千仞，北斗光芒共九州。萬里東南溟海闊，蒼生何處問乘桴？

送白沙先生應辟赴京〔一〕

同里馬廣生

莫怪悲歌起釣磯，江湖廊廟兩相違。蒼生喜看蒲輪至，白馬寧知水石非？畎畝若無伊尹志，塵埃那上老萊衣。一尊就醉江門道，萬里蘭橈欲别時。

題貞節堂〔二〕

茶陵李東陽

高門棹楔過高樓，節婦名題在上頭。棹楔如山矻不動，門前江水自東流。
面面青山遶白沙，蕭蕭白髮映烏紗。欲知内翰先生宅，元是南州節婦家。
嶺南風景值千金，楚客歌成萬里心。莫作楚歌歌此曲，阿婆元解嶺南音。
大忠祠下非無路，貞節門中更有人。莫道人心不如古，須將節婦比忠臣。
北堂有草解忘憂，八十爲春八十秋。若與莊椿同數壽，八千從此是從頭。

〔一〕　此篇據碧玉樓本輯録。

〔二〕　此詩據碧玉樓本録四首，第五至第八首據《懷麓堂集》補出。又：《懷麓堂集》中此詩題爲「壽陳石齋母節婦竹枝七首」。（李東陽撰：《懷麓堂集》，《景印文淵閣四庫全書》第一二五〇册，第二一一頁）此處第二首（「面面青山遶白沙」）爲《懷麓堂集》所無。

少小爲孾今作婆，朱顔兩點鬢雙皤。孫在堂前爲婆舞，孾從堂上聽兒歌。

教子讀書還織繒，紡車啞啞繞青燈。母今髮白子亦白，白髮相看無限情。

慈竹生孫正滿坡，閉門秋色轉婆娑。桃花柳絮無拘束，縱得春光亦不多。

藤蓑次陳公父韻[一]

茶陵李東陽

采藤復采藤，日夕費斤斧。製爲身上蓑，人古衣亦古。借問製者誰，白沙乃蓑祖。冉冉緑蓑衣，蕭蕭白沙渚。披蓑向江水，顧影還獨語。愛此勿輕捐，春江正多雨。

披蓑登前岡，欲往藤被嶺。新梢拂舊蓑，樛結不復整。自笑林下陰，不如波中影。

碧玉樓

南海方獻夫

群峰擘翠此樓開，指點虛無是體裁。碧玉無人誰作賦，白雲終日共銜杯。林坳霧隱鶯聲遠，屋角春深燕子來。睡起開牕更何有，澄江對雨幾縈迴。

〔一〕 此詩據《懷麓堂集》輯録。（李東陽撰：《懷麓堂集》，《景印文淵閣四庫全書》第一二五〇册，第五一至五二頁）

鐵城黃　佐

堂前雙柏走蒼虬，苔自侵階鶴自謀。怪底詩翁貧到骨，野風蕭瑟蔗塘秋。百年聞道屬斯人，碧玉中藏太古春。我今登樓望江水，青山紅樹四無鄰。獨上高樓望八荒，浮雲飛盡月澄江。人間亦有虬髯客，投老扶南自一邦。鶴骨崢嶸盡幅開，執鞭何計起泉臺。翰林棨戟依然在，曾見先生馬首來。

嘉會樓

莆田林應驄

徵書迢遞下林丘，一見君王便乞休。令伯何能忘菽水，漢家終不屈羊裘。簾開山色年年綠，月落江聲夜夜秋。出處於公真勘破，畏途元不似滄洲。

南海曾仕鑑

百尺中天此一丘，千年詩句滿登樓。花開花落春長在，雲去雲來水自流。一脉只今傳孔孟，六經終古看奎婁。臨風短篴無人和，早共江門問釣舟。

同里李以龍

日出東南萬里明，高臺遥指白雲生。漫隨古道尋花柳，肯向時人説姓名。殘碣舊詩猶有跡，滄波煙艇已忘情。却憐擾擾浮生夢，欲向先生問八溟。

小廬山

豐城袁　奎

乾坤今古幾廬山，鹿洞傳心咫尺間。一自白雲深鎖後，無人抱月踏歌還。

門人區　越

放歌天地倚崆峒，半畝猶存處士宫。螺黛蹲連山九鎖，囂塵飛斷路千重。巖開鹿跡侵苔緑，春淺桃花覆澗紅。千載楚雲思不盡，欲憑黄鶴問遺踪。

廬阜精舍

蒼梧吴廷舉

聞歌容易答歌難，此是乾坤第幾關？眼孔今時小東魯，脚跟吾已到廬山。松陰過雨青天迴，花逕對苔白晝閒。一榻我留三宿去，山靈莫浪笑空還。

楚雲臺

同里張問行

何年高起讀書臺，臺下陰雲點翠苔。明月在天風在柳，更無人自楚中來。

南泛江門，謁白沙先生故居　　三水何維柏

夢寐江門意獨深，扁舟南下歷江潯。黃雲影裏千峰静，碧玉樓中萬古心。吾道淵源真有自，釣臺風月尚堪尋。凭闌極目遥天外，欲扣漁歌和此音。

謁白沙祠　　高明區大相

瀕海應鄒魯，東南挺大儒。有言皆典訓，何事不師模？舊宅餘經壁，蒙泉啓聖途。懷思不可接，俯仰愧吾徒。

高明區大倫

淑艾不須疑，神交在往時。懷君千古意，貽我數篇詩。星日推宗學，江山餘夢思。致虚元有受，夙昔貴無爲。

和白沙先生菊花　　同里林大章

重陽菊綻九江濱，彭澤風清獨岸巾。千載又開廬阜徑，秋英還遇古今人。

紫艷初移自澗濱，幽懷更對玉臺巾。楚雲别去遥相憶，欲折寒香寄遠人。

和白沙先生梅花〔一〕

同里林大章

寂寞山齋遠俗塵，踈梅時對静中人。無言已解天機妙，況露春痕幾點新。

哭石齋師

桂陽朱　玭

風雨廬岡會有神，山崩木拔共庚申。盛朝名獻多收記，四海人文盡仰甄。碧玉山光閑白晝，東溟雲氣斂蒼旻。不才門下曾叨跡，讀罷遺書痛剜深。

和曹明府相祠地於白沙

同里陳吾德

水白山青四望開，地留名勝昔人裁。當歌共入春陽里，把酒還傳碧玉盃。雲去隔溪霜葉墜，臺空明月夜烏來。千秋祀典公籌度，更從籃輿陟巘迴。

〔一〕　自林大章《和白沙先生梅花》至沈廷芳《粤秀書院講堂示諸生》，皆據碧玉樓本輯録。

謁白沙祠

同里鄭　銘

崑崙萬丈來白龍，一畝中有僊人宮。草色猶餘楚雲碧，蓮花別作濂溪紅。客星無光塵夢遠，鳳鳥不來吾道窮。至今寂寞古祠下，薰人依舊自東風。

題白沙家祠

西蜀樊澤達

先生絶學重南天，景仰於今二百年。碧水蒼峰自千古，滄桑不改舊林泉。

登小廬山，懷白沙先生

長洲顧嗣協

黄雲啓真儒，傳道有遺境。飛流澄星灣，浸此廬峰影。黽勉山中人，碧玉見孤炯。神和天地春，意適江山静。顧我來南溟，荒澗涉洞濎。涓涓泉聲細，寂寂林陰冷。紅蕉翳重崖，愛此夏日永。讀書松檜間，吾其事幽秉。

同里許　綬

獨肩斯道繼程朱，百世風流仰大儒。屋後青山如鹿洞，書院。邨前白水亦鵝湖。致君未作朝陽鳳，報母曾同反哺烏。莫謂登臨空覽古，羹牆今日在吾徒。

謁白沙先生邑祠 康熙丁亥仲夏

雲間張　恒

名標盛世正當時，顔閔高風每自期。訪道徵君甘跋涉，辭榮禁苑樂棲遲。春秋秩祀庭前享，風雅餘編海内知。瞻拜典型如陟降，留題片石起人思。

曾於閩洛訪遺編，又向江門始得全。自有端倪開後學，不離静默契先天。楓山夙望非虚擬，章楓山先生懋評論人物，白沙第一。神廟尊崇是實傳。堪笑雌黄輕任口，請觀藏集見名賢。

次和

長洲顧嗣協

兩賢交誼重當時，緑酒黄花見素期。「緑酒黄花」句，見君家先東海翁與白沙先生倡和詩。倡和近看遺藁在，師承遠恨挂帆遲。春陽默契緣心得，道脉真傳等見知。今日銀鈎題額處，我來瞻拜有餘思。

紅藤詩笈白雲編，親詣江門道始全。此事絶如絃上調，何人識得性中天。廬山皓月增新色，俎豆荒祠溯舊傳。人與乾坤原竝立，白沙先生和東海翁詩，有「人與乾坤本是三」之句。知君心跡繼前賢。

謁白沙先生祠，和張北山韻

同里戴大成

鄒魯名聲重此時，秋雲春樹想心期。江門枕冷風生早，碧玉臺空月上遲。一曲石琴人共遠，三更沂水夢先知。榕陰雨後青天迴，遥矚高山寄所思。

每向廬山讀剩編，千秋道脉箇中全。雨蓑煙艇難留迹，紫水黄雲别有天。指點静虚含妙理，棄殘糟粕見真傳。斯文終古應如此，整頓衣冠望後賢。

同里張顯遇

蔚起斯文又一時，每從百代想襟期。風生鹿洞飄香遠，詩比龜山賡韻遲。道有深沉人不見，心惟静密自應知。晨鐘欲覺如相待，莫是君來慰所思？

截蒲細細寫遺編，莊孟文章道亦全。自得此心如御馬，須知無欲是希天。素琴不鼓繁絃調，點瑟偏宜好夢傳。東海有人通孔李，殘碑讀罷表前賢。

同里梁　迪

拜瞻遺廟想當時，斯道多從静裏期。鄒魯一源風自遠，春陽十載悟非遲。《西銘》特達原深契，東海倡酬屬舊知。怪得南來徵信日，高懸銀榜足興思。

因尋苗裔得遺編，一露端倪悟已全。絶去支離堪作聖，能超形氣始知天。溪毛薦處山同仰，經壁尋來火獨傳。争道扁舟行萬里，風流真不讓前賢。

同里何　樗

廬山學道自當時，養出端倪慰所期。道見已教應詔起，遯肥還恐得歸遲。百年廟貌君初薦，一代儒宗世久知。私淑至今誰是任，獨能萬里切相思。

高祠謁罷問殘編，緗帙芸香喜尚全。識曠偏知超象意，心明應得會人天。何須親炙方爲學，能挹高風即是傳。銀榜看君顏勒好，直將真契接先賢。

同里何　⿱雨浜

正脉能回欲絶時，張廷實《白沙像贊》云：「所以能回洙泗千百載垂絶之正脉。」端倪偏向静中期。神龍靈鳥那容縶，皓首斑衣肯使遲？舊廟依然經壁在，今人還有道心知。君來對越虔如此，題榜更應切夢思。

遺書殘缺倩誰編，雖復詩文道亦全。一片淳和流本性，甘泉先生論白沙子詩文：「自然之藴，其淳和之心乎！」千秋星日對高天。白沙詩：「萬古斯文看日星。」南溟門外多鯤化，長帶堦前有草傳。尚論餘時親到訪，當今難得似君賢。

詣白沙祠恭謁先生真像

林應會

鄒魯源流此獨真，山間遺像可傳神。千峰萬樹雲初暝，長照江門月一輪。

葉　潞

祠前客子泛仙槎，祠上人龍老歲華。嶺海無塵埋卧榻，江門有月印寒沙。偶來沂水閒尋伴，適拜新亭幸看花。千載嚴灘經世手，肯將釣石後人跨。

謁白沙先生家祠 丁亥仲秋

雲間張　恒

古岡瞻禮具文告，景仰典型宏聖教。遠近良朋鼓棹來，偕我白沙謁家廟。廟前一水自洋洋，巍然勅建旌表坊。母節子賢垂宇宙，身躋廟廡足顯揚。爰有延陵題貞節，興酣潑墨將衣裂。烟雲飛舞光陸離，銀鈎鐵畫真奇絶。仰瞻遺像沐光風，道貌温恭迥不同。春陽默契聞道早，盡在遺容圖畫中。先生行樂圖及遺像，極光霽洒落。當時崛起肩開繼，生遇成弘逢盛世。君臣一德際明良，薦剡徵辟無虛歲。錫扁錫聯沛綸音，天章巍焕冠古今。一代真儒挺紫水，致虛立本作傳心。肅誠復禮樂芸子，啓賢應從啓聖祀。碧玉樓荒修者誰，風雨蕭蕭忍傾圮？文孫擕玉邀我觀，質潤體潔一圭桓。色應四時浮蒼碧，辟邪鎮惡壯文壇。更有緑溶頒大内，雙龍交舞雲靉靆。禮賢徵聘荷殊恩，豈容冒攘爲匿賴？固知神物不易藏，何時完璧歸祠堂。君不見延津雙劍終復合，萬事如棋嘆滄桑。爆牲釃酒冀歆饗，拜辭前去神獨往。丹山碧水恣徜徉，又纂閩學存天壤。

謁白沙先生墓　張　恒

遺編纂罷拜墳塋，幸接文孫攜手行。一片秋光開老眼，無邊瑞氣護佳城。松楸碧蔭千年澤，道學徽流百代名。瞻仰淵源溯洛水，釣臺烟外一鷗輕。

重謁白沙家祠　張　恒

壬辰仲春下澣，重過江門，恭謁白沙先生家祠。喜大中丞范公諱時崇重修落成，敬賦二律粘壁，不自知其工拙也。

炎州從祀仰先生，崛起江門一柱擎。修餙小廬新亦舊，來遊多士去還迎。蠻邦丕變成鄒魯，粵嶠文明繼邵程。猶憶往時懸扁日，蕭蕭不盡雨風聲。

重過白沙肅瓣香，諸孫懽忭盡趨蹌。雲生畫棟瞻師席，月照朱甍蔭節堂。金字高懸光廟貌，玉音遥錫見羹墻。徘徊不覺開眉宇，同志中丞許共芳。

江門釣臺

冀北王　植

江門風月一臺收，放眼高空遠近舟。碧玉誰當窺意趣，雲潭我欲問源頭。虹竿直到天根處，道餌不隨水面流。壁軸何須求肖像，先生神在古岡州。

過白沙節母祠謁先生遺像

古閩張捷春邑侯甄陶父也。

蒼松紫檜繞江原，碧玉遺容古道存。白髮貞心同日月，烏紗高志尚羲軒。懸弧隱抱初生痛，養疏敦陳節母恩。歸去傳經萱草老，真儒孝子白沙邨。

粵秀書院講堂示諸生節録一段

沈廷芳

理學肇白沙，潛心坐春陽。首契濂洛旨，儼窺洙泗堂。九十甘泉翁，亦就弟子行。江門風月區，崇閎標天閶。

楚雲臺[一]

晉熙黃之正

越山名寄楚，弔楚幾徘徊。百年燈火地，一朝成荒臺。寒鴉啼古木，豐狐穴高厓。陰風走明月，白沙點青苔。人事安足恃，天運自去來。邈矣追往跡，安得五雲裁？

望小廬山

自作岡城令，欲到小廬山。先生踏爛月，扶筇日往還。雲連江門草，峰生碧玉顔。翹首嘉會樓，可望不可扳。一片層巒影，落在海島間。南國人何在，白沙水共潺。

嘉會樓

古岡司徒猶龍

獨上高樓百思侵，春風拂檻晝多陰。空厓壁冷傳經處，古樹峰連長道心。碧玉掛雲三徑裏，白沙耕雨一犁深。引筇幾度頻回首，荇葉蘋花滿釣潯。

[一] 自黃之正《楚雲臺》至張聖蘭《祭白沙先生》，據黃之正本輯録。

重刻白沙先生集

古岡林　皐

烽火連諸粵，遺篇蠹漫殘。先賢存咳唾，後學憶琅玕。瀕海昔年魯，扶衰當代韓。斯文如不墜，嗣響未應難。

登緑護屏過白沙先生讀書處

古越張聖蘭

緑護山中舊隱侯，百年遺澤自林丘。聞知未歎吾生晚，私淑終慚古道悠。書屋惟存殘址在，嘯臺猶對逝川流。臨風更覺滄洲逸，老我平湖弄釣舟。

祭白沙先生

晨星已落落，聯騎祝名賢。春草凝珠露，曉風吹柏煙。青山宜獨對，紫水得流漩。古壁弦聲雅，先生道學宣。

附録三：編次陳白沙先生年譜、白沙叢考、白沙弟子考

新會阮榕齡

編次陳白沙先生年譜

曾序

余嘗論：白沙子之學，蓋於攻苦中得之。當其未居春陽臺也，日夜讀書，稍倦至以水沃其足，可謂勤矣。及其探索日久，静坐春陽臺上，豁然貫通，斯亦讀書攻苦之効也。乃或歸功于静。今夫人有善飲酒者，數舉巨觥，逾時不休，則常醺然若忘天地之爲大、古今之爲久者，而稱曰「此醉之樂也」，不知其爲酒之功，豈非據其終而忘其始歟？白沙子「静中養出端倪」，亦若是已矣。今讀其集，分年求之，用功次第尚可見。惜當時編輯未及此，遂令後人罕有能窺其學者。

己亥歲，余與阮君竹潭同纂《新會縣志》，縱言及之。竹潭韙余言，乃出所著《白沙年譜》相示，且以副本留余所，曰：「幸暇時爲我訂之。」余數年未有以報。去年冬，其弟紫蒲訪余於柳波

廌廬，曰：「竹潭死矣，將以其遺書付手民。今《白沙年譜》先成，子可無一言乎？」余謂此譜攷正碧玉事最確，而詩文以年相從，於以見白沙子爲學次第，尤先得我心。爰書昔日與竹潭論者於其篇端。竹潭之學亦從攻苦中求者，而性狷介，硜硜自守，雖貧終不肯投刺于人。黄刺史定宜，儒吏也，好讀書，嘗著《韓昌黎年譜攷證》，令新會時，欲覓竹潭一見，終不可致。其詩文幽曲峭折，如其爲人。咸豐二年夏五月，勉士弟曾釗撰并書。

自序

扶輿崢嶸，清淑之氣，蚴蟉凝蓄，歷千百年，鍾靈而爲賢聖，磊落而爲偉人，是豈偶然哉？故其顯晦存亡，世運之幸不幸係焉。坡公云：「其生也，有自來；其逝也，有所爲。」噫！是孰使之然哉？榕嘗溯前明中葉薛、胡、王、蔡與白沙諸先生，皆於孔門各有所獨得。後學門户之争，徒分畛域。又嘗怪前世好訾毁先賢者如蕭企昭輩，如狂夫酗客毒詈尋仇。君子觀其意氣囂浮，固已覘其中藏所養，將使後之人孰從而信之？嗚呼！觀於海者難爲水，遊於聖人之門者難爲言。後生小子未能窺藩循序，又安能測其窔奧之所藏哉？是叩槃喻狀，悠悠毁譽，奚怪彼哆哆爲？

白沙先生當明中葉，履道南海，既計偕京師，名輩揄揚，賢徒撰杖，令譽承流，遂傾動天下；其南歸也，一時公卿賢士，與夫畊甿樵牧，仰挹德容，覩聆言論丰采，莫不咨嗟傾慕，咸致禮於先生之廬，此豈非盛德之藴於中者深，而至誠之形於外者不可揜哉！先生《乞終養疏》，其孝思純以篤，其綿情深以摯，故其發於文也，誠動天人，鬼神感泣。至夫送世卿、廷實二序，其夷猶淡宕，如行雲流水，妙理無窮；水月騰波，文瀾生焉；琴瑟賡和，節奏成焉。鏗然之聲，淵然之色，琅然之韻，攫醳而弦之，清風琤琤然，高風鞫訇然，金石以鳴。是故道以實之，文以載之，其洞徹觀妙，非深契乎聖道神化、鳶飛魚躍之趣、時行物生之理者，莫能與於斯。宋文憲曰：「浩浩乎至大至剛，而吾藉之以生者，非氣耶？氣必養之而後道明，道明而後氣充，氣充而後文雄，文雄而後追配乎聖經。」甘泉子曰：「一十二萬年雪月，四百三十峰晴雲。」讀先生之文者，蓋於是乎求之。

嗟夫！哲人往矣。銀湖、紫水，緑護、黄雲，賸水殘山，荒涼冷落，迄于今二百四十餘年矣。鄉里孤愚，誦先生遺編，如聆謦欬，如聞酣歌，依稀英靈，日與其燕朋漁侶笑語，翱翔神游於江門水月、東風花柳之間。予小子雖幸同鄉里，弗克躬逢其盛，緬焉以唏，邈焉以企。今敬次《年譜》、《門人》、《叢考》，幸獲粗成，平昔向往之志，庶幾云酬，抑又幸也。爲之臨風翹慕，東望玉樓，咫尺天際，睠焉欷歔者久之。道光廿三年閏七月，邑後學竹潭阮榕齡書。

編定白沙年譜例引

一、自來年譜必兼時事，蓋寓知人論世之意。先生平素所晉接者，多當世名儒寒士及賢公卿。其詩文或及時事時人，故附注其間，以備參觀。

一、譜中所引他書及本集，先他集，次本集文，又次詩，然皆取其年月往來與先生行止相當者。節取一二語，非敢擅爲割截，不過取爲引證歲月云爾。

一、凡引《白沙集》，但曰本集，不贅「白沙」二字，所以別於他書也。稱白沙先生，亦但曰先生。

一、譜中詩文與某贈某，或官或字，本不畫一，今依《白沙集》原目，俾易考校，冗則謹節數字。

一、各史志載某官某年任，甲乙殊年者甚多。如《明史·朱英傳》云「成化十年巡撫甘肅，明年冬總督兩廣」，《通鑑輯覽》作「十一年十月」，阮《通志·職官》作「十二年」。蓋自始移文至聞詔後，又在道途三五月，乃至廣東。故凡各傳志年殊甲乙者，皆以此也。

一、本集諸詩本非編年，是以不知其年者十之八七。然其中亦多是編年者，以其未嘗標明，是以不敢斷決是某年也。如辛丑《元旦試筆》，隔十二首，即《中秋示江右二生》，俱七律。蓋二生之來本在成化十七年。又其他各體，春秋亦多有次序者十之八七，此可驗其隨年隨録矣。然亦有年代舛錯者，如《彈子磯》以下二十三首，七絶。皆赴召時詩，乃編次弘治元年以後；又《旌表至》詩，亦列入弘治十二三年。以此類推，是爲後來續入，明矣。

一、先生凡四入京師，皆有詩文可考。今集中有《壬午京城除夕》，一首。壬午爲天順六年，是時先生正在春陽臺。考《書思德亭碑》曰「昔壬午之冬，寇忽大至城下，此吾與父兄所共見也」云云，可證非壬午在京師除夕矣。若云是成化十八年在京師作，午字乃寅字之誤，則是年除夕方過江西將至南京，亦有本集可按。按：詩内有「燕城覺歲除」之語，決非南京。蓋先生偶書古詩，不知者誤以爲先生詩，遂羼入之耳。

一、張詡所作先生行狀最詳，但惜其體例頗自矛盾。凡文字中每姓下加某字者，略有四例：一是自稱，二是避人諱與己家諱，三是原未詳其名，四是嫌揚人之短。今先生行狀中，如「祭酒某，先生同省人也」、「知縣某頗貪」，此以某字概之，以避嫌可也。若云「提舉某作懷沙亭」、「御史某倣林逋故事致月米」、「尚書彭某卒」，若此類者宜揚人之善，明書其名於官銜字號之下，令讀者知其何人。夫彭尚書即彭公韶，上文已明書其名，至下文又自亂前例。又云「聞羅某、張某之訃」，夫羅某，即一峰，下文又云弔羅一峰，如使有兩羅、兩張，焉知弔者爲甲乎、爲乙乎？今考各書，皆補注其名，俾易考校。且於先生高曾等字，忽名忽號，皆未畫一，故晰其舛者於此。

一、按康熙四十九年庚寅何蒲澗九疇《刻白沙集序》云「近年板寖磨滅，嘗見墨跡有未載於原集者，疇竭其綿力，搜得未刻者，序四首、記二首、題跋二首、書百又五十八首、各體詩五十五首，合刻而更鐫之」云云。榕按：何公補舊集之缺，多至如此，其用心可謂勤矣。迨乾隆三十六年庚寅陳家碧玉樓本乃從何家本抄刻，然間有倒置者，有誤删原文并小注及年月者，又并何公原序删之，似於何公往昔搜補之勤付之湮没。溯厥本原，情理未協，今榕于陳家删何本者悉爲補之，謹列其源委於此，俾後之人不忘權輿之功。

一、譜中所引，悉本所見原書。初稿原分卷數，今以譜内小注甚多，故悉删去，謹注明於《叢考》大字之上。若爲他書所引者，則曰某書引某書，一從阮《通志》之例，庶免剽竊販稗之誚。昔宋衛正叔湜《禮記後序》云：「他人著書，惟恐不出於己。予之此編，惟恐不出於人。」敢希前哲，蓋恐没前人苦心故也。噫！此誠後世人著書之良軌也。

一、先生遺事佚聞，見於前明集部、説部者甚多。榕下里寒士，戢影圭厓，限於地，窘於資，無由購借，故所引證者僅此。檮昧寡儔，譌漏綦多，尚希博雅君子再補正之。

一、陳交甫遇夫所次先生年譜，寥寥僅十翻。除《湖山雅趣賦》〔二〕、和楊詩外，僅千餘字。其中書先生之歲者，僅六年。《乞終養疏》僅載十六字，而《湖山賦》又全載，皆輕重失宜。此實隨意暫書，未成年譜也。今榕是譜，蓋竊續其未竟之緒云爾。

白沙年譜、門人考、白沙叢考徵引書目

欽定大清一統志

欽定明史

欽定綱目三編

欽定淵鑒類函

欽定書畫譜

欽定四庫全書提要

新會志　康熙二十九年，賈雒英

白沙子全集　康熙四十九年，何九疇本

〔二〕「趣」，原誤作「興」，據碧玉樓本《白沙子全集》改。（陳獻章撰：《白沙子全集》，碧玉樓本，第二卷，第二七頁）

白沙子全集　乾隆三十五年，碧玉樓本

白沙語録　楊起元

人譜　劉宗周

白沙年譜門人　陳遇夫

陸稼書年譜　葉光西

雒閩源流録　張夏

新會志　乾隆五年，王植

明史稿　王鴻緒

先進遺風　耿定向

新會志　道光二十年，林星章

歷代帝王年表續編　阮福

萬姓統譜　淩迪知

廣東通志　道光二年，阮元

蘇州府志

世烈録　陶鳳儀

明儒學案　黄宗羲
新會草志　道光元年
東都事略　王偁
楚寶　周聖楷原本、鄧顯鶴增輯
廣東通志　雍正九年，郝玉麟
江南通志　趙宏恩
文竿彙氏　傅作興
廣州人物傳　黄佐
浙江通志　嵇曾筠
廣州府志　張嗣衍
江西志　白潢
廣東文獻　羅學鵬
南海志　潘尚楫
湖南通志　馬慧裕
氏姓譜　蕭智

順德志　胡定
延平府志　劉繼善
明貢舉考　黄崇簡
廣東新語　今種
南海志　魏綰
湖北通志　吴熊光
粤東名儒言行録　鄧淳
番禺志　檀萃
福州府志　徐景熹
稗史彙編　王圻、唐樞
香山志　祝淮
廣西通志　吉慶
東莞志　周天成
石阡府志　羅文
圖繪實鑑續編　韓昂

肇慶府志　屠英

分省人物考　過庭訓

書畫史　劉璋

開平志　王文驤

雁山文集　吴應逵

粤東金石略　翁方綱

題名碑録　李周望

新寧志　王暠

增廣輿記　陸伯陽、蔡九霞

畫史會要　朱謀垔

高要志　夏修恕

廣州鄉賢傳　潘楳元

天水冰山録　周石林

鶴山志　吴應逵

性理會通　鍾人傑

嘉應州志　王之正

續廣事類賦　王鳳喈

畫史彙編　彭藴璨

白藤胡氏家乘

龍山鄉志　温汝能

金臺紀聞　陸深

鶴山易氏家譜

荷塘容氏族譜

西樵遊覽記　劉子秀○按：此記阮《通志》誤作薛觀齊撰。

書畫録　沈長

佛山志　李待問初編、陳炎宗續、吴榮光重修

震澤長語　王鏊

豫章漫鈔　陸深

沖鶴潘氏族譜

嶺海名勝記　郭棐初輯、陳蘭芝續

松牕寤言　崔銑

雙槐歲鈔　黄瑜〔一〕

潮連潘氏族譜

潮連宋氏族譜

化州志　楊芬

抱璞簡記　俱姜南

新昌鄧氏族譜

遺愁集　張貴勝

丹鉛總録　楊慎

淩溪張氏族譜

隴蜀餘聞　王士正

風月堂雜識

蓉塘紀聞

〔一〕「黄瑜」，原誤作「黄榆」，據《雙槐歲鈔》刊行本（中華書局，二〇〇六年）之署名改。

天河譚氏族譜

曲阜志　潘相

南窗閒筆

潭墊鍾氏族譜

續太平廣記　許自昌

鳳洲筆記　王世貞

小岡梁氏家乘

藝苑卮言　王世貞

麻園周氏世譜

池北偶談　王士正

賓退録　趙善政

南野集　陳士鵠

秫坡集　黎貞

楚庭稗珠　檀萃

鴻桷堂集　胡方

鬱洲集　梁儲

皇華紀聞　王士正

野獲編　沈德符

朱子全集

五山志林　羅天尺

半舫齋偶輯　夏之蓉

月鹿堂集　張師繹

瓊臺會編　丘濬

嶺海賸　林暉

賞雨茅屋詩集　曾燠

辛丑銷夏録　吴榮光

柳南詩草　莫雲漢

甘泉集　湛若水

廣東文選　今種

司勳集　羅虞臣

陽明全書　俞璘編
廣東詩粹　梁善長
西清詩話　蔡絛
渭厓集　霍韜
主一詩集　唐璧
各處碑刻
謝山存稿　陳吾德
洹詞　崔銑
列朝詩集　錢謙益
明詩別裁　沈德潛
泰泉集　黄佐
粵東詩海　温汝能
麓堂詩話　李東陽
岡州遺稿　顧嗣協
國朝詩人徵略　張維屏

古今詩話　盧衍仁

鮚埼亭集　全祖望

太函剩墨　汪道昆

匡山志　黄淳

楊園集　張履祥

西河集　毛奇齡

石洞文集　葉春及

明詩綜　朱彝尊

五朝詩選　黄登

欽定明史·藝文志

集類：《白沙子》八卷，《文集》二十二卷，《遺編》六卷

欽定四庫全書提要　卷一百七十：《白沙集》九卷　江西巡撫採進本

明陳獻章撰。獻章，字公甫，新會人。正統丁卯舉人，以薦授翰林院檢討。追謚文恭，從祀

孔廟。事蹟具《明史·儒林傳》。其集爲門人湛若水校定，萬曆間何熊祥重刊之。凡文四卷，詩五卷，行狀、志表附於後。獻章之學以静爲主，其教學者，但令端坐澄心，於静中養出端倪，頗近於禪，至今毁譽參半。其詩文偶然有會〔一〕，或高妙不可思議；偶爾率意〔二〕，或麤野不可嚮邇，至今毁譽亦參半〔三〕。王世貞集中有《書白沙集後》曰：「公甫詩不入法，文不入體，又皆不入題，而其妙處，有超出法與體與題之外者。」可謂兼盡其短長。蓋以高明絶異之姿，而又加以静悟之功，如宗門老衲，空諸障翳，心鏡虚明，隨處圓通，辯才無礙。有時俚詞鄙語，衝口而談；有時妙義微言，應機而發。其見於文章者，亦仍如其學問而已。雖未可謂之正宗，要未可謂非豪傑之士也。

〔一〕「有會」，《四庫全書總目》作「有合」。（永瑢等撰：《四庫全書總目》，北京：中華書局，一九九五年影印本，下册，第一四八七頁）

〔二〕「偶爾」，《四庫全書總目》作「偶然」。（永瑢等撰：《四庫全書總目》，下册，第一四八七頁）

〔三〕「至今」，原作「至於」，據《四庫全書總目》改。（永瑢等撰：《四庫全書總目》，下册，第一四八七頁）

欽定明史儒林列傳

陳獻章，字公甫，新會人。舉正統十二年鄉試〔一〕，再上禮部，不第。從吴與弼講學，居半載歸。讀書窮日夜不輟。築春陽臺〔二〕，静坐其中，數年無户外跡。久之，復游太學，祭酒邢讓試和楊時《此日不再得》詩一篇〔三〕，驚曰：「龜山不如也。」颺言於朝，以爲真儒復出。由是名震京師。給事賀欽聽其議論，即日抗疏解官，執弟子禮事獻章。獻章既歸，四方來學者日進〔四〕。廣東布政使彭韶、總督朱英交薦，召之京師〔五〕，令就試吏部，屢辭疾不赴，疏乞終養，授翰林院檢討以歸。至南安〔六〕，知府張弼疑其拜官與吴與弼不同〔七〕，對曰：「吴先生以布衣爲石亨所薦，故不受

〔一〕「舉」字原缺，據《明史·儒林傳》補。（張廷玉等撰：《明史》，北京：中華書局，二〇〇三年，第二十四册，第七二六一頁）

〔二〕「春陽臺」，《明史·儒林傳》作「陽春臺」。（張廷玉等撰：《明史》第二十四册，第七二六一頁）

〔三〕「和」字原缺，據《明史·儒林傳》補。（張廷玉等撰：《明史》，第二十四册，第七二六一頁）

〔四〕「來」字原缺，據《明史·儒林傳》補。（張廷玉等撰：《明史》，第二十四册，第七二六二頁）

〔五〕「召之京師」，《明史·儒林傳》作「召至京」。（張廷玉等撰：《明史》，第二十四册，第七二六二頁）

〔六〕「至」，原誤作「知」，據《明史·儒林傳》改。（張廷玉等撰：《明史》，第二十四册，第七二六二頁）

〔七〕《明史·儒林傳》無「吴」字。（張廷玉等撰：《明史》，第二十四册，第七二六二頁）

職而求觀祕書，冀在開悟主上耳。時宰不悟，先令受職然後觀書，殊戾先生意，遂決去。獻章聽選國子生，何敢僞辭釣虛譽？」自是屢薦，卒不起。獻章之學，以静爲主，其教學者，但令端坐澄心，於静中養出端倪。或勸之著述，不答。嘗自言曰：「吾年二十七，始從吴聘君學，於古聖賢之書，無所不講，然未知入處。比歸白沙，專求用力之方，亦卒未有得。於是舍繁求約，静坐久之，然後見吾心之體隱然呈露[一]，日用應酬隨吾所欲，如馬之卸勒也。」[二]其學灑然獨得，論者謂有鳶飛魚躍之樂，而蘭谿姜麟至比之「活孟子」云[三]。獻章儀幹修偉，右右，按真像作左。頰有七黑子。母年二十四守節，獻章事之至孝，母有念輒心動，即歸。弘治十三年卒，年七十三。萬曆初從祀孔廟，追謚文恭。

按：今碧玉樓本《白沙集》卷首亦云《明史·儒林列傳》，起語偁陳子，其文三倍於此，與此傳迥殊，疑舊《明史》宬未定稿本也。然史例當偁名不當偁子，或後人妄改也。

〔一〕「見」字原缺，據碧玉樓本《白沙子全集》、《明史·儒林傳》補。（陳獻章撰：《白沙子全集》，碧玉樓本，第三卷，第二三頁；張廷玉等撰：《明史》，第二十四册，第七二六二頁）

〔二〕「如馬之卸勒也」，原作「如馬之御勒也」，據《明史·儒林傳》改；（張廷玉等撰：《明史》，第二十四册，第七二六二頁）碧玉樓本《白沙子全集》作「如馬之御銜勒也」。（陳獻章撰：《白沙子全集》，碧玉樓本，第三卷，第二三頁）

〔三〕「比之」，《明史·儒林傳》作「以爲」。（張廷玉等撰：《明史》，第二十四册，第七二六二頁）

白沙先生行狀

從碧玉樓本

後學阮榕齡補注

榕按：碧玉本原從何家本録出，今以此行狀校勘，碧玉本刪去何本凡六七段，其有斷不可刪者，如「左臉有七黑子」，又「前夕」一段是已。今從何本補入。〇又按：狀中本同一人，或書其字，或書其名，前後矛盾，已辨，詳《例引》。今補注其名於某字之下，其何年何官，未詳年譜者，注之；惟當諱者不注；疑者缺之。

先生諱獻章，字公甫，姓陳氏，系出太丘，先世仕宋，自南雄遷新會。按：此十字何本無。高祖判鄉；曾祖東源；祖永盛，號渭川，少戇，不省世事，好讀老氏書，嘗慕陳希夷之爲人。父琮，號樂芸居士，讀書能一目數行下，善詩，年二十七卒。卒之一月而先生生。母太夫人林氏，年二十有四，守節教育之。祖居都會村，至先生始徙居白沙村。白沙村在廣東新會縣北二十里，按：當作東十里。後天下人重先生之道，不敢斥其名字，僉曰白沙。

先生以宣德三年戊申十月二十有一日生於都會村。先是，有望氣者言：「黄雲、紫水之間，當有異人生。」黄雲、紫水者，新會之山川也。又有占象者言：「中星見浙閩，分視古河洛。百粤爲鄒魯，符昔賢所説。」及先生生，身長八尺，目光如星，左臉有七黑子如北斗狀，音吐清圓。嘗戴方山巾逍遥林下，望之若神仙中人也。自幼警悟絶人，讀書一覽輒記。嘗夢拊石琴，其音泠泠然。有偉人笑謂曰：「八音中惟石音爲難諧，今諧若是，子異日得道乎！」因别號石齋，既老自謂石翁。

少讀宋亡厓山諸臣死節事，輒掩卷流涕。「一日讀《孟子》「有天民者，達可行於天下，而後行之」，慨然」歎曰[二]：「嗟夫！大丈夫行己當如是也。」弱冠充邑庠生。其師某者見其所爲文異之，曰：「陳生，非常人也，世網不足以羈之。」

明年丁卯，中鄉試第九人，録經義一篇。戊辰、辛未，兩赴禮闈，俱下第。聞江右吴聘君康齋先生講伊洛之學於臨川之上，遂棄其學從之遊，時年二十有七也。康齋性嚴毅，來學者絶不與語，先令治田，獨待先生有異，朝夕與之講究。受業歸，講學之暇，時與門徒於曠野習射禮。未幾，流言四起，以爲聚兵。衆皆爲先生危，先生獨處之超然。時翰林院侍讀學士錢溥謫知順德縣，雅重先生，遺書按：書下當有「勸」字。先生亟起，毋重貽太夫人憂。先生以爲然，遂復遊太學。祭酒邢讓一日試先生和楊龜山《此日不再得》詩，大驚曰：「龜山不如也。」明日，颺言於朝，以爲真儒復出，由是名振京師。一時名士，如羅倫、章懋、莊昶、賀欽輩，皆樂從之遊。欽時爲給事中，聞先生議論，歎曰：「至性不顯，寶藏猶霾，世即用我，而我奚以爲用？」即日抗疏解官去。

[二]「一日」至「慨然」二十一字原缺，據張詡《翰林檢討白沙陳先生行狀》補。（徐紘編：《皇明名臣琬琰後録》，盛宣懷輯刊「常州先哲遺書」本，第二十二卷，第一頁）

既出太學，歷事吏部文選司。先生日捧案牘，與群吏雜立廳事下，朝往夕返，不少怠。郎中等官皆勉令休，對曰：「某分當然也。」識者謂其抱負之大而克勤小物如此，得孔子爲委吏乘田之意。侍郎尹某聞而賢之，遣子從學，先生力辭，凡六七往，竟不納。

成化己丑，禮闈復下第。有神見夢於人曰：「陳先生卷爲人投之水矣。」其後二十年，御史鄺某文。聞之禮部尚書某從吏云：「某所爲也。」先是，先生寓居神樂觀，科道諸公往來請益無虛日，既而某被科道劾，疑出先生，故特惡之深，且曰：「彼戴秀才頭巾爾，動人若是，脱居要路，當何如耶？」揭曉，編修某時爲同考試官，主《書經》房，索落卷不可得，欲上章自劾，冀根究，不果。時京中有「會元未必如劉戩，及第何人似獻章」之謡。以及輿夫販卒，莫不嘖嘖偁屈，曰：「可惜先生不中。」時即有人夢曰：「經綸不屬陳先生矣。」群公往慰先生，先生大笑。莊㫤進曰：「他人戚戚太低，先生大笑太高，二者過不及。」先生頷之。其居神樂觀也，北士麤鄙者數人約曰：「必共往困折之。」及見先生神樂觀，忸然氣沮口噤，各不能發一語，反致羞而退，因語人曰：「果異人，不可狎也。」今右布政使周某孟中。〔二〕時同遊太學，所藏古人墨跡，愛踰拱璧，先生因借閲，經旬不還，某數取，先生笑曰：「試君爾，君得非所謂玩物喪志者乎？」某遂有所警發。

〔二〕「周某」，應爲周瑛，而非周孟中。

南歸，杜門却掃，潛心大業。道價嚮天下，四方學者日益衆，往來東西兩藩部使以及藩王島夷宣慰，無不致禮於先生之廬。先生日飲食供賓客，了不知其囊之罄也。自朝至夕，與門人賓友講學，論天下古今事，「或至漏下，」亹亹不少厭「倦」〔一〕，翌日精神如故，雖少壯者自以爲莫及也。江右藩臬左布政使陳煒等修復白鹿洞書院成，以山長書幣走生員劉希孟等，聘先生爲十三郡士者師，先生報書謝不往。

壬寅，廣東左布政使彭韶上疏，略曰：「國以仁賢爲寶，臣才德不及獻章萬萬，猶叨厚禄，顧於獻章醇儒，乃未見收用，誠恐國家坐失爲賢之寶。」疏聞，憲宗皇帝可其奏。部書下，有司以禮勸駕。先生以母老并久病辭。時巡撫右都御史朱英懼先生終不起也，具題薦末云：「臣已趣某就道矣。」且告之故，曰：「先生萬一遲遲其行，則予爲誑君矣。」先生不得已，遂起。至京師，朝廷用故事敕吏部考試，會病不果赴，上疏略曰：「臣母以貧賤蚤寡，俯仰無聊，殷憂成疾，老而彌劇。使臣遠客異鄉，臣母之憂臣日甚，愈憂愈病，愈病愈憂，憂病相仍，理難長久。臣又以病軀憂老母，年未暮而氣已衰，心欲爲而力不逮。夫内無攻心之疾，則外不見從事之難；上有至仁

〔一〕「或至漏下」及「倦」字原缺，據張詡《翰林檢討白沙陳先生行狀》補。（徐紘編：《皇明名臣琬琰後録》，盛宣懷輯刊「常州先哲遺書」本，第二十二卷，第三頁）

之君，則下必從本集補。多曲全之士。願乞養病終養。」疏上，憲宗皇帝親閲者再三。明日，受翰林院檢討，俾親終疾愈仍來供職，蓋異數也。先生以表謝不辭。學士李某東陽。贈别詩云：「只有報恩心未老，更無辭表意全真。」蓋實録也。祭酒某，先生同省人也，素忌先生重名，及至京師，使人邀先生主其家。已而，先生僦居慶壽寺某寓。之後，因修述，陰令所比誣先生。學士某張元禎。見之，不平，爲削去。歸經南安，知府張某弼。問出處，對曰：「康齋以布衣爲石亨所薦，所以不受職而求觀祕書者，冀得悟主也。惜乎當時宰相不悟，以爲實然，言之上，令受職然後觀書，殊戾康齋意，遂去。某以聽選監生薦，又疏陳始終願仕，故不敢僞辭以釣虚名。或受或不受，各有攸宜爾。」弼唯唯。暨歸，歲有薦辟，先生皆援詔不行。初應詔而起也，道出羊城，所至觀者如堵，至擁馬不得行。歸之日，五色慶雲遶其所居之第，經日始散。

弘治庚申，給事中吴世忠以先生及尚書王某、恕。侍郎劉某、大夏。學士張某、元禎。祭酒謝某鐸。等八人同薦與二三儒臣入内閣柄用，上方敕吏部查勘，命將及門，而先生歿矣，是年二月十日也，享年七十有三。歿之前數日，蚤具朝服、朝冠，令子弟扶掖，焚香北面五拜三叩首，曰：「吾辭吾君。」復作一詩云：「託仙終被謗，託佛乃多修。弄艇滄溟月，聞歌碧玉樓。」曰：「吾以此辭世。」歿之日，頂出白氣貫天，勃勃如蒸，竟日乃息。前一夕五鼓，鄰人聞車馬駢闐，異之，急出，見一人若王者狀，儀節甚都，出先生廬而去，以爲大官「至」〔二〕。及旦詢之，無有也。先配張氏，生子二人：曰景雲，歲貢生，作小詩得唐人體裁；曰景暘，充邑庠生，先先生卒。女二人：壻黄彦民；指揮倪麟，後改譚某。按：皇甫湜作《韓文公墓志》言：「初壻李漢，繼壻樊宗懿。」范文正公子婦亦再嫁。夫堯舜之子不肖，神聖猶不能化之，況婦女輩耶？孫男三人：曰田、曰畹，皆庠生；曰豸，尚幼。繼室羅無出。先是，知縣左某濬。以醫來，先生病已亟矣，門人進曰：「藥不可爲也。」先生曰：「飲一匕盡朋友之情。」飲已，作詩遺之。没後一月，提學僉事宋某端儀。移文當道，請入祀鄉賢祠。都御史鄧某廷瓚。疏乞恩典，草已具，尋卒。御史費某□〔三〕。疏乞不拘常例，贈官諭祭，不報。是年七月二十有一日，葬於圭峰之麓，辛向之原，遠近會葬者幾千人。左布政使周某孟中。贈白金三十星助葬，誄之以辭，刻石於墓。三府暨藩臬諸公、門人親友，遠近相續，設奠致賻，殆無虚日。嗚呼！生榮死哀，吾於先生見之矣。

先生少負氣節，每出少挫歸，輒對伯兄泣不食；房婢偶露體，告太夫人，必黜之乃已。迨晚

〔二〕「至」字原缺，據張詡《翰林檢討白沙陳先生行狀》補。（徐紘編：《皇明名臣琬琰後録》，第二十二卷，第六頁）

〔三〕「御史費某」，指費鎧。（參張詡撰：《翰林檢討白沙陳先生行狀》，徐紘編《皇明名臣琬琰後録》，第二十二卷，第六頁；林光撰：《明故翰林院檢討白沙陳先生墓碣銘》，《南川冰蘗全集》，中國文史出版社，二〇〇四年，第一八〇頁）

年，涵養深至不可測。孝弟出於天性，事太夫人甚謹。太夫人非先生在側，輒不食，食且不甘。先生在外，太夫人有念，輒心動，亟歸，果然。母愛子慕，惟日不足。太夫人頗信浮屠法，及病，命以佛事禱，先生從之。御史王某鼎。按：《分省人物攷》作御史王鼎。曰：「此見先生變通處也。」北行時，不能別太夫人，欲倣徐仲車故事，伯兄不可，曰：「吾弟爲人子，吾獨不爲人子？」兄弟泣爭，義感行路。太夫人卒從伯兄之請。太夫人歿，以六十八年從本集補。之孤子居九十一年從本集補。之母喪，哭擗食素，一如先王之禮。太夫人老耋，康强如壯，先生以古稀年顧多病，常慮一旦身先朝露，不能送太夫人終，故自太夫人七十年之後，每夕具衣冠秉燭焚香露禱於天，曰：「願某後母死。」後喪太夫人，服闋，絕不衣錦繡，曰：「向者爲親娱耳。」通判顧某叔龍。曩見先生束木帶，解所束玳瑁帶贈，至是反之。一念衡山，靡間朝夕，曰：「自今以往，未死之年，皆贅也。」事伯兄如父，坐必隅坐。

雖迹處山林，其愛君憂國之心，視諸食禄者殆有甚焉。憲廟之升遐也，哀詔至，先生如喪考妣。故其詩曰：「三旬白布裹烏紗，六載君恩許卧家。溪上不曾攜酒去，空教明月管梅花。」知言者讀之，當知先生之心，無一日不在天下國家也。

爲人豁達大度，不見小利。未第時，鄰人有侵其屋地者，欲威之以力，揚言於衆曰：「陳氏子異日他出，我必辱於途。」及見，不覺自失。先生曰：「尺寸地，吾當爲若讓。」其人慙，竟不能作惡而去。又有侵其田者，處亦如之。後復有盜葬其祖墓者，先生怒曰：「此義不共戴天也，彼不即悛，吾即訟之官，吾敢沽虛名而失大義哉？」盜葬者聞之果悛。巡撫湖廣都御史謝某綬。按《湖南通志》，謝綬，樂安人，弘治中巡撫，正荆藩之不法者。遺先生壽木甚美，一日，其交厚陳某者卒，遺言必得木如先生者，其子以告，先生即舉以畀之。林良者，以畫名天下，嘗專意作一圖爲先生壽，惠州同知林某仲璧。按阮《通志》，林仲璧，莆田人，成化朝惠州同知。○又按：本集《王徐墓志銘》云：「惠州别駕林君仲璧乞銘於予。」至，閲之愛甚，先生亦即畀之無吝色。知縣趙某瑩。按新會王志，趙瑩弘治二年任知縣，以贓去。頗著貪聲，懼先生遇當道露其事，遺白金數鋌爲太夫人壽，先生不得已受之，戒家人勿啓。後某以贓去官，先生追而還之，其人感泣。提舉汪某榆。慕先生特甚[一]，在海北特作懷沙亭以寓仰止，亦數以白金爲先生壽，其卒于官也，先生盡封還以爲賻。參政伍某、希淵。按阮《通志》，伍希淵，安福人，弘治二年任參政。僉事戴某中。輩，以次各遺白金欲新先生居，却不可，乃營小廬山書屋以處四方學者。初年甚窶，嘗貸粟於鄉人，僉事陶魯知之，遺田若干頃。晚年按察使李白洲士實。倣富鄭公故事，破數百金買園一區於羊城，先生皆却不受，封券至三四

[一]「汪某」，據張詡《翰林檢討白沙陳先生行狀》，即汪廷貞。（徐紘編：《皇明名臣琬琰後録》，第二十二卷，第七頁）阮榕齡乃以爲「汪某」之名爲汪榆，非。

往返。御史熊達按：原本誤作「鴻逵」之「逵」。倣洛陽故事，欲建道德坊於白沙，以風士類，先生力止不可，乃議創樓於江滸，爲往來嘉賓盍簪之所，榜曰「嘉會」，先生曰：「斯可矣。」都御史鄧某廷瓚。倣林逋故事，檄有司月支米一石、歲致人夫二名，先生却之以詩曰：「孤山鶴啄孤山月，不要諸司費俸錢。」行人左某輔。詳弘治七年年譜。存疑。出使外夷，以其師某□。意，致白金三十星，先生亦却之。太夫人兄弟之子某，廣。幼無依，先生教育之成人，至割田廬以樹其家。嘗買婢，得邑人尹氏女，既而知之，歎曰：「良家子也。」命內人撫育之如己女，及笄擇壻嫁之。友人莊昶病，遺書求先生門人知醫范規者［往］〔二〕，規貧不能赴，先生即備行纏服食津遣。

與人交，無生死炎凉之别。都御史朱某英。柩歸桂陽，爲文遣子不遠數千里設奠。尚書彭某、韶。御史袁某、道。經歷張某戩。輩之没也，亦然。其聞羅某、倫。袁某、張某之訃也，皆設位哭，爲之緦服三月。參政胡榮爲提學僉事時，雅重先生，常選生員有異質者十餘人往受業，今學士梁儲、參政李祥輩與焉。其後榮遭憂，先生特弔其母喪於新喻，及吳康齋墓於崇仁、羅一峰墓於永豐，訪莊定山於江浦。按：以上四事，上京順道也。

其論治道，以正風俗、成人才爲急務。知縣丁積之初知新會縣也，出其鄉人給事中董某□□。

〔二〕「往」字原缺，據張詡《翰林檢討白沙陳先生行狀》補。（徐紘編：《皇明名臣琬琰後録》，第二十二卷，第七頁）

○按：□字子仁，江西人，本集有《與董子仁書》。書爲介[一]，求執弟子禮。先生百凡啓迪，以致四禮大行，民愛之如父母。及卒於官，先生綜理其後事如己事。後民立祠於白沙，先生記之。其始終成就，皆先生之力也。顧某叔龍。爲同知知德慶州，卒，事遭不測，先生毅然任其事，曰：「朋友之責也。」後聞其子至，乃已。李承箕裹糧自嘉魚數千里從學白沙，凡二年，先生服食行纏待如子弟，復築楚雲臺以居之。榜聯云：「有月嚴光瀨，無金郭隗臺。」其欲來天下之善如此。學士王某□。聞而歎之[二]，盛偁先生，見《黄公[山]釣臺記》。門人林某□□。○按：此非林光也[三]。始有志於學，後爲貧累，先生欲成之，謀田於肇慶同知張某，吉。以某不歸，乃不果。迎先哲宋丞相崔菊坡像，爲文祭於家，隅坐瞻仰，若子弟之於師者。《廣州志·陳獻章傳》：奉先師孔子於碧玉樓，有行必告。程順。節婦，鍾氏禧。子也，孀居二十七年，貧甚，先生嘉其節，表之以詩，復歲時遺以綾布。君子謂先生「使其大得志，表先德，舉賢才，當不遺餘力也。」厓山大忠祠、慈元廟之建，與夫祀典之舉

[一]「董某」，指董旻。董旻，字子仁，江西樂平人。
[二]「王某」，指王鏊。《黄公山釣臺記》乃王鏊所撰。
[三]張詡所謂「林某」，指林光。阮榕齡所謂「此非林光也」，非。

也，皆發議於先生，與副使陶某、魯。右布政劉某、大夏。僉事徐某禮〔一〕。○阮《通志》：徐禮，餘姚人，弘治九年任僉事。共成之。大忠祠成，太夫人夢金冠三人從甲士數百謝於門。慈元廟之未建也，先生夢一女人后飾，立於大忠之上，曰：「請先生啓之。」後十年建廟，即其所也。故先生《弔慈元廟詩》有「依稀猶作夢魂通」之句。

先生精神嘗與神明通。居外海陳某謙。宅，有異人來見，語祕不傳。臨歿，夢與濂溪、兩崖答歌於衡山之五峰，皆紀之以詩。北歸時，泊舟江滸，夜半有人呼，急起，未幾水至，溺死人畜無算，因得免。

先生德氣睟面盎背，無貴賤老少，莫不起敬。給事中賀欽執弟子拜跪禮，至躬爲之捧硯研墨。既別，肖先生小像，懸於別室，出告反面，有大事必白。羅某倫。改官南京修撰，先生謂曰：「子未可以去乎？」某即日解官去。壬寅，別都御史朱英於蒼梧也，英預約束隨參官，竢先生至，掖之從甬道出入，先生力辭不能，英曰：「古之聖帝明王尊賢之禮，有膝行式車者，况區區乎？」中貴某□。謁先生廬，至江滸却肩輿走數百步。入京師時，經南安，知府張某弼。倣曹參師蓋公

〔一〕此處「徐禮」，應作「徐紘」。（參張詡撰：《翰林檢討白沙陳先生行狀》，徐紘編《皇明名臣琬琰後録》，第二十二卷，第八頁）徐紘，字朝文，武進人，弘治三年庚戌進士。以刑部郎中出爲廣東按察司僉事，分巡嶺東。終於雲南按察司副使。（參永瑢等撰：《四庫全書總目》，上册，第五二四頁）

禮以待先生。道出淮陽，總戎平江伯陳某鋭。往復差官具人船護送，極禮意之隆。暮年欲卜築衡嶽，都御史沈某暉。○《湖南通志》：沈暉，孝宗朝湖南巡撫。創屋、士人［某］等割田以待〔一〕。左布政周某孟中。甫下車，即謁先生於白沙，欲請先生入省南面坐，受拜咨問，以風一方。以先生病，不果。嘗經山鄉，熱甚，思生菜，值山氓植者良少，前此貴客重價求之弗獲，先生至，山氓群來獻之。京師走家童市靴於肆，工人問自先生〔二〕，亟易以佳者。其至誠能動，往往如是。

先生之始爲學也，激勵奮發之功多得之康齋。自臨川歸，足跡不至城府。朱某英。時爲參議，造廬求見，卒避不見。閉户讀書，窮盡天下古今典籍，旁及釋老、稗官、小説，徹夜不寢。少困，則以水沃其足。久之，乃歎曰：「夫學貴乎自得也。自得之，然後博之以典籍，則典籍之言我之言也。否則，典籍自典籍，而我自我也。」遂築臺曰春陽，日静坐其中，足不出閾外者數年。故其答某張元禎。問學詩曰：「古人棄糟粕，糟粕非眞傳。眇哉一勺水，積累成大川。亦有非積累，源泉自涓涓。至無有至動，至近至神焉。發用兹不窮，緘藏極淵泉。吾能握其機，何必窺陳編。學患不用心，用心滋牽纏。本虚形乃實，立本貴自然。戒慎與恐懼，斯言未云偏。後儒不

〔一〕「某」字原缺，據張詡《翰林檢討白沙陳先生行狀》補。（徐紘編：《皇明名臣琬琰後録》，第二十二卷，第九頁）

〔二〕「問」，張詡《翰林檢討白沙陳先生行狀》作「聞」。（徐紘編：《皇明名臣琬琰後録》，第二十二卷，第九頁）

省事，差失毫釐間。寄語了心人，素琴本無弦。」久之，又歎曰：「夫道非動静也，得之者，動亦定静亦定，無將迎無内外。苟欲静，即非静矣。」於是隨動隨静以施其功。故其示門人張某按：即詡自謂。詩曰：「知夜則知朝，西風漲暮潮。千秋一何短，瞬息一何遥。有物萬象間，不隨萬象凋。舉目如見之，何必窮扶摇？」又曰：「登高未必高，老脚且平步。平步人不疑，東西任回顧。豈無見在心，何必擬諸古？異體骨肉親，有生皆我與。失之萬里途，得之咫尺許。得失在斯須，誰能別來去。明日立秋來，人方思處暑。」又曰：「兩脚著地此何關，白雲與爾同去還。正當海濶天高處，不離區區跬步間。」廿八字本集缺。蓋其學初本周子主静、程子静坐之説以立其基，其自得之效則有以合乎「見大心泰」之説，故凡富貴、功利、得喪、死生，舉不足以動其心者；其後造詣日深，則已進乎顔氏之「卓爾，雖欲從之，末由也已」地位，而駸駸乎孔子毋意必固我氣象矣。其學有本原、進有次第，的然可據如此。迨其晚年，超悟極於高遠，則又非他人所能窺測、言語所能形容者矣。其始，懼學者障於言語事爲之末也，故恒訓之曰：「去耳目支離之用，全虚圓不測之神。」其後，懼學者淪於虚無寂滅之偏也，故又恒訓之曰：「不離乎日用，而見鳶飛魚躍之妙。」門人各隨其所見所聞執以爲則，天下之人又各隨其所見所聞執以爲偁，果足以知先生之道也哉？故其詩曰：「千年無鮑叔，一懶有柴桑。」蓋亦嘆天下之莫我知也。所恃天下之大，千百世之遠，其心同，其理同，必有知言者；誦其詩，讀其書，當有以知其人。卓卓哉！孔氏道脉之正傳，而伊洛之學蓋不足道也。是故見諸日用雖與百姓同也，至於不言而信、不怒而威，聞風者興起，沐化者心服，蓋有莫知其爲之者。使得大用於世，綏來動和之效，庶幾乎！

先生嘗以道之顯晦在人而不在言語也，遂絶意著述，故其詩曰：「他年倘遂投閒計，只對青山不著書」；按：此詩先生赴召留别諸友七律，《明儒學案》以爲李世卿作，非也。「莫笑老傭無著述，眞儒不是鄭康成。」按：此和子長七律。有勸之者，對曰：「伏羲數畫耳，况畫前又有《易》乎？」君子曰：「先生著述可謂富矣，自一言演之可萬言，自萬言斂之可無言。」今其詩文不下萬餘首，獨非著述乎？其爲文也，主理而輔之以氣，雖不拘拘於古人之繩尺，故自有以大過人者；其爲詩也，則功專而入神品，有古人所未到者矣，蓋得李、杜之製作而兼周、邵之情思，妙不容言。故其詩曰：「子美詩中聖，堯夫更别傳。後來操翰者，二妙少能兼。」今蒼梧、山東皆梓行其集，惜乎未全也。至於揮翰如其詩，能作古今數家字。山居，筆或不給，至束茅代之。晚年專用，自成一家，時呼爲茅筆字，好事者踵爲之。故其詩曰：「茅君頗用事，入手倆神工。」又曰：「茅龍飛出右軍窩。」皆指茅筆也。天下人得其片紙隻字，藏[以]爲家寶[一]。康齋之壻某□。貧不能自振，造白沙，求書數十幅，歸小陂，每一幅易白金數星。按：康齋壻胡全，見成化十六年年

[一]「以」字原缺，據張詡《翰林檢討白沙陳先生行狀》補。（徐紘編：《皇明名臣琬琰後録》，第二十二卷，第一一頁）

譜。胡壻來白沙，本集缺載，或康齋不僅一壻也。庚申，朝廷遣官使交南，交南人購先生字，每一幅易絹數疋。時從人僅攜一二幅，恨不能多也。

先生教人隨其資品高下、學力淺深而造就之〔一〕，循循善誘，其不悟者不强也。至於浮屠羽士、商農僕賤來謁者，先生悉傾意接之，故天下被其化者甚衆。南畿僧太虛，知名當世，亦以其學求正於先生。先生復書，以「逝者如斯夫，不舍晝夜」告之，曰：「我以此證也。」先是，先生道南畿，見太虛，告以念老母，太虛爲朝夕聖前祝願，至先生歸相見乃已，其篤信如此。嗚呼！若先生者，君子謂「周子之後，一人而已」者，非耶？

某也無似，自成化辛丑見我先生於白沙，我先生即以國士待，其後受教多而辱愛厚。臨没，具書促至白沙，寄以斯文，告門人羅冕曰：「吾道吾付吾某矣。」示以詩曰：「往古來今幾聖賢，都從心上契心傳。孟子聰明還孟子，如今且莫信人言。」又曰：「萬丈祝融何處山，三年碧玉夢相關。多少畫工傳不去，都没賢今畫幅寬。」又曰：「病久唯聽命，詩成不浪傳。門前花十丈，玉井正開蓮。數椽剛到地，一棟正横天。不亡吾道在，萬萬歲相連。」因執某手曰：「出宇宙者，子

〔一〕「造就」，原作「高下」，據張詡《翰林檢討白沙陳先生行狀》改。（徐紘編：《皇明名臣琬琰後録》，第二十二卷，第一一頁）

也。」既而曰：「孔子之道至矣，願無畫蛇添足。」又曰：「用斯行，舍斯藏，子其勉之。吾言止是矣。」嗚呼！言猶在耳，不肖某斗筲之器，何修何爲，而後可以少副我先生付託之重乎？

先生没後，門人聚議，以湛雨爲行狀，李承箕爲墓志銘，梁儲爲傳，而墓表則屬之某也。湛之爲行狀也倉卒，事多未備，按：今《甘泉集》無白沙行狀。某竊懼久而湮晦無傳，暇日因重爲補葺，以爲天下後世君子告，且備異日史氏采録焉。

弘治十四年，歲在辛酉，閏七月甲申，門人承直郎户部主事張詡謹狀。

陳文恭公像

像贊

於維先生，炳靈南粵。浮邱之峰，桂海之碣。静中端倪，作聖真訣。獨契本心，超然融徹。靈鳥神龍，不可縶紲。終老江門，完璧無缺。方漢徐孺，擬宋康節。丹青晬圖，冰壺秋月。庶士傾風，萬流仰哲。矧伊鄉彦，不虔對越。宜其動静與俱，行邁攜挈也。西蜀右布政使後學豫章李遷謹撰。

道光十年十月十二日，榕至白沙謁先生祠，先生裔孫廩生邦瞻千仰出先生真像，大小凡三幀。風度凝遠，如冰瑩秋月。張子《行狀》云「如神仙中人」，猶莫罄形容也。甘泉云「一十二萬年雪月，四百三十峰晴雲」，庶幾乎！先生左腮有七黑子，兩眉界有彎紋微連不斷。上有羅殿撰洪先題墨，所謂「長空大海流風，猶足繫乎綱維者也」。今何家本所繪，乃全弗類。

白沙村圖

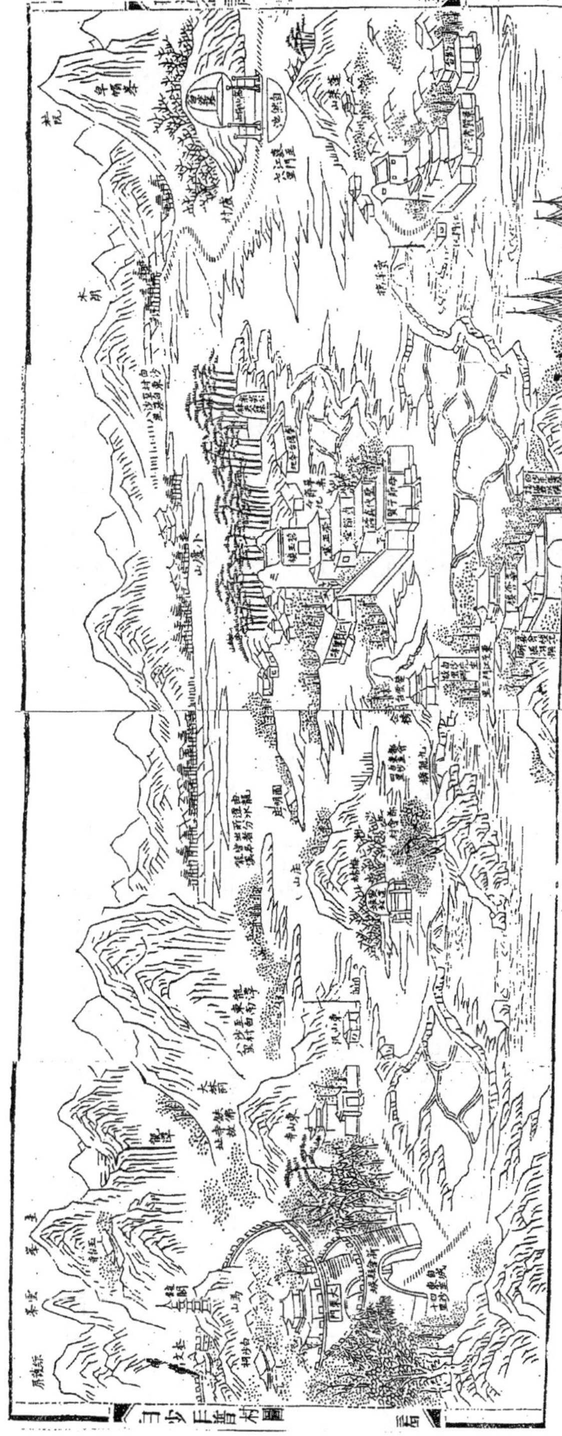

世次 先世自南雄徙新會

先生《世澤》詩云：「世澤由來遠，何年播廣東？吾廬依外海，分派自南雄。」又云：「骨肉危相保，干戈晚益窮。存亡一絲髮，端爲謝蒼穹。」

高祖：有道 字世興，號判鄉，娶湯氏。

曾祖：濤 字澄本，號東源，娶葉氏。

祖：朝昌 字永盛，號渭川，娶呂氏。自外海遷都會，又自都會遷白沙。

父：琮 字懷瑾，號樂芸，娶林氏。

獻文 字公載，號古愚，祀忠孝祠。

景星

景鐘 早卒。

景侯 ○按：古愚公家譜，公尚有子，今居邑城是其後裔。

獻章 字公甫，號石齋，晚號石翁，娶張氏，生二子二女。繼羅氏，無出。

景雲 字仲采，號睡鄉，歲貢，娶梁氏。

晼 字時用，號楚卿，又號蘭臺，歲貢，娶易氏。

田 字子明，號本卿，娶譚氏。

景暘 字仲平，號奉時，邑庠，娶（范）［苑］氏。○按：《行狀》云，先生孫晼、田、豸。疑豸是景暘子。

按：本集附録嘉靖十一年五月湛甘泉《粤秀山白沙書院記》云：「陳氏孫新會儒學生畬，改廣府學而幫其廩以守之。」〇又《霍渭厓集》有《贈白沙孫陳畬》詩曰：「東風鼉木犀，鶴鳴阿田右。」〇按先生繼室羅氏既無出，生卒亦莫考。先生與番禺李德孚書曰：「别紙稱清門羅某，何敢不從？異日資送來白沙，凡一聘之費，大率不過十金。但如來教，則太俗而惡無文，故以釵與幣易之，而侑以羊酒，不審以爲何如？」按此書當作於成化六七年。〇又《與鄭文吉書》：「章之内兄羅經，水母灣人，金成之義主翁也。内兄存日窘甚，棄其居第，還車陂。死，無子，遺二妾，女一居孀，一在其室，今欲取來白沙。倘遇船便，先令金成走車陂，取至廣，搭附來白沙，極感，極感。」

編次陳白沙先生年譜卷一

新會後學阮榕齡竹潭編

宣宗宣德三年戊申（一四二八），冬十月二十一日，白沙先生生於新會都會村。

祖，處士渭川公，年五十三。祖母，吕氏，年五十四。

父，處士樂芸公，年二十七。母，林氏，年二十四。

兄，名獻文，字公載，號古愚，年五歲。俱尚存。

是年九月□日，樂芸公卒〔二〕。年二十七。○公諱琮，字懷瑾，號樂芸。讀書一目數行，善詩，十載長吟，語多奇麗。（張詡撰《白沙先生行狀》）○陳琮生有異質，髫齡能文，喜歌吟，尤究心理學，身體力行，毅然以明道淑人爲己任。先輩多以遠大期之。質羸善病。（《廣州鄉賢傳》）○崇禎十六年，巡撫御史四川柳寅東等題請崇祀郡邑鄉賢。（白沙本集附録）

時事：□月，新會右都御史魯能生。（《邱文莊集·魯公神道碑》）

宣德四年己酉（一四二九），先生年二歲

宣德五年庚戌（一四三〇），先生年三歲

宣德六年辛亥（一四三一），先生年四歲

宣德七年壬子（一四三二），先生年五歲

〔二〕　李承箕撰《陳公樂芸配林合葬志》云：「宣德戊申九月十二日，陳公樂芸卒。」（李承箕撰：《大厓李先生詩文集》，《四庫全書存目叢書》，濟南：齊魯書社，一九九七年，集部第四十三册，第六〇三頁）

宣德八年癸丑（一四三三），先生年六歲

宣德九年甲寅（一四三四），先生年七歲

宣德十年乙卯（一四三五），先生年八歲

時事：正月，帝崩，太子祁鎮即位。

英宗正統元年丙辰（一四三六），先生年九歲

本集《乞終養疏》：「方臣幼時，無歲不病，至於九歲，以乳代哺，非母之仁，臣委溝壑久矣。」

正統二年丁巳（一四三七），先生年十歲

正統三年戊午（一四三八），先生年十一歲

正統四年己未（一四三九），先生年十二歲

正統五年庚申（一四四〇），先生年十三歲

正統六年辛酉（一四四一），先生年十四歲

正統七年壬戌（一四四二），先生年十五歲

正統八年癸亥（一四四三），先生年十六歲

正統九年甲子（一四四四），先生年十七歲，母年四十

正統十年乙丑（一四四五），先生年十八歲

正統十一年丙寅（一四四六），先生年十九歲

時事：五月二十六日，祖母吕氏卒。年七十二。○《白沙家譜》：「母性端重，不妄言笑。」

正統十二年丁卯（一四四七），先生年二十歲

弱冠，充邑庠生。其師某見其文，曰：「陳生，非常人也。」（《行狀》）〇九月，中鄉試第九。

正統十三年戊辰（一四四八），先生年二十一歲

入京赴春闈。〇四月，中副榜進士，告入國子監讀書。正統十三年，總裁侍郎高穀、侍講甘寧。（《明貢舉考略》）

正統十四年己巳（一四四九），先生年二十二歲

時事：八月十六日，帝北狩。〇九月，帝弟郕王即位。

時事：十二月初五日，祖父渭川公卒。年七十四。〇《家譜》：「公生洪武九年八月初二日，卒正統十四年十二月初五日，年七十四。」而先生《世賴堂銘》云：「我祖渭川，七十八年，漢陰抱甕。」是多四年矣。疑「八」字乃「四」字之誤。

景帝景泰元年庚午（一四五〇），先生年二十三歲

時事：八月，英宗歸京師，入居南宮。

景泰二年辛未(一四五一),先生年二十四歲

時事:七月,門人梁儲生。

本集《乞終養疏》:「景泰二年,會試下第。」

景泰三年壬申(一四五二),先生年二十五歲

時事:二月十九日,長子景雲生。

景泰四年癸酉(一四五三),先生年二十六歲

景泰五年甲戌(一四五四),先生年二十七歲,母年五十

時事:以陶魯为新會縣丞。

八月,「陳生中戊辰乙榜進士。篤漆雕之信,復淹吾館。每誦鯉庭之永隔,感孟機之多違,聞者動心焉。家僮之返,予爲大書『孝思』題其白沙之堂。」又曰:「伯氏朝夕爲我申其説於定省之餘,亦足稍慰倚閭之況云。」(吴康齋與弼題《孝思堂記》)○陳白沙自廣東來學。晨光纔辨,先生手自簸穀。白沙未起,先生大聲曰:「秀才,若爲懶惰,即他日何從到伊川門下?何從到孟子門下？」（《明儒學案》「吴康齋」條）○白沙之於吴聘君也，爲之執役數月而不敢請益。其後賀黄門於白沙亦然。（《廣東新語》）○予少時聞白沙先生學於吴康齋先生。吴先生無講説，使先生斸地、植蔬、編籬。吴先生或作字，先生研墨；或客至，則令接茶。如是者數月而歸，竟無所得於吴先生也。（楊起元《白沙語録序》）○按以上三條與《行狀》迥異，當以張《狀》爲有據。楊云無講説，尤與先生自述語顯然相背。

本集《與趙提學書》：「僕年二十七始發憤從吴聘君學，其於古聖賢垂訓之書無所不講，然未知入處。」○《書蓮塘册後》：「予與婁克貞同事吴徵君。予以景泰甲戌游小陂〔一〕，與克貞先後至。」按：《一統志》：「陳獻章從吴與弼游，在正統間。」誤。○《書玉枕詩話後》：「東海平日自謂具隻眼，能辨千古人物，而近遺康齋，何也？予年二十七游小陂〔二〕，聞其論學，由濂洛關閩以上達洙泗；尊師道，勇擔荷，不屈不撓，如立千仞之壁，蓋一代人豪也。」按：吴與弼，字子傅，世偁康齋先生，崇仁人。年十九，見《伊洛淵源録》，慨然向慕。天順元年徵赴闕。又云：其門人最著者，胡居仁、陳獻章、婁諒；次曰胡九韶、謝復、鄭伉。○婁諒，字克貞，上饒人。少有志絶學，聞吴與弼在臨川，往從之。一日，與弼治地，召諒往視，云：「學者須親細務。」〔三〕諒素豪邁，由此折節，雖掃除之事，必身親之。王守仁少時，亦嘗受業於諒。（俱《明史·儒林傳》）

〔一〕「小陂」，原作「小坡」，據碧玉樓本《白沙子全集》改。（陳獻章撰：《白沙子全集》，碧玉樓本，第二卷，第一三頁）

〔二〕「小陂」，原作「小坡」，據碧玉樓本《白沙子全集》改。（陳獻章撰：《白沙子全集》，碧玉樓本，第二卷，第一八頁）

〔三〕「細務」，原誤作「切務」，據《明史》改。（張廷玉等撰：《明史》，第二十四册，第七二六三頁）

景泰六年乙亥（一四五五），先生年二十八歲

先生之學，激勵奮發之功多得之康齋。自臨川歸，足不至城市。朱英時爲參議，造廬求見，卒避不見。閉户讀書，益窮古今典籍，徹夜不寢，少困則以水沃其足。久之，乃歎曰：「夫學貴自得也。自得之，然後博之以載籍。」遂築臺，名曰春陽，靜坐其中，足不出閾者數年。（《行狀》）○按：朱英，字時傑，桂陽人。景泰初，爲廣東右參議。過家省母，橐中惟賜金十兩。抵任，撫凋瘵流亡，立均徭法，十歲一更，民皆傾便。成化十年[一]，巡撫甘肅。[明年]冬[二]，總督兩廣。（《明史》本傳）

本集《與趙提學書》：「僕從吳聘君學。比歸白沙，杜門不出，專求所以用力之方。既無師友指引，惟日靠書册尋之，忘寢食。如是者累年，而卒未得也，謂此心此理未有脗合也。於是舍繁求約，惟在靜坐，然後此心之體隱然呈露，日用應酬惟吾所欲，如馬之[御]銜勒[三]。體認物理，稽諸聖訓，如水之有源委也。於是涣然自信，曰：『作聖之功，其在此乎！』」○《龍岡書院記》：「予少無師友，學不得其方，汩没於聲利、支離於粃糠者久之。年幾三十，始盡棄舉業，從吳聘君游。然後益歎迷途未遠，取向所汩没者，洗之以長風，蕩之以大波。坐小廬山十餘年，足

[一]「成化十年」，原誤作「天順十年」。明英宗以「天順」年號之紀年，僅八年。無「天順十年」之説。《明史·朱英傳》云，成化十年，朱英以右副都御史巡撫甘肅。（張廷玉等撰：《明史》，第十六册，第四七四一頁）據改。

[二]「明年」二字原缺，據《明史·朱英傳》補。（張廷玉等撰：《明史》，第十六册，第四七四一頁）

[三]「御」字原缺，據碧玉樓本《白沙子全集》補。（陳獻章撰：《白沙子全集》，碧玉樓本，第三卷，第二二三頁）

不踰於閾。」〇與劍水黃琥交，嘗宿其家。按：本集《肇〔慶〕府城隍廟記》云：「予曩從吴聘君遊，往來劍水，嘗宿其家。」詳弘治九年。〇從學吴聘君後，習静春陽臺十載。（湛若水撰：《改葬白沙先生墓碑》）

景泰七年丙子（一四五六），先生年二十九歲

先生初築春陽臺，日坐其中。用功或過，幾致心病。後悟其非，且曰：「戒慎與恐懼，斯言未云偏。後儒不省事，差失毫釐間。」蓋驗其弊而發也〔二〕。（《明儒學案》白沙條）〇坐春陽臺，家人穴壁饋飡。（《雒閩源流録》）

景泰八年丁丑（天順元年、一四五七），先生年三十歲

時事：正月，英宗復位，改元天順。二月，景帝崩。

英宗天順二年戊寅（一四五八），先生年三十一歲

時事：五月，徵處士吴與弼爲左諭德。

〔二〕「發」，原誤作「廢」，據《明儒學案》改。（黄宗羲撰：《明儒學案》，北京：中華書局，二〇〇八年修訂版，上册，第一〇五頁）

天順三年己卯（一四五九），先生年三十二歲

天順四年庚辰（一四六〇），先生年三十三歲

天順五年辛巳（一四六一），先生年三十四歲

天順六年壬午（一四六二），先生年三十五歲

時事：本集《輔城記》：「是年，廣西寇大至新會城下，劫掠居民。縣丞陶魯方捍盜他邑，聞報馳歸，慟哭，率父兄子弟討賊，築輔城以禦之。」〇《書思德亭碑後》：「昔壬午之冬，寇忽大至。此吾與父兄所共見也。」按：陶魯，字自强，成子，鬱林人。以父廕爲新會丞。天順中，遷知縣。累官至湖廣布政兼廣東按察副使，領嶺西道。兩廣倚之如長城。（《欽定大清一統志》）

天順七年癸未（一四六三），先生年三十六歲

時事：新會縣丞陶魯陞知縣。

時事：原配張氏卒。按：成化八年，繼娶羅氏。《聘啓》云：「始者，曠十年而莫遇。」又《先室墓志》云：「卒葬孔家山。」疑張氏卒於是年。詳成化廿三年。

天順八年甲申(一四六四),先生年三十七歲,母年六十

時事:正月,帝崩,太子見深即位。

時事:六月十六日,禮部侍郎薛瑄卒。年七十六。○按:先生謚文清,長於白沙三十九年。《明儒學案》次文清於白沙之後,非也。

本集詩:《初秋夜》五律二首。自我不出户,歲星今十週。○按:以上十年,皆在春陽臺。

憲宗成化元年乙酉(一四六五),先生年三十八歲

時事:冬,新會知縣陶魯從總督韓雍破大藤峽賊。

成化二年丙戌(一四六六),先生年三十九歲

時事:永豐羅倫及第第一。○五月,貶修撰羅倫爲福建市舶。羅倫,字彝正,永豐人。成化丙戌廷對第一,授修撰。會李文達奪情,疏奏,落職泉州市舶司。明年召還,復修撰,改南京。尋歸金牛山。學者稱一峰先生。(《明儒學案》)

時事:門人上海陳肅來從學。陳肅與陳子讀書國子監,因師事之。(《門人録》)

時事:門人增城湛若水生。

講學之暇，時與門徒習射禮。流言四起，以爲聚兵。衆皆爲先生危，先生處之超然。時學士錢溥謫知順德縣，雅重先生，勸亟起，毋詒太夫人憂。先生以爲然，遂復遊太學。祭酒邢讓試先生和楊龜山《此日不再得》詩，大驚曰：「龜山不如也。」明日颺言於朝，以爲真儒復出。一時名士如羅倫、章懋、莊昶、賀欽輩，皆樂從之遊。欽執弟子拜跪禮，至躬爲捧硯研墨。（《行狀》）○邢讓，字遜之。成化二年，遷國子監祭酒。（《明史》本傳）○莊先生，諱昶，字孔暘，號木齋，江浦人，成化丙戌進士。與之交者，皆一時名儒，如陳白沙先生、羅一峰其尤也。（湛若水《定山先生墓志》）○周蕙門人薛敬之，渭南人。從蕙遊，雞鳴候門啓，輒灑掃設席，跪而請教[一]。憲宗初，以歲貢入國學，與同舍陳獻章並有盛名。（《明史・儒林傳》）

本集《湖山雅趣賦》：「丙戌秋[二]，余策杖自南海循庾嶺而北涉彭蠡，過匡廬之下，復取道蕭山，泝桐江艤舟望天台峰，入杭觀西湖。」又云：「客有張瑮者[三]，聞余言，拂衣而起，擊節而歌。」○《乞終養疏》：「國子監撥送吏部文選清吏司歷事。」○先生日捧案牘，與群吏雜立廳下，朝往夕返，不少怠。郎中等官皆勉令休，對曰：「某分當然也。」侍郎尹某聞而賢之，遣子從學。先生力辭，凡六七往，竟不納。（《行狀》）○侍郎尹旻賢之，遣子從學。力辭。（本集引《明史・儒林傳》）

[一]「請」，原誤作「講」，據《明史・儒林傳》改。（張廷玉等撰：《明史》，第二十四册，第七二三一頁）

[二]「丙戌」，原誤作「丙戊」，據碧玉樓本《白沙子全集》改。（陳獻章撰：《白沙子全集》，碧玉樓本，第二卷，第二七頁）

[三]「張瑮」，碧玉樓本《白沙子全集》作「張璟」。（陳獻章撰：《白沙子全集》，碧玉樓本，第二卷，第二八頁）

本集詩：《和楊龜山此日不再得韻》。五古。全録：能飢謀藝稷，冒寒思植桑。少年負奇氣，萬丈磨青蒼。夢寐見古人，慨然悲流光。吾道有宗主，千秋朱紫陽。説敬不離口〔一〕，示我入德方。義利分兩途，析之極毫芒。聖學信匪難〔二〕，要在用心臧。善端日培養，庶免物欲戕。道德乃膏腴，文辭固秕糠。俯仰天地間，此身何昂藏。胡能追軼駕，但能漱餘芳。持此木鑽柔，其如磐石剛。中夜攬衣起，沉吟獨徬徨。聖途萬里餘，髮短心苦長。及此歲未暮，驅車適康莊。行遠必自邇，育德貴含章。邇來十六載，滅迹聲利場。閉門事探討，蜕俗如驅羊。隱几一室内，兀兀同坐忘。那知顛沛中，此志竟莫强。譬如濟巨川，中道奪我航。顧兹一身小，所繫乃綱常。樞紐在方寸，操舍決存亡。胡爲謾役役，斲喪良可傷。願言各努力，大海終回狂。

成化三年丁亥（一四六七），先生年四十歲

時事：是年春，先生南歸。章懋贈詩：「有美羅浮仙，金聲玉爲質。嚴棲四十春，遺編自探索。」謝文祥贈詩：「白沙先生年四十，屹然砥柱中流立。」〇按：二詩見本集《附録》。〇謝文祥，耒陽人，天性峭直。與羅倫、莊㫤善。授御史，數上封事，直氣動臺端。（《大清一統志》）〇謝文祥謫南陵縣丞，劉大夏、陳獻章俱壯其節，贈之詩。（《氏姓譜》）

時事：□月，召羅倫還，復爲修撰，改南京〔三〕。居二年，引疾歸。（《明史》本傳）

〔一〕「説敬」，原誤作「説經」，據碧玉樓本《白沙子全集》改。（陳獻章撰：《白沙子全集》，碧玉樓本，第六卷，第二頁）

〔二〕「聖學」，原誤作「聖賢」，據碧玉樓本《白沙子全集》改。（陳獻章撰：《白沙子全集》，碧玉樓本，第六卷，第二頁）

〔三〕據《明通鑑》，朝廷「召羅倫還，復爲修撰，改南京」，事在成化三年三月。（夏燮撰：《明通鑑》，北京：中華書局，二〇〇九年第二版，第二册，第一〇八一頁）

時事：十二月，杖謫編修章懋、黄仲昭、檢討莊杲。章懋，字德懋，蘭谿人。成化丙戌，會試第一，授修撰。與同官黄仲昭、莊杲諫上元燈火，杖闕下。後講學楓木庵，學者偁曰楓山先生〔一〕。

成化四年戊子（一四六八），先生年四十一歲

時事：是年，先生復入京師。

本集詩：九月，《送吴廷介歸開化》七絶。序：「戊子秋，開化吴廷介縣博校文於我省，念太夫人初度之辰在十月十八日，撤棘之後，趨歸爲壽，詩以送之。」〔二〕

〔一〕「楓山先生」，原作「楓木先生」，因章懋傳記多作「楓山先生」，（參黄宗羲撰：《明儒學案》，下册，第一〇七四頁；張廷玉等撰：《明史》，第十六册，第四七五二頁）據改。

〔二〕「戊子秋」，高簡刻本《白沙子》所收此詩，作「戊午秋」；「吴廷介」，作「吾廷介」。（陳獻章撰：《白沙子》，明嘉靖十二年高簡刻本［《四部叢刊》三編，上海書店，一九八五年影印本］，第六卷，第一頁）戊午，爲弘治十一年。弘治十五年壬戌夏六月晦日，白沙先生之高足林光作《跋石齋贈吾廷介詩》，略云：「吾廷介嶺南選士時，拜石齋先生於白沙，得壽母詩一絶。時值重九，廷介出《和贈詩》一律，又《别後和舟中見寄》一律。余官在太學，廷介新中進士榜，相聚京師，出此卷觀之。計石翁此作，去屬纊僅一年餘耳。字觀其筋骨，詩味其風韻，妙處蓋不在多也。言外不盡之意，廷介當自得之。後二絶，子侄輩代答，觀者當自辨。」（林光撰：《南川冰蘖全集》，第六七至六八頁）依據林光此跋，可確知白沙先生此詩，乃弘治十一年戊午秋，作以贈吾廷介者。阮榕齡將此詩視爲成化四年戊子作以贈吴廷介者，非是。當據高簡刻本《白沙子》及林光《跋石齋贈吾廷介詩》改正。

成化五年己丑（一四六九），先生年四十二歲

時事：門人東莞林光會試下第。

時事：八月，下刑部郎中彭韶於獄。

時事：十月十七日，吴與弼先生卒。年七十九。（《明儒學案》）

時事：十一月，起復韓雍，總督兩廣。

己丑，禮闈復下第，有神見夢於人曰：「陳先生卷爲人投之水矣。」先是，先生寓神樂觀，科道諸公往來請益無虚日，既而某被科道劾〔二〕，疑出先生，故惡之深，且曰：「彼戴秀才頭巾爾，動人若是，脱居要路，當何如耶？」揭曉，編修某時爲同考官，索落卷不可得，欲上章自劾，冀根究，不果。時京師有「會元未必如劉戩，及第何人似獻章」之謠。群公往慰之，先生大笑。莊杲曰：「他人戚戚太低，先生大笑太高。」其居神樂觀也，北士麤鄙者數人約曰：「必共往困折之。」及見先生，口噤不發一語。（《行狀》）○劉戩，字景元，安福人，成化乙未進士第二。（《萬姓統譜》）○成化己丑，今布

〔二〕「某被科道劾」，原誤作「某科道被劾」，據張詡《翰林檢討白沙陳先生行狀》改。（徐紘編：《皇明名臣琬琰後録》，第二十二卷，第二頁）

政周孟中時同遊太學。[一]（《行狀》）

本集《乞終養疏》：「成化五年，復會試，下第。」按：先生凡三上春官。《鳳洲筆記》：「七上春官。」誤。○《跋張聲遠康齋真蹟》：「成化己丑三月，行李出京，是日次析木之店，以示東吳張聲遠鍈，一見驚絶，閱之竟日不[目]瞬[二]。以手撫弄，以口吟哦。某憐之，割一紙。」按：析木，即今京畿，屬大興縣。鍈，詳《門人攷》。○五月二十一日，至南京，見羅倫。二十四日，羅倫有《送白沙先生詩序》。本集《告羅一峰墓文》：「成化己丑夏，予遇先生於南畿，盍簪之懽，忘形爾汝，既三宿而後去。」○羅文毅公倫，指切時事，忤旨落職。未幾，商文毅相召，復原官，尋改南京。聞白沙先生緒論，慕之。以疾辭歸。（《先進遺風》）○《跋康齋真蹟》：「己丑六月，過清江，以手書問先師，尚無恙也。」按：清江縣屬江西臨江府。○秋，歸自京師。○南歸，杜門却掃，潛心大業。四方學者日益衆，往來東西兩藩部使，以及藩王島夷宣慰，無不致禮於先生之廬。（《行狀》）○《復趙提學書》：「僕自己丑得病，五、六年間，自汗時發，母氏加老，是以不出門。則凡責僕以不仕者，遂不可解。」○《與張憲副廷學書》：「僕自己丑得病以來，人事十廢八、九，齒髮都耗，精力寖衰。而老母麤康，諸兒女婚嫁漸次可畢。」

[一] 案：同遊太學者，爲周瑛，而非周孟中。

[二] 「不目瞬」，原作「不瞬」，據碧玉樓本《白沙子全集》改。（陳獻章撰：《白沙子全集》，碧玉樓本，第二卷，第一五頁）

○《與陳剩夫書》：「穹壤百年，極欠一會。某自春來得厥疾，一卧至今。武夷之游，遂成虛語。」

成化六年庚寅（一四七〇），先生年四十三歲

陳音，字師召，莆田人。天順末進士。成化六年三月，以災異陳時政，言：「致仕尚書李秉，在籍修撰羅倫、編修張元禎、新會舉人陳獻章，皆當世人望，宜召還秉等，而置陳獻章臺諫。」忤旨切責。（《明史》本傳）

本集《夢記》：「三月二十七日，碧玉樓午睡，夢出貞節門外，大水，一老人抱衣浣於前，歌曰：「法好人莫傳，衣好人莫穿。」」按：《夢記》凡二條。第一條云「庚寅秋」，第二條加一「又」字，別起一行，云「三月」。若同是庚寅，則當以「三月」爲上條，「秋」爲下條。今春秋倒置，豈既庚寅秋作而後追録前三月之夢耶？抑同是《夢記》，而「三月」一條非是年所作耶？○《尋樂齋記》：「五年，伍光宇始構亭於南山之巖。明年，復於吾第之左，結草屋三間。」○《夢記》：「庚寅秋，距予自京師歸適一載。是夕天氣稍涼，予讀《易》白沙之東房。卧，夢與應魁殿元、克恭同行。」○秋，《誄潘季亨詩序》：「季亨之交於予十六載，意篤而業不光。一旦棄我而死，不塞望矣。吾所以不能不爲之慟而深憾於平日也。卒於於成化庚寅，年三十八〔二〕。屬纊之秋，適林緝熙自寶安來，覽予詩而哀，故亦同作。」○《書孔高州平賊詩卷後》：「太守今進秩憲副使。」孔鏞，長洲人。成化六年，按察副使。（阮《通志》）○九月，作《李文溪集序》。○十二月，作《東曉序》。何子隱，南海人，更名潛，榜其居曰「東曉」。○按：何潛，《南海志》缺載。予邑西南四十里葫頭蔣山有阮公蘭亭墓碑，有曰：「君爲外兄弟，誼不可辭。」是何與阮爲戚屬。文凡二百五十餘字，惜殘缺者已五十許字。末署：「庚寅十二月既望，廬江何潛書。」蘭亭，榕七世祖也。東曉事莫攷，僅見先生此序及此碑耳。書法秀勁高妙。碑詳《新會林志·金石》。○秋，門人張鍈書來求跋康齋先生真蹟。○《與祝主簿書》：「未拜一顧之勤，此晛疊至，皇恐皇恐。閣下以至公待民，使一邑受賜，則惠之所及廣矣。」祝鐸，浙江宣平人。（《新會林志》）

本集詩：《伍光宇卜築白沙爲讀書之所》七絶二首；《吴邨弔莊節婦墓》五律二首。

成化七年辛卯（一四七一），先生年四十四歲

時事：十月十八日，伍雲卒。

〔二〕「年三十八」，原作「年三十六」，據《誄潘季亨詩序》墨跡改。（陳福樹撰：《陳白沙的書法藝術》，廣州：廣東旅遊出版社，二〇〇八年，第三八頁）

二月，代兄作《聘啓》。按：啓内云「尊親家鄭處士」，疑即鄭文吉也。

本集《送李山人詩序》：「成化辛卯春，永豐李立武過白沙訪予。」〇《與胡僉憲提提學書》：「李山人至，蒙賜《相山骨髓》等書。承諭欲來新會。予久卧衡茅，未欲進拜，則有其説。布衣鄙儒，謬爲王公大人所愛，恐不自重，以爲門下辱。」胡榮，新喻人，成化七年，任按察司僉事提學。（阮《通志》）〇《與庠中諸友書》：「春初，承諸君枉顧。屬有哀事。」又云：「按察胡先生過白沙，青燈敘舊。」又云：「諸君方急於秋試[一]。」〇《與伍光宇書》：「賤軀百病交攻，近過胡按察，教以心馭氣之術。試效立驗。但應接事煩，工夫不精。今自五月一日爲始，以家事權屬老母，借尋樂齋静居百日，有驗即奉還也。」〇九月作《緑圍伍氏族譜序》：「辛卯首夏，光宇疾大作。九月，予往視之。坐甫定，便語云：「還我族譜序，吾無憾焉耳。」退見其季父絢、伯兄裕，咸申之曰：「絢等未有請也。惟先生之於雲也，實望之，寧獨愛一言？且使聞之，病亦尋起。」〇伍光宇别於白沙築臺曰尋樂[二]。自庚寅冬至明年首夏，凡四月日在尋樂。卒年四十七。〇作《尋樂齋記》。按《記》云：「明年而光宇死。」是齋建於伍生前而記作於伍死後。〇《送張方伯詩跋》。張瑄，江浦人。

[一]「諸君」，原誤作「請君」，據碧玉樓本《白沙子全集》改。（陳獻章撰：《白沙子全集》，碧玉樓本，第四卷，第三六頁）

[二]「别」，原作「君」，據碧玉樓本《白沙子全集》改。（陳獻章撰：《白沙子全集》，碧玉樓本，第五卷，第六頁）

成化四年任布政使。（阮《通志》）○十二月，代兄作《請期啓》。凡二篇。

成化八年壬辰（一四七二），先生年四十五歲

時事：九月三十日，餘姚王守仁生。

時事：娶繼室羅氏。

正月二日，作《奠伍光宇文》，命子景雲往南山代之。○本集《代兄與李宗書》：「文啓：猥蒙不鄙，弱弟某遂室家之願，實吾子之惠。某以序次當爲主人，不得詣吾子躬專請也。倘吾子不憚劬於路，而以歸羅氏子於白沙某也，則願吾子之終賜愛焉。」○《與僉憲胡提學書》：「野人有婦，亦以代井春之勞而已[一]。明日昧爽，以此婦見祠，畢事即趨行臺拜謝。」○二月，豐城友人某以吳康齋先生訃至。按：康齋先生實卒於成化五年冬，至是始聞訃也。○《雜詩序》：「予辛卯九月以來，絶不作詩。今年四月，予病小愈，扶杖出門，俯仰上下，欣慨於心。師友代凋，知己悠邈，不可爲懷。積旬得詩若干，此外又有《聞蛙》、《聞鵑》、《示跛奴》、《詰李翁》、《送西賓》等詩。晦

[一]「井春」，原作「井臼」，據碧玉樓本《白沙子全集》改。（陳獻章撰：《白沙子全集》，碧玉樓本，第三卷，第二九頁）

日，序之用示兒子。○六月戊寅，作《告伍光宇文》。○□月，爲外兄何經作《處素記》〔二〕。○十二月，作《番禺何廷矩母周氏墓志銘》。

本集詩：《壬辰九日圭峰作》七律。

成化九年癸巳（一四七三），先生年四十六歲

成化十年甲午（一四七四），先生年四十七歲，母年七十 太夫人老耄，康强如壯。先生顧常多病，常慮一旦先朝露，不能送終，故自太夫人七十以後，每夕具衣冠，秉燭焚香，露禱於天，曰：「願某後母死。」（《行狀》）

時事：三月，罷兩廣總督韓雍。據《帝王年表》。○《明史》本傳作九年。

時事：秋，漳州布衣陳真晟卒。按《明史·儒林傳》，真晟卒於成化十年。《明儒學案》亦云十年，年六十四。

時事：九月，門人南海陳庸、番禺張詡、順德梁儲、樂昌鄧球同領鄉薦。

本集《與吴惠州繹思書》：「僕生嶺左四十有七年。」吴繹思，莆田人。成化中，守惠州，涖政果斷，增修諸邑學宮，衆務咸舉。（《通志》）○《與韓知縣書》：「執事前在敝邑，日月不多，未究所蘊。去之順德，

〔二〕「處素記」題下標明「成化八年六月，爲外兄何經作」。（陳獻章撰：《白沙子全集》，碧玉樓本，第一卷，第五二頁）

雖云異治，固尚在此邦之内。」韓昇，浙江秀水人。成化八年任，凡一年。（《新會林志》）○按：《順德志・職官》缺昇名，或署事也。

本集詩：《代簡答羅一峰殿元》五古。臺城一揮袂，忽忽星週五。十二月，《題馬默齋壁》七古。

成化十一年乙未（一四七五），先生年四十八歲

時事：以曹偉知新會縣。曹偉，湖廣京山人。監生。成化十一年任。（《新會林志》）

時事：十月，以朱英總督兩廣。（《通鑑輯覽》）

蕭子鵬聞康齋講道，往師之。康齋没，以陳白沙得康齋之傳，卒業於門。别歸，贈詩云：「玉峽蕭郎海上來，海邊雲氣擁樓臺。峽中亦有樓臺擁，始信蕭郎海上回。」（《萬姓統譜》）○蕭子鵬，字宜沖，新淦人。○按：九曜石有成化乙未秋新淦蕭子鵬六言草書。（《粤東金石録》）

本集《與羅一峰書》：「《大忠祠碑》皎皎烈烈，見先生之心矣。諸生蒙薰炙，歸來又是一番人物，多荷，多荷。《三峰叙》並諸作實有意思。」○作《容處士墓志銘》。○《與陳秉常書》：「秉常不春試，永豐之使不在吴璉，秉常幸圖之。一見羅殿元亦不枉了。」○《與胡提學書》：「奉别忽已踰年，昨生員易彬送到羅明仲、林蒙庵、丘蘇州書，知先生安佳。某近以人事過煩，自汗時發，閉齋偃卧，絶去酬應。下車之始，即欲遣人上問，尋聞往梧州。昨晚小兒自羊城回，乃知先

生自梧州還。閩中陳剩夫者，先生所知，不幸去年秋間死矣。舊歲莆田舉人林體英來訪白沙，與語兩月，比歸，亦能激昂自進。」按：《南海志・金石略》：成化八年十一月，胡榮書《濂溪書院記》曰「天順癸未，予提學來廣」云云。先生與胡公此書，今以《明史・陳真晟傳》攷之，故入是年，豈成化十一年胡公尚在廣東耶？○《與張東白內翰書》：「比者，婁克貞教諭亦有書來。僕既未接其人，不可遽有往復。陳布衣竟不及面而卒，可歎。」張元禎，字廷祥，官禮部左侍郎兼學士。交陳選、羅倫、陳獻章，皆以道學相規。（《萬姓統譜》）

補詩：《夏贈陳秉常、容彥昭、易德元使永豐謁羅一峰》。夜發白沙口，席影江門月。洋洋一峰倫，望望何時接。男兒亦何事，料理經事業。千載曲江祠，中間可停楫。○按：詩見《鶴山縣志》，本集失載。

成化十二年丙申（一四七六），先生年四十九歲

時事：□月，門人番禺何瀞來從學。

時事：以朱英總督兩廣。（阮《通志・職官表》）

時事：六月十二日，長子景雲婦梁氏卒。年二十一。

本集《復趙提學》第一書：「奉到董給事書，其中稱道盛德不少置，僕私心喜甚，以爲此來當得一見。非子仁，僕無以知執事；然以子仁之言，又未嘗不追恨於京游之日也。」又云：「都憲公按：謂朱公英。雖未見顏色，然仰之十餘年矣。比聞下車以來，德政之布，沛若時雨。」按阮《通志》：「趙瑶〔二〕，晉江人，成化十二年任提學僉事。」本傳云：「教有根本，士習丕變。」攷之本集，有《陪趙提學厓山詩》。又《厓山志》有趙瑶詩。

本集詩：《夢觀化，書六字壁間，曰「造物一塲變化」》五古。問我年幾何，春秋四十九。○作《恩平學記》。

成化十三年丁酉（一四七七），先生年五十歲

時事：厓山大忠祠成。按《新會王志·編年》：「成化五年，建大忠祠於厓山。」又攷羅倫《大忠祠記》後云：「成化十三年丁酉五月己酉，新會知縣曹偉立石。」疑創於五年，立石於十三年也。○按：白沙陳獻章倡議立大忠祠，始成，母林夫人夢金冠三人，從甲士數百，謝於門。又：白沙求大忠祠碑於石工，其人宿祠下，夢神指之曰：「趺在是。」往求之，果得趺，若夙成者。因作詩紀之。（《厓山志》）

時事：九月，門人周京領鄉薦。

時事：建貞節坊。儒士陳琮妻林氏，獻章母也。年二十四孀居，貞節孚内外。姑吕氏性端重，不妄言笑，家人奉若神明。林事之二十餘年，未嘗一見怒色。成化十三年，詔旌其門。（阮《通志》）

〔二〕「趙瑶」，應作「趙瑶」。下同。周學曾纂修《道光晉江縣志》云：「趙瑶，字德用，号古愚，宋莊懿王德昭之後也。成化乙酉解元，丙戌進士。授官刑曹，同考會試。擢廣東提學僉事，卒于官。」（轉引自陳志平撰：《陳獻章書迹研究》，北京：文物出版社，二〇〇九年，第二三九頁）

本集《書思德亭碑後》：「成化八年夏，陶公由吾邑長進秩憲僉，六年考滿如京，諸父兄攜《思德碑》請文以贈。」按：《世烈録》：「成化十二年閏十二月二十六日，敕陶魯爲按察副使。」蓋敕在十二年［閏］十二月〔一〕，進京在十三年也。○《送羅養明還江右序》：「永豐羅養明，丁酉春，奉一峰先生命來白沙。一峰，賢者也，而養明其愛弟，與語連日夜忘倦。律詩二首以贈。」○《與張憲副廷學書》：「京師一別，逮今六年。」張誥，字汝欽，華亭人。成化丁酉，陞廣東按察副使。（阮《通志》）

本集詩：《登陶魯壯哉亭》五律，自注：「弘治元年閏正月，閲丁酉舊稿，以遺守祠者。」《三贈文都》七律，小住江門五十年。《承張方伯報［旌表家慈貞節］》〔二〕、《旌表家慈書至》五律，《示建貞節亭役者》七絶，《病中寫懷，寄李九淵》五古。五十始云衰，三四謝春冬。

成化十四年戊戌（一四七八），先生年五十一歲

時事：四月，門人順德梁儲會試第一，南海李祥同榜。

〔一〕「閏」字原缺，據前引《世烈録》補。

〔二〕「旌表家慈貞節」六字原缺，據碧玉樓本《白沙子全集》補。（陳獻章撰：《白沙子全集》，碧玉樓本，第七卷，第四一頁）

時事：九月二十四日，修撰羅倫卒。年四十八。（《明儒學案》）

成化十五年己亥（一四七九），先生年五十二歲

時事：□月，以丁積知新會縣。丁積，字彦誠，號三江漁樵，江西寧都人。成化十四年進士，授新會知縣。至，即師事陳獻章。（《明史·循吏傳》）

時事：四月二十日，處士東莞林彦愈卒。年六十五。門人林光之父。

陳白沙書《勇敢祠記》，按察副使陶魯撰記。成化十五年己亥十月望日，知縣丁積、指揮倪麟立石，太學生邑人陳獻章書丹。（《粤東金石略》）

本集《復趙提學書》：「一峰死，僕哭之慟，以爲自今而後不復有如一峰者。」○冬，作《吴川縣城記》：「經始於成化戊戌之秋，越明年冬始完。父老遺生員李淩雲走白沙謁文記之。時江梅始花，予與二三友登碧玉樓，望厓山慈元廟新成，與大忠祠相映。顧謂淩雲曰：『是公按：謂陶公魯。與今都御史東山劉先生之所作也。』」○十二月，作《林彦愈墓志銘》[二]。

[二] 林光《南川冰蘗全集》卷末附録白沙先生撰《林彦愈墓志銘》，標明撰作時間爲「成化十五年己亥冬十月」。（林光撰：《南川冰蘗全集》，第五〇八至五〇九頁）

本集詩：《和梅侍御見寄》五古，故人子羅子，仙鶴歸華表。《輓竹齋》七絶，屋裏沾裳羅一峰，門前又報竹齋翁。《羅一峰輓祠》七律三首，《贈馬龍如湖西奠羅一峰先生》五古[二]。去歲秋在季，文星墮江西。又：送子出門去，目極秋天長。補詩：《登厓山觀奇石》。長年碑讀洗殘潮，□□還□野火燒。來往不知亡國恨，只看□石□□□。白沙陳獻章。成化己亥年□月□日[三]。按：石刻在厓山三忠祠。本集缺。

編次陳白沙先生年譜卷二

新會後學阮榕齡竹潭編

成化十六年庚子（一四八〇），先生年五十三歲

時事：四月，縣民謀亂，知縣丁積、指揮倪麟擒誅之。（《新會》王志）

時事：七月二十二日，孫畹生。景雲子。

本集：爲陶公魯作《電白儒學記》：「以成化己亥三月始事，越明年八月釋菜。乃具書幣，

[二] 「湖西」原誤作「湖南」，據碧玉樓本《白沙子全集》改。（陳獻章撰：《白沙子全集》，碧玉樓本，第六卷，第八頁）

[三] 白沙《登厓山觀奇石碑》詩之拓本尚存，其釋文作：「長年碑讀洗殘潮，野鬼還將野火燒。來往不知亡國恨，只看奇石問漁樵。白沙陳獻章。成化己亥九月重陽□□□。」（陳志平撰：《陳獻章書迹研究》，第二三九至二四〇頁）明萬曆三十五年新會黃淳纂修《崖山志》亦收録此詩，詩句與拓本相同。（參章沛撰：《陳白沙哲學思想研究》，廣州：廣東人民出版社，一九八四年，第二三一頁；歐濟霖撰：《白沙子全集補遺》，王曙星等主編《陳白沙新論》，廣州：花城出版社，一九九五年，第二二二頁）

遺其屬蔡鍾英如白沙，請予書。」

本集詩：《庚子元旦》五律，《題應憲副真率卷》七律，春風回首黃巖會，醉插花枝少一人。○應欽，浙江黃巖人。成化十六年任按察副使，凡一年。（阮《通志》）《庚子歲九月中於西田穫早稻》五古〔一〕。

成化十七年辛丑（一四八一），先生年五十四歲

時事：春，門人番禺張詡來從學。

丁君彥誠來尹古岡三年〔二〕，爲樓於治之北，始於成化辛丑三月，踰兩月落成。石齋先生名曰游心樓，賦五韻。予過白沙，丁君來拜〔三〕，求爲記。（林光《游心樓記》）書敬義碑。新會又有白沙書「敬義」二字碑。字逕一尺五寸。成化辛丑夏五月，知縣丁積命工立石。（《粵東金石略》）

本集《送容一之如永豐詩序》：「丁侯景仰羅一峰先生，於既没乃以容貫充祭使。云：當自永豐東走金陵，謁木齋莊先生於江浦。」按：一之與范能用同往〔四〕。○《復江右藩憲諸公書》：「七月

〔一〕「五古」，原作「七古」，據碧玉樓本《白沙子全集》改。（陳獻章撰：《白沙子全集》，碧玉樓本，第六卷，第一五頁）

〔二〕「丁君」，原誤作「丁丑」，據林光《游心樓記》改。（林光撰：《南川冰蘗全集》，第三八頁）

〔三〕「丁君」，原誤作「丁尹」，據林光《游心樓記》改。（林光撰：《南川冰蘗全集》，第三八頁）

〔四〕「范能用」，原誤作「范用能」。范規，字能用，白沙先生弟子。

二十四日，僕方困暑閉齋獨卧，而李、劉二生適至。書幣交陳，輝映茅宇。諸公，希世偉人也；復名書院，希世偉事。僕生於海濱，今年五十四年矣，未始聞於天下有如是之事。於乎，盛哉！」○《贈李劉二生還江右詩序》：「成化十七年，江西按察使恥菴陳先生乃謀於提督學校憲副鍾公、僉事冷菴陳公、大參祈公，慨然以作新斯文爲己任。謂予於考亭之學亦私淑諸人者，宜領教事。乃具書幣，遣李士達、劉希孟如白沙以請。外則東白張先生、廣東大方伯彭公、按察使閔公、吉水袁德純，各以書遺予。李生、劉生，俱東白門人也。留且彌月。予既返諸公幣，爲詩以別之。是日憲副陶公過白沙，邑長丁侯、鄉諸士友各賦詩以贈。」陳煒，號恥菴，閩縣人。在江西平反疑獄，具有實蹟。（《欽定四庫全書提要》）○陳琦，字粹之，按察江西，褆躬刻苦，行部以乾糧自隨，所至飲水而已。（《廣輿記》）○祁順，字致和，東莞人。使朝鮮，金伎之奉，一切麾却。互詳《門人攷》。○張元禎，見成化十一年。○閔珪，烏程人。成化十六年任按察使。○袁道，字德純，吉水人。成化□年，任巡按御史。○《復彭方伯書》：「去冬，林別駕過白沙，得執事手書。繼又聞諸人，執事以賤名污薦尺，天官以執事之言爲重，亟賜允行。近者，蒙遣守令降臨衡宇，書幣煇煌。太守執畢宣於庭曰：『是大方伯彭公使某歸徵幣也。』聞命兢惶，罔知攸措。執事，當世豪傑也。吾黨以執事爲模範，斯文以執事爲司命，執事之舉動不可輕也。僕本麋鹿之性，全無抱負。好事相傳，類多失實。矧今自汗又作，俛仰或過，衣裳盡濕，此亦郡守所目擊。伏惟察僕之志而弗强焉，幸甚。」彭韶，字鳳儀，莆田人。成化十四年，官廣東左布政，後薦陳獻章於朝。

十八年，調貴州布政，父老涕泣，有追送數百里外者。總督朱英贈詩云：「獨有羊城臨發處，西風卧徹鳥聲酸。」終刑部尚書，謚惠安。（參阮《通志》）○《與朱都憲第一書》：「□月十八日，遣使降臨，欲勸僕出仕耳。非直勸之，且加責焉。掇科登仕，固僕之素志；抱病違時，非僕之得已。僕自染病，六、七年來，每遇疾作，徧身自汗，或連數月不止。而母氏年益高，是以未能出門耳。」又云：「辰下哭一姪婦，故言無文采。」按：此書本集倒置第二。○會總督朱公英於梧州。○《與朱都憲》第二書：「頃者，獲拜執事於蒼梧。十餘年間，執事之心不忘乎僕。僕之始至，執事問以出處，僕未敢率爾。執事又益之以薦進之説，且令回自決之。僕若負芒，避席而不敢言，慙也。退而思之，又大慙也。明日，俱以情告，且言其不可。當是時也，執事亦見僕之顔色乎？始者，僕欲見執事於蒼梧，凡三復計之而後果行。誠以執事之賢，固所願識，然自二三十年所守進退之節，一旦由此而變，亦不能不少踧踖也，況諭之以薦進之説乎？執事又以韓退之之事見勖。退之雖賢，不及孟子。孟子不肯枉尺直尋，退之以書干宰執。僕固不敢舍孟而學韓也。」

本集詩：《辛丑元旦》七律，分外不加毫末事，意中常滿十分春。又：除却東風花鳥句，更將何事答鴻鈞。《游心樓爲丁縣尹作》七律，《重贈張詡》七律，《次韻陳冷菴僉憲見寄》七絶三首，五十四年居海濱，偷將水月洗心塵。《中秋夜示江右李、劉二生》七律，《木犀開時，江右李士達劉希孟已去，容貫、范規江浦未還，有獨賞之歎》七絶，《别意》七絶，《九月先子忌日》七絶，五十四年天頗定，諸孫羅列拜成行。《曉過金洲》七律，行人拍手笑天公，十月江湖未朔風。《望鼎湖山》七絶，《小湘峽食嘉魚》，兩山斷處小湘峽，十月嘉魚出水鮮，引滿阿儂生日酒，微吟空記屬牛年。○小湘峽，在高要縣西二十里。（《肇慶府志》）《悦城》五律，舟航乘夜發，雲日入冬晴。《自三洲還至禄步村》，《夜過三洲巖讀濂溪題名，示諸生》，《三洲巖聞虎》，以上俱七絶。《寄題三洲巖》五古，《和尚石》五律，按《肇慶府志・流寓》：「陳獻章，字白沙，曾游康州，愛其形勝，多有題咏。」志稱「字白沙」，誤。德慶州在唐宋時爲康州。《蒼梧寄陳庸，時館潯州》七絶，《題林良爲朱都憲寫春曉圖》七絶，林良，字以善，南海人。爲藩司奏差畫翎毛，有巧思。布政使陳金假人名畫，良顧指摘。金欲撻之，良自陳其能。試使臨寫，驚以爲神。自此騰譽。（《南海縣志》）《經坡亭》七絶，坡亭，在縣東北五十五里。（《鶴山縣志》）《問厚郭胡父子起居於其鄉人蘇某》。序云：「胡君名全，先師康齋先生女夫也。其子曰寧壽。景泰甲戌，予游小陂〔二〕，與君父子同處先生之門。時寧壽方七歲，工於筆硯。今二十又七年矣。」居鄰厚郭一雞飛，桂樹於今大幾圍？老憶舊時燈火伴，青山何處望霏微。○按：此序碧玉樓本缺，今從何氏本補入。附録：《雙鳳石》七絶二首。自注：「族子晃以詩來索題。」○按：此詩非作於過肇慶時，故附録之。

〔二〕「小陂」，原作「小坡」，據何九疇本《白沙子全集》改。（陳獻章撰：《白沙子全集》，何九疇本，第六卷，第四六頁）

成化十八年壬寅（一四八二），先生年五十五歲

時事：春大旱，知縣丁積於圭峰絶頂禱雨，三次，雨足乃止。（本集《丁知縣行狀》）

時事：以陳選爲廣東右布政司。詳後二十二年。

時事：餘姚王守仁如京師。成化十八年，先生十一歲。祖竹軒攜先生如京師。明年，就塾師於邸中。（《陽明年譜》）

時事：是年秋，應薦入京。

白沙書《游心樓記》。《記》是林光緝熙撰，而先生書之，成化十八年壬寅二月也。（《粤東金石略》）〇壬寅，廣東左布政彭韶上疏，略曰：「國家以仁賢爲寶，臣才德不及獻章萬萬，猶叨厚禄，顧於獻章醇儒，乃未見收用，誠恐國家坐失爲賢之寶。」疏聞，憲宗皇帝可其奏。部書下，有司以禮勸駕，先生以母老并久病辭。時巡撫右都御史朱英懼先生終不起也，具題薦末云：「臣已趣某就道矣。」且告之故，曰：「先生萬一遲遲其行，則予爲誑君矣。」先生不得已，遂起。（《行狀》）〇白沙出處，自有深意。閣下列薦於朝，此實好賢之篤也。然使白沙起而任事，得毋如魏桓之言乎？志有不行，安知不有閔仲叔之恨乎？天下之寶，當爲天下惜之，正不必强之出也。不識吾兄以爲如何？（何喬新《與彭韶書》）〇喬新，南城人，仕終刑部尚書。性剛介，筮仕即誓不營私，不阿權貴，不以愛憎爲賞罰。守其誓，終身不渝。謚文肅。（《廣輿記》）按《明史》、《明詩綜》、《題名碑録》俱作江西廣昌人。〇彭從吾首薦，

朱郴陽再薦，不揆小子默致力於其間。（林俊《祭白沙祠文》）〇林俊，字待用，莆田人。成化十四年進士，除刑部主事，進員外郎。世宗即位，起工部尚書，改刑部歷事。四朝抗疏敢諫，以禮進退，始終一節。（《明史》本傳）〇巡撫朱都憲英與方伯彭鳳儀韶薦白沙陳公甫於朝。部檄至，彭公作序送行，曰：「聖人之道，體用具而已。孔子論士以行己有恥、使命不辱爲先，修孝弟、謹言行者次之；《大學》言明德而必及新民，《中庸》語率性而必及修道，《西銘》父乾母坤乃至民胞物與，蓋合内外「之道」〔一〕、該本末之事，未嘗偏主獨勝以「爲」是〔二〕。而學既成也，人不吾知〔三〕，囂囂若將終身焉；苟知而求，我則起而從之。推所有以及物，以經濟顯揚爲務，未嘗狹視斯世而曰『是何足與言仁義』，亦未嘗厚誣吾民而曰『轉漸澆訛也』。於是遂膺君命，陳力就列，不出位、不曠官。若遭時行志，則如傅説、武侯、伊川、魯齋其人，揭正義於中天，振斯文於來裔，其烈亦盛矣；或事與時違，則見幾而作，「引身以退」〔四〕，而亦不忍歸曲於上下，以求吾譽焉。夫用心至於如是，非德充學盛、量洪識遠，豈能

〔一〕「之道」二字原缺，據《雙槐歲鈔》補。（黄瑜撰：《雙槐歲鈔》，第一九四頁）

〔二〕「爲」字原缺，據《雙槐歲鈔》補。（黄瑜撰：《雙槐歲鈔》，第一九四頁）

〔三〕「吾知」，原作「知吾」，據《雙槐歲鈔》改。（黄瑜撰：《雙槐歲鈔》，第一九四頁）

〔四〕「引身以退」四字原缺，據《雙槐歲鈔》補。（黄瑜撰：《雙槐歲鈔》，第一九四頁）

爲此大全之學哉？新會陳公甫先生隱學三十年餘矣，巡撫大臣賢之，薦［於朝，下］所司勸駕〔一〕，先生徐白其母，忻然命之行。噫！此斯文正氣之一幾，兹行其必有合哉！一時注想，何異神明，先生其必有以處之矣。韶忝相知，於其行也，贈以詩，曰：『大道本無外，此學奚支離？人已彼此間，本末一貫之。是以古人心，包徧無遐遺〔二〕。卷舒初不滯，動止在隨時。白沙陳夫子，抱道真絶奇。林間三十載，於學無不窺。術周材亦足，知崇禮愈卑。珠玉雖固閟，山水自含輝。聲名滿四海，薦牘遂交馳。一朝徵書至，八十慈顔嬉。有司勸就道，束書敢遲遲？積誠動天聽，納牖契神機。治化淳以洽，轉移良在兹。』」及彭公疏梁芳有弟擾鄉，有旨調貴州。公甫書贈言曰：「忘我而我大，不求勝物而物莫能撓。孟子云：『我善養吾浩然之氣。』山林朝市一也，死生常變一也，富貴貧賤、夷狄患難一也，而無以動其心，是名曰『自得』。自得者，不累於外，不累於耳目，不累於一切，鳶飛魚躍，［其機］在我〔三〕。知此者，謂之善；不知此者，雖學無益也。」二公之意，蓋以體用交相勸勉者如此。（《雙槐歲鈔》）○白沙爲彭韶、朱英薦於朝。當時以隨牒待之，而縣至於取腳色。故有詩曰：「蕭蕭白髮映春漪，腳色年年自不知。滿眼江山難具報，只將年月

〔一〕「於朝，下」三字原缺，據《雙槐歲鈔》補。（黄瑜撰：《雙槐歲鈔》，第一九四頁）
〔二〕「徧」，原誤作「偏」，據《雙槐歲鈔》改。（黄瑜撰：《雙槐歲鈔》，第一九四頁）
〔三〕「其機」二字原缺，據《雙槐歲鈔》補。（黄瑜撰：《雙槐歲鈔》，第一九五頁）

載公移。」就程時，別英，英以出入甬道禮之。門人李輔詩云：「曾向江門弄釣絲，海風吹浪潑蓑衣。忽驚天子黄麻詔，打破先生白鷺磯。」蓋譏之也。至都，宰相待之殊薄，白沙悔之。因讀林和靖詩云：「廟堂不坐周公旦，何處山林有鹿麋？」遂歸。（《楚庭稗珠》）○按：當時朱總督、彭布政既共薦之，且是時丁公爲知縣，方以師禮奉先生，而先生避之，安敢有縣取腳色之事？默齋偶未考《白沙集》及各史志，故妄爲是言耳。至於讀和靖詩，不知何據而以爲在赴召時在京作也。李輔詩亦未可附會爲譏師不恭也。○壬寅，別朱都御史於蒼梧也，英豫約束隨參官，俟先生至，掖之從甬道出入。先生力辭。英曰：「自古聖帝明王尊賢之禮，有膝行式車者，況區區乎？」（《行狀》）○成化壬寅九月，陳獻章公甫應召赴京。道過南安，太守張汝弼欲用曹參禮蓋公故事，款留於周程吟風弄月臺上以受［教］〔一〕。陳不可，曰：「當不俟駕矣。今方度嶺，又值積雨，裝弗亟辦，容與數日耳。」張不能强。（《新會林志·雜録》引《玉枕詩話》）○北行時，不能別太夫人，欲仿徐仲車故事。伯兄不可，曰：「吾弟爲人子，吾獨不爲人之子耶？」兄弟泣争，義感行路。（《行狀》）○徐積，字仲車，少孤，事母孝。鄉人勉之就舉，遂偕母之京師。（《東都事略·卓行傳》）○初應詔而起也，道出羊城，觀者如堵，至擁馬不得行。（《行狀》）○白沙初應聘，至廣州，由城

〔一〕「教」字原缺，據張弼《玉枕山詩話》補。（張弼撰：《張東海先生詩文集》，《四庫全書存目叢書》，集部第三十九册，第四六五頁）

南至藩臺，觀者數千萬人，圖其貌者以百數十計。（《廣東新語》）○訪何子有於羊城。《味月亭記》：「予被徵過郡，通名於子有之廬。」○再會總督朱公英於蒼梧。遍考本集，先生凡兩次見朱總督於蒼梧。一在成化十七年冬者，以《小湘峽》、《生朝》諸詩爲據。一在十八年秋者，以《行狀》「壬寅別朱都御史」及「蒼梧歸，煩暑爲災」及《大水》、《水悶》諸詩爲據也。

本集《禱雨祭五方神文》，《禱雨告各神文》，《禱雨文》。以上三首，俱代丁知縣作。○《書潘季亨墓志銘》，成化十八年夏五月，同邑陳獻章公甫撰並書。據墓志石刻。○作《朱夫人墓志》：「昔者，吾嘗見公於蒼梧，服食不踰常人。語予曰：『吾在於得已，雖一錢惜之，不以病民。』吾入其室，神爽頓清。」按：夫人即朱公英配。○《與朱都憲》第三書：「去年秋，自汗纔息，因得謁執事於蒼梧。比歸，途冒風，舊病尋發。至今年七月初，寒熱交攻。必欲驅此羸軀，行於風波，萬一不虞，雖悔何益？」○《與張廷實》第一書：「蒼梧歸，人事益冗，煩暑爲災。行期尚在後八月也。都憲有意催促，緝熙、廷實只在明年春夏間行耳。俟面既。」○《書玉枕山詩話後》：「成化壬寅九月二十八日，新會陳獻章在南安橫浦驛讀東海先生《玉枕詩話》，秉燭書此蘇君卷中。」○十月，過永豐，有《告羅一峰墓文》。○十一月，過永豐〔二〕，有《祭先師康齋墓文》。○十二月，作《恩平儒學記》。成化十八年壬寅冬十二月，古岡陳獻章公甫爲縣令莆田翁儼撰。（《粵東金石略》）○作《新遷電白儒學記》。按《記》云：「己亥三月始成，明年八月舍菜。」又云：「韓君來守是邦，乃具幣，遣其屬蔡鍾英如白沙請予。」題下注云：「成化壬寅十二月作。」考壬寅赴召，當十二月時已在江西將至南京〔三〕。蓋具幣來請在庚子間，而電白、恩平二學記皆作於途間也。

本集詩：《立春日呈丁縣尹》七律，浮生五十五回逢。《元夕》七律，《禱雨呈丁知縣》七律，《丁侯約遊圭峰齋次，以病不果》七律，《聞方伯彭公上薦剡二首》五律，《舟經西樵》七律，却望蒼梧在何處，東籬今負菊花叢。《至陳冕家》五律，《金洲石》五律，《金洲別陳冕》七絶，木棉花下進舟遲。《古椰寄周京》五律，入水魚龍喜，懷山草木愁。《古椰道中有懷》七絶，《水閗》七律，本集缺。《過端硯坑》七古，《大水浮舟至七星巖頂，題其上》七絶，《別蒼梧，席間呈謝大參、段都閫》七古，蒼梧城中三日雨，

〔二〕「永豐」，疑應作「豐城」。白沙先生《祭先師康齋墓文》云：「維成化十八年，歲次壬寅，十一月日，門人新會陳某被徵赴闕，道出劍江，謹具牲醴，告于先師聘君康齋先生之墓。」（陳獻章撰：《白沙子全集》，碧玉樓本，第五卷，第一二頁）「道出劍江」之「劍江」，指劍江驛。劍江驛在江西豐城。（參楊正泰撰：《明代驛站考〔增訂本〕》，上海古籍出版社，二〇〇六年，第一一六頁）

〔三〕「江西」，原誤作「江門」，據阮榕齡撰「編定白沙年譜例引」改。

曉坐肩輿辭兩府。○謝瑀，字叔和，閩清人。官廣東布政，以廉能著。（阮《通志》）《出肇慶懷馬玄真》七絶，細雨秋江看木棉，羚羊峽尾七星前。《留別諸友四首》七律，自注：「時赴召命。」《示兒六首》七絶，吾親日夜傷別離，争得肝腸冷落時。五十年來如夢覺，臨岐更出《示兒篇》〔一〕。《石門次林緝熙韻二首》七律，與君傾蓋定前言，往來青山十五年。老我自知難用世，勞君相送過貪泉。○孤舟昔繫飛來寺，白首重來十四秋。○按：先生有《世卿寄示經飛來寺和予壬寅秋舊律詩復用前韻答之》。其詩用「秋」、「牛」、「休」、「由」韻，與《次緝熙》第二首同韻。蓋赴召時，緝熙送先生北行，取道石門後別緝熙詩也。《濛裹驛呈送行諸友》，相隨征路二旬餘，笑指前山別老夫。○按：濛裹驛在英德。《南雄讀羅一峰書院記》，《度嶺》，千尋松下看流水，十八年中度嶺人。《横浦橋》，隔河騎馬是何人，下馬問訊張東海。《濂溪臺》七絶，《金鼇閣》七絶，《次韻張東海》七律，《南安贈龍溪李知縣》七律，玉枕山前逢使君。《夜書南安店壁》六言絶，千里紅塵倦客，幾年白髮衰翁。《玉枕山和南安太守張汝弼》，一枕秋横碧玉新，金鼇閣上見嶙峋。使君得此元無用，賣與江門打睡人。○白沙應召，道出南安。太守張汝弼頗以白沙出山爲非，欲尼其行，白沙不可。白沙製《玉臺巾詩》，與汝弼頗相譏諷。白沙作《玉枕山詩》，汝弼復之曰：「客囊羞澀客衣單，那有黄金買此山。多少

〔一〕「親」，原誤作「覯」；「篇」，原誤作「詩」，據何九疇本《白沙子全集》改。（陳獻章撰：《白沙子全集》，何九疇刻本，第六卷，第九四頁）

高人眠不著，雞鳴催人紫宸班。」白沙跋之曰〔二〕：「東海、石齋，大家不睡，笑殺陳圖南也。」（《列朝詩集》）〇按：先生苦心屢辭薦書之故，已瀆詳於與朱、彭二公之書。其後朱公復恐先生終不起，告先生曰：「某已具疏末云『臣已促某就道矣。』萬一先生遲遲其行，則予爲誑君矣。」先生遂起。乃東海以出山爲非，且欲尼其行，烏有東海覥面石交猶不諒？當日不得已，情勢如此，且行李已至南安，「遲遲」、「誑君」之語，東海何不聞焉？此等迂闊妄撰，乃錢牧齋僞言也。《題雲嶺》，路傍指點一峰墳，一老西巖坐白雲，盡是唐人詩境界，千林紅葉訪徵君。《題劉主事挽册》，里中新有一峰墳。《贈劉進夫還永豐，兼寄羅養明、楊榮夫、羅清極湖西諸友二首》七絶，淦州銀燭照離情，畫舫行人一月程。〇按：此詩當在新淦作。蓋過永豐即新淦也。清極，一峰子。《過康齋墓》七律，《與豐城知縣王本儉》七絶，劍水相從梅始花。〇按：劍水在豐城縣。《宿迴龍寺》。酒醒迴龍欲二更，迢迢秋漏徹江城。何須不理東湖棹，徐孺亭前月自明。〇按：迴龍寺在南昌府城，東湖在府東南。〇按：又有《迴龍寺夜坐》五律，乃昔年入京詩，非壬寅作。詳見本集《書玉枕詩話後》。

成化十九年癸卯（一四八三），先生年五十六歲

時事：按察副使陶魯入京。按《世烈録》：張弼送憲副公入京詩云：「此去金臺試回首，平湖自有霍嫖姚。」自注：「蓋寫借寇之心耳。陳白沙在京，爲我同較量。」

〔二〕「白沙跋之曰」，據張弼《玉枕山詩話》，應爲「東海跋之曰」。（張弼撰：《張東海先生詩文集》，《四庫全書存目叢書》，集部第三十九册，第四六五頁）

時事：九月，門人新會黃佐領鄉薦。

十九年正月，白沙先生入京，過定山，相留越月，送於揚州。（湛若水《莊定山墓志》）○往年，白沙過予定山，論及心學，先生不以予言爲謬，亦不以予言爲是，而謂予曰：「此吾緝熙林光在清湖者之所得也，而子亦有是哉！」（《明儒學案》引《莊定山要語》）○正月□日，會婁謙於白馬菴。婁謙，字克讓，上饒人。督南畿陝西學政[一]，躬行實踐，士類風動。時汪直擅威福，謙絶不與通。（《廣輿記》）○道出淮陽，總戎平江伯陳鋭具人船往護，極禮意之隆。（《行狀》）○平江侯瑄曾孫鋭，成化初，自兩廣移鎮淮陽。十四年，章數十上。（《明史·陳瑄傳》）○三月三十日到京。先生初聘到京時，公卿大夫日造其門數百，咸謂「聖人復出」。（《嶺南名勝·白沙釣臺記》注）○章楓山謂予曰：「白沙應聘來京師，予在大理，往候而問學焉。白沙云：『我無以教人，但令學者看「與點」一章。』予云：『以此教人，善矣。但朱子云專理會「與點」意思，恐人於禪。』白沙云：『彼一時也，此一時也。朱子時，人多流於異學，故以此救之；今人溺於利禄之學深矣，必知此意，然後有進步處耳。』予聞其言，恍若有悟。」（《明儒學案》夏尚樸《浴沂亭記》）○陳白

[一]「南畿」，原誤作「兩畿」。婁謙曾以侍御職，督學南畿。（參國立中央圖書館編：《明人傳記資料索引》，臺北：文史哲出版社，一九七八年，第六一一頁）據改。

沙徵到京，吏部尚書問曰：「貴省官如何？」曰：「與天下省官同。」請對坐〔二〕，即坐無辭。此儘樸實有所養。（《明儒學案》引《涇野語録》）〇林司寇俊筮仕刑曹，陳白沙薦至京，公日與講學有得。（《楊園集・近古録》）〇成化癸卯，陳白沙至京，與瓊山邱公談不合。人謂公沮之，不得留用。時猶未入閣也，安有沮之之事乎？（《雙槐歲鈔》）

本集《瑞鵲卷》序：「成化十九年，予薦徵入京，過江浦，訪孔暘莊先生。先生送予揚州，偕行至六合縣，經宿而去。當是時，周君文化令六合有聲。」互詳弘治三年。〇《書蓮塘書屋册後》：「成化十九年正月，予訪友莊定山於江浦。提學南畿侍御上饒婁克讓來會予白馬菴，浹辰而別。侍御之兄克貞，與予同事吴聘君。予來京師，見克貞之子進士性及其門人中書蔣世欽，因與往還。無何，侍御官滿來朝。予卧病慶壽寺，之數人者，無日不在坐。師友蟬聯，臭味相似，亦一時勝會也。侍御示予《蓮塘圖》云。」〇三月二十三日，《與鍾百福書》：「近來濟寧，會潘留鶴先生，益知吴錦衣之爲人矣。百福在江湖多交好人，李承恩旦夕當見。前在平江，辱知待之厚，皆百福所賜。舍姪未至，姑少俟灣上，數日後方入城。去就既定，五六月間或再與百福會淮上，又

〔二〕「對」，原誤作「獨」，據《涇野子内篇》、《明儒學案》改。（吕柟撰：《涇野子内篇》，中華書局，一九九二年版，第五四頁；黄宗羲撰：《明儒學案》，上册，第一三九頁）

幸也。寓張家灣，鄉末陳某再拜。」廣東鍾狂客，名禧，甚有詩名，能書。淮安平江伯陳公鋭辟居幕下。成化壬寅，嘗過杭。友人召游西湖，寄之詩。鍾和曰：「湖光山色最宜秋，君不來招也去游。已辦蜀州千丈錦，爲誰今日盡纏頭？」「萬頃西湖水貼天，芙蓉楊柳亂秋烟。湖邊爲問山多少，每個峰頭住一年。」（《蓉塘紀聞》）〇按：先生《讀世卿蓋卿挽五羊鍾狂客》卷末云：「萬里平江能送我，十年燈火夢淮陽。」自注：「平江伯陳公嘗致狂客於幕下。」〇鍾禧，字百福，順德龍江鄉人。與李承箕友善。及卒，承箕挽焉。白沙亦倚而和之。（《順德縣志》）〇又按《廣東詩海》，張詡有《送鍾狂客應薦北行》七古一首、七律二首。考阮《通志》及《順德志》，俱缺應薦事。〇潘琴，字舜絃，景寧人。邃經博史。天順丁丑進士，歷興化知府。乞休，作《招鶴詩》寓意。家居攻學，齒德隱然爲東南望。卒年九十。（《浙江通志》引《招蒼彙紀》）〇按先生有《與潘舜絃》書。本集末附潘琴別先生詩。〇《送李世卿序》：「弘治元年，世卿訪予於白沙。一見語合意。先是五、六年，予會都憲公之子承恩於北京。承恩，世卿從弟也。」按：都憲名田，世卿叔父。〇《書自題大塘書屋詩後》：「予既書克讓《蓮塘圖》後，蔣世欽繼以大塘書屋之請，予賦五言近體一章。」〇《謝恩疏》：「八月二十六日，具本陳情，乞還養母兼理舊疾。」〇《乞終養疏》：「臣於成化十九年三月三十日到京，朝見吏部〔二〕，乃以久勞道路，舊疾復作，至五月二十五日，蒙吏部題，奉聖旨：『考試了，量擬職事。』臣時方在牀褥，未能就試，即令姪陳景星赴通政司轉行本部，暫令調治。七月

〔二〕「吏部」，碧玉樓本《白沙子全集》作「赴部」。（陳獻章撰：《白沙子全集》，碧玉樓本，第一卷，第一頁）

十六日，赴部聽試，立步艱難，因續具狀，再延旬日。耳鳴痰壅，視昔所染，無慮數倍。衆目所覩，不敢自誣。又於八月二十二日得男陳景暘書，報臣母别臣以來，憂念成疾，寒熱迭作，痰氣交攻，待臣南歸，以日爲歲。臣病中得此，魂神飛喪，仰思君命，俯念親情，展轉鬱結，終夜不寐。臣之愚迷，實不知所以自處也。臣自幼讀書，雖不甚解，然於君臣之義知之久矣。伏惟我國家教育生成之恩，陛下甄陶收采不遺卑賤之德，至深至厚，於此而不速就以圖報稱於萬一，非其情有甚不得已者，孰敢騖虚名、飾虚讓、趦趄進却於日月之下，以冒雷霆之威哉！臣所以一領鄉書、三試禮部，承部檄而就道、聞君命而驚心者，正以此也。緣臣父陳琮年二十七而棄養，臣母二十四而寡居，臣遺腹之子也。方臣幼時，無歲不病，至於九齡，以乳代哺，非母之仁，臣委於溝壑久矣。臣生五十六年，臣母七十有九，視臣之衰如在襁褓。天下母子之愛雖一，未有如臣母憂臣之至、念臣之深者也。臣於母恩無以爲報，而臣母以守節應例爲有司所白，已蒙聖恩表厥宅里。是臣以母氏之故，荷陛下之深恩厚德，又出於尋常萬萬者也。顧臣母以貧賤早寡，俯仰無聊，殷憂成疾，老而彌劇，使臣遠客異鄉，臣母之憂臣日甚，愈憂愈病，愈病愈憂，憂病相仍，理難長久。臣又以病軀憂老母，年未暮而氣已衰，心有爲而力不逮，雖欲効分寸於旦夕，豈復有所惜哉！臣所以日夜憂憊、欲處而未能者，又以此也。夫内無攻心之疾，則外不見從事之難；上有至仁之君，則下必多曲成之士。惟陛下以大孝化天下，以至誠體萬物，海宇之内，無匹夫匹婦不獲其所者，則臣之微，亦豈敢終有所避而不自盡哉？伏望聖明察臣初年願仕之心，憫臣久病思親不能自已之念，乞勅吏部放臣暫歸田里，日就醫藥，奉侍老母以窮餘年；俟母養獲終，臣病全愈，仍前赴部以聽侍用〔一〕，則臣母子未死之年，皆陛下所賜。臣感恩益深，圖報益切，雖死於道路，無所復辭矣。臣干冒天威，無任皇恐戰栗之至。」○疏上，憲宗皇帝親閲者再三。○九月初四日，奉旨：「陳獻章與做翰林檢討去，親終疾愈，仍來供職。」○先生時在牀褥，不能行動，乃遣姪景星具《謝恩疏》於鴻臚寺。遂南歸。（《謝恩疏》）○授翰林檢討，先生表謝不辭。學士李某贈别詩云：「只有報恩心未老，更無辭表意全真。」（《行狀》）○按先生《懷故友張兼素》云：「萬里長安看我病，夜闌兩馬出攏鐙。如今只有西涯在，宿草江邊露滿塋。」是時兼素亦在京。李某，即西涯李東陽。○公膺薦時，當國者不及李南陽，令公就試吏部。（《應詔録》引《徵吾録》）○按：李賢，南陽人。○成化十九年，廣東舉人陳獻章被薦，授翰林檢討而聽其歸，典禮大減矣。（《明史·選舉志》）○舉人陳獻章，布政彭韶、總督朱英交章薦，乞以禮聘。吏部尚書尹旻謂：「獻章向聽選京師，非隱士比，安用聘？」檄召至京，令試吏部。獻章稱疾不試，乞歸養母，乃授檢討，自是屢薦不起。（御撰《通鑑綱目》）○按：此檄實尹某報昔年遣子從學、先生力辭夙怨也。事詳《行狀》。○九日，與張兼素同飲慶壽寺。見本集《菊節後》五律自注。○《與

〔一〕「侍用」，原誤作「待用」，據碧玉樓本《白沙子全集》改。（陳獻章撰：《白沙子全集》，碧玉樓本，第一卷，第三頁）

鍾百福書》：「今日行李著舟，以某百户未至，不得發，專此馳問來否。河流將凍，歸心如火，此使還即發舟矣。十九夜，潞縣舟中秉燭簡上。」○《與鍾百福書》：「長路相思，如共堂席。林緝熙、張廷實近過淮，想共抵掌一笑。前有拙稿并雙履留於總戎所，清視爲榮[一]。賤疾未平，勉從紙筆。」按：《番禺縣志·張詡傳》：「癸卯赴春官，明年成進士。」故知此書南歸過淮陽，更寄陳總戎後所寄也。○癸卯，白沙先生南還，復送之龍江關。（湛若水撰《莊定山墓志》）○龍江關在南京城。（《明史·地理志》）○《魯公墓志》：「予歸自京師，未抵家前一夕，夢見魯公真化爲嬰孺。先是，夢數人爲嬰孺者，輒死。未幾，公病遂不起。」

本集詩：《和婁侍御》七絶，《白馬菴聯句二首》五律，《贈江通判》，明朝別駕過金壇，暫到茅山亦不難。《過潞縣，風大作，取舟中酒飲之》七絶。補詩：《出潞河》，來往西風析木津，歸舟明月又隨身。君看烏帽白頭客，合是東西南北人。浮世升沉雖有定，鴻鈞賦予不爲貧。却憐病骨長如舊，叨負清朝翰苑臣。○上疏寧非罪，綸音更敢違？平生只願仕，今日暫須歸。溪艇眠紗帽，巖花落綵衣。細論朝野事，九五正龍飛。○聖主隆大孝，微臣表下情。深慙不報德，有詔許歸寧。野日明霜戟，河風動羽旌。此時心一寸，飛入九重城。《至直沽》，玉臺居士領朝衣，乞得寧親海上歸。到眼碧波還漾漾，迎潮白馬故飛飛。何嘗宇宙無通塞，到耳江山省是非。今夜直沽須一斗，北來多負網魚肥。○按：直

[一]「視」，原誤作「規」，據碧玉樓本《白沙子全集》改。（陳獻章撰：《白沙子全集》，碧玉樓本，第四卷，第五〇頁）

沽在北京天津府。時先生由運糧船南歸。《直沽逢周京》，病者宜休壯者行，老夫長揖謝周生。停船沽酒日初下，燒燭賦詩潮欲平。豈有文章供世用，不留門户得身輕。華山有語君須記，造物由來也忌名。《乞恩南歸，先寄諸鄉友候我於曹溪者》，諸君來訪曹溪洞，臈月扁舟我亦還。白帽影連江上水，清猿聲斷峽中山。公能少爲煙霞住，我豈不如鷗鷺閑？枕中收得《淮南記》，更與南山長老看。○按阮《通志》：曹溪在韶州府南六十里。《南歸，先寄馬默齋并諸鄉舊二首》七律，《寄懷故里十首》，按：此十二首見本集，故不録。《漉酒巾》，取彼頭上巾，漉酒無乃卑。但求當日醉，不管後生疑。衷情萬里隔，志士千古期。吾人知此意，只有東林師。《舟中次麥岐韻》。麻衣穿破不沾塵，海上支離一野人。本爲聖朝無棄物，偶逢儒席得稱珍。紅蕖緑浪横孤艇，白雨黄牛廢一春。却媿南山髯長老，閉關深坐一蒲新。癸卯十月二十六日，獻章書於桃源舟中。○按：桃源屬淮安府〔二〕。○此卷白沙先生墨跡，紙高九寸，長九尺九寸，有石齋白文殘印。卷後有翁方綱、蔡之定、黎民表諸題跋。（南海吴榮光《辛丑銷夏録》卷五）

成化二十年甲辰（一四八四），先生年五十七歲，母年八十

時事：三月十二日，餘干布衣胡居仁卒。年五十一。（《明儒學案》）

時事：四月，門人番禺張詡舉進士，東莞林光乙榜。

〔二〕「淮安」，原誤作「懷安」。

時事：六月，召朱英爲右都御史。（《明史·七卿表》）

時事：十月，下刑部員外郎林俊、都督經歷張黻於獄，尋釋之，並謫官。

本集《永慕堂記》：「成化甲辰，江陰李君昆以侍御史清理軍伍於兩廣，始過白沙，進拜老母於堂。」○七月，《與張廷實》第二書：「丁縣主回，得手書。知抵家甫一月。某夙疾在躬，舊臈來，寒熱交攻，腹中作瀉。過金陵曾詣定山否？平湖典教想已履任。老病匏繫，能一過白沙否？渴望，渴望。」按：林光中乙榜，授平湖教諭。○《與廷實書》：「雲谷老人、李孔修，非吾廷實，吾安知吾郡有二賢哉？」

本集詩：《春中》四絶，龍溪不賞去年花，今歲春光喜在家。○按：《春中》詩，本集原與《夢長髯》詩相接，故附入。《夢長髯道士以一囊貯羅浮遺予二首》七絶，《夢長髯道士示范規三首》，《夢崔清獻坐牀上，李忠簡在牀下，予參其間二首》，《朱侍御將還京，過白沙言别》，朝天驄馬乘春去，高步彤墀珮陸離。《侍御再過白沙，出示同寅周先生送行詩，因附其韻》，以上七首俱七律。《家兄往東向村收早稻，登舟後雷雨大作，章侍貞節堂至夜分以爲憂，是年甲辰家兄六十一矣，未嘗有如意之求》，《聞緝熙授平湖掌教二首》，按：詩原二首，今本集存一首。《聞廷實謝病歸寄之》，俱七律。正是黑頭堪入仕，初登黄甲最知名。○癸卯，制府檄有司速赴春官。明年登進士，即乞歸。（《番禺縣志·張詡傳》）

成化二十一年乙巳（一四八五），先生年五十八歲

時事：張兼素救林俊下獄，貶石州，尋改師宗州。乙巳正月元旦星變，王公恕爲吏部尚書，言俊、黻忠直。上悟，復原職，南京用，而黻已卒於家矣。（《雙槐歲鈔》）〇按《明史·王恕傳》：成化二十年，改南京兵部尚書。時林俊下獄，恕言俊不當罪。是救俊乃在兵部時。《歲鈔》「吏」字誤。至爲吏部尚書，乃在孝宗即位以後矣。

時事：七月，右都御史朱英卒。（《明史·七卿表》）〇朱英總督兩廣，不以家累，自隨惟一老蒼頭而已。比卒，廣人莫不哀悼，陳獻章爲之服緦。（郝《通志》）

時事：八月初七日，甘肅巡撫魯能卒。年五十八。（《邱文莊集·魯公神道碑》）

陳白沙《次浴日亭韻詩》在蘇書碑陰，草書。成化乙巳夏四月望後，翰林國史檢討古岡病夫陳獻章書。後有湛文簡跋。（《粵東金石略》）〇閏四月，爲陳方伯作《道學傳序》：「養其在我者，勿以聞見亂之。去耳目支離之用，全虚圓不測之神。」〇□月，作《丁氏族譜序》：「邑長丁彦誠宰縣，於兹六年矣。」〇九日，《答丁縣長書》：「公遇節補會，亦可笑也。惠來鵝酒，與馬默齋喫了，必有佳作奉呈。今日爲誠菴先生制服，畧無好況。公他日補會，亦爲公補詩也。」

本集詩：《寄張兼素》七律，歸家遠泝長江水，信息初通五嶺雲。此日山林聊共病，幾時風月許平分？〇按：兼素謫師宗州，尋卒於家。（《風月堂雜識》）《浴日亭次東坡韻》，《扶胥口書事，借浴日亭韻》，早春約我扶胥口，今日進舟黄木灣。〇又：明朝去覓南川子，與話平生水石間。《宿欖山書屋》，《别欖山》，羅浮山色眼中來，老子心情

不易裁。俱七律。○按：欖山在東莞城東三十里，林南川光居此。《館廷實進士於白沙社，兼呈丁明府》，歲次今年正屬蛇。《廷實偕丁明府游圭峰雨中奉寄》，《次韻鄉人送酒》，《廷實歸贈瑞香花次韻》，俱七律。《林緝熙縣博、張進士廷實、何孝子子完先後見訪，既而緝熙往平湖，廷實歸五羊，子完返博羅，[因賦]四絶》[一]，江門昨夜把春酒，滿船明月唱陽關。○又：長鬚遺我一囊山。《輓總督朱公二首》七律。十年持節嶺西東，奏疏金門月幾封。○按：公實卒於京師，此詩追言之也。八月，《題畫王太姥像壽家慈八十一》七律，《次韻張廷實謝病後約游羅浮見寄二首》七律，却憶平湖林縣博，仙山從我竟何由？《次韻張東所見寄》七絶。九月九日，《寄丁明府》五律，如何丁明府，不肯共重陽。《菊節後五日，丁明府攜酒來飲白沙補會詩三首》五律，《對菊五首》七絶，廬阜長官歸未得，看花還共去年人。原注：「丁縣長告予謝病不果行。」○精魄當年楚水濱，天涯聞訃忽沾巾。西風吹醒蒲園夢，獨對黃花憶故人。原注：「朱都憲誠菴先生。」《晨起將出尋梅四首》七律。田父許留今日醉，梅花不記去年詩。

成化二十二年丙午（一四八六），先生年五十九歲

時事：二月十七日，古愚公獻文卒。年六十三。《家譜》：「公事親孝謹。」

[一]「因賦」二字原缺，據碧玉樓本《白沙子全集》補。（陳獻章撰：《白沙子全集》，碧玉樓本，第九卷，第五二頁）

時事：二月二十六日，新會知縣丁積卒。年四十一。○按：《與廷實書》：「丁長官前月二十六日卒，寡婦孤兒，甚可憫也。三月二十一日書。」是知公卒於二月。

時事：九月，門人新會黃在領鄉薦。

時事：□□初七日，次孫机生[一]。次子景暘婦苑氏出[二]。《志孫机壙》云[三]：「以《易》筮之，占：『涣奔其机，悔亡。』因以名之。」

時事：以袁道爲廣東巡按御史。袁道，字德純。成化壬辰進士。爲太平令，民立祠祀之；改宜興，擢御史，巡按廣東，贓吏望風去。（《吉水志》）○袁道卒於龍川，白沙陳獻章作詩哭之，稱爲真御史。（阮《通志》）

時事：九月，逮廣東布政陳選，卒於道。按：中官韋眷誣選朋比貪墨，詔逮選及番禺令高瑤。選至南昌卒。詳御撰《綱目》。

吴村里弔莊烈婦墓。邑人陳獻章二詩、寧都丁積一詩。後有「成化二十二年丙午春正月乙

[一] 白沙先生《志孫机壙》云：「成化丙午之歲秋九月七日，景暘之婦苑氏生次孫。」（陳獻章撰：《白沙子全集》，碧玉樓本，第五卷，第三七頁）

[二] 「苑氏」，原作「范氏」，據《志孫机壙》、《爲景暘撰祭劉氏外母文》改。（陳獻章撰：《白沙子全集》，碧玉樓本，第五卷，第三七頁；第五卷，第一六頁）

[三] 「《志孫机壙》」，原作「《孫机壙志》」，據碧玉樓本《白沙子全集》改。（陳獻章撰：《白沙子全集》，碧玉樓本，第五卷，第三六頁）

亥，守墓人古岡容貫識」。皆白沙行書。（《粵東金石略》）○按：此碑現存有邑城西門外雷霆山莊烈婦墓前。

本集《味月亭序》：「成化丙午正月，五羊何子有載酒過白沙，對月共飲，延緣數夕。告予曩夢，乞一言以歸。予口占一絶。」○《祭丁知縣文》。○七月，代容珪作《丁知縣行狀》。按：本集「丙戌」作「戊」，乃「午」字之誤。○《與廷實書》：「近得林子逢書，頗得平湖履任消息，緝熙此出，固不得已，終欠打算。聞去秋九月已在告，此直圖歸計耳。秉常想已就道。承寄手疏、賻帛，謹已拜領。周文都如省，託渠訪雲谷老隱，竟以疾弗果。」○《與廷實書》：「簡一通，奉方伯陳先生。帛一端、簡一通，寄高尹。煩便達之，勿示人爲感。」○《與陳方伯書》：「聞行李將入京，弗獲躬送，豈勝媿戀！賢人屈伸在道，公所存，憂樂安能奪之？惟萬萬自重。」吾廣方伯陳克菴，淡泊無異韋布。每食，飯一盂，韭數根，或雞子半枚而已。聽訟不事刑朴，民化其德，皆不忍欺。（《雙槐歲鈔》）○《與廷實書》：「章因起倒傷[二]，諸疾乘之，自汗耳鳴。得七月五日書，斷制平湖去就，亦未敢率爾。別紙報袁德純來按治，陳邦伯死於道路，使人動念」；「袁侍御曾一會否？此公能納善言，最不易得」。○《與廷實書》：「子長病小愈，曾見之否？數句來手足不仁，每中夜起坐。卜者謂必至大雪前後，病乃可平。寶安道白日殺人。民澤還增江，龔志明亦還潮。地方多虞，朋友各散，萬一不免避寇之行，

[二] 「傷」後，碧玉樓本《白沙子全集》有「煩」字。（陳獻章撰：《白沙子全集》，碧玉樓本，第三卷，第四一頁）

奈何？送丁一桂詩，作就付來登卷。九月十三日。」按：民澤從學，詳弘治七年。此云民澤者，疑初見江門，未從學也。或此書作於弘治八年。送丁詩另是一條，或採入集者誤合爲一也。○作《魯封公墓志銘》。○十二月初八日，作《祭誠菴先生文》。遣子景雲往代之。自稱門人陳某云。○《與寶安諸友書》：「章齒髮日變於舊，亡兄屬纊之初，老母哭之欲絶，積憂之餘，面目俱腫。」又云：「子逢别紙，具得平湖履任之詳。諸君其亟椽欖山之室，南川之歸無日矣。景暘今秋不免隨俗應試，非得已也。家貧不能日給，無可干仰於人，一也。祖母年高氣衰，悼往憂來，希得一解，可以慰解，二也。是兒賦分已定，責以越常之事，必不能堪，三也。期服不得科試，程子據禮言之，可以望於賢者，而不律衆人也。」按：南川，林光之號。○《與林郡博書》：「亡兄不幸早世，十月在殯，後此尚二十日始可就窆。積痛成疾。主考閩藩，令譽藹然，可賀，可賀。能早晚一過白沙否耶？老孺人之旁計未能猝離，而平湖之旆，亦難久留。景雲如桂陽未返，張僉憲日夕至學，景暘惟科試是急，諸姪營葬事，往候無人，惟加照。」○《與廷實書》：「緝熙還家，滿三月無一耗。問茶園商，云：縣博治行李入京，早晚舟至江門。遂别。果爾否耶？向者五羊得廷實報，大喜，連賦數詩。緝熙倘不稅駕〔一〕，則拙作反爲之累。」

〔一〕「不」，原誤作「有」，據碧玉樓本《白沙子全集》改。（陳獻章撰：《白沙子全集》，碧玉樓本，第三卷，第六〇頁）

本集詩：《讀張進士輓丁明府》七律，六年官守蕘諸難，七月孤兒護一棺。《四月二十七日五鼓，失腳仆地，衰年久病、氣弱無力之驗也，爲詩自悼二首》五律，《次韻秋興感事，録寄東所四首》五律，《次秋興韻，寄東所兼呈雲谷》五律，《得林子逢書，感平湖事賦此，次前韻二首》五律，《讀緝熙近詩，時緝熙典文衡閩中，欲便道還家，數夕前嘗夢見之》五古，《悼林琰》七律，聞道平湖歸漸近，相逢空有淚沾巾。《贈丁一桂》五律，有廟旌遺愛，無金歸故鄉。南風催返棹，西望欲沾裳。○按：本集《丁知縣行狀》：長子名芳，生於公卒後五月。一桂或是芳字〔一〕。《僉憲莆陽李公自海南征黎過白沙》七絶，按郝《通志》：莆田任僉事者二人。李元鎮，成化二十二年任；李德美，弘治五年任。俱進士。按二十三年《與廷實》云：「袁暴卒。昨見李僉憲云。」當是元鎮也。《誠菴朱公歸葬郴陽，適憲長陶公遣生員陳諫偕景雲往祭其墓，並以公意作詩贈之二首》七律，《憲副翁公以占城國主自海南來省過白沙，索和李黄門諸公韻》七律。忽聞海上夷王過，又把新聞續舊談。○成化二十年，諭占城來詣廣東受封。（《明史·占城國傳》）○翁晏，侯官人，成化二十二年任按察副使。（阮《通志》）

〔一〕 阮榕齡所引述《丁知縣行狀》有誤。白沙先生《丁知縣行狀》云，丁積「配羅氏，生子男二人：長曰一芳；次曰某，生於公卒之五月」。（陳獻章撰：《白沙子全集》，碧玉樓本，第五卷，第五頁）一桂，乃爲丁積次子之名，而非丁積長子一芳之字。

成化二十三年丁未(一四八七),先生年六十歲

時事：三月,門人浙江張鋏、姜麟舉進士。

時事：七月十六日,孫机殤。《志孫机壙》：「春夏間,疫作,里兒十五亡於疹。婦攜机如外氏,得疾,歸。風雨暴至,數日不止。療弗及,遂絶。」

時事：給事中林廷玉奉命來新會,賜葬右都御史魯能。吏科給事中閩人林粹夫廷玉,父芝司訓導信宜,母没,留葬焉。及父遷韓府紀善,占籍平凉,遂領陝西解首,連第進士。以葬魯能都憲使吾廣。因趨信宜訪母墓,哭祭之。欲負骨歸,陳白沙止之,有「不與皇華共載還」之句,乃圖山形而去。(《雙槐歲鈔》)〇按：先生明云「尋母墓,久而弗得」,何得云「負骨歸,白沙止之」?且既得母骨,必當負歸,君與親一也。若云「止之」,殊不近情理。蓋誤會先生詩意也。〇又按：《新會林志·金石》有《祭魯能碑》云：「成化二十三年,皇帝命有司爲營葬域。」所云有司,即林廷玉也。

時事：八月,帝崩。憲宗之升遐也,哀詔至,先生如喪考妣。故詩曰：「三旬白布裹烏紗,六載君恩許卧家。溪上不曾攜酒去,空教明月管梅花。」(《行狀》)〇九月,太子祐樘即位。孝宗嗣位,文祥即上封事,謫咸寧丞。工部主事莆田林沂請召文祥、湯鼐,納夏崇文言,且召陳獻章、謝鐸等,率爲吉、直所沮。(《明史·李文祥傳》)

廣陵張幹臣貞生□世祖黻,成化時仕經歷,嘗救林見素得罪,與白沙交善。予從學士處見白沙送別手蹟云：「草閣春風忽兩人,坐臨江水看江雲。尋常肺腑詩中寫,六十頭顱鏡裏分。落絮風驚還著樹,行人日出又離群。布帆遠下南京道,望斷梅關不見君。」張氏以理學直諫爲家

學，其淵源有自矣。（《池北偶談》）○按：此詩本集作《緝熙至，用寄兼素先生韻寫懷》，第二首也。兼素，張黻字。

［本集］《與廷實書》：「袁侍御暴卒於龍川，其蹟可駭。張兼素一病遂不起。昨見李僉憲，按：名元鎮。云此訃得之朱茂恭侍御，當是的耗也。哭而爲之緦，踰月乃已」；「德純先生竟止於此。挽詩並兼素輓不可不作。四月二十七日，夜起索衣，遭跌傷面。……近著《大頭蝦說》」云云。按《明史·林俊傳》：「張黻，吉水人。歷知涪州、宿州。弘治中，俊薦顯擢，而黻老不用。王恕爲之請，特予誥命。」考《雙槐歲鈔》，張公當卒於成化二十年。今按先生之詩，當卒於二十三年以前。蓋張卒在二十年，而先生以路遠未及知，如康齋先生耳。《明史》云「弘治中，黻老不用」，誤也。○《祭袁侍御文》：「兼素之訃，繼此亦聞。海内知己，存者幾人？」○秋，作《朱惟慶墓志銘》。按：惟慶，太保英之弟。○《與廷實書》：「朱守節，誠菴猶子，近來白沙。又某不幸喪小孫机，哭之連日。比聞長樂盜起，羅浮之游，不知又在何時？舍姪送守節行過五羊，想當一會」；「近來敝邑夜寇甚於前日，有殺盡一家十餘口者矣。意欲遷省城，求一地奉老母。適得白洲口信，亦惓惓以此爲言。」按：李士實，號白洲，新建人[一]。成化二十三年任按察副使。（阮《通志》）○《與廷實書》：「林進士尋母，久而弗得，爲作二絶。」○《先室張氏墓志》：「岡脈旁起推車嶺，正南面積水池，作己丙向者，吾室張氏藏也。張氏卒，葬孔家山二十五年，爲今成化

[一]「號」，原作「字」。李士實，字若虛，號白洲。故改。

之末年十二月甲申，其子景雲、景暘始易棺衾，奉遷於此。翰林國史檢討陳獻章志。」按：此碑本集缺載，今補入。

本集詩：《候緝熙》七律，《次韻張廷實舟中寫興》七律，白沙先生年六十。《寄張兼素》七律，《緝熙至，用寄兼素先生韻寫懷》七律，《代簡答黄大理仲昭》，尺簡豈堪頻問訊，兩京還説舊因緣。餘生可試屠龍技，畢嫁纔消鬻犬錢。《代簡答林蒙菴，用前韻》，人非爲己終無得，我與先生似有緣。六十懇辭兵部禄，尋常亦欠酒家錢。○林雍，官兵部郎中。（《福建通志》）《袁侍御訃至二首》七絶，《袁侍御挽詩二首》七律，《留朱甘節》七律，按：甘節，惟慶子。《中秋與朱甘節白沙賞月，兼寄其從子玭》七律，《讀林進士信宜祭母墓文二首》七絶，非關旅殯無尋處，不與皇華共載還。《題林進士繼母陳氏挽卷》七絶，《樂歲呈楊尹》七絶，長官願似丁明府，甲首終年不到衙。○楊如，福建松溪人。成化二十三年任。（《新會》王志）《題健齋費子充殿元號》七絶。費宏，字子充，鉛山人。成化丁未進士，官大學士，謚文憲。（《明詩綜》）

孝宗弘治元年戊申（一四八八），先生年六十一歲

時事：四月，門人嘉魚李承箕來從學。○築楚雲臺。李承箕裹糧自嘉魚來從學，凡二年。先生服食行纏，待如子弟，復築楚雲臺以居之。榜聯云：「有月嚴光瀨，無金郭隗臺。」（《行狀》）

時事：以林泮知廣州府。凡十年。○按：郝《通志・名宦》以泮爲弘治元年進士，誤。考《福州府志》：泮成化

壬辰進士，自南京大理寺正遷廣州知府。

時事：以吴廷舉知順德縣。

姜洪，廣德人，拜御史。孝宗即位，言王恕、王竑才德高茂，張元禎、陳獻章、章懋學有淵源。○曹璘，襄陽人。孝宗嗣位，疏請王恕爲内閣，擢陳獻章等於左右。（俱《明史稿》）○弘治改元，閣臣薦［賀欽］起陝西參議[二]。檄未至，母死。疏辭，陳四事：謂聖學當求真儒，陳獻章大可用。（《毛西河集·賀欽傳》）○十月，先生今年兩見戊申，蓋六十又一矣。前中秋時，太夫人進壽八十有四，箕嘗再拜爲禮，先生喜形於色。今孟冬二十有一日，先生初度，拜跪成禮而退。（李世卿《壽先生六十一詩序》）

本集《與廷實書》：「世卿來白沙，過秋方還嘉魚。能一來會否耶？」○《復世卿書》：「圭峰山靈相候已久。與諸鄉老龍興寺相對，孰與置於圭峰爲快也？」○《處士陳君墓志銘》：「予游匡山，東淵請執杖屨以從，凡所紀述，令一一録之，朝夕侍我側。」○《與朱甘節書》：「去秋別去，不知何日至桂陽？世卿首夏來訪，尚留白沙，與之語。甘節真知人哉！俊圭詳《門人考》。鄧球，字俊圭。擬冬春會白沙，貴札可付來也。」○作《李處士墓志銘》。按：處士名阜，字元春，世卿父。○《與陶方伯書》：「頃聞夫人之葬已後，時諸兒姪偶冗於人事，不得隨執紼之後，媿罪媿罪。［李進士

[二] 「賀欽」二字原缺，因所述乃賀欽事，據補。

世卿」承命修本邑志[一]，成，將刻板，乞一經目定之。」按《世烈録・楊淑人墓表》：「弘治元年戊申十月十九日，葬於番禺南蛇坑。」○《與廷實書》：「惠來薑酒，可賀。世俗好檢點人，不仕無義，違親非孝。行矣，勿貽尊翁戚戚也。」○《與廷實書》：「好子不育，傷如之何！近得林待用書：朝廷用薦者起取。潘時用報如此。世卿近往南山，未還白沙，承欲一會，此念自好。比日同李憲副往李村看山，中暑腹滿，連日不能食，以菉豆粥解之，乃得通。」弘治元年，「林俊」用薦擢雲南副使[二]。（《明史・林俊傳》）○《送李世卿還嘉魚序》：「弘治元年戊申夏四月，湖廣嘉魚李承箕世卿自其鄉裹糧南望大庾嶺，沿途歌吟，入南海，訪予白沙。一見語合意。先是五、六年，予會都憲公之子承恩於北京。承恩，世卿從弟也，示予以世卿之文。出入經史，跌宕縱横，筆端滾滾不竭來，數千言沛然出之，若不爲勢利所拘者。予時未識世卿而知世卿抱負有大於人，既不忘於心，亦時於詩焉發之。或聞論當世士有文章，必問曰：「如李世卿否？」然又意世卿少年，淩邁高遠則有之，至按：「有之」之下當有「至」字，或鈔刻者譌漏。優游自足無外慕，嗒乎若忘，在身忘身，在事忘事，在家忘家，在天下忘天下，世卿未必能與我合。孰知世卿有意於來耶？自首夏至白沙，至今凡七閲月，中間受長

[一]「李進士世卿」五字原缺，據碧玉樓本《白沙子全集》補。（陳獻章撰：《白沙子全集》，碧玉樓本，第三卷，第九頁）若不補出「李進士世卿」五字，則「承命修本邑志」者，爲白沙先生矣。

[二]「林俊」二字原缺，因所述乃林俊事，據補。

官聘修邑志於大雲山五十餘日，餘皆在白沙，朝夕與論名理。凡天地間耳目所聞見，古今上下載籍所存，無所不語。所未語者，此心通塞往來之機，生生化化之妙，非見聞所及，將以待世卿深思而自得之，非敢有愛於言也。時時呼酒與世卿投壺共飲，必期於醉。醉則賦詩，或世卿倡予和之，或予倡而世卿和之，積凡百餘篇。其言皆本於性情之真，非有意於世俗之贊毁。至是，世卿以太夫人在堂辭去，欲留不可，爲古詩十三首别之。諸友相繼有言。世卿歸，以所聞於予者質諸伯氏茂卿，登大匡山吟弄赤壁之風月，予所未言者，世卿終當自得之。世卿之或出或處，顯晦用舍，則繫於所遇，非予所能知也。予老且病，行將採藥於羅浮四百三十二峰，以畢吾願。世卿能復索我於飛雲之上否耶？序以送之。」○《與廷實書》：「曩辱佳章並賀儀，媿感。世卿行時，諸友追餞，不及奉簡。」○冬，作《處士陳君墓志銘》。詳《門人考·陳東淵》。

本集詩：《元旦試筆》七律，六載虚叨供奉恩，白頭吾亦兩朝臣。閭閻擊壤今弘治，簡册編年又戊申。閏正月，《書登陶魯壯哉亭以遺守祠者》五律，《次韻李子長抵江門》，《送子長還五羊》，此日江山初見子，向來風韻更因誰[一]？春波蕩柳舟難繫[二]，曉樹啼鶯枕欲欹。《寄廷實用前韻》，《約諸友游圭峰，文都報子病，

[一]「風韻」，原作「風月」，據碧玉樓本《白沙子全集》改。（陳獻章撰：《白沙子全集》，碧玉樓本，第八卷，第三一頁）

[二]「蕩柳」，原作「浩蕩」，據碧玉樓本《白沙子全集》改。（陳獻章撰：《白沙子全集》，碧玉樓本，第八卷，第三一頁）

不果行》，《與廷實游圭峰，別後奉寄，且申匡山之約二首》，《寄文都曝日臺》，《次韻顧通守》，顧叔龍，莆田人。弘治元年，任廣州通判，凡三年。（阮《通志》）《留世卿飲，用前韻》，《次世卿雨中韻》，《與世卿閒談，兼呈李憲副九首》，《月下懷世卿時在南山》，《寄世卿玉臺四首》，《記旱用前韻》，《一之夜歸楚雲臺，失足墜溝，諸生拽出之。予聞大笑，與世卿各賦詩唁之》，以上俱七律。《偕一之世卿詣楚雲臺》七絶，《楚雲臺呈世卿》，《江村晚望，寄世卿圭峰》，《寄吴明府》，《同世卿游玉臺》五律，《游圭峰同世卿》，《九日，李鴻兄弟攜酒從予登小廬峰，寄世卿圭峰》，《書所見寄世卿圭峰》，《廷實屢約游匡山不遂，世卿在數千里不期而同，次舊韻寄廷實》，《代陳汝岳謝世卿撰玩琴軒記》七律，《得鄧俊圭書》，《與世卿同游匡山》七古，《生日答吴獻臣》五律，後甲惟元祀，浮生又五寒。《六十一自壽二首》七律，孤子今來六十一，慈親已過八旬三。《世卿赴順德吴明府之召，五日不返，詩以促之二首》七律，《臨安太守鍾宣美將赴任，過白沙言別，出莊定山詩，次韻二首》七律，按：宣美，原姓陳，名晟。詳《叢考》。《送薑酒》七絶，《贈世卿六首》五古，《送世卿還嘉魚五首》五古，《和世卿留別韻二首》七律，《圖新書舍懷世卿，時別半月》，月上齋垣白，疎梅共主賓。《次韻寄廷實》五律，《題南浦送別圖，爲蔣方伯》，按郝《通志》：蔣雲漢，四川巴縣人，進士。弘治元年，任布政左參政。《答石阡太守祁致程》七絶，《世卿寄經飛來寺和予壬寅秋詩，復韻答之》七律，《得世卿南安書》七律。心知別去千回折，詩長從來一格工。

弘治二年己酉（一四八九），先生年六十二歲

時事：貶鄒智爲石城吏目。

時事：遷劉大夏爲廣東右布政。

時事：九月，門人順德梁景行、梁貞奎、新會譚以賢、博羅何宇新同領鄉薦。

本集《次姜仁夫留别九首》七絶序：「弘治己酉春，姜仁夫進士使貴州還，過白沙八日。次韻爲别。明日，仁夫至潮連寨，隸回，得三絶，和之。仁夫，蘭谿人。從學章先生德懋，吾二十年舊好，故詩兩及之。」○《與順德吴明府書》：「頃辱書，適姜仁夫在坐，不即裁答。去歲，世卿亦以後進之才稱足下。念昔蒼梧之會，幾於失君。」○《送張進士廷實還京序》：「鄉後進吾與之游者，五羊張詡廷實。廷實二字補。始舉進士，觀政吏部稽勳，尋以疾請歸五羊。五羊，大省地，廷實所居户外如市，漠然莫知也。自始歸至今六年間，歲一至白沙，吾與之語終日而忘疲。城中人非造廷實家不得見廷實，而疑其簡，實不然也。蓋廷實之學，以自然爲宗，以忘己爲大，以無欲爲至[二]，即心觀妙，以揆聖人之用。其觀於天地，日月晦明，山川流峙，四時所以運行，萬物所以化生，無非在我之極，而思握其樞機、端其銜綏，行乎日用事物之中，以與之無窮。然則，廷實

[二] 「至」，原誤作「主」，據碧玉樓本《白沙子全集》改。（陳獻章撰：《白沙子全集》，碧玉樓本，第一卷，第二三頁）

固甚有異於人也，非簡於人以爲異也。若廷實清虚高邁不苟同於世也，又何憂其不能審於仕止、進退、語默之概乎道也？茲當聖天子登寶位之明年，思得天下之賢而用之，而廷實之病適愈，太守公命之仕，廷實不得以未信辭於家庭。於是卜日告行於白沙，留二十餘日。去歲之冬，李世卿别予還嘉魚，贈以古詩十三首，其卒章云：『上上崑崙峰，諸山高幾重[一]？望望滄溟波，百川大幾何？卑高入揣料，小大窮多少？不如兩置之，直於了處了。』世卿，豪於文者也，予猶望其深於道以爲之本。廷實至京師，見世卿，重爲我告之。廷實所以自期，廷實其自信自養以達諸用，他人莫能與也。」○《與廷實書》：「承示《楊柳曲》，情蹙辭盡，幾不可讀。『樂莫樂兮新相知，悲莫悲兮生别離』。沿途遇便風，得一字爲慰。近來敝鄉東西盜劫連夜，白石譚蘭雪一家遇害，馬默齋輩剥牀，可畏。眼中惟倪舜祥可委捕盜。」又云：「仁夫會問多爲申覆。」按：倪舜祥，名麟，先生第二女夫。○《與李西涯學士書》：「相别六、七年，不通音問於京師。自周文都南歸後，先生之音問遂絶。世卿自去年首夏至白沙，臈月然後歸[二]，早晚入京。衰病百狀，問之可知。張進士行，附此。」○《與戴憲副書》：「恭聞拜憲副之命，引領台階，不知微疴之在體。小廬岡書屋

[一] 「高」，原誤作「萬」，據碧玉樓本《白沙子全集》改。（陳獻章撰：《白沙子全集》，碧玉樓本，第一卷，第二三頁）

[二] 碧玉樓本《白沙子全集》無「月」字。（陳獻章撰：《白沙子全集》，碧玉樓本，第三卷，第一頁）

近完，四方士來游白沙者，於此處之，是亦執事之賜也。」戴中，新淦人。弘治二年任按察副使。（阮《通志》）

○《周氏族譜序》：「少參公弘治己酉始至白沙。」周宏，德清人。弘治元年任右參政。（阮《通志》）○《與廷實書》：「廷實守道，無求於人，攜十數口在路，日飯米一斗，何以給之？子長在館中已半月，梁貢士告行，草草奉此，不能悉，不能悉。別詩奉懷。」○《與廷實書》：「助金已領。西山之遺，盂水難消，況若是重耶？黄涪翁謂：『旋渦中佛，不能救落水羅漢。』今廷實行萬里，費皆己出，非旋渦中佛歟？感恨感恨。別後奉懷不置，小詩見意。經西華、飛來，必有佳作，幸垂示。」

本集詩：《贈張進士入京八首》七絶，序：「別後膝痛甚於前日，本無詩悰，獨念吾與廷實不可無一言以別，爲八絶句。命童子容憑録於序文之下。」○按此序本集缺，從何氏本補入。○五羊不出獨何心，萬里行囊又一琴。難寫別離今日意，江門春水不如深。○津頭日暮思夫君，別意那堪更遺聞。芳樹鳥啼山雨過，柴門空閉一溪雲。○玉臺居士玉臺眠，碧海三山病枕前。君欲有爲休問我，白頭世事已茫然。《次韻鄒汝愚陽江道中見寄》七律，《何宇新赴南京，來白沙告別，此行且復見定山，時秋已盡矣，以詩送之二首》七絶，《得廷實書》，《用韻寄潘時用》，《用韻寄姜仁夫》，《用韻寄緝熙平湖》，《用韻效寒山》，四郊多竊盜，村裏夜支更。《寄饒平邱明府》。何處思君獨舉杯，江門薄暮釣船回。風吹不盡寒蓑月，影過松梢十丈來。○邱天祐，莆田人。弘治二年進士，令饒平，廉能著於時，尋丁外艱。（郝《通志》）

弘治三年庚戌（一四九〇），先生年六十三歲

時事：以秦紘總督兩廣。（阮《通志·職官表》）

時事：四月，門人吴川林廷獻舉進士。

時事：以劉大夏爲廣東右布政。（《明史》）

本集：二月，《壽張撫州六十一詩序》：「兩山謝郡歸，今年六十有一矣。兩山之子詡也，從予游，限於官守，不得奉卮酒爲壽。弘治庚戌二月初吉，白沙陳某書。」張瓚，出知撫州，又知漳州。没，祀漳州名宦、本省鄉賢。（《番禺志》）〇《題瑞鵲卷》七絶序：「成化十九年，予入京。是時，周君文化令六合有聲。後八年，周君以御史按吾廣，過寒舍，舉莊先生昔賦《瑞鵲詩》，俾予和之。」周南，縉雲人。弘治初巡按廣東。（《明史》本傳）〇夏，作《襄陽府先聖廟記》：「庚戌夏，侍御史襄陽曹君璘訪予玉臺山中。」〇《與廷實書》：「兩山先生舊臈使人饋白沙，索書《生日詩》，尋以附子長轉達。不知兩山之疾已革，蓋屬纊前一二日也。廷實以何日聞訃？匍匐南歸，溽暑在途，哀毒如何？」〇秋，作《程鄉社學記》。自注：「弘治庚戌秋，爲永豐劉彬作。」〇按：彬，號肅菴，永豐人，進士。爲程鄉令事，恤民隱，端士習。在任九年，省約如寒素時。（《嘉應志》）〇劉彬初與羅倫同師友，倫告之曰：「科名文詞皆浄洗，一意聖賢。」彬曰：「一峰故人，今墓木拱矣，吾敢負一峰乎？」白沙先生曰：「别駕自審去就，何與一峰也？」（《分省人物攷》）〇十一月朔，作《祭容彦禮文》。遣子景雲往代之。

本集詩：《有懷世卿四首》五古，《贈曹侍御璘》七律，《周侍御文化將訪白沙，阻風連日，詩以迓之三首》七絶，《程鄉學生鍾宏求社學記，贈之》七律，《贈鄒處士還合州二首》七絶，按：處士，智之父。詳《諸友攷》。此詩當在智未卒之前。《贈余進士行簡别》七律，余敬，字行簡，書厦村人。（《新會》王志）今開平縣人。（阮《通志》）《次韻子長至白沙》，《邀馬玄真》，《再和示子長》，《與子長談詩，忽聞有談方伯劉先生德政者》，《候玄真不至，用前韻》。

弘治四年辛亥（一四九一），先生年六十四歲

時事：五月二十七日，教諭婁諒卒。年七十。（《明儒學案》）

時事：以彭韶爲刑部尚書。

時事：十月，石城吏目鄒智卒於順德。年二十六。○鄒汝愚謫石城，道吾廣，有司留館坡山。其同年吴獻臣尹順德，令邑民李焕於古樓村建亭居之，扁曰「謫仙」。辛亥卒。白沙陳公甫《追次汝愚詩》曰：「遷客一亭遺海濱，當時誰號謫仙人？花汀柳市無疆界，盡是乾坤一樣春。」（《雙槐歲鈔》）

時事：逮兩廣總督秦紘赴詔獄。張吉，字克修，歷肇慶同知。時陳獻章講學，吉與議論相孚。辛亥，都御史秦紘爲柳總兵所誣，逮詔獄。吉上疏代辨得白，人服其勇。轉梧州知府。（郝《通志》）

時事：十一月，以丘濬爲文淵閣大學士。

本集：四月，《復陶廉憲求平後山碑書》：「使至，辱手書。當道諸公欲以平後山碑文見委爲之，僕竊怪執事之知僕猶未至也。今天下能文章、富經術者，可謂盛矣。若僕者，素無文采，强顔爲之，徒爲有識所哂。謹復。」○又書：「興師弭患，動中機會，爲可喜也。後山禍機久伏，使謹於微，則無今日之役。今首惡既誅，暫停搜捕之師，宜慎玉石之辨。於疑似不決者，寧詘法以信恩，此則天地好生之仁，子孫享無疆之慶，執事固有之。」○《與葛侍御書》：「頃者，廉憲陶公惠書，稱執事以平後山碑委僕爲之。」葛萱，高郵人。弘治間，任巡按御史。（阮《通志》）○《與劉方伯書》：「餘寇未殄，先生得毋爲百姓戚戚耶？曹匪石抵家，病即愈。匪石徵《樂記》[二]，已託鄒汝愚具稿，早晚録上。」○《慈元廟記》：「弘治辛亥十月，今户部侍郎前廣東右布政劉公大夏，行部至邑，與予泛舟厓門，弔慈元廟故址，始議立祠於大忠之上。」○十二月，作《望雲圖詩序》。按王公，名未詳。序云：「公山西人，奉命來南海幾年。頃，乘廣海之舟，經新會，吏民親公如親賢大夫，忘乎公之爲貴也。」

本集詩：《弔鄒汝愚四首》七律，孤兒歲月初離乳[三]，夫子風流儘蓋棺。《候方伯劉先生四首》七絶，按：此題有三首在卷九，一首在卷十，蓋同一題而誤分者。《陪劉先生往厓山舟中作》七律，《東山至厓，議立

[二]「樂記」，原誤作「藥石記」，據碧玉樓本《白沙子全集》改。（陳獻章撰：《白沙子全集》，碧玉樓本，第三卷，第六頁）

[三]「歲月」，原作「四月」，據碧玉樓本《白沙子全集》改。（陳獻章撰：《白沙子全集》，碧玉樓本，第八卷，第七八頁）

慈元廟，因感昔夢成詩呈東山》七律，《張克修别駕[遷]梧州守，來别白沙二首》五絶〔二〕。贈君欲何言，笑把梅花折。○古城先生在嶺外，訪白沙問學。白沙以詩示之：「滄溟幾萬里，山泉未盈尺。到海觀會同，乾坤誰眼碧？」先生不契也。（《明儒學案》）○按《肇慶府志·職官》：張吉爲同知，在成化末年。而《宦績傳》引《獻徵録》云：「吉，餘干人。孝廟初，轉肇慶同知。」考本集《與張太守克修書》有「制中不他及」之語，是弘治八、九年間，張尚守梧州。自同知遷守梧州，《傳》不明言何年，故附疑於此。

弘治五年壬子（一四九二），先生年六十五歲

時事：以閔珪爲兩廣總督。凡三年。

時事：九月，門人順德黄澤領鄉薦第一，番禺陳頀、陳昊元、新會黄元、增城湛若水、潮陽趙日新同榜。

本集《賀陶廉憲陞任書》：「秋暑既退，陳都閫過白沙，言當道薦執事。想朝廷命下，班次必崇。章寄名於石，英德石形奇者，能致數片，志願足矣。」○《與廷實書》：「李子長懷集之行，未免内顧之憂，能照之否？」

〔二〕「遷」字原缺，據碧玉樓本《白沙子全集》補。（陳獻章撰：《白沙子全集》，碧玉樓本，第九卷，第九頁）

本集詩：《聞黄澤發解》七絶，《送子長往懷集，取道謁張梧州二首》五絶。

弘治六年癸丑（一四九三），先生年六十六歲

時事：四月，門人順德黄澤舉進士，新會李翰乙榜第一。

時事：七月，刑部尚書彭韶罷。（《明史·七卿表》）

時事：張秋河决，以劉大夏爲副都御史治之。

本集：三月，作《羅倫傳》。○癸丑端午，《書漫筆後》。據石刻本。○七月，作《程鄉儒學記》。○《夕惕齋詩序》〔一〕：「少參任君蒞吾省，問過白沙。」任穀，横州人。弘治六年任右參議。（郝《通志》）○九月，作《增城劉氏祠堂記》。

本集詩：《聞東山領都憲之命，寄之》七絶，《永豐劉景惠持亡友羅一峰事狀來白沙，道其翁程鄉宰肅菴願友之意，贈以是詩》，《予欲爲一峰傳而患無所本，其子粱撰狀，託肅菴子景惠至白沙，予將爲傳，用前韻》《贈潘上舍漢，用前韻》，俱七律。《次韻顧别駕寄彭司寇二首》七律，序：「别駕顧勉菴聞彭從吾先生致仕還莆，賦詩賀之。謂僕受知於先生，不可無言，因和之。」○按：别駕名叔龍，詳《諸友考》。

〔一〕「惕」，原誤作「陽」，據碧玉樓本《白沙子全集》改。（陳獻章撰：《白沙子全集》，碧玉樓本，第一卷，第一三頁）

《雨後示劉宗信、林時嘉二首》五絶，《贈閔督還陞秋官二首》五絶，《贈羅梁還程鄉五首》七絶，一客三旬住玉臺，梅花正傍釣臺開。《蓬島烟霞圖贈羅定直》七絶。自注：「一峰子。」補詩：《遇雨詩》序：「易菊主偕其姪壻楊和從子庸信宿白沙，遇雨，偶憶莊定山與予於白馬菴夜雨聯句云：『公來天閣雨，天共主人情。』菊主感歎，再三誦之。予因舊韻以復。」襟裾猶耐冷，紅紫半抽晴。我不辭爲主，公無厭絮羹。旋吟詩遺興，直以酒陶情。何可廢行樂，春秋七十更。○老腳莫浪出，東君不放晴。青山倚鳩杖，白飯下魚羹。耕鑿無餘論，烟霞杳去情。偶持一觴酒，留客話深更。○衡門來好客，久病快新晴。子美雲安酒，東坡骨董羹。江山成永嘯，今古莫留情。勸飲多狂句，陶箋寫率更。○人心殊覺夕，白日此陰晴。義激中流柱，名裒衆口羹。恥爲一身計，癡擁萬年情。坐久籠山雨，寒雲濕未更。弘治癸丑春正月二十日，石翁書於白沙貞節堂。○按：此詩並序，本集不載。茲從張厓山丈總章曾見真蹟，鈔以示榕者。

弘治七年甲寅（一四九四），先生年六十七歲，母年九十

時事：二月，門人增城湛若水來從學。甲寅二月，往學於江門。語之曰：「此學非全放下，終難湊泊。」遂焚原給會試部檄，獨居一室。（洪垣《湛甘泉墓志銘》）○記吾游江門時，在楚雲臺夢一老人曰：「爾在山中坐百日，便有意思。」後以問先師，曰：「恐生病。」乃知先師不欲人靜坐也。（《甘泉語録》）○甘泉初至白沙，齋三日而後求教。舉於鄉，即焚路引。從白沙十有三年，既得旨乃出。（《廣東新語》）○湛若水見白沙，景行爲紹介。（《順德志・梁景行傳》）○按洪垣《甘泉墓志》云「甘泉以弘治甲寅來學」，是下距先生卒時，僅七年耳。又《甘泉集》云：「二十七舉於鄉，其業猶夫人也。自聞學於君子，舍舉業而涵養十有三年。」是自言涵養者十三年，非從白沙十三年也。計自弘治六年舍舉業，至十八年會試，適符十三年涵養之數矣。○又按：從學之年方二十九歲，而沈椒園廷芳《粵秀示諸生詩》云：「九十甘泉翁，亦在弟子行。」此尤失考也。

時事：七月，莊昶奉旨行取，九月入京。（湛若水《莊定山墓志銘》）

時事：嘉會樓成。○冬，慈元廟成。祠之未建也，先生夢一女，后飾，立於大忠祠上，請曰：「先生啓之。」後十年建廟，即其所也。故先生《慈元廟詩》有「依稀猶作夢魂通」之句。（《行狀》）

弘治甲寅六月，巡按廣東御史熊公成章謀創樓爲盍簪之地，檄通判顧文來卜地，數月告成。（張詡《嘉會樓記》）○南京地震，御史宗彝等言韶、喬新、强珍、謝鐸、陳獻章、章懋、彭程俱宜召用，不報。（《明史·彭韶傳》）○按《明史·五行志》：「弘治七年，是歲兩京並地震。」

本集《與顧別駕止建嘉會樓書》：「今日之事，欲爲名教樹無窮風聲，而姑託始於僕以爲之名。百餘年間，嶺海之內，未聞有如今日之盛者也。顧僕何人，濫竽斯會，不勝媿悚之至。愚以今地方多虞，民苦力役，寸土尺木，不無勞費。願執事復按治之命[一]，苟可已之，不但舒民之力，而『負且乘』之譏，亦且不及老朽，以貽玷諸賢，尤見相愛之至也。」○六月，作《肇慶府城隍廟記》。爲郡守黄琥作並書石。○九月，《與左行人廷弼書》：「秋且盡矣，拉何山人駕扁舟出扶胥口，

[一]「願」，原誤作「顧」，據碧玉樓本《白沙子全集》改。（陳獻章撰：《白沙子全集》，碧玉樓本，第四卷，第一頁）

東望羅浮，飄然自適，覺某之匏繫於病爲可厭也。」按《題名碑》：左輔，江西進賢人。成化十七年進士。廷弼與輔名相應，疑即是人。○十月，《跋清獻崔公劍閣詩》：「曩夢拜公，坐我於牀，與語平生，仕止久速。仰視公顔可親，因請公手書，公欣然命具紙筆。嗚呼，古今幽明一理，感而通之，其夢也耶？其非夢也耶？今書遺其後七世孫同壽云。」○《與蒙知縣書》。蒙惠，蒼梧人。弘治十年，知新興縣。巡行阡陌，以勸農爲急，暇則訓勉諸生，士民懷之。（郝《通志》）○按：郝《通志·職官》作弘治十年。考《肇慶府志》，鍾鯨任新興，六年調去。故《府志》「宦績」與「職官」表作七年。「十」字誤也。

本集詩：《左行人寄倭金酒琖，醉答》七絶，六十七回春又過，茅柴不管注倭金。《劉景仁自雷州別二親還永豐，過白沙》七絶，按：景仁父名彬，爲程鄉知縣。其爲雷州同知，郝《通志》不注何年。以《嘉應志·名宦傳》考之，其去程鄉任，當在弘治元年。景仁自雷州歸，本集原與「六十七年春又過」詩相接，故附於此。《次顧別駕宿碧玉樓韻五首》七絶，序：弘治七年六月，侍御熊公欲創樓於白沙水湄，爲往來之地。始謀於郡主林先生，遂盡聞於藩憲諸公。別駕來相地，宿碧玉樓。○熊達，南昌人。弘治□年，任巡按御史。（阮《通志》）○按：達，字成章，蓋取「不成章不達」之義。諸本多作「逵」字，誤。《嘉會樓上梁，和顧別駕》，《用別駕韻答熊侍御》七律。

弘治八年乙卯（一四九五），先生年六十八歲

時事：二月，大學士丘濬卒。年七十六。○李東陽入內閣。

時事：二月十六日，先生母林太夫人卒。年九十一。○《與賀克恭書》：「今年春二月十六日，老母傾背。」

時事：三月，莊㫤陞南京吏部驗封司郎中。八月到任，十二月病中風。（湛若水撰《莊定山墓志銘》）

時事：致仕刑部尚書彭韶卒。年六十六。

時事：陶魯奉敕往安南，過江門。

時事：九月，門人番禺林高領鄉薦第一，新會陳紹裘同榜。

本集：作《奠丘閣老文》。○《答周廉憲疏》：「謹以四月八日，奉柩藏於屋後小廬山。」○《與李孔修書》：「子長乳瘡，當一場重病，今脱然矣，聞之慰喜。先妣三月而葬，禮也。」○《與廷實書》：「亡妣小廬山兆，在碧玉樓後。遣人買藤縣木，建墳前小屋爲祭所。立墓田，令人是守之。」○《與沈都憲書》：「今年春中，老母棄背。承示晦翁南軒詩令作跋，尚貸以日月，庶幾除服未死之年，附姓名於二先生之後，幸孰大矣。」○《與湛民澤書》：「喪次，溽暑不可處，近遷碧玉樓西，正南開窗户，又爲東南風攪枕〔一〕，不得睡。附錢五十，煩爲買小竹簾，横二尺。」○《答黎明府書》：「鄰封野人，兹以先妣塋未封，親屈明府舟從白沙。」黎燃，新喻人，舉人。弘治三年

〔一〕「攪枕」，原作「攬」，據碧玉樓本《白沙子全集》改。（陳獻章撰：《白沙子全集》，碧玉樓本，第三卷，第六〇頁）

任香山縣，凡十年。（郝《通志》）〇《答蘇僉憲書》：「亡妣見背，力疾襄事。忽於七月盡日中風，左手足不仁，寸步不能自致。秋云暮矣，媿如之何？」〇《與姜仁夫書》：「近得緝熙書，報仁夫出理淮上。今年老母傾背，毁瘠與死無異。」〇《與羅冕書》「得五月十九日手書」云云。〇《與陶廉憲書》：「邇者，先妣塋封始畢，閣下有事西陲，辰下將過江門，莫遂謁見之私，渴心東弛。」〇《與林時表書》：「時表代而父奉太夫人几筵，何得舍朝夕奠來應試？老朽聞之，竟日不樂。比發去兗州訃否？適得尊翁濟寧四月望日發來手書[二]，進退不能無遺憾矣。」〇《與陳秉常書》：「辱書，見勉勿斷酒肉，扶衰養軀，真情苦語，足紉拳拳。到京，見定山先生、潘時用、姜主事，問我，以是告。見劉都憲，告慈元廟成，因以先母訃告。」〇《與太守張克修書》。凡三首，時官梧州。〇《與賀克恭書》：「今年老母傾背，與死爲鄰。比得惠書，又得賢郎北京書。里中舉子赴春官，附此。」〇《與賀諮書》：「得生書，讀未畢，亟召犬子來讀。何生之言似乃翁也？昔在長安日，過乃翁坐，生時方毁齒，能知兩翁意。坐則置生膝前，摩生頂，與乃翁語。恨生不生南海，又恨夙病支離，不能一見容止。里生陳紹裘行，託告區區。」賀士諮，白沙稱之曰：「老眼識鳳雛。」（《廣輿記》）〇《與金方伯書》：「比聞有巡撫江西之命，已令犬子候行。」金澤，弘治七年，任布政。（阮《通志》）〇《與黄舉人

[二]「望日」後原衍「書」字，據碧玉樓本《白沙子全集》删。（陳獻章撰：《白沙子全集》，碧玉樓本，第四卷，第三八頁）

書》：「克仁久在制中，老病不堪走弔。自杪秋感冒痿痺，半年未嘗一近筆硯。希顔兄近會亦不數，音耗闃然。」按《新會》王志：「黄元，弘治五年舉人。」克仁與元名字相應。希顔，名佐，成化十九年舉人。疑即克仁之族人，故並及之。○《與湛民澤書》：「久居於危，嘗兩遭不測，幾陷虎口。不得已爲謁銓之行，非出處本意也。按即習射事，詳成化二年。故人朱少保、李閣老、潘待詔往往寄聲，以不能離此邦爲懼。然則百年之遇，宜未有如今日，所恨子孫世家於越，老朽亦欲爲後人立此基緒。目今要建祠、修墓，正恐小祥在轉瞬間。若更因循，大祥至矣。吾事不了，安知其終不汩没於塵土耶？」

本集詩：《病中寫懷二首》七律，《八年春，部書復至，顧别駕以兩司之命來勸駕，用舊寫懷韻答之二首》七律，得終殘喘留將母，直擬孤誠死報君〔一〕。《彭司寇挽詩三首》。

弘治九年丙辰（一四九六），先生年六十九歲

時事：以鄧廷瓚總督兩廣。

時事：順德知縣吴廷舉去任，遷成都同知，民數百艘送之，多泣下者。

〔一〕「誠」，原作「城」，據碧玉樓本《白沙子全集》改。（陳獻章撰：《白沙子全集》，碧玉樓本，第八卷，第六三頁）

時事：八月，郎中莊𣅳致仕。丙辰八月二十日，告歸定山。故白沙詩曰：「欲歸不歸何遲遲，不是孤臣託疾時。此是定山最高處，江門漁父却能知。」（湛若水《莊定山墓志銘》）

本集《與金都憲書》：「敝居與嘉會樓相邇，當道東西行部往來過此，某得以扶病見之，誠嘉會也。」金澤，字玉潤，鄞縣人。陞廣東布政，百廢俱興。無何，贛寇陸梁。命澤爲右都御史，巡撫江西。（《氏姓譜》）〇《與鄺知縣兄弟書》：「丁明府遺愛在邑，邑人欲爲廟以報之。今卜地白沙里社前，與嘉會樓相望。」按：各縣府志無鄺姓爲廣州知縣者。考書中語意，當是本邑人。《肇慶府志》：「鄺文，天順三年新會舉人，知宜春縣。」鄺姓今隸開平。〇《與陶方伯書》：「比聞在師中能坐馬矣，幸甚，幸甚。李世卿久在館中，恐要知，不多及。」〇《與林郡博書》：「得書，具審太夫人以正月六日祔竹齋府君之墓。是月三日，章亦奉遷先考墓於小廬山，與先妣同處。來喻知孔不知毛，此翁明年滿七十，寧有七十老人發狂著書與故舊作炒也？世卿自嘉魚來，與民澤游羅浮，殆一月矣。按《甘泉集·初游羅浮記》：「丙辰春，與世卿游羅浮。」[一] 老朽亦欲遠去爲終老計。此間民日爲盜，地方多虞。白洲爲卜地於省城，今委餘齡於喧囂，恐不能成其美。歲首，嘉會樓成，白洲遣人走定山求記。」〇《與張太守克修書》：「數月無蒼

[一] 所謂「丙辰春，與世卿游羅浮」，並非出自出自湛若水《初遊羅浮記》，而是出自《遊西樵記》。（湛若水撰：《湛甘泉先生文集》，《四庫全書存目叢書》，集部第五十七冊，第二四頁）

梧之耗，不意夫人化去。《廟記》轉達顧勉菴。世卿囑筆申懇。」又：「邇者，修建祠宇墓亭，已各有緒，實賴仁者廣濟之力。」〇《漫筆示世卿民澤》：「昨夕樓上聞雨聲，睡不著，因檢會鄉里平時還往人，十亡七、八，年及七十者，才一、二。」〇《與湛澤民書》：「章久處危地，以老母在堂，不自由耳。近遣人往衡山，問彼田里風俗。倘今日之圖可遂，老腳一登祝融峰，不復下矣。五月五日。」〇《與廷實書》：「頃者，李別駕長源云：定山三月已告養病，六月歸定山。五月六日，碧玉樓書。」又書：「世卿日望來會，渠過洪都，已得東白復起消息，非虚傳也。五月七日。巡按丁内外何艱，乞報。何時起程？」〇《答陳宗湯書》：「六月十日書，作字太奇，老眼不識，服周讀之告我耳。邱侍御還閩，過白沙，留語竟日。一時交游，東顛西覆。民澤可期遠到。西望衡山，神爽飛去。自去秋感疾，迄今未堪舉踵。」〇《與鄧督府書》：「某不見執事五十年矣，引領蒼梧，衰病，無由自致；在制，無由造謝。」〇《與李白洲書》：「北門園池，待明年服闋，采藥羅浮、訪醫南岳歸，拜賜未晚也。顧別駕送契來，若委人承管，則未也。」〇《與莫知縣書》：「封川近地，老病不出，在制中久稽裁答。茲顧別駕使來，具悉宦況。諺云：『過後思君子。』方在新會時，百姓未以明府之去留爲欣戚；去之封川，懷之不置。安知今日封川之民不如昔日之新會乎？」莫玕，廣西宣化人。弘治九年任封川知縣。（阮《通志》）〇莫玕，弘治六年任新會。（《新會》王志）〇按：郝、阮二《志》俱云「成化年任」，誤。〇《與黄太守書》：「即日命下，拜端守黄公参政。病夫聞之喜連日。」〇《與湛民澤書》：「吳明府事未白，［世卿］尚可少留〔一〕。」○《與吳明府書》：「梁生至，辱書，具［審］被誣事已釋〔二〕，甚慰。」除順德知縣，上官屬修中貴人生祠，廷舉不可。中官怒，執下獄。按之不得間，慚而止。爲縣十年，好薛瑄、胡居仁學，尊事陳獻章。（《明史・吳廷舉傳》）○《與左知縣書》：「世卿將還武昌。吳别駕人回，具審明府與顧勉菴候送之勤。」左濬，寧德人，舉人。弘治八年知高要縣，廉明惠愛。遷惠州通判，士民攀卧，至不得行。宦囊泊如也。高要循良，以濬稱最。（《肇慶府志》）陳獻章爲詩贈之。（阮《通志》）○《與曹知縣書》：「執事去新會二十年矣，日侍貞節堂，言昔者土木具舉，堂成而執事解官，堂存而老母下世。俯仰今昔，情如之何！世卿還嘉魚，奉候，不多及。」互詳成化十三年。○《與順德楊明府書》：「東白，平生古人也。明府出其門，不待傾蓋而知其人矣。制中不多及。」楊顯，進賢人，舉人。弘治九年知順德縣。（《順德志》）○《與邱侍御書》：「宋先生旦夕臨敝邑，將必見之。公以井渫之才，治之廣右，幸甚。比與世卿期至南岳。世卿今行矣，道路其有藉哉！」宋端儀，莆田人。弘治九年，任僉事。（阮《通志》）○《與莊定山書》：「辱賻贈爲感。承諭比年手足作秋風痺，今專託范生往視。太虛近往來石洞否？」范，名規，

〔一〕「世卿」二字原缺，據碧玉樓本《白沙子全集》補。（陳獻章撰：《白沙子全集》，碧玉樓本，第三卷，第六〇頁）若不補出「世卿」二字，則「尚可少留」者，爲「吳明府」矣。

〔二〕「審」字原缺，據碧玉樓本《白沙子全集》補。（陳獻章撰：《白沙子全集》，碧玉樓本，第四卷，第五頁）

詳《門人考》。○《復陶方伯改題墓石書》。○《答祁方伯書》：「亡妣不幸傾背，在乙卯二月十六日。懼弗克襄事，百凡拘忌，一切掃去。塋封纔訖，重勞慰及。執事望重，始以一鄉言之，如是者幾人，非但閭里之光而已。」祁順，弘治八年，福建布政。尋轉江西布政。（阮《通志》）○《與王樂用僉憲書》。

本集詩：《次韻世卿再至白沙》七絶〔二〕，《茂卿評事惠扇次韻》七絶，按：茂卿，世卿兄，進士承芳也。《次韻劉少參嘉會樓二首》七律，按郝《通志》：「劉信，南溪人。弘治九年進士，任參議。」當即其人。《答鄧督府》七律，自注：「督府檄有司月支米石、人夫。辭之。」《次韻李憲副留別》七律，《待黃太守見訪，時當考績入京》七律，黃琥，字瑩之，豐城人。弘治元年，任肇慶府知府。己酉，引疾解職。民走當道乞留，不得。擢參政。（《肇慶府志》）《次韻吴明府二首》七律，《題黃公釣臺》五律，李承箕築釣臺於黃公山下。《世卿將歸二首》，延緣過殘夏，滿意泛瀟湘。還山非早計，舉棹是秋涼。《贈世卿三首》五律，《寄鄧俊圭》，韶州西去是衡山，楚客舟從嶺左還。欲語祝融天上事，思君迢遞見君難。自注：「予與世卿約游羅浮、衡山，云候世卿歸途過樂昌，更與俊圭期定。今不果矣。」《壽月溪翁，爲順德主簿張如玘》七律，張如玘，武寧人。弘治八年任主簿。（《順德志》）《得廷實報定

〔二〕「次韻世卿」，原誤作「次世卿韻」，據碧玉樓本《白沙子全集》改。（陳獻章撰：《白沙子全集》，碧玉樓本，第十卷，第一三頁）

山歸隱，憶東白、仲昭五首》七絶[二]，《贈劉别駕肅菴解官歸永豐三首》七絶，《九日嘉會樓登高四首》，《楚雲臺觀民澤所栽菊》，《寄民澤，時民澤還五羊未返》，《野菊吟，寄子長再次》，《寄小園岡書屋和民澤》，以上俱五律。《答陽江柯明府》。柯昌，黄巖人。弘治九年任陽江縣。操履清約，決獄明允。表章張太傅祠，陳獻章作詩賀之。（阮《通志》引《浙江通志》）

弘治十年丁巳（一四九七），先生年七十歲

時事：二月，丁林太夫人服闋。喪太夫人，服闋，絶不衣錦繡，曰：「向者爲親娱耳。」（《行狀》）

本集：作《速句丁知縣廟疏》。○春，作《丁知縣廟記》：「侯卒之十有二年，邑人立廟於白沙，祀之。」○《跋沈氏所藏亭真蹟》。按《與沈都憲書》云：「庶幾除服未死之年，附姓名於二先生之後。」詳弘治八年。○五月，書《忍字贊》。按：今石刻云：「弘治丁巳夏五月，石翁書。」○《與廷實書》：「林郡博何日過五羊[三]，不留一字耶？舶司昨遣吴瑞卿攜《雲窩圖》至白沙，衡山之興勃然矣。未審開春能便行否？民澤近無一耗，廷實過白沙一話爲慰。」○又書：「衡山之行，吾其可已耶？報帖即寄緝熙。

[二]「仲昭」，原誤作「仲照」，據碧玉樓本《白沙子全集》改。（陳獻章撰：《白沙子全集》，碧玉樓本，第十卷，第一三頁）

[三]「過」，原作「歸」，據碧玉樓本《白沙子全集》改。（陳獻章撰：《白沙子全集》，碧玉樓本，第三卷，第三七頁）

五月十八日，書於碧玉樓雨中。」○《與林郡博書》：「萬里之行，無可爲贈。某七十病翁，理不久生，安知今日之言非永訣耶？定山問我，亦以是告之。」林光丁内艱，起補嚴州教授。（阮《通志》）○《與李孔修書》：「衡山之行無日矣。今未發者，候俊圭至白沙耳。」○《與鄧僉憲書》：「賢郎過白沙，兼致西涯閣老之意。」鄧卿，瀘州人。弘治十年任按察僉事。（阮《通志》）○《與黄大參書》：「始者，履任，枉棹白沙，獲聞仕止之言，不謂脱銜如是速也。病卧山樓。未審何日就道。」詳上九年黄太守。○十月二十一日，《祭先妣林夫人文》。○冬，作《韶州風采樓記》：「弘治十年春，韶守錢君鏞作風采樓。」按：本集注作「己巳」，誤。當作丁巳。又按《粤東金石略》，十二月作。○《復林大參書》：「勉齋别駕，平生故人，倏爾傾逝。」按：林大參未詳。此書當在弘治十年以後。考弘治九年，先生與莫知縣扞書，尚有「顧别駕使來」之語，故耳。○十一月，《與廷實書》：「仁夫别去忽忽一月，念之不置，久當奈何？特遣景元往問行李，兼送仁夫之行。」

本集詩：《答張梧州書中議世卿、定山、熊御史薦剡所及四首》七絶，買舟南嶽去尋醫，七十今年病不支。《張廷舉送薑酒至》七絶。七十謬爲人所尊，直從西埭到東墩。

弘治十一年戊午（一四九八），先生年七十一歲

時事：八月十四日，三廣公陶魯卒。年六十五。

時事：九月，門人新會梁大廈領鄉薦。

海北汪廷貞慕白沙甚，作懷沙亭以想像之。（《分省人物考》）○按郝《通志》：江榆，全州舉人。阮《通志》沿郝《通志》俱作「江」。海北提舉，不注何年。考本集與何本及《人物考》，作「汪洋」之「汪」。○戊午，遘疾，彌留弗興。（湛若水撰《改葬白沙墓碑》）

［本集：］三月，作《重修梧州府學記》。○《與湛澤民書》：「章去秋感疾，今尚未平。廷實近多長進，但憂其甚鋭耳。子長病且愈，曰高音耗亦無，黄中按：中，疑即《門人考》之黄忠。納婦。館中惟一之與服周教諸孫耳。海北汪提舉向慕亦切，作懷沙亭於海上。民澤在鄉安否？戊午三月初二〔二〕，石翁在碧玉樓力疾書。」○《與汪提舉書》：「人自海南回〔三〕，稱足下事功之偉。阮從事至，益聞所未聞。」「李世卿期我於朱陵，沈督府書來問行，張東所已辦杖履隨我，今疾勢尚未可動。」○《慰王侍御疏》：「日月不居，春復夏矣。不審自罹荼毒，氣力何如？某久病，無由奔慰。戊午夏月日朔。」王哲，吴江人。弘治十年出按廣東。時劇賊陳光等劫新會、東莞，哲旬日平之。以丁外艱歸，民泣追送之。（《分省人物考》）○《復孫清戎書》：「大抵年逾七十，宿疾在躬，百凡不可牽勉。」○《奠汪海

〔二〕「三月」，原誤作「二月」，據碧玉樓本《白沙子全集》改。（陳獻章撰：《白沙子全集》，碧玉樓本，第三卷，第六四頁）

〔三〕「海南」，原誤作「南海」，據碧玉樓本《白沙子全集》改。（陳獻章撰：《白沙子全集》，碧玉樓本，第三卷，第七三頁）

北文》：「江門秋月，廬阜晴嵐。海北二年，朝諷夕談。如飲醇酒，無日不酣。」○《與廷實書》：「汪海北在東海徵糧，三日卒。廷介誠可人，但［恨］會別悤悤〔一〕，不能盡所言矣。」按廷介，蓋即汪榆，但《人物考》作廷貞，此稍異耳。○提舉汪某，慕先生特甚，數以白金爲先生壽。其卒於官也，先生盡封還以爲賻。（《行狀》）○《與劉東山書》：「先生還東山，山靈輒喜。章近有衡山之約。」○《題端陽李太守甘霖重應卷》。李騰芳，長沙人，舉人。弘治十年任肇慶知府。（《肇慶府志》）○閏十一月二十七日，《祭陶方伯文》。按《世烈録》。

本集詩：《蔣韶州書至，代柬答之》五古，相别何悠悠，梅花十寒蹔。《蔣韶州世欽挽詩二首》七絶，按郝《通志》：「蔣世欽，上饒人。弘治十一年任韶州知府，凡一年。卒於署中。」互詳成化十九年。《次韻送海北使阮刊》七絶，春日溪邊送阮郎，桃花半落溪水香〔二〕。《謝伯倚得孫，送薑酒至》七絶〔三〕，七十一年雲水中，半江老隱舊知儂。《邸報劉亞卿以今年十月得請還東山》七律，《喜聞劉亞卿得還東山》七絶，《贈楊中

〔一〕「恨」字原缺，據碧玉樓本《白沙子全集》補。（陳獻章撰：《白沙子全集》，碧玉樓本，第三卷，第五六頁）

〔二〕「桃花」，原作「落花」；「溪水」，原作「流水」，據碧玉樓本《白沙子全集》改。（陳獻章撰：《白沙子全集》，碧玉樓本，第十卷，第三一頁）

〔三〕「謝伯倚」，原作「謝伯琦」，據碧玉樓本《白沙子全集》改。（陳獻章撰：《白沙子全集》，碧玉樓本，第十卷，第三三頁）

七絶。欲報封君無一事。自注：「順德縣楊明府子。」詳上九年。

弘治十二年己未(一四九九)，先生年七十二歲

時事：南海倫文敘會試、殿試皆第一。庸門徒多以科第顯，倫文敘最著。(《南海志·陳庸傳》)按：庸，詳《門人考》。

時事：四月，火篩寇大同，命平江伯陳鋭爲靖虜將軍。

時事：門人順德趙善鳴來從學。

時事：九月二十九日，郎中莊㫤卒。年六十三。天啓初，謚文節。

《重修太傅張公祠碑》：「弘治己未，白沙陳公獻章貽陽江令柯君書，始建祠於縣西門隅。」(《泰泉集·張太傅祠碑》)

本集：夏，書《慈元廟記》：「弘治己未夏，予病小愈，未堪筆硯。以有督府鄧先生之命，念慈元落落，東山作祠之意，久未聞於天下，力疾書之。」○《與廷實書》：「久病未脱體。蒙鄧先生數年知待之厚，昨承督府見寄高作，病中次韻一首。近見邸報，京師戒嚴。正求才之時，東山爲天下屬望，不見起取，以爲疑，故未聯及之。」○《與任明府書》：「昨蒙枉顧，覺英邁之氣出於人上，異時當爲賢宰，有聞於天下。新寧之民，抑何幸歟！以新作之邑，遇新除之吏，亦可賀也。」任

鉞，福建甄寧人，監生。弘治十二年任新寧縣。新寧縣，弘治十一年置。（俱阮《通志》）○秋，《與易贊書》：「頃歲，東白徵入京師。比歸，遺予書曰：『在山遠志，出山小草。』此言出處不可不慎也。東白官翰林，未四十致仕。天下慕其早退，以比宋之錢若水可也。等而上之，識者尚未知處東白於何處。信乎，君子立世，始終一致，不離乎道，足以追配古今無媿，誠難也。余嘗以觀古今，人凡有愛，必先自愛其身，然後可以推己及物。《易》曰『安土敦仁，故能愛』，否則，未見其能愛也。雖然，君子立身之大節、出處進退之大防，亦不可不聞也。君愛菊，以菊主卷索題，余念君之志不在利，聊相爲言之。弘治己未秋，陳獻章。」按：此書本集缺載，從《鶴山志》補。○左布政周孟中甫下車，即謁先生於白沙，欲請先生入省南面坐，受拜諮問，以風一方。以先生病，不果。（《行狀》）○周孟中，廬陵人。弘治十二年，任布政。（郝《通志》）

本集詩：《漫筆》五律，行年七十二，七十一年非。《力疾書慈元廟碑》七古，北牕一榻羲皇前〔二〕，青鐙碧玉眠三年。久病江湖落日前，嗚呼此意誰與言？《憶平江詩》七絶，序：「昔過淮南，平江總戎禮遇甚至。都閫王公，厥配陳氏於總戎戚也。一日，過白沙道舊。平江今爲天下兵馬元帥，相去萬里，無由幸會。然於公之舊德，未嘗忘也。因賦託侯達之。」詩云：「不見平江十七秋。」《秋坐碧玉樓三首》五律。造次中秋過，商量九日來。

〔二〕「一榻」，原作「一卷」，據碧玉樓本《白沙子全集》改。（陳獻章撰：《白沙子全集》，碧玉樓本，第六卷，第三六頁）

弘治十三年庚申（一五〇〇），先生年七十三歲

庚申，朝廷遣官使交南。交南人購先生字，每幅易絹數匹。時從人僅攜一二幅，恨不能多也。（《行狀》）〇公謂陶公魯。卒，越三年，予總制兩粵，巡歷新會，與白沙陳子謁公祠，弔望厓山，爲之揮淚。陳子爲書於碑。（劉大夏《三廣公祠記》）

二月初十日，先生卒，年七十三。

弘治庚申，給事中吴世忠以先生及尚書王某、按：名恕。侍郎劉某、按：名健。祭酒謝某按：名鐸。等八人同薦。命將及門，而先生歿矣，是年二月十日也，享年七十有三。歿之前數日，早具朝服、朝冠，令弟子焚香北面五拜三叩首，曰：「吾辭吾君。」作詩曰：「託仙終被謗，託佛豈多修？弄艇滄溟月，聞歌碧玉樓。」曰：「吾以此辭世。」夢與濂溪、兩厓答歌於衡山之五峰，皆紀以詩。臨歿，具書促某按：即張詡自謂。至白沙，寄以斯文。告門人羅冕曰：「吾道付某矣。」執某手曰：「出宇宙者子也，子其勉之。」歿之日，頂出白氣貫天，勃勃如蒸，竟日乃息。前一夕五鼓，鄰人聞車馬駢闐之聲，急出，見一人若王者狀，儀節甚都，出先生廬而去，以爲大官至。及旦詢之，無有也。先配張氏，生二子：曰景雲，歲貢；曰景暘，邑庠，先先生卒。女二：壻黄彦民，指揮倪麟。孫三：曰田，曰畹，皆庠生；曰豸，尚幼。繼室羅氏無出。先是知縣左某按：本集《贈陸醫士左明府遺來》五律云：「分付一杯茗，剛勞幾日程。」疑弘治九年之高要知縣左濬。以醫來，先生病已亟矣。門人進

曰：「藥不可爲也。」先生曰：「飲一匕盡朋友之情。」作詩遺之。歿後一月，僉事宋某按：名端儀。移文當道，請祀鄉賢。御史鄧某按：名廷瓚。疏乞恩典，草已具，尋卒。御史費某按：名未詳〔二〕。疏乞不拘常例贈官諭祭，不報。是年七月二十一日，葬圭峰之麓。遠近會葬者，幾千人。（《行狀》）○吴世忠，字懋貞，金谿人。官至僉都御史。○謝鐸，字鳴治，浙江太平人。弘治間，擢禮部侍郎，管祭酒事。（俱《明史》）○王恕，字宗貫，三原人。孝宗時，官至吏部尚書。○劉健，字希賢，洛陽人。官至大學士。（俱《大清一統志》）○庚申，方伯周公孟中葬之圭峰。越二十一年，正德辛巳，胤子景雲謀及門人粱生景行、湛生若水輩，乃以十一月十二日，改葬皁帽峰下。（湛若水撰《改葬白沙先生墓志》）○三月初八日，門人湛若水《奠先生文》：「嗚呼，孰謂不可傳之妙，不可傳之藴，今已不可得而復傳，而傳之者復幾何人？堂堂元氣，逝將與大化而常奔。一十二萬年雪月，四百三十二峰晴雲，是猶庶幾乎先生之真，萬古長存。」（節録《湛甘泉集》）○白沙終，先生曰：「道義之師，成我者與生我者等。」爲之齊衰之服。廬墓三年不入室，如喪父。（《甘泉集》附録羅洪先撰《甘泉先生墓表》）○李世卿三至白沙，始居七月〔三〕，繼也一歲，又繼則二歲矣。（《廣東新語》）○世卿往見白沙者四。（《明儒學案》）○榕九世伯祖雪島與族祖伯載嘗從白沙先生之

〔二〕「御史費某」，名鎧。（參張詡撰：《翰林檢討白沙陳先生行狀》，徐紘編《皇明名臣琬琰後録》，第二十二卷，第六頁；林光撰：《明故翰林院檢討白沙陳先生墓碣銘》，《南川冰蘗全集》，第一八〇頁）

〔三〕「七月」，原作「一月」，據《廣東新語》改。（屈大均撰：《廣東新語》，中華書局，二〇〇六年，上册，第三一一頁）

門。伯載公嘗修族譜，世卿爲序，后署「弘治庚申八月初五日」。按此則世卿三至白沙，信矣。雪島翁從游，詳《潭溪家譜》及李竹所鸞《阮氏祭田記》。嘻！得此序與記，適符三至之證，亦奇緣也。按：《番禺縣志》有《李鸞傳》。

萬曆二年甲戌（一五七四）

詔建白沙家祠，特賜額聯並祭文肖像。祠中賜額曰「崇正堂」。聯曰：「道傳孔孟三千載，學紹程朱第一支。」復命翰林院撰文以祭，曰：「恭惟先生，五嶺秀靈，潛心理學。宗濂洛之主静，弄月吟風；接洙泗之心源，鳶飛魚躍。孝友出處，昭在當時；懿范嘉言，垂於後世。洵一代醇修，足爲儒林矜式者也。朝廷重道，致祭於祠。靈明不昧，庶其來歆。」

萬曆十三年乙酉（一五八五）

詔以翰林院檢討陳獻章從祀孔子廟庭。先是，嘉靖中，言者請進薛文清瑄從祀孔廟。隆慶初，言者又欲並王文成守仁、陳檢討獻章祀之，卒莫定。至是，臺臣詹仕講與王學曾復以爲言，下館閣議。

儒臣李廷機曰：「學之祀孔子，何也？謂其道爲萬世師也。孔廟之有從祀，何也？謂其羽翼孔子之道也。諸生誦法孔子者衆矣，然或獨得稱羽翼者，何也？謂其徹乎道也。國朝理學浸淫，追宋而上之，漢唐弗論也。則愚以爲三人者與有力焉。國初固多才，然而挺然任聖道者寡矣。自河津薛公起而引聖道爲己任，卮言細行，必準古遺訓而繩之。蓋自是天下學道者四起，争自濯磨，以承聖範，豈謂盡出河津哉？要之，默自河津啓之也。然而士知惇質行己矣，於心猶未有解也。自新會陳公謂學必有源，静而反觀此心之體，得其自然而不假人力，以爲至樂，具是矣；其於世之榮名，若遺也。蓋自是天下學道者，浸知厭支離而反求諸心，豈謂盡出新會哉？要之，默自新會啓之也。然以其初知反本真也，則猶隱然與感應二之也。自會稽王公於百難萬變中豁然有悟於學之妙機，以爲天下之道原自吾本心而足也，於是揭人心本然之明以爲標，使人不離日用而造先天之秘，不出自治而握經世之樞。及其隨所施而屢建大勛，則亦由學之約而達也。蓋自是天下學道者浸知顯微之無間、體用之一源，翕然有中乎道之窾郤，豈謂盡出會稽哉？要之，默自會稽啓之也。愚故以爲此三人者，皆所謂羽翼孔子之道者也。今河津既儼然列於孔廟矣，則進新會、會稽而三之，夫豈曰不宜？世之撓其祀者故多端，諸卑卑謾説勿論也。高者則謂專求性命之精，使人忽躬行而廢多識，此亦未深究夫先生之學者。夫兩先生以爲心鏡之不明，安取躬行之中而修之？是故而求諸心也，正所以爲制行之權也。學而求諸心，則殫見洽聞皆所以啓聖天之聰；遺其心而惟聞見之求，雖盡天下之物而識之，無當耳。今考新會之論曰：『識見要超卓，踐履要篤實。』會稽則曰：『人須在事上磨鍊做工夫乃有益。』彼却何嘗忽躬行也？新會之論曰：『以我觀書，隨處得益。』會稽則曰：『以蓄其德爲心，則多識前言往行，孰非蓄德之事？』又却何嘗廢多識也？而猥以此爲兩先生病，兩先生有所不受矣。比者，擯斥諸言理學臣，毀其講壇，士人噤口結舌。今幸廟堂默以理學布諸政，抑既下令弛其禁矣，然而人心猶未釋然信也。誠以此時附兩先生廡序中，儻可以立儒幟而起士風乎！愚以爲從祀兩先生，則人心當；從祀兩先生於今日，則時又當。」云云。

鄒德溥曰：「王文成、陳白沙二先生之學，蓋所謂嚅嚌道真、涵泳聖涯，一代學士先生之裒然者也。文成用世悟道於駮閱體驗之餘，白沙高世得道於沉潛静篤之中。故一則曰致良知，一則曰戒慎恐懼、曰勿忘勿助、曰自然。良知之説，似創而非也，自是孟軻氏無爲無不爲、無欲不欲之宗旨也。彼其歷試險夷、躬當盤錯、磨礱練習，而後有以見夫宇宙之内千變萬化，皆出自吾心一點靈明，不過致其良知而足也，是以獨標以爲教也。戒慎恐懼、勿忘勿助、自然之説，似沿而非也，自是吾人收心養性、集義養氣之節度也。彼其用意檢點、極力收束、强勉刻勵，而後有以見夫戒慎之功，纔忘纔助，俱不是吾心自然本體，不過還之自然而足也，是以歷舉以爲教也。蓋二先生學皆出於聖賢而非出於胸臆，皆得之蹈履而非得之講談。嘗試稽之年譜、參之輿評，則其立身行己、其居官任事、其治家處鄉，並無有得而容議者。或乃見其一二門人不厭衆心也，而並有惑志於文成；見其春陽臺中端默獨坐也，而以禪學疑白沙。夫自尼聖已不能保其往、與其退，而静之爲禪，將所謂未發之中者，非耶？愚以爲二先生之學並不背乎聖人，而二先生之祀，各有補於世教。祀文成以勸夫縉紳者，使人知用世之爲學，不必藏而後可以修；祀白沙以勸夫遺逸者，使人知不用之亦爲學，不必仕而後可以顯。蓋以宋代區區而祀於黌宫者，尚若干人；我明二百餘年，人文之盛，視宋何如哉！而僅僅一河東也。進二先生而祀之，其誰曰不可？」

而議者紛紛，續又奉命禮部會同九卿科道廷議歸一。部議又請獨祀布衣胡居仁。少師大學士申時行乃具疏上言：「皇上重道崇儒，德意屢下，深切著明若此。今該部覆議，乃請獨祀布衣胡居仁，臣等切以爲未盡也。彼詆呰王守仁、陳獻章者，除所謂僞學霸儒，原未知守仁，不足深辯。其謂各自立門户者，必離經叛聖如老佛莊列之徒而後可，若守仁言致知，出於《大學》，言良知，本於《孟子》；獻章言主静，沿於宋儒周［敦］頤〔一〕、程顥，皆祖述經訓，羽翼聖真，豈其自剏一門户耶？事理浩繁，茫無下手，必於其中，提示揭要，以啓關鑰。在宋儒已然，故其爲教，曰仁、曰敬，亦各有主，獨守仁、獻章爲有門户哉？其謂禪家宗旨者，必外倫理、遺世務而後可，今孝友如獻章，出處如獻章，而謂之禪，可乎？氣節如守仁，文章如守仁，功業如守仁，而謂之禪，

〔一〕「敦」字原缺，徑補。

可乎？其謂無功聖門者，豈必著述而後謂功耶？蓋孔子嘗删述六經矣，然又曰『予欲無言』，曰『吾無行而不與二三子』。門人顔淵最稱好學矣，然又曰『於吾言無所不説』，曰『退而省其私，亦足以發』。夫聖賢於道，有以身心發明者，比於以言發明者，其功尤大也。其謂崇王則廢朱者，不知道固互相發明、並行而不悖。蓋在宋時，朱與陸辯，盛氣相攻，兩家弟子，有如仇隙，今並祀學宫。朱氏之學，昔既不以陸廢，今獨以王廢乎？大抵近世儒者，褒衣博帶以爲容，而究其實用，往往病於拘曲而無所建樹；博物洽聞以爲學，而究其實得，往往狃於見聞而無所體驗。習俗之沉錮久矣。今誠祀守仁、獻章，一以明真儒之有用，而不安於拘曲；一以明實學之自得，而不專於見聞。斯於聖化，豈不大有裨乎？若居仁之純心篤行，衆議所歸，亦宜並祀。我國家二百餘年，理學名臣先後輩出，不減宋朝，至於從祀，乃止薛瑄一人，殊爲闕典。昔人有云：『衆言淆亂折諸聖。』伏惟聖明裁斷主持，益此三賢，列於薛瑄之次，以昭熙代文運之隆。」

制曰：「可。」於是令天下學校皆祀王守仁、陳獻章、胡居仁，位在薛瑄之下。（已見本集附録）

詔准從祀文廟謝表

臣陳觀光竊念臣祖陳獻章，本以諸生，遭逢盛世，初由鄉薦，繼膺聘書，蒙登朝而授官，特賜歸以養母。甘侍菽水，二十餘秋；飽歷冰霜，一十九載。論建樹，未報乎先朝優録之恩；語體驗，惟得於往籍陳編之外。曰致虛立本，學獨得其精微；曰自然爲宗，教非别創門户。顧微言雖立，而同時共業者尚攻其非；況大義久湮，而見影疑形者孰信其是？伏惟皇上秉獨斷之聰明，折衆言之淆亂，俯俞言官之請，嘉納輔臣之章。謂有用之真儒，不狃拘曲；而自得之實學，罔專見聞。君相協衷，莊誦王言之大；章縫快覩，慶逢盛典之成。羽翼孔孟者，由是從實踐而不專著述之爲功；尊信程朱者，由是悟妙契而益知勦襲之爲陋。一洗沉錮之習，頓開理學之途。詎臣等二三孫子之榮光，實天下億萬儒衿之瞻仰也。（已見本集附録）

白沙叢考

新會後學阮榕齡竹潭編

白沙叢考目次

逸事

詩

文

字 茅筆

畫訂誤

琴

號

碧玉圖

碧玉説

聘玉辨

讀書臺辨

釣臺考

都會故居

衡山、羅浮、西樵、圭峰、江門墟

講業諸處

諸友考

議祀

嫡裔

本集考誤　考訂《與廷實書》次序

詩文補遺

語録訂誤

應召録訂誤

各家輯録

生卒

《廣東新語》卷一：斗牛與中星明，則其地儒道大興。中星在正南，又吾粵所宜候者。洪武、永樂間，五星兩聚斗牛，占者謂：「黄雲、紫水間，當有異人。」已而白沙先生出。其後，成化丙戌，中星明於越之分野，而甘泉以是歲生。《明史·天文志》：洪武十八年二月乙巳，五星并見。二十四年十一月，歲星合於斗。二十五年正月，熒惑歲星合於牛。○永樂元年五月甲辰，五星俱見東方。○榕按：天道玄遠，或可知或不可知，人事或驗或不驗，或占者有精與不精。姑附存其說於此。

張廷實撰《白沙先生行狀》：弘治庚申二月十日，先生頂出白氣貫天，竟日乃息。

附録：洪垣撰《甘泉墓志》：嘉靖庚申四月二十二日戌時，有星如斗，其光燭天，其聲如雷，舉城皆驚，殞於文院，即終於寢。

德容

按：先生之德量教化，略見於《行狀》及門人康處士沛、梁孝廉大廈之言。茲於各見諸書者，隨所見補入。

《門人録》：姜麟既見先生，出謂人曰：「吾閲人多矣，未有如先生者。」至京師，有問之者，則稱「活孟子」云。［《楓山語録》卷全：］〔一〕章楓山懋嘗曰：「當時人物，以陳白沙爲［天下］第一流」〔二〕；「學者做誠未至，動不得人，惟白沙動得人」。本集附録諸友贈白沙詩：華亭郁雲云：「乾坤一偉人。」姑蘇沈鍾云：「培嶁之中見泰山。」建安周源云：「人物明時第一人。」

附録：洪垣《甘泉墓志》：會陽明講學於金臺，陽明嘆曰：「吾求友三十年，未見此人。」按：先生左頰有七黑子；甘泉兩耳旁各有黑子，左七右六。此皆師弟之相同者。

《金臺紀聞》卷□：友人王瑄，字瑩中，江浦人，與定山莊孔暘同里，嘗往來定山之門，爲余

〔一〕「《楓山語録》卷全」，原作「□□□□□□□」。經查，此所引述章懋語，見《楓山語録》。（章懋撰：《楓山語録》，《景印文淵閣四庫全書》，臺北：商務印書館，一九八六年，第七一四册，第一一九頁）因將其補出。

〔二〕「天下」二字原缺，據《楓山語録》補。（章懋撰：《楓山語録》，《景印文淵閣四庫全書》，第七一四册，第一一九頁）

談白沙陳公甫來訪定山，定山拏舟送之。有淮陽按：《賓退録》作維揚。士人素滑稽，是日極肆談，盡衽席褻昵事，人不堪聞，故以是爲二老病。定山怒不能忍，幾至厲聲色，迨明日，餘恨猶未已。白沙則當其談時，若不聞；及其既去，若不識其人。定山大服之。按：此條與《粤東名臣録》引《儼山外集》及趙善政《賓退録》皆同。《金臺紀聞》、《儼山外集》皆陸深所著，《紀聞》源本，尤有根據，故特録之。陸深，弘治十八年進士。趙善政，萬曆十六年爲廣東按察。《賓退録》蓋稗販於陸者。〇又按：此可與大程「目中有妓，心中無妓」事分先儒雅量等差。

附録：本集《與賀黄門書》：接人不可揀擇殊甚，賢愚善惡，一切要包他。到得物我兩忘，渾然天地氣象，方是成就處。又《贈黎、蕭二生詩》[二]：若無天地量，争得聖胚胎。

學行

本集《與羅應魁書》：伊川每見人静坐，便嘆其善學，此一「静」字，自濂溪主静發源，後來程門諸公遞相傳授，至於豫章、延平二先生，尤專提此教人，學者亦以此得力。晦菴恐人差入禪去，故少説静，只説敬，如伊川晚年之訓。此是防微慮遠之道。然在學者，須自量度如何。若不

[二]「黎」，原誤作「劉」，據碧玉樓本《白沙子全集》改。（陳獻章撰：《白沙子全集》，碧玉樓本，第七卷，第二七頁）

至爲禪所誘，仍多静，方有入處。若平生忙者，此尤爲對症藥也。按：先生《和龜山詩》曰：「吾道有宗主，千秋朱紫陽。説敬不離口，示我入德方。」可與此書互相發明。

項喬遷之《白沙集序》：觀先生全集，先生心術之光大具見矣。然有疑其近禪者，喬嘗與三洲李先生論之，三洲曰：「禪儒之辨，惟達天德者能知之；否則，徒竊言也。」阮《通志》：項喬，永嘉人，嘉靖三十年任左參政。

《白沙語録》下卷：莊定山謂汪文光曰：「吾聞南海之山名玉臺者，有巨人焉，静而無欲，深知所謂潛之道，子能不勤萬里而往問焉，當必有説。」又：沈度送馬立夫游嶺南，曰：「陳氏倡學而游從數千指，聲光殷殷，戛摩霄漢，天豈虚生此人耶？今士氣凋喪，浮華是習，名是實非，言從行戾，意者天其復彝倫之序，假此人以興孔孟之道，否而泰、邪而正，其數亦當斯時乎？」

《松窗寤言》卷□：賀醫閭欽篤信淵雅，確乎不移，亦管幼安之流。教人惟主《小學》，達序矣。陳白沙謂其無所見，勸讀佛書，豈名教之外，猶有别傳乎？按：本集《與賀黄門書》凡十首，有云「歸去遼陽，可取《大學》、《西銘》，求古人爲學次第」云云，無勸讀佛書之語。且考全集，亦無勸人讀佛書之文。崔文敏此言，蓋風聞之正嘉間忌謗者之口云。

《半舫齋偶輯》卷四：宋景濂、陳白沙、錢牧齋古文全引禪説，幾於儒墨不分。按：先生之學，人疑其涉於禪者，固有之矣。今《白沙集》具在，曷嘗全引禪説耶？若夫仙佛、僧道、金丹、蒲團，先生常借用之，此是詩文家比興寓言。如「漩渦［中］佛不能救落水羅漢」〔二〕、「老夫衣缽」云云，此類尚多，若附會爲禪，則古今詞人，無人不學仙入禪矣。〇本集《答陳秉常詢儒佛異同詩》：「青天白日照無垠，我影分明傍我身。自古真儒皆闢佛，而今怪鬼亦依人。蟻蜂自識君臣義，豹虎猶聞父子親。賢輩直須窮到底，乾坤回首欲傷神。」〇按此詩意，其傷心痛絶於禪也至矣。崔公、夏君蓋未稽全集耳。

《明史稿・儒林傳序》：學術之分，則自陳獻章始；至王守仁而別立宗旨，顯與朱氏枘鑿。宗獻章者，江門之學，孤行獨詣，教未宏而弊亦少。按：江門諸徒誠不及姚江之盛，至姚江末流多不遵師門繩矩，故爲世訾謷。謹按《欽定四庫提要・下學堂劄記》云：「蕭企昭至詈陽明爲賊，何小人無忌憚一至於此！」

《欽定四庫提要》卷九十四，《讀書偶記》：雷鋐，字貫一。是編以朱子爲宗，然能不爭門户，如云：「古人心最平。孟子謂夷惠隘與不恭，君子不由，而又謂其百世之師是也。後世如子靜、陽明、白沙，論學術者必辨之，謂其非孔孟程朱之正派也；然其砥節礪行，以之鍼砭卑鄙夫，不亦百世之師耶？」其持論特平，較諸講學家爲篤實。

《文竿彙氏》卷八：白沙曰：「胡居仁執守甚堅，灑落不如莊孔暘；林緝熙氣質甚平，果決不如沈真卿。惟灑落，有壁立萬仞之志；惟果決，有真金百鍊之剛。擔當斯道，惟孔暘、真卿。」按：沉潛高明，各隨所稟，惟各有所獨得，然過猶不及。故曰剛克柔克，因病下藥，不可偏勝，此評猶是一偏之論。

〔二〕「中」字原缺，據碧玉樓本《白沙子全集》補。（陳獻章撰：《白沙子全集》，碧玉樓本，第三卷，第五六頁）

《明儒學案》卷二,《胡敬齋先生居仁》:其言靜中之端倪,尤爲學者津梁。斯言也,即白沙所謂「靜中養出端倪」、「日用應酬,隨其意之所欲」。宜其同門冥契。而先生必欲議白沙爲禪,蓋先生近於狷,白沙近於狂,不必以此而疑彼也。

卷五,《白沙學案》:有明之學,至白沙始入精微。其喫緊工夫,全在涵養。喜怒未發而非空,萬感交集而不動。至陽明而後大。兩先生之學,最爲「相」近[一],不知陽明後來從不説起,其故何也。薛中離,陽明之高弟子也,於正德十四年上疏請白沙從祀孔廟[二],是必有以知師門之學同矣[三]。羅一峰曰:「白沙觀天人之微,究聖賢之蘊,充道以富,崇德以貴,天下之物,可愛可求,漠然無動於其中。」信斯言也。故出其門者,多清苦自立,不以富貴爲意。其高風之所激,遠矣。

卷八,《呂涇野語録》:黄惟因問:「白沙在山中十年,作何事?」先生曰:「用功不必山

[一]「相」字原缺,據《明儒學案》補。(黄宗羲撰:《明儒學案》,上册,第七九頁)

[二]《明儒學案·白沙學案》原文如此。(黄宗羲撰:《明儒學案》,上册,第七九頁)據張廷玉等撰《明史》、饒宗頤撰《薛中離年譜》記載,薛侃疏請白沙從祀孔廟事在嘉靖九年。(張廷玉等撰:《明史》,第十八册,第五四六八頁;饒宗頤撰:《薛中離年譜》,《選堂集林》,臺北:明文書局,一九八二年,下册,第一一四六至一一四八頁)

[三]「同」,原誤作「問」,據《明儒學案》改。(黄宗羲撰:《明儒學案》,上册,第七九頁)

林，城市也做得。昔終南僧用功三十年，儘禪定也。有僧曰：『汝習静久矣，同去長安柳街一行。』及到，見妖麗之物，遂心動，一旦廢三十年工夫。可見，要於繁華波蕩中學。故於動用功，佛家謂之消磨，吾儒謂之克治。」

卷十二，王龍谿《霓川别語》：問「白沙與師門按：陽明，龍谿之師。下同。同異」。曰：「白沙是百原山中流傳，亦是孔門别派，『得其環中，以應無窮』，乃景象也[一]。緣世人精神撒撥，向外馳求，欲返其性情而無從入，只得[假]静中一段行持[二]，窺見本來面目，以爲安身立命根基，所謂權法也。」○《與顔沖宇書》：我朝理學[三]，開端是白沙，至先師而大明。

卷二十，王塘南《瑞華剩語》：陽明之學，悟性以御氣者也；白沙之學，養氣以契性者也。此二先生所從入之辨。

卷二十二，臯長胡廬山直《寄唐仁卿書》：夫陽明不語及白沙，猶白沙不語及薛敬軒。此在二先生自知之，而吾輩未臻其地，未可代爲之説，又代爲之争勝負，則鑿矣。歷觀諸評中[四]，似

[一]「乃」，原誤作「之」，據《明儒學案》改。（黄宗羲撰：《明儒學案》，上册，第二五二頁）

[二]「假」字原缺，據《明儒學案》補。（黄宗羲撰：《明儒學案》，上册，第二五二頁）

[三]「理學」，原誤作「禮樂」，據《明儒學案》改。（黄宗羲撰：《明儒學案》，上册，第二五九頁）

[四]「諸」，原誤作「其」，據《明儒學案》改。（黄宗羲撰：《明儒學案》，上册，第五二六頁）

爲白沙立赤幟，恐亦非白沙之心也。古人之學，皆求以復性，非欲以虛見立言相雄長。故必從磨鍊身心，由壯逮老，用多少功力，實有諸己，然後敢自信以號於人，是之謂言行相顧而道可明。若周子則從無欲以入，明道則從識仁以入，既咸有得而後出之。白沙先生一坐碧玉樓按：當作春陽臺。十二年，久之有得，始主張致虛立本之學，一毫不徇於聞見，彼豈謾而云哉？按：羅念菴洪先《與吳疎山書》曰：「白沙致虛之説，乃千古獨見。」〇又按：唐伯元，字仁卿，潮州澄海人。詳《明史·儒林傳》。

卷二十六，襄文唐荊川順之《答呂沃州》[一]：白沙「靜中養出端倪」，此語須活看。蓋世人病痛，多緣隨波逐浪，迷失真源，故發此耳。若識得無欲爲靜，則真源波浪，本來無二，正不必厭此而求彼也。按：沃州，名光洵，甘泉門人。《甘泉集》有《玩爻軒記》，爲沃州作也。

卷四十二，文選唐曙臺伯元《答郭夢菊大參》：江門別傳，蓋出濂溪、堯夫之派，然無媿於誠者。與其明不足也，寧誠。按：郭棐有《夢菊集》。詳後《議祀》。

卷五十八，端文顧涇陽憲成《小心齋劄記》[二]：問：「本朝之學，惟白沙、陽明爲透悟，陽明不及見白沙，而與其高弟張東所、湛甘泉相往復，白沙靜中養出端倪，陽明居夷處困[三]，悟出良

[一]「文」，原誤作「丈」，據《明儒學案》改。（黄宗羲撰：《明儒學案》，上册，第五九七頁）
[二]「小心」，原誤作「小學」，據《明儒學案》改。（黄宗羲撰：《明儒學案》，下册，第一三八〇頁）
[三]「居」，原誤作「見」，據《明儒學案》改。（黄宗羲撰：《明儒學案》，下册，第一三九三頁）

知。良知似即端倪，何以他日又闢其勿忘勿助？」曰：「陽明目空千古，直是不數白沙，故生平並無一語及之。至勿忘勿助之闢，乃平地生波，白沙曷嘗去却有事、只言勿忘勿助？非惟白沙，從來亦無此騃語也。」

卷五十八，忠憲高攀龍《論辛復元》：説者謂康齋不及白沙透悟。蓋白沙於性地上窮研極究，以臻一旦豁然；然康齋只是行誼潔修、心境静樂，如享現成家當者。然其日漸月摩，私欲浄盡，原與豁然者一般。按：復元，名全。此因論復元而并及康齋、白沙也。以上俱《明儒學案》。

《甘泉文集》卷二十二，《語録》：陶魯由新會丞討賊，馴撫兩廣，聲稱隆重，或質以所能。先生曰：「白沙先生稱其治民如治兵。因應隨機，初無定體。其治兵也，如文士作文，奇生筆端，無事蹈襲，故能使人畏之，卒以取勝。按：此語見白沙本集《書思德亭碑》。此猶非其至者。其至者，乃得之白沙先生『言忠信，行篤敬，蠻貊可行』一語而佩服之；按：見本集《輔城記》。遂爲人所敬慕如此。蓋事功可以才辨，而得人必有所本也。」

《廣府志·儒林》：郭元，字宗確，新會人，得蔡虚齋《易》學之傳。嘗曰：「學貴守分。白沙先生嚴干謁之戒，此第一義也。」從遊甚衆，家無恒産，澹如也。

《震澤長語》卷[上]〔一〕：近世有厭朱學之繁、樂象山之簡者，始於吴與弼，繼以陳公甫。公甫每謂「今世不當復有著述」，以文字太多故也，至有「再燔一番」之語，其亦有激也。

《雒閩源流録》卷□：白沙雖尚静悟、喜簡佚，而極守規矩、厲廉隅，以躬行心得爲務，從未敢輕肆一言詆賢侮聖〔二〕。其爲教，能使一時學者敝屣功名富貴，以自致於君親之間，可狂可狷，必不屑爲鄉愿〔三〕。清風高節，何可及也？按：此録乃邑荷塘李廣文有芳録以寄榕者，故忘誌卷數〔四〕。

《性理會通》卷三十，王畿《南游會紀》〔五〕：或問：「白沙教人静中養出端倪，何如？」先生曰：「端即善端之端，倪即天倪之倪。人人所自有，然非静養則不可見。宇定泰而天光發，此端

〔一〕「上」字原缺，經查，此所引述，見《震澤長語》上卷。（王鏊撰：《震澤長語》，《景印文淵閣四庫全書》，第八六七册，第一九七頁）因補。

〔二〕「輕肆」，《雒閩源流録》作「顯肆」。（張夏撰：《雒閩源流録》，《續修四庫全書》，上海古籍出版社，二〇〇二年，第五三六册，第五七〇頁）

〔三〕「不屑」，《雒閩源流録》作「不可」。（張夏撰：《雒閩源流録》，《續修四庫全書》，第五三六册，第五七〇頁）

〔四〕經查，此所引述，見《雒閩源流録》第十四卷。（張夏撰：《雒閩源流録》，《續修四庫全書》，第五三六册，第五七〇頁）

〔五〕「南游會紀」，原作「南游記」，據《王畿集》改。（王畿撰：《王畿集》，鳳凰出版社，二〇〇七年，第一五〇、七五〇頁）案：王畿《南游會紀》有兩种版本，一爲陸光宅編輯，一爲貢安國編輯。

即所謂有欛柄。「用功得欛柄，」〔一〕方可循守，不然，未免茫無所歸。」

《詩人徵畧·青門集》：道學之有異同，自朱陸始也；異同積而爲門户，自姚江始也。夫聖人之道大，故曲成而不遺，如愚之回、多言之賜、師之過、商之不及，皆得與聞孔子之道。後世諸儒，惟不得孔子以爲依歸，故紛紛至是耳。假令吴康齋、陳白沙、王陽明與薛文清、胡敬齋諸先生竝游孔門，必皆爲孔子之所許夫！諸先生學聖人者也，其流雖分，其源則一。彼學有非耶，吾擇其是而已；彼學果非耶，吾守吾是而已，奚争爲？

受官

《廣東新語》卷九：白沙先生受官，而康齋不受，一以處士，一以監生也。先生每題碑碣，必書翰林院簡討官銜，蓋不敢忘君之賜，其不出而就職，非爲高也，以終養也。

〔一〕「用功得欛柄」五字原缺，據貢安國編輯《南游會紀》補。（王畿撰：《王畿集》，第七五五頁）案：陸光宅編輯本無此五字。（王畿撰：《王畿集》，第一五二頁）

《甘泉文集》卷七,「書謗師」條：昔先師石翁聞康齋公之弟謗康齋,面斥曰：「吾二人數千里聞先生高風來從學,爾在家庭之内,乃如此。」以手揮之,曰：「爾再不必説。」何等英氣。同行何潛在傍默默,後竟以放浪縱酒而廢。按：此當即先生從學臨川時事。○又：白沙本集,何潛有二,一南海人,一新會人,未知孰是。又：吾在庶吉士時,按：當在正德元年。聞梁厚齋公按：厚齋,梁文康公儲初號。道鄉人謗石齋之言云云。吾怒之,述陳遠峰畫士京師時,有鄉人謗石翁者,將其人打踢落樓,公默然。按：陳遠峰,當即新會陳瑞。此事與《粵大記》所載小異。詳《門人考》。

《野獲編》卷十四：陳白沙在先朝與薛文清同議從祀,忽有謗大璫李芳,廣東人,與陳同鄉,爲之奥主,議遂止。陳在成化被召時,爲邱文莊肆謗,亦同鄉也。至甲申之得祀,言者又云：司禮掌印首璫張宏,故産粵中,私其里中先達,特下俞旨並祀。此祖子産立公孫洩故智也。蓋陳死生皆以桑梓受累。《明史·宦官傳》：李芳,穆宗朝太監,帝初立,芳以持正見信任。是時,諸閹滕祥者,導帝爲長夜飲,芳切諫。帝怒,杖八十,下獄,充南京浄軍。

《明儒學案》卷五,「白沙」條：尹直《瑣綴録》謂：「先生初至京師,潛作十詩頌太監梁芳,芳言於上,乃得受職。《明史·宦官·梁芳傳》：芳,憲宗朝内侍,貪瀆諛佞,勸帝廢太子。會泰山震,帝懼,乃止。孝宗立，下獄廢死。及請歸，出城，輒乘轎張蓋，列槊開道，無復故態。邱文莊採入《憲廟實録》，謂可謂遺穢青史。」薛方山應旂《憲章録》則謂，採入《實録》者，張東白也。按東白問學之書，以「義理須到融液，操存須到灑落」爲言，按：詳見白沙本集《與張東白書》。又令其門人餽遺先生，深相敬慕，寄書疑其逃禪則有之，以烏有之事闌入史編，理之所無也。文莊深刻，喜進而惡退，一見於定山，再見於先生，與尹直相去不遠矣。按張廷實先生《行狀》：「祭酒某，先生同省人也，素忌先生名，及至京，邀先生主其家。已而，先生僦居慶壽寺。某後因修述，陰令所比誣先生。學士〔某〕見之〔一〕，不平，爲削去。」今考學士某，即張東白也。先生與東白平素最稱石交，見於詩文者，故多可稽。先生卒之前一年，東白寄先生書，尚有「在山遠志」之語。語見《年譜》。觀《學案》此辨，益有明證。若潛頌太監此等事，稍知廉恥者弗爲，況先生乎？

《池北偶談》卷十：駱兩溪文盛《南埜雜談》云：「吴康齋、陳白沙卓然一代人物，即有所短，亦白璧微瑕，而尹直《瑣綴録》肆其醜詆，所謂醜正惡直、小人而無忌憚耳。」可見公論自在千古。

逸事

《皇華紀聞》卷三：三水陸之游白沙之門。先生一日晨起，謂陸曰：「子有喜色。」對曰：

〔一〕「某」字原缺，據張詡《翰林檢討白沙陳先生行狀》補。（徐紘編：《皇明名臣琬琰後録》，第二十二卷，第五頁）

「某家報至，昨舉一子。」先生欣然，援筆命名，曰陽和，字藹然。復命三名，曰陽開、陽升、陽泰，以次字之。後之果連舉四子。蓋白沙精河洛數學，故前知耳。

《泰泉集》卷五十四，《翰林院待詔衡山文公墓誌》：予出白沙墨跡，即嘆訝久之，因曰：「吾初入學，夢一老人告曰：他日出處與獻章同。」已而命下，擢公翰林待詔。蓋白沙亦以薦爲檢討，適相類也。

《續太平廣記》卷六：陳德勝按：白沙本集作「德雍」。自號龍潭老人，耕隱不仕，吴康齋雅重之。○《淵鑒類函》卷一百九十六，《吾學編·吴與弼傳》：白沙嘗以《周易》疑義相質，與弼曰：「過清江，可叩龍潭老人。」白沙往謁，適龍潭雨中蓑笠犁田，延至其家，與之對榻，信宿辨析疑義。白沙嘆服而去。龍潭語兒輩曰：「康齋非愛我者。」按：「龍潭」以下十三字，從《續太平廣記》補。○本集《與陳德雍書》：清江之去白沙，幾山幾水。一夕，恍然與德雍先生葛巾青藜相值於寶林，拍手笑語，坐佛燈前，促膝嬉戲若平生，不知其在夢也。德雍老矣，頗能憶寶林昔日之言否乎？按：龍潭曰「康齋非愛我者」，此言似龍潭不求知於人，悔爲白沙所物色。今按白沙本集有《與陳德雍書》。又七絶詩序云：「得陳德雍書，年九十餘矣，猶有願學之志。」據此，則「非愛我」之言與「願學」之書，似相矛盾。或《廣記》誤也。

《人譜》卷上：陳白沙嘗舟行遇盜，盡劫同舟財物。白沙據舟尾呼曰：「我有行李在此，可取去。」盜問爲誰，答曰：「我陳白沙也。」盜訝曰：「小人無知，驚動君子。舟中人即公友也，忍取其財乎？」悉還而去。按：焦竑《玉堂叢話》云「陳公甫自京師還，與族弟同至廣東陽江，遇盜」云云，即同此事，而記有小異耳。考自京歸新會，不由陽江。蓋陽江非縣名，乃地名，相同耳。

《嶺海賸》卷全：《白沙先生傳》：先是，彭韶數致書邀往，不肯通半刺，韶高其行，稱爲「活孟子」。一日，屏騶輿，從一小僕駕扁舟至江門訪焉。會與二三友人小酌，因請韶就席，韶隨通姓名。作而揖曰：「原來藩臺老大人。」命家童添一菜俎，共飲竟日。按：此傳序陳公煒修白鹿書院，謂來聘先生在授檢討之後，非也。且傳僅六百餘言，於先生行事太畧。而鄺日園評曰：「載白沙事詳悉無遺，僅得此傳。」嘻！陋矣。彭布政來白沙，本集與《行狀》不載。林君此傳，或有所本。録之以俟考。

《廣東新語》卷九：白沙先生嘗戴玉臺巾，扶青玉杖，插花帽簷，往來山水之間。有詩云：「惟有白頭谿裏影，至今猶戴玉臺巾。」按：翁山《寄王蒲衣詩》自注：白沙巾，象玉臺山爲之。又云：「拄地撐天吾亦有，一莖青玉過眉長。」又云：「兩鬢馨香齊插了，賽蘭花間木犀花。」又嘗披藤蓑垂釣，云：「風吹不盡寒蓑月，影過松梢十丈來。」其風流瀟灑，油然自得。身在萬物之中，而心出萬物之外。按：先生詩云「插花帽簷」，乃寄興寓言；又如「黄花簪破小烏巾」、「日盡千瓢舞破蓑」之類，與前人之「菊花須插滿頭歸」，皆寄興常例，而遽按以爲事實，是以詞害意，失詩家妙趣矣。

詩

《麓堂詩話》卷全：陳白沙詩極有聲韻，厓山大忠祠云：「天王舟楫浮南海，大將旌旗撲北風。世亂英雄終死國，按：本集作「義重君臣皆死節」，勝於初稿多矣。時來胡虜亦成功。身爲左袵皆劉豫，志復中原有謝公。人衆勝天非一日，西湖雲掩岳王宫。」和者皆不及。餘詩亦有風致，但所刻浄稿者未之擇耳。按：此詩，史筆也，通體起結俱臻絶頂。先生爲都憲朱公作《認真子詩序》曰：「詩之工，詩之衰也。率吾情盎然出之，無適不可。有意乎人之贊毁，則媚人耳目，非詩之教也。」按此言似主持太過，蓋爲後人徒以詩獵較浮譽者下針砭耳。夫三百篇，曷嘗不工？讀者勿以詞害意。

《鳳洲筆記》卷十一：公甫襟度瀟灑，神情充豫，發爲詩歌，毋論工拙，頗似風雲間瘦語。如禪家呵罵擊杖，非達摩正法。

《明詩綜》卷二十：王元美云：「公甫詩，湛若水取爲詩教，妄加箋釋，真目中無珠者。固知陳氏之忠臣，必將鳴鼓湛生之罪矣。」〇《明儒學案》卷四，《夏東巖集》：甘泉注白沙詩，曲爲回互，若商度隱語，多非白沙之意。

《明詩綜・静志居詩話》：成化間，白沙詩與定山齊稱「陳莊體」。然白沙雖宗《擊壤》，源出柴桑，其言曰：「論詩當論性情，論性情先論風韻。無風韻，則無詩矣。」故所作猶未墮惡道，非定山比也。其云「百鍊不如莊定山」，蓋謙詞爾。

《古今詩話》卷下，《香泉偶贅》：詩以春容大雅、淡遠入化爲工，雄奇其次也。陳白沙詩，瀟灑自得，有似康節。先生《晨起尋梅》云：「朝煙細雨按：本集作「横野」。犢鳴陂，倚集作「索」。杖山齋睡起時。漁集作「田」。父許留今日醉，梅花不欠去年詩。衝寒索笑來何處，帶病尋香出每遲。仿佛西湖夢中見，水邊籬落忽橫枝。」

《隴蜀餘聞》卷一：予嘗喜陳白沙詩「恰到溪窮處，山山枳殼花」、楊夢山詩「常記任家亭子上，連翹花發共銜杯」。

阮《通志·順德·烈女》：指揮僉事程富妻鍾氏，成化間適富，未期而富卒，鍾年十七，葬夫服闋，舅姑憐其無子，欲令改嫁，鍾哭，誓死。孀居四十餘年，有司題旌。陳獻章弔以詩曰：「風俗當年壞一絲，直到於今腐爛時。欲論千古綱常事，除是渠家節婦知。」自注：鍾狂客女。○又阮《志》按語云：黄志此即順德程富妻，而白沙云佚其夫名。或别一人，故仍著於此。○榕按：白沙未嘗自云佚其夫名。阮志又以白沙之咏程節婦，疑以爲新會人，列入《新會·列女》，皆誤也。榕慮貞魂不安，故别白於此。張子撰《先生行狀》云：「程節婦鍾氏，孀居二十七年，貧甚。先生嘉其節，表以詩，復歲遺以綾布。」○狂客，詳成化十九年年譜。

《廣東新語》卷十二：白沙先生詩往往漏洩道機，所謂「吾無隱爾」。蓋知道者，見道不見物；不知道者，見物不見道。道之生生化化，其妙皆在於物，物外無道。龐弼唐云：「白沙先生詩，心精〔之蘊〕[一]，於是洩矣。」然江門景，春來便多，除却東風花鳥，若無可答者，何耶？蓋涵之

〔一〕「之蘊」二字原缺，據《廣東新語》補。（屈大均撰：《廣東新語》，下册，第三四八頁）

天衷，觸之天和，鳴之天籟，油油然與天地皆春，非有所作而自不容已者矣。吾粤人以詩爲詩，自曲江始；以道爲詩，自白沙始。天道不言，四時行，百物生，焉往而非詩之妙用？此白沙詩之教也。

《楚庭稗珠擇録》卷二：黄淳謂白沙至都不見邱文莊，爲文莊所沮，而引《西山驛晚望》、按：本集原作《西南驛》。西南驛，即今三水縣南埠，改作「西山」，非也。《酴醾將開值雨》二詩，明白沙之不尤人。《晚望》云：「晚來細雨濕詩囊，獨上郵亭望大荒。南望海旁諸郡淺，西來天上一長江。漁歌落日還孤艇，樹隔啼鶯背短墻。料理憑高非一事，尊前誰與共平章？」《值雨》云：「相看無語只沉吟，蓓蕾枝頭已簇金。山雨不來昏晝景，東君容有妬春心。較量花品終何益，茫昧天機亦自深。明日陰晴還未定，一尊何急對花斟。」味其語，未必果爲文莊作也。惟南歸時，途中《寄諸鄉友》詩云「荔子不將梨鬬美，沙螺休與蟹争衡」，則不能無芥蒂耳。按：「何急」，「何」字未妥，且與上「何」字重。蓋「可」字之誤。〇又按：黄公謂此二詩爲文莊作，實附會也。

《列朝詩集》丙集第四，《陳檢討》：林俊稱其涵養完粹、脱落清洒，獨超造物牢籠之外，而寄興於風烟水月之間，蓋有舞雩陋巷之風焉。余觀先生爲人，志節激昂，抱負奇偉，慨然有堯舜君民之志，而限於資地、困於謠諑，輪囷結轖，發爲歌詩，抑塞磊落之志，旁見側出於筆墨之間。

附録《竹潭續考》：白沙先生贈人詩云：「誰將兒女浪干情，春雨來時草又生。夢亦是真真亦夢，石泉槐火對清明。」按阮公《廣東通志·雜録》引《柳亭詩話》云：「有士人不得志，託夢於靈山，神以『石城懷果對清明』之句示之，莫知所謂。越十年成進士，得石城令。宿縣界，見四山燈火燐然，顧問寺僧，以清明祭墓對，其字額乃懷果也。因成詩曰：『眼前兒女莫關情，春若來時草又生。夢亦是真真亦夢，石城懷果對清明。』」榕按：此詩僅易數字，詞意皆同，豈靈神改白沙詩以示士人，而傳者遂訛爲士人詩耶？

賈公雒英《新會志》，於「黄雲山」下引白沙先生《游上游黄雲山》詩而删「上游」兩字，又詩原曰「繫艇」，顧謂新會之黄雲山下不可繫艇，遂改爲「繫馬」。榕考白沙集此詩之上，有《游黄雲山示民澤》，又有《黄雲左右關》詩，又《送民澤》詩「黄雲山人風韻奇」，自注：「黄雲，乃民澤所居之洞也。」蓋增城上游庄有黄雲山，民澤讀書於此。賈《志》乃誤以爲新會之黄雲山，而又妄爲删改，蓋以未嘗細考之故。又先生《送李世卿序》有「登大厓山」之語，若以爲新會之厓山，豈不謬甚？夫一鄉一邑之間，地名、人名雷同者多矣，況鄰壤乎？

先生《正月二日雨雹》、自注：是日雨水節。又云：後二日雨霰。《正月五日雨霰》詩曰：「北風捲長雲，晨光坐來滅。映空絮忽飛，誰謂越無雪。元氣塞天地，萬古常周流。閩浙今洛陽，吾邦亦魯鄒。星臨雪乃應。此語非繆悠。」此不知何年，當長曆推之[一]。按詩先集爲霰，是霰在雪之先。《説文》：稷雪也。《埤雅》：閩俗謂之米雪。所謂稷雪者，義蓋如此。道光十二年十月，榕泝湘江、游桂林所見之魚眼雪，與米雪無異。吾廣州雨雪自來罕見。後於十五年臘月二十二日寅卯間，雨雪約時許，老少皆以爲大奇。邑城有老人李聖厚者，年九十七。亦以爲生平所未覩。榕故有《粤雪考》。蓋吾粤人不識雪，每呼冰爲雪，遂今古相沿。作郡邑志者，每以水之凝冰者爲大雪，皆誤也。夫李之與梅、楂之與梨，猶可云相似，乃若冰與雪，迥然有上下動静之别，判然易辨，顧混而一之，何也？以先生此詩，可爲吾廣雨雪之證，故志之。

先生詩如「打乖正坐不堯夫」、（《次汝愚韻》）「可能筋斗打虚空」（《早飲》）如此等句，幾與「太極圈兒大，先生帽子高」同爲風雅笑端。然此亦讀者未善於持擇耳。其佳者固多在五古，其餘各體亦多佳搆，不能一一標録。其一二佳者，畧附入《門人考》。此外，絶句僅録其尤者於此，是亦舉隅之義也。○《感事》：「人間骨肉薄秋雲，一事朝來不忍聞。何處青山

[一] 此詩收入《白沙先生詩近稿》之「甲寅詩稿」。（陳獻章撰：《白沙先生詩近稿》，弘治九年吴廷舉刻本，第十卷，第一〇一頁）甲寅，爲弘治七年。

封宿草，欲將衰淚洒孤墳。」○「平生交態如兄弟，此日悲歌聞路人。欲寄秋風兩行字，九原無雁獨憐君。」○《落花》：「落花半落流水香，鳴鳩互鳴春日長。美人別我在江浦，欲來不來空斷腸。」此當是懷莊定山，江浦人。○《秋日》：「山河一望仲秋前，楓葉初黄水半川。路上行人不歸去，北風吹爾過殘年。木犀未發盎蓮空，小女來方剪綵工。不信衰榮是天道，覓花無處怨西風。」○《招訟者歸》：「越王城裏塵隨馬，刺史衙前吏喝人。此日王孫不歸去，舊游芳草可憐春。」○《古耶道中有懷》：「翠烟浮隴麥初齊，社樹青青獨鳥啼。何處相思不相見，木棉花下水門西。」○《春寒》：「清明天氣如初臘，雨脚雲頭枉是春。階下荼蘼開自晚，不隨紅紫怨東君。」○《梅花》：「老樹眠江水嚙之，茫茫水月侵花枝。暗香捲入滄溟去，不是漁翁那得知。」○沙籠寒月樹籠烟，香徹龍溪水底天。斜隔竹林窺未得，更尋西路上漁船。○南枝照水忽先開，漁父灣頭有釣臺。釣罷歸來溪路暝，暗香幾度倩風媒。○日日花邊喚酒船，梅花開處酒家眠。青山一片無人買，誰與先生辦酒錢。先生詩多及梅花，元遺山詩所謂「乾坤清氣得來難」也。金竹胡氏詩注亦云：白沙咏梅，凡六十三首。○《題袁氏知歸卷》[二]：鳥在蒼岑魚在淵，水深林密保生全。秋風莫怨茅茨破，白首眠看榻頂天。○《得蕭文明寄自作草書

[二]「知」，原誤作「如」，據碧玉樓本《白沙子全集》改。（陳獻章撰：《白沙子全集》，碧玉樓本，第九卷，第四六頁）

至》：束茅十丈掃羅浮，高榜飛雲海若愁。何處約君同洗硯，月殘霜冷鐵橋秋。○《即事》：照眼春光爛不收，江亭一雨欲成秋。道人不是閒鷺蝶，肯爲陰晴一日愁。○《謫仙亭》：遷客一亭眠海濱，當時誰號謫仙人？花汀柳市無疆界，盡是乾坤一樣春。○《得廷實書》：洗竹添花張户曹，忽抛閒散事煎熬。東門春水無人釣，又長溪頭幾尺高。此詩當作於弘治三年。《贈宗兄汝學使廣西還》：匹馬行行西復東，一鞭騰破雪千重。寒梅初放一枝白，間破江南無數紅。此比汝學之清也。○按陳經綸，字汝學，邑城滙灣人。成化十九年解元。成化二十三年進士，纂修《成化實録》。以採訪事奉使廣西。詳《新會志》。○此詩當作於弘治元年。○《偶得示諸生》：江雲欲變三秋色，江雨初交十日秋。涼夜一蓑搖艇去，滿身明月大江流。○《訪山家》：清泉煮蕨愛山家，夜飲山巖望月斜。澗底白雲留不住，半隨紅雨落天涯。

文

《明儒學案》卷四十六：蔡虛齋先生清極重白沙，而以新學小生自處，讀其《終養疏》，謂「鈔讀之餘，揭蓬一視，維北有斗，其光爛然，可仰不可近也」。其敬信可謂至矣。按：白沙本集附録莊杲贈先生詩云：「鳳凰氣象終千仞，北斗光芒共九州。」

《番禺志》卷十五：劉裕文，汀沙人，少貧，愛讀書。其妻陳氏，最賢内助，事親稱克孝，聰敏知書，好《白沙集》。子達成方在抱，陳口授白沙《此日不再得》詩并《乞終養疏》。達成耳熟之，人以爲是母是子。後以子貴。按：此疏勝於李令伯、沈初明多矣。先生詩文亦以此爲最。陳氏先以此訓子，可謂知所本，能見其大者、遠者。異矣哉，其賢也！

字

按：字之有年月者，已入年譜，無年月者附此。茅筆附。

《甘泉文集》卷二十一[一]，《跋何於逵鴻進士藏石翁真蹟》：此吾師石翁病革時，筆以付水者也。失之於水，得之何子[二]。明翁傳予，予傳何子也，何子其慎之哉！齊人失之，楚人得之，乃失也；齊人失之，齊人得之，乃不失也。況斯文一脈者哉！字書模糊，目廢精存，神之所爲也。黄雲山人，謂水也。梅月雪夜，則吾豈敢？斬纏而歸，葫蘆無藤矣。以江門爲歸，内我也。嗚呼！非夫子，吾誰與歸？敬書於左方以歸于逵，于逵其珍重之哉！〇《跋周氏家藏先師石翁初

[一]「卷二十一」，原誤作「卷二十二」，據《湛甘泉先生文集》，此處所引述湛若水諸跋，均見於卷二十一。

[二]「何子」，原誤作「於水」，據《湛甘泉先生文集》改。（湛若水撰：《湛甘泉先生文集》，《四庫全書存目叢書》，集部第五十七册，第九七頁）

年墨跡後》：此吾師石翁初年墨跡，而周生榮朱所藏也〔二〕。時已得晉人筆意，而超然不拘拘於形似，善學晉者也。今觀其筆勢，如天馬行空，而步驟不凡。及乎晚年，造詣自然，曰熙熙穆穆。［故其詩曰：「氤氳覺初沐」。夫書而至於初沐氤氳、］〔三〕熙熙穆穆焉，則超聖入神而手筆皆喪矣。此與「勿忘勿助之間」同一天機，俱要人人神會耳。因書以歸周氏，使知因書入道，以得夫自然之學焉，不徒役耳目於翰墨之間而玩物喪志也。按：《廣東新語》「白沙善書」後段，蓋取此跋而没原書之名，故舍彼録此。〇《跋李味泉家藏石翁手帖》：此數幅，皆白沙先生真蹟也，其精神猶感人於千載之下。其首一幅《與何廷矩》，所謂頂門鍼也，鍼下而不動，是無生理矣。何廷矩，其天資悍鋭人也，予昔見之於番山。當其棄去舉業，不就文場，有脱屣名利之勢，白沙先生亦高之，而推之於聖賢之域，然而非其器矣。一日與林緝熙同坐函丈，緝熙聞言會意，翁喜之，好向之語。廷矩悁焉，謂翁之於緝熙，只多我一名舉耳。遂怨翁，畔去，拜游方頭陀楊曉爲師。翁惡其害教，語番禺高知縣瑶，逐頭陀。廷矩益生怨，故其詩有曰「我在欒盈禁錮中」，言逐其邪師也。乃作詩

〔二〕「榮朱」，原誤作「榮未」。《湛甘泉先生文集》亦誤作「榮未」。（湛若水撰：《湛甘泉先生文集》，《四庫全書存目叢書》，集部第五十七册，第九七頁）湛若水有弟子周榮朱，因改。

〔三〕「故其詩曰：『氤氳覺初沐』。夫書而至於初沐氤氳」十八字原缺，據《湛甘泉先生文集》補。（湛若水撰：《湛甘泉先生文集》，《四庫全書存目叢書》，集部第五十七册，第九七頁）

謗翁，名曰《存羊録》。按《番禺志·廷矩傳》，著《存羊録》十卷。謂翁「空頭學問」，言徒有頭而無四肢，譬有體無用也；又謂顔、曾、冉、閔不得聖人之傳，而得真傳由、求耳。黄進士若雨云：「廷矩所謂事求可、功求成，取必於知謀之末；乃敢大言非古賢哲，謂周程張朱宋諸生可誅。於是處士横議之風起。」此廷矩背師之實也。誠孝劉都閫大勳者，遂與之拜絶交焉。既而又以地理自雄。同門謝天錫，苦節甘貧人也，然惑於廷矩之言，止田十畝易銀三十兩，與市地，地師云非吉，還之，廷矩不償。此廷矩賣友一也。使矩也而稍靈，受此頂門之鍼，豈至流之至此極哉？夫背師賣友之人，非聖從邪之學，不知者與受人惑者，以其小者信其大者，冒置鄉賢祠，若遇高明君子處之，又不知當何如？《記》曰：「惟仁人放流之，迸之四夷，不與同中國。」況可污鄉賢之流哉？按《番禺志·學校》，何廷矩未嘗入祀鄉賢，或後人因甘泉此言，故褫出也。使背師之人，不得與師同牢而血食［可］也〔二〕。予久嫉之，因李味泉以所藏石翁手帖示予，首讀規何廷矩一帖，感慨於幽明之際，不能不爲之掩卷太息，因書所聞於後，以歸味泉，或待觀風者采焉。按：《明儒學案》「白沙弟子」條下，自甘泉以下凡十二人，廷矩其一也。蓋黎洲未見此跋也。

〔二〕「可」字原缺，據《湛甘泉先生文集》補。（湛若水撰：《湛甘泉先生文集》，《四庫全書存目叢書》，集部第五十七册，第九八頁）

《廣東新語》卷十三：白沙晚年用茅筆，奇氣千萬丈，削峭槎枒，自成一家。其縛菅作擘窠大書，尤奇。諸石刻皆親視工爲之，故慈元廟、浴日亭、莊節婦諸碑，粵人以爲寶。按：本集有《贈鐫者何侃》及《贈何侃如潮州刻三利溪記》，俱七律；《送米與何侃》，五絶。先生諸碑，疑多是何侃鐫也。○卷十六：白沙喜用茅筆。所居圭峰，其茅多生石上，色白而勁，以茅心束縛爲筆，作字多樸野之致。白沙嘗稱爲茅君，又稱茅龍。今新會「書家」倣之〔一〕，多用茅筆。按：石上何能生茅？茅處處有之，白沙在圭峰東南十五里，何必專取若此之遠？屈氏每附會妄語，往往類此。○附録《格致鏡原》卷三十七，《拾遺記》：任末削荊爲筆。《南史》：陶弘景以□荻爲筆。《孔六帖》：于闐以木爲筆。按：以茅爲筆，實自白沙始，與荊木荻儷諸古而爲四矣。

《鮚埼亭集》卷三十八，《跋慈元廟碑》：宋楊太后殉厓山之難，至明弘治中，而布政劉公大夏始爲廟，陳先生獻章始爲之碑。先生書法最工，其所用爲江門茅筆，嘗稱爲茅龍。其書慈元碑，尤加意。相傳上石時，先生親臨視刻工，故毫髮無遺憾。按：此言本《廣東新語》。昔予謁祠下，搨其碑，跋以詩曰：「高曹向孟皆賢后，尚有芳魂殉落暉。一洗簽名臣妾辱，虞淵雙抱二龍歸。」竊自以爲工，足附陳先生之碑以傳也。

〔一〕「書家」二字原缺，據《廣東新語》補。（屈大均撰：《廣東新語》，下册，第四五二頁）

《南海潘志·金石》：陳白沙忍字贊。在平洲堡，無年月。

畫訂誤

《野獲編》卷二十六[一]：英雄與聖賢俱非肉眼所能盡識，前代名臣能臨池者多矣，鮮有以畫名者。本朝陳白沙，理學名儒，其詩傳世，已如宋廣平之《梅花賦》；乃盤礴之妙，與宋元名手幾齊驅[二]。信乎非常之人，其餘技尚可了數子也。

《南牕閒筆》（忘卷數）：白沙善畫梅，求之者衆。白沙戲題座側曰：「馬昔人又來。」[三]人不解，問之。白沙曰：「白畫，白畫。」衆爲絶倒。

《冰上録》第二百二翻：陳憲章梅圖二軸。按：此是知不足齋瑁本，原作「憲」。

《欽定書畫譜》卷五十六引《畫史會編》：陳獻章，字公甫，號石齋，廣東人。隱白沙，講性命之學，徵授簡討。善墨梅。

[一]「二十六」，原誤作「二十八」，據《萬曆野獲編》改。（沈德符撰：《萬曆野獲編》，中華書局，一九九七年，下册，第六五三頁）

[二]「名」字原缺，據《萬曆野獲編》補。（沈德符撰：《萬曆野獲編》，下册，第六五三頁）

[三]「馬昔人又來」，陳志平以爲應作「烏音人又來」。（陳志平撰：《陳獻章書蹟研究》，第三九三頁）

《書畫緣》卷三：陳録，字憲章，工畫梅。陳獻章，字公甫，善墨梅。

按：愚於道光十年季冬寓闕里，過訪孔廣文、廣烈。廣文出其尊人松江太守雩谷傳摲，即《隨園集》所云雩谷親家者也。所藏諸畫，目録中有陳憲章梅一幀，注云「宣德癸丑九月寫」。予請一觀。廣文曰：「畫藏吾兄滕縣家中。」榕曰：「是年白沙先生方六歲，疑贋本也。」又數日，廣文謂榕曰：「陳憲章，號如隱，會稽人，畫梅與王牧之齊名。非白沙也。」且出《圖繪寶鑑續編》，相視良然。蓋獻、憲二字同音，故諸書或多混用。今《明詩別裁》於先生名獻混作憲，亦一證也。榕又誤信《野獲編》詩書〔二〕，而二人又頗同時，故益相混耳。且稽諸先生詩文與夫弟子同儔之記載，亦未嘗言及先生善畫梅。獻，憲之誤也，審矣。廣文，號梅壑，父子皆工畫梅。〇又按：游潛《夢蕉詩話》：「陳獻章書法得之於心，隨意點畫，自成一家。」按游君所云，點畫乃言書之點畫，非讀去聲。而《畫史彙編》引游君《詩話》，遂以爲白沙善畫矣。

〔二〕「詩」，疑應爲「諸」。

琴

林聯桂《見星廬稿》十九集：《題書農二友居詩》。自注：「書農官南海時，得陳白沙琴，刻『龍吟』二字，號爲韻友。」

曾賓谷燠《賞雨茅屋詩集》卷十一：《橫琴圖爲鄭萱坪作》：「江門片石苔土封。」自注：「白沙石琴遺在江門。」〇按：先生嘗夢撫石琴，事見《行狀》。曾方伯乃以爲真有石琴在江門，蓋其誤本於《廣東新語》「石琴今在江門」云云也。斯真癡人説夢矣。

號

碧玉老人　玉臺居士　江門丈人　江門漁父　黃雲老人　紫水歸人　南海病夫

本集《病中》：「碧玉老人天性直。」〇《山斗爲羅一峰作》：「碧玉先生斂衽看。」〇《送張進士》：「玉臺居士玉臺眠。」〇《度楚雲臺前橋》：「江門丈人放腳牢。」〇《答張梧州》：「江門漁父却能知。」〇《和陳冕》：「黃雲道人飛兩腳。」〇屈大均《寄王蒲衣詩》自注：「白沙嘗稱紫水歸人。」〇本集《慈元廟碑》自署「南海病夫」。按：張子廷實作《白沙祭田記》亦署「南海病夫」，毋乃與師號相混？

白沙碧玉圖

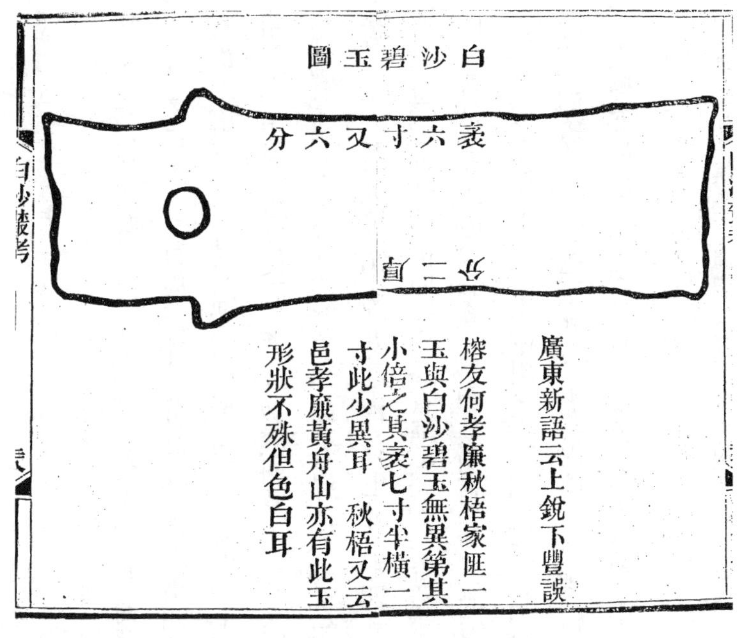
白沙碧玉圖

袤六寸又六分

廣二分

廣東新語云上鋭下豐談

㮧友何孝廉秋梧家匪一

玉與白沙碧玉無異第其

小倍之其袤七寸半横一

寸此少異耳　秋梧又云

邑孝廉黄舟山亦有此玉

形狀不殊但色白耳

碧玉説《大雲山房續集》

武進惲敬子居

右碧玉搨本，嘉慶二十年十月辛巳，謁陳白沙先生祠，登碧玉樓，其裔孫禮所貽也。按：禮，字聘三，庠生。玉以周尺度之，厚半寸，袤尺二寸，首廣三寸二分微羨，下射廣四寸；剡之去首二寸强爲孔，周二寸弱；當孔之左右爲兩珥，横出五分强；下迤之以放於射。玉之質潛確，類書稱紺青玉，色淡青而帶黄是也，非碧玉。碧玉南産倭國，按：倭奴國，唐改名日本。西産于闐，按《五代史·四夷録》，河源出至于闐，分爲三，東白玉河，西緑玉河，又西烏玉河，皆有玉。皆蒼緑色。玉之澤，手近之則津，其諸記所稱水玉與？謹按：《周禮·玉人》「大璋、中璋九寸，邊璋七寸，射四寸，厚寸」，此言璋也；「黄金勺，青金外，朱中」，此言勺也；「鼻寸，衡四寸〔一〕，有繅」，此合言璋、勺也。先鄭謂鼻爲勺之龍鼻，後鄭謂鼻爲勺之龍口。若是，則駔璋按《周禮·典瑞》注，駔讀爲組。無勺無龍首，經言「鼻寸」不可通矣。古謂紐爲鼻璋之鼻，其以系繅與？此玉兩珥各寸，如璋之鼻；射四寸，如璋；厚寸，亦如璋；當兩珥度之，衡亦四寸，如璋。惟袤逾三寸。敬觀淳熙古玉圖，尺度多過於古者，此玉之袤偶異而已。經下文云：「大璋亦如之，諸侯以聘女。」蓋天子大璋、中璋、邊璋皆有勺，故以

〔一〕「衡」，原誤作「横」，據《周禮》改。（孫詒讓撰：《周禮正義》，中華書局，二〇〇〇年，第十四册，第三三三八頁）

淉諸侯；大璋無勺，故以聘女。此玉蓋古聘女之大璋也。敬前在廣州，問碧玉之故，有言明憲宗以聘先生者。及至新會，考之志乘，無其説。《白沙集》碧玉樓諸詩亦無之。先生《記夢》文在成化三年，按：《夢記》在成化六年庚寅，此云三年，誤。已言卧碧玉樓，而憲宗之聘在十九年，按：召在十八年，此云十九年，誤。云聘，亦誤。其非聘先生之玉，無疑義矣。先生詩言，玉失而復得，其諸先人之所留遺與！

榕於道光八年曾著《聘玉辨》矣，近從邑城張丈厓山處，又得惲大令《碧玉説》，益明流俗之妄。喜大令先得我心也。惜大令考之本集猶未盡詳，今謹附愚辨於後。

聘玉辨

白沙村有碧玉樓，即白沙先生舊居也。其以碧玉名，蓋以藏碧玉故。今邑里之人與夫先生裔孫，皆傳爲聘玉，不知剏之者何時、名之者何人。榕謹按先生本集年月核之，定其必非聘玉者，有數端焉。《乞終養疏》云：「彭韶、朱英前後薦臣，吏部移文布政司等衙門，促令起程。」《御撰綱目》云：「彭韶、朱英乞以禮徵聘，吏部尚書尹旻謂：『獻章向聽選京師，非隱士比，安用聘？』檄召至京，令就［試］吏部。」〔一〕是實召先生，而非聘也，明甚，況於玉乎？其非聘玉者一。其《次南山賀碧玉樓成》詩云〔二〕「碧玉久亡今復見」。蓋是玉本先人世寶，昔遺而今得之，故以碧玉名樓。南山即光宇也〔三〕。先生《光宇行狀》云「卒以辛卯十月」。辛卯，成化七年也。下距應

〔一〕「試」字原缺，據文義補。

〔二〕「《次南山賀碧玉樓成》」，《白沙先生詩近稿》、碧玉樓本《白沙子全集》作「《次韻伍南山賀碧玉樓新成》」。（陳獻章撰：《白沙先生詩近稿》，第九卷，第九七頁；陳獻章撰：《白沙子全集》，碧玉樓本，第八卷，第四頁）

〔三〕阮榕齡所謂「南山即光宇也」之説，非。白沙先生《次韻伍南山賀碧玉樓新成》詩，收入《白沙先生詩近稿》之「癸丑詩稿」。（陳獻章撰：《白沙先生詩近稿》，第九卷，第九七頁）癸丑，爲弘治六年。白沙先生又有《德慶州舟中呈伍南山》，（陳獻章撰：《白沙子全集》，碧玉樓本，第七卷，第一〇頁）此詩應爲白沙先生成化十八年往梧州謁見朱英之時所作；《白沙先生詩近稿》之「甲寅詩稿」有《壽南山翁七十》。（陳獻章撰：《白沙先生詩近稿》，第十卷，第一〇八頁）甲寅，爲弘治七年。誠然，白沙先生有時亦以「南山」爲伍光宇之號，如《西樵山下感舊》有「德乎先生留此眠，南山揮手白沙船」之言，且其後有小注云「伍光宇號小南山」；《贈鄧柏林，其人貌似伍光宇》亦有「南山面目偶然同，又向人間見此翁」之語。（陳獻章撰：《白沙子全集》，碧玉樓本，第九卷，第二五、二九頁）然而，伍光宇卒於成化七年辛卯十月，享年四十七歲。可見，《次韻伍南山賀碧玉樓新成》詩之所謂「伍南山」，絶非伍光宇。據白沙先生《德慶州舟中呈伍南山》以及《伍伯饒送蜂巢至，用韻答之》、《次韻南山送蜜》等詩，（陳獻章撰：《白沙子全集》，碧玉樓本，第七卷，第一〇頁；第九卷，第五二至五三頁）可以推知，《次韻伍南山賀碧玉樓新成》詩之「伍南山」，應爲伍伯饒。又：白沙先生《題伍光宇碑陰》詩云：「幾年滄海一碑成，身後何須歎不平。天遣老兄生少子，千秋寒食祭公塋。」詩後加小注云：「兄伯饒近生子，爲光宇後。」（陳獻章撰：《白沙子全集》，碧玉樓本，第九卷，第五五頁）《伍光宇行狀》云：「君娶某氏，無子。裕以其次子秉中爲君後云。」（陳獻章撰：《白沙子全集》，碧玉樓本，第五卷，第七至八頁）可見，伍伯饒乃伍光宇之兄伍裕。

召時，尚十二年。其非聘玉者二。《吴川縣城記》云「是役始於成化戊戌之秋，越明年冬始完，父老遺生員李淩雲走白沙謁文。時江梅始花，予登碧玉樓」云云。是成化十五年已有碧玉樓。其非聘玉者三。有此一端，已非聘玉，況復三耶？或云：「煌煌天賜，先生居嘗詩文甚衆，豈無一字及之，以彰君賜？」此猶膚論耳。屈氏《廣語》亦以爲聘玉，蓋未嘗以本集核之。故皆耳食沿誤。袁太史枚且以爲宣德聘玉，則更奇聞。袁尚如此，又安問悠悠流俗哉？或曰：其子孫相傳，庸虛耶？愚曰：子舍本集年月之足憑，而捃拾不根，此非愚之所敢知也。夫爲人子孫，誰不欲尊榮其宗祖，夸耀夫千秋？嘻！聘與不聘，於先生夫奚損益哉？且以無端妄語誣我先賢，於先生在天之靈，又奚安焉？又集末附録康熙丁亥雲閒張恒詩有云：「文孫攜玉邀我觀，質潤體潔一圭桓。更有緑溶頒大内，雙龍交舞雲靉靆。禮賢徵聘荷殊恩，豈容冒攘爲匿賴。固知神物不易藏，何時完璧歸祠堂？君不見延津雙劍終復合，萬事如棋嘆滄桑。」按：詩云圭桓形，即見所藏者是也。又有「頒大内」、「雙劍」之語，似言此碧玉外，尚有君賜者，爲人攘匿。無根之言，支離附會。蓋張君雖嘗謁白沙祠，實未深究《白沙集》，故有此繆語誑惑後世不稽者。既疥之石，又贅之集末，而不知碧玉老人其齒冷於冥冥也亦已久矣。

附考：按聘與徵，古人語或相連而事實迥别，如《史記·儒林傳》「天子使束帛加璧迎申公」，《漢書》公孫弘等傳贊「以蒲輪迎枚生」，《明史·吴與弼傳》「帝命加束帛遣行人曹隆特行徵聘」，此聘也。《漢書・武帝紀》「舉獨行君子，徵召行在」，此徵也。故先生《味月亭記》云「子被徵過郡」；《瑞鵲序》云「予薦徵入京」，皆云徵，不云聘也。諸書有作「聘」先生者，皆未細考也。

六湖讀書臺辨

白沙先生聘玉之説，固已誣妄，而猶不止此。愚嘗考邑中前輩多有先生六湖釣臺、玉壺讀書臺諸詩，而賈、王二《志》，亦不一稽先生集，顧漫載之，而不知此亦俗傳之浪詞，於本集茫無可據。蓋嘗稽諸本集，先生有《雲譚記》一名龍潭，先生名曰「聖池」。其言曰「里生周鎬偕其季京，謁予白沙。予與二子攜酒飲於西山之麓，班荊而坐。有雲起緑護屏」云云。西山者，不知所在，意者白沙村西之山，與所云麓者，其非在於雲潭也明甚。榕嘗遊雲潭，凡四矣。一由圭峰循雲峰西上，復東北行，其路夷矣。然所經路，有俗名牽線過脈者。路雖正平，然左瞰危峰、右窺絶壑，徑二尺有咫，若是者八，七百武。稍弗兢悚，飛性命於鴻毛。一由圭峰南麓而東，平行六七里，復西北趨之折溪谷間，此爲雲潭下流，俗名大林洞。賈《志》云：「洞有鐵佛寺、上林寺等古蹟。」此其左右也。又西北上，峭徑削屑，艱我危趾，挫我胸爪，喘息汗洟，僅乃克達，若是者二百許步。噫！造物若固厄此以危俗客也者。白沙之往龍潭也，凡七八里，必由大林洞路，路若邇也，顧實巇險，雖至尊貴者，萬無肩輿理。愚聞：孝子不登高，不臨深。寧先生當太夫人在堂，又一生多病，乃弗顧孱軀判性命，入險出險，肆業於深山穹谷，釣游於水石清泠之淵，以爲太夫人憂，其誰信之？夫稽之詩文，無一字；揆之情理，無一可；準之以事勢，無一合。其爲流俗之浪傳也，又奚疑乎？愚又嘗歷泝潭之上流，乃諸泉自萬山中來，委婉平流溪澗間而已，求所謂湖者，蓋亦無之。蓋「六湖」、「玉壺」者，皆「緑護」之同音轉聲，若「太和巷」之轉爲「雞鵝街」耳。如彼泉流，明明可據者猶且虛飾若此，矧古蹟之莫可憑者乎？且古人事蹟必有根據，乃可以信今而傳後，故榕於先生俗傳故址，非準諸情理，根據詩文，不敢妄乙雌黄以汙丹素，僞飾前賢古蹟以欺罔乎後之人。

江門釣臺考

白沙先生遺事故蹟，世俗不覩本集，浪傳臆説，如聘玉、讀書臺之類，亦頗多矣。榕已辨之，殆無疑義。至今愚意介介者尚有釣臺耳。蓋以先生素有釣臺詩故也。某生鄉里下愚，生於先生三百餘年之後，若直辨之曰無是，舍先生明明之詩，而流俗益得嘐嘐焉曰：「阮氏之好爲辨説也。」按：先生《江門釣臺與民澤收管》詩云「莫道金針不傳與，江門風月釣臺深」，又《江門釣臺》詩云「何處江邊著釣臺」，《梅花》詩云：「漁父灣頭有釣臺」。曰「漁父」、曰「釣臺」，此皆寓詞。故洪君《甘泉墓志》云：「先生曰：『江門釣臺，亦病夫之衣鉢也，兹以付民澤。』」此皆釣臺之所由名也。愚以爲，釣臺者，乃釣磯、釣瀨，依於江干可坐、可飲者，凡爲石者，均可名之，非必瓦木所築者，非真當先生時，湛子曾築臺也。況築春陽、楚雲二臺，建碧玉、嘉會兩樓，營尋樂齋、小廬書屋、圖新書舍，皆見於詩文及張子《行狀》，亦多有年月可考，胡爲釣臺獨無之？考雨村舊譜云：「弘治五年，湛若水從游，築釣臺江門，從學十三年。」此大誤也。按：甘泉從學在弘治七年二月，從游僅六年，有洪氏《墓志》可稽，焉可誣也？互詳年譜。考秫坡《漁隱序》云：「梁彦明隱天臺山陽時，操竹竿坐釣臺。」榕訪及臺址，梁茂才南先曰：「此石臺耳。」因指視之。榕乃始恍然悟，曰：「信夫，信夫！先生之釣臺，亦此類夫！」居嘗稽邑令王公植《修復釣臺記》曰「余訪白沙子遺蹤，知江門故有釣臺，淪於荒煙蝕岸間久矣。其裔孫輩規復故蹟，可謂肯堂肯構」云云。是當乾隆五年以前，尚未有臺，故云「淪於荒煙蝕岸」，不云瓦桷已頽也。嗟夫！坡公有言：「後生小子，束書不觀，游談無根。」吕君伊曰：「鄙俚不經，貽笑大方。」噫！伏讀諸訓，使我忸忸焉，閣觚而旁皇；怫怫焉，顔赧而倀倀。謹捃此以諗究古之君子蕲斠之，顧何如也？按《朱子文集》卷八十四載《趙兩峰題嚴公釣臺》云：「寂寞富春山，空留千丈危石，高出暮云端。」此亦石釣臺之一證。

都會故居

本集《經故居》詩：「到溪田作圃，環堵樹爲門。老憶先廬在，貧知草座温。三遷時已後，二紀恨空存。舊事無人話，斜陽滿故園。」〇《經黄道娘墳，誦元人黄子長圓明庄壁詩，懷舊游，因次其韻》：「吾廬直北到山隈，贏得兒童竹馬來。」〔二〕〇《齋大父忌作，舊居在道娘墳東》：「道娘墳西近官路，朝朝暮暮行人多。世事百年渾不省，滿堂賓客竹枝歌。」〇《經都會故居》：「臘月四日促歸裝，舴艋衝寒到石塘。忽見溪邊舊環堵，恨隨流水繞村長。」

按：都會在白沙西四里許，先生於此乃鍾靈故地，宜先生每過之，跱躇躑躅，不能忘情也。考先生自都會遷白沙，不知何年。先生《與黄叔仁父題東溪卷并引》云：「昔予大父渭川府君居此溪上，與黄氏故鄰也，去之六十年矣。閲此卷有感而作。」按先生卒年七十三，若此引作於七十歲，則遷白沙之年方十歲。若作於七十二三時，是年方十二三耳。今以此引考之，大底多遷在十歲以前也。先生年方二十二，渭川公方卒，是徙白沙者，乃渭川公也。《行狀》云「祖居都會，至先生始徙白沙」，誤也。或曰祖者，高曾之通詞也。然榕考

〔二〕「兒童」，本集作「兒時」。阮氏《叢考》所引詩文與本集有異同者，不一一出校。

時，先生年已五十三矣，則此詩乃追感移居而和陶，必非作於徙白沙之年也，明矣。是役」。乃《和陶》十二首之二也。《和陶》有《庚子九月穫稻》詩，庚子，成化十六年也。《白沙家譜》，高曾原居外海，非都會也。○又按：《移居》詩云「長揖都會里，求趨白沙

附録：予邑人傳都會村一里三賢。或曰：三賢者，秫坡、白沙、黄道娘也。或曰：象山、秫坡、白沙也。予曰：尚有樂芸翁，是四賢矣。今考道娘墓碑，生於宋皇祐元年，八月初一日。卒於紹興元年，五月十三日。年八十三。九年，葬於故宅之右云云。按此則道娘本都會人，故墓碑云葬故宅之右。又先生《題叔仁東溪卷》有「故鄰」之語，又先生引元黄子長詩，子長當亦都會人，益知都會原有黄姓。今江門水南村丹井里居人多黄姓，或道娘族人自都會徙居，均未可知。俗傳丹井是道娘煉丹處，疑誤傳也。又聞都會人云：象山先生，亦都會人。故今道娘墓之山號張山。賈《志》云：圓明庄在道娘墓東，紹興九年，僧慈載創，祀黄道娘其内，曰聚寶菴，其田嘉靖十二年，知縣張文鳳撥祀白沙，云云。予疑庄山以圓明庄得名，蓋庄、張音相近也。今都會無他姓，惟黎族而已。榕嘗儗囑黎君紹南築塵外亭於山麓，以存名賢故蹟，亦一邑勝概也。道娘墓側多梅林，冬月，行人過此，古香盈路，是築亭於斯也，於理趣尤宜。○又按：秫坡先生之卒，不知何年，《黎氏族譜》亦不載。考《秫坡集》最後作《寫真圖記》云，乙未孟秋之望。乙未，永樂十三年也。是永樂乙未秫坡尚存。大底

秋坡卒僅十年前後，而白沙先生生。英賢之接芳躅於存没，比鄰之内，俯仰上下，數十百年。論世之君子，於是有遐思焉。

欲往衡山　夢遊羅浮　嘗遊西樵　圭峰　江門墟

先生晚年欲終老衡山，故服闋後，常常念之，見於詩文者多矣。新會賈《志》，以欲往衡山爲寓言，蓋未之考耳。

先生未嘗到羅浮，但有卧遊、夢遊、約遊詩耳。蓋先生一世，母子相倚爲命，母非先生侍側，食不甘、寢不安。且一生多病、多汗，故自五十五六以後，見朱公於蒼梧，承帝召於京師，自此之外，未嘗輕離膝下也。迨至六十八歲時，太夫人方卒。是時，嘗欲往衡山，捐除晉接，調理孱軀，且避讒謗，而老病侵尋，應酬益多。自此，易寒暑而先生卒矣。《與陳德雍書》云「年來益爲虚名所苦，應接既多，殊妨行樂耳。平生只有四百三十二峰，念念欲往」云云。是以衡山、羅浮，常常有志焉而終未逮也。故甘泉晚年築書院於衡山，承夙愿也。○釋一靈《羅母黄太君壽序》：「白沙一飲一食，不敢違其孀母。即其心之所慕，近若羅浮、西樵，遠如匡廬、衡岳，未嘗一至。」按：先生《輓番禺李德浮》七律，自注云：「西樵，南海山名，曩與伍光宇同遊，後有《西樵感舊詩》，即謂此也。」是則曾遊西樵也。一靈偶未及考耳。

《廣東新語》卷三：圭峰，在新會地北二里許，秀拔玉立，其頂四方名玉臺，上有兩瀑布，從肘腋間飛出，下注百仞。白沙詩「弄罷飛泉下玉臺」謂此。莊定山云：「吾聞南海之山名玉臺者，有巨人，静而無欲，深知所謂潛之道者。」沈石田因作《玉臺圖》以寄白沙。山上［又有緑護屏，登之可望厓門］[一]。按：本集七絶序云：「沈石田作《玉臺圖》，題詩其上見寄，次韻以復。」○按：榕家藏《石田詩集》缺題圭峰圖。○又按：圭峰其絶頂處有窪，約廣二丈，此云其頂四方，非也。圭峰瀑布，自山腋深林中委折而下，至山麓石厓懸溜紐匯處，下注石池，高約二三丈許，此云百仞，太誕矣。大底地理之屬，不經親歷，大半附會夸張，奚獨於圭峰之瀑布？

先生《江門墟》詩云：「十步一茅椽，非村非市塵。行人思店飯，過鳥避墟煙。日漾紅雲島，魚翻黃葉川。誰爲問津者？暮上趁墟船。」此詩以本集編次考之，大約作於成化十年前後。觀此，則當是時江門之草創荒落可想。今則船帆麇至，闤闠鱗比，迥異疇昔矣。

講業諸處

先生生平既負重望於天下，當道王公貴人猶想望風采、虚左式廬，況井里之人乎？先生當日承朋儕撰杖於各鄉，偶爾相從學問，淹留旬日，事固有之。或云嘗設教河塘者[二]，原屬附會。

[一]「又有緑護屏，登之可望厓門」十一字原缺，據《廣東新語》補。（屈大均撰：《廣東新語》，上册，第一〇九頁）

[二]「河塘」，疑應作「荷塘」。據阮榕齡《白沙門人考》，容珪等均爲新會荷塘人。

蓋其時諸容昆仲，皆從先生游。故今容家祠多先生堂聯，爲此也。或即指此爲設教之證，則刻舟求劍矣。今古井鄉有學堂嶺，鄉人云亦先生曾游地，故址猶存。榕潭溪村後叢林下，有望遠樓故址，鄉老云：樓額白沙設教時所書。榕嘗循山麓埽葉以墨搨之，乃隆慶三年無名氏書，俗傳之妄不足信，多類此。是皆六湖讀書臺之類也。

諸友考

按：先生諸友之有年可考者，已入年譜。其無者，本集之外見各書者，附録於此。

龍　瑄、婁　諒、（俱江西）方太古、（浙江）曹　璘、（湖北）劉大夏、（湖南）陳真晟、顧叔龍、（俱福建）鄒處士、（四川）陶　魯（廣西）

陳　晟、梁　經、鄺　宏、鄺　文、（俱南海）張　瓚、（番禺）康　麟、羅子房、唐　璧、吴瑞卿、（俱順德）方　俊、周　郁、（俱東莞）雲　谷、（廣府）梁伯鴻、（高要）何　述、（開平）梁繼灝、謝　胖、馬廣生、容　慎、容　恪（俱新會）

《氏姓譜》卷六：龍瑄，字克温，宜春人。家世襲父職。遂居南京，遨遊四方，與丘仲深、羅彝正、陳公甫爲布衣交。重然諾，尚風義，朋游有急，揮金如土苴。江湖間，聲稱藉甚，曰：「過金陵不識龍克温，猶徒行也。」著作甚富。寓荊南，築室海子山，有《鴻泥集》；在金陵，有《燕居集》。自號半閒。東江顧清有《半閒居士傳》。子霓，弘治癸丑進士。按：克温與先生交，當在成化五年六月，時羅彝正適官南京。

《稗史彙編》卷一百又九《國琛集》：教諭婁諒，上饒人，企談道德，不屑功利，其爲學略傳注而事心融，尤嚴出處，取與之際，乃求切磋。陳白沙、莊定山、賀醫閭、羅一峰、胡敬齋、陳泉南、按：即剩夫，家本泉州。張東白書傳面訂，曰：「裨益以成深造。」

《廣輿記》卷十：方太古，字元素，蘭谿人。少受業章楓山，復走南海謁陳公甫。與沈啓南、文徵仲、孫太初結詩社，號一壺先生。○《太函副墨》卷十二《方太古傳》：母夢一兒，乘雲起金華山，及舉太古，與夢符。能預知人姓名，遞呼不爽。始壯，周遊四方，東出吴會，南盡番禺。所嚴事者，南海陳太史、按：即白沙先生。於越王文成公。

附録：《楊園集·近古録》：王文成守仁養痾陽明洞，與布衣許璋[相]朝夕[一]，取其資益。璋，上虞人，醇質苦行，潛心性命之學，其於世味泊如也。嘗走南海訪陳白沙先生。其友王司輿按：名文轅，陽明之友。以詩送之曰：「去歲逢黄石，今年訪白沙。」補：《明儒學案·許半圭傳》：至楚，見白沙門人李承箕，留大厓山者三時，質疑問難。先生亦不至嶺南而

[一]「相」字原缺，據《楊園先生全集》補。（張履祥撰：《楊園先生全集》，北京：中華書局，二〇〇二年，下册，第一一二九三頁）

返。按：《學案・許半圭先生傳》於「訪白沙」之下，原有「至楚」至「而返」一段，是半圭未嘗至白沙。楊園於「訪白沙」之下，删去見李大厓一段，是以半圭曾見白沙矣，此實誤也。蓋半圭於先生是神交，非面交也。故補《學案》一段，以訂其誤。謹從雲谷、剩夫之例，附此以備考證。

《明史稿・曹璘傳》：璘，字廷璋，襄陽人。成化十四年進士。授御史。孝宗即位，疏請王恕爲内閣，置陳獻章、張元禎、林俊於左右。已，出按廣東。訪陳獻章於新會，服其言論，遂引疾歸。居山中讀書，三十年不入城市。

阮《通志》、《獻徵録・劉大夏傳》：陳獻章以道學名，一世少許可，獨與大夏善，稱之曰：「劉公愛民如子，守身如女，毋論於今人中，即古人亦未易得也。」常乘小艇訪獻章，問其學，曰：「予存心之功[十]九〔二〕，致知之功十一。」

本集《與陳剩夫書》：「穹壤百年，極欠一會。某自春來得厥疾，一卧至今。武夷之遊，遂成虚語。比奉手教，引領南閩，神爽飛去。」○《與胡提學書》：「陳剩夫不幸死矣。其人雖未面，然粗聞其學專教人静坐，此尋向上人也。」謹按《大清一統志》：陳真晟，字剩夫，漳州府鎮海人。○《四庫提要・剩夫集》：剩夫，家泉州，以父隸鎮海衛戍籍，遂爲漳州人。榕考《野獲編》「天順二年，常州布衣陳真晟獻程朱，不報」云云。是

〔二〕「十」字原缺，據《獻徵録》補。（焦竑編：《獻徵録》，上海書店，一九八七年，第二册，第一五七三頁）

可期一面。止於郡僚，督府之薦。」又云：「晚節不虧，浩然賦歸。進退可觀，吾寧不悲。」按阮《通志·職官》：顧叔龍，莆田人，弘治元年任廣州通判，凡三年。《肇慶志·職官》：顧叔龍，肇慶同知，署德慶州，詳《宦績》。及檢《宦績》，無顧傳。考張子撰先生《行狀》云：「顧某爲同知，知德慶州事，遭不測。先生毅然力任其事，曰：『朋友之責也。』聞其子至，乃已。」某即叔龍也。考顧爲肇慶同知，署德慶，時當在弘治四年以後。至弘治九年，先生《與李白洲書》末有「顧別駕送契來」之語，又與《張太守克修書》「轉達顧勉菴，世卿囑筆」云云，是勉菴之卒在弘治九年以後，無疑矣。今《通志》、《府志》俱缺其傳，故附志之，幸後之爲志、傳者有考云。

「常」字乃譌文也。

本集《祭顧勉菴別駕文》：「於乎！昔倅我邦，公才獨優。往貳端陽，實惠一州。通達萬變，

《明史·鄒智傳》：智謫石城吏目，其父來視，怒其不以禄養，箠之。智泣受責。按：先生《贈鄒處士還合州》二絶有云：「莫灑東風臨別淚，春光又滿老萊衣。」即智之父也。

《世烈録》卷三劉大夏撰《布政使司陶公魯行狀》：白沙陳先生倡道東南，四方士多往從焉。公爲料理開荒鹹田數百畝，以爲待士之需。

參阮《通志》、《南海志》：陳晟，字美宣，黄竹岐堡人。少孤貧，番禺鍾定育爲子。天順六年解元，成化二年進士。既貴，復姓。終臨安知府，民夷感泣，争護其喪歸。妻黄氏，鍾之按《番禺志》作鍾族。義女也。登第時，尚未娶，富室欲妻之，不可。比黄氏卒，作詩哀之，云：「怪殺夭桃勝人世，落花猶得再逢春。」聞者墮淚。陳獻章甚重其爲人，稱爲詩人之冠。按：本集有《臨安太守鍾美宣將

赴任，過白沙言别，出示莊定山所贈詩，次韻》七律。○本集《輓鍾太守美宣》二絶之一：「詩人自古例多貧，恨殺滇南金帶新。公與定山貧到老，已有陳黄一輩人。」按此詩則美宣之廉可知矣，民夷感泣，有以也。

《佛山志》卷九，《文苑》：梁經，字用常，生而敏異。天順壬午鄉薦。常與陳白沙論主敬之學，往來辨難，白沙亟爲首肯。總督韓襄毅征猺寇，咨經以兵略。寇平，仝郡丞黎暹修《順德志》。未仕卒。

阮《通志》、《漳州志》：鄺文，字載道，南海人。父宏，善詩，與陳獻章賡和，淡於勢利，二子入官，其貧如舊。獻章以三代遺老稱之。文，成化二年進士。歷監察御史。按：本集有《扶南訪黄巖尹鄺載道，適來白沙，不相值》五古。○又《贈鄺載道之淮陽别駕，前御史謫黄巖》七絶。○又按本集《次鄺筠巢韻》云：「此老直於三代見，諸郎雖在一官貧。」諸郎，謂宏子文與才也。○又《次筠巢哭子》云：「八旬老眼爲誰枯。」又云：「正坐兩州消息好，不遺家訓遂貧夫。」按此詩疑哭文也。蓋文曾奉命盤查通州，又官漳州。弟才官嚴州同知，皆稱廉明。詳阮《通志》。按：筠巢，宏號也。

附録：又本集有《贈别鄺雲卿》五絶。按《開平志·藝文》：鄺文，字雲卿，潘村人，宜春知縣。○按雲卿與載道同姓名，且同天順三年舉人。阮《志》云：開平之鄺文，郝云譌作鄺文洋。

參阮《通志·張瓚傳》：瓚，字德潤，號兩山，番禺人。天順丁丑進士。歷官漳州太守。漳民立功德碑。瓚筆札精絶，白沙閲其莆陽邱御史書赤壁賦，嘆其醇古。詩曰：「醉中亦有臨池興，悵望名家不敢言。」又曰：「人謂張兩山傲，張非傲者也。」子詡，別有傳。

阮《通志》、《粵大記》：康麟，字文瑞，順德人。按《順德志》，龍江人。景泰甲戌進士。授御史，按閩中，按《順德志》、《廣東詩海》俱作「按關中，出爲福建僉事，以廉介稱」。發奸如神，廉介無私，剛直見忤。陳獻章賦介軒詩。按《廣東詩粹》：麟與陳獻章、羅倫友善。

阮《通志》、《羅司勛集》：羅子房，字宗傑。按：大良人。成化十六年舉於鄉，築卧愚亭奉母。母卒，執喪盡禮。時古岡陳檢討、江浦莊行人、大良李孔修皆與友善。

《主一詩集》卷一缺名《主一詩序》引《嶺南志》：孝子名璧，事母孝，時公卿欲薦之，以母老辭。與白沙先生契合，往來倡和。有司同其父豫竝祀鄉賢。○《和新會陳獻文見贈并序》：「余潦倒林壑，碩人賢士□□共棄，不意吾子自古岡惠然肯顧，貺以珠玉，因依韻奉答并致意令弟云。詩名老去媿方干，林下誰能著眼看。庭草生來根自淺，梅花開處雪偏寒。情懷只合盟鷗鷺，文采那知見孔鸞。令弟相逢又何日，五雲天上路漫漫。」○又有《和陳公甫見贈韻》。按：主一，璧字也。順德平步人。詳《順德志·隱逸·唐豫傳》。

《五山志林》卷五：邑同知黎暹云：大良吴瑞卿，韻士也。作園鳳山之麓，石齋題之曰采芳園。李世卿爲記，石齋跋其後，示出處之詳。獻臣吴明府作四言三章。味二公詩文，瑞卿高尚不仕，而二公以事王侯期之，蓋非肥遯者比也。○本集《題吴瑞卿采芳園記後》：「天下未有不本於自然，而徒以其智收取顯名於當年、精光射來世者也。隨時屈伸，與道翱翔，固吾儒事也。」○《與張廷實書》：「舶司昨遣吴瑞卿攜雲窩圖至白沙。衡山之興，勃然矣。」按：此書作於弘治十年[一]。

阮《通志》、黄《志》：方俊，字彦卿，東莞人。無書不讀，最喜朱程語録。與名士新會蔣濬友善。景泰四年，舉於鄉。令藤縣，廉能有聲，好面刺人。過白沙，陳獻章皆受規諫，稱爲三益。

阮《通志》、金《志》：周郁，字尚文，號耿菴，東莞人。漳州訓導，培育漳士林啓等數十人，掇科第十有八九。歸里，與陳白沙唱和。有《龍洲集》。阮《志》案語：南海另有一周郁，景泰丙子舉人。

本集《與廷實書》：「雲谷老人、李孔修，非吾廷實，安知吾郡有二賢士哉？雲谷已老，將不可得見，則雲谷之所有者，吾安能得其真耶？」○又：「周文都如省，託渠一訪雲谷老隱[二]，竟以疾弗果，此老自世外，亦未易謁也。」按：此書作於成化二十二年夏。○《秋興寄東所兼呈雲谷老隱》：山人無外事，白首穉兒同。弄水溪堂背，争棋紙局中。盆池秋見月，竹院夜呼風。觸事成唐句，

[一]「此書」，原作「此詩」。

[二]「託渠一訪雲谷老隱」，原誤作「訪渠一託雲谷老隱」，據碧玉樓本《白沙子全集》改。（陳獻章撰：《白沙子全集》，碧玉樓本，第三卷，第四二頁）

狂歌向碧空。按：先生識雲谷、子長，蓋在成化二十一年以後。雲谷與子長俱隱羊城，先生視雲谷爲先輩。故《與廷實》云「見雲谷丈人」。考廣府各志及阮《通志》，俱佚其傳，故附之以補郡志之缺云。

《肇慶志》、舊吴《府志》：梁伯鴻，字仲毛，高要人。歲貢，訓導温州。解官，徜徉山水。陳公甫《寄伯鴻》詩：「明朝擬泛羅浮棹，且向西風訪楫師。」其推重如此。有《浮山集》。按：此詩本集缺載。本集有《與梁二教伯鴻書》。

《肇慶志》卷十八：何述，字宗道，開平人。按：龍塘人，原隸新會。與陳獻章友善。天順壬午科鄉薦第二，教授柳州，分考江西。有以重金求入彀者，述斥之。獻章過訪，顏其堂曰「斯文」。按：本集《訪教諭何宗道》一絶：「樹隱肩輿行款款，花催春鳥鬧關關。蘇公渡口雲連水，宗道廬前雨滿山。」按：俗傳蘇東坡謫昌化經此，故名。考坡公謫海南，路由梧藤之間，不由新會。有東坡《斜川集》可考〔一〕。此先生偶沿俗謡耳。榕訂王公《新會志》，嘗辨之。及卒，獻章爲文祭之。本集《奠何教諭文》云：「載鳴教鐸，載典文衡。」即宗道也。《開平志》：祀鄉賢。

〔一〕「東坡」，疑爲「叔黨」之誤。蘇過，字叔黨，蘇軾幼子，著有《斜川集》。

新會王《志》、黃《通志》：梁繼灝，字行素，號澹齋，滘頭人。按：滘俗溝頭，即今江門皋頭也。○本集《澹齋先生輓詩序》：澹齋，秫坡先生門人也。吾鄉先達，以文行教後進，百餘年間，秫坡一人而已。秫坡與予連里第，予之生也後，不及侍其門。弱冠，與澹齋之子益遊，始拜澹齋，誨予以秫坡事縷縷。此豈一日忘其師者耶？澹齋以其學教授羅山之下，按：羅山疑在皋頭，未詳何處。子弟有所矜式。益之子執饋於我，雲也今爲梁氏甥，戚也。按：此序語甚分明，黃《通志》乃影撰云「澹齋嘗以書授白沙陳獻章，稱之曰『吾邑以文行教後進，秫坡一人而已』」云云。殊爲混贅。

謝胖，字伯欽，號寬軒，城西沙隄人，同陳獻章往從學於吳康齋。《道學源流録》稱胖與白沙「同爲道統羽翼」云。（《新會草志》）

新會林《志》卷六：馬廣生，字玄真，潮連人，陳獻章之友。嘗作均田法，以嗣其兄之無嗣者。獻章書之曰：「與不傷惠，慮不失機，馬氏不替其世與！」又曰：「凡世以嗜利傷友于之情者，觀此可以少媿矣。」知縣丁積稱「馬氏處家有禮讓之風，均田一事可法於後世」。○本集《重約馬默齋外海看山》：「春風擬進赤泥舟，曾約看山共此遊。落蕊忽過三月半，先生能復一來不？不堪老我癡猶在，且喜嬌兒病已瘳。想得渡頭楊柳樹，清陰閒弄釣魚舟。」按：「舟」字複韻，考何本亦同，疑「鉤」字之誤。

參《容氏家譜》卷□：容慎，字允恭，號琴月，河塘人〔一〕。性穎悟，好學，詩文援筆立就。重白沙先生之學，命其子璘等往受業。嘗謁白沙，歸嘆曰：「學無真傳，文未收斂。使吾早遇石翁，吾其止於是乎？」自是往來白沙甚密。嘗病，白沙問以詩曰：「阿咸送米小廬岡，問訊高眠尚北牕。安得如前好筋力，與君馱醉蹇驢雙。」按：此詩本集缺。築小山書屋於西良。本集《京師初歸答容琴月詩》：「舊游風月未應忘，到手新詩喜欲狂。記得長安新雨夜，三人燈下説西良。」尤深於醫，惟白沙門中往請輒就。本集《與琴月先生書》：「病者馮税興求療於華扁門下，恐不得進，假僕爲先容。」病重，爲詩曰：「回首元關掩白雲，百年心事欲云云。憑誰寄語陳公甫，爲寫丘山碣石文。」卒年七十。按：琴月墓碣，本集缺載，或不果爲也。○恪，字允敬，慎之弟。涵養淵純，孝慈天生，昆仲愛敬；篤至好讀，耽志泉石。築室東良山下，羅一峰先生作《静軒説》。尤慕白沙之教，遣子珪、珽、瓙、璣受業。既卒，白沙爲墓志。本集有《處士容君墓志銘》。

議祀

《明史》卷二百七：薛侃，字尚謙，揭陽人。性至孝，正德十二年進士，即以侍養歸。師王守

〔一〕「河塘」，疑應作「荷塘」。

仁於贛州，歸語兄俊，俊率群子姪往學。自是，王氏學盛行嶺南。嘉靖七年，起故官。時方議文廟祀典，侃請祀陸九淵、陳獻章。

二百二十二：魏時亮，字工甫，南昌人。嘉靖三十八年進士。隆慶元年，進户科給事中。十月，請以薛瑄、陳獻章、王守仁從祀孔廟。

《曲阜志》卷二十九：嘉靖八年六月，行人司司正薛侃陳闕里孔廟七事：一、檢討陳獻章，博而能約，不離人倫日用，而見鳶魚飛躍之趣；雖無著述，其論學等書，已啓聖賢之扃。伏乞將獻章賜謚從祀，以彰我皇朝之盛。

阮《通志》、《西樵游覽記》：郭棐，字篤周，南海縣人。師湛若水。穆宗即位，疏陳薛瑄、陳獻章從祀孔庭。

《欽定四庫提要》卷九十六《大儒學粹》：魏時亮編。大旨謂孔子之道，顏以敏悟；濂溪、明道、象山、白沙、陽明則顏子之入道可幾焉。《明史》本傳稱其官給事中時，請薛、陳、王從祀文廟，猶是志也。

卷一百七十九《詹養貞集》：詹事講，按：題名碑亦作「事講」，《白沙集》作「仕講」。○又云：時臺臣與仕講議從祀白沙者，尚有王學曾。字明甫，江西樂安人。萬曆丁丑進士。直隸提學御史。事講從羅洪先生游，傳姚江之學。陳獻章、王守仁從祀，實允事講之請。故集中以此疏爲冠。

《月鹿堂集》卷四《趙端肅公傳》：趙錦，字元朴。江陵没，召爲左都御史。孔廟從祀議起，公言白沙、陽明二先生當祀，甚辨。疏入，議始定。按《通鑑輯略》：最後議定於萬曆十二年十月大學士申時行一疏。

嫡裔

《雁山文集》卷四《先府君行述》：府君諱槐炳，别字植亭。嘉慶辛酉，補新會教諭。癸亥，學使姚秋農先生飭各教官查先儒嫡裔。於是，新會陳氏認白沙先生嫡者日繼至，至以千金爲壽，書役皆有賂。府君佯諾之。間至白沙村，有四五人耕於隴者，府君勞之。因與言白沙公故事，且曰：「公嫡派子孫，今何如矣？」則皆嘆息曰：「微矣。祇阿禮一人讀書耳。」曰：「阿禮何如？」曰：「貧甚，歲以蒙館活耳。」府君曰：「聞學使訪先儒嫡裔，阿禮胡不陳於學官？秀才可得也。」皆曰：「固聞之。然知無益，故不如其已也。聞某某者以千金啖學官，則既許之矣。」府君笑而去。他日，召書役，飲之酒曰：「我頗聞白沙公有嫡裔名禮者，果何如矣？」皆應曰：「誠然。然貧甚，歲以蒙館活耳。」詰旦，陰使召陳禮至，年三十許，試以文，頗有條理。命以譜蝶呈，果不謬。乃以陳禮名復於學使，而某某者既失望，則牽率十餘人，竝譌爲譜蝶呈學使，争辯之。學使批其狀曰：「本院查訪先儒嫡裔以誌景仰，豈白沙子孫遂可邀幸耶？」案既發，陳禮游於庠。

白沙子全集（碧玉樓本）考誤

卷首，《張詡像贊》：鏡中鼻覞其難也。按：亡旁从見，字書缺。

卷一，第一翻，《乞終養疏》：「臣」字不當旁書。

第二十二，《送張廷實序》：張詡廷實。「廷實」之下，更當有「廷實」二字。詳弘治二年年譜。

卷二，第十，《跋崔公詞》：「萬里」至「家山」。此條已見卷八，宜删。蓋古人本無此例。

卷三，第三，《丁知縣行狀》：成化丙戌七月。○按：丙戌乃成化二年，「戌」字乃「午」字之誤也。

第六，《與劉東山書》：四十日。按：「四」字疑「五」字之誤。詳弘治十年年譜。

第九，《與陶方伯》。按：陶方伯即三廣公。此書與本卷《復陶廉憲》俱當移本卷七十七翻下，蓋同是一人也。

第二十八，《與黃大參》。移本卷六十八翻《與黃太守》之下。

第三十八，《與林時表》。按此書自「緝熙」以下，是《與緝熙書》，當入《與林郡博書》内。

附録三：編次陳白沙先生年譜、白沙叢考、白沙弟子考第五十六，《與廷實》：毋太澤。按：「澤」是「擇」之誤。誌稱東海。按：「誌」字下當補「稱」字。

第六十三，《與湛澤民》：之山。「上」誤作「山」。

第六十五，《與袁進士》：伏馬。「伏」乃「仗」之誤。

第七十三，《與汪提舉》。按：何家本「舉」字下有「弘治戊午□月九日」，作「八」字〔二〕。

第八十，《與賀黄門》。移上本卷第十二翻《與賀黄門》。

第八十二，《與羅應魁》。移本卷三十五翻。

卷四，第十一，《與林郡博》：課訪。按：以《與實安諸友書》考之，當是「科試」二字之誤。

第三十八，《與林時表》。按：自「緝熙」以下，别是一書，當移本卷第九翻「近連得緝熙」一書之上。

第三十八，《與金都憲》。按：金澤爲廣東方伯後陞都御史，巡撫江西。是金方伯即金都憲。是卷三第七十七翻《與金方伯》，宜移於金都憲之上。

第四十一，《答蘇僉憲》：裒〔三〕。衷。

〔二〕「作『八』字」，疑應作「□作『八』字」。

〔三〕「裒」，原作「衷」，據碧玉樓本《白沙子全集》改。（陳獻章撰：《白沙子全集》，碧玉樓本，第四卷，第四一頁）

第四十七，《與黎知縣》。按：此即黎明府燦，宜移入卷三《〔與〕黎明府》下〔二〕。

卷五〔三〕，第九，《祭土地文》：六月。按以《丁知縣行狀》「春旱」之文考之，「月」疑「日」之誤。

第二十，《祭陶方伯文》：世烈。按《世烈録》，原作「忠烈」。

第二十一，《李子高墓志銘》：忠簡公英宗。按：「英」字乃「理」字之誤。

第二十七，《漁讀墓志》：呫嗶。佔畢之誤。

第三十，《馬甘泉墓志銘》：衛公。「衛」乃「魏」之誤。魏公，張浚也。按《新會王志·馬持國傳》：持國曾爲浚幕賓，故云。

卷六，第七，疎。當作疏。

第二十二，針炙。乃「灸」之誤。上从久下从火。

第三十五，嗚嗚。皆當作「嗚呼」之「嗚」。

〔二〕「與」字原缺，據文義補。

〔三〕「卷」，原作「第」，據上下文體例改。

卷七，第三十九，林晛。「林」字誤。詳《門人考》。

第七十六，《聞緝熙平湖掌教》。按：自此詩以下，年次多倒錯。

卷八，第二十五，易郴。乃「彬」之誤。

第二十八，釣魚舟。按：「舟」複韻，當是「鉤」字。

第五十九，扉微。是「霏」之誤。

第七十九，坱北〔一〕。「北」是「圠」之誤。

卷九，第二十一，膏肓。「肓」字之誤。上从亡下从月，音荒。

第三十，平鄉伯。按：此即《行狀》之平江伯陳鋭也。考《明史·功臣表》，本作平江伯。作「鄉」，誤。

第三十三，林晛。按：二字悉誤，詳《門人考》。

第四十三，千情。「千」當作「干戈」之「干」。

第四十七，早午。疑「卓午」之誤。

〔一〕「坱」，原誤作「坎」。

第六十四，《贈進士》。按：何家本此詩題有小序，詳弘治二年年譜。

第七十，《問厚郭》。按：何家本此詩題下尚有小序，詳成化十六年年譜。

卷十，第四，《送子長》：溟涬。按：「涬」乃「涬」字之誤。「溟涬」，見《莊子·在宥篇》。〇又按：本卷下五十五，同誤。

第十，《候方伯劉先生》。按：此首與卷第七，十一翻，同是一題而誤分者。

第四十四，《金鼇閣》。自此以下，年次多倒錯。

第五十四，秋江。按：「江」重韻，何本原作「釭」。

卷末，第二，贈別目録：章懋、姚景。二人重見。

第六十四，張恒《祭文》：酸心。按：此文俱用「真」、「寒」等韻，不應忽雜入「心」韻，蓋是「心酸」倒置。

考訂《與廷實書》次序 按：本集多半倒錯年月，其《與廷實書》六十三首亦然，本集通以「又」字概之，最易混淆。今略定其年次，俾易考校，其不可考，弗録。

第一書、成化十八年，「時矩」條。本集原列第十一。

二、成化二十，「丁縣主」。原四三。
三、成化二十一二，「陳留」。原五。
四、成化二十二，「緝熙」。原六三。
五、成化二十二，「丁長官」。原六二。
六、成化二十二，「承欲」。原三十四。
七、成化二十二，「近得」。原十五。
八、成化二十二，「寄鈍齋」。原五三。
九、成化二十二，「簡一通」。原五五。
十、成化二十二，「章因」。原十四。
十一、成化二十三，「袁侍御」。原三十二。
十二、成化二十三，「曠月」。原四八。
十三、成化二十三，「德純」。原四四。
十四、成化二十三，「恩平」。原四七。
十五、成化末或弘治元，「近來」。原十二。
十六、弘治元，「李世卿」。原二十三。

十七、弘治元，「數旬」。原九。

十八、弘治元，「惠來薑酒」。原四十。

十九、弘治元，「好子不育」。原四十二。

二十、弘治元，「屢辱」。原十七。

廿一、弘治元，「承十日」。原四一。

廿二、弘治二年春，「承示楊柳」。原廿八。

廿三、弘治二，「用人」。原四五。

廿四、弘治二，「前後」。原四六。

廿五、弘治二，「助金」。原五二。

廿六、弘治二年冬，「廷實守道」。原卅六。

廿七、弘治三，「兩山」。原五八。

廿八、弘治四五，「慈元」。原四九。

廿九、弘治五六，「近作」。原十九。

三十、弘治五六，「辟之」。原八。

卅一、弘治八，「屢辱」。原六十。

卅二、弘治八九，「盜走」。原第一。

卅三、弘治九，「省城」。原二十七。

卅四、弘治九，「朱侍御」。原五七。

卅五、疑弘治十，「頃者」。原三十九。

卅六、弘治十，「得定山」。原二十六。

卅七、弘治十，「承示跋語」。原四。

卅八、弘治十年十一月，「仁夫」。原五十。

卅九、弘治十一，「老病」。原五一。

四十、弘治十二，「久病」。原二十五。

白沙先生詩文補遺

按：補遺詩凡有年月者入年譜，無年月者附此。

按：張子撰《先生行狀》云「先生詩文不下萬餘首」。據此，是今所存集中者，僅十之一二耳。

留菊主飲 按：易贊，號菊主，見《門人考》。○以下七首，俱見《鶴山志》。

經冬三月不離牀，屋角梅花夜夜香。舫子藥隨春酒至，先生病愈故吾忘。直拌酩酊能留客，莫笑蹣跚嬾下堂。記得早秋同宿處，竹籬煙火白牛岡。

題易隱求齋

茅茨清絶有蟾宫，水裏嬋娟竹裏風。高枕隔牀啼鳥静，小齋終日白雲蒙。江邊好景詩難道，世上閒愁酒可通。題作隱求争未信，如君方許學屠龍。

贈公學 按：易彬，字公學，見《門人考》。

春城風雨濕詩囊，瘦馬朝馳抵路旁。世事偶逢車載鬼，書生真有鐵爲腸。清風明月終還我，守義懷仁不負郎。行止非人乃天定，孟軻何必罪臧倉。《鶴山志》云：此詩意不可曉。《白沙集》有《與陳秉常書》云：「蒙謗大矣。事始末，問公學。」詩當緣此作也。

送崑山省試　按：李渭，字長源，號崑山。新會、鶴山《志》俱有傳。

綠鬢來孤騎，清言費一燈。極言憐老病，無計逐飛騰。鳳鳥當時至，龍門何處登。經過五老下，問訊白蓮僧。

梅下憶長源

香似梅關馬上聞，江門晚樹曉氤氳，上林本是看花客，一見花開便憶君。

訂誤：

送李昇之京　見《鶴山志·雜記》。○詩見《門人考》。

寄施以政

水上紅霞抹白雲，臺旁春色映溪分。風光不遺人描畫，描畫何人得似君。

讀秫坡集《秫坡集》附録。

曾從父老問前因，説到才情迥絶倫。今日偶然文字外，分明文字一般春。
直上遼陽訪管寧，至今此語聳人聽。當時英邁知何似，肯向泥塗險處行。
筆端寫出自滔滔，人物當爲一世豪。欲識胸懷真富有，長江萬里湧波濤。
塵外亭南我舊居，自從丱角慕相如。他年倘有東阿眚，敬爲先生特筆書。

秋夕偶成，明日揭榜

缺月不滿簾，南窗聊隱几。猶聞户外春，斷續秋風裏。犬子初試筆，老妻浪驚起。滔滔終夜心，四海皆名利。〔二〕

〔二〕「犬子初試筆，老妻浪驚起」，《白沙先生詩近稿》作「犬子試初畢，老妻浪驚喜」；「終夜」，作「中夜」。（陳獻章撰：《白沙先生詩近稿》，明弘治九年吴廷舉刊本，第五卷，第四四頁）

悼容彦昭 俱《列朝詩集》。

淚盡西風草木間，遊雲晴逐薤歌殘。千秋只有無情月，遍照松楸處處山。

臥愚亭 《羅可勛集》。

何處水邊堪此亭，偶從詩卷挹芳馨。小眠亭上真何意，大夢人間肯未醒。難以智愚分巧拙，儘教描畫付丹青。老夫伏枕廬山下，頭白於今未與名。

闕題 今歲道光二十二年，大良談君子粲書來，云：「嘗見白沙懷人詩二首，是茅筆書。今十餘年矣，忘其姓名。紙約長三尺云。」

浩浩江門水自流，懷人獨聽五更秋。風飄萬古雲無著，月上千山夢易幽。老去不堪杯酒別，詩成不覺始生愁。世間極樂惟君事，一曲琴聲韻欲浮。

年光想像似浮雲，夢冷長亭柳色新。記得出門時節好，自教寒食歲同春。煙分玉樹花明遠，露滿南山草半茵。塵路豈能忘此念，故來河畔理絲綸。

闕題

先君《夢菊筆記》云，「余藏白沙真跡草書五絶一首，『掃却』云云。《白沙集》未載」。今此幀尚藏榕家，係紙本行書，兩行，直四尺三寸許，横一尺。無年月。

掃却越臺塵，坐弄王孫草。舞雩日日詩，風光元不老。按：老字下有石齋圖章。

過龍寺夜坐

本集《書玉枕山詩話後》。

水悶

《明詩綜》，七律，詩佚。

問容允恭

《容氏家譜》。詳《諸友考》。

遇雨

并序。邑人張厓山丈鈔本。詳弘治六年年譜。

天空海闊賦

《新會》王志：林超，字彦昇，北到人。超正統鄉薦，授北流知縣，解組歸。陳獻章知其清白，爲作《天空海闊賦》。○按：賦文今佚。

與易贊書《鶴山志》。詳弘治十二年「年譜」〔一〕。

西江月二闋。○《雙槐歲鈔》「陳公甫嘗作《西江月》二闋，張學士元禎和韻」云云。○按：詞今佚。

與張廷實書從何家本補。

第三十九：立一祠，既以表茂宰之賢，又以見吾鄉尚德慕義。一唱百和，視死如生，又孰不咨嗟而嘆羡其美耶？且報往可以勸來，此祠立後，必有聞義而起者，問所由來，鄉諸父兄子弟不忘舊令之德，章與有榮矣。幸甚，幸甚！即辰春日布和，工匠畢集，其告諸義士：及是時，慨然念此舉之不易，發誠心而共濟，幸無辭曰「姑俟來日」，區區不勝至禱。

第四十八：患瘡想亦不爲甚害，但衰年易感，觸事多憂，顧又不能忘情耳。渡子回，乞示一字，以慰憧憧。某白。

第五十三：改《次韻東所寄興》第十首後二句云：「與儂七尺青團蒲，今年换與張東所。」因

〔一〕「年譜」二字原缺，因所述《與易贊書》見於《編次陳白沙先生年譜》相應年份，故補。

成四句，録去一笑。

第五十六：先夫人懿行，非外人所能悉，況已奉拙挽，又可贅乎？餘令小兒口稟。章白廷實侍史。

第五十七：歐總戎近寄自造藥酒，奉寄一小尊表意。一事欲與吾廷實議，他人莫能與也，千萬一來。二十二曉起，碧玉樓秉燭力疾書。恕不謹。

楊氏白沙語録訂誤

新寧孝廉陳交甫《白沙語録序》曰「《語録》一書，乃楊貞復官南禮侍時所刻，竊不自忖，稍增一二」云云。榕謹按：此《録》體例類多舛繆，蓋先生當日原無語録，乃楊公取白沙集中，删前汰後，全不注明原題，漫無端緒，名曰「語録」，是以令後學讀之，茫茫然罔測原旨之所在。嘻！剟裂若此，烏足爲先生重？適足爲識者歔歈耳。此爲前明隆萬間陋習，或託名文懿，未可知也。今按：孝廉所增者，亦未分別注明，遂使原委淩亂若此。夫前哲之爲一書也，間有舛漏，原祈後學之增訂。嗚呼！此《録》自萬曆以來至於今二百餘載，若存若亡，世徒驚其理學之書，故不敢訾謷焉。今謹訂其尤舛者如左。按：全《録》原從本集割湊而出，惟《録》後自「羅一峰」以下八條，採自他書，亦自諱所出。

「子謂李嘉魚志非不立也」一條。○按：此條本《李處士墓志》末段，忽突出「銘曰有道於此」云云，不知者必大疑惑。

「陳子曰古之榮於進者」一條。○按：此篇本《祭伍光宇文》，忽云「嗚呼，光宇！其何可忘」，不知者必且大怪。

「李賢遭喪朝廷留之」一條。○按：此本羅一峰上疏被謫事，其論斷語亦未明言出自何人。

「子曰省城之遷不決」一條。○按：此乃《與廷實書》，而起處亦未明言。

「周鎬」一條。○按：此篇是《雲潭記》，泛論雲潭，以其中有「密雲不雨，自我西郊」，末有「可與論《易》」一語，入「論《易》」條内。○又「李世卿」條有「同明相照」六句，「本於自然」條有「《易》『天地變化』」三句，共三條，偶爾引《易》，尚云猶有瓜葛。此外十六條，或論學，或談世事，未嘗言《易》也。

「子謂剩夫死矣」一條。○按：剩夫原非門人，不當入「及門」條内。

「子《與羅一峰》曰：《大忠祠碑》皎皎烈烈，見先生之心矣」一條。○按：此二十字亦入「及門」條内。

按：以上諸條，皆舉其略耳。其中舛者尚多。如同一書也，忽有一「曰」字，忽無「曰」字，或用「子曰」，或用「陳子曰」，皆體例混雜。夫先生尊稱「陳子」可矣，混稱「子曰」，與孔子何異哉？此蓋欲推尊先生耳，不知適起後人指摘之端，以爲近於僭妄。嘗考《文中子》，多有是稱，後人以僭聖議之，烏可復效其嚬耶？愚意欲儀型先生者，自有全集，原原委委，奚必取此駢枝割裂之本乎？顧亭林先生曰：「孔門不過四科，宋以下之學者則有五科，曰『語録科』。」愚也深有味乎亭林之言。然則爲聖爲賢，奚必人人有語録乎？人人有語録，遂可以爲賢爲聖乎？〇又按：本集附録東莞衛金章立組《白沙要語補序》曰：「《白沙要語》一編，節録白沙先生文集中語，不滿三十條，割裂參錯，不知出何人之手，於先生講道所由，未見本末。愚懼，執此以求先生，不惟無以見先生，反於先生滋惑耳。爰採全集補之，間附鄙見，急爲先生雪誣云爾。」按此則訂誤斯《録》，非愚一人之私言也。今陳孝廉刊楊此《録》，實二百四十三條，不僅三十。大要《要語》一書，又從楊本割湊而出者，益不足辨矣。

應召録訂誤

萬曆間，邑先輩黄公鳴谷作《應召録》，既非作史志又非對君上疏之詞，乃一起語即突稱先生名，何不恭也！其後，末篇乃稱石齋，此與《録》内所引朱疏聖旨及陳氏《通紀》稱先生名者，義例迥殊也。〇録内又云「謝恩歸，先羅倫送之」云云，下接「歸經南安，張弼問出處」云云。榕按：羅之送先生，先在成化五年，雖《録》有「先」字，顧忽雜入羅文與張公語，不知者以爲同時送之矣，此亦混誤。

各家輯白沙言行録附目

《欽定四庫提要》卷九十五，存目：《白沙遺言纂要》十卷，張詡撰。是編採白沙文集中語，仿南軒《傳道粹言》例，分爲十類，以闡新會本旨。

魏《南海志·何維柏傳》：著《陳子言行録》。○阮《通志·藝文》：《白沙言行録》十卷，《附録》二卷。未見，見《明志》。○按：疑此即何公《言行録》。○《陳子至言》十卷，湛若水撰，未見。○《江門正脈》，明龐一夔撰，未見，見《廣府志》。○按：一夔，嘉靖四十三年舉人，南海龐弼唐先生嵩長子。弼唐，甘泉、陽明弟子。○《唐伯元傳》：著《白沙文編》。（俱阮《志》）

《岡州遺稿》，卷六：黄乎，字容伯，號鳴鶴，弱冠補諸生，究心理學，專慕白沙，數館其鄉。萬曆初，以恩貢授昌化訓導，遷福建德化教諭，告老歸。卒年七十三。著《白沙遺事》一卷。

按：前明專載先生遺事及傳於世者甚罕，鳴鶴名不甚著，概計生後於先生者僅五六十年，其得諸故老之傳聞與記載者必多，榕也甚惜此書之久佚也。榕也又後於先生者三百四十餘年，茲僅從吉光殘蝕之餘，捃遺於百一，又不幸生於寒門下里，往往顧影一燈，馳心萬卷，徒勞夢寐寄慨於屋梁也。嗚呼！

白沙門人考

新會後學阮榕齡竹潭編

例引

一、賈公雒英監修《新會志》，有《白沙弟子傳》，然多率略。榕按：《廣東新語》云：「新會白沙弟子一百餘六人，以伍雲爲首。」此所引者，疑黄公淳《萬曆新會志》。今考賈《志》，實以伍雲爲首，人數亦符。今黄《志》久佚，故以賈《志》爲據。

一、陳解元遇夫所輯者，榕家藏本原曰《白沙陳子門人》。今考阮《通志》，則曰陳遇夫《白沙弟子補編》。細核其文，與榕藏本正同，但改「陳子」爲「白沙」，亦間有增汰一二者，此稍異耳。豈後人翻刻之而易其名耶？今榕此考引之，若但曰「陳子門人」，不類書名，故增一「録」字，曰「《門人録》」。

一、《門人録》多從各志録出，今以林光傳考之，實全録黄公佐《通志》而稍易三五字，遂没原書之名，他傳類此。此販稗痼習。今是考所引，皆著原書之名，無可證者，姑從原録。或原書有舛漏，不得不引之者，增删數字，加一「參」字以别之。蓋倣吕子伯恭《大事紀》[一]，從某書修之例。

一、《門人録》云少陳子幾歲，多據《賈志·弟子傳》録入，恐未可盡信。今以首傳伍雲考之已大繆，况其他乎？夫《伍光宇行狀》明載本集，猶不能考，又况其他乎？《史記》所載孔子弟子少孔子幾歲，後人按之時事，常多繆舛，蓋摭拾遺聞，相距久遠，其錯迕也固宜。先生門人非得家狀、墓志諸根本之文，未易參證。此考本擬删去幾歲云云，以其或有所本，亦可資考證，姑原之，以俟後之君子再參定之。

一、《門人録》暨各志頗多簡略、舛漏。是考引先生所贈門人詩有二例：一採其佳者；一雖未盡工，特存之以爲引證者。又如趙員外善鳴無故實，則補之；梁文康公史志已詳，則略之。

一、是考略以郡縣之大小分先後，以新會殿之，且類同姓者，歸一處；又訂其沿革，如賀黄門，在前明泛屬遼東，今則分隸義州之類；又科第年次，悉改用數目，不用干支，謹遵《明史》舊例，蓋欲其易考也。

[一]「倣」，原誤作「放」，徑改。

一、著述家於傳中稱名稱字，各有體例，謹按《欽定四庫提要》，僅於周程張朱四賢稱子，餘俱稱名。按此則國史與各志稱名，宜也。今考吾粵郡縣各志，於先生多不稱名而曰白沙，意蓋欲尊先生而實非體例也。此與交甫《門人録》全稱陳子體例固殊，今阮《通志》引《門人傳》或曰「陳子」，或曰「白沙」，或稱名，皆據各原書採入，其例不得不然。若爲榕所敬述者則均稱先生，《白沙集》曰本集，悉如年譜例。

一、賈《志》及《門人録》、阮《通志》所載弟子人數，多少參錯，今隨其原目，仍列於後，俾有考云。三書之外，有榕所採入者，加「補」字以別之。

一、是考於史志外，採及家乘、墓志、行狀、金石文，謹倣宋李公燾《續通鑑》、李公心傳《繫年要録》之例。按家乘雖若一家私言，然其年月、遺事，實多補遺正誤者。如於梁氏家乘，得子長之逸詩；於天河譚譜，證先生之動念皆孝；沖鶴族譜之潘見龍，及榕潭溪家譜載李世卿曾三至白沙，皆是也。《鶡冠子》云：「中流失船，一壺千金。」其是之謂乎！

知新會縣事渤海賈雒英

《新會縣志》卷十二白沙弟子

伍雲、鍾淑、林楝、賀欽、謝文信、林光、楊敷、張瑛、麥岐、李鴻、李承箕、陳魁、陳邕、劉宗信、易元、周鎬、周京、周正、鄧球、黃在、李祥、梁儲、陳庸、張詡、黃元、何宗濂、陳冕、容珪、李孔修、黃佐、羅冕、袁暉、林敬、易彬、范規、龔曰高、何宇新、姜麟、梁貞、林琰、崔楫、梁景孚、梁景行、譚以賢、譚以良、周儉、黃壽、謝祐、馬廣生、蕭立、黃界、林紹光、李九淵、趙思仁、黃鶴年、馬龍、陳紹裘、容貫、容欽、胡旦、□瑜、□璠、胡岳、易龍、李由、李方、李同、吴嚮、余善、黃澤、陳護、林時嘉、潘漢、葉先、鄧德昌、林驄、湛若水、黃忠、黃昊、李亨、黎潛、蕭倫、陳東淵、林高、湯靄、趙善鳴、張天祥、陳謙、曾確、黃子賢、陳瑞、黃球、陸鞏、黃彦、關中、康沛、鄧珙、張希載、梁大夏、林漳、施用、區越、戴球、戴恩、戴澤、戴參、戴昭、戴輯、戴弁

《白沙陳子門人》卷四

族後學遇夫交甫纂輯

賀欽、林光、何廷矩、陳庸、梁儲、李祥、李承箕、張詡、鄒智、姜麟、張鍈、何宇新、楊敷、李孔修、林體英、陳聰、謝祐、容貫、陳護、陳茂烈、湛若水、康沛、伍雲、鍾淑、林棟、李九淵、易元、周鎬、周京、容珪(弟珽、球)、黃昊、陳冕、龔曰高、梁貞、鄧德昌、鄧球、羅冕、崔楫、梁文冠、梁景行、梁景孚、林時嘉、趙善鳴、曾確、區越、陳魁、黃在、黃佐、麥岐、李鴻、黃壽、黃球、陳紹裘、譚以良、湯靄、陳肅、李翰、陸之、范規、陳暕、劉瓛、何宗濂、黃澤、潘漢、馬龍、林琰、陳東淵、張天祥、黎潛、蕭倫、林樟、梁大夏、易彬、謝德明、馬國馨、潘辰、林廷瓛、陳昊元、張璧光、梁奎、楊琠、李亨、鄧珙、張希載、戴球(子恩、澤、參及昆弟昭、輯、弁等)、何瀞、林高、陳瑞、易龍、周正、黃彦、關中、施用、黃

元、趙思仁、尹鳳、李瑜、鄧翹、

《廣東通志》卷二百七十二　　兩廣總督儀徵阮元監修

廣州列傳七 按：以下六十九人，列陳先生獻章傳後。

林光、陳猷、陳庸、梁儲、張詡、周京、黃佐、林紹光、梁奎、譚以賢、譚以良、梁文冠（子景行、景孚）、湛若水、陳昊元、陳護、黃澤、李翰、區越、梁貞、趙善鳴、張璧光、易龍、伍雲、李孔修、何廷矩、容貫、容珪（球、珽、彦禮、彦昭、彦潛、彦貞、彦史）、易元、林時嘉（琰、敬）、林時矩、馬廣生（子國馨、姪貞）、湯霈（兄雲、弟霓）、陸之、黃子賢、馮載、袁暉、陳冕、黃球（子子正）、黎潛、蕭倫、趙思仁、林晪、李瑜、陳魁、李輔、尹鳳、謝祐、陳瑞、張希載、鄧翹（珙）、陳謙

按：以下七人，散見各府志，今補入。

鄧球（韶州）、林廷瓛（高州）、何宇新、曾確（俱惠州）、余善、林巖（潮州）、鄧崇德（肇慶）

白沙門人考目次 按：補入者，加「補」字別之。

新會後學阮榕齡竹潭編

賀欽（盛京）、陳肅（江蘇）、張鍈（以下浙江）、姜麟、潘辰、蘇章（以下江西）、楊敷、劉敔、李承箕（以下湖

北）、朱伯驥、朱玭（湖南）、林體英（以下福建）、陳茂烈、陳聰、鄒智（四川）甘思忠（廣西）、陳庸（以下南海）、謝佑、李祥、黎潛、羅冕、潘漢、崔楫、范規、馬龍、馮載、鄺珙、吴嚮、張詡（以下番禺）、何瀞、何廷矩、陳昊元、陳護、林高、張天祥、容貫、葉先、李文、屈群力、梁儲（以下順德）、梁文冠（子景行、景孚）、梁奎、梁貞、黄澤、趙善鳴、胡旦（弟曼）、蕭倫、蕭立、鄧德昌、鄧翹、鄧珙、張希載、康沛、李瑜、李孔修、林光（以下東莞）、林時嘉、林時矩、林琰、林敬、袁暉（子金蟾。祁順、陳猷補疑）、劉杙（香山）、湛若水（以下增城）、劉瓛、陳暕、陳東淵、尹鳳、陳冕（以下三水）、陸之、林樟（新寧）、李輔（以下清遠）、楊憲臣、鄧崇德（高要）、馮殷（開平）、施用（以下鶴山）、易元、易鏞、易彬、易才、易贇、易龍、易允、梁玠（以下新興）、李［元］傑〔二〕、何宇新（以下博羅）、曾確、龔曰高（以下潮州）、楊璵、余善、林巖、趙日新、鄧球（樂昌）、林廷瓛（吴川）、伍雲（以下新會）、容珪（弟珽、璿、璣）、容璘（弟球、族人欽）、鍾淑、陳容、陳魁、陳瑞、陳紹裘、陳謙、陳鬯、潘松森、關中、黄佐、黄在、黄元、黄彦、黄壽、黄球、黄昊、黄子賢、黄忠、黄鶴年、梁衛、梁潛、梁大廈、湯靁、張璧光、張不已、張栱、周鎬、周京、周正、周儉、周端、區越、林紹光、林楝（存疑）、譚以賢（弟以良）、譚有蓮、譚綬、李昇、李翰、李九淵、李鴻、馬國馨、馬貞、趙思仁、宋容重、戴球（子恩澤參）、戴昭、戴輯、戴弁、戴敬、謝慈昱、謝文信、謝君章、鄧谷隱、鄧澹樂、陸輦、麥岐、聶元會、

〔二〕「元」字原缺，據正文補。

阮繕宗

附録　缺姓名、縣名者。

吴嚮、□璠、□瑜、李由、李方、李同、徐潘二生、顧勉齋、歐陽回

附：《南海三峰記》　　羅倫

或疑先生門人間有影附者。榕曰：固或有之，然愚於採掇之餘，毫不敢假借。且以理籌之，今下里孝廉進士，稍有令譽者，設帳半生，門徒尚有千百。況當是時，先生以道德傾動天下，海内聞風而願拜門下者，當時不知凡幾。按潘氏《南海志》：白沙起，當時來學者至傾天下。但人或凡庸，書闕有間，故不見之詩文耳，然其遺佚，固亦衆矣。是故有實爲弟子而湮没者，有實本朋儕而混入者。今考各志傳中，如云以白沙講學，或云從白沙問學，此或賓朋相見講論之常耳，未必盡受門生之業、咸署弟子之名者也。蓋名實、是非，須核其真，乃可傳信於後世。若徒以此爲誇耀，則所見者隘矣，殊非聖賢篤實之道。故愚於可疑者，雖名公巨卿、有鴻名偉略著於史册者，僅加「存疑」二字，亦闕如之義也。道光二十二年六月，榕齡謹書。

盛京

賀欽，字克恭，先世浙江定海人，以戎籍隸遼東，今爲義州人。少讀《近思録》有得。登成化二年進士，官給事中。因亢旱，以言官曠職召災自劾。及見陳子於邸，遂辭官執弟子禮。歸構小齋，（參陳遇夫《門人録》）刻白沙像於室而禮之，（《陸稼書年譜》引《理學宗傳》）出告反面，有大事必白，（張詡《白沙行狀》）隨事體認。弘治改元，用閣臣薦起爲陝西參議，檄未至而母死，乃上疏辭，薦陳獻章學術醇正稱爲大賢，宜以非常之禮起之，或俾參大政，或任經筵以養君德。榕按：先生《得克恭書》詩：「一封初展制中書，萬里遼天見起居。傷心入夜思賢母，老眼當年識鳳雛。」即此時也。正德四年，劉瑾括遼東，田東人聚衆劫掠，相戒曰：「毋驚賀黄門。」欽聞之，急諭禍福，以身任之，亂遂定。欽學不務博，專讀四書、六經、小學，期於反躬實踐，謂「學不必求之高遠，在主敬以收放心而已」。（《明史·儒林傳》）於家庭里閈，教以吉凶遵家禮，由是鄉人興於行誼。（《門人録》）正德庚午十二月卒，年七十四。（《明儒學案》）天啓初謚恭定。（《明詩綜》）欽學出白沙先生之門，與門人論侃侃，白沙曰：「得毋鋒鋩太露乎？須令深沉和平。」按：此語詳本集《與賀黄門書》。於是作書室於後圃，書「深沉和平」四字以自警。（《人譜·類記》）門人於衢路失儀，先生曰：「爲學須躬行，須謹隱微，小小禮儀尚守不得，更説甚躬行？於顯處尚如此，則隱微可知矣。」（《醫閭先生言行録》）欽之學出於獻章，然獻章之學主静悟，欽之學期於反身實踐，能補其師之所偏，故集中所録言行皆平易真樸，非高談性命者比，而諸疏亦通達治理，確然可見諸施行。在講學中獨爲篤實純正，文章雖多信筆，而仁義之言藹然可見，固不必以工拙論也。（《欽定四庫醫閭集提要》）子諮，志向類欽。陳子與欽書曰：「一日千里，其在諮耶？」（《門人録》）

訂誤：按本集《與賀克恭書》云：「比歲得賢郎書，甚慰。有子如此，足矣。三十年妄意古人之學，衆説交騰，如水底撈月，恨不及與克恭論之。今自謂稍有見處，得其門而入，一日千里，其在兹耶？」按：此「兹」字原是先生自謂，今《門人録》列此書於諮傳下，改作「諮」，誤也。○又按《明史》與《欽定四庫提要》及《西河集·賀欽傳》俱云「擻未至母死」，《門人録》云「以母老力辭」，似誤。○又按本集《與克恭書》曰：「心地要寬平，識見要超卓，規模要闊遠，踐履要篤實。」是先生嘗以篤實誨之者，而克恭克承師訓耳。《提要》云云，蓋偶誤也。

江蘇

陳肅，上海人，官順天治中，少陳子六歲。成化初讀書國子監，見陳子，師事之。（《門人録》）

浙江

張鍈，字聲遠，鄞人。成化二十二年進士，籍錦衣衛，家京師。少陳子十七歲，議論慷慨，陳子稱之。（《門人録》）

姜麟，字仁夫，蘭谿人，成化二十三年進士。以使事使貴州，迂道如白沙，時弘治十年十月[一]。按本集《祭先妣文》，仁夫之來，實在弘治十年十月望後。今補此七字。師事陳子，留八日而別。出謂人曰：「吾閲人多矣，未有如先生者。」至京師，有問之者，稱爲「活孟子」。（參《門人録》）

潘辰，字時用，景寧人。少孤，隨從父家京師，以文學名。弘治六年，詔舉山林材德之隱者，府尹唐恂舉辰，吏部以辰生長京師，寢之。恂復奏，給事王綸、夏昂交薦，乃授翰林待詔。久之，掌典籍事，預修會典成，進五經博士。正德中，劉瑾摘會典小疵，降典籍。俄還故官，擢編修。

[一]　據白沙先生《次韻姜仁夫留別九首》詩序，姜麟以事使貴州還，取道廣東，來訪白沙，時在弘治二年己酉春，（陳獻章撰：《白沙子全集》，碧玉樓本，第十卷，第五九至六〇頁）而非「弘治十年十月」，阮榕齡《編次陳白沙先生年譜》於「弘治二年己酉」條亦有相關引述。阮氏此處誤將姜麟來訪白沙繫於弘治十年十月，乃因誤解白沙先生《祭先妣林夫人文》所致。《祭先妣林夫人文》云：「維弘治十年，歲次丁巳，冬十月己巳朔，越廿又一日己丑，孝子陳某敢昭告于先妣林氏夫人：友人刑部主事蘭溪姜麟肅具香一束、帛一端，俾告夫人之墓，焚之以表哀慕之誠。謹以茶酒時饌用申虔告。」（陳獻章撰：《白沙子全集》，碧玉樓本，第五卷，第二一頁）既是「俾告夫人之墓」，則姜麟非親臨也，明矣。

居九年，超太常少卿，致仕歸。卒，特賜祭葬。辰居官勤慎，典制誥時，有以幣酬者，堅却之。士大夫重其學行，稱南屏先生。自天順後，始漸拘資格，布衣無得入館閣者。而弘治間，辰獨以才望得之，一時詫異數焉。（《明史》附陳濟傳）博極群書，爲文力追秦漢。直内閣二十七年，誥敕多出其手，動遵繩墨，不以非義自汙。（《浙江通志》引《處州志》）○本集《與張聲遠書》：時用孑然客帝京，忍寒餓二十年，爲母家不去，誠亦可憫。按此書寄於弘治□□年[一]，聲遠未領鄉薦以前，故有秋試捷否之問、時用忍餓之慨。○《與西涯李學士書》：去秋得時用一書，深慰鄙懷。他人愛我，不如時用。先生諒能悉之。張進士行，附此。按此書寄於弘治二年、張詡再官京師時。○按梁公儲《鬱洲集》正德十二年誥敕官疏云「編修潘辰，今年過七十，累疏求退，擬陞秩以酬其勞」云云。是辰升太常少卿致仕，在正德十二三年也。

江西

【補】**蘇章**，字文簡，號雲厓，餘干人。成化乙未進士。官至延平知府。初，章官兵部主事時，因星變事劾妖僧繼曉、方士李孜省，謫姚安通判，因哀其所作，故以《滇南稿》爲名。祭胡敬

[一] 阮榕齡以爲「此書寄於弘治□□年」，非是。孫通海點校《陳獻章集》校記云，此書「文後，羅本、林本、蕭本有『辛卯閏九月二十六日，某白』十一字」。（陳獻章撰：《陳獻章集》，上册，第二三〇頁）然則，此書乃作於成化七年。

齋文一首、附録一卷，則其行實及題跋與入祀鄉賢文卷也。章少問學於陳獻章之門，嘗出胡居仁於獄，與吴與弼爲師友，蓋亦刻意講學者。（《欽定四庫滇南稿提要》）○按：雲厓從游，本集及各書缺載。

【補】楊敷，字榮夫，永豐人。操執不群。初事羅倫，充然有得。後過白沙，與陳子唱和，留數月而返。以貢爲福建永安訓導，尋歸。日以二先生之道自樂，著《癡菴集》。（《門人録》）

按本集有《夢楊敷道定山事》五律。云：「夢語者爲誰，湖西夢見之。聊寬野老意，未了定山疑。」[一]又《贈劉進夫還永豐，兼寄羅養明、楊榮夫》，七絶。又《元旦懷楊榮夫》。「夫」、「敷」字互用。又《寄羅養明》、一首。《玉臺次楊敷韻》、一首。《楊敷別後》。二首。以上七首，或次韻，或相連，是知楊敷字榮夫，江西永豐人。此所懷贈詩即同一人，無疑矣。考張嗣衍《廣府志·儒林》：楊憲臣，初名敷，清遠人，以兄没襲清遠衛指揮，從學陳獻章。白沙重之，贈詩云：「笑倚長松咏晚臺，三三兩兩共無懷。人間紫府千回夢，我共黄雲一路來。鹿洞當年尋李勃[二]，鵝湖今日想東萊。將軍夜半還能飲，欲引東溟入酒杯。」又《別後有懷》

[一]「疑」，原誤作「癡」，據碧玉樓本《白沙子全集》改。（陳獻章撰：《白沙子全集》，碧玉樓本，第七卷，第三二頁）

[二]「李勃」，原作「李渤」，據碧玉樓本《白沙子全集》改。（陳獻章撰：《白沙子全集》，碧玉樓本，第八卷，第四七頁）

「春潮」云云[一]。按：此二詩，即本集贈别楊敷詩，當作於弘治四年。《廣州志》以敷爲清遠人。考阮《通志·關隘》引《大清一統志》云：「清遠衛在治東，洪武二十二年建。」又《建置》：「洪武二十二年，指揮李英。」是前明清遠衛曾設指揮於此矣。蓋楊原永豐人，曾爲永安訓導，後因兄没，襲兄職爲指揮。清遠，疑後入籍也。考阮《通志》「列傳」及「宦績」缺其名。○又按：先生於成化十八年十月過永豐，有《寄楊榮夫》，七絶。則是年榮敷尚未入廣也。

【補】**劉敔**，號鳳巢，泰和人。○劉公名魁，按：魁，敔子，嘗粥棺以諫世宗，事詳《明史》本傳。吉之泰和人，薦節判州牧，所到皆有惠政，嘗受學陽明。厥考鳳巢公亦從吾党白沙先生遊，令永福，擢守賓州，祀名宦，蓋其家學有自云。（黄佐《揭陽釣鼇橋記》、郝《通志》）劉敔，雲南太和人，正德七年永福知縣，罷府倉之運，免虚耗之徵，民困以蘇。猺獞出没，嚴立條伍撫諭之，卒不敢爲亂。擢賓州知州。（《廣西通志》引《文載》。）○按《明史·地理志》：江西太和縣，元太和州，洪武二年正月改泰和縣。按：劉公原吉安府泰和人，非雲南大理府之太和。《廣西通志》以「泰」「太」可通，故致此誤耳。《鳳巢稿》六卷。劉敔著。（《明史·藝文志》）○按：《四庫書目》缺載。

[一] 「春潮」，原誤作「春湖」，據碧玉樓本《白沙子全集》改。（陳獻章撰：《白沙子全集》，碧玉樓本，第八卷，第四八頁）

附録：本集《題太和劉氏雲津書院》〔二〕：「雲津杳何許，試向卷中尋。不覩六經教，空餘百代心。嵩陽思識面，白鹿尚遺音。家有鴛鴦譜，何須更問針？」

湖北

李承箕，字世卿，嘉魚人。兄承芳，大理評事；（《門人録》）叔父按譜原作伯父，誤，今從本集訂正。田，副都御史。（《氏姓譜》）從兄承勛，《明史·李承勛傳》：字立卿，父田。○按原録概以兄名之，今補「從」字。兵部尚書，謚康惠。承箕成化二十二年舉人，一試禮部，遂歸奉母。弘治元年，來從陳子遊，少陳子二十歲。陳子築楚雲臺居之。（參《門人録》）日與談論古今，獨無一語及道。久之，承箕有所悟，辭歸。（《楚寶》）及歸，贈詩十三章〔三〕。既歸，不仕，築釣魚臺於黄公山下，學者稱大厓先生。（《門人録》）與兄承芳稱「嘉魚二李」。（《明史·儒林傳》）乙丑卒，年五十四。（《明儒學案》）○按：乙丑，弘治十八年，是少於先生二十四歲。《門人録》云「少陳子二十歲」，不知何據。爲人寡言笑，終日端坐，爲詩文下筆立就，

〔二〕「《題太和劉氏雲津書院》」，碧玉樓本《白沙子全集》作「《題雲津書院太和劉氏》」。（陳獻章撰：《白沙子全集》，碧玉樓本，第七卷，第三六頁）

〔三〕「十三章」原誤作「十二章」，據《送張進士廷實還京序》改。（陳獻章撰：《白沙子全集》，碧玉樓本，第一卷，第二三頁）

工草書，人爭傳之。（《萬姓統譜》）○按：今白沙田心里額是世卿書。撰《大厓集》二十卷。（《欽定四庫提要》存目）

按《楚寶》附案語曰：承箕師事白沙，日與縱談今古，無一語及道，此白沙之學純，非空談性命者比也。○又賈《志》「流寓」：承箕挈其子姪從白沙遊，最久。此誤也。考世卿來白沙凡三次[二]，不及二年。（詳《年譜》）云子姪從遊，本集缺載，亦疑誤也[三]。○又阮《通志》「流寓」：吴廷舉延李承箕修《順德志》。「藝文」云：李承箕修《順德志》在弘治庚辰。按：弘治無「庚辰」。「庚辰」乃「丙辰」之誤。李之來，正在是年也。

【補】朱伯驥，字千里，通山人。成化十九年舉人，任廣州推官，儉於自奉，破衣疏食，人皆謂其苦於束縛。驥嘗謂僚吏曰：「居官不儉則用必匱，匱則謀所以補，遂漸恣肆不可復問。官之守廉，必自儉始。」（《嘉謀録》）尤精聽斷，兩造咸服。從白沙陳獻章遊，浩然自得，遂棄官歸。（《粵大記》。俱阮《通志》）

[二] 「三次」，原誤作「二次」，據阮榕齡《編次陳白沙先生年譜》「弘治十三年庚申，先生年七十三歲」條改。其實，李承箕先後來訪白沙四次。

[三] 阮榕齡曰，賈雒英纂《新會縣誌·流寓》所謂「承箕挈其子侄從白沙遊」之説，本集不載，疑誤。據白沙先生《與李嚴》等詩之題注，弘治五年，李承箕曾攜其子李嚴等來遊白沙。（陳獻章撰：《陳獻章集》，下册，第四六八至四六九頁）賈雒英之説不誤。

按郴、阮《志》「職官」俱作：諸伯驥，通山人，弘治二年任廣州推官。「朱」「諸」二字必有一誤。又阮《通志》「古蹟」：張詡撰《彭烈女墓表》，朱君伯驥修其墓。又《湖北通志》「選舉」：朱伯驥，通城人。按：阮《志》與《嘉謀録》作「通山人」，未知孰是。亦作「朱」。疑阮《志》沿郴《志》誤作「諸」也。

湖南

【補】**朱玭**，桂陽外沙人。某子，惟慶孫，太保英從孫。○本集《朱惟慶墓志》：君名惟慶，字汝善，太子太保誠菴英之弟。子四：恒、益、巽、節。孫十：玭、珸、璠、玒、琨、珦、瑄、玠、璝、琚。按：玭爲英從孫，或從英宦游時爲先生弟子也。○又惟慶四子，恒居長；十孫，玭齒又最長，疑玭或恒之子也。○又本集《中秋與甘節賞月，兼寄其從子玭》「天壤與君分楚越，中秋高坐白沙菴」，又「外沙子弟通家舊，一一煩君語阿咸」。○又本集附録桂陽朱玭《哭石齋師》云：「不才門下曾叨蹟，讀罷遺詩痛剜深。」

福建

林體英，莆田人。陳子《與胡提學書》曰：「舊歲林舉人體英來訪白沙，與語兩月，比歸，亦能激昂自進。不知其後何如也？此學寥寥，世間無人整頓得起。士習日見頹靡，甚可憂也。」（《門人録》）○按：以與胡書考之，林君之來當在成化六年。

陳聰，莆田人。學於陳子，歸，贈詩曰：「緼袍不妨學道，辟穀可以求仙。相府胡爲慢士，紙田自有豐年。」（《門人録》）本集《與陳聰》：「秋風兩見莆陽子，皁帽青筇去復回。眼底流年三十許，腳跟行路幾千來[一]。未知世事真能忘，初得家書不肯開。若問江門何所見，兩厓春雨長青苔。」按：此詩疑作於成化二十三年[二]。

陳茂烈，字時周，莆田人。年十八作《省克録》，謂顔之「克己」、曾之「日省」，學之法也。弘治八年進士。奉使廣東，受業陳獻章之門，獻章語以主靜之學。退而與張詡論難，作《靜思録》。尋授吉安府推官，考績過淮，寒無絮衣，凍幾殆。入爲監察御史，袍服樸陋，乘一疲馬，人望而敬之。以母老乞按《門人録》有「乞」字，今補入。終養。供母之外，不辦一幃。治畦汲水，親自操作。太守聞其勞，進二卒助之，三日遣還。吏部以其貧，禄以清江教諭，不受；又奏給月米。上書言：「臣素貧，食本儉薄，古人行傭負米，皆以爲親，臣之貧固未至是。而母鞠臣艱苦，今年八十有

[一]「腳跟」，原誤作「腳根」，據碧玉樓本《白沙子全集》改。（陳獻章撰：《白沙子全集》，碧玉樓本，第八卷，第二九頁）

[二]「此詩」，原作「此書」。

六，來日無多，臣欲自盡心力，尚恐不及，上煩官帑，心竊未安。」奏上，不允。母卒，茂烈亦卒。（《明史·儒林傳》）陳子與書曰：「時周平生履歷之艱，與老朽同而又過之，求之古人如徐節孝者，真百鍊金孝子也。」（《門人録》）茂烈爲諸生時，韓文問莆田人物於林俊，俊曰：「與時周語，沉痾頓去。」其爲所重如此。（《明史》）

四川

【存疑】**鄒智**，字汝愚，合州人。年十二能文。家貧，讀書（《明史》）居龍泉庵，（《遺愁集》）焚木葉繼晷者三年。成化二十二年，鄉試第一。（《明史》）郡人聚觀，於馬上口占云：「龍泉菴裏苦書生，偶竊三巴第一名，世上許多難了事，郡人何用太相驚。」（《遺愁集》聰慧類）智慷慨負奇。（《明史》）孝宗嗣位，抗章劾宦豎，請黜萬安、劉吉、尹直而用王竑、王恕、彭韶。（郝《通志》）帝得疏頷之。無何，安、直相繼斥，而吉任如故。會劉概獄起，吉使其党魏璋入智名，遂下詔獄，身親三木，僅屬喘息。（《明史》）擬極刑，刑部尚書彭韶不判案，得免。（《門人録》）賴王端毅、何文肅、徐文靖諸公力持之。其《獄中詩》云：「人到白頭終是盡，事垂青史定誰真。夢中不識身猶繫，又逐東風入紫宸。」《辭朝》云：「雲韶聲轉拜彤墀，轉覺嬋媛按《楚詞·哀郢》云：「心嬋媛而傷懷兮。」○《欽定四庫提要》、《列朝詩集》俱作「嬋媛」，尤佳。《明詩綜》作「心驚」。今校正。不自持。罪大故應誅兩觀，網疎猶得竄三危。

盡披肝膽知何日，望見衣裳只此時。但願太平無一事，孤臣萬死更何悲。」（《明詩綜》）謫石城吏目。（《明史》）抵任兩月，職事修舉。總督秦紘檄至省城修書。（郝《志》）聞陳獻章講道新會，往受業。自是學益粹。（《明史》）寓壯哉亭。按：亭在新會城大西門内勇敢祠後，即今三廣公祠。順德尹吴廷舉迎之，（《新會賈志·流寓》）建亭奉智，名曰謫仙。（《順德志·流寓》）○《廣府志·古蹟》：謫仙亭在鹿門。按鹿門在大良古樓堡。汝愚道吾廣，有司留館坡山。（《雙槐歲鈔》）○按：坡山即羊城五仙觀。陳子《答汝愚陽江道中詩》云：「遺我數篇風格别，思君一夜鬢毛疎。」（《門人録》）弘治四年十月卒，年二十六。（《明史》）○按：郝、賈二《志》俱云「智與白沙爲忘年交」，白沙本集亦不云智爲門人。○又：泊鄒厓在順德馬寧。鄒智嘗泊此，有寄吴廷舉詩，後人遂名其厓。（《廣府志·古蹟》）

廣西

【補】**甘思忠**，字秉直，蒼梧人。（《續廣事類賦注》）性至孝。母卒，廬墓三年。聞陳獻章講學，往從遊。都御史林廷選薦授藤縣丞。（《大清一統志》）○按阮《通志·職官》：正德五年，林廷選任總督。

南海

陳庸，字秉常，孝友力行，好古敦樸。成化十年舉人。聞江門之學，往師之。與張詡、李孔修交。詡初見獻章，庸爲介紹。或詢詡爲人，獻章曰：「余知庸，庸知詡，何問焉？」庸潛心理奥。羅倫、莊杲少許可，遇庸輒嘆賞。踰五十，親友强之仕。釋褐，補荆門同知，涖任五日，不能隨時俛仰，拂衣歸。隱居三十年，城市斷跡。督學王宏請見，竟謝不往。（阮《通志》引郭棐《通志》）友人謝佑卒，罄囊助葬。病革，沐浴，設陳獻章像，焚香再拜而逝，年八十六。其徒多以科第顯，倫文敘最著。（《南海志》）著《東峰語録》、未見。《東峰詩文》一卷。存。（阮《通志·藝文》）〇羅倫《南海三峰記》：「靚秀如静姝，遠之可愛，近之不可狎者，東峰也。東峰在魁山之上，陳君秉常有之。」按：《記》詳此卷後。本集《贈陳秉常》：「遠色霽初景，清風振遥林。子來入我室，弄我花間琴。正聲一何長，幽思亦已深。願留一千載，贈子瑶池音。」

謝葵山，名祐，字天錫。廣府庠生，按《門人録》、《廣府志》俱云南海人。郭棐《粤大記》：增城人。棄去，從遊白沙先生。自林南川外，惟葵山獨得其指。曾從石翁遊古勞葵根山。石翁詩曰：「手拍崑崙歌泬寥，虹橋月下拜相邀。謝生卜築葵根宅，纔到葵根怕路遥。」天錫遂結廬栽茗爲生，安貧樂道，糟糠不饜腹，布襪不掩脛。甘泉子詩曰「短襪度元冬」，其貧如此。生甲寅六月初八日，終丙寅九月二十日。一子宗濂，被人謀絶。初甘泉子不肯會試者將十二三年矣，天錫勸之駕，乃因母命赴禮闈，辱上第。天錫病，遺詩四首，中有曰：「生從何處來，化從何處去。化化與生生，便見真元處。」甘泉子奉使安南，爲正德八年十二月，親往葬之葵山。至嘉靖癸丑十月，甘泉子致南京兵部尚書事，已十四年矣，遣守墓古真福天祐代奠之。天祐者，少服侍白沙先生，七十以上，不忘舊也。甘泉子既龕神位與陳清江按：名護，詳《番禺志》。同祀於白雲尚友堂，侍食於師側。按：白雲山有尊師祠，塑白沙像。見嘉靖二十九年甘泉《新創白雲書院記》。詳《嶺海名勝》。今甘泉集不載[一]。蓋二君皆無後也。（《甘泉文集・逸士謝葵山先生墓碣銘》）與李子長稱二高士。（阮《通志》）〇本集《寄謝天錫》：「不了從兼病與貧，小廬峰裏白頭新。問誰肯我同精舍，垂老思君是故人。世事轉頭渾覺夢[二]，烟花過眼可憐春。幾時來伴江門釣，閒與諸孫講舊聞。」

按《鶴山志・地理》：邑庠蔡之柟再三至其地，三日夜徧訪祐墓不可得。蓋一望皆種茶樹，而墓已湮没久矣。

李祥，字元善，南海人。成化十四年進士，官至貴州布政。少陳子二十三歲。（《門人録》）雅有清操，一介不苟取。爲白沙先生高弟。（《南海志・循吏》附《梁廷振傳》）

黎潛，南海人。陳子《與黎、蕭按：名倫，順德人。二生》曰：「某以衰疾執喪，氣息奄奄，賓客知

[一] 湛若水之《新創白雲書院記》，載於《甘泉先生續編大全》（湛若水撰：《甘泉先生續編大全》，明嘉靖三十四年刻本、萬曆二十一年修補本，第五卷，第一七至二〇頁），而不載於通行本《湛甘泉先生文集》。

[二] 「覺」，原誤作「學」，據碧玉樓本《白沙子全集》改。（陳獻章撰：《白沙子全集》，碧玉樓本，第八卷，第四四頁）

舊往來，記一忘十，獨於潛也、倫也思之不置，二生之思我可知矣。思之深，言之切，老朽何以答二生之拳拳？」送以詩曰：「白髮孤燈坐，青春二妙來。若無天地量，争得聖胚胎。至樂終難説，真知不著猜。濛濛烟雨裏，歸思若爲裁。」（《門人録》）

羅冕，字服周，南海人。晚年嘗館白沙。陳子居喪，與書曰：「比侍奉吉慶，徒以老朽旦夕往來於心，憂之深，言之切，有如吾服周者乎？」（《門人録》）○本集《次韻羅冕》：「高笠短蓑吾不疑，白頭真結兩生知。夜深自弄江門笛，驚起前灣白鷺飛。」○《送羅服周解館》：「看花肯續春來約，莫待黄鸝辭碧梢。」

潘漢，南海人，國學生。（《門人録》）○本集《九日小廬山示諸友》：「草屋肯留潘上舍，玉臺還封古如來。」《贈潘上舍漢》：「泛花琖小潘郎醉，五羊潘漢。擊壤聲高葉子歌。南海葉宏。」○俱自注。

按：二詩疑在弘治元二年間。

附疑：本集《與潘、徐二生書》「去冬得二生書，半月置牀頭，日一展，展時一發嘆。後生所急者何？後生所畏者何？轉瞬便三十、四十，不自激昂，〔不〕自鞭策〔二〕，將來伎倆又似拙者模樣耳。奈何，奈何。蕭先生書報潘生近聘岳家甥女，可喜」云云。○按潘、徐原缺其名，故

〔二〕「不」字原缺，據碧玉樓本《白沙子全集》補。（陳獻章撰：《白沙子全集》，碧玉樓本，第四卷，第三二頁）

附疑於此。

崔楫，字希説，南海人。能詩。陳子與書曰：「來喻不忘在學，幸甚。進退未決，不立背水陣，終難勝敵。希説勉之，歲月固不待人也。」（《門人録》）〇本集《與崔楫書》：「不意先府君傾逝，想孝履如宜。按《前漢·地理志》：「伯益能儀百物。」注：「儀」與「宜」同。棄禮從俗，壞名教事，賢者不爲。願更推廣此心，於一切事，不令放倒。名教，道之藩籬。［藩籬］不守〔二〕，其中未有能獨存者也，願希説勉之。」

范規，字能用，南海人。陳子有《贈能用》詩。（《門人録》）〇本集《東圃詩序》：「南海范規從予遊，嘗聞規之父東圃翁樸茂，於人無怨惡。」〇《與范規書》：「定山先生偶得風痺之疾，欲求養生之術，非能用莫能盡之，以此相託。倘蒙金諾，乞至商量。切望。」

馬龍，字文祥，南海人。郡諸生，按本集《陳君墓志》「郡諸生馬龍」，今補入。嘗從羅倫學。陳子有《贈馬龍如湖西奠一峰先生》，云：「而師羅一峰，幸視我弟兄。」又有《悼馬龍》詩與序。（參《門人録》）〇本集《與張廷實書》：「文祥兄弟繼逝，甚可憫也。存者季弟諸姪，能不墜其家業否？文祥始從湖西遊，頗見意趣。後爲仕進累心，遂失其故步。至不得一第而死，是亦命也。」〇《馬肇

〔二〕「藩籬」二字原缺，據碧玉樓本《白沙子全集》補。（陳獻章撰：《白沙子全集》，碧玉樓本，第四卷，第二九頁）

文惠油酒並示哭一峰詩》：「誰以三年報一峰，舒剛蓋有古人風。一詞亦到君親地，何處無天覆馬龍。」《悼馬龍》：「道南詩卷出湖西，恨失當年馬上攜。高枕何如一峰好，夕陽回首萬山低。」按：末二句即以一峰借鑑，惜其以仕進累心也。語意高妙。

按：舒剛、肇文皆與龍名義相應，疑其別字。以上羅、崔、潘、徐、范、馬六人，各志俱缺名。

馮載，字克任，號埜庄，初名祥，南海人。弱冠補邑庠，廉憲薛公器之。委幣使於白沙，慨然有求道之志，遂棄舉業，講心性之學。秋試期迫，薛諭以進引意，不顧。遂留受業。比歸，白沙贈詩稱之。自是語言寡默，學問精詣。湛甘泉稱爲能隱居以求其志者。謹孝祀，敬父兄，禮恭言確，以嚴教子，以義睦族。雖擬之陳太丘可也。子教、徽同領正德庚午鄉試。徽官按擦僉事。曾孫良棟，乙酉鄉薦，敦重有大器。（阮《通志》引《粵大記》）

【補】**鄺珙**，遊白沙之門，苦心篤學。年十四，遊於庠。白沙最期許之。嘗病，白沙以詩問曰：「鄺生肺病今何如？獻歲初驚得手書。我有丹方欲傳與，小藜牀上半跏趺。」（《南海》潘志）〇本集《與梁貞書》：「戒鄺珙之覆轍，念老朽之狂言。」按：書云「覆轍」，未詳何事。

吴嚮，□□人。

番禺

張詡，字廷實，按：本集《與廷實書》云「張君席珍足下」，疑一字「席珍」也。號東所，（《門人録》）南海籍，番禺人，璝之子。（《南海潘志》）居羊城。阮《通志·古蹟》：看竹亭在郡城詩書街左，通政參議張詡所居。莆田彭韶見其少作詩，美之，曰：「嶺南孤鳳也。」（黄佐《通志》）成化十年舉人。受業陳獻章，不與計偕者十年。制府檄赴春官，（《番禺志》）二十年舉進士。觀政吏部稽勳司，從本集《送廷實序》補。疏乞歸養疾，歸。總督兩廣屠鏞俾有司促之仕，遂北上。（郭《志》）授户部主事，尋丁憂歸。隱居二十餘年。按：廷實於弘治三年夏聞父喪歸，至十四年，僅十一年而已。云二十餘年，誤。巡按御史黄鎧按《南海》潘志及郝、阮《志》「職官」〔二〕，俱作黄鎧。《大清一統志》作賈鎧。疏詡學問優長、操履端慎、杜門養高、不干時事。部下有司促駕，詡以疾辭不起。正德中，御史程材、王旻前後疏詡少從陳獻章學，爲嶺南學者所宗，師友淵源踐履純篤，可大用。部書再下，詡再辭。繼而吏部屢薦，不報。正德七年巡按御史周謨、八年高公韶俱疏詡學有體用，有旨起用。（焦竑《獻徵録》）九年，召爲南京通政司左參議。（《明史》）檄下，先具疏辭，遂抱疾赴南畿。（《獻徵録》）按：以上四書俱本阮《通志》。一謁孝陵即告歸。獻章

〔二〕「南海潘志」，原作「南番志」。

謂「其學以自然爲宗，以忘己爲大，以無欲爲至」。卒年六十。（《明史·儒林傳》）少陳子二十七歲。［陳子］嘗語湛民澤曰〔二〕：「廷實近多長進，但憂其甚鋭耳。」（《門人録》）〇按：以《門人録》「少陳子二十七歲」考之，是即卒於正德九年矣。撰《東所集》十三卷〔三〕，《南海雜咏》十卷。（《欽定四庫提要》存目）

附録：東所先生授户部主事，復謝病歸。按：起爲主事，以父憂歸，非謝病歸也。闢所居爲小西湖，閉户天游。佐爲諸生時，按阮《志》，黄佐正德五年解元，是佐見東所時，乃在正德五年以前也。嘗奉郡侯命往徵文，獲旅見焉。時傳聞前星已耀，先生獨向佐謂曰：「昔張子厚聞皇子生，便喜；見餓莩，食便不美。子素穎悟，試言其由。」佐對曰：「横渠學在《西銘》，德性所發，實能踐之。是心也，樂以天下，憂以天下。」先生欣然，曰：「得之矣。」自是，佐乃知聖學必自其性情始。及鄉試後，罹先考難，遂不復見。先生會以薦起，即上疏辭歸。遂考終於家。先生天資峭直，人有不韙，輒斥之，或以爲過於剛；當道詣廬致禮，未嘗報謁，或以爲過於静；接見親賓，嚴威儼恪，語少涉私，不復與言，或以爲過於高。然嘗讀羅一峰《剛峰記》，而見

〔二〕「陳子」二字原缺，因所引述與湛民澤語，見陳白沙《與湛民澤》第十一首（陳獻章撰：《白沙子全集》，碧玉樓本，第三卷，第六四頁），故補。

〔三〕「十三卷」，原作「二十三卷」，因《東所先生文集》爲十三卷，故改。

其不墮於柔；讀章楓山《與徐方伯書》，而見其不謁公府；觀陳剩夫《心學圖》，而見其不忘敬畏；誦莊定山《直沽詩》，而見其隱居復出。四子者皆賢傑也，先生之行實兼之。當白沙倡道東南，先生首往從遊，或又以爲吟風弄月，尋樂於黄雲紫水之間，非知先生者也。先是，三峰高公韶爲侍御巡吾廣，首訪白沙，爲立祠置田供祭。與先生最厚，其再起，則三峰之薦也。佐不佞，嘗侍先生，默自得師。畀有言焉，不敢辭也。（黄佐《東所文集序》、阮《通志·藝文》）

何瀞，字宗濂，（《番禺志》）番禺沙灣人。成化二十年來學。（參《門人録》）陳獻章嘗曰：「吾門如宗濂者，不可多得也。」（《番禺志》）○本集《何宗濂書來推許太過，復以是詩》：「何地可攀文獻駕，平生願執菊坡鞭。」按：《門人録》分何瀞、何宗濂爲兩人，誤。

何廷矩。（《番禺志》）○按：廷矩謗師賣友，當從甘泉之言，不當復置弟子之列。事詳《叢考》「字」跋。

陳昊元，字乾善，大嶺人。（《番禺志》）受學陳獻章。弘治五年舉人，官陸川教諭。正德三年進士，知青田縣。一意高蹈，留心濂洛之學。廷臣交薦，以科道召，辭歸。（阮《通志》引《番禺舊志》）○弟昊賢、昊賢子其具，俱舉人。兄弟父子雖仕，而安於恬退，俱早歸化，白沙之教也。（《番禺志》）

陳護，字宗湯。以學行稱。事父兄最恭謹。弘治五年舉人，爲賓州教授，擢清江知縣。後祀賓州、清江名宦。（《番禺志》）少陳子三十六歲。（《門人録》）嘉靖二十九年，湛若水奉謝祐與護神位同配享於白雲山白沙祠，以二人皆無後也。（《南海名勝》及湛若水《謝葵山墓碣》）○本集《答陳宗湯書》：「得宗湯書，作字太奇，老眼不識，服周讀之告我耳。」

林高，字伯喬。少從白沙學，得聞性命之旨。弘治八年解元，官知縣，有循聲。（《番禺志》）○按阮《通志》「選舉」有傳，「列傳」無。

張天祥，字國卿，番禺人。陳子有《答張天祥》七律。（《門人録》）

容貫，字一之，番禺人。（《門人録》）陳獻章至貫宅，有「敝衣寒露肘，破屋早知秋。家業憑觚翰，廚烟管去留」之句，鄉里至今傳之。（《番禺志》）○本集《贈一之歸番禺序》：「容生卓錐無地，從予遊者十有一載，未嘗對人作皺眉狀。入京，見勢利烜赫，輒不樂。語人曰：『古之仕者將以行其志耳，徒食人禄而不知恥，吾不能以一日居。』貫之志可謂篤矣。」按：一之跋先生莊節婦墓碑云「古岡容貫識」。蓋一之原籍新會荷塘，家番禺者也。亦見荷塘《家譜》。

葉先，番禺人。（賈《志》「白沙弟子傳」）

【補】**李文**，字彦博，一字鼇峰，波羅正心街人。時陳獻章倡道學，文慕之，乃與湛若水至江門訪之，因築西臺請陳獻章講學。弘治十七年，舉於鄉；試禮部，得乙榜，例應官，不就。業太學。嘉靖間判泉州，清介自守，以直忤時。隱西臺不出。（《番禺志》）○附録：西臺在鹿步，極扶胥之勝。過客登臨，多留題。別駕李文卜築於此。（《番禺志·古蹟》）

【補】屈群力，按《廣東新語》作群策。字子仁，號博翁，沙亭人。少從陳獻章游，晚築來薰書院講學。獻章嘗過其家，書「背處從他冷笑，眼前任我清狂」贈之。時湛若水在翰林，勸之出，群力謝之以詩。郡有司三舉鄉賓，皆辭。子青野，亦高尚，嘗結社於水門鄉，東接虎門。獻章題云：「鑿開魚鳥忘情地，展盡江湖極目天。」（《番禺志》）○按：「鑿開」二句，乃宋宋元憲庠《許昌西湖詩》。詳蔡絛《西清詩話》。著《交翠軒集》。未見。○（阮《通志·藝文》）

順德

梁儲，字叔厚，號鬱洲，原號厚齋，（倫以訓撰《梁文康公行狀》）初字藏用，據本集詩注補。順德石硝人。按：《鬱洲稿》嘉靖三年三月《祭許世昌文》，自稱石溪病叟。○按：硝字字典無之，俗讀若硬。景泰二年生，其明年立縣治。（參訂《行狀》）其先出宋丞相克家之後。有司庫公者，始遷南雄珠璣巷。某公者又遷南海縣之石硝。（《行狀》）爲諸生時，提學胡榮選有異質者（《門人録》）受業陳獻章，（《明史》）儲與焉。成化十四年會元，授編修。（《門人録》）二十三年，充會試同考官。（黄《志》）五月，丁内艱，繼丁外艱。弘治四年，進侍講，改洗馬。五年，主考順天。十一年五月，册封安南，餽遺一無所視。十三年，復命。（《行狀》）久之，遷翰林學士。（《明史》）十四年，又主試順天。十六年三月，（黄《志》）同修《會典》成，遷少詹，拜吏部右侍郎。（《明史》）充册封魯藩。（黄《志》）正德改元，轉左，遷尚書兼學士。（《行狀》）三年，主會試。（黄《志》）劉瑾謫《會典》小疵，坐降侍郎。《孝宗實録》成，復尚書，尋加太子少保。（《明史》）瑾憾不已。九月，（黄《志》）調南京吏部。瑾誅，以吏部尚書兼文淵閣大學士。（《明史》本傳）尋晉太保武英殿。（《明史·宰輔表》）十六年四月，（《帝王年表》）上入繼大統，有定策功，親迎乘輿於藩邸。（李時撰《墓志銘》）五月，致仕。加左柱國。（《宰輔表》）嘗降敕褒之，有曰：「張九齡之忠蓋而不究其用，崔與之之風概而不久於朝。」（黄《志》）嘉靖六年丁亥，楊一清在内閣，（參《宰輔表》）上命撰敕召用而訃音至矣。（阮《通志》引黄《志》）三月二十五日卒，按：郝《志》編年作七年九月，誤。壽七十七。（《行狀》）贈太師，謚文康，諭祭九壇。己丑，葬番禺大觀山。（楊一清撰《神道碑》）著《鬱洲遺稿》十卷。「是集儲子次挹所編，後其孫孜官中書舍人，從内閣録其奏疏補入。儲歷事三朝，當武宗杌隉［不寧之］時〔二〕，乃能嶽嶽懷方，彌縫匡救。集中奏疏，如武宗自封鎮國公，則上疏力阻；許給秦王關中牧地，則草敕爲危言以動聽，事遂寢。又力請回鑾，疏至八九上，無非惓惓忠愛之忱，雖辭乏華腴而義存規諫，亦可云古之遺直矣。胡維霖《墨池浪語》乃引楊慎之言，謂『《明通紀》一書乃儲弟梁億撰，故以不草威武大將軍敕歸之儲。其實，寫威武敕者，儲也。内閣有敕書稿簿，綴撰文者姓名，何可誣也』云云，其説獨異。然稿簿果存，不應終明

〔二〕「不寧之」三字原缺，據《四庫全書總目》補。（永瑢等撰：《四庫全書總目》，下册，第一四九三頁）

之世無一人見而言之，《明史》本傳亦無明文，置之不論可也」。（《欽定四庫提要》）

附録：宸濠未反時，多内交士夫，凡所饋遺皆有籍記。濠誅後，饋籍惟厚齋梁公、晉溪王公按：名瓊。無受餽跡，世人猶指此疵二公。厚齋自入仕至歸老，負郭不增寸土，家無餘財。嘗見一匠人何云：「公歸日，議建先祠。計匠直，曰需八金。匠何六往，曰：『未有給也。盍少需？』八往，不能給，祠竟不克建。」按：此何匠一段，當有譌文〔一〕。公在位日，王御史溱請典刑公，田給事中賦請没公之貲代天下輸租之半。上御極，言官劾公假宸濠兵衛，公不辯，曰：「余只致仕去已矣。」久之，知與宸濠衛兵者實石齋楊公按：名廷和。當制，正德九年三月十五日也。舊制：凡閣下當制擬旨人親署銜著筆迹焉，故不得誣移之他。公惟引罪，連三上疏乞致仕，無片言自辨，然後知公之大也，難能也已，足法也已。（《鬱洲集》附霍韜《梁厚齋公傳》）

又附：《白沙集》有《示藏用》七律十首，詩注：「藏用，梁文康初字，先生門人。」又查《鬱洲集》與《行狀》俱未説從學白沙。此本係顧迂客重修，必有所本，且初字藏用，別本亦

〔一〕此何匠一段，霍韜《贈太傅謚文康梁公傳》作：嘗見一匠人何云：「公歸間日，議建祠妥祀其先。計工匠之值，曰需八金。匠何六往，曰：『未有以給也。盍少需？』八往，不能嘗給，祠竟不克建。」（霍韜撰：《渭厓文集》，《四庫全書存目叢書》，集部，第六十九册，第一〇九頁。《獻徵録》所載，與此大體相同。參焦竑編：《獻徵録》，第一册，第五一〇頁。）

不多見。觀此詩，先生傾倒於文康亦至矣。（《五山志林》）〇按：先生代容珪作《丁知縣行狀》並張子《白沙行狀》俱云「梁儲，先生門人」。羅偶未考全集並《明史》，故有是疑也。〇又按：藏用與儲名相應。又東莞門人袁暉亦字藏用。

梁文冠，字華卿，鼎新人。（《順德志·隱逸》）最先從陳獻章游，因率其二子景行、景孚學焉。（阮《通志》引《粤大記》）予聞石翁陳子之學，始乎静，終於自然。先生首與李伯温兄弟從之。翁館先生於家，訓其諸孫。按：本集有《戲贈館賓梁文冠》，原注云：「嘗館白沙。」翁居碧玉樓，嘗與先生極論名理，知其大有得也，乃號先生曰「見玉」。先生與李世卿、吴獻臣厚善。石翁贈詩曰：「得雨花畦潤，隨風鳥韻長。公來詩不少，排日兩三章。」不嗜酒，武人强引一杯酌之，病兩月而差。少號鶴山，晚居古谷種梅，號古谷。（《洹詞·梁古谷先生墓志銘》）著《鶴山集》。未見。（阮《通志·藝文》）〇**景行**，字宗烈。弘治二年舉人，知崇明，多善政。（《門人録》）棄晉江令，返壺山。吴公疏薦於朝，嘉靖初起爲鎮江同知。大學士楊一清其族子留者，干官府，害里人，宗烈獨治之，鞭其奴。改王府按：《順德志》作壽王府。長史。（《洹詞·三仕集》附見《吴尚書廷舉傳》）楊廷和假子殺人論死，楊一清時寓鎮江，爲請減一等罪，不聽。（《大清一統志》）湛若水見白沙，景行爲之介紹。若水曰：「白沙不作，功名聲利，往往而是。宗烈超然世外，未老而死，豈天下不欲白沙之緒延哉？」（《順德志》）著《壺山集》十卷。未見。（阮《通志·藝文》）〇**景孚**，字宗正，陳子有《和景孚遊山詩》。（《門人録》）景孚聘妻，獻章助穀三

十斛。（《順德志》）

梁奎，字文燦，大良人。弱冠，補諸生。從陳白沙遊。沉毅醇謹，白沙雅重之。居家以孝友聞。趙督學扁其堂曰「愛日」。弘治二年舉人，通判袁州，闔郡稱其廉平。中丞部使者交移檄勞之。值桃源洞賊數十萬薄城，武將悉皆怯伏，奎獨拔劍斫案，誓曰：「不與此賊俱生。」遂上馬率衆出戰，大敗之，俘獲甚衆。益轉戰深入，矢竭援絶，遂遇害。賊亦大創，遁去不敢復向袁州。郡人謂：「微奎以死拒之，則城不保矣。」事聞，特旨晉秩二級，祀名宦，蔭子世衡八品官。（參《順德志》）

梁貞，字惟正，據本集補。南海人。以父贅室桂洲，因家順德。少遊郡庠。師事陳獻章，篤志向學。（參《順德志》）居父喪，哀毁踰禮，服除不入寢所。（《廣州志·儒林傳》）弘治二年舉人。陳子《奠貞文》云：「館中之士，求如惟正者，守一而没，蓋亦希矣。」（《門人録》）

黄澤，字曰雨，按：阮《志》「字若雨」。順德石硝人。弘治五年解元，六年進士。陳子有《聞澤發解》詩。（《門人録》）澤性豪舉，博學工詩，善真草書。初計偕，同舉人何欽按：阮《志》「欽，番禺人，澤同榜舉人，官教諭」。病疫，僮僕盡死，澤獨負欽至省治，踰旬而愈，人義之。（《順德志》）

趙善鳴，字元默，（《廣東詩粹》）順德碧江人。（《謝山存稿》）每誦陳子詩，輒向慕。弘治十二年拜門下。十四年舉人，仕至南京户部員外郎，（《門人録》）雲南曲靖知府。（《詩粹》）性豪舉，博學工詩，善真草書，（《順德志》）爲世珍寶。稱丹山先生。（《西樵遊覽記》）著《朱鳥洞集》。未見。（阮《通志・藝文》）○甘泉集《別後與趙元默言懷》：「桃李默不言，流鶯語春風。語默各有性，此理誰能窮。羈靮不由人，聖人有天工。豈無神化術，能使蛇爲龍。」○《西雲梅花盛開，用元默西雲韻》：「梅花清太極，雪月與通靈。老樹從心折，春花就手迎。」

附録：趙善鳴，字元默，與同年湛元明俱出白沙門。前因元明識其人，甲午以户部員外公差過豫章，出許司徒函谷所刻《辨論》爲惠，始得盡見一時賢俊論學之説。（《豫章漫鈔》）○按《明史・七卿表》，嘉靖十三年甲午，許讚爲户部尚書。

胡旦，（賈《志》「弟子傳」）字達明，補。號養蒙，順德白藤人，南海籍。歲貢。性純篤，與弟曼同胎生，俱遊白沙之門。有《次馬默齋送白沙先生應召詩》。○**曼**，字子纓，號養源。皆以文行高尚爲時所稱。（《胡氏家乘》）

蕭倫、詳南海黎潛傳。**蕭立**。（賈《志》「弟子傳」）

鄧德昌，字順之，水藤人。從《南海》潘志「金石」補。○按：順之，順德水藤人，非南海鹽步之水藤。貢生，官應天訓導。（《門人録》）居西樵，築鐵泉精舍讀書其中。湛若水極相推重。晚年以其學授傅明應，稱賁齋先生。（《西樵遊覽記》）讀書鹿洞，復授史惺堂桂芳。桂芳，番陽人。按原録誤作「番禺人」，今改正。官兩浙鹽運使，得白沙之傳。（參《門人録》）

附録：弘治己未秋，予與張傳之、鄧順之、趙景鳳按：景鳳，疑丹山初字。約遊西樵，而五羊李子長者聞之，偕李天秩先候予，鄧氏未及面，賦詩而去。（甘泉集《遊西樵記》。）〇南海倫以諒《遊鐵泉精舍贈鄧順之詩》：「我愛鐵泉子，迂疎不作家。尊空方乞酒，鼎沸旋沽茶。囊貯春山藥，樓深石徑花。時攜九節杖，天外挂名霞。」〇遠志樓在鐵泉精舍中，嘉靖間，鄧德昌建。（俱《西樵遊覽記》）〇按白璜《西江志・吳與弼傳》案語云：甘泉、東所、惺堂受業於白沙之門。按：此語誤也。蓋白《志》見《明儒學案》惺堂與東所附於「白沙」條下，故遂誤以爲門人耳。此猶周蕙、薛敬之皆薛河東再傳、三傳門人，故《學案》俱附於河東條下，同一例也。〇又按：本集有《與鄧勝之書》，未詳邑里，豈即順之昆從耶？〇附録：望沙臺，鄧德昌治，甘學書刻，在西樵望沙臺南石壁。德昌，水藤人。（潘《南海志・金石》）按望沙者，望白沙也。猶汪提舉之懷沙亭也。〇《欽定四庫提要・惺堂文集》：史桂芳，字景實，號惺堂，嘉靖癸丑進士。其《語録》稱，「誦」陳獻章「未分無極源頭在，誰畫先天樣子來。碧玉樓中閒隱几，十千川遶又山迴」之句〔二〕，謂數十年不似今夕了悟，其宗旨可見〔三〕。

鄧翹，字孟材，順德龍江人。善墨竹，以正德歲貢教諭浮梁。陳子有《答翹送晚菊》詩。（《門人録》）

鄧珙。（賈《志》「弟子傳」）〇按：阮《通志》案語以明《新會志・弟子傳》有鄧珙無鄧翹，《順德志》有鄧翹無鄧珙，疑

〔二〕「誦」字原缺，據《四庫全書總目》補。（永瑢等撰：《四庫全書總目》，下册，第一五九九頁）

〔三〕「可見」，原作「可想」，據《四庫全書總目》改。（永瑢等撰：《四庫全書總目》，下册，第一五九九頁）

珙即翹。榕以爲非也。各志缺漏者多矣，庸獨二人哉？

張希載，字博之，號柏山，順德龍山人。弘治五年，同鄧珙從游陳子，誨之曰：「君子之心，常存恐懼，於善未遷，過未改，恐生懈怠。於静曰惺惺，於動曰惺惺，恐生冥醉。」湛若水曰：「昔遊白沙，惟柏山學有端緒。」正德間，以貢生教諭攸縣。（參《門人録》）性和藹而不可詭隨，士薰其德，不嚴自化。（《湖南通志》）

附録：甘泉居西樵，東所、柏山諸人往來於大科、烟霞、雲谷間，迭主講席。（《西樵遊覽記》）○玉泉涓涓流，恍如仙篴弄。道人掬泉飲，驚起蛟龍夢。柏山張希載。右刻在西樵噴玉岩。張希載，白沙弟子。詩無年月。《順德志》稱柏山與湛甘泉處西樵，霍文敏《樵雲出岫送柏山序》稱柏山衝雲出樵，甘泉子送之。（《南海》潘志「金石」）○張在瑗，字蘧度，順德人，希載玄孫，有祖風。學宗白沙，足跡半天下。鼎革後不出。有《緑樹山房集》。侍兒青郎、香奴，均能詩。（《粤東詩海》）

康沛，順德人。按《順德志》：龍江、龍山、甘竹俱有康姓，沛疑亦龍江康僉事麟之族。陳子《喜康沛至》詩曰：「三年念遊侶，奄至廬江曲。睍睆枝上鶯，相呼入幽谷。平生真淡意，至老方恥獨。」沛之言曰：「先生之教也，文章性道，因人而傳。未嘗言易，亦不語難。沛遊門下，十有四年。教我静坐，静而匪禪。日用之間，要見鳶魚。寂然之中，天機常動。如洪鐘在縣，不叩而鳴，未嘗或補。

息。此乃先生之教之全也。」（《門人録》）

李瑜，字伯温，鼎新人。年二十，進邑庠補廩。從學白沙。篤志有爲，改過不吝；雖淡泊自甘，而志切濟人。白沙推重之，特以吴康齋所書《雪竹贊》贈之。與湛甘泉友善，同處上游庄，凡十年。年八十二卒。甘泉臨墓致祭，有輓詩藏於家。大司農張泰、少司成周賢宣各有表銘刻於石。（《順德志·隱逸》）○附疑：按《洹詞·梁古谷墓志》云：李伯温兄弟從石翁游。考賈《志》「弟子傳」有李由、李方、李同三人。俱缺爵里，不知何人爲伯温兄弟也。

李孔修，字子長，號抱真子，僑寓廣州高第街。（《順德志·隱逸》）○按：順德佘語山錫純《跋嚴大昌過花基訪李子長故居詩後》云：志稱子長僑寓廣州，幾忘其爲順邑之大良人矣。邑城東南曰花基，李氏多聚族於此。謁其祠，子長主在焉。○按：今順德古粉村亦有李子長祠，白沙本集云「偕順德李子長遊李村山」。《大清一統志》云南海人。誤。○大明高士抱真李子子長先生之墓。通議大夫詹事府詹事翰林院學士南海霍韜渭厓撰、鄉進士南海陳中誠元白書丹，禮部儒士番禺甘學於槃題篆。甘學曰：「世道日下，勢利交征，挾寸能片長者，罔弗投合於時，黜智守分、篤志尚友於古者無幾。抱真李子孔修子長，少從白沙遊，飄然鶴思，不伍於世，破廬薄産，蔬食不繼，未嘗作皺眉狀。作詩寫字，不履律於前，自爲一家。或觀眺山水，歸而圖之，見者争愛而酬之，曰『李子長畫』云。平居管寧帽，朱子深衣，入夜不違。近二十年，足不越城閾。惟攻《周易》，城中兒童婦女皆稱曰『子長先生』云。間出廬户，遠近環視，以爲奇物。今年病卒，無子。」學又曰：「惟孔修有古之林逋、魏野、种放、孺子、雲卿之風，誠皇明一代之高士。於是，憲使李先生子庸、少參王先生崇教聞學之言，皆高李子之風，遣貲之經治之葬。」謹案：李孔修子長行履，世人稱述多過其實，今摭其可傳者如左：李子長有庶母，父歿，母改適民家，誣訟子長没奪之産。縣官繫鞫之。子長無言，抑迫之輸供。按：鈔本有「供」字，《南海志》及《西樵遊覽記》俱脱去。操筆供曰：「母告委是情真。」縣官疑之，爲之覆鞫，得其情，乃知其賢，禮敬之。世人由是誚子長曰「癡漢」云。子長少年輸糧於縣官，縣官按：《南海志》脱去「縣官」二字。今據《西樵記》補。異其容止，詢姓名，不答，惟一拱手。縣官叱曰：「何物百姓，乃爾拱手耶？」呵之退，又再拱手。縣官怒，笞之五，竟無言以出。白沙先生知之，戲之詩曰：「如何叉兩手，剛被長官笞。」蓋實録也。子長少遊白沙之門，白沙先生抗節振世之志，子長獨得真傳。若東所張詡、葵山謝佑，皆於師門無玷云。是故子長之詩曰：「月明海上開尊酒，花影船頭落釣蓑。」白沙先生亟稱之，曰「後二十年，恐子長按：鈔本及《西樵記》俱有「子長」字，《南海志》缺。無此句」云。謝佑之詩曰：「活水引龍歸後洞，古松摟鶴上高枝。」志嘉遯也。又曰：「看花得意流連舞，坐竹隨陰次第移。」言自得也。按《鶴山志》：《葵山詩集》，今無傳。此是葵山歸山詩，其起結云，「春風春雨入山時，便借清流浣舊衣」；「縱跡往來無捉摸，此中疑有白雲知」。東所之詩曰：「人才似寶真堪惜，宇宙如家合要扶。」全仁之量也。孔修於東所、葵山爲久要云。又曰「白沙流風之遠，東所、葵山、子長不失其真」云。或問於陳秉常庸曰：「子長廢人，有諸？」秉常曰：「如子長誠廢，則顔子誠愚。」蓋秉常於子長同師白沙，故相知信如此。君子以爲知言云。後學霍韜不能加片言，惟爲之銘曰：「嗚呼子長，去矣子長，遡矣子長，後世於何望！古風子長，古節子長，遡矣子長，後世於何藏！古貌子長，古心子長，遡矣子長，後世於何彷。按《廣東文獻》作「仿」。嘉靖十年十一月十一日。」按：碑原作十一月。《南海志》作十月，漏「一」字也。右碑在西樵雲路峰。（潘尚楫《南海志·金石》）○按阮《通志》所引《順德志》、郭《志》「李孔修傳」皆删改霍氏此表者。榕慮後世不究其原，故破傳志體例，全録之。○道光二十年春，予仲弟韭齡持鈔本霍公《子長墓碑》歸潭溪，云古粉重建子長祠，友人某請爲祠碑。予疑鈔本有譌文。是年十月八日，適與方君石琴、梁君樸山遊西樵，得謁李子長墓。墓在翠林中，故碑未殘泐。玆因取《南海志》與鈔本校訂，各有譌異，乃悟此一鈔本與一游覽，皆奇緣也。○本集《次韻李子長抵江門》：「江門之水流千里〔一〕，玉臺之山多白雲。此山若解留人住，此水應須與客分。雲谷丈人終不老，舞雩童子又成群。去時若問來時路〔二〕，尋樂齋前對此君。」○《送子長還五羊》：「津頭看水坐成癡，天地閒人我却知。此日江山初見子，向來風韻更因誰。春波蕩柳舟難繫〔三〕，曉樹啼鶯枕欲欹。江上明朝空引望，白雲何處久支頤。」○俱《與張廷實書》：「雲谷老人、李孔

〔一〕「里」，碧玉樓本《白沙子全集》作「春」。（陳獻章撰：《白沙子全集》，碧玉樓本，第八卷，第三〇頁）

〔二〕「路」，碧玉樓本《白沙子全集》作「見」。（陳獻章撰：《白沙子全集》，碧玉樓本，第八卷，第三〇頁）

〔三〕「蕩柳」，原作「浩蕩」，據碧玉樓本《白沙子全集》改。（陳獻章撰：《白沙子全集》，碧玉樓本，第八卷，第三一頁）

修，非吾廷實，安知吾郡有二賢哉？得手書喜而不寐。雲谷已老，將不可得見；獨孔修妙年，如廷實所稱，非俛首當世之人也。萬一他日往來之便，庶幾接其緒論，以信吾廷實能善取友也。」○「子長病小愈，曾見之否？子長食黄柏不死，且以黄柏爲有功，諸君爲子長憂黄柏也。九月十三日。」按：子長與廷實俱居羊城，故書問子長，必於廷實。此書疑在成化二十二年。○「子長在館已半月，梁貢士告行奉此。」按：弘治二年春，廷實入都，是年秋先生門人梁景行、梁貞、梁奎皆領鄉薦。因其入都，故告之。○「子長懷集之行，恐未免内顧之憂，能照之否？」○《與崔楫書》：「子長落水羅漢，吾輩皆漩渦佛耶？何故無一人救之？」○《送子長往懷集，取道謁張詡梧州》五絶二首。按：此行在弘治五六年。詳年譜。○《寄子長》五古：「仙城李子長，髮短不及寸。家有覓栗兒，時無郭元振。」○《題李子長畫》二絶之一：「青山影裏人家少，緑樹陰中石徑微。偶出洞門回首望，白雲何處有柴扉？」○附録：白沙字，李子長畫，皆粤東之所貴也。（《廣東新語》）

《金竹集·題李子長先生騎驢圖真蹟》：「傳神問爲誰，亦復向何之。應是白沙路，獨尋黄葉時。低頭斜點點，輕策下遲遲。感激導先在，將思窮相追。自注：東坡譬用劣筆作字如窮相驢。」「賞心方一笑，滿眼足悲辛。畫主印文在，詩家筆跡真。自注：畫爲伍重駒家藏，上有高望公、陳元孝題詩。無非前日友，誰是此時人？堅久不如紙，悲哉七尺身。」○《石緣詩鈔·香山茂才陳官題抱真子自題小影》：「抱得天真樂可尋，春光澹蕩墨痕深。還將有象徵無象，想見先生太古心。」

附録：湛若水《祭李抱真文》[二]：維嘉靖二十六年，歲次丁未，二月癸未朔，[越]十五日丁酉[三]，友人前南京兵部尚書湛某謹以庶羞果酒之奠昭告於故友李抱真之靈曰：嗟乎抱真，少游江門，亘四十年。人曰學聖，笑而不言。嗟乎抱真，溟涬自居，美質天成。不降其志，不辱其身。不慕富貴，不厭賤貧。上漏下濕，歌聲徹鄰。不離城市，氣淩烟雲。混迹塵世，行希古人。詩畫寄傲，梅雪精神。時出別調，林逋其倫。托體雲路，峩峩高墳。敬奠一杯，表此平生。尚饗！（《甘泉文集》）〇按張子《白沙行狀》：成化辛丑，見我先生於白沙。先生之識子長，實由於張子。先生與張子諸書可考。子長之來遊白沙，大抵在弘治元年，是則子長之從遊，僅十餘年而已，而甘泉云「亘四十年」，與行狀及《白沙集》迥異；若自子長從遊之年計至子長之卒，四十四年矣。〇又按阮《通志·職官》：按察李中嘉靖十年任，參議王洙嘉靖九年，凡二年。是子長卒於嘉靖十年，故李、王二公爲之治葬，無疑也。〇又《廣東新語》云：子長年九十餘卒。按此則子長當生於宣德初，與先生年相若。今考

[二]「《祭李抱真文》」，《湛甘泉先生文集》作「《祭李子長墓文》」。（湛若水撰：《湛甘泉先生文集》，《四庫全書存目叢書》，集部，第五十七冊，第二二一頁）

[三]「越」字原缺，據《湛甘泉先生文集》補。（湛若水撰：《湛甘泉先生文集》，《四庫全書存目叢書》，集部，第五十七冊，第二二一頁）

先生《與廷實書》云「獨子長妙年」，又云「定山豈可輒寄以詩？子長後生，當存謙退」云云。當弘治初，稱爲「後生」「妙年」，況霍表又兩言「少從白沙遊」，是子長卒於嘉靖十年，年僅七十而已。《廣語》所云，類多無據，故所載與甘泉從遊之年，俱未考本集，故有此誤也。

陳交甫《門人録》：「子長畫之失傳無論已，乃詩句流傳，亦竟無一語，今市坊僞刻鄙俚，謬爲子長詩，此不待辨。至生平亦無可考。流俗誣云：以事詣縣，拱手無言，爲所笞，致有癡獃之目。此種無稽，真是可恨。異日續修粵志，當改正此傳，毋令英豪受誣地下也。」○按陳解元僻處海隅，故於霍表及子長真詩未能遍考，故有是言。○又嘉慶間，順德羅君學鵬録市坊所售子長《貧居百咏》刊入《廣東文獻》，以爲子長真詩，鄙俚殊甚，誠有如交甫所云者。即知其真，猶當選録，況未必真耶？其中句如「眼中怪怪奇奇事，都讓他人做出來」「等閒更唱無腔曲，醉卧門前亂草堆」，竟似詩中無賴子。如此類，層見疊出，羅君凡例乃曰「子長百咏，約道德爲詩，不纖不腐，理確情真」。此等品題，誤人殊甚。且子長善畫，有霍表可按，胡爲百咏中無一字言及畫者？羅君此刻，殊非闕疑之道。當亟删之，毋令嗤大雅於千秋。

附子長詩：順德文學李孔修《春日遊西樵》：「扶病涉江還上嶺，寄情飛躍有高深。翠濛烟樹微通路，紅亂花枝正滿林。禪語本無生處像，聖功流出静中心。暮春全好風壇在，明月堪來屬杖尋。」（《嶺海名勝》）○《遊西樵》：「奇花不盡留春久，宿雨纔收月色新。閣外淩雲高去鳥，山中問道遠邀人。」（《廣東詩粹》）○《卧愚亭》：「帶雨尋公到日西，野塘風景對君迷。便安亭下供吟咏，且愛花陰得杖藜。樂地焉知無洞府，淡心我亦任招提。百年意緒癡迷在，也未乾坤放眼低。」（《廣東文獻》三集）○按：亭在大良，詳《諸友考》。○成化丁未，豸南公衛自北歸，遂堅志不仕，友人李子長贈詩云：「華陽昔日誇弘景，少室當年羨李公。山腹霧深藏錦豹，潭心春暖卧驪龍。數金澼絖封侯重，三尺侏儒寵澤隆。蘆月渚烟能子北，一竿誰識紫溪翁。」（《古岡梁氏家乘》）○按：此詩當作於弘治元年以後。梁公，詳《門人考》。○《送湛甘泉迎侍》：「大孝古來兒傍母，一官今日母趨兒。八千里路波濤險，飯是胡麻亦可悲。」按：此詩以甘泉傳考之，當作於正德元年[一]。○《咏龍眼》：「封皮釀蜜水晶寒，入口香生露未乾。本與荔枝同一味，當時何不進長安。」○《雜詩》：「竹屋三間隱薜蘿，紅塵絶少白雲多。客嫌巷陋慳來駕，燕爲門低嬾結窩。年老漸休題鳳字，更深猶放飯牛歌。

[一] 蔣冕撰《明封太孺人陳氏墓誌銘》云：「編修湛元明初領鄉薦，例當北試春官，以其母太孺人無他兄弟侍養，不忍離左右，家居者十有三年。太孺人强之，始北上。既第進士、入翰林爲庶起士，甫授編修，即假奉使宗藩之便，踉蹌星夜走嶺外，迎太孺人至京。」（蔣冕撰：《湘皋集》，《四庫全書存目叢書》，集部，第四十四册，第二九六頁）《武宗實録》云：正德三年三月，朝廷遣寧陽侯陳繼祖等爲正使、翰林院編修湛若水等爲副使，持節册封宗藩。（參《武宗實録》第三十六卷，《明實録》，臺北：中研院歷史語言研究所校印本，一九六二年，第三十四册，第八五六至八五七頁）湛若水迎母入京事在正德三年。然則，李孔修之《送湛甘泉迎侍》詩亦應作於正德三年，而非正德元年。

人間雪月風花景，休問狂夫占幾何。」子長詩多不留稿，故流傳甚少。（俱《五朝詩選》）○按此首即《貧居百咏》之第三十九，最穩雅者。蓋黄氏從他書販稗而出，不然既見《百咏》，何以云流傳甚少也？○《題老女橋》：「四百年來事可尋，石橋遺跡古猶今。秋宵惟有龍江月，照見當年老女心。」（《西樵遊覽志》）○按老女橋在龍江、龍山交界。湛若水有《宋貞女吴妙静墓表》，見《甘泉集》《順德志》《龍山志》。

《王中秘文集》有《與李伊令書》云：「吾鄉李子長先生，醇謹端慤。聞其亦有妻，每食必舉案齊眉。按：原本缺「齊眉」二字，不可通，今補入。酷肖伯鸞之爲人，吾因輯其詩歌以繼《五噫》。按：中秘所輯者，今罕傳。雷更愛子長當家無事。時天子三年一舉，士之賢者皆得試之。有司坐大門左，諸生頭伏足緣行、被髮纓冠聽點。子長年少，奮然曰：『朝廷至大，士至小，至以不肖相視耶？』即棄硯去。後有司聞其賢，乃於貢院旁築擲硯亭。按：擲硯事或有，築亭事疑虚傳。俟考。今伊令，子長曾孫也，行端慤有祖風。時天步艱難，已弃儒冠不仕。僕去年春交伊令，因懷子長。約遊黄山三十六峰，結茅其上。」天尺曰：「吾鄉皆傳子長先生無妻，今閲中秘書，乃有伊令聞孫，其非無後人可知。」又曰：「子長嘗從白沙先生講學，得無欲之旨，操行廉潔，人不可得而衣食之。布政使朱英按《明史》、阮《通志》，朱英前爲廣東右參議，後爲總督，未嘗爲廣東布政。爲參議時，子長尚未生。此或彭韶之誤。餉米二十余石，固辭不獲，乃悉舉所有瓶盎盤匜之屬，才容一二石許，餘則不受。遇空，輒畫貓賣之，毛骨如生，鼠見驚走。其山水翎毛亦精絶，人皆寶重。然皆不肯多畫。平居，人希見其面；

間出，擇地乃蹈。遇雨，輒拱手徐行。人曰：『先生何不趨？』曰：『前路豈無雨耶？』人皆笑之。晚於道深造，年九十餘，無疾卒。今西樵祭社，以子長配爲社師云。」（《五山志林》）○按先生《寄子長》云「家有覓栗兒」，可證其有子矣。然霍表又云無子，蓋有子而夭也。中秘所交伊令者，別支入繼耳。又榕昔寓大良，諗諸李友人雲山，雲山云：「今亦無嗣矣。」是伊令之後又絶矣。

抱真先生李子長墓在雲路峰前，霍文敏公爲設祭田以附祀於社。樵人祭社，每尸視焉。有像在社學，山中童子入學，必先謁之。水旱厲疫，禱之輒應。嘗有奸民夜斬墳木，一村雞狗皆鳴。自後無敢在墳前樵採者，其靈異如此。何夢瑶《謁子長墓詩》「九原容我尋高士，三疾如公是古民」「處士壟成王失貴，先生墳在社長存」。（《西樵遊覽記》）

東莞

林光，字緝熙，東莞人。爲諸生[時]，讀吳澄論學諸書，感悟，建得趣亭讀書其中。（阮《通志》引黄《志》）成化元年舉人。（阮《志》「選舉」）五年會試，拜陳子於神樂觀，從歸江門，曰：「吾得師矣。」已而築室欖山。往來問學者二十年。按：緝熙於成化五年從歸江門，十五年丁外艱，適十年矣。先生有《林彦愈墓志》可考。此云二十年，誤。丁外艱服闋，母强之出。二十年會試，中乙榜，授平湖教諭。勉學者反身修行，士習丕變。二十二年，主考福建。弘治二年，主考湖廣。五年，同考順天試。陞兖州教諭。（黄《志》）丁内艱。起復嚴州府教授。（《門人録》）陞國子監博士，三載乞致仕，不允，陞襄府長史。致仕，竟日危坐，手不釋卷。陳子曰：「從吾遊得此道而能踐履者，惟緝熙耳。」湛若水亦曰：「白沙夫子崛起南方，得其門者南川一人而已。」少陳子十三歲。（黄《志》）白沙之門見道清澈，尤以林先生光爲最。光所上白沙書，得力過於甘泉。（《廣東新語》）年八十一卒。（黄《志》）著《南川集》十[二]卷〔一〕。（存。阮《通志・藝文》）子時衷，嘉靖七年鄉薦，仕鎮南知府，有廉惠聲。（阮《志》引《東莞志》）

林時嘉，字子逢，光族子。嘗從光遊白沙門，自律甚嚴。入邑庠，規行矩步，不習流俗。提學魏校嘗選爲西隅社學師。初聘妻李，未娶而瞽，母欲改聘，時嘉堅執不可，竟娶之，相敬終其身不衰。時高其義。（阮《通志》引《粤大記》）〇本集《紫菊吟寄林時嘉》：「懷哉種花人，杳在江一曲。遺我盎中金，南牕伴幽獨。」〇《送林時嘉》：「南川夢裏舊青湖，何處青燈一榻孤。留取幽禽守花月，隔林還與盡情呼。」

林時矩，東莞人。本集注云：「先生門人。」〇本集《與時矩書》：「禪家[語]〔二〕，初看亦甚可喜，

〔一〕「二」字原缺。經查，現存《南川冰蘗全集》爲十二卷，（林光撰：《南川冰蘗全集》，北京：中國文史出版社，二〇〇四年版）因補。

〔二〕「語」二字原缺，據碧玉樓本《白沙子全集》改。（陳獻章撰：《白沙子全集》，碧玉樓本，第四卷，第三四頁）

然實儱侗，與吾儒似同而異，毫釐間便分霄壤，此古人所以擇之貴精也。」〇《與張廷實書》：「時矩語道而遺事，秉常論事而不及道；時矩如師也過，秉常如商也不及，胥失之矣。」按：此書作於成化十八年。〇《與林友書》：「時矩可與共話，吾兄但降心氣受之，則有益。」按：時矩，疑亦光姪輩。〔二〕

林琰，或曰光族，字秉之。光之族，（阮《通志》）諸生。據本集補。〇本集《悼林琰》七律二首：「扶胥早寄坐中身，晚入黌宮忽四春。」又：「聞道平湖歸漸近，相逢空有淚沾巾。」按此詩意，是秉之進庠四年而卒。卒之歲當在成化二十二年，時光爲平湖教諭也。〇《寄袁暉林敬》：「歲首詩緘寄早梅，路旁先倩秉

〔二〕　歷來爲「林時矩」立傳者，其依據爲白沙先生詩文集中所收「與林時矩」三書。（陳獻章撰：《白沙子全集》，何九疇本，第三卷，第五至六頁；碧玉樓本，第四卷，第三三頁）其實，此「與林時矩」三書，乃白沙先生寄何時矩者也。何時矩，即何廷矩。胡居仁《與羅一峰》書中，於引述其中第一書時，稱之爲「公甫《與何時矩書》」。（胡居仁撰：《胡文敬集》，《景印文淵閣四庫全書》，第一二六〇冊，第一八頁）湛若水編撰、明刊本《白沙先生詩教解》，於所附録之「詩教外傳」中，摘録其中第一、第三書，均稱「子語時矩云」。（湛若水撰：《白沙先生詩教解》，《四庫全書存目叢書》，集部，第三十五冊，第六〇〇頁）由湛若水校訂、由高簡等人於嘉靖十二年刊刻之《白沙子》中，則將這三封書信題爲「與時矩」。（陳獻章撰：《白沙子》，明嘉靖十二年高簡等刻本，第三卷，第四九至五一頁）由湛若水編撰或校訂之《白沙先生詩教解》附録之「詩教外傳」、《白沙子》，均僅書「時矩」之名而不書其姓。個中緣由，耐人尋味。疑與何時矩後來背叛師門之事相關。此外，唐伯元編次《白沙先生文編》將此三書以及另外一書題爲「與何時矩」。（唐伯元編次：《白沙先生文編》，明萬曆十一年郭惟賢、汪應蛟等刻本，第五卷，第一〇至一一頁）黄宗羲於所撰《明儒學案》之「白沙學案」中，選録其中第一、第三兩書，亦將其題爲「與何時矩」。（黄宗羲撰：《明儒學案》，上册，第八六頁）可見，白沙先生詩文集中所收「與林時矩」三書，乃白沙先生寄何時矩之書信。因此，白沙先生門人之中，並無所謂「林時矩」者。

之開。而今兩眼西風淚，誰解傳聲到夜臺。」按本集《林彥愈墓志》：生二子：明，光弟也。又《伍氏族譜序》：「林光謂其弟琰」云，是琰或光從弟也。

林敬，字子翼，東莞人。（阮《通志》）○本集《寄袁暉林敬》：「頗憶江湖林子翼，小齋留飯更袁暉。」按：以上四人，《東莞志》缺載。

袁暉，字藏用。十歲喪父時，往墓下號泣。家貧，業香櫃以養母。夜則讀書。陳獻章過訪，大稱許焉，暉遂遊於其門。其學務力行，不事章句。新會令丁積見之，歎曰：「不意布衣貧窶卓立如是。」獻章嘗曰：「林緝熙稱袁暉決非泛泛者。伍光宇從余遊，余甚愛之，亦以其不泛泛也。伍光宇死，鄉曲未有如光宇者。暉其光宇之儔與！」後辭歸，終身不求仕，以孝友仁讓教鄉閭，時俗爲變。年七十三卒。（《東莞志》）○本集七絶《擬於精舍旁結小菴以處袁暉》。

按《東莞志》：始稱袁暉者，林光也。稱光宇從遊、今光宇死者，先生稱伍光宇也。原是兩人。考黄《通志》，林光少陳子十三歲，年八十一卒。是光卒於正德十六年，卒在先生之後。《廣府志·儒林傳》改云「昔光從余遊，今光死」云云，誤甚。○附録：袁金蟾，陳白沙門人，袁暉仲子。少好學仙，終身不娶，獨坐卧一室中，髮結成毬，生平不盥洗。嘗宗白沙，詩有「夜深山色静，明月滿西川」之句。年八十四卒。後有人見之增城山中。（《廣府志》）

【補疑】祁順，字致和，東莞人。（阮《通志》引黄《志》）名儒陳獻章高弟。（《石阡府志》）天順四年進士。成化十一年，建儲，賜一品服使朝鮮，凡輿馬、金繒、聲伎之奉，一切麾却，三韓君臣駭異，爲築却金亭。未幾，升江西左參政。以詿誤，（阮《志》引黄《志》）十九年知石阡知府。（《石阡府志》）其地僻陋，至則謹斥堠、開屯田、廣儲蓄，流散日復。士人素不知學，自開郡來無貢舉，乃集儒生，親爲講授，數載而擢科者數人。弘治六年，陞山西右參政。八年，陞福建右布政，尋轉江西左布政。按撫交章特薦。王恕在吏部，亦疏引之内閣。丘濬、劉健皆欲薦順，順辭甚力。其生平邃學問，持大體，用公帑一毫不妄費。在江西積金數千，將易簣，聞人言可私爲歸計者，即戒妻子曰：「若私此金，吾目必不瞑。寧歸而餓死也。」乃悉歸於公。卒年六十四。著《石阡志》十卷，（阮《志》引黄《志》）《巽川集》十六卷，末附張元禎所作《墓志》、賈宏所作《墓表》，各爲一卷[一]；（《欽定四庫提要》）〇按：「賈」字疑「費」字之誤[二]。《寶安雜詠》一卷、《皇華集》二卷。（存。阮《通志·藝文》）〇

按：巽川爲先生弟子，僅見《石阡志》。各書未載。

【補疑】陳猷，字公遠，東莞人。少即勵志，動循矩矱。領成化戊子鄉薦，讀書太學，僑居神

[一] 經查，張元禎所作《墓志》、費宏所作《墓表》，均載《巽川祁先生文集》附録卷上，並非各爲一卷。（祁順撰：《巽川祁先生文集》，《四庫全書存目叢書》，集部，第三十七册，第五八〇至五八二頁）

[二] 「賈」字確爲「費」字之誤。經查，《巽川祁先生文集》附録所載《墓表》，其署名爲「賜進士及第資政大夫禮部尚書兼經筵日講官鉛山費宏撰」。（祁順撰：《巽川祁先生文集》，《四庫全書存目叢書》，集部，第三十七册，第五八一至五八二頁）

樂觀。猷從講學，終日澄心静坐，充然有得。（《廣府志》）

香山

【補】**劉栻**，字君範，香山縣人。有篤行，樂推解。嘗及白沙先生門，與李子長、楊淑廉友善，有《劉楊唱和集》。築室馬頭山，吟嘯自適。編輯族譜，鄉里稱賢。卒年九十三。（《香山志·耆壽》引《劉氏家乘》）

增城

湛若水，字元明。初名露，字民澤。避始祖諱改爲雨，後定今名。其先莆田人。元有諱露者，爲德慶路總管府治中，卜居甘泉都沙貝村。先是，成化二年丙戌，中星明越之分野，先生適以是年十月十三日巳時生。（參羅洪先《甘泉墓表》）兩耳旁各有黑子，左七，類北斗；右六，類南斗。年十四始入小學。十六學爲文，遊府庠。撫臺視學，教官肅諸生以跪迎，先生執不可。弘治五年壬子，秋闈中式。甲寅二月，往學江門。（參洪垣《甘泉墓志銘》）陳子稱之曰：「民澤遠到器也。日用隨處體認天理，著此一鞭，何患不到古人佳處。」按：「日用」以下二十字，見本集《與民澤書》。書與李承箕曰：「楚雲臺自湛雨來，始放膽居之。冷焰迸出雲臺之上。晚景得渠，真有益。」（《門人録》）十二年己未，《贈江門釣臺詩》云：

「皇王帝伯終歸盡，雪月風花未了吟。莫道金針不傳與，江門風月釣臺深。」按本集《江門釣瀨與民澤》七絶三首。曰：「江門釣臺，病夫衣鉢也，兹以付民澤，將來有無窮之祝。」庚申，白沙没，爲之服衰。甲子，僉憲徐君紘勸駕，按阮《通志》引黄《志》，於「勸駕」之下云：「過南昌，謁莊定山。」考弘治甲子，定山没已五年矣。甘泉集有《祭定山文》，曰：「癸丑，謁先生於定山。」此語可證「南京」又誤作「南昌」，故删之。乃入南京國子監。祭酒章懋試《睟面盎背論》，奇之。（黄《志》）十八年會試，學士張元禎、楊廷和爲考官，撫其卷曰：「非白沙之徒不能爲此。」置第二。授編修。時王守仁在吏部按俞璘《陽明先生年譜》：「弘治十八年，先生三十四歲，是時爲兵部主事，湛若水爲庶常。一見定交，共以倡明道學爲事。門人始進。」《明史·王守仁傳》：「始授刑部主事，後補兵部。」至此《湛傳》又作「吏部」，誤也。講學，與若水相應和。（《明史·儒林傳》）正德七年壬申，（《墓志》）出使册封安南，國王餽金却不受，贈詩有「白沙門下更何人」之句。（黄《志》）〇按《明史·安南國傳》：正德七年，晭受封。疑甘泉往安南在七年，歸在八年。十年，丁母憂，廬於墓側（《墓志》）三年。（《明史》）産瑞瓜九實相連，人以爲孝感所致。（《粵大記》）十二年服闋，（《墓志》）築西樵精舍，士子來學者（《明史》）日給錢米。開禮舍，必齋三日，（黄《志》）先令習禮，然後聽講。嘉靖元年壬寅，升侍講。三年，陞南京祭酒。七年，陞南京吏部侍郎。八年，轉禮部侍郎。十年，轉吏部侍郎。十二年，陞南京禮部尚書。十五年，南京吏部尚書。十八年，南京兵部尚書。置新泉、三山二庄田，講學於新泉書院。江都縣西有甘泉山，立甘泉書院，由是書院遍於天南。（《獻徵録》）南京俗尚侈靡，爲定喪葬之制，頒行之。（《明史》）禁火葬，毀淫祠。（《獻徵録》）十九年庚子，疏請致仕，（《墓志》）年七十五。取道錢塘，遊武夷。構精舍於羅浮朱明洞，建書院青霞谷。（李默撰《傳》）二十三年九月，登祝融峰。十一月朔，作《白沙先生新祠祝文》。（《甘泉集·嶽遊紀》）建白沙書院，置田五頃。復取白雲山爲白沙祠。自其祖江以來，田連阡陌，世爲土豪。若水盡增田宅，歲入數千，而性好食宿肉沙飯、居漂摇危樓，營建歲無虚日，人皆異之。（黄《志》）年九十，按：《廣東新語》作「九十二三遊南嶽」，甘泉集未載，俟考。猶爲南嶽之遊。過江西安福，鄒守益，守仁弟子也，戒其同志曰：「甘泉先生來，吾輩當憲老而不乞言，慎毋輕有所論辨。」（《明史》）三十九年（《甘泉集》）庚申四月念二日戌時，一星如斗，其光燭天，聲如雷，舉城皆驚，殞於文院，按黄《通志》：「有大星殞於廣州河南，卒於所居小禺洞。」即終於正寢，（《墓志》）年九十五。（《墓志》）○按《廣語》云「卒年九十六」，《皇華紀聞》云「卒年九十九」，皆誤。闔城奔哭者以萬計。（《墓表》）訃聞，賜祭葬。（黄《志》）隆慶初，贈太子少保，（《粵大記》）謚文簡。（《大清一統志》）撰《甘泉文集》三十二卷。（《欽定四庫提要》）○按洪垣《墓志》，著述凡二十餘種。長子東之；次子柬之，按《墓志》長子東之原作「東西」之「東」，次柬之作「柬帖」之「柬」。二字最易混，故阮《志》引《粵大記》混稱。今考《甘泉集》别白之。蔭知府；三涞之，生遺腹子恭先（《墓志》）最賢，生八子，敏學競爽，盛德之後必昌云。（《粵大記》）明興，白沙起，當時來學者至傾天下。甘泉擴其緒而大之，（《南海潘志·雜録》）相從士三千九百餘人。（《墓志》）其門人最著者有永豐呂懷〔二〕、德安何遷、婺源洪垣、歸安唐樞、（《明史》）呂柟、蔣信。（郝《通志》）〇按《明儒學案》：涇野呂修撰在南都，與甘泉共主講席，是從遊者，與之遊處、講學耳，非弟子也。又《學案》云，常德蔣僉憲兩次從遊，皆在甘泉遊南嶽時。時王守仁倡道東南，若水與之竝駕，四方名士，翕然宗之。（賈《志》「弟子傳」）

附録：甘泉翁官至上卿，服食約素，推所有以給家人弟子，小宗大宗有義田，有合食。（《廣東新語》）相從士三千九百餘。於其鄉，有甘泉、獨岡、蓮洞館穀；增城、龍門，有明誠、龍潭館穀；於羊城，有天關、小禺、白雲、上塘、蒲澗館穀；於西樵，有大科、雲谷、天階館穀；羅浮有朱明、青霞、天華館穀；南都有新泉、同人、惠化館穀；溧陽有張公洞口甘泉館穀；揚州有城外行窩、甘泉山館穀；池州有九華山中華館穀；徽州有福山、斗山館穀；武夷有六曲仙掌、一曲王湛會講館穀。先生以興學養賢爲己任，所至咸有精舍贍田以館穀來學。故所造士，皆有得於先生之學，以淑其身，以惠諸人。（羅洪先《甘泉墓表》）孟氏以得天下英才教育爲樂，如先生者，可〔謂〕得其樂也已〔三〕。吾人爲孔孟之徒，貴而有位者，當以先生爲

〔二〕「呂懷」，原作「李懷」，據《明史·儒林傳》改。（張廷玉等撰：《明史》，第二十四册，第七二六七頁）

〔三〕「謂」字原缺，據《廣東新語》補。（屈大均撰：《廣東新語》，上册，第二九五頁）

法。（《廣東新語》）

劉瓛，字宗信，增城人。（《門人録》）太學生。（本集《劉氏祠堂記》）〇本集《雨後示劉宗信林時嘉》五絶二首、《送劉宗信還增城》五絶四首。

陳暕，按阮《志》引《粤大記》作「林暕」，日旁從東西之東，誤。字子覺，增城仙村人。少倜儻，讀書南海廟，大書於門曰：「白浪起時浪花拍天山骨折呼吸雷風，黑雲去後雲芽拂渚海懷開吐吞日月。」御史見而奇之，欲召見。暕請士相見禮，御史重其才，竟禮之。御史後謁白沙，語及暕，歎曰：「斯人，諸葛儔也。」陳子《憶舊遊南海祠懷陳暕詩》云：「子覺饒英氣，攜書話此宫。清詞無厲鬼，大水有真龍。過客媿諸葛，論詩病長公。往來三十載，美惡迸成空。」（《門人録》）

按：陳暕、林棟，姓名字形相似，故本集及《通志》、《門人録》皆相混。本集（碧玉樓本卷九）《悼林暕》從日從東西之東。云[二]：「一日之雅亦爲哀，鍾淑相隨入夜臺。按：淑，新會人。詳下。此生未了男兒事，也向扶胥打坐來。」扶胥打坐，即此增城陳暕字子覺寓南海廟事。按：先生有《扶胥口借浴日亭韻》詩，是扶胥即南海廟之證。又考：暕，日部九畫，從柬帖之柬。明也。與陳暕字子

[二]「林暕」，原作「林棟」，碧玉樓本《白沙子全集》作「林暕」。（陳獻章撰：《白沙子全集》，碧玉樓本，第九卷，第三三頁）據阮榕齡之注「從日從東西之東」改。

覺，覺與暕名義相應。日旁從東西之東，字典無之，蓋寫刻者微誤耳。是陳暕，暕字音簡，字子覺，增城人。林楝楝梁之楝。蓋即陳暕之誤。決知其同一人者，以其同用扶胥事也。又先生詩云「辭賓子覺剛」，即謂陳暕寓南海廟辭御史事也。

陳東淵，增城仙村人。（《門人録》）〇本集《處士陳君墓志銘》：郡諸生馬龍爲其友陳東淵乞銘其祖處士忍菴之墓。處士孫東淵，承其父永榮君之命，來謁白沙館之小廬山精舍，自冬徂春，按事見弘治元年年譜。戀戀不忍别。予遊厓山，請執杖履以從，東淵既朝夕侍我側，略無一言及於銘，予益重之。處士於予，初無一臂之交。與之銘[一]，以一馬生之言，猶未也。豈不曰東淵在白沙館，能謹子弟之職事先生，於厥祖有光耶？

尹鳳，字舜儀，增城人。性孝友，連喪二親，泣血六年，腰絰不去身。遇所生日，不御酒肉，閉門悲思輒逾日。（阮《志》引《增城志》）行古道，有古人風。與湛若水同遊陳子門，築萬竹臺於九龍巖，按：巖在西樵。相與講學。屢賓於鄉。卒年八十二。（《門人録》）湛若水表其墓。（《增城志》）〇按：

[一]「與」，原作「予」，據碧玉樓本《白沙子全集》改。（陳獻章撰：《白沙子全集》，碧玉樓本，第五卷，第三六頁）

《墓表》，《甘泉集》缺〔一〕。○附録：竹石元來不必分，竹精神是石精神。若教萬竹論封爵，可配當年萬石君。（《甘泉集》）萬竹尹先生爲人孝謹，有似萬石君建，故詩表之。

三水

陳冕，字子文，三水白泥人，生員。雅負氣節，陳子甚重之。（參補本集並《門人録》）〔二〕○本集《至陳冕家》五律、《贈陳冕》七古。○《次韻陳冕》：「西遊笠頂是青天，每愛前村酒處眠。秋雨閉門人不見，依稀猶記下江年。」按先生於成化十八年往梧州，經白泥至陳冕家，疑即此時。曰「下江」者，自梧州回也。〔三〕○《陳冕墓銘》：「伯道有子，劉蕡登科。責報於天，所得幾何？邁邁子文，蹈此高墳。我銘爲子，顯於千春。」按本集《城隍廟記》：弘治癸丑冬，郡守命生員陳冕來徵記。疑同一人。

陸之，三水清塘人，陸宣弟。按《肇慶志》：宣，天順六年舉人。澄心理學。嘗應弟子試，已入選，督

〔一〕《甘泉先生文集》、《泉翁大全集》均收有《明故鄉先生萬竹君墓表》。（湛若水撰：《甘泉先生文集》明嘉靖十五年刻本，第二十三卷，第二四至二六頁；湛若水撰：《泉翁大全集》，明嘉靖十九年洪垣編刻、萬曆二十一年修補本，第六十三卷，第一〇至一一頁）《湛甘泉先生文集》通行本則無。

〔二〕「參補本集並《門人録》」，疑應作「參本集並《門人録》補」。

〔三〕《次韻陳冕》，《白沙先生詩近稿》入「癸丑詩稿」。（陳獻章撰：《白沙先生詩近稿》，第九卷，第九九頁）癸丑，爲弘治六年。故此詩並非成化十八年往梧州時作。

學欲易名爲宜之，曰：「君子已孤不更名。」辭不願充。歸，從陳子遊。陳子雅重之。（《門人録》）○阮《志》云：本高要籍，嘉靖五年始割置三水。

新寧

林樟，字挺之，新寧人。按原隸新會。○《新寧志》「選舉」、「文章」、「人物傳」缺載。雲南蒙化府經歷。陳子有《送樟入京》七絶。（參《門人録》）

清遠

【補】**李輔**，字芝松，清遠人。陳獻章高弟。品甚高，一時臺省咸重之。（《廣府志·儒林傳》）是時，陳獻章倡道東南，從遊者最盛，皆樂恬退，故門人李輔、子長多以隱終。（《番禺志·張詡傳》附）著《芝松詩集》。未見。（阮《通志·藝文》）○按：芝松贈先生赴召詩，見成化十八年年譜。又按：阮《通志·李輔傳》案語云：《白沙集》有《贈李司訓詩》。按是五律。《清遠志·選舉》稱李輔爲正德十年歲貢，任浦城訓導。榕考此詩題，是當先生時已爲訓導〔一〕。若《清遠志·選舉》之李輔，其歲貢在正德十年，時先生卒已十五年矣。阮《志》以爲即《白沙集》之李司訓，即白沙門

〔一〕「是當先生時已爲訓導」，原文如此，疑應作「是當時先生已爲訓導」。

人，前後矛盾。蓋《白沙集》之《贈李司訓》別是一人，或正德二字乃成化、弘治等字之誤，均未可知。

【補】**楊憲臣**，初名敷，清遠人。以兄没襲清遠衛指揮，從學陳獻章。（《廣府志》）〇辨詳「江西」條。

高要

【補】**鄧崇德**，字子修。由鄉舉按《肇慶志》：正德十一年舉人。授沙縣知縣，俗狡詐難治，崇德作十事諭民。嘗決疑獄，活一家死罪者三，民稱神明。未幾卒，百姓如哭其私。（《高要志》）嘗游陳獻章門。卒，私謚古廉先生。（阮《通志》引高要舊志）

開平

【補】**馮殷**，字質夫，開平人。弘治二年鄉薦。游白沙之門，究心濂洛，得其大旨。嘗與李江、羅素讀書薛公巖。（《肇慶志》引舊府志）

鶴山

施用，字以政，竹萠人，遺腹子也。少嗜學，太母惜之，則甕其燈候太母寢乃默誦。嘗游白沙先生門。弘治五年舉人，知太平縣，著廉能聲。有兄弟争訟者，賦詩示之，感泣而去。以不得郡守意，議左遷，百姓遮留泣別。家蕭條，猶好施。友人林捷之貧，月給資糧，既卒，猶餽不絶。卒年七十五。第五子應岳，拔貢。（《鶴山志》）

易元，字德元，號南峰，玉橋人。（《鶴山志》）爲郡學生，有文名。嘗與陳庸、容珽謁羅倫於永豐，倫贈《三峰記》。（參賈《志》「弟子傳」）○風骨巉巖，氣度軒豁，如神人異僧。使人望而敬者，南峰也，易君德元有之。（羅倫《南海三峰記》）

【補】**易鏞**，字用之，按先生《與易贊書》亦作「庸」。庸，用也，故字用之。庸、鏞古通，詩曰「鏞鼓有斁」是也。玉橋人。少從白沙游，慕古學，以禮自守，不屑治家産。邑令徐乾請赴賓筵，謝以詩。曠情逸致，山川自娱。年六十卒。（《鶴山志》）

易彬，字公學，玉橋人。與弟才游白沙門。（《易氏族譜》）○本集《易彬訃至乞書銘旌》：「群賢半遂春雲散，老淚還隨暮雨飛。」

附録：梁儲《與易公學書》：「久不奉誨言，李長源回，曾致一書，亮達左右。春來起居何如？具慶下惟讀書，全有多福。儲居此，託庇無恙，惟元氣未充，精力未覺强健，故自此日加保護，以爲後圖。人事苦煩，莫得如願，亦不敢怠忘也。餘無可爲吾兄道者。企以時爲師門珍重。丁大尹名積，字彦誠，贛州寧都人。蓋欲勵清操而愛民者，數以新會事之宜理見問。儲曰：『余無所知識，無已，其惟得人咨訪乎！友人易公學，清和有識，倘得而商確之，當有以稱盛意者，但恐其不易致耳。』丁曰：『當不忘公言。』瀕行，遂求書道意。僅具説如此，惟吾兄裁之，不具。公學兄執事。辱知梁儲再拜。」（《鶴山志》）〇按丁、梁二公，成化十四年進士同年。此書當作於十四、五年丁公初任新會時。似當録附《新會·名宦》丁公傳下，一以資考鏡，一以存公臣佚事。

【補】**易才**，彬弟。與兄彬游白沙之門。（《易氏族譜》）

【補】**易贊**，字翼之，别字菊主，玉橋人，白沙先生門人。女適白沙孫、貢生畹。白沙有《留菊主飲酒》詩，《題菊主詩卷》文一篇。（《鶴山志·雜記》）〇按：詩見補遺，文詳弘治十二年年譜。

易龍，字體乾，按阮《志》云新會人，今隸新寧。誤。坡山人。博學强記，性端潔。歲貢，爲郴州訓導。其教人必先明義利、嚴課程，而徐講古禮以維之。州人郎中何孟春曰：「吾黨弟子不知根本工夫；未仕而行己治家可觀，君之教也。」艱歸，喪祭盡禮。率其族建祠堂、作家訓、立宗子以統祭祀。常曰：「宗子不能修身，庶子不敬宗子，皆爲不孝。」服闋，補汀州府訓導。按《門人録》作江州，誤。從子逵登科，年少，事之最謹。（《新會》王志）〇按《鶴山志》：龍，一字宜秋。區越，其門人也。湛若水、方獻夫、區越皆有贈汀州廣文易宜秋詩。

【補】**易允**，字秉信，號隱求，坡山人。庠生。（《易氏族譜》）〇本集《書易隱求銘旌後感［而有］

作》七絶三首之一〔二〕：「半雨半晴鶯亂啼，溪邊丈人還杖藜。不見舊時遊走伴，白頭衝雨更衝泥。」○《答易隱求書》。

新興

【補】**梁玠**，新興人。由貢入太學，授衡州府訓導。陞永福教授，未至任，卒。性孝友。早遊白沙先生門。冠昏悉從家禮，居喪不事浮屠。捐俸置田遺石鼓書院。還家，橐無餘貲。（《肇慶志》引《新興志》）

【補】**李元傑**，新興人。性樸實。父直，舉人。按《肇府志·選舉》：舊志真作直，正統甲子舉人，今屬鶴山。按《鶴山志》：西園人，誤作戊午科。既喪，按：「喪」下當有「元傑」二字，今補入。元傑服闋，慕白沙先生，往請作《墓志》，按：《墓志》本集缺載。遂師事焉。先生嘉其誠，號之曰習隱。平生口不道虚言，足不履公門。壽八十二。知縣胡堯時旌曰處士。（《肇慶志》）

博羅

何宇新，字子完，博羅人。性至孝，父滔早卒，每忌日輒泣不食。母卒，水漿不入口者七日。

〔二〕「而有」二字原缺，據碧玉樓本《白沙子全集》補。（陳獻章撰：《白沙子全集》，碧玉樓本，第九卷，第五八頁）

獨居中門外不盥櫛、不爐扇。（阮《通志》引戴璟《通志》）母死，貧不能葬，鄉人感其行，爭賻之，發引致奠，至七十餘筵。遇積雨不止，及輀車屆道，隨在輒晴，雨若爲迂避者。既葬，縛草廬墓側。夜有虎蹲其門，宇新曰：「罪惡之人，孤哀萬死，盍早食我？」穴壁窺之，二虎也。旦去，夜輒至。每浹旬，則易二新者，猶瓜代然。宇新忽得疾，鄉人舁歸，其家在城，虎亦尾之去。疾愈還墓，則虎又來。家畜黃犬，三五日輒候墓所，宇新有所需，即書紙繫其頸，家人見之，具備繫還。有旨旌其門。後宇新第鄉貢，入南監，蘇人錢士弘與之友善，見其近體衣尚結衰，絞帶牢不可解，以示終身之喪云。宇新嘗求李西涯諸名公爲作廬墓詩，白沙封其卷，題詩有「直憑天地閉秋冬」之句，惜其自暴也。〔二〕（《雙槐歲鈔》）嘗遊陳獻章之門，獻章書「卓行」二字，並遺詩曰：「遶舍烏成陣，

〔一〕此段文字有删略。黃瑜《雙槐歲鈔》作：何孝子子完宇新，惠之博羅人。少失父，事母至孝，有傳其事者，可異焉。其詞曰：「宇新母死，貧不能葬，鄉人感其行，無遠邇爭賻之，發引致奠，至七十餘筵。遇積雨不止，及輀車屆道，隨在輒晴，雨若爲迂避者。既葬，縛草廬墓側。夜有虎蹲其門，宇新祝曰：『罪惡之人，孤哀萬死，盍早食我，毋徒相怖。』穴壁覘之，二虎左右馴如也。迨曉散去，夜輒復至。每浹旬，則易二新者，猶瓜代然。宇新忽得危疾，鄉人舁歸治之，其家在城市，虎亦尾之去。疾愈還墓，則虎又來，遂視之若素豢者。家無應役三尺之童，畜一黃犬，每三五日輒候墓所，每有所需，即書片紙繫其頸，家人見之，具備繫使負還。似此孝感不一。士庶百餘人白其事於藩司，及具奏，有旨旌其門。」後宇新第鄉貢，入南監，蘇人錢士弘與之友善，見其近體衣尚結衰，絞帶牢不可解，以示終身之喪云。宇新嘗求李西涯諸名公爲作廬墓詩，陳白沙封其卷，題詩有「直從天地閉秋冬」之句，惜其自暴也。（黃瑜撰：《雙槐歲鈔》，第二一五頁）

終年虎臥門。山梅初並蔕，冬竹又生孫。耿耿天公識，明明國典存。千秋何孝子，不媿史官言。」弘治二年舉人，仕至宗人府經歷。請告展省墓，卒於家。（阮《志》引黄《志》）

附録：總督阮元撰《贈監察御史何迓衡墓志銘》：君五世祖宇新，明舉人，旌表孝子。君以次子南鈺貴。（阮《志》「塚墓」）〇按本集有《與光禄何子完書》，不知署正抑典簿也。又按本集《何孝子廬墓詩卷》七律：「春夏誰開發育功，直憑天地閉秋冬。」本無惜其自暴之意，《歲鈔》恐誤會詩意。又阮《志》引《歲鈔》亦多倒錯。故檢《歲鈔》移補之。又考子完來從學，當在成化二十一年。詳年譜。

曾確，字子魯，博羅人。弘治十七年舉人。正德間，知尤溪。俗佞鬼，確毁淫祠、黜浮屠，建義倉十七所。寇犯境，擒其渠率。（《福建通志》）陞湖州府通判，致仕。以薦爲南京刑部主事。卒年八十。嘗受學白沙。（《博羅志》。俱阮《通志》）仕工部員外郎。陳子贈確《還博羅》詩：「風袂飄飄過五羊，五仙遮道問行藏。廬山莫道無分付，領得春風古桂香。」（《門人録》）

潮州

龔曰高，字志明，潮州人。陳子有《曉枕示湛雨、龔曰高詩》。（《門人録》）

楊琠，字景瑞，海陽人。師事陳子，與王守仁善。正德三年進士，授監察御史，彈劾不避權貴。按江南，全活冤獄百餘人。病歸，族有規，鄉有約，化行於鄉。潮久苦堤隤，具奏建築，潮人賴之。入祀鄉賢。海、揭二邑皆有專祠。（參《門人録》）〇按阮《志》缺傳。「選舉表」云潮陽人，揭陽學。

【補】**余善**，潮陽人，師事白沙。（賈《志》「弟子傳」）由歲貢爲横州訓導，母老，乞歸。家居，倡明四禮，邑中號道學先生。（附父余真傳。阮《通志》引《潮陽志》）

附録：《鶴山志》：易準，字淑衡，坡山人。邑令羅僑《敦請爲都老書》云：「前治丁大尹，鄉賢則有陳白沙相行四禮，民淳俗化。」〇本集撰《丁知縣行狀》云：「民窮於侈且僭，侯爲申明洪武禮制，參之文公冠婚喪祭之儀，使民有所據守。每鄉擇老成者主之。」〇按：此四禮能行，亦富教之一助。贅此以志存羊之慨云。

【補】**林巖**，揭陽人。今隷澄海。嘗從白沙講道江門，居家有禮，恤孤周貧，積善行義，不替父風。（附父林希蔭傳。阮《通志》引黄《志》）

【補】**趙日新**，潮陽人。弘治五年舉人，羅城教諭。成化五年舉人趙相子。（阮《通志·選舉》）〇本集《與趙日新》：「久不見生，一日得生手書，如語予館中，不知其在羅城也。去白沙幾年，味生之言，欲再見白沙而不可得。甚矣，生不忘白沙也！憂病之餘，泯泯默默，無可爲他人言者。念生忠信之人，可與共學。然問之者甚切，告之者無序。生雖有求於我，其何補於日用乎？賓陽陳掌教，可人也，可一通之，餘不具。」〇《贈趙日新還潮州》：「考德每勞依講席，臨流親爲濯椒漿。」按：日新，本門人，各書俱缺載。

樂昌

鄧球，字俊圭，號東川，樂昌人。父容，按：阮《志》「選舉」誤作「子容」，蓋倒錯。死難，謚忠毅。兄瑗，舉人，官僉事。從阮《志》補。〇按先生《慰鄧俊圭喪兄》云「碧玉三年空枕塊」。是詩作弘治十年，時先生亦丁艱也。球，成化十年舉人，從陳子遊，贈詩云：「忠臣有子堪傳後，古道無人僅見君。」李世卿還楚，陳子擬邀球共遊衡山，不果。少陳子二十二歲。（參《門人録》）方伯吴公東湖按阮《志》「職官」：正德十年至十二年，吴廷舉爲左右布政司。稱以「冰雪肝腸」，及卒，補。吴公建祠祀之。（阮《通志》引《樂昌志》）

吴川

林廷瓛，字公器，吴川人。受業白沙。弘治三年進士，令永嘉，遷建昌同知，以廉明著。未幾，以兩艱去。尋補蘇州同知。（參黄《志》）禁絶陋例，大蘇民困。（郝《通志》）生平篤志理學，功名富貴淡如也。（《高州志》。俱阮《通志》）〇按《蘇州府志》引王志堅《府志稿》云：「由永嘉知縣陞蘇州同知，勤敏有才，奉身廉約。甫三載以憂去。」與黄《志》異。

新會

【存疑】伍雲，南山人。○本集《伍光宇行狀》：君諱雲，字光宇。自少軒整，有志於世。人有善，好之若出諸己。己所欲爲，必欲强人爲之。垂四十，始交於予。南山之南有大江，君以意爲釣艇，置琴一張，置供具其中，題曰光風艇。遇皓魄當空，水天一色，君乘艇獨釣，或設茗招予。君賦詩，予亦扣舷而歌，不知天壤之大也。君以夙疾未除，其爲學也，不能無日暮之憂。便杜門危坐竟日。别於白沙築草廬三間，號尋樂齋。自成化庚寅冬至明年首夏，凡四閲月，無日不在尋樂。始與家人約云：「吾不可去白沙。吾其齋戒有事於家廟，吾疾作須扶，吾乃歸。小健，吾當返，慎無以家事累我。」學主力行。前此惟務意氣勝人，至是痛自懲艾。嘗勵聲曰：「雲不自樹立，不如死。」君篤於事死之禮，月旦、十五日，君以夜半起，衣冠，拱立祠下以俟，尊卑男女咸來，無敢不虔。辛卯秋，爲祠。語人曰：「吾息奄奄，惟是祖考所棲未有定處。吾雖存一日，不敢怠。」語未畢，痰出不絶。卒前數夕，焚香燭，招予，與訣云：「雲薄命，負先生。」數日遂卒，年四十七。實辛卯十月十八日也。無子，以兄裕子秉中爲後云。按：先生作《光宇行狀》在成化七年，先生年四十四。伍子卒於是年，年四十七，是長於先生三歲。賈、王二《志》俱云「少於先生七歲」，誤也。先生《懷亡友光宇》云「先生英骨葬蓬萊」，以先生稱之，本在朋儕之列，況長於先生也。且考先生於諸門人，曷嘗以先生稱之？或伍子以師禮事先生，所謂有道德者不問其年，而先生退讓自謙。此可以理推也。昔蔡西山先生以師禮事朱子，朱子與之語，驚曰：「此吾老友也，不當在弟子之列。」《廣東新語》云：「甘泉講學天關，時有簡翁年百又三歲，來執弟子禮，甘泉弗受，延翁南向，謂：『翁所養純一，吾當師之。』」是伍子之於先生也，不必弟子，不必不弟子也[一]。

容珪，字彦禮，號到軒，荷塘人。父恪詳諸友考。命珪與弟珽、璿、璣俱從遊白沙。年五十五卒。白沙輓珪詩曰：「四雛一母乳，按珪、珽、璿、璣皆母阮氏出，故云。見先生《容處士墓志》。衎衎東山岑。二雛羽翼長，一去無遺音。母衰二雛小，中夜哀莫任。感此骨肉別，悄然傷我心。蕭蕭暮色起，脈脈春江深。百年會有盡，淚下雍門琴。」按：此輓珪詩第二首。又曰：「容氏多兄弟，西良此白眉。」第三首。又有《祭彦禮文》。○**珽**，字彦昭，號兩峰。成化十一年夏，白沙命珽與陳庸、易元謁羅倫於永豐，爲五古贈别曰：「遠行會離索，四顧仍低迷。羨子意氣豪，别我無一悽。」至永豐，倫贈《三峰記》曰：「盤踞廣博，意氣端重，如赬玉者，兩峰也。兩峰在東良，彦昭有之。」年四十一卒，白沙有《奠彦昭文》。○**璿**，字彦濬，號清軒。白沙《與珪書》：「某小恙不足慮，旦夕耿耿，正爲璿耳。」無何，璿卒。有《奠彦濬文》、《感彦濬卒》詩。七律二首。○**璣**，字彦貞，號半溪。

[一] 林光《與伍光宇書》云：「高明日在師席，望爲我避席一叩也。」（林光撰：《南川冰蘖全集》，第一〇七頁）「高明」，指伍光宇；「師席」，指白沙先生。由此可知，伍云應爲白沙先生弟子。

○《彦禮率諸弟同在館下，彦昭、彦禮、彦貞、彦潛相繼卒，感作》云：「水光山色兩依然，不見當年載酒船。老我交遊疎後進，君家兄弟散朝烟。兩峰腳蹟今安在？自注：兩峰嘗謁一峰、定山。彦禮碑詩久未鐫。自注：某欲爲彦禮墓志，未刻。莫道江門空識我，千秋遺話及璣璿。」

容璘，字彦文，號虚白。父慎。詳諸友考。白沙有《與彦文書》、《答彦文見訪詩》。○**球**，字彦輝，號北溪，珪從弟。白沙有《北溪容球來訪》，七律二首。有云：「看君迴出諸容右，問我何如十載前。」（俱《容氏家譜》及本集）○**容欽**。（賈《志》「弟子傳」）○按：欽未詳，疑亦珪族也。○按：一門昆從遊，見於先生詩文者，以容家爲最。今以拘於篇幅，不能多録。阮《通志》但沿《門人録》諸書，於諸容多混且畧。今據《容氏家譜》分列之。

鍾淑。陳獻章嘗曰：「所居之旁，伍雲、鍾淑、陳暕，此其人，皆可以共遊。」（《新會林志》）悼暕詩云：「一日之雅亦爲哀，鍾淑相隨入夜臺。」（《門人録》）

按《潭墪族譜》：鍾玠，字廷重，號宜勉。生景泰六年四月初十日，終正德六年，年五十七。從遊白沙先生。先生曰：「伍雲、鍾淑其人可以共遊。」後曹郡長辟爲都埠長。按：郝、阮《通志》「職官」、「宦績」俱云：曹琚，正德三年知廣州，巡行七邑，徵鴨埠以充軍餉。林侯造廬勸駕，固辭弗就。又云：嘉慶六年，宋知縣准入忠孝祠。榕按：《鍾譜》以淑即玠。考先生《悼陳暕》詩云，「鍾淑相隨入夜臺」。是淑亡在先生之前，明矣。今按《白沙集》與《鍾譜》，淑與玠分明兩人。《新會》林志誤據《草志》混爲一人，以未嘗考《鍾譜》之故；《鍾譜》以淑即玠，又以未考《白沙集》之故。

【補】**陳容**〔一〕，正統三年舉人，長沙教諭。（附見《小岡梁氏家乘·梁潛傳》）○按：陳名上從禺下從頁，今敬避廟諱改作容。○按：畧以容年三十鄉舉之年計之，是時先生年才十一，是先生約少於容二十許年矣。

陳魁，事陳子最久。（賈《志》「弟子傳」）○本集《與舊生陳魁書》：「生仰給於鉛槧，瓶無贏粟以畜其妻子，年幾六十，益以疾病，困以盜劫。士一窮至是哉！昨望見生，［龍鍾］如東田老人〔二〕；稍就之，疲頓與石翁異者幾希。」

陳瑞，字德禎。豪邁不羈，善寫山水。成化中，有名藝圃。授直仁智殿錦衣衛鎮撫。師事白沙，力於學。嘗以非其罪罣名縲絏，白沙救釋之。後於逆旅樓中，客有議白沙之學者，遂力辨之。大呼墜樓折肱，其篤信如此。（阮《通志》引《粤大記》）○本集《與陳德禎書》：「聞近被繫郡獄。計今當道多明察，想不加害於無罪之人，且安心順命、善調攝爲禱。」

陳紹裘，字仲治，外海人。弘治八年舉人，仕浙江布政司都事。陳子有《寄仲治金臺》詩。（《門人録》）

陳謙。按先生《復李世卿書》：「昨陳伯謙過白沙。」疑伯謙即謙字也。張詡曰：「先生精神嘗與神明通，

〔一〕據阮榕齡之案語，「陳容」應爲陳顒，乃爲避清諱而改。

〔二〕「龍鍾」二字原缺，據碧玉樓本《白沙子全集》補。（陳獻章撰：《白沙子全集》，碧玉樓本，第四卷，第二五頁）

居外海陳謙宅，有異人來見云。」（阮《通志》引「弟子傳」）○按：此事見何家本《白沙集》張子撰《先生行狀》，碧玉樓本缺。○按《新會林志·古蹟》：白雲書樓在石頭雲廈里，明弘治間，陳伯謙建。伯謙，號白雲。有李世卿碑記。陳獻章撰楹帖云：「半畝宮成堪老白雲居士，一瓢酒熟時來紫府神仙。」疑即在外海有異人來見同一事，但與石頭異地耳。豈伯謙初家外海，後徙石頭耶？世卿碑今尚完好，在雲廈里。榕嘗請陳氏子孫拓此碑，碑高二尺八寸，題曰「陳氏承先裕後堂記」，末署「弘治庚申九月壬戌，李承箕書」。書法亦做白沙。

陳昌，字君敬。（賈《志》「弟子傳」）

潘松森，字季亨，潮連坦邊人。性孝友。從陳獻章遊，少獻章五歲，事之如父。病革，獻章親送之歸。及没，親臨哭之。（《新會草志》）○本集《代簡潘季亨》：「四野狼烟一夕消，歸裝已度白雲橋。江門忽值攜琴使，寄語閒來話寂寥。」○《誄潘季亨詩序》：「季亨之交於予十六載，意篤而業不光。一旦棄我而死，不塞望矣。吾所以不能不爲之慟而追憾於平日也。嗚呼！季亨尚能聞此言否？季亨死，有子才五歲，四女皆幼，揭而委之一寡妻，是可哀也。詩曰：『毅卿希大雖傾謝，此外寧無二子真。一傍江山埋汝骨，幾回天地哭吾人。』[一]其生癸丑，卒於成化庚寅

[一] 經查，《誄潘季亨詩序》墨跡尚存，序中無此詩。（陳應燿編：《白沙先生遺蹟》，香港：陳氏耕讀堂，一九五九年增訂版，第三二頁；陳福樹撰：《陳白沙的書法藝術》，第三八頁）白沙先生詩文集所載此序，序中亦無此詩。（陳獻章撰：《白沙子全集》，何九疇本，第一卷，第二三頁；碧玉樓本，第一卷，第八至九頁）

六月，年三十八。屬纊之秋，適林緝熙來白沙，覽予詩而哀，故亦同作。附林光詩：「西席頻年留老眼，北邙何日遂深期。平生未浪垂雙淚，惜汝還能賦此詩。一死合留終不死，他時料理及今時。野烟殘照離離在，誰把從前與論思。」[二]明年某月日，葬某所。馬廣生請勒諸石爲墓銘。」[三]按：賈《志》「弟子傳」以季亨爲姓李，《門人録》因之，俱誤。○又按：先生與緝熙詩并序，今并存墓上。考《潘氏家譜》，今潮連潘氏近千人，季亨所出者十之九。自明以來，至今登科者，亦皆季亨公出云。

關中，字時中，談雅人。官岳州沅江訓導。（參《關氏家譜》《門人録》）弘治十八年貢生。少遊白沙之門，凡持身教人一以端嚴爲宗。由湖廣宜章訓導至按察副使。（《肇慶志》）○按：《肇慶志》以爲開平人，或其祖籍也。

黄佐，字希顔，工詩文。成化十九年舉人。官廣西太平府推官。陳子有《贈希顔春試》詩。五律。

黄在，字子察，成化二十二年舉人，官蓬州學正。陳子有《喜黄在登科》詩。七絶。（俱參《門人録》）

黄元，字克仁。按：元當是字克仁。詳弘治八年年譜。弘治五年舉人。陳獻章門人。龍巖知縣，改

[二]《南川冰蘗全集》所載此詩，題爲「悼潘復」。（林光撰：《南川冰蘗全集》，第二〇九頁）

[三]「馬廣生」，《誄潘季亨詩序》墨跡作「馬廣氏」。（陳應燿編：《白沙先生遺蹟》，第三二頁；陳福樹撰：《陳白沙的書法藝術》，第三八頁）白沙先生詩文集所載此序，亦作「馬廣氏」。陳獻章撰：《白沙子全集》，何九疇本，第一卷，第二三頁；碧玉樓本，第一卷，第八至九頁）

江南武德經歷。（《新會》王志「選舉」）

黄彦，杜阮人。正德五年舉人，宜黄知縣。陳獻章門人。（《新會》王志「選舉」）

黄壽，字叔仁。陳子《感事示叔仁》詩：「親老需甘輭，家貧乏囷倉。賣文應不免，爲恨故難忘。揮俗黄生激，辭賓子覺剛。爾曹雖得罪，無媿在門墻。」（《門人録》）〇按：子覺，陳暕字。詳上增城。

黄球，字元海，邑城人。從白沙陂頭以就學。子子正，字梅所，俱從學。子正性仁厚，年九十卒。（參《門人録》）

黄昊，一作昦。字公覆。陳子《示昊詩》云：「高明之至，無物不覆。反求諸身，霸柄在手。」

黄子賢，水南人。以孝致甘露之祥，潔行好吟，無媿陳子之門。

按：賈《志》分黄昊、黄昦爲兩人，誤。昦，古昊字。

黄忠，字景臣。

黄鶴年，字一彭，（俱賈《志》「弟子傳」）紫泥人。邑庠。（《採訪册》）〇本集《同周文都宿黄鶴年宅》：「看山從我不齎糧，聞説葳蕤滿道旁。草閣塘邊邀飲罷，青燈同宿有周郎。」

【補】**梁衛**，字國鎮，一字豸南，小岡人。成化二十二年舉人。明年南旋，遂堅志不仕。同門李孔修贈詩云：「蘆月渚烟能子北，一竿誰識紫溪翁。」（《梁氏家乘》）〇本集《送梁國鎮》：「蓋有藏器人，我病原非果。徘徊思遠道，欲往悲足跛。梁生千里駒，東西無不可。飛轡入長安，垂楊春婀娜。」

【補】**梁潛**，字永崎，小岡人。貢生。穎悟博學。與戴敬、陳容同受學白沙〔二〕。一日誦程明道詩「富貴不淫貧賤樂，男兒到老是豪雄」句，嘆曰：「大丈夫當如是矣。」容致仕歸，語潛曰：「以子之才，乃不赴考，何也？」答曰：「斯道也，使得抱真。信如漆雕，此是真祿。奚以名爲？」遂絶意科舉。號橋東釣者。（《梁氏家譜》）

梁大廈，邦沖人。（《瀧水梁氏世譜》）弘治十一年舉人，官豐城教諭。嘗言：「先生經世之心，始終欲行；作聖之功，垂老不息。但修下學之常，誰覺上達之力？廈與教中所見者，飲水曲肱之樂，温厲恭安之容，自然語默之教，宛如孔子之風。若夫規圓矩方而有光風霽月之趣，天挺人豪而詣渾然天成之區，初非一長之詣，是又先生之餘。」（《門人録》）

湯霔，北到人，與兄雲弟霓皆從陳獻章遊。霔，字民悦，號九山。嘗延獻章至其鄉八仙井山中從學，與湛若水友善。年七十，尚以詩寄區越，自悔進德之遲。正德末，與若水改葬獻章。若水因留霔家，爲霔兄弟置田百畝而去。（參《新會》賈志）○《甘泉集·贈湯子九山還古岡》：「聖人訓三益，直諒與多聞。予友九山子，何詎非其倫？同業因伯氏，識君弱冠前。古心稱古服，言動

〔二〕「陳容」應爲陳顒，説見前。下文「容致仕歸」之「容」，亦應作「顒」。

夙馴馴。亦同江門遊，亦釣楚臺春。予昨歸沙堤，訪我鐵江濱。今秋攜公孫，自注：陳畬。○按：即白沙先生孫。來浴新泉雲。何以養其直，絲毫了不存。何以養其諒，心口無間然。何以養多聞，蓄德歸淵泉。行矣各努力，相約朱明天。」○附録：霷與若水同處西樵廣朗洞樂堯庄，霍韜贈詩《次甘泉韻》云云。（《西樵遊覽記》）

張璧光，字純卿，淩涌人。嘗從陳獻章遊。弘治十七年舉人。母黃氏年至九十二，每食必親供。自少至老，無怠容。初知慈谿，俗多溺女，璧光立保甲嚴禁之，所活甚衆。再知懷集，歸。年八十一卒。（《新會》王志）

【補】**張不已**，水南人。庠生。父友梅，與白沙先生友善，命不已從學。先生有《不已赴秋闈》七絕[二]。先生卒，建白沙祠、置祭田諸事，多不已經理之。（《張氏家乘》）

【補】**張栱**，字子材，中樂塘溪人。少時業舉，屢弗售，遂謝去。折節力學，以白沙賢而師事之。生成化二十二年，終隆慶四年，壽八十七。（門人馮萬經撰《子材墓志銘》）○按此《志》，子材生成化二十二年，是當先生卒之年，子材年才十五耳。疑十許歲即從遊矣。此碑羅孝廉芳攜以視榕者。惜其事蹟稍畧耳。

周鎬，字文邦，麻園人。陳子嘗與鎬爲雲潭之遊，作《雲潭記》。及卒，悼以詩曰：「何人擺

[二]「不已赴秋闈」，碧玉樓本《白沙子全集》作「贈張不已」。（陳獻章撰：《白沙子全集》，碧玉樓本，第十卷，第三四頁）

脱浮生事，得似周郎易簀時。」（《門人録》）○本集《悼周鎬》：「一雙玉樹出東溟，豈意先隨曉露傾。三十六年惟一女，老夫垂淚寫銘旌。」「里巷三年六七墳，老年無淚哭交親。數聲願借遼陽鶴，喚醒人間未死人。」

周京，字文都。鎬弟。幼孤，事母兄以孝聞。成化十三年舉人。以母老，藏修十餘年，築曝日臺習静其上。（參《新會》王志）從學白沙先生。先生《三贈文都》詩云：「小住江門五十年，按：京成化十三年鄉舉，先生時年適五十。今本集作「四十」，「四」字誤；阮《志》作「五」，是也。隔坡相應荷相憐。窗開四面客通刺，酒覆三杯月到船。身上紫袍知有相，畫中碧眼亦真傳。明朝庾嶺高回首，萬里晴波正接天。」（據本集）正德三年，銓應天府通判，廉明公慎，吏畏民懷。擢治中，未聞命卒。子必誠。白沙有《贈童子久住侍父入京》七律。後登正德十一年鄉試，仕至衡府長史。（參《新會》王志）○按：本集有《過東涌周貢士抱乳兒久住出迓》七絶。久住，必誠乳名。

周正，字天統。弘治十四年舉人。順天通判，寶坻教諭。（《門人録》）

周儉，字用中。（賈《志》「弟子傳」）○本集《與周用中兄弟書》。

【補】**周端**，麻園人。白沙門人。（《周氏世譜》）

區越，字文廣，潮連人。八歲喪母，哀慕切至。事繼母以孝聞。從遊白沙。弘治十八年進士，知嘉善縣，陞主事郎中，歷知建寧，皆以廉慎稱。丁艱服闋，補寧國府。前府喜峻法，故入人罪，越悉爲申理。嘗夜寢，覺寒太重，亟索衣出，脱荷枷者，曰：「罪止小懲，倘凍死，其若之何？」遷浙江副使、江西參政，分守湖東，平積年逋寇，以老致仕。（《新會》王志）著《西屏集》六卷。（阮《通志·藝文》）○本集《慈母石爲門人區越作》：「慈孝相感激，天機謝人力。誰來石下歌，見母不見石。」

林紹光，字一榮，沙岡人。少從陳獻章遊。博通群籍，得獻章律吕之學。成化間，舉明經。邑御史鄧文憲少貧，資而訓之。士出其門者甚衆，皆有白沙之風。督學林廷玉雅重之，今稱學行志古之士，必曰林一榮。祀鄉賢。（《新會》王志）○按：王《志》「選舉」：湯紹光，成化七年歲貢，江南泰興訓導。考「列傳」，作「林紹光」；「學校鄉賢」條云「庠生林紹光」。○又按《甘泉集》：正德丙子，《新會縣重修子城記》「諸生林紹光等進曰」云云。榕考正德丙子，距成化七年已四十許年矣，未知是同一人否？今沙岡僅林姓無湯姓，豈昔有今無耶？

【存疑】林棟。本集作「暕」，詳增城。

譚以賢，字希聖，瑶步涌人。陳獻章門人。立志行己，不媿古人。貢生，會同訓導。嘗注陳子律詩。按阮《通志·藝文》：三卷。原注「未見」。陳子《九日下盧山示［譚希聖］》詩云[一]：「瘦藤扶上

[一]「譚希聖」三字原缺，據碧玉樓本《白沙子全集》補。（陳獻章撰：《白沙子全集》，碧玉樓本，第八卷，第八〇頁）

小廬山，東望何州覿面難[一]。衰鬢插花秋意思，浩歌揮琖酒波瀾。山中雲氣方迷晝，草際蟲聲漸逼寒。知我倚松長嘯罷，江門水月正宜觀。」（賈《志》）著《玉峰集》二卷。（佚。阮《通志·藝文》）○

以良，字士直。以賢弟。弘治二年舉人。定省温凊，有古人風。以親老不赴春官。遊陳獻章門，學先主敬，行敦本實。凡邑中孝子、節婦，亟爲表之。當時同門李世卿、顧勉齋、李子長、湛民澤咸推重之。（《新會》王志并「選舉」）及卒，白沙奠之曰：「於乎士直，遽至於此耶[二]？天不與之年，與之才，將誰咎耶？彼碌碌者，老而無聞[三]，又何貴於年耶？」（據本集《奠譚士直文》）著《玉樓稿》二卷。未見。（阮《通志·藝文》）

【補】**譚有蓮**，天河禮村人。從白沙先生遊。嘗爲白沙孫田擇昏，見《白沙集》。爲人樸誠好學，先生嘗書楹帖於其祖祠曰：「千秋俎豆將誠地」。書未畢，先生得家屬報母病，遂輟筆去。此可以見先生之孝也。（《譚氏族譜》）

譚綬，庠生。遊白沙之門。壽九十三。（《新會》王志「耆壽」）

【補】**李昇**，字廣輝，（阮《通志·選舉》）石步人，陳獻章門人。成化元年舉人，不仕。（《新會》王志

[一] 「覿面難」，碧玉樓本《白沙子全集》作「不見顔」。（陳獻章撰：《白沙子全集》，碧玉樓本，第八卷，第八一頁）
[二] 碧玉樓本《白沙子全集》無「於」字。（陳獻章撰：《白沙子全集》，碧玉樓本，第五卷，第一六頁）
[三] 「老而無聞」，碧玉樓本《白沙子全集》作「老無聞於世」。（陳獻章撰：《白沙子全集》，碧玉樓本，第五卷，第一六頁）

「選舉」）

訂誤：陳獻章《送李昇之京》詩：「歌聲誰放曉江干，萬里舟航眼界寬。短棹已隨烟浦外，此溪遥接白雲端。行藏手上惟三尺，名利場中總一官。夾徑鶯花春未老，爲君傳送道平安。」（《鶴山志·雜記》）○又《鶴山志·選舉》：李昇，古蠶人，弘治十四年舉人，石埭知縣。○按：既云弘治十四年舉人，時先生已没，焉有送之京事？考《新會》王志：李昇，石步人。是此詩送石步之李昇，非古蠶之李昇。《鶴山志》誤也。此詩本集缺載。

李翰，字文卿，潮連人。弘治五年舉人。六年會試，副榜第一，官懷集、上海教諭，轉國子監學録。陞山西道御史，未任卒。少陳子三十五歲。陳肅謂「操心律行，風韻瀟洒，似吾白沙夫子」云。（參《門人録》）

李九淵，字深之。（《門人録》）○本集《寄李九淵》：「嗟我與君同甲子，鏡中誰讓長霜毛。」○《問李深之病》：「竹林花埭酒旗風，秋賞春遊事事同。伏枕六旬猶未起，相思紅日滿簾櫳。」○《弔李九淵》：「夜臺無起日，春草自流年。」

李鴻，字從正。陳子有《尋梅飲李鴻宅》五律。（參《門人録》）

馬國馨，潮連人。父默齋。國馨童子時，受知於陳子。（《門人録》）○本集《飲馬氏園贈童子馬國馨》七絶二首。

馬貞，字伯幹，馨從弟。（《門人録》）○本集《與馬貞書》：「貞父不幸蚤世。貞卒成立，貞有母也。」又云：「伯幹病至此，當爲一場大休置。」[一]○《甘泉墓銘》。○按：甘泉，貞别號。

【補】**趙思仁**，字壽卿，號厓山，三江人。祖［建］安郡王必迎，勤王厓山。思仁樂善好施，嘗遊白沙之門。（《趙氏家譜》）○本集《與廷實書》：「頃者，東山劉先生至厓山，慨然欲表慈元之義，又不欲干諸有司，乃有里後進趙壽卿願出二百千［立廟］[二]，可謂義舉。」○《與馬玄真書》：「壽卿助建丁明府祠，又舍田十二畝［以供祀事］。」[三]

【補】**宋容重**，字子敬，潮連社邊人。成化二十二年舉人，賀縣知縣。白沙門人。（《宋氏族譜》）

戴球，字汝強，號息齋。長子恩，次子澤，俱庠生；三子參，字君惠，俱陳子門人。陳子弔球詩：「開元一日雅，來往到如今。若問斯文契，湘江恨未深。」（《門人録》）○按：本集有《［答］戴惠書》[四]，惠即參也。

[一]「當爲一場大休置」，碧玉樓本《白沙子全集》作「當大爲休置」。（陳獻章撰：《白沙子全集》，碧玉樓本，第四卷，第二七頁）

[二]「立廟」二字原缺，據碧玉樓本《白沙子全集》補。（陳獻章撰：《白沙子全集》，碧玉樓本，第三卷，第五五頁）

[三]「以供祀事」四字原缺，據碧玉樓本《白沙子全集》補。（陳獻章撰：《白沙子全集》，碧玉樓本，第四卷，第五〇頁）

[四]「答」字原缺，據碧玉樓本《白沙子全集》補。（陳獻章撰：《白沙子全集》，碧玉樓本，第三卷，第八〇頁）

戴昭，庠生。○**戴輯**。○**戴弁**，字仲儼。（俱賈《志》「弟子傳」）陳獻章門人。由陽春學歲貢，爲山東禹城教諭。（《新會》王志「選舉」）

【補】**戴敬**，白沙門人。（《梁氏族譜》梁濳傳附）○按：諸戴俱天臺人。

謝慈昱，字德明，號半江，城西沙堤人。陳子《半江十咏》，爲謝德明賦。《與張廷實書》：「謝德明居邑之南郭，疇昔有桓温少年之習，嘉其勇於改革，閉户不出與俗交者四年矣。鄉曲往還，忠於門下者也」、「《半江十咏》示接引意，求東所爲作一跋」。（參《門人録》）○按：先生云「忠於門下」，當是門人。《草志》云先生之友。

謝文信，字伯倚。曾讓田於叔。（賈《志》「弟子傳」）○按：本集有《謝伯倚得孫送薑酒[至]》云[一]：「七十一年雲水中，半江老隱舊知儂。一杯引滿爲君喜，伯倚今朝又作翁。」伯倚，或半江兒姪與？

【補】**謝君章**，丹竈人。白沙門人。（《採訪册》）

【補】**鄧谷隱**、**鄧澹樂**，（《新會》林志）二人缺名，俱新昌人。二號皆從遊白沙時，白沙所贈。（參《鄧氏世譜》）

【補】**陸翬**，陳獻章門人，江西萍鄉縣丞。（《新會》王志「選舉」）

[一]「至」字原缺，據碧玉樓本《白沙子全集》補。（陳獻章撰：《白沙子全集》，碧玉樓本，第十卷，第三三頁）

麥岐，字秀夫。（《門人録》）○本集《［麥］秀夫於城南小渚中［累土］結茅居之，容一之、馬伯幹取酒共醉桃花下，各賦詩爲樂，秀夫謁予同作，附其韻》十首〔二〕：「我夢桃花何處潯〔三〕，水清蘋白一籬金。美人家住紅雲島，欲往從之江水深。」

【補】**聶元會**，字時嘉，號淇波，荷塘人。（《聶氏家譜》）陶魯第五女壻。（《世烈録》、宋端儀《三廣公墓志》）○本集附録何維柏《改創白沙祠碑》：白沙先生門人。

【補】**阮緒宗**，字世緒，號雪島，潭岡人。容琴月壻。與内兄弟容璘、球輩，從游白沙先生之門。（《阮氏族譜》）篤好古道，白沙是師，有前哲風。（番禺通政司李鸞《雪島祭田碑》）

附録：闕姓名及縣名者列後

□璠、□瑜。按：名瑜者，疑即順德李瑜，詳上。

李由、李方、李同。（俱賈《志》「弟子傳」）

〔二〕「麥」字、「累土」二字原缺，據碧玉樓本《白沙子全集》補。（陳獻章撰：《白沙子全集》，碧玉樓本，第九卷，第六二頁）

〔三〕「潯」，原誤作「尋」，據碧玉樓本《白沙子全集》改。（陳獻章撰：《白沙子全集》，碧玉樓本，第九卷，第六三頁）

徐、潘二生。（本集《與徐潘二［生］書》〔一〕按：以生稱之，似皆門人。考南海門人有潘漢，已見上。徐生，未詳。

【補】顧勉齋。按王《新會志·譚以良傳》：「當時同門李世卿、顧勉齋咸推重焉。」○按：勉齋，疑即顧勉菴。

按：先生之門，名臣、廉吏、隱逸、篤實之士固多。又有孝子十二人，曰何宇新、陳茂烈、甘思忠、湛若水、梁貞、袁暉、尹鳳、黄子賢、周京、區越、張璧光、譚以良。忠烈一人，曰梁奎。嗚呼，德化之感孚者，遠矣哉！

附：南海三峰記〔二〕（《鶴山志·易元傳》）

南海之濱，有三峰焉。蟠踞廣博，意氣端重，如頳玉者，兩峰也；風骨巉巖，氣度軒豁，如神人異僧，使人望而敬者，南峰也；娟好靚秀，如素女静姝，遠之可愛，近而不可狎者，東峰也。煙銷霞斂，風清日明，薰溶和暢，萬景嫵媚，眺此一段佳氣，則精爽飛動，神情怡悦；及夫雲霧欻起，雷電晦明，則神没鬼出，駭目驚心，倏忽萬狀，此三峰之所同也。兩峰在東良，容君彦昭有之；南峰在玉臺之西，按：易君鶴山玉橋人，地在新會縣東北，西字誤。易君德元有之；東峰在魁山之上，

〔一〕「生」字原缺，據碧玉樓本《白沙子全集》補。（陳獻章撰：《白沙子全集》，碧玉樓本，第四卷，第三二頁）

〔二〕《南海三峰記》《一峰文集》題爲「送三子歸南海序」。（羅倫撰：《一峰文集》，《景印文淵閣四庫全書》，第一二五一册，第六六〇至六六一頁）

陳君秉常有之。三峰之外，在番禺者，何氏有矩峰；在東莞者，林氏有熙峰。三峰齊之，白雲、九曜、石鼓、大奚諸山，皆俛伏其下，不敢抗視。五峰脈脊，皆發崑崙，按：「皆」字下疑漏「發崑崙」三字，今補。崑崙在白沙南，按：崑崙在白沙西稍北六十里，記云「在白沙南」，尤誤。世傳潁川、公甫、白龍所宫，天下文明則見。南海諸山，崑崙最高，蒙泉潤澤，可被千里，屯雲膚寸，可雨天下，與羅浮相望。群峰列岫，層巒疊巘。凡出崑崙者，皆磊落奇詭、特異衆觀，雖跨州越邑、横河絶海，而端嚴環拖，尊面崑崙，如弟子之服先師，無違背者。武夷之西、雲谷之東，按：《朱子文集》卷八十三《跋劉叔通詩卷》，自署「雲谷晦菴老人」，此類甚多。蔡氏有九峰，胡氏有五峰，誠二山之偉觀。此五峰者，不亦重白沙崑崙之偉觀乎！客有好奇者，曰：「子知南海之崑崙矣，知西海之崑崙乎？吾能言之。其大蟠天地，其高蔽日月，閬風之苑，玄圃之墟，宫天帝而館神人，其入中國者，北紀則嵩、華、恒、岱，南紀則岷、峨、衡、廬。小天下、塊三山、杯五湖，皆崑崙之支脈爲之也。子欲盡天下之大觀，吾與子其偕往。」三峰主人同應曰：「善。吾將由南海之崑崙，泝西海之崑崙矣。」遂杖劍長歌，浩然向往。

成化十一年乙未七月後二日，永豐羅倫書。

訂誤

何維柏

《欽定四庫提要》卷一百七十七：《天山存稿》，何維柏撰。維柏嘗從陳獻章游。

榕按：何公《創白沙祠碑》云：「得私淑而終身服膺。」此碑後署「萬曆十二年」，自稱「後學」。計是年距先生之卒已八十四年矣。《粤大記》云：「何端恪卒年七十七。」是先生卒後而端恪乃生，明矣。阮《通志》亦引《提要》此語，皆偶誤也。阮《志》「何維柏傳」：嘉靖十年舉於鄉，不第。復入西樵，日讀《白沙集》，發明白沙宗旨，後編《陳子言行録》。

周瑛

《欽定四庫提要》卷一百七十一：《翠渠摘稿》，周瑛撰。張詡作陳獻章《行狀》，稱瑛爲獻章門人。其八世孫成跋力辨其非，以二人之集考之，蓋始合而終睽者。詡與成之説，皆各執一偏。《明史·儒林傳》亦稱瑛與獻章友。獻章之學主於静，瑛不然之，謂學當以居敬爲主。《明史·儒林傳》：周瑛，字梁石，莆田人，成化五年進士，知廣德州，以善政聞。歷官布政使，尤勵清節。與陳獻章友善。獻章主静，瑛謂當以居敬爲主。〇《明儒學案》：翠渠與白沙、醫閭爲友。〇《明詩綜》：周瑛《咏古送白沙歸南海》云：「東都事矯激，西晉尚清虚。一時意自適，社稷隨丘墟。譬彼門户開，轉運由其樞。大勢一傾倒，力救將何如。君子閲世多，立説慎其初。

擇中而守固，孔氏有遺書。」

本集《與丘蘇州書》：「承諭翠渠守廣德有聲。因記曩歲周侯《贈賀克恭》詩云：『黄門仙客歸遼左，少室山人憶嶺南。我亦塵埃難久住，木蘭溪上浣青衫。』周侯後以進士留京。以書來番禺，僕次韻戲之，按：此次韻詩本集缺。本集卷十有《次答周太守瑛》七絶二首，其韻異，其時亦異。未及寄去。周侯尋守廣德，而竊喜周侯之有爲。」〇又《與丘書》：「梁石、克恭皆[僕]平生所深望〔二〕，便中聲意爲感。」〇《與林春官書》：「閣下以六品居部官，天下共責望。周先生爲廣德，得人心。稍稍前此，丘蘇州書來，亦謂如此。可賀，可賀。往者京師與廣德步月閒談，異日或出或處，必相料理。今因記『木蘭溪上浣青衫』之句，不覺呵呵，遂成拙詩：『梁石終爲廣德州，木蘭溪上水空流。詩中往昔三人共，海上如今兩鳥囚。給事按：謂賀黄門。易爲清浄退，山人按：先生自謂。真脱羅網愁。如何皂蓋不歸去，應爲蒼生未肯休。』以爲使廣德見之，當發一笑。」〇又《與林蒙菴書》：「梁石、時可之憂在己者，而亦爲人[憂]〔三〕。」按：蒙菴名雍，時爲禮部主事，故曰春官。〇《蘇州府志》：丘霽，字時雍，鄱陽人。成化八年以刑部主事

〔二〕「僕」字原缺，據碧玉樓本《白沙子全集》補。（陳獻章撰：《白沙子全集》，碧玉樓本，第三卷，第七一頁）

〔三〕「憂」字原缺，據碧玉樓本《白沙子全集》補。（陳獻章撰：《白沙子全集》，碧玉樓本，第四卷，第三三頁）

任，十一年罷去。〇按：賀欽，成化二年進士。周瑛，成化五年進士。先生所贈賀黄門仙客之作與廣德步月事，此成化二年、五年間，先生皆在京也。〇按略考以上諸詩文，則始合終睽之説，似非。且以「先生」稱之乃謂爲門人，益非矣。

潘見龍

《鶴山志・地理》：潘見龍，字翔甫，號檜峰，順德沖鶴人。爲白沙弟子。萬曆間，廣東提學張邦翼採其詩入《嶺南文獻》。墓在雲堆村後茶山。〇《沖鶴潘氏族譜》：九世見龍，字翔甫，號檜峰。義官。生正德三年戊辰四月初四日戌時，墓在新會茶山。按：今隸鶴山。〇按：潘譜詳明如此，是先生卒後七八年而檜峰乃生，則非弟子明矣。

歐陽回

《篁莊歐陽氏族譜》：回，白沙門人，自號溪南釣叟。〇《篁莊遺稿》：歐陽建著。贈溪南七絶：「溪南老大興何如？散誕琴書樂海涯。多病幾時堪策馬？風花吟遍始還家。」〇《篁濱子傳》：歐陽希周撰。「溪南者，白沙弟子。隱處篁溪之南，無仕進志，嗜酒耽詩，識高今古而若愚，行敦孝友而不羈。謂篁濱子曰：『松而死何如櫟之生？子聰明太露又好直言，吾懼匠人其斧斤爾矣。』」

歐陽小韓孝廉贈《篁莊遺稿》一帙，内載溪南爲白沙門人。因晤小韓，詢其事跡。復出《歐陽氏族譜・篁濱子傳》相質證。余得其詳，編入《白沙門人考》之末。夫發潛闡幽，吾先兄志也。安盡爲搜羅以繼兄志哉？戊午孟秋，韭齡誌。

圖書在版編目(CIP)數據

陳獻章全集／(明)陳獻章撰;黎業明編校. —上海:上海古籍出版社,2019.3
ISBN 978-7-5325-9083-4

Ⅰ.①陳… Ⅱ.①陳… ②黎… Ⅲ.①陳獻章(1428-1500)—全集 Ⅳ.①B248.1

中國版本圖書館CIP數據核字(2019)第020280號

封面題簽:陳永正

陳獻章全集

陳獻章 撰

黎業明 編校

上海古籍出版社出版、發行

(上海瑞金二路272號 郵政編碼200020)

(1)網址:www.guji.com.cn

(2)E-mail:guji1@guji.com.cn

(3)易文網網址:www.ewen.co

江陰金馬印刷有限公司印刷

開本890×1240 1/32 印張52.5 插頁19 字數1,008,000

2019年3月第1版 2019年3月第1次印刷

印數:1—2,100

ISBN 978-7-5325-9083-4

B·1087 定價:298.00元

如有質量問題,請與承印公司聯繫